Kim Christian Priemel

Flick

MODERNE ZEIT

Neue Forschungen zur Gesellschafts- und Kulturgeschichte des 19. und 20. Jahrhunderts

Band XVII

Herausgegeben von
Ulrich Herbert und Lutz Raphael

Kim Christian Priemel

Flick

Eine Konzerngeschichte vom Kaiserreich bis zur Bundesrepublik

WALLSTEIN VERLAG

Gedruckt mit Unterstützung
der Hans-Böckler-Stiftung, der Deutschen Forschungsgemeinschaft
und der Wirtschaftsvereinigung Stahl

Bibliografische Information der Deutschen Nationalbibliothek
Die Deutsche Nationalbibliothek verzeichnet diese Publikation in der
Deutschen Nationalbibliografie; detaillierte bibliografische Daten
sind im Internet über http://dnb.d-nb.de abrufbar.

www.wallstein-verlag.de
Vom Verlag gesetzt aus der Adobe Garamond
Umschlaggestaltung: Basta Werbeagentur, Steffi Riemann
unter Verwendung einer Fotografie: Friedrich Flick, um 1962,
Neue Maxhütte i. L., Betriebsarchiv, Sulzbach-Rosenberg
Druck: Hubert & Co, Göttingen

ISBN 978-3-8353-0219-8

Inhalt

Teil B: Rüstung und Expansion

Teil C: Kein Wunder

Anhang

Vorwort

Trying to learn to use words and every attempt
Is a wholly new start, and a different kind of failure.
Because one has only learnt to get the better of words
For the thing one no longer has to say, or the way in which
One is no longer disposed to say it.
T. S. Eliot (›East Coker‹)

Zeitgenössische Kunst ist meist ein eher elitäres Phänomen und liefert nur in Ausnahmefällen den Stoff für öffentlich ausgetragene Streitdebatten. Dessen ungeachtet brach Anfang 2003 eine heftige Kontroverse aus, als der Berliner Senat bekanntgab, die Sammlung moderner Kunst Friedrich Christian Flicks in der Hauptstadt präsentieren zu wollen. Bis zur Ausstellungseröffnung durch Bundeskanzler Gerhard Schröder im September 2004 riß die Debatte, ob die zuvor in Zürich abgelehnte Sammlung nun ausgerechnet in Deutschland und mit prominenter politischer Rückendeckung der Öffentlichkeit zugänglich gemacht werden sollte, nicht ab. Den Streit entfachten indes nicht die ausgestellten Kunstwerke, sondern die Gelder, mit denen sie erworben worden waren. Als Enkel und Erbe des Industriellen Friedrich Flick sah sich der Kunstsammler mit dem Vorwurf konfrontiert, den Familiennamen mit Hilfe des schönen Scheins der Kunst vom Ruch nationalsozialistischen Unrechts sowie der Parteispendenaffäre reinwaschen zu wollen. Wenige Jahre zuvor hatte sein Bruder Gert-Rudolf nach ähnlichen Protesten die Stiftung eines nach ihm benannten Lehrstuhls am prestigeträchtigen Oxforder Balliol College zurückgezogen. Die fast zweijährige Diskussion, in der Begriffe wie »Blutgeld« und »Sippenhaft« einander unversöhnlich gegenüberstanden, wurde so zu einer jener Falltüren (H. G. Hockerts), durch die die Vergangenheit die Gegenwart unversehends wieder einholt. Die Geschichtswissenschaft kann hierbei einen Beitrag zur Versachlichung und analytischen Präzisierung leisten. Dies ist eines der Ziele der vorliegenden Studie.

Über die Sonderkonjunktur solcher feuilletonistischer Debatten hinaus dokumentieren indes auch alltäglichere Schlagzeilen, nicht nur im Wirtschaftsteil, die Relevanz einer exemplarischen, wirtschafts-, politik- und kulturgeschichtlich informierten Konzerngeschichte im 20. Jahrhundert: Die »Rettung« der Philipp Holzmann AG, die Zuwendungen von Energie- und Automobilkonzernen an Parlamentarier, der Einfluß des Großaktionärs Porsche auf Volkswagen, der Herauskauf von Minderheitsaktionären bei Bertelsmann oder die Konzentrationsbestrebungen unter den europäischen Lkw-Bauern (mit ungewissen Auswirkungen für die Beschäftigten) sind nur einige Beispiele, in denen die große gesellschaftliche Prägekraft privatunternehmerischer Entscheidungen offenkundig wird. Sie werfen im Grunde dieselben Fragen auf, die auch die vorliegende Arbeit leiten. Dabei geht es um die Entscheidungs- und Leitungsstrukturen privater Konzerne, die Diskrepanzen zwischen ihrer rechtlichen und tatsächlichen

Kompetenzverteilung, die Methodik oft undurchschaubarer feindlicher Übernahmen, die Hintergründe der allgegenwärtigen Standortentscheidungen und immer wieder um die Interaktionsmuster zwischen unternehmerischen und politischen Entscheidungsträgern. Die folgende Studie will daher nicht nur eine – trotz des Umfanges – historiographische Miniatur anbieten, sondern ebenso dazu beitragen, das Wissen um die Akteure und Strukturen der vielfach diagnostizierten Ökonomisierung des gesellschaftlichen Alltags auch im 21. Jahrhundert zu erweitern.

Des Dankes kann an dieser Stelle nicht genug ausgesprochen werden. Ulrich Herbert brachte mich im Herbst 2002 zu diesem Thema und begleitete als Erstgutachter die Arbeit geduldig auch über ihre Annahme als Dissertation an der Albert-Ludwigs-Universität Freiburg vier Jahre später hinaus. Für die Veröffentlichung wurde die Arbeit gekürzt und überarbeitet. In beidem profitierte sie von den Gutachten, deren Erstellung Franz-Josef Brüggemeier und Ingeborg Villinger dankenswerterweise übernahmen. Für die Aufnahme in die Reihe »Moderne Zeit« danke ich den Herausgebern, für die angenehme Zusammenarbeit bei der Drucklegung Hajo Gevers vom Wallstein Verlag. Das Projekt hätte ohne die finanzielle Förderung der Deutschen Forschungsgemeinschaft nicht realisiert werden können, wofür ich ebenso Dank schulde wie für den großzügigen Druckkostenzuschuß, den die Hans-Böckler-Stiftung gewährte. Die Bebilderung wurde durch eine Beihilfe der Wirtschaftsvereinigung Stahl ermöglicht.

Die unzähligen Archivmitarbeiter, die mir zweieinhalb Jahre lang stets geduldig halfen, können hier leider nicht alle genannt werden. Ausdrücklich stellvertretend sei daher die große Unterstützung hervorgehoben, die mir Gunther Friedrich (Nürnberg), Manfred Rasch und Andreas Zilt (Duisburg) sowie Amy Schmitt (College Park) zuteil werden ließen. Ohne den Zugang zu den Akten der Neuen Maxhütte i.L., den mir Manfred Leiss ebenso gewährte wie er stets Interesse am Fortschritt der Recherchen zeigte, hätten Teile der Arbeit nicht geschrieben werden können.

Wieviel dieses Buch den Ratschlägen und Hinweisen, den kritischen Fragen und Ermutigungen von Freunden und Kollegen verdankt, ist in der schlichten Aufzählung nicht auszudrücken. Christiane Botzet, Stefanie Middendorf, Alfred Reckendrees und Corinna Unger lasen das Dissertationskonvolut ganz oder in Teilen, ebenso Jörn Brinkhus, Tobias Bütow, Alexander Neumann und Martin Preusche. Ihre Einwände und Vorschläge haben aus der Arbeit eine bessere gemacht, als es mir alleine möglich gewesen wäre. Die Indices erstellte dankbarerweise Philipp Karst. Jörg Späters präzises Lektorat gab dem Buch seinen Feinschliff. Alle verbliebenen Unzulänglichkeiten sind meiner Beratungsresistenz geschuldet.

Zu den erfreulichen Begleiterscheinungen eines Promotionsvorhabens gehört der Austausch mit vielen interessierten Kollegen. Johannes Bähr, Imanuel Baumann, Axel Drecoll, Boris Gehlen, Bernhard Gotto, Christoph Kreutzmüller, Sirku Plötner, Ulrike Schulz, Alexa Stiller, Dietmar Süß und Patrick Wagner ließen mich an ihren Kenntnissen und klugen Gedanken teilhaben. Agnes Schuler und Petra Wienands waren unerschütterlich in Zuspruch und Geduld. Götz Aly teilte sein Wissen um schwer auffindbare Akten. Ludolf Herbst danke ich für die Adoption in sein Berliner Kolloquium. Robert Crawford will claim that he had no hand whatsoever in this PhD project; that notwithstanding, I owe a lot to him.

Ausgedehnte Archivaufenthalte sind oft einsame Arbeitsphasen. Daß dies nicht immer so war, machten Freunde und Kollegen möglich, die mir Obdach und Gesellschaft gewährten und die Zeit nicht lang werden ließen. Dies gilt auch und besonders für Anja Vorkamp und Nicolas Rüsch, die meine Ab- ebenso wie die Anwesenheiten klaglos ertrugen.

Am Ende von Danksagungen steht meist die Zueignung an die Familie. So auch hier: Meinen Eltern, deren Anteil an der Arbeit zu grundsätzlich ist, um ihn zu benennen.

Einführung

»Schlechte Jahre meiner ganzen Entwicklung«, so erklärte Friedrich Flick vor dem US-amerikanischem Tribunal, das 1947 über die Anklage wegen Kriegsverbrechen und Verbrechen gegen die Menschlichkeit gegen ihn und fünf seiner Mitarbeiter befand, »sind im allgemeinen ein Aufstieg, deshalb kann man von schlechten Jahren überhaupt nicht viel sprechen.«[1] Zu diesem Zeitpunkt hatte Flick bereits zwei solcher Gipfelstürme vollzogen: Zwischen 1915 und 1931 war er vom angestellten Manager eines mittelgroßen Hüttenunternehmens in der siegerländischen Provinz zum Mehrheitsbesitzer des größten europäischen Stahlkonzerns aufgestiegen. Von 1932 bis 1944 war es ihm gelungen, vom Eigentümer einiger randständiger Stahlwerke zum zweitgrößten Rohstahlerzeuger des Reiches und zu einem der bedeutendsten Rüstungsproduzenten zu avancieren. Ein dritter Aufschwung lag 1947 noch vor Flick. Dieser sollte ihn an die Spitze der deutschen Nachkriegswirtschaft führen und zu einem der reichsten Menschen der Welt machen, ehe er 1972 im Alter von 89 Jahren verstarb. »Die deutsche Wirtschaftsgeschichte«, stellte Ludwig Erhard auf der Trauerfeier für Flick fest, »kennt nur wenige Namen, die unserem sozialen und wirtschaftlichen Leben seit der Jahrhundertwende so unverkennbar ihren arteigenen Stempel aufgedrückt haben, wie es Friedrich Flick in nimmermüdem Fleiß und schöpferischer Kraft zu vollbringen vergönnt war.«[2]

Erhards wohlwollendem Fazit diametral entgegen steht die verbreitete und in ihrer oft verschwörungstheoretischen Akzentuierung simplifizierende Assoziation des Flick-Konzerns mit Kriegsverbrechen, Wirtschafts- und Politskandalen. Die Berg- und Talfahrt der wechselvollen Karriere Flicks vermag indes weder das einseitige autobiographische Erfolgsparadigma noch die Reduktion auf kriminelle und moralisch illegitime Praktiken der Unternehmensführung zu erklären. Ebenso wenig sind beide Ansätze in der Lage, das Beispiel des Flick-Konzerns in übergreifende Zusammenhänge politisch-wirtschaftlicher Reziprozität, ökonomischer Funktionsmechanismen und die daraus resultierende Eigenlogik unternehmerischen Handelns einzuordnen und so dem Einzelfall überindividuelle Züge abzugewinnen. Gerade hierin liegen jedoch Reiz und Potential einer Geschichte des Flick-Konzerns.

Ausgangsbeobachtung und Fragestellung

Die scheinbar evidente und historiographisch dominant gewordene Selbst- und Fremdbeschreibung Flicks als erfolgreicher Konzernherr erweist sich schon auf den ersten Blick als biographische Konstruktion, die mehr Fragen aufwirft als sie

1 Kreuzverhör F. Flick, 14.7.1947, StAN Rep. 501, KVP, Fall 5, A 43-46, Bl. 3630.
2 Friedrich Flick. Zum Gedenken, o. O., 1972 [im Besitz d. Verf.].

beantwortet. Wo drei Aufstiege waren, mußte es auch Abstiege oder doch zumindest Phasen der Stagnation gegeben haben. In der Tat zeichnet die Kontinuität wirtschaftlichen Erfolges Flicks Karriere nur in der Gesamtschau, keineswegs aber zu allen Zeiten oder in allen Belangen aus. Bei näherer Hinsicht erweist sich die Entwicklung des Flick-Konzerns als überaus wechselvoll und wird charakterisiert durch markante Einschnitte und existenzgefährdende Notlagen wie auf dem Höhepunkt der Weltwirtschaftskrise 1931/32 oder im Zuge der alliierten Besetzung Deutschlands 1945.

Damit ist auf die Überschneidung der Geschichte der Flick-Unternehmen mit der nicht weniger wechselhaften politischen Geschichte Deutschlands verwiesen, die ihren vernehmlichen Ausdruck in den Eckdaten von Konzerngründung und -niedergang findet: Der Amtsantritt Friedrich Flicks als Vorstandsmitglied der Aktiengesellschaft (AG) Charlottenhütte im Jahr 1915, ein Auftakt ohne Gründungsakt, und die faktische Konzernauflösung 1985 durch seinen Sohn Friedrich Karl Flick, eine fast beiläufige Liquidierung am Rande der Parteispendenaffäre der Ära Kohl, spannen einen Bogen, der sich in augenfälliger Weise mit dem »kurzen 20. Jahrhundert«[3] der jüngeren (deutschen) Geschichte deckt. Dies stellt einerseits die Wirkung der unter diesem Rubrum zusammengefaßten staatsorganisatorischen, territorialen und wirtschaftlichen Umbrüche auf die Konzernentwicklung in den Blickpunkt. Andererseits leitet sich aus dem alle politischen Umwälzungen überdauernden unternehmerischen Erfolg Flicks die Frage nach den dahinterstehenden langen wirtschafts- und ordnungspolitischen Linien ab, die eine solche Rahmensetzung sprengen.[4] Schließlich ist auch zu erwägen, inwieweit der Konzernentwicklung ein unternehmerisches Selbstverständnis Flicks zugrundelag, das sich den Anforderungen prägender politischer wie sozio-ökonomischer Dynamiken und Modernisierungsprozesse des 20. Jahrhunderts – sei es in Gestalt von Grenzverschiebungen, Herrschafts- und Strukturwandeln – adäquat erwies.

Vor diesem Hintergrund und unter Berücksichtigung der schieren Größe und der volkswirtschaftlichen Bedeutung, die den zum Flick-Konzern zählenden Unternehmen als Grundstofflieferanten, als Wachstumsmotoren, als Arbeitgeber zukam, liegt die Frage nach einer Verbindung der parallelen politik- und unternehmensgeschichtlichen Stränge auf der Hand. Dies erfordert zum einen die Einordnung der Karriere Flicks und der Herausbildung seines Konzerns oder, präziser, seiner Konzerne in das zeitgenössische politische und wirtschaftliche Umfeld: Unter welchen Bedingungen fanden Auf- und Abstiege Flicks statt; welchen Beitrag leisteten Konjunkturen, Krisen und Kriege zu Wachstum und Verlusten; wie ist das Verhältnis von Staat und Wirtschaft über die diversen politischen Umbrüche hinweg zu qualifizieren? Zugleich ist im engeren Bezug

3 Hobsbawm, Age, S. 3.

4 Vgl. Abelshauser, Wirtschaftsgeschichte, S. 25, 52, der von einem langen 20. Jahrhundert, dessen Grundlagen in das 19. Jahrhundert zurückreichen und im 21. noch fortbestehen, spricht.

auf den Flick-Konzern nach akuten Einflußnahmen politischer, insbesondere staatlicher Instanzen auf die Unternehmensentwicklung zu fragen. Welche Unterstützungen und Hilfeleistungen erhielt der Konzern in den Jahrzehnten seines Bestehens; welche Signifikanz für den Unternehmenserfolg war diesen beizumessen; wann in den Wechseln politischer Systeme schlug die Begünstigung in Behinderung der betriebswirtschaftlichen Zielsetzungen um?

Bei allen Bewegungen und Brüchen, welche die Flick'sche Konzerngeschichte kennzeichnen, dürfen die Konstanten nicht aus dem Blick geraten. Institutionell ist hier in erster Linie auf den Bezugsrahmen einer auf dem Privateigentum an den Produktionsmitteln basierenden, in unterschiedlichen Graden marktkapitalistisch organisierten Wirtschaftsordnung zu verweisen, innerhalb derer der Flick-Konzern operierte. Das Rentabilitätserfordernis und das Bestehen im Wettbewerb mit konkurrierenden Marktakteuren, obschon die konkreten Ausprägungen im Beobachtungszeitraum beträchtlich variierten, stellten somit gleichbleibende, grundlegende Voraussetzungen des wirtschaftlichen Handelns im und durch den Flick-Konzern dar.

Auch innerhalb des Konzerns ist, der Vielzahl an Umbauten, Restrukturierungen und Neuorientierungen weniger zum Trotz denn komplementär, ein Set konstanter Faktoren zu erkennen. Dies trifft zuvorderst auf der Personalebene zu. An der Spitze des Konzerns stand praktisch bis zu seinem Tode der Gründer selbst, Friedrich Flick. Flankiert wurde er durch einen Kreis engster Mitarbeiter, die ebenfalls meist über Jahrzehnte hinweg im Konzern tätig waren. Der einzig substantielle personelle Umbruch, den der Flick-Konzern in 70 Jahren vollzog, war der Generationswechsel von Friedrich zu Friedrich Karl Flick, den die Einrahmung des Erben durch eine Reihe langjähriger Vertrauter des Seniors freilich gleichfalls relativierte.

Neben der personellen Ebene läßt sich eine weitere, nicht minder grundlegende Kontinuitätslinie in der Konzernorganisation ablesen. Seit den zwanziger Jahren kombinierte Flick die von ihm beherrschten Unternehmen in erster Linie über Kapitalbeteiligungen. Statt eines umfassenden, rechtlich verbundenen Gesamtkomplexes setzte sich der Konzern, ungeachtet einer Reihe bedeutender Reorganisationsmaßnahmen, stets aus juristisch unabhängigen oder nur lose zusammengehaltenen Einzelunternehmen mit einer koordinierenden Holding als Spitzeninstanz zusammen.

Schließlich bestand nicht zuletzt im Wandel selbst, der Aufbau und Geschicke des Konzerns immer wieder auszeichnete, eine Grundkonstante der Unternehmensentwicklung. Gerade die mehrfache Schwerpunktverlagerung, die Verbindung und erneute Trennung von Einzelunternehmen sowie die regionale und industrielle Neuorientierung, kurz: die Anpassungsbereitschaft und -fähigkeit verleihen der Konzerngeschichte Flicks ihr spezifisches Gepräge. Zugleich kennzeichnet sie, daß diese Neuorientierungen zwar als Anpassungsleistungen an äußere wirtschaftliche und/oder politische Handlungszwänge rasch und entschlossen vollzogen wurden, aber selten abrupt und unvorbereitet geschahen, sondern als fließende Übergänge ausgeformt wurden. Flexibilität und Fluidität charakterisierten somit Struktur, Strategie und Taktik der Konzernführung.

Aus den skizzierten Überlegungen folgen zwei grundsätzliche, die folgende Studie leitende Fragen: 1. Wie funktionierte der Flick-Konzern, und worin lag der Schlüssel zur bemerkenswerten Karriere seines Gründers? 2. Welche Aussagen lassen sich anhand der Flick'schen Konzerngeschichte über das Verhältnis von staatlichem und privatwirtschaftlichem Handeln im 20. Jahrhundert und möglicherweise darüber hinaus treffen?

Ansatz und analytisches Konzept

Um diese Leitfragen nicht unverbunden nebeneinander zu stellen, sondern gerade ihr Wechselverhältnis zu berücksichtigen, bedarf es eines Analyserahmens, der sowohl die Innen- und Außendimensionen der Konzernentwicklung zueinander in Beziehung setzt als auch Kontinuitäten und Einschnitte in beiden aufeinander bezieht. In diachronem Zugriff ist die Doppelfunktion von Unternehmen einerseits als Kommunikations- und Interaktionsräume individueller und kollektiver Interessen und andererseits als Akteure in der Auseinandersetzung mit anderen sozialen, wirtschaftlichen und politischen Organisationen zu erfassen.

Ein solches integrierendes analytisches Konzept steht mit dem *corporate governance*-Ansatz zur Verfügung.[5] Dieser fragt zum einen nach der Verfassung des Unternehmens, das heißt nach den Regeln und Routinen – den Institutionen –, die Abläufe und Funktionsweisen der sozialen Organisation »Unternehmen« festlegen.[6] Zum anderen werden situative und personelle Faktoren wie Änderungen in den Eigentumsverhältnissen, Leitungs- und Kontrollgremien ebenso wie die Beziehungen zwischen Unternehmensführung und Beschäftigten in den Blick genommen. Somit faßt der Begriff der *corporate governance* verschiedene, unter dem Schirm der Neuen Institutionenökonomik[7] teils eng, teils locker mit-

5 Ebenso der Analyserahmen bei Lorentz/Erker, Chemie.

6 Zur Unterscheidung zwischen Institutionen (Regeln) und Organisationen (Spielern) grundlegend: North, Structure; ders., Institutions. Einen sprachlich konzisen Ausdruck findet dies in der Wendung »Institutions together with the people taking advantage of them are called organisations.«, Furubotn/Richter, Institutions, S. 7.

7 Eine eingehende Diskussion des institutionenökonomischen Theorieangebots erscheint verzichtbar angesichts der in den letzten 15 Jahren erfolgten, intensiven Reflexion in der unternehmensgeschichtlichen Forschung, in deren Zuge die Neue Institutionenökonomik nahezu den Status einer neuen Orthodoxie erlangt und konkurrierende Ansätze entweder integriert oder marginalisiert hat. Auf dem zugrundeliegenden Transaktionskostentheorem bauen etwa Kontrakttheorie, Prinzipal/Agent- und Verfügungsrechteansatz auf und beschäftigten sich insbesondere mit den internen Kosten, die durch Informationsasymmetrie und Kontrollerfordernis entstehen. Da unternehmensinterne Verträge regelmäßig die Verteilung von Verfügungsrechten zwischen Prinzipal (Auftrags-/Arbeitgeber) und Agent (Auftrags-/Arbeitnehmer) regeln, sind die Übergänge fließend.

einander verbundene Erklärungsansätze wie Vertragstheorie, Prinzipal-Agent-Schema und die Frage nach der Verteilung der Verfügungsrechte systematisch zusammen. Darüber hinaus eröffnet die Betrachtung der *corporate governance* Möglichkeiten, die Analyse der internen Entscheidungsstrukturen durch ihre Verknüpfung mit den Außenbeziehungen von Unternehmen zu erweitern.[8] Die Anwendungsbereiche beider Ebenen sowie ihre Kombination für die vorliegende Untersuchung sollen im folgenden kurz skizziert werden.

Kommunikation, Kontrolle, Koordination

Die interne Dimension der *corporate governance* wird mit Blick auf den Flick-Konzern vor allem hinsichtlich der Verfügungsrechte und der Prinzipal-Agent-Problematik analysiert.[9] Zu unterscheiden ist dabei zunächst die rechtliche von der praktischen Ebene. Die Abgrenzung von Zuständigkeiten, Rechten und Pflichten in Unternehmen, insbesondere in Aktiengesellschaften, als der herausragenden Rechtsform für Industrieunternehmen seit der zweiten Hälfte des 19. Jahrhunderts[10], wird formal durch das Gesellschafts- und Aktienrecht normiert. Dieses weist seit den Reformen von 1884 und 1937 – in jeweils unterschiedlichem Umfang – dem Vorstand die Verantwortung für das operative Tagesgeschäft, dem Aufsichtsrat die Geschäftsführungskontrolle und der Generalversammlung die Genehmigung gesellschaftsrechtlicher Änderungen, die Bestellung des Aufsichtsrats und die Entlastung der berufenen Gremien zu. Allerdings verlaufen die Grenzen nicht strikt, so daß insbesondere der Aufsichtsrat über die Investitionsbewilligungskompetenz maßgeblich an der strategischen

Einführend: Furubotn/Richter, Institutions; Erlei/Leschke/Sauerland, Institutionenökonomik; Göbel, Institutionenökonomik. In der deutschen unternehmensgeschichtlichen Forschung haben besonders die im Umfeld des Arbeitskreises für kritische Unternehmens- und Industriegeschichte entstandenen Arbeiten zur Fruchtbarmachung der Neuen Institutionenökonomik beigetragen; vgl. Pfister/Plumpe, Einleitung; Hesse/Kleinschmidt/Lauschke, Kulturalismus; Wischermann/Nieberding, Revolution. Methodisch-inhaltliche Einwände gegen einseitig ökonomisierende Analysen: Hesse/Schanetzky/Scholten, Idee, S. 7-10.

8 Die in der Analyse der *corporate governance* angesprochenen Komplexe sind begrifflich anschlußfähig an industriesoziologische Vorgehensweisen mit herrschafts- und systemtheoretischen Grundlagen. So läßt sich die Unternehmensorganisation als Instrument verbesserten Informationszuganges und -verarbeitung in die soziologische Definition von Unternehmen als funktional ausdifferenzierte Subsysteme zur Reduzierung der Umweltkomplexität übersetzen. Die nichtbürokratische Spitze kann als Prinzipal dargestellt werden usw.; vgl. Bosetzky, Grundzüge; allg. Luhmann, Systeme, S. 34-70. Für einen explizit systemtheoretischen Ansatz s. Lorentz, Industrieelite.

9 Zur Abgrenzung des *Property Rights*-Ansatzes zum Prinzipal-Agent-Modell vgl. mit weiteren Verweisen: Reckendrees, Property, S. 287-289.

10 Vgl. Wischermann/Nieberding, Revolution, S. 88-92, 186-189. Das folgende gilt in erster Linie für den deutschen Fall, zur vergleichenden Perspektive beachte: Fear/Kobrak, Paths.

Ausrichtung, das heißt der Setzung von Zielvorgaben und Richtlinien, beteiligt ist.[11]

Die Umsetzung der juristischen Vorgaben in der Unternehmenspraxis ist jedoch erheblichen Variabeln unterworfen, formale Organisationsstrukturen und tatsächliche Entscheidungsprozesse erweisen sich regelmäßig als nicht deckungsgleich und sind methodisch zu unterscheiden.[12] Ausschlaggebende Bedeutung kommt dabei der Eigentumsverteilung zu. Sie entscheidet über die tatsächlichen Beherrschungsverhältnisse, Kontrollmechanismen und Kommunikationsstrukturen. Grundsätzlich gilt, daß mit zunehmender Streuung des Stammkapitals der Vorstand (Agent) gegenüber den nur unter großem Aufwand organisations- und koordinierungsfähigen Anteilsinhabern (Prinzipalen) gestärkt wird. Umgekehrt schwächt die Konzentration von Geschäftsanteilen und Aktien in der Hand weniger Eigentümer oder gar nur eines Haupt-, Mehrheits- oder Alleinaktionärs die Unabhängigkeit des Vorstandes. Da sämtliche personellen wie gesellschaftsrechtlichen Entscheidungen dann in einem kleinen Kreise – und außerhalb der formalen Unternehmensstrukturen – getroffen werden können, ist der Vorstand in seiner Tätigkeit auf die kontinuierliche Rückversicherung bei den Eigentümern angewiesen. Im Falle einer die Dreiviertelmajorität erreichenden Eigentumskonzentration verschiebt sich die Machtbalance vollends zugunsten des Mehrheitsaktionärs. In Anlehnung an Carl Schmitts berüchtigtes Diktum erreicht dieser gleichsam eine Position der Souveränität, da er über den Ausnahmezustand – nämlich vom Verkauf bis hin zur Auflösung des Unternehmens – vorbehaltlich gesetzlicher Schutzvorschriften für Minderheitsaktionäre und den Rechten Außenstehender unumschränkt entscheiden kann. Legitimiert durch das Eigentum an der Unternehmenssubstanz, kann der Mehrheitsaktionär in weitgehender Unabhängigkeit von rechtlichen Bestimmungen darüber befinden, ob, an wen und in welchem Ausmaß er Verfügungsrechte zur Unternehmensleitung delegiert.[13]

Allerdings bedeutet die Kapitalkonzentration in einer Hand oder in wenigen Händen lediglich ein grundsätzliches Recht zur Machtverteilung, das es dem Eigentümer erlaubt, die Zuständigkeiten der Unternehmensleitung ebenso wie seine eigene Position – etwa als Mitglied von Vorstand oder Aufsichtsrat oder als nichtbürokratische Spitze außerhalb der formellen Unternehmensstruktur – festzulegen.[14] Inwieweit der Prinzipal in der Lage ist, seine Verfügungsrechte in Kontrolle und Lenkung umzusetzen, hängt dabei maßgeblich von der Effizienz

11 Im Überblick: Hofmann/Hofmann, Governance; Göbel, Institutionenökonomik, S. 222-225.

12 Vgl. Reckendrees, Stahltrust, S. 40.

13 Wischermann/Nieberding, Revolution, S. 261-263; Göbel, Institutionenökonomik, S. 70, 100, 216-218, 225-230.

14 Juristisch läßt sich dies als »Kompetenzkompetenz« fassen. Zum Begriff der nichtbürokratischen Spitze s. Bosetzky, Grundzüge, S. 95f., der darunter aber auch den Vorstand faßt. Dies erscheint jedoch nicht hilfreich, da der Vorstand eben nicht außerhalb der Verwaltung steht, sondern sie selber anführt. Als nichtbürokratische Spitze sind daher

der Informations- und Kommunikationswege ab und ist zudem gegenüber dem dadurch entstehenden Aufwand und den aus unflexiblen Entscheidungszuweisungen resultierenden Trägheitsmomenten abzuwägen.[15] Die Frage zentralisierter oder dezentralisierter Unternehmensführung stellt sich verstärkt in horizontal (Betriebe derselben Produktionsstufe) und vertikal (Betriebe verschiedener Produktionsstufen) integrierten Konzernen, wie sie sich in der Montanindustrie seit der Jahrhundertwende in zunehmendem Maße durchsetzten. Mit der Integration nahm hier die Komplexität der technischen und der Absatzbeziehungen sowie in vielen Fällen die geographische Streuung der Unternehmensstandorte zu, mit entsprechenden Folgen für die Kontroll- und Lenkungseffizienz durch die Zentrale.[16]

Alfred D. Chandler hat in seinen bahnbrechenden Arbeiten zur Entstehung der modernen Unternehmensorganisation auf die Bedeutung der *managerial revolution* hingewiesen, die erst die Bildung und Leitung komplexer Großunternehmen ermöglichte.[17] Chandler zufolge erforderten wachsende Unternehmenseinheiten, steigende technologische Anforderungen, geographische Ausdehnung und besonders der rapide zunehmende Kapitalbedarf die Umstellung von den lange dominanten Familien- und Entrepreneurunternehmen – Gesellschaften, die sich ganz oder überwiegend im Besitz von Familien oder Einzelpersonen befanden und ihren Führungsstab vollständig aus Familienmitgliedern rekrutierten bzw. die Managerkompetenzen der Letztverantwortung des Entrepreneurs unterstellten –, um Fremdmittel akquirieren, diese sinnvoll einsetzen und die Verwendung effektiv steuern und überwachen zu können. Dazu bedurfte es eines professionalisierten Personalpools, einer auf Aufgabendelegation basierenden Unternehmensorganisation und Strukturen, welche die Aufnahme von Fremdkapital erlaubten. Beides sei, so Chandler, in Familien- und Entrepreneurunternehmen nicht oder nur unzureichend der Fall gewesen, weil die Abgabe von Kapitalanteilen und Kontrolle den Grundprinzipien beider Unternehmenstypen widersprochen habe.[18] Unter dem Eindruck entgegengesetzter Ergebnisse insbesondere für die deutsche Industrie, in der Familienunternehmen bis in das 20. Jahrhundert hinein eine wichtige Rolle spielten[19], modifizierte Chandler seine These später teilweise, indem er Familienunternehmen eine länger anhaltende Wettbewerbsfähigkeit zusprach, sofern sie in substantiellem Umfange auf

in erster Linie der Aufsichtsrat sowie die hinter dessen Mitgliedern stehenden Eigentümer zu verstehen.

15 Vgl. Casson, Information, S. 98, 114f. Cassons Entrepreneur als Informationsmanager steht dabei, aller institutionellen Einhegung zum Trotz, erkennbar in der Tradition von Schumpeters schöpferischem Unternehmer.

16 Ebd., S. 97f.; Göbel, Institutionenökonomik, S. 208f.; Erlei/Leschke/Sauerland, Institutionenökonomik, S. 184-187.

17 Chandler, Hand.

18 Ebd., S. 381f., 411-414.

19 Kocka/Siegrist, Industrieunternehmen, S. 55-122; s. auch Wischermann/Nieberding, Revolution, S. 264, mit weiteren Verweisen.

managerielle Strukturen und Verfahren zurückgriffen und somit das Entrepreneurmodell übernahmen. Der grundsätzlich teleologische Charakter der Chandler'schen These vom Weg zum Managerunternehmen blieb davon jedoch unberührt.[20]

Jüngere Studien haben indes herausgearbeitet, daß familiäre und personale Eigentumsstrukturen der Transformation in Managerunternehmen nicht entgegenstanden, wohl aber erhebliche Anpassungen in der *corporate governance* erforderten, um die Wahrung und Durchsetzung der Verfügungsrechte zu gewährleisten. Gerade die Notwendigkeit, einen komplexen technischen, kaufmännischen und Verwaltungsapparat mit beschränkten Personal- und Kapitalressourcen zu lenken, konnte zu einer effizienten Balance zwischen Zentralisierung über standardisierte Kommunikations- und Verfahrensregeln einerseits und Dezentralisierung zur Sicherung problemnaher, eigenverantwortlicher Unternehmensleitung andererseits führen, wie Jeffrey Fear am Beispiel des Thyssen-Konzerns gezeigt hat.[21]

Daran anknüpfend ist in der vorliegenden Untersuchung danach zu fragen, (a) wie Friedrich Flick die Herrschafts- und Lenkungsstrukturen in seinem Konzern zwischen den Polen autokratischer Zentralisierung und kompetenzdelegierender Dezentralisierung gestaltete und (b) inwieweit der Charakter des Flick-Konzerns als Personen- und Familienunternehmen Vor- und Nachteile für eine einheitliche Führung, die Behauptung im Wettbewerb sowie für das langfristige Überleben des Konzerns hatte.[22]

Stakeholder und Steuerungsmedien

Die Frage, wie die Anteilseigner Einfluß auf den Einsatz ihrer Kapitalien und die Unternehmensführung ausüben können, beschreibt die Beherrschungs- und Leitungsverhältnisse aus der Binnenperspektive der über ihr Eigentum qualifizierten *shareholder* und der beauftragten Manager. An der Verfassung und Führung eines Unternehmens wirken indes auch die sogenannten *stakeholder* mit, das heißt Anspruchsberechtigte, die ihre Mitsprachekompetenzen nicht aus unmittelbarem Besitz, sondern aus an das Unternehmen gebundenen Partikularinteressen ableiten. Unter *stakeholder* lassen sich so unterschiedliche Gruppen wie Arbeitnehmer, Bankengläubiger und kommunale Behörden subsumieren, die in Einzelfragen von Arbeitsplatzsicherung über Kreditbedienung bis zum Stadtbild am Werksstandort um Einflußnahme bemüht sind.[23] Auch Konkur-

20 Chandler, Scale, S. 235-237, 389-392; ähnlich Kocka, Management, S. 145 f. Kritisch vor allem die Arbeiten von Jeffrey Fear, vgl. Anm. 21, und Church, Family, S. 18-21, 38; allg. Kleinschmidt/Welskopp, Scale.

21 Fear, Control, S. 296, 299, 311, 511-513.

22 Einführend Colli, History; Jones/Rose, Family.

23 Vgl. Berghoff, Unternehmensgeschichte, S. 57; Göbel, Institutionenökonomik, S. 372 f.; Roe, Determinants, S. vi.

renten und Vertragspartner können *stakeholder*-Positionen einnehmen, etwa wenn es um Abschluß und Einhaltung von Kartellverträgen oder Lieferbeziehungen geht.[24]

Als wichtigster und zugleich umfassendster Anspruchsberechtigter tritt der Staat auf[25], dessen Interesse an der Gesamtheit wie auch an einzelnen Unternehmen sich aus dem Grundziel der volkswirtschaftlichen Funktionsfähigkeit ableitet. Insbesondere in einer Wirtschaftsordnung, in der sich die Produktionsmittel weitgehend in privater Hand befinden, ist das staatliche Interesse an der unternehmerischen Wertschöpfung ein grundsätzliches. Der Staat erläßt daher Normen bzw. schafft Institutionen, die einerseits die privatökonomische Tätigkeit erst ermöglichen, diese aber zugleich in den Dienst der gesamtwirtschaftlichen Funktionalität stellen sollen. Über Steuerungsmedien wie Rechtsetzung, Währungssystem, Ressourcenallokation, Machtausübung und Öffentlichkeitsschaffung stellt der Staat einen Rahmen bereit, innerhalb dessen der Markt sich erst konstituiert und Marktzugang und -nutzung möglich werden. In welchem Umfange und mit welchen Zielsetzungen im einzelnen von diesen Steuerungsmedien Gebrauch gemacht wird, kann – bei generellem Erhalt der privaten Eigentumsordnung – in Abhängigkeit von den wirtschaftsprogrammatischen Überzeugungen der jeweiligen politischen Entscheidungsträger erheblich variieren und über die Bereitstellung der materiellen wie immateriellen Infrastruktur hinaus sowohl die Form von Anreizschemata als auch von bewußt geschaffenen Zwangslagen annehmen.[26]

Charakterisiert dies das Verhältnis zwischen Staat und Wirtschaft allgemein, so konkretisieren sich die grundsätzlichen Beziehungen im Einzelfall. Staatliches Interesse an bestimmten Unternehmen wird stets dann begründet, wenn diese von – gerade mit Blick auf die Beschäftigtenzahlen – volkswirtschaftlich herausragender Bedeutung sind, ihre Produkte oder Standorte nationale Interessen berühren, teilweise auch dann, wenn es sich um technologisch besonders innovative Firmen handelt. Nicht zuletzt treten staatliche Interessen an privaten Unternehmen in Form von Joint-ventures auf, die Firmen aus dem Besitz der öffentlichen Hand eingehen. Beispiele für die genannten Konstellationen finden sich sämtlich in den verschiedenen Phasen der Geschichte des Flick-Konzerns

24 Vgl. Bähr, Governance, S. 62. Auf eine Einbindung in netzwerktheoretische Überlegungen wird im Rahmen dieser Arbeit verzichtet, einerseits weil über den *stakeholder*-Begriff im wesentlichen ähnliche interpersonale Beziehungen gefaßt werden können, andererseits weil der Netzwerkbegriff durch seine immense Ausdehnung an heuristischem Wert einzubüßen droht, vgl. Casson, Information, S. 117; beispielhaft für die fast unbegrenzte Ausweitung: Feldman/Seibel, Networks; eine gelungene Anwendung aber bei: Bütow, Freundeskreis.

25 Unter »Staat« wird im vorliegenden Kontext nicht die rechtlich verfaßte Gemeinschaft, sondern die aus verschiedenen Staatsorganen konstituierte Regulierungsinstanz zwischen den gesellschaftlichen Interessen- und Mächtegruppen verstanden; vgl. Zippelius, Staatslehre, S. 47f., 246-252.

26 Plumpe, Unternehmen im NS, S. 264; vgl. auch Ambrosius, Staat, S. 356.

und reichen von Steuerbegünstigungen über direkte Subventionsleistungen bis hin zu territorialen Expansionsunternehmungen.[27]

Die Ziele, die mit derartigen staatlichen Interventionen verfolgt werden, sind für private Unternehmen regelmäßig evident und entsprechend berechenbar, so daß die Schaffung bestimmter Konstellationen das Eingreifen der öffentlichen Hand geradezu provoziert. Staatliche *stakeholder*-Interessen werden mithin aktivierbar für unternehmenseigene Zwecke und können etwa in Gestalt von Rentabilitätsgarantien oder Risikominimierungen in die strategischen Planungen von Firmen einbezogen werden.[28] Politik rückt damit in die Rolle einer produktiven Kraft, die anderen Produktionsfaktoren nicht nur gleichgestellt, sondern aufgrund ihrer eigenen regulativen Meta-Funktion in der Lage ist, deren Nutzung zu modifizieren. Der Nähe zu politischen Funktionsträgern und Entscheidungsfindungsprozessen kommt daher vielfach herausragende Bedeutung zu, denn Unternehmer »with good political connections will earn differentially high profits [...], based on the fact that political connections are important for gaining access to resources, credit, and markets on favorable terms.«[29]

Staatlicher Ressourceneinsatz begründet aber notwendig Mitspracheansprüche und impliziert somit eine Beschränkung der Verfügungsrechte der Eigentümer. Die Gefahr von Kontrollverlusten steigt um so mehr, je weniger die staatlichen Instanzen durch rechtsstaatliche Prinzipien gebunden werden. Auf den Fall des Flick-Konzerns bezogen, stellte sich die Kalkulierbarkeit staatlichen Handelns unter variierenden politischen Rahmenbedingungen entsprechend unterschiedlich dar. Den Einsatz staatlicher Steuerungsmedien zu aktivieren, barg etwa in Kriegs- oder gelenkten Wirtschaftsordnungen potentiell das Risiko, daß die Kontrolle über Umfang und Art des staatlichen Eingreifens der Konzernführung entglitt und sich auf die ursprünglich verfolgten Ziele kontraproduktiv auswirkte.

27 Historische Präzedenzfälle für solche Verquickungen privater und staatlicher Ziele in der Kolonialpolitik sind die *chartered companies*, Handelsgesellschaften mit privilegiertem Zugang zu mehr oder weniger klar bestimmten Territorien, so die Vereenigde Oostindische Compagnie oder die British South Africa Company. Allerdings steht letztere für das Prinzip des *The flag follows the trade*, während im Falle des Flick-Konzerns die Betätigung in den besetzten Gebieten Europas politisch begründeten Territorialansprüchen folgte.

28 Ablehnend Sonderegger, Prinzip, S. 40, der die Verlustvermeidung unter Hinzuziehung nichtwirtschaftlicher Interessen als bloße »Scheinerhaltung« interpretiert. Dies ist aber Ausdruck liberaler Reinheitslehre: Für Unternehmen ist es letztlich nachrangig, ob sie Überleben und Profite durch staatliche Zuwendungen sichern, solange diese verläßlich kalkulierbar sind.

29 Harris, Entrepreneurship, S. 152.

Interne und externe governance im zeitlichen Längsschnitt

Die gewählten Strategien und Taktiken der Flick-Konzernführung im Verhältnis zu staatlichen und allgemein politischen Instanzen werden diachron analysiert, um Gemeinsamkeiten und Unterschiede über die politischen Systemwechsel hinweg herausarbeiten zu können. Gerade für den Flick-Konzern bietet sich ein solcher methodischer Zugriff an: Die große Kontinuität in der Führung der Konzernholding, personifiziert durch Friedrich Flick selbst sowie seine engsten Mitarbeiter wie Konrad Kaletsch, Alfred Rohde und Odilo Burkart, erlaubt es, die eine der beiden Variabeln im Verhältnis Staat–Wirtschaft als weitgehend konstant zu betrachten[30] und die durch politische Umbrüche verursachten Reaktionsmuster und Anpassungsleistungen um so schärfer zu akzentuieren. Die strategische Ausrichtung der Konzernpolitik an politischen und/oder konjunkturellen Veränderungsimpulsen – sei es in Gestalt von Anreizen und Chancen, sei es aufgrund von Handlungszwängen – läßt sich somit unabhängig von den üblichen Entscheidungssemantiken der Konzernverantwortlichen rekonstruieren. Auch die – vor allem mit Blick auf das »Dritte Reich« – häufig zu findenden apologetischen Argumentationsmuster werden überprüfbar. Strategische Orientierungen können damit vor dem Hintergrund der politischen und staatlichen Wandlungen Deutschlands im 20. Jahrhundert einerseits als Pfadabhängigkeiten kontingenter Unternehmensentwicklung und andererseits als Ausdruck opportunistischer Chancenauswertung und Anpassungsleistungen gedeutet werden. In diesem Zusammenhang sind nicht zuletzt die von den Akteuren selbst bemühten Interpretationen und Deutungsmuster als teils absichtliche, teils unbewußte Rationalisierungen des eigenen Handelns zu hinterfragen.

Das für die strategischen Grundentscheidungen gesagte gilt – »structure follows strategy«[31] – auch für die Verbindung von interner und externer Dimension der *corporate governance* des Flick-Konzerns. Veränderungen im Konzernaufbau, in den internen Entscheidungsstrukturen und Beherrschungsverhältnissen bzw. deren Ausbleiben sind in Relation zu den in den verschiedenen Entwicklungsphasen getroffenen strategischen Vorgaben und der dahinterstehenden Ausrichtung an den jeweiligen sozialen, wirtschaftlichen und politischen Rahmenbedingungen zu setzen. Insbesondere die eingangs konstatierte Flexibilität in Zusammensetzung und Ausrichtung des Flick'schen Unternehmensverbundes ist daraufhin zu prüfen, ob sie einen entsprechenden Ausdruck in der Konzernorganisation findet.[32]

Damit verbindet sich auch eine Grenzbestimmung, das heißt eine Demarkierung des Endes von Anpassungsfähigkeit und Flexibilität in unternehmerischer

30 Dies schließt individuelle charakterliche und Meinungsänderungen, Präferenzenwechsel u. ä. selbstverständlich nicht aus. Allerdings geraten diese nur in einer biographischen Engführung ins Blickfeld, die hier jedoch aufgrund der Quellenlage nicht geleistet werden kann.

31 So die idealtypische These bei: Chandler, Strategy, S. 14.

32 Vgl. Colli, History, S. 48.

Strategie und Struktur. Unternehmen unterliegen stets der Einschränkung, finanzielle Gewinne zum Zwecke der Bestands- und Existenzwahrung zu erzielen; die Rentabilität ist zugleich Grundlage und Zielvorgabe jeder privatunternehmerischen Betätigung.[33] Schließlich gerinnt das Minimalziel des Rentabilitätserfordernisses auch zum internen Rationalitätsstandard, zur Eigengesetzlichkeit (Weber) des kapitalistischen Lebensbereiches, der seinerseits die Bedingungen und Bewertungen unternehmerischen Handelns bestimmt.[34] An die These einer prinzipiellen Ausrichtung am Rationalitätsstandard der Gewinnerzielung knüpfen zwei Folgerungen unmittelbar an: Solange die Mindestanforderung der Rentabilität gesichert ist, erweisen sich erstens die kapitalistische Wirtschaftsordnung und ihre Protagonisten, die privaten Unternehmen, als politisch »polyvalent«[35] und somit wiederum als hochgradig anpassungsfähig gegenüber Änderungen in der staatlichen Ordnung. Die Orientierung an einer internen Eigengesetzlichkeit steht zweitens der Legitimierung durch außersystemische Erwägungen wie ethische Prinzipien entgegen, sofern diese nicht wirtschaftliche Wirkung entfalten.[36] Der Erfolg innerhalb des wirtschaftlichen Lebensbereiches bemißt sich in erster Linie nach dem Grad der Abweichung von diesem unreflektierten Rationalitätsstandard. Anders formuliert, die Minimalabweichung von einem solchem Idealweg impliziert maximalen unternehmerischen Erfolg.[37]

Aus den eingangs formulierten Fragestellungen und dem gewählten Analyserahmen ergibt sich zusammenfassend folgendes Arbeitsprogramm für die vorliegende Untersuchung:

1. Die Entwicklung des Flick-Konzerns soll in unternehmensbiographischem Zugriff und empirisch dicht beschrieben, erklärt und in die Wirtschafts- und Zeitgeschichte des 20. Jahrhunderts eingeordnet werden.
2. Damit soll – in Anlehnung an Werner Plumpes Diktum von der »Unmöglichkeit, Unternehmensgeschichte repräsentativ zu schreiben«[38] – ein Baustein zum Verständnis der Beziehungen zwischen Wirtschaft und Politik unter wechselnden Systemen staatlicher Ordnung angeboten werden.
3. Zugleich wird die Einordnung des Flick-Konzerns in den engeren Rahmen großindustrieller Unternehmensentwicklung sowie den weiteren Kontext der

33 Vgl. die geringere Ansetzung bei: Plumpe, Unternehmen, S. 61; ders., Unternehmen im NS, S. 257f.; dazu: Priemel, Rezension, S. 235.

34 Dies schließt andere – möglicherweise gar nicht reflektierte – soziale, psychologische, ideologische u. a. Motivationen für unternehmerisches Handeln keineswegs aus. Allerdings treten diese zum Rentabilitätserfordernis hinzu, ohne dieses aber außer Kraft setzen zu können bzw. nur um den Preis des Scheiterns des Unternehmens.

35 Feldman, Weltkrieg, S. 232.

36 Bekannte Beispiele sind öffentlichkeitswirksame Kampagnen für soziale und ökologische Mindeststandards für Erzeugnisse aus Drittweltländern oder die Diskussion um die Versenkung der Ölbohrplattform *Brent Spar* 1995.

37 Vgl. dazu Berger, Entdifferenzierung, S. 232-247.

38 Plumpe, Unternehmen, S. 62.

Wirtschaftselitenforschung angestrebt. Insbesondere ist dabei in den Blick zu nehmen, ob sich die prägende Gestalt Friedrich Flick einem Unternehmertypus zuordnen läßt.[39]

4. Die Beschreibung des Konzerns als gesellschaftlicher Akteur ist zu ergänzen durch eine Binnenperspektive, welche die *black box* von Organisationsstrukturen und Entscheidungsprozessen, Führungsstilen und Argumentationsmustern offenlegt und somit unternehmerisches Handeln im Einzelfall des Flick-Konzerns sowie in komparativer Perspektive erklärbar macht.
5. Schließlich ist eine Qualifizierung der Konzerngeschichte erforderlich. Unternehmerische, das heißt hier wirtschaftliche, Erfolge und Niederlagen sind, soweit empirisch möglich, zu identifizieren und abzuwägen. An die daraus zu ziehende Bilanz richtet sich die Frage, welche Rückschlüsse Erfolg und Mißerfolg des Flick-Konzerns auf die ökonomische Funktionalität ebenso wie auf den ethischen Gehalt der privatkapitalistischen Wirtschaftsordnung zulassen.

Gang der Arbeit

Ziel der Untersuchung ist eine umfassende, detaillierte und empirisch gesicherte Darstellung der Konzerngeschichte, die diachron den Bogen vom ausgehenden Kaiserreich des Ersten Weltkrieges über Weimarer Republik, nationalsozialistische Diktatur und alliierte Besatzungsherrschaft bis in die frühen Jahre der Bundesrepublik hinein spannt. Darstellung und Analyse folgen einer grundsätzlich chronologischen Ordnung entlang der konzerngeschichtlichen Eckdaten. Zugleich folgt die Studie einer Quergliederung, die sich aus einer Reihe thematischer Komplexe ergibt, anhand derer die inhaltlichen Leitfragen untersucht werden. Dies betrifft Aufbau und Abläufe des Konzerns, seine Beziehungen zu politischen Instanzen, zur industriellen Konkurrenz und zu Kreditinstituten sowie die Unternehmenspolitik gegenüber Minderheitsaktionären und die öffentliche Selbstdarstellung. Diese Felder sind regelmäßig nicht trennscharf zu unterscheiden. Fragen der Öffentlichkeitsarbeit etwa spielen in die Behandlung der Kleinaktionäre hinein, das Verhältnis des Flick-Konzerns zu staatlichen Funktionsträgern zieht sich durch nahezu alle Teilaspekte der Untersuchung hindurch. Statt einer Parallelisierung einzelner Erzählstränge, die Gefahr liefe, den evolutiven Charakter der Konzernbildung zugunsten eines bereits »fertigen« Ge-

39 Eine Unternehmertypologie stellt ein zentrales Desiderat der unternehmens- und sozialhistorischen sowie der betriebswirtschaftlichen Forschung dar. Seit den in der Tradition des Schumpeter'schen schöpferischen Unternehmers stehenden Überlegungen Fritz Redlichs sind hier nur geringe Fortschritte erzielt worden; Redlich, Unternehmer; vgl. Casson/Godley, Entrepreneurship, S. 25-60. Jüngere Versuche, die historische Unternehmerlandschaft Deutschlands zu ordnen, vor allem in Anthologien zur Wirtschaftselitengeschichte: Ziegler, Großbürger; Berghahn/Unger/Ziegler, Wirtschaftselite.

samtinterpretation des Konzerns in den Hintergrund treten zu lassen, wird daher eine chronologische Darstellung gewählt.

Dies entspricht auch dem engen Band zwischen Unternehmen und Gründergestalt: Die Karriere Friedrich Flicks und die Entwicklung des nach ihm benannten Konzerns sind voneinander nicht zu trennen. Obgleich die Arbeit keinem explizit biographischen Ansatz folgt, so ist doch die Person Flicks in allen hier behandelten Phasen das integrierende Moment des Konzerngebildes. Die der Unternehmensentwicklung zugrundeliegende lebensgeschichtliche Logik, die sich auch bei näherer Betrachtung als dominantes narratives Muster erweist, versperrt sich einer künstlichen Aufbrechung weitgehend. Entsprechend läßt sich die im folgenden entworfene Geschichte des Flick-Konzerns als eine Biographie ohne Privatleben charakterisieren, die der Laufbahn des Unternehmers Friedrich Flick folgt, nicht aber – auch aufgrund der Quellenlage – den Privatmann und Familienvater erfaßt. Wie groß der Anteil der Persönlichkeit Flicks ist, der somit nicht ins Bild kommt, mag dahingestellt bleiben. Allerdings deutet vieles darauf hin, daß die Konzentration auf den Unternehmer keine unzulässige Verkürzung bedeutet.

Eine Beschränkung findet die chronologische Ordnung in einzelnen thematischen Zusammenfassungen innerhalb der übergreifenden zeitlichen Folge. Dies gilt insbesondere für die Unterteilung nach regionalen und Branchenschwerpunkten. Da die Konzerngesellschaften seit den zwanziger Jahren stets an einer Vielzahl von Standorten und in unterschiedlichsten Wirtschaftszweigen angesiedelt waren, erscheint vor dem Hintergrund der föderalen Struktur von Kaiser- und »Großdeutschem« Reich sowie Weimarer und Bonner Republik[40] bzw. den zwischen den verschiedenen Industrien mitunter erheblich variierenden konjunkturellen Entwicklungen eine entsprechende Feingliederung erforderlich.

Die chronologische Annäherung an das Thema führt zu einer Untergliederung in drei Hauptteile mit sechs darstellenden Abschnitten. Die Schilderung nimmt nach einem Prolog, der den Beginn von Friedrich Flicks Karriere in den wirtschaftlichen Hintergrund siegerländischer Subventionswirtschaft und wilhelminischen Wirtschaftsbooms der Jahrhundertwende einbettet, ihren Ausgang im Jahr 1915. Damit setzt die eigentliche Konzerngeschichte mit der Berufung Flicks in den Vorstand der Charlottenhütte und der daran gebundenen Transformation vom Manager- zum Eigentümer-Unternehmer ein. Zugleich wird der bislang weitgehend unbeachtet gebliebenen Frage nach der finanziellen Basis für Flicks Aufstieg nachgegangen. Diese erste Phase der Konzerngeschichte (Teil A)

40 Der Grad der föderalen Ordnung differierte in den einzelnen Phasen erheblich. Insbesondere im NS-Staat war nach der »Gleichschaltung« staatsrechtlich nur bedingt von föderalen Strukturen zu sprechen. Dennoch blieben Rudimente erhalten, insbesondere dort, wo einflußreiche Gauleiter auch die Ämter von Ministerpräsidenten und/oder Reichsstatthaltern innehatten; vgl. im Überblick: Möller/Wirsching/Ziegler, Nationalsozialismus.

wird in zwei Etappen unterschieden, zum einen der unter den Voraussetzungen von Krieg und Inflation vollzogene Aufstieg der Charlottenhütte zur überregionalen Konzernholding (Abschnitt I), zum anderen die Erlangung der Kontrolle über die Vereinigten Stahlwerke in den sogenannten guten Jahren der Weimarer Republik, und endet schließlich im Bruch des Jahres 1932 (Abschnitt II). Die daran anschließende zweite Konzernepoche bis 1944 (Teil B) vollzieht die erneute Errichtung eines geschlossenen industriellen Komplexes nach und stellt diese in den Kontext einerseits langfristiger Wachstumsstrategien und andererseits der spezifischen Expansionschancen der nationalsozialistischen Wirtschafts-, Rassen- und Außenpolitik. Unterschieden wird dabei eine Zeitspanne inländischer Ausbreitung des Flick-Konzerns bis 1939, die durch Rüstungs- und »Arisierungs«konjunktur gekennzeichnet ist (Abschnitt III), von der darauffolgenden Phase der territorialen Expansion und der Unternehmensführung in der Kriegswirtschaft (Abschnitt IV). Die dritte Epoche (Teil C) schließlich stellt sich als Zeit der Krisenbewältigung und Neufindung dar. Die Erfahrung von politischem und wirtschaftlichem Zusammenbruch, Eigentums- und Kontrollverlust im Zuge der alliierten Besetzung Deutschlands wird in Abschnitt V behandelt. Abschließend werden die Voraussetzungen für die erfolgreiche Neuorientierung des Konzerns in der Nachkriegswirtschaft und die Grundzüge des dritten Aufstieges nachgezeichnet sowie die Ursachen für das finale Scheitern des Flick'schen Familienunternehmens beleuchtet.

Die Beschränkung auf eine stark geraffte Zusammenfassung der Konzernentwicklung nach 1955 in Form eines Ausblickes, der nicht denselben Anspruch auf Detailtreue und Präzision wie die übrigen Teile erfüllen kann, bedeutet die gravierendste Beschränkung der Untersuchung. Sie erfolgt aus Gründen der Arbeitsökonomie ebenso wie der Quellenlage. Die infolge von Enteignung und Entflechtung sehr weitgehende Neukonstituierung des Flick-Konzerns rückt eine große Zahl an Branchen und Unternehmen in den Blick, deren Erfassung und Einordnung in den Konzernzusammenhang einen im Rahmen eines Dissertationsvorhabens unvertretbaren Mehraufwand an Recherchen bedeutet hätte. Darüber hinaus setzen die Sperrfristen des behördlichen und die Nicht- oder nur teilweise Zugänglichkeit des privaten Quellenmaterials dem Aussagewert einer solchen Untersuchung enge Grenzen, zumal es an wissenschaftlichen Ansprüchen genügenden Vorstudien für die Einzelunternehmen fehlt.[41]

Die Zielsetzung einer *Konzern*geschichte impliziert eine weitere notwendige Selbstbeschränkung der vorliegenden Studie. Im Zentrum der Untersuchung stehen über weite Strecken nicht die Einzelunternehmen, sondern die Spitzenebene des Flick-Konzerns. Das setzt eine präzisere Handhabung des oft unscharf gebrauchten Konzernsbegriffs voraus, der vielfach synonym für große Unter-

41 So sind z. B. die Überlieferungen der Deutschen Bank nach 1945 – für die Bewertung der Flick'schen Stellung bei Daimler-Benz und das Verhältnis zu Abs und Quandt unerläßlich – der historischen Forschung nicht zugänglich; Schreiben des Historischen Instituts der Deutschen Bank v. 6.12.2006.

nehmen[42] oder für lediglich lose miteinander verbundene Unternehmensgruppen bzw. Kapitalinteressen Verwendung findet.[43] Dies ist wesentlich darauf zurückzuführen, daß der Begriff des Konzerns als besondere Ausformung des Unternehmens bislang nur in geringem Maße theoretisch reflektiert worden ist. Im folgenden wird daher eine Definition zugrundegelegt, die die Charakterisierung als Konzern aus der Praxis der Unternehmensführung ableitet. Als ausschlaggebend soll nicht die rechtliche oder die bloße besitzmäßige, sondern die tatsächliche wirtschaftliche Verbindung der Einzelgesellschaften gelten. Diese kann in Form von wechselseitigen Absatz- und Lieferbeziehungen, gemeinsamen Investitionsplanungen, Marktaufteilungen und Querfinanzierungspraktiken sowie einer verbandspolitischen Koordinierung erfolgen. Dabei müssen die genannten Voraussetzungen weder vollständig noch gleichzeitig erfüllt sein, aber jeweils auf gemeinsamen, kapitalmäßigen Eigentums- und Kontrollstrukturen beruhen.[44] Der Konzernstatus läßt sich somit nur in der Einzelfallprüfung feststellen.

Der gewählte Blickwinkel impliziert eine bewußte Konzeption als »Geschichte von oben«.[45] Dies bedeutet jedoch weniger einen Verzicht auf mikropolitische und -ökonomische Analyse als vielmehr eine Fokussierung auf einen bestimmten Teilbereich unternehmerischer Tätigkeit, in dem die Kommunikations- und Herrschaftsbeziehungen, die Aushandlungsprozesse und gegebenenfalls Konflikte zwischen Holding und Einzelgesellschaften, Eigentümern und Managern beleuchtet werden. Nicht in den Blick geraten damit über weite Strecken betriebsgeschichtliche Fragen. Insbesondere der große Bereich der industriellen Arbeitsbeziehungen wird nur gestreift, da diese im Falle des Flick-Konzerns auf der Unternehmerseite meist Firmen-, Werks- und Betriebsleitungen betrafen, hingegen nur in Einzelfällen auch Entscheidungen oder Handlungen der Konzernführung erforderten.

Dies ist in zweifacher Hinsicht zu qualifizieren. Die wirtschaftliche Entwicklung der bedeutendsten Einzelunternehmen kann nicht außer acht gelassen werden, da insbesondere hieran die Einbettung der Flick-Konzerngeschichte in den

42 Aus der Masse an Beispielen: Seebold, Stahlkonzern. Der Bochumer Verein war bis 1933 eine unselbständige Betriebsabteilung, danach eine Tochtergesellschaft der Vereinigten Stahlwerke; vgl. auch die Otto-Wolff-Geschichte, die mal die im Zuge der Entflechtung etablierte, amorphe Eigendefinition als »Gruppe« aufnimmt, mal vom Konzern spricht; Danylow/Soénius, Wolff, S. 7-11, 13, 297, ferner S. 302-305, 320-322.

43 Dies trifft regelmäßig für die DDR-Historiographie zu, in der praktisch jede Kapitalbeteiligung als ein Indiz für Konzernstrukturen gewertet wird, auch wenn damit weder eine wirtschaftliche Verbindung noch ein Beherrschungsverhältnis begründet wird; beispielhaft: Eichholtz/Schumann, Anatomie, S. 24f., 27, 33, 195, 240.

44 Vgl. die Definition bei Hofmann/Hofmann, Governance, S. 46, die als Konzern eine Zusammenfassung rechtlich selbständiger Gesellschaften, auf kapitalmäßiger Grundlage, aus wirtschaftlichen Erwägungen und unter einheitlicher Leitung verstehen.

45 Vgl. zur Kritik an einer solchen Verengung des Unternehmensverständnisses sowie der Forderung nach einer mikropolitisch und -ökonomisch ausgerichteten Unternehmens- und Betriebsgeschichte: Welskopp, Betrieb; ders./Lauschke, Einführung, S. 7-15.

konjunkturellen Rahmen zu leisten ist. Die Entwicklung einzelner Branchen und Firmen wird daher sowohl als Problemstellung, mit der die Konzernführung konfrontiert war, als auch als Ergebnis ihrer Entscheidungen berücksichtigt. Zum anderen wird den Einzelgesellschaften an jenen Punkten der Darstellung besondere Aufmerksamkeit geschenkt, an denen sie im Zentrum des Handelns der Konzernspitze bzw. an denen in Ermangelung einer Konzernstruktur Fragen der Unternehmens- und Werksführung für Flick und seine Mitarbeiter im Vordergrund stehen, wie etwa zu Beginn der Karriere Flicks bei der Charlottenhütte oder im Zuge der alliierten Besetzung.

Forschungsstand

Wenige historiographische Teildisziplinen haben in den vergangenen 15 Jahren eine ähnliche Konjunktur erfahren wie die Unternehmensgeschichte. Dazu beigetragen haben in erheblichem Maße die inhaltliche Erneuerung durch intensive Methodenreflexion und das gewandelte Selbstverständnis als theoriegeleitete Wissenschaft.[46] Als nicht minder einflußreich für die massive Zunahme unternehmensgeschichtlicher Publikationen erwies sich zudem die zeitweise intensive, inzwischen aber merklich abflauende öffentliche Aufmerksamkeit für die Beteiligung deutscher Unternehmen an der nationalsozialistischen Unrechtspolitik.[47] Diese fand ihren Ausdruck unter anderem in den politisch und medial geführten Debatten um die Zwangsarbeiterentschädigung, um Bankengewinne aus »Nazigold« oder um die Beteiligung der Degussa an der Errichtung des Mahnmals für die europäischen Juden in Berlin.[48] Angesichts der Flut neuerer unternehmensgeschichtlicher Arbeiten kann an dieser Stelle kein Überblick geleistet, sondern nur auf die zahlreichen Literaturberichte und Zwischenbilanzen verwiesen werden.[49]

Dennoch gilt es festzuhalten, daß sich die Forschungslage trotz der erheblichen Zunahme an Monographien und Aufsätzen zur Geschichte einzelner Firmen und Branchen weiterhin disparat präsentiert. Dies gilt sowohl in zeitlicher

46 Einen symptomatischen Ausdruck findet diese Entwicklung in den beiden unternehmensgeschichtlichen Einführungen jüngeren Datums; Pierenkemper, Unternehmensgeschichte; Berghoff, Unternehmensgeschichte.

47 Diese inhaltliche Verschiebung motivierte u. a. Kritik an der Zunahme angeblich theorieferner, entökonomisierter unternehmensgeschichtlicher Studien durch Zeithistoriker, s. die (müßige) Kontroverse zwischen T. Pierenkemper und M. Pohl in der ZUG 44 (1999), S. 15-31 und S. 150-163 sowie ZUG 45 (2000), S. 158-166.

48 Arning, Abrechnung; Nazi Gold (1998); Bähr, Goldhandel; Steinberg, Deutsche Bank; zur Degesch/Degussa: Hayes, Degussa.

49 U. a. Erker, Aufbruch, S. 321-365; ders., Business, S. 557-604; Banken, Nationalsozialismus; Plumpe, Unternehmen im NS; sowie die Einführungen von Pierenkemper und Berghoff. Den Blick auf die noch wenig beachtete Frage unternehmerischer Betätigung in der DDR öffnen: Großbölting/Schmidt, Unternehmerwirtschaft.

als auch in thematischer Hinsicht. So stehen hinter der Fülle an Studien, die sich mit der NS-Diktatur auseinandersetzen, Arbeiten zur Unternehmensgeschichte anderer Zeitabschnitte, insbesondere zur wilhelminischen Epoche und zur jüngsten westdeutschen Geschichte, deutlich zurück. Zudem bestehen signifikante Unterschiede in der Forschungsdichte zwischen mittelständischen und Großunternehmen[50] sowie zwischen einzelnen Branchen. Während etwa – wohl auch aufgrund ihrer ideellen Zugehörigkeit zur oft zitierten »Deutschland-AG« – die Großbanken[51], die Automobilproduzenten[52] und die Nachfolger der I.G. Farbenindustrie[53], letztere aber auch wegen ihrer durch das Werk Ausschwitz-Monowitz notorischen Identifizierung als »Profiteure des Unrechts«[54], regelrecht »ausgeforscht« worden sind, hat die Montanindustrie vergleichsweise geringe Beachtung gefunden. Dieser Befund überrascht auf den ersten Blick, gilt doch gerade die Schwerindustrie an Rhein und Ruhr gemeinhin als eine der – auch mit Blick auf die Beziehungen zwischen Politik und Wirtschaft – meistbeachtetsten Branchen. Dies traf jedoch, und auch dies mit Abstrichen, bis vor kurzem nur für die Zwischenkriegszeit und hier mit Blick auf die Rolle der Schwerindustriellen bei der Destabilisierung der Republik von Weimar zu.[55] Wissenschaftlich fundierte Einzelstudien zur Stahlindustrie des Ruhrgebiets und mehr noch anderer Regionen stellen hingegen ein Desiderat dar. Erst jüngst wurden Arbeiten zu den Krupp- und Otto-Wolff-Konzernen sowie zur Haniel-Dynastie vorgelegt, von denen indes allein die beiden Krupp-Bände eine ausreichende empirische Präzision und zumindest in Teilen auch theoretische Reflexion gewährleisten, um als Unterlage für eine vergleichende Konzern- und Branchengeschichte der Schwerindustrie dienen zu können.[56] Die insgesamt gründlichste Bearbeitung hat der Komplex des Thyssen-Konzerns und der Vereinigten Stahlwerke erfahren. Allerdings verteilen sich die Ergebnisse auf nahezu ein halbes Dutzend Publikationen diverser Autoren mit stark variierenden Erkenntnisinteressen und nicht minder unterschiedlichen Qualitätsstandards.[57]

50 Vgl. Berghoff, Kleinstadt.

51 Gall/Feldman/James u. a., Deutsche Bank; James, Deutsche Bank; Herbst/Weihe, Commerzbank; Henke, Dresdner Bank.

52 U. a. Gregor, Stern; Hopmann/Spoerer/Weitz/Brüninghaus, Zwangsarbeit; Mommsen/Grieger, Volkswagenwerk; Seidl, BMW; Werner, Kriegswirtschaft.

53 Hayes, Industry; Plumpe, Farbenindustrie; Stokes, Heirs; Abelshauser, BASF; Lindner, Hoechst.

54 Schanetzky, Unternehmer, bes. S. 72 f.

55 Vgl. Reckendrees, Stahltrust, S. 22; u. a. Weisbrod, Schwerindustrie; Neebe, Großindustrie.

56 Gall, Krupp; ders., Krupp im 20. Jahrhundert; Danylow/Soénius, Wolff; James, Familienunternehmen. Unter der Vielzahl an Festschriften erfüllt allein Wessel, Kontinuität, wissenschaftliche Ansprüche.

57 Zu Thyssen vor allem: Fear, Control; ders., Thyssen; Rasch, Thyssen; Wessel, Thyssen; Wegener, Thyssen; zu den VSt bis 1933/34 ebf. Fear, Control, der allerdings das Erbe der übrigen VSt-Gründergesellschaften weitgehend außer Acht läßt, sowie vor allem die ebenso grundlegende wie gründliche Studie von Reckendrees, Stahltrust. Zu den VSt

Schließlich hat auch der Bereich der Unternehmerbiographie abseits einer Anzahl älterer, meist hagiographische Arbeiten[58] bislang nur wenig Beachtung gefunden. Nicht zuletzt aufgrund des regelmäßig fehlenden Quellenmaterials oder mangels Zugang zu den entsprechenden Unterlagen sind zahlreiche Schlüsselfiguren der deutschen Wirtschafts- wie auch Politikgeschichte im 20. Jahrhundert weitgehend unberücksichtigt geblieben. Entsprechend stellen umfassende Arbeiten wie Gerald Feldmans große Stinnes-Biographie nach wie vor Solitäre in der Forschungslandschaft dar.[59]

Von einem Forschungsstand zur Geschichte des Flick-Konzerns läßt sich nur bedingt sprechen. Die vorhandene Literatur zerfällt in eine Vielzahl von Publikationen, die sich ganz überwiegend mit Einzelaspekten befassen und dies auf stark differierenden Quellengrundlagen. Die vorhandenen Gesamtdarstellungen sind sämtlich journalistischer Natur und beschränken sich auf die meist kolportagehafte, überwiegend unbelegte Nacherzählung des Werdeganges Friedrich Flicks und seiner Erben. Die Konzerngeschichte interessiert hier im wesentlichen als Skandalon. Den Prototyp dazu bildet das Portrait Flicks in Felix Pinners bekannter Sammlung *Deutsche Wirtschaftsführer* (1924), das in seiner Darstellung Flicks als Börsenspekulant enorm wirkmächtig geworden ist und bis in die jüngste, auch wissenschaftliche Diskussion nachhallt. Daß Pinners Prophezeiung, Flick habe »als Industrieller angefangen und [werde] schließlich als Spekulant enden«, nicht eintraf, hat ihrer Verbreitung keinen Abbruch getan.[60] In Pinners Gefolge hat vielmehr eine Reihe von Autoren den Konzern aus journalistischer und populärwissenschaftlicher Sicht, allerdings mit kontinuierlich abnehmender Präzision beschrieben.[61] Ferner erschien der Flick-Konzern regelmäßig als

1933-1945 vgl. Mollin, Montankonzerne, in weiten Teilen eine Geschichte der Auseinandersetzung zwischen VSt und den Reichswerken »Hermann Göring«, die die Vereinigten Stahlwerke Pars pro toto für weite Teile der deutschen Schwerindustrie nimmt und vielfach holzschnittartig gerät; dazu unten sowie die Kritik bei Roth, Monopolkapital.

58 Paradigmatisch etwa: Klass, Vögler; Maschke, Konzern. Zu Vögler jetzt aber: Hachtmann, Wissenschaftsmanagement.

59 Feldman, Stinnes; Wulf, Stinnes, widmet sich trotz des Titels fast ausschließlich dem Politiker Stinnes. Anders Gehlen, Silverberg, der eine überzeugende Verknüpfung der unternehmens- und verbandspolitischen Aktivitäten Silverbergs leistet. Im Bereich der Schwerindustrie fehlen fundierte Arbeiten u. a. zu Emil Kirdorf, Fritz Springorum, Ernst Poensgen, Peter Klöckner oder Hermann Röchling völlig. Zu Paul Reusch jetzt aber: Marx, Netzwerkhandeln. Als biographische Studien einflußreicher Bankiers erschienen jüngst Barkai, Wassermann, und Gall, Bankier. Galls Arbeit spart leider viele interessante Fragen aus und wirft kein Licht auf das Verhältnis der langjährigen Geschäftspartner Flick/Abs.

60 Pinner, Wirtschaftsführer, S. 99-104, Zitat: S. 104.

61 Meist informativ, aber unbelegt die zahlreichen Publikationen von Kurt Pritzkoleit: ders., Deutschland; ders., Männer; ders., Gott. Detailliert, doch nicht selten unzuverlässig: Ogger, Flick; ferner: Ohlsen, Milliarden; Ramge, Flicks; wissenschaftlichen Grundanforderungen genügend, aber über die bekannten Ergebnisse vor allem der DDR-Forschung nicht hinausgehend: Hörster-Philipps, Schatten. Als aufschlußreich, aber ohne nachvollziehbare Quellenbasis erweisen sich die Berichte des Deutschen

einer der bevorzugten Protagonisten in der »Agitprop«-Literatur der siebziger und achtziger Jahre, die jedoch dem Wissensstand nichts Neues hinzuzufügen vermochte.[62]

Hervorzuheben sind die im Zuge der Spendenaffäre Mitte der Achtziger entstandenen Publikationen, die mit Hilfe des durch umfangreiche Recherchen und die Ermittlungen des parlamentarischen Untersuchungsausschusses verfügbaren Quellenmaterials ein klares Bild über die Verknüpfungen von Parteienfinanzierung und Steuerbegünstigungen im Nachgang des 1975 erfolgten Verkaufs des Daimler-Benz-Aktienpakets zeichnen. Entsprechend ist für diesen Komplex ein weitgehend gesicherter, detaillierter Wissensstand zu konstatieren.[63]

Unterdessen hat sich die historische Forschung vorwiegend auf Teilaspekte der Konzerngeschichte konzentriert. Im Mittelpunkt des Interesses stehen die sogenannte Gelsenberg-Affäre[64], die »Arisierungs«politik, der Zwangsarbeitereinsatz und das Kriegsverbrecherverfahren gegen Friedrich Flick und seine Mitarbeiter. Gemeinsam ist der Mehrzahl der Beiträge, daß die jeweiligen Einzelfragen isoliert betrachtet und kaum in den weiteren Kontext der industriellen Strategie Flicks eingeordnet werden. So ist etwa die Gelsenberg-Affäre, auch wegen der stark variierenden zugrundegelegten Quellen, in schroff unterschiedenen Interpretationen aus persönlichen industriepolitischen Präferenzen des Reichswirtschaftsministers Hermann Dietrich[65], aus dem Interessenkonflikt industrieller Monopolgruppen[66] und aus der staatlichen Ostrevisionspolitik der Reichsregierungen mit Flick als »Galionsfigur«[67] erklärt worden. Den Charakter einer vor allem unternehmerisch motivierten Verkaufsentscheidung, die eine politische Intervention aktiv herbeiführte, hat erst Alfred Reckendrees herausgearbeitet.[68] Er leistet in seiner Arbeit zur Gründung und Entwicklung der Vereinigten Stahlwerke (VSt) zudem eine Standortbestimmung der Rolle Flicks Ende der zwanziger Jahre und gelangt zu dem Ergebnis, daß die durch eine geschickte Majorisierungsstrategie erlangten Verfügungsrechte Flick im Verbund mit dem Großaktionär Fritz Thyssen und dem Vorstandsvorsitzenden Albert

Wirtschaftsinstituts (Berlin-Ost) aus den Jahren 1959/60, insbesondere die Nrn. 3 (Febr. 1959) u. 11 (Juni 1959).

62 Aus der Masse einschlägiger Publikationen: Engelmann/Wallraff, Ihr da oben, S. 202-210; Bachmann/Carlebach, Minister; Hartmann, Karrieren, S. 7-23; symptomatisch Schabrod, Widerstand gegen Flick und Florian, in dem Flick abseits des alliterativen Titels keine Rolle spielt.

63 Kilz/Preuss, Flick; Feyerabend, Milliarden; Burchardt/Schlamp, Flick-Zeugen; Schily, Politik; einen sehr gerafften Überblick bietet: Bartholmes, Flick-Affäre; ferner Landfried, Parteifinanzen.

64 »Gelsenberg« war das Telegraphenkürzel der Gelsenkirchener Bergwerks-AG (GBAG).

65 Saldern, Dietrich, S. 179-183.

66 Volkland, Hintergründe; Gossweiler, Rolle, S. 238, 254-281; ders., Stahlwerke, S. 27-33.

67 Hallgarten, Hitler, S. 102-107; Zitat: Köhler, Verhältnis, S. 878-883; Stegmann, Flick, folgt der Argumentation Köhlers und bezieht keine zusätzlichen Quellen oder neuere Literatur ein.

68 Reckendrees, Stahltrust, S. 477-507; jetzt auch: ders./Priemel, Politik.

Vögler zur dominanten Persönlichkeit des größten deutschen Stahlkonzerns in dieser Phase machten.[69] Allerdings nähert sich Reckendrees Flick vorwiegend über dessen Verhältnis zu den VSt an, so daß Beteiligungen der Charlottenhütte, die nicht in unmittelbarem Konnex zu ihnen stehen, ebenso wie der engere Führungskreis Flicks kaum ins Bild kommen.[70]

Die Konzerngeschichte Flicks im Nationalsozialismus ist geprägt von oft groben Vereinfachungen. So leitet sich die Charakterisierung des Konzerns als »junges«, expansionsbegieriges und binnenmarktfixiertes Unternehmen in Gerhard Mollins Pionierstudie kaum aus einer Analyse der Flick'schen Strategie ab, sondern dient vorrangig als Kontrastfolie für die als sozial etabliert, politisch konservativ, wirtschaftlich aber international ausgerichtet beschriebenen »Ruhrbarone« in den Vorstandsetagen von Krupp, Gutehoffnungshütte und VSt. Diese Interessendivergenz gilt Mollin als zentrales Moment für die Schwächung der Gesamtheit der Montankonzerne gegenüber dem wachsenden Interventionismus der parteigelenkten Befehlswirtschaft. Dem Flick-Konzern kommt dabei, gemeinsam mit so unterschiedlichen Unternehmen wie Otto-Wolff, Mannesmann und dem Ballestrem-Konzern, die Rolle eines Parvenüs, wenn nicht gar eines *outlaw*, zu, der unter Verletzung traditioneller Konventionen durch prononcierte Affirmation an das NS-Regime den eigenen Vorteil suchte.[71]

Mollin kann somit die Konzernbau- und Führungsstrategie Flicks ebensowenig herausarbeiten wie die den »Arisierungen« gewidmeten Studien Karl-Heinz Thielekes und Lisa M. Stallbaumers. Thieleke baut seine Analyse weitgehend auf dem Theorem des »Staatsmonopolistischen Kapitalismus« (Stamokap) auf und marginalisiert entsprechend die originären rassenpolitischen Zielsetzungen des NS-Regimes zugunsten der Bereicherungsziele der privaten Unternehmen. Aushandlungsprozesse zwischen Unternehmens- sowie Staats- und Parteivertretern, denen wenig mehr als ein Agentenstatus zugebilligt wird, haben daher kaum Platz in seiner Untersuchung.[72] Die unveröffentlichte Dissertation Stallbaumers, deren Ergebnisse in mehreren Aufsätzen zusammengefaßt sind, untersucht in differenzierterer Form die wechselnden Beziehungen zwischen den Protagonisten von Konzern und Staat. Allerdings erreicht Stallbaumer ihr selbstgestecktes Ziel, die »Arisierungen« des Flick-Konzerns durch Kontextualisierung in wirtschafts- und unternehmenspolitisch übergreifende Zusammenhänge zu

69 Reckendrees, Stahltrust, S. 287-294, 580 f.

70 Biographische Studien sowohl führender Manager des Konzerns als auch seiner wichtigsten Teilgesellschaften fehlen. Die Arbeiten zu H. Koppenberg und O.-A. Friedrich konzentrieren sich jeweils auf andere Karriereabschnitte: Budraß, Unternehmer; Berghahn/Friedrich, Friedrich. Allenfalls von militärhistorischem Interesse ist: Herzog, Kapitänleutnant.

71 Vgl. Mollin, Montankonzerne. Mangels anderer Arbeiten zur Schwerindustrie hat diese scharfe Akzentuierung ungeachtet ihrer teils schwachen quellenmäßigen Erhärtung weite Verbreitung erfahren. Daher wird die vorliegende Untersuchung als Fallstudie die starke These Mollins zu prüfen haben.

72 Thieleke, Fall 5, S. 353-451.

erklären, nur partiell. Insbesondere limitiert die zugrundegelegte Quellenbasis, die sich auf die 1945 beschlagnahmten Akten beschränkt, das Blickfeld erheblich und führt etwa zu der Einschätzung, die Position Flicks im Zuge der Ignaz-Petschek-»Arisierung« habe sich von einer freundlichen Kooperation mit staatlichen Behörden zu einer passiven, weitgehend erzwungenen Teilnahme an dem Enteignungsprozeß verschlechtert. Flick sei mithin vom Antreiber zum Getriebenen geworden.[73] Die Ergebnisse einer breiteren Quellenauswertung stellen diesen Schluß jedoch in Frage.

Ähnliche Vorbehalte wie gegenüber Thielekes Studie gelten auch für die vorwiegend in der DDR entstandenen Studien zur Zwangsarbeit und Betriebsgeschichte einzelner Werke. Diese greifen, zumal auf unzureichender empirischer Basis, wiederum auf eine Stamokap-geleitete Deutung der Kriegswirtschaft als Ausdruck militaristisch-imperialistischer Zielsetzungen der Großindustrie zurück und lassen praktisch keinen Raum für notwendige Differenzierungen nach Branchen und Unternehmen. Insbesondere mit Blick auf den Einsatz ausländischer Arbeiter und Kriegsgefangener erscheint der Flick-Konzern daher als monolithischer Block, unabhängig davon, ob Entscheidungen durch die Konzernführung, die Unternehmensvorstände oder durch Werks- und Betriebschefs getroffen wurden.[74] In gewisser Umkehrung dazu verzichtet eine Reihe von Festschriften und meist post mortem verfaßten Betriebsgeschichten einzelner Gesellschaften und Werke weitgehend auf eine Einbindung in die Konzerngeschichte. Nicht zuletzt genügen vor allem Festschriften älteren Datums wissenschaftlichen Grundanforderungen regelmäßig nicht oder nur teilweise.[75]

Lediglich zwei Veröffentlichungen widmen sich dem Nachkriegsprozeß der US-Besatzungsbehörde gegen die Konzernführung 1947. Während Klaus Drobischs Beitrag wenig mehr bezweckt, als die Angeklagten, die ihnen vorgeworfenen Verbrechen und das Urteil zu rekapitulieren, nähert sich Susanne Jungs Monographie dem Verfahren aus rechtstheoretischer Perspektive. Ziel der Studie ist eine allgemeine Darstellung der völker- und strafrechtlichen Grundlagen der Nachfolgeprozesse, nicht aber eine Untersuchung der konkreten prozeßstrate-

73 Stallbaumer schreibt die konzeptionelle Verantwortung für die »Arisierungen« weitgehend dem NS-Staat zu, der sich die alleinige Nutzungs- und Verteilungsbefugnis der arisierten Objekte vorbehalten und diese nur unter volkswirtschaftlichen Auflagen an Private abgegeben habe. Die gemeinsamen Planungsprozesse treten dabei jedoch in den Hintergrund; Stallbaumer, Business; dies., Coercion; dies., Persecution.

74 Müller, VEB Riesa; Dils, 20 Jahre; Drobisch, Ausbeutung; ders., Dokumente; ders., Werkschutz; Dörr, Vorgehen; über die Ergebnisse der vorgenannten Studien nicht hinausgehend: Littmann, Notstand. Die Arbeit von Urban, ÜberLeben, stellt auf guter Quellengrundlage zwei Tochtergesellschaften der FFKG in den Mittelpunkt und lenkt den Blick auf die Entscheidungsebene vor Ort. Die Arbeit verzichtet jedoch auf eine Bewertung der Konzernebene.

75 Trotz der Einschränkungen aufschlußreich: Mariaux, Gedenkwort; ferner: Pohl, Buderus; Treue/Zima, Hochleistungsmotoren. Für weitere Festschriften s. Anmerkungsapparat. Als Werksgeschichten sind vor allem zu nennen: Leben und Arbeit (1987); 150 Jahre Maxhütte (2003); Die Maxhütte Unterwellenborn 1873-1964.

gischen Ziele oder der Selbstwahrnehmung und -darstellung der Angeklagten. Auch eine Einordnung in vergangenheitspolitische Zusammenhänge liegt außerhalb des Erkenntnisinteresses von Jungs Arbeit.[76]

Quellen

Die Sichtung der verfügbaren Literatur unterstützt den Ansatz, eine detaillierte Rekonstruktion der Konzerngeschichte als Ausgangsbasis für die Analyse von Unternehmensstrukturen, Entscheidungswegen und Aushandlungsprozessen sowohl innerhalb des Konzerns als auch in den Außenbeziehungen zu erarbeiten. Zugleich weisen die Desiderate der wissenschaftlichen Literatur auf die prekäre Quellenlage hin. Diese ist gekennzeichnet durch den Kontrast zwischen einer quantitativ überwältigenden Materialmenge, die eine pauschale Charakterisierung der Überlieferung als schlecht verbietet, auf der einen Seite und der fragmentarischen Aussagekraft der Einzelbestände auf der anderen Seite.

Die Gründe für die komplizierte Situation sind vielfältiger Natur. Zuvorderst ist dabei auf den Umstand hinzuweisen, daß – im Gegensatz zu den Objekten vieler anderer unternehmensgeschichtlicher Studien – der Flick-Konzern nicht mehr existiert. Weder besteht ein Firmen- noch ein für die wissenschaftliche Forschung zugängliches Familienarchiv. Eine Quellenüberlieferung, die in konsolidierter Form den Kernbereich der Arbeit – die Spitzenebene der Konzernführung – abdeckt, fehlt somit völlig. Weitere Schwierigkeiten ergeben sich aus dem Umstand der vielfachen Reorganisationen, Unternehmensan- und -verkäufe. Bei Eigentümerwechseln kam es regelmäßig zu Aufsplitterungen der Aktenbestände, zumal die Mehrheit auch der Großunternehmen lange Zeit keine systematisch geführten Archive unterhielt. Im Falle des Flick-Konzerns sind, neben den Auswirkungen des Luftkrieges und gezielter Vernichtung[77], zudem die Folgen der alliierten Besetzung in Rechnung zu stellen. Durch die Beschlagnahmungen von Akten, die Enteignungen in der sowjetischen Besatzungszone sowie die Entflechtungsbestimmungen wurden in großem Umfang Eigentumsbeziehungen auseinandergerissen und wiederum Aktensammlungen transferiert, möglicherweise auch aufgelöst.[78]

Zugleich bedeuten die vielfachen Besitzerwechsel für die Zugänglichkeit der vorhandenen Unterlagen einen nicht zu unterschätzenden Vorteil. Durch die

76 Jung, Rechtsprobleme; Drobisch, Fall 5; vgl. ferner Quaritsch, Nachwort, S. 125-130.

77 Das Berliner Büro der FFKG wurde 1944 ausgebombt, ein Großteil der Akten war aber zuvor schon verlagert worden. Auch andere Unternehmenszentralen wie die der Harpener Bergbau AG erlitten schwere Zerstörungen. In welchem Umfang dadurch Akten verloren gingen, läßt sich nicht feststellen.

78 Dies betritt insbesondere die Harpener Bergbau und die Essener Steinkohlenbergwerke, die in den fünfziger Jahren verkauft wurden und für die lediglich Splitterbestände im Bergbauarchiv Bochum, im Westfälischen Wirtschaftsarchiv und im Mannesmann-Konzernarchiv bestehen.

freiwilligen und erzwungenen Ausgliederungen wurde Aktenmaterial in erheblichem Ausmaß dem Zugriff der restriktiven Öffentlichkeitspolitik der Flick-Konzernführung entzogen, die sich nach dem Krieg frühzeitig und mit Erfolg um die Rückgabe ihrer beschlagnahmten Konzernakten bemühte.[79] Durch die Besitzverschiebungen gelangten daher Unterlagen teils in den Besitz anderer Privatunternehmen, die entsprechende Akten in ihre eigenen Archive integrierten, teils an öffentliche Archive. Als zweiter Vorteil der Quellenerschließung erweist sich der dauerhafte Einfluß politischer Faktoren auf die Entwicklung des Flick-Konzerns. Dieser erlaubt es, die Verhandlungen mit staatlichen Verantwortlichen über weite Strecken aus den Überlieferungen der Behörden von Reich und Bund, Ländern und Kommunen zu rekonstruieren. Gleichwohl ist dabei eine doppelte interpretatorische Verzerrung in Rechung zu stellen. Zum einen wird das Konzernhandeln aus der durch eigene Zielsetzungen gefärbten Sicht der Regierungs- und Behördenvertreter beurteilt. Zum anderen läuft die Analyse Gefahr, durch eine Überrepräsentation öffentlicher Überlieferungen die Rolle staatlicher Instanzen an der Gesamtentwicklung überzubewerten. Dies ist bei der Auswertung zu beachten.

Persönliche Nachlässe, Handakten, Briefwechsel oder Sekretariatsüberlieferungen liegen – abgesehen von vereinzelten Dokumenten – weder für Flick noch für seine wichtigsten Mitarbeiter vor 1955 vor.[80] Auch für zeitweise enge Vertraute Flicks in anderen Unternehmen wie Albert Vögler und Oskar Sempell (VSt), Heinrich von Stein (J. H. Stein), Jakob Goldschmidt (Danat-Bank) und Max von der Porten (VIAG) fehlen entsprechende Archivalien.[81]

Ungeachtet der konstatierten Aufsplitterung der Quellen kann das vorliegende Buch auf zwei Kernbestände aufbauen. Dies ist zum einen der aus dem

79 Kaletsch an Kirby, 29.4.1949; Gantt an Kaletsch, 23.4.1949, beide IfZ MF 260 17/248-3/17. Der Flick-Konzern erhielt als einer der ersten seine Originalakten von den US-Behörden vollständig zurück. Ob diese zuvor zur Gänze oder nur teilweise verfilmt worden waren, ist unklar; Phoenix-Rheinrohr AG an Leysieffer, 10.4.1963, TKA BIW/119.

80 Für die sechziger und siebziger Jahre befindet sich mit dem Nachlaß Otto A. Friedrichs im Archiv für Christlich-Demokratische Politik ein Bestand von zentraler Bedeutung; der dort ebenfalls verwahrte Nachlaß Robert Tillmanns, 1940-1945 Leiter des Sekretariats Flicks, ist wegen Tillmanns' nachgeordneter Rolle in der Konzernführung wenig ergiebig. Auch der in Düsseldorf überlieferte Nachlaß Wolfgang Pohles, seit 1960 Generalbevollmächtigter Flicks, enthält kaum relevante Unterlagen. Mit Eberhard von Brauchitsch hat ein Generalbevollmächtigter Flicks und die zentrale Figur der Spendenaffäre eine Autobiographie veröffentlicht. Allerdings ist dieser weder zur Affäre noch zur Konzernführung Wesentliches zu entnehmen; Brauchitsch, Preis.

81 Der im Rheinisch-Westfälischen Wirtschaftsarchiv jüngst verzeichnete Bestand des Bankhauses J. H. Stein, bis Anfang der Zwanziger eine der wichtigsten Bankverbindungen der Charlottenhütte, enthält praktisch keine Unterlagen für den Zeitraum 1915 bis 1925; Schreiben des RWWA v. 2.3.2006. Zur Quellenlage für die VSt s. Reckendrees, Stahltrust, S. 56f. Seit Reckendrees' Arbeit sind jedoch im ThyssenKrupp Konzernarchiv die Nachlässe von Heinrich Dinkelbach und Walter Rohland zugänglich geworden, die auch Aufschluß über Aktivitäten Flicks geben.

ehemaligen Zentralen Staatsarchiv Potsdam in das Bundesarchiv übernommene Bestand »Flick-Konzern«, der eine große Bandbreite von Teilfragen berührt. Der sowohl aus Resten der Berliner Zentrale Flicks als auch aus den Büros diverser Einzelunternehmen der sowjetischen Besatzungszone bzw. später der DDR zusammengezogene, in sich höchst heterogene Bestand umspannt einen Zeitraum von etwa 1923 bis 1947 und gibt ebenso Aufschluß über Fragen der Konzernführung wie der betrieblichen Ebene. Den zweiten zentralen Quellenkorpus bilden die Nürnberger Prozeßakten sowie die zugehörigen Ermittlungsunterlagen, die vorwiegend im Staatsarchiv Nürnberg eingesehen wurden. Die Nürnberger Dokumente haben von der Forschung am meisten Beachtung erfahren, ohne jedoch umfassend ausgewertet worden zu sein.[82] Zudem ist mit Blick auf die Zielsetzung der Zusammenstellung – die Beweisführung gegen einzelne Beschuldigte zu eng gehaltenen Anklagepunkten – zu beachten, daß diese Unterlagen regelmäßig der Eingliederung in größere Quellenzusammenhänge bedürfen, um über ihre unmittelbare juristische Verwendung hinaus historischen Aussagewert zu erlangen. Als Glücksfall für die Quellenrecherchen erwies sich die Einsicht in bislang unberücksichtigt gebliebene Handaktenbestände sowohl der US-Ankläger als auch der deutschen Verteidiger. Diese enthalten nicht nur im Flick-Verfahren ungenutzt gebliebene Dokumente, sondern geben insbesondere auch Aufschluß über Konzeption und Führung des Prozesses und ergänzen somit die Überlieferungen der amerikanischen National Archives.[83]

Als weiterer Glücksfall erwies sich die Möglichkeit, die Unterlagen des Betriebsarchivs der Neue Maxhütte GmbH, Sulzbach-Rosenberg, noch während ihrer Vorselektierung im Zuge des Liquidationsverfahrens einzusehen. Diese geben wichtige Aufschlüsse über die turbulente Übergangszeit zwischen der alliierten Besetzung 1945 und der Rekonsolidierung der Konzernstruktur nach dem Ende des Kriegsverbrecherprozesses.[84] Für die diversen staatlichen Behörden, mit denen der Flick-Konzern bzw. seine Tochtergesellschaften in Kontakt kamen, wurde eine Reihe von Bundes-, Staats-, Landes- und Kommunalarchiven konsultiert. Auch Unterlagen von Verbänden und semihoheitlichen Organen wurden hier berücksichtigt. In den Staats- und Landesarchiven der neuen Bundesländer finden sich infolge der Umwandlung in Volkseigene Betriebe (VEB) Überlieferungen der ehemals mitteldeutschen Firmen Flicks. Für die VSt-Phase

82 Es existieren zwei Quelleneditionen zu den Nachfolgeprozessen. Dabei handelt es sich um die englischen Übersetzungen ausgewählter Beweisstücke und Verhandlungsprotokolle, die in der vielbändigen Reihe Trials of War Criminals (TWC) versammelt sind. Eine in der DDR begonnene Edition der Nachfolgeprozesse blieb unvollständig. Der Band zum Flick-Prozeß erschien als: Thieleke, Fall 5.

83 Die US-Verfilmungen der beschlagnahmten Konzernunterlagen liegen in Teilen als Bestandsergänzungsfilme im Bundesarchiv Berlin vor; die Zitierung folgt den Filmnummern, nicht den jüngst erstellten Aktensignaturen.

84 Die Unterlagen sind inzwischen in weiten Teilen an das Bayerische Wirtschaftsarchiv München und das Stadtarchiv Sulzbach-Rosenberg gelangt. Größere Aktenmengen wurden jedoch vernichtet.

der Flick-Konzerngeschichte stellen die Unternehmens- und Wirtschaftsarchive an Rhein und Ruhr unverzichtbare Quellen bereit. Splitterbestände, insbesondere Nachlässe verschiedener Provenienzen, wurden in diversen Unternehmens-, Stiftungs- und staatlichen Archiven eingesehen.

Aus dem Gesagten ergibt sich erstens, daß die Herausarbeitung der Konzernpolitik nur teilweise – sofern dazu beschlagnahmtes Archivgut der Holdingfirmen Flicks oder Parallelüberlieferungen privater und öffentlicher Verhandlungspartner zur Verfügung stehen – von der Spitze her erfolgen kann, in weiten Teilen aber aus den Akten von Tochterunternehmen des Konzerns zu rekonstruieren ist. Dies spricht ebenfalls für den gewählten analytischen Rahmen der *corporate governance*. Die Vielzahl von Provenienzen bedingt zweitens fragmentarische, lückenhafte und uneinheitliche Quellenfolgen. Dies gilt für strategische Entscheidungsfindungsprozesse, die oftmals nicht kontinuierlich nachgezeichnet werden können, mehr noch aber für die betriebswirtschaftliche Entwicklung. Gerade hier fehlen konsolidierte und aggregierte Daten nicht nur für die Konzernebene. Insbesondere die Bewertung des Unternehmenserfolges kann daher lediglich als Annäherungsgröße verstanden werden, ohne daß Anspruch auf eine präzise Aufzeichnung und Evaluierung der ökonomischen Kennziffern sowohl der Einzelunternehmen wie auch des Gesamtkonzerns erhoben wird. Nicht zuletzt trägt die vielfach vorgenommene, bewußte Verschleierung der Besitzverhältnisse bei den von Flick kontrollierten Firmen dazu bei, daß einzelne Sachverhalte und Zusammenhänge nur über – teils aufwendige – Indizienbeweisführungen belegt werden können. Dem Erfordernis, die unterschiedliche Nachweisdichte einzelner Thesen nachvollziehbar zu machen, trägt die detaillierte Ausbreitung des benutzten Quellenmaterials Rechnung. Angesichts des Fehlens eines Zentralbestandes gilt drittens der für wissenschaftliche Arbeiten übliche Revisionsvorbehalt mit Blick auf die Flick'sche Unternehmensgeschichte in besonderem Maße. Die Eröffnung zusätzlicher Quellen aus der unmittelbaren Konzernführung könnte wichtige Teilaspekte der vorliegenden Untersuchung in ein neues Licht setzen.[85]

85 In diesem Zusammenhang sei auf die anstehenden Ergebnisse der großen Forschungsprojekte in Jena (»Die Friedrich Flick KG im 20. Jahrhundert«) und am Institut für Zeitgeschichte in München (»Flick im Dritten Reich«) verwiesen.

Teil A
Vom Krieg zur Krise

Prolog: Das Siegerland vor dem Ersten Weltkrieg

Rund zehn Jahre nach der Reichsgründung blickte das Siegerland auf eine weit zurückreichende industrielle Tradition zurück und zugleich in eine ungewisse Zukunft voraus. Mit seinen natürlichen Erzvorkommen galt es als Pionier unter den deutschen Montanrevieren, die Eisengewinnung reichte bis in das 5. Jahrhundert v. Chr. zurück. Ihre Führungsstellung in der deutschen Roheisenerzeugung hatten die Siegerländer Hütten und Hämmer vom Mittelalter bis in das 19. Jahrhundert hinein gewahrt. Im Jahr 1880 stammten rund 35 Prozent der reichsdeutschen Erzförderung von der Sieg; Spateisenstein und Spiegeleisen wurden in großen Mengen und international verkauft.[1] Die große Tradition vermochte jedoch nicht darüber hinwegzutäuschen, daß die Siegerländer Gruben und Hütten dem Konkurrenzdruck im Zuge der deutschen Hochindustrialisierung zunehmend weniger gewachsen waren. Technologische und infrastrukturelle Rückständigkeit, die nicht zuletzt Folge einer dominanten Politik kleinkapitalistischer Besitzstandswahrung war, kennzeichnete die regionale Montanindustrie.[2] Mit den neuen Hochofen-Verfahren zur Herstellung von Bessemer- und Thomasroheisen sank die Nachfrage nach den dazu ungeeigneten phosphorarmen Siegerländer Erzen kontinuierlich. Gleichzeitig stieg der Bedarf an den lothringischen Minette-Erzen, die nach den 1871 erfolgten territorialen Zugewinnen in großen Mengen verfügbar waren.[3]

Als Nachteil erwies sich auch, daß die Lothringer Werke durch ihre Verbindungen zu den Konzernen an Saar und Ruhr preiswerten Zugang zu den dortigen Kohlenzechen hatten und über den Binnenschiffweg sowohl Brennstoffe als auch Halbfabrikate frachtgünstig transportieren konnten, während das abgelegene und ohne eigene Brennstoffgrundlage arbeitende Siegerländer Revier erhebliche Transportkosten zu gewärtigen hatte. Mit der Eröffnung des Kaiser-Wilhelm-Kanals 1895 erwuchs den Gruben weiterer Wettbewerb in Form hochwertiger schwedischer Erzimporte. Die Verhüttung von Siegerländer Erzen sank zwischen 1880 und 1909 von 35,2 auf 10,1 Prozent. Daß sie überhaupt anhielt, verdankte sich den regionalen Hütten als wichtigsten Abnehmern sowie dem hohen Mangangehalt der Erze, der die sonst erforderliche Zumischung des für die Eisen- und Stahlhärtung eingesetzten Legierungsmetalls erübrigte.[4]

Der relative Niedergang des Siegerländer Bergbaus korrespondierte mit wachsenden wirtschaftlichen Problemen der regionalen Hüttenindustrie. Zum einen

1 Gemeinfaßliche Darstellung, S. 5 f.; Utsch, Entwicklung, S. 23-37, 51.

2 Vgl. Fuchs, Lage, S. 207-209; Konrad, Entwicklung, S. II.14-20; Hufnagel, Interesse, S. 25; differenzierter Witthöft/Plaum/Bartolosch, Phasen, S. 97-109.

3 Vgl. Nievelstein, Zug, S. 53-64, 90 f., 99 f.; Haus, Lothringen, S. 21-27; Haas, Wandlungen, S. 24 f.; Hufnagel, Interesse, S. 13-25. Die vergleichbare Situation im benachbarten Lahn-Dill-Revier s. Pohl, Strukturprobleme, S. 829-831.

4 Dazu Utsch, Entwicklung, S. 39 f.; 47-51; Konrad, Entwicklung, S. II.22 f.; Haas, Wandlungen, S. 24 f.; Nievelstein, Zug, S. 95-97, 109-111.

Tab. P/1: Entwicklung der Roheisenerzeugung in Reich und Siegerland

	Deutsches Reich*	Siegerland	Zusammen
1902	8.104.676	425.134	8.529.810
1903	9.437.664	580.237	10.017.901
1904	9.584.990	473.283	10.058.273
1905	10.275.342	599.718	10.875.060
1906	11.573.622	719.197	12.292.819
1907	12.134.339	740.820	12.875.159
1908	11.345.760	459.560	11.805.320
1909	12.416.874	500.779	12.917.653
Zuwachs 1902-1909	53,2 %	17,8 %	51,4 %

* ohne Siegerland, inkl. Luxemburg; Angaben in t
Quelle: GStA I. HA, Rep. 120C, Abt. VIII, Fach 1, Nr. 160, Bd. 1, Bl. 148.

waren die Eisenerzeuger mit denselben Transportproblemen wie die Gruben konfrontiert, zum anderen arbeiteten sie organisatorisch vielfach rückständig. Der Übergang zu modernen Rechtsformen, um mehr Kapital mobilisieren zu können, hatte sich nur allmählich vollzogen, und auch eine Konsolidierung der vielen, teils noch handwerklich arbeitenden Kleinbetriebe zu größeren Komplexen war Ende des 19. Jahrhunderts nicht auf einem den Revieren im Ruhrgebiet, im Saarland oder in Oberschlesien vergleichbaren Niveau angekommen. Noch kurz vor Beginn des Ersten Weltkrieges verteilte sich die Roheisenerzeugung im Siegerland auf etwa zwei Dutzend Hochofenwerke mit stark differierenden Kapazitäten, darunter eine Reihe kleiner und kleinster, als bergrechtliche Gewerkschaften (Gew.) betriebener Werke, die noch nach Hüttentagen arbeiteten: Jeder Gewerke produzierte und verkaufte das an seinen Hüttentagen anfallende Eisen selbständig. »Für geschichtliche Studien«, bemerkte der preußische Ministerialbeamte Heinrich Göppert 1910 auf einer Studienreise durch das Siegerland mit feiner Ironie, »bietet die Siegerländer Hochofenindustrie ein reiches Feld.«[5] Die Bindung an die Erzgruben führte zudem zu einer Konzentration der Eisenbetriebe auf begrenztem Raum. Meist drängten sich mehrere Hochofen-, Stahl- und Walzwerke verschiedener – gleichzeitig durch vielfältige

5 Bericht über die am 18. u. 19.11.1910 unternommene Informationsreise im Siegerland [Göppert], GStA I. HA, Rep. 120C, Abt. VIII, Fach 1, Nr. 160, Bd. 1, Bl. 231f. Vgl. Utsch, Entwicklung, S. 81-85; Haas. Wandlungen, S. 22.

Verwandtschaftsbeziehungen verbundener – Eigentümerfamilien an einem Ort wie etwa in Geisweid, Weidenau und Niederschelden.[6]

Das Siegerland gehörte somit zu den Verlierern eines gesamtwirtschaftlichen Aufschwungs, der durch seine fast 20jährige Konstanz am Vorabend des Weltkriegs die öffentliche Wahrnehmung dominierte. An die Gründerkrise, die bereits erste Zweifel an der Dauerhaftigkeit und Selbstverständlichkeit des Wirtschaftswachstums geweckt hatte, hatten sich mehrere, jeweils kurze konjunkturelle Auf- und Abschwünge angeschlossen, die von den Zeitgenossen als lang andauernde Abschwungphase, als »Große Depression«, wahrgenommen wurden.[7] In der Rückschau erschienen die wechselhaften zwei Jahrzehnte zwischen 1874 und 1895 um so mehr als Notzeit, als ihr Ende den seitdem verzeichneten Aufschwung zusätzlich akzentuiert und für die beiden folgenden Dekaden die Rückkehr einer »global triumphierenden privatkapitalistischen Industrialisierung und eines beispiellos prosperierenden Welthandels«[8] eingeläutet hatte. Zwar unterbrachen zwei kurze Konjunktureinbrüche 1900 bis 1902 und 1907/08 den Aufwärtstrend. Gerade ihre verhältnismäßig schnelle Bewältigung und das Übertreffen des jeweiligen Vorkrisenstandes bewiesen den Zeitgenossen jedoch die Solidität der Hochkonjunktur und die Überwindbarkeit von Krisen.[9]

Der Wohlstandszuwachs in den 20 Jahren vor dem Ersten Weltkrieg war erheblich, konnte doch die Wertschöpfung der deutschen Volkswirtschaft um rund 75 Prozent gesteigert werden, in Industrie, Handwerk und Bergbau gar auf das Doppelte. Ein Dreiklang aus Wachstum, Wohlstand und Fortschritt prägte die zeitgenössische Wahrnehmung einer quasi-evolutionären wirtschaftlichen und gesellschaftlichen Höherentwicklung.[10] Neben den neuen industriellen Führungssektoren Elektrotechnik, Chemie und Maschinenbau erwiesen sich Bergbau und Eisenindustrie weiterhin als Wachstumsmotoren. So förderten die Steinkohlezechen des Reiches 1895 noch 79 Mio. t Steinkohle, 1913 hingegen 190 Mio. Die deutsche Roheisenerzeugung konnte im selben Zeitraum von 5,5 auf 19,3 Mio. t gesteigert werden, die Stahlherstellung von fünf auf über 19 Mio. t.[11]

Die massiven Produktionsausweitungen gingen mit nicht weniger spürbaren Besitzverschiebungen und Restrukturierungen der Branchenorganisation einher. Neben den im Gefolge des 1893 gegründeten Rheinisch-Westfälischen Kohlen-

6 Vgl. Haas, Wandlungen, S. 22f.

7 Vgl. Spiethoff, Wechsellagen, S. 123-129; Wehler, Gesellschaftsgeschichte, Bd. 3, S. 100-105, 552-577; Feldenkirchen, Eisen- und Stahlindustrie, S. 102-108, 171f.

8 Wehler, Gesellschaftsgeschichte, Bd. 3, S. 595.

9 Ebd. S. 595-610; vgl. Spiethoff, Wechsellagen, Bd. 1, S. 130-139.

10 Vgl. Brüggemeier/Domansky, Kaiserreich, S. 219f.; Wehler, Gesellschaftsgeschichte, Bd. 3, S. 597f.

11 Zahlenangaben nach: Gemeinfaßliche Darstellung, S. 244f., 251, 253; Stahlerzeugung errechnet aus Fluß- und Schweißstahlproduktion; nur geringfügig abweichend die Zahlen in Spiethoff, Wechsellagen, Bd. 2, Tafel 20; Krengel, Roheisenindustrie, S. 39.

Syndikats (RWKS) rasch zunehmenden Kartellierungstendenzen[12] äußerte sich der Veränderungsdruck vor allem in der Konzentration der führenden Unternehmen durch Fusionen und Aufkäufe. Die beiden wichtigsten Unternehmensstrategien bildeten die horizontale Integration, das heißt die Kombination von Betrieben gleicher Produktionssegmente zur Nutzung der Vorteile von Massenproduktion und gemeinsamer Vermarktung (*economies of scale*), sowie die vertikale Integration, also die Angliederung vor- und nachgelagerter Herstellungsbereiche und Handelsorganisationen zwecks Sicherung von Rohmaterialversorgung und Absatzbeziehungen sowie zur Einsparung von Händlergewinnen und Frachtkosten (*economies of scope*). Da über 80 Prozent der variablen Gesamtkosten der Roheisenproduktion auf Roh- und Hilfsmaterialien sowie den Gütertransport entfielen, bot die vertikale Integration erhebliche Einsparpotentiale.[13] Als gleichsam ideale Unternehmenskonstruktion galt die ununterbrochene Folge von Erzgrube–Kohlenzeche–Kokerei–Hüttenwerk–Walzwerk–Endverarbeitung–Handel, die den kompletten Produktionsprozeß vom Rohstoff bis zum verkauften Fertigprodukt umspannte.[14]

Die Wandlungsprozesse in den schwerindustriellen Organisationsformen blieben nicht ohne Auswirkung auf die sie tragende Unternehmerschaft. Die schiere Größe der Werke mit der einhergehenden Komplexität von Produktionsprozessen und technischen Innovationen, von Handelsbeziehungen und Finanzfragen sowie das Anwachsen der Belegschaften veränderten die Anforderungen an das leitende Personal. Die bereits zuvor feststellbare Tendenz zu formaler Qualifikation über höhere Bildungsabschlüsse und Fachausbildungen verstärkte sich weiter und prägte die Karrieremuster in der Montanindustrie des ausgehenden 19. Jahrhunderts. Die Verwissenschaftlichung der Produktion ging einher mit der Dominanz eines akademischen Führungspersonals, das hochspezialisierte Kenntnisse mitbrachte und – teils ergänzend, teils ersetzend – als angestellte Manager in Leitungs- und Verwaltungspositionen eintrat, die bislang vorwiegend Eigentümerunternehmern und ihren Familienangehörigen vorbehalten geblieben waren.[15] Der funktionale Aspekt der wachsenden Berufsqualifikation, der mit einem Statusgewinn in der von bildungsbürgerlichen Standards geprägten Lebenswelt der wilhelminischen Industriellen einherging[16], erlaubte zudem eine rasche Adaption von technischen und organisatorischen Vorbildern höher-industrialisierter Nationen wie Großbritannien und wirkte

12 Vgl., mit weiteren Verweisen, Plumpe, Selbstverwaltung, S. 381-83; ferner: Feldenkirchen, Eisen- und Stahlindustrie, S. 112-124.

13 Vgl. Krengel, Roheisenindustrie, S. 86-88, 104 f.

14 Ausführliche Diskussion bei: Pohl, Konzentration, S. 4-13; Feldenkirchen, Concentration, S. 113-121.

15 Grundlegend Pierenkemper, Schwerindustriellen, S. 53-61 vgl. Kocka, Unternehmer, S. 115-123.

16 Vgl. Augustine, Upper Class, S. 46-86; Kocka, Bürgertum, S. 21-63, besonders S. 42-44; Pierenkemper, Industriellen, S. 60 f.

dadurch als eines der entscheidenden Momente für den Aufholprozeß der deutschen Nachzügler-Ökonomie.[17]

Die Selbstrekrutierung des Führungsnachwuchses der Privatunternehmen vornehmlich aus der Unternehmerschicht[18] wurde damit allerdings kaum aufgebrochen. Zwar wurden Unternehmer-Positionen durch die Formalisierung der Qualifikationsanforderungen in wachsendem Maße auch Angehörigen des Bildungsbürgertums zugänglich, gerade das hohe Bildungsniveau aber perpetuierte die soziale Exklusivität der Unternehmerschaft, in der die Söhne von Firmeneigentümern weiter dominierten, obschon sie um Angehörige aus Familien von Freiberuflern, Kaufleuten, Grundbesitzern und Landwirten ergänzt wurden. Zur Jahrhundertwende überwogen unter den Ausbildungswegen höhere Schulabschlüsse deutlich, ein Viertel der Unternehmer verfügte über einen akademischen Grad. Unter den führenden Vertretern der Ruhrindustrie besaßen rund 72 Prozent Abitur, etwa die Hälfte der Eisenindustriellen hatte studiert. Der familiär vermittelte Zugang zu Bildung oder Besitz, in vielen Fällen zu beidem, blieb somit das entscheidende Selektionskriterium für die Zugehörigkeit zur deutschen Industrieelite vor dem Ersten Weltkrieg.[19]

Der wachsenden Relevanz des Studiums als Ausbildungsstation entsprach die Ausweitung der Bildungsinfrastruktur vor allem in Gestalt der Technischen Hochschulen, deren Absolventen einen Großteil des industriellen Führungsnachwuchses des Kaiserreichs stellten.[20] Bildeten die Technischen Hochschulen bis zum Ende des 19. Jahrhundert das wichtigste universitäre Karriereangebot, so trat ab 1898 mit den ersten Handelshochschulen, die nunmehr auch eine akademischen Standards genügende kaufmännische Ausbildung offerierten[21], eine Alternative hinzu, die mit den Umstrukturierungen in der deutschen Industrie eng verbunden war. Die Ergebnisse von Kartellierung und Konzentration, von Bürokratisierung und Rationalisierung erforderten es, immer komplexere Organisationsformen der Großunternehmen überblicken und führen zu können. Gerade die Herausbildung des gemischten Werkes als Standard-Unternehmensform der Schwerindustrie stellte »die Fähigkeit in den Vordergrund, technologische Veränderungen zugleich auf ihren ökonomischen Rationalisierungseffekt hin zu beurteilen.«[22] Organisatorische und betriebswirtschaftliche

17 Unter Bezug auf Alexander Gerschenkron argumentieren so: Kocka, Entrepreneurship, S. 70-102, besonders S. 71 f.; ders., Bürgertum, S. 38-40; Pierenkemper/Tilly, Economy, S. 126-129.

18 Dazu allgemein Hartmann, Top-Manager, sowie diverse weitere Untersuchungen desselben Verfassers.

19 Vgl. Kaelble, Sozialstruktur, S. 132-179; ders., Mobility, S. 94-118; Ziegler, Elite, S. 7-14; Pierenkemper, Industriellen, S. 51-61; Wehler, Gesellschaftsgeschichte, Bd. 3, S. 716 f.; vgl. ders., Gesellschaftsgeschichte, Bd. 4, S. 290 f.

20 Kocka, Bürgertum, S. 38-40; Pierenkemper, Industriellen, S. 60 f.; ders./Tilly, Economy, S. 130.

21 Vgl. Franz/Kieser, Frühphase, S. 61-85.

22 Pierenkemper, Industriellen, S. 133.

Qualitäten und Qualifikationen gewannen somit rasch an Bedeutung. Dies drückte sich auch in der funktionalen Spezialisierung der Vorstände aus, die technische und kaufmännische Leitung trennten und bei Bedarf weitere Unterteilungen – etwa durch Aufgliederung der kaufmännischen Zuständigkeit in Finanzwesen und Verwaltung – vornahmen.[23]

Diese Entwicklungen – hohes Wachstumstempo, Konzentration von Werken und Unternehmen sowie Professionalisierung des Managements – ließen auch die siegerländische Montanindustrie nicht unberührt, stießen aber auf erhebliche Anpassungsschwierigkeiten aufgrund der prekären Wettbewerbssituation des Reviers. Die Entwicklung des Siegerländer Industriegebiets in den zwei Jahrzehnten vor Ausbruch des Ersten Weltkriegs sowie in den nachfolgenden Weimarer Jahren wurde daher maßgeblich durch vier strategische Neuausrichtungen teils auf Branchen-, teils auf Unternehmensebene bestimmt:

1. Angesichts der schwierigen Absatzverhältnisse im Massengeschäft modifizierten die Siegerländer Eisen- und Stahlwerke ihre Produktpaletten und verlegten sich in wachsendem Maße auf die Herstellung von in kleineren Mengen nachgefragten Spezialeisensorten.[24]
2. Mittels kontinuierlicher Lobbyarbeit bei der preußischen Verwaltung und der Reichsbahn verfolgten die Siegerländer Unternehmen die Gewährung von Sondertarifen auf Schienentransporte. Seit 1905 erhielten sie Frachtermäßigungen auf Steinkohlen- und Koks-Bezüge, die zunächst bis 1910 gewährt und dann um weitere fünf Jahre verlängert wurden. Hinzu kamen 1912 Tariferleichterungen für Erzlieferungen aus dem Siegerland nach Oberschlesien, eine Maßnahme, die sowohl den Bergbau an Sieg, Lahn und Dill als auch die oberschlesischen Hütten unterstützen sollte.[25]
3. Parallel zur Entwicklung im Ruhrrevier wurden im Siegerland die Kartellierungsbestrebungen intensiviert. Allerdings führten diese nur im Bergbau zu einer dauerhaften Verbandsorganisation, die seit 1906 als Siegerländer Eisensteinverein GmbH firmierte. Hingegen mißlang die Syndizierung in der Eisenerzeugung bei mehrfachen Anläufen. Erst 1911, nach jahrelangen Querelen, schlossen sich die Siegerländer Werke dem Essener Roheisen-Verband an.[26]
4. Die größeren Siegerländer Montanunternehmen verfolgten seit den neunziger Jahren einen Kurs vertikaler Expansion. So erweiterten die vier großen

23 Kocka, Management, S. 144 f.

24 Vgl. Utsch, Entwicklung, S. 19, 39-45; Konrad, Entwicklung, S. II.25-27; Witthöft/Plaum/Bartolosch, Phasen, S. 108.

25 Denkschrift betreffend die Lage der Siegerländer Industrie, 1909; Handelskammer Siegen/BuHV an MfHuG, 2.3.1910, beide GStA I. HA, Rep. 120C, Abt. VIII, Fach 1, Nr. 160, Bd. 1, Bl. 66-71, 144-150; die Siegerland-Oberschlesien-Tarife: Fuchs, Zusammenwirken; Utsch, Entwicklung, S. 46, 86-106; Pohl, Strukturprobleme, S. 832 f.

26 Vereinigte Siegerländer Hütten GmbH an MfHuG, 14.11.1908, GStA I. HA, Rep. 120C, Abt. VIII, Fach 1, Nr. 160, Bd. 1, Bl. 21-23; vgl. Schawacht, Berg, S. 139 f.; Utsch, Entwicklung, S. 112-128.

Eisen- und Stahlwerke Geisweid, Charlottenhütte, Friedrichshütte und Bremerhütte ihre Komplexe bis 1911/12 um Grobblechwalzwerke; ferner kam es zu Zusammenschlüssen zwischen selbständigen Gruben- und Hüttenunternehmen.[27]

Kartellierung und Konzentration bereiteten den Boden für Überlegungen zu einer umfassenden Branchenbereinigung durch Integration zu größeren Werkskomplexen, die seit der Jahrhundertwende virulent waren. Indes standen diesem Ziel nicht allein interne Widerstände einzelner, um ihre Unabhängigkeit fürchtender Unternehmen entgegen. Die regionale Umgruppierung und Konsolidierung drohte zugleich durch den Zugriff der westfälischen Konzerne, die das Revier an der Sieg zu ihrem Einflußbereich zählten, überholt zu werden. In diesem Wettlauf um die Führung in der regionalen Eisenindustrie sollte die Charlottenhütte unter Führung ihres Direktors Friedrich Flick zu einem der entscheidenden Protagonisten werden.

Entgegen der oft und gern gepflegten Legende einer Kindheit in bescheidenen, bäuerlichen Verhältnissen war Flick qua Herkunft und Ausbildung durchaus kein Fremder oder gar Außenseiter in der regionalen Eisenwirtschaft, sondern erfüllte deren zentrale Rekrutierungsmuster. Zwar entstammte er keiner der Siegerländer Dynastien wie den Schleifenbaums, Oechelhäusers oder Dreslers, dennoch erwies sich auch in seinem Fall die Familie als »Hort des sozialen und ökonomischen Kapitals«[28], dessen Ressourcen den Grundstein für die weitere Karriere legten.

Friedrich Flick wurde 1883 im siegerländischen Ernsdorf bei Kreuztal als zweiter Sohn des Landwirts Ernst Flick geboren. Auch in Kreuztal prägte die Eisenindustrie mit dem Hochofenwerk des Cöln-Müsener Bergwerks-Aktienvereins und dem Dresler'schen Drahtwerk Landschaftsbild und Wirtschaftsleben gleichermaßen. In dieses gliederte sich der Familienbetrieb Ernst Flicks ein, der nicht nur über substantiellen Grundbesitz verfügte, sondern darüber hinaus mit Grubenholz handelte und im Zuge dieser Geschäfte Kuxe an verschiedenen Gewerkschaften hielt.[29] Obgleich ihn auf diese Weise enge wirtschaftliche Beziehungen mit den umliegenden Eisenerzgruben und Hüttenwerken verbanden, wußte Ernst Flick anders gelagerte Interessen ebenso zu wahren, nötigenfalls auch in Opposition zu den montanindustriellen Lokalgrößen.[30] Der Sohn Friedrich besuchte zunächst das Siegener Realgymnasium bis zur Unterprima, um nach

27 Vgl. Fuchs, Lage, S. 215-17; Koch, Feuer, S. 97-100, 155 f.

28 Wehler, Gesellschaftsgeschichte, Bd. 3, S. 716, unter Aufgreifen von Bourdieus Terminologie.

29 [Unbetiteltes Typoskript], o. D. [August 1945], WWA S 8/84; vgl. auch die textidentische Überlieferung in BAB R 8122/80898 u. 80899, aus der die Autorenschaft Konrad Kaletschs und eine wahrscheinliche Datierung auf August 1945 geschlossen werden kann.

30 Auszug aus dem Schreiben des Ernst Flick zu Ernsdorf v. 20.6.1899; Amtmann Schmitt an Fa. H. A. & W. Dresler, 22.7.1899, beide WWA F 17/285.

einem eher mittelmäßigen Abschluß in eine kaufmännische Lehre bei der AG Bremerhütte einzutreten. 1904/05 absolvierte er den Wehrdienst als Einjährig-Freiwilliger in Kassel. Im November 1905 nahm Flick das Studium an der Handelshochschule in Köln auf.[31]

Das vier Jahre zuvor gegründete Institut erlebte zu diesem Zeitpunkt mit Hilfe der Unterstützung der lokalen Bankhäuser einen raschen Aufstieg zu einem der bedeutendsten wirtschaftlichen Ausbildungszentren Deutschlands. Hervorragende Hochschullehrer konnten an den Rhein geholt werden, unter ihnen Eugen Schmalenbach, der in Köln die Grundlagen seiner einflußreichen Betriebswirtschafts- und Bilanzlehre entwickelte.[32] Der Studiengang beinhaltete anfangs nur ein verhältnismäßig geringes Maß originärer wirtschaftlicher Ausbildung. Vielmehr vermittelte er eine breit angelegte Kombination aus praktischen Fähigkeiten wie Schreibmaschinenschreiben und Stenographie sowie allgemeinbildenden Kenntnissen in Fremdsprachen, Rechtswissenschaften und Volkswirtschaftslehre. Spezifisch war allein das Fach der Handelstechnik, aus dem sich die eigentliche Betriebswirtschaftslehre entwickelte. Unter Schmalenbachs Führung rückte diese rasch in den Mittelpunkt des Studiums und wurde 1906/07 in Verkehrslehre (Beziehungen zwischen verschiedenen Unternehmen) und kaufmännische Betriebswirtschaftslehre (interne Unternehmensorganisation) differenziert. Das »Herzstück« der BWL wiederum bildete das innerbetriebliche Rechnungswesen, dem Schmalenbach besondere Aufmerksamkeit widmete.[33]

In seinen Kölner Vorlesungen bereitete Schmalenbach jene Überlegungen vor, die in die 1919 veröffentlichten *Grundlagen dynamischer Bilanzlehre* eingehen sollten. Schmalenbach begriff die Bilanz nicht länger als statische Vermögensübersicht im Sinne einer korrekten Wertermittlung, sondern als Instrument zur Bestimmung des betrieblichen Erfolgs, mithin als Gewinnermittlungsbilanz. Die dynamische Bilanz beschrieb die Betriebsentwicklung als Kräftespiel zwischen Leistung und Verbrauch von Werten und sollte den Unternehmer zu einer unmittelbar aussagekräftigen Erfolgsrechnung befähigen. Dasselbe Ziel verfolgte das von Schmalenbach befürwortete Kostenrechnungswesen, das eine präzise Preiskalkulation durch genaue Verortung der anfallenden Kosten und eine Ermittlung unwirtschaftlicher Teile des Produktionsprozesses anstrebte.[34]

Unter der ersten Generation von Schülern, die Schmalenbach um sich versammelte und die in den folgenden Jahrzehnten in großer Zahl als Ökonomen, Kaufleute und Industrielle in einflußreiche Positionen gelangen sollten – darunter Leonard Tietz und Erich Potthoff –, befand sich auch Flick. Während seiner dreijährigen Studienzeit eignete er sich nicht nur Schmalenbachs Lehre

31 Vgl. Priemel, Wiege, S. 148f.
32 Forrester, Schmalenbach, S. 55-60.
33 Franz/Kieser, Frühphase, S. 67-70, Zitat S. 70; Franz, Markt, S. 74f.
34 Dazu detailliert Walb, Dogmengeschichte, S. 49-51; vgl. Franz, Markt, S. 96f., dies./Kieser, Frühphase, S. 77f.; Fear/Kobrak, Paths, S. 29-31.

vom Vorrang des Ertrags- vor dem Substanzwert an[35], sondern erarbeitete auch einen Baustein seiner weiteren Karriere. Auf der Grundlage des von Schmalenbach in Köln angelegten Bilanzarchivs und seiner Erfahrungen bei der Bremerhütte erstellte Flick 1907 eine schriftliche Arbeit über »Buchhaltung und Selbstkostenrechnung eines Hüttenwerks«, die sich auf das Unternehmen seiner Lehrzeit bezog. Als die Bremerhütte im selben Jahr die Stelle eines kaufmännischen Bürovorstehers ausschrieb, bewarb sich Flick darauf unter Verweis auf seine dezidierten Kenntnisse der Buchhaltung des Werks. Im Alter von nur 24 Jahren wurde er als Prokurist eingestellt, noch ehe er sein Studium im Juli des Jahres mit Auszeichnung abschloß. Den Beitrag seines akademischen Lehrers zu seiner Ausbildung vergaß Flick nicht: Als 1928 ein sogenannter Schmalenbach-Fonds von dessen Schülern ins Leben gerufen wurde, brachte er einen bedeutenden Teil der Erstspenden auf.[36]

Im Herbst 1907 stand Flick jedoch trotz der erlangten Führungsposition erst am Anfang seiner Karriere.[37] Die Bremerhütte mit Sitz in Weidenau war eine Hüttengesellschaft mittlerer Größe, die 1872 durch Bremer Kaufleute gegründet worden und vor der Jahrhundertwende im Zuge einer ersten Konsolidierungsphase der Siegerländer Montanindustrie in den Besitz der Gew. Storch & Schöneberg übergegangen war. Nach einem infolge der Krise von 1902 erfolgten Kapitalschnitt war das Aktienkapital sukzessive auf 3,3 Mio. Mark erhöht worden. Dies entsprach auch dem Zuwachs der Produktionsstätten durch Zukäufe von Walzwerken in Geisweid und Weidenau sowie durch den Bau eines zweiten Hochofens und eines Siemens-Martin-(SM)-Stahlwerks, der der Bremerhütte zu einem Platz unter den regional führenden Unternehmen verhalf. Bei Flicks Eintritt wies das Unternehmen eine Roheisenerzeugung von annähernd 60000 t und einen Bruttogewinn von rund 390000 Mark aus.[38]

Nach Überwindung der Konjunkturkrise von 1907/08 begab sich die Bremerhütte unter der Führung ihres Generaldirektors Friedrich Jütte auf Wachstumskurs, gliederte zwei Erzgruben an und errichtete in Geisweid ein modernes Walzwerk. Im Jahr 1913 verfügte die Hütte schließlich über eine Kapazität von 110000 t Roheisen und 90000 t Bleche. Finanziert wurde dies durch die konsequente zehnjährige Thesaurierung der Betriebsgewinne – 1911/12 belief sich der

35 Noch bei der Trauerfeier für Flick 1972 erinnerte Hermann J. Abs daran, Flick habe Schmalenbachs Lehre von der dynamischen Bilanz stets als maßgeblichen Einfluß für sein Unternehmensverständnis benannt; vgl. Friedrich Flick zum Gedenken. o. O., o. J. [1972], S. 21f.

36 Dazu ausführlich: Kruk/Potthoff/Sieben, Schmalenbach, S. 54-57, 147.

37 Pierenkemper, Schwerindustriellen, S. 83f., zufolge dominierten bei reinen Eisen- sowie gemischten Werken untere und mittlere Einstiegspositionen.

38 2. Vernehmung des Sachv.[erständigen] Direktor Jütte, Geisweid, 23. Sitzung Eisenind.[ustrie] v. 3.2.1928, BADH R 13 I/330, Bl. 119-121; 100 Jahre Geisweider Aktiengesellschaft [Typoskript], 14.11.1946, WWA F 125/120-1, S. 22; HbDtAG 1912/13 II, S. 379. Vgl. Koch, Feuer, S. 97.

Reingewinn auf über eine Million Mark –, das heißt den Verzicht auf Dividendenausschüttung.[39]

Noch im selben Jahr, in dem die Bremerhütte einen neuen Produktionsrekord aufstellte, wechselte Flick zum 1. April 1913 als kaufmännischer Direktor zur Eisenindustrie zu Menden und Schwerte AG. Das in Sichtweite des Ruhrreviers gelegene Stahl- und Walzwerk war 1868 gegründet und 1899 um das Hochofenwerk Johanneshütte in Siegen erweitert worden.[40] Mit einem Aktienkapital von 4,5 Mio. Mark war das Unternehmen zwar größer als die Bremerhütte, stand aber finanziell unter starkem Druck. Im Geschäftsjahr 1909/10 hatte Menden und Schwerte mit einer Unterbilanz von rund 421 000 Mark abgeschlossen und dann ein umfangreiches Investitionsprogramm in Höhe von über drei Millionen Mark bis 1914 aufgelegt, während gleichzeitig die seit Jahren unrentablen Hochöfen der Johanneshütte stillgelegt wurden. Indes zeitigten die Neubauten zunächst kaum Erfolg, Dividenden konnten weiterhin nicht ausgeschüttet werden, und von einer Veröffentlichung von Produktionsziffern sah die Unternehmensleitung zwischen 1911 und 1914 gleich ganz ab.[41] Flicks Tätigkeit bis 1915 beinhaltete somit vornehmlich die Sanierung des angeschlagenen Unternehmens.[42] Diese erfolgte durch Umwandlungen von Stamm- in Vorzugsaktien, Kapitalzusammenlegungen sowie neuerliche Kapitalerhöhungen, in deren Zuge Menden und Schwerte frische Mittel in Höhe von rund 3,3 Mio. Mark für außerordentliche Abschreibungen und Rücklagenbildung mobilisieren konnte. Das neue Aktienkapital betrug schließlich 5,5 Mio. Mark.[43]

Neben dem Aufstieg zum Direktor mit eigenem Verantwortungs- und Gestaltungsbereich war Flick 1913 auch privat in einen neuen Lebensabschnitt eingetreten. Nur einen Monat nach seinem Eintritt in den Vorstand von Menden und Schwerte heiratete er Marie Schuss, Tochter des lokal prominenten Siegener Textilhändlers und Stadtrats Robert Schuss. Drei Jahre später wurde Flicks erster Sohn Otto-Ernst geboren.[44]

39 HbDtAG 1912/13 II, S. 379 f.; HbDtAG 1914/15 II, S. 419 f.

40 Zur Vorgeschichte der Menden und Schwerte AG vgl. Anhang II zur Werkgeschichte der Hoesch AG Walzwerke Hohenlimburg. Geschichte der Schwerter Profileisenwalzwerk AG Schwerte (Ruhr), WWA F 65/385, S. 3-13.

41 Ebd., S. 13 f.; HbDtAG 1914/15 II, S. 409.

42 Die Verantwortung für die Sanierung, die maßgeblich ins kaufmännische Ressort fiel, wurde später von Flick für sich reklamiert; vgl. [Unbetiteltes Typoskript], o. D. [August 1945], WWA S 8/84. Dafür spricht, daß er schon 1915 mit der Charlottenhütte-Offerte ein besseres Angebot erhielt.

43 [Typoskript], hg. von der Schwerter Profileisenwalzwerk AG [Verf. Karlheinz Graudenz], WWA F 65/385; Anhang II zur Werkgeschichte […], ebd.; HbDtAG 1914/15 II, S. 409 f.

44 Dr. Friedrich Flick zum 70. Geburtstag, o. O., o. J. [1953], AIHKR, Ordner 2.

I. In Krieg und Inflation (1915-1925)

1. Die Charlottenhütte

1.1. Expansion im Siegerland

Flicks kurze Tätigkeit bei Menden und Schwerte blieb nicht ohne Anerkennung. Schon im Frühjahr 1915 ereilte ihn die Berufung in den Vorstand der Actien-Gesellschaft Charlottenhütte in Niederschelden unweit Siegens, eines der renommiertesten und größten Unternehmen des Siegerlandes. Die Hütte war 1864 als erste große mit Koks statt Holzkohle betriebene Hochofenanlage im Revier gegründet und bis zur Jahrhundertwende um einen zweiten Hochofen, ein SM-Stahlwerk sowie Stahlgießerei, Hammerwerk und Bearbeitungswerkstätten erweitert worden. Die Jahresproduktion hatte sich von 8500 t Roheisen (1866) bis zur Jahrhundertwende vervielfacht; das Aktienkapital, das 1864 noch 125000 Taler betragen hatte, war bis 1899 auf 1,5 Mio. Mark angestiegen.[1]

Im ersten Jahrzehnt des 20. Jahrhunderts erschloß die Charlottenhütte erfolgreich die Erzeugung von Qualitätsrohstahl und Schmiedestücken für Schiffs- und Maschinenbau sowie für die Bahn; mit der Kapitalerhöhung von 1899 wurde zudem der Ankauf von Kuxen der Grube Brüderbund finanziert. 1911 folgte der Erwerb der Eiserner Hütte sowie eines weiteren Grubenbetriebes, um die eigene Erzversorgung zu gewährleisten. Noch kurz vor Beginn des Ersten Weltkriegs sicherte sich das Unternehmen gemeinsam mit dem Geisweider Eisenwerk die Kontrolle über die Kalk- und Dolomitvorkommen der Grevenbrücker Kalkwerke GmbH. Im Geschäftsjahr 1912/13 erreichte die Charlottenhütte mit einem Umsatz von fast 16 Mio. Mark einen vorläufigen Rekordwert in ihrer Geschichte. Im folgenden Jahr fuhr das Unternehmen einen Reingewinn von über einer Million Mark ein und konnte eine zehnprozentige Dividende ausschütten.[2] Bei Flicks Dienstantritt beschäftigten die zwei Hüttenwerke in Niederschelden und Eisern zusammen 953 Arbeiter, die beiden Gruben weitere 630.[3]

Anders als bei seinen vorherigen Stationen kam Flick im April 1915 also nicht zu einem um Krisenbewältigung bemühten, einfach gegliederten Unternehmen. Vielmehr trat er in ein erfolgreich arbeitendes »gemischtes Werk in kleinem

1 Dazu die Unterlagen 1864-66 in GStA I. HA, Rep. 120A, Abt. XII, Fach 7, Nr. 95; Die einzelnen Eisenwerke des Siegerlandes, o.D. [1909], GStA I. HA, Rep. 120C, Abt. VIII, Fach 1, Nr. 160, Bd. 1, Bl. 112-123; vgl. Siegerländer Industriegebiet, S. 258f.; Geschichte der Hoesch Siegerlandwerke Aktiengesellschaft Siegen. Von Werksarchivar Alfred Lück, Bd. 1, Februar 1971 [unveröffentl.], WWA F 65/600, S. 53-63.

2 Siegener Zeitung Nr. 221 v. 21.9.1911, 2. Bl., u. Nr. 256 v. 31.10.1914, 3. Bl.; HbDtAG 1916/17 II, S. 492; Das Siegerländer Industriegebiet, S. 259; Koch, Feuer, S. 155f.; Geschichte der Hoesch Siegerlandwerke, Bd. 1, S. 63, 70, WWA F 65/600.

3 Siegener Zeitung Nr. 238 v. 11.10.1915, 2. Bl.

Format«[4] ein, das im Ruf stand, das technologisch avancierteste der Siegerländer Unternehmen zu sein, und das gerade wichtige Schritte zur Konsolidierung seiner Produktions- und Absatzbeziehungen durch Angliederung vor- und nachgelagerter Erzeugungsstufen in der unmittelbaren Umgebung abgeschlossen hatte.[5] Zudem versammelte sich in den Organen der Charlottenhütte eine ganze Schar illustrer Industrieller und Kaufleute aus den Reihen der Siegerländer Eisen-Dynastien, unter ihnen die Familie Schleifenbaum, die seit mehreren Generationen das Unternehmen prägte.[6] In seinem Amt als kaufmännischer Generaldirektor traf Flick somit nicht nur auf den erfahrenen technischen Vorstand Wilhelm Petersen, sondern auch auf einen Aufsichtsrat, der regionale Größen wie Adolf Oechelhäuser und Friedrich Schleifenbaum ebenso wie die über das Revier hinaus hoch angesehenen Industriellen Heinrich Macco[7] und Viktor Weidtmann[8] als Vorsitzender respektive Stellvertreter einschloß.[9]

Obgleich Flick im Vergleich zu den arrivierten Kräften nach eigener Einschätzung »ein ziemlich unbeschriebenes Blatt«[10] war, ergriff er umgehend die Initiative und knüpfte nahtlos an die Expansionspolitik seiner Vorgänger an. Schon im September 1915 schlug er ein nach regionalen Maßstäben enormes Projekt vor: den Zusammenschluß mit dem Cöln-Müsener Bergwerks-Aktienverein. Vor allem technische und produktive Gründe sprachen für eine Fusion, da die Hochöfen in Niederschelden nicht ausreichend Roheisen zur Auslastung des Stahlwerks produzierten, ein Neubau jedoch erhebliche Mittel beanspruchte und unter den beengten Platzverhältnissen des Siegener Umlands auf große räumliche Schwierigkeiten stieß.[11] Zudem traf die Ausgangslage der Charlottenhütte auf gleichsam komplementäre Probleme bei dem in Kreuztal direkt angrenzenden Cöln-Müsen. Die 1856 gegründete Hütte war als reines Hochofenwerk stark konjunkuranfällig, hatte bereits seit 1907/08 keine Dividenden mehr

4 So Flick 1947 in Nürnberg, StAN Rep. 501, KVP, Fall 5, A 37-39, Bl. 3148.

5 So der o. g. Bericht Göpperts, GStA I. HA, Rep. 120C, Abt. VIII, Fach 1, Nr. 160, Bd. 1, Bl. 226 f.

6 Geschichte der Hoesch Siegerlandwerke, Bd. 1, S. 65-68, WWA F 65/600.

7 1843-1920; Polytechnikum Karlsruhe; Privatingenieur, Beteiligung an Industrieunternehmen; seit 1879 Geschäftsführer Handelskammer Siegen, Mitglied des Preußischen Abgeordnetenhauses, Nationalliberale Fraktion; Ausschußmitglied Centralverband Deutscher Industrieller; 1876 Vorstand und Geschäftsführer BuHV Siegen; Biographisches Handbuch, S. 259; vgl. Kaelble, Interessenpolitik, S. 58, 61, 223, 254; Hufnagel, Interesse, S. 9.

8 1853-1926; GenDir u. Besitzer der AG für Bergbau, Blei- und Zinkfabrikation zu Stolberg; Dr. iur., Dr. e. h. mult., Oberbergrat a. D.; seit 1905 im AR der Chh, stellv. ARV seit 1911, seit November 1920 ARV.

9 Handelsregisterauszüge AG Charlottenhütte, WWA F 65/410; Siegener Zeitung Nr. 226 v. 27.9.1915, 2. Bl.; HbDtAG 1914/15 II, S. 392. Friedrich (Fritz) Schleifenbaum löste Adolf Schleifenbaum im September 1915 ab.

10 Rede Flicks am 25. Jahrestag der Charlottenhütte, 1.4.1940, StAN Rep. 501, KVP, Fall 5, B-3, NI-3345, Bl. 1 f.

11 Vgl. etwa die Begründung im Prospekt über nominal M 4.500.000 neue Aktien Actiengesellschaft Charlottenhütte, Niederschelden, November 1917, WWA F 65/410.

gezahlt und mehrere Jahre in Folge rote Zahlen geschrieben. Seit geraumer Zeit hatte der Vorstand unter Vermittlung des Kölner Bankhauses J. H. Stein Pläne zur Erweiterung um oder Fusion mit Werken der nachgelagerten Produktionsstufen erwogen, die jedoch alle gleichermaßen erfolglos geblieben waren.[12]

Bei einem Aktienkapital von drei Mio. Mark umfaßte Cöln-Müsen drei Hochöfen mit einer Roheisenkapazität von bis zu 100 000 t/Jahr sowie die angeschlossene Erzgrube Stahlberg. Die Roheisenverbandsbeteiligung lag mit 80 000 t deutlich über jener der Charlottenhütte.[13] Angesichts der Größenordnung zeigte sich deren Aufsichtsrat den Plänen des jungen Generaldirektors gegenüber anfangs reserviert[14], ließ sich jedoch bald von den Argumenten Flicks, der auf die finanziellen Chancen außerordentlicher Abschreibungsmöglichkeiten und stiller Reserven bei Cöln-Müsen verwies, sowie von der Möglichkeit des Ausbruchs aus der wachstumshemmenden Enge des Niederscheldener Werksgrundstücks überzeugen. Nach der Zustimmung beider Generalversammlungen im März und Juni 1916 war die Fusion mit der Charlottenhütte als aufnehmender Gesellschaft perfekt. Diese erhöhte ihr Kapital um 1,25 auf 6,25 Mio. Mark und gab die jungen Aktien als Kaufpreis zuzüglich einer Barabfindung von insgesamt 450 000 Mark an die Cöln-Müsener Anteilseigner ab. Mit Heinrich Dresler trat ein neuer Mann in den Vorstand der Charlottenhütte ein, drei Vertreter Cöln-Müsens ergänzten den Aufsichtsrat, darunter auch Heinrich von Stein – womit der Grundstein einer jahrzehntelangen Zusammenarbeit des Bankhauses mit Flick gelegt wurde.[15]

Nach dem erfolgreichen Gesellenstück konnte Flick die Unternehmenspolitik zunehmend selbständiger bestimmen. Seine Einrahmung durch die beiden erfahrenen Direktoren Petersen und Dresler wirkte keineswegs hinderlich, sondern beförderte den eingeschlagenen Expansionskurs eher noch. Flicks Vorstandskollegen nahmen ihm die unmittelbare operative Arbeit in Niederschelden und Kreuztal ab und hielten dem im Siegener Büro tätigen Manager so den Rücken für dessen strategische Pläne frei. Nicht ohne Grund sollte Flick rückblickend Petersen ausdrücklich dafür danken, daß dieser ihm »nicht den Weg versperrt« und insbesondere nicht seine Zuständigkeiten streitig gemacht habe.[16]

12 Aufsichtsratssitzung des Cöln-Müsener Bergwerks-Actien-Vereins im Bankhaus J. H. Stein am 3.1.1913; Meggener Walzwerk an Dreslers Drahtwerk, 15.3.1913, beide WWA F 17/241; HbDtAG 1914/15 II, S. 309; RegPräs Arnsberg an MfHuG, 7.11.1910; Bericht über die Informationsreise [1910], beide GStA I. HA, Rep. 120C, Abt. VIII, Fach 1, Nr. 160, Bd. 1, Bl. 221 f., 226, 228 f. Vgl. Fuchs, Lage, S. 211.

13 Siegener Zeitung Nr. 71 v. 24.3.1916, 2. Bl.; HbDtAG 1914/15 II, S. 309; Siegener Industriegebiet, S. 260.

14 So Flick 25 Jahre später. Quellenmäßig ist nur belegt, daß Macco Anfang 1916 das Vorhaben unterstützte; Rede Flicks am 25. Jahrestag der Charlottenhütte, 1.4.1940, StAN Rep. 501, KVP, Fall 5, B-3, NI-3345, Bl. 2 f.

15 Siegener Zeitung Nr.71 v. 24.3.1916, 2. Bl., Nr. 138 v. 15.6.1916, 1. Bl., u. Nr. 139 v. 16.6.1916, 2. Bl.; AG Charlottenhütte, Geschäftsbericht 1915/16, GStA I. HA, Rep. 120C, Abt. XI, Fach 1, Nr. 78, Bhft. 279.

16 Rede Flicks am 25. Jahrestag der Charlottenhütte, 1.4.1940, StAN Rep. 501, KVP, B-3, NI-3345, Bl. 2.

Seine Freiheit in der Unternehmenslenkung nutzte Flick in den folgenden knapp drei Jahren zu einer atemlosen Expansionspolitik. Noch im selben Monat, in dem die Generalversammlung die Fusion mit Cöln-Müsen billigte, erfolgte der Kauf der gesamten Kuxe der Gew. Knappschaftsglück bei Neunkirchen. Kurz darauf übernahm die Charlottenhütte die oberhessische Gew. Louise, die eine jährliche Eisensteinförderung von 100000 t vorwies. Hierzu wurde das Grundkapital der Charlottenhütte um weitere nominal 750000 Mark Anteile erhöht, die an die Gewerken der Louise zuzüglich eines Barbetrages von je 1750 Mark/Kux gingen. Als drittes Erzreservoir folgte 1918 die Brauneisensteingrube Wernsberg.[17]

Während auf diese Weise die Unabhängigkeit in der Eisensteinbeschaffung gesichert wurde, verfolgte die Hütte unter Flicks Führung auch die Ausweitung ihrer Geschäftstätigkeit in nachgelagerte Produktionssegmente. 1917 wurde zunächst die Eichener Walzwerk und Verzinkerei AG mit Betrieben in und um Siegen angegliedert, die Bleche, Bandeisen und Eisenkonstruktionen herstellten. Mit dem Erwerb der Eichener Werke sollte der dauerhafte Absatz für ein geplantes neues Stahlwerk sichergestellt werden, dessen Halbzeugfertigung Niederschelden alleine nicht hätte aufnehmen können.[18] Die Betriebe waren fast durchweg modernisiert, teils neu und arbeiteten äußerst profitabel; seit dem Geschäftsjahr 1911/12 hatte die Gesellschaft jährlich acht bis zwölf Prozent Dividende verteilt, 1915/16 gar 20 Prozent. Das Eichener Nominalkapital in Höhe von 2,5 Mio. Mark wurde wiederum im Wege einer Kapitalerhöhung der Charlottenhütte gegen Hergabe junger Aktien zu pari zuzüglich je 100 Mark/Anteil erworben und beide Gesellschaften im Anschluß verschmolzen.[19]

Ebenfalls im Blechwalz-Segment waren die 1918 aufgekauften Ax, Schleifenbaum & Mattner GmbH (AS&M) und die Siegener Eisenindustrie AG vorm. Hesse & Schulte (SEI) tätig.[20] Das Feinblechwalzwerk AS&M verfügte zwar lediglich über ein Grundkapital von 300000 Mark, hatte dies aber im Schnitt der letzten 15 Jahre mit rund 33 Prozent verzinst, so daß der Kaufpreis auf 1,59 Mio. Mark angesetzt wurde. Mittelfristig zielte der Erwerb von SEI und AS&M auf die Konzentration und Rationalisierung der diversen, auf engstem Gebiet gedrängten Walzwerke des Siegener Umlandes, eine höhere Verbandsquote und

17 Siegener Zeitung Nr. 223 v. 22.9.1916, 1. Bl.; Siegener Zeitung Nr. 255 v. 30.10.1916, 2. Bl.; AG Charlottenhütte, Geschäftsbericht 1916/17, GStA I. HA, Rep. 120C Abt. XI, Fach 1, Nr. 78, Bhft. 279; Prospekt über nominal M 4.500.000 neue Aktien Actiengesellschaft Charlottenhütte, Niederschelden, November 1917, WWA F 65/410; s. auch: Siegerländer Industriegebiet, S. 261f.

18 Handelskammer Siegen an MfHuG, 10.4.1917, GStA I. HA, Rep. 120C, Abt. XI, Fach 1, Nr. 78, Bhft. 279; Geschäftsbericht 1916/17, ebd.; Siegener Zeitung Nr. 69 v. 22.3.1917, 2. Bl., u. Nr. 225 v. 25.9.1917, 1. Bl.

19 Das Siegener Werk bildete die erst 1916 von Eichen übernommene Sieghütter Eisenwerk-AG; HbDtAG 1914/15 II, S. 311; HbDtAG 1916/17 II, S. 513; HbDtAG 1917/18, S. 364, 1776; Prospekt über nominal M 4.500.000 neue Aktien Actiengesellschaft Charlottenhütte, Niederschelden, November 1917, WWA F 65/410.

20 Zur SEI vgl. Lantermann, Geschichte, S. 97-118.

Tab. I/1: Beteiligungen, Werke und Erzeugungsprogramm der AG Charlottenhütte, 1918

Werke	Sitz	Anlagen und Erzeugungsprogramm
Gruben		
Brüderbund	Eisenfeld	Rohspat, Rostspat
Eisenhardter Tiefbau	Eisern	Rohspat, Rostspat
Knappschaftsglück	Neunkirchen	Rohspat, Brauneisenstein
Louise	Niederrohmen	Brauneisenstein
Stahlberg	Müsen	Rohspat, Rostspat
Wernsberg	Brachbach	Rohspat, Brauneisenstein
Grevenbrücker Kalksteinwerke (50%)	Grevenbrück	Kalkstein, Dolomit
Hütten und Walzwerke		
Charlottenhütte		
a) Abt. Niederschelden	Niederschelden	2 Hochöfen, SM-Stahlwerk, Grobblechwalzwerk, Stahlfacongießerei, Hammerwerk und mechanische Werkstätten
b) Abt. Eiserner Hütte	Eisern	1 Hochofen
c) Abt. Cöln-Müsen	Kreuztal	3 Hochöfen
d) Abt. Eichener Walzwerk	Kreuztal, Eichen u. Attendorn	Fein- u. Mittelblechwalzwerke, Verzinkung, Chemische Fabrik
e) Abt. Sieghütter Eisenwerk	Siegen	Blechwalzwerk
Ax, Schleifenbaum & Mattner GmbH	Siegen	Feinblechwalzwerk
Siegener Eisenindustrie AG	Weidenau	Blechwalzwerk
Siegener Eisenbahnbedarf AG	Siegen	Röhrenwerk, Waggonbau, Oberbaumaterial u. a.

Quelle: Das Siegerländer Industriegebiet, S. 11f.; eigene Zusammenstellung.

die Verfügbarkeit eines qualifizierten Arbeiterstamms, der dank der geographischen Nähe der Betriebe auch bei den übrigen Werken eingesetzt werden konnte.[21] Wie weit sich das interne Kräfteverhältnis zwischen Aufsichtsrat und

21 Aufsichtsratssitzung [der Chh]: Köln, den 24. Juni 1918, WWA F 65/410; Siegener Zeitung Nr. 75 v. 29.3.1917, 1. Bl.; Eine neue Erweiterung der Charlottenhütte, in: Berliner Tageblatt Nr. 146 v. 21.3.1917.

Vorstand der Charlottenhütte zu diesem Zeitpunkt schon zugunsten des letzteren verschoben hatte, zeigte sich, als Flick – unter Verweis auf steuerliche Gründe – das Kontrollgremium vom Erwerb von AS&M erst informierte, nachdem er bereits vertragliche Bindungen eingegangen war. Zur gleichen Zeit setzte er den Aufsichtsrat auch vom geplanten Kauf der Siegener Eisenbahnbedarf AG mit drei Werken und einer Belegschaft von rund 900 Mann in Kenntnis, mit dem sich die Produktpalette um Röhrenherstellung, Oberbaumaterial und Waggonbau erweiterte.[22]

Als der Parforceritt durch die umliegende Schwerindustrie Ende 1919 zum Halt kam, hatte sich das Gesicht des Unternehmens immens gewandelt. Die Charlottenhütte stellte nunmehr das größte regionale, zudem umfassend vertikal integrierte Montanunternehmen mit einem entsprechenden Gewicht in Kartellfragen wie im Siegerländer Eisensteinverein. Die Belegschaft hatte sich binnen weniger Jahre annähernd vervierfacht und das Aktienkapital infolge der sukzessiven Erhöhungen von fünf auf 12,5 Mio. Mark im Jahr 1918 mehr als verdoppelt. Und ein großer Teil dieser Aktien – etwa 20 bis 30 Prozent – gehörte inzwischen Flick selbst.[23]

1.2. Friedrich Flick und die Charlottenhütte in der Kriegswirtschaft

1.2.1. Im Schrottgeschäft

Die Koinzidenz der Ausdehnung der Charlottenhütte mit dem persönlichen, weitgehend unbemerkt vollzogenen Aufstieg Flicks innerhalb weniger Jahre verweist auf die bislang nahezu unbeachtet gebliebene Frage, woher der angestellte kaufmännische Direktor die finanziellen Mittel nahm, um zum dominanten Anteilseigner seines Arbeitgebers zu werden. Angesichts eines Aktienkapitals von anfangs fünf und später über zwölf Mio. Mark – noch dazu bei ständig steigenden Kursen – konnte das bloße Gehalt für einen derartigen Aktienerwerb keinesfalls genügen. Von Bedeutung war zweifelsohne das Startkapital des Familienvermögens, vor allem die von Flicks Vater gesammelten Kuxe, die zusammen mit dem Grundbesitz auch als Unterlage etwaiger Kreditaufnahmen wertvoll waren.[24] Vor dem Hintergrund der genannten Kapitalisierung der Charlottenhütte kamen diese Mittel aber schwerlich allein für die Anteilskäufe auf. Schließlich stellte auch die Mitgift von Flicks Frau Marie entgegen oft kolportierter

22 Ebd.

23 Prospekt über nominal M 4.500.000 neue Aktien Actiengesellschaft Charlottenhütte, November 1917, WWA F 65/410; Handelsregisterauszug AG Charlottenhütte, 29.7.1918, ebd.; Siegener Zeitung Nr. 225 v. 18.9.1917, 1. Bl.

24 Nicht geklärt werden kann im Rahmen dieser Arbeit, ob auch die im Lahn-Dill-Kreis gelegene Gew. Flick mit diversen Erzfeldern zum Familienbesitz zählte; Zusammenstellung von Auszügen aus Gutachten über Manganerz-Vorkommen und deren bergwirtschaftlichen Wert in Deutschland, o. D. [Ende 1916], BADH R 8725/110, Bl. 34f.

Gerüchte eine bei weitem zu unbedeutende Summe dar.[25] Größere Bedeutung kam der Eheschließung hingegen mit Blick auf die verwandtschaftlichen Beziehungen zu, die sie Flick eröffnete: Eine Schwester von Marie Schuss hatte in die Familie Weiss eingeheiratet, die verschiedene Maschinenbauunternehmen im Siegener Umland besaß.[26] Diese Verbindung sollte 1918 bei dem Erwerb von SEI und Siegener Eisenbahnbedarf ein zentrale Rolle spielen.[27]

Daneben schuf sich Flick selbst eine Quelle persönlicher Einnahmen durch ein zweites Standbein, lange bevor er in die Charlottenhütte eintrat. 1912, und somit auch noch vor seinem Wechsel zu Menden und Schwerte, hatte Flick gemeinsam mit seinem Kompagnon Anton Trippe die Firma Flick & Trippe oHG in Kreuztal gegründet.[28] Zweck des Unternehmens war der Handel mit Eisen-

25 Ogger, Flick, S. 50, und Ramge, Flicks, S. 26, nennen eine Summe von etwa 30 000 Mark, allerdings ohne die Grundlage dieser Angabe kenntlich zu machen.

26 Vgl. Fuchs, Unternehmer, S. 129-146; Hufnagel, Interesse, S. 191.

27 Vgl. dazu unten, S. 68.

28 Zum Gründungsdatum vgl. Notiz, 31.10.1956, TKA TNO/89, sowie den Eintrag der Hansa-Eisen Trippe & Co. GmbH, im Handbuch der Großunternehmen (1953). Letzte Zweifel über die Inhaberschaft lassen sich auf der vorhandenen Quellengrundlage nicht ausräumen, zumal Flick seine erste eigene Firma nie explizit erwähnt hat. Aufgrund einer Reihe von im folgenden kurz skizzierten Indizien kann die hier vertretene These jedoch hohe Wahrscheinlichkeit beanspruchen. Die Firmengründung erfolgte 1912 in Flicks Heimatgemeinde Kreuztal unter dem Namen Flick & Trippe. Da nach außen fortan vornehmlich Anton Trippe auftrat, ist nicht auszuschließen, daß Flick einen Verwandten als Strohmann zwischenschaltete, um seine Doppeltätigkeit zu kaschieren. Im Namen der Rechtsnachfolgerin nach dem Ersten Weltkrieg, Hansa Eisen- und Metallhandelsgesellschaft Trippe & Co., tauchte Flicks Name nicht mehr auf, einer Aufstellung des Reichswirtschaftsministeriums zufolge war er jedoch 1933 an der Firma mit einem Aktienkapital von 30 000 RM entscheidend beteiligt. Auch die Ermittler der US-*Economics Division* rechneten im Oktober 1945 die frühere Flick & Trippe dem Flick-Konzern zu. In den fünfziger Jahren tauchte eine Beteiligung an der 1946 als Hansa-Eisen Trippe & Co. GmbH neugegründeten Gesellschaft im Portefeuille der Maxhütte auf. Als sich Mitte der fünfziger Jahre Krupp und die Hüttenwerke Oberhausen an der Tochter Hansa Rohstoffverwertung GmbH beteiligten, stellten sie zu ihrer Überraschung fest, daß Trippe über sein Aktienpaket nicht nur ohne Zustimmung Flicks nicht disponieren konnte, sondern Flick selbst 51 % des Kapitals der Hansa-Eisen hielt, für die Trippe lediglich als Treuhänder auftrat. Unter Verweis auf eine »Sondervereinbarung« klärten Flick und Trippe persönlich im November 1956 den Verkauf der Hansa-Rohstoffverwertung. Im Jahr 1961 erschienen als alleinige Gesellschafter der Hansa-Eisen GmbH die Flick-Töchter Maxhütte und Establech GmbH. In der Reihenfolge der Darstellung: Trippe an Eisenzentrale, 16.3.1917, BADH R 8710/432; Konzerne der Deutschen Eisen- und Stahlindustrie: Stand von 1933, BAB R 3101 Anh./278; German Industrial Complexes. The Flick Complex, October 1945, StAN Rep. 502, KVA, Handakten, B-91; Gutachten über die wirtschaftliche Lage und den Wert der Geschäftsanteile der Hansa-Rohstoffverwertung GmbH, 16.10.1952, TKA TNO/1298; Übersicht über die zur Übernahme vorgesehenen Beteiligungen, o. D. [1955], NMH-BA; Vermerk. Betr. Hansa-Rohstoffverwertung GmbH, 9.8.1956, TKA TNO/1297, Trippe an O.A. Siering, 24.11.1956, ebd.; Vermerk, 31.10.1956, TKA TNO/89; Handbuch der Gross-Unternehmen (1961), Bd. 1, S. 467.

und Metallwaren, vor allem aber mit Schrott, einem der zentralen Rohstoffe für die Erzeugung von SM-Stahl. Als oHG kam die Firma mit geringem Startkapital aus und unterlag praktisch keinerlei Veröffentlichungspflicht. Die interne Partnerschaft konnte frei ausgestaltet werden, insbesondere mußten nicht alle Geschäftsinhaber nach außen auftreten. Später wurde das Verhältnis faktisch in eine stille Teilhaberschaft Flicks umgewandelt.

Über seine Beteiligung an der Schrotthandelsfirma konnte Flick nicht nur zwei Karrierewege parallel einschlagen, sondern hielt auch eine profitable Doppelstellung inne. Als kaufmännischer Vorstand zunächst bei Menden und Schwerte[29], dann bei der Charlottenhütte verfügte er über die nötigen Befugnisse, um einerseits die Schrottakquise, andererseits die Abgabe von Eisen- und Stahlabfällen gezielt über sein eigenes Unternehmen abzuwickeln und so die Zwischengewinne dem eigenen Vermögen zuzuschlagen. Die Bedeutung dieser Schlüsselstellung sollte jedoch erst in der Kontingentwirtschaft des Ersten Weltkriegs ihre volle Wirkung und ein wohl auch von Flick ungeahntes Potential entfalten, das ihn in kürzester Zeit in die Lage versetzte, vom Manager zum selbständigen Großunternehmer aufzusteigen.

1.2.2. Manganerz und Späne

Im Oktober 1915 bilanzierte der Vorstand der Charlottenhütte das abgelaufene Geschäftsjahr in nüchternen Worten. Falls es im Sommer 1914 jenes vielfach kolportierte »Augusterlebnis« einer überschwenglichen Kriegseuphorie gegeben hatte[30], so war diese einer pragmatischen Bewertung der Chancen und Risiken der »unter dem Zeichen des Weltkrieges« stehenden Eisenwirtschaft gewichen.[31] Die ersten Kriegsmonate, insbesondere die Mobilisierungsanforderungen, hatten die seit Ende 1913 spürbare konjunkturelle Baisse zunächst verschärft. Allerdings war diese Phase nur kurz bemessen und wurde bald darauf durch eine erhebliche Belebung des Geschäfts abgelöst. In Niederschelden liefen beide Hochöfen seit Oktober 1914 mit voller Auslastung, im SM-Werk nahm ein neuer 50-t-Ofen den Betrieb auf. Der Anstieg der Selbstkosten als Folge von Materialverteuerung und Arbeitskraftverknappung wurde durch die Preiserhöhungen für Eisenwaren

29 Unklar bleibt die Rolle des im Aufsichtsrat von Menden und Schwerte sowie Charlottenhütte vertretenen Konsuls J. L. Kruft. Dieser war Grubenvorstand und wohl auch Anteilseigner der Gew. Louise, die 1916 durch Flick erworben wurde. Im Skript seiner Jubiläumsrede 1940 vermerkte Flick Krufts Namen als Stichwort im Zusammenhang mit seiner frühen Karriere; HbDtAG 1914/15 II, S. 410; HbDtAG 1916/17 II, S. 493; AG Charlottenhütte, Geschäftsbericht 1916/17, GStA I. HA, Rep. 120C, Abt. XI, Fach 1, Nr. 78, Bhft. 279; Rede Flicks am 25. Jahrestag der Charlottenhütte, 1.4.1940, StAN Rep. 501, KVP, Fall 5, B-3, NI-3345, Bl. 1f.

30 Die neueren Forschungsergebnisse zusammenfassend: Wehler, Gesellschaftsgeschichte, Bd. 4, S. 14-17; vgl. Kruse, Organisation, S. 84-86; Mommsen, Weltkrieg.

31 AG Charlottenhütte, Geschäftsbericht 1914/15, GStA I. HA, Rep. 120C, Abt. XI, Fach 1, Nr. 78, Bhft. 279.

weitgehend aufgefangen, so daß der Rohgewinn des Jahres 1914/15 nach Unkosten, Steuern und Abschreibungen mit 1,2 Mio. Mark freundlich ausfiel. Die Dividende wurde auf acht Prozent festgesetzt, und auch die Prognosen für das kommende Jahr erwarteten ein »befriedigendes Ergebnis«.[32]

Die Entwicklung der Charlottenhütte in der ersten Phase des Krieges war durchaus repräsentativ für die schwerindustrielle Situation insgesamt. Trotz der langanhaltenden Aufrüstung des wilhelminischen Reichs zeigte sich die deutsche Volkswirtschaft unzureichend präpariert für eine Umstellung auf kriegswirtschaftliche Erfordernisse. Diese war auch nur bedingt vorgesehen, da man – noch in Erinnerung des Deutsch-Französischen Krieges von 1870/71 – mit einem raschen Ende der Kampfhandlungen und einem schnellen Sieg rechnete, folglich mit den in Friedenszeiten geschaffenen Kapazitäten auszukommen meinte und sich im Materialverbrauch keine Restriktionen auferlegte.[33] Angesichts eines exponentiell steigenden Eisenverbrauchs erwies sich diese Erwartung als völlige Fehlkalkulation, die sich erstmals in der Munitionskrise des Herbstes 1914 abzeichnete. Dem steigenden Bedarf an Kohle, Eisen und Stahl stand ein durch die Einberufungen sowie die Anspannung des Transportwesens ausgelöster Produktionsrückgang gegenüber. Zugleich stiegen die Materialkosten, die wiederum über scharf anziehende Preise auf die Verbraucher umgelegt wurden.[34]

Die staatlichen Versuche, durch den Aufbau einer speziellen Eingriffsverwaltung die Kontrolle über die Kriegswirtschaft zu erlangen, setzten zwar früh ein, blieben aber in ihrer Wirkung zunächst begrenzt und variierten zwischen den einschlägigen Industriezweigen erheblich. Die im August 1914 im Preußischen Kriegsministerium eingerichtete Kriegsrohstoffabteilung (KRA) unter Führung des AEG-Vorstandsvorsitzenden Walter Rathenau erhielt Zuständigkeiten für Erfassung und Zuweisung von Rohstoffen und begann im Herbst des Jahres, ihre Kontingentierungspolitik über die Gründung sogenannter Kriegsrohstoffgesellschaften (KRG) für einzelne Branchen, in erster Linie die Chemie- und Metallindustrien, zu systematisieren.[35] Dabei setzten die Offiziellen auf die Mitarbeit der Industrie. Die privatrechtlich organisierten Kriegsrohstoffgesellschaften befanden sich im Besitz und unter Kontrolle der Rohstoffverbraucher, so daß die Unternehmen Eingriffskompetenzen in ihre eigene Dispositionsfreiheit abwehren konnten. Folglich erlangten die KRG weder den Status dirigistischer

32 Ebd.; Siegener Zeitung Nr. 238 v. 11.10.1915, 2. Bl.; Zitat: Siegener Zeitung Nr. 256 v. 1.11.1915, 2. Bl.

33 Dazu Hardach, Weltkrieg, S. 63-66; Kroener, Mobilmachungsplanungen, S. 59-61; Feldman, Weltkrieg, S. 15 f.; Feldman betont die erheblichen, durch den Krieg gestörten Exportinteressen weiter Teile der deutschen Industrie, ebd., S. 16-22. Zur mangelnden finanziellen Vorbereitung: Zeidler, Kriegsfinanzierung; Born, Beginn, S. 18-24.

34 Vgl. Feldman, Iron S. 51 f.; Kerkhof, Friedenswirtschaft, S. 208-215; Hardach, Weltkrieg, S. 66; Ullmann, Kriegswirtschaft, S. 220-222.

35 Vgl. Michalka, Kriegsrohstoffbewirtschaftung, S. 486 f.; Roth, Staat, S. 31-33, 52-67; zur juristischen Einordnung Rohlack, Kriegsgesellschaften; unergiebig: Müller, Kriegsrohstoffbewirtschaftung.

Selbstverwaltungskörperschaften noch sicherten sie sich Monopole in der Rohstoffverteilung. Statt dessen boten sie selbst Informationsforen und Transmissionsstellen für privatwirtschaftliche Einflußnahme auf staatliches Handeln.[36] Das Recht der Industrie auf profitables Wirtschaften wurde von den KRA-Verantwortlichen um Rathenau prinzipiell nicht in Frage gestellt, vielmehr dienten Preisanreize als zentrales Mittel der Produktionssteigerung. Begünstigt wurde dies durch die Personalrekrutierung der Dienststelle, die vorwiegend auf Unternehmensvertreter wie Florian Klöckner und Max von der Porten zurückgriff.[37]

Gleichwohl gestalteten sich die Beziehungen zwischen der Industrie und den auch untereinander rivalisierenden Behörden[38] keineswegs problemlos. Insbesondere die wechselseitige Ablehnung von industriellen Partikularinteressen einerseits und staatlich-militärischem Regulierungswillen andererseits blieb unter der Oberfläche des »Burgfriedens« nur verdeckt. Diese Konflikte traten mit Fortdauer des Kriegs umso schärfer zutage, als die in der Privatwirtschaft gehegte Hoffnung auf einen schnellen Triumph sich ebenso wenig materialisierte wie die vom Militär erwartete massive Produktionssteigerung. Während der 2. Vorsitzende des Vereins Deutscher Eisen- und Stahlindustrieller (VDESI), Ewald Hilger, Anfang 1916 angesichts des ausbleibenden Sieges nicht ohne Süffisanz kommentierte, man habe offenbar die Briten ebenso wie »die angeblich degenerierten Franzosen erheblich unterschätzt« und darauf verwies, daß »[w]ir in der deutschen Industrie von Anfang an unsere Pflicht und Schuldigkeit [...] in hervorragendem Maße getan« hätten, deckte die KRA ein halbes Jahr später massive Übergewinne der Stahlproduzenten auf.[39]

Als Katalysator für die kriegswirtschaftliche Reorganisation wirkte der Antritt der 3. Obersten Heeres-Leitung Ende August 1916. Das kurz darauf aufgestellte Hindenburg-Programm forderte eine massiv erhöhte Rüstungsproduktion und stimmte in die Kritik an der uneinheitlichen Beschaffungspolitik der preußischen Behörden ein, die von industrieller Seite mit wachsender Heftigkeit geübt wurde.[40] Von dem Programm erhofften sich die Rüstungsproduzenten zudem, es werde die Preisfreiheit garantieren und die Arbeitsbeziehungen militarisieren, indem eine allgemeine Dienstpflicht eingeführt, die Disziplinierungsmöglichkeiten verschärft und das Lohnniveau beschränkt würden.[41]

36 Vgl. Roth, Staat, S. 411 f.; Hardach, Weltkrieg, S. 69; zu positiv die Bewertung bei Rohlack, Kriegsgesellschaften, S. 203, 210 f., die die KRG als umfassenden Erfolg beurteilt.

37 Hardach, Weltkrieg, S. 68-70; Feldman, Iron, S. 57 f.; differenzierter: Roth, Staat, S. 217-226, 306-311, 414; zu Porten (1879-1943) vgl. Münzel, Mitglieder, S. 266-270.

38 Dies ausführlich bei Roth, Staat, S. 28-74.

39 VDESI-Hauptversammlung, 16.1.1916, BADH R 13 I/149, Bl. 2 f. Hardach, Weltkrieg, S. 73.

40 Hindenburg-Programm, o. D. [ca. Februar 1917], BADH R 8725/99, Bl. 71-78; vgl. Roth, Staat, S. 68 f.; Feldman, Army, S. 153-155.

41 Das Hilfsdienstgesetz von 1916 blieb dennoch hinter den Erwartungen vor allem der Schwerindustrie zurück. Insbesondere die Anerkennung der Gewerkschaften als Verhandlungspartner stieß auf breite Ablehnung; dazu Feldman, Weltkrieg, S. 24-31.

Innerhalb der Kriegswirtschaftsverwaltung wurde im Gefolge des Hindenburg-Programmes das Netz von Rohstoffgesellschaften in den Schlüsselsektoren der deutschen Grundstoffversorgung ausgebaut. Dazu zählte zentral die Belieferung der Eisenindustrie mit Erzen, unter anderem mit Mangan, das als Desoxydations- und Härtemittel für die Stahlherstellung unabdingbar war. Im letzten Vorkriegsjahr hatten die deutschen Eisenerzeuger insgesamt 671 000 t Erz mit einem Mangangehalt von circa 50 Prozent aus dem Ausland bezogen. Diese Quellen fielen mit dem Handelsembargo gegen die Mittelmächte vollständig fort, so daß lediglich die auf Halde liegenden Vorräte sowie die deutsche Eigenproduktion (rund 350 000 t/Jahr bei nur zehn- bis 20prozentiger Konzentration) zur Verfügung standen. Die einzig nennenswerten Manganerzvorkommen des Reiches befanden sich im Spateisenstein-Bergbau des Siegerlandes sowie in zwei kleineren Brauneisensteingruben.[42] Bis 1915 hatte man diesen Engpaß in der Rohstoffversorgung noch durch systematische Plünderung der in den besetzten Gebieten vorgefundenen Vorräte lindern können. 1916 sanken diese »Rückführungen« jedoch auf nur noch ein Zehntel des Vorjahreswerts. Auch die eigenen Vorräte schwanden kontinuierlich. Allein zwischen September und Dezember schrumpften die Bestände ausländischer und heimischer Erze um 33 bzw. 40 Prozent. Der intensivierte Neuabbau konnte diesen Vorratsschwund nicht vollständig auffangen.[43]

Entsprechend sahen Industrievertreter in der »Materialverschwendung gerade in Mangan« den limitierenden Faktor für die Eisenerzeugung. Angesichts der begrenzten Bestände war man sich weithin einig, daß eine Mehrförderung in den heimischen Revieren allein den Bedarf nicht decken würde. Die Lösung konnte daher nur in einer zweigleisigen Strategie liegen, die einerseits auf eine gesteigerte Erzförderung, andererseits auf eine sorg- und sparsamere Verteilung der verfügbaren Mengen setzte, so Paul Reusch, dem als Vorstandsvorsitzenden der Gutehoffnungshütte AG (GHH) die Führung der Manganerzgesellschaft mbH oblag.[44] Entsprechend beschloß die KRA im September 1916 eine Auslobung von Prämien für Mehrleistungen im Siegerländer Eisenerzbergbau. Zur Behebung des Arbeitskräftemangels wurde die Bereitstellung von Kriegsgefangenen in Aussicht gestellt.[45] Der Preisanstieg auf nunmehr 33 Mark/t Rohspat –

42 [Vermerk]. Manganerze, o. D. [Ende Aug. 1916], BADH R 8725/9, Bl. 225; Bericht d. Manganerzgesellschaft für den Zeitraum von der Gründung 14.9.-30.11.1916, BA-MA PH 2/80, Bl. 1; Gemeinfaßliche Darstellung, S. 23, 214 f.

43 Übersicht über den Abtransport von Eisenmaterial aus dem besetzten Gebiet des Westens, BADH R 8725/99, Bl. 23; Monatsbericht der Manganerzgesellschaft für Dezember 1916, BA-MA PH 2/80, Bl. 39.

44 Zitat: Niederschrift über die Eisen-Sitzung am 21.9.1916, ebd., Bl. 13; Aktennotiz zur Manganerzgesellschaft, o. D. [Ende August 1916], BADH R 8725/9, Bl. 227-229.

45 Sitzung im Kriegsministerium mit den Eisen-Industriellen am 21.[9.1916] über das erweiterte Munitions-Programm, BA-MA PH 2/80, Bl. 13, 20; Bericht über Fortschritte der Arbeiten für das Munitionsprogramm, 27.10.1916, BADH R 8725/11, Bl. 94; Niederschrift der 2. Aufsichtsrats-Sitzung der Manganerzgesellschaft am 18.11.1916, BADH R 8725/10, Bl. 130.

am 1. Juli 1914 hatte der Preis noch bei 18,50 Mark/t gelegen – zeitigte zunächst tatsächlich Erfolge: Die Förderung im Siegerland verzeichnete im letzten Quartal 1916 mit einem Plus von zwölf Prozent einen deutlichen Schub, fiel jedoch im Anschluß wieder leicht ab.[46]

Größere Bedeutung für die Manganversorgung als die Fördersubvention sollte indes einer technischen Innovation zukommen, die im selben Jahr große Aufmerksamkeit erregte. Zum Jahresende 1916 berichtete die Manganerzgesellschaft hocherfreut von erfolgreichen Versuchen der Charlottenhütte bei der Eisenerzeugung aus Spänen und Schlacken: »Wenn sich die Versuche, die fortgesetzt werden, weiter bewähren, so wird es möglich sein, die bisher für die Stahleisen-Produktion verwendeten circa 90 000 t Siegerländer Spat für das Erblasen von Spiegeleisen mit neun bis zehn Prozent Mangan größtenteils freizubekommen und die Mangelknappheit wesentlich zu verringern.«[47] Während der Einsatz von Schrott bei der Herstellung von SM-Stahl üblich war, bedeutete seine Verwendung im Hochofenprozeß eine beträchtliche Neuerung. Darüber hinaus wurden die bis dahin größtenteils als Abfallprodukt behandelten Schlacken wegen des enthaltenen Manganrests nun zu einem für die Mangelwirtschaft der Kriegszeit wertvollen, technisch verwertbaren Rohstoff. Diese Erfindung, die auf einen Niederscheldener Ingenieur zurückging, wurde später oft Flick zugeschrieben, der zu dieser Interpretation selbst nicht unwesentlich beitrug, indem er reklamierte, das Verfahren zwar nicht selbst erdacht, wohl aber die »Initiative« zu seiner Anwendung ergriffen zu haben.[48]

Die Neuerung auf der Charlottenhütte betraf nicht allein die Manganversorgung, sondern hatte aufgrund des massenhaften Einsatzes von Stahlspänen auch erhebliche Auswirkungen auf den Schrottsektor. Wie beim Mangan handelte es sich um eine seit Kriegsbeginn zunehmend rarer gewordener Ressource. Zum einen war dies Folge des insgesamt gestiegenen Stahlbedarfs, zum anderen der Bedarfsverschiebung zugunsten des für die Rüstungsproduktion geeigneteren SM-Stahls. Auch der kriegsbedingte Anfall zusätzlicher Schrottmengen – vor allem die in der Granatenherstellung entstehenden Späne – vermochte den Mehrbedarf nur teilweise zu decken.[49]

46 Preise, o. D. [Anfang 1918], BADH 8725/100, Bl. 61; Notiz, o. D.; Förderung, 29.1.1917, beide BADH R 8725/99, Bl. 219 f. Die Preise blieben auch über Dezember 1916 hinaus in Kraft.

47 Bericht der Manganerzgesellschaft für den Zeitraum von der Gründung 14.9.-30.11.1916, BA-MA PH 2/80, Bl. 3a; zum raschen Bedeutungsgewinn d. Späneschmelzung: Stahl und Eisen 37 (1917), S. 63, 311, 527.

48 Rede Flicks zum 25. Jahrestag der Charlottenhütte, 1.4.1940, StAN Rep. 501, KVP, Fall 5, B-3, NI-3345, Bl. 4; noch deutlicher Kaletschs Fassung: [Unbetiteltes Typoskript], o. D., WWA S 8/84.

49 Denkschrift über die Gründe [...], BA-MA PH 2/84; Zudem verlegte sich die Eisenindustrie bewußt auf den höherpreisigen SM-Stahl, um so ihre Gewinnmargen an den staatlichen Deckelungsbestrebungen vorbei durchzusetzen; vgl. Feldman, Iron, S. 64.

Entsprechend entstand im September 1916 nicht nur die Manganerzgesellschaft, sondern auch eine Reihe von Schrottbewirtschaftungsgremien. Als Spitzenorganisation wurde die Eisenzentrale (EZ) konzipiert und einem eigenen Kommissar unterstellt.[50] Als GmbH errichtet und mit einem Beirat aus Industrievertretern versehen, stellte das Reich 75 Prozent des Kapitals, das übrige Viertel stammte vom privaten Roheisenverband. Als Geschäftszweck wurden die Zufuhr von Stahlspänen und der Auslandseinkauf von Schrott bezeichnet. Zugleich sollte der rasante Preisanstieg für Schrott beruhigt werden. Die Aufgabe der EZ, eine Preisüberhitzung zu vermeiden und die Versorgung der wichtigsten Verbraucher zu gewährleisten, stand dabei in einem unaufgelösten Spannungsverhältnis zu der ausdrücklichen Zusage, die Gesellschaft solle keine Eingriffe in die privatwirtschaftliche Ordnung darstellen. Entsprechend verhalten reagierten Unternehmensvertreter anfangs auf das als staatliches Einfallstor in die Privatwirtschaft aufgefaßte Zwittermodell. Das Mißtrauen wuchs noch zusätzlich, als der EZ die Feststellung des Heeresbedarfs, die Rohstoffsicherung und die Dringlichkeitsfolge der Zuteilungen zugewiesen wurden.[51]

Während die Ruhrkonzerne in ihrer Funktion als Eisenerzeuger die »Überorganisation« der Kriegswirtschaft beklagten und zur Abschwächung der ursprünglich umfangreicheren Konzeption entscheidend beitrugen[52], verhielten sich die Eisen- und Schrotthändler – unter denen sich auch einige der besagten Konzerne befanden – deutlich kooperativer. Ende August 1916 berieten rund 20 der wichtigsten Firmen, darunter auch Flick & Trippe, über die Gründung einer eigenen Späne-Handelsorganisation als Vertragskontrahentin der EZ. Auf Basis eines Vorschlages der Manganversorgungsstelle kam man rasch überein, sich in das Bewirtschaftungssystem einzugliedern und die Spänebeschaffung in die Hand zu nehmen. Die avisierte Provision schätzten die Händler als »nicht reichliche, so doch erträgliche Rechnung« ein und nutzten das eigene Einverständnis zu dieser Regelung dazu, patriotisches Pflichtbewußtsein zu demonstrieren.[53]

Das sah man bei der KRA durchaus anders. Diese prognostizierte den Gesamtgewinn der beteiligten Firmen bei einer Menge von bis zu 1,5 Mio t Spänen auf 1,5 bis 2,25 Mio. Mark. Ferner ließ die Abteilung nicht unerwähnt, daß es sich um ein Geschäft handelte, das im Frieden in dieser Art gar nicht möglich gewesen wäre und folglich eine zusätzliche Gewinnmöglichkeit darstellte. Statt Anerkennung der behaupteten Uneigennützigkeit herrschte eher Skepsis, ob die EZ »nicht durch Zuweisung eines gesicherten großen Nutzens den Händlern eine in ihrem Umfange nicht gerechtfertigte Wohltat erweist«. Zudem fürchtete

50 Vgl. Kerkhof, Friedenswirtschaft, S. 223-225; Roth, Staat, S. 412.

51 Niederschrift über die Eisen-Sitzung am 21.9.1916; Besprechung über Eisenzentrale u. Ausgleichsstelle im K.[riegs]M.[inisterium] am 29.9.1916, BA-MA PH 2/80, Bl. 15-19, 24-26; [Vermerk], o. D. [1917], BADH R 8725/99, Bl. 54; Kerkhof, Friedenswirtschaft, S. 225; Roth, Staat, S. 111-114

52 Sitzung in Rohstahl-Ausgleichsstelle am 1.3.1917, BA-MA PH 2/80, Bl. 79-81; vgl. Roth. Staat, S. 113 f.

53 Protokoll der Sitzung am 30.8.1916, BADH R 8725/92, Bl. 149 f.

man, den späneverbrauchenden Eisenhütten »ein reines Geschenk« zu bereiten, indem man den stark angestiegenen Preis nach unten regulierte.[54]

Noch im Oktober 1916 wurde die Handelsgesellschaft für Eisen- und Stahlspäne mbH gegründet. Die Gesellschaft verfügte über ein Stammkapital von einer Million Mark, das sich auf etwa zwei Dutzend Firmen verteilte. Diese waren recht heterogen in ihrer Zusammensetzung: Eine Reihe großer Schrotthandelsgesellschaften hielt Löwenanteile und dominierte den Aufsichtsrat, während eine Mehrzahl mittlerer und kleiner Unternehmen geringere Summen einzahlten, darunter Flick & Trippe.[55] Je verkaufte Tonne Späne standen der Handelgesellschaft 1,50 Mark zur Deckung eigener Unkosten zu, ein etwaiger Reingewinn war entsprechend den Stammeinlagen zu verteilen; überschritt er 400 000 Mark, setzte eine progressive Gewinnbeteiligung der EZ ein. Diese behielt sich umfassende Informations- und Kontrollrechte vor, garantierte aber andererseits, daß Verbraucher von Vertragsspänen ihren gesamten Bedarf ausschließlich bei der Handelsgesellschaft deckten, die mithin ein faktisches Monopol in dem Schrottsegment erhielt. Allerdings wurde die Gesellschaft nur im Westen und Süden des Reiches aktiv, in Mittel- und Ostdeutschland bediente sich die EZ bestehender privater Einkäufer.[56]

Als letzte Partei in diesem Verbund konstituierte sich, nicht auf staatliche Initiative, doch als Reaktion auf die neuen Strukturen, die Vereinigung West- und Süddeutscher Schrottverbraucher. Sie bezweckte, die Hütteninteressen in den Verhandlungen mit der Schrott- und Spänehandels-GmbH zu koordinieren, und schloß die Ruhr- und Siegerländer Hüttenwerke sowie die wichtigsten Verbände zusammen. Das entstandene Interessenvertretungsnetz lobte ausgerechnet Peter Klöckner, der zur selben Zeit behauptete, die Industrie »schreie nach Erlösung« von der überbordenden Bürokratisierung[57], als ein »vollkommenes [System], in welchem nicht nur sämmtliche [sic] Händler, sondern auch lückenlos die Verbraucher und die Großlieferanten von Schrott zusammengebunden« seien.[58]

Flick war in diesem halb staatlich gelenkten, halb selbstverwalteten Bewirtschaftungssystem in multipler Funktion vertreten. Als kaufmännischer Direktor der Charlottenhütte wurde er Anfang 1917 in den Beirat der Vereinigung der Schrottverbraucher entsandt, dem der EZ gehörte er seit dem vorigen Herbst an. Gleichzeitig saß er mittelbar über Flick & Trippe auf der anderen Seite des Ver-

54 Memorandum zu der beabsichtigten Reglementierung des Verkaufs von Stahldrehspänen, o. D. [September 1916]; [Vermerk], Oktober 1916, beide ebd., Bl. 154-157, 166-169, Zitate Bl. 155, 157.

55 Gründungsvertrag der Handelsgesellschaft für Eisen- und Stahlspäne, 19.10.1916, Stammeinlagen, o. D. [1917], beide BADH R 8725/92, Bl. 3-13, 68.

56 Vertrag Eisenzentrale/Schrott-Handelsgesellschaft, 23.10.1916, BADH R 8725/92, Bl. 1, 16-23; Monatsbericht der Eisenzentrale Anfang September 1916 bis 30.11.1916, 7.1.1917, BADH R 8725/6, Bl. 180 f.

57 Sitzung in der Rohstahl-Ausgleichstelle am 1.3.1917, BA-MA PH 2/80, Bl. 79.

58 Verhandlungsniederschrift über die Sitzung West- und Süddeutscher Schrottfirmen am 2.5.1917, BADH R 8710/485.

handlungstisches in der Reihe der Schrotthandelsfirmen.[59] Zudem rückte Anton Trippe 1917 als Mitarbeiter in die Verwaltung der EZ ein – nachdem eine Anfrage zur Unabhängigkeit Trippes von der Charlottenhütte mit der Erklärung, es handele sich bei ihm um eine »tüchtige, zuverlässige Persönlichkeit«, positiv beschieden worden war.[60]

Mit dieser zweigleisigen Strategie sowie der besonderen Stellung der Charlottenhütte im Kontext der Kontingentierung von Mangan einerseits und Schrott bzw. Spänen andererseits sicherte sich Flick sowohl einen hervorragenden Informationsfluß als auch eine »win-win-Situation«. In der Folge verschaffte sich die Charlottenhütte mit ihrem Vorstandsmitglied Flick einen privilegierten Zugang zu den begehrten Spänelieferungen, während Flick als Inhaber einer nicht unbedeutenden Schrotthandelsfirma auch durch die Spänebewirtschaftung die Gewinne erzielte, mit deren Hilfe er Aktien seines Arbeitgebers kaufen konnte.

Mit der technischen Leistung des Späne-Schlacken-Verfahrens hatte sich die Charlottenhütte in der Konkurrenz um die Aufteilung der besonders stark limitierten Ressourcen der Kriegswirtschaft eine hervorragende Ausgangsposition verschafft. Diese erwies sich zu Beginn der zweiten Organisationswelle 1916 als entscheidender Vorteil gegenüber den unmittelbaren Wettbewerbern sowohl im Siegerland als auch an der Ruhr. So erhielt Flicks Unternehmen bereits im Dezember 1916 Sonderzuteilungen an Spänen, um die Versuchsarbeiten des neuen Verfahrens fortführen zu können. Dabei war man sich in Niederschelden der neugewonnenen Bedeutung durchaus bewußt und insistierte ebenso hartnäckig wie erfolgreich, wenn Späne- oder Kalksteinzuweisungen ausblieben. Einen Stillstand des Pionierwerks, das substantielle Manganerzmengen freimachen sollte, mochte bei der EZ niemand verantworten.[61]

Seit Januar 1917 überstieg der angemeldete Spänebedarf die verfügbare Menge von 140 000 t nahezu ununterbrochen. Die nötigen Kürzungen sollten jedoch, wegen ihrer mangansparenden Erzeugung, nicht die Charlottenhütte treffen. Vielmehr gestand die EZ dem Unternehmen einen monatlichen Mehrbedarf an Spänen in Höhe von 20 000 t zu, der im Gegenzug eine etwa gleich hohe Tonnage an Spateisenstein freimachen sollte. Der Kommissar für die Eisenzentrale, Rittmeister Hermann Fischer, gab daher die von nun an maßgebliche Richtlinie aus, daß der Sonderbedarf der Charlottenhütte von dem verfügbaren Gesamtquantum abzuziehen sei, bevor die quotierte Verteilung einsetze. Der

59 Bericht über die Gründungs- und erste Hauptversammlung der »Vereinigung West- und Süddeutscher Schrottverbraucher« am 28.12.1916; Bericht über Sitzung des Beirats 13.1.1917, beide BADH R 8725/95, Bl. 246-252; Bericht über Sitzung des Beirats der Späne-Organisation am 16.1.1917, BADH R 8725/99, Bl. 125 f.; Besprechung über die Organisation des Eisen- und Stahlspänemarktes durch die Eisenzentrale, Sitzung am 10.10.1916, BADH R 8725/92, Bl. 171.

60 EZ an Chh, 9.3.1917; Chh an EZ, 14.3.1917, beide BADH R 8710/432.

61 Korrespondenz EZ/Schrotthandel GmbH/Chh Dezember 1916 in BADH R 8710/172. Vergleichbare Anfragen etwa von van der Zypen/Wissen, Bremerhütte und Hoesch wurden mit deutlich weniger Nachdruck von der EZ verfolgt; vgl. ebd., passim.

Wettbewerbsvorteil gegenüber den regionalen Konkurrenten vergrößerte sich zusätzlich dadurch, daß die verbleibenden 120 000 t Späne zwischen West- und Ostwerken aufgeteilt werden mußten, so daß lediglich 87 000 t für die Werke an Saar, Rhein und Ruhr sowie Sieg blieben.[62]

Bis Kriegsende wurde bei allen vierteljährlichen Zuteilungen nach dem »Charlottenhütte-first«-Prinzip verfahren.[63] Im ersten Quartal 1918 betrug ihr Kontingent an der gesamten Vorabgabe mit 46 800 von 135 000 t mehr als ein Drittel und übertraf somit die Anteile der drei nächstgrößten Kontingentsträger – AG für Hüttenbetrieb (Thyssen), GHH und Bremerhütte – zusammen. Stets galt, »daß die Charlottenhütte in erster Linie [...] berücksichtigt werden soll«.[64] Noch eklatanter stellte sich der Vorsprung des von Flick geführten Unternehmens in den letzten vollen Kriegsquartalen dar, in denen die Charlottenhütte annähernd die Hälfte der verfügbaren Spänemenge beanspruchen konnte.[65]

Indes waren Zuweisungszahlen nicht gleichbedeutend mit entsprechenden Liefermengen. Daher sah sich die Siegener Verwaltung regelmäßig zu Eingaben und Forderungen an die Späne-Handelsgesellschaft wie auch an die EZ wegen rückständiger Zuteilungen veranlaßt, denen sie durch zaunpfahlartige Hinweise auf die Bedeutung ihres Schmelzverfahrens Nachdruck verlieh. So meldete die Handelsgesellschaft im Juli 1917, sie werde »insbesondere von der Charlottenhütte [...] außerordentlich um Lieferung von Drehspänen gedrängt und [sei] nicht in der Lage, die Ansprüche auch nur annähernd zu erfüllen«.[66] Die EZ wies daraufhin die Handelsgesellschaft erneut an, die Charlottenhütte vorrangig vor allen anderen Bedarfsträgern zu beliefern.[67] Dieses Muster wiederholte sich bis zum Herbst 1918 mehrfach. In allen Fällen gab die EZ dem Druck der Siegener Forderungen nach, um die Belieferung mit Spateisenstein nicht zu gefährden.[68] Gleichwohl mehrte sich unter den Konkurrenten wie auch bei der Späne-Handelsgesellschaft zunehmend Kritik an der nahezu sakrosankten Privilegierung. Im Dezember 1917 warnten die Händler davor, eine weitere komplette

62 Bericht über die Sitzung des Beirats der Späne-Organisation am 16.1.1917, BADH R 8725/99, Bl. 127 f; [Vermerk], o. D., [Anfang 1917], ebd., Bl. 174 f.

63 Handelsgesellschaft für Eisen und Stahlspäne an Kommissariat der EZ, 14.7.1917, BADH 8710/169; Bericht über die Sitzung der Späne-Organisation am 15.8.1917, BADH 8710/171.

64 Bericht über die Sitzung des Beirats der Späneorganisation, 5.3.1918, BADH R 8725/133, Bl. 92.

65 Bericht über die Sitzung des Beirats der Späneorganisation, 11.5.1918, ebd., Bl. 94; Bericht über die Sitzung der Späne-Organisation am 14.8.1918, BADH R 8710/173.

66 Handelsgesellschaft für Eisen und Stahlspäne an Kommissariat der EZ, 9.7.1917; Telegramm Chh an Eisenzentrum [sic] Kommissariat, [10].7.1917, beide BADH R 8710/169.

67 Handelsgesellschaft für Eisen und Stahlspäne an Kommissariat der EZ, 19.7.1917; Handelsgesellschaft für Eisen und Stahlspäne an Eisenhandelsgesellschaft, 19.7.1917, beide ebd.

68 Beispielhaft EZ an Handelsgesellschaft für Eisen- und Stahlspäne, 22.10. [Zitat] u. 29.11.1917, ebd.; Handelsgesellschaft für Eisen- und Stahlspäne an Kommissariat der EZ, 28.8.1918, BADH R 8710/170.

Belieferung der Charlottenhütte könne nur noch »unter erheblicher Schädigung aller anderen Hütten« erfolgen.[69]

Die Kritik trat um so offener zutage, je mehr sich die Versorgungssituation mit Rohstoffen, aber auch mit Arbeitskräften und Transportmitteln verschärfte. Dazu hatte in erheblichem Maße das Hindenburg-Programm selbst beigetragen, das mit seinen ruckartig gesteigerten Anforderungen bei gleichzeitiger Begrenztheit der verfügbaren Ressourcen die Leistungsfähigkeit der Infrastruktur wie der Arbeitskräfte überforderte.[70] Insbesondere der Zusammenbruch der Lebensmittelversorgung im Winter 1916/17 brachte die physische Belastbarkeit der Arbeitnehmer an ihre Grenzen und konnte auch durch die Verwendung von Kriegsgefangenen und den von der Industrie seit 1916 verlangten Zwangseinsatz belgischer und polnischer Arbeiter nicht entscheidend gelindert werden.[71]

Nicht minder hingen Erzförderung und Roheisenerzeugung im Siegerland von der ausreichenden Belieferung mit Brenn- und Rohstoffen ab, vor allem mit Steinkohle, Kalk und Schrott, die ihrerseits durch die Transport- und Arbeitskräfteverhältnisse eingeschränkt war. Entsprechend resultierte eine Vielzahl von Reklamationen der Charlottenhütte nicht nur aus dem Spänemangel, sondern ebenso aus unzureichenden Waggongestellungen für Hilfsstoffe, die zu Minderauslastungen der Hochöfen in Niederschelden, Kreuztal und Eisern führten. Anfang Februar 1917 ruhte die Koks- und Kohlenzufuhr vollständig, nachdem die Siegerländer Gruben bereits in den Vorwochen »ausschließlich von der Hand in den Mund gelebt« hatten. Ernüchtert stellte man in der EZ fest, daß das neue Späneschmelzverfahren allein die Rohstofflage nicht entspannen würde, wenn andere limitierende Faktoren dessen optimale Ausnutzung verhinderten.[72] Auch führende Ruhrindustrielle drangen auf eine bessere Versorgung des Siegerlandes mit Kohlen und Koks, weil sie um ihre Spiegel- und Stahleisenbelieferung fürchteten.[73] Trotz dieser Unterstützung und regelmäßiger Willensbekundungen der Bewirtschaftungstellen blieb das Brennstoffproblem bis Kriegsende ungelöst, da weder dem Förderrückgang auf den Zechen noch den Transportschwierigkeiten der Reichsbahn entscheidend abgeholfen werden konnte. Der Abzug der russischen Kriegsgefangenen von den Siegerländer Erzgruben im Juni 1918 zog weitere Erschwernisse der Förderung nach sich.[74]

69 Handelsgesellschaft für Eisen- und Stahlspäne an Kommissariat der EZ, 21.12.1917, BADH R 8710/169.

70 Vgl. Feldman, Army, S. 262-273; Hardach, Weltkrieg, S. 76-80; Michalka, Kriegsrohstoffbewirtschaftung, S. 488f.; Flemming, Industrialisierung, S. 54-67.

71 Zum Zwangsarbeitereinsatz im Ersten Weltkrieg vgl. Herbert, Geschichte, S. 86-117; zum Kriegsgefangenen-Einsatz: Hinz, Gefangen.

72 Zitat: [Vermerk] Siegerland, 5.2.1917, BADH R 8725/99, Bl. 201; Zur Mangan- und Roheisen-Frage, 1.2.1917, ebd., Bl. 206; EZ an Chh, 15.12.1916, BADH R 8710/1; Sitzung in der Rohstahlabteilung am 9.12.1916, BA-MA PH 2/80, Bl. 32.

73 Kurzer Bericht über die Sitzung v. 1.3.1917 mit den Vertretern der Eisen- und Stahlindustrie, BADH R 8725/99, Bl. 62.

74 Monatsbericht der Manganerzgesellschaft für Juli 1917, 24.8.1917; Monatsbericht der Manganerzgesellschaft für Juni 1918, beide BADH R 8725/14, Bl. 21f. Handelsge-

Schließlich erwiesen sich die Einführung der Späne-Bewirtschaftung und die Bevorzugung der Siegerländer Werke mit der Charlottenhütte an der Spitze auch als unausgegorene Problemlösung. Der massive Verbrauch von Spänen in der Roheisengewinnung bedeutete notwendig, daß diese der stark angewachsenen SM-Stahlerzeugung nicht zur Verfügung standen. Außerdem verringerte die Verhüttung gering konzentrierter inländischer Erze die Ausbringung der Hochöfen, so daß die Gesamtproduktion bei wachsenden Anforderungen sogar rückläufig war: Sowohl die Verwendung der Siegerländer Erze wie auch der Schlacken standen somit dem geforderten Ausbau der Eisen- und Stahlerzeugung entgegen – mehr Mangan bedeutete weniger Stahl.[75]

Auf beide Probleme, minderwertige Erze und Schrottmangel, fand die Schwerindustrie dieselbe Lösung: die Ausbeutung der besetzten Gebiete. Dazu bedurfte es keiner Neuausrichtung, vielmehr rekurrierten die berüchtigten, seit 1915 nicht nur intern, sondern auch in mehreren Eingaben an die Staats- und Heeresführung erhobenen Kriegszielforderungen der deutschen Industrie auf ältere Konzepte eines deutschen Hegemonialbereichs in »Mitteleuropa«.[76] Im Zentrum der Begehrlichkeiten stand die Annexion der französischen Gebiete Lothringens mit dem Erzbecken von Briey-Longwy, das den deutschen Rohstoffbedarf auf lange Frist decken und gleichzeitig die französische Konkurrenz dauerhaft ausschalten sollte.[77] Komplementär dazu richteten sich im Zuge des Friedensschlusses von Brest-Litowsk Forderungen auf polnisches und russisches Territorium. Statt direkter Angliederung legten Ruhrindustrielle wie August Thyssen aber größeren Wert auf einen ungehinderten Zugriff auf die Rohstoffe der Ukraine und des Kaukasus', insbesondere die reichen Eisen- und Manganerzvorräte. Unverhohlen verlangte Ewald Hilger im Dezember 1917 namens des VDESI: »Wir müssen mit Rußland schleunigst fertig werden, wir müssen Manganerze haben.«[78]

Indes waren derartige Wünsche vorerst nur Zukunftsmusik. Um so mehr wandte man sich kurzfristigen Lösungen für die deutsche Rohstoffmisere zu, namentlich der systematischen Plünderung ausländischen Alteisens. Im Mai

sellschaft für Eisen- und Stahlspäne an Kommissariat der EZ, 27.2.1918, BADH R 8710/70.

75 Denkschrift über die Gründe der von der deutschen Regierung ergriffenen Maßnahmen zur Rückführung von Schrott [1919], BA-MA PH 2/84; Bericht über die Gesellschafterversammlung der Handelsgesellschaft für Eisen- und Stahlspäne am 19.3.1918, BADH R 8725/92, Bl. 21f.; Aufgaben während des Krieges, auf Schreiben v. 14.8.1918, BADH R 8725/65, vor Bl. 59.

76 Sitzung des VDESI-Hauptvorstandes, 28.7.1916, BADH R 13 I/149, Bl. 184-235. Noch immer grundlegend: Fischer, Griff; ferner Mommsen, Weltkrieg, S. 94-117; Wehler, Gesellschaftsgeschichte, Bd. 4, S. 26-38; als umfassender Überblick jetzt Kerkhof, Friedenswirtschaft, S. 349-403.

77 Ebd. Zu den aktivsten Lobbyisten einer solchen Westexpansion gehörte der am Beginn seiner Karriere als Geschäftsführer des VDESI stehende Jakob Reichert, der in zahlreichen Vorträgen die Ansprüche der deutschen Industrie rechtfertigte; vgl. die Ansprachen und Schriften in BADH R 13 I/245.

78 Sitzung des VDESI-Hauptvorstandes, 8.12.1917, BADH R 13 I/153, Bl. 11-72, Zitat Bl. 52.

1917 forderte die Schrotthandel-Vereinigung aufgrund der anhaltenden Unterversorgung den umgehenden Abbruch ausländischer Fabriken und Betriebe. Der Schritt der Händler war wohlvorbereitet und wurde in den folgenden Tagen durch unterstützende Eingaben der Schrottverbraucher und des einflußreichen Vereins Deutscher Eisenhüttenleute flankiert. »Eine zarte Rücksichtnahme«, so der Verein, »muß hier schonungslos beseitigt werden, wenn es darum geht, im letzten Stadium des Weltkrieges unserer Heeresverwaltung die Mindestmengen an Stahl und Eisen für die Heeresrüstung zu verschaffen.«[79] Zwar rannten die Industrievertreter mit ihren Forderungen bei Kriegsrohstoffamt und Eisenzentrale offene Türen ein, das Schrottpotential der besetzten Gebiete ging jedoch bis Ende 1917 rapide zuneige und machte weitere Sparmaßnahmen innerhalb der deutschen Eisenindustrie unumgänglich.[80]

Vor diesem Hintergrund einer allgemeinen Defizitverwaltung, in der die begrenzten Ressourcen meist nur von einem Bedarfsträger zum anderen verschoben, nicht aber der generelle Mangel behoben wurde, genoß die Charlottenhütte mit ihren festen Kontingenten eine herausragende Stellung. Der Umstand, daß sie einen erheblichen Teil der Siegerländer Erzgruben kontrollierte und über das technische Verfahren zur Späne-Schlacken-Nutzung verfügte, stattete sie mit einem Tauschobjekt aus, das ihr den Vorrang vor allen anderen Bedarfsträgern einräumte. Bei Kriegsende verfügte das Unternehmen über so erhebliche Schrottreserven, daß diese auf den Halden durch die lange Lagerung festrosteten und schließlich gesprengt werden mußten.[81]

1.2.3. Die Gewinnentwicklung im Ersten Weltkrieg

Die dauerhafte Sicherstellung einer ausreichenden Rohstoffversorgung erlaubte es der Charlottenhütte, während der Kriegsjahre die eigene Produktion auf hohem Niveau zu halten und in großem Umfang von den unaufhörlich steigenden Preisen für Erze, Eisen und Stahl sowie für Rüstungsgüter – unter anderem hatte man zwischenzeitlich die Granatenherstellung aufgenommen – zu profitieren. Allein die Roheisenproduktion im Werk Niederschelden stieg zwischen 1914 und 1918 von 53 000 auf 77 000 t, die Schmiedestückefertigung von 11 700 (1914) auf 19 300 t (1917).[82]

79 VDEh an KRA, 30.5.1917, BADH R 8725/136, Bl. 72 f.; Schrotthandel GmbH an KRA, 24.5.1917, ebd., Bl. 91; Vereinigung West- und Süddeutscher Schrottverbraucher an KRA, 29.5.1917, ebd., Bl. 85.

80 Aktennotiz über Eisenmobilmachung, 13.12.1917; Betrifft: Schrottgewinnung, 13.12.1917; Bericht über die Sitzung der Schrottorganisation, 11.4.1918, alle BADH R 8725/134, Bl. 209-215, 195, 101.

81 Rede Flicks am 25. Jahrestag der Charlottenhütte, 1.4.1940, StAN Rep. 501, Fall 5, KVP, B-3, NI-3345, Bl. 4.

82 Ebd., Bl. 4; Unsere Charlottenhütte. Geschichte des Werkes Niederschelden der Hüttenwerke Siegerland AG 1864-1964. Zusammengestellt von Walter Wittmer, Januar 1964, WWA F 65/3671.

Tab. I/2: Ausgewählte Dividenden und Börsenkurse deutscher Berg- und Hüttenunternehmen 1912/13-1917

	Dividenden in %				
	1912/13	1913/14	1914/15	1915/16	1916/17
Bismarckhütte AG	9	9	15	25	30
AG Charlottenhütte	16	10	8	16	20
Deutsch-Lux. AG	10	-	-	7	10
Gutehoffnungshütte AG	20	10	15	20	20
Harpener Bergbau AG	11	8	6	12	12
Kattowitzer Bergbau AG	15	13	8	12	12
Fried. Krupp AG	14	12	12	12	10
Ver. Königs- u. Laurahütte AG	8	4	4	10	12
Mannesmannröhrenwerke AG	13,5	7,5	10	15	15 + 3
Rheinische Metallwerke AG	-	-	11	18	k. A.
Rheinische Stahlwerke AG	10	10	6	10	12
Rombacher Hüttenwerke AG	10	5	5	8	12,5
Van der Zypen/Wissen AG	12	8	12	25	25

Quelle: BADH R 8725/100, Bl. 20.

Das Ausmaß der eingefahrenen Gewinne war selbst für die im Ersten Weltkrieg notorisch hohen Profite der Eisen- und Stahlindustrie bemerkenswert. Zwar wurden diese durch geschickte Buchführung und Bilanzierung nicht in ihrer absoluten Höhe veröffentlicht, Kriegsrohstoffabteilung und Eisenzentrale bemühten sich aber seit 1917/18 intensiver um eine Bestimmung der Übergewinne, um die ungebremsten Preisforderungen der Rüstungslieferanten zu drosseln.[83] Als Kriterien für die Gewinnermittlung bedienten sich die Offiziere vor allem der vorgenommenen Abschreibungen, der Dividendenausschüttungen sowie der Kapitalerhöhungen, die zwischen 1914 und 1918 in bis dahin ungekannter Höhe erfolgt waren.[84]

In ihrer Dividenden- und Kursentwicklung stieg die Charlottenhütte in den Kriegsjahren in die Spitzengruppe der deutschen Montanindustrie auf (vgl.

83 Zur Debatte um die Preisfestlegungen vgl. Roth, Staat, S. 306-319, 370-373.

84 Diese Daten waren allerdings nicht gleichermaßen aussagekräftig. Die hohen Abschreibungen drückten auch aus, daß viele Anlagen nur für Kriegs- und Rüstungszwecke nutzbar waren.

Aktienkurse in %		
Höchstkurs 1913	Mai 1914	28.12.1917
170	143	408
231	167	256
170	130	165
k. A.	k. A.	k. A.
200	179	213
253	215	246
k. A.	k. A.	k. A.
179	147	238
220	209	260
120	104	600
172	160	203,5
169	156	177
189	160	284

Tab. I/2) und erreichte 1917/18 mit 24 Prozent Dividende und einem Reingewinn von über 3,5 Mio. Mark eine Rekordmarke.[85] Mit Blick auf die vorgenommenen Abschreibungen schnitt das Unternehmen im Branchenvergleich noch bemerkenswerter ab. Im Schnitt erhöhten Erzgruben und Hüttenbetriebe ihre Abschreibungen in den Geschäftsjahren 1915/16 und 1916/17 um durchschnittlich 62 Prozent, die 25 Unternehmen mit den höchsten Wachstumsraten wiesen gar ein Plus von 85,6 Prozent aus. Die Charlottenhütte konnte im selben Zeitraum ihre Abschreibungen von rund 1,5 auf 3,2 Mio. Mark erhöhen; das entsprach einer weit überdurchschnittlichen Zunahme um 111 Prozent.[86] Auch bei den in Kapitalerhöhungen geflossenen Gewinnen lag die Charlottenhütte an der Spitze. Nahezu alle großen Eisen- und Stahlerzeuger hatten seit 1914 ihr Eigenkapital

85 Siegener Zeitung Nr. 212 v. 10.9.1918, 2. Bl. Vgl. die allg. Daten bei Wehler, Gesellschaftsgeschichte, Bd. 4, S. 53.

86 Erzbergwerke und Hüttenbetriebe, o. D. [1918], BADH R 8725/100, Bl. 15f. Im Geschäftsjahr 1917/18 erreichten die Abschreibungen der Charlottenhütte einen Wert von 3,3 Mio. Mark; Siegener Zeitung Nr. 212 v. 10.9.1918, 2. Bl.

um hohe Millionenbeträge erweitert und damit Neuanlagen und Fusionen finanziert. Eine Steigerung um den Faktor 2,5 wie im Falle der Charlottenhütte, die von fünf auf 12,5 Mio. Mark sprang, stellte jedoch eine rare Ausnahme dar. Hinzu kam, daß sie neben jungen Aktien auch hohe Barzahlungen leistete, die ebenfalls ohne jede Kreditaufnahme allein aus Eigenmitteln bestritten wurden.[87]

Indes gaben sich die Ermittler der KRA keinen Illusionen hin, anhand der ihnen zur Verfügung stehenden Daten das tatsächliche Ausmaß der Kriegsgewinne ermessen zu können. Trotz der hohen, oft zweistelligen Dividendenausschüttungen gingen sie davon aus, daß sich die Unternehmen bei den Auszahlungen an ihre Aktionäre »große Zurückhaltung« auferlegt hatten und in den stillen Reserven weit höhere Beträge thesauriert wurden. Entsprechend kritisch betrachtete die KRA die »üblichen Klagen über zu niedrige Preise«, die angesichts der Abschreibungen, offenen Rückstellungen und Dividenden »keinen sehr erhebenden Eindruck« mit Blick auf die patriotischen Motive der Schwerindustrie hinterließen.[88] Die Vorstände der eisenschaffenden Unternehmen sahen dies naturgemäß anders. Hier herrschte vielmehr schon Ende 1916 Verärgerung darüber vor, daß man die eingestandenermaßen günstigen Verdienste von den staatlichen Stellen »unter die Nase gerieben« bekam. In den erzielten Gewinnen erblickten die Industriellen vielmehr den billigen Vorabausgleich für die erwarteten Umstellungsprobleme der Nachkriegszeit und somit »zum großen Teil vorgegessenes Brot«.[89]

Nicht nur bei den Eisenerzeugern, auch bei den Händlern, unter ihnen weiterhin Flick & Trippe, offenbarten sich unterschiedliche Auffassungen zwischen den Privaten und den Regulierungsinstanzen. Im September 1917 kam es zu einer handfesten Auseinandersetzung zwischen der Eisenzentrale und der Späne-Handels-GmbH, als EZ-Kommissar Fischer angesichts beträchtlicher Gewinne aus den Vorverbandsgeschäften einen »Tribut« verlangte. Als die Firmen dies zunächst rundheraus ablehnten, drohte Fischer mit einer Kündigung des Vertrages mit der Handelsgesellschaft und einer Übernahme der Späneverteilung in die unmittelbare Zuständigkeit der EZ. Erst daraufhin kam es zu einem Kompromiß, der die geforderte Abgabe mit einer Provisionserhöhung für die Händler verrechnete und somit die Kosten auf die Verbraucher abwälzte. Flick & Trippe konnte somit weiterhin mit kontinuierlichen Mittelzuflüssen kalkulieren.[90]

87 Kapitalserhöhungen [sic] seit 1914, o. D. [1918], BADH R 8725/100, Bl. 18f.; Prospekt über nominal M 4.500.000 neue Aktien Actiengesellschaft Charlottenhütte, November 1917, WWA F 65/410; vgl. Kerkhof, Friedenswirtschaft, S. 277-280.

88 Erzbergwerke und Hüttenbetriebe, o. D. [1918], BADH R 8725/100, Bl. 16; vgl. Wehler, Gesellschaftsgeschichte, Bd. 4, S. 52-55, sowie Wette, Reichstag, S. 43-49.

89 Sitzung des VDESI-Hauptvorstandes, 16.11.1916, BADH R 13 I/149, Bl. 36-45, 76f., Zitate: Bl. 36, 41.

90 Verhandlungsbericht über die Gesellschafterversammlung der Handelsgesellschaft für Eisen- und Stahlspäne am 29.9.1917, 29.9.1917, BADH R 8725/92, Bl. 51-61.

1.3. Interne Majorisierung und Ende der Expansion

Die Expansion in den vergangenen drei Kriegsjahren hatte die Charlottenhütte nach Kapitalisierung und Kapazitäten um ein Mehrfaches vergrößert und zugleich eine partielle Branchenbereinigung im Siegener Umland herbeigeführt. Indes war der Wachstumsdrang des Unternehmens unter Flicks Führung in zunehmendem Maße auf Widerstände gestoßen. Insbesondere Flicks Plan, die »Großen Vier« des Reviers – Charlottenhütte, Bremerhütte, Friedrichshütte und Geisweider Eisenwerke – zu einem Siegerland-Trust zu vereinen, um die regionale Eisen- und Stahlerzeugung umfassend zu rationalisieren und einen national wettbewerbsfähigen Konzern zu formen, hatte sich nicht ohne weiteres durchführen lassen. Einerseits waren die Bremerhütte unter Jüttes Leitung und die familiär geführte Friedrichshütte zu einem Zusammenschluß nicht bereit gewesen, der unter Führung Niederscheldens gestanden hätte.[91] Andererseits zeichnete sich mit fortschreitender Kriegsdauer ein regelrechtes Rennen um die Siegerländer Montanbetriebe ab, in dem die Konzerne an Ruhr und Rhein das Tempo beträchtlich anzogen. 1916 kaufte Otto Wolff ein Aktienpaket der Vereinigten Stahlwerke van der Zypen/Wissener Eisenhütten AG, die über ausgedehnten Erzbesitz im Siegerland verfügte.[92] Parallel dazu erwarb die von Hugo Stinnes kontrollierte Deutsch-Luxemburgische Bergwerks- und Hütten-AG (Deutsch-Lux) das Meggener Walzwerk, für das sich auch Flick als Abnehmer für das in Kreuztal geplante neue Stahlwerk interessiert hatte.[93]

Ursprünglich lag das Augenmerk der Ruhrunternehmen weniger auf den Hütten als vielmehr auf den Erzgruben, die allerdings in vielen Fällen über wechselseitige Besitzverhältnisse miteinander verflochten waren. Schon 1915 berichtete die *Kölnische Zeitung*, daß die westfälischen Großunternehmen durch ihre Akquisitionstätigkeit für Unruhe im Siegerland sorgten und die Kuxenpreise in schwindelerregende Höhen trieben.[94] Beispielhaft für das oft lautlose Vordringen der westlichen Konzerne in die Siegener Industrielandschaft mittels heimlicher Anteilsaufkäufe waren die Vorgänge bei der Herdorfer Friedrichshütte. Als ein Aufsichtsratmitglied im November 1916 auf den »eigenartigen Markt« der Friedrichshütte-Aktien an der Börse hinwies und Abwehrmaßnahmen gegen eine feindliche Übernahme vorschlug, wurde der junge Mann von seinem Vorsitzenden »als unruhiger, von allen möglichen Projekten beseelter Herr, der sich noch in der Sturm- und Drangperiode befindet«, abgekanzelt. Der mangelnde Weitblick lag indes auf Seiten jener »alten, mehr besonnenen

91 U.a. Vernehmung F. Flick, 2.7.1947, StAN Rep. 501, KVP, Fall 5, A 37-39, Bl. 3151; vgl. Fritz Tegtmeyer, Die Siegerländer Eisenwirtschaft im Raum Westfalen, in: National-Zeitung v. 8.7.1938, zit. nach WWA F 65/410. Tegtmeyer erhielt 1919 Prokura bei der Chh, von 1921 bis 1926 führte er die Firma als Vorstand; Handelsregister-Auszüge AG Charlottenhütte v. 14.11.1919 u. 23.8.1921, WWA F 65/410.

92 Vgl. Dahlmann, Unternehmen, S. 22.

93 Aufsichtsratssitzung: Köln, den 24.6.1918, WWA F 65/410.

94 Vgl. Koch, Berg- und Hüttenleute, S. 103-106; Hufnagel, Interesse, S. 21, 178f.

Herren«, die den Aufkauf eigener Aktien abgelehnt hatten. Bei Kriegsende meldete die zum Thyssen-Konzern zählende AG für Hüttenindustrie das größte Einzelpaket auf der Generalversammlung der Friedrichshütte an.[95]

Nur wenige Kilometer entfernt in Siegen befand sich in bemerkenswerter Parallelität der Ereignisse fast zur selben Zeit ein anderer, nicht minder unruhiger und von allen möglichen Projekten beseelter Herr in einer ähnlichen Lage. Im Frühsommer 1918 stellte Flick fest, daß »in der Verteilung des Aktienbesitzes der Charlottenhütte erhebliche Änderungen vorgekommen sind«. Zwar sprach er dem Aufsichtsrat gegenüber noch nicht von einer unmittelbaren Übernahmegefahr, äußerte aber die Befürchtung, daß die überaus erfolgreiche Bilanz des ablaufenden Geschäftsjahres 1917/18 zu erneuten Kurssteigerungen führen und weitere Anteilseigner zum Verkauf motivieren könnte. Als Ausweg schlug Flick vor, Vorzugsaktien zu schaffen. Diese sollten »mit möglichst großen Rechten ausgestattet werden und in den Besitz eines der jetzigen Verwaltung nahe stehenden Konsortiums übergehen«.[96]

Hinter dem auf den ersten Blick leicht verständlichen Vorschlag verbarg sich eine Fülle weitreichender Implikationen für die Kontrolle über das Unternehmen sowie Flicks Majorisierungsstrategie. Dieser nutzte die mangels konkreter Zahlen nur vage belegte Bedrohung zu einem umfassenden Abwehrprogramm, das nicht nur die Unabhängigkeit der Charlottenhütte, sondern gleichzeitig Flicks Ziel einer eigenen Kontrollposition gegenüber den übrigen Aktionären festschreiben sollte.[97] Die Schaffung von Vorzugsaktien stieß jedoch auf zwei Hindernisse, die es zu überwinden galt: zum einen die Genehmigungspflicht durch staatliche Aufsichtsbehörden, zum anderen die mehrheitliche Zustimmung der Generalversammlung. Beide Fragen waren eng miteinander verbunden.

Die im Vorstand mit 2,5 bis drei Mio. Mark bemessene Vorzugsaktienausgabe unterlag gemäß einer im Krieg erlassenen Bundesratsverordnung der Genehmigungspflicht von Preußischem Handelsministerium und Reichsbankdirekto-

95 Strassmann an Eisenberg, 29.11.1916, WWA F 65/193; Merz an Eisenberg, 24.4.1917; Präsenzliste, o. D., alle WWA F 65/193; vgl. Priemel, Wiege, S. 147.

96 Aufsichtsratssitzung: Köln, den 24.6.1918, WWA F 65/410.

97 Unklar bleibt unterdessen, in welchem Umfang die Vorstands- und Aufsichtsratsmitglieder in Flicks Pläne eingeweiht waren. In dem Konsortium, das später die Vorzugsaktien aufnahm, waren die Mitglieder beider Gremien vollständig vertreten. Entscheidend beteiligt waren Heinrich von Stein, dessen Bankhaus die Zeichnungsrechte von der Siegener Bank übernahm, und Macco, der den Kontakt zum Preußischen Handelsministerium herstellte. Die auch in den folgenden Jahren engen Beziehungen Flicks zu Weidtmann und Schleifenbaum – letzterer war selbst Anteilseigner der Charlottenhütte – sprechen dafür, daß auch sie zum engeren Kreis der Eingeweihten gehörten. Dennoch läßt sich nicht mit Sicherheit sagen, ob sie von Beginn an über Flicks Eigeninteressen informiert waren bzw. diese gar förderten. Ebenso ist unklar, ob die Führung 1918 tatsächlich eine akute Übernahmegefahr fürchtete. Weder der Aufsichtsrat noch die Regierungsstellen erhielten präzise Angaben. Zudem hatten alle Informationen eine Quelle – Flick.

rium.[98] Die Auflage verfolgte den Zweck, dem erwartet hohen Kapitalbedarf der Übergangswirtschaft nicht durch massive Aktienemissionen im Kriege die Mittel zu entziehen. Richtlinie war dabei, daß das beantragende Unternehmen zur Erfüllung seiner Geschäftsführung über keine ausreichenden liquiden Mittel verfügte und somit auf den Weg der Kapitalerhöhung angewiesen war. Angesichts der hervorragenden finanziellen Lage in Niederschelden war dies aber völlig »ausgeschlossen«, wie Flick wußte. Der von ihm aus diesem Dilemma gezogene Schluß war denkbar einfach: Wenn die flüssigen Mittel zur Bewältigung der Aufgaben genügten, mußten eben die Aufgaben so ausgeweitet werden, daß dies nicht mehr der Fall war. Die Charlottenhütte mußte weiter expandieren.[99]

Das Objekt, das die zusätzliche Kapitalmobilisierung begründen sollte, war mit der Siegener Eisenbahnbedarf AG schnell gefunden und erfüllte mehrere Anforderungen. Als Waggonbauer fügte sich das Unternehmen in die seit 1916 verfolgte Expansionsrichtung der Charlottenhütte in die Verarbeitungsindustrie ein. In wirtschaftlicher Hinsicht versprach der Zweckkauf »nach menschlicher Voraussicht keine große Enttäuschung« zu werden. Die Dividenden waren vor dem Krieg ordentlich ausgefallen und im Krieg bis auf 20 Prozent geklettert. Wie schon beim Erwerb von AS&M hatte Flick längst Fakten geschaffen, als er den Aufsichtsrat informierte, denn nur vier Tage nach der Sitzung meldete die *Siegener Zeitung* bereits Vollzug beim Kauf der Anteile der Siegener Eisenbahnbedarf.[100]

Die Abwicklung des Geschäfts wurde durch den Umstand erleichtert, daß die Mehrheit des Aktienkapitals in Höhe von 2,3 Mio Mark im Besitz eben jener Familie Weiss lag, in die Flick wenige Jahre zuvor eingeheiratet hatte. Flicks Schwager, Carl und Heinrich Weiss, hatten die Eisenbahnbedarf 1908 gegründet und diese in den folgenden Jahren durch weitere Zukäufe arrondiert. Nun beabsichtigten sie, als Mehrheitseigner den traditionellen Maschinenbaukern des Unternehmens wieder aus- und ihrem übrigen Werksbesitz anzugliedern.[101] Die Verständigung der Charlottenhütte mit den Bahnbedarf-Aktionären über den Kaufpreis stellte somit eine mehr oder minder familiäre Abmachung zwischen Flick und den Brüdern Weiss da und führte zu einem selbst für das überhitzte Preisniveau von 1918 ungewöhnlichen Übernahmekurs von 400 Prozent – von denen mit hoher Wahrscheinlichkeit ein erheblicher Teil an Flick zurückfloß, um ihn mit liquiden Mitteln für den eigenen Anteilserwerb auszustatten.[102]

98 Bundesratsverordnung vom 2.11.1917, RGBl. 1917, S. 987.

99 Aufsichtsratssitzung: Köln, den 24.6.1918, WWA F 65/410.

100 Beide Zitate ebd.; Siegener Zeitung Nr. 161 v. 12.7.1918, 1. Bl.

101 Ebd.; zur Entwicklung der Weiss-Unternehmensgruppe vgl. Geschichte der Hoesch Siegerlandwerke AG Siegen, Bd. 1, WWA F 65/600, Bl. 77; Fuchs, Unternehmer, S. 129-146; Wiesmann, Anfängen, S. 171-175.

102 Eine ähnliche Vermutung kursierte Jahre später im Handelsministerium. Eine, allerdings insgesamt schlecht informierte, Notiz vermerkte, daß die Brüder Weiss ihrem Schwager Flick ein aus dem Kaufpreis gespeistes Darlehen gegeben hätten. Anderweitige Belege für diese, wohl auf Mutmaßungen beruhende Darstellung fehlen; [Unbe-

Gegenüber den Aufsichtsbehörden reklamierte die Firmenspitze die 9,2 Mio. Mark als unumgänglichen Geldbedarf für die Angliederung der Eisenbahnbedarf AG, um – als »Entgegenkommen« des Unternehmens – nur Vorzugsaktien in der vergleichsweise bescheidenen Höhe von drei Mio. Mark bewilligt zu erhalten; der Rest sollte vorgeblich aus Eigenmitteln finanziert werden.[103] Um die Dringlichkeit ihres Anliegens zu untermauern, berief sich die Charlottenhütte auf ihre hervorgehobene Bedeutung für die Kriegswirtschaft. Hilfsweise wurde der starke Konkurrenzdruck der rheinisch-westfälischen Konzerne bemüht, dem die Firma nur durch die eigene Expansion in die nachgelagerte Verarbeitungsindustrie begegnen könne.[104] In Berlin zeigte man sich jedoch zunächst wenig beeindruckt. Der zuständige Beirat für die Prüfung von Kapitalerhöhungsanträgen konnte angesichts der bekannt hervorragenden Liquidität der Charlottenhütte keinerlei Grund für eine Aktienemission erkennen und bezeichnete die Argumentation des Vorstandes als »ziemlich gekünstelt und widerspruchsvoll«. Zudem wurde Kritik an dem überhöhten Kaufpreis laut.[105]

Nachdem der erste Anlauf somit gescheitert war, wechselte die Unternehmensführung ihre Strategie. In einem neuerlichen Versuch wurde nun die intern als Grund für die Vorzugsaktienausgabe geltende Gefahr eines Majoritätswechsels dem Handelsministerium als Argument vorgetragen. In einer Besprechung mit dem zuständigen Geheimrat Bail sowie in einem Anschreiben an den Minister malte Flick das Szenario einer feindlichen Übernahme in düsteren Farben:

> »Nachdem wir […] ein lebensfähiges Montanunternehmen geschaffen haben, an dem das ganze Siegerland Interesse hat, tritt jetzt die Gefahr auf, dass große Gesellschaften […] den Versuch machen, weiteren Einfluß auf das Siegerland zu gewinnen. Es hat bereits ein außerordentlich großer Besitzwechsel unseres Unternehmens stattgefunden. Die verkauften Aktien sind fast ausschließlich in den Besitz eines großen Werkes am Niederrhein [i.e. Thyssen] übergegangen. Gelingt es dem betreffenden Werke, auf diese Weise zum Ziele zu kommen, so werden auch unsere Werksanlagen zum größten Teil dem Schicksal anderer verfallen. […] Dem Siegerland mit seinen bodenständigen

titelter Vermerk], o.D. [1926], II.b. 4664, GStA I. HA, Rep. 120C, Abt. VIII, Fach 1, Nr. 159, Bd. 4.

103 Intern stellte sich die Rechnung signifikant anders dar: Über Ausgliederungen einzelner Teile und die Berücksichtigung liquider Mittel von fünf Mio. Mark, die die Eisenbahnbedarf einbrachte, kalkulierte Flick mit einem effektiven Kaufpreis von 3,6 Mio. Mark, Steuerersparnisse nicht eingerechnet; Aufsichtsratssitzung: Köln, den 24.6.1918, WWA F 65/410.

104 Chh (Flick, Petersen) an MfHuG, 10.7.1918, GStA I. HA, Rep. 120C, Abt. XI, Fach 1, Nr. 78, Bhft. 279.

105 Telegramm Handelsministerium an Flick, Juli 1918; Der Vorsitzende des Beirats für die Prüfung der Gründungen und Kapitalerhöhungen […] an Handelsminister, 27.7.1918, beide GStA I. HA, Rep. 120C, Abt. XI, Fach 1, Nr. 78, Bhft. 279.

Arbeitern würde ein außerordentlicher Schaden zugeführt werden, falls es uns nicht gelingt, unsere Selbständigkeit zu erhalten.«[106]

Als die Niederscheldener Verantwortlichen dem Handelsministerium außerdem zusagten, die neuen Aktien auf mehrere Jahre nicht zu veräußern und zunächst nur 25 Prozent des Kapitals einzuzahlen (was die Stimmrechte unberührt ließ), wurde die Genehmigung schließlich doch erteilt. Im September 1918 beschloß eine außerordentliche Generalversammlung – eine Entscheidung im Rahmen der ordentlichen Jahresversammlung hatte der Vorstand bewußt vermieden, um nicht die Zustimmung der Aktionäre mit einer höheren Dividendenausschüttung erkaufen zu müssen – die Ausgabe der Vorzugsaktien.[107]

Die komplizierten Verhandlungen hatten allerdings einen Haken: Um die Ministererlaubnis überhaupt zu erhalten, hatte die Charlottenhütte unerwähnt gelassen, daß die Siegener Eisenbahnbedarf rund fünf Mio. Mark an flüssigen Geldern mitbrachte. Im Falle späterer Offenlegung drohte dies zu erheblichen Steuernachforderungen zu führen. Andererseits wäre die Zahlung des außergewöhnlichen Übernahmekurses ohne Verweis auf die zusätzlichen Gelder in der Generalversammlung kaum zu rechtfertigen, mithin der Vorwurf der Vetternwirtschaft zwischen Flick und den Brüdern Weiss unvermeidlich gewesen. Daher nahm Flick es widerstrebend in Kauf, daß die Mitteilungen auf der Generalversammlung »in die Zeitung komm[en] und in die Aktentasche der Steuerbehörde wander[n]« würden.[108]

Der Grund für die ungewöhnliche Bereitschaft Flicks, substantielle finanzielle Einbußen hinzunehmen, lag vor allem in der zweiten konfliktträchtigen Frage der Vorzugsaktien-Ausgabe begründet, der notwendigen Zustimmung der Generalversammlung, in der Flick zu diesem Zeitpunkt noch über keine eigene Mehrheit verfügte. Dies galt um so mehr, als das von ihm entworfene Procedere eine schwere Zumutung für die übrigen Eigentümer bedeutete: den Ausschluß ihres Bezugsrechts und somit eine unvermeidliche Umverteilung des Stimmgewichts unter den Aktionären.[109] Zur Beruhigung der Anteilseigner verwies Flick

106 Chh (Flick, Thomas) an MfHuG, 7.9.1918, ebd. Gleichwohl blieb die Charlottenhütte-Führung unehrlich und erklärte, man müsse den Kaufpreis in Vorzugsaktien begleichen, weil das Konsortium, das die Eisenbahnbedarf-Aktien abgab, dies ausdrücklich fordere. Besagtes Konsortium war aber mit Vorstand und Aufsichtsrat identisch.

107 MfHuG an Chh, 16.9.1918; Chh an MfHuG, 7.10.1918; Protokoll der außerordentlichen Generalversammlung v. 19.9.1918 [Frey]; Verpflichtungserklärung, 19.10.1918; alle GStA I. HA, Rep. 120C, Abt. XI, Fach 1, Nr. 78, Bhft. 279.

108 Aufsichtsratssitzung: Köln, den 24.6.1918, WWA F 65/410.

109 Auch das zunächst einfache Stimmrecht der Vorzugsaktien verschob die Machtbalance bereits massiv, da in den Hauptversammlungen in der Regel wenig mehr als die Hälfte des stimmberechtigten Kapitals vertreten war. So gelangten 1917 von nom. 9,5 Mio. Mark lediglich 5,66 Mio. zur Anmeldung. Nach der Kapitalerhöhung waren im Oktober 1918 sogar nur 4,39 Mio. Mark vertreten; Aufsichtsratssitzung: Köln, den 24.6.1918, in: WWA F 65/410; Kölnische Zeitung Nr. 108 v. 1.2.1920; Siegener Zeitung Nr. 247 v. 21.10.1918, 1. Bl.

darauf, daß die Vorzugsaktien durch ein »der jetzigen Verwaltung nahestehende[s] Konsortium« unter Führung von J. H. Stein erworben werden sollte. Ohne verbindlich zu werden, implizierte dies die Übernahme der Vorzugsaktien in das eigene Portefeuille der Charlottenhütte, deren Vorstand den gängigen Regeln entsprechend in den Generalversammlungen nicht mitstimmen würde. Tatsächlich jedoch verstärkte die Kontrolle über die strategisch ausschlaggebenden Anteile die Unabhängigkeit des Vorstandes von Aufsichtsrat und Aktionären und – was in diesem Falle noch wichtiger war – verlieh dem quasi inkognito im Vorstand tätigen Großaktionär Flick einen entscheidenden Vorsprung vor etwaigen Konkurrenten um die Mehrheit in Niederschelden.[110]

Der Nutzen der neu geschaffenen Anteile sollte sich unmittelbar darauf erweisen, als die Charlottenhütte in die letzte Phase der Aufteilung der Siegerländer Eisenindustrie eintrat. Diese war gekennzeichnet durch beschleunigtes Tempo und zunehmende Aggressivität der Übernahmemanöver der Ruhrkonzerne, die infolge der deutschen Niederlage und den sich rasch abzeichnenden Gebietsverlusten in Lothringen ihre Einflußnahme auf die Erzgruben im Siegerland als Ersatz für die Minette-Vorräte noch einmal erheblich intensivierten. Nicht zuletzt wuchs die Bereitschaft, die an die Gruben gekoppelten Hütten mitzuerwerben, da eine ganze Reihe von Eisenwerken ebenfalls an Frankreich verloren ging. An drei Brennpunkten fokussierte sich der teils erbittert geführte Kampf um die raren Erzressourcen wie unter einem Brennglas: bei Friedrichshütte und Geisweid sowie bei der mit beiden verbundenen Grube Pfannenberger Einigkeit. In allen drei Fällen waren auch Interessen der Charlottenhütte berührt.

Diese hatte unter Flicks Führung im Zuge der Verfolgung eines umfassenden regionalen Konzernbaus Aktienpakete der drei Unternehmen erworben, um die Fusionsverhandlungen auf eine materielle Basis zu stellen. Während diese bei der Friedrichshütte frühzeitig scheiterten, verliefen die 1919 aufgenommenen Gespräche mit der Geisweider Eisenwerke AG unter Leitung ihres Generaldirektors Arthur Frielinghaus vor dem Hintergrund der wirtschaftlichen Krise der unmittelbaren Nachkriegszeit[111] zunächst vielversprechend. Ende 1919 wähnte sich Flick daher bereits am Ziel.[112]

Geisweid hatte sich in der Sonderkonjunktur der Kriegsjahre gut entwickelt und unter dem Eindruck des Ansturms auf die umliegenden Erzgruben ebenfalls um eine Rückwärtsintegration in den Rohstoffsektor bemüht, dies aber angesichts des leergeräumten Marktes unter beträchtlichem Zeitdruck, wie Frieling-

110 Aufsichtsratssitzung: Köln, den 24.6.1918, WWA F 65/410.

111 Geisweid mußte vom 14.11. bis zum 11.12.1918 seine Hochöfen vollständig stillegen, Ende April 1919 setzte eine erneute Durststrecke ein; Aufsichtsratssitzungen der Geisweider Eisenwerke AG, 10.5. u. 27.9.1919, WWA F 125/28, Bl. 248-250.

112 Rede Flicks am 25. Jahrestag der Charlottenhütte, 1.4.1940, StAN Rep. 501, KVP, B-3, NI-3345, Bl. 5. 1911 hatte es schon einmal, allerdings erfolglose Verhandlungen zwischen Charlottenhütte und Geisweid gegeben; Siegener Zeitung Nr. 257 v. 2.11.1911, 2. Bl.

haus schon im November 1916 konstatiert hatte: »Nachdem während und infolge des Krieges und des durch selben herbeigeführten Mangels an Manganerzen sämtliche Siegerländer Gruben von einiger Bedeutung in die Hände der Rheinisch-Westfälischen Großindustrie zur Deckung deren Eigenverbrauchs übergegangen sind, steht Geisweid vor der Gefahr, keinen Siegerländer Eisenstein mehr beziehen zu können.«[113] Besonders die noch konzernfreie Grube Pfannenberger Einigkeit rückte daher in den Blickpunkt. Pläne für einen gemeinsamen Kauf mit der Charlotten- zerschlugen sich 1916 indes ebenso wie Verhandlungen mit der Friedrichshütte, die bereits eine Beteiligung hielt und auch personell mit der Grube verbunden war. Um die Kuxenmehrheit dennoch zu erwerben, entschloß sich der Geisweider Vorstand schließlich zu einer Partnerschaft mit der Klöckner'schen Tochtergesellschaft Lothringer Hüttenverein. Die Kuxe wurden hälftig geteilt und gepoolt sowie die Friedrichshütte mit einer Liefergarantie zufriedengestellt.[114]

Mit der Übernahme des entscheidenden Pakets an der hochprofitablen Pfannenberger Grube[115] war das Geisweider Werk seinerseits als Übernahmeobjekt deutlich interessanter geworden, nicht nur für die Charlottenhütte, sondern ab 1918/19 auch für Klöckner & Co., die im lothringischen Kneuttingen ihren umfangreichen Hütten- und Erzbesitz verloren hatte und nach Investitionsobjekten in der Peripherie des Ruhrgebiets suchte, darunter im Siegerland.[116] Die Angliederung des bereits partnerschaftlich verbundenen Geisweider Werks lag daher nahe, und im Dezember 1920 kamen Peter Klöckner und Frielinghaus in der Tat zu einer Einigung über eine Integration Geisweids in den größeren Konzern. Kaum anders als Flick kurz zuvor, glaubte sich nun auch Klöckner am Ziel und traf in den folgenden Wochen bereits erste Personal- und Gehaltsentscheidungen.[117]

Doch auch Klöckners Siegesgewißheit erwies sich als verfrüht, als mit dem Thyssen-Konzern 1919 ein dritter Akteur im Rennen um Geisweid auf der Bühne erschien. Thyssen hatte während des Krieges unter der Hand Friedrichshütte-

113 Aufsichtsratssitzung vom 9.11.1916, WWA F 125/28, Bl. 225-227.

114 Aufsichtsratssitzungen der Geisweider Eisenwerke, 17.7.1916, 9.11.1916 u. 17.2.1917; Geisweider Eisenwerke an Klöckner & Co., 27.11.1916, alle ebd., Bl. 220f., 225-231.

115 Allein von Januar bis Juli 1918 verbuchte die Grube einen Reingewinn von 1,8 Mio. Mark, im Geschäftsjahr 1918/19 belief sich der Reingewinn auf fast zwei Mio. Mark; Aufsichtsratssitzungen der Geisweider Eisenwerke v. 7.9.1919 u. 12.3.1920, ebd., Bl. 245, 253f.

116 Niederschrift über die Vorstandssitzung am 21.8.1920, 23.8.1920, BBA 25/15. Im Zuge einer mehrjährigen, inflationsbegünstigten Einkaufstour richtete Klöckner seinen Konzern rund um die Kernwerke Haspe und Osnabrück sowie den fusionierten Fahrzeug- und Maschinenbauer Klöckner-Humboldt-Deutz neu aus; vgl. Muthesius, Klöckner, S. 34-39; Goldbeck, Kraft, S. 166-170.

117 Aufsichtsratssitzungen der Geisweider Eisenwerke AG, 5.1. u. 12.3.1920, WWA F 125/28, Bl. 252-54; Vertrag Lothringer Hütten- und Bergwerks-Verein/Geisweider Eisenwerke, 13.3.1920, WWA F 125/153; Niederschrift über die Vorstandssitzung des Gesamtkonzerns, 7.2.1920 [Klöckner], BBA 25/15.

Aktien erworben und schließlich eine starke Stellung erlangt. Ähnlich wie im Falle Klöckners erfolgte auch Thyssens Engagement im Siegerland mit der Maßgabe, »daß sich der Thyssen-Concern unter allen Umständen als Ersatz für die weggefallenen Lothringer [...] Erze mit einheimischem Material versorgen müsse«.[118] Daher erhöhte die AG für Hüttenbetrieb unter Generaldirektor Conrad Verlohr den Druck auf die Friedrichshütte, einem vollständigen Anschluß an die Thyssen-Gruppe zuzustimmen, um auf diese Weise die Verfügung über die angeschlossenen Grubenbetriebe zu erlangen. Gleichwohl hielt die hinter der Friedrichshütte stehende Besitzerfamilie Schneider zäh an der Eigenständigkeit des Unternehmens fest.[119]

Thyssen beschränkte seine Bemühungen nicht auf Herford[120], sondern verfolgte parallel Aufkäufe von Aktien an Geisweid – nicht zuletzt mit Blick auf Pfannenberger Einigkeit – sowie der Charlottenhütte. Auf dem Höhepunkt seiner regionalen Machtstellung drohte der Aufstiegs Flicks daher Ende 1919 jäh gestoppt zu werden. Zur Jahreswende erhielt er von Frielinghaus die überraschende Nachricht, daß Geisweid nicht die erwartete Allianz mit der Charlottenhütte, sondern eine Anbindung an die Klöckner-Gruppe eingehen würde. Gleichzeitig sah sich Flick durch den unvermittelt als Großaktionär auftretenden Thyssen-Konzern einer Bedrohung seiner internen Machtstellung sowie der Unabhängigkeit des Unternehmens ausgesetzt.[121] Das Dreiecksverhältnis von Klöckner–Thyssen–Flick stellte eine »[u]ngewöhnlich verwickelte, schwere Situation« und nicht zuletzt eine Herausforderung für den vergleichsweise jungen Generaldirektor dar.[122]

Flick zog zur Jahreswende verschiedene Optionen in Betracht, zuvorderst eine Wiederholung des Manövers von 1918. Bereits Anfang Dezember 1919 stellte die Charlottenhütte einen neuerlichen Antrag auf Genehmigung von Vorzugs-

118 Schreiben [der Friedrichshütte] an die Mitglieder des Aufsichtsrats, 6.11.1919, WWA 65/198.

119 Ebd.

120 Verlohr an A. Thyssen, TKA A/713/1.

121 Angesichts des hohen Anteils nicht zu den Generalversammlungen angemeldeter Aktien und der lückenhaften Quellenlage läßt sich die Höhe des Thyssen'schen Pakets nicht präzise bestimmen. Vor dem Hintergrund der hohen Fehlsumme bei den Meldungen und des Umfanges des Mehrfachstimmrechts erscheinen jedoch bis zu 30 bis 40 % denkbar. Im Minimum wird von einer qualifizierten Minderheit Thyssens (25 %) auszugehen sein, die für Flicks Beherrschungsabsichten ein schwerwiegendes Hindernis bedeutet hätte.

122 Für die Einschätzung von Flicks damaliger Lagebeurteilung und Krisenlösungsstrategie stehen fast ausschließlich spätere Erinnerungen unterschiedlicher zeitlicher Nähe, aber kohärenter Aussage zur Verfügung, mit den entsprechenden quellenkritischen Implikationen hinsichtlich autobiographischer Konstruktionen und Ex-Post-Rationalisierungen; [Memorandum], o. D. [März/April 1923], BAB R 8122/980; Vernehmung F. Flick, 2.7.1947, StAN Rep. 501, KVP, Fall 5, A 37-39, Bl. 3151; Zitat: Rede Flicks am 25. Jahrestag der Charlottenhütte, 1.4.1940, ebd., B-3, NI-3345, Bl. 5. Die Darstellung bei Schwerin von Krosigk, Zeit, Bd. 2, S. 675 f., geht direkt auf Flicks Fassung der Ereignisse zurück.

aktien – die entsprechende Bundesratsverordnung war nach wie vor in Kraft – und verwies wiederum auf eine drohende feindliche Übernahme. Es entbehrte dabei nicht einer gewissen Ironie, daß just in dem Moment, in dem die vehement beschworene Gefahr durch die Großkonzerne von Rhein und Ruhr nachweislich manifest wurde, Flick diese in die zweite Reihe schob. Wohl in der Erwartung, daß eine simple Wiederholung derselben Begründung wie im Vorjahr bei den Regierungsstellen kaum durchschlagen würde, wählte Flick ein stärkeres Pfund: Ausländische, genauer: französisch-belgische, aber wie gehabt nicht näher bezeichnete Unternehmen sollten nun die Aggressoren sein, die die Charlottenhütte um ihrer Manganerze willen bedrohten:

> »Wir haben bestimmte Nachricht vorliegen, daß von ausländischer Seite Aufträge zu Ankäufen großen Stils in unseren Aktien vorliegen. [...] Führen diese Käufe für ausländische Rechung zum Ziele, so würde die unbedingte Folge sein, daß ein Teil unseres Qualitätsstahleisens als Zusatz für die Thomasherstellung und der übrige Teil unseres Qualitätseisensteins als Zusatz für die Thomasherstellung und der übrige Teil in Gestalt von Spiegeleisen in die Stahlwerke der ausländischen Gesellschaften wandern würde. Unseren eigenen weiterarbeitenden Betrieben wäre jegliche Grundlage entzogen. [...] Es ist tatsächlich Gefahr im Verzuge.«[123]

Da der Antrag erneut das Prüfungsverfahren durchlaufen mußte und unklar war, ob die Berliner Zentralbehörden der durch nichts fundierten »Überfremdungs«-Behauptung Glauben schenken würden, eruierte Flick alternative Auswege und suchte dabei nach einem starken Partner zur Abwehr Thyssens. Diesen fand er in Deutsch-Lux, deren Generaldirektor Albert Vögler sich für Flicks Gedanken einer möglichen Interessengemeinschaft (IG) offen zeigte. In einer solchen IG wäre jedoch Deutsch-Lux der bei weitem stärkere Teilhaber und für Flick persönlich lediglich der Posten des Stellvertreters unter einem Generaldirektor Vögler sowie der starken Präsenz Stinnes' zu erreichen gewesen.[124] Flick hielt sich dies zwar als Hintertür offen – die Verhandlungen wurden zur Basis für die folgende, 25jährige enge Zusammenarbeit Flicks und Vöglers –, brauchte aber letztlich nicht darauf zurückzugreifen. Im Januar 1920 traf die Genehmigung zur Vorratsaktienausgabe ein. Der von Flick entworfenen Gefahrenlage hatten sich die preußischen Behörden vor dem Hintergrund der angespannten deutsch-französischen Beziehungen nicht entziehen können.[125]

Statt der Anlehnung an einen großen Konzern wählte Flick eine Taktik, die die Bedrohung von der eigenen Position ab- und auf die beiden Kontrahenten

123 Chh (Flick, Möhren) an MfHuG, 5.12. u. 29.12.1919 (Zitat), beide GStA I. HA, Rep. 120C, Abt. XI, Fach 1, Nr. 78, Bhft. 279.

124 [Unbetiteltes Memorandum], o. D. [1923], BAB R 8122/980; Akten-Notiz. Betr. Biographie Albert Vögler. Besprechung mit Herrn Dr. Friedrich Flick am 7.12.55, 8.12.1955; [Anmerkungen Flicks zum Manuskript Klass], 29.9.1956, beide TKA A/8943.

125 MfHuG an Chh, 20.1.1920, GStA I. HA, Rep. 120C, Abt. XI, Fach 1, Nr. 78, Bhft. 279.

Thyssen und Klöckner lenkte. Mit den nunmehr verfügbaren Vorzugsaktien im Rücken bot er Thyssen einen ebenso schlichten wie effektiven Tauschhandel an: Flick gab seine Ambitionen auf die Vereinigung der großen Siegerländer Werke auf und sein Geisweider Aktienpaket an Thyssen ab. Im Gegenzug erhielt er dessen Charlottenhütte-Anteile. Während Thyssen auf diese Weise sowohl über die Friedrichshütte als auch über Geisweid Zugriff auf die Pfannenberger Einigkeit nehmen konnte, sicherte der Pakt endgültig Flicks Kontrolle über die Charlottenhütte. In der Generalversammlung am 30. Januar 1920 wurde nicht nur der Aktientausch mit Thyssen genehmigt, sondern auch das Stimmrecht der 1918 geschaffenen Vorzugsaktien auf das Fünffache der Stammaktien erhöht und der Beschluß gefaßt, daß Gesellschaftsvertragsänderungen künftig schon mit einfacher Mehrheit vorgenommen werden konnten.[126]

Verlierer dieser Einigung war die Klöckner-Gruppe, welche die sicher geglaubte Kontrolle über Geisweid durch die nun in Thyssens Hand konzentrierte Majorität verlor.[127] Indem Flick auf diese Weise Thyssen in Stellung gegen Klöckner brachte, beglich er auch eine offene Rechnung mit letzterem. In seinen Plänen für einen unabhängigen Siegerländer Konzern hatte Flick die Schaffung einer Kohlenbasis für seine Werke verfolgt und dazu Anteile an der Königsborn AG für Bergbau, Salinen- und Solbad-Betrieb in Unna erworben.[128] Allerdings waren seine Ambitionen durch Klöckner durchkreuzt worden, der infolge der Kohlenknappheit der Kriegsjahre eine Verbreiterung seiner Brennstoffbasis anstrebte und bis Ende 1920 81 Prozent der Aktien von Königsborn erwarb.[129]

Separat von dem zwischen Thyssen und Flick vereinbarten Interessenausgleich bei Charlottenhütte und Geisweid wurde die sachlich damit eng verbundene Regelung der Verhältnisse bei der Friedrichshütte, an der Flick immer noch ein kleineres, aber durchaus relevantes Paket hielt, behandelt. Im Mai 1920 trafen Flick, Verlohr und der Friedrichshütte-Aktionär Friedrich Schneider mehrfach zu Gesprächen aufeinander, bei denen von der im Januar erzielten Einigkeit anfangs wenig zu spüren war. So berichtete Verlohr an August Thyssen, daß Flick und Schneider gemeinsame Sache gegen Thyssen zu machen schienen. Erst auf massiven Druck Verlohrs, der sich über die Bedingungen Flicks – ein Übernahmekurs von 1100 Prozent und weitreichende Liefergarantien – empörte und

126 Chh an MfHuG, 3.2.1920, ebd.; Kölnische Zeitung Nr. 108 v. 1.2.1920, in WWA F 65/410; Rede Flicks am 25. Jahrestag der Charlottenhütte, 1.4.1940, StAN Rep. 501, KVP, Fall 5, B-3, NI-3345, Bl. 5f.; [Anmerkungen Flicks zum Manuskript Klass], 29.9.1956, TKA A/8943. Zwar ist unklar, wie viele Anteile in Flicks Privatbesitz übergingen, in jedem Fall hatte er in seiner Doppelfunktion als Vorstandsvorsitzender und Großaktionär aber die Verfügungsrechte über eine klare Aktienmehrheit.

127 100 Jahre Geisweider Aktiengesellschaft, 14.11.1946, WWA F 125/120-1.

128 Rede Flicks am 25. Jahrestag der Charlottenhütte, 1.4.1940, StAN Rep. 501, KVP, Fall 5, B-3, NI-3345, Bl. 5.

129 Klöckner an Grauenhorst, 28.7.1920; Heimsöth an Cahn, 19.11.1920, beide BBA 25/5; zur äußerst stabilen wirtschaftlichen Entwicklung von Königsborn 1917-1919 s. BAB R 8136/1891, Bl. 1-18.

drohte, Thyssen werde seinen Mann stehen, »[s]ollte dieser Kampf fortgesetzt werden«[130], kam es Mitte Juli zu einer einvernehmlichen Regelung. Flick gab das Gros seiner Aktien zum verlangten Kurs, die übrigen Anteile zum Selbstkostenpreis ab und erhielt zusätzlich Zusagen für Rohstahllieferungen durch die Friedrichshütte sowie Liefergarantien aus Thyssens Braunkohlenbesitz.[131] Den vorläufigen Abschluß der Claimabsteckung bildete die Abstimmung der beiden Großaktionäre der Geisweider Werke. In mehreren Verträgen wurden zwischen Thyssen und Klöckner Aktienpoolung und gemeinschaftliche Führung sowie die Aufteilung der Erze der Pfannenberger Grube festgelegt.[132] Den Aufsichtsratvorsitz bei Geisweid übernahm August Thyssen, Stellvertreter wurde Peter Klöckner – der Auftakt einer in der Folge vielfach eher steinigen Zusammenarbeit.[133]

Fazit

Die Auseinandersetzungen zwischen den beiden Konzernherren brauchten unterdessen Flick nicht zu kümmern. In den nur fünf Jahren seit seinem Eintritt in den Niederscheldener Vorstand hatte er den größten Siegerländer Eisen- und Stahlproduzenten mit einer guten Rohstoffbasis und festen Absatzbeziehungen über eigene Verarbeitungsunternehmen geformt. In den regionalen Verbänden stellte die Charlottenhütte eine unumgängliche Größe dar. Zwar war die Idee einer Monopolbildung durch Zusammenfassung der wichtigsten Siegerländer Werke vorerst gescheitert, doch hatte Flick durch Verquickung von persönlichen und Unternehmensinteressen erfolgreich den kontinuierlichen Ausbau seines Besitzes betrieben, an dessen vorläufigem Ende eine solitäre Stellung stand, die ihm nach der Einigung mit Thyssen niemand mehr streitig machen konnte. Formal festgeschrieben wurde dies im Juni 1921, als Flick von der durch ihn kontrollierten Generalversammlung zur selbständigen Vertretung der Charlottenhütte berechtigt wurde.[134] Fortan konnte er Geschäftabschlüsse ohne Hinzuziehung seiner Vorstandskollegen vollziehen, während die Kontrolle seiner

130 Verlohr an A. Thyssen, 8.5.1920, TKA A/713/1.

131 Ebd.; Verlohr an F. Thyssen, 16.5.1920, ebd.; Vertrag v. 13./15./16./17./30./31.7.1920, TKA A/603/4.

132 Vereinbarung vom 31.7./23.8.1920, TKA VSt/1193; Vereinbarung v. 23.8.1920, WWA F 125/153; Kuxen-Vertrag betr. Geisweider Eisenwerk, 23.8./31.8./6.9./11.9.1920, TKA A/603/4.

133 Aufsichtsratssitzung der Geisweider Eisenwerke AG, 3.12.1920, WWA F 125/29, Bl. 259-61; P. Klöckner an Müller, 21.2.1921, BBA 25/6; vgl. Rasch, Thyssen, S. 81.

134 Handelsregisterauszug AG Charlottenhütte, 4.6.1921, WWA F 65/410. Im operativen Tagesgeschäft entlastete fortan Tegtmeyer Flick, der sich auf die strategische Ausrichtung des Unternehmens konzentrierte. Die geläufige Datierung der Alleinvertretungsbefugnis auf 1919 wird durch das Handelsregister nicht bestätigt, dokumentiert aber, daß Flick faktisch bereits zu diesem früheren Zeitpunkt über entsprechend weitreichende Kompetenzen verfügte; u. a.: Dr. Friedrich Flick zum 70. Geburtstag, o. O., o. J. [1953], AIHKR, Ordner 2. Zur Unterstützung der o. g. Datierung auch: Der Flick-Konzern. Die geschichtliche Entwicklung und der jetzige Aufbau, 1936, WWA S 8/84, S. 2 f.

strategischen Entscheidungen einem Aufsichtsrat oblag, den Flick in der Aktionärsversammlung selbst bestimmte.

Der rasante Aufstieg Flicks stand unübersehbar im Zeichen der Kriegswirtschaft. Mit Hilfe der Gewinne, die seine persönliche Handelsgesellschaft aus der Schrottbewirtschaftung zog, konnte Flick die familiären Mittel entscheidend ergänzen, um seine Bestrebungen zur Majorisierung der Charlottenhütte voranzutreiben. Zugleich zählte diese ihrerseits zu den herausragenden schwerindustriellen Gewinnern des Krieges und co-finanzierte über ihre Dividenden Flicks Anteilsakquise. Der Wandel Flicks vom Manager zum Großaktionär stand somit in einem nachgerade reziproken Verhältnis zur Expansion der Charlottenhütte.

Nicht zuletzt zeichneten sich in dieser Phase der Karrierebeschleunigung Flicks einige Grundzüge seiner unternehmerischen Strategien und Taktiken ebenso wie Argumentationsfiguren ab, die sich in der Konzerngeschichte als feste Größen etablieren sollten. Dazu zählte die Konstruktion regionaler Oligo- oder gar Monopole, die Abmessung der Handlungsspielräume, die staatliche Interventionen wie in der Ressourcenbewirtschaftung im Krieg eröffneten, die klandestinen Majorisierungsstrategien und der Einsatz echter oder vermeintlicher »Überfremdungs«gefahren zur Verbrämung eigener als nationale Interessen. Solcherart gerüstet und nach dem erfolgreichen Krisenmanagement 1919/20 auf Augenhöhe mit den Ruhrgrößen, ging Flick an der Spitze der Charlottenhütte in die Zwischenkriegszeit.

2. Inflation und Expansion

2.1. Revolution und Friedenswirtschaft

»[U]nerfreulich« nannte Heinrich Macco die Zukunftsaussichten nicht nur der Charlottenhütte, sondern der Eisenwirtschaft im allgemeinen, als er Ende Oktober 1918 vor die Generalversammlung trat.[1] Nach der Herausgabe des Waffenstillstandsgesuchs Anfang des Monats hatte sich die deutsche Bevölkerung schlagartig von den »Siegfrieden«-Szenarien ab- und der Realität einer totalen Niederlage zuwenden müssen. Trotz der weitverbreiteten Unzufriedenheit ob der desaströsen Versorgungslage und der inzwischen mehrjährigen Stagnation des Frontgeschehens, traf die plötzliche Aufgabe die Mehrheit der Menschen gerade in der informationsärmeren Provinz wie ein Schock. Dies konnte wenig Wunder nehmen, wenn noch am 28. Oktober die Titelseite etwa der *Siegener Zeitung* zur Zeichnung der neunten Kriegsanleihe aufrief.[2]

In industriellen Kreisen zeigte man sich besser vorbereitet, hatten doch kritische Beobachter wie Max von der Porten bereits im Mai zu bedenken gegeben hatte, daß »die Arbeiter- und Ernährungslage eine unbegrenzte Fortführung des Krieges in keinem Fall gestattet«.[3] Angesichts des revolutionären Potentials, das sich in den Meutereien der Matrosen an Nord- und Ostsee zeigte und mit hoher Geschwindigkeit südwärts ausbreitete, reagierten führende Vertreter der Ruhrindustrie prompt und suchten unter Führung von Hugo Stinnes die Kooperation mit den freien Gewerkschaften. Aufbauend auf der staatlich verordneten Zusammenarbeit der Kriegswirtschaft machten die Arbeitgeber rasch Zugeständnisse bei der Anerkennung der Gewerkschaften, der Einrichtung von Betriebsräten sowie der Einführung des Acht-Stunden-Tages ohne Lohnabzug, eine der noch kurz zuvor am heftigsten abgelehnten Arbeitnehmerforderungen. Die weitreichenden Konzessionen sollten etwaigen Sozialisierungsbestrebungen der organisierten Arbeiterschaft vorbeugen und die bestehenden Besitzverhältnisse wahren. Während auf diese Weise die Eigentumsordnung nicht zur Disposition gestellt wurde, ließ sich »die Verflachung der revolutionären Massenbewegung zu einer Lohnbewegung« in der Folge erst über inflationistische Zahlungsbedingungen erträglich gestalten und dann in einem stabileren politischen Rahmen mit neuer Kraft bekämpfen.[4]

Entsprechend beschränkt wirkte sich die »steckengebliebene[n] Revolution«[5] im Siegerland aus. Der überschaubare Protest galt dort weniger den Unternehmern als vielmehr der schlechten Versorgungslage und den explodierenden Prei-

1 Siegener Zeitung Nr. 247 v. 21.10.1918, 1. Bl.

2 Siegener Zeitung Nr. 253 v. 28.10.1918, 1. Bl. Vgl. allg. Mommsen, Weltkrieg, S. 90f.; Winkler, Weimar, S. 23-25.

3 Notiz über die Besprechung am 27.5.1918, BADH R 8725/65.

4 Vgl. Feldman, Weltkrieg, S. 69-83, Zitat S. 77; ders., Iron, S. 82f.; Winkler, Weimar, S. 45-47.

5 Kolb, Revolution, S. 99.

sen, im Herbst führten Tarifauseinandersetzungen zum Streik.[6] Zu ernsthaften Zusammenstößen kam es erst wieder 1920, nachdem die bei Kriegsende vereinbarten Mitbestimmungsregelungen im betrieblichen Alltag keineswegs problemlos umgesetzt und mit wiedergewonnener Selbstsicherheit der Unternehmensleitung zunehmend konfliktträchtiger geworden waren.[7] Der konfrontative Kurs gegen die Belegschaftsvertretung führte im August 1920 zu gewalttätigen Zusammenstößen im Werk Niederschelden, auf die der Vorstand unter Flicks Führung mit der Aussperrung der Belegschaft reagierte. Erst auf Vermittlung eines eigens entsandten Staatskommissars kam es schließlich zu einer Einigung. Die Generaldirektion gestand die Wahl eines Betriebsrates zu und garantierte die gewerkschaftlichen Rechte, während die Arbeitnehmervertreter für Ruhe und Disziplin in der Belegschaft einstanden.[8]

Schwerer als der politische Wechsel traf die Charlottenhütte die abrupte Umstellung von der Kriegs- auf die Friedenswirtschaft. In den ersten Monaten blieben Aufträge aus und, was schwerer wog, auch die Rohstofflieferungen, allen voran Koks und Briketts. Schon im Kalenderjahr 1918 gingen die Fertigungszahlen in nahezu allen Sparten gegenüber dem Vorjahr zurück, allein in der Abteilung Niederschelden von 70 000 auf 61 000 t Rohstahl bzw. von 31 000 auf 26 000 t in Grob- und Mittelblechen. Am Ende des Geschäftsjahres 1918/19 betrug der Reingewinn nur noch 840 000 Mark gegenüber 3,5 Mio. Mark im Vorjahr.[9]

Daß immerhin ein Gewinn anfiel, lag einerseits an den 1919 einsetzenden, unerwartet günstigen Rahmenbedingungen für die wirtschaftliche Umstellung, andererseits an der partiellen Fortführung von Bewirtschaftungsmechanismen der Kriegsökonomie, die der Charlottenhütte zugute kamen.[10] Insbesondere war es die seit 1914 massiv angewachsene, jedoch von der staatlichen Preisregulierung weitgehend überdeckte Inflation als Resultat der anleihe- statt steuerfinanzierten Rüstung, der Preissteigerungen und des nicht abgeflossenen Kaufkraftwachstums im Krieg, die sich Ende 1918 Bahn brach, aber eben auch als »Schmiermittel« des Übergangs in die Friedenswirtschaft fungierte. Die Zahlungsmittelvermehrung erleichterte Entschädigungsleistungen für industrielle Verluste in den abzutretenden Gebieten, Kriegsopferfürsorge sowie Demobilisierung durch

6 Siegener Zeitung Nr. 44 v. 21.2.1919,1. Bl.; Hufnagel, Interesse, S. 269-272; vgl. Schindler, Revolution; Renker, Siegerland.

7 Siehe etwa die Angriffe des Vorstandes auf die Einführung des Acht-Stunden-Tages in der Jahreshauptversammlung 1919: AG Charlottenhütte, Geschäftsbericht 1918/19, GStA I. HA, Rep. 120C, Abt. XI, Fach 1, Nr. 78, Bhft. 279.

8 Siegener Zeitung v. 25.8. u. 1.9.1920, zit. nach WWA F 65/410; Hufnagel, Interesse, S. 345.

9 Inklusive des Vorjahresvortrags erlaubten 1,26 Mio. Mark Gesamtgewinn die Verteilung einer zwölfprozentigen Dividende; AG Charlottenhütte, Geschäftsbericht 1918/19, GStA, I. HA, Rep. 120C, Abt. XI, Fach 1, Nr. 78, Bhft. 279; Siegener Zeitung Nr. 217 v. 16.9.1919, 1. Bl., u. Nr. 223 v. 23.9.1919, 2. Bl.; Unsere Charlottenhütte [...], Januar 1964, WWA 65/3671.

10 Vgl. Roth, Staat, S. 400-410.

Reintegration des Millionenheeres in Arbeitsverhältnisse, die durch Aufträge der öffentlichen Hand und den infolge der Geldentwertung stark verbesserten Export zur Verfügung standen. Nicht zuletzt konnten die rasant steigenden Kosten für Rohstoffe und Arbeitskraft in der Inflationskonjunktur leichter auf die Preise umgelegt und somit verhältnismäßig friedliche Arbeitsbeziehungen aufrecht erhalten werden.[11]

Die Charlottenhütte, die wie die Mehrheit der großen Eisen- und Stahlunternehmen[12] mit gewachsenem Anlagevermögen, hohen Rücklagen und einer geschlossenen Produktionskette aus dem Krieg gestärkt hervorgegangen war, profitierte einerseits aufgrund ihrer frachtungünstigen Lage nur in geringem Maße vom Export. Andererseits war sie dank der verhältnismäßig geringen Rüstungsendfertigung vom Wegfall der Kriegsgüteraufträge weniger stark betroffen als die großen Stahlwerke im Westen.[13] Zudem zog das Unternehmen Vorteile aus dem nur schrittweise vollzogenen Übergang von lenkungs- zu marktwirtschaftlichen Mechanismen. Noch im Oktober 1918 war der Schrott- und Spänehandel unter Direktion der Kriegswirtschaftsorganisationen für ein weiteres halbes Jahr verlängert worden[14], und sowohl die Eisenzentrale als auch die zugeordneten Handelsorganisationen wurden bis ins Frühjahr 1920 hinein aufrechterhalten.[15] In diesem Rahmen blieb auch der privilegierte Zugang zu den Rohstoffkontingenten bestehen, wenngleich in vermindertem Umfang.[16] Der direkte Tausch von Spateisen gegen Späne bedeutete einen wesentlichen finanziellen Vorteil, da die Schrottarife nach Aufhebung der Preisbeschränkung förmlich explodierten und trotz der Absichtsbekundung der Eisenzentrale, die Preise nicht »der freien Spekulation der Händler« zu überlassen, binnen neun Monaten von 75 auf bis zu 250 Mark/t kletterten.[17]

Auch die traditionell durch Sondertarife der Bahn geförderten Absatzbeziehungen von Siegerländer Erzen an die oberschlesische Hüttenindustrie konnten bis zur Entscheidung über das Schicksal des zwischen Deutschland und Polen umstrittenen Gebietes fortgesetzt werden. Von den 1920 nach Oberschlesien versandten 327 000 t Eisenerz stammten allein 181 000 t aus dem Siegerland. Mit der im folgenden Jahr getroffenen Grenzziehung fielen die Siegerländer Liefe-

11 U. a. Borchardt, Wachstum, S. 153-155; Feldman, Weltkrieg, S. 84-99; Wehler, Gesellschaftsgeschichte, Bd. 4, S. 244-250; Winkler, Weimar, S. 143-146; Peukert, Republik, S. 58 f.

12 Dazu Feldman, Iron, S. 251 f., der die in Relation zu anderen Branchen verbesserte Situation der Eisenindustrie diagnostiziert.

13 Vgl. Kerkhof, Kriegswirtschaft, S. 422 f.

14 Verhandlungsniederschrift über die Aufsichtsratssitzung der Handelsgesellschaft für Eisen- und Stahlspäne, 24.10.1918, BADH R 8725/133, Bl. 51 f.

15 Die Schrottorganisation, o. D. [Juni 1919], BAB R 3101/4664, Bl. 42.

16 Manganerzversorgungsstelle an RWiM, 5.6. u. 21.7.1919; Vermerk und Anschreibenentwurf RWiM an Manganerzversorgungsstelle, 7.7.1919, alle ebd., Bl. 12 f., 24-26.

17 EZ an Reichswirtschaftsamt, 11.1.1919, ebd., Bl. 144; Notizen zu einem Vortrag über die Schrottversorgung, September 1919, BAB R 3101/4665, Bl. 238.

rungen auf nur noch ein Drittel zurück.[18] Zu diesem Zeitpunkt betraf dies Flick nicht nur in seiner Funktion als Eigentümer und Vorstand der Charlottenhütte, sondern auch als Besitzer bedeutender Teile der oberschlesischen Eisenindustrie.

2.2. Der Sprung nach Oberschlesien

2.2.1. Tumult und Unsicherheit

Nach der Einigung im Übernahmekampf mit Thyssen hatte Flick seine Expansionsbestrebungen keineswegs eingestellt. 1920 verhandelte er mit den beiden Großaktionären bei van der Zypen/Wissen, Thyssen und Otto Wolff, über eine mögliche Assoziation mit der Charlottenhütte. Dabei gingen Wolff und Flick zunächst gemeinsam vor, verfolgten aber unterschiedliche Ziele. Wolffs Interesse an van der Zypen galt einer engeren Integration des Unternehmens in das Ruhrrevier mittels seiner erheblichen Beteiligungen an der Phoenix AG für Bergbau und Hüttenbetrieb und der Rheinische Stahlwerke AG (Rheinstahl).[19] Flick hingegen sah die Erzgruben und die Wissener Anlagen als integralen Bestandteil des Siegerländer Reviers. Hatte Flick zunächst geglaubt, sich im Einvernehmen mit Wolff zu befinden, erwies sich dies bald als Irrtum, denn dieser machte schließlich zu Flicks großer Verärgerung das Geschäft mit Thyssen alleine.[20]

Mit van der Zypen fiel die letzte Tür zu einem relevanten Erweiterungsobjekt der Siegerländer Eisenhütten – inklusive der Verbindung zur Ruhrindustrie – zu. Anders stellte sich die Situation auf dem Erzsektor dar. Trotz der Zukäufe der vergangenen Jahre sah man in Niederschelden nach wie vor Handlungsbedarf, um eine mehr als mittelfristige Rohstoffversorgung zu sichern. Zwar waren sämtliche interessanten Grubenbetriebe bereits in Konzernstrukturen eingebunden, doch der verlorene Krieg verrückte die Ausgangsbedingungen spürbar, vor allem im Fall der oberschlesischen Bismarckhütte AG. Diese hatte sich im Kontext der erwähnten Lieferbeziehungen zwischen den beiden Revieren 1917 am Rennen um die Siegerländer Gruben beteiligt und, dank ihrer enorm profitablen Entwicklung im Kriege[21], unter maßgeblicher Beteiligung Hjalmar Schachts (Nationalbank für Deutschland) die Grube Neue Haardt erworben, eines der

18 Übersicht über die gemäß unserer Versandstatistiken nach Oberschlesien versandten Eisenerze im Jahre 1920, o. D.; Versand deutscher Erze nach Oberschlesien im Jahre 1921, o. D., beide BAB R 3101/4586. Die Zahlen umfassen Lieferungen aus den Revieren Siegerland, Lahn-Dill und Ilsede.

19 Detailliert: Dahlmann, Unternehmen, S. 30-41; Reckendrees, Stahltrust, S. 108-118; Feldman, Disorder, S. 277-279.

20 Flick behauptete später, Wolff habe eine mündliche Ansprache zwischen beiden gebrochen. Die Beziehungen der beiden Konzernherren gestalteten sich in den folgenden Jahren regelrecht feindselig; Rede Flicks am 25. Jahrestag der Charlottenhütte, 1.4.1940, StAN Rep. 501, KVP, Fall 5, B-3, NI-3345, Bl. 6; Bemerkungen zu der im Gange befindlichen Aktion betr. Oberschlesien, o. D. [März 1927], PAAA R 31138k.

21 Vgl. Tab. I/2; Bismarckhütte, S. 11.

bedeutendsten Erzreservoirs an der Sieg überhaupt.[22] Die Grube stand gleichzeitig in Beziehung zur Charlottenhütte, da die Familie Schleifenbaum an beiden Unternehmen beteiligt war und die Betriebsführung bei der Neuen Haardt ausübte.[23]

Von Friedrich Schleifenbaum erhielt Flick daher 1920 »wesentliche und mit entscheidende Anregungen« über die Möglichkeit, sich in die Bismarckhütte selbst einzukaufen. Bis Kriegsende wäre dies kaum denkbar gewesen: Die Bismarckhütte, die einen international hervorragenden Ruf als Röhren- und Qualitätsstahlproduzentin genoß, zählte mit rund 14500 Arbeitern etwa doppelt so viele Beschäftigte wie ihre neue Muttergesellschaft.[24] Neben dem Stammwerk in Bismarckhütte umfaßte das Unternehmen 1920 auch die Falvahütte in Schwientochlowitz sowie diverse Rohstoffbetriebe.[25] Daß die Charlottenhütte 1920 den Schritt der Majorisierung des deutlich größeren Unternehmens erfolgreich wagen konnte, lag einerseits in ihrer hohen Liquidität aus den Kriegsjahren, andererseits in der erleichterten Kreditfinanzierung der Inflation, zuvorderst aber in den chaotischen politischen Verhältnissen Oberschlesiens der Nachkriegszeit begründet, ohne die eine Verkaufsbereitschaft der Anteilseigner der bis dahin so erfolgreichen Werke kaum denkbar gewesen wäre.

Der Friedensvertrag von Versailles, der im Januar 1920 in Kraft trat[26], beschnitt die industriellen Kapazitäten des Deutschen Reichs spürbar. Die Territorial- und Bevölkerungsverluste gingen einher mit Abgaben von 74,5 Prozent der deutschen Erzbasis, 40,3 Prozent der Roheisen- und 29,9 Prozent der Rohstahlerzeugung sowie 28,1 Prozent der Walzwerksproduktion.[27] Während der Komplettverlust des lothringischen Industriegebiets nach dem französischen Sieg frühzeitig abzusehen war, blieb die Grenzziehung im Osten fast drei Jahre lang ungewiß, nachdem 1919 die sofortige Abtrennung Oberschlesien zugunsten einer Volksabstimmung ausgesetzt wurde.[28] Zugleich erschütterten sowohl scharfe Auseinandersetzungen zwischen Arbeitgebern und Arbeitnehmern die Region[29] als auch bewaffnete Konflikte zwischen nationalpolnischen Kräften und deutschen Freikorps, mit den blutigen Höhepunkten der sogenannten August-Auf-

22 Nationalbank (Schacht) an MfHuG, 6.11.1917, GStA I. HA, Rep. 120C, Abt. XI, Fach 1, Nr. 78, Bhft. 97.

23 Rede Flicks [...], 1.4.1940, StAN Rep. 501, KVP, Fall 5, B-3, NI-3345, Bl. 6.

24 Vgl. Siegerländer Industriegebiet, S. 262; Bismarckhütte, S. 11.

25 [Denkschrift], 13.11.1920, PAAA R 98140; vgl. Bismarckhütte, S. 9f.; vgl. Loch/Szendzielorz, Huty; HbDtAG 1917/18 II, S. 266f.

26 Allg. Niedhart, Außenpolitik, S. 9f.; Winkler, Weimar, S. 90f.

27 Vgl. Stahl und Eisen 39 (1919), S. 825f., 949; Bogner, Wandlung, S. 72f. Nach der Festlegung der Grenzen im Osten sollten die endgültigen Zahlen noch um einige Prozentpunkte steigen; vgl. Reckendrees, Stahltrust, S. 87f.

28 Vgl. Mommsen, Aufstieg, S. 100; Fuchs, Lage, S. 55.

29 Z.B. Oberschlesischer BuHV an MfHuG, 26.1.1919, GStA I. HA, Rep.120C, Abt. VIII, Fach 1, Nr. 159, Bd. 2, Bl. 146-148; Oberschlesischer BuHV an Preuß. MinPräs, 19.4.1919; Oberbergamt Breslau an MfHuG, 10.7.1919, beide GStA I. HA, Rep. 77, Tit. 856, Nr. 100, Bl. 26, 183-185.

stände 1919 und 1920.[30] Angesichts der seit 1918 anhaltenden Dauerkrise und der Unsicherheit über die territoriale Zugehörigkeit stagnierten Investitionsbereitschaft und Kreditzufluß weitgehend. Als nach den Unruhen im Sommer 1920 die bis dahin stabile Beschäftigungslage der oberschlesischen Montanindustrie einbrach und der Betrieb in den folgenden Monaten nur mit erheblichen Zuschüssen aufrechterhalten werden konnte, verbreitete sich unter den deutschen Unternehmern vielfach Nervosität.[31] Bei einer Befragung der oberschlesischen Montankonzerne im Herbst 1920 ließen diese keine Zweifel an ihren Präferenzen wie auch Befürchtungen hinsichtlich der Zukunft des Reviers. Praktisch unisono betonten sie ihre vielfältigen wirtschaftlichen Verflechtungen in Rohstoffbelieferung und Absatzbeziehungen mit dem Reich. Der Vorstand der Oberschlesischen Eisenindustrie AG für Bergbau und Hüttenbetrieb (Obereisen) prophezeite, ein Anschluß an Polen würde »zur Katastrophe führen«, während die von der grauen Eminenz des Reviers, Gustav Williger[32], geführte Kattowitzer AG für Bergbau und Eisenhüttenbetrieb (KAG) ein Schreckbild von Massenarbeitslosigkeit, Ernährungsproblemen und dräuendem Bolschewismus zeichnete.[33]

Um sich für die möglichen Folgen des Plebiszits zu wappnen, verlegten sich zahlreiche Unternehmen auf besitzrechtliche Verschiebungen, die einem etwaigen polnischen Zugriff auf das deutsche Eigentum vorbeugen sollten. So erwarb Obereisen Mitte 1920 die Kuxe der Steinkohlengrube Glückhilf-Friedenshoffnung, traf jedoch gemeinsam mit ihrer Hausbank Berliner Handelsgesellschaft (BHG) Vorkehrungen, um die Anteile zum Schutze vor der »Polengefahr« auf die BHG zu übertragen.[34] Auch bei der KAG kam es zu Präventivmaßnahmen. Die Mehrheitsaktionäre der Familie Tiele-Winckler[35] stellten im September 1920 Überlegungen zur Schaffung von acht Mio. Mark Vorzugsaktien mit zehnfachem Stimmrecht an, um einer feindlichen Übernahme französischer Industrieller zuvorzukommen.[36] Unterstützung wurde der KAG vom Auswärtigen Amt in Berlin zuteil, das mit wachsender Besorgnis auf Äußerungen einzelner

30 Dazu ausführlich Krüger, Außenpolitik, S. 133-135.

31 [Memorandum], o. D. [Ende 1920], PAAA R 98139.

32 1856-1937; Dr. ing. h.c.; 1881 Referendar, 1884 Assessor, 1885 Eintritt in Herrschaftlich Myslowitz-Kattowitzer Bergwerksdirektion; 1889-1931 GenDir der späteren KAG; seit 1903 Leitung des BuHV Oberschlesien, 1906-1922 Vorsitzender IHK Oppeln; 1918 Gründer d. Freien Vereinigung zum Schutze Oberschlesiens; 1905 Bergrat, 1918 Geh. Bergrat; vgl. Perlick, Hüttenleute, S. 172 f; Loch/Szendzielorz, Huty, S. 123-125.

33 Zitate jeweils: [Denkschrift der OEI], 8.11.1920; [Denkschrift der KAG], 30.11.1920, PAAA 98140.

34 Zuckerkandl an Fürstenberg, 30.8.1920; [Vermerk], 25.8.1920, beide BADH 8127/14270, Bl. 133, 97; vgl. Berliner Handelsgesellschaft, S. 94.

35 Zur Entstehung des Tiele-Winckler-Konzerns: Schwerin v. Krosigk, Zeit, Bd. 1, S. 274 f., Bd. 2, S. 150.

36 Reichsbankdirektorium an MfHuG, 31.7.1920, GStA I. HA, Rep. 120C, Abt. XI, Fach 1, Nr. 78, Bhft. 35; Buntzel an Althans, 18.9.1920; [Protokoll], 9.10.1920, beide PAAA 98139.

oberschlesischer Wirtschaftsvertreter reagierte, die eine Kooperation entweder mit Polen oder Frankreich zum Zwecke einer Stabilisierung der ökonomischen Verhältnisse in dem umstrittenen Gebiet nicht mehr ausschlossen. Entsprechenden Plänen, französische Unterbeteiligungen an den deutschen Unternehmen zuzulassen, stand man im Außenministerium strikt ablehnend gegenüber; die Hereinnahme ausländischen Kapitals wurde als »untunlich« zurückgewiesen.[37]

Eine einheitliche Linie in dieser Frage vertraten indes weder die betroffenen Industrievertreter noch die Reichsregierung, zu ungewiß war der Ausgang der Abstimmungsentscheidung. Zwar ließ das Auswärtige Amt den Grafen Tiele-Winckler wissen, daß man an den Verhandlungen, die dieser gerüchteweise mit US-amerikanischen Investoren führte, »gar kein Interesse« habe, kam aber andererseits nicht umhin zuzugeben, daß man selbst nur wenig zu bieten hatte: Die Vergabe von Reichsmitteln an Unternehmen, die möglicherweise binnen weniger Monate an Polen fielen, schien wenig zweckmäßig, zumal man befürchtete, mit staatlichen Stützungsaktionen polnische Beschlagnahmungsforderungen noch zusätzlich anzuheizen.[38]

Derartige Spekulationen wurden mit dem Plebiszit vom 20. März 1921 obsolet. Zwar fiel das Ergebnis insgesamt mit 60:40 Prozent der abgegebenen Stimmen für einen Verbleib beim Reich aus, entgegen den deutschen Hoffnungen stimmten aber klare Mehrheiten in den Bezirken Pleß, Rybnik und Ost-Kattowitz für eine Angliederung an Polen.[39] Tiefpessimistisch konstatierte Williger, nur noch die »Kommunistenorte Bismarckhütte, Schwientochlowitz, Lipine, Hindenburg« blieben deutsch.[40] Mit dem dritten polnischen Aufstand, der im Mai 1921 ausbrach, wuchsen die Befürchtungen noch, daß nicht nur eine Teilabspaltung des Abstimmungsgebiets von Deutschland, sondern der Verlust des kompletten Industriereviers drohe.[41] Gerade die Wirtschaftsvertreter ließen keine Zweifel an ihrer Auffassung, daß neben den ökonomischen Folgen des Verlusts Oberschlesiens auch die »politische und völkische Einheit« auf dem Spiel stehe und es zu verhindern gelte, daß Oberschlesien zum »Einfallstor des östlichen Bolschewismus« werde.[42] Vehement forderten sie die Niederschlagung der polnischen »Insurgenten«, um nicht »im Herzen Mitteleuropas ein zweites Mazedonien« entstehen zu lassen, wie der DDP-Politiker Hartmann von Richthofen Außenminister Rathenau warnte.[43]

37 Buntzel an Althans, 21.9.1920; G.[ehorsame] A.[nzeige], 15.12.1920; Zitate: G.A. Herrn Reichsminister Simons, 20.10.1920, alle PAAA R 98139.

38 Zitate: G.A., 15.12.1920 (Meyer); [Memorandum], o.D. [Ende 1920], ebd.

39 Die oberschlesische Frage und der Wiederaufbau der europäischen Wirtschaft, 1921, BAB R 3101/4586, Bl. 11-23.

40 Zitat: Williger an Eduard Arnhold, 21.3.1921, PAAA R 28326k, Bl. 359.

41 Felix Theusner (Deutsche Bank) an Meyer, 13.5.1921, PAAA R 35959, Bl. 98.

42 Die oberschlesische Frage und der Wiederaufbau der europäischen Wirtschaft, 1921, BAB R 3101/4586, Bl. 11-23.

43 Richthofen an Rathenau, 18.6.1921, PAAA R 28328k, Bl. 252; Freund an Zuckerkandl, 10.6.1921, PAAA R 98143.

Die Entscheidung des Völkerbundes im Oktober 1921, das Abstimmungsgebiet tatsächlich zu teilen, bestätigte die schlimmsten Erwartungen, indem es die wichtigsten schwerindustriellen Zentren Polen zuschlug und die territorial größeren, wirtschaftlich jedoch unbedeutenderen Gebiete dem Reich beließ, mit der folgenschweren Wirkung, daß eine Vielzahl von Konzernzusammenhängen und Absatzbeziehungen zerrissen.[44] Immerhin aber war die Zeit der Unklarheit vorbei, und sowohl politisch wie wirtschaftlich konnten die Planungen auf eine ungeliebte, doch berechenbare Grundlage gestellt werden. Im Februar 1922 trug das Auswärtige Amt trotz seiner dezidiert revisionistischen Ostpolitik der neuen Grenzziehung Rechnung und etablierte in Kattowitz ein Generalkonsulat.[45] Ferner erhielt die oberschlesische Industrie eine gewisse Planungssicherheit durch die Entscheidung der Genfer Botschafterkonferenz, das Liquidationsrecht des polnischen Staates für deutsche Hütten, Bergwerke und Fabriken auf 15 Jahre auszusetzen.[46]

2.2.2. Die Spekulation

Auch die Bismarckhütte-Führung konnte 1920 einer möglichen Angliederung Oberschlesiens an Polen keine guten Seiten abgewinnen. Neben dem Erzbezug aus den eigenen Gruben in West- und Mitteldeutschland war man auf Schrottlieferungen aus dem Reich angewiesen. Mehr noch fürchtete die Unternehmensleitung die künftige Zollgrenze und somit den Verlust des Zuganges zum deutschen Absatzmarkt, auf dem man vor dem Krieg 75 Prozent der gesamten Produktion abgesetzt hatte.[47] Hinzu kamen schwere Auseinandersetzungen zwischen Unternehmensleitung und Belegschaft, die Ende 1919 gar zu einer militärischen Befriedung der Betriebe auf ausdrücklichen Wunsch der Arbeitgeber geführt hatten.[48] Vor diesem Hintergrund einer unklaren Zukunft in politischer wie ökonomischer Hinsicht signalisierte einer der Großaktionäre der Bismarck-

44 Vorläufige Aufstellung über den Verlust Deutschlands infolge der Abtretung eines Teiles von Oberschlesien, PAAA R 118309; allg. Krüger, Außenpolitik, S. 135 f.; Mommsen, Aufstieg, S. 150 f.

45 Die Leitung übernahm Generalkonsul Wolfgang Frank; Gneist an Frank, 6.4.1922, PAAA R 141157. Vgl. Krüger, Außenpolitik, S. 78-94, 212-217; Niedhart, Außenpolitik, S. 22-29; Krekeler, Revisionsanspruch, S. 11 f.

46 Der Berliner Interpretation zufolge bestand das Liquidationsrecht de iure fort, blieb aber durch eine Vielzahl von Einschränkungen und Bedingungen »innerlich ausgehöhlt und ohne wirkliche praktische Bedeutung für das oberschlesische Wirtschaftsleben«; Schreiben an MinDir von Stockhammern, 15.4.1922, PAAA 28329k, Bl. 245; vgl. Greiling, Minorité, S. 30-46.

47 [Denkschrift der Bismarckhütte AG], 13.11.1920, PAAA R 98140.

48 Arbeitgeberverband der oberschlesischen Bergwerks- und Hüttenindustrie an Oberpräsident, o. D. [1919]; RegPräs Oppeln an MfHuG, 25.12.1919, beide GStA I. HA, Rep. 120BB, Abt. VII, Fach 1, Nr. 3, Bd. 30, Bl. 39 f.

hütte, Paul von Gontard, 1920 Verkaufsbereitschaft.[49] Im Mai des Jahres beschlossen Flick – der zuvor beim VDESI ein Gutachten über die wirtschaftspolitischen Perspektiven Oberschlesiens angefordert und aus der Feder von Jakob Reicherts Mitarbeiter Otto Steinbrinck erhalten hatte[50] – und der nach dem Tode Maccos von Weidtmann geführte Aufsichtsrat der Charlottenhütte, den Markt für Bismarckhütte-Aktien zu sondieren.[51] Im Juni beauftragte Flick die Berliner Privatbank Carl Cahn, so viele Anteile wie möglich zu erwerben, und schon im Juli lagen über 40 Prozent im Siegerland. Die Versuche einer Aktionärsgruppe um die Nationalbank, den mit dem plötzlichen Kursanstieg offenbar gewordenen feindlichen Übernahmeversuch durch eigene Käufe zu kontern, blieben erfolglos. Statt dessen einigten sich Flick und Schacht Ende 1920 einvernehmlich. Die Nationalbank gab ihr Minderheitspaket an die Charlottenhütte, die somit die alleinige Kontrolle über das Unternehmen erhielt. Die Erzgruben Neue Haardt und Elbingerode gliederte Flick dem Siegerländer Zweig an, der übrige westdeutsche Besitz wurde zur Refinanzierung der Transaktion weiterverkauft.[52] Angesichts der Unkosten für den Erwerb des Bismarckhütte-Stammkapitals von 22 Mio. Mark entschloß sich Flick 1920, Teilschuldverschreibungen der Charlottenhütte in Höhe von 20 Mio. Mark auszugeben. Deren Rückkauf ließ sich im Zuge der bald darauf einsetzenden Hyperinflation zu einem Bruchteil des Ausgabewerts bewerkstelligen.[53]

Die Investition in die Bismarckhütte bedeutete nur den ersten Schritt der oberschlesischen Expansion Flicks, der wie zuvor im Siegerland eine Strategie sowohl vertikaler Integration als auch regionaler Konzentration verfolgte. Die Bismarckhütte als Eisen- und Stahlproduzentin verfügte über keine eigene Kohlenbasis, ein Flick von der Charlottenhütte vertrautes Problem, das er unmittelbar nach Abschluß der Transaktion anging. Auf der Hand lag eine Verbindung mit der KAG, die über mehrere, in der Nachbarschaft der Bismarckhütte gelegene Steinkohlengruben, aber nur geringe Eisenerzeugungskapazitäten verfügte.[54]

49 So bei Kupczyk, Majoritätswechsel, S. 875. Kupczyks eigene Quelle ist unklar; seine Darstellung wurde von Müller, VEB Riesa, S. 309, und Ogger, Flick, S. 61, nur übernommen. Paul von Gontard (1868-1941, GenDir der Deutschen Waffen- und Munitionsfabriken) war in der Tat Großaktionär der Bismarckhütte; vgl. NDB, Bd. 6, S. 642 f.; Bismarckhütte, Bericht über das Geschäftsjahr 1916/17, GStA Rep. 120C, Abt. XI, Fach 1, Nr. 78, Bhft. 97. Zum gleichnamigen Frankfurter Bankhaus bestand keine Verbindung; vgl. Weichel, Gontard, S. 22 f., 86 f.

50 Persönliche Gründe für mein Ausscheiden bei FF, Ostern 1940, TKA NOST/1.

51 Rede Flicks am 25. Jahrestag der Charlottenhütte, 1.4.1940, StAN Rep. 501, KVP, Fall 5, B-3, NI-3345, Bl. 7.

52 Siegener Zeitung v. 27.11.1920 u. 22.1.1921, in WWA F 65/410; Rede Flicks am 25. Jahrestag der Charlottenhütte, 1.4.1940, StAN Rep. 501, KVP, Fall 5, B-3, NI-3345, Bl. 7; Betrifft: Dr. Hjalmar Schacht, 23.3.1946, BAB R 8122/80899 [Kaletsch]; Pinner, Wirtschaftsführer, S. 100 f.

53 HbDtAG 1925 I, S. 553 f.

54 [Aufstellung] Oberschlesien, o. D. [Mitte 1921], BAB R 3101/4586, Bl. 39; Prospekt KAG, Juni 1922, BAB R 8119F/P7241, Bl. 36 f.

Da der Mehrheitseigner der KAG, Graf von Tiele-Winckler, das Risiko des Verbleibs im Abstimmungsgebiet scheute, willigte er im Herbst 1921 ein, die erst im Vorjahr als Schutz gegen Überfremdung geschaffenen Vorzugsaktien sowie seinen Besitz an Stammanteilen abzugeben.[55] Erneut spielte auch Schacht, mit dem Flick inzwischen ein »gutes freundschaftliches persönliches Verhältnis« verband[56], bei der Majorisierung eine Rolle. Er verschaffte der Charlottenhütte ein Aktienpaket und rückte nach der Übernahme neben Flick, Weidtmann und Heinrich von Stein in den KAG-Aufsichtsrat.[57]

Wie bei der Bismarckhütte machte sich Flick umgehend daran, Besitz und Organisation des erworbenen Unternehmens umzuschichten. Insbesondere etablierte er in den Niederlanden drei Holdinggesellschaften[58], bei denen er in Absprache mit der Reichsfinanzverwaltung die oberschlesischen Beteiligungen deponierte, um so eine neutrale Staatsangehörigkeit in die Eigentumsverhältnisse einzuschalten und etwaige polnische Zwangsmaßnahmen zu erschweren. Anfang Dezember ging man daher im nicht informierten Reichwirtschaftsministerium davon aus, der weithin unbekannte Flick habe »als Mittelsperson für holländische Kapitalisten« gehandelt.[59] Nicht zuletzt half die Einschaltung der »Hollandtöchter« Nedahand, Metafina und Commerce, auf dem Amsterdamer Finanzplatz Zugang zu internationalen Geldquellen zu erlangen.[60]

Auch das bei der Bismarckhütte geübte Instrument der Ausgründung von Betriebsteilen fand wiederum Anwendung: Die Preußengrube wurde auf Flicks Initiative mit einem Kapital von 30 Mio. Mark ausgestattet und verselbständigt. Da eine solche Herauslösung jedoch hohe Grunderwerbssteuern und Gebühren nach sich zog, beantragte die KAG erfolgreich einen Zahlungserlaß unter Verweis darauf, daß nur die Rechtsform einer selbständigen deutschen Gesellschaft die Liquidation durch die polnischen Behörden dauerhaft verhindern könne. Daran, so Williger, müsse auch das Deutsche Reich »ein dringendes Interesse« haben.[61]

55 Buntzel an Dönhoff/MfHuG, 20.11.1921, PAAA R 94082; Kölnische Zeitung Nr. 743 v. 3.11.1921, WWA F 65/410.
56 Betrifft: Dr. Hjalmar Schacht, 23.3.1946, BAB R 8122/80899.
57 Rede Flicks am 25. Jahrestag der Charlottenhütte, 1.4.1940, StAN Rep. 501, KVP, Fall 5, B-3, NI-3345, Bl. 8; Kölnische Zeitung Nr. 12 v. 5.1.1922, in WWA F 65/410.
58 N. V. Nederlandsche Agentuur- en Handel-Maatschappij »Nedahand«, Amsterdam; N. V. Finantieele Maatschappij »Metafina«, Amsterdam; N. V. Handel- en Administratie-Maatschappij. »Commerce«, Amsterdam; vgl. die drei Schreiben der Charlottenhütte an die Danat-Bank, 11.1.1932, BAB R 8122/429.
59 Zitat: Vermerk, 2.12.1921, BAB R 3101/4586, Bl. 85; Akten-Notiz Herrn Flick, 22.9.1932, BAB R 8122/302; Anlage IV, o. D., StAN Rep. 501, KVP, Fall 5, B-15, NI-3254, Bl. 29-33.
60 Zur Bedeutung Amsterdams als Nachfolger des Londoner Finanzplatzes und zur deutschen »Invasion« nach 1918 vgl. Houwink ten Cate, Amsterdam, S. 149-179 (Zitat S. 149); Kreutzmüller, Händler, S. 23-60.
61 Einbringungs-Vertrag, 5.1.1922, BAB R 8122/1020; Zitat: Eingabe der KAG, 15.11.1921, PAAA 94082; MfHuG an RWiM und RFM, 26.11.1921, ebd.

Gleichwohl diente die Verselbständigung der Preußengrube nur in zweiter Linie der Wahrung ihres deutschen Charakters, sondern vielmehr der Vorbereitung einer dritten Übernahme, die Flick in Oberschlesien plante. Das Zielobjekt Flicks waren diesmal die unter dem Einfluß Oscar Caros[62] stehenden Obereisen-Werke. Diese unterschieden sich jedoch in mancher Hinsicht von den beiden vorangegangenen Erwerbungen. Anders als die Bismarckhütte und die um die Preußengrube verminderte KAG verteilte sich der Obereisen- Besitz zu etwa gleichen Teilen auf Deutsch- und Polnisch-Oberschlesien, so daß die neue Grenzziehung einen Keil in die internen Lieferbeziehungen trieb (Abb. I/2).[63] Die geographische Streuung der Werke war durch die inflationsfinanzierte Expansion Obereisens, darunter die Grube Glückhilf-Friedenshoffnung und die Eisenhütte Silesia, noch verstärkt worden. Zu diesem Zweck vorgenommene Kapitalerhöhungen hatten das Aktienkapital auf 75 Mio. Mark aufgebläht.[64]

Im Zuge der Neuemissionen waren verstärkt Aktien auf den Markt gelangt, von denen Flick 1921 unter der Hand etwa 15 Mio. Mark Anteile aufkaufen konnte.[65] Mit diesen 20 Prozent verfügte er in der Generalversammlung über ausreichend Gewicht, um gegen alle strategischen Entscheidungen, die seinem eigenen Kalkül zuwiderliefen, Einspruch einlegen zu können. Diese Vetoposition nutzte er 1922, als eine neuerliche Kapitalerhöhung anstand. Seine Zustimmung band Flick an die Übernahme der Preußengrube durch Obereisen, offiziell, um die deutsch gebliebenen Betriebe mit einer Kohlenbasis auszustatten. In erster Linie bezweckte er jedoch, an der bevorstehenden Aktienemission mit 60 Mio. Mark beteiligt zu werden. Damit sicherte sich Flick die Mehrheit an dem Unternehmen, ohne die Preußengrube abgeben zu müssen, deren neue Besitzerin er nun seinerseits kontrollierte.[66]

Schon zum Jahresende 1921, noch ehe er Obereisen erfolgreich majorisiert hatte, war Flick zu einer zentralen Figur in der oberschlesischen Eisenindustrie aufgestiegen. Über die Charlottenhütte beherrschte er die Bismarckhütte, in die er wiederum die KAG-Anteile eingebracht und sich auf diese Weise erhebliche Zwischengewinne gesichert hatte, die ihm für die Mehrheitsbeschaffung bei Obereisen zugute kamen. Zur Beherrschung der Unternehmen genügten einfache Majoritäten, da Bismarckhütte und KAG jeweils über substantiellen Besitz eigener Aktien verfügten. So hielt die Charlotten- an der Bismarckhütte Ende 1921 von 22 Mio. nur 11,76 Mio. Mark, was jedoch 80 Prozent des dividenden- und stimmberechtigten Kapitals entsprach. Eine ähnlich komfortable Situation,

62 Zu Oscar Caro (1852-1931) vgl. Perlick, Hüttenleute, S. 79 f.

63 Oberschlesien, o. D., BAB R 3101/4586, Bl. 39; Caro an Auswärtiges Amt, 17.8. u. 22.9.1921, PAAA R 98144.

64 M. J. Caro & Sohn KG an BHG, 23.2.1922, BADH R 8127/14269, Bl. 80 f.; OEI. Bericht für das Jahr 1920, PAAA R 94082.

65 Chh an Stinnes, 19.12.1921, ACDP I-220-095/5.

66 Rede Flicks […], 1.4.1940, StAN Rep. 501, KVP, Fall 5, B-3, NI-3345, Bl. 8; Vernehmung F. Flick, 2.7.1947, ebd., A 37-39, Bl. 3152; Der Flick-Konzern […], 1936, WWA S 8/84, S. 7-9; Pinner, Wirtschaftsführer, S. 102.

die den Eigenkapitalaufwand der Mehrheitsbeschaffung beschränkte, war durch die acht Mio Vorzugsaktien der KAG gegeben. In beiden Fällen erlaubte es die verschachtelte Besitzverteilung, die jeweilige Gesellschaft mit einem nominalen Anteil von nur 40 bis 50 Prozent unangefochten zu kontrollieren.[67]

Mit dem Ausgreifen nach Oberschlesien und der raschen Einnahme zentraler Bastionen der dortigen Traditionsindustrie fand sich Flick mitten in der Spekulationswelle der frühen Zwanziger und somit in der Gesellschaft der »Könige der Inflation«[68] wie Hugo Herzfeld, Camillo Castiglioni und Hugo Stinnes, die teils enorme Spekulationsgewinne realisierten, teils innerhalb weniger Jahre mit Hilfe billig zurückzahlbarer Kredite Unternehmensimperien schufen oder ihren industriellen Besitz um ein vielfaches vergrößerten. Ob dies von Beginn an Flicks Ziel gewesen oder er vielmehr durch den Konnex zwischen Siegerländer Erz und Bismarckhütte eher zufällig nach Oberschlesien geraten war, läßt sich kaum abschätzen. Einmal dort angekommen, erkannte er jedoch die Möglichkeiten, welche die chaotischen Nachkriegsverhältnisse boten und zögerte nicht, diese zum Einbruch in das Revier und zum Aufbau eines regional dominanten, vertikal integrierten Konzerns zu nutzen.

2.2.3. Diversifizierung und Risikostreuung

Das rasante Tempo der Besitzmehrung in Oberschlesien war maßgeblich durch ausgeprägte Risikobereitschaft inmitten einer verunsicherten unternehmerischen Landschaft möglich geworden. Gleichwohl kam auch Flick nicht umhin, die Zeichen der Zeit, sprich die zumindest einstweilige Oberhand der polnischen Seite im Kampf um das oberschlesische Industriegebiet, zur Kenntnis zu nehmen. Die Genfer Entscheidung, zentrale Teile des Reviers vom Reich zu trennen, bedeutete für die Charlottenhütte, daß der Großteil ihrer Werke unter polnische Hoheit kam. Angesichts der unzweideutig artikulierten Absichten der Warschauer Regierung, möglichst bald eine »Polonisierung« der deutschkontrollierten Industrie herbeizuführen[69], suchte Flick daher seit Ende 1921 erklärtermaßen nach Wegen, um sein eigenes unternehmerisches Risiko zu minimieren.[70]

Kurzfristig war dies durch die Zwischenschaltung der Hollandtöchter als formale Eigentümerinnen der oberschlesischen Anteile geschehen[71], allerdings waren die tatsächlichen Besitzverhältnisse auf diese Weise schwerlich dauerhaft zu kaschieren. Flicks nächster Schritt zur Risikominderung war daher der Versuch,

67 Chh an Stinnes, 19.12.1921, ACDP I-220-095/5.

68 Vgl. Ufermann, Könige.

69 Dies der geläufige zeitgenössische Ausdruck, vgl. etwa Williger an Flick, 19.11.1923, BAB R 8122/1020.

70 [Unbetiteltes Memorandum], o. D. [Frühjahr 1923], BAB R 8122/980.

71 Beim Auswärtigen Amt galt die Übertragung in ausländische Hände als effektivste »Waffe« der Industrie gegen die Liquidationsdrohung; Schreiben an MinDir von Stockhammern, 15.4.1922, PAAA 28329k, Bl. 245 f.

Partner für seine Ost-Beteiligungen zu gewinnen, genauer gesagt den spektakulärsten und als »Alleskäufer« verschrieenen Konzernbauer der Inflation, Hugo Stinnes. Mitte Dezember 1921 nahmen Flick und Stinnes Verhandlungen über eine Kooperation in Oberschlesien auf.[72] Flicks Ziel war es, seine Unternehmensgruppe mit der unter Stinnes' Führung 1920 aus Deutsch-Lux, GBAG und Bochumer Verein begründeten Rhein-Elbe-Union (REU) bzw. deren Erweiterung zur Siemens-Rheinelbe-Schuckert-Union (SRSU) zu assoziieren. Ein solcher Weg versprach, das Risiko der oberschlesischen Beteiligungen auf weitaus breitere Schultern zu verteilen und gleichzeitig die Siegerländer Betriebe durch Anschluß an einen der größten Konzerne des Ruhrgebiets hinsichtlich ihrer Brennstoffbelieferung und Absatzbeziehungen abzusichern.[73]

Nur einen Monat später zerschlugen sich diese Hoffnungen. Stinnes hatte Flicks Vorschläge erwogen und mit den führenden Köpfen der SRSU, Vögler, Emil Kirdorf und Carl Friedrich von Siemens besprochen. Diese waren jedoch zu einem negativen Ergebnis gekommen, da sowohl das finanzielle Ausmaß als auch die politische Gefahr des Vorhabens zu groß schienen: »[Es] bestehen bei uns erhebliche Bedenken, relativ gesicherte Deutsche [sic] Werte gegen polnische Werte einzutauschen, zumal die Tendenzen, im Wege der Enteignung gegen Deutsche [sic] Unternehmen vorzugehen, auf polnischer Seite unverkennbar noch bestehen.«[74] Auch britische Investoren, auf die Flick im Februar 1922 verfiel, zogen sich bald wieder zurück, weil – wie Flick indigniert feststellte – »die sog. ersten Leute [...] eben alles geschenkt haben« wollten.[75]

Dennoch blieb Flick keineswegs auf sich allein gestellt, die Zahl der Interessenten war in der Zwischenzeit eher noch gewachsen. So war der Kontakt zu Stinnes seit dessen Absage Anfang 1922 nie abgebrochen. Grund für dessen anhaltendes Engagement war der Wunsch, seine Beteiligung an der Alpinen Montangesellschaft in Österreich in einen größeren produktiven Rahmen zu bringen und ihr eine frachtgünstig gelegene Brennstoffbasis anzugliedern. Zudem sollten die verschachtelten Besitzverhältnisse bei der Alpine, die internationale Finanzinteressen einschlossen, einen effektiven Schutz vor polnischer Konfiszie-

72 Chh an Stinnes, 19.12.1921; Flick an Stinnes, 9.1.1922, beide ACDP I-220-095/5. Die Annahme von Feldman. Stinnes, S. 816, die Initiative sei von Stinnes ausgegangen, geht auf die Quellen der SRSU zurück.

73 Die REU war als Ergebnis der Territorialverluste des Weltkrieges aus den ihrer jeweiligen Kohlen- bzw. ihrer Eisenseite beraubten Deutsch-Lux und GBAG (sowie dem Bochumer Verein) entstanden, um gemeinsam wieder einen integrierten Konzern zu formen. Mit dem Zutritt von Siemens-Halske und Siemens-Schuckert sollte darüber hinaus die Grundlage für eine umfassende Produktions- und Absatzabstimmung sowie Krisenfestigkeit durch wechselseitigen Gewinnausgleich geschaffen werden; vgl. Reckendrees, Stahltrust, S. 100-108; Feldman, Stinnes, S. 662-678, 808 f.; Feldenkirchen, Siemens, S. 188-193.

74 Stinnes an Flick, 17.1.1922, ACDP I-220-095/5.

75 Besuch Schlitter, 6.2.1922, PAAA R 28329k, Bl. 213; [Aufsichtsratssitzung Chh], o. D., [18.4.1923], BAB R 8122/980.

rung bieten.[76] Ende 1922 erzielten Stinnes und Flick eine vorläufige Einigung. Demnach sollte die avisierte Verbindung zwischen Charlottenhütte und REU per Aktientausch erfolgen, der den oberschlesischen Besitz hälftig unter beiden Parteien teilte und im Gegenzug Flick an Bochumer Verein und Deutsch-Lux beteiligte.[77]

Der Entwurf war bei den SRSU-Vertretern keineswegs unumstritten, und gerade der von Flick verlangte hohe Preis erforderte, daß Stinnes und Vögler »sich mit dem ganzen Schwergewicht ihrer Persönlichkeit« bei ihren Partnern Kirdorf, Siemens und Arthur Salomonsohn (Disconto-Gesellschaft) dafür einsetzten.[78] Daß die komplizierte Abmachung in der Folge trotz der erheblichen Anstrengungen scheiterte, hatte diesmal Flick zu verantworten. In seinem Bestreben, seine industriellen Interessen über den engeren oberschlesischen Raum hinaus zu diversifizieren, war er um die Jahreswende 1922/23 in Verhandlungen mit der Linke-Hofmann-Lauchhammer-Gruppe eingetreten, die ihm das Tor nach Mitteldeutschland öffnen sollten. Allein, dies war nur möglich, wenn Flick dem mitteldeutschen Verbund ein Expansionsobjekt anbot – nämlich die Obereisen-Werke, die somit nicht mehr für das Tauschgeschäft mit der SRSU zur Verfügung standen. Stinnes' Interesse war indes so groß, daß Vögler offerierte, notfalls auf Obereisen zu verzichten. Wie unangenehm sich die Situation für Stinnes darstellte, nachdem er das Gesamtpaket soeben erst gegen interne Widerstände durchgesetzt hatte, war Flick durchaus bewußt. Vorsichtshalber sei er, so Flick später, Stinnes deshalb »ziemlich aus dem Weg gegangen«.[79]

Die Situation verkomplizierte sich Anfang 1923 noch zusätzlich mit dem Hinzutreten zweier weiterer Akteure. Ihr Interesse an Flicks Aktien bekundeten nun auch das tschechische Kohlenkontor Ed. Weinmann und der Wiener Finanzier Siegmund Bosel, ein nachgerade paradigmatischer Kriegs- und Inflationsgewinnler, der binnen weniger Jahre vom Wäschehändler zum Hauptaktionär der renommierten österreichischen Unionsbank mit breit gestreuten industriellen Interessen aufgestiegen war.[80] Gemeinsam kontrollierten sie die Vereinigte Königs- und Laurahütte AG (Königs-Laura), eines der größten Montanunternehmen Oberschlesiens. Obgleich Flick Stinnes unter den veränderten Konditionen die Vorhand auf seinen Besitz gewährt hatte, verhandelte er fortan parallel mit Weinmann und Bosel.[81] Deren Angebot war deswegen attraktiv, weil sie aus-

76 Niederschrift über die Sitzung des Finanzausschusses der [SRSU] am 20.5.1921, BBA 55/299; Aktenvermerk. Betr. Österreichische Alpine Montan Gesellschaft, 18.8.1945, TKA VSt/84, Feldman, Stinnes, S. 817. Zu unpräzise die Darstellung bei: Schleicher, Eisen, S. 98-100.

77 Telegraphische Mitteilung, o. D. [ca. Ende 1922], ACDP I-220-095/5.

78 Ebd.

79 [Aufsichtsratssitzung Chh], o. D. [18.4.1923], BAB R 8122/980.

80 Vgl. Eine neue österreichisch-deutsche Montangruppe, in: Industrie- und Handelszeitung v. 20.4.1923, in: BAB R 3101/4504, Bl. 219; Ufermann, Könige, S. 77-84; zu Weinmann vgl. Wixforth, Expansion, S. 141 f.

81 [Aufsichtsratssitzung Chh], o. D. [18.4.1923], BAB R 8122/980.

schließlich an den ostoberschlesischen Anlagen als Ergänzung der Königs-Laura interessiert waren, folglich Obereisen für anderweitige Dispositionen verfügbar blieb. Das strategische Ziel von Flicks Verhandlungen blieb es, den maßgeblichen Einfluß auf Bismarckhütte und KAG zu wahren. Der Vorvertrag sah daher bei einem Gesamtkaufpreis von £ 550000 die Abgabe von je 25 Prozent an die beiden österreichisch-tschechischen Partner vor; die Charlottenhütte blieb mit 30 Prozent stärkste Kraft in dem geplanten Aktienpool und behielt eine Rückkaufoption.[82]

Mit dieser verbindlichen Einigung im Gepäck kehrte Flick an Stinnes' Verhandlungstisch zurück und informierte dessen Adlatus Vögler über den Stand seiner Besprechungen mit den Königs-Laura-Aktionären. Vögler signalisierte sofort, das Geschäft nach wie machen zu wollen und schlug direkt Zahlungstermine vor. Mitte April 1923 befand sich Flick somit in der komfortablen Situation, zwischen zwei ihm grundsätzlich sympathischen Lösungen wählen zu können. Die Wahl fiel dennoch nicht schwer. Mit der Vögler'schen Offerte bot sich die lange gesuchte Gelegenheit, mehr als nur einen Fuß in die Ruhrgebiets-Tür zu bekommen und die Siegerländer Werke unter ein größeres Dach zu führen, ohne dabei substantielle Kontrolleinbußen zu erleiden. Dem eigenen Aufsichtsrat gegenüber begründete Flick seine Entscheidung hingegen mit moralischen und patriotischen Verpflichtungen. Einerseits erinnerte er an den Umstand, daß Vögler sich 1920 bereit erklärt hatte, der Charlottenhütte in ihrer damaligen Zwangslage zwischen Thyssen und Klöckner zu helfen, andererseits verwies er auf die Stinnes gewährte Vorhand, die man nicht ignorieren könne. Drittens bezog Flick ausdrücklich die politische Dimension der oberschlesischen Anteile in seine Argumentation ein und wollte »*jeder deutschen Gruppe* auch dann den Vorzug gegeben, wenn sie geldlich nicht den gleichen Betrag zahlen sollte«. Ferner wollte er der SRSU einen finanziellen Rabatt gewähren: »Wir haben dann auch allenfalsigen Angriffen gegenüber die Möglichkeit zu erklären, daß wir einer deutschen Gruppe sogar einen wesentlich billigeren Preis eingeräumt hätten.«[83]

Die Motivation für Flicks patriotische Wende klang bereits in der von ihm gebrauchten Schlußformulierung an. Angesichts der politisch hoch aufgeladenen Frage der Besitzverhältnisse in Oberschlesien wollte Flick vermeiden, für die Abgabe deutschen Eigentums in Hände, die sich der revisionistischen Ostgrenzenpolitik des Reichs nicht verpflichtet fühlten, verantwortlich gemacht zu werden, jedenfalls solange es eine alternative deutsche Verkaufsoption gab. Flicks Einschätzung, wie ein Verkauf an Weinmann und Bosel beurteilt werden würde, ging nicht fehl. So berichtete der Generalkonsul in Kattowitz im April nach Berlin über die schwebenden Verhandlungen zwischen den Industriellen und ließ keinen Zweifel an seiner Meinung, daß Weinmann ein höchst unsicherer Kantonist bei der Verteidigung der deutschen Besitzungen sei und damit eine

82 Ebd.

83 Beide Zitate ebd. [Hervorhebung im Original].

Situation drohe, »die meines Erachtens die ernsteste Aufmerksamkeit der deutschen wirtschaftlichen Kreise auf sich ziehen müßte«.[84]

Noch am Tag der besagten Aufsichtsratssitzung unterzeichneten Flick und Stinnes sowie dessen Mitarbeiter Oskar Sempell[85] den Tauschvertrag. Demnach gab die Chh 11,76 Mio. Mark Bismarckhütte-Aktien, inklusive einer 50prozentigen Beteiligung an der KAG, im Austausch gegen zehn Mio. Mark Anteile des Bochumer Vereins sowie zwei Mio. Mark GBAG-Aktien ab. Charlottenhütte und Deutsch-Lux vereinbarten eine Poolung ihrer jeweils gleich großen Bismarckhütte-Pakete unter Einräumung eines gegenseitigen Vorkaufsrechts. Ferner wurde eine Interessenverbindung der REU mit der Charlottenhütte ausgemacht, die den Siegerländer Werken eine feste Koks- und Halbzeugbelieferung brachte. Auch in den Gremien des Großkonzerns sollte sich die engen Zusammenarbeit ausdrücken: Flick erhielt beratende Stimme in den Beiratssitzungen der SRSU und Aufsichtsratsmandate der drei REU-Gesellschaften (Tab. I/1), ebenso seine Vertrauten Schleifenbaum und Stein. Schließlich konnte Flick hohe liquide Mittel realisieren: Von Deutsch-Lux kamen £ 250 000, die übrigen £ 300 000 schöpfte Flick bei der Bismarckhütte ab, die – auf dem Höhepunkt der Inflation – den Kauf der 30 000 KAG-Aktien aus dem Besitz der Charlottenhütte mit zehn Pfund pro Anteil bezahlen mußte.[86]

2.3. Mitteldeutschland

Gleichzeitig und eng verbunden mit der ostoberschlesischen Frage ging Flick das Problem der Integration seines westoberschlesischen Besitzes an. Obereisen verfügte zwar mit den Kohlezechen Preußengrube und Glückhilf-Friedenshoffnung sowie den Hochofen- und Stahlwerken Julien- und Herminenhütte über substantielle Grundstofferzeugungskapazitäten auf deutschem Gebiet, war aber von ihrer hauptsächlichen Absatzbasis, den Blech- und Emaillierwerken Baildon und Silesia, durch die neue Grenze getrennt. Bis 1925 stellte dies kein unmittelbares Problem dar, da das Genfer Abkommen für eine Übergangszeit den zollfreien Warenverkehr zwischen aufeinander angewiesenen Wirtschaftszweigen zuließ. Nach Auslaufen dieser Regelung jedoch drohte eine massive Verteuerung der Gestehungskosten, mögliche Schutzzölle und Einfuhrsperren

84 Fusionspläne in der Montan-Industrie Polnisch-Oberschlesien, 27.4.1923, PAAA R 177954. Zu diesem Zeitpunkt verfügte Frank noch über keine definitiven Informationen zum Stand der Verhandlungen mit Stinnes.

85 1876-1942, Jura-Studium in Göttingen, München, Bonn; 1903-16 Kommunaldienst; 1917 zu Deutsch-Lux, 1920 Vorstand; 1926 Vorstand VSt, Mittelstahl u. a.; Mitglied in diversen Reichsbankausschüssen.

86 Auch Weidtmann wurde später für die Charlottenhütte benannt; Vertrag Chh/Deutsch-Lux, 18.4.1923; Interessen-Verbindung, o. D. [April 1923]; Pool-Vertrag, o. D. [April 1923]; Protokoll über die am 16.5.1923 in Angelegenheit der KAG getroffenen Vereinbarungen, alle ACDP I-220-095/5; Fusionspläne in der Montan-Industrie Polnisch-Oberschlesien, 27.4.1923, PAAA R 177954.

nicht eingerechnet. Eine solche Kostensteigerung bedeutete für die Obereisen eine rapide schwindende Wettbewerbsfähigkeit, zumal sie durch ihre ungünstige Frachtlage auf dem deutschen Markt preislich ohnehin einen schweren Stand hatte.[87]

Über den ihm langjährig bekannten Direktor der Linke-Hofmann-Lauchhammer-AG (LHL), Friedrich Möller, eröffnete sich Flick zur Jahreswende 1922/23 die vielversprechende Möglichkeit, Obereisen in einen größeren Konzernzusammenhang zu bringen und zugleich seinen Einflußbereich in das mitteldeutsche Industrierevier auszudehnen.[88] LHL war ein typisches Produkt inflationsfinanzierter Kombination aus diversen Einzelunternehmen. Nach dem die Linke-Hofmann-Werke zunächst aus verschiedenen Waggonbauern in Breslau fusioniert worden waren, hatten sie zwischen 1920 und 1922 die AG Lauchhammer mit ihren sächsischen Stahl-, Maschinenbau- und Braunkohlebetrieben übernommen.[89] Über eine Beteiligung an der Stahl- und Walzwerk Hennigsdorf AG bestand zudem eine Verbindung zur AEG, die – vergleichbar der Siemens-Rheinelbe-Schuckert-Union – die Idee verfolgte, durch einen branchenübergreifenden Zusammenschluß zusätzliche Krisenfestigkeit und Marktmacht zu erreichen.[90]

Maßgeblich verantwortlich für das schnelle Ausgreifen war der ambitionierte Generaldirektor Friedrich Eichberg, dessen starke Präsenz jedoch die Selbständigkeit des Lauchhammer-Vorstandes um Möller und Heinrich Koppenberg zu deren Unwillen stark einschränkte, so daß diese den Kontakt zu Flick suchten.[91] Als Expansionsobjekt bot Flick der Berliner LHL-Konzernspitze um Eichberg sowie den Vertreter der Darmstädter und Nationalbank KGaA (Danat), Jakob

87 Anweisung betr. Ausführung des deutsch-polnischen Abkommens über Oberschlesien v. 15.5.1922, 30.5.1922, BAB R 3101/4599, Bl. 3-6; Organisatorischer Aufbau der OEI 1913, o. D., BAB R 8136/3963, Bl. 22.

88 Rede Flicks am 25. Jahrestag der Charlottenhütte, 1.4.1940, StAN Rep. 501, KVP, Fall 5, B-3, NI-3345, Bl. 9; Möller: 1875-1938, kaufm. Ausbildung, Angestellter Grobblechverband Essen; Verkaufsleiter Rombacher Hüttenwerke; seit 1918 Vorstandsmitglied AG Lauchhammer und LHL; vgl. Friedrich Möller zum Gedächtnis, o. O., o. J. [1938], SächsHStA 11616/22.156.

89 200 Jahre Lauchhammer, S. 3 f., 43-45, 99 f.; Müller, VEB Riesa, S. 17-90, 168-170, 175; Korrespondenz LHW/Eichberg und AG Lauchhammer/Möller 1920/21 in SächsHStA 11616/18.93.

90 Ebd., S. 100; HbDtAG 1925 I, S. 684, vgl. Feldenkirchen, Siemens, S. 193, 540 (Anm. 72).

91 Rede Flicks am 25. Jahrestag der Charlottenhütte, 1.4.1940, StAN Rep. 501, KVP, Fall 5, B-3, NI-3345, Bl. 9; Eichberg: * 1875, Dr. techn., Dr. h. c. mult.; Studium an TH Wien, 1899-1912 bei Union EG Wien und AEG Berlin, bis 1928 GenDir und Vorstand LHW; Koppenberg: 1880-1960; Schlosserlehre und Tätigkeit bei Krupp; Fachschule; bis 1906 als Konstrukteur bei Krupp, dann Felten & Guillaume; 1917 technische Leitung Riesa, bis 1933 Mittelstahl-Vorstand; 1933 zu Junkers, 1934 auch Brabag; 1940 Sonderbeauftragter für die Herstellung der Ju 88; nach 1945 Gründung Süddeutscher Apparatebau Koppenberg, Karlsruhe.

Goldschmidt[92], seine Obereisen-Aktien an. Diese beliefen sich inzwischen auf 80 von 175 Mio. Mark Gesamtkapital und bildeten die praktische Generalversammlungsmehrheit. Zudem konnte Flick auf die Zusammenarbeit Caros zählen, der weitere 30 Mio. Mark hielt. Für die LHL versprach die Offerte, ihre Stahlerzeugung und Weiterverarbeitung sowohl um eine eigene Roheisenbelieferung als auch um eine Kohlenbasis zu erweitern, während Obereisen feste Abnehmer erhalten sollte. Flick erkannte darin die Chance, »in Mittel- und Ostdeutschland eine ziemlich beherrschende Stellung« zu erlangen, nicht ohne zu betonen, daß er »nicht nur Finanzgeschäfte« betreibe, sondern ein Musterbeispiel produktionsmäßiger Integration im Auge habe.[93]

Im Mai 1923 erhöhte die LHL ihr Stammkapital auf nunmehr 500 Mio. RM, von denen die Charlottenhütte 80 Mio. Mark im Austausch gegen ihre Obereisen-Anteile erhielt. Was in der Öffentlichkeit wie eine Übernahme Obereisens wirkte[94], stellte tatsächlich den Auftakt zur Majorisierung der LHL durch Flick dar, der somit sein erprobtes Manöver wiederholte, ein Unternehmen in das andere einzubringen, um über die somit vergrößerte aufnehmende Gesellschaft in der Folge beide zu kontrollieren, und dies fast ohne Einsatz liquider Mittel. Noch vor Vertragsschluß stellte Flick fest, die Einbringung Obereisens beruhe »auf einem gewissen Optimismus, daß es uns im Laufe der Zeit doch gelingen wird, mehr in den Besitz [der LHL] hineinzuwachsen«, sprich: einen ausschlaggebenden Einfluß zu erlangen.[95]

Möglich machten dies geschickte Verhandlungen Flicks zum Nachteil seiner Partner. Unter bewußter Hintergehung Oscar Caros sicherte sich Flick über Sondervereinbarungen sowie mit Hilfe von Goldschmidts Danat-Bank weitere LHL-Aktien und verfügte Ende 1923 in der Generalversammlung über insgesamt 155 Mio. Mark, »ein Paket, das sich auf der anderen Seite nicht so leicht gegen uns zusammen bringen [sic] lassen wird«, wie er dem Aufsichtsrat der Charlottenhütte gegenüber anmerkte.[96] Die Finanzierung dieser zusätzlichen Aufkäufe schlug wiederum die Brücke zu den mit Stinnes vereinbarten Transaktionen: Der größte Teil der benötigten Gelder stammte aus den Mitteln der Bismarckhütte, die diese zur Aufnahme der KAG-Aktien mobilisieren mußte.[97]

Unterdessen bedeutete die erlangte Position bei LHL noch keine feste Mehrheit, zumal mit Carl Fürstenberg der einflußreiche BHG-Chef und AEG-Auf-

92 Für biographische Angaben vgl. Bähr, Dresdner Bank, S. 604. Eine Biographie über Goldschmidt, eine der zentralen Gestalten der Zwischenkriegswirtschaft, steht noch aus.

93 Ebd.; Zitat: [Unbetiteltes Memorandum], o. D. [Frühjahr 1923], BAB R 8122/980. Flick brachte auch das Bergwerk Elbingerode in die LHL ein; Elbingerode, o. D. [Frühjahr 1923], ebd.; HbDtAG, 1925 I, S. 684.

94 Vgl. etwa: Die Interessengemeinschaft Linke-Hofmann-Lauchhammer Akt.-Ges. – Oberschlesische Eisenindustrie beschlossen, in: Berliner Tageblatt v. 22.4.1923, in BAB R 3101/4594, Bl. 218.

95 [Unbetiteltes Memorandum], o. D. [Frühjahr 1923], BAB R 8122/980.

96 Ebd.; Zitat: [Unbetitelter AR-Berichts-Entwurf], o. D. [April 1923], ebd.

97 [Unbetiteltes Memorandum, 2. Teil], o. D. [Frühjahr 1923], ebd.

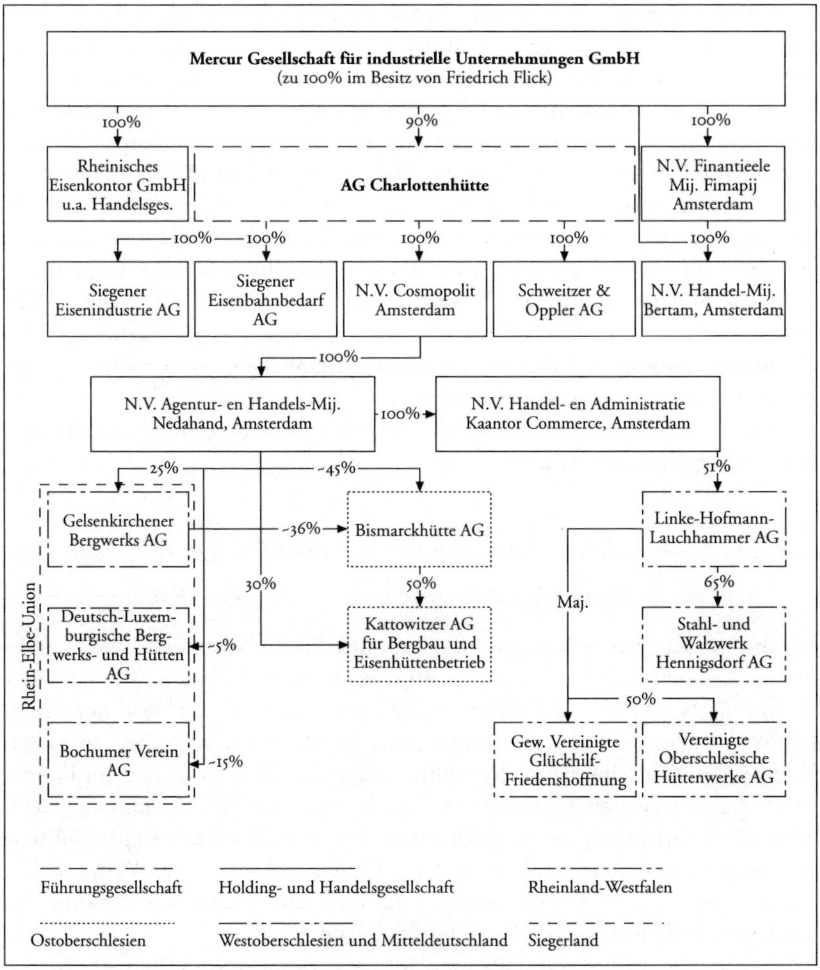

Quelle: StAN Rep. 501, KVP, Fall 5, F-2; eigene Zusammenstellung

Abb. I/1: Die Charlottenhütte und ihre wichtigsten Beteiligungen, 1925/26

sichtsratsvorsitzende frühzeitig vor den Majorisierungsabsichten der Charlottenhütte warnte.[98] Derweil war im LHL-Vorstand Eichberg nicht gewillt, seine starke Stellung zugunsten Flicks zu räumen, was vor dem Hintergrund der sich abzeichnenden Stabilisierungskrise der Weimarer Wirtschaft zu spürbaren Spannungen in der Unternehmensleitung führte. In zwei Etappen konnte Flick aber seinen Führungsanspruch festigen und schließlich Eichberg an den Rand drängen. So intrigierte Flick geschickt gegen Eichberg, als dieser – wie Flick später

98 [Unbetitelter AR-Berichts-Entwurf], o. D. [April 1923]; ebd.

genüßlich kommentierte – »in seiner maßlosen Eitelkeit« und gegen den Wunsch Goldschmidts beabsichtigte, sich in den Aufsichtsrat der BHG, also einer mit der Danat konkurrierenden Großbank, wählen zu lassen. Flick bestärkte Eichberg erst in dieser Zielsetzung und profitierte dann von dessen Zerwürfnis mit Goldschmidt, welcher der Charlottenhütte in der Folge sein Aktienpakt an dem mitteldeutschen Konzern überließ.[99] Im Anschluß verschob Flick mit in produktiver Hinsicht weitgehend sinnfreien Manövern sowie weiteren Tauschgeschäften mehrfach seinen industriellen Besitz und baute die Beteiligung bei LHL entscheidend aus.[100] Die unbestrittene Vormachtsstellung Flicks dokumentierte schlußendlich die Fusion von Obereisen auf LHL 1925 sowie im gleichen Jahr seine Delegierung in den Vorstand, wo er nach eigener Aussage überflüssige Verwaltungsstrukturen und den aufgehäuften Schuldenberg rigide abbaute.[101] Zu letzterem hatte er indes selbst nicht unerheblich beigetragen, brachte doch Obereisen enorme Verpflichtungen mit ein, auf die im nächsten Abschnitt ausführlicher einzugehen sein wird.

2.4. Die wirtschaftliche Entwicklung der Flick-Beteiligungen, 1920-1925

2.4.1. Siegerland: Von Übergewinnen an den Subventionstropf

Die inflationsgeglättete Konjunktur der unmittelbaren Nachkriegsjahre stand in unübersehbarem Kontrast zu der politischen Krisenanfälligkeit Weimars. Der Kapp-Putsch 1920 und die Morde an den prominenten Vertretern der neuen Republik Erzberger und Rathenau prägten ebenso wie die auch drei Jahre nach Kriegsende noch schwebende Reparationsfrage das Klima. Die 1921 im Raume stehenden ungeheuren Summen von erst 226, dann 132 Mrd. Goldmark trugen nicht zur Entspannung bei, und der gerade durch die drohende Reparationslast angeheizte innenpolitische Vorwurf der Erfüllungspolitik kostete Walter Rathenau als ihrem exponiertesten, zudem aufgrund seiner jüdischen Herkunft im völkischen Milieu verhaßten Vertreter das Leben.[102]

99 Rede Flicks am 25. Jahrestag der Charlottenhütte, 1.4.1940, StAN Rep. 501, KVP, Fall 5, B-3, NI-3345, Bl. 9f.

100 Flick an Williger, 10.12.1924, BAB R 8122/1020; OEI an BHG, 25.5.1925, BADH R 8127/14461, Bl. 149-154; 200 Jahre Lauchhammer, S. 101; HbDtAG 1925 I, S. 553, 2464; HbDtAG 1933 I, S. 166.

101 Fusionsvertrag, 24.9.1925, BBA 55/286; Bescheinigung, 27.3.1926, BADH R 8127/14461, Bl. 383. Neben den im Herbst 1926 von Flick angemeldeten 12,4 Mio. RM LHL-Anteilen ist auch der Großteil der von der Danat vertretenen 33,8 Mio. RM Flick zuzurechnen; Verzeichnis der in der ausserordentlichen Generalversammlung der [LHL]-AG erschienenen oder vertretenen Aktionäre, 13.11.1926, SächsHStA 11616/2.5, Bl. 137. Rede Flicks am 25. Jahrestag der Charlottenhütte, 1.4.1940, StAN Rep. 501, KVP, Fall 5, B-3, NI-3345, Bl. 11f.; [Typoskript], o. D. [August 1945], WWA S 8/84.

102 Schon Heiber, Republik, S. 93f., 109-112, hat darauf hingewiesen, daß aufgrund der diskutierten Zahlungsmodalitäten die effektiv zu zahlende Summe weit niedriger ausgefallen wäre.

Zunehmend destabilisiert zeigten sich auch die Regulative und Organisationen der Privatwirtschaft, insbesondere das Verbands- und Kartellwesen, das sich infolge der Kriegs- und Inflationskonjunktur in weitgehender Auflösung befand. Gerade im schwerindustriellen Sektor überschritten die durch das Valutadumping begünstigten Exporte die bislang bestehenden Mengenbeschränkungen. Zudem erschien einer Reihe führender Unternehmer die Konzentration industrieller Kapazitäten in Konzernstrukturen aufgrund der finanziellen Chancen der Inflation als die der Kartellierung vorzuziehende industriepolitische Alternative. Nicht zufällig waren es mit Stinnes' Deutsch-Lux und dem von Otto Wolff beeinflußten Phoenix zwei der führenden Firmensammler, die 1919/20 den Stahlwerksverband sprengten.[103]

Auf der Konferenz von Cannes Anfang 1922 schlug ein weiterer Versuch fehl, ein niedriges Reparationsniveau zu erreichen, was zu einer neuerlichen Beschleunigung des Wertverfalls der 1920/21 auf niedrigem Niveau stabilisierten Mark beitrug. Im Inneren führte der große Eisenbahnerstreik im Winter 1921/22 zu einem sprungartigen Anstieg von Lohn- und Frachtkosten. In einer angesichts der wechselseitig verflochtenen Besitzverhältnisse widersprüchlichen Auseinandersetzung entschlossen sich im Frühjahr 1923 die Vertreter des Bergbaus gegen den Widerstand der Eisen- und Stahlindustrie zu einer massiven Preiserhöhung, welche die Zechen in die schwarzen Zahlen hob, die Hütten jedoch unter Druck und der bis dahin weitgehend stabilen Preispolitik den »Gnadenstoß« versetzte.[104]

Auch der Siegerländer Bergbau vollzog die forcierten Preissteigerungen nach. Unter Verweis auf die Teuerung von Frachten, Brennstoffen und Löhnen rechtfertigte der intakt gebliebene Eisensteinverein im April 1922 seine Aufschläge, vergaß aber nicht zu erwähnen, daß die Kostenumlage auf die Verbraucher nur solange funktionieren würde, wie die Inflation die Weltmarktpreise über dem Siegerländer Niveau hielt.[105] Diese Sorge sollte sich als grundlos erweisen, denn die rapide fortschreitende Geldentwertung enthob den einheimischen Erzbergbau bis auf weiteres des Vergleichs mit der internationalen Konkurrenz. Dagegen regten sich im Reichswirtschaftsministerium frühzeitig Zweifel daran, ob die Preiserhöhungen für das Eisenerz angemessen waren. Schon die Heraufsetzung von 1095 Mark/t im März 1922 auf 1707 Mark im Mai fand man weder durch Teuerung noch durch zusätzliche Lohn- und Frachtkosten gedeckt. Nachprüfungen ergaben nicht nur unverhältnismäßige Preise, sondern führten auch zum freimütigen Eingeständnis des Siegerländer Syndikats, daß die zusätzlichen Gewinne den nach Inflationsende erwarteten Nachfragerückgang vorwegnahmen und der Reservenbildung dienten.[106]

103 Dazu ausführlich: Feldman, Iron, S. 119-123, 147; zur Exportfrage ebd., S. 187-215.
104 Ebd., S. 288-293, Zitat S. 293.
105 Siegerländer Eisensteinverein an RWiM, 23.4.1922, BAB R 3101/4568, Bl. 12.
106 RWiM an Siegerländer Eisensteinverein, 29.4.1922; Vermerk, 3.5.1922, beide ebd., Bl. 15, 19.

Dies war der Auftakt einer fast zweijährigen Dauerdiskussion zwischen den Siegerländer Erzgruben und den Reichsbehörden, da die Eisensteinerzeuger die Hyperinflation, die verläßliche Kalkulationen kaum zuließ, nutzten, um im Windschatten hohe Extragewinne auf Kosten der Verbraucher einzufahren. Dabei agierten die Siegerländer Gruben in der Sicherheit, daß devisenintensive Erzimporte für die Eisenindustrie in Oberschlesien wie auch an Rhein und Ruhr kaum finanzierbar waren, und erhöhten die Preise selbst zu Zeiten, als Roheisenverband und Stahlbund ihre Preise stabil hielten. Allein von Mai bis September 1922 verteuerte sich Siegerländer Rostspat von 1700 auf 6500 Mark/t.[107] Im Herbst verpflichtete das Reichswirtschaftsministerium die unwilligen Bergbauvertreter dazu, nur noch außergewöhnliche Selbstkostensteigerungen auf die Preise umzulegen, gewährte im Gegenzug aber hohe Abschreibungssätze.[108]

Die ins Absurde ausufernde Geldentwertung konnte die Regelung jedoch nicht aufhalten. Wo es landesweit üblich wurde, Lkw- und zugweise Geldmengen zu transportieren und viele Unternehmen – auch die Charlottenhütte – mit dem Druck eigener Zahlungsmittel begannen, stoppten die Preise für Siegerländer Erz nicht. Ende 1922 überschritt der Rohspat-Preis 50000 Mark/t, von da an gab es kein Halten mehr. Am 1. Juni 1923 kostete die Tonne Erz 281453 Mark, in der zweiten Juli-Hälfte über 1,5 Mio. Mark, und am 27. August erreichten Rohspat den im Wortsinne papiernen Preis von 91508000 Mark/t.[109]

Im Oktober 1923 reagierten die Berliner Behörden und stellten die Preisberechnungen auf Goldmark um, ehe im November schließlich die Währungsreform einen endgültigen Strich unter die Inflation setzen sollte. Mit der Neuberechnung auf Goldmark-Basis deckten die Prüfer immense Gewinnmargen der Erzgruben auf. Entgegen den vom Eisensteinverein geäußerten Klagen, daß die gewährten Preise noch unter den Gestehungskosten blieben, ergaben die Kontrollen, daß die Profitspannen im letzten halben Jahr der Inflation eine Bandbreite von 45,5 bis 202,5 Prozent erreicht hatten. Die enorme Diskrepanz zwischen der Selbstdarstellung der Erzerzeuger und den behördlichen Ergebnissen erklärte sich aus dem Umstand, daß die Ministerialbeamten nicht der Rechenweise des Syndikats gefolgt waren, das noch die kleinste und unrentabelste Förderanlage in die Mischrechnung einbezog, sondern nur die neun größten Bergwerksunternehmen, die 80 Prozent der Gesamtförderung erzielten, berücksichtigten. Spöttisch kommentierten die Regierungsvertreter, das Ergebnis zeige, »daß der Siegerländer Eisenerzbergbau noch nicht auf dem Aussterbeetat

107 RK für die Eisenwirtschaft an RWiM, 13.5.1922; Vermerk, 31.8.1922; RK für die Eisenwirtschaft an Siegerländer Eisensteinverein, 30.8.1922, alle BAB R 3101/4568, Bl. 22-29, 50f., 54-56.

108 Vermerk über das Ergebnis der Besprechung mit dem Siegerländer Eisensteinverein am 15.9.1922, 18.9.1922; Vermerk, 26.9.1922; Vermerk über die Besprechung mit dem Siegerländer Eisensteinverein am 27.9.1922, 29.9.1922; Vermerk, 26.9.1922, alle ebd., Bl. 58f., 69-72, 77-79.

109 Siegerländer Eisensteinverein an RWiM, 19.12.1922, 23.5., 5.6., 20.7. u. 29.8.1923, alle ebd., Bl. 98-125.

stehe«.[110] In den folgenden Monaten verlegten sich die Siegerländer Erzlieferanten auf eine kombinierte Taktik aus Leugnen der offiziellen Zahlen, anhaltenden Trickserеien bei der Berechnung der Gestehungskosten und Lobbying bei den Arbeits- und Verkehrsministerien, welche die Verteuerung von Lohn- und Frachtkosten durch Kredite und Ausnahmetarife ausgleichen sollten. Dabei schloß man sich auch dem schwerindustriellen »roll-back« gegen Konzessionen in den industriellen Beziehungen von 1918 an und band Zugeständnisse bei den Eisensteinpreisen an die Wiedereinführung der Vorkriegsarbeitszeit.[111]

Schienen die Forderungen der Unternehmen zunächst reine Gegenagitation zu sein, wurden sie von der Realität bald überholt. Zum Jahreswechsel 1923/24 glitten die Siegerländer Werke fast übergangslos von Extragewinnen in die Krise. Bereits die Ruhrbesetzung hatte einen Teil der Abnehmer für Siegerländer Erz ausgeschaltet und das Wirtschaftsleben im Westen erheblich gelähmt. Auch die nachfolgende Stabilisierung durch die währungspolitische Wende im Herbst 1923 und die Vorlage des zwar innenpolitisch heftig umstrittenen, jedoch international erstmals einen akzeptierten Status quo bildenden Dawes-Plans zur Leistung der Reparationszahlungen brachten keine Belebung der Nachfrage, wohl aber höhere Steuerlasten.[112] Während im Export die preisbegünstigten Absatzmöglichkeiten fortfielen, bot sich im Inneren ein ernüchterndes Ergebnis der Inflation. Zwar war eine immense Konzentration gerade in der Schwerindustrie erfolgt. Rationalisierungs- und Modernisierungsmaßnahmen waren jedoch in der Konzernierungswelle der Nachkriegsjahre vernachlässigt worden, was die Wettbewerbsfähigkeit der deutschen Unternehmen zusätzlich schwächte.[113] Gerade die aufgrund ihrer schwierigen geologischen Verhältnisse sowie der ungünstigen Verkehrslage international nicht konkurrenzfähigen Siegerländer Gruben und Hütten sahen sich nun einer regelrechten Invasion ausländischer Anbieter ausgesetzt, die zu niedrigeren Preisen lieferten.[114]

Faktisch bedeutete dies eine Rückkehr zum Vorkriegsstand, als die regionale Montanindustrie ebenfalls nur mit Hilfe staatlicher Beihilfenpolitik ihr wirtschaftliches Überleben hatte sichern können. Daran sollte sich auch in den auf die Stabilisierungskrise folgenden »guten Jahren« der Weimarer Republik nichts

110 Vermerk über die Sitzung des Siegerländer Eisensteinvereins am 1.10.1923, 8.10.1923, ebd., Bl. 139-144.

111 Vermerk über die Sitzung des Siegerländer Eisensteinvereins am 15.10.1923, 18.10.1923; Gunkel an Imhoff, 10.11.1923, beide ebd., Bl. 147-149, 133; Aktenvermerk über die Sitzung betreffend Notlage des Eisensteinbergbaues am 20.10.1923, 26.10.1923, BAB R 3101/4613, Bl. 29-33. Siegerländer Eisensteinverein an RWiM, 27.11.1923, BAB R 3101/4568, Bl. 173; zur revisionistischen Wende in den Arbeitsbeziehungen ab 1923: Feldman, Iron, S. 432-452 (Zitat); Weisbrod, Schwerindustrie, S. 148-157.

112 Vgl. Braun, Besteuerung, S. 70-73; zur Wiederherstellung der internationalen Kreditfähigkeit durch den Dawes-Plan Jacobson, Reparation, S. 79-107; Ruhrkrise und Währungsreform: Feldman, Disorder, S. 631-697, 708-735.

113 Vgl. Reckendrees, Stahltrust, S. 122-129; Kleinschmidt, Rationalisierung, S. 196, 362.

114 Konkurrenzfähigkeit des Siegerlandes – Verlustwirtschaft, Auszug aus der Kölnisch-Westfälischen Zeitung v. 13. Januar 1924, in: WWA F 65/153.

Wesentliches ändern. Seit Anfang 1924 intensivierte der Eisensteinverein seine Bemühungen um Sondertarife der Reichsbahn für Brennstofflieferungen, und im Frühjahr berichtete Flick an Weidtmann, daß das Verkehrsministerium Entgegenkommen in dieser Frage signalisiert habe.[115] Zur Jahresmitte konnte kein Zweifel mehr daran bestehen, daß die Aussichten der Siegerländer Industrie »außerordentlich betrübende« waren, galt die Region doch inzwischen als Notstandsgebiet.[116] Bei Thyssen etwa wurden seit Juli 1924 die ersten Gruben angesichts der übermächtigen Konkurrenz ausländischer Erze stillgelegt. In einer Eingabe an die Reichsregierung vom Oktober 1925 warnten die regionalen Unternehmen vor einer »beginnende[n] Katastrophe des Siegerländer Bergbaus«, der die Grundlage und Existenzberechtigung der gesamten dortigen Eisenindustrie bildete. Im Vergleich zum Vorkriegsstand hatten sich demnach die Brennstoffkosten um 40 Prozent und die Löhne um rund 32 Prozent erhöht, die Sozialabgaben verdreifacht, und die Frachtkosten waren ebenfalls stark angestiegen; weniger als ein Drittel der Normalbelegschaft arbeitete noch auf den Gruben.[117]

Da sich an dieser Situation auch im folgenden halben Jahr nichts änderte, entschloß sich die Reichsregierung im Frühjahr 1926 schließlich zur systematischen Subventionierung des Erzbergbaus, unter der Bedingung, daß die Beihilfen vollständig auf die Preise umgelegt, die angebundenen Eisen-, Stahl- und Walzwerke entlastet und die Rationalisierung der Unternehmensstrukturen in Angriff genommen wurden. Der früher übliche Weg über ermäßigte Bahntarife war inopportun, wollte man nicht die im Versailler Vertrag vorgesehene Meistbegünstigung für die Westmächte gewähren.[118] Da sich das Finanzressort aber gegen eine offene Subventionierung sträubte, sprang das Reichsarbeitsministerium ein und stellte Mittel aus der produktiven Erwerbslosenfürsorge zur Verfügung. Betriebliche Kosten wurden somit auf das soziale Sicherungssystem abgewälzt.[119] Im Herbst 1926 wurde das erfolgreiche Programm – die Zahlung von zwei RM/t hatte eine Fördersteigerung von 70000 auf 230000 t/Monat bewirkt – für ein weiteres Jahr verlängert.[120] Tatsächlich blieben noch bis 1933 erhebliche Mittel für die Unterstützung der Siegerländer Montanindustrie im Haushalt eingestellt. Friedrich Schleifenbaum schätzte die bis dahin insgesamt

115 Siegerländer Eisensteinverein an RWiM, 30.1.1924, BAB R 3101/4568, Bl. 188; Flick an Weidtmann, 17.3.1924, BAB R 8122/28, Bl. 17-19.

116 Ebd.; Flick an Weidtmann, 6.11.1924, BAB R 8122/28, Bl. 132.

117 Berichte der AG für Hüttenbetrieb für die Geschäftsjahre 1924 u. 1925, MMA R 1.30.87; Zitat: Eingabe des Siegerländer Eisensteinvereins an Berliner Ministerien, Oktober 1925, WWA F 65/153.

118 Der Vertrag verlangte, daß jeder im Inland gewährte Sondertarif auch den Siegermächten zugestanden wurde.

119 RWiM an StS in Staatskanzlei, 1.5.1926 u. 2.6.1926, PAAA R 117954; Tgb. Schäffer, 5.5.1926, IfZ ED 93, Bd. 2, Bl. 37; Aktenvermerk, 2.6.1926 [Schwerin v. Krosigk], GStA I. HA, Rep. 120C, Abt. VIII, Fach 1, Nr. 160, Bd. 2.

120 Tgb. Schäffer, 5.10.1926, IfZ ED 93, Bd. 2, Bl. 134; RWiM an StS in Staatskanzlei, 22.10.1926, PAAA R 117954.

gezahlten Subventionen auf rund elf Mio. RM. Insgesamt, so Schleifenbaum Jahre später, sei in den zwanziger Jahren bei der Berechnung der Beihilfen »nicht gerade sehr engherzig verfahren worden«.[121]

2.4.2. *Ostoberschlesien: Gebietsstreit und Arbeitskampf*

Das Ausgreifen der Charlottenhütte nach Oberschlesien seit 1920 bedeutete eine geographische Aufsplitterung der finanziellen Hauptinteressen des Unternehmens von besonderem Ausmaße, die ungeachtet der Lieferbeziehungen für Roh- und Halbstoffe und der bestehenden Kapitalverflechtungen keiner produktiven Ratio folgte. Eine Gemeinsamkeit beider Reviere bestand, freilich im Negativen, in ihrer prekären Marktsituation. Beide stellten schwerindustrielle *Has-beens* dar, Industrieregionen an der Peripherie, die ehemals Pionierstatus genossen hatten, sich aber infolge erschöpfter natürlicher Ressourcen sowie ihrer geographischen Lage abseits der Hauptverkehrswege im national wie international verschärften Wettbewerb des 20. Jahrhunderts nur noch mit Schwierigkeiten behaupten konnten.[122] In der Praxis implizierte dies nicht selten staatliche Hilfen, so auch im Falle Oberschlesiens, dessen eigene Erze seit der Jahrhundertwende fast vollkommen abgebaut waren, während der zweite Standortfaktor, die Steinkohle, nur in wenigen Fällen die für die Verhüttung erforderliche Kokskohlenqualität aufwies. Daher war man auf Beimischungen importierter Kohle angewiesen, was mangels eines Rhein und Ruhr ebenbürtigen Wasserwegenetzes hohe Zusatzkosten verursachte, die sich nur mittels eines »ganzen Systems von Ausnahmetarifen auf den preußischen Eisenbahnen« tragen ließen.[123] Dasselbe galt retour für die Lieferungen von Halb- und Fertigprodukten, für die ganz überwiegend auf den deutschen Markt ausgerichtete oberschlesische Eisenindustrie. Immerhin teilweise fand diese über Produktionsumstellungen von Massen- auf Qualitätswaren – so die Bismarckhütte bei Röhren und die Silesia in der Emaillierung – gangbare Alternativen.[124]

Trotz solcher Optionen war die Situation des oberschlesischen Industriegebiets höchst fragil und wurde durch den Genfer Teilungsbeschluß im Herbst 1921 nachhaltig erschüttert. Einerseits bedeutete die Grenzziehung nach Ablauf der Übergangsfrist den Abbruch etablierter Liefer- und Absatzbeziehungen sowie über Absprachen und Kartelle abgestimmter Produktionsprogramme, andererseits drohte die geplante Zollgrenze mit entsprechenden Kosten den Aus-

121 Schleifenbaum an Flick, 24.1.1938, BAB R 8122/931; zur Fortführung des Beihilfenprogramms s. GStA I. HA, Rep. 120C, Abt. VIII, Fach 1, Nr. 160, Bd. 3.

122 18. Sitzung der 3. Arbeitsgruppe (Eisenindustrie) des Unterausschusses III für Gewerbe […] am 26.1.1928, BADH R 13 I/330, Bl. 41 f.; vgl. Pierenkemper, Grundzüge, S. 25 f.

123 Die wirtschaftlichen Interessen zwischen Oberschlesien und Deutschland, o. D. [1921], PAAA R 28327k, Bl. 437.

124 Vgl. [Denkschrift Bismarckhütte], 13.11.1920, PAAA R 98140; Die wirtschaftliche Lage der oberschlesischen Montanindustrie in den Monaten Juni und Juli 1924, o. D. [August 1924], PAAA R 94084.

schluß der auf der polnischen Seite liegenden Werke vom deutschen Markt zu bewirken.[125] Entsprechend gedrückt war die Stimmung bei den oberschlesischen Industriellen nach der Abstimmung im Sommer 1921. Deutsche Fachkräfte verließen die polnisch kontrollierten Gebiete in großer Zahl gen Westen, der Zusammenbruch des Transportwesens machte die Auslieferung der auf Halde lagernden Kohlen nahezu unmöglich. Mangels Umsätzen griffen viele Unternehmen auf Betriebsmittelkredite zurück – die in der Phase der stabilisierten Inflation eine höhere Belastung darstellten, als dies zwölf Monate später der Fall sein sollte.[126] Beiderseits der Grenze fielen 1921 die Ausstoßzahlen spürbar.

Tab. I/3: Erzeugungsziffern der oberschlesischen Eisenindustrie 1920/21

	1920 in t	**1921** in t	**Veränderung** in %
Stahlerzeugung			
Deutsche Zone	420.000	186.000	-55,7
Polnische Zone	975.000	736.000	-24,5
Walzwerkserzeugung			
Deutsche Zone	163.900	132.993	-18,9
Polnische Zone	680.677	592.225	-13,0

Quelle: BAB R 3101/4586, Bl. 143; eigene Berechnung.

Auch Flick mußte in seinen neu hinzugekommenen Gesellschaften unerfreuliche Zahlen verzeichnen. Bei der Bismarckhütte waren die Ergebnisse mit wenigen Ausnahmen »absolut unbefriedigend«, wie er im März 1922 feststellte. Im vorangegangenen Halbjahr hatten nahezu alle Walz- und Fertigfabrikate-Erzeuger Verluste eingefahren, weil die Selbstkostensteigerungen nicht kompensiert werden konnten. Lediglich Kohle war mit Gewinn nach Deutschland verkauft worden, so daß immerhin die KAG mit ihren Grubenbetrieben rentabel arbeitete.[127]

125 Zollfreiheit galt für Waren, die in einem Teil Oberschlesiens hergestellt und im anderen weiterverarbeitet wurden, nicht aber für den direkten Absatz; Anweisung betr. Ausführung des deutsch-polnischen Abkommens über Oberschlesien vom 15.5.1922, 30.5.1922, BAB R 3101/4599, Bl. 3-6.

126 Eingabe Oberschlesische Stahlwerksgesellschaft [an Reichskanzlei], 28.6.1921, BAB R 3101/4586, Bl. 7f.; Die Industrie-Katastrophe in Oberschlesien, in: BBZ v. 25.4.1921 (Morgenblatt).

127 Flick an Weidtmann, 19.3.1922, BAB R 8122/28, Bl. 39.

Ein ungelöstes Problem lag in der ausstehenden politischen Entscheidung, wie die auf polnischem Gebiet gelegenen deutschen Werke bei Auftragsvergabe und Einfuhrregeln zu behandeln waren. Während die betroffenen Unternehmen schon Mitte 1921 um Vergünstigungen in Gestalt von Ausnahmetarifen baten und diese auch zunächst erhielten[128], gingen die Auffassungen in Berlin in dieser Frage weit auseinander. Zwar forderte eine Hardliner-Fraktion, die Handelspolitik ohne Rücksicht auf im deutschen Besitz befindlichen Unternehmen als »Kampfmittel« zur Wiedererlangung der verlorenen Gebiete einzusetzen.[129] Vor allem im Auswärtigen Amt und im Reichswirtschaftsministerium, wo man eine Schwächung der deutschen Unternehmen in den Abtretungsgebieten »aus politischen Gründen« nicht wünschte, stieß jedoch der Akzent der Unternehmen auf ihre deutschen Eigentumsverhältnisse auf offene Ohren.[130] Zwischen diesen beiden Fronten einer konfrontativen, aggressiven Handelspolitik, die deutsche Kollateralschäden in Kauf nahm, und einer auf die Substanzerhaltung deutschen Besitzes setzenden Linie oszillierte fortan die deutsche Außenwirtschaftspolitik, zusammengehalten durch die Klammer der erstrebten Revision der Ostgrenzen, doch in sich inkohärent und oft kontraproduktiv.[131]

Das erste Jahr der neuen Grenzen war daher geprägt durch eine ganze Reihe von Unsicherheiten; immer wieder aufflammende, nicht selten nationalistisch überformte Arbeitskämpfe in Ostoberschlesien taten ein Übriges. Von der deutschen Inflationskonjunktur getragen konnten die Flick'schen Unternehmen nur 1922 in erträglichem Rahmen wirtschaften, wozu vor allem das Exportgeschäft beitrug, das der Bismarckhütte im Frühjahr Devisenaufträge im Wert von 80 Mio. Mark brachte. Auch in Kattowitz war die Lage Mitte des Jahres »durchaus befriedigend«.[132] Mit der fortschreitenden Geldentwertung, die auch vor dem polnischen Oberschlesien nicht halt machte, nahmen jedoch zur Jahreswende die Sorgen der Kohle- und Eisenunternehmen deutlich zu. Die monatlichen Erträge verloren weiter an Aussagekraft, die Ausgaben an Kalkulierbarkeit. Zudem übertrug sich die Geldwertunsicherheit auf die ohnehin angespannten Arbeitsbeziehungen. Im Januar 1923 berichtete Williger von »wahnsinnigen Lohnverhandlungen«, die, wie der sozialpolitisch scharf konservative KAG-Vorsitzende argwöhnte, von der Warschauer Regierung unterstützt würden, um die durch die Teuerung verunsicherte »Arbeitermasse in Ruhe [zu] halten«.[133] Die KAG profitierte Anfang 1923 zwar von der durch die Ruhrbesetzung ausgelösten Koh-

128 Eingabe Oberschlesische Stahlwerksgesellschaft, 28.6.1921; RWiM an Reichsausschuß für den Wiederaufbau der Handelsflotte u. a., 5.7.1921, beide BAB R 3101/4586, Bl. 7-9.

129 Besprechung über Oberschlesien am 19.11.1921, 30.11.1921, BAB R 3101/4586, Bl. 75-84; Zitat Bl. 76.; Minister des Inneren an Minister für Volkswohlfahrt, 30.10.1921, GStA I. HA, Rep. 77B, Nr. 5, Bl. 238-240.

130 Vermerk, 31.8.1922; Auswärtiges Amt an Reichsverkehrsministerium, 7.9.1922, beide PAAA R 94081.

131 Beispielhaft: Stutz an RWiM, 25.4.1922, BAB R 3101/1983, Bl. 19 f.; vgl. unten.

132 Flick an Weidtmann, 5.5. u. 10.6.1922, BAB R 8122/28, Bl. 10 f., 150 f., Zitat: Bl. 151.

133 Williger an Flick 2.1., 21.1. u. 27.1.1923, BAB R 8122/1020.

lenknappheit und konnte trotz hoher Preise ins Reich liefern. Allerdings ahnte Williger, daß dies nicht unbeschränkt fortführbar war und das Unternehmen mittelfristig von den deutschen Forderungen nach Preissenkungen und den polnischen nach Lohnsteigerungen in die Zange genommen zu werden drohte. Tatsächlich mußte er Flick Ende März melden, das Kohlengeschäft sei »wie von der Erde verschluckt«.[134]

Die Entwicklung der folgenden Jahre bestätigte Willigers Vorahnungen. Arbeitskämpfe und der Konflikt zwischen deutschen Unternehmen und polnischer Regierung prägten die Entwicklung des ostoberschlesischen Reviers, allein im zweiten Halbjahr 1923 unterbrachen Bergarbeiterstreiks mehrfach die Kohlenförderung. Parallel erhöhte die Warschauer Regierung den Druck auf die Arbeitgeber, mehr polnische Führungskräfte in leitende Stellungen zu bringen, um eine gewisse Loyalität der rüstungsrelevanten Schwerindustrie zu gewährleisten. Staatliche Kredite wurden den deutschen Unternehmen immer häufiger nur unter Auflagen in der Personalpolitik gewährt.[135] Die Produktions- und Förderzahlen schwankten 1923 teils eklatant, und zum Jahresende prophezeite Williger »Stürme [...] gerade hier im polnischen Teil«.[136]

Die befürchtete Krise ließ nicht auf sich warten. Ende April 1924 stand etwa die Königs-Laura tief in den roten Zahlen und entließ in den ersten Maitagen die Hälfte ihrer Belegschaft.[137] Auch bei der Bismarckhütte spürte man nach dem Fortfall der inflationsbegünstigten Exporte die gesunkene Nachfrage und erwog Mitte Mai die Stillegung der beiden Werke Bismarck- und Falvahütte mit rund 18 000 Beschäftigten.[138] Dies diente auch als Drohgebärde in Richtung der Gewerkschaften, da die Unternehmensleitungen – nicht anders als im Reich – in wachsendem Maße versuchten, ihre Selbstkosten durch eine Rücknahme der 1918/19 gemachten arbeits- und sozialpolitischen Zugeständnisse zu senken.[139] Entsprechende Forderungen an die polnische Regierung zeitigten Erfolge, stürzten jedoch das oberschlesische Industrierevier im Sommer 1924 in eine tiefe Krise. In radikaler Kursverschärfung beantragten die Arbeitgeber im Juni Lohnkürzungen von 20 bzw. 30 Prozent sowie die Verlängerung der Arbeitszeiten auf Vorkriegsniveau. Als die Gewerkschaften das Ansinnen zurückwiesen, antworteten die Unternehmer mit Aussperrungen. Der Schiedsspruch der Warschauer Regierung nahm die Arbeitszeitverlängerung dennoch auf, und Ende Juli befand

134 Williger an Flick, 20.2. u. 30.3.1923 (Zitat), ebd.

135 Zudem drängten die polnischen Aufsichtsbehörden darauf, die steuerrelevanten Unternehmenssitze von Deutschland nach Polen zu verlegen; Williger an Ahlemann, 14.7.1923, ebd.; Schwabach an Maltzan, 14.9.1923; Gesandtschaft Warschau an AA, 2.11.1923, beide PAAA R 94082; Wirtschaftsbericht über die Lage in der oberschlesischen Montanindustrie im Oktober und November 1923, PAAA R 94083.

136 Williger an Flick, 29.12.1923, BAB R 8122/1020.

137 Frank an AA, 24.4.1924, PAAA R 31135k.

138 Vor dem Zusammenbruch der ostoberschlesischen Montanindustrie, 21.5.1924, PAAA R 94083.

139 Kallenborn an Flick, 25.4.1924, BAB R 8122/1019.

sich das oberschlesische Revier am Beginn eines fast sechswöchigen Generalstreiks.[140] Der Ausstand zog die Anlagen von KAG und Bismarckhütte schwer in Mitleidenschaft, selbst Wartungsarbeiten wurden praktisch nicht mehr vorgenommen. Dessen ungeachtet forderte Flick seine Vorstände zu einer harten Linie auf, um die Rentabilitätskrise mit Arbeitszeitverlängerung und Lohnabbau zu beheben. »Einen Kompromiß halte ich für unmöglich«, stellte er im Juli fest.[141]

Der Arbeitskampf 1924 ging für die Arbeitgeber verloren, und in den folgenden Monaten besserte sich die wirtschaftliche Lage in Oberschlesien nur noch sporadisch. Mehrfach nahmen Flicks Unternehmen Betriebsmittelkredite auf, nachdem die KAG schon Ende 1923 ihr Stammkapital verdoppelt hatte, um den Verlust der von der Inflation aufgezehrten liquiden Mittel zu kompensieren.[142] Ein Jahr später war sie dennoch kaum mehr in der Lage, ihre Lieferanten fristgemäß zu bezahlen, und Flick sorgte sich zur Jahreswende 1924/25, daß das Unternehmen eine ähnliche Entwicklung einschlagen könne wie die Königs-Laura, die sich unter dem zweifachen Druck der wirtschaftlichen Krise und der polnischen Regierung dem Zusammenbruch näherte.[143]

Das Auslaufen des zollfreien Grenzverkehrs 1925 und der damit beginnende offene Handelskrieg machten aus dem Abwärtstrend eine Dauerkrise. Zwischen Mai und August 1925 sank die Kohlenförderung der ostoberschlesischen Zechen um fast ein Viertel. Fünf Gruben, drei der Fürstlich Pleß'schen Güterdirektion sowie je eine von KAG und Donnersmarck, mußten vollständig stillgelegt werden. Die Bismarckhütte stellte ihren Walz- und Hammerbetrieb ein.[144] Zur Abwendung weiterer Schließungen verlangten die Unternehmen erneut Einschnitte bei den Personalkosten. Flick ließ im Sommer 1925 gegenüber seinen oberschlesischen Vorständen keine Zweifel an dem einzuschlagenden harten Sanierungskurs: »Ich halte es für ganz selbstverständlich, daß bei der jetzigen Lage Entlassungen allergrößten Stils vorgenommen werden müssen. Diesen Standpunkt hat im übrigen gestern auch Herr Dr. Vögler mir gegenüber mit besonderem Nachdruck vertreten. Wenn wir nicht die Zahl der Arbeiter und Angestellten mindestens in dem gleichen Maße vermindern wie der Versand und die Geldeingänge zurückgehen, so werden wir in kürzester Frist in Konkurs sein.«[145]

140 Theusner an Zechlin, 5.6.1924, PAAA R 31135k; Die wirtschaftliche Lage der oberschlesischen Montanindustrie in den Monaten Juni und Juli 1924, PAAA R 94084.

141 Kallenborn an Flick, 2.7. u. 12.7.1924; Williger an Flick, 6.8.1924; Zitat: Flick an Kallenborn, 5.7.1924, alle BAB R 8122/1019.

142 Deutsche Golddiskontbank, 5.11.1924, PAAA R 31136k; Williger an Gwinner, 25.11.1924, BAB R 8122/1020.

143 Williger an Flick, 19.12.1924; Flick an Williger, 10.12.1924, beide BAB R 8122/1020.

144 Kallenborn an Flick, 29.3.1925; Bismarckhütte an Flick, 14.7.1925, BAB R 8122/1019; Grünau an AA, 13.9.1925, BAB R 901/65691, Bl. 151-158; Konjunkturschwankungen und Produktionsentwicklung in der polnischen Eisen- und Stahlindustrie 1921/1927, o. D. [1929], BAB R 901/65917, Bl. 163-175.

145 Flick an Kallenborn (Kopie an Tomalla), 15.7.1925, BAB R 8122/1019.

2.4.3. Westoberschlesien und Mitteldeutschland

Im Westen Oberschlesiens verfolgte die Anbindung Obereisens an den LHL-Konzern 1923 das Ziel, regional übergreifende Einsparpotentiale zu realisieren. Schon bald erwies sich aber, daß einerseits die strukturellen Probleme tiefer lagen und zudem die mitteldeutschen Werke nicht der Partner waren, um sie zu beheben. Obereisen war neben der Oberschlesischen Eisenbahn-Bedarfs-AG (Oberbedarf) das vom Teilungsbeschluß am schwersten betroffene Montanunternehmen. Während Bismarckhütte und KAG ihren deutschen Besitz im Zuge der Übernahmen durch die Charlottenhütte abgaben und auf diesen produktiv nicht angewiesen waren, hatte das 16 000-Mann-Unternehmen Obereisen mit der Grenzziehung seinen Status als umfassend integrierter Konzern weitgehend eingebüßt.

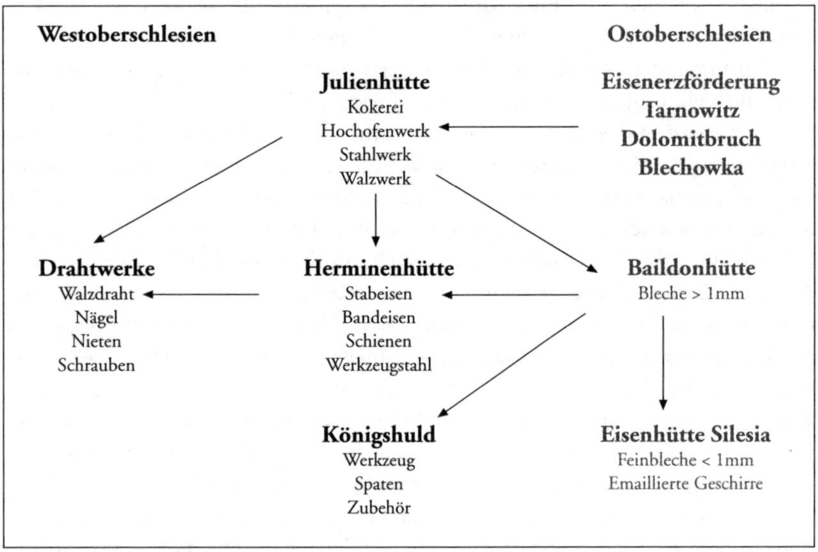

Quelle: BAB R 8136/3963, Bl. 22.

Abb. I/2: Liefer- und Absatzbeziehungen bei Obereisen, 1913/21

Mit der Preußengrube aus der Flick-Transaktion von 1922 hatte die OEI immerhin eine eigene Kohlengrundlage erhalten, die während der Inflation zu günstigeren Preisen liefern konnte als die Zechen auf polnischem Territorium.[146] Verloren gegangen war jedoch die interne Absatzbasis mit dem bedeutenden Edelstahlwerk Baildon sowie der Silesia, die 1922 als selbständige polnische Gesellschaften ausgegründet worden waren, so daß der weitere Handel zwischen

146 Williger an Flick, 21.1.1923, BAB R 8122/1020.

den Konzernfirmen umsatzsteuerpflichtig, also teurer wurde.[147] Nicht besser erging es Oberbedarf, mit dem Unterschied, daß das zum Ballestrem-Konzern zählende Unternehmen Kohle und weiterverarbeitende Betriebe in West-, mit der Friedenshütte aber seinen wesentlichen Roheisen- und Stahlversorger in Ostoberschlesien wußte.[148]

Vor dem skizzierten Hintergrund einer bereits vor der Teilung schwierigen Wettbewerbssituation, der Jahre schwankender Konjunktur und der schließlich in großen Teilen aufgelösten Verbundwirtschaft warf Obereisen bis Mitte der zwanziger Jahre praktisch keine Gewinne ab. Im August 1922 nahm das Unternehmen einen Konsortialkredit in Höhe von 75 Mio. Mark auf und erhöhte diesen bald um weitere 45 Mio. Mark. Zwar profitierte man von der rapiden Geldentwertung, welche die Ablösung der Verpflichtung noch im selben Jahr ermöglichte, eine dauerhafte Konsolidierung der Unternehmensfinanzen konnte dennoch nicht herbeigeführt werden.[149]

Der Abschluß der Interessengemeinschaft von Obereisen und LHL 1925 zeitigte nicht die erhofften Folgen wechselseitig sicherer Lieferbeziehungen und günstigerer Einstandspreise. Das lag zum einen an der postinflationären Stabilisierungskrise, in der die Lauchhammer-Gruppe bei schwacher Konjunktur ausreichend Schrott zur Verfügung hatte, um nicht in großem Maßstab auf teuer heranzufahrendes oberschlesisches Roheisen zurückgreifen zu müssen. Zum anderen verursachte der Verbund in der Praxis höhere Verwaltungskosten statt Einspareffekte.[150] Dennoch sah Eichberg, darin einig mit Flick und der Mehrheit der deutschen Eisenindustriellen, den Grund für die Misere nicht in den zu rasch etablierten und zu wenig durchdachten Strukturen von Großkonzernen mit einem unausgelasteten Kapazitätsüberhang, sondern in den vermeintlich zu kurzen Arbeitszeiten.[151]

Die Verschuldung von LHL und Obereisen nahm 1924 kontinuierlich zu. Im Herbst mußte ein Kredit über 23 Mio. RM bei der Preußischen Staatsbank (Seehandlung) aufgenommen werden, um die Geschäfte überhaupt fortführen zu können.[152] Die wachsenden Verpflichtungen bei gleichzeitigem Ausbleiben spürbarer Ertragsbesserungen veranlaßten Flick schließlich, den Zusammenschluß zu überdenken und Ende 1924 nach Möglichkeiten »einer neuen Organisation«

147 Die wirtschaftliche Einheit Oberschlesiens, 1.4.1921, PAAA R 28327k, Bl. 457; RFM an LFA Groß-Berlin, 21.2.1922, PAAA R 94082.

148 Oberbedarf/Brennecke an RWiM/Imhoff, 4.11.1921, BAB R 3101/4586, Bl. 116-118.

149 Zur Lage der oberschlesischen Eisen-Industrie, o. D. [30.9.1925], GStA I. HA, Rep. 77, Tit. 856, Nr. 777; [Vermerk], 5.2.1931, BADH R 8127/14079.

150 Rede Flicks am 25. Jahrestag der Charlottenhütte, 1.4.1940, StAN Rep. 501, KVP, Fall 5, B-3, NI-3345, Bl. 11 f.

151 Besprechung mit der Vereinigung der Deutschen Arbeitgeberverbände und dem Reichsverband der Deutschen Industrie, 27.2.1925, in: AdR Weimarer Republik, Luther I u. II, Bd. 1, S. 128-132.

152 Zur Lage der oberschlesischen Eisen-Industrie, o. D. [30.9.1925], GStA I. HA, Rep. 77, Tit. 856, Nr. 777.

Ausschau zu halten.[153] Diese lag in jeder Hinsicht nahe: Obereisen fehlten in unmittelbarer Nachbarschaft gelegene Abnehmer für ihre Roheisen- und Rohstahlproduktion, während Oberbedarf eine Rohstoffbasis für die Verfeinerungsbetriebe auf deutschem Boden benötigte.[154] Der Zusammenschluß der beiden Torsi bot zudem die Chance zur Rationalisierung der sich vielfach überlappenden Produktionsprogramme. Dessen ungeachtet sollte der Plan erst zur Jahreswende 1925/26 in die Praxis umgesetzt werden und dies nur auf erheblichen Druck von Reichs- und preußischer Verwaltung, die als größte Gläubiger beider Unternehmen ein erhebliches Interesse an einer grundlegenden Sanierung hatten.[155]

Die Bedeutung und mehr noch die wirtschaftlichen Schwierigkeiten seines mittel- und ostdeutschen Besitzes veranlaßten Flick 1923 dazu, seinen Arbeits- und Lebensmittelpunktes zu verlagern, ein Schritt, der auch das Hinauswachsen aus den siegerländischen Anfängen dokumentierte. In der Einrichtung eines Berliner Büros manifestierte sich die Trennung zwischen dem Unternehmen Charlottenhütte und der Holding Charlottenhütte institutionell. Die kaufmännische und technische Unternehmensführung der Siegerländer Betriebe überließ Flick fortan vollständig seinen Direktoren Fritz Tegtmeyer, Friedrich Stähler und Hugo Klein[156], während er selbst seine Beteiligungen von Berlin aus überblickte. Der Wechsel nach Berlin trug dabei nicht nur den vermehrten Leitungsfunktionen Flicks und dem daraus resultierenden Reiseerfordernis Rechnung, sondern stellte zugleich größere Nähe zu wichtigen Ansprechpartnern für Planung und Durchführung der mittel- und ostdeutschen Transaktionen her: politische Stellen des Reichs und Preußens sowie Groß- und Privatbanken, mit deren Leitern wie Schacht und Goldschmidt Flick eng kooperierte.[157]

Die Einrichtung der Berliner Zentrale ging einher mit einer Umgestaltung der Charlottenhüttenspitze. Bis dahin hatte diese im Kern nur aus Flick selbst bestanden, der – je nach Bedarf – Vertraute wie Weidtmann oder befreundete Bankiers wie von Stein konsultiert bzw. die Vorstände seiner Unternehmen einbezogen, jedoch über keinen regulären Stab für die Konzernleitung verfügt hatte. Im neuen Büro des gelegentlich schon als Flick-Konzern titulierten Komplexes[158] bildete sich nunmehr ein Nukleus jenes Führungsteams, das Flick in den nächsten Jahrzehnten begleiten sollte und das ausschließlich dazu diente, dem Eigentümer zuzuarbeiten und ihn bei der Konzernlenkung zu unterstützen. Zum Gründungspersonal zählte der erst 26jährige Konrad Kaletsch, ein Cousin

153 Flick an Weidtmann, 6.11.1924, BAB R 8122/28, Bl. 133.

154 Flick an Weidtmann, 2.3.1925, ebd., Bl. 102-104.

155 Diese Frage wird in Teil II.2.1. wieder aufgenommen.

156 Handelsregisterauszüge AG Charlottenhütte, fortlaufend, WWA F 65/410; Stähler: *1874; seit 1894 kaufm. Angestellter bei Cöln-Müsen, 1915 Leiter der Chh-Buchhaltung; 1927 Handlungsvollmacht, 1929 HBV der SEI; 1937 Gesamt-Prokura für FFKG, bis 1945 im Büro Düsseldorf; zu Klein (ab 1925) vgl. Hufnagel, Interesse, S. 430.

157 Zur Bankenhäufung in Berlin vgl. James, Strukturwandel, S. 157-213

158 Vgl. das Schreiben des Kattowitzer Generalkonsuls: Fusionspläne in der Montan-Industrie Polnisch-Oberschlesien, 27.4.1923, PAAA R 117954.

Flicks. Nach einer kaufmännischen Ausbildung bei der Buderus'schen Handelsgesellschaft sowie dem folgenden Studium hatte Kaletsch mehrere Stationen bei Flick nahestehenden Unternehmen unter anderem in den Niederlanden absolviert, ehe er 1924 endgültig zur Charlottenhütte gelangte, wo ihm für die nächsten 50 Jahre die Bearbeitung der Finanzfragen des Konzerns obliegen sollte.[159]

Ein Jahr später stieß Otto Steinbrinck zu Flick. Jahrgang 1888, hatte Steinbrinck 1907 eine Karriere in der Kaiserlichen Marine eingeschlagen und im Weltkrieg durch spektakuläre, mit dem *Pour le Mérite* ausgezeichnete Erfolge als U-Boot-Kommandant einen hohen Bekanntheitsgrad erreicht. Nach dem Krieg war der Kapitänleutnant a. D. zum VDESI gewechselt und zum stellvertretenden Geschäftsführer aufgestiegen. Flicks Aufmerksamkeit hatte Steinbrinck durch das von ihm 1920 erstellte Oberschlesien-Gutachten erregt. Als 1923 die Büroverlagerung nach Berlin anstand, zog Flick Steinbrinck in die engere Wahl für die Sekretariatsleitung, entschied sich jedoch für Walter Tomalla. Steinbrinck wechselte statt dessen ins LHL-Büro von Friedrich Möller, ehe ihn Flick zwei Jahre später doch in die Berliner Zentrale holte. Dort sollte er vom persönlichen Sekretär des Konzernchefs zu dessen rechter Hand in praktisch allen Angelegenheiten avancieren.[160] Dritter im Bunde der engsten Mitarbeiter Flicks war in dieser Phase der Syndikus der Charlottenhütte, Dr. Natz, der bis zu seinem Tode 1933 eine unauffällige, aber Kaletsch und Steinbrinck nicht unter-, sondern gleichgeordnete Position mit Zuständigkeit für juristische Fragen ausfüllte.[161]

Fazit

Die ersten Jahre der Weimarer Republik mochten für viele Deutsche eine Zeit der Umbrüche, Wirren und Sorgen gewesen sein – für Flick bedeuteten sie die Fortsetzung seines im Kriege begonnenen Triumphzuges. Mit einer Reihe ebenso spektakulärer wie verwinkelter Manöver erwarb er ab 1920 großen industriellen Besitz außerhalb seines Siegener Stammlandes. Die Heimlichkeit seines Vorgehens und der geschickte Einsatz der Geldentwertung bei der Finanzierung seiner Aufkäufe begründeten seinen nachhaltigen Ruf als Inflationsgewinnler

159 Eidesstattliche Erklärung Konrad Kaletsch, 28.2.1947, StAN Rep. 501, KVP, Fall 5, A-1, Bl. 49 f. Vgl. Konrad Kaletsch (²1987).

160 Lebenslauf des Otto Steinbrinck, 30.8.1937, BAB SSO 152-B; Eidesstattliche Erklärung Steinbrinck, StAN Rep. 501, KVP, Fall 5, A-1, Bl. 37-41; Persönliche Gründe für mein Ausscheiden bei FF, Ostern 1940 [Steinbrinck], TKA NOST/1; Gedenkrede Friedrich Flicks gehalten auf des Festung in Landsberg/Lech am 21.8.1949, in: Die Parole Nr. 269 v. 22.8.1949; zu Steinbrincks militärischer Karriere s. Herzog, Kapitänleutnant.

161 Angaben zur Person fehlen jedoch völlig. Flicks Privatsekretär Karl Schröer und Steinbrinck bezeichneten Natz ausdrücklich als Kaletsch und Steinbrinck gleichgestellt; Vermerk, 9.7.1929, BAB R 8136/3451; Vernehmung Karl Schröer, 10.4.1947, StAN Rep. 502, KVA, Interrogations, S-145; Persönliche Gründe für mein Ausscheiden bei FF, Ostern 1940, TKA NOST/1.

und Finanzartist, so sehr Flick dem auch entgegenzuwirken trachtete. Doch nicht nur die Art und Weise, wie er seine Transaktionen durchführte, knüpfte an die Expansion im Sieg-Revier an, auch die Ballung von Regionalmacht in (s)einer Hand folgte bekannten Strategien. Im Siegerland, in Ost- und Westoberschlesien sowie in Mitteldeutschland standen die Flick-Unternehmen Mitte der zwanziger Jahre nach Beschäftigtenzahlen und Kapazitäten, nach Marktanteilen und Verbandsquoten an der Spitze des regionalen Wettbewerbs.

Indes wies diese Perspektive einen entscheidenden Schönheitsfehler auf: Die Regionen, in denen Flick innerhalb eines Jahrzehnts einen Großteil der wirtschaftlichen Macht usurpiert hatte, zählten im reichsweiten Vergleich der Schwerindustrie zu den schwächeren. In Zeiten konjunkturellen Abschwungs standen die Unternehmen dort am Rande des finanziellen Kollapses und bedurften kartellpolitischer Sonderregelungen und staatlicher Protektion. Letztere war insbesondere in der Subventionswirtschaft des Siegerlandes, aber auch bei den steuerbegünstigten Besitzverschiebungen in Oberschlesien bestimmend. Der generell schlechten Wirtschaftslage der Betriebe im Siegerländischen, in Mittel- und Ostdeutschland sowie in Polen konnten auch aber auch derartige Unterstützungsleistungen nicht abhelfen. Während LHL schon seit 1923 keine Dividenden mehr ausschüttete, fanden die Zahlungen auch im Niederscheldener Mutterunternehmen mit dem Geschäftsjahr 1923/24 ein vorläufiges Ende.[162]

Je schwieriger sich die Situation an der Peripherie erwies, desto bereitwilliger stieß Flick die Tür ins Zentrum der deutschen Montanindustrie an Rhein und Ruhr auf. Ein angebahnter Einstieg bei Mannesmann war 1923 zwar an dem Veto Gustav Krupp von Bohlen und Halbachs gescheitert; seit dem Aktientausch mit Stinnes hatte Flick jedoch weitere Anteile der REU-Gesellschaften erworben[163] und war folglich, als es zur Jahreswende 1925/26 zu Verhandlungen über die Errichtung eines gigantischen Stahltrusts unter Beteiligung der REU kam, mit von der Partie. Auf diese Weise hielt er gleichsam durch die Hintertür Einzug in das eigentlich unzugängliche, von den acht »Großen« unter sich aufgeteilte Ruhrrevier.[164] Darüber hinaus dockte er mit seinen sanierungsbedürftigen Regionalkonzernen an ein großangelegtes, branchenweites Rationalisierungs- und Konzentrationsprogramm an, das über eine neue Stufe der Vertrustung die Defizite der deutschen Eisen- und Stahlindustrie in Modernisierung, Kapazitätsauslastung und Kostensenkung ausgleichen wollte und weitreichende Besitzverschiebungen voraussetzte. Die Beteiligung an dem »Stahltrust-Projekt« (Reckendrees) sollte im Zentrum der strategischen Ausrichtung Flicks der folgenden Jahre stehen.

162 HbDtAG 1925 I, S. 554, 685.

163 Vgl. Feldman, Iron, S. 381 f.; Wessel, Kontinuität, S. 151 f.; Rede Flicks am 25. Jahrestag der Charlottenhütte, 1.4.1940, StAN Rep. 501, KVP, Fall 5, B-3, NI-3345, Bl. 10.

164 Die REU, Krupp, Thyssen, Phoenix, GHH, Hoesch, Rheinstahl und Klöckner stellten zusammen 90 % der Roheisen- und 82 % der Rohstahlkapazitäten in Rheinland-Westfalen; vgl. Reckendrees, Stahltrust, S. 124 f.

II. Der Stahlverein (1926-1932)

1. Die Majorisierung der Vereinigten Stahlwerke

1.1. Gründung und Beteiligung

1.1.1. Die Gründung des »Stahlvereins«

Die Vereinigten Stahlwerke entstanden 1926 nicht als deus ex machina. Vielmehr ging ihre Gründung einerseits auf traditionelle Krisenlösungsstrategien der Schwerindustrie durch technische und organisatorische Rationalisierung in Verbindung mit betrieblicher Konzentration zurück[1], andererseits knüpfte sie an Überlegungen an, die unter den führenden Vertretern der Eisen- und Stahlindustrie seit Kriegsende virulent waren. Schon 1919 hatte Albert Vögler einen branchenweiten Zusammenschluß gefordert, um internationale Wettbewerbsfähigkeit zu erreichen und gleichzeitig etwaigen Sozialisierungsbestrebungen entgegenzuwirken.[2] Befördert wurden entsprechende Überlegungen durch das Vorbild der deutschen Chemieindustrie, deren Konzentrationsbewegung schon im Krieg rasch vorangeschritten war und 1925 mit der aus den bedeutendsten Chemieunternehmen des Reiches amalgamierten Quasi-Monopolistin IG Farbenindustrie AG ihren Abschluß fand.[3]

Indes materialisierten sich weder die Vögler'schen noch die von Otto Wolff verfolgten Pläne horizontaler Zusammenschlüsse in der Stahlindustrie – teils aufgrund von Partikularinteressen einzelner Großaktionäre und Manager, teils, weil die Inflation es vielen Unternehmen erlaubte, individuelle Wachstumsstrategien zu verfolgen, die auf vertikale und nicht selten noch darüber hinaus diversifizierte Konzernstrukturen setzten.[4] Das ambitionierteste Beispiel dafür stellte die Siemens-Rheinelbe-Schuckert-Union (SRSU) von 1920 dar, die zunächst in gewohnter Weise Hütten- und Bergwerksbesitz der beiden um ihre jeweiligen lothringischen Hälften verminderten Deutsch-Lux und Gelsenkirchener Bergwerks AG (GBAG) kombinierte[5] und dann mit der Einbeziehung des Siemens-Konzerns die Brücke zur Elektroindustrie schlug. Gleichwohl blieben die erhofften finanziellen Erfolge ebenso aus wie das avisierte intensive Kooperationsverhält-

1 Dazu ausführlich: Kleinschmidt, Rationalisierung, S. 11-13, 359-362, der die Verengung des Rationalisierung-Begriffs auf die Maßnahmen der Zwanziger überzeugend zurückweist.

2 Memorandum Albert Vögler v. 12.7.1919, in: Feldman/Homburg, Industrie, S. 219-222; vgl. Reckendrees, Stahltrust, S. 95-98; Feldenkirchen, Concentration, S. 125 f.

3 Plumpe, I.G. Farbenindustrie, S. 45-47, 96-99, 137-143; Johnson, Macht, S. 181-183, 217-219.

4 Zu Wolffs Plänen einer engeren Kooperation von Phoenix, van der Zypen und Rheinstahl vgl. Dahlmann, Unternehmen, S. 32-41; Reckendrees, Stahltrust, S. 108-121.

5 1920 erwarb Stinnes zudem die AG Bochumer Verein für Bergbau und Gußstahlfabrikation für die REU; GBAG-Aufsichtsratssitzung am 28.10.1920, BBA 55/20; Seebold, Stahlkonzern, S. 22.

nis, so daß sich insbesondere Siemens bald von den Ergebnissen enttäuscht zeigte.[6]

Dies lag vor allem in den schlechten Zahlen begründet, die nicht nur die Montangruppe der SRSU[7], sondern die Schwerindustrie allgemein Mitte der zwanziger Jahre auswies. In der Inflation hatten die Unternehmen die Gelder nur zum Teil in die Modernisierung ihrer Anlagen, stärker aber in den Kapazitätsausbau investiert, so daß auf verringertem Reichsgebiet die Eisen- und Stahlwerke schon 1925 die gleiche Produktion wie vor dem Kriege erbringen konnten bzw. diese teils gar übertrafen. Allerdings fanden diese theoretisch verfügbaren Produkte auf dem Binnenmarkt keine ausreichenden Abnehmer, während sie international auf verschärften Wettbewerb der britischen, französischen und belgischen Erzeuger – teils durch Währungsabwertungen noch begünstigt – trafen. Kapazitäten und internationale Marktanteile der deutschen Eisen- und Stahlindustrie hatten sich in den Nachkriegsjahren in entgegengesetzte Richtungen entwickelt. Weitere Investitionen in moderne, die Gestehungskosten senkende Anlagen waren kaum möglich, da die Inflation die Guthaben der Konzerne aufgezehrt und der Kreditstopp nach der Währungsumstellung die inländischen Finanzierungsquellen weitgehend zum Versiegen gebracht hatte.[8] Als Antwort auf diese Probleme entwickelte die Schwerindustrie vier zentrale, wechselseitig komplementäre Strategien[9]: erstens eine restaurative Sozial- und Arbeitspolitik, die auf Rücknahme der für die Kostensteigerungen verantwortlich gemachten Reformen der frühen Weimarer Jahre zielte[10]; zweitens die unter der Schirmherrschaft des Dawes-Plans intensivierte Kreditbeschaffung auf dem US-Kapitalmarkt[11];

6 Vgl. C. F. v. Siemens an Vögler, 27.12.1925, in: Feldman/Homburg, Industrie, S. 295-301; Reckendrees, Stahltrust, S. 100-108. Im kleineren Maßstab verfolgte die GHH mit dem Anschluß von MAN u. a. Verarbeitungsunternehmen eine ähnliche Strategie; Maschke, Konzern; James, Familienunternehmen, S. 202-209.

7 Bei den flüssigen Mitteln klaffte ein beträchtliches Loch zwischen der exportstarken Elektro- und der um Marktanteile kämpfenden Montangruppe; beispielhaft: Niederschrift über die Sitzung des Finanzausschusses der [SRSU] am 20.5.1921, BBA 55/299.

8 Unmittelbare Folgen des Kreditstopps waren schwere Finanzkrisen, welche die Stützung Krupps durch Reichsmittel 1925 erforderten und zum Zusammenbruch der Stinnes-, Stumm- und Rombach-Konzerne führten; vgl. Pierenkemper, Krise, S. 181-187; Wixforth, Banken, S. 101-108; Feldman, Stinnes, S. 936-949.

9 Die konziseste Zusammenfassung bei: Balderstone, Economics, S. 58-76; Petzina, Zwischenkriegszeit, S. 60-63, 97-99; ferner: Feldman, Iron, S. 459-464; Reckendrees, Stahltrust, S. 123-144.

10 Dazu vor allem: Weisbrod, Schwerindustrie, S. 22-53, 141-157; Nocken, Conflicts, S. 83-88, 264-295, 331-334; Welskopp, Arbeit, S. 477, 650-659.

11 Die Transferschutzbestimmungen des Dawes-Plans räumten faktisch neuen Krediten an deutsche Schuldner Vorrang gegenüber den Reparationen ein; vgl. Ritschl, Deutschlands Krise, S. 238 f.; ferner: Verenkotte, Bündnis, S. 64-70, 86-90, 177-197; Wixforth, Banken, S. 65-70. Auch Flick erklärte die VSt-Gründung später u. a. mit dem Blick auf den US-Kapitalmarkt: Vernehmung F. Flick, 2.7.1947, StAN Rep. 501, KVP, Fall 5, A 37-39, Bl. 3154.

drittens die Wiederbelebung des marktregelnden Verbandswesens[12]; und viertens einen weiteren Rationalisierungs- und Konzentrationsschub, der über horizontale Zusammenschlüsse in Verbindung mit fortgesetzten technisch-organisatorischen Neuerungen die Senkung von Betriebskosten und die Vereinheitlichung von Erzeugung und Absatz bezweckte.[13]

Die Verhandlungen über eine Zusammenarbeit der führenden rheinisch-westfälischen Eisen- und Stahlkonzerne wurden im Juli 1925 auf Einladung und zunächst unter Führung des Rheinstahl-Vorstandsvorsitzenden Jakob Haßlacher aufgenommen.[14] Neben Rheinstahl waren Vertreter von Thyssen, Rhein-Elbe-Union, Phoenix, Krupp und Hoesch an der ersten Gesprächsrunde beteiligt; Hoesch zog sich jedoch unmittelbar darauf mit der Begründung zurück, die vorgeschlagene Kooperation gehe nicht weit genug. Mit der Gutehoffnungshütte und den Klöckner-Werken, die jeweils den überwiegenden Teil ihrer Stahlerzeugung in eigenen Betrieben verarbeiteten, blieben zwei weitere Großunternehmen bei den Verhandlungen von vornherein außen vor.[15]

In der Tat war der Gesprächsgegenstand anfangs beschränkt und sollte nach Haßlachers Vorstellungen über eine »Betriebsgemeinschaft« nicht hinausgehen, unter der er eine Kooperation ausschließlich in der Produktion von Rohstahl und einfachen Fertigerzeugnissen zum Abbau von Kapazitätsüberhängen verstand.[16] Indes erwies sich ein solch loser Verbund schon bald als unzureichend, nicht zuletzt mit Blick auf das Ziel, für Kreditgeber attraktiver zu wirken. Insbesondere Vögler befürwortete eine umfassende Fusion als Vorbedingung einer echten Reorganisation der Branche an Rhein und Ruhr und übernahm die Rolle eines – wenigstens nach außen – unparteiischen Mediators zwischen den einzelnen Konzerninteressen.[17] Zur Ausweitung des Projekts trugen auch die bestehen-

12 Pohl, Konzentration, S. 27 f.; Feldenkirchen, Concentration, S. 127-129; Pierenkemper, Krise, S. 198-202; Reckendrees, Cartel, S. 24-26. Zur Diskussion um die Zollpolitik: Nocken, Conflicts, S. 88-234.

13 Kleinschmidt, Rationalisierung, S. 124-171; Reckendrees, Stahltrust, S. 126-129; weitere Titel im Literaturverzeichnis. Ähnliche Entwicklungen außerhalb der Schwerindustrie: zur I.G. Farben s. o.; Daimler-Benz: Gregor, Stern, S. 35-37, Deutsche Bank und Disconto-Gesellschaft: Feldman, Deutsche Bank 1914-1933, S. 258-270. Sondierungen zwischen Siemens und AEG gelangten über das Anfangsstadium nicht hinaus; Feldenkirchen, Siemens, S. 325-327.

14 Nach Reckendrees, Stahltrust, S. 153 f., ging die Initiative von Otto Wolff aus, der Großaktionär bei Rheinstahl war. Dahlmann, Unternehmen, S. 74, folgt ihm darin.

15 Reckendrees, Stahltrust, S. 151 f.; James, Familienunternehmen, S. 218; Fear, Control, S. 539, zu den zeitweiligen Verhandlungen mit Mannesmann vgl. Wessel, Kontinuität, S. 189 f.; Reckendrees, Stahltrust, S. 187.

16 Vgl. Reckendrees, Stahltrust, S. 150-152. Eine Zusammenfassung der einzelnen Sitzungen 11.7.-5.12.1925 in TKA RSW/4609, Bl. 1-23.

17 »[J]e mehr man sich mit der Materie befaßt[,] umso mehr kommt man zu der Überzeugung, daß überhaupt nur in der Fusion die Lösung zu suchen ist. Das neue Gebilde würde auch nach meiner Meinung wirtschaftlich einen solchen Vorsprung gewinnen, daß an seinem Ertrage nicht zu zweifeln ist«; Vögler an Haßlacher, 17.8.1925, TKA RSW/4609. Die Verfolgung übergreifender Pläne schließt indes nicht aus, daß Vögler,

den Konzernzusammenhänge der beteiligten Unternehmen bei, die vielfach Fertigungsbereiche umfaßten, deren Betrieb außerhalb der zu gründenden Gemeinschaft ökonomisch widersinnig zu werden drohte. Dies war vor allem bei Krupp der Fall, aber auch bei dem zur Rheinelbe-Union (REU) zählenden Bochumer Verein. Zudem wurden die bislang unberücksichtigt gebliebenen Kohlenzechen in die Planungen einbezogen, was die REU zum größten Einzelkonzern unter den Gründern machte.[18]

Das Profil des Vorhabens veränderte sich im Laufe des Sommers somit von einer bloßen Koordination der Stahlerzeugung zu einer umfassenden Verschmelzung, welche die vertikal integrierten Einzelunternehmen nun auch horizontal konsolidieren sollte. Die etablierten Vorteile der *economies of scope* sollten nicht aufgegeben, sondern durch die *economies of scale* der Massenproduktion ergänzt und weiter ausgebaut werden. Die Konzentration einzelner Produktionen auf die effizientesten Betriebe strebte eine dauerhafte Kapazitätsauslastung an, unrentable Anlagen waren stillzulegen. Die Zusammenfassung der einzubringenden Werke in einer einheitlichen Aktiengesellschaft zielte auf den Zugang zum US-Kapitalmarkt.[19]

Ungeachtet dieser übergreifenden Ziele bestimmten bei den Großaktionären der beteiligten Konzerne individuelle Interessen das Vorgehen. Im September 1925 erklärte Gustav Krupp von Bohlen und Halbach entgegen der von seinem Vorstand ausgesprochenen Empfehlung den Rückzug Krupps aus den »Trust«-Verhandlungen, weil er die Aufgabe des Firmennamens als einen trotz der wirtschaftlich prekären Lage unangemessenen Traditionsbruch ablehnte und auf eine Fortführung als selbständiges Familienunternehmen setzte.[20] Das Ausscheiden Krupps bedeutete sowohl eine Schwächung des geplanten Konzerns als auch eine gravierende Beschneidung der industriepolitischen Ambitionen zur Regulierung der deutschen Eisen- und Stahlwirtschaft, war doch der Kreis der außenstehenden Großunternehmen inzwischen jenem der noch beteiligten Partner ebenbürtig. Darüber hinaus wurde eine Neuberechnung der soeben erst ermittelten Beteiligungsquoten erforderlich. Um diese entspann sich im Herbst

gerade vor dem Hintergrund der frühen Zusammenarbeit mit Flick, auch REU-spezifische Interessen vertrat. Die Neutralität von Vöglers Verhandlungsführung betonen aber Fear, Control, S. 519; Reckendrees, Stahltrust, S. 169 f., sowie Kleinschmidt, Rationalisierung, S. 198, 202; unzuverlässig die Darstellung bei Klass, Vögler, S. 120-148.

18 Deutsch-Lux, Bochumer Verein und GBAG waren rechtlich selbständig, traten aber in den Verhandlungen einheitlich auf; Deutsch-Lux an GBAG, 14.6.1926, RWWA 200-2/010/00-18.

19 Ferner sollten »Spitzenbetriebe«, d. h. nicht optimal, aber erträglich wirtschaftende, Werke für Zeiten der Hochkonjunktur Zusatzkapazitäten bereithalten. Nach Ansicht Fears war dies Ausdruck einer bloß halbherzigen Rationalisierung; Fear, Control, S. 535-337; anders Reckendrees, Stahltrust, S. 156-171, der die zugrundeliegenden langfristigen Erwartungen betont.

20 Vgl. Pierenkemper, Krise, S. 210-215; Reckendrees, Stahltrust, S. 171-179. Auch die erwähnte staatliche Unterstützung Krupps dürfte die Entscheidung begünstigt haben.

1925 eine kontrovers geführte Diskussion, da die einzelnen Unternehmen ebenso wie ihre Großaktionäre bemüht waren, die jeweiligen Stärken hervorzukehren, um sich einen maximalen Einfluß auf den neuen Konzern zu sichern. Nach teils heftigen Auseinandersetzungen, welche die Gespräche zwischenzeitlich an den Rande des Abbruchs brachten, stand am Ende eine Reihe von Kompromissen, darunter vor allem die Einführung sogenannter Genußscheine, festverzinsliche und nicht stimmberechtigte Wertpapiere des neuen Konzerns, die als »fine-tuning« der Beteiligungsberechnung fungierten.[21]

Dabei trat auch die REU zunehmend aggressiver auf und mit ihr Vögler, der seine Rolle als Schlichter aufgab und selbst Partei wurde.[22] Zum einen reagierten die REU-Vertreter auf die Taktiken der übrigen Beteiligten, so etwa Rheinstahls Weigerung, seine Kohlenzechen einzubringen, weil die IG Farben den Zugriff auf diese nicht verlieren wollte[23], und Fritz Thyssens Forderungen nach mehr Genußscheinen. Zum anderen resultierte die härtere Gangart in den Verhandlungen aus den seit dem Rückzug Krupps veränderten Kräfteverhältnissen. Mehr noch als zuvor stellte die REU nun die größte Verhandlungsmasse[24], so daß ihre Spitzenvertreter Vögler, Kirdorf und der Aufsichtsratsvorsitzende der GBAG, Arthur Salomonsohn, die Chance witterten, die Beteiligungsrelationen stärker zu ihren Gunsten zu gestalten.[25] In der Folge wurde daher die Zeche Monopol nicht in den Trust eingebracht, um »von Gelsenkirchen [GBAG] nur das abzutrennen, was unbedingt notwendig ist und Gelsenkirchen nicht zu einer reinen Finanzgesellschaft werden zu lassen, sondern ihm [sic] den Charakter einer Betriebsgesellschaft in möglichst großem Umfang zu erhalten«.[26] Der finale Kompromiß sah eine Quotenverteilung vor, die den Maximalforderungen der REU weit entgegenkam: Diese sollte 39,5 Prozent der VSt-Aktien erhalten, Thyssen und Phoenix jeweils 26 Prozent und Rheinstahl als kleinster Partner 8,5 Prozent. Abgepolstert wurde diese für keinen vollends befriedigende Lösung

21 Die exakteste Rekonstruktion bei: Reckendrees, Stahltrust, S. 179-198; vgl. Fear, Control, S. 532-537, Zitat: S. 536.

22 Reckendrees, Stahltrust, S. 189f., vermutet, Vögler habe die Vertretung von Partikularinteressen der REU anfangs nicht mitgetragen und sei zu deren Durchsetzung verpflichtet worden. Allerdings diente die von Vögler und Flick im Oktober 1925 vorbereitete Einbeziehung der Charlottenhütte auch dem Zweck, die REU-Position gegenüber den übrigen Trust-Teilnehmern zu stärken; ebd., S. 180.

23 Betrifft: Werksgemeinschaft. Besprechung am 22.8.1925, 24.8.1925, BBA 55/471.

24 Dies war u.a. deswegen der Fall, weil Heinrich Thyssen-Bornemisza den Großteil seines Erbteils nicht in die VSt einzubringen gedachte und somit die Verhandlungsposition seines Bruders schwächte; vgl. Fear, Control, S. 510f.; Rasch, Genealogie, S. 183-185.

25 Ende September hatte man mit etwa 33 % für die REU gerechnet, nun wurden 40 % angestrebt; Niederschrift der Aufsichtsratssitzung [Deutsch-Lux] am 29.9.1925, BBA 55/21; vgl. Reckendrees, Stahltrust, S. 187-190, 192.

26 Salomonsohn an Huber, 8.2.1926, RWWA 200-2/010/00-18. Salomonsohn bezog dies auf die Kohlenhandelsgesellschaft Raab Karcher & Cie. GmbH, um deren Position innerhalb der VSt heftig gerungen und die schließlich an die VSt verkauft wurde; Reckendrees, Stahltrust, S. 215f., 365.

mit weiteren Verschiebungen innerhalb der Genußscheine-Pakete und mit einer Festsetzung des Nominalkapitals der VSt auf 800 Mio. RM.[27]

Am 14. Januar 1926 wurde die Vereinigte Stahlwerke AG, vorerst als gering kapitalisierte »Studiengesellschaft«, gegründet.[28] In der weiteren Ausgestaltung des neuen Unternehmens bemühten sich die Delegationen, etwaigen Streitpunkten einstweilen aus dem Weg zu gehen. In der konfliktträchtigen Frage der Personalbesetzung entschieden sie, einen Großteil der Aufsichtsräte der Einzelunternehmen zu integrieren, die jeweiligen Vorstände übernahm man gleich en gros. Da eine effektive Unternehmensführung auf diese Weise nicht realistisch war, sollte eine »technische Kommission«, die aus Vögler als Vorstandsvorsitzendem sowie Thyssen, Haßlacher und Walter Fahrenhorst (Phoenix) als Aufsichtsratsvertretern paritätisch aus den Gründern zusammengesetzt wurde, die eigentliche Leitung übernehmen.[29] Ebenso wichtig war der Abschluß eines Pool-Abkommens. Dieses sollte gewährleisten, daß stets 51 Prozent der Anteile unter der Kontrolle der Gründergesellschaften blieben, und so eine externe Majorisierung des Unternehmens verhindern; zu verkaufende Aktien waren zunächst den übrigen Pool-Teilnehmern anzubieten.[30]

1.1.2. Die Integration der Charlottenhütte

Als Anteilseignerin der REU-Gesellschaften, in deren sämtlichen Gremien Flick vertreten war, war die Charlottenhütte perspektivisch auch an dem neuen Konzern mittelbar beteiligt. Nicht nur deswegen hatte Flick die Verhandlungen über das »Stahltrust«-Projekt aufmerksam verfolgt. Die eigentliche Chance erblickte er darin, seinen ökonomisch, teils auch politisch riskanten Besitz außerhalb des Rhein-Ruhr-Reviers mit dem entstehenden Branchenriesen zu assoziieren. Die wirtschaftlichen Aussichten für Siegerland und Oberschlesien waren langfristig bestenfalls verhalten, die mitteldeutschen Betriebe stellten 1925 bei einer Schuldenlast von rund 100 Mio. RM einen schweren Sanierungsfall dar.[31] Ein Anschluß an die Vereinigten Stahlwerke bot somit die Gelegenheit, den Besitz an der schwachen Peripherie gegen eine Beteiligung an bedeutenden Werken des

27 Fahrenhorst an Haßlacher, 11.12.1925, BAB R 8128/A2153; Reckendrees, Stahltrust, S. 192-199.

28 Gründungsvertrag abgeschlossen am 14.1.1926, in der Fassung vom 8.2.1926, BBA 55/471.

29 Protokoll der Besprechung in Köln, 18.1.1926, TKA RSW/4550. Die »technische« wurde später als Industrielle Kommission ins Leben gerufen; Reckendrees, Stahltrust, S. 201-204.

30 Frühe Überlegungen schon im Januar: Protokoll der Besprechung in Köln, 18.1.1926, TKA RSW/4550; [Haßlacher?] an Krawehl, 22.1.1926, TKA RSW/4580; Niederschrift über die Besprechung betreffend Aktieneinführung am 18.8.1926, MMA P 1.25.29; spätere Ausformulierungen: Pool-Abkommen der Großaktionäre der Vereinigte Stahlwerke AG, im Februar 1927, ebd.

31 Diese Summe nannte Flick später: Rede Flicks [...], 1.4.1940, StAN Rep. 501, KVP, Fall 5, B-3, NI-3345, Bl. 11 f.

schwerindustriellen deutschen Kernlandes einzutauschen – eine unzweifelhafte Statusbesserung, wie Flick feststellte:

»Einmal sei es *ihm als Charlottenhütte* bezüglich Sicherheit des Kapitals und Verzinsung viel zu riskant[,] so allein zu stehen, besonders aber auch wegen der wirtschaftlichen Lage im Siegerland. Nur als Teil des Trustes, bei dem man mit einiger Sicherheit [...] mit einer angemessenen Verzinsung von schätzungsweise sechs Prozent rechnen könne, sei er einigermaßen gesichert. Zum anderen sei es ihm als Vorstand auch bezüglich dieser beiden Punkte eine viel zu große Verantwortung *den Aktionären* gegenüber[,] und er sei froh, wenn diese Verantwortung auf die breiten Schultern des Trustes abgewälzt sei.«[32]

Zupaß kam es Flick daher, daß gerade Vögler an der Spitze der Konzentrationsbestrebungen unter den westdeutschen Stahlkonzernen stand. Nicht nur waren beide seit den Verhandlungen um Geisweid und Bismarckhütte in den frühen zwanziger Jahren gut miteinander bekannt, Flicks Absicht, durch Abgabe seiner leistungsschwächeren Werke das eigene Risiko zu mindern, war Vöglers Zielen durchaus kongenial. Die Beteiligungen der Charlottenhütte boten die Option zum Brückenschlag in die mittel- und ostdeutschen Reviere und somit zur Koordination von Produktionsprogrammen, Absatzbeziehungen und Verbandspolitik über den rheinisch-westfälischen Rahmen hinaus. Die von Vögler befürwortete negative Rationalisierung, das heißt die Stillegung unrentabler Betriebe, bot im benachbarten Siegerland die Chance, die an der Ruhr geplanten Maßnahmen auszuweiten.[33]

Im September 1925, unmittelbar nach dem Rückzug Krupps, führten Vögler und Flick vorbereitende Gespräche über einen Hinzutritt der Charlottenhütte zum »Eisentrust«, in denen die Abgabe der Siegerländer Werke sowie der Beteiligung an Linke-Hofmann-Lauchhammer (LHL) – letztere pries Flick besonders an – erwogen wurde.[34] Zudem bemühte er sich, das mitzubringende Werkspaket noch zu vergrößern, was ihn als Verhandlungspartner aufzuwerten versprach.

32 Niederschrift über eine Besprechung mit Herrn Flick am 17.4.1926 [...], WWA F 65/207 [*Hervorhebung d. Verf.*]. Bezeichnend ist die Diskrepanz zwischen Flicks klar formuliertem Alleinbesitzer-Status und seiner angeblichen Verpflichtung gegenüber den Aktionären. Spätere Äußerungen, er habe die Gründung der VSt abgelehnt, finden in den zeitgenössischen Quellen keine Bestätigung und sind im Kontext von Flicks Abwehr seines Aktienhändler-Images zu verorten; Akten-Notiz. Besprechung mit Herrn Dr. Friedrich Flick am 7.12.55, 8.12.1955, TKA A/8943.

33 Entsprechende Sorgen machten sich die Reichsbehörden hinsichtlich der oberschlesischen Werke: Vermerk über eine Besprechung betreffend die Wirkung des Verkaufs der Aktien der Vereinigten Oberschlesischen Hüttenwerke, 23.11.1926, BAB R 3101/17978, Bl. 18 f.

34 Flick an Vögler, 3.10.1925, TKA RSW/4548; Fahrenhorst, Haßlacher und F. Thyssen erhielten Kenntnis von den ersten Besprechungen. Wixforth, Banken, S. 487 f., schreibt die Initiative Flick zu; Reckendrees, Stahltrust, S. 244 f., läßt dies offen. Flicks eigene Einlassungen scheinen Wixforths Annahme zu bestätigen; vgl. Rede Flicks [...], 1.4.1940, StAN Rep. 501, KVP, Fall 5, B-3, Bl. 12 f.

Dazu griff er auf einen bekannten Plan zurück: die Vereinigung der Siegerländer Werke, diesmal jedoch unter dem Dach der VSt. Anfang 1926 nahm Flick Gespräche mit der Leitung der Friedrichshütte auf, die trotz des Großaktionärs Thyssen-Bornemisza bis dahin ihre Unabhängigkeit gewahrt hatte und in der noch immer die Familie Schneider erheblichen Einfluß ausübte.[35] Nach ersten Sondierungen traten Flick und Tegtmeyer im April 1926 als inoffizielle Beauftragte der VSt an den Vorstand des Herdorfer Unternehmens heran. Dabei warb Flick damit, selbst bereits mit allen, auch den mitteldeutschen, Betrieben dem Konzern beigetreten zu sein, und beschwor seinen Lokalpatriotismus, indem er versicherte, in der Führung der VSt »alles daran [zu] setzen, das Siegerland in Gang zu halten und gegenüber den westfälischen Ansprüchen in jeder Weise zu vertreten.«[36]

Damit hatte Flick den Verhandlungsstand äußerst positiv interpretiert, denn der Beitritt der Charlottenhütte und ihrer Beteiligungen war zu diesem Zeitpunkt keineswegs so sicher, wie es Flick dem Friedrichshütte-Vorstand glauben machen wollte. Bis ins Frühjahr 1926 hinein hatten Vögler und Flick ihre Besprechungen vertraulich gehalten, auf den Tagesordnungen der VSt-Gremien erschien die Angliederung lange gar nicht.[37] Erst Ende März legten Flick und sein Siegener Rechtsberater, Justizrat Siegfried Frey[38], einen Vertragsentwurf vor, der vorsah, den gesamten Siegerländer Hütten- und Bergwerksbesitz sowie die LHL-Aktien in den Stahlverein einzubringen.[39] Während die Mitglieder der Gründerunternehmen Zustimmung signalisierten und 40 Mio. RM VSt-Anteile für das Vorhaben reservierten[40], stellte sich Otto Wolff quer. Zur großen Verärgerung Flicks, der dem Kölner Großhändler vorwarf, »aus unsachlichen Gründen unter allen Umständen gegen unseren Anschluß eingestellt« zu sein, erreichte Wolff, daß zunächst nur die Siegerländer Werke übernommen und dann separat über die Unternehmen in Mittel- und Ostdeutschland entschieden werden sollte.[41] Vermutlich waren die alten Differenzen zwischen den beiden Industriellen ein Grund für Wolffs beharrliche Obstruktion, ursächlich dürfte aber

35 Thyssen-Bornemisza hielt 1925 51,17 % an der Friedrichshütte; Notiz für Herrn Direktor Rabes, 25.3.1926, TKA A/603/4; vgl. Reckendrees, Stahltrust, S. 245.

36 Niederschrift über eine Besprechung mit Herrn Flick am 17.4.1926, WWA F 65/207.

37 Wixforth, Banken, S. 487f.; Reckendrees, Stahltrust, S. 245 (Anm. 340). Allerdings hatten Haßlacher, Fahrenhorst und Thyssen Kenntnis von den Sondierungsgesprächen im Herbst 1925; Flick an Vögler, 3.10.1925, TKA RSW/4548.

38 1871-1950; Studium d. Rechtswissenschaften in Straßburg u. Bonn; seit 1899 Anwalt in Siegen; 1913-33 Stadtverordneter (DDP); Siegener Heimatkalender 27 (1952), S. 128f.

39 Einbringungsvertrag AG Charlottenhütte, Siegener Eisenbahnbedarf AG und Vereinigte Stahlwerke AG, 26.3.1926 [Entwurf], TKA RSW/4551.

40 Akten-Vermerk. Vereinigte Stahlwerke betr. Charlottenhütte, 31.3.1926, TKA RSW/4551; Auszug aus der Niederschrift über die 1. Sitzung des Verwaltungsausschusses am 15.5.1926, RWWA 200-2/010/00-18. Die Summe von 40 Mio. RM stellte den Gesamtpreis für Flicks Vermögensmasse inkl. der vollen LHL-Beteiligung dar.

41 Flick an Weidtmann, 21.5.1926, BAB R 8122/28, Bl. 156f.; Niederschrift über die Aufsichtsratssitzung der [VSt] am 17.5.1926, 18.5.1926, TKA VSt/4102.

vielmehr dessen Überlegung gewesen sein, seine eigene Verhandlungsposition bei der Vergabe von Handelsverträgen durch die VSt zu stärken.[42]

Seine Drohung, die Verhandlungen vollständig platzen zu lassen, machte Flick zwar nicht wahr, erhöhte aber den Druck auf die VSt-Führung, indem er seinerseits erklärte, die Abgabe von LHL komme »für ihn nicht mehr in Betracht«. Die Botschaft war deutlich: Wenn der Trust weiterhin den Zugriff auf den ost- und mitteldeutschen Markt sicherstellen wollte, mußte er sich Flicks Position annähern.[43] Ende Juni 1926 wurde der endgültige Einbringungsvertrag für die Siegerländer Werke geschlossen. Die Charlottenhütte gab, wie in dem früheren Entwurf vorgesehen, ihre kompletten Produktionsbetriebe sowie ihre Siegerländer Beteiligungen ab, mit Ausnahme der Tochtergesellschaft Siegener Eisenbahnbedarf, die ihre Werke unmittelbar in die VSt einbrachte. Im Gegenzug erhielt die Charlottenhütte 20 Mio. RM VSt-Aktien, 7,5 Mio. RM Genußscheine sowie einen Kredit über zehn Mio. RM; Tegtmeyer und Klein traten in den Vorstand, Flick und Weidtmann in den Aufsichtsrat der VSt ein.[44] Unterdessen wurden die Verhandlungen über LHL und die darin liegende oberschlesische Beteiligung fortgeführt, allerdings in kleinem, die künftigen Entscheidungsstrukturen innerhalb der VSt vorzeichnenden Kreise aus Flick, Vögler und Thyssen, um »Quertreibereien« zu vermeiden. Im Ergebnis erhielt Flick nun weitere 20 Mio. RM-Anteile an den VSt und resümierte zufrieden, Wolffs Widerstand habe letztlich sogar »noch etwas mehr Geld eingebracht«.[45]

1.1.3. Mittelstahl

Von herausragender Bedeutung waren die organisatorischen Entscheidungen, die mit dem Verkauf der LHL einhergingen. Neben dem Stahlverein sollten durch die Aufspaltung von LHL zwei weitere große, regional gegliederte Werksgruppen entstehen. Nach dem mißlungenen Konzernprojekt hoffte man, daß die nun wieder als Linke-Hofmann-Werke AG (LHW) firmierende niederschlesische Verarbeitungsgruppe auf der einen und ein mitteldeutscher Stahlwerksverbund auf der anderen Seite getrennt erfolgreicher arbeiten würden.[46]

42 Zum Streit Flick-Wolff oben S. 86; zur Handelsfrage: Reckendrees, Stahltrust, S. 246.

43 Flick an Weidtmann, 27.5.1926, BAB R 8122/28, Bl. 154f.; Zitat: VSt/Vorstand an AR-Mitglieder, 29.5.1926, BAB R 8128/A 2153; GBAG Hauptstelle an Huber, 2.6.1926, RWWA 200-2/010/00-18.

44 Einbringungsvertrag VSt, Chh und Siegener Eisenbahnbedarf AG, 28.6.1926, TKA VSt/4510. Die Eisenbahnbedarf AG sollte als künftige Holding für die Siegerländer Werke dienen und tauschte daher ihren Namen mit dem passenderen der Siegener Eisenindustrie; vgl. Lantermann, Geschichte, S. 97, 111; VSt-Vorstand an AR-Mitglieder, 7.8.1926, BAB R 8128/A2153; Tegtmeyer behielt sein Amt im Chh-Vorstand bei, v. Stein wurde 1929/30 in den VSt-AR hinzugewählt; Geschäftsbericht der VSt 1929/30, BBA 55/476.

45 Niederschrift über die Aufsichtratssitzung der VSt am 15.7.1926, 16.7.1926, TKA VSt/4102; Niederschrift über die 5. Sitzung des Verwaltungsausschusses der VSt 14.9.1926, 17.9.1926, BBA 55/516; Zitate: Flick an Weidtmann, 10.9.1926, BAB R 8122/28, Bl. 169.

46 Niederschrift über die 5. Sitzung des Verwaltungsausschusses, 17.9.1926, BBA 55/516.

Die in den Berliner Büros von Charlottenhütte und VSt entworfenen Pläne sahen wie schon beim Stahlverein die Gründung einer Studiengesellschaft, der AG für Hüttenindustrie, vor. In diese sollte Linke-Hofmann die Werkssubstanz der Lauchhammer-Gruppe (vgl. Tab. II/1) einbringen und dafür Aktien des neuen Unternehmens über 28 Mio. RM erhalten. Ferner steuerten die VSt mit dem Walzwerk Weber in Brandenburg Anlagevermögen bei, für das sie einen Anspruch auf zwölf Mio. RM Anteile erwarben. Das Gesamtergebnis der Besitzverschiebungen sah schließlich Mehrheitsbeteiligungen der VSt an beiden Unternehmen, AG für Hüttenindustrie und LHW, vor. Zugleich bedeutete der Kapitalschnitt bei Linke-Hofmann eine Sanierung des schlingernden Unternehmens, deren Kosten überwiegend von den VSt als Käufer von Flicks Anteilen getragen wurden.[47]

Im November 1926 schlossen die AG für Hüttenindustrie und Linke-Hofmann rückwirkend zum 1. Oktober den formalen Einbringungsvertrag, der neben den mitteldeutschen Betriebsanlagen auch die wichtigsten Beteiligungen umfaßte, darunter die westoberschlesischen Werke und der Mehrheitsbesitz der Stahl- und Walzwerk Hennigsdorf AG, die fortan mit dem Brandenburger Weberwerk die sogenannte Havelgruppe bildete.[48] Kurz darauf erfolgte die Umbenennung der AG für Hüttenindustrie in Mitteldeutsche Stahlwerke AG (Mittelstahl) mit Sitz in Riesa, ein Zugeständnis, das man der sächsischen Landesfinanzverwaltung gemacht hatte, um deren Zustimmung zu Steuererleichterungen für die diversen Transaktionen zu erlangen.[49] Dies betraf insbesondere die Anwendung des Steuermilderungsgesetzes, das mit seinem weitgehenden Verzicht auf Fusions- und Verkehrssteuern anläßlich der VSt-Gründung als sichtbarer Ausdruck der staatlichen Unterstützung für die Konzentrationspolitik erlassen worden war. An diese erste *Lex Stahlverein*[50] konnte sich die Gründung von Mittelstahl anhängen und ebenfalls einen spürbaren Abgabenverzicht des Fiskus' erreichen.[51]

47 Skizze der juristischen Durchführung, 17.9.1926; Plan über die Durchführung der mitteldeutschen Transaktion, 18.9.1926, beide SächsHStA 11616/2.4; Übersicht über Neuorganisationsplan, 22.9.1926, SächsHStA 11616/22.94; Niederschrift über die Aufsichtratssitzung der [VSt] am 26.10.1926, 27.10.1926, TKA VSt/4102; Nr. 296 des Notariatsregisters für 1926, verhandelt am 11.11.1926, BAB R 8122/421.

48 Einbringungsvertrag Mitteldeutsche Stahlwerke, 11.11.1926, SächsHStA 11616/2.4; Einbringungsvertrag Vereinigte Stahlwerke und AG für Hüttenindustrie, 20.11.1926, SächsHStA 11616/2.6, Bl. 128 f.

49 Schreiben des AG Berlin-Mitte, 24.11.1926, SächsHStA 11616/2.4; Daub an Solbrig, 14.12.1926, SächsHStA 11616/2.6, Bl. 59 f.

50 Vgl. Spoerer, Scheingewinnen, S. 79. Die Genese des Steuermilderungsgesetzes hat in der Forschung breite Beachtung gefunden: Braun, Besteuerung, S. 101 f.; Kleinschmidt, Rationalisierung, S. 199-201; Reckendrees, Taxation, S. 13-28. Zu den *Leges Stahlverein* 1931, 1934 und 1936 ebd.

51 VSt und LHL an LFA Berlin, 28.10.1926, SächsHStA 11616/2.5, Bl. 246-248; Anwendung des Steuermilderungsgesetzes auf die Gründung der Mitteldeutschen Stahlwerke A.G., 19.11.1926, SächsHStA 11616/22.94.

Zu klären blieb schließlich noch das Verhältnis der beiden neuen Unternehmen zueinander und zur gemeinsamen Muttergesellschaft. Diese hielt zunächst 75 Prozent der 50 Mio. RM Mittelstahl-Aktien sowie 56 Prozent am verminderten LHW-Kapital von 21 Mio. RM.[52] Der Zuordnung der LHW-Aktien galt bei der Konzernorganisation besonderes Interesse, da sie als absolute Mehrheit zur Gewährung des Selbstverbrauchsrechts bei den einschlägigen Kartellen berechtigten. Um dies den frachtlich günstiger gelegenen mitteldeutschen Werken zuzuweisen, schlossen VSt und Mittelstahl einen Kaufvertrag über die LHW-Anteile. Allerdings stand der Erwerb zunächst nur auf dem Papier, der Kaufpreis von über elf Mio. RM wurde nicht bezahlt, sondern in der Bilanz durch eine jederzeit ausübbare Rückoption der VSt verbucht.[53] Anläßlich der Expansion des Waggonbauers 1928 übernahm Mittelstahl tatsächlich das Gros der LHW-Aktien, allerdings blieben diese noch bis Mitte der dreißiger Jahre Manövriermasse zwischen beiden Unternehmen.[54]

Im Verhältnis von VSt zu Mittelstahl entstanden verschiedene personelle und institutionelle Verflechtungen. So übernahm Sempell für die Mehrheitsaktionärin VSt den Vorstandsvorsitz, für die Charlottenhütte wurde Otto Steinbrinck in die Führung Mittelstahls entsandt. Die operative Verantwortung lag indes bei Möller und Koppenberg, die in Riesa die Geschäfte führten, sowie bei Arthur Hennecke, der die Havelgruppe leitete.[55] Über Sempell und dessen bei der Charlottenhütte angesiedeltem Berliner Büro bestand eine effektive Koordination mit Flick, der dem Aufsichtsrat Mittelstahls vorsaß und mit Thyssen und Vögler die wichtigsten Entscheidungsträger der VSt sowie in Goldschmidt den führenden Bankier aus seinem Umfeld im Aufsichtsratspräsidium versammelte. Schließlich sollte auch die Einrichtung eines »gemeinsamen Arbeitsausschuss[es]« der VSt-Hüttenkommission und des Riesaer Vorstandes die Abstimmung etwa von Verbandsfragen und Produktionsprogrammen gewährleisten.[56]

Eine bedeutende Erweiterung erfuhr die mitteldeutsche Werksgruppe 1929/30 durch die Übernahme der Eisenwerkgesellschaft Maximilianshütte AG durch ein Konsortium unter Führung der Charlottenhütte. Mit den hinzugekommenen Betrieben in der Oberpfalz, in Thüringen und in Sachsen stärkte Flick

52 Übertragung des im Besitze der V.St. befindlichen L. H. W.-Paketes auf die Mitteldeutsche Stahlwerke A.G., 30.8.1927 [Kurre], TKA VSt/2495.

53 Vermerk betreffend LHW-Aktien, 16.2.1927; Daub an Sempell, 13.10.1927; Aktenvermerk: betr. Übertragung der LHW-Aktien auf die MSt. A.G., 18.11.1927, alle SächsHStA 11616/4.02, Bl. 3-7.

54 Entsprechend unscharf sind die jeweiligen Besitzverhältnisse zu bestimmen. 1926/27 gehörten die o.g. 55% rechtlich Mittelstahl, faktisch jedoch den VSt. Vögler zufolge gaben die VSt 1928 etwa 6,6 Mio. RM ab, behielten aber 5,1 Mio. Bei Mittelstahl war allerdings zum 30.9.1928 mit 16,5 Mio. RM ein deutlich höherer Anteil – 54,9% des LHW-Kapitals – verbucht, 1929/30 hingegen nur 50,33%; Vögler an Haßlacher, 1.8.1932, TKA RSW/4602; [Formblatt, 1929/30], SächsHStA 11616/4.02, Bl. 2; Bericht des Regierungsrats Dr. Müller vom RFM, [14.9.-23.10.1928], SächsHStA 11616/12.323.

55 Bericht des Buch- und Betriebsprüfers, 25.7.1931, ebd.

56 Niederschrift über die 6. Sitzung des Verwaltungsausschusses, 22.11.1926, BBA 55/516.

Tab. II/1: Werke und Erzeugungsprogramm der Mitteldeutsche Stahlwerke AG, 1926

Werke	Sitz	Anlagen und Erzeugungsprogramm
Erzgruben		
Brotterode	Brotterode	Eisenerz
Elbingerode	Elbingerode	Eisenerz, Kalk
Bottendorf	Bottendorf	Kalk
Wünschendorf	Wünschendorf	Kalk
Gew. Grube Louise (750 Kuxe)	Niederrohmen	Brauneisenstein
Hütten und Walzwerke		
Werk Riesa	Riesa	Rohstahl, Walzbleche, Röhren u. a.
Werk Gröditz	Gröditz	Roh- und E-Stahl, Radsätze u. a.
Werk Lauchhammer	Lauchhammer	Emaille, Gußfabrikate, Kunstguß
Braunkohlengruben und Kraftwerk		
Lauchhammer	Lauchhammer	Braunkohle, Briketts, Elektrifzierung
Maschinenbau Oberhammer	Lauchhammer	Förderanlagen, Abraumbrücken u. a.
Stahlbau Wittenau	Berlin	Stahlkonstruktion, Maschinenbau
Weberwerk Brandenburg	Brandenburg/H.	Rohstahl, Walzbleche
Hennigsdorf (ca. 65 %)	Hennigsdorf	Rohstahl, Walzbleche

Quelle: Eigene Zusammenstellung

seinen Einfluß im mitteldeutschen Raum und weitete diesen nach Süddeutschland aus, wo – abgesehen von ausländischen Anbietern – die Maxhütte nahezu konkurrenzlos war. 1931 traten Mittelstahl und Maxhütte in eine weitreichende Interessengemeinschaft ein. Finanziert wurde der Erwerb im wesentlichen aus Mitteln, die Flick durch Besitzverschiebungen der oberschlesischen Beteiligungen zwischen VSt und Charlottenhütte zugunsten letzterer mobilisieren konnte.[57]

57 Dazu unten S. 229-232.

1.1.4. Die siegerländischen Werke

Während in Mitteldeutschland auf diese Weise ein neuer Konzern entstand, schlugen Flicks Pläne einer regionalen Konzentration im Siegerland zum zweiten Mal nach 1919/20 fehl. Im September 1926 nahm Flick die Verhandlungen mit der Friedrichshütte wieder auf, während parallel die Möglichkeit geprüft wurde, auch die Geisweider Beteiligung Thyssen-Bornemiszas in eine rechtlich eigenständige, aber von den VSt kontrollierte »Sieg-Lenne-Gesellschaft« einzugliedern.[58] Der Plan, dessen Urheberschaft Flick ausdrücklich für sich reklamierte, sollte vor allem der Familie Schneider entgegenkommen, die unverändert auf der Wahrung des »Siegerländer Charakters« bestanden. Zwar kam es nach schwierigen Quotenverhandlungen zum Jahresende 1926 zu einem vorläufigen Konzept, das die Einbringung der VSt-Werke Niederschelden, Wissen, Meggen, Nachrodt und Hüsten zusammen mit der Friedrichshütte und gegebenenfalls Geisweid in eine neue AG vorsah. Eine verbindliche Einigung über das Konzernprojekt, das einen geschlossenen Produktionsablauf vom Erz bis zum Fertigfabrikat, Einsparungen durch gemeinsame Wärmewirtschaft und feste Absatzbeziehungen zu den VSt in Aussicht stellte, wurde gleichwohl nicht erzielt. Die Gründung einer eigenen Gesellschaft stieß auf Ablehnung der US-Geldgeber, während eine Fusion auf die VSt vom Aufsichtsrat der Friedrichshütte trotz der Befürwortung durch den Vorstand zurückgewiesen wurde – darin im kleineren Maßstab der Situation bei Krupp im Vorjahr nicht unähnlich.[59]

Erst im Zuge der Weltwirtschaftskrise sollte das Siegerländer Vorhaben Flicks doch noch zur Umsetzung gelangen. Unter den finanziell angeschlagenen Werken, die ein Konsortium des Stahlwerksverbandes 1929/30 aufkaufte, befanden sich auch Geisweid und die Friedrichshütte. Die VSt nutzten die Gelegenheit zum Beteiligungserwerb und integrierten die beiden Werke in ihre Überlegungen zur Ausgründung der Siegerländer Werke. Konzeptionell führend war neben Vögler der alte Vorstand der Charlottenhütte aus Flick, Tegtmeyer und Klein. Und in einer ironischen Wendung war es auch Flick, der in den Verhandlungen zwischen VSt, Thyssen-Bornemisza und Klöckner vermittelte und somit jene Konstellation auflöste, zu der er selbst 1920 maßgeblich beigetragen hatte.[60] 1930 wurden die Betriebe als Verwaltungsgruppe Siegerland innerhalb der VSt

58 Notiz für Herrn Direktor Rabes, 25.3.1926, TKA A/603/4; Besprechung mit Herrn Flick, 14.9.[19]26, WWA F 65/207; [Vermerk], 20.9.1926, ebd.

59 Niederschrift über die Verhandlungen mit Herrn Flick am 8.10.1926, 12.10.1926; Briefe Schneider an Klostermann, 16.10. u. 17.10.1926; An den Vorstand der Bergbau- und Hütten-AG Friedrichshütte zu Händen des Herrn Bergassessor Schneider, (Entwurf), o. D. [Dezember 1926]; [Memorandum], 24.12.1926, alle WWA F 65/207; Niederschrift über die Besprechung über den Siegerländer Zusammenschluss am 11.1.1927, 13.1.1927, TKA RSW/4593; Zitat: [Klostermann?] an Flick, 20.12.1926, ebd.; vgl. Reckendrees, Stahltrust, S. 457.

60 Aufstellung, o. D. [1929]; Notiz über Besprechung am 19.11.29 betr. Siegerland, 21.11.1929; Thyssen an Vögler, 5.1.1930; Vögler an Thyssen, 7.1.1930, alle BAB R 8122/151, Bl. 37-40, 15 f.

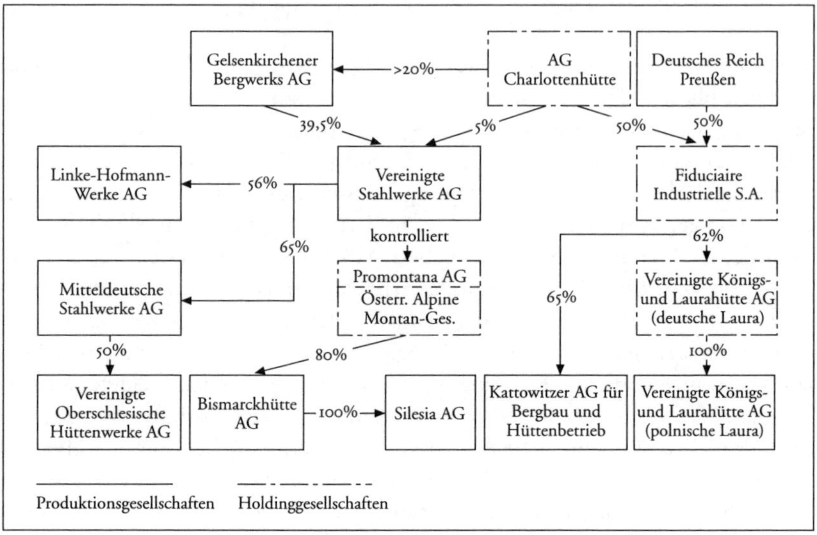

Quellen: Reckendrees, Stahltrust, S. 331, 485; eigene Zusammenstellung.

Abb. II/1: Die Beteiligungen der Charlottenhütte, Mitte 1927

zusammengefaßt, zur Etablierung der Hüttenwerke Siegerland AG kam es erst nach dem Ausscheiden Flicks aus dem Konzern.[61] Als Interessenvertreter des Siegerlandes, als der er 1926 noch plakativ aufgetreten war, hatte sich Flick aber schon zuvor nicht präsentiert: Als im Herbst 1930 die VSt-Zentrale die Stillegung der Niederscheldener Charlottenhütte prüfte, intervenierte Flick mit keinem Wort, während Hugo Klein in einem heftig geführten Streit den Düsseldorfer Verantwortlichen grobe Fehleinschätzungen, unhaltbare Schlußfolgerungen und gar Sabotage der Betriebsführung vorwarf.[62]

1.2. Die Majorisierung von Gelsenberg und Stahlverein

Die Einbringung der Siegerländer Werke sowie der Industriebeteiligungen in Ost- und Mitteldeutschland in die Vereinigten Stahlwerke transformierte die Charlottenhütte endgültig von einem Produktiv- in ein Holdingunternehmen. Die Kontrolle über die abgegebenen Werke und Anteile lag nun bei den VSt, an denen Flick mit seinen 40 Mio. RM Aktien lediglich marginal beteiligt war: Mit

61 Rundschreiben, 17.11.1930, TKA VSt/1575, Bl. 1; Entwurf für eine von Herrn Vögler in der nächsten Hüttenausschuß-Sitzung zu machende Mitteilung, 15.2.1932, TKA VSt/1576, Bl. 8-10; Reckendrees, Stahltrust, S. 456-458, 554.

62 Vgl. den Schriftwechsel in WWA F 65/329, besonders: Betr. Schreiben der Hauptkostenabteilung Düsseldorf v. 15.10.1930, 24.10.1930; Antwort auf die Düsseldorfer Denkschrift vom 16. Okt. 1930 (Entwurf), 25.10.1930, ebd.

nur fünf Prozent der Stimmrechte waren die Einflußmöglichkeiten auf die Konzernpolitik beschränkt, zumal der Ausbau dieser Beteiligung durch das Pool-Abkommen der Großaktionäre, das den Handel mit VSt-Aktien an der Börse minimierte und etwaige Übernahmeversuche effektiv ausschloß, unrealistisch war. Entsprechend blieb die Dominanz der Gründer im »Stahltrust« bis 1932 weitgehend konstant, Außenstehende erlangten in dieser Zeit keinen nennenswerten Einfluß.[63]

Anders stellte sich die Situation unter den Gründergesellschaften dar. Hier war das Interessenspektrum breit gefächert. Die IG Farben-Tochter Rheinstahl sah die VSt vorwiegend als Dividendenlieferant und die eigene Beteiligung als Brücke zwischen dem Stahl- und dem Chemie-Giganten. Den Phoenix dagegen prägten einerseits die Ziele Otto Wolffs, der eine Stärkung seiner Handelsinteressen durch Einflußnahme auf die VSt bezweckte, und andererseits Konflikte innerhalb der Haniel-Familie über das Verhältnis der diversen industriellen Interessen im eigenen Handelskonzern, bei der Gutehoffnungshütte und eben bei den VSt; entscheidender Protagonist war der zur Familie zählende Werner Carp.[64] Einen Ausbau ihres jeweiligen Einflusses auf die VSt strebten Thyssen und GBAG an, was zu einer strategischen Partnerschaft beider führen sollte, freilich mit der besseren Ausgangsposition für die GBAG, die den deutlich größeren Aktienbesitz hielt. Das explizite Ziel der GBAG-Spitze, die bereits in den Gründungsverhandlungen ihre Eigeninteressen nie aus den Augen verloren hatte, kristallisierte sich rasch heraus: die Majorisierung des Konzerns gleichsam von innen. Flick sollte im Rahmen dieser Zielsetzung zwischen 1926 und 1930 die entscheidende Rolle zukommen – weniger bei der Formulierung, denn bei der Umsetzung – und dies dazu nutzen, seine persönliche Agenda mit jener der GBAG zu kombinieren. Der Pakt, den Flick und die GBAG-Führung schlossen, war schlicht: Flick erhielt die Kontrolle über die GBAG und verhalf dieser zur Beherrschung der VSt. Die Herrschaft über den Stahlverein sollte nicht über dessen Aktienverteilung, sondern über die der Gründergesellschaften entschieden werden.[65]

1.2.1. Die Übernahme von Gelsenberg

Ehe diese von Flick – eigenen Erinnerungen zufolge[66] – schon früh erahnten Chancen in die Tat umgesetzt werden konnten, bedurfte es jedoch der Überwindung einiger Widerstände, da die Charlottenhütte in den Anfangsplanungen der GBAG eine allenfalls untergeordnete Rolle spielte. Im Herbst 1926 galt das Augenmerk der Fusion der drei REU-Unternehmen, die mit Ausnahme der

63 Zu den Veränderungen im VSt-Besitz Thyssens s. Reckendrees, Stahltrust, S. 279.

64 Vgl. zu Rheinstahl/Wolff: ebd., S. 283 f.; zum Machtkampf bei Haniel: James, Familienunternehmen, S. 216-221.

65 Kaletsch sprach von einem »Abkommen«; [Unbetiteltes Typoskript], o. D. [August 1945], WWA S 8/84.

66 Rede Flicks [...], 1.4.1940, StAN Rep. 501, KVP, Fall 5, B-3, NI-3345, Bl. 13 f.

GBAG, die mit der Zeche Monopol über eigenen Bergwerksbesitz verfügte, zu reinen Holdingfirmen geworden waren. Als aufnehmende Gesellschaft wurde entsprechend die GBAG ins Auge gefaßt. Die Auflösung der wechselseitigen Besitzverflechtungen hatte zudem strategische Bedeutung: Mittels einer Fusion würden Anteile der alt-GBAG aus dem Besitz von Deutsch-Lux auf die neue GBAG übergehen und »ein ganz nettes Paket […] von Vorratsaktien uns in die Hand spielen«, wie Salomonsohn gegenüber dem Vorstand Willi Huber in Aussicht stellte.[67] Diese Vorratsaktien konnten zur Werterhöhung der übrigen Anteile eingezogen werden[68] – oder für die strategischen Ziele hinsichtlich der VSt Verwendung finden. Unzweideutig formulierte dies Huber, der vor dem Hintergrund einer angedachten Kapitalerhöhung des Stahlvereins auf eine Milliarde RM die besagten Vorratsaktien gegen neue VSt-Anteile eintauschen wollte. Unter der Voraussetzung, daß die übrigen Gründergesellschaften bei einer solchen Erhöhung relative Einbußen erlitten, bot sich somit die Möglichkeit, den Einfluß der GBAG auszubauen. Daß dies dem Geist der Gründung wie auch des Pool-Abkommens widersprach, war Huber durchaus bewußt, so daß er mahnte, »derartige Erwägungen [müßten] selbstverständlich streng im Kreise von Gelsenkirchen bleiben«.[69] Zwar kam es nie zu besagter Kapitalerhöhung, aber die von Vögler, Salomonsohn und Huber betriebene Fusion von Bochumer Verein und Deutsch-Lux auf die GBAG konnte im Dezember 1926 vollzogen werden. Die neue GBAG wies ein Stammkapital von 263 Mio. RM auf, von denen 13 Mio. RM auf die Vorzugsaktien entfielen, die als Erbe der SRSU von Siemens gehalten wurden und 14faches Stimmrecht trugen.[70]

Die Fusion konsolidierte nicht nur die Stellung der neuen GBAG als größte, einheitlich geführte Aktionärin der Vereinigten Stahlwerke, sie rückte auch Flick in den Mittelpunkt der Aufmerksamkeit. Zur Überraschung wenigstens einiger Akteure zeigte sich Flick von Beginn an sehr interessiert an den Verhandlungen und brachte eigene Wünsche vor. So wollte er das Stammkapital der GBAG begrenzen und die Vorzugsaktien gänzlich beseitigt sehen.[71] Angesichts der praktischen Auflösung der SRSU war dies tatsächlich vorgesehen gewesen, doch Flicks massiv vorgetragene Intervention in dieser Sache änderte die Situation grundlegend. Der in den Fusionsverhandlungen konzeptionell führende Salomonsohn, dessen Disconto-Gesellschaft zuvor mit Flick kaum Geschäftsbeziehungen

67 Korrespondenz Huber-Salomonsohn, 4.10., 5.10. u. 15.10.1926, RWWA 200-2/010/00-18; Zitat: Auszug aus einem Schreiben von Herrn Dr. Salomonsohn an Herrn Dr. W. Huber, o. D. [Oktober 1926], BBA 55/286.

68 So Reckendrees, Stahltrust, S. 281.

69 Huber an Vögler, 21.10.1926, BBA 55/286. Die von Huber erwähnten Überlegungen wurden angesichts der bereits bestehenden Überkapitalisierung der VSt nicht weiterverfolgt.

70 28 Mio. RM Stammaktien wurden eingezogen; Niederschrift über die gemeinsame Sitzung der GBAG, der Dt-Lux und des BV am 9.12.1926, BBA 55/445; GBAG an Justizoberinspektor Noll, 28.3.1927, BBA 55/286.

71 Huber an Vögler, 21.10.1926, BBA 55/286.

gepflegt hatte, wurde »etwas stutzig«, als dieser auf der Einziehung der Vorzugsaktien insisitierte. Überraschter noch zeigte sich der Bankier, als Vögler und Sempell ihm auf Nachfrage mitteilten, daß Flick mit rund 25 Prozent Großaktionär der neuen GBAG sein würde.[72]

In der Tat hatte Flick seinen Besitz an der REU nach dem mit Stinnes eingefädelten Oberschlesien-Geschäft weiter ausgebaut, unter anderem durch einen zweiten Vertrag mit Vögler und Hugo Stinnes jr. vom September 1924, der die Fortsetzung des Tausches von Bismarckhütte- gegen REU-Aktien regelte. Die Abwicklung fand Zug um Zug statt und war zum Zeitpunkt der Fusion noch nicht abgeschlossen. Insgesamt 12,8 Mio. RM Aktien der REU-Unternehmen für die Charlottenhütte standen noch aus.[73] Bei der letzten Generalversammlung des Bochumer Vereins vertrat Flick mit über zwölf Mio. RM annähernd ein Drittel der angemeldeten Aktien und das zweitgrößte Paket überhaupt; bei der GBAG lag sein Anteil bei etwa 15 Prozent, unter Einrechnung der Bismarckhütte-Transaktion wohl über 20 Prozent.[74]

Angesichts dieser für ihn unerwarteten Verschiebung der Machtverhältnisse in der fusionierten GBAG reagierte Salomonsohn in November 1926 alarmiert, zumal Flick erstmals seinen Anspruch auf Mitentscheidung deutlich artikulierte und ankündigte, eine etwaige Kapitalerhöhung abzulehnen.[75] Eben darum mußte Flick auch an der Beseitigung der Vorzugsaktien gelegen sein, denn nur dann reichte sein Stimmrecht zur Ausübung eines Vetos. Umgekehrt zog Salomonsohn den Schluß, die Vorzugsaktien unter dem Vorwand einer fortgesetzten Kooperation mit Siemens nun doch als Verteidigungsinstrument zu erhalten. Da die Kontrolle über die Vorzugsaktien nur formal bei dem Elektrokonzern lag, faktisch jedoch durch den Aufsichtsratsvorsitzenden der GBAG ausgeübt wurde und somit »jeder Einbruch in die Stammaktien-Majorität dann natürlich auch die Verfügung über die Vorzugsaktien sichert[e]«, regte Salomonsohn die Gründung eines Konsortiums an, das die Verwaltung der Mehrstimmrechtsanteile überwachen sollte und für das er unter anderem Kirdorf, Vögler, Sempell

72 Salomonsohn an Huber, 6.11.1926, RWWA 200-2/010/00-18.

73 [GBAG-]Aufsichtsratssitzung am 14.5.1924, BBA 55/20; Korrespondenz H. Stinnes jr./Vögler, 13.9. u. 25.9.1924, ACDP I-220/062-3; Aktennotiz betr. Aktienbesitz Bismarck-Hütte, 11.9.1926, BBA 55/286; Huber an Vögler, 21.10.1926, ebd.; Huber an Salomonsohn, 16.10.1926, RWWA 200-2/010/00-18; Aktenvermerk betr. Bismarckhütte-Aktien, 20.11.1926, BBA 55/449.

74 Die Zahlenangaben weisen nur den angemeldeten Besitz aus; nicht gemeldete oder über Banken vertretene Anteile entziehen sich der Feststellung. Bei Deutsch-Lux firmierte Flick gar nicht als Aktionär. Allerdings vertraten neben den Großbanken auch J. H. Stein und Weidtmann kleinere Pakete; Verzeichnis der in der außerordentlichen [BV]-Hauptversammlung am 9.12.1926 erschienen Aktionäre und Angabe der von ihnen vertretenen abwesenden Aktionäre, 9.12.1926; Anwesenheitsliste für die außerordentliche Hauptversammlung der [Deutsch-Lux] am 9.12.1926, beide BBA 55/286; für die GBAG-Aktienverteilung 1925 vgl. die Aufstellung in Reckendrees, Stahltrust, S. 155.

75 Salomonsohn an Huber, 6.11.1926, RWWA 200-2/101/00-18.

und Thyssen als »Vertrauenspersönlichkeiten« vorschlug.[76] In den folgenden Wochen kam es zu wiederholten Gesprächen in der Frage der Vorzugsaktien, ohne daß eine Einigung gefunden wurde. Die von Flick eingebrachten Vorschläge zeigten, daß er im Ergebnis eine Ausschaltung des Mehrfachstimmrechts anstrebte, um über die Stammaktien Zugriff auf die GBAG-Leitung zu erlangen.[77] Ende Dezember erklärte er sich jedoch überraschend bereit, auf seine Forderungen zu verzichten, und schloß sich Salomonsohns Vorschlägen weitgehend an.[78] Der Grund für diese Kehrtwende ist in dem Umstand zu vermuten, daß es Flick in der Zwischenzeit gelungen war, die GBAG – insbesondere die von Salomonsohn benannten Vertrauensleute – zu einer Zusammenarbeit zu bewegen: Fast simultan mit Flicks Zustimmung zum Erhalt der Vorzugsaktien unter Kontrolle des GBAG-Aufsichtsratsvorsitzenden Vögler trat dieser in gleicher Funktion in die Charlottenhütte ein, wo er das Amt des kurz zuvor verstorbenen Viktor Weidtmann übernahm.[79]

Auch Salomonsohn entging die neue Entwicklung nicht. Zum Jahresende 1926 skizzierte er gegenüber Huber, mit unverkennbarem Unbehagen hinsichtlich der Rolle Flicks, die Richtung, die die GBAG als Aktionärin der VSt einschlagen sollte:

> »Ich teile Ihre Auffassung, die ja auch mit der von Herrn Geheimrat Kirdorf und Herrn Dr. Vögler übereinstimmt, daß wir bei Gelsenkirchen darauf bedacht sein sollen, uns allmählich eine ausschlaggebende Stellung bei den Vereinigten Stahlwerken zu sichern[,] und ich glaube auch, daß dieses uns gelingen wird, allerdings nur unter der Voraussetzung, daß derartig große Beträge wie sie hier in Frage kommen, auch von Gelsenkirchen ohne Überanspannung seiner Bilanz finanziert werden können. An Aktienmaterial wird es nicht fehlen [...]. Aber dieses Material wird wohl zu teuer werden[,] und wir sollten mehr unser Augenmerk darauf richten, geschlossene Pakete zu ermäßigten Preisen zu erwerben.
>
> In diesem Sinne bin ich auch damit einverstanden, daß Sie Herrn Flick das Gebot auf seine 10 000 000 RM gemacht haben. Hierbei habe ich allerdings auch zwei Seelen in meiner Brust, denn ich weiß, daß Herr Flick darauf ausgeht, seinen Besitz an Gelsenkirchen-Aktien zu verstärken[,] und er wird das Geld aus den Verkäufen der Vereinigte Stahlwerke-Aktien wohl auch wieder in Gelsenkirchen-Aktien anlegen.«[80]

76 Ebd.; GBAG/Deutsch-Lux an Siemens & Halske, 15.11.1926, TKA FWH/2489.
77 Flick an Sempell, 7.12.1926; Siemens & Halske an GBAG, 24.12.1926, beide ebd.
78 Salomonsohn an Huber, 28.12.1926, RWWA 200-2/010/00-18.
79 Vögler an Huber, 30.12.1926, ebd. Inwieweit Vöglers Behauptung, er habe das Amt zunächst nicht übernehmen wollen, zutrifft oder eine Schutzbehauptung darstellt, um nach außen Distanz zu Flick zu wahren, läßt sich nicht abschließend beurteilen. Aufschlußreich hinsichtlich der sich herausbildenden Führungskonstruktion Flick-Vögler-Thyssen ist jedoch der Hinweis Vöglers, Thyssen habe ihm zur Annahme des Vorsitzes geraten.
80 Salomonsohn an Huber, 28.12.1926, RWWA 200-2/010/00-18.

Salamonsohn ging nicht fehl in seiner Einschätzung, daß Flick zielstrebig auf eine Majorisierung der GBAG hinarbeitete. Während die Charlottenhütte bald ihre VSt-Anteile gegen solche der GBAG eintauschte, tätigte Goldschmidts Danat-Bank umfangreiche Aufkäufe an der Börse, deren Auftraggeber die Disconto-Gesellschaft nicht ausmachen konnte.[81] Hinter der Aktienakquise stand wohl Flick, der sich zeitgleich bemühte, die erforderlichen Mittel für den Aktienerwerb über Kredite sowie den Verkauf der VSt-Genußscheine an den Stahlverein selbst zu mobilisieren.[82]

Ob es zu einer regulären Übereinkunft zwischen Flick und der GBAG-Führung kam oder eine informelle Interessenabstimmung genügte, muß offen bleiben. Schon im Februar 1927 wurde Flick jedoch in den engeren Ausschuß des GBAG-Aufsichtsrats einbezogen und nahm künftig, ohne offizielle Nominierung, an Sitzungen des Aufsichtsratspräsidiums teil.[83] Auch bei den VSt wurde Flick frühzeitig in die wichtigen Gremien hinzugewählt bzw. in das Spitzengremium der Industriellen Kommission kooptiert.[84] Statt eines Kampfes um die Vorherrschaft in der GBAG kam es zu einer Koalition zwischen Flick und Vögler, ergänzt um die Mitarbeit Thyssens. In den Hauptversammlungen der GBAG bildete sich Flicks Führung nur versteckt ab. Bis 1930 meldete die Charlottenhütte nie mehr als 24 Mio. RM Anteile an, im Jahr darauf aber plötzlich 70,5 Mio. RM. Beide Summen entsprachen nicht dem tatsächlichen Besitz, der zu großen Teilen über befreundete Kreditinstitute, allen voran die Danat, vertreten wurde.[85] Auch die Vorzugsaktienfrage wurde entschärft, indem formal die Kontrolle bei Siemens blieb, die Stimmrechte aber nach Weisung des Aufsichtsratsvorsitzenden Vögler ausgeübt wurden. Im Innenverhältnis garantierte eine Sondervereinbarung zwischen GBAG und Charlottenhütte Flicks Interessen. Siemens und die beteiligten Banken sollten lediglich »das Dekorum nach außen wahren«.[86]

81 Ebd. Zur Tauschaktion zwischen Charlottenhütte und GBAG die Korrespondenz vom Dezember 1927, BAB R 8122/247, Bl. 10, 12, 17. Allerdings gab die Charlottenhütte nicht alle VSt-Aktien ab, im März 1931 verfügte sie noch immer über nominal acht Mio. RM; Chh (Kaletsch/Schulte) an VSt, 14.3.1931, TKA VSt/4141.

82 Vertrauliche Ergänzung zu der Niederschrift über die Sitzung der industriellen Kommission am 12.10.1926, TKA RSW/4586. Auch Thyssen bot seine Genußscheine den VSt zum Verkauf an; Niederschrift über die Sitzung am 5.4.1927, BAB R 8122/102.

83 Niederschrift über die Sitzung des Aufsichtsrats der GBAG vom 22.2.1927, BBA 55/445; Niederschrift über die Sitzung des Präsidiums des Aufsichtsrats der GBAG am 7.7.1927, BAB R 8122/101, Bl. 4-6; Huber an Flick, 2.9.1927, TKA FWH/2489. Die formelle Hinzuwahl erfolgte in der Sitzung des Präsidiums des Aufsichtsrats der [GBAG] am 9.1.1928, BAB R 8122/927, Bl. 111.

84 Vgl. Reckendrees, Stahltrust, S. 291.

85 Von Friedrich Flick, sowie von Banken und Einzelpersonen vermutlich für diesen angemeldete Aktien der Gelsenkirchener Bergwerks Akt.-Ges. zu den Hauptversammlungen in den Jahren 1927 bis 1931, 30.8.1945, TKA VSt/3940; eine gründliche Darstellung bei Reckendrees, Stahltrust, S. 282-290. 1932 verkaufte Flick 100 Mio. RM eigene GBAG-Anteile an das Reich; vgl. dazu unten Kap. II.4.

86 Niederschrift über die Besprechung vom 3.8.1927 betreffend Aufhebung des IG-Vertrages vom 30.12.1920; Ergänzende Bemerkungen zu der Niederschrift über die Bespre-

Unter diesen Vorzeichen bestanden schon 1927 an der Generalversammlungsmehrheit Flicks ebenso wenig Zweifel wie an seinem Führungsanspruch in der künftigen Geschäftspolitik der GBAG.

1.2.2. Indirekte Kontrolle über den Stahlverein

Die Majorisierung der VSt galt Vorstand und Aufsichtsrat der GBAG als zentrale Zielvorgabe. Um das »bekannte große Projekt« auch durchführen zu können, benötigte das Unternehmen jedoch flüssige Mittel. Mit der Leistung der Hausbank Disconto-Gesellschaft zeigte sich Flick in diesem Zusammenhang unzufrieden, da sie bis Herbst 1927 keine Anleihe bereitstellen konnte.[87] Zwar hielt der Finanzexperte der VSt, Sempell, die Mobilisierung ausländischer Kreditgeber vor dem Hintergrund der geringen Anlagewerte der GBAG für »unter den gegebenen Verhältnissen so gut wie unmöglich«, nach ersten Sondierungen zeigten jedoch mehrere US-Banken Interesse daran, eine GBAG-Anleihe aufzulegen.[88]

Im folgenden halben Jahr kam es zu intensiven Verhandlungen mit der Investmentbank Dillon, Read & Co., die bereits bei der Gründung der VSt als Kapitalgeber eine bedeutende Rolle gespielt hatte.[89] Als Unterlage für die Obligationen, die meist als *Gelsen-Notes* bezeichnet wurden, sollten im wesentlichen der Zechenbesitz von Monopol und die inzwischen auf 41 Prozent angewachsene Beteiligung an den VSt dienen.[90] Da Steinkohlenwerte als Anlageobjekte auf dem US-Kapitalmarkt verhältnismäßig gering angesetzt wurden, die Anleihe somit zu teuer zu werden drohte und auch eine VSt-Dividende als wichtigste Einnahmequelle der GBAG noch nicht abzusehen war, stockten die Gespräche jedoch zur Jahreswende 1927/28. Ferner ergaben sich erhebliche Differenzen, inwieweit eine Besicherung der Anleihe durch Hinterlegung der VSt-Anteile in New York sowie eine Nachschußpflicht für den Fall eines Kurseinbruchs erfolgen sollte. Beide Forderungen stießen bei Disconto-Gesellschaft und GBAG auf strikte Ablehnung, da man die Aktien nicht aus der Hand geben wollte und Zweifel an der »unbestreitbare[n] Solvenz Gelsenkirchens« zurückwies.[91] Durch-

chung vom 3.8.1927, 23.8.1927; Huber an Flick, 2.9.1927, alle TKA FWH/2489; Zitat: Daub an Sempell, 23.8.1927, ebd.

87 Flick an Vögler, 8.10.1927, BAB R 8122/227, Bl. 1f.

88 Niederschrift über die Vorstandssitzung am 3.11.1927, BAB R 8122/102; Huber an Salomonsohn, 14.11.1927, BAB R 8122/207, Bl. 8; Korrespondenz Flick/S. Wassermann/ Hambüchen, 15.11.-27.11.1927, ebd., Bl. 9-14. Zeitgleich mit den GBAG-Verhandlungen nahm auch die Charlottenhütte einen US-Kredit in Höhe von $ 1 Mio. auf; Briefwechsel A. Levy-Chh 20.1.-27.1.1928, BAB R 8122/173.

89 Vgl. Verenkotte, Bündnis, S. 81-86, 208-215. Allerdings überschätzt Verenkotte den Einfluß der US-Geldgeber bei der Gründung der VSt; entgegengesetzt: Wixforth, Banken, S. 224-230, 469f., 494-496; vermittelnd: Reckendrees, Stahltrust, S. 256-259, 272-274.

90 Unterlagen für die Amerikanische [sic] Anleihe, o. D. [November 1927]; GBAG an Knupe, 30.11.1927, BAB R 8122/227, Bl. 26-31, 20-22.

91 Niederschrift über die Vorstandssitzung am 21.12.1927, BAB R 8122/102; Salomonsohn, 28.12.1927, BAB R 8122/227, Bl. 32f.; Huber an Salomonsohn, 29.12.1927, ebd; Nieder-

setzbar war die harte Haltung freilich nicht. Die im März 1928 getroffene Vereinbarung sah ein Anleihevolumen von umgerechnet rund 63 Mio. RM vor, die auf zehn Jahre gewährt wurden. Die Besicherung mit 200 Prozent des Anleihebetrages war ebenso zwingend wie die Auffüllungspflicht bei Kursverfall. Darüber hinaus verlangte Dillon Read eine Erklärung der VSt über die zu erwartende Gewinnausschüttung, was für diese eine erhebliche Beeinträchtigung ihrer Gestaltungsfreiheit bedeutete. Bereits zu einem frühen Zeitpunkt geriet der Trust unter den doppelten Druck eigener Investitionserfordernisse und der Dividendenerwartung der Großaktionäre. Vögler mußte in der GBAG daran erinnern, »auf die Finanzen der V.St. Rücksicht [zu] nehmen, denn das haben wir seinerzeit zugesagt«.[92]

Die vom GBAG-Präsidium unter Einschluß Flicks diskutierte Verwendung der Mittel stand im Zeichen unmittelbarer wirtschaftlicher Zwänge – mit 47 Mio. RM diente ein Großteil der Anleihe nicht Investitionen, sondern der Abdeckung älterer Kredite, die das Unternehmen belasteten. Weitere 4,5 Mio. RM sollten in den Ausbau von Monopol fließen, um mit höheren direkten Erträgen die *Notes* finanzieren zu können. Die restlichen 5,5 Mio. RM schließlich waren für die eigentlichen strategischen Ziele der GBAG vorgesehen, jene »neue[n] Wege zur Verstärkung unseres Einflusses bei der VSt«, wie es Vögler formulierte.[93]

Da die liquide Finanzausstattung somit limitiert blieb, mußte die Ausweitung des Einflusses auf anderem Wege erfolgen. Hierbei half Flick, daß die Verhältnisse bei einem zweiten Gründerunternehmen der VSt ebenfalls im Fluß waren. Der Phoenix war ebenfalls zur Holding geworden, welche die Beteiligungen an der VSt und der Tochter van der Zypen kontrollierte (vgl. Abb. II/2). Für den Großaktionär Otto Wolff implizierte dies eine deutlich verringerte Nützlichkeit seiner Anteile. Da es ihm überwiegend um die Sicherung seiner Handelsinteressen durch Abschluß günstiger Absatz- und Lieferverträge ging, waren nunmehr die VSt der vorrangige Ansprechpartner. Um auch über die in den Gründungsverhandlungen getroffenen Vereinbarungen hinaus einen privilegierten Zugang zu den VSt-Erzeugnissen zu erreichen, mußte Wolff sich im gleichen Maße um eine Stärkung seines direkten Einflusses bei dem Konzern bemühen, wie er sich für die Holding Phoenix desinteressierte.[94]

schrift über die Sitzung des Präsidiums des Aufsichtsrats der [GBAG] am 9.1.1928, BAB R 8122/927, Bl. 108-111; Korrespondenz Huber-Vögler-Urbig, 26.1., 27.1. u. 28.1.1928, BAB R 8122/227, Bl. 61, 47-54, Zitat Bl. 49.

92 Huber an Urbig, 13.2.1928, BAB R 8122/227, Bl. 78-80; Niederschrift über die Vorstandssitzung am 21.2.1928, BAB R 8122/102; Zitat: Vögler an Huber, 2.5.1928, BBA 55/445. Hierin drückte sich auch Vöglers schwierige Doppelfunktion als Vorstandschef der VSt und als Aufsichtsratsvorsitzender der GBAG aus, wenn er sich zugleich um die VSt-Finanzen sorgte, aber sich mit »wir« auf Seiten der GBAG positionierte.

93 Huber an Flick, 21.2.1928; Niederschrift über die Sitzung des Präsidiums des Aufsichtsrats der [GBAG] am 2.3.1928, BAB R 8122/927, Bl. 105, 101 f. (Zitat).

94 Hierzu sowie im folgenden: Reckendrees, Stahltrust, S. 284-286; Dahlmann, Unternehmen, S. 88 f.

Dank komplementärer Ziele konnten die beiden Industriellen somit ihre früheren Differenzen beilegen. Über Vermittlung Louis Hagens vom Bankhaus A. Levy erwarb Flick gemeinsam mit Thyssen Ende 1927 rund 75 Mio. RM Aktien des Phoenix'.[95] Das Gesamtarrangement sah einen Preis von ebenso vielen VSt-Anteilen sowie 175 RM je Phoenix-Aktie in bar vor und schloß Zusicherungen über Handelsverträge für Wolff ein.[96] Der Aktientransfer auf GBAG und Thyssen wurden bereits 1928/29 vollzogen, obgleich Wolffs Anteile zu diesem Zeitpunkt noch einem Poolabkommen mit den beiden anderen Großaktionären des Phoenix', den niederländischen Hoogovens[97] und der Haniel-Familie, unterlagen. Wolff sah jedoch sowohl von der im Abkommen vorgesehenen Notifikation seiner Partner als auch von der Einhaltung der Sperrfrist ab. Die Abwicklung erfolgte über die Gewerkschaft August-Thyssen-Hütte (ATH), deren Geschäftstätigkeit aufgrund ihrer Rechtsform von außen kaum eingesehen werden konnte, sowie über niederländische und Schweizer Holdingfirmen.[98]

Von »entscheidenden Machtkämpfen über die Kontrolle« der VSt zwischen Wolff und Flick kann angesichts dieser Interessenabgrenzung kaum die Rede sein.[99] Für Wolff bedeutete der Handel einen erheblichen Ausbau seiner Beteiligung an den VSt und eine Stärkung seines Kerngeschäfts, der Handelssparte. Flick (und Thyssen) bot sich eine über den Einbruch in den Kreis der Phoenix-Aktionäre hinausgehende Chance: Zwar gab die GBAG selbst VSt-Stimmrechte ab, sicherte sich aber – bei geringstem Aufwand flüssiger Mittel – entscheidenden Einfluß auf die 189 Mio. VSt-Anteile von Phoenix. Gemeinsam verfügten GBAG und Phoenix zu diesem Zeitpunkt über 517 649 000 RM vom VSt-Stammkapital, annähernd 65 Prozent. Im Juni 1928 konnte Vögler daher dem Präsidium der GBAG mitteilen, daß man nun die Möglichkeit habe, »mittelbar einen entscheidenden Einfluß über die V.St. für die G.B.A.G. zu sichern«. Dem breiter zusammengesetzten Aufsichtsrat machte er davon keine Mitteilung.[100]

95 Hagen an Flick, 13.4.1928, TKA A/794/1; Zitat: Flick an Vögler, 20.4.1928, ebd.

96 Anlage: Stand am 15.2.1928 [mit diversen Entwürfen]; Strauss an Flick, 20.4.1928, Gedächtnisprotokoll über die Verhandlung vom 12.6.[19]28, alle TKA A/794/1; H. Poensgen an Flick, 17.3.1930, MMA P 1.25.29.

97 Koninglijke Hoogovens en Staalfabrieken, Ijmuiden, war der bedeutendste Stahlkonzern und das sechstgrößte Unternehmen der Niederlande und wurde vom Kohleindustriellen Frederik H. Fentener van Vlissingen dominiert; vgl. Sluyterman/Winkelman, Family Firm, S. 177; Dahlmann, Unternehmen, S. 27.

98 Dies waren die N. V. Rotterdamsche Kolen-Mij., Rotterdam (Rodamkoma), die Wodan Mij., Rotterdam, und die Faminta AG, Glarus; dazu umfangreiches Material in TKA A/794/1; vgl. Reckendrees, Stahltrust, S. 286f. Zum Pool-Abkommen: Besprechung in Berlin am 17.1.1930, MMA P 1.25.27.

99 So Dahlmann, Unternehmen, S. 86-88, der seine These aber nicht durch entsprechende Belege untermauert.

100 Beteiligungszahlen nach: Phoenix an Finanzamt Düsseldorf-Süd, 17.9.1927, MMA P 1.25.29; Unterlagen für die Amerikanische Anleihe, BAB R 8122/227, Bl. 26-31; unklar ist, ob in diesen Zahlen die 18,8 Mio. VSt-Anteile van der Zypens enthalten waren;

Damit war für Flick, Vögler und Thyssen indes nur der erste Schritt getan. Als »nächstes Hauptziel« wurde der Abschluß der Majorisierung des Phoenix' durch Erwerb mindestens des Hoogovens-Pakets, besser aber beider ausstehenden Großbeteiligungen ausgegeben.[101] Innerhalb der GBAG kalkulierte man bewußt ein, durch die Vervollständigung der Verfügungsmacht über den Phoenix mehr VSt-Anteile als erforderlich waren, in den Besitz zu bekommen. Diese wollte Flick zur Refinanzierung der Expansion verkaufen und zwar an die VSt selbst, die somit ihre eigene Majorisierung bezahlen sollten, ohne den Einfluß der GBAG zu schmälern – ein von Flick in Oberschlesien und Mitteldeutschland erprobtes Stilmittel.[102]

Ähnlich Hugo Stinnes, der sich einer bekannten Anekdote zufolge 1920 gerühmt hatte, den Bochumer Verein schon zu kontrollieren, während dessen Vorstand noch ahnungslos war[103], stellte Flick Anfang 1930 den Phoenix-Vorsitzenden Fahrenhorst und die Großaktionäre vor vollendete Tatsachen. Gemeinsam mit Vögler eröffnete er ihnen, daß die GBAG sowie befreundete Gesellschaften – gemeint war Thyssen – über eine praktische Hauptversammlungsmehrheit des Phoenix' verfügten. Angesichts dieser Sachlage regten Flick und Vögler Verhandlungen über die Abgabe der beiden übrigen Pakete an, als Preis wurde ein Kurs von zehn Phoenix- zu elf VSt-Aktien in Aussicht genommen.[104] Auf dieser Grundlage konnten binnen kurzem Einigungen mit beiden Gruppen erzielt werden, so daß trotz der von Flick erbetenen Diskretion die *Vossische Zeitung* Ende Januar, die neuen Machtverhältnisse präzise erfassend, Flick zum »Herr[n] des Stahlvereins« ausrief.[105]

Erst nach den Verabredungen mit Hoogovens und Haniel wurde der GBAG-Aufsichtsrat in Kenntnis gesetzt und um die formelle Zustimmung gebeten, den Erwerb sowie die Poolung der Phoenix-Aktien mit jenen Thyssens zu bewilligen. Im übrigen beschränkte sich die sparsam formulierte und über den Informationsstand der breiten Öffentlichkeit nicht hinausgehende Erfolgsmeldung auf

Strauss an Flick, 20.4.1928, TKA A/794/1; Zitat: Niederschrift über die Sitzung des Präsidiums des Aufsichtsrats der [GBAG] am 21.6.1928, BAB R 8122/927, Bl. 76.

101 Die Phoenix-Verwaltung verfügte zudem über beträchtlichen Besitz eigener Aktien; GBAG an Flick, 29.10.1929, BAB R 8122/927, Bl. 12; Herrn Dr. H. Poensgen, 17.10.1928 u. 13.1.1930, beide MMA P 1.25.26.2.

102 Besprechung am 25.9.1929, BAB R 8122/927, Bl. 16.

103 So bei Fear, Control, S. 453.

104 Besprechung am 17.1.1930, MMA P 1.25.27. An Otto Wolffs Vertragsbruch übten die Mitaktionäre deutliche Kritik. Dessen ungeachtet trat Werner Carp – vor dem Hintergrund des Machtkampfes mit Reusch – wenig später selbst als Agent Flicks auf. Im April 1930 unterbreitete er den GHH-Aktionären ein unter der Hand von der GBAG finanziertes Kaufangebot. Reusch, der offenbar von Paul Silverberg informiert wurde, konnte den feindlichen Übernahmeversuch jedoch abwehren; dazu ausführlich Gehlen, Silverberg, S. 496-498; Reckendrees, Stahltrust, S. 351-353.

105 Niederschrift über die Sitzung des Präsidiums des Aufsichtsrats der GBAG am 10.3.1930, BAB R 8122/103; Zitat: Flick, Herr des Stahlvereins, in: Vossische Zeitung Nr. 49 v. 29.1.1930.

klassisches Understatement: »Wir sehen hierin [in der Phoenix-Beteiligung] eine verstärkte Gewähr für die Erhaltung einheitlicher Richtlinien innerhalb der Vereinigten Stahlwerke.«[106]

Die Verhandlungen mit Hoogovens wurden dadurch vereinfacht, daß auch das Ijmuidener Unternehmen ein stärkeres Interesse an einer Verbindung mit den VSt als mit dem Phoenix hatte und Vögler gemeinsame Investitionen in den Niederlanden in Aussicht stellte.[107] Darüber hinaus half auch der enge Kontakt zu Franz Koenigs vom Bankhaus Rhodius-Koenigs, mit dem Flick parallel über eine weitere ausländische Anleihe zur Umlage der GBAG-Verbindlichkeiten verhandelte. Koenigs, mit dem die Charlottenhütte im Kontext ihrer Hollandtöchter seit Anfang der zwanziger Jahre zusammenarbeitete, zeigte sich dem Vorhaben gegenüber sehr aufgeschlossen und erarbeitete eine Reihe von Exposés und Vorschlägen, um bei britischen Kreditgebern eine Anleihe in Höhe von £ 1 Mio., umgerechnet rund 20 Mio. RM, aufzulegen.[108]

Zwar blieben die Bemühungen um das Anleiheprojekt letztlich ähnlich erfolglos wie die im Juni 1930 eingeleiteten Verhandlungen über eine $ 25 Mio.-Anleihe (rund 105 Mio. RM)[109], zuvor führten sie jedoch zu einem schweren Zusammenstoß zwischen Vorstand und Großaktionär der GBAG. Dort fühlte sich Huber zunehmend unwohl in der Rolle des Exekutivorgans Flicks und Vöglers, deren Expansionspolitik erhebliche finanzielle Verpflichtungen für das von ihm geleitete Unternehmen brachte. Huber, im Zuge der Fusionsverhandlungen 1926 einer der engsten Vertrauten Salomonsohns, hatte bereits bei der Aufnahme der *Gelsen-Notes* seine Befürchtungen über zu hohe Kosten der Geldbeschaffung geäußert, sich damit aber nicht durchsetzen können.[110]

In der Koenigs-Anleihe erblickte er eine erneute Zumutung für die GBAG, die er nur unter der Bedingung zu tragen bereit war, daß geringere Kosten entstanden und keine VSt-Aktien hinterlegt würden.[111] Flick reagierte auf Hubers Einlassungen eruptiv. Er erinnerte den Manager an das Verdienst Vöglers und seiner Person, durch die Phoenix-Transaktion der GBAG jenen Status verschafft zu haben, »den Sie selbst als das größte Ziel der Gelsenkirchener Gesellschaft wiederholt bezeichnet haben, nämlich die klare Beherrschung der VSt«. Weiter warf Flick Huber vor, bereits mehrfach Gelegenheiten zur Kreditbeschaffung

106 Zitat: GBAG/Vorstand an AR-Mitglieder, 20.2.1930, BBA 55/446; vgl. den weitgehend identischen Wortlaut der vorausgegangenen Pressemitteilung vom 16.2.1930, BAB R 8122/103.

107 Besprechung am 17.1.1930, MMA P 1.25.27.

108 Holding-Projekt Koenigs, o. D. [Juli 1929], BAB R 8122/252, Bl. 1-8; Finanzierungsprojekt Koenigs für Gelsen. Aufzug über Minesa, 2.8.1929, ebd., Bl. 19-23; Notiz für Herrn GenDir Flick, 28.8.1929, ebd., Bl. 24f.; Notiz, 2.9.1929, BAB R 8122/231, Bl. 33-35.

109 Niederschrift über die Sitzung des engeren Ausschusses am 11. Juni 1930, BAB R 8122/103.

110 Huber an Salomonsohn, 31.12.1927, BAB R 8122/227, Bl. 37.

111 Dazu der Telegrammwechsel Flick-Huber vom 30.8., 31.8. u. 1.9.1929, BAB R 8122/252, Bl. 38, 45-47.

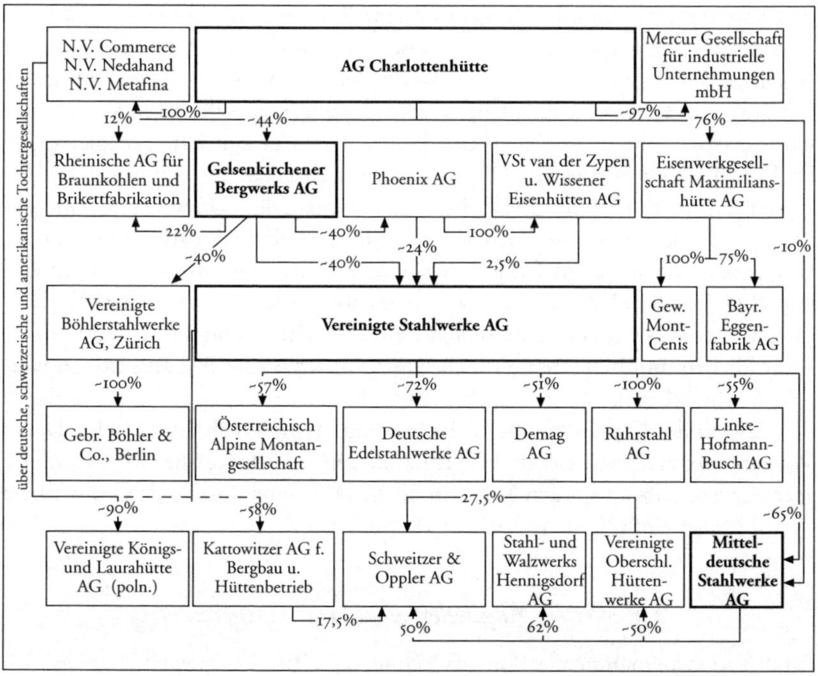

Quellen: Reckendrees, Stahltrust, S. 290, 331; Stand Ende 1931, StAN Rep. 502, KVA, Handakten, B-55; eigene Zusammenstellung.

Abb. II/2: Das Beteiligungsimperium der Charlottenhütte, Ende 1930/Anfang 1931

ausgelassen zu haben sowie die Lage am Geldmarkt in der sich eintrübenden Konjunktur nicht richtig einzuschätzen: »Eine Million Pfund ist ein Betrag, den man unter heutigen Verhältnissen nicht jeden Tag langfristig bekommen kann.« Die Befähigung des Vorstandsvorsitzenden, bei der finanziellen und strategischen Ausrichtung der GBAG mitzureden, stellte Flick in scharfem Ton gleich ganz in Abrede.[112] Seine Einschätzung, daß Huber seine Pläne obstruiere, verdichtete sich, als dieser unvermindert auf seinen Forderungen beharrte und bei Vögler um Unterstützung nachsuchte.[113] Flick nahm dies vorläufig zur Kenntnis, jedoch nicht ohne die Drohung, »auf die Angelegenheit noch zurückkommen« zu wollen.[114]

Der schwelende Konflikt kam nur wenige Monate später erneut zum Ausbruch, als Huber sich den weitausgreifenden Ideen Flicks über eine Verbindung zwischen GBAG und der Rheinischen AG für Braunkohlenbergbau und Brikett-

112 Alle Zitate: Flick an Huber, 2.9.1929, BAB R 8122/252, Bl. 42-44.
113 Huber an Flick, 6.9.1929, BAB R 8122/217, Bl. 2.
114 Flick an Huber, 9.9.1929, ebd., Bl. 1.

fabrikation (Rheinbraun) entgegenstellte, weil diese seiner Auffassung nach die Charlottenhütte begünstigten und Gelsenberg durch die »Aufwendung neuer gewaltiger Mittel« in untragbarer Weise belasteten. Mit seinen Einwänden wandte sich Huber bewußt nicht an Flick, sondern appellierte an seinen Aufsichtsratsvorsitzenden Vögler. Wenn Huber darauf gebaut hatte, Vögler gegen Flick in Stellung bringen zu können, sah er sich getäuscht. Entgegen Hubers expliziter Intention erhielt Flick einen Durchschlag des Schreibens.[115] Seine Reaktion ließ nicht lange auf sich warten. Einen anderen Anlaß aufnehmend[116], ging er zum Generalangriff auf Huber über und ließ den GBAG-Vorstand wissen: »Die Essener Herren, und zwar alle, glauben es bei ihren Effekten-Transaktionen ganz besonders schlau zu machen, aber dabei sind sie sehr dumm.«[117] Zwar blieben unmittelbare personelle Konsequenzen zunächst aus, jedoch wurden die Rheinbraun-Pläne fortgeführt und Hubers Stellung im Vorstand durch den Erwerb der Essener Steinkohlenbergwerke AG deutlich geschwächt: Deren Vorstandsvorsitzender Ernst Tengelmann, eine einflußreiche Reviergröße[118], avancierte rasch zum starken Mann in der GBAG-Direktion, so daß Huber bald darauf in den einflußarmen Aufsichtsrat wechselte.[119]

1.3. Weitere Angliederungen und Perspektiven

Parallel zur Übernahme des Phoenix' schlug die GBAG eine zweite Expansionsstrategie ein, die auf ihre Rückverwandlung von einer Holding in eine substanzstarke Produktionsgesellschaft zielte. Die Übernahmen der Adler AG sowie der Essener Steinkohle wurden in erster Linie von Flick und Vögler sowie ihren unmittelbaren Mitarbeitern durchgeführt, während der GBAG-Vorstand im wesentlichen nur Abwicklungsaufgaben wahrnahm. Allerdings traf die Beschaffung einer eigenen Produktionsgrundlage dort auf große Zustimmung. Der Aufsichtsrat wurde wie schon bei den Phoenix-Transaktionen vor vollendete Tatsachen gestellt, lediglich die Präsidialmitglieder – neben Flick und Vögler waren dies Kirdorf und die Disconto-Vertreter Salomonsohn und Franz Urbig – wurden früher eingeweiht. Die im Herbst 1928 abgeschlossenen Verhandlungen zum Erwerb der Adler AG, die über Bergwerksbesitz im Dortmunder Raum verfügte, dienten allein der Quotenbeschaffung für die modernisierte Zeche Monopol, deren Beteiligung am RWKS von 1,75 auf rund 2,7 Mio. t stieg. Die

115 Huber an Vögler, 8.2.1930, BAB R 8122/103.

116 Dabei ging es um Effektenkäufe über die Wodan Mij.; ebd.

117 Holle an Flick, 2.3.1930, BAB R 8122/102. Der Firmensitz der GBAG war, dem Namen zum Trotz, Essen.

118 1870-1954, Dr. ing. e. h.; zunächst zur See, später Bergmann; Bergschule Bochum; 1893 Steiger; 1898 Betriebsführer der Gew. Hercules, Essen, später Direktor; 1906 Gründungsdirektor der Essener Steinkohlenbergwerke; 1930-1933 VV der GBAG, 1933-1942 VV Essener Steinkohle, 1942 Wechsel in AR.

119 Huber an Vögler, 8.2.1930; Niederschrift über die Sitzung des Präsidiums des Aufsichtsrats der GBAG am 10.3.1930, beide BAB R 8122/103.

Adler-Betriebe wurden entweder stillgelegt oder zur Refinanzierung weiter veräußert, so daß ein Großteil der Kosten wieder eingespielt werden konnte.[120] Von größerem Gewicht war die Übernahme der Essener Steinkohle aus dem Besitz von Henschel & Sohn zur Jahreswende 1929/30. Mit seinem breiten Sortenspektrum war das Unternehmen eine der größten Bergwerksgesellschaften des Ruhrgebiets. 1928 hatten die Essener Zechen 3,6 Mio. t gefördert, für 1929 wurde ein Ergebnis von rund vier Mio. t erwartet. Mit der Kombination von Monopol und Essen erlangte die GBAG somit wieder ihre unter Kirdorfs Ägide etablierte Rolle als einer der führenden deutschen Steinkohlenförderer.[121]

Die Zielsetzung Flicks und Vöglers erschöpfte sich indes nicht darin, die Produktionsgrundlage der GBAG zu verbreitern. Von den Essener Zechen erhoffte sich die GBAG laufende Einnahmen für den Zinsdienst und gegebenenfalls eine Grundlage für die Aufnahme weiterer Mittel im Ausland.[122] Der Ankauf wurde über die Deutsche Bank vermittelt und kreditfinanziert. Der Aufwand verringerte sich beträchtlich durch den Umstand, daß vom Gesamtkapital in Höhe von 52,5 Mio. RM bereits neun Mio. RM im Essener Portefeuille lagen, folglich die erworbenen 28 Mio. über 64 Prozent der stimmberechtigten Aktien darstellten. Zudem konnte die Hattinger Henrichshütte, die Teil des Gesamtpakets war, zur Refinanzierung an die VSt abgegeben und in die neugegründete Ruhrstahl AG eingegliedert werden. Insgesamt bewertete man bei der GBAG die Transaktion daher als ein »sehr vorteilhaftes Geschäft«.[123]

Schließlich hatte die Essen-Übernahme noch eine in den GBAG-Gremien nicht explizit formulierte Dimension, die sich erst im Zusammenhang mit den parallel laufenden Rheinbraun-Plänen erschloß und – wie Huber trotz seiner ablehnenden Haltung zugab – »viel Phantasie und mancherlei Möglichkeiten« in sich barg.[124] Flick stand bereits seit 1927 in Gesprächen mit Paul Silverberg, dem Aufsichtsratsvorsitzenden und führenden Mann von Rheinbraun, die sich 1929 zunehmend zu Plänen für ein Zusammengehen verdichteten.[125] Verkürzt formuliert, ging es um eine Abgabe von Aktien der Harpener Bergbau AG, die sich im Einflußbereich von GBAG und Charlottenhütte befanden. Diese sollten

120 GBAG-Vorstand an Mitglieder des Aufsichtsrats, 23.10.1928, BBA 55/449; Niederschrift über die Sitzung des engeren Ausschusses des Aufsichtsrats der [GBAG] am 14.6.1929, BAB R 8122/927, Bl. 26-32.

121 GBAG-Vorstand an Mitglieder des engeren Ausschusses des AR, 24.12.1929, ebd., Bl. 6-8.

122 Niederschrift über die Sitzung am 11.6.1930, BAB R 8122/103.

123 GBAG-Vorstand an DeDi-Vorstand, 21.12.1929; Huber an Vögler, 21.12.1929, je BBA 55/450; Niederschrift über die Sitzung des engeren Ausschusses des Aufsichtsrats der [GBAG] am 22.1.1930, BBA 55/446; Zitat: Niederschrift über die Vorstandssitzung am 24.12.1929, BBA 55/448. Zur Henrichshütte Reckendrees, Stahltrust, S. 355, 458.

124 Huber an Vögler, 8.2.1930, BAB R 8122/103.

125 Salomonsohn an Huber, 25.10.1927, BAB R 8122/227, Bl. 5-7. Die Quellenlage erlaubt keine exakte Rekonstruktion dieser frühen Pläne; zu Silverbergs Plänen für einen Braunkohle-Steinkohleverbund: Gehlen, Silverberg, Teil V.1.a.2.; vage hingegen Mariaux, Gedenkwort, S. 372-375.

über einen komplizierten Ringtausch, der erneut auch Thyssen einschloß, mit dem bei Rheinbraun liegenden Paket kombiniert werden, um eine dominante Position bei Harpen zu erreichen. Während neben Huber auch Kirdorf und Urbig dem Vorhaben skeptisch gegenüberstanden, weil es die Verfügungsgewalt über die Harpen-Anteile der Charlottenhütte zuwies, argumentierten Flick und Vögler vehement für die Kooperation mit Silverberg.[126] Ihr erklärtes Ziel war, den Einfluß auf Rheinbraun bis zu einer ausschlaggebenden Beteiligung auszubauen und somit einerseits in den lukrativen Braunkohlensektor vorzustoßen und andererseits die effektive Kontrolle über Harpen zu erlangen.

Die Implikationen einer solchen Strategie waren weitreichend, wenn man sich die Verhältnisse beim RWKS verdeutlichte: 1928/29 vereinigten die VSt, Harpen, die GBAG und Essen 33,8 bis 35,6 Prozent der Verkaufsquoten für Steinkohle und Koks mit entsprechenden Stimmrechten auf sich.[127] In dem im Vergleich zur Eisenindustrie noch immer kleinteiligeren Steinkohlensektor bedeutete dies für die VSt-Flick-Gruppe eine Machtposition ähnlich jener, die sie in den Eisen- und Stahlverbänden bereits bekleidete: ein Block, gegen den keine Entscheidung getroffen werden konnte, da er über eine ausreichende Marktmacht verfügte, um das Syndikat jederzeit sprengen zu können. Nach dem Erwerb der Essener Steinkohle und mit dem angestrebten Zugriff auf Harpen hielt Flick (und mit ihm Vögler und Thyssen) ein Veto-Recht in allen Entscheidungen des RWKS in den Händen. Etwas pointierter formuliert drohte das älteste und einflußreichste deutsche Syndikat beinahe zu einer Steinkohlenverkaufsstelle der Flick-Beteiligungen zu werden. Daß dieser große Plan allerdings »Phantasie« bleiben sollte, deutete sich schon 1930 an. Einerseits verloren Syndikatsquoten in der tiefen Krise der folgenden Jahre an Bedeutung, andererseits reduzierten sich die finanziellen Handlungsspielräume der GBAG und der Charlottenhütte durch den Konjunktureinbruch und die fehlgeschlagenen Anleiheverhandlungen ebenso drastisch wie rapide.

126 Flick an Huber, 2.9.1929, BAB R 8122/252, Bl. 42-44; Besprechung am 25.9.1929, BAB R 8122/927, Bl. 15; Huber an Vögler, 8.2.1930, und Niederschrift über die Sitzung des Präsidiums am 10.3.1930, beide BAB R 8122/103; Niederschrift über die Sitzung des engeren Ausschusses des Aufsichtsrats am 1.7.1932, BBA 55/446. Der unmittelbar nach der Entscheidung, das Rheinbraun-Geschäft fortzusetzen, erfolgte und mit einer Personalfrage kaum überzeugend begründete Rücktritt Kirdorfs dokumentierte nachdrücklich die geänderten Machtverhältnisse, in denen das Ausscheiden des die GBAG jahrzehntelang autokratisch führenden Patriarchen umstandslos zur Kenntnis genommen wurde; Korrespondenz Holle-Vögler-Kirdorf, 28.3., 31.3. u. 1.4.1930, BAB R 8122/103.

127 Darin sind auch die rechtlich selbständigen, aber von Essen, Harpen und Maxhütte kontrollierten Gewerkschaften Pörtingsiepen, Viktoria-Lünen und Mont-Cenis sowie die von der Adler AG und der Gew. Johann Deimelsberg übernommenen Quoten enthalten; berechnet nach: Jahrbuch für den Oberbergamtsbezirk Dortmund 28. Den nächstgrößeren Block stellten die fiskalischen Zechen um die Hibernia AG, zur Vorgeschichte Bleidick, Hibernia-Affäre.

Fazit

War Flicks Aufstieg in Krieg und Inflation schon bemerkenswert, so war seine Entwicklung im Rahmen der Vereinigten Stahlwerke nur als spektakulär zu bezeichnen. Nicht nur gelang es Flick, seine wenig aussichtsreichen, finanziell schwer angeschlagenen Beteiligungen durch die Integration in den neuen Konzern zu konsolidieren. Aus einer Außenseiterposition heraus stieß er zudem in kürzester Zeit an die Spitze des ambitioniertesten Projekts der Branche vor. Dabei bewies er erneut sein Auge für finanzielle Spielräume, die sich aus der Besitzkonstellation seiner Übernahmeobjekte ergaben. Über den Umweg der GBAG konnte Flick zwar mit beträchtlichem, aber dennoch weit niedrigerem Aufwand als eine direkte Majorisierung der VSt bedeutet hätte, die Position des Mehrheitseigners erobern. Seine Transaktionen finanzierte Flick zu einem großen Teil durch Tauschgeschäfte, den Rest über die Mitte der zwanziger Jahre leicht mobilisierbaren Auslandskredite. Dabei ging er durchweg heimlich, still und leise vor. Seine Mehrheiten an GBAG und VSt blieben inoffiziell, die Geschäfte auf dem Weg dorthin liefen an den zuständigen Gremien vorbei. Lediglich seine engsten Mitarbeiter sowie der Kreis strategischer Partner, namentlich Vögler, Sempell, Thyssen und Goldschmidt, wurden in Planung und Ausführung der Majorisierungspolitik einbezogen. Schließlich bot Flicks Entscheidung, seine industrielle Eigenständigkeit gegen den Aktionärsstatus bei den VSt einzutauschen, auch den Vorteil, die operative Verantwortung dem Management des Konzerns zu überlassen, während er sich größeren strategischen Projekten widmete. Eines davon waren die skizzierten Steinkohlenpläne; ein anderes die Expansion in Oberschlesien.

2. Konzernbau als Außenpolitik: Oberschlesien

Mit dem Siegerländer und dem mitteldeutschen Besitz brachte die Charlottenhütte 1926 zwei ihrer regionalen Standbeine in die Vereinigten Stahlwerke ein. Hinzu kam mit den oberschlesischen Beteiligungen ein dritter Unternehmenskomplex, der ebenfalls eine organisatorische Neuaufteilung erfuhr und in den weiteren Einflußbereich der VSt eingegliedert wurde. Dabei verfestigte Flick die von ihm bereits zuvor vorgenommene Trennung der west- von den ostoberschlesischen Firmen durch die Gründung zweier Regionalkonzerne bis 1929 weiter. In langwierigen, oftmals komplizierten Verhandlungen, die einen Großteil der geschäftlichen Aktivitäten Flicks in der zweiten Hälfte der zwanziger Jahre beanspruchten, bemühte er sich sowohl um die finanzielle Konsolidierung der beiden oberschlesischen Unternehmensgruppen als auch um die Erweiterung seines Einflußbereichs im polnischen Teil des umstrittenen Gebietes. In beiden Fragen sollte der Mobilisierung deutscher Regierungsvertreter bzw. öffentlicher Gelder ausschlaggebende Bedeutung zukommen.

2.1. Westoberschlesien

2.1.1. Die Gründung der Vereinigten Oberschlesischen Hüttenwerke

Schon 1923 hatte der Oberpräsident der Provinz Oberschlesien, Alfons Proske, »eine gewisse Sonderbehandlung« der bei Deutschland verbliebenen Gebiete in wirtschaftlicher Hinsicht verlangt. »Wenn die oberschlesische Frage weiter im deutschen und preußischen Sinne gepflegt werden soll«, so der Zentrumspolitiker, »dann bedarf es zur Pflege der deutschen Kultur auch besonderer und wesentlicher Mittel.«[1] Aus seiner Sicht hieß dies vor allem, daß im Grenzgebiet die wirtschaftlichen Verhältnisse ausreichend stabil gehalten werden mußten, um eine anhaltend pro-deutsche Stimmung zu gewährleisten, die auch auf den abgetrennten, nun polnischen Teil ausstrahlte und somit den deutschen Revisionsanspruch aufrechterhielt.[2]

In den Besprechungen um die Sanierung der westoberschlesischen Eisenindustrie 1924 waren sich die Beteiligten dieser außenpolitischen Vorgaben stets bewußt und ihre jeweiligen Verhandlungstaktiken entsprechend vorgeprägt. Als sich im August 1924 Obereisen und Oberbedarf mit der Forderung nach Beihilfen an die öffentliche Hand wandten, argumentierten ihre Verantwortlichen daher umgehend, die wirtschaftliche Misere liege allein in der Grenzziehung begründet.[3] Obgleich nicht nur die Unternehmensvertreter, sondern auch die Ministerialbeamten unter Führung des Preußischen Handelsressorts, Ernst Bail, Hans Posse

1 [Denkschrift des] Oberpräsident[en] der Provinz Oberschlesien, 4.10.1923, BAB R 3101/15206, Bl. 3-7.

2 Vgl. Bericht 2. Kavalleriedivision an Wehrkreiskommando III, 23.9.1923, ebd., Bl. 10-12.

3 Vermerk über die Besprechung am 28.8.1924, GStA I. HA, Rep. 120C, Abt. VIII, Fach 1, Nr. 159, Bd. 2, Bl. 181f.

sowie Hermann Brekenfeld (Seehandlung), sich darüber bewußt waren, daß Obereisen und Oberbedarf bereits vor dem Krieg kaum rentabel gearbeitet hatten, entschied die preußische Regierung mit finanzieller Rückendeckung des Reiches, den Gesellschaften Kredite über je 23 Mio. RM zu gewähren. Zur Stützung der größten Arbeitgeber des westoberschlesischen Reviers kalkulierte man von vornherein jährliche Einbußen in Höhe von 1,4 Mio. RM durch Zinsverzicht ein. Dies geschah in der Erwartung, die angeschlagenen Konzerne wieder auf eine finanziell gesunde Grundlage zu stellen, zumal sich diese verpflichteten, über eine Fusion ihre strukturellen Schwächen zu beheben. Der von Eichberg und dem Vorstandsvorsitzenden von Oberbedarf, Rudolf Brennecke, genährte Optimismus drückte sich auch in der Fälligkeit des Kredits schon zum 31. Dezember 1926 aus.[4]

Diese Erwartungshaltung erwies sich indes als völlig verfehlt. Zum einen machten die Fusionsvorbereitungen keine erkennbaren Fortschritte, da Flick und Ballestrem anhaltend über die Gewichtung der Stimmanteile stritten. Die Forderung Oberbedarfs, mehr als die Hälfte der Aktien des fusionierten Unternehmens zu erhalten, hielt Flick für »eine völlige Verkennung der Sachlage«, weil seiner Meinung nach Obereisen weit weniger auf die Vereinigung angewiesen war als der »völlige Torso«, den die Oberbedarf-Werke darstellten.[5] Zum anderen besserte sich die wirtschaftliche Lage der Unternehmen 1925 nicht. Bereits ein halbes Jahr nach der Darlehnsvergabe schreckte der Obereisen-Vorstand Oberpräsident Proske mit der Ankündigung auf, ohne zusätzliche staatliche Hilfen zu Stillegungen überzugehen.[6] Völlig vor den Kopf geschlagen, mußten die Ministerialbeamten im August 1925 zur Kenntnis nehmen, »daß die beiden oberschlesischen Eisenwerke nicht lebensfähig sind, wenn ihnen nicht [...] gewisse Summen à fonds perdu gegeben werden«.[7]

Beide Gesellschaften unterstrichen, daß weder sie am Ende des folgenden Jahres in der Lage sein würden, die vereinbarten Rückzahlungen zu leisten, noch das angestrebte neue Unternehmen, eine konsolidierte Last von dann 46 Mio. RM zu tragen. Zu dem von Obereisen und Oberbedarf verlangten umfassenden Verzicht des Fiskus' waren jedoch die Regierungsvertreter vorerst nicht bereit und forderten größere Opfer der Aktionäre Flick und Ballestrem. Allerdings entging den Verantwortlichen nicht die weitreichende außenpolitische Bedeutung der Kreditfrage: »Ein Zusammenbruch der oberschlesischen Industrie«, so stellte der zuständige Ministerialdirektor im nun federführenden Reichswirtschaftsministerium, Hans Schäffer, unmißverständlich fest, »müsse unter allen

4 MfHuG (Bail) an PrFinMin, 6.9.1924; [Vermerk (Bail)], 5.9.1924; PrFinMin an MfHuG, 26.11.1924, alle GStA I. HA, Rep. 120C, Abt. VIII, Fach 1, Nr. 159, Bd. 2, Bl. 184f., 241f.; Vermerk, 26.11.1924; [Erklärung], 28.11.1924; Preußische Staatsbank (Brekenfeld) an MfHuG (Bail), 5.12.1924, alle ebd., Bd. 4.

5 Flick an Weidtmann, 2.3.1925, BAB R 8122/28, Bl. 102-104, Zitate: Bl. 103f.

6 Proske an MfHuG, 7.5.1925, GStA I. HA, Rep. 120C, Abt. VIII, Fach 1, Nr. 159, Bd. 3, Bl. 16-19.

7 Besprechung in der Seehandlung mit den Herren Generaldirektoren Stähler, Brennecke und Eichberg August 1925, o. D., ebd., Bl. 78.

Umständen vermieden werden, schon wegen Ostoberschlesien.« Einstweilen wurde die Deutsche Revisions- und Treuhand-AG mit der Buchprüfung beider Unternehmen beauftragt.[8]

Unterdessen warben die Industriellen um Unterstützung aus der regionalen Verwaltung. Ende 1925 kündigte Eichberg an, innerhalb eines Monats die wichtigsten Werke schließen zu müssen, wenn nicht der 46 Mio. RM-Kredit »irgendwie unfühlbar« gemacht werde. Explizit bemühte Eichberg die politische Relevanz einer fortgesetzten wirtschaftlichen Krise, indem er darauf verwies, die Entlassung von bis zu 30 000 Beschäftigten der Eisen- und Kohlebetriebe werde die auf den besseren Lebensbedingungen in Westoberschlesien basierende deutsche Propaganda im Grenzgebiet obsolet machen.[9] Entsprechend gebrieft, berichtete Proske daher nach Berlin, ohne die finanzielle Hilfe für die Eisenindustrie entfiele der »Magnetismus« Westoberschlesiens mit unabsehbaren Folgen für das »Deutschtum in Polnisch-Oberschlesien«.[10]

Die sowohl von Proske als auch von Vertretern der preußischen Staatsregierung vorgeschlagene Lösung sah die Zahlung einer direkten, einmaligen Subvention in Form einer Entschädigungsleistung für die in den Aufständen 1919/21 und durch die Teilung erlittenen wirtschaftlichen Schäden vor. Die Forderung ging unmittelbar auf die Vertreter der beiden betroffenen Unternehmen zurück und bot für Preußen die Aussicht, den eigenen Kredit zurückzuerhalten und künftige finanzielle Lasten auf das Reich umzulegen.[11] Da dies für das Reich schwerlich erstrebenswert war, mußte zunächst zwischen Gesamt- und Teilstaat eine gemeinsame Verhandlungslinie festgelegt werden, die weitere Entschädigungen ausschloß, ehe man Anfang 1926 in die Besprechungen mit den Industrievertretern ging.[12]

8 Tgb. Schäffer, 10.9.1925, IfZ ED 93, Bd. 1, Bl. 34f.; Zitat: Vermerk über die Besprechung wegen der Lage der oberschlesischen Eisenindustrie am 10.9.1925, 21.9.1925, GStA I. HA, Rep. 120C, Abt. VIII, Fach 1, Nr. 159, Bd. 3, Bl. 110-117. Anfangs dominierte eine harte Linie: »Substanzverluste hat grundsätzlich der Aktionär zu tragen und erst dann, wenn das vorhandene Vermögen zur Befriedigung der Gläubiger nicht ausreicht, muß sich der Gläubiger Abstriche an seinen Forderungen gefallen lassen«; Zur Lage der oberschlesischen Eisen-Industrie, o. D. [30.9.1925], GStA I. HA, Rep. 77, Tit. 856, Nr. 777. Neben Schäffer waren für das RWiM MinRat Johannes Heintze und für das RFM MinRat Lutz Graf Schwerin von Krosigk, für das MfHuG Bail, ORR Hans von Flotow und Brekenfeld maßgeblich beteiligt, ferner Samuel Ritscher von der Reichs-Kredit-Gesellschaft.

9 Schreiben des Dt. Bevollmächtigten für Arbeitsfragen in Oberschlesien, 4.1.1926, BAB R 901/66165, Bl. 34f.

10 Betrifft: Drohende Stillegung der oberschlesischen Eisenindustrie, 4.1.1926, GStA I. HA, Rep. 77, Tit. 856, Nr. 777.

11 Ebd., Bl. 2; Vermerk, 5.1.1926, BAB R 3101/17977, Bl. 9. Schon im Herbst 1925 hatte Schäffer vermerkt, die Argumentation der Industriellen laufe auf eine Erhöhung der – bereits gezahlten – Entschädigungen hinaus, »sonst kommt es auf dem Weg über die Politik schlimmer«; Tgb. Schäffer, 10.9.1925, IfZ ED 93, Bd. 1, Bl. 34.

12 Niederschrift über die Besprechung betreffend die Unterstützung der oberschlesischen Eisenindustrie am 12.1.1926, 12.1.1926, BAB R 3101/17977, Bl. 24-29; Niederschrift über

Die folgenden Gespräche zwischen Reichs- und preußischen Vertretern, Industriellen und Banken[13] waren gekennzeichnet von einer fortgesetzten Zurückdrängung der ökonomischen zugunsten der politischen Argumente. Insbesondere die Wirtschaftsvertreter verhehlten nicht, daß der Erhalt der oberschlesischen Eisenindustrie für sie primär eine politische Frage war: Einerseits wäre es ohne den verlorenen Krieg nie zu den finanziellen Schwierigkeiten gekommen, andererseits habe der Staat am Weiterbetrieb der Werke das größte Interesse. Daher reklamierten Eichberg und Brennecke, »die volle moralische Berechtigung« ihrer Ansprüche auf Subventionen und legten mit drohendem Unterton dar, ohne öffentliche Zuschüsse kein wirtschaftliches Interesse mehr an den Werken zu haben. Daß die mit hohen Kapitalien beteiligten Aktionäre schwerlich eine Stillegung anstrebten, blieb unerwähnt.[14] Den Anspruch auf Entschädigungszahlungen gaben die Vorstände von Obereisen und Oberbedarf trotz der rigorosen Ablehnung Schäffers nicht etwa auf, sondern verwandelten ihn vielmehr in die Legitimationsbasis für Forderungen nach einem weitgehenden Verzicht der öffentlichen Hand auf eine Verzinsung des zu verlängernden Kredits.[15]

In den Ministerien beurteilte man die Lage deutlich anders. Die gegenwärtige Krise hatte nach Ansicht der Sachbearbeiter kaum etwas mit den Nachkriegsunruhen zu tun, da die daraus entstandenen Schäden in der nachfolgenden Inflation getilgt worden waren. Vielmehr sahen die Beamten in der zu lange verzögerten Fusion der einzeln nicht lebensfähigen Unternehmen das Kernproblem. Dennoch waren sie bereit, den Zusammenschluß durch weitere finanzielle Zugeständnisse zu fördern, um die westoberschlesischen Werke dauerhaft zu erhalten und in die Lage zu versetzen, ihre Schulden zu begleichen. Allerdings sollte dies nicht in Gestalt einer »Rettung verlorener Vermögen durch eine Leistung der deutschen Allgemeinheit« geschehen.[16] Da auch der Revisionsbericht ergeben hatte, daß die beiden Unternehmen zwar immense Schulden aufgehäuft hatten – allein Obereisen wies Verpflichtungen in Höhe von annähernd 40 Mio. RM aus –, aber die Aktiva die Passiva noch immer überstiegen, sah man für eine direkte Reduzierung der Kreditforderung keinen Anlaß.[17]

die Besprechung, betreffend die Stützung der Oberschlesischen Eisenindustrie am 28.1.1926, 29.1.1926, BAB R 901/66165, Bl. 49-56.

13 Der Seehandlungskredit war 1924 nicht direkt an die Unternehmen, sondern über ein Bankenkonsortium unter Führung von Danat und Deutscher Bank gegeben worden, so daß sich die unmittelbare Schuldforderung Preußens gegen die Banken richtete, die wiederum einen Zahlungsanspruch gegen Obereisen und Oberbedarf hatten.

14 Niederschrift über die Besprechung, betreffend die Stützung der Oberschlesischen Eisenindustrie am 28.1.1926, 29.1.1926, BAB R 901/66165, Bl. 51 f; Brennecke/Eichberg an den Preuß. Ministerpräsidenten, 9.2.1926, BAB R 31010/17977, Bl. 96-99, Zitat Bl. 98.

15 Brennecke/Eichberg an Schäffer, 24.2.1926, ebd., Bl. 114-116.

16 [Unbetiteltes Exposé], o. D. [ca. Februar 1926], ebd.

17 Bericht der Deutsche Revisions- und Treuhand-AG über Prüfung der Eröffnungsbilanz per 1.10.1925 der vereinigten Werke Obereisen, Oberbedarf und Donnersmarckhütte, 14.12.1925, BAB R 8136/3963, Bl. 1-21; Vorlage für das Kabinett am 6.3.1926, 5.3.1926, BAB R 3101/17977, Bl. 161 f.

Unter maßgeblicher Beteiligung Jakob Goldschmidts einigten sich beide Seiten auf einen Mittelweg. Das Reich gewährte der zu gründenden Gesellschaft einen neuen Kredit über 36 Mio. RM, der erst nach fünf Jahren und dann nur mäßig verzinst werden sollte. Die Streckung von Zinsdienst und Abzahlungen auf einen Zeitraum von 35 Jahren bedeutete einen effektiven Verzicht auf 15 Mio. RM. Die zu den 1924 gewährten 46 Mio. RM fehlenden zehn Mio. sollten durch ein Bankenkonsortium an die Seehandlung zurückgezahlt werden. Im Gegenzug erhielten die Banken eine Schuldforderung gegen das Unternehmen in gleicher Höhe; dieser Betrag war explizit als Betriebsmittelkredit zur Modernisierung der Werke vorgesehen.[18] Im Reichskabinett fand der Vorschlag Anfang März 1926 Zustimmung. Das von den Flick- und Ballestrem-Vertretern betonte Grenzland-Argument hatte sich somit durchgesetzt.[19]

Ende März legten Obereisen, Oberbedarf sowie die ebenfalls zur Ballestrem-Gruppe zählende und inzwischen als Partnerin in die Fusion einbezogene Donnersmarckhütte einen ersten Vertragsentwurf für die Gründung des neuen Unternehmens vor. Der Konzern, der als Vereinigte Oberschlesische Hüttenwerke AG (VOH) firmierte, wies nicht nur dem Namen nach, sondern auch strukturell erkennbare Parallelen zu den VSt auf, insbesondere darin, daß die Gründergesellschaften bestehen blieben und die Aktien des neuen Unternehmens hielten. Das Stammkapital verteilte sich zu jeweils 50 Prozent auf Flick und Ballestrem, ein Poolabkommen sicherte die gemeinsame Verfügung über den Aktienbesitz bis zum Ablauf des Jahres 1930.[20] Indes zeigte sich die Leitung der Donnersmarckhütte, die das wirtschaftlich bestsituierteste der drei Unternehmen war, gegenüber Flick wenig begeistert von der Aussicht, den hohen Schuldenberg der beiden Partner mittragen zu müssen. Im Ergebnis sprach man ab, durch internen Zahlungsausgleich den Seehandlungskredit für die Donnersmarckhütte »unempfindlich« zu machen.[21]

Nicht ohne Grund sorgten sich daher die Vertreter der öffentlichen Hand, daß die Gründerunternehmen sich auf Kosten der neuen Gesellschaft sanierten.

18 Niederschrift über die Besprechung betreffend die Unterstützung der oberschlesischen Eisenindustrie am 12.1.1926, 12.1.1926, BAB R 3101/17977, Bl. 24-29; Niederschrift über die Besprechung über die Stützung der oberschlesischen Eisenindustrie am 10.2.1926 [...], 29.2.1926, ebd., Bl. 104-106; Tgb. Schäffer, 11.2.1926, IfZ ED 93, Bd.2, Bl. 7f.

19 Kabinettssitzung mit dem Preußischen Staatsministerium, 6.3.1926, in: AdR Weimarer Republik, Luther I u. II., Bd. 2, S. 1199. Vgl. Petzina, Ausgaben, S. 31, 33.

20 Vertrag zwischen der Oberschlesischen Eisenindustrie AG für Bergbau und Hüttenbetrieb, der Oberschlesischen Eisenbahn-Bedarfs-AG und der Donnersmarckhütte AG, 26.3.1926; Abkommen zwischen OEI, Oberbedarf, Donnersmarckhütte, 26.3.1926, beide BAB R 3101/17977, Bl. 210f., 219-221; [Poolvertrag], 19.6.1926, GStA I. HA, Rep. 120C, Abt. VIII, Fach 1, Nr. 159, Bd. 4.

21 Pieler an Flick, 12.3.1926, BAB R 3101/17977, Bl. 177-179; Zitat: Vertrag [...], 26.3.1926, ebd., Bl. 211. Auch in der Presse wurde scharfe Kritik an der Schädigung der freien Donnersmarck-Aktionäre laut; vgl. Das Kreditabkommen mit den oberschlesischen Eisenwerken, in: Berliner Tageblatt Nr. 113 v. 8.3.1926; Der oberschlesische Montantrust, in: BBC Nr. 115 v. 10.3.1926.

Dies deutete die undurchsichtige Berichtspraxis Obereisens gegenüber der Revisionsgesellschaft bereits an[22] und bestätigte die Prüfung der eingereichten Unterlagen. In den Vertragsentwürfen hatten Obereisen, Oberbedarf und Donnersmarckhütte die von den VOH zu übernehmenden Vorräte in exakt jener Höhe berechnet, um die ihre Verpflichtungen die Forderungen überstiegen, und so die eigenen Schulden ausgeglichen. Auf diese Weise belasteten die Gründer das neue Unternehmen und gewannen selbst finanziellen Spielraum.[23] Angesichts solch plumper Tricks wuchs das Mißtrauen bei den Beobachtern der öffentlichen Hand, und der Direktor der Reichs-Kredit-Gesellschaft (RKG), Samuel Ritscher, konnte sich »des Eindrucks nicht erwehren [...], als ob man uns gegenüber nicht mit der nötigen Offenheit vorgeht«.[24] Daß man hinter diesen Drehs im wesentlichen Obereisen vermutete, zeigte der vom Reich ausdrücklich verlangte Ausschluß Eichbergs und Flicks aus der unmittelbaren Führung der neuen Gesellschaft: Die Ballestrem-Vertreter Brennecke und Franz Pieler sollten den Vorsitz in Vorstand bzw. Aufsichtsrat übernehmen.[25]

Im Juni 1926 wurden schließlich, rückwirkend zum 1. Oktober 1925, die VOH mit einem Aktienkapital von 30 Mio. RM gegründet, das sich zu 50% auf LHL[26] und zu je 25% auf Oberbedarf und Donnersmarckhütte verteilte. Allerdings erhielten zwei Vertrauensleute des Reiches je eine Aktie, um als »Zünglein an der Waage« die aus dem fortlaufenden Kredit erwachsenden Interessen der öffentlichen Hand sicherzustellen. Flick übernahm den Posten des stellvertretenden Aufsichtsratsvorsitzenden, Fritz Thyssen und Oskar Sempell repräsentierten die VSt.[27]

22 Vgl. die Korrespondenz zwischen Schäffer und Goldschmidt im März 1926, BAB R 3101/17977, Bl. 191, 207; Bericht der Kommission über die Frage des Zusammenschlusses der Werke der oberschlesischen Eisenindustrie, 11.1.1926, GStA I. HA, Rep. 120C, Abt. VIII, Fach 1, Nr. 159, Bd. 4.

23 Flotow an Beil [sic], 29.3.1926, ebd.; Vermerk betreffend den Zusammenschluß von Obereisen, Oberbedarf und Donnersmarckhütte, 27.3.1926, BAB R 3101/17977, Bl. 230-232.

24 Ritscher an Schäffer, 29.3.1926, ebd., Bl. 227; ebenso: Tgb. Schäffer, 1.4.1926, IfZ ED 93, Bd. 2, Bl. 18.

25 Tgb. Schäffer, 1.4.1926, IfZ ED 93, Bd. 2, Bl. 18; Niederschrift über eine Besprechung über die endgültige Fassung des zwischen der öffentlichen Hand und den oberschlesischen Gesellschaften abzuschließenden Vertrages am 4.6.1926, 7.6.1926, BAB R 3101/17977, Bl. 388. Zeitweilig erwogen die staatlichen Vertreter gar, Flicks Unternehmen aus dem neuen Konzern fast gänzlich auszuschalten. Hiergegen protestierte jedoch erneut Proske, wenig glaubwürdig versichernd, dies aus »eigener Initiative, nicht angeregt von irgend einer anderen Seite« zu tun; Bericht, 11.1.1926, GStA I. HA, Rep. 120C, Abt. VIII, Fach 1, Nr. 159, Bd. 4; Zitat: Proske an MfHuG, 3.3.1926, ebd.

26 Obereisen fusionierte im September 1925 auf die LHL; Fusionsvertrag, 24.9.1925, BBA 55/286.

27 Vereinigte Oberschlesische Hüttenwerke AG, Gleiwitz, BAB R 8119F/P1536; Entwurf Gründungsvertrag VOH, o. D. [Mitte Mai 1926], BAB R 3101/17977, Bl. 351f.

2.1.2. Der Weg in die Krise

In einem ersten Resümee gaben sich die Ministerialbeamten 1926 zufrieden mit dem Erreichten: Durch die Fusion sahen sie die Grundlagen für die wirtschaftliche Gesundung der deutsch-oberschlesischen Eisenindustrie gelegt, mit der Kreditverlängerung auch »ein gewisses moralisches Anrecht auf Hilfeleistung« seitens der Unternehmen befriedigt und darüber hinaus die politischen Interessen gesichert. Von den Industriellen hatte man Erklärungen verlangt, daß Stilllegungen nicht ohne Zustimmung des Reiches vorgenommen würden bzw. daß in einem entsprechenden Falle die sofortige Rückzahlung des Kredits zum vollen Nominalbetrag von 36 Mio. RM fällig werden sollte.[28]

Erste Zweifel an der Wirksamkeit der getroffenen Vorkehrungen stellten sich bereits wenig später ein, als im Zuge der Neuanordnung des Flick'schen Besitzes LHL aufgelöst und die VOH-Beteiligung auf Mittelstahl übertragen wurde. Befürchtungen, die VOH könnten Opfer der »Rationalisierung-durch-Stillegung-Strategie« werden, wurden zunächst durch rechtlich unverbindliche Absichtserklärungen der Riesaer Führung beruhigt.[29] Gleichwohl währte die Zusammenarbeit nicht lange. Als der Poolvertrag zwischen Mittelstahl und Ballestrem Ende 1930 auslief, lehnte Flick eine Verlängerung ab und verkaufte im folgenden Februar seine hälftige Beteiligung an Ballestrem.[30] Während die Trennung Mittelstahls von den VOH in der Öffentlichkeit vorwiegend als industriepolitische Maßnahme zur Konzentration auf die Kernkompetenzen in Mitteldeutschland interpretiert und weniger mit dem in der Presse als passabel wahrgenommenen finanziellen Zustand der VOH in Verbindung gebracht wurde[31], beurteilte man bei der Reichsregierung die Situation präziser: Mittelstahl habe nicht länger die Dividendenlosigkeit des Unternehmens hinnehmen wollen und der Allgemeinheit die Sanierung der VOH überlassen, so die Quintessenz im Wirtschaftsministerium.[32]

In der Tat hatte die Zusammenlegung der Betriebe zwar anfangs zu positiven Ergebnissen geführt.[33] Doch schon im dritten Geschäftsjahr, noch vor Einsetzen

28 Denkschrift über Gewährung eines Kredites zur Stützung der Oberschlesischen Eisenindustrie AG und der Oberschlesischen Eisenbahnbedarfs-AG, [1926], PAAA R 31138k.

29 Briefwechsel Ritscher/Brennecke, 28.10./11.11.1926, BAB R 3101/17978, Bl. 23f., 33-36; Vermerk über eine Besprechung betreffend die Wirkung des Verkaufs der Aktien der [VOH] durch [LHL] an den mitteldeutschen Stahlverband, 23.11.1926; [Vermerk], 11.3.1927; MSt an Seehandlung, 11.6.1927, alle ebd., Bl. 18f., 69-71, 98f.

30 Brennecke an RWiM, 5.12.1930; Brennecke an Heintze, 3.1.1931, beide BAB R 3101/17995, Bl. 108, 113-15; Oberbedarf baut auf, in: Vossische Zeitung v. 11.2.1931, zit. nach: BAB R 3101/17980, Bl. 20; Schnellbrief RWiM an RFM, 15.12.1930, BAB R 2/15486, Bl. 30.

31 Oberbedarf baut auf, in: Vossische Zeitung v. 11.2.1931; Oberhütten–Oberbedarf, in: BBC v. 18.2.1931; Der Paketwechsel bei Oberhütten, in: FZ v. 18.2.1931, alle BAB R 3101/17980, Bl. 20f., 31.

32 Betrifft. [VOH], Gleiwitz. Nichterneuerung des Poolvertrages, 18.12.1930, BAB R 3101/17995, Bl. 111f.

33 Bericht über das Geschäftsjahr 1926/27 der VOH AG, BAB R 3101/17978, Bl. 185a-211.

der Weltwirtschaftskrise, waren die Einsparpotentiale weitgehend ausgeschöpft. Zu Jahresbeginn 1928 stellte Brennecke vor der Eisen-Enquête fest, daß der Frachtnachteil, die geringeren Hochofenleistungen infolge der minderwertigen heimischen Kohle sowie die Folgen des Handelskrieges mit Polen die deutsch-oberschlesische Eisenindustrie vor existentielle Probleme stellten. Brennecke nutzte die Gelegenheit, gebetsmühlenartig seine Forderung vorzubringen, den Staatskredit »als Entschädigung für durch die politischen Ereignisse entstandene Schäden« – mithin als nicht rückzahlungspflichtig – aufzufassen.[34]

Intern reagierten die VOH, auch darin den VSt vergleichbar, mit einem umfassenden Investitionsprogramm, das die Anlagenleistung verbessern und die Fixkosten senken sollte.[35] Als jedoch im Frühjahr 1928 die Aufträge ausblieben und im Sommer die ersten Teilstillegungen vorgenommen werden mußten[36], forderte Flick eine Beschränkung der Modernisierungsmaßnahmen und attackierte die zu hohen Tariflöhne und Sozialabgaben: Ohne diesen Kostendruck, so Flick im Januar 1929, wäre auch das Rationalisierungserfordernis geringer.[37]

1930 war die schwere Krise unübersehbar, die Produktionszahlen blieben hinter den bereits schlechten Ergebnissen des Gründungsjahres zurück (Tab. II/2). Pieler und Brennecke nutzten dies zu einem weiteren Angriff auf die Kreditforderung der öffentlichen Hand und kündigten das Ausbleiben der ab Herbst vertraglich vorgesehen Zins- und Rückzahlungen an. Das Darlehen bezeichnete Brennecke in einer bemerkenswerten Verdrehung der Tatsachen als »Abwälzung staatlicher Verpflichtungen auf ein Unternehmen«. Flick beteiligte sich an der Attacke nicht, vermutlich weil er mit den Reichsvertretern zeitgleich in Ostoberschlesien gut kooperierte und zudem der Ausstieg bei VOH sich bereits abzeichnete.[38]

In der Tat unterstrich die Entwicklung nach Flicks Ausstieg, die hier nur skizziert werden kann[39], daß der Kopf der Charlottenhütte ein sinkendes Schiff verließ. Im September 1930 teilte Brennecke dem Reichwirtschaftsministerium mit, daß das Unternehmen definitiv nicht in der Lage sein werde, irgendwelche Zins-

34 18. Sitzung der 3. Arbeitsgruppe (Eisenindustrie) des Unterausschusses III am 26.1.1928, BADH R 13 I/330, Bl. 41-50, Zitat: Bl. 85.

35 Ende 1929 bezifferte Brennecke die seit 1926 erfolgten Investitionen mit rund 20 Mio. RM; Vermerk über die Besprechung am 7.10. im RWM über die wirtschaftliche Lage der VOH, 22.10.1929, BAB R 3101/17979, Bl. 119 f.

36 Monatsberichte der VOH April 1928 v. 10.5.1928, und Mai 1928 v. 11.6.1928; Brennecke an Ritscher, 30.5., 24.7. u. 5.10.1928, alle BAB R 3101/17978, Bl. 218 f., 222-232, 238-246, 250 f., 295.

37 Niederschrift über die Sitzung des Aufsichtsrats-Ausschusses am 29.1.1929, ebd., Bl. 400-414.

38 Niederschrift über die Sitzung des Aufsichtsrats-Ausschusses am 4.3.1930, BAB R 3101/17979, Bl. 276-296.

39 Eine Darstellung der Oberhütten-Geschichte steht noch aus. Reiches Quellenmaterial findet sich infolge der mehrfachen Sanierungen u. a. in den Überlieferungen der Ministerien und der Großbanken.

Tab. II/2: Produktions- und Umsatzzahlen der VOH, 1925/26-1930/31

	1925/26	1926/27	1927/28	1928/29	1929/30	1930/31
Steinkohlen in t	688.482	765.691	814.240	845.159	776.447	662.585
Koks in t	334.469	398.958	423.561	448.008	374.044	205.238
Roheisen und Ferromangan in t	194.115	257.068	203.636	180.733	110.785	66.077
Rohstahl in t	331.149	434.892	427.261	432.306	305.561	244.262
Walzwerks-erzeugnisse in t	221.971	301.504	327.732	325.928	219.122	106.808
Drahtwaren inkl. Material zur Weiter-verarbeitung in t	152.000	189.000	184.401	170.809	145.514	123.042
Produktionswert der Werkstätten-betriebe in RM	6.800.000	15.700.000	16.700.000	15.900.000	16.400.000	11.700.000
Umsatz an Fremde in RM	97.700.000	104.800.000	99.500.000	78.500.000	57.800.000	41.300.000

Quellen: VOH. Bericht über das Geschäftsjahr 1929/30, BAB R 3101/17980, Bl. 106; Bericht über das Geschäftsjahr 1930/31, BAB R 8119F/P1536, Bl. 61-70; Bericht der Deutsche Revisions- und Treuhand-AG über die Prüfung des Jahresabschlusses zum 30.9.1932, 16.6.1933, BAB R 8119F/P155.

und Amortisationszahlungen zu leisten[40], und nur ein Jahr später beschrieb Ritscher die Lage der VOH noch als »sehr viel bedrohlicher« als sie der Vorstand bis dahin dargestellt hatte. Insgesamt bezifferte Ritscher den in einer »ehrlichen Bilanz« zu verbuchenden Verlust mit etwa 13 Mio. RM, so daß ein Drittel des Aktienkapitals sowie die ausgewiesenen Reserven abzuschreiben waren.[41] Ein nicht unerheblicher Teil davon stellte Flicks Vermächtnis dar, das er bei seinem Ausscheiden als Kapitaleigner – im Aufsichtsrat blieb er ebenso wie Sempell zunächst vertreten – hinterlassen hatte. Mit den Beteiligungen an Schweitzer & Oppler und an der Schlesischen Montangesellschaft mbH (Montana)[42] gingen

40 Vorstand VOH an RWiM, 2.9.1930, BAB R 3101/17995, Bl. 85-91.

41 Ritscher an Heintze, 20.8.1931, BAB R 3101/17980, Bl. 162-167, Zitate: Bl. 163, 165. Ritschers Einschätzung wurde durch die Revision bestätigt, die allein die kurzfristigen Bankschulden auf 16,83 Mio. RM bezifferte und keine Deckung der Passiva mehr vorfand; Bericht der Deutschen Revisions- und Treuhand-AG über den Status zum 31.7.1931, 22.9.1931, BAB R 3101/17996, Bl. 58-105.

42 Ritscher an Heintze, 20.8.1931, BAB R 3101/17980, Bl. 162-167. Die Montana war Ende 1928 durch Flick und Brennecke von der Königs-Laura für die VOH gekauft worden. Zweifel des RWiM an dem Erwerb, der im Kern zur Querfinanzierung der ost- durch

zwei der größten Schuldenposten unmittelbar auf Flick zurück, weitere Altlasten fanden sich alsbald.[43]

Unter dem doppelten Druck der Weltwirtschaftskrise und der hohen Verschuldung brach der westoberschlesische Konzern schließlich zusammen. Im Oktober 1931 wurde sinnfällig der letzte Hochofen der Julienhütte stillgelegt, zum Jahresende konnte das Unternehmen keine Löhne und Gehälter mehr auszahlen.[44] Erst nach zwei Sanierungen mit erheblichen Kapitalschnitten, die zusammen über 30 Mio. RM eingezahltes Kapital vernichteten, sowie unter großen Opfern der Banken und nicht zuletzt der öffentlichen Hand konnten die VOH 1935 stabilisiert werden. Insgesamt kostete der Erhalt der westoberschlesischen Werke den Staat ca. 37 Mio. RM, effektiv also den 1924/26 gewährten Kredit[45] – »zum größten Teil im nationalen Interesse«, wie die VOH-Führung versicherte.[46]

Vor dem Hintergrund der massiven Verluste aller Beteiligten trat 1932 die Ballestrem'sche Verwaltung an Flick mit der Bitte heran, den Kaufpreis für seine früheren VOH-Anteile zu reduzieren und auf die Verzinsung zu verzichten, was dieser ablehnte.[47] Dies war indes kein Ausdruck besonderer Unerbittlichkeit – Flick befand sich selbst in einer schweren Finanzkrise.

2.2. Ostoberschlesien[48]

2.2.1. Die Gründung der Fiduciaire

Auch aus Ostoberschlesien hatte sich Flick, seitdem er 1923 den Weg zurück nach Westen eingeleitet und mit der Beherrschung der VSt 1930 vorläufig ab-

die westoberschlesischen Beteiligungen Flicks diente, hatte dieser ohne präzise Begründung zurückgewiesen. 1931 stellte Ritscher nüchtern fest: »Ich befürchte, daß dieses ganze Geschäft tatsächlich Vorteile nur der Königs- und Laurahütte gebracht hat«; Ritscher an Brennecke, 19.11.1931, ebd., Bl. 346; Niederschrift über die Sitzung des Aufsichtsrats-Ausschusses am 29.1.1929, BAB R 3101/17978, Bl. 411-413; Brennecke an Ritscher, 29.12.1928, ebd., Bl. 420-422.

43 Brennecke an Heintze, 16.3.1932; RWiM an Brennecke, 19.3.1932 (Entwurf), BAB R 3101/17980, Bl. 349-351, 352-353; Kopenhagen an VOH, 11.11.1932, BAB R 8119F/P1531, Bl. 30-35.

44 Ritscher an Heintze, 7.10.1931; Ritscher an Trendelenburg, 31.12.1931, BAB R 3101/17980, Bl. 190, 559-561.

45 Denkschrift über die Reorganisation der [VOH] (Oberhütten) und über die Frage des Zusammenschlusses der Hütte der Borsigwerk A.-G. mit Oberhütten, 24.3.1932, PAAA R 93521; Denkschrift über die wirtschaftliche Entwicklung der [VOH] und ihrer Rechtsvorgängerinnen seit Kriegsende, [1933], BAB R 3101/18009, Bl. 69; Seehandlung an RWiM, 19.12.1934, BAB R 3101/18010, Bl. 5-12.

46 VOH an Brüning, 2.3.1932, BAB R 2/15486, Bl. 377.

47 Aktennotiz über die heutige Besprechung mit Herrn GenDir Pieler, 12.2.1932, BAB R 8122/27, Bl. 2f.

48 Der folgende Abschnitt knüpft an die Darstellungen bei Reckendrees, Stahltrust, und ders./Priemel. Politik, an, unter stärkerer Akzentuierung der Taktik, Methodik und Argumentationsfiguren Flicks.

geschlossen hatte, keineswegs zurückgezogen. Innerhalb des Stahlvereins blieb Flick die führende Persönlichkeit für sämtliche mittel- und ostdeutschen sowie polnischen Beteiligungen.[49] Dabei begnügte er sich nicht mit der Überwachung der Geschäftstätigkeit der oberschlesischen Firmen, sondern verlor sein früheres Ziel, die regionale Schwerindustrie in einer Hand zu konzentrieren, nicht aus den Augen. Unterstützt vom Vorstandsvorsitzenden der Kattowitzer AG (KAG), Gustav Williger, ein rigoroser Vertreter einer aktiven deutschen Volkstumspolitik in Polnisch-Oberschlesien, hielt Flick weiterhin Ausschau nach geeigneten Expansionsobjekten.[50] Insbesondere galt sein Interesse der Königs-Laura, deren Assoziierung mit Bismarckhütte/KAG er 1923 schon fast perfekt gemacht hatte. Die Königs-Laura stand während der zwanziger Jahre kontinuierlich unter wirtschaftlichem ebenso wie unter politischem Druck. Diese Probleme bedeuteten einerseits eine potentielle Belastung, andererseits erhöhten sie die Übernahmechancen.[51] Angesichts schwebender Steuernachforderungen des polnischen Fiskus' gegen die Königs-Laura warnte Williger zwar, bis zur Klärung dieser Fragen »von der K. L. unter allen Umständen die Finger [zu] lassen«, verfolgte aber das Geschehen bei dem benachbarten Unternehmen ebenso wie Flick weiter aufmerksam.[52]

Die Zukunft der Königs-Laura wurde 1925 mit dem Zusammenbruch von Bosels Inflationsimperium unerwartet akut, nicht nur für Flick, sondern auch für die deutschen Dienststellen in Polen, die jede Veränderung in Besitz und Organisation der montanindustriellen Unternehmen argwöhnisch beobachteten und für Gerüchte über etwaige Verkaufsabsichten stets hellhörig waren.[53] Insbesondere das Generalkonsulat in Kattowitz reagierte alarmiert auf Meldungen, daß Weinmann Bosels Aktien übernehmen wollte. In dem tschechischen Kohlenindustriellen erblickte man keinen Vertreter deutscher Interessen bei der Königs-Laura und warf ihm vor, gegenüber polnischen Forderungen nach Änderungen in der Unternehmensleitung unnötig konziliant zu sein.[54] Schon 1923 hatten die Diplomaten die Verhandlungen Flicks mit Weinmann und Bosel überaus besorgt verfolgt, zumal Flick gegenüber dem damaligen Generalkonsul angedeu-

49 Flick oblag u. a. die Führung von Mittelstahl und darüber der VOH-Beteiligung; auch das Ost-Komitee stand unter seiner Leitung, vgl. das Folgende und Reckendrees, Stahltrust, S. 330-332.

50 Williger an Flick, 4.5., 3.7. u. 8.12.1923; Flick an Williger, 11.5.1923, alle BAB R 8122/1020.

51 Vgl. Kallenborn an Flick, 15.4.1924, BAB R 8122/1019. Der deutsche Generalkonsul in Kattowitz sprach im April 1924 von einer »riesigen Unterbilanz«, Frank an AA, 24.4.1924, PAAA R 31135k.

52 Williger an Flick, 19.11. u. 9.12.1924, BAB R 8122/1020; Flick an Williger, 13.12.1924, BAB R 8122/136.

53 Z. B. Oberpräsident der Provinz Oberschlesien an AA u. a., 12.2.1924, PAAA R 31135k; Generalkonsulat Kattowitz an AA, 5.8.1924; Aufzeichnung, o. D. [Mitte Februar 1925], PAAA R 94084.

54 GenKons Frank an AA, 2.5.1924, PAAA R 31135k; Weinmann an Gutmann, 15.6.1925, und Gutmann an StS a. D. Lewald (AA), 19.6.1925, BAB R 901/65691, Bl. 87-89.

tet hatte, daß er darüber nachdachte, »ob die keineswegs rosigen Aussichten der Bergwerks- und Hüttenindustrie in Polnisch-Oberschlesien es nicht ratsam erscheinen ließen, rechtzeitig seine oberschlesischen Werke abzustoßen.«[55]

Zwar hatten sich die Befürchtungen 1923 nicht bestätigt, doch nur zwei Jahre später sahen sich die Diplomaten mit der gleichen Situation konfrontiert. Diesmal kolportierte der Reichsvertreter bei der Gemischten Kommission für Oberschlesien, Karl Budding, daß Flick mit Weinmann über den Verkauf seines Besitzes bei Bismarckhütte/KAG verhandele, und empfahl, »daß von unserer Seite alle Schritte unternommen werden, um dieses Geschäft zu verhindern.« Besondere Bedeutung maß Budding dem Umstand bei, daß ohne die deutschen Stimmen die Leitung im Oberschlesischen Berg- und Hüttenmännischen Verein, dem wichtigsten regionalen Wirtschaftsverband, dem Williger vorstand, verloren zu gehen drohte.[56]

Während man in Berlin zunächst verhalten auf diese Gerüchte reagierte, weil man »vom deutschen Standpunkt aus keinen großen Unterschied [sah], ob Herr Flick oder Herr Weinmann die Aktien der Bismarckhütte und der Kattowitzer Aktiengesellschaft besitzt«[57], verfolgte das Generalkonsulat die Entwicklung mit großer Sorge. Vor dem Hintergrund der zeitgleichen Verhandlungen über eine Beteiligung der New Yorker Investmentgruppe W.A. Harriman & Co. Inc. am oberschlesischen Giesche-Konzern, bei der man die deutschen Interessen grob vernachlässigt sah[58], griff der neue Generalkonsul Werner Freiherr von Grünau im Juni 1926 die Mutmaßungen um einen Zusammenschluß von KAG und Königs-Laura auf. Nach Ansicht des Konsuls war es »ganz von dem guten Willen des Herrn Flick abhängig, ob dieser Riesenkonzern gebildet werden und in tschechische Hände übergehen soll oder nicht«. Grünaus Empfehlung an seine Vorgesetzten in Berlin war unmißverständlich: Wollte man am deutschen Charakter des Abtrittsgebietes und an der Grenzrevision generell festhalten, waren der Industrie als »wirtschaftliche[r] Kraftquelle des Deutschtums in Ostoberschlesien schlechthin« finanzielle Mittel »in konsequenter und weitherziger

55 Fusionspläne in der Montan-Industrie Polnisch-Oberschlesien, 27.4.1923, PAAA R 177954.

56 Budding an Zechlin/AA, 16.9.1925, PAAA R 31136k. Urheber dieser Gerüchte war vermutlich Flick selbst: Als Kommissionsmitglied stand Budding in engem Kontakt zu Hans Lukaschek (1885-1960), Landrat in Kattowitz und ebf. deutscher Kommissionsvertreter. Lukaschek hatte über seinen Verwandten Kallenborn Verbindungen zu Flick und sollte in den kommenden Jahren dessen Position in Ostoberschlesien regelmäßig unterstützen; zur Person: Studium der Rechtswissenschaften, 1919 Landrat; Mitglied Gemischte Kommission; 1929-33 Oberpräsident Provinz Oberschlesien u. Regierungspräsident Oppeln; 1933-44 Rechtsanwalt in Breslau, Mitglied des Kreisauer Kreises, Verhaftung 1944, Freispruch vor dem Volksgerichtshof; 1945 Mitbegründer der CDU; 1945/46 thüring. Vizepräsident; 1949-53 Bundesvertriebenenminister.

57 Zechlin an Budding, 26.9.1925, PAAA 31136k; Kein Verkauf der Bismarckhütte, in: DAZ Nr. 527 v. 7.11.1925.

58 Vgl. Verenkotte, Bündnis, S. 313-315, Abramson, Century, S. 157 f. Zur Biographie Harrimans (1891-1986) ebd.

Weise« zur Verfügung zu stellen.[59] Was er sich genau darunter vorstellte, konkretisierte Grünau nur wenig später:

> »Es müsste versucht werden, auf solche oberschlesischen Gesellschaften, die zur Zeit von ausländischem Kapital kontrolliert werden, durch Aktienübernahmen maßgebenden Einfluß zu gewinnen. Die Möglichkeit besteht bei der ›Vereinigte Königs- und Laurahütte A.G.‹ [...]. – Die hiernach erforderlichen Transaktionen würden nach Ansicht hiesiger Kreise am besten durch Vermittlung eines geschickten Vertrauensmannes durchgeführt werden. Als in erster Linie hierfür geeignet wird der Generaldirektor Flick in Berlin bezeichnet, der als Inhaber der Aktienmajorität des Konzerns Bismarckhütte-Kattowitzer AG mit den Verhältnissen der Oberschlesischen Industrie am besten vertraut ist.«[60]

Dies las sich nicht nur wie ein Programmentwurf aus der Feder Flicks, sondern war es wohl auch[61], stand doch Flick spätestens seit Herbst 1926 in Verhandlungen mit Weinmann über den Aufkauf von Bosels Paket.[62] Nicht zuletzt diente Grünaus Bericht als Empfehlungsschreiben an die Berliner Ministerien für den bis dahin im Reich noch weitgehend unbekannten Siegerländer Industriellen: Im November trat Flick in Gespräche mit dem Reichsfinanzministerium ein, während das Kattowitzer Konsulat beim Auswärtigen Amt energisch darauf drängte, den angeblichen Erwerb des Bosel-Pakets durch Weinmann zu verhindern.[63]

Ob tatsächlich, wie Flick später nicht müde wurde zu betonen[64], die Reichsregierung den formal ersten Schritt zur Anbahnung einer Zusammenarbeit unternahm oder aber auf eine Anregung des Großindustriellen reagierte[65] – am Beginn der Informationskette stand Flick selbst. Zusammen mit seinen Mitarbeitern hatte er in den vergangenen Jahren wiederholt Gelegenheit gehabt, das massive außenpolitische Interesse der deutschen Regierungsstellen an den oberschlesischen Besitzfragen zu beobachten. Entsprechend konnte er auf eine Fortsetzung dieser Politik in der Frage der Königs-Laura bauen und seine eigenen Expansionsziele daran ausrichten. Zudem war Flick sicher nicht entgangen, daß

59 Grünau an AA, 25.6.1926, ADAP, B, II, S. 53-57.

60 Aufzeichnung über den Stand der Polonisierung der ostoberschlesischen Industrie, 27.11.1926, PAAA R 31138k.

61 Bei seinen Besuchen in Kattowitz traf Flick regelmäßig Angehörige des Konsulats. Zudem konsultierte Grünau gewöhnlich Geisenheimer, der seinerseits mit Flick und Richthofen engen Kontakt pflegte; z. B. Grünau an Zechlin, 30.3.1927, ebd.; Korrespondenz Richthofen/Geisenheimer 1926-30 in BAK N 1164/23.

62 Flick an Weinmann, 31.12.1926, BAB R 8122/257, in dem Flick die vorausgegangenen »vielfachen [...] Besprechungen« erwähnt. Vgl. Reckendrees, Stahltrust, S. 481-484.

63 Flick an Köhler, 24.2.1927, PAAA R 31138k; Telegramm 19.1.1927, ebd.

64 Beispielhaft: Flick an RWiM (Heintze), 18.7.1927, BAB R 8136/3433, Bl. 108-113; Chh (Vögler/Flick) an RWiM (Schäffer), 27.4.1928, PAAA R 117954.

65 So z. B. Betrifft: Aktienkauf der Vereinigten Königs- und Laurahütte, 28.2.1927, PAAA R 31138k.

die schwere Finanzkrise des oberschlesischen Magnaten Fürst von Pleß, der ebenfalls über ausgedehnten bergbaulichen Besitz verfügte, 1925 auf Intervention des Auswärtigen Amtes als Teil der Deutschtumspolitik mit einem Reichskredit in Millionenhöhe vorläufig abgewendet worden war.[66]

Dies markierte den Auftakt einer rasch an Bedeutung gewinnenden »Finanzaußenpolitik«, die über gezielte Förderung der deutschen Minderheiten den Anspruch auf Revision der Versailler Ostgrenzen aufrecht erhalten sollte. Unter Stresemanns Führung verlagerte die Reichsregierung den Schwerpunkt zunehmend von der Kultur- zur Wirtschaftsförderung, die über eine im Frühjahr 1926 eigens gegründete Verteilungsorganisation betrieben wurde und, entgegen den ursprünglichen Absichten, bald auch die kostenintensive oberschlesische Montanindustrie erfaßte.[67] Ende 1926 einigten sich Flick und die Reichsregierung auf eine gemeinsame Beteiligung an der Königs-Laura »unter Finanzierung des erheblichsten Teiles durch das Reichsfinanzministerium«. Im Januar 1927 bewilligte das Kabinett 15 Mio. RM für den Ankauf des Bosel-Pakets an Königs-Laura-Aktien.[68]

Mit dem Sturz der Regierung Marx nur eine Woche nach der Entscheidung gerieten die bis dahin flüssigen Verhandlungen aber unvermittelt ins Stocken, da der neue Finanzminister Heinrich Köhler eine Prüfung in seinem Hause wie auch eine erneute Stellungnahme des Kabinetts für erforderlich hielt. Trotz mehrfachen Drängens Flicks, des Kattowitzer Konsulats und des Außenministeriums stagnierten die Gespräche.[69] Umgehend erhöhte Flick den Druck. In einem Schreiben an Köhler machte der Konzernherr »schwerste Bedenken« privatwirtschaftlicher Art gegen den Kauf geltend, die er wegen der nationalen Bedeutung beiseite geschoben habe. Auch der wenig subtile Verweis, daß aus ökonomischer Sicht »eine Abstoßung des bereits vorhandenen polnischen Besitzes selbst mit erheblichen Verlusten wohl das empfehlenswertere sei«, fehlte nicht, um Flicks eigentliches Anliegen zu unterstützen: den Geschäftsabschluß in den nächsten Tagen herbeizuführen, andernfalls das Scheitern drohe.[70]

66 Die Pleß'sche Güterdirektion blieb für viele Jahre ein Zuschußbetrieb, der nur mit staatlichen Beihilfen am Leben gehalten wurde. Die letzte große Sanierungsaktion sollte 1936/37 erfolgen, wiederum durch das Reich und unter maßgeblicher Mitarbeit Flicks und Alfred Rohdes.

67 Ausführlich Krekeler, Revisionsanspruch, S. 87-104. Zu Stresemann unterhielt Flick mindestens seit Ende 1926 regelmäßige Beziehungen, vgl. eine Anmerkung von StS Schubert v. 31.12.1926, ADAP, B, II, S. 470 (Anm. 6).

68 Flick an RWiM, 8.3.1927, PAAA R 31138k; Kabinettssitzung v. 22.1.1927, in: AdR, Marx III u. IV, Bd. 1, S. 510 f. (Anm. 9).

69 Aufzeichnung, 23.2.1927, PAAA R 31138k; Aufzeichnung betreffend den Erwerb von König-Laura-Aktien durch das Reich, 8.2.1927, ebd.

70 So verwies Flick darauf, daß die Charlottenhütte als »reichsdeutsche[r] Konzern [ihren] Aktionären gegenüber für die richtige Verwaltung des Kapitals verantwortlich« sei: Damit konnte er nur sich selbst meinen; Flick an Köhler, 24.2.1927, PAAA R 31138k.

Indes verstrich die gesetzte Frist trotz weiterer unterstützender Eingaben aus Oberschlesien,[71] und im März erklärte Flick schließlich seinen Rücktritt von den gemeinsamen Erwerbsplänen. Er vermisse bei den Regierungsvertretern »die richtige Auffassung der tatsächlichen Lage«, ließ Flick wissen, seien doch die Staatsorgane auf seine Mitarbeit angewiesen und nicht etwa umgekehrt: »Ein unbefangener Dritter hätte den Eindruck gewinnen müssen, als ob ich meinerseits aus meiner eigenen Initiative mit Anträgen an das Reich herangetreten sei.«[72] Flick fühlte sich verkannt oder wollte jedenfalls Reichswirtschaftsminister Julius Curtius, dem er so seinen Verzicht auf einen weitere Zusammenarbeit begründete, diesen Eindruck vermitteln. Curtius' zuständiger Ministerialdirektor Schäffer, der Flick bereits aus den Verhandlungen um die Subventionen im Siegerland und den Seehandlungskredit für die VOH kannte, schätzte die Lage hingegen nüchtern als Bluff ein und »meinte, daß Herr Flick schon bei der Stange bleiben werde«.[73]

Dies war in der Tat der Fall, wenngleich anders als Schäffer sich dies vorgestellt hatte. In den nächsten Wochen betrieb Flick intensive Lobbyarbeit und wollte um eine Rückkehr an den Verhandlungstisch förmlich gebeten werden. So meldete sich prompt Grünau aus Kattowitz und beklagte die fahrlässige Berliner Politik, die – statt in Flick einen nationalen Interessen zugänglichen Industriellen zu unterstützen – diesen gar dazu gebracht habe, seine Verkaufspläne in Oberschlesien zu reanimieren. Ausdrücklich forderte der Diplomat, Flicks finanziellen Wünschen entgegenzukommen, da »[w]ir nicht froh genug darüber sein [können], daß sich trotz der hiesigen Schwierigkeiten und der schlechten Aussichten jemand gefunden hat, der an der hiesigen Industrie Interesse nimmt und auch unter Umständen dieses Interesse erweitern will«.[74] Auch der Geschäftsführer des Berg- und Hüttenmännischen Vereins, Paul Geisenheimer, kritisierte die ministeriale Zögerlichkeit und ließ über Grünau bestellen, Flick sei ernstlich verstimmt und würde nur noch kooperieren, »wenn seine Mitwirkung aus staatspolitischen Gründen unbedingt notwendig erscheint«.[75] Die Kampagne setzte sich noch bis in den April hinein fort, und vor allem im Außenministerium versteifte man sich zunehmend auf eine Linie, die das Königs-Laura-Projekt ohne Flick für undenkbar hielt.[76]

Daß Flick schließlich die Verhandlungen aus einer stärkeren Position heraus wiederaufnehmen konnte, war vor allem der uneinheitlichen Linie innerhalb der staatlichen Instanzen geschuldet. So verlief zum einen ein deutlich erkennbarer

71 Lukaschek an Winkler, 27.2.1927; Betrifft: Aktienkauf der Vereinigten Königs- u. Laurahütte, 28.2.1927, beide ebd.

72 Flick an Köhler, 24.2.1927, PAAA R 31138k; Zitat: Flick an RWiM (Curtius), ebd.

73 Vermerk, 10.3.1927, ebd.

74 Grünau an Zechlin, 19.3.1927, ebd.

75 Bemerkungen zu der im Gange befindlichen Aktion betr. Oberschlesien, o. D. [Ende März 1927], ebd.

76 Grünau an Zechlin, 30.3.1927, ebd.; Grünau an Zechlin, 13.4.1927, PAAA R 35631, Bl. 69; vgl. Reckendrees. Stahltrust, S. 482.

Graben zwischen den Vertretern des Auswärtigen Amts, denen eher die erhofften Erfolge denn die Kosten der Deutschtumspolitik vor Augen standen[77], und den auf wirtschaftlich und finanziell maßvolle Konditionen bedachten Mitarbeitern der Finanz- und Wirtschaftressorts, allen voran Schäffer, der sich auf Regierungsseite in den folgenden Jahren zum wichtigsten Mit- und meist auch Gegenspieler Flicks entwickeln sollte. Zum anderen wuchs die Diskrepanz zwischen den Berliner Zentralstellen und den Außenposten vor Ort, die sich in einer Frontstellung gegen die Warschauer »Polonisierungs«-Politik wähnten.[78] Das Generalkonsulat in Kattowitz, verschiedene Lokalpolitiker sowie die Mitglieder der Gemischten Kommission forderten beharrlich eine großzügige – und das hieß in diesem Zusammenhang: die Motive der betreffenden Unternehmen nicht hinterfragende – Subventionspolitik, um die Vertretung der deutschen Minderheitspolitik auf eine breitere Basis zu stellen. Bezeichnend für diese konfligierenden Taktiken war, daß der eigentlich mit Schäffer befreundete Hans Lukaschek Flick Informationen zukommen ließ, wie dieser mit dem Ministerialbeamten erfolgreicher verhandeln könne, und selbst vertrauliche Äußerungen weiterleitete.[79]

Flicks eigene Ziele waren differenzierter Natur. Der geplante Kauf der Königs-Laura spiegelte seine Ambitionen wider, die Konzentration im ostoberschlesischen Revier fortzusetzen. Allerdings beabsichtigte er nicht, das beträchtliche Risiko, das damit einherging, allein auf die Charlottenhütte zu übernehmen, sondern wollte die finanziellen Lasten durch Reichsmittel mindern und auf die VSt abwälzen. Entsprechend sahen die von Steinbrinck entworfenen Strategiepapiere eine Aufspaltung der Königs-Laura vor: Die rentabel arbeitenden Kohlenzechen sollten der Charlottenhütte angegliedert werden, die überalterten Eisen- und Stahlbetriebe als »Eisen-Laura« den VSt.[80] Indes waren diese Vorstellungen nicht umsetzbar, da sie sich mit der direkten Beteiligung des Reiches an der Königs-Laura nicht in Einklang bringen ließen und auch von Weinmann abgelehnt wurden. Weinmann fürchtete mit fortschreitender Verhandlungdauer, von Flick übervorteilt zu werden, der sich nicht in die Karten blicken ließ und die Zusammensetzung der von ihm vertretenen Gruppe geheimhielt. Dies veranlaßte den tschechischen Industriellen, in einem Brandbrief die »unerfreulichen

77 So die Aussage von MinDir Erich Zechlin (AA), die Höhe einer Beteiligung Preußens sei nicht entscheidend, solange die Partizipation nur das politische Einverständnis dokumentiere; Aufzeichnung, 15.6.1927, PAAA R 35631, Bl. 8-10. Erwartungsgemäß sah dies das RFM sehr anders: Vermerk, 23.6.1927, BAB R 8136/3433, Bl. 128f.

78 Vgl. Grünau an Zechlin, 13.4.1927, PAAA R 35631, Bl. 68-74; Aufzeichnungen über den Stand der Polonisierung der ostoberschlesischen Industrie, 27.11.1926 u. 26.2.1927, PAAA R 31138k u. BAB R 901/67419, Bl. 36f.

79 Kallenborn an Flick, 28.3.1927, BAB R 8122/140; Zum Verhältnis Schäffer–Lukaschek: Wandel, Schäffer, S. 22.

80 [Vermerk] Oberschlesische Montanindustrie/Beziehungen zum Westen und Kombinationsmöglichkeiten, 26.1.1927; Betrifft: Transaktion B. H.-L.-V.St., 11.2.1927, beide BAB R 8122/257. Vgl. Reckendrees, Stahltrust, S. 485.

Verhandlungen«, die »sterile Diskussion« und die fehlende Aufrichtigkeit Flicks zu geißeln, freilich ohne ernsthafte Konsequenzen zu ziehen, da er allzu gerne dem schwierigen oberschlesischen Terrain zu günstigen Konditionen den Rücken zukehren wollte.[81]

Mit der Rückkehr an den Verhandlungstisch des Reiches konnte Flick unterdessen seine Erwartungen weitgehend durchsetzen[82] und konzentrierte sich fortan darauf, die Modalitäten der Finanzierung durch den Fiskus auszuhandeln. Konsens bestand über die Gründung einer gemeinsamen ausländischen Holding, nicht aber über die Gewährung eines staatlichen Kredits und dessen Verzinsung. Unter Verweis darauf, daß sich niemand anders in Deutschland finden werde, der ein solch hohes Risiko auf sich nähme, forderte Flick von Schäffer eine weitgehende Ausschaltung der Zinslast.[83] Zu diesem Zweck griff er auf die Unterstützung Hartmann von Richthofens, oberschlesischer Reichstagsabgeordneter für die DDP, zurück, der zu den wichtigsten Lobbyisten Flicks in Berlin zählte.[84] Als früherer Legationsrat verfügte Richthofen über gute Kontakte ins Auswärtige Amt und insbesondere zu Stresemann. Mehrfach veranlaßte er diesen dazu, auf die anderen Ministerien und explizit auch auf den widerspenstigen Schäffer einzuwirken. Dabei griff Richthofen auf das altbekannte Argument angeblicher ausländischer Konkurrenten zurück, meldete »Gefahr im Verzuge« und wies darauf hin, daß man von Flick angesichts der bereits aufgebrachten Mittel keine weiteren Opfer verlangen dürfe.[85]

Dies galt insbesondere, da Flick und mit ihm Vögler, der in den Verhandlungen zunehmend nach vorne trat, forderten, das Vorhaben um das Weinmann'sche Aktienpaket zu erweitern. Vor allem aber verlangten die beiden Industriellen unisono, daß in die zu gründende Holding auch die KAG einzubringen sei, also die reichsfinanzierte Gesellschaft ihnen das Unternehmen abkaufen solle. Um dem Ansinnen Nachdruck zu verleihen, griff diesmal Vögler zu dem Stilmittel der Verkaufsdrohung und behauptete, daß »in den Kreisen der Stahlunion [VSt]

81 Weinmann an Flick, 6.1.1927, BAB R 8122/257.

82 Nicht mit letzter Gewißheit ist zu klären, wer die Gespräche wieder aufnahm; Flick behauptete in einem Schreiben an das RWiM vom 22.6.1928, PAAA R 31139k, dies sei durch Ritscher geschehen. Hingegen verwies Schäffer in seiner Grundsatzdenkschrift vom 19.5.1928, PAAA R 117954, darauf, Flick selbst habe Ritscher am 21.3.1927 zu einer solchen Initiative angeregt.

83 Tgb. Schäffer, 1.5.1927, IfZ ED 93, Bd. 3, Bl. 23; Flick an Stresemann, 4.5.1927, PAAA R 35631, Bl. 61-63.

84 1878-1953; Studium der Rechte in Freiburg, Leipzig u. Straßburg, Legationsrat in St. Petersburg, Teheran, Washington; 1911 a. D.; 1903 preuß. Kammerjunker; 1912-20 u. 1924-28 MdR für Liegnitz u. Görlitz (DDP); Publizist; Biographisches Handbuch, S. 321. Zum Verhältnis zu Stresemann vgl. die, allerdings mit Skepsis zu lesende Darstellung Richthofens: Politische Aufzeichnungen, insbesondere über meine Beziehungen zu Dr. Gustav Stresemann, März 1947, BAK N 1164/20a.

85 Richthofen an Stresemann, 5.5.1927, PAAA R 35631, Bl. 58f.; Richthofen an Stresemann, 20.5.1927, Sekretariat Stresemann an Richthofen, 6.6.1927, beide PAAA NL Stresemann, Bd. 54, Bl. 48f., 150.

Neigung besteht, die Kattowitzer Bergbau-Aktiengesellschaft, die der Stahlunion zum größten Teil gehört, zu verkaufen«.[86] Die Regierung befand sich in einer geschickt gestellten Zwickmühle: Mit der Bereitschaft, hohe Mittel für den Aufkauf der Königs-Laura aufzubringen, hatte sie ihren Willen zur finanziellen Stützung des deutschen Eigentums in Ostoberschlesien eindeutig bekundet, doch ergab das Vorhaben keinen Sinn, wenn zeitgleich ein anderes deutsches Unternehmen in ausländischen Besitz überzugehen drohte.[87] Mehr getrieben, denn aus eigener Überzeugung stimmten die Vertreter der Reichsregierung daher den Forderungen von »Flick, Vögler und Genossen« zu.[88]

Im Juni 1927 konnten die langwierigen Verhandlungen endlich zu einem wenigstens vorläufigen Abschluß gebracht werden. Im sogenannten Salzburger Abkommen wurde, vereinfacht dargestellt, die Gründung einer Schweizer Holdinggesellschaft (Fiduciaire Industrielle S. A.) beschlossen, an der die Charlottenhütte (Gruppe A) sowie Reich und Preußen (Gruppe B) je 50 Prozent des Stammkapitals, d. h. je 15 Mio. sfrs. (umgerechnet zehn Mio. RM) hielten. Die Fiduciaire sollte 80 Prozent der KAG[89] sowie eine Anteilsmehrheit an der deutschen Muttergesellschaft der Königs-Laura aufnehmen.[90] Diese Majorität war durch den Aufkauf des Bosel-Pakets sowie den zusätzlichen Erwerb von Aktien aus dem Weinmann-Besitz zu erreichen. Ferner verpflichtete sich die Gruppe A, den deutschen Einfluß in der Bismarckhütte auf 15 Jahre zu sichern und ähnliches für die ebenfalls in Ostoberschlesien gelegenen Ferrum AG und Eisenhütte Silesia AG anzustreben. Zur Finanzierung der Transaktion war neben dem Grundkapital der Holding ein niedrig verzinslicher, auf 15 Jahre unkündbarer Kredit in Höhe von 25 Mio. RM der öffentlichen Hand vorgesehen. Ferner enthielt das Abkommen auf ausdrücklichen Wunsch Flicks eine Optionsregelung zur jederzeitigen Übernahme des staatlichen Anteils zum Einstandspreis unter Aufrechterhaltung des Kredits.[91]

86 Vögler an Schäffer, Aufzeichnung, 27.5.1927; Aufzeichnung, 9.6.1927, beide PAAA R 35631, Bl. 60, 33-35, Zitat. Bl. 33. Zum Zeitpunkt der Verhandlungen befanden sich die KAG-Aktien im Besitz einer polnischen Holding, deren Anteile wiederum die Charlottenhütte-Tochter Commerce hielt. Flick sprach später davon, die Ostbeteiligungen seien in diesen Jahren mehrfach »hin und her gegangen«; Vernehmung F. Flick, 8.2.1947, StAN Rep. 502, KVA, Interrogations, F-47; [Vermerk], 18.7.1927, BAB R 8136/3428, Bl. 62-64.

87 Aufzeichnung, 27.5.1927; Aufzeichnung, 9.6.1927, beide PAAA R 35631, Bl. 60, 33-35.

88 Zitat: Tgb. Schäffer, 1.5.1927, IfZ ED 93, Bd. 3, Bl. 23; Ministerbesprechung v. 9.6.1927, in: AdR, Marx III u. IV, Bd. 2, S. 778.

89 Dafür zahlte die Fiduciaire 30 Mio. RM an die Gruppe A; zudem leistete die KAG einen erheblichen Anteil am Kaufpreis, indem sie 25 % ihrer eigenen Aktien aufkaufte, um das in die Fiduciaire einzubringende Paket zur qualifizierten Mehrheit zu machen.

90 1925 war auf Druck der Warschauer Regierung eine polnische Betriebsgesellschaft (»Polen-Laura«) gegründet worden. Die Aktien lagen zu 100 % bei der deutschen Königs-Laura; Aufzeichnung, o. D. [Februar 1925], PAAA R 94084.

91 Komplementär die beiden Überlieferungen: [Ohne Titel], 16.6.1927, PAAA R 117954; Salzburger Abkommen vom 16.6.1927, 7.4.1932, BAB R 8136/3433, Bl. 2-4. Vgl. Reckendrees/Priemel, Politik, S. 76 f.

Mit dem Salzburger Abkommen standen die Umrisse des staatlich-privaten Joint-ventures fest, und die Fiduciaire wurde Mitte Juli formal gegründet. Dennoch kam es in den folgenden Wochen und Monaten zu weiteren, teils kontroversen Verhandlungen über die Projektdurchführung bzw. Änderungen der Modalitäten, die von den Industriellen eigenmächtig vorgenommen wurden. So erwarben Flick und Vögler von Weinmann mehr Anteile als ursprünglich vorgesehen. Einer Ablehnung durch das Reich beugte Flick vor, indem er klarstellte, daß er sich im Falle eines Rücktritts der öffentlichen Hand bei der Suche nach einem Käufer für die KAG keinerlei Beschränkungen zu unterwerfen gedachte. Weitere Erklärungen lehnte er ab und stellte dem Reichswirtschaftsministerium ein Ultimatum, ihm eine schriftliche Einverständniserklärung zum Abschluß mit Weinmann auszustellen.[92] Flicks Schreiben war in seinem halb beleidigten, halb drohenden Tonfall und in seiner völlig verzehrten Wiedergabe der Fakten symptomatisch für seine Verhandlungsführung in der oberschlesischen Angelegenheit:

> »Die Herren Ihrer Gruppe haben allmählich den Ausgangspunkt der ganzen Angelegenheit aus dem Auge verloren. Die Transaktion ist dadurch entstanden, daß ein Vertrauensmann der Regierung an mich als einen mit den oberschlesischen Verhältnissen vertrauten Industriellen, der einen erheblichen Teil des deutsch orientierten polnisch-oberschlesischen Industriebesitzes vertritt, herangetreten ist mit der Anfrage, ob ich bereit wäre, als Vertrauensmann der Regierung an einer streng vertraulichen politisch wirtschaftlichen Aktion der Regierung zur Erhaltung und Stärkung des deutschen Einflusses in Oberschlesien mitzuwirken. Trotz meiner starken sonstigen Inanspruchnahme habe ich mich ohne weiteres zur Verfügung gestellt. In Bezug auf die Durchführung der in Verfolg dieser regierungsseitigen Anregung entstandenen Transaktion habe ich mir weder Zeit noch Mühe verdrießen lassen. Das sind die tatsächlichen Vorgänge.
>
> Art und Geist der Verhandlungen Ihrer Beauftragten stehen mit diesen hier erwähnten tatsächlichen Grundlagen nicht in Einklang, weder nach der sachlichen noch nach der persönlichen Seite. Neben einer sachlich unbegründeten Erschwerung der Verhandlungen durch erneute Besprechungen der bereits erledigten Punkte fühle ich dauernd ein Mißtrauen und eine Kritik auf Ihrer Seite heraus, die nach Lage der Dinge nicht angebracht und der weiteren Förderung der Angelegenheit nicht dienlich sind und deren Fortsetzung mich persönlich vor neue Entschließungen stellen würde.«[93]

92 Vermerk, Juni 1926, PAAA R 117954; Tgb. Schäffer, 18.6. u. 23.6.1927, IfZ ED 93, Bd. 3, Bl. 38 f.; Plan für die Gründung der Schweizer Holding, BAB R 8136/3428, Bl. 28 f.; Flick an Heintze, 14.7.1927; Heintze an Flick, 14.7.1927; Flick an RWiM (Heintze), 18.7.1927, alle BAB R 8136/3433, Bl. 122 f., 117, 112 f.

93 Flick an RWiM, 18.7.1927, ebd., Bl. 111.

Zwar trugen Flicks Briefe tatsächlich dazu bei, daß bald darauf die entscheidenden Dokumente unterzeichnet wurden, doch im Wirtschaftsministerium erachtete man ein gewisses Mißtrauen nach den bisherigen Erfahrungen erst recht für angemessen und verlangte umfangreiche Sicherungsbestimmungen, um die sachgemäße Verwendung der Reichsmittel und die Kontrolle der gemeinsamen Holding über den oberschlesischen Besitz zu garantieren. Dezidiert nahm man für das Erreichen der in Salzburg gesteckten Ziele die Charlottenhütte und – in einem ungewöhnlichen Schritt – darüber hinaus Flick und Vögler persönlich in Haftung: Beide mußten unabhängig von ihren Funktionen als Vorstand und Aufsichtsrat eine selbstschuldnerische Bürgschaft unterzeichnen, für den Fall, daß die Charlottenhütte ihren Verpflichtungen nicht nachkommen sollte.[94]

2.2.2. *Der Ankauf der Reichsbeteiligung*

Wenn man in Berlin geglaubt hatte, mit dem nunmehr ausgehandelten Vertragswerk einen Schlußstrich unter die unerquicklichen Verhandlungen mit Flick gezogen zu haben, sah man sich alsbald getäuscht. Nicht nur mußten die Reichsstellen weitere komplizierte Gespräche über zusätzliche Kredite mit der Gruppe A führen[95], fast unmittelbar nach dem finalen Vertragsschluß betrieb Flick schon wieder dessen Revision, um nun auch die Reichsbeteiligung zu übernehmen.[96]

Dahinter standen zwei Motive: Begünstigt durch eine steigende Binnennachfrage auf dem polnischen Markt, hatten sich zum einen die wirtschaftlichen Aussichten seit Mitte 1926 bedeutend gebessert. Die Kohlenförderung im oberschlesischen Bergbaugebiet stieg von 29 (1925) auf über 37 Mio. t (1927), die Rohstahlerzeugung von 782000 (1926) auf 1250000 t (1927). Zwar wurden die Vorkriegszahlen nach wie vor nicht erreicht, und auch das tieferliegende strukturelle Problem der geringeren Aufnahmefähigkeit des polnischen Marktes gegenüber den früheren deutschen Absatzgebieten blieb ungelöst. Dennoch waren die Aussichten für die nähere Zukunft, wie Steinbrinck festhielt, »durchaus günstig zu nennen«.[97]

94 Chh/Flick, 20.7.1927; Chh an RKG 20.7.1927; Vögler/Flick an RKG, 21.7.1927, alle BAB R 8136/3451; [Vermerk], 23.7.1927, ebd., Bl. 88f. Die Ausführung der Transaktionen erfolgte unter starken Geheimhaltungsvorkehrungen. Nach außen vertrat weiterhin Weinmann das Gros der Königs-Laura-Anteile bei den Generalversammlungen; BAB R 8136/3431, Bl. 44, 105-107, 129; BAB R 8136/3432, Bl. 12-15.

95 Dabei ging es u.a. um die Auslösung der in Österreich hinterlegten Königs-Laura-Aktien aus dem Bosel-Besitz. Flick gelang es dabei, für die Chh einen Zusatzkredit in Höhe von zehn Mio. RM zu beschaffen; umfangreiche Briefwechsel zwischen Flick, Schacht, Danat, RKG u. RWiM in BAB R 8122/258 u. 299 sowie BAB R 8136/3430.

96 Laut Schäffers Aufzeichnungen wurden die endgültigen Verträge erst Ende 1927 unterzeichnet; Denkschrift über die Entwicklung des Vertragsverhältnisses zu den Herren Flick und Vögler, 19.5.1928, PAAA R 117954.

97 Zitat: Einbringung der oberschlesischen Interessen in eine amerikanische Holding-Gesellschaft, 2.5.1928, TKA VSt/926; Konjunkturschwankungen und Produktions-

Tab. II/3: Produktion und Absatz der Vereinigte Königs- und Laurahütte AG, 1925-1927

	1913/14	1925	1926	1927	Veränderung 1926:1927
Produktion	**in t**	**in t**	**in t**	**in t**	**in %**
Steinkohle	3.712.000	2.013.758	2.299.637	2.542.752	+10,6
Roheisen	251.000	76.182	77.193	143.586	+86,0
Rohstahl	k. A.	189.555	163.588	331.224	+102,5
Walzeisen	323.000	160.446	126.598	251.973	+99,0
Rohre	38.000	7.008	10.528	18.385	+74,6
Absatz	**in Mark**	**in zł.**	**in zł.**	**in zł.**	
	94.048.000	67.412.493	91.598.023	*147.307.635	+60,8

* umgerechnet rund 69 Mio. RM
Quelle: Vereinigte Königs- und Laurahütte AG […], 13.2.1928, BAB R 8136/3432.

Zum anderen hatten sich neue Perspektiven für eine Fremdmittelakquise aus US-Quellen eröffnet: Fast gleichzeitig brachten sowohl Samuel Ritscher als auch Fritz Thyssen die Idee auf, über Harriman auf dem amerikanischen Finanzmarkt eine »Laura-Anleihe« aufzulegen, die – so Ritscher – neben Investitionen für die notwendige Modernisierung der Werke auch für die vorzeitige Abbezahlung der übernommenen Königs-Laura-Aktien verwendet werden könne. Thyssens Vorschlag ging darüber noch deutlich hinaus, indem er den Plan aufwarf, die oberschlesischen Interessen in eine gemeinsam mit Harriman zu gründende US-Holding einzubringen.[98]

Vor diesem Hintergrund stand das soeben geschaffene Kooperationsverhältnis mit dem Staat für Flick unter neuen Vorzeichen. Der Zugang zu US-Geldern sowohl zur beschleunigten Abwicklung der Verpflichtungen als auch zur raschen Sanierung der oberschlesischen Werke, deren erwartete Gewinne wiederum die Refinanzierung des Ost-Engagements ermöglichen sollten, versprach den baldigen Zugriff auf flüssige Mittel. Nicht nur wurde die öffentliche Hand dabei

entwickelung [sic] in der polnischen Eisen- und Stahlindustrie 1921/1927, o. D. [1929], BAB R 901/65917, Bl. 163-175; zeitgleich verbuchte die Bismarckhütte hohe Gewinne; Flick an Vögler, 13.1. u. 17.2.1928, BAB R 8122/153; s. Reckendrees, Stahltrust, S. 486 f.

98 Ritscher an Flick, 4.10.1927, BAB R 8136/3430, Bl. 88-91; Thyssens Anregung: Einbringung der oberschlesischen Interessen in eine amerikanische Holding-Gesellschaft, 2.5.1928, TKA VSt/926; Stellungnahme der Charlottenhütte […], 4.1.1933, TKA VSt/924; Harrimans Beauftragter Irving Rossi beanspruchte die Idee ebf. für sich: Translation of Cable from I. Rossi, 6.6.1928, LoC Harriman Papers, Box 27, Folder Telegrams.

nicht länger als Partner benötigt, die über die Fiduciaire vorgesehene Aufteilung der Erträge zwischen beiden Gruppen erschien nun als vermeidbares Übel. Daher sondierte Flick Anfang 1928 die Möglichkeiten, die Reichsbeteiligung zu erwerben. Das Salzburger Abkommen hatte für diesen Fall mit der Optionsmöglichkeit eine präzise definierte Regelung vorgegeben. Allerdings war Flick nicht gewillt, den darin vorgesehenen Pari-Preis zu zahlen, sondern wollte eine günstigere Abgabe, mithin einen neuerlichen Gewinn auf Kosten des Reiches, erwirken. Gerade der wirtschaftliche Aufschwung erschwerte aber die auf Preisnachlaß zielende Argumentation deutlich – Schäffer jedenfalls sah, auf einen etwaigen Verkauf angesprochen, keinen Grund, vom Optionspassus des Abkommens abzugehen.[99]

Da ökonomische Argumente keinen Erfolg versprachen, zog Flick erneut die politische Karte und griff auf die bewährte Drohkulisse zurück. Zu einem denkbar günstigen Zeitpunkt kamen Gerüchte auf, daß der deutsche Fiskus an dem Erwerb der Laura-Aktien beteiligt gewesen sei[100], und kurz darauf wollte Flick von polnischen Offiziellen erfahren haben, daß diese ebenfalls von dem Jointventure wußten. Gegenüber dem Wirtschaftsministerium verwies er nun auf das untragbare wirtschaftliche Risiko einer weiteren Kooperation, da die zu erwartenden polnischen Schikanen KAG und Königs-Laura schweren Schaden zuzufügen drohten. Entsprechend forderte er, entweder die Reichsbeteiligung zu privatisieren, um frei von jeder politischen Belastung handeln oder im Umkehrschluß die Fiduciaire-Anteile der Industriellen Gruppe an das Reich abstoßen zu können.[101] Ende Januar 1928 legte Flick für beide Fälle Angebote vor, die Schäffer jedoch umgehend zurückwies, da – wie auch Flick klar gewesen war – das Reich an einer alleinigen Eigentümerschaft kein Interesse haben konnte und zudem die Übernahmeofferte weit hinter dem soeben erst gezahlten Einstandspreis zurückblieb. Insbesondere die Forderung einer zinslosen Stundung der Kaufsumme, die den Preis effektiv unter das Pari-Niveau drückte, sowie die von Flick vorgeschlagene Besicherung der Reichsforderungen allein durch die polnischen Werte – was eine anhaltende Risikobeteiligung durch das Reich implizierte – stießen auf Schäffers Ablehnung. Der Ministerialdirektor sah keinerlei Anlaß, von der vertraglichen Optionsregelung abzuweichen, und erachtete auch die Lage in Polen für weit weniger ernst als Flick, worauf dieser, wie gehabt, seine Gesprächsbereitschaft aufkündigte.[102]

99 Denkschrift über die Entwicklung des Vertragsverhältnisses zu den Herren Flick und Vögler, 19.5.1928, PAAA R 117954.

100 Entsprechende Meldungen wurden über ein Wiener Bankhaus herangetragen und beschäftigten das Auswärtige Amt und das Kabinett wiederholt. Wer diese Gerüchte auslöste, muß spekulativ bleiben; Deutsche Gesandtschaft Wien an AA, 5.1.1928, PAAA R 31138k; Kabinettssitzung und Ministerbesprechung, 3.2.1928, in: AdR, Marx III u. IV, Bd. 2, S. 1291.

101 Flick/Vögler an RWiM/Schäffer, 27.4.1928, Denkschrift über die Entwicklung des Vertragsverhältnisses zu den Herren Flick und Vögler, 19.5.1928, PAAA R 117954.

102 Ebd.; Flick an Schäffer, 31.1.1928, ebd.

Das Szenario folgte nahezu im Detail dem vor Jahresfrist geübten Procedere: Wieder entwarf Flick über gezielt lancierte Informationen an das Auswärtige Amt das Schreckbild einer gescheiterten Deutschtumspolitik. So vermerkte Schäffer in seinem Tagebuch, Geisenheimer sei von Flick beauftragt worden, Stresemann wegen der umlaufenden polnischen Gerüchte »bange zu machen«, und auch Grünau und Richthofen meldeten sich zu Wort.[103] Da sich die Reichsministerien diesmal aber zunächst ebenso einig wie unbeeindruckt zeigten, mußten Flick und Vögler die Gespräche von sich aus wieder aufnehmen. Ende April richteten sie – unter dem Vorwand einer sachlichen Richtigstellung – ein Schreiben an das Reichswirtschaftsministerium, in dem sie ihre Forderungen ausführlich rechtfertigten. Im Zentrum stand die zum wiederholten Mal vorgetragene Selbstinszenierung als uneigennützige Mandatsträger des Reiches, die sich gegen eigene wirtschaftliche Interessen für die staatlich gewünschte Zusammenarbeit in Oberschlesien bereitgestellt hätten.[104]

Der larmoyante und ohne jeden Kompromißvorschlag auskommende Brief der beiden Industriellen ließ Schäffers Kragen endgültig platzen. Auf 24 Seiten faßte er Mitte Mai die Entwicklung des Ost-Engagements und insbesondere die von Flick gespielte Rolle zusammen, veranschlagte den verlangten finanziellen Verzicht des Reiches durch Kaufpreisstundung und Zinsermäßigung auf elf bis 14,5 Mio. RM und wies Flicks Darstellungen als »völlig unrichtig und irreführend« zurück.[105] Auch der bis dahin stets als Unterstützer Flicks aufgetretene Lukaschek distanzierte sich vorübergehend von den beiden Industriellen und äußerte den Eindruck, daß »die Herren unter Benutzung gewisser äußerer polnischer Drohungen, deren Richtigkeit durchaus nicht abzuschätzen ist, die Gelegenheit benutzen wollten, um sich gegen erheblichen Gewinn von lästigen politischen Bindungen, die sie eingegangen sind, zu befreien«.[106]

Da sich auch die vom Reich mit der Überwachung des Ost-Engagements beauftragten Vertrauensmänner Ritscher und Max von der Porten gegen einen Verkauf zu den vorgeschlagenen Konditionen aussprachen, gab Schäffer in dem Antwortschreiben an Vögler und Flick seine Zurückhaltung auf. Mit klaren Worten entkleidete er das von der Charlottenhütte eingegangene Kooperationsverhältnis mit der öffentlichen Hand der beanspruchten patriotischen Geste und stellte fest: »Es handelte sich also für Sie bei dieser ganzen Angelegenheit um ein nach wirtschaftlichen Gesichtspunkten aufgezogenes Geschäfts, das für Ihre Leistungen an sich vollwertige Gegenleistungen trug. Sie haben selbst immer wieder bei den Verhandlungen wiederholt, daß Sie für diese Angelegenheit

103 Die zitierte Äußerung ging auf Ritscher zurück; Tgb. Schäffer, 1.3. u. 9.3.1928, IfZ ED 93, Bd. 4, S. 33, 38; Dem Herrn Reichsminister vorzulegen, 14.4.1928, PAAA R 117954.

104 Chh (Flick/Vögler) an RWiM (Schäffer), 27.4.1928, ebd.

105 Denkschrift über die Entwicklung des Vertragsverhältnisses zu den Herren Flick und Vögler, 19.5.1928, PAAA R 117954; vgl. auch Tgb. Schäffer, 20.5. u. 22.5.1928, IfZ ED 93, Bd. 4, S. 66f.

106 Lukaschek an Schäffer, 18.5.1928, PAAA R 117954.

nur nach kaufmännischen und privatwirtschaftlichen Gesichtspunkten beurteilt werden können.« Keinen Zweifel ließ Schäffer daran, daß er sich Flicks Ziel der Risikominderung zulasten Dritter bewußt war: »Ihre Vorschläge laufen darauf hinaus, das Risiko der öffentlichen Hand durch Verzicht auf die Verzinsung alsbald zu realisieren, die verbleibende Chance aber allein auf sich zu übertragen.«[107]

Nach dieser Breitseite drohte im Frühsommer 1928 eine regelrechte Eskalation. Flick und Vögler antworteten im Juni mit einer scharf formulierten, wenngleich in der Sache nicht neuen Replik[108], und Flick blockte Bemühungen von Reichswirtschaftsministerium und RKG, die unter dem Druck hoher Verpflichtungen stehende Fiduciaire liquide zu halten, rigoros ab.[109] Erst Ende Juni kam es wieder zu einer Annäherung beider Positionen unter Vermittlung Portens, die schließlich doch zum Verkauf des Reichsanteils führte. Der Kaufvertrag sah die Zahlung von 12,5 Mio. RM sowie die Umwandlung des 25 Mio. RM-Kredits in eine Dollarschuld mit einer Laufzeit von 15 Jahren bei fünfjähriger Zinsfreiheit sowie die Besicherung mit deutschen Wertpapieren inklusive eines Sicherheitszuschusses von 20 Prozent vor.[110] Die Wirksamkeit des Vertrages wurde an ein zwischen Gruppe A (Flick/Vögler) und Auswärtigem Amt gesondert zu schließendes Abkommen gebunden, das die Richtlinien der von den Industriellen zu garantierenden politischen Interessen bei der Geschäftsführung der oberschlesischen Beteiligungen fixierte.[111]

Die Bereitschaft der staatlichen Gruppe, ihre Hälfte an der Schweizer Holding abzugeben, verdankte sich zu einem nicht geringen Teil dem zwischenzeitlichen Erfolg Flicks, Harriman für die oberschlesische Unternehmensgruppe zu interessieren und über eine zusätzlich eingeschaltete US-Holding den Schutz des

107 Beide Zitate: Schäffer an Flick/Vögler, 24.5.1928, ebd.; auch bei Reckendrees, Stahltrust, S. 486 f.

108 Flick/Vögler an RWiM, [22].6.1928, PAAA R 31139k.

109 RWiM/Heintze an Ritscher, 26.6.1928; Ritscher an Kaletsch, 27.6.1928; Steinbrinck an Ritscher, 28.6.1928, alle BAB R 8136/3430, Bl. 10-16.

110 Trotz seiner Verärgerung arbeitete Schäffer die Verkaufsofferte gemeinsam mit Flick aus; der Handel wurde zudem steuerbefreit; Tgb. Schäffer, 14.6.1928, 2.7.1928 u. 7.5.1929, IfZ ED 93, Bd. 4, Bl. 74, 80, u. Bd. 5, Bl. 175; Vermerk, 4.5.1929, BAB R 8136/3451; zum Kredit: Direktions-Notiz. Betr. Fiduciaire Industrielle, 19.3.1934, ebd.; das Kaufangebot: RWiM (Heintze) an Chh (Flick), 3.7.1928, BAB R 2/15479, Bl. 194-204.

111 Das Abkommen wurde im März 1929 geschlossen: Protokoll, 2.3.1929, BAB R 2/15479, Bl. 209 f. Vorausgegangen waren erneut heftige Auseinandersetzungen hinsichtlich der Flick und Vögler abverlangten persönlichen Garantien. Die beiden gaben sich ehrpusselig, verwiesen darauf, stets »einwandfreie deutsche Politik getrieben zu haben« und konnten die Strafklauseln erfolgreich abwehren; Flick/Vögler an RWiM, 14.11.1928, PAAA R 35972, Bl. 85; Aufzeichnung betr. eine Besprechung des Herrn Reichsministers mit den Herren Flick und Vögler, 7.11.1928, ebd., Bl. 46, Vögler an Stresemann, 31.10.1928, PAAA NL Stresemann, Bd. 72, Bl. 158; Aufzeichnung betr. einen Besuch von Herrn Generaldirektor Flick bei Herrn Reichsminister Dr. Stresemann am 10.10., 15.10.1928, PAAA R 35740, Bl. 52-55.

deutschen Besitzes vor polnischen Angriffen auszubauen.[112] Die Industrielle Gruppe und Harriman gründeten gemeinsam die Consolidated Silesian Steel Corporation (CSSC), welche die Aktienmehrheiten an der (deutschen) Königs-Laura, der KAG sowie von Bismarckhütte und Silesia aufnehmen sollte.[113] Während die Harriman-Gruppe gegenüber der polnischen Regierung als Großaktionärin der oberschlesischen Werke auftrat und Zugeständnisse für Personalbesetzung, Besteuerung und Kreditbewilligungen aushandelte[114], wurde im Innenverhältnis der CSSC der bestimmende Einfluß der deutschen Unternehmen abgesichert. Die *prefered shares*, welche die Substanz der Werke darstellten, blieben vollständig im Besitz der Industriellen Gruppe, während von den stimmberechtigten *common shares* Harriman »für den Wandschirm« formal 50 Prozent erhielt, eine interne Regelung aber die uneingeschränkte Führung durch Flicks Gruppe sicherte.[115]

In der Praxis waren weder das *Board of Directors* der CSSC, in dem sich eine Schar illustrer US-Industrieller versammelte, noch das geschäftsführende *European Supervisory Board*, in Sempells Augen eine bloße »Scheininstanz«, an der Formulierung der Unternehmenspolitik wesentlich beteiligt. Die Führung der polnischen Firmen lag allein beim Berliner Büro von VSt und Charlottenhütte, während Harriman wenig mehr als einen – allerdings gut informierten – Gläubiger darstellte.[116] Die Vorteile eines solchen Arrangements stellte Steinbrinck präzise heraus: »Nach außen wird der oberschlesische Besitz also in eine Gesell-

112 Vgl. die Betonung dieses Punktes durch Curtius: RWiM an Weyhrauch/AA, 6.9.1928, PAAA R 35972, Bl. 21-23. Die Zusammenarbeit mit Harriman ging im wesentlichen auf dessen Stellung bei Giesche zurück sowie auf die Kooperation mit Thyssen und GBAG beim Aufschluß sowjetischer Manganerzgruben, die regelmäßig auf der GBAG-Tagesordnung stand; Niederschriften über die Vorstandssitzungen, 3.11.1927 u. 20.2.1929, BAB R 8122/102; LoC Harriman Papers, Box 90, Folder Irving Rossi 1925-26.

113 Transaktion BS, K, L lt. Bericht von 2.8.1928, 9.8.1925, TKA VSt/925.

114 Tgb. Schäffer, 4.8.1928, IfZ ED 93, Bd. 4, Bl. 102; Walker an Harriman, 4.12.1928, LoC Harriman Papers, Box 28; Steinbrinck an Moltke, 25.8.1925, PAAA R 35972, Bl. 35-43

115 Entwicklung und Stand der sogenannten Harriman-Transaktion, 5.9.1928, PAAA R 35972, Bl. 5-13; Certificate of Incorporation of CSSC. Filed May 27, 1929 (amended July 3, 1929), BAB R 8136/3881, Zitat: Tgb. Schäffer, 25.6.1929, IfZ ED 93, Bd. 6, Bl. 217. Verenkotte, Bündnis, S. 315, und Abramson, Century, S. 158f. gehen daher fehl in der Annahme, Harriman sei zur beherrschenden Figur in Ostoberschlesien geworden. Dies blieb unbestritten Flick.

116 Sempell an Flick, 6.9.1929, BAB R 8122/1022. Allerdings blieb ein gewisses Unbehagen über die rechtlichen Implikationen der US-Beteiligung. Steinbrinck äußerte etwa Zweifel, ob man wirklich die Zügel in der Hand hielt, »obwohl für jede einzelne Handlung Herrn Rossi's [sic] Mitwirkung und Unterschrift erforderlich« war. Flick ließ durch den Aktienrechtsexperten Julius Flechtheim prüfen, welche Eingriffsrechte die *prefered shares* potentiell ausübten; Zitat: Vermerk, 23.10.1929, StAN Rep. 501, KVA, Handakten, B-3; Ergebnis einer Besprechung mit Herrn Professor Flechtheim, 24.1.1929, BAB R 8122/237.

schaft amerikanischen Rechts gekleidet, die auch unter amerikanischer Flagge segelt, während nach innen der deutsche Einfluß auf die Werke sichergestellt ist [...].«[117]

Die Übertragung der Anteile an den Produktivunternehmen auf die CSSC diente ferner dem Zweck, einen einheitlichen ostoberschlesischen Konzern zu formen. Bismarckhütte und Silesia wurden auf die KAG fusioniert, und die neue KAG trat dann in eine Interessengemeinschaft (IG) mit der Polen-Laura ein. Dies sollte indes nicht nur die Sanierung und Modernisierung, sondern auch die gemeinsame Interessenvertretung in den polnischen Kartellen erleichtern, wo man jetzt 50 Prozent im Eisen- bzw. 17 Prozent im Kohlensyndikat stellte und maßgeblichen Einfluß auf die Gestaltung der Verbandspolitik nehmen konnte.[118] Darüber hinaus wollten Flick und Vögler den deutschen Teilhabern stetige Geldzuflüsse sichern. Die IG-Gesellschaften sollten über die CSSC Dollarkredite aufnehmen und diese zu höheren Zinsen als den durch die Holding gezahlten verzinsen, um unabhängig von Dividenden eine konstante Einnahmequelle der Industriellen Gruppe zu gewährleisten.[119] Darin lag die eine »Leistung der Werke«, wie Steinbrinck, die hohen Lasten bezeichnete. Daneben sollten die polnischen Unternehmen ihren eigenen Aufkauf durch die Gruppe A selbst finanzieren, indem sie stimmrechtslose *prefered shares* der CSSC erwarben und quasi zu Mitbeteiligten an ihrer Muttergesellschaft wurden. Der Ankauf sollte wiederum durch eine auf dem US-Kapitalmarkt aufzunehmende Anleihe bezahlt werden, deren Refinanzierung durch einen späteren Verkauf der *prefered shares* vorgesehen war.[120]

Insofern fügte sich das Gesamtvorhaben in die Rationalisierungsstrategien der Schwerindustrie in der zweiten Hälfte der zwanziger Jahre ein, die durch die im Gefolge von Währungsreform und Dawes-Plan in reichem Maße zugänglich gewordenen US-Investitionsmittel bezahlt wurden.[121] Während dies den Einfluß

117 Zitiert nach: Reckendrees, Stahltrust, S. 487f.; Board Meeting der CSSC, 29.5.1929, TKA VSt/925.

118 Rundschreiben KAG, im Juni 1929, LoC Harriman Papers, Box 67; Minutes of the Adjourned Meeting of Board of Directors Held June 4, 1930, ebd., Box 34.

119 Diese Krediteinnahmen stellten auch das zentrale Motiv für die Beteiligung Harrimans dar; Handschriftliche Notizen, o. D. [1928], LoC Harriman Papers, Box 690; Harriman an W. A. Harriman & Co., 21.11.1928, ebd., Box 27.

120 Einbringung der oberschlesischen Interessen in eine amerikanische Holding-Gesellschaft, 2.5.1928, TKA VSt/926; eine ausführliche Schilderung der komplizierten Transaktion in: Kurze Darstellung gewisser Entwickelungsstadien [sic] der sogenannten Ost-Position, o. D. [März 1933], BAB R 2/15480, Bl. 15-30. Nach dem Übergang der VSt in Reichsbesitz 1932 nahmen staatliche Stellen umfangreiche Prüfungen der Besitzverschiebungen vor und übten scharfe Kritik. Die Erwerbskurse hielt man für willkürlich, das ganze Beteiligungsgeflecht für »unter dem Gesichtspunkt kaufmännischer Gewissenhaftigkeit und richtiger Bilanzierung wohl kaum vertretbar«; Unterlagen für die Beurteilung der I.G. Kattowitz/Laura und die Einräumung eines Andienungsrechts, o. D. [ca. April 1934], PAAA R 35957, Bl. 226-242.

121 Vgl. Kleinschmidt, Rationalisierung, S. 11, 360f.

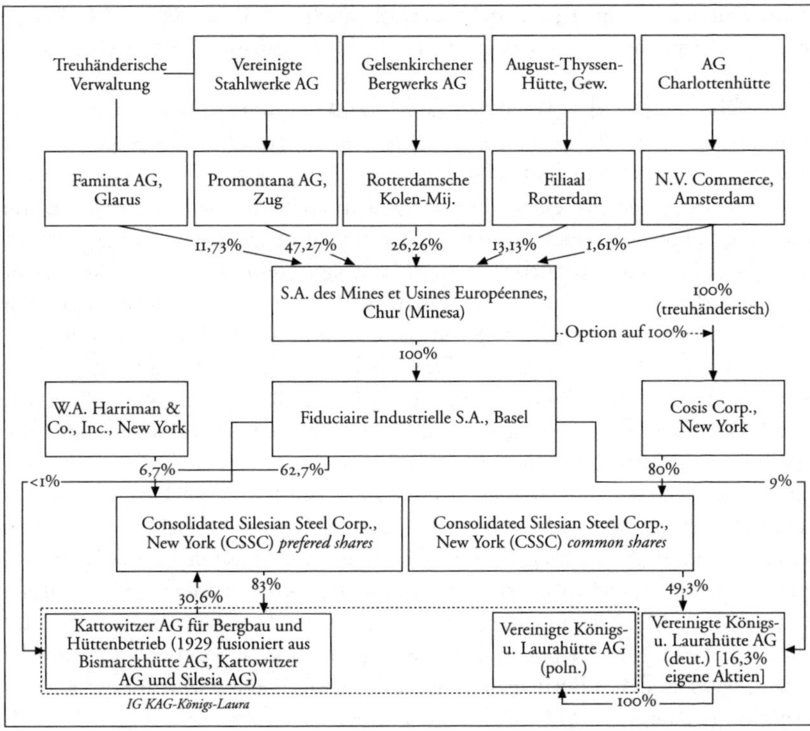

Quellen: Aktennotiz über die am 6.1.1932 [...] stattgefundene Besprechung wegen Ostinteressen, 8.1.1932, BAB R 2/15478, Bl. 184-187, Kaletsch an Pinösch, 15.3.1932, BAB R 8122/1035, Bl. 98 f.; Ost-Beteiligung am 1.11.1935, TKA VSt/903; Bericht, 17.9.1945 [Dinkelbach], TKA VSt/4094; Reckendrees, Stahltrust, S. 489; eigene Zusammenstellung.

Abb. II/3: Der Aufbau der ostoberschlesischen Beteiligungen, 1931

Vöglers, unter dessen Leitung die VSt den Modellfall für das genannte Konzept bildeten, herausstrich, erhielt das IG-Projekt KAG/Königs-Laura sein spezifisch Flick'sches Gepräge durch den Umstand, daß ein erheblicher Teil der aufzunehmenden Gelder nicht für die Modernisierung der Werke, sondern erst für deren Erwerb vorgesehen war. Das Finanzgerüst des polnisch-oberschlesischen Konzerns beruhte auf der Erwartung, daß bei anhaltend guter konjunktureller Lage der amerikanische Kapitalmarkt dauerhaft zugänglich und die *prefered shares* trotz ihres reinen Wertpapiercharakters ohne Mitentscheidungsrechte verkäuflich sein würden. Noch ehe sich der Schwachpunkt dieser Planung in der Krise der kommenden Jahre erwies, sicherte sich Flick ab, indem er die Reorganisation 1928/29 zu einer weiteren, in seinem persönlichen Interesse liegenden Risiko-Umschichtung nutzte: Die Charlottenhütte zog sich aus ihren unmittelbaren Verbindungen nach Oberschlesien substantiell zurück und gab 51 Prozent ihrer Beteiligung an der Fiduciaire an die VSt ab, die auch den RKG-Dollarkredit zu zwei Dritteln absichern mußten. Mit den 16,5 Mio. RM Kaufpreis, welche die VSt an die Charlottenhütte zahlten, konnte Flicks Holding derweil ihre Expansion im reichsdeutschen Raum voranbringen.[122]

Auf diese Weise übte Flick bei verringertem Risiko mittels der Mehrheit an GBAG/VSt die Kontrolle über einen polnischen Stahlkonzern aus, der ein unumgehbares Schwergewicht in allen nationalen Kartellfragen bildete, ein für deutsche Verhältnisse attraktives Niedrigstlohnniveau bot, insgesamt mehr als 26 000 Beschäftigte zählte und über Produktionskapazitäten verfügte, die in etwa jenen Hoeschs entsprachen.[123] Ende 1929 lag das Risiko der mit Hilfe einer staatlichen Finanzbeteiligung in Höhe von 40 Mio. RM errungenen Ost-Position dank des RKG-Kredits zum einen beim Reich, zum anderen im Beteiligungskonto der VSt, zwei Verschachtelungsstufen von der Charlotttenhütte entfernt und durch die ungleich höheren Anlagewerte besser fundiert. Während Vögler und Sempell dies mittrugen und Thyssen für seine Holding gar eine Unterbeteiligung der Industriellen Gruppe erwarb, gab es im VSt-Management auch Kritik an Flicks Strategie. Vor allem der stellvertretende Vorstandsvorsitzende Carl Rabes zeigte sich mißtrauisch ob der von ihm befürchteten Nachteile für die VSt, nicht zuletzt, weil der geplante Verkauf der *prefered shares* den Substanzwert der aus dem Besitz der Charlottenhütte erworbenen Fiduciaire-Anteile minderte, die VSt also perspektivisch zuviel zahlten.[124] 1931 verringerte die Charlottenhütte noch einmal ihre Beteiligung und stellte im folgenden Jahr neben der hinzugekommenen Thyssen-Holding nur noch den kleinsten Partner innerhalb der Gruppe A. Dessen ungeachtet, so hielt eine interne Denkschrift 1932 fest, war die Flick-Holding nach wie vor in der Lage, über die ihr zur Verwaltung übertragenen *common shares* die »Herrschaft über die Werke« auszuüben.[125]

122 Kreditabkommen, o. D. [1928]; Vertrag, 23.1.1929 [Entwurf Frey], beide TKA VSt/926; Stellungnahme der Charlottenhütte [...], 4.1.1933, TKA VSt/924. Allerdings beglichen die VSt zunächst nur rund neun Mio. RM, die Restsumme blieb als Forderung der Charlottenhütte bis 1933 stehen.

123 So Reckendrees, Stahltrust, S. 491; Report on the Upper-Silesian Works of the CSSC, 1.1.1929, TKA VSt/925; Board Meeting der CSSC, 29.5.1929, ebd.; Belegschaftszahl errechnet nach: [Unbetitelte Übersicht], o. D. [Juni 1926], PAAA R 31138k. Brennecke bezifferte die Löhne in Ostoberschlesien auf 40 % niedriger als im Westen: 18. Sitzung der 3. Arbeitsgruppe [...], 26.1.1928, BADH R 13 I/330, Bl. 46-48.

124 Einbringung der oberschlesischen Interessen [...], 2.5.1928, TKA VSt/926; ferner: Differenzen mit Herrn Rabes über die Durchführung der Ost-Transaktion, 4.4.1929, BAB R 8122/80899, Rabes an Vögler, 10.4.1929; Flick an Rabes, 25.4.1929, beide TKA VSt/925.

125 Im April 1931 wurde die Charlottenhütte-Quote nocht mit 10 % der *prefered shares* geführt, bei der Abwicklung der Minesa 1936 hielt die Flick-Tochter Metafina 1,61 %; Abkommen, 14.4.1931, TKA VSt/923; Bericht über die Liquidation der »Minesa«, 1936/37, TKA VSt/907; Zitat: [Fragment]. III. Kritische Beurteilung des Fusionsprogrammes, o. D. [ca. Anfang 1932], BAB R 8122/151, Bl. 108; Kaletsch an Pinösch, 15.3.1932, BAB R 8122/1035, Bl. 98 f.

Fazit

Wenn die Übernahme der VSt von innen heraus Flicks Meisterstück auf dem Gebiet der Aktientransaktionen darstellte, so markierte die Expansion in Polnisch-Oberschlesien einen Höhepunkt in seiner Karriere im Feld der Public-Private Partnership. Binnen drei Jahren gelang es Flick, seinen ostoberschlesischen Besitz zum bedeutendsten schwerindustriellen Komplex der Region auszubauen und gleichzeitig das eigene wirtschaftliche Risiko konsequent zu minimieren. Durch die Beschaffung staatlicher Kreditmittel sowie die Verlagerung auf Beteiligungen, die von seiner Holding weit entfernt lagen, konnte Flick das gefahrvolle Projekt mit geringem eigenen Wagnis vorantreiben. Daß sich die Führung der Charlottenhütte weniger aus deutschnationalen Gründen, sondern vielmehr aufgrund der erhofften Gewinnpotentiale in Polen engagierte, zeigte der unvermittelte Kurswechsel 1928, als Flick den Aufkauf der staatlichen Beteiligung forcierte: Die erwarteten Profite wollte man nicht mit dem Reich teilen.

Eine Verminderung der Sicherheit mußte dies nicht bedeuten. Daß die Reichsregierung die »deutschen Interessen« im Krisenfalle nicht im Stich lassen würde, hatte die über alle Kabinettswechsel hinweg konstante revisionistische Grenzpolitik der zwanziger Jahre unter Beweis gestellt. Mit diesem Wissen bediente sich Flick zur Durchsetzung seiner Ziele unverfrorener Methoden, die von massivem Lobbying über Informationsmanipulation bis zu regelrechter Erpressung reichten – dies stets im Bewußtsein, daß die Verhandlungspartner auf der Regierungsbank nur über einen geringen Bewegungspielraum verfügten, solange kein außenpolitischer Paradigmenwechsel eingeläutet wurde. Daß Flick sich der starken Position, aus der heraus er agierte, bewußt war, unterstrich nicht zuletzt die Entwicklung westlich der polnischen Grenze: Als sich abzeichnete, daß die VOH auf Jahre hinaus kein lohnendes Anlageobjekt darstellten, nahm Flick die erste Gelegenheit zum Verkauf wahr. Die fällige Sanierung überließ er der öffentlichen Hand, die er selbst durch die Kreditbeschaffung zuvor involviert hatte. Flick erkannte und nutzte Zwangslagen anderer, er machte sie nicht zu seinen eigenen.

3. Die Flick-Beteiligungen bis zum Ende der Weltwirtschaftskrise

3.1. Die Vereinigten Stahlwerke

Mit dem Abschluß der Phoenix-, Maxhütte- und Ostoberschlesien-Transaktionen 1929/30 kam die Expansion der Charlottenhütte zu einem vorläufigen Ende. An ihre Stelle trat in den Jahren der Weltwirtschaftskrise eine Reihe interner Umgruppierungen. In der Rückschau wollte Flick dies als Ausdruck einer »planmäßig« durchgeführten Konzernstrategie verstanden wissen.[1] Ob dieser Entwicklung tatsächlich ein langfristiges Kalkül zugrundelag, erscheint zumindest zweifelhaft. Vielmehr beschnitten die gesamtwirtschaftlichen Rahmenbedingungen und der Zustand der von Flick kontrollierten Unternehmen ab 1930 seine Handlungsspielräume zunehmend. An die Stelle der Ausweitung seines Einflusses trat in wachsendem Maße die Sorge um dessen Erhalt. Und dieser hing maßgeblich von den wirtschaftlichen Ergebnissen der Produktivunternehmen ab. Die mit Abstand wichtigste Beteiligung Flicks stellten die VSt dar. Ihre finanzielle Entwicklung entschied über einen Großteil der Erträge aus den investierten Kapitalien, die die Charlottenhütte erwarten konnte.[2]

Die »Rationalisierungsgemeinschaft«[3] des Stahlvereins wurde von ebenso großen Hoffnungen begleitet wie sich in der Folge viele der Gründungskompromisse als Geburtsfehler herausstellten. Der neue Konzern sollte seine finanziell teils schwer bedrückten Muttergesellschaften sanieren und somit das Kapital von deren Aktionären und Gläubigern erhalten; die angestrebten Rationalisierungseffekte vervielfältigen, die Produktionszusammenhänge optimieren und eine dauerhaft gute Rendite sichern; schließlich die industriepolitische Führung bei der Bereinigung der Montanbranche übernehmen sowie ein starkes Gewicht in nationalen und internationalen Kartellen bilden.[4]

Aus dem Zusammenklang dieser Forderungen resultierten einige der bald bemerkbaren gravierenden Probleme der VSt-Konstruktion: Die Großaktionäre verfolgten nicht nur eigene Agenden, sondern bürdeten dem neuen Unternehmen auch erhebliche Lasten auf, insbesondere die hohe Kapitalisierung, die im Gegensatz zum ursprünglichen Ziel einer Kapitalkonzentration stand, für die Zukunft ein hohes Ausschüttungserfordernis implizierte und durch die ausgegebenen Genußscheine noch verschärft wurde.[5] Zudem belasteten die VSt von Beginn an hohe Fremdkapitalverpflichtungen. Bereits am Ende des ersten Geschäftshalbjahres 1926 beliefen sich die langfristigen Verbindlichkeiten auf rund 700 Mio. RM. Diese wurden jedoch nicht für Investitionen benötigt, sondern

1 Vgl. Rede Flicks […], 1.4.1940, StAN Rep. 501, KVP, Fall 5, B-3, NI-3345, Bl. 14f.

2 Für eine detaillierte Analyse der hier nur skizzierten Betriebsökonomie der VSt vgl. Reckendrees, Stahltrust, S. 359-433, 436-453. Fear, Control, verzichtet hingegen auf eine Verknüpfung von ökonomischer Entwicklung und organisatorischen Konsequenzen.

3 Berkenkopf, Neuorganisation, S. 91.

4 Reckendrees, Stahltrust, S. 434f.

5 GBAG-Vorstand an Flick, 29.7.1927, BAB R 8122/101; Reckendrees, Stahltrust, S. 368f.

vorrangig zur Finanzierung der Gründung, zur Betriebsmittelbeschaffung sowie für weitere Angliederungen, darunter der Flick-Besitz.[6] Gerade diese Ausweitung des »Stahltrust«-Projektes schon 1926, ehe die avisierten Rationalisierungserfolge auch nur theoretisch greifen konnten, lag betriebswirtschaftlich allenfalls teilweise im Interesse der VSt, hingegen umso mehr – wie im Falle der Charlottenhütte und Otto-Wolffs – in dem der Besitzer. Das industriepolitische Ziel einer möglichst breiten Kapazitätsneuordnung der Branche überforderte in seiner zeitlich zu frühen Ansetzung und in Verbindung mit den komplizierten Startbedingungen den jungen Konzern.[7]

Die erwartete Refinanzierung der aufgewandten Mittel – mit der man allerdings von vornherein nicht kurz-, sondern mittel- bis langfristig rechnete[8]– sollte über eine umgehend zu implementierende Rationalisierungspolitik erfolgen. Unrentable Betriebe sollten in möglichst großer Zahl geschlossen und ihre Produktionslinien bei den am günstigsten arbeitenden Werken konzentriert sowie die Gesamtbelegschaft vermindert werden.[9] Von Investitionen in moderne technische Anlagen erwartete man Produktivitätssprünge ebenso wie Synergieeffekte etwa im Transportwesen und der Wärmewirtschaft. Die Bearbeitung großer Auftragsserien mit standardisierten Fertigungsprozessen zielte auf eine Senkung der Stückkosten und, über hohe Umsatzzahlen, auf Gewinne aus Skaleneffekten. Pate standen hierbei auch Vorbilder US-amerikanischer Stahlkonzerne, allen voran die U.S. Steel Corporation, die als einziges Unternehmen weltweit mehr Stahl produzieren konnte als die VSt.[10]

Die Stahlverein-Strategie setzte auf die optimistische Erwartung einer Konjunktur, die über eine ausreichende Nachfrage die leistungsstarken Kapazitäten auslastete. Die ersten zweieinhalb Geschäftsjahre nach der Errichtung der VSt schienen diese Kalkulation zu bestätigten. Nach der Überwindung der deutschen Sonderkrise 1925/26[11] und mit Hilfe des im Gefolge des Dawes-Plans einsetzenden US-Finanztransfers, der sowohl die private wie auch die öffentliche Investitionsbereitschaft befeuerte[12], stiegen die deutsche Roheisenerzeugung von 9,6 (1926) auf 13,4 Mio. t (1929) und die Flußstahlproduktion im selben Zeitraum von 12,3 auf 16,2 Mio. t.[13] Die VSt-Hütten profitierten zudem in erheblichem Maße vom Eigenverbrauch, den das interne Modernisierungs- und Neubauprogramm generierte.

6 S. o. S. 126-129; vgl. Reckendrees, Stahltrust, S. 366.
7 Ebd., S. 268 f., 366 f.
8 Vögler selbst rechnete mit einem Zeitrahmen von zehn Jahren: Reckendrees, Stahltrust, S. 363, 434.
9 Zum Stillegungsprogramm, das mit Entlassungen von rund zehn Prozent der Beschäftigten der Gründerkonzerne einherging: Reckendrees, Stahltrust, S. 374-377.
10 Ebd., S. 361; vgl. Warren, Big Steel.
11 Dazu Blaich, Wirtschaftskrise.
12 Vgl. Jacobson, Reparation, S. 79-107; Verenkotte, Bündnis, S. 44-46, 67 f.
13 Zahlen für deutsches Zollgebiete ohne Saarland; Flußstahl = Rohblöcke + Stahlguß; nach: Gemeinfaßliche Darstellung, S. 251-253.

Tab. II/4: Umsatz und Produktion der VSt-Hüttenwerke, 1926-1932

	Gesamt-umsatz	Umsatz mit VSt	Fremdumsatz		Roheisen	Rohstahl	Walz-produkte
	Umsatz in 1.000 RM				Produktion in 1.000 t		
			Inland	Ausland			
1926	439.018	21.031	248.244	169.743	2.273,6	2.538,9	1.924,0
1926/27	1.219.600	116.199	759.602	343.799	6.350,6	6.837,6	4.992,5
1927/28	1.254.144	140.161	736.419	377.565	6.518,7	6.945,2	5.114,0
1928/29	1.199.107	114.760	673.051	411.295	6.008,0	6.419,8	4.725,5
1929/30	1.016.262	77.584	558.583	390.094	5.297,0	5.538,4	4.051,9
1930/31	669.807	59.564	322.559	287.684	3.283,3	3.694,0	2.747,6
1931/32	384.570	37.966	206.253	140.351	2.090,2	2.190,0	1.648,5

Quelle: Reckendrees, Stahltrust, S. 363.

Im Geschäftsjahr 1927/28 erreichten die Produktionszahlen einen Rekordwert, der allerdings im Folgejahr durch erste Anzeichen der nahenden Krise gemindert wurde. Erschwerend hinzu kam der Ruhreisenstreit im November 1928. Der eskalierte Arbeitskampf mit der Aussperrung von rund 200 000 Arbeitern der Eisen- und Stahlwerke führte unmittelbar zu einem erheblichen, selbstverschuldeten Produktionsausfall der Unternehmen.[14] Darüber hinaus stellte der unmißverständlich artikulierte Konfrontationskurs der Arbeitgeber vor dem Hintergrund des Verfassungsstatus' des Sozialstaatsprinzips die Legitimität der Republik an sich in Frage und beschleunigte die Destabilisierung der demokratischen Ordnung.[15]

Nach dem vorläufigen Ende der Tarifauseinandersetzungen kehrten die Stahlwerke in eine Konjunktur zurück, die erheblich an Momentum verloren hatte. Der starke Nachfrageschub war bereits im Spätsommer 1928 einem zwar befriedigenden, aber nicht länger wachsenden Auftragseingang gewichen, zum Jahreswechsel zeigten sich in einzelnen Sparten unverkennbare Anzeichen einer Rezession.[16] Ende 1929 rückten im VSt-Hüttenausschuß Überlegungen über

14 Ohne den Ausfall hätten die VSt fast die Vorjahreshöhe ihrer Erzeugung erreicht; Reckendrees, Stahltrust, S. 362.

15 Vgl. Weisbrod, Schwerindustrie, S. 415-456, besonders S. 454-456; Nocken, Conflicts, S. 581-593; Welskopp, Arbeit, S. 662-664; Wehler, Gesellschaftsgeschichte, Bd. 4, S. 352.

16 Niederschrift über die Sitzung des VSt-Hüttenausschusses am 21.8.1928, 22.8.1928, TKA A/5740; Niederschrift über die Sitzung des gemeinsamen Arbeitsausschusses am 21.8.1928, 22.8.1928, TKA RSW/4590; Niederschrift über die Sitzung des VSt-Hüttenausschusses am 19.2.1929, 20.2.1929, BBA 55/517; Reckendrees, Stahltrust, S. 414f.

Produktionseinschränkungen in den Vordergrund, die an Dringlichkeit gewannen, als im April 1930 ein »so jäher und überstürzter« Absatzeinbruch im Revier registriert wurde, wie man ihn noch nie erlebt hatte.[17]

In den folgenden zweieinhalb Jahren glichen die Beschreibungen von Markt- und Beschäftigungslage zunehmend Ritualen, in denen in standardisierten Formulierungen der unaufhaltsame Abwärtstrend bekanntgegeben wurde.[18] Die Produktionszahlen der VSt-Betriebe wiesen eine Negativmarke nach der anderen aus. Analog zur branchenweiten Entwicklung sanken die erzeugten Roheisen- und Rohstahlmengen bis 1931/32 auf nur noch wenig mehr als 34 Prozent des Vergleichswerts von 1928/29. Der Gesamtumsatz der VSt-Rohstoffbetriebe sowie der Hüttenwerke brach von rund 1,8 Mrd. (1928/29) mit weniger als 650 Mio. RM (1931/32) gleichfalls auf annähernd ein Drittel ein.[19] Damit schnitten die VSt schlechter ab als jene beiden Konzerne, die 1925 aus dem Trustprojekt ausgeschert waren, Krupp und Hoesch. Dank höherer Selbstverbrauchs- und Qualitätsproduktionsanteile standen sich diese vor allem zu Beginn der Krise relativ besser als der Branchenführer, wie man in der Charlottenhütte aufmerksam zur Kenntnis nahm.[20]

Die finanzielle Situation der VSt spitzte sich rasch zu, insbesondere im Zuge der Bankenkrise des Sommers 1931. Der noch einmal beschleunigte Kapitalabzug aus- wie inländischer Investoren brachte einen neuerlichen Einbruch in Auftragseingang und Produktion[21], der durch Stillegungen, Entlassungen und Vorratsabbau nicht mehr aufgefangen werden konnte und zu direkten Betriebsverlusten führte, wie Vögler dem Aufsichtsrat Ende November 1931 darlegte. Zwar überstiegen die kurzfristigen Aktiven zu diesem Zeitpunkt die entsprechenden Verpflichtungen noch, allerdings wiesen die Bankguthaben bereits ein deutliches Defizit aus: Einem Haben von 75 Mio. RM standen Verbindlichkeiten von 96 Mio. RM gegenüber, Akzeptschulden in Höhe von 39 Mio. RM nicht eingerechnet.[22] In der Bilanz für das Geschäftsjahr 1930/31 konnte nur durch Buchgewinne, Sondereinnahmen und die Aktivierung von Rücklagen der Verlust mit 18,9 Mio. RM in Grenzen gehalten werden.[23]

Im Folgejahr verschlimmerte sich die Situation noch einmal. Im Juli 1932 bezifferte Vögler vor der Industriellen Kommission den reinen Verlust vor Ab-

17 Niederschrift über die Sitzung des VSt-Hüttenausschusses am 8.10.1929, 9.10.1929, BBA 55/517; Reckendrees, Stahltrust, S. 387 f.; Zitat: Betr. Aufsichtsratssitzung der Vereinigten Stahlwerke v. 2.8.1930, 4.8.1930, BAB R 8119F/P1564, Bl. 7.

18 Vgl. die Protokolle der Sitzungen des VSt-Hüttenausschusses 1930-32 in BBA 55/517 u. 518.

19 Berechnet auf Basis der Zahlen bei Reckendrees, Stahltrust, S. 363, 414.

20 Notiz für Herrn Dr. Terberger, 22.10.1930, BAB R 8122/351.

21 Zur Bankenkrise: Born, Bankenkrise, S. 31-174; ders., Beginn, S. 105-138; James, Causes, S. 68-87.

22 Niederschrift über die Aufsichtrats-Sitzung der [VSt] am 23.11.1931, 24.11.1931, TKA VSt/4103.

23 Niederschrift über die Aufsichtrats-Sitzung der [VSt] am 24.2.1932, 25.2.1932, ebd.; umfassend: Reckendrees, Stahltrust, S. 448-450.

schreibungen auf etwa 35 Mio. RM, den vor allem die Hüttenwerke und der Kapitaldienst verantworteten. Auf das ganze Geschäftsjahr gerechnet, bereitete Vögler die Großaktionäre auf ein Minus von etwa 87 Mio. RM inklusive Abschreibungen vor. Angesichts der desaströsen Zahlen unterließ es die VSt-Führung schlicht, dem gesetzlichen Publikationszwang nachzukommen, und veröffentlichte für die beiden Verlust-Geschäftsjahre keine Bilanzen.[24]

Im ersten Jahr nach der Krise, dem Rechnungszeitraum 1932/33, konnten die VSt wieder einen kleinen Betriebsgewinn erzielen, der immerhin Zinsen und Tilgungen, wenngleich keine Abschreibungen und erst recht keine Dividenden einspielte. Möglich wurde diese Besserung durch eine Umsatzsteigerung um ein Fünftel sowie Steuersenkungen und die geringere Zinsbelastung infolge der Dollar-Abwertung im Sommer 1933. Die leicht verbesserte Kapazitätsauslastung – mit 40 Prozent noch immer weit ungenügend – in Verbindung mit dem erleichterten Kapitaldienst dokumentierte eindrücklich, wie groß die Abhängigkeit der VSt von den Umsatzzahlen war. Angesichts der hohen festen Verpflichtungen war der Spielraum der beweglichen Kosten (Material, Transport, Löhne und Gehälter) bei schlechter Konjunktur schnell ausgeschöpft, so daß die Selbstkosten den Absatzverhältnissen nicht im erforderlichen Maße angepaßt werden konnten – eine »Fixkostenfalle«, die zu erheblichen Teilen aus den Gründungsentscheidungen resultierte.[25]

Von den verantwortlichen Managern nicht nur der VSt wurde die Kapazitätskrise vehement bestritten und statt dessen lautstark eine Erlös- und Lohnkrise beschworen. Auf der Generalversammlung der VSt Mitte März 1931 attackierte Vögler das geltende Arbeits- und Tarifrecht und verlangte zum wiederholten Mal die Senkung von Löhnen und Sozialabgaben, um mit ausländischen Anbietern konkurrieren zu können.[26] Im August konnte er seine Forderungen an berufener Stelle wiederholen. In einer Unterredung Brünings mit führenden Vertretern der Schwerindustrie erwähnte Vögler die starren Selbstkostenanteile nur am Rande, bestritt aber um so heftiger, daß Kapital- und Zinslasten überhaupt ein Problem der Montanindustrie darstellten. In einer aggressiv geführten Diskussion widersprach der Kanzler der Argumentation Vöglers und Paul Reuschs, der ebenfalls die fehlende Beschäftigung der Politik anlastete, und stellte gereizt fest, die Probleme der Stahlunternehmen hätten »doch mit den Löhnen nichts zu tun«.[27] Zwar signalisierte Brüning mit der Ankündigung einer intensivierten

24 Die Betriebsschulden der VSt betrugen am 31.5.1932 rund 308 Mio. RM, ein Bankguthaben besaß der Konzern abgesehen von einem spärlichen Rest von drei Mio. RM zu diesem Zeitpunkt nicht mehr; [Vermerk (Haßlacher)], 19.7.1932, TKA RSW/4582; vgl. Reckendrees, Stahltrust, S. 449 f.

25 Zitat: Reckendrees, Stahltrust, S. 451; Kleinschmidt, Rationalisierung, S. 330-346, spricht von einem »Rationalisierungsdilemma« (ebd., S. 330); ähnlich Welskopp, Arbeit, S. 455-466.

26 [Vermerk], 18.3.1931, BAB R 8119F/P1564, Bl. 87-89.

27 Aufzeichnung über die am 18.8.1931 in der Reichskanzlei geführte Besprechung, TKA NSt/493.

öffentlichen Auftragsvergabe Entgegenkommen, ohne daß sich diese jedoch in den folgenden Monaten in dem von ihm eingeschlagenen deflationären Kurs, dessen Gründe in einem komplizierten Nexus aus innen- und reparationspolitischen Zielen, Auslandsverpflichtungen, hoher Staatsverschuldung sowie den währungspolitischen Gefahren einer etwaigen Defizitfinanzierung durch die Reichsbank zu verorten waren, spürbar niederschlug.[28]

Gleich zu welchem Ergebnis die Suche nach den Gründen für die wirtschaftliche Talfahrt kam – an eine Dividendenausschüttung, welche die Großaktionäre der VSt in den Jahren zuvor stets durchgesetzt hatten, war angesichts tiefroter Zahlen nicht mehr zu denken. Schon die letzte Auszahlung von vier Prozent für das Geschäftsjahr 1929/30 war nur noch zustandegekommen, nachdem mit Fahrenhorst, Flick, Haßlacher und Thyssen die Großaktionäre »in diesem Sinne auf Herrn Vögler eingeredet hatten«, der sich der Abschöpfung flüssiger Mittel durch die Anteilseigner zunächst widersetzt hatte.[29]

Der hernach einsetzende Dividendenausfall kam für Flick nicht überraschend. Als Mitglied der wichtigsten Gremien des Stahlvereins hatte er Zugang zu den offiziellen Mitteilungen; inoffiziell verfügte er durch seine engen Beziehungen zu Vögler über einen direkten Draht in den VSt-Vorstand. Darüber hinaus beließ es Flick nicht bei der Informierung durch aggregierte Berichte und einzelne Manager. Vielmehr ließ er sich persönlich Selbstkosten-, Umsatz- und Erlöszusammenstellungen der einzelnen Werke zustellen, die Aufschluß über die tiefgreifende Krise des Konzerns gaben.[30] Diese wurden in seinem Büro ausgewertet und mit den verfügbaren Daten der Konkurrenz ebenso wie mit jenen der übrigen Flick-Beteiligungen abgeglichen.[31] Allerdings besserten letztere Zahlen den Gesamteindruck keineswegs.

28 Für eine konzise Zusammenfassung der wirtschaftsgeschichtlichen Diskussion über die Fiskalpolitik Brünings, in deren Zentrum die Thesen Knut Borchardts stehen, vgl. Balderstone, Economics, S. 88-98; ferner: James, Slump, S. 58-73, 192-196, 324-342; Ritschl, Krise, S. 120-167, besonders S. 129-133 u. 239-242, betont unter Anknüpfung an Borchardt die Bedeutung des Young-Plans 1929, der die verbliebene Marge zwischen bereits aufgenommenen Verpflichtungen und maximaler Zahlungsfähigkeit des Reichs füllte, die Kreditfähigkeit, die seit Dawes 1924 die Reparationsleistungen refinanziert hatte, effektiv beendete und somit die Handlungsmöglichkeiten der Regierung Brüning entscheidend beschnitt.

29 Haßlacher an Schmitz, 27.1.1931, TKA RSW/4582.

30 Selbstkosten der Preß- und Hammerwerke im September 1929 (Exemplar GenDir Dr. Flick), BAB R 8122/79; Bericht über die Selbstkosten der Rohr-Sonderwalzwerke im Geschäftsjahr 1930/31, BAB R 8122/80; Bericht über die Selbstkosten der Eisengießereien im November 1931-Januar 1932, (Exemplar GenDir Dr. Flick), BAB R 8122/78.

31 Quoten, 8.4.1931; [Unbetitelte Aufstellung], o. D. [1931], beide BAB R 8122/351.

3.2. Mittelstahl und Maxhütte

3.2.1. Monopol, Rationalisierung, Krise

Mit der Loslösung der Lauchhammer-Gruppe von den Linke-Hofmann-Werken 1926 schälte sich unter der neuen Bezeichnung Mittelstahl wieder der Unternehmenskern des in Land und Provinz Sachsen konzentrierten Traditionsunternehmens heraus. Die Startbedingungen für das neu formierte und um das Walzwerk Weber in Brandenburg/Havel erweiterte Unternehmen gestalteten sich günstig, da die Anlagen gegenüber dem Vorkriegsstand erheblich ausgebaut und modernisiert worden waren. Seit 1918 waren rund 68 Mio. RM investiert worden, die vor allem den Riesaer Komplex mit dem 1923/24 neu errichteten Stabeisenwalzwerk zu einem der bedeutendsten Betriebe östlich des Ruhrgebiets gemacht hatten. Der Anteil der Lauchhammer-Gruppe an der Rohstahlerzeugung des deutschen Zollgebiets konnte von nur 0,76 Prozent im Geschäftsjahr 1913/14 auf 2,25 Prozent bei Einbruch der Weltwirtschaftskrise gesteigert werden, in einzelnen Produktlinien sogar von 0,9 auf 5,1 Prozent.[32]

Entscheidender war indes die regionale Stellung Mittelstahls. In unmittelbarer Nähe zu den sächsischen und niederschlesischen eisenverarbeitenden Industrien mit ihren hohen Nachfragen nach Stahlprodukten fand sich das Unternehmen eingebettet in einen aufnahmefähigen Wirtschaftsraum, den es als Anbieter dominierte. Zwar lagen mit den Sächsischen Gußstahlwerken Döhlen (SGW), dem Stahlwerk Pirna und dem Maxhütte-Werk in Zwickau weitere Stahlerzeuger in der näheren Umgebung, jedoch bedienten diese mit Qualitäts- (SGW, Pirna) bzw. Thomasstahl (Zwickau) überwiegend andere Segmente als die auf SM-Stahl in Normalqualität und verschiedene Walzbearbeitungen konzentrierten Mittelstahl-Werke. Ihr Anteil an der sächsischen Rohstahlproduktion stieg von 35 (1917) auf rund 65 Prozent (1929), die Belegschaft wuchs entsprechend von 4900 (1913) auf 9000 (1929) Beschäftigte. In ähnlich komfortabler Position befand sich das Weberwerk. Das Stahl- und Walzwerk war 1912 eigens gegründet worden, um den Blechbedarf des Großberliner Raums zu bedienen und sah sich nur wenig Wettbewerb ausgesetzt, zumal mit der Stahl- und Walzwerk Hennigsdorf AG einer der wichtigsten regionalen Konkurrenten sich unter demselben Konzerndach befand.[33] Insgesamt kam Mittelstahl eine regional unbestrittene Führungsrolle zu, reichsweit war man mit zwar nicht ausschlaggebenden, aber doch signifikanten Quoten an den Branchenkartellen beteiligt: 3,8 Prozent an der Rohstahlgemeinschaft, 4,3 Prozent im Stabeisenverband, 10,8 Prozent bei

32 Die Werke der Lauchhammergruppe der Mitteldeutschen Stahlwerke AG, 3.4.1930, SächsHStA 11616/2.10.

33 Die Werke der Lauchhammergruppe der Mitteldeutschen Stahlwerke AG, 8.4.1930, SächsHStA 11616/2.10 [überarb. Fassung v. 3.4.]; 23. Sitzung der 3. Arbeitsgruppe (Eisenindustrie) am 3.2.1928. 1. Vernehmung des Sachverständigen Direktor Dr. Koppenberg, BADH R 13 I/330, Bl. 224-227; Stahlwerk Hennigsdorf an Gemeindevorsteher, 1.8.1932, BLHA Pr.Br., Rep. 75, Nr. 1, Bl. 111-113.

Grobblechen, 5,5 Prozent im Röhrenverband. Bei Radsatz- und Radreifenprodukten sowie Fittings erreichte man im Schnitt Anteile von zehn Prozent.[34]

Den limitierenden Faktor bildete die Rohstoffversorgung. Die eigenen Erzgruben im Harz stellten qualitativ und quantitativ keine ausreichende Basis für eine eigene Roheisenerzeugung dar. Daher verzichteten die sächsischen und brandenburgischen Werke als reine Stahl- und Walzbetriebe auf eine vollständige Produktionskette und griffen auf Schrott als wichtigsten Grundstoff zurück. Ferner lagen die Werke fernab der Steinkohlengebiete in West und Ost, so daß zur Vermeidung hoher Brennstoffkosten die nahegelegene Braunkohle eingesetzt wurde. Mit Abbau, Brikettierung und Verstromung in Lauchhammer verfügte Mittelstahl über eine eigene Energieversorgung, die durch preisgünstige Lieferungen zur Rentabilität der Werke entscheidend beitrug. Allerdings war diese verhältnismäßig gering und langfristig unzureichend, insbesondere im Vergleich zu den benachbarten Braunkohlefeldern der Petschek- und Friedländer-Gruppen.[35] Beiden Beschränkungen – Eisen und Kohle – versuchte die Unternehmensleitung in den zwanziger Jahren durch Akquisitionen zu begegnen. Jedoch scheiterten sowohl die Verhandlungen über eine Angliederung des Hochofenwerks Lübeck 1924/28 als auch die Bemühungen um zusätzliche Kohlenabbaugebiete.[36]

Wie die Gründung der VSt, so zielte – obschon in deutlich kleinerem Rahmen – auch die Errichtung Mittelstahls auf einen Rationalisierungseffekt durch Zusammenlegung von Produktionen, Aufteilung von Marktsegmenten und Einsparung von Investitionen. Vorrangig sollten die Blechwalzwerke in Riesa, Brandenburg und Hennigsdorf die Auftragsbearbeitung in frachtlicher Hinsicht optimieren, zudem der zuvor geplante Bau eines Stabeisenwalzwerks in Brandenburg fallen gelassen werden.[37]

Für Ausbau und Wachstum der Lauchhammer-Gruppe zeichnete in erster Linie der Vorstand mit Möller als kaufmännischem und Koppenberg als technischem Leiter verantwortlich; die Brandenburger Werke wurden von den Brüdern Arthur und Rudolf Hennecke geführt. Insbesondere Koppenberg zählte zu jener Riege amerikanophiler Ingenieure, die in den zwanziger Jahren Reisen in die USA unternahmen, um den organisatorischen und technischen Stand der

34 Die Zahlen beinhalten nicht die Hennigsdorfer Quoten; Bericht über die in der Zeit 14.9.-23.10.1928 bei der Firma Mitteldeutsche Stahlwerke AG Riesa vorgenommene Buchprüfung, SächsHStA 11616/12.323.

35 23. Sitzung der 3. Arbeitsgruppe (Eisenindustrie) am 3.2.1928. 1. Vernehmung des Sachverständigen Direktor Dr. Koppenberg, BADH R 13 I/330, Bl. 219 f.; Die Werke der Lauchhammergruppe der Mitteldeutschen Stahlwerke, 3.4.1930, SächsHStA 11616/2.10. Die Havel-Gruppe bezog Steinkohle.

36 Notiz für Herrn Flick, 8.12.1936, BAB R 8122/80902; Stellung der Werke Riesa und Unterwellenborn in der mitteldeutschen Eisenindustrie und Möglichkeit ihrer wirtschaftlichen Weiterentwicklung, 10.10.1929, BAB R 8122/80899; Die Werke der Lauchhammergruppe der Mitteldeutschen Stahlwerke, 8.4.1930, SächsHStA 11616/2.10.

37 Zusammenstellung der Äußerungen des Sachverständigen Koppenberg, 4.7.1930, ebd.

dortigen Stahlindustrie zu begutachten und Anregungen mit nach Deutschland zu nehmen.[38] Von seinem Besuch kehrte Koppenberg begeistert zurück. Beeindruckt zeigte er sich vor allem von den standardisierten Massenproduktionen sowie von der klaren Aufgabenteilung, die strategische Entscheidungen der Konzernspitze vorbehielt, die kaufmännische Führung bei den einzelnen Unternehmenseinheiten konzentrierte und die technische Leitung eigenständig agierenden Werksdirektionen beließ. Zudem forderte Koppenberg, unter explizitem Bezug auf das amerikanische Vorbild, seitdem unaufhörlich höheres Engagement, größere Opferbereitschaft und geringe soziale Sicherung der Arbeiterschaft als Leitgedanken der neugegründeten Mittelstahl AG.[39]

In der Praxis bestimmten bald schon Auslastungsprobleme das Bild mehr als Koppenbergs Managerutopien, wenngleich sich der Start noch hoffnungsvoll anließ. Ähnlich dem Mutterkonzern – die wirtschaftliche Entwicklung Mittelstahls verlief bis zur Krise trotz gewisser Verschiebungen weitgehend parallel zu jener der VSt – bestätigten die Ergebnisse der ersten drei Rechnungsjahre die in die Reorganisation gesetzten Hoffnungen. Besonders positiv gestaltete sich das Geschäftsjahr 1926/27. Bei Zuwächsen gegenüber dem Vorjahr in allen wichtigen Produktionen erreichte der Umsatz 111 Mio. RM, der ausgewiesene Reingewinn betrug 3,7 Mio. RM und erlaubte eine Dividendenzahlung von sieben Prozent.[40] Die Kalkulation mit Skaleneffekten durch Konzentration großer Massenfertigungen an einem Standort ging zunächst auf, das Brandenburger Walzwerk steigerte durch die erhöhte Stückzahl die Erträgnisse trotz gestiegener Schrottpreise.[41]

Bei genauerer Analyse stellte sich die Entwicklung Mittelstahls hingegen weit durchwachsener dar, als das »günstige Bild« besagte, das auf den durch das Beisein etwa der Bankenvertreter halböffentlichen Aufsichtsratssitzungen gezeichnet wurde. Möller warnte schon Mitte 1927, daß in Deutschland in den Blech-, Röhren- und Stabeisensegmenten – allesamt wichtige Produkte für Mittelstahl – die Kapazitäten die Absatzmöglichkeiten um das zweieinhalb- bis dreifache übertrafen.[42] Zudem differierten die einzelnen Sparten deutlich: Während die Stahlerzeugung eher mühsam anstieg, expandierten die modernisierten Braunkohlebetriebe über die Eigenversorgung hinaus in die Energieversorgung der

38 Vgl. Kleinschmidt/Welskopp, Amerika; Reckendrees, Stahlwerke.

39 Koppenberg, Eindrücke, S. 17-38, 73-91, 107f.; 23. Sitzung der 3. Arbeitsgruppe am 3.2.1928. 1. Vernehmung des Sachverständigen Direktor Dr. Koppenberg, BADH R 13 I/330, Bl. 228-234; Zusammenstellung der Äußerungen des Sachverständigen Koppenberg, 4.7.1930, SächsHStA 11616/2.10. Flick unternahm 1934 gemeinsam mit seinem Neffen Bernhard Weiss eine Informationsreise in die USA; Verhör B. Weiss, 16.10.1947, StAN Rep. 501, KVP, Fall 5, A 107-109, Bl. 8606f.

40 Bericht über das Geschäftsjahr vom 1.10.1926 bis 30.9.1927, ebd., Bl. 3.

41 Niederschrift über die Sitzung des gemeinsamen Arbeitsausschusses am 26.4.1927, 2.5.1927, TKA RSW/4590.

42 Aktenvermerke. Sitzungen des Aufsichtsrats der Mitteldeutschen Stahlwerke, 17.12.1926 u. 13.7.1927, beide BAB R 8119F/P1364, Bl. 7, 14f.; Aktenvermerk. Sitzung des Aufsichtsrats der Mitteldeutschen Stahlwerke am 19.1.1928, BAB R 8119F/P1367, Bl. 1f.

Tab. II/5: Kennziffern Mitteldeutsche Stahlwerke AG (inkl. Hennigsdorf), 1925/26-1932/33

	Rohstahl in t	Walzstahl in t	Braunkohle in t	Briketts in t
1925/26*	398.000			
1926/27	609.608	506.090	1.301.048	225.933
1927/28	566.731	468.393	1.578.575	308.841
1928/29	602.320	493.128	1.843.308	397.153
1929/30	558.288	434.140	1.790.320	421.286
1930/31	363.573	291.122	1.430.649	322.277
1931/32	266.564	202.989	1.255.723	286.013
1932/33	304.636	228.434	1.401.960	352.254

* gerundet; ** ohne Hennigsdorf, zum Anfang des Geschäftsjahres.

Umlandgemeinden.[43] Im Folgejahr 1927/28 konnte die bisherige Produktionshöhe in den Stahl- und Walzwerken nicht gehalten werden. Ursache waren beträchtlich schwankende Auftragseingänge sowie mehrfache, teils wochenlange streikbedingte Produktionsausfälle. Aufgrund der geographischen Streuung der Werke, die zu verschiedenen Tarifgebieten gehörten, sowie den variierenden Produktionslinien zeigten die einzelnen Betriebe zudem nur selten gemeinsame Entwicklungen; weit häufiger meldete ein Teil der Werke gute Beschäftigung, während ein anderer über Auftragsmangel, Arbeitsausfälle und ähnliche Sorgen klagte.[44]

Im Frühjahr 1928 war der Anfangsoptimismus einer nüchternen Betrachtung gewichen. Die Beschäftigung der Mittelstahl-Betriebe wurde zwar als »noch zufriedenstellend«[45] bezeichnet, die Kapazitätsauslastung verharrte jedoch auf mäßigem Niveau, und der erhoffte Aufwärtstrend blieb aus. Nicht einmal der Ausfall der westlichen Produktion während des Ruhreisenstreits machte sich im Herbst 1928 in Form einer signifikanten Mehrbeschäftigung der mitteldeutschen Werke

43 Vgl. Tab. II/5; Möller an Flick, 24.4.1926; Mittelstahl an OBS, 2.3.1928; Mittelstahl an RWiM/Schäffer, 28.4.1928; MSt-Vorstand an Flick, 4.5.1928; Niederschrift über die Verhandlungen OBS am 4.7.1929, 5.7.1929, alle BAB R 8122/68.

44 Beispielhaft: Niederschrift über die Sitzung des gemeinsamen Arbeitsausschusses am 22.11.1927, 24.11.1927, TKA RSW/4590; zum mitteldeutschen Streik 1927 vgl. Weisbrod, Schwerindustrie, S. 402.

45 Niederschrift über die Sitzung des gemeinsamen Arbeitsausschusses am 27.3.1928, 27.3.1928, TKA RSW/4590.

Strom in 1.000 kWh	**Netto-Umsatz** in 1.000 RM	Arbeiter	**Beschäftigte** Angestellte	Ges.
				8.400
116.942	124.118	**8.164	**964	**9.128
120.841	123.532	11.865	1.310	13.175
149.678	132.713	11.367	1.362	12.729
141.859	112.921	9.063	1.469	10.532
128.999	79.094	7.398	1.104	8.502
108.896	50.269	5.922	905	6.827
116.509	55.507	7.268	1.103	8.371

Quellen: Erzeugungszahlen Mittelstahl/K.G./Maxhütte, o. D., BAB R 8122/430, Bl. 2-7; [Vortragstexte] Mitteldeutsche Stahlwerke AG, 8.3 u. 14.3.1932; Bericht Enquête [1930]; Zusammenstellung, 4.7.1930, alle SächsHStA 11616/2.10.

bemerkbar. Einzelne Fabrikationen wie die Hennigsdorfer Feinblechwalzung konnten 1927/28 ihre Produktionszahlen und Betriebsergebnisse noch einmal ausbauen, dennoch wurden nicht einmal mehr die Abschreibungen verdient: Die Generalunkosten – Zinsen, Tilgung, Steuern usw. – zehrten die Gewinne auf, die unbefriedigenden Preise taten ein Übriges.[46]

Im Jahr darauf war die Rezession schließlich nicht mehr zu übersehen. Zwar erreichte der Umsatz der Lauchhammer-Gruppe im September 1929 mit 12,9 Mio. RM noch einmal einen hohen Wert, brach aber im Folgemonat auf 7,8 Mio. RM ein. Grund dafür war die »merkliche Abflauung« des Auftragseingangs, die sich rapide fortsetzte und Anfang 1930 schließlich zu dem Eingeständnis führte, daß eine Besserung für die Mittelstahl-Werke angesichts der schlechten Lage in Sachsen und Ostdeutschland nicht zu erwarten war. Der Monatsumsatz hatte sich seit September halbiert, Tendenz fallend.[47] Die Ergebnisse verschlechterten sich nun im Monatstakt, phasenweise lag das Tempo des Niederganges in den mitteldeutschen Betrieben noch über jenem des Branchendurchschnitts und bezeugte, so Steinbrinck Ende 1930, die vollständige »Leblosigkeit des Eisengeschäftes.[48]

46 Niederschriften über die Sitzungen des gemeinsamen Arbeitsausschusses am 21.8., 22.8. u. 18.12.1928, ebd.

47 Niederschriften über die Sitzungen des VSt-Hüttenausschusses am 19.11.1929, 18.2., 18.3. u. 15.4.1930, alle BBA 55/517; Zitat: Niederschrift über die 31. Sitzung des VSt-Hüttenausschusses am 17.9.1929, 19.9.1929, ebd.

48 Steinbrinck an Kallenborn, 11.12.1930, BAB R 8122/140; Niederschriften über die Sitzungen des VSt-Hüttenausschusses am 11.11. u. 9.12.1930, 13.11./11.12.1930, BBA 55/517.

Mit einer durchschnittlichen Rohstahlerzeugung von nur 13325 t im ersten Quartal 1932 erreichten die Produktionszahlen bei Mittelstahl ihren Tiefpunkt. In den folgenden Monaten schwankten sie infolge wechselnder Auftragseingänge stark, verharrten jedoch insgesamt auf niedrigem Niveau. Gegenüber dem Vergleichsjahr 1928/29, als die Werke einschließlich Hennigsdorf 602 000 t Rohstahl hergestellt hatten, sank der Ausstoß in den folgenden drei Geschäftsjahren auf 267 000 t (= 44 Prozent des Standes von 1928/29). Nicht besser sah es bei den Walzfabrikaten aus. Hier betrug der Ausgangswert 493 000 t, drei Jahre später belief sich die Produktion auf nur 203 000 t (= 41 Prozent). Noch am besten hielt sich der Braunkohlenbergbau: Die Förderung betrug 1931/32 immerhin noch 68 Prozent, die Brikettfabrikation 72 Prozent und die Stromerzeugung auf dem Tiefstand 73 Prozent des Vorkrisenniveaus (vgl. Tab. II/5, II/7).[49]

Das Ende der Wirtschaftskrise, das sich bereits deutlich vor dem Machtantritt des ersten Kabinetts Hitler abzeichnete und somit schlechterdings nicht von dessen ganz überwiegend erst Ende 1933 effektiv gewordenen Maßnahmen beeinflußt, geschweige denn herbeigeführt worden sein konnte[50], verzögerte sich in der mitteldeutschen Stahlindustrie um einige Monate und legte daher eine Kausalität zur »politische[n] Stabilisierung«[51] durch das NS-Regime scheinbar nahe. Im Frühjahr 1933verzeichnete Mittelstahl eine merkliche Geschäftsbelebung, die Erzeugung der sächsischen und brandenburgischen Werke stieg ab April spürbar an. Zwar machte die Konjunktur noch keine großen Sprünge, ein Aufwärtstrend war aber bei beiden Werksgruppen zu konstatieren.[52]

3.2.2. Lösungsstrategien

In der seit 1929 offenbaren schweren Krise suchten die Verantwortlichen bei Mittelstahl nach Strategien zur Kostenreduzierung und Verlustminimierung. Im Mittelpunkt standen ebenso wie bei den VSt die Selbstkosten, die disproportional zur sinkenden Kapazitätsauslastung anstiegen. Aus dem dauerhaften Auftragsausfall schloß der Riesaer Vorstand 1930, daß »die unserem Einfluß unterliegenden Kostenfaktoren methodisch scharf gesenkt« werden müßten.[53] Dies implizierte eine möglichst schnelle und weitgehende Verminderung der flexib-

49 Zur vergleichsweise guten Situation der Braunkohleindustrie: Berkenkopf, Fragen, S. 1122-1126.

50 Zum Mythos einer erfolgreichen, quasi-keynesianischen NS-Beschäftigungspolitik per *deficit spending* Buchheim, Erholung, und Ritschl, Beschäftigungspolitik; ferner Overy, Recovery, S. 29, 51-53; Tooze, Wages, S. 62-65.

51 So in der Niederschrift über die Sitzung des VSt-Hüttenausschusses am 21.3.33, 23.3.1933, BBA 55/518; ebf. Bericht Maxhütte/MSt über Monate Januar-März 1933, 5.5.1933, BAB R 8119F/P1368, Bl. 36.

52 Niederschriften über die Sitzungen des VSt-Hüttenausschusses am 21.2., 23.3., 25.4., 24.5 u. 20.6.1933, BBA 55/518.

53 Bericht über das 5. Geschäftsjahr 1.10.1930-30.9.1931 für die ordentliche Hauptversammlung am 24.3.1932, BAB R 8119F/P1366.

len Kosten, etwa durch Verflüssigung von Beständen[54], vor allem aber über umfangreiche Entlassungen, zunächst bei den Arbeitern, dann auch in der Verwaltung. Mittels Stellenabbau und Kurzarbeit wurde die Belegschaft bereits bis September 1930 um 36 Prozent reduziert, zum 1. Oktober 1932 waren von den drei Jahre zuvor beschäftigten 11367 Arbeitern und 1362 Angestellten nur noch 5922 bzw. 905 übrig.[55]

Das eigentliche Problem blieb jedoch ungelöst. Nicht die Betriebskosten stellten die größte finanzielle Belastung dar, sondern die hohen Fixkosten, die infolge der durch Lohn- und Arbeitszeitverkürzungen, Belegschaftsabbau usw. erreichten Ausgabenminderung sogar noch deutlicher hervortraten und sich geradezu »[k]atastrophal« auswirkten, wie der Vorstand intern einräumte. Nicht Löhne und Sozialabgaben, wie in der Öffentlichkeit stets bekundet wurde, strapazierten die Rentabilität des Unternehmens, sondern die überbetrieblichen Kosten durch zu hohe Kapitalbelastungen, Steuern und Abgaben.[56] Auch bei Mittelstahl war die Unternehmensgründung mit einer erheblichen Fremdkapitalakquise einhergegangen, um die Reorganisations- und Rationalisierungsvorhaben zu finanzieren. 1927 hatte Mittelstahl eine Anleihe über 25 Mio. RM aufgenommen; dies entsprach der Hälfte des Stammkapitals. Die Gelder sollten für Zwecke des Werksaufbaus Verwendung finden, wurden aber – eine genaue Lokalisierung des Geldeinsatzes ist auf der vorliegenden Quellenbasis nicht möglich – wohl auch für die Übernahme von LHW-Anteilen aus dem VSt-Besitz genutzt. Diese Verbindlichkeiten, deren Fälligkeit im Januar 1932 beginnen sollte, wurden durch kurzfristige Schulden in Höhe von über zwölf Mio. RM im Jahr 1929 noch erhöht.[57] Die daraus resultierenden Kapitallasten drückten sich unmißverständlich in der Differenz der Entwicklung von Betriebs- und Gesamtselbstkosten aus, die man in Riesa für einzelne Produkte errechnete (Tab. II/6).

Der Versuch, die Kosten für das Fremdkapital durch die Neuaufnahme einer Anleihe in den USA umzuschulden, mißlang 1929 wegen des fehlenden Vertrauens ausländischer Anleger in deutsche Industriewerte.[58] Gleichzeitig waren

54 Verflüssigung der Bestände bei Mittelstahl, 9.12.1930, BAB R 8122/369, Bl. 10-13. Bestandsauflösungen generierten zwar umfangreiche, naturgemäß aber nur einmalig mobilisierbare Mittel; Terberger kalkulierte mit insgesamt rund sechs Mio. RM bis zum 30.9.1931.

55 Monatsbericht MSt-Lauchhammer-Gruppe September 1930, SächsHStA 11616/12.196; Herrn Direktor Koppenberg. Betrifft: Senkung der festen Kosten, o. D. [Ende 1930], SächsHStA 11616/18.110; s. Tab. II/5.

56 Vortrag am 31.3.31. Die Fabrikate der Mitteldeutschen Stahlwerke, 27.3.1931, SächsHStA 11616/2.10. Vgl. zum steuerpolitischen Kurswechsel ab 1930 sowie zu den Auswirkungen des nicht ertrags-, sondern substanzorientierten Weimarer Steuersystems, das eine Anpassung an die sinkenden Einnahmen erschwerte: Braun, Besteuerung, S. 155-179.

57 Für Bauinvestitionen wandte Mittelstahl 1926/27-1928/29 14,5 Mio. RM auf. Zum 30.9.1928 wurden 16,47 Mio. RM LHW-Aktien übernommen und zu einem Kurs von 54,9% verbucht; Zum Bericht Enquete [1930], SächsHStA 11616/2.10; Bericht des Buch- und Betriebsprüfers, 25.7.1931, SächsHStA 11616/12.323; HbDtAG 1933 II, S. 1170.

58 Vgl. Verenkotte, Bündnis, S. 400.

Tab. II/6: Mittelstahl: Selbstkostenentwicklung, 1928-1931 (in RM/t bzw. RM/Stück)

	Betriebsselbstkosten			Gesamtselbstkosten		
	1928/29	Febr. 1931	in %	1928/29	Febr. 1931	in %
Rohkohle	1,06	1,40	+32,1	-	-	
Briketts	8,01	8,60	+7,4	8,98	10,18	+13,4
Strom	1,16	1,43	+23,3	1,45	1,89	+30,3
Rohstahl	95,20	68,16	-28,4	99,35	78,36	-21,1
Stabeisen	128,57	99,00	-23,0	138,55	120,03	-13,4
Formeisen	126,38	102,11	-19,2	135,87	123,00	-9,5
Universaleisen	127,18	103,35	-18,7	137,87	125,47	-9,0
Siederohre	270,66	233,27	-13,8	291,51	275,50	-5,5
Nahtlose Gasrohre	259,48	234,57	-9,6	278,08	277,73	-0,1
Stumpfgeschw. Gasrohre	218,55	213,10	-2,5	233,52	226,74	-2,9
Muffenrohre	180,31	160,27	-11,1	190,36	185,92	-2,3
Fittings	1.032,85	1.089,74	+5,5	1.136,99	1.443,40	+26,9
C-1 Radsätze	241,87	191,21	-20,9	274,93	233,61	-15,0
Badewannen	*382,04	418,78	+9,6	*403,03	476,02	+18,1
Wannen »Kalypso«	*747,41	700,63	-6,3	*793,41	774,82	-2,3

* Zahlen für 1929/30
Quelle: Fabrikate Mitteldeutsche Stahlwerke, 27.3.1931, SächsHStA 11616/2.10; eigene Berechnung.

einschneidende Rationalisierungsschritte ab 1930 kaum noch möglich, nachdem man bereits im Vorjahr das Grob- und Mittelblechwalzwerk in Riesa stillgelegt und Quote sowie Aufträge nach Brandenburg verlagert hatte.[59] In dieser Situation eröffnete die von Flick in enger Zusammenarbeit mit dem Riesaer Vorstand konzipierte Übernahme der Maxhütte neue Einsparpotentiale. Auf die Angliederung des bayerischen Unternehmens wird unten näher einzugehen sein, an dieser Stelle soll zunächst die praktische Bedeutung der Transaktion in der Weltwirtschaftskrise beleuchtet werden.

59 Niederschrift über die Sitzung des VSt-Hüttenausschusses am 19.2.1929, 20.2.1929, BBA 55/517; Hennecke an Möller, 12.11.1934, BAB R 8122/461.

Die Maxhütte hatte den Beginn der Depression dank ihrer eigenen Erzbasis und eines weitgehend unbestrittenen Kernabsatzgebietes in Bayern, wo das Unternehmen vor allem bei der Vergabe öffentlicher Aufträge bevorzugt wurde, verhältnismäßig gut überstanden. Während anderswo die Werke ihren Ausstoß bereits zurückfuhren, stiegen Erzförderung und Roheisenproduktion der Maxhütte bis 1929/30 sogar noch an. Die Rückgänge in der Rohstahlerzeugung fielen vergleichsweise moderat aus und waren in Teilen der Umstellung vom alten Zwickauer auf das rundum modernisierte Werk Unterwellenborn geschuldet.[60] Mit um so größerer Wucht wurde die Maxhütte aber 1931/32 von der Krise getroffen und verzeichnete Einbrüche in der Erzförderung von 51 Prozent, in der Roheisenherstellung von 38 Prozent und bei der Rohstahlerzeugung von 47 Prozent. Im folgenden Jahr stürzten die Produktionszahlen noch tiefer, symptomatisch erfaßt in den Walzwerkserzeugnissen, deren Ausstoß binnen vier Jahren auf knapp 36 Prozent des Wertes von 1927/28 sank (Tab. II/7).

Ein wesentlicher Grund für den jähen Fall der Maxhütte-Ergebnisse lag in ihrer ausgeprägten Abhängigkeit von Reichsbahnaufträgen. Die starke Einschränkung der Bahnbestellungen Ende der zwanziger Jahre traf das bayerische Unternehmen daher besonders hart. Auf den auf nur noch ein Drittel des Normalstandes abgerutschten Absatz reagierte der Maxhütte-Vorstand 1930/31 zunächst mit Betriebseinschränkungen und im folgenden Jahr mit weitreichenden Stillegungen. Das gerade erst fertiggestellte Werk Unterwellenborn kam zunächst praktisch gar nicht zum Einsatz; lediglich ein Hochofen zur Herstellung von Gießereieisen war seit Mitte 1930 in Betrieb. In den ersten beiden Quartalen des Geschäftsjahres 1931/32 lag Unterwellenborn gänzlich still, desgleichen das bayerische Walzwerk Haidhof. Als die selbst hochverschuldete Reichsbahn im 4. Quartal des Geschäftsjahrs überhaupt keine Aufträge mehr an die Maxhütte vergab, mußte schließlich auch das Hauptwerk in Rosenberg erstmals in seiner Geschichte den Betrieb einstellen.[61] Diese Maßnahme verfolgte indes auch den Zweck, einer von der Maxhütte-Direktion initiierten und von einer breiten Front aus bayerischen Landespolitikern, Staats- und Kommunalbehörden bis hin zu den Gewerkschaften unterstützten Kampagne, das Unternehmen mit zusätzlichen öffentlichen Aufträgen zu stützen, den nötigen Nachdruck zu verleihen.[62] Tatsächlich waren die geballten Anstrengungen erfolgreich, und nur kurze Zeit nach den Stillegungen konnten die ersten Betriebe wieder die Arbeit

60 Vgl. Keilwerth, Maxhütte, S. 80-82.

61 Schlittenbauer an Böhringer, 16.2.1931, BayHStA MWi 2448; Berichte Maxhütte/MSt an AR-Mitglieder Januar-September 1932, BAB R 8119F/P1368, Bl. 3, 11, 21; zur Auftragsvergabe der Reichsbahn s. Pierenkemper, Krise, S. 256.

62 Maxhütte-Betriebsrat an Bayer. Staatsministerium (StMin) des Äußern, Abt. Wirtschaft und Arbeit, 5.8.1932; SPD-Landtagsfraktion an StMin des Äußern, 5.8.1932; Vormerkung. Betreff: Stillegung der Maxhütte, 8.8.1932; Deutsche Reichsbahn-Gesellschaft/Gruppenverwaltung Bayern an StMin des Äußern, 25.8.1932; StMin des Innern an StMin des Äußern u. a., 1.9.1932, alle BayHStA MWi 2448.

Tab. II/7: Erzeugung der IG Mittelstahl-Maxhütte im Monatsschnitt (in t), Oktober 1930-Juni 1933

	Okt.-Dez. 30	Juli-Sept. 31	Okt.-Dez. 31	Jan.-Mrz. 32	Apr.-Juni 32	Juli-Sep. 32	Okt.-Dez. 32	Jan.-Mrz. 33	Apr.-Juni 33
Erze Maxhütte	48.287	20.610	24.488	20.241	16.953	11.626	13.374	26.559	31.382
Roheisen Maxhütte	20.351	17.754	18.584	15.336	13.307	7.494	9.665	13.231	14.519
Rohstahl									
Mittelstahl	24.163	27.018	15.833	13.325	25.846	19.338	19.388	17.622	22.071
Maxhütte	18.792	15.068	16.286	11.593	9.937	7.444	8.016	11.217	14.197
IG	42.955	42.086	32.119	24.918	35.783	26.782	27.404	28.839	36.985
Walzfabrikate									
Mittelstahl	18.932	19.899	10.733	10.145	22.099	13.740	13.427	12.509	16.374
Maxhütte	17.433	10.722	11.576	10.042	9.937	4.865	7.711	9.755	10.611
IG	36.365	30.621	22.309	21.187	31.452	18.605	21.138	22.264	26.985
Eisen-/Stahlgießerei Gröditz u. Lauchhammer*	2.695	2.961	1.508	1.324	1.820	2.092	2.209	2.045	2.538
Radsatzfabrik Gröditz	831	1.319	1.363	855	307	449	510	623	436
Eisen- u. Maschinenbau	896	794	468	618	658	789	423	589	839
Energiebetriebe									
Braunkohle	117.367	128.095	113.020	95.633	102.237	107.684	109.757	110.263	111.357
Brikette inkl. Staub	26.160	29.903	25.880	20.503	23.424	25.532	25.605	25.134	28.913
Strom in 1.000 kwH	10.834	11.388	9.329	8.435	9.129	9.206	9.834	9.836	8.972

Quelle: I. Quartal (Okt./Dez) des Geschäftsjahres 1931/32 bis III. Quartal (April/Juni) des Geschäftsjahres 1932/33 der IG Maxhütte/Mittelstahl, BAB R 8119F/P1368, Bl. 14-43 [bei abweichenden Angaben wurden die späteren Daten berücksichtigt].

aufnehmen.[63] Zu diesem Zeitpunkt hatte die Maxhütte die Talsohle bereits durchschritten. Auftragseingänge, Erzeugung und Absatz stiegen in den folgenden Monaten nicht rasant, aber kontinuierlich an, bis zum 31. Januar 1933 konnte die Belegschaft um über 600 Mann vergrößert werden.[64]

In der Diskussion mit den staatlichen Behörden über die Beihilfengewährung spielte ein Umstand keine Rolle, dem für den Grad des Auftragsmangels bei der Maxhütte ab 1931 erhebliche Bedeutung zukam. Im September des Jahres schlossen Maxhütte und Mittelstahl einen IG-Vertrag, der zwar hinter einer Vollfusion zurückblieb, dessen ungeachtet aber eine enge Interessenabstimmung und Zusammenarbeit inklusive Quotenzusammenlegung und gegenseitigem Gewinnausgleich festlegte. Dies erlaubte es, Aufträge zwischen beiden Unternehmen zu verschieben, um Frachtvorteile und verbesserte Kapazitätsauslastungen zu erreichen. Davon profitierte in erster Linie Mittelstahl, insbesondere beim Stabeisen, für das in Riesa das leistungsfähigste Werk der IG bestand.[65] Im Gegenzug erhielt die Maxhütte einen finanziellen Ausgleich, zudem wurden durch eine Personalunion der Vorstände unter Vorsitz Eugen Böhringers die bayerische Leitung kooptiert und interne Reibungsverluste vermieden. In diesem Rationalisierungseffekt lag anfangs der eigentliche Gewinn Mittelstahls aus der IG mit der Maxhütte.[66]

Die Quotenzusammenlegung begünstigte Mittelstahl noch in zweiter Hinsicht – bei der Verteilung der sogenannten Russenaufträge. Dabei handelte es sich um Lieferungen an die UdSSR, die von nur fünf Prozent der deutschen Ausfuhr 1929 auf mehr als 25 Prozent drei Jahre später enorm anwuchsen. Entscheidend war die Förderung des Reiches, das durch Gewährung von Ausfallgarantien und Diskontierung der mit langen Zahlungszielen versehenen »Russenwechsel« einen Großteil des Kreditrisikos für die im Schnitt gut bezahlten

63 Reichspostminister an StMin des Äußern, 24.9.1932; StMin des Äußern an Schlittenbauer, 29.9.1932; Fernschreiben Bezirksamt an StMin des Äußern, 28.11.1932, alle ebd.

64 Böhringer an StS Stocker (Bayr. StMin für Wirtschaft), 20.7.1933, ebd.; Maxhütte-Geschäftsbericht für das Betriebsjahr 1931/32, BAB R 8119F/P1161, Bl. 41-45; vgl. Tab. II/7.

65 Die Betriebsselbstkosten für Stabeisen lagen bei Mittelstahl im Februar 1931 mit 99 RM/t substantiell niedriger als bei der Maxhütte (107 RM); auch bei den Gesamtselbstkosten stellte sich Mittelstahl (121 RM/t) deutlich besser als die Maxhütte (131 RM); Selbstkosten 1930/31, 9.4.1931, BAB R 8122/369, Bl. 3 [geringfügig abweichende Zahlen in Tab. II/6].

66 Insofern diente die Angliederung nicht dazu, Gewinne zugunsten Mittelstahls abzuschöpfen. Die Maxhütte erwirtschaftete zum Zeitpunkt der IG-Gründung keine Überschüsse und war im Gegenteil in den ersten drei Jahren der IG die nehmende Seite des Gewinnausgleichs. Erst ab 1934/35 überwies die Maxhütte Gewinne an Mittelstahl; vgl. Notiz, 11.7.1941, BAB R 8122/403. Zur Auftragsverteilung: Bericht Maxhütte/MSt an AR-Mitglieder im Januar 1932, BAB R 8119F/P1368, Bl. 3; Bericht über das 5. Geschäftsjahr 1.10.1930-30.9.1931, BAB R 8119F/P1366; Bericht über das 6. Geschäftsjahr 1.10.1931-30.9.1932, BAB R 8119F/P1367, Bl. 11.

Geschäfte übernahm.[67] Die Bearbeitung der sowjetischen Aufträge wurde, auch aus Frachtgründen, bei Mittelstahl konzentriert und avancierte rasch zu einem unverzichtbaren Absatzzweig. Tatsächlich folgte die Auslastung der Anlagen weitgehend den Schwankungen des sowjetischen Auftragseinganges, wie vor allem das Auf und Ab 1932 dokumentierte.[68] Noch im September 1932 gingen die Aufträge des Riesaer Stabwalzwerks zu rund 60 Prozent, im Oktober sogar zu drei Vierteln in die Sowjetunion.[69]

Tab. II/8: Erzeugung IG Mittelstahl-Maxhütte im Monatsschnitt, April-Dez. 1932

	Apr.-Juni	Juli-Sep.	Okt.-Dez.
Rohstahlerzeugung (in t)	35.800	26.800	27.400
Leistung Walzwerke (in t)	31.500	18.600	21.100
Versand Walzwerke (in t)	32.700	20.000	22.000
Davon für die UdSSR (in t)	11.400	3.600	4.000
In %	34,86	18,00	18,18

Quelle: Berichte Maxhütte/Mittelstahl über Monate Oktober-Dezember 1932, BAB R 8119F/P1368, Bl. 10, 17, 22 f., 28; bei Abweichungen sind die späteren Daten eingesetzt.

Insgesamt gelang es Mittelstahl, im Vergleich zu vielen anderen Unternehmen der eisenschaffenden Industrie weniger schlecht durch die Krise zu kommen. Abgesehen von dem bereits Anfang 1929 geschlossenen Riesaer Blechwalzwerk wurden keine Werksstillegungen erforderlich, und verglichen mit den VSt verzeichneten Flicks mitteldeutsche Werke eine bessere Beschäftigung, wenngleich diese teils auf Kosten der Maxhütte ging: Während Mittelstahl von 1931 auf 1932 mit einem Produktionsrückgang um 16 Prozent ein den Umständen entsprechend gutes Ergebnis erzielte, büßte die Maxhütte mit -43 Prozent überdurchschnittlich stark ein. Im IG-Mittel sank die Rohstahlerzeugung der Werke von Mittelstahl, Maxhütte und Hennigsdorf 1932 zusammen »nur« auf 72 Prozent des Vorjahreswerts, während der entsprechende VSt-Wert bei 67 Prozent

67 Vgl. Münch, Bedeutung; Pierenkemper, Krise, S. 256 f.; vgl. die Einschätzung bei Petzina, Ausgaben, S. 30, die Bürgschaften seien »das industrielle Förderungsinstrument des Reiches schlechthin« gewesen.

68 Vgl. die regelmäßigen Verweise auf die Russenaufträge in den Sitzungen des VSt-Hüttenausschusses, der die wesentlichen MSt-Fragen mit behandelte: Niederschriften über die Sitzungen des VSt-Hüttenausschusses 20.1.1931-19.7.1932, BBA 55/518.

69 Bericht Maxhütte/MSt über Monate Januar-März 1932, BAB R 8119F/P1368, Bl. 9-13; Bericht Maxhütte/MSt über Monate April bis Juni 1932, ebd., Bl. 16; Monatsbericht MSt Lauchhammer-Gruppe, September 1932, SächsHStA 11616/12.198; Niederschrift über die 62. Sitzung des VSt-Hüttenausschusses am 8.11.32, 9.11.1932, BBA 55/518.

lag. Der Fremdumsatz der IG stellte sich auf gut zwei Drittel des Vorjahresergebnisses und überstieg ebenfalls den der VSt (65 Prozent).[70] Diese Kalkulationen spielten im Kontext der späteren strategischen Ausrichtung Flicks eine wichtige Rolle. Allerdings täuschten sie nicht über die Not des Augenblicks hinweg: Die Zahlen waren zwar weniger schlecht als die anderer Konzerne, aber dennoch nicht gut, und Dividenden konnte auch Mittelstahl seit 1930/31 nicht mehr verteilen.

3.3. Die Tochtergesellschaften

3.3.1. Mont-Cenis und Gaveg

Zu den Kosten, die nicht betrieblich beeinflußbar waren und die Mittelstahl und Maxhütte 1931/32 schwer belasteten, gehörten auch Verluste, die aus Tochtergesellschaften und Beteiligungen entstanden. Dabei handelte es sich sowohl um krisenbedingte Schieflagen als auch um Folgen der Flick'schen Winkelzüge bei der finanziellen Verflechtung seiner Beteiligungen. Anhand der Beispiele von Mont-Cenis/Gaveg und Schweitzer & Oppler lassen sich die gravierenden Auswirkungen dieser auf den ersten Blick wenig bedeutenden Tochterfirmen auf Flicks Imperium exemplarisch nachvollziehen.

Mit dem Erwerb der Maxhütte 1929/30 gelangte auch deren hundertprozentige Tochter, die Steinkohlenzeche Gew. Mont-Cenis, in den Besitz Flicks. Ursprünglich als eigene Brennstoffbasis der Maxhütte gedacht und bis zum Ersten Weltkrieg eine der größten Zechen des Ruhrreviers[71], hatte sich die wirtschaftliche Lage bei Mont-Cenis in den zwanziger Jahren spürbar verschlechtert. Auch die Aufnahme einer Obligationsanleihe über zwölf Mio. RM 1927 hatte zu keiner signifikanten Verbesserung der bergwirtschaftlichen Verhältnisse geführt, so daß die Gewerkschaft beim Übergang auf Flick eine regelrecht »verlodderte Grube« darstellte.[72] Als die Zeche 1930 erneut unbefriedigende Ergebnisse vorlegte und sich trotz eindringlicher Aufforderungen von Maxhütte und Charlottenhütte, durch »radikale Ersparnisse« aus den roten Zahlen herauszukommen, auch in der Folge keine Besserung abzeichnete[73], stellte Flicks Berliner Büro konkrete Sanierungs- und Schließungspläne auf. Im Februar und März 1931 wurden umfangreiche Entlassungen und eine Teilstillegung verfügt sowie

70 Rohstahlerzeugung, 11.2.1933; Brutto-Fremd-Umsatz, 11.2.1933; Bemerkungen zu Vergleichstabellen V.St./M.St., Mx, Hdf., 14.2.1933, alle BAB R 8122/351.

71 Vgl. Wiel, Wirtschaftsgeschichte, S. 182.

72 Außerordentliche Gewerkenversammlung der Gewerkschaft der Steinkohlenzeche Mont-Cenis, 22.3.1927, BAB R 8122/229; Zitat (Paul Berckemeyer): Brieffragment [Flick], o. D. [März 1931], BAB R 8122/138, Bl. 126.

73 Flick an Vögler, 3.12.1930 sowie 31.1. u. 2.3.1931, alle BAB R 8122/138, Bl. 106, 135 (Zitat), 153. Im April 1930 bezifferte Flick die Verpflichtungen Mont-Cenis' auf insgesamt 31 Mio. RM; Brieffragment [Flick], o. D. [7.4.1930], BAB R 8122/183.

eine neue Grubenleitung installiert.[74] Die erhoffte Leistungssteigerung der Zeche blieb dennoch aus, ohne Einrechnung des Zinsdienstes wurden 255 000 RM Verlust eingefahren. Angesichts der schlechten Perspektiven erwogen Flick und seinen Mitarbeiter eine komplette Stillegung, die jedoch an den finanzrechtlichen Auflagen der ausgegebenen Obligationen scheiterte.[75] Entsprechend blieb der Sanierungsfall Mont-Cenis der Maxhütte erhalten. Die Gewerkschaft erwirtschaftete allein 1932 rote Zahlen von 2,9 Mio. RM, so daß zu Jahresanfang 1933 insgesamt 4,3 Mio. RM Verlust als Hypothek in das neue Jahr genommen wurden.[76]

Darin nicht eingerechnet waren die Kosten, die Mont-Cenis durch die Gasverarbeitungsgesellschaft mbH (Gaveg) in Herne entstanden, ein Joint-venture mit der Hibernia. Gemeinsam hatten die Unternehmen zunächst eine Stickstoffabrik nahe der Sodinger Anlagen von Mont-Cenis errichtet und 1930 den Bau einer zweiten Produktionsstätte in Scholven abgeschlossen. Während Mont-Cenis mit den Strom- und Gaslieferungen an die Fabriken kalkulierte, handelte die preußische Hibernia unter der Prämisse, einen Einbruch in das Quasi-Monopol der IG Farben im für die Düngerproduktion ebenso wie für die Sprengstoffherstellung essentiellen Stickstoffsektor zu erreichen. Tatsächlich gelang es, den Marktpreis für Stickstoff durch den neuen Anbieter zu senken; allerdings erwies sich die Gaveg im Konjunktureinbruch und bei fallenden Stickstoffpreisen als überaus unwirtschaftlich und nicht in der Lage, die investierten 45 Mio. RM zu amortisieren.[77] Entsprechend überschuldet war das Gemeinschaftsunternehmen, das die Neubauten mit ausländischen und staatlichen Krediten finanziert hatte, deren Fälligkeiten 1930/31 in rascher Folge anstanden. Allein zwischen Ende April und Ende Mai 1930 waren Forderungen in Höhe von $ 1,97 Mio. zu bedienen, von denen nur etwa ein Viertel gedeckt war. Für die Restsumme, umgerechnet etwa sechs Mio. RM, suchte die Gaveg daher im Frühjahr händeringend nach einem Überbrückungskredit.[78]

Erschwert wurde die Suche nach neuen bzw. die Vertröstung der alten Geldgeber durch die Forderung der Gläubiger, eine Prolongation der Zahlungen nur gegen Bürgschaften von Hibernia und Charlottenhütte zu gewähren; mit der maroden Mont-Cenis wollten sich die Banken nicht zufriedengeben.[79] Für Flick, der angesichts der miserablen Prognosen für die weitere Geschäftsentwicklung

74 Notiz für Herrn Flick, 19.2.1931; Flick an Vögler und Knepper, 19.2.1931; Flick an Vögler, 2.3.1931, alle BAB R 8122/138, Bl. 128-131, 153.

75 Flick an Vögler, 22.5.1931, ebd., Bl. 20; Notiz für Herrn Kaletsch, 14.9.1931; Frey an Chh, 7.11.1931; Notiz für Herrn Kaletsch, 10.11.1931; Notiz Dr. Schu.[lte], 12.11.1931, alle BAB R 8122/229.

76 Überlegungen zu Jahresabschlüssen M-C und neue Gaveg per 31.12.32, 13.1.1933, ebd.

77 Brieffragment [Flick], o. D. [7.4.1930], BAB R 8122/183; Zur Besprechung mit Herrn Ministerpräsident Braun, 14.4.1930, BAB R 8122/40; vgl. Wiel, Wirtschaftsgeschichte, S. 287; allg. Plumpe, Farbenindustrie, S. 436 f.

78 Aufstellung Fälligkeit der Gaveg-Wechsel, 10.4.1930, BAB R 8122/183.

79 Anruf des Herrn von Velsen am 10.4., 10.4.1930, BAB R 8122/183.

der Gaveg in der Beteiligung einen bloßen Kapitalvernichter erblickte, kam dies nicht in Frage. Er verlegte sich statt dessen auf eine dreigeteilte Strategie: Zum einen forderte er von der preußischen Regierung Kredithilfen für das aus »staatspolitische[n] Erwägungen«[80] überhaupt erst eingegangene Stickstoff-Engagement, zum zweiten verhandelte er mit der Hibernia-Leitung über eine Aufspaltung der Firma, und drittens führte er seit Jahresbeginn 1930 Gespräche mit den IG Farben über eine Teilübernahme der Gaveg-Anlagen nach einer Lösung von der Hibernia.

Angesichts der nahenden Zahlungstermine standen die Verhandlungen zwischen Charlotten- und Maxhütte auf der einen sowie Hibernia, Seehandlung und preußischer Regierung auf der anderen Seite unter immensem Zeitdruck. Zwar erklärte sich die preußische Staatsbank bereit, einen Überbrückungskredit zur Verfügung zu stellen[81], die Teilungsmodalitäten hingegen waren heftig umstritten. Die naheliegende Lösung, derzufolge Mont-Cenis das ältere der beiden Gaveg-Werke in Sodingen, die Hibernia die in der Fertigstellung befindlichen Scholvener Anlagen übernehmen sollte, war mit erheblichen Schwierigkeiten der Wertbemessung und der Aufteilung der Verpflichtungen verbunden. Darüber hinaus verlangte die Maxhütte, Mont-Cenis für die entfallenden Strom- und Gaslieferungen, auf denen die Rentabilitätsrechnungen der Zeche beruhten, zu entschädigen. Entsprechende Forderungen trug Flick auch dem preußischen Kabinett vor.[82] Mehrfach warf er dabei den Amtsträgern vor, das seiner Auffassung nach nicht privatwirtschaftlich motivierte Stickstoff-Engagement falsch einzuschätzen und seinen Gesellschaften ungebührliche Konzessionen abzuverlangen. Bei der Charlottenhütte zog man Parallelen zu den Oberschlesien-Geschäften, die in Flicks Formulierung der »staatspolitische[n] Erwägungen« überdeutlich anklangen.[83]

Im Mai 1930 einigte man sich schließlich darauf, daß die Hibernia das neue Werk von der Gaveg kaufte und den größeren Teil der Verpflichtungen trug.[84] Umgehend nach Vertragsschluß nahm Flick die schon weit vorangeschrittenen Gespräche mit der IG Farben wieder auf und zog die im Vorfeld vereinbarte Option, das Sodinger Gaveg-Werk weiterzuverkaufen.[85] In den folgenden Verhandlungen vereinbarten Flick für Mont-Cenis/Gaveg und Hermann Schmitz für den Farben-Konzern, daß dieser zunächst nur die Stickstoffquote der Gaveg

80 Brieffragment [Flick], o. D. [7.4.1930], BAB R 8122/183.

81 Aktenvermerk (Frey), 15.4.1930, BAB R 8122/183; Aktennotiz. Betrifft: Abwicklung der Gaveg, 16.4.1930 [Steinbrinck], BAB R 8122/40.

82 Zur Besprechung mit Herrn Brekenfeld, 11.4.1930; Zur Besprechung mit Herrn Ministerpräsident Braun, 14.4.1930; Betrifft: Abwicklung der Gaveg, 16.4.1930, alle ebd.; Flick an Porten, 14.4.1930, BAB R 8122/183.

83 Zitat: Brieffragment, o.D [7.4.1930; Flick], ebd.; Aktennotiz über die Besprechung in der Seehandlung Berlin am 29.4.1930 betreffend Gaveg, 1.5.1930, BAB R 8122/40.

84 Ebd.; Vertrag vom 23.5.1930, BAB R 8128/A2159.

85 Schmitz an Flick, 17.3.1930, BAB R 8128/A2110; Akten-Notiz, 14.6.1930, BAB R 8128/A2159.

zu einem Preis von 15 Mio. RM erwerben sollte, um bis Mitte 1932 dann auch die Werksanlagen zum Schrottwert von weiteren fünf Mio. RM zu übernehmen.[86] Daß es der IG nicht um die Produktionsmöglichkeiten, sondern um den Marktanteil des Konkurrenten ging, unterstrich die von Flick und Vögler auf Wunsch des Chemiekonzerns abgegebene Verpflichtungserklärung, bis Ende 1940 weder im In- noch im Ausland Stickstoffanlagen zu errichten.[87]

Mit der Abgabe der Marktanteile an just den Konzern, gegen dessen Dominanz die Gaveg-Gründung ursprünglich gerichtet gewesen war, erreichte Flick, daß zumindest keine weiteren Betriebsverluste angehäuft und an Mont-Cenis und Maxhütte weitergereicht wurden. Allerdings waren mit dieser Entscheidung nicht alle Verbindlichkeiten abgelöst. Zur Abdeckung der Dollarschulden hatte die Gaveg weitere Kredite aufgenommen, die Mitte 1932 vor allem bei Dresdner Bank und BHG mit zwei bzw. 1,5 Mio. Dollar zu Buche standen. Mangels betrieblicher Einnahmen bedeuteten die Zahlungsverpflichtungen, daß Mont-Cenis (und somit der Maxhütte) 1932 immer noch rund 1,45 Mio. RM Verluste aus einer Beteiligung ohne reale Geschäftstätigkeit entstanden.[88]

3.3.2. Schweitzer & Oppler

»Schweitzer & Oppler – ein neuer Nordwolle-Fall?« – fragte die *Deutsche Zeitung* im August 1931 besorgt.[89] Zwar nahm der Zusammenbruch der Flick-Beteiligung keine der Nordwolle-Kettenreaktion vergleichbare Dimension an, dennoch wurde Schweitzer & Oppler (S&O) zu einem der brisantesten Probleme Flicks in der Weltwirtschaftskrise, das lediglich eine geschickte Öffentlichkeitsarbeit bzw. deren Verhinderung überdeckte. Dabei ging es um Bilanzfälschungen, Unterschlagungen und Betrug bei einer Kapitalvernichtung von mehreren zehn Millionen RM.

Bei S&O handelte es sich keineswegs um eine unbedeutende Firma, sondern im Gegenteil um das größte Schrotthandelshaus Europas. Die Marktmacht des Unternehmens, die stets den ersten Zugriff auf große Konsortialgeschäfte erlaubte, war bei der Konkurrenz regelrecht berüchtigt und in der interessierten Öffentlichkeit nicht unumstritten. Nach dem Krieg hatte es einiges Aufsehen

86 Notiz, 22.9.1930, BAB R 8122/963; Entwurf aufgrund Besprechung 4.7.1930; Entwurf 1.8.1930 nebst Änderungs- bzw. Ergänzungsvorschlägen der Chh vom 5.9.1930; Vorschlag Chh v. 18.9.1930; Grundvertrag 30.9.1930; Vertragsentwurf, 8.10.1930; Wichtigste Bestimmungen des Vertragswerks, 16.10.1930, alle BAB R 8128/A2110.

87 IG Farben an Dr. Flick, o. D. [Oktober 1930]; Vögler an Schmitz, 27.10.1930, beide ebd.; Bericht über die allgemeine Lage auf dem Düngestickstoff-Gebiet, o. D. [Oktober 1930], BAB R 8128/A2159.

88 Notiz vom 20.4.1932, BAB R 8122/105; Notiz für Herrn Dr. Pferdmenges, 16.6.1932, BAB R 8122/183; Überlegungen zu Jahresabschlüssen M-C und neue Gaveg per 31.12.32, 13.1.1933, BAB R 8122/229.

89 Schweitzer & Oppler – ein neuer Nordwolle-Fall?, in: Deutsche Zeitung Nr. 195b v. 21.8.1931.

erregt, daß eine Reihe von Verantwortlichen der Kriegswirtschaftsorganisationen, auch aus der Späneabteilung der Eisenzentrale, als Persönlich Haftende Gesellschafter und Mitarbeiter in die Dienste von S&O gewechselt waren.[90]

Flicks eigene Beziehungen zu S&O und deren Führungspersonal reichten ebenfalls in die Kriegsjahre zurück. Zwar läßt sich nicht feststellen, wann und über welche Kanäle er die ersten Anteile an dem Großhändler erwarb, die Übernahme des Aufsichtsratsvorsitzes 1922 indizierte indes bereits seinen Status als Hauptaktionär. 1926, mittlerweile hielt Flick 80 Prozent des Stammkapitals, wandelte er das Unternehmen in eine AG um und gab die Aktien zur eigenen Risikostreuung sowie zur Mobilisierung von Zwischengewinnen an die von ihm kontrollierten Tochterunternehmen in Mittel- und Ostdeutschland weiter: Mittelstahl übernahm die Hälfte, die VOH 27,5 Prozent und die Bismarckhütte 17,5 Prozent; einzig außenstehender Anteilseigner waren die Borsig-Werke mit einer marginalen Beteiligung von fünf Prozent.[91]

Den offiziellen Bilanzen zufolge war S&O mit Dividenden von zehn Prozent zwischen 1927 und 1929 ein Erfolgsunternehmen. Um so mehr überraschte die Meldung, daß für das Geschäftsjahr 1929/30 Verluste erwirtschaftet wurden, zumal in der massiven Höhe von gut zehn Mio. RM. Im Mai 1931 stellte sich heraus, daß der Vorstand jahrelang Bilanzen gefälscht und Schulden in großem Umfang kaschiert hatte. Die betrügerischen Machenschaften deckten das komplette Spektrum ab: fingierte Bilanzposten bei den Aktiven und fehlende Zahlungsverpflichtungen bei den Passiven; die freie Erfindung von Forderungen; für Buchprüfer nicht einsehbare Sonderkonten; zur Verlustabdeckung aufgenommene Kredite bei diversen Banken, für die immer dieselben Sicherheiten gegeben wurden.[92]

Da mit den VOH und Bismarckhütte/KAG auch Unternehmen betroffen waren, an denen das Reich unmittelbare Finanzinteressen hatte, ließ sich das Desaster nicht völlig geheimhalten. Im Mai setzte Flick Ritscher von der Angelegenheit in Kenntnis. Dabei legte er fertige Interpretationen und Sanierungsvorschläge vor, um eine weitere Ursachenforschung zu vermeiden. Demnach waren Aktionäre und Aufsichtsratsmitglieder vom Vorstand hintergangen worden, der aus eigener krimineller Energie gehandelt habe. Dessen ungeachtet ver-

90 Schweitzer & Oppler, o.D. [Oktober 1931], BAB R 3101/17980, Bl. 248-271; Eingaben der Nachemstein GmbH, 23.12.1918 u. 12.3.1919, BAB R 3101/4664, Bl. 147f., 116f.; Eigenartige Schrottgeschäfte, in: Deutsche Zeitung v. 14.12.1920 (Morgenblatt), in: BAB R 3101/4666, Bl. 249-251.

91 [Unbetitelte Denkschrift], 23.9.1931, BAB R 3101/18000, Bl. 15-18; Schweitzer & Oppler, o.D. [Oktober 1931], BAB R 3101/17980, Bl. 248f. Die Übertragung stellte eine typische Flick-Taktik dar: Da die Staatsvertreter offensichtlich von Flicks Kontrolle über S&O nicht informiert waren, behauptete der VOH-Vorstand, anderen Interessenten zuvorkommen zu müssen, da der ungenannte Eigentümer von S&O verkaufen wolle; Flotow an Staatsminister, 27.7.1926, GStA I. HA, Rep. 120C, Abt. VIII, Fach 1, Nr. 159, Bd. 4.

92 Betr. Oberschlesische Hüttenwerke AG, 20.6.1931, BAB R 2/15486, Bl. 84; Schweitzer & Oppler, o.D. [Oktober 1931], BAB R 3101/17980, Bl. 251-255.

suchte Flick, eine Strafverfolgung zu umgehen und begründete dies damit, angesichts der Bankenkrise weitere Erschütterungen vermeiden zu wollen. Statt dessen sollte S&O durch gemeinsame Anstrengungen von Aktionären und Banken »in aller Stille« saniert werden.[93] Der Plan scheiterte jedoch, weil Borsig nicht bereit war, die Verluste mitzutragen und gegen Überlassung seiner Anteile ausschied. Zudem kletterten die roten Zahlen schließlich bis auf die Summe von 18 Mio. RM. Daher entschied Flick im August 1931, eine stille Liquidation einzuleiten, bei der die Werke die Hauptlast tragen sollten; ein offenes Konkursverfahren suchte der S&O-Aufsichtsrat nach wie vor zu umgehen.[94]

Der unbedingte Wunsch, jegliches öffentliche Aufsehen zu vermeiden, kam nicht von ungefähr, stellten doch die undurchsichtigen Strukturen bei S&O die Zuschreibung der alleinigen Verantwortung für den Finanzskandal an das Management deutlich in Frage. Tatsächlich war die Kontrolle durch den Aufsichtsrat keineswegs lose, sondern eher enger als gewöhnlich ausgestaltet worden. Einem eigenen Arbeitsausschuß, der mit Flick, A. Hennecke, Möller und Brennecke prominent besetzt war, oblag die Überwachung der Geschäftsführung, Hennecke war dem Vorstand gar zur direkten Mitarbeit beigeordnet. Ferner fanden regelmäßige Prüfungen durch Erich Schulte, ein Mitglied des engeren Führungskreises der Charlottenhütte, später durch den Riesaer Finanzdirektor Konrad Gehlofen statt. Auf die Prüfung durch eine unabhängige Revisionsgesellschaft wurde hingegen verzichtet.[95]

Angesichts dieser Kontrollstrukturen und der in Flicks Unternehmen üblichen Informationsdichte und präzisen Überwachung erschienen seine Darlegungen wenig glaubwürdig, zumal er sich im Juli 1931 übereilt aus dem Aufsichtratsvorsitz zurückzog und diesen mit Brennecke just an den Leiter des einzigen Aktionärs, an dem er zu diesem Zeitpunkt nicht mehr beteiligt war, abgab – sehr zu Ritschers Verwunderung über Brenneckes Unbedachtheit.[96] Ritscher, der als Vertrauensmann des Reiches die Folgen der S&O-Verluste für die VOH verfolgte – insgesamt über vier Mio. RM –, beanstandete daher nicht nur die fehlende Transparenz der Geschäftsvorgänge der vorangegangenen Jahre, sondern sprach sich unumwunden für eine juristische Aufklärung aus. Zwar willigte Flick auf mehrfaches Drängen des RKG-Direktors ein, trug jedoch nicht

93 Vermerk über die Besprechung in Sachen Oberhütten vom 16.9.1931, 18.9.1931, BAB R 3101/18000, Bl. 21-31; Schweitzer & Oppler, o. D. [Oktober 1931], BAB R 3101/17980, Bl. 255-258.

94 Schweitzer & Oppler, o. D. [Oktober 1931], ebd., Bl. 254 f., 258-265.

95 Ebd., Bl. 249-51; Ritscher an Brennecke, 29.9.1931, BAB R 3101/18000, Bl. 35-38.

96 Entgegen Ritschers Vermutungen war Brenneckes Kooperation vermutlich weniger Folge seiner Übervorteilung, als vielmehr eines – auch finanziell fundierten – Loyalitätsverhältnisses zu Flick. Dies legen Aussagen eines VOH-Vorstandes ebenso wie die spätere vertrauensvolle Zusammenarbeit mit Flick nahe. Brenneckes eigene Darstellungen in dieser Sache waren inkohärent und wenig überzeugend; Ritscher an Brennecke, 29.9.1931; Brennecke an Ritscher, 3.10.1931, BAB R 3101/18000, Bl. 35-38, 50-58; Schweitzer & Oppler, o. D. [Oktober 1931], BAB R 3101/17980, Bl. 259.

dazu bei, das Verfahren in Gang zu bringen. Insbesondere stellte er keine Strafanzeige gegen die Vorstandsmitglieder, denen er vordergründig Bilanzfälschung und Untreue vorwarf.[97] Zu einer strafrechtlichen Verfolgung sollte es daher erst nach dem Machtantritt des NS-Regimes kommen. Die Anklage richtete sich jedoch nur gegen die Manager von S&O. Hinweisen, daß Steinbrinck in die damaligen Vorgänge eingeweiht gewesen war, wurde nicht nachgegangen, Flick selbst bestritt jegliche Verwicklung.[98]

Während das juristische Nachspiel viele Fragen zur Beteiligung Flicks an den kriminellen Vorgängen bei S&O offenließ, wogen die finanziellen Auswirkungen des Zusammenbruchs schwer. Abgesehen von der völligen Abschreibung des Aktienkapitals mußten Flicks Unternehmen, zuvorderst Mittelstahl, die 53 Prozent der S&O-Anteile hielt, sowie die KAG, auf welche S&O schließlich umgeschuldet wurde, eine Summe von weit über zehn Mio. RM schultern.[99] Zur Abdeckung der Zahlungsverpflichtungen waren wiederum Kredite erforderlich, die nur schwer und zu hohen Kosten beschafft werden konnten. In Bündelung mit den Gaveg-Verpflichtungen trat erneut die BHG als Geldgeberin auf, bei der im April 1932 für S&O ein Kredit über $ 500 000 zu Buche stand, umgerechnet rund zwei Mio. RM.[100]

3.4. Linke-Hofmann-Busch

Linke-Hofmann war nach seiner Trennung von der Lauchhammer-Gruppe sowie den Aktienumschichtungen des Jahres 1926 formal ebenfalls zu einer Tochtergesellschaft Mittelstahls geworden, nahm jedoch nach Unternehmensgröße und -geschichte sowie in der praktischen Geschäftsführung eine autonomere Rolle als S&O oder Mont-Cenis ein. Insbesondere betrieb das Breslauer Unternehmen bald wieder eine eigenständige Wachstumspolitik, die an die zahlreichen Akquisitionen der Nachkriegsjahre anknüpfte. Allerdings konzentrierte sich LHW nun auf seine Kernkompetenzen im Maschinen- und hier vor allem im Waggonbau, die verbliebenen montanindustriellen Beteiligungen wurden 1927 abgestoßen.[101] Angesicht des rückläufigen Beschaffungsprogrammes der Reichsbahn, das eine Kapazitätsauslastung der großen Zahl von Lok- und Waggonbauern im Reich nicht mehr zuließ, bei der Auftragsvergabe aber Hersteller in

97 Ritscher an Heintze, 20.8.1931; Ritscher an Brennecke, 19.11.1931, beide BAB R 3101/17980, Bl. 163 f., 346-349; Ritscher an Flick, 15.9.1931; Flick an Ritscher, 17.9.1931; Brennecke an Ritscher, 12.12.1931, alle BAB R 3101/18000, Bl. 4-7, 73 f.

98 Bericht über Untersuchungen, Maßnahmen und Feststellungen bei der »Vereinigte Oberschlesische Hüttenwerke AG«, 8.5.1933, BAB R 3101/17985, Bl. 184-206; umfangreiches Ermittlungs- und Prozeßmaterial in BAB R 3101/18000.

99 Zur Umschuldung vgl. die Unterlagen in BAB R 8119F/P7241.

100 Notiz, 20.4.1932, BAB R 8122/105.

101 Aktenvermerk. Rhenania Vereinigte Emaillierwerke AG, 25.1.1928, BADH R 8127/14079, Bl. 167.

den strukturschwachen östlichen Provinzen des Reiches bevorzugte[102], verfolgte die LHW-Führung einen expansiven Kurs. Dieser sollte, darin den VSt vergleichbar, eine umfassende Branchenkonsolidierung ermöglichen und somit einerseits zur Kapazitätsbereinigung beitragen, andererseits LHW die Marktführerschaft sichern. Mit dieser Zielvorgabe vereinbarte die Breslauer Leitung 1928 unter Führung des ehemaligen Krupp-Vorstandes Otto Oesterlen den Zusammenschluß mit der Waggon- und Maschinenfabrik AG vorm. Busch, Bautzen, und der Sächsische Waggonfabrik Werdau AG. Das neue Unternehmen firmierte fortan unter der Bezeichnung Linke-Hofmann-Busch AG (LHB), das Stammkapital wurde von 21 auf 30 Mio. RM erhöht. Den Aufsichtsratsvorsitz übernahm mit William Busch der Patriarch des Bautzener Werks, während Flick und Sempell den Großaktionär Mittelstahl (50,33 Prozent) vertraten. Im Vorstand fanden sich gleich neun Vertreter sämtlicher im Reichsgebiet verstreuter LHB-Werke.[103]

Dem Zusammenschluß zur Rationalisierungsgemeinschaft folgte 1928, maßgeblich von Oesterlen und Busch verantwortet, eine Reihe von Standortschließungen von Aachen bis Zwickau. Perspektivisch wollte Oesterlen nur die Produktionsstätten in Breslau, Bautzen, Köln und Weimar erhalten.[104] Aufgrund des rapide geschwundenen Auftragseinganges blieb die Auslastung der Betriebe dennoch unbefriedigend. Daher vereinbarte Oesterlen mit seinem ehemaligen Arbeitgeber Krupp sowie dem Kasseler Lokomotivbauer Henschel & Sohn, die jeweiligen Interessensphären voneinander abzugrenzen. Künftig verzichtete LHB auf die ohnehin verlustreiche Lokomotivfertigung, während Krupp und Henschel den Waggonbau aussetzten. Durch die gegenseitige Quotenübertragung in den jeweiligen Kartellen konnte LHB seinen Anteil an den Reichsbahnaufträgen von 22,7 auf 25,5 Prozent ausbauen.[105]

LHB war nun unbestritten das führende deutsche Waggonbauunternehmen, doch nutzten höhere Quoten wenig, solange die Nachfrage fehlte. Die Reichsbahn fuhr ihr Beschaffungsprogramm am Ende des Jahrzehnts so weit zurück, daß der Kartellverband der Waggonbauer im Juli 1929 seinerseits dem Staatsunternehmen einen Kredit über 100 Mio. RM gewährte, um der Bahn die wei-

102 Vgl. Blaich, Kapitalismus, S. 60-64.

103 Sitzung des Aufsichtsrates der Waggon- und Maschinenfabrik AG vorm. Busch am 11.5.1928, 11.5.1928, SächsHStA 11692/16; Fusion Linke-Hofmann-Busch-Werke AG, Waggon- und Maschinenfabrik AG vorm. Busch, Juli 1928; Fusion Linke-Hofmann-Busch-Werke AG, Sächsische Waggonfabrik Werdau AG, Juli 1928; Danat an BHG, 16.8.1928, alle BADH R 8127/14867, Bl. 5f., 11; zum Reichsbahn-Beschaffungsprogramm vgl. Reckendrees, Stahltrust, S. 362.

104 RegPräs Aachen an MfHuG, 20.6.1928, GStA I. HA, Rep. 120BB, Abt. VII, Fach 1, Nr. 3b, Bd. 12, Bl. 252f., 256; LHB, 58. Jahresbericht 1927/28, SächsHStA 11692/4; [Memorandum Oesterlen], 28.1.1929, SächsHStA 11616/4.02, Bl. 30-40.

105 Vögler an Flick, 2.8.1929, BAB R 8122/153; LHB, 59. Jahresbericht 1928/29, SächsHStA 11692/4. Die Stillegung der Lok-Sparte erfolgte gegen erheblichen Widerstand der Arbeitnehmervertreter; u. a. Mitteilung des Deutschen Metallarbeiter-Verbandes Breslau, 13.2.1930, GStA I. HA, Rep. 120BB, Abt. VII, Fach 1, Nr. 3b, Bd. 13, Bl. 546-549.

tere Auftragsvergabe zu ermöglichen. Dies sorgte zeitweilig für eine zwar nicht gute, immerhin aber gleichmäßige Beschäftigung. Schon im ersten Halbjahr 1930 waren jedoch auch diese Mittel verbraucht, und die Reichsbahn erteilte für das zweite Semester überhaupt keine Aufträge mehr. Im Kalenderjahr 1931 erreichten die Reichsbahnaufträge nur 40 Prozent des Normalbedarfs und sanken auch 1932 weiter. Der Gesamtumsatz der LHB fiel von rund 46 Mio. (1930/31) auf 19 Mio. RM (1931/32).[106] Versuche, mit Hilfe von Reichsgarantien sowie durch Verschiebung von Aufträgen der lettischen LHB-Tochter Phoenix auf das Exportgeschäft auszuweichen, brachten keine oder nur geringfügige Verbesserungen.[107]

In Breslau reagierte man auf diese Entwicklung schon fast zwanghaft mit einem erneuten Rationalisierungsschub. Seit Ende 1929 erwarb das Unternehmen weitere Fabriken in Bremen, Hannover sowie Düsseldorf und erreichte damit Quoten von 28 Prozent für Reichsbahn- und 36 Prozent für Nichtreichsbahnaufträge. Trotz fortgesetzten Kapazitätsabbaus durch Stillegungen der erworbenen Werke konnte jedoch die Kostenstruktur nicht entscheidend verbessert werden.[108] Wie scharf sich die fehlende Beschäftigung auf die Ertragslage bei LHB auswirkte, wurde im Herbst 1931 deutlich, als das Unternehmen bei den Banken um Aufschub für den Zinsdienst bitten mußte. Nachdem bereits in den Vormonaten sämtliche Überweisungen ausgeblieben waren, beantragte LHB zum Jahreswechsel offiziell eine Ermäßigung des hohen Zinssatzes. Zu diesem Zeitpunkt war Breslau bereits so wenig flüssig, daß selbst feste Verpflichtungen nur noch aus laufenden Erträgen beglichen werden konnten, in der Regel durch Diskontierung von »Russenwechseln«.[109]

In der Tat mußte Oesterlen Ende Februar 1932 eingestehen, daß das Unternehmen am Rande der Zahlungsunfähigkeit stand. Im Auftrage Flicks erschien der Vorstandsvorsitzende bei der BHG und legte die finanzielle Situation dar. Demnach hatte LHB rund 16 Mio. RM kurz- und mittelfristige Darlehen mit entsprechenden Zinsverpflichtungen abzudecken, von denen besonders ein von einem Bankenkonsortium gewährter Dollarkredit in Höhe von 5,5 Mio. RM drückte; weitere neun Mio. RM hatte die Stadt Breslau dem Unternehmen zur Verfügung gestellt. Die gesamte finanzielle Belastung bezifferte Oesterlen auf 35 Mio. RM. Dennoch vermochte er das Konsortium davon zu überzeugen, daß

106 LHB, Jahresberichte 1928/29-1931/32, SächsHStA 11692/4; HbDtAG 1933 I, S. 224.

107 Vermerk. Betrifft: Exportkreditversicherung A, Lieferung der Linke-Hofmann-Busch-Werke AG, 11.10.1930, BAB R 2/16744; Korrespondenz Riga-Bautzen September 1931-Juni 1932 in SächsHStA 11692/32.

108 LHB, Jahresberichte 1929/30 u. 1930/31, SächsHStA 11692/4.

109 LHB an Danat, 17.10 u. 22.10.1931, Linke-Hofmann-Busch-Werke AG, 10.12.1931; Danat an BHG, 31.12.1931, alle BADH R 8127/14702, Bl. 281, 292, 305, 323. Angesichts der offenkundigen Kalamitäten überrascht die noch im Februar 1932 geäußerte Einschätzung der BHG, LHB verfüge über Rücklagen von 11,3 Mio. RM. In der Folge war von entsprechenden Beträgen keine Rede mehr; Linke-Hofmann-Busch-Werke, 19.2.1932, BADH R 8127/14703, Bl. 8-13.

LHB mit einem weiteren Anschubkredit wieder ausreichende Erträge zur Bedienung der Verpflichtungen erwirtschaften würde.[110]

Gleichwohl verschlechterten sich die Geschäfte weiter, und selbst die offizielle Bilanz für 1931/32 konnte die Verluste nicht mehr kaschieren. Neben den aus dem Auftragsmangel resultierenden Mindereinnahmen waren es auch bei LHB außerbetriebliche Kosten, welche die Liquidität massiv gefährdeten. Zum einen waren dies Kreditverpflichtungen, die auf das Fusionsprogramm der vergangen fünf Jahre, teils sogar auf noch weiter zurückliegende Altlasten der Ära Eichberg zurückgingen.[111] Zudem wurde das Breslauer Unternehmen für die Zwecke von Mittelstahl eingespannt. So nahm LHB zur Jahreswende 1930/31 über den Rigaer Phoenix einen Kredit in Höhe von rund $ 700 000 auf und leitete diesen nach Riesa weiter. Mit diesen Mitteln erwarb Mittelstahl drei Mio. RM-Anteile der LHB aus dem Besitz der Danat, um die Mehrheitsposition zu festigen. Die Rückzahlung des Darlehens war auf den 31. Dezember 1932 terminiert.[112]

Bei einer Gesamtschuld von annähernd 35 Mio. RM führte im Sommer 1932 kein Weg an einer Sanierung mit einem tiefgreifenden Kapitalschnitt vorbei. Klar war, daß die 16 Mio. RM Bankenforderungen umzuschulden und die übrigen 19 Mio. RM abzuschreiben waren, was ein Stammkapital von nur noch zwölf Mio. RM übrig ließ.[113] Um die Modalitäten der Sanierung entspann sich in den folgenden Monaten jedoch ein zähes Ringen, in dem beide Seiten – VSt und Mittelstahl als Aktionäre sowie das Bankenkonsortium als Gläubiger[114] – bemüht waren, ihre jeweiligen Belastungen zu minimieren. Neben dem Hamburger Bankhaus M.M. Warburg vertrat vor allem die BHG offensiv die Gläubigerinteressen und lehnte weitgehende Zugeständnisse auf ihre Kosten ab. Die Konsortialführerin Dresdner Bank, die inzwischen durch den von der RKG abgeordneten Ritscher geleitet wurde[115], nahm hingegen eine konziliantere Position ein und strebte eine möglichst schnelle Sanierung an. Einig waren sich die Banken jedoch darin, daß die Aktionäre ausreichend neue Mittel investieren mußten, um einen Teilverzicht der Gläubiger auf ihre Forderungen überhaupt zu rechtfertigen.[116]

Im August wurden die Grundzüge der Transaktion von den Vertretern des Bankenkonsortiums abgesteckt. Das Stammkapital sollte im Verhältnis 5:2 auf

110 Vermerk betr. Linke-Hofmann-Busch-Werke AG, 26.2.1932; Linke-Hofmann-Busch-Werke AG, 5.4.1932, beide BADH R 8127/14703, Bl. 30-34, 98.

111 Betr. Linke-Hofmann-Busch-Werke AG, 8.11.1932, BADH R 8127/15383, Bl. 35 f.

112 Revisionsbericht der Deutschen Treuhand-Gesellschaft. [LHB]-Werke AG, Breslau. Erster Teil des Berichts über Prüfung der Bilanz per 30.9.1931, 17.5.1932, SächsHStA 11692/21.

113 Linke-Hofmann-Busch-Werke AG, 29.7.1932, alle BADH R 8127/14703, Bl. 205-207.

114 Allgemeine Deutsche Creditanstalt, BHG, Bleichröder, Commerz- u. Privatbank, Deutsche Bank und Disconto-Gesellschaft, Dresdner Bank, M.M. Warburg & Co.

115 Vgl. Born, Bankenkrise, S. 171; Ziegler, Konsequenzen, S. 75-81.

116 Linke-Hofmann-Busch-Werke AG, 2.8.1932 u. 4.8.1932, beide BADH R 8127/14703, Bl. 210-213, 221-223.

zwölf Mio. RM zusammengelegt und dann auf 17 Mio. RM erhöht werden. Dabei sollten 25 Prozent der Bankenforderungen in neue Aktien umgewandelt, der Rest gestundet werden. Umstritten blieb die Frage, wieviel neues Kapital die VSt und Mittelstahl zuschießen und auf welchen Zeitraum sich die Stundung erstrecken sollte[117]; Flick drohte gar, die Konten seiner Unternehmen bei der BHG und der Deutschen Bank und Disconto-Gesellschaft (DeDi) zu schließen, falls diese kein größeres Entgegenkommen signalisierten. Freilich zeigten sich die Banken von diesem »ganz plumpe[n] Bluff«, so der BHG-Direktor Wilhelm Koeppel, völlig unbeeindruckt.[118]

Da die BHG hartnäckig an ihren Forderungen nach größeren Opfern der Hauptaktionäre festhielt, drohte die Sanierung im Herbst 1932 zu scheitern.[119] Daraufhin erhöhte diesmal Oskar Sempell den Druck auf die BHG. In einer persönlichen Unterredung unterstrich Sempell freundlich im Ton, aber unverhüllt drohend in der Sache, daß die Großaktionäre die Sanierung nötigenfalls platzen lassen würden. Dann, so Sempell weiter, bliebe ihm nichts übrig, »als den politischen Ressorts mitzuteilen, dass infolge des Widerstandes der B.H.G. die Linke-Hofmann-Busch-Werke A.G. sich zunächst unter Geschäftsaufsicht begeben müsse« – sprich: der Bank die Verantwortung für den Zusammenbruch des Unternehmens zuzuweisen. Hingegen konstatierte Koeppel zutreffend, die von den Großaktionären favorisierte Lösung halte deren eigene Opfer so gering, daß sie »allzusehr die Grundlage der privatwirtschaftlichen Ordnung verwische«, nämlich die Haftung der Aktionäre, und somit einen gefährlichen Präzedenzfall für weitere Sanierungen zu bilden drohte.[120]

Mit der persönlichen Konfrontation war indes der Höhepunkt der Auseinandersetzung überschritten. Zum Jahreswechsel 1932/33 einigten sich beide Seiten darauf, die Bedienung der Zinsverpflichtungen bis Ende 1934 auszusetzen. Von den fünf Mio. jungen Aktien sollten VSt, Mittelstahl sowie die LHB-Tochter Phoenix je 700 000, 300 000 und 400 000 RM zeichnen, mußten jedoch zunächst nur ein Viertel der Nominalbeträge einzahlen; die übrigen 3,6 Mio. RM LHB-Anteile erhielten die Konsortialbanken.[121]

117 Linke-Hofmann-Busch-Werke AG Reorganisation, 10.8.1932; Protokoll über die Konsortialsitzung betreffend Linke-Hofmann-Busch-Werke AG 10.8.1932, 12.8.1932, beide BADH R 8127/14703, Bl. 237 f., 241-244.

118 Niederschrift über die Sitzung der industriellen Kommission des Aufsichtsrates am 20.9.1932, 21.9.1932, TKA RSW/4586; Betr. [LHB] AG, 2.9.1932, BADH R 8127/14703, Bl. 267-271, Zitat Bl. 269.

119 Schriftwechsel BHG/Dresdner Bank, 2.11 u. 4.11.1932; Koeppel an Bernhardt, 4.11.1932, alle BADH R 8127/14703, Bl. 316-319, 322-329, 352-354; Dresdner an BHG, 4.11.1932, BADH R 8127/15383, Bl. 16-20.

120 Betr. Linke-Hofmann-Busch-Werke AG, 8.11.1932, ebd., Bl. 34-41, Zitate Bl. 34, 36.

121 Betr. Linke-Hofmann-Busch-Werke AG, 10.11.1932; Linke-Hofmann-Busch-Werke AG, Reorganisation, 6.2.1933, beide BADH R 8127/14704, Bl. 1, 48-50; Rekonstruktion, 28.12.1932, BADH R 8127/15383, Bl. 52 f.

3.5. Ostoberschlesien

Neben Mittelstahl stellten die polnisch-oberschlesischen Werke nach Produktionskapazitäten und Marktanteilen eine der bedeutendsten Beteiligungen der VSt bzw. Flicks dar. Die Übernahme der Anteile der öffentlichen Hand 1929 war in der Erwartung vollzogen worden, daß künftige Erträge vollständig für die Industrielle Gruppe verbucht würden. Die optimistischen Prognosen spiegelten sich in den von der IG Kattowitz/Königs-Laura getätigten Investitionen wider, die von 1927 auf 1928 sprunghaft anstiegen und sich bis 1929 mit rund 39 Mio. zł. (etwa sieben Mio. RM) annähernd verdreifachten (vgl. Tab. II/9).

Doch auch die in die ostoberschlesischen Werke gesetzten Hoffnungen erfüllten sich nicht. Zwar verzeichneten die Umsatzzahlen und Betriebsergebnisse anfangs Zuwächse, jedoch nicht in einem den Investitionen vergleichbaren Umfang, so daß 1929 bei regulären Abschreibungen ein Verlust von 2,9 Mio. zł. zu Buche stand. Als sich die konjunkturelle Wende in Polen Mitte 1929 zusehends abzeichnete, wies Flick die Unternehmensvorstände an, geplante Neubauten zurückzustellen. Die Investitionskontrolle wurde auf den von Flick dominierten IG-Gemeinschaftsrat verlagert, um die Werksgruppen in koordinierter Weise zu rationalisieren, in erster Linie mittels umfangreicher Stillegungen und Quotenübertragungen.[122] Zum Jahresende wurde die Beschaffung von Neuanlagen selbst im üblichen Rahmen der bilanzmäßigen Abschreibungen untersagt. Über den Verkauf von Beständen und Anleiheverhandlungen in den USA bemühte sich die IG-Leitung, ihre Liquidität zu verbessern.[123]

Die Krise konnten die begonnenen Maßnahmen nicht abwenden. Die monatlichen Auftragseingänge der IG-Hütten verringerten sich von Juli bis November 1929 von 60000 auf 26000 t, im Januar 1930 lag der Auftragseingang im Revier bei nur noch 44 Prozent des Vorjahreswerts. Auch die Kohlegruben, die 1929 noch ein Rekordergebnis erzielt hatten, mußten massive Absatzeinbußen hinnehmen, im Februar wurden erste Feierschichten eingelegt. Von dem Einbruch 1929/30 erholte sich der schon zuvor nur eingeschränkt aufnahmefähige polnische Inlandsmarkt nicht mehr. Der Export nach Deutschland und Westeuropa, der etwa zwei Drittel des Stahlgeschäfts der IG ausgemacht hatte, bot angesichts der dortigen wirtschaftlichen Probleme keine Alternative.[124]

Daß sich die ostoberschlesischen und gerade die IG-Werke in ihrer Auslastung dennoch als verhältnismäßig stabil erwiesen und im Vergleich zur deutschen Konkurrenz in den Krisenjahren 1930/31 noch nicht von der vollen Wucht der Depression getroffen wurden, war neben der polnischen Preispolitik durch Syn-

122 Flick an Vögler, 15.6.1929, BAB R 8122/153; Niederschrift über die Sitzung des Gemeinschaftsrates der Interessengemeinschaft am 10.10.1929, BAB R 8122/1021; Protokoll über die Sitzung des Gemeinschaftsrates am 7.11.1929, ebd.

123 Anlage zu Protokoll vom 7.11.1929. Bericht über die finanzielle Lage der I.G., BAB R 8122/1021.

124 Flick an Vögler, 24.12.1929, BAB R 8122/153; GenKons Kattowitz an AA, 26.2.1930, BAB R 901/65251, Bl. 46-49; Flick an Porten, 20.6.1930, BAB R 2/15478, Bl. 11.

Tab. II/9: Kennzahlen der IG Kattowitz/Königs-Laura, 1927-1935

	Steinkohlen	Rohstahl	Belegschaft*		Umsatz an Fremde	Bruttobetriebs-ergebnis	Investitionen	Ergebnis nach Abschreibungen
	in t	in t	Arbeiter	Angest.	in zł.	in zł.	in zł.	in zł.
1927	4.811.000	639.000	k. A.	k. A.	352.000.000	k. A.	13.820.000	k. A.
1928	5.135.000	717.000	k. A.	k. A.	412.000.000	55.080.000	35.810.000	k. A.
1929	5.847.000	665.000	37.800	3.500	429.000.000	43.080.000	38.900.000	-2.900.000
1930	4.961.000	698.000	35.000	3.250	381.000.000	31.104.000	21.470.000	-7.100.000
1931	4.928.000	560.000	29.000	3.000	297.000.000	17.076.000	14.120.000	-17.900.000
1932	3.700.000	275.000	**22.500		180.000.000	1.752.000	8.100.000	k. A.
1933	3.285.000	386.000	***22.300	***2.019	173.270.000	4.164.000	k. A.	k. A.
1934****	3.687.000	393.000	k. A.	k. A.	184.014.000	11.130.000	k. A.	k. A.
1935	3.425.000	421.000	k. A.	k. A.	200.000.000	k. A.	k. A.	k. A.

*zum 31.12. d. J.; ** Stichtag unbekannt; ***zum 15.2.1933; ****seit 29.3.1934 unter polnischer Geschäftsaufsicht.
Quelle: Exposé über die KAG und polnische Laura, 18.2.1932, PAAA 31141k; Bericht über die Lage der KAG und Polnischen Königs- und Laurahütte, 24.2.1933, PAAA R 35954, Bl. 272-295; Ausgeführte Investitionen und Brutto-Betriebsergebnisse der I.G.-Gesellschaften, BAB R 8122/138, Bl. 179 f.; Produktions-. und Umsatzziffern der IG Kattowitz/Laura, ebd., Bl. 190.

dizierung und Schutzzölle in erster Linie den »Russengeschäften« zuzuschreiben. 1929 verbuchten KAG und Königs-Laura die ersten Anforderungen, und am 24. Dezember desselben Jahres konstatierte Flick, daß allein die sowjetischen Aufträge den Betrieb der Walzwerke in Kattowitz und Laurahütte noch rechtfertigten. Ein halbes Jahr später berichtete er an Max von der Porten, daß die sowjetischen Abnehmer rund die Hälfte der kompletten Rohstahlerzeugung abnähmen.[125] Tatsächlich gelang es, mit Hilfe der »Russengeschäfte«, bei denen Ostoberschlesien im Vergleich zu der im Export nach Westen stets übermächtigen Ruhrkonkurrenz von geringeren Frachtkosten profitierte, die Ausstoßzahlen der IG auf einem immer noch über dem Wert von 1927 liegenden Niveau zu stabilisieren. Erst im Laufe des Jahres 1931 – deutlich später als in Deutschland – erfolgte der eigentliche Absturz (Tab. II/9).[126] Die Lieferungen in die UdSSR kamen seit 1930 für mehr als die Hälfte aller verkauften Walzprodukte auf und gingen erst 1932 auf 36 Prozent zurück. Dies war aber noch immer mehr als ein Drittel des gesamten abgesetzten Walzmaterials (Tab. II/10).

Die »Russengeschäfte« stellten 1930/31 die Überlebensgarantie für das Ost-Engagement der Industriellen Gruppe VSt/GBAG/Charlottenhütte/ATH dar. Gleichwohl zogen sie auch eine Reihe von Folgeproblemen nach sich, die unter den politisch aufgeladenen Besitzverhältnissen besondere Brisanz entwickelten. So erlaubte die große Abhängigkeit der oberschlesischen Montanunternehmen von den sowjetischen Auftraggebern diesen, in zunehmendem Maße an der Preisschraube zu drehen und 1931/32 immer häufiger verlustbringende Tarife durchzusetzen, die von den Produzenten aber akzeptiert wurden, weil die Belastungen immer noch unterhalb der Stillstandskosten lagen.[127] Ebenso nutzte die sowjetische Seite die Zwangslage der Erzeuger, um die Zahlungsmodalitäten zu diktieren. Diese beinhalteten zumeist langfristige Akzepte (»Russenwechsel«), die auf britische Pfund lauteten und von den Empfängern zur Finanzierung ihrer Unkosten bei heimischen Kreditinstituten diskontiert werden mußten. Unter den Bedingungen der weltweiten Depression und vor allem der deutschen Bankenkrise führte dies in der Praxis dazu, daß die öffentliche Hand zur Vermeidung weiterer Arbeitslosigkeit nicht nur Ausfallgarantien für die beschäftigungssichernden Russengeschäfte übernahm, sondern über staatliche Banken auch einen Großteil der Wechsel aufkaufte und somit das finanzielle Risiko trug.[128]

Im Fall der ostoberschlesischen Unternehmen gestaltete sich die Lage jedoch komplizierter als im Reich. Zwar hatte auch die polnische Regierung kein Inter-

125 Flick an Vögler, 24.12.1929, BAB R 8122/153; Flick an Porten, 20.6.1930, BAB R 2/15478, Bl. 11-13.

126 Bericht der KAG über die ersten drei Quartale des Geschäftsjahres 1931 (1.1.-30.9.1931), BAB R 8119F/P1270 Bl. 31 f.

127 Beispielhaft: Notiz für Herrn Direktor Rudowski, 17.5.1932, BAB R 8122/1025; Notiz. Betr. Russengeschäft der Bismarckhütte, 17.5.1932, BAB R 8122/1027.

128 Aufzeichnung. Beschäftigung der Eisenhütten der Kattowitzer Gesellschaft und Laurahütte, 2.7.1931, PAAA R 31140k.

Tab. II/10: Anteil der sowjetischen Aufträge bei der IG Kattowitz/Königs-Laura (in t), 1930-1932

Monatsschnitt	Gesamtabsatz Walzeisen und Bleche	Davon Russenlieferungen	In %	Rohstahlerzeugung	Rohstahlgewicht der Russenlieferungen	In %
1930	36.340	19.610	53,9	58.200	23.420	40,2
1931	32.020	20.680	64,6	46.700	24.470	53,0
1932	14.810	5.340	36,1	23.000	6.360	27,7
1932						
Januar	6.830	–	–	14.100	–	–
Februar	6.910	–	–	13.500	–	–
März	6.880	–	–	15.600	–	–
April	10.820	–	–	19.500	–	–
Mai	6.750	–	–	13.600	–	–
Juni	9.550	2.080	21,8	20.800	2.510	12,1
Juli	21.300	8.560	40,2	24.300	10.000	41,1
August	22.890	13.160	57,5	37.000	15.610	42,2
September	17.250	8.970	52,0	22.900	10.680	46,6
Oktober	25.390	10.240	40,3	33.300	12.280	36,9
November	20.440	8.880	44,9	35.800	10.680	29,8
Dezember	22.680	12.240	54,0	25.300	14.520	57,4

Quelle: Anteil der Russengeschäfte KAG/Laura, 29.2.1932, BAB R 8122/1027.

esse an einer Zunahme der Erwerbslosen mit entsprechenden Fürsorgeansprüchen. Jedoch erblickte man in Warschau in der Notlage der – darüber täuschte auch die Tarnung durch ausländische Holdingfirmen nicht hinweg – unter deutschem Einfluß stehenden Montankonzerne eine Möglichkeit, den eigenen »Polonisierungs«-Zielen Nachdruck zu verleihen.[129] Kurz: Die Diskontierung der Russenwechsel durch die Bank Polski wurde an Zugeständnisse in Belegschaftsfragen geknüpft. Dies war mit den 1927/29 getroffenen Absprachen Flicks

129 Flick an Vögler, 24.12.1929, BAB R 8122/153; Protokoll über die Präsidial-Sitzung der IG am 11.1.1930, BAB R 8122/1021; Telegramm Schlesinger an Meyer, 10.9.1931, PAAA R 31140k.

und Vöglers mit dem Auswärtigen Amt unvereinbar, so daß die IG bei der deutschen Regierung um die Einlösung der Wechsel nachsuchte und dort ihrerseits mit minderheitspolitischen Erwägungen argumentierte.[130] Die Beschäftigungspolitik, die deutschsprachige Arbeiter und Angestellte bevorzugte, verstärkte indes die Neigung polnischer Behörden zu Schikanen etwa in Gestalt von Steuernachforderungen und der Ausweisung des leitenden Personals, soweit dieses nicht über die polnische Staatsbürgerschaft verfügte.[131] Da die Großaktionäre der IG eigene, von den Wünschen der beiden Regierungen durchaus verschiedene Interessen verfolgten, ergab sich eine komplizierte Gemengelage, in der die Konzernspitze, angeführt von Flick, einen Rationalisierungskurs einschlug, dessen Rentabilitätsziele dem Refinanzierungerfordernis der vorherigen Majorisierung geschuldet waren. Zentrale Ansatzpunkte waren auch hier die Konzentration von Produktionen an den besten Standorten, die Schließung von unwirtschaftlichen und die Modernisierung der verbleibenden Betriebe sowie die Belegschaftsreduzierung.[132]

Um die Beschäftigungsfrage entspann sich seit 1930 ein Dauerstreit des IG-Konzerns sowohl mit deutschen als auch mit polnischen Stellen. Gemäß dem 1929 vereinbarten Abkommen mußten Flick und Vögler den vom Reichswirtschaftsministerium bestimmten Vertrauensmännern Ritscher und Porten über Reorganisationsmaßnahmen, insbesondere Stillegungen und Entlassungen, regelmäßig berichten. Zwar trafen die geforderten Kündigungen bei den beiden in Staatsdiensten stehenden Managern – insbesondere bei Porten, der angesichts der gleichzeitigen Beanspruchung Ritschers bei der Bewältigung der Bankenkrise[133] zum wichtigsten Ansprechpartner wurde – auf Verständnis und wurden konsequent befürwortet.[134]

Dies galt jedoch nicht für die politischen Instanzen. Das Auswärtige Amt lehnte alle Bestrebungen ab, mit Werksschließungen und Personalstreichungen Kosten zu reduzieren. Unverkennbar enttäuscht war man von Flick, in dem man den »Hauptinitiator« der Entlassungen sah, der seine Rationalisierungspolitik als Krisenbewältigung zu bemänteln suchte.[135] Die Debatte fokussierte sich insbesondere auf die Frage der Nationalitäten-Relation, da die Mindestanforderung der Reichsregierung darin bestand, das Verhältnis von Polen und Deutschen

130 So Flicks Hinweis gegenüber Schäffer auf die »10 000 [deutschen] Arbeiter, die möglicherweise entlassen werden müßten«; Tgb. Schäffer, 16.1.1931, IfZ ED 93, Bd. 10, Bl. 21; ebenso Steinbrincks Informationen für Richthofen: Diskontierung von Russenwechseln bei der Golddiskontbank, 16.1.1931, BAK N 1164/24.

131 Dies traf vor allem Kallenborn mehrfach; Telegramm [GenKons Kattowitz], 1.10.1930, PAAA 31187, Bl. 9; Flick an Vögler, 4.10.1930, BAB R 8122/138, Bl. 79.

132 Bericht der KAG, 1.1.-30.9.1931, BAB R 8119F/P1270, Bl. 31.

133 Vgl. Tgb. Schäffer, IfZ ED 93, Bde. 14 u. 15, passim; Born, Bankenkrise, S. 99, 104, 124-128, 171, 198-207.

134 Flick an Porten, 20.6.1930; Porten an Flick, 30.6.1930; [Porten?] an Schäffer, 30.6.1930, alle BAB R 2/15478, Bl. 9-14.

135 Trautmann an Heintze, 3.7.1930, PAAA R 35631, Bl. 142-144; Zitat: GenKons Kattowitz an AA, 9.7.1930, BAB R 901/65251, Bl. 69-72.

nicht zugunsten der polnischen Seite zu verändern. Da sich auch Williger für eine ethnischen Kriterien folgende Kündigungslinie aussprach, kam es zu einem ernsthaften Streit mit Flick, der letztlich zum Ausscheiden des langjährigen Vorstandsvorsitzenden der KAG führte.[136] Der Kritik zum Trotz bestand Flick, der zusammen mit Steinbrinck die Gespräche führte, gegenüber den Reichsministerien auf einer Personalpolitik, die sich an betriebswirtschaftlichen Erfordernissen orientierte. Die Verantwortung für die hohen Kosten wies er der deutschen Regierung zu.[137]

Bei der Unterbringung der »Russenwechsel« kam die fortwährende Diskussion um Belegschaftsreduzierungen Flick zugute, konnte er doch darauf verweisen, daß ohne diese Auftragsbeschaffung den Werken ein Erhalt der Arbeitsplätze keinesfalls zuzumuten war. Durch die starke Inanspruchnahme der Reichsfinanzen für Garantien und Diskontierungen sowjetischer Aufträge spitzte sich die Situation im Sommer 1931 jedoch zu. Bereits seit der Bankenkrise hatten sich die zuvor schon angespannten privaten Finanzierungsmöglichkeiten zusätzlich verengt, da im oberschlesischen Revier deutsche Kreditinstitute dominierten.[138] Um so mehr waren die IG-Werke auf Unterstützungsleistungen des deutschen Fiskus' angewiesen, der sich aber seinerseits dem Zustand völliger Erschöpfung näherte. Trotz der Befürwortung von Außen-, Wirtschafts- und Finanzministerien – Flick paßte Schäffer gar an dessen Haustür ab, um die Dringlichkeit der Lage zu unterstreichen – verweigerte die Reichsbank ab August jede weitere finanzielle Unterstützung bei den »Russengeschäften« der Ostwerke, da sie nicht einmal mehr über ausreichend Mittel für die reichsdeutschen Betroffenen verfügten.[139]

Zur selben Zeit zeigte sich eine weitere, fatale Folge der »Russengeschäfte« für die ostoberschlesischen Gesellschaften. Als im internationalen geldpolitischen Strudel des Jahres 1931 im September das britische Pfund abgewertet wurde,[140] schlug dies auf die langfristig vereinbarten und somit nicht synchronisierbaren

136 Notiz von Herrn Grünau, o. D. [Juli 1930]; GenKons Kattowitz an AA, 1.9.1930, beide PAAA 31140k.

137 [Vermerk], 16.7.1930; Aufzeichnung, 4.9.1930, beide PAAA 31140k.

138 Das deutsche Kapital in der polnisch-oberschlesischen Montanindustrie. o. D. [1931]; Steinbrinck an Schlesinger, 6.8.1931, beide ebd.; Minesa an KAG (Scherff), 20.7.1931, NARA RG 260, Entry 232 (A1), Box 19.

139 Tgb. Schäffer, 1.8.1931, IfZ ED 93, Bd. 13, Bl. 521; AA (Bülow) an Dietrich, 7.7.1931; Flick an Meyer, 30.7.1931; G.A., Anfang August 1931; Schlesinger an Meyer, 10.9.1931; Aufzeichnung [Schlesinger], 14.9.1931, alle PAAA R 31140k; Aufzeichnungen des Gesandtschaftsrats Duckwitz, 14.7. u. 30.7.1931 sowie der Verweis auf die Aufzeichnung vom 3.8.1931, in ADAP, B, XVII, S. 72f., 180f., 189. Im übrigen konnte Flick mit dem sogenannten Hürtherberg-Kredit auf verschlungenen Pfaden dennoch fünf Mio. RM vom Reich mobilisieren; Hauptbuch, Konsortium für die Bismarckhütte GmbH, MMA R 1.40.90; KAG Bismarckhütte an Gew. Hürtherberg, 8.10.1931, TKA VSt/2581; Steinbrinck an Wandel (Königs-Laura), 14.11.1931, BAB R 8122/211.

140 Vor allem die zentral- und osteuropäischen Staaten folgten der Abwertung nicht; Aldcroft, Sterling, S. 18f.

Zahlungsvereinbarungen der Russenwechsel durch: Die Preise verfielen schlagartig mit dramatischen Folgen für die Kostenrechnung der Produzenten.[141] Der nahezu gleichzeitige Wegfall von Diskontierungsmöglichkeiten und Pfundsturz schloß jede weitere Auftragsannahme zu diesen Konditionen aus. Für KAG und Königs-Laura, deren Auftragsbücher »Russenaufträge [...] in einem Umfange, wie sie kein anderes Hüttenwerk der Welt abgeschlossen hatte«, aufwiesen, brachte die Abwertung Gesamtverluste von zehn Mio. zł. zum Jahresende 1931.[142] Nach der Weigerung der sowjetischen Seite, die Preise umzustellen, wurden die Lieferungen umgehend gestoppt, ein Einbruch der Erzeugungszahlen war die Folge. Die Rohstahlproduktion fiel von 63 000 t im August auf nur noch 16 000 t im November mit weiter sinkender Tendenz. Binnen fünf Monaten entstanden Einbußen um rund 80 Prozent, womit die IG-Gesellschaften, die zuvor im europäischen Vergleich eine verhältnismäßig gute Beschäftigung gemeldet hatten, nun unter den Durchschnitt einer 30prozentigen Auslastung sanken.[143] Bis Mitte 1932 entfielen sowjetische Aufträge vollständig mit entsprechenden Folgen für Kapazitätsauslastung und Fixkosten. Erst im Juni 1932 setzten allmählich, in geringem Umfang sowie zu oft niedrigen Preisen wieder »Russengeschäfte« ein (Tab. II/10).

Im Ergebnis verschlechterte sich der finanzielle Status der IG seit Mitte 1931 rapide. Die interne Verschuldung, deren Abbau der Zusammenschluß bezweckt hatte, war aufgrund der von den Großaktionären der Industriellen Gruppe geforderten Refinanzierung ihrer Reorganisationsmaßnahmen zwischen 1927 und 1929 sogar noch beträchtlich angewachsen.[144] Hinzu kamen die Belastungen aus den seit 1927 getätigten Investitionen in Höhe von über 132 Mio. zł., für die KAG und Königs-Laura ebenso Verpflichtungen aufgenommen hatten wie für Betriebskredite zur Aufrechterhaltung der Produktion. Schließlich hatten seit Juni 1931 vor allem ausländische Banken Kredite nicht verlängert oder gekündigt[145], so daß wiederum neue Darlehen, häufig zu schlechteren Konditionen, aufgenommen werden mußten. Der Beschäftigungseinbruch im Herbst ließ die

141 Flick an Vögler, 16.10.1931, BAB R 8122/138, Bl. 47-50; Aktenvermerk. Kattowitzer A.-G. für Bergbau und Eisenhüttenbetrieb (Bismarckhütte), 26.10.1931, BAB R 8119F/P1270, Bl. 22-24; Bericht der KAG (1.1.-30.9.1931), ebd., Bl. 31.

142 Provisorium zur Kreditbesprechung, 8.4.1932, BAB R 8122/1024.

143 Porten an RFM (Küsel-Glogau), 23.12.1931, PAAA 31141k.

144 Vgl. die Überlegungen Ende 1929, wie die polnischen Unternehmen trotz Überschuldung durch interne, kompliziert verwobene Beteiligungsverschiebungen sowohl zur Ausschüttung einer Dividende befähigt werden als auch über ein geschöntes Bilanzbild als Unterlage für eine US-Anleihe dienen sollten. Angesichts des Zusammenbruchs des US-Kapitalmarktes und der Überforderung der Produktivgesellschaften scheiterte dieser nach Ansicht Steinbrincks »außerordentlich kompliziert[e], im Grunde aber so schön[e]« Plan; Vermerke [Steinbrinck], 23.7. u. 23.10.1929; Zitat: Steinbrinck an Tomalla, 22.11.1929, alle StAN Rep. 502, KVA, Handakten, B-3.

145 Flick an Vögler, 3.6.1931, ebd., Bl. 18; Chh an RWiM, 23.6.1931, BAB R 2/15478, Bl. 31f.; Brown Brothers Harriman an Niederösterreichische Escompte-Gesellschaft, 16.7.1931, LoC Harriman Papers, Box 28.

dergestalt angehäuften Schulden schließlich noch um hohe laufende Betriebsverluste anwachsen.

Zum 30. November 1931 wies die IG gewaltige Gesamtverbindlichkeiten in Höhe von rund 214,5 Mio. zł., umgerechnet 103 Mio. RM, auf; davon entfielen allein auf deutsche Banken etwa 139 Mio. zł. Über ausreichend liquide Mittel zur Deckung der Verbindlichkeiten verfügten KAG und Königs-Laura nicht. In Kasse, Forderungen und Vorräten standen nur 94 Mio. zł. zu Buche, so daß das Verhältnis der flüssigen Mittel zu den Schulden eine Unterdeckung von 120 Mio. zł. (58 Mio. RM) aufwies. Eine Deckung bestand allenfalls unter Anrechnung der Anlagen als Aktiva, allerdings galt dies schwerlich für Krisenzeiten, in denen die Betriebe keine Gewinne erwirtschaften.[146] Die Lage war katastrophal.

Tab. II/11: Kreditvolumen IG Kattowitz/Königs-Laura in zł., 1931

	KAG	Königs-Laura	IG
1.01.1931	107.759.000	48.747.000	156.516.000
1.04.1931	104.313.000	50.313.000	154.626.000
1.07.1931	102.455.000	52.329.307	154.784.307
1.10.1931	99.780.000	52.310.000	152.090.000
1.01.1932	98.338.000	56.848.000	155.186.000

Quelle: Provisorium zur Kreditbesprechung, 8.4.1932, BAB R 8122/1024.

Besserung war nicht in Sicht, der Umsatz sank von 15,6 Mio. zł. im Dezember auf nur noch 11,2 Mio. im Januar 1932, und eine proportionale Fixkostenverminderung war nicht zu erreichen. Anfang 1932 näherte sich die IG unaufhaltsam der Illiquidität. Nachdem auf polnischer Seite erneute Verhandlungen über einen Diskontkredit am Widerstand der Bank Polski sowie an politischen Forderungen auf Entlassung deutscher Vorstandsmitglieder gescheitert waren,[147] meldeten Flick, Steinbrinck und Vögler, daß ohne weitere Hilfe der deutschen

146 Exposé über die KAG und polnische Laura-Hütte, 18.2.1932 [Porten], PAAA 31141k. Die Angaben über den genauen Schuldenstand variieren je nach Verfasser, Entstehungsdatum und Berechnungsweise. Einer undatierten Aufstellung des AA von 1931 zufolge wiesen die IG-Unternehmen 39 Mio. RM Kreditverpflichtungen gegenüber deutschen Banken auf, die alle bis spätestens 1.10.1932 zu zahlen waren; weitere 15,8 Mio standen bei ausländischen Banken an (davon 5,6 Mio. bis 1.7.1932). Für Schulden in Höhe von 12,2 Mio. RM waren Kreditgeber und Fälligkeit unbekannt. Damit stand die IG mit Abstand an der Spitze der hochverschuldeten ostoberschlesischen Montanindustrie; Kreditverpflichtungen der ostoberschlesischen Industrie, o. D. [1931], PAAA 35959, Bl. 120-124.

147 Notiz. Betr. Polnisch-Oberschlesien, 22.1.1932, PAAA 31141k.

Regierung die Lohn- und Gehaltszahlungen eingestellt würden. Auch Lukaschek, inzwischen Oberpräsident in Westoberschlesien, unterstrich die Dringlichkeit, den bevorstehenden Zusammenbruch wegen der Auswirkungen auf das deutsche Gebiet zu vermeiden.[148]

Als die Reichsbank jedoch die Bereitstellung von Mitteln für die Ostwerke ablehnte, leistete Flick im Februar 1932 den Offenbarungseid. In einer großen Aufrechnung bezifferte er die von der Industriellen Gruppe aufgewandten Mittel für das Ost-Engagement auf 100 Mio. RM, denen er einen unmittelbaren Geldbedarf von zwölf bis 14 Mio. RM gegenüberstellte, an dem das Reich den Erhalt der oberschlesischen Werke zu scheitern lassen drohe. Vor allem aber legte Flick unmißverständlich dar, daß die Großaktionäre in Polen kein Geld mehr investieren würden, weil sie alle verbliebenen Mittel für ihren deutschen Besitz benötigten: »Wenn weiter geholfen werden soll, kann diese Unterstützung nur von Seiten des Reiches erfolgen.« Damit nicht genug, sagte sich der Chef der Charlottenhütte demonstrativ von jeder Verantwortung für die IG los und kündigte an »das politische Mandat als Erhalter und Schützer des Deutschtums in Oberschlesien [...] in die Hände der Reichsregierung zu legen, von der wir [es] erhalten haben«. Das Überleben der Werke hielt Flick nun ausschließlich für eine politische Frage, für die man weder die Industrielle Gruppe als solche, noch ihn als besitzmäßig kaum noch interessierten »Beauftragte[n]« heranziehen könne. Die Warnung fiel unzweideutig aus: Stellte die Reichsregierung nicht die genannten Mittel zur Verfügung, so kam dies »einer Aufgabe der in den letzten zehn Jahren verfochtenen Minderheitspolitik und dem endgültigen Verzicht auf die Regelung des Ostproblems« gleich und drohte – auch dies vergaß Flick nicht zu erwähnen –, »außerordentliche Rückwirkungen auf die westlichen Unternehmen auszuüben.«[149]

Damit knüpfte Flick nahtlos an eine Stellungnahme gegenüber Ritscher an, in der er zwei Monate zuvor erklärt hatte, die oberschlesischen Verluste nicht länger tragen zu wollen. Mit der Androhung, daß man unter den Bedingungen der Aktienrechtsform gezwungen sein könnte, das Ost-Engagement offenzulegen, hatte Flick den Wiedereinstieg des Reiches in die Beteiligung gefordert. Trotz der unverhüllten Erpressung Flicks, »[d]as ganze alte streng vertrauliche Abkommen wäre also nicht mehr aufrechtzuerhalten, wenn nicht auf dem von mir vorgezeichneten Wege eine Lösung gefunden würde«, hatte Ritscher Zustimmung signalisiert. Allerdings war man sich einig gewesen, daß Schäffer unmöglich sein Einverständnis erteilen würde.[150]

148 Flick an Schlesinger, 22.1.1932; Schlesinger an Dietrich und Warmbold, 23.1.1932; Schwerin v. Krosigk an Meyer, 26.1.1932; Telefonat von Herrn ORR Pukas/Reichskanzlei, o. D. [27./28.1.1932], alle ebd.

149 Alle Zitate: Flick an Meyer (AA), 1.2.1932, PAAA 31141k.

150 Aktennotiz. Betr: Besprechung mit Herrn Ritscher am 1.12.1931, 1.12.1931, BAB R 8122/178, Bl. 205f. Für den Fall, daß das Reich sich generell weigerte, die Großaktionäre zu entlasten, drohte Steinbrinck mit »Radikalmaßnahmen«, d. h. dem Verkauf an eine »potente ausländische Gruppe«; Aktenvermerk, 19.11.1931, BAK N 1164/24.

Der dramatischen Diktion zum Trotz war Flicks Vorgehen kühl kalkuliert. Einerseits ging es ihm darum, durch massiven Druck die Reichsregierung zu abermaligen Finanzspritzen zu bewegen, ohne aber Gewähr für den Erfolg zu übernehmen, und so den etwaigen Rückzug aus der Verantwortung für das Ost-Engagement vorzubereiten. Andererseits wußte er, daß weder das Reich noch die Beteiligten an der Industriellen Gruppe gänzlich auf seine Mitarbeit verzichten konnten, da die Abkommen von 1927/29 ausdrücklich persönlichen Charakter hatten und die Fäden des komplizierten Holdinggeflechts nach wie vor bei der Charlottenhütte zusammenliefen.[151]

Dieser zweigleisigen Taktik folgte Flick in den folgenden Monaten. Während die Industrielle Gruppe sich bemühte, durch Neuregelung der Sicherungsbestimmungen das eigene finanzielle Risiko zu mindern, betrieb sie zugleich Lobbyarbeit bei den Berliner Ministerien, um neue Zwischenkredite für die oberschlesischen Werke zu erhalten bzw. alte Forderungen des Reiches zu verlängern. Dies geschah gegen den Widerstand von Reichsbankpräsident Luther, der in der Finanzierung der IG mit Recht ein Faß ohne Boden witterte.[152] Ferner nutzte man bei den IG-Werken die nach Flicks Brandbrief zu beobachtende größere Nachgiebigkeit auf Seiten der staatlichen Aufsichtsbehörden, um die eigenen Rationalisierungsziele voranzubringen. Ende März waren bereits zehn größere Einzelbetriebe geschlossen, die Beschäftigtenzahl wurde um 560 Angestellte und 5536 Arbeiter verringert.[153]

Unterdessen zeichnete sich in der Reichsregierung ein allmählicher, wenngleich umstrittener Paradigmenwechsel ab. Im April 1932 zog ein Entwurf des Auswärtigen Amtes erstmals in Erwägung, eine Lösung der verfahrenen Situation in Ostoberschlesien nicht länger gegen, sondern mit der polnischen Seite zu suchen, fügte aber gleich an, daß diese sich kaum auf die deutschen Bedingungen des Minderheitenschutzes einlassen würde.[154] Im Außenministerium konnte sich dieser Standpunkt einstweilen nicht durchsetzen; hier hielt man weiterhin an der Aufrechterhaltung der »deutschen« IG-Werke auch um den Preis hoher finanzieller Lasten fest. In einer 20seitigen Denkschrift griff Staatssekretär Bernhard

151 Kritische Beurteilung des Fusionsprogrammes, o. D. [ca. Anfang 1932], BAB R 8122/151, Bl. 108. Daß Flick als Partner für die Regierung zu diesem Zeitpunkt kaum verzichtbar war, spiegelte sich auch darin wider, daß man ihn ungeachtet der laufenden Auseinandersetzungen zu den neuerlichen Sanierungsbemühungen für das Dauerproblem Pleß hinzuzog, in dem mit Ritscher, Porten, Brekenfeld und Otto Wolff die üblichen Verdächtigen agierten; Aufzeichnung, 15.11.1930; Aufzeichnung. Betrifft: Sanierung Pleß, 15.12.1930; Porten an Reichskanzlei, 21.12.1930, alle PAAA R 28330k, Bl. 143f., 198, 211-217.

152 Luther lehnte die »Scheibchentaktik« der IG ab, mit der immer neue Zwischenkredite gefordert wurden, ohne daß langfristige Konzepte zur Amortisierung der Gelder vorlagen; AA an Reichsbankdirektorium, 6.2.1932; Trendelenburg an Luther, 6.2.1932; Luther an Trendelenburg, 9.2.1932, alle PAAA 31141k.

153 Provisorium zur Kreditbesprechung, 8.4.1932, BAB R 8122/1024; [Exposé Steinbrincks an Richthofen], o. D. [5.4.1933], BAK N 1164/24.

154 Herrn GenKons Schlesinger, AA, Abt. IV, Entwurf, o. D. [April 1932], PAAA 31141k.

von Bülow im Mai ausgiebig auf das ihm von Steinbrinck zugestellte Datenmaterial zurück und paraphrasierte teils wörtlich Flicks Februar-Brief. In den folgenden Monaten wurden nach verschiedenen interministeriellen Besprechungen daher noch einmal Millionenkredite für die IG wie auch die anderen angeschlagenen Magnaten-Konzerne von Pleß bis Giesche bereitgestellt.[155]

Dennoch deutete sich in der aufgebrochenen Diskussion, die zumindest den Gedanken einer Zusammenarbeit mit Polen nicht länger ignorierte, ein Rückzug von der bisherigen revisionistischen Einbahnstraßenpolitik an, der durch den Unwillen der Finanz- und Wirtschaftsressorts getragen wurde[156], weiterhin unabsehbare finanzielle Verpflichtungen einzugehen. Es sollte jedoch dem ersten nationalsozialistisch geführten Kabinett überlassen bleiben, die Deutschtumspolitik in Ostoberschlesien schließlich aufzugeben.

Fazit

Dem Aufbau von Flicks Unternehmensimperium lag die Voraussetzung zugrunde, daß eine stabile Konjunktur die Rahmenbedingungen schaffen würde, unter denen die von ihm kontrollierten, regional konzentrierten, vertikal integrierten und umfassend modernisierten Betriebe rentabel arbeiten konnten. Durch die erwarteten Betriebsgewinne sollten die Einzelunternehmen sowohl ihre Investitionen finanzieren als auch über Dividendenausschüttungen die Holdinggesellschaften Flicks in die Lage versetzen, die zur Majoritätserlangung aufgenommenen Kreditverpflichtungen zu bedienen. Bis zum Geschäftsjahr 1929/30 erlaubte die gesamtwirtschaftliche Entwicklung ein Festhalten an dieser Strategie, zumal ein Großteil der Akquisitionen über Tauschgeschäfte bezahlt und für die Fiduciaire-Anteile günstige Zahlungsbedingungen mit dem Reich ausgehandelt worden waren.

Dennoch erhöhten allein die Baraufwendungen für die 1929/30 durchgeführten Transaktionen den Schuldenstand der Flick-Holdinggesellschaften – Charlottenhütte und GBAG, teils auch die VSt – um über 50 Mio. RM.[157] Hinzu kamen erhebliche finanzielle Belastungen aus Unterbeteiligungen wie Mont-Cenis/Gaveg und Schweitzer & Oppler, für deren Verluste und Verbindlichkeiten die bereits unter Druck stehenden Finanzen von Maxhütte, Mittelstahl

155 Entwurf für Schreiben StS Bülow an StS in Reichskanzlei, o. D. [Mai 1932], ebd.; Protokoll über die Besprechung im [AA] vom 9. Juni d.J. über Hilfsmaßnahmen für Oberschlesien; Ergebnis der Chefbesprechung am 13.6.1932 betr. Sonderkredit für Kattowitzer und Laurahütte, 14.6.1932, beide PAAA R 31142k.

156 Besonders der neue Finanzminister, Schwerin von Krosigk, trat gegen die Fortsetzung der Beihilfenpolitik ein, konnte sich aber 1932 nicht gegen das Auswärtige Amt durchsetzen; vgl. Notiz, 9.6.1932, ebd.

157 Berücksichtigt sind die Phoenix-, Fiduciaire- und Maxhütte-Transaktionen abzüglich interner Verrechnungen durch die Übertragung der Fiduciaire auf die VSt. Bei Phoenix wurden die Wolff und Hagen gewährten Konditionen zugrundegelegt; beim Fiduciaire-Verkauf ist zu beachten, daß die VSt zunächst nur neun Mio. RM beglichen.

und Charlottenhütte in Anspruch genommen wurden. Die ostoberschlesischen Unternehmungen konnten derweil nicht nur die eingeplanten Amortisationsleistungen nicht erbringen, vielmehr hingen sie seit 1931 ununterbrochen am Subventionstropf des deutschen Fiskus', dessen Versiegen Flick und seine Mitstreiter mit gewohntem Nachdruck zu verhindern wußten. Lediglich im Falle der wegen Frachtkosten bzw. Zollschranken weder nach Westen noch nach Osten konkurrenzfähigen VOH gelang es, die auch langfristig perspektivlose Beteiligung Ende 1930 rechtzeitig abzustoßen. 1931 aber war festzuhalten: Flicks Beteiligungsimperium erodierte sichtlich und dies von der Basis her, die finanziell auf breiter Front wegbrach und nicht in der Lage war, die Großprojekte der Holdingspitze zu bezahlen.

4. Der Rückzug aus dem Stahlverein

4.1. Die finanzielle Lage von Gelsenberg und Charlottenhütte 1932

4.1.1. Gelsenberg

Es war der Unterbau, die Werksbasis, die Flicks Konzernkonstruktion trug. Alle wirtschaftlichen Probleme, mochten sie auch über noch so viele Stationen in der Beteiligungspyramide entfernt sein, schlugen letzten Endes auf die Holdingspitze zurück. Zwar waren nicht alle Beteiligungen offiziell bei GBAG und Charlottenhütte, sondern oft bei holländischen und Schweizer Tochterfirmen verbucht, die Kontrolle über die fraglichen Aktienpakete lag jedoch ebenso bei den deutschen Holdings, wie diese ihrerseits über Bürgschaften für die Kredite dieser Gesellschaften garantierten. Zur Besicherung von Darlehen und Anleihen waren Wertpapiere hinterlegt, im Falle der GBAG vor allem Anteile der VSt, bei der Charlottenhütte meist solche der GBAG. Für beide galten regelmäßig fixe Kursgrenzen – fielen die Börsenkurse unter diese Minimalwerte, waren die Sicherungen aufzustocken. Für Flicks Holdings bedeutete dies: Ihre Kreditfähigkeit und Liquidität hingen von stabilen Börsenkursen für die Sicherheiten sowie von regelmäßigen, ausreichenden Dividenden für die Zins- und Tilgungsverpflichtungen ab. Beide Bedingungen waren ab 1930 überwiegend, ab 1931 gar nicht mehr erfüllt. Schon für das Geschäftsjahr 1929/30 sanken die ausgeschütteten Dividenden der Beteiligungen gegenüber den Vorjahren spürbar. Für das Rechnungsjahr 1930/31 standen, abgesehen von den Erträgen aus den verhältnismäßig stabilen Braunkohlegesellschaften, die aber den akuten Finanzbedarf nicht spürbar verringerten,[1] gar keine Gewinne mehr zur Verfügung (Tab. II/12).

Durch den Ausbau ihrer Zeche Monopol, die Übernahme der Adler-Quoten sowie insbesondere die Angliederung der Essener Steinkohlenbergwerke hatte die GBAG das Ziel verfolgt, die Abhängigkeit von Dividenden durch eigene Betriebserträge zu verringern sowie über Substanz zu verfügen, die als Kreditsicherung einsetzbar und gegebenenfalls hypothekarisch belastbar war. Betriebsgewinne erwirtschafteten die GBAG-Zechen allerdings seit 1929 ebenfalls nicht, Förderung und Erzeugung der wichtigsten Produkte reduzierten sich bis 1931/32 um durchschnittlich ein Drittel (Tab. II/13). Von dieser Seite konnte die GBAG-Führung somit keine finanzielle Stützung erwarten.[2]

Bis Mitte 1930 wähnte die GBAG ihre finanziellen Verpflichtungen ausreichend abgesichert, obgleich der im März des Jahres aufgestellte Finanzplan bis

1 Dies betraf vor allem die van der Zypen-Tochter Gew. Hürtherberg sowie die Rheinbraun AG, von der die GBAG 1931/32 etwa 1,3 Mio. RM Dividende erhielt; auch bei Mittelstahl waren die Braunkohlebetriebe die krisenfestesten Anlagen; Besuch des Herrn Flick, 20.3.1931 [Kehl], BAB R 8119F/P1165.

2 Die von den Zechen erwarteten Überschüsse wurden 1931 und 1932 mehrfach nach unten korrigiert, allein zwischen März und Juni 1931 von 5,2 auf 3,2 Mio. RM; Finanzplan aufgestellt am 31.3.1931; Finanzplan aufgestellt am 5.6.1931, BAB R 8122/104, Bl. 2-5.

Tab. II/12: Dividenden der bedeutendsten Flick-Beteiligungen, 1926-1932

	1926[1]	1926/ 1927	1927/ 1928	1928/ 1929	1929/ 1930	1930[2]	1930/ 1931	1931/ 1932	1932/ 1933
VSt	6	6	6	6	4	–	0	0	–
GBAG	–					–			–
Phoenix	–	3	6,5	6,5	6,5	–	4,5	0	–
Van der Zypen			9	10	6				–
Mittelstahl	–	7	7	8	6	–	0	0	0
Maxhütte	–	10	10	7	7	3,5	(9,33)[4]	(8)[4]	(8)[4]
Bismarckhütte	–	9	10	–	–	–	–	–	–
KAG (alt)	–	0	0	–	–	–	–	–	–
KAG (neu)		–	–	0	0	–	0	0	0
Deutsche Laura	–	0	0	0	0	–	0	0	0
Linke-Hofmann-(Busch)	–	0	0	5	5	–	0	0	0
Chh Stammaktien[3]	–	12	12	14	14	7	0	0	0
Chh Vorzugsaktien[3]	–	6	6	6	6	3	6	6	6
Rheinbraun	–	10	10	10	10	–	10	10	12

[1]) Geschäftshalbjahr; [2]) Zwischengeschäftsjahr: Maxhütte 1.4.-30.9.1930; Chh 1.7.-31.12.1930; [3]) ab 1931 Kalenderjahre; [4]) an außenstehende Aktionäre
Quellen: HbDtAG 1932: S. 3724, 3746; 1933: S. 168, 224, 1156, 1171; 1939: S. 2894; 1940: S. 3052; eigene Zusammenstellung.

1936 ein Negativsaldo von 83 Mio. RM auswies. Dies bezeichneten Flick und Vögler ungeachtet kritischer Stimmen im GBAG-Präsidium als tragbar und beriefen sich auf die Realisierungsmöglichkeiten des Wertpapier- und sonstigen Vermögens. Insbesondere meinte das Führungsduo, über eine »jederzeit auch bei erschwerten Geldverhältnissen verwertbare Kreditunterlage« zu verfügen.[3]

Die im Jahr darauf erstellte Geldbilanz zeichnete die Lage aber schon deutlich düsterer: Sie bezifferte die Gesamtschulden auf 187 Mio. RM, von denen 130 Mio. RM auf direkte, 57 Mio. RM auf indirekte Kredite entfielen.[4] Die Situation

3 Niederschrift über die Sitzung des Präsidiums des Aufsichtsrats der GBAG am 10.3.1930, BAB R 8122/103 Finanzplan aufgestellt am/für 10.3.[19]30, BAB R 8122/104, Bl. 6f.

4 Diese konnten bis Jahresende zwar deutlich reduziert werden, betrugen aber immer noch über 45 Mio. RM; Bürgschaften der [GBAG] zur vorläufigen Buchbilanz per 31.12.1931, BAB R 8122/80899; Geldbilanz der GBAG, aufgestellt am 31.3.[19]31, BAB R 8122/104, Bl. 9.

Tab. II/13: Förderung und Erzeugung der GBAG-Betriebe, 1928/29-1931/32

	1928/29*	1929/30*	1930/31	1931/32	29/30 : 31/32
Kohle (in t)	4.881.631	5.742.661	4.785.479	3.848.442	-32,99 %
Koks (in t)	609.034	682.751	558.301	414.209	-39,33 %
Briketts (in t)	561.480	605.278	445.478	**460.009	-24,00 %
Nebenprodukte (in t)	28.364	41.333	37.229	28.605	-30,79 %
abgegebenes Gas in cbm	45.071.000	52.385.000	51.151.000	52.260.000	-0,24 %
Arbeiter & Angestellte		***18.375	15.731	12.182	-22,56 %

Geschäftsjahre: 1.4.-31.3.; * für Geschäftsjahre 1928/29 Monopol und Essen-Zechen addiert;
** Erhöhung der Brikettbeteiligung; *** am 31.3.1930/Ende des Geschäftsjahres
Quelle: Zur Sitzung des engeren Ausschusses am 11.6.1930, BAB R 8122/103; Geschäftsbericht des Vorstandes der GBAG 1931/32, BAB R 8122/102; eigene Berechnung.

wurde insofern etwas entschärft, als der Löwenanteil der direkten Kredite in den erst ab März 1934 fälligen *Gelsen-Notes* von 1928 bestand (63 Mio. RM).[5] Dessen ungeachtet drückten die GBAG nähere Zahlungsziele, vor allem die aus den Akquisitionen von Adler und Essener Steinkohle entstandenen Fälligkeiten Anfang 1932 (Tab. II/14). Diese Schulden, die man im Frühjahr 1930 noch als langfristig eingestuft und daher auf die zwischenzeitliche Erzielung der erforderlichen Gelder gezählt hatte[6], rückten 1931 bedrohlich nahe. Die gegebenenfalls durch Veräußerungsgewinne erzielbaren flüssigen Mittel aus den mit Buchwerten von 34,5 Mio. RM bzw. 12,9 Mio. RM bezifferten Rheinbraun-Anteilen und CSSC-*prefered shares* sowie VSt-Genußscheinen waren begrenzt[7], außerdem standen sie teils wegen anderweitiger Pläne (Rheinbraun), teils wegen kaum erzielbarer vernünftiger Preise (CSSC) nicht zur Diskussion. Daher nahm die GBAG zur Deckung ihrer laufenden Verpflichtungen im ersten Halbjahr 1932 wiederum eine Vielzahl kleinerer, kurzfristiger Auslandskredite auf, die ihrerseits zwischen April und Juli des Jahres fällig wurden und sich auf insgesamt etwa 15,5 Mio. RM beliefen.[8]

5 Versuche, die *Notes* durch Aufnahme einer neuen $ 25 Mio.-Anleihe über 1934 hinaus zu verlängern, waren gescheitert; Niederschrift über die Sitzung des engeren Ausschusses am 11.6.1930, BAB R 8122/103; vgl. Reckendrees, Stahltrust, S. 453 f.
6 Anleihen, Hypotheken und andere langfristige Verpflichtungen am 31.3.[19]30, BAB R 8122/216. Darin wurde die Gesamtsumme auf rund 77 Mio. RM beziffert, allerdings ohne kurzfristige Schulden und indirekte Kredite.
7 Geldbilanz der GBAG, aufgestellt am 31.3.[19]31, BAB R 8122/104, Bl. 9.
8 U.a. Kredit A. Levy für Gelsen (Rodamkoma/Wodan), o.D. [ca. April 1932], BAB R 8122/1037.

Vor noch größere Probleme stellte die GBAG die Pflicht, Sicherungsleistungen für die selbst aufgenommenen und verbürgten Kredite zu geben. Dies betraf die hinterlegten Aktien für die *Gelsen-Notes* sowie für eine in der Adler-Transaktion übernommene Anleihe, in kleinerem Umfang auch für die Oberschlesien-Beteiligung.[9] Das Problem der *Notes*-Besicherung war den Verantwortlichen bereits im September 1930 bewußt, als der VSt-Kurs trotz eigener Stützkäufe erstmals die in den Kreditvereinbarungen festgelegte Untergrenze von 75 Prozent unterschritt.[10] Mitte des folgenden Monats mußte die GBAG weitere 31 Mio. VSt-Aktien nachschießen, für die Adler-Anleihe war die Hinterlegung von neun auf zwölf Mio. RM aufzustocken. Aus den Rechenmodellen, die Sempells Mitarbeiter Erwin Daub anstellte, ergab sich, daß die GBAG allenfalls bis zu einem Kurs von 40 Prozent in der Lage war, ausreichende Sicherheiten zu stellen, eine weiterer Kursverfall hingegen die Eintragung hypothekarischer Sicherungen auf Monopol, der besten Grubensubstanz des Unternehmens, erforderlich machen würde. Allerdings bedeutete dies auch, daß dann die wichtigste Kreditunterlage für andere Zwecke nicht mehr zur Verfügung stand.[11] Im Sommer 1931 mußte dieser Weg beschritten werden. Über eine entsprechende Grundschuldeintragung sicherte die GBAG ihre Anleihe von 1928 bis zu einem Preisniveau der VSt-Anteile von 19 Prozent ab – zusätzlich zu den 126 Mio. RM hinterlegten eigenen Aktien. Damit war jedoch der Manövrierraum der Gesellschaft ausgeschöpft, als im Frühjahr 1932 die VSt-Aktien nur noch auf etwa 15 Prozent taxiert wurden.[12]

Je fragiler die Darlehnskonstruktion wurde, desto wichtiger war es, nach außen den Anschein der Liquidität zu wahren, um die Gläubiger nicht zu beunruhigen. Sorgfältig bereitete Steinbrinck daher die Veröffentlichung des GBAG-Jahresberichts 1931 vor. Dabei verließ er sich nicht allein auf seinen bereits bestehenden »freundschaftlichen Konnex [...] mit der Presse aller Schattierungen«, sondern beabsichtigte, »mit jedem einzelnen der maßgebenden Presseleute den Geschäftsbericht durchzusprechen und ihm diejenigen Aufklärungen zu geben, die er wünschte und die für uns zweckmäßig erschienen« – was in der Praxis eine möglichst schmale Berichterstattung bedeutete.[13]

9 Für das Ost-Engagement hatte die GBAG 1,2 Mio. RM Kredit selbst vergeben und weitere 2,1 Mio. RM verbürgt; ihre Beteiligung an dem Erwerb des CSSC/Minesa/Fiduciaire-Komplexes betrug umgerechnet rund 15 Mio. RM (ohne Zinsen); Zahlen zum 30.9.1932, darin sind die gegen CSSC-Anteile ausgetauschten Sicherungen für den RKG-Kredit nicht mehr erfaßt; Ost-Engagement der industriellen Gruppe nach dem Stande v. 30.9.1932, BAB R 8122/145, Bl. 102.

10 Holle an E. Tengelmann, 20.9.1930, BAB R 8122/227, Bl. 137-139.

11 Aktenvermerke Daub, 11.10. u. 14.10.1930, ebd., Bl. 141-143.

12 Notes-Anleihe 1928, 20.6.[1931], ebd., Bl. 163; Betrifft: Nedahand Kredit, 26.5.1932, BAB R 8122/1002.

13 Steinbrinck an Holle, 17.6.1931, BBA 55/443. Als 1930 u.a. die *Frankfurter Zeitung* den für den US-Markt gedachten GBAG-Anleiheprospekt ausführlich wiedergab, forderte Flick umgehend, »daß wir [...] uns von Anleihen mit so einem weitgehenden Publikationszwang freimachen«; Flick an Vögler, 14.7.1930, BAB R 8122/227, Bl. 107; Aufschlüsse über Gelsen – aus USA, in: FZ Nr. 513 v. 13.7.1931.

*Tab. II/14: Direkte und indirekte Verbindlichkeiten der GBAG (Ende 1931)**

Gläubiger	Schuldner	Kreditbetrag	in Mio. RM	Fälligkeit
Dedi	GBAG	$ 3.000.000	12.600.000	1.2.1932
Dillon Read	GBAG	$ 3.000.000	12.600.000	‡
Henschel & Sohn**	GBAG		21.744.000	ab 1.2.1932
Simon Hirschland	k. A.***		14.800.000	k. A.
Simon Hirschland	Rodamkoma †	$ 1.750.000	7.300.000	1.3.1934
A. Levy	Rodamkoma †	$ 1.500.000	6.300.000	1.3.1934
A. Levy	k. A.***		15.700.000	k. A.
Nedahand	k. A.		4.800.000	k. A.
Wodan Mij.	k. A.		14.500.000	k. A.
Gesamt			110.344.000	

* ohne *Gelsen-Notes*; ** Kaufpreisforderungen in vier gleichen Raten 1932-35; *** Schuldnerin vermutlich Rodamkoma, verbürgt durch GBAG; † verbürgt durch GBAG; ‡ Stillhalteabkommen.
Quellen: Geldbilanz der GBAG, 31.3.[19]31, BAB R 8122/104, Bl. 9; Bürgschaften der GBAG zur vorläufigen Buchbilanz per 31.12.1931, BAB R 8122/80899; Status der GBAG per 31.12.1931, ebd.; Übersicht über die zu übernehmenden Verpflichtungen, o. D. [März 1932], BAB R 43 I/2179, Bl. 192.

4.1.2. Charlottenhütte

Ein Besicherungsproblem bestand auch hinsichtlich der oberschlesischen Verbindlichkeiten. Gemäß den 1929 mit dem Reich getroffenen Vereinbarungen waren für den in US-Dollar umgewandelten RKG-Kredit Wertpapiere hinterlegt worden: acht Mio. RM GBAG-Aktien sowie VSt-Schuldverschreibungen in zweistelliger Millionenhöhe. Für den Posten galt eine Überdeckungspflicht von 120 Prozent; sanken die Werte auf unter 105 Punkte, waren die Effekten entsprechend aufzufüllen.[14]

Infolge der Kursstürze mußten die Hinterlegungen schon bald verstärkt werden. Im Juni 1931 bat die Charlottenhütte die Reichsregierung, die Deckungspflicht auf 100 Prozent zu reduzieren und nur noch die Aktien zu Börsenkursen anzurechnen, die Obligationen hingegen zu einem Festpreis, um diese gegen weitere Verluste zu immunisieren. Das Wirtschaftsministerium lehnte jedoch ab.[15]

14 Protokoll, 29.6.1929, BAB R 8136/3451.

15 Chh an RWiM, 23.6.1931, BAB R 2/15478, Bl. 31 f.; RWiM/Trendelenburg an Chh, 18.7.1931, ebd., Bl. 37; Flick an Vögler, 21.7.1931, BAB R 8122/138, Bl. 44 f.

Zeitgleich mit den Verhandlungen über die fortgesetzte Subventionierung der oberschlesischen Werke bemühten sich Flick und Vögler daher in den kommenden Wochen und Monaten bei denselben Regierungsstellen um eine Suspendierung der Nachschußpflicht für die RKG-Sicherheiten. Faktisch fand seit Mitte Juli 1931 mit Tolerierung des Reiches keine Auffüllung mehr statt, obschon die Kurse kontinuierlich verfielen.[16] Am 1. Juni 1932 schließlich wiesen die hinterlegten Wertpapiere einen Nennwert von über 41 Mio RM auf, die letzten Börsenkurse erreichten jedoch nicht einmal ein Viertel dieser Summe.[17]

Die Charlottenhütte hatte sich zwar zulasten der VSt aus den unmittelbaren Verpflichtungen weitgehend zurückgezogen, immerhin acht Mio. hinterlegte GBAG-Aktien stammten aber aus ihrem Besitz. Diese benötigte Flick im Frühsommer 1932 für den angebahnten Gelsenberg-Deal mit dem Reichsfinanzministerium, so daß sich die Bemühungen statt auf die Nicht-Auffüllung der Aktiendepots nun auf den Austausch der hinterlegten Wertpapiere richteten – gegen die *prefered shares* der CSSC, das heißt die Substanz der polnischen Werke selbst. Da das Reich kein Interesse haben konnte, die bei späterer Konjunkturstabilisierung wertvollen VSt- und GBAG-Aktien gegen die weit schlechteren CSSC-Werte abzugeben, verliehen Flick und Vögler ihrer Argumentation in drastischer Weise Nachdruck. Komme es nicht zu einem Verkauf, so die Warnung, werde man nicht umhin können, die hinterlegten Aktien zu bilanzieren, mithin die Beteiligung des Reiches am Ost-Engagement offenzulegen. Wie nebenbei teilten die beiden Industriellen zudem mit, daß die fraglichen VSt-Aktien zu jenen 25 Mio. RM-Anteilen gehört hatten, die im März bei einer Kapitalreduzierung des Stahlvereins eingezogen worden waren. Dies stellte eine eklatante Verletzung der Kreditsicherungsbestimmungen dar, deren nonchalante Durchführung durch die Gewißheit befördert wurde, daß die öffentliche Hand zur Sanktionierung wegen der Publizitätsgefahr nicht in der Lage war.[18]

Vor allem Vögler und der Leiter der VSt-Revisionsabteilung, Heinrich Dinkelbach, drängten auf einen Austausch der Sicherheiten und verwiesen wiederholt darauf, daß die Buchprüfer von Price, Waterhouse & Co. andernfalls unweigerlich auf das Ost-Engagement stoßen würden.[19] Diese Argumentation zeitigte schließlich das gewünschte Resultat. Die Regierungsseite gab die – gar nicht mehr vorhandenen – VSt-Aktien sowie die übrigen Effekten frei und akzeptierte statt dessen 188 000 *prefered shares*. Damit lag effektiv das wirtschaftliche Risiko des Ost-Engagements größtenteils beim Reich, das als einzige Sicherheit für die zum Erwerb der oberschlesischen Unternehmen gewährten Kredite nun den

16 Entwurf für Schreiben RWiM an Flick, 24.10.1931 (Heintze), BAB R 2/15478, Bl. 52; Flick an Heintze, 29.10.1931, BAB R 8136/3451.

17 Betr. Die Sicherung des Kredites über $ 5.929.088,10, 1.6.1932, BAB R 2/15478, Bl. 61-64.

18 Ebd.; Flick an Trendelenburg, 1.6.1932, ebd., Bl. 70.

19 Vermerk, 1.6.1932; RWiM an Flick, 7.6.1932; Betrifft: Angelegenheit Fi., 7.6.1932, ebd., Bl. 65-69. Zu den Beziehungen zwischen VSt und Price Waterhouse & Co. vgl. Fear/Kobrak, Paths, S. 33-36.

Substanzwert eben dieser Werke in den Händen hielt – jedoch ohne auch die Verfügungsgewalt zu haben, da sich die stimmberechtigten *common shares* nach wie vor unter Kontrolle Flicks befanden.[20]

Der oberschlesische RKG-Kredit war nicht die einzige Stelle, an der die Charlottenhütte größere Pakete GBAG-Aktien hinterlegt hatte; allerdings waren für einige der bei seinerzeit guten wirtschaftlichen Aussichten abgeschlossenen Darlehensverträge keine Nachschußregelungen getroffen worden. Diese Kredite wiesen lange Laufzeiten mit Fälligkeiten ab 1934 auf und gefährdeten somit die Liquidität der Charlottenhütte nicht unmittelbar.[21] Dies traf jedoch keineswegs für alle, wohl nicht einmal für die Mehrheit der Verpflichtungen von Flicks Holding zu. Zur Jahreswende 1931/32 drückten sie etwa 18 Mio. RM Verbindlichkeiten bei ausländischen Kreditinstituten sowie über 60 Mio. RM großenteils kurzfristig fälliger Schulden und Bürgschaften bei inländischen Banken. Vorrangig waren rund sechs Mio. RM jederzeit fällige Verpflichtungen, die im wesentlichen auf Gaveg und S&O zurückgingen.[22] Im Laufe des Frühjahrs konnten die (inländischen) Schulden auf etwa 48 Mio. RM reduziert werden, darunter 29 Mio. RM bis zum Herbst 1932 zahlbare Verpflichtungen sowie mindestens fünf Mio. stets vom Rückruf bedrohte Gelder (Tab. II/15).[23] Angesichts eines Eigenkapitals von nur 20 Mio. RM belastete diese Schuld die Zahlungsfähigkeit der Charlottenhütte ganz erheblich, zumal sie über kein nennenswertes Grundstücks- oder Betriebsvermögen verfügte.[24]

Mit Ausnahme einer im August 1931 fallengelassenen Bemerkung, daß es »um einige seiner Engagements ›sehr prekär‹ bestellt sei«[25], wiegelte Flick jedoch die von Bankenseite in großer Zahl eingehenden Nachfragen beharrlich ab. Dabei kam es teils zu heftigen Auseinandersetzungen mit Bankenvertretern, vor allem von RKG und BHG, die um ihre geliehenen Gelder fürchteten bzw. sich angesichts der eigenen angespannten Lage zu keinen weiteren Zugeständnissen bei den Zahlungsmodalitäten bereitfanden.

Als die Charlottenhütte im Mai 1931 die Fälligkeit eines Dollarkredits in Höhe von umgerechnet drei Mio. RM nicht einhielt und auch nach der konzedierten

20 Vermerk. Betr. Fi, 21.4.1933, BAB R 2/15478, Bl. 177 f.; Direktions-Notiz. Betr. Fiduciaire Industrielle, 19.3.1934, BAB R 8136/3451.

21 Etwa: Betrifft: Nedahand-Kredit, 24.5.1932; Betrifft: KAG-Anleihe, 24.5.1932, beide BAB R 8122/1002. Beide Kredite zusammen beliefen sich auf umgerechnet rund 13,65 Mio. RM.

22 Aktennotiz über die Verhältnisse, die zur Uebernahme von rd. 100 Mio. RM Gelsenkirchener Aktien durch Hardy & Co., im Auftrage des Reichsfiskus geführt haben, 1.5.1932 [Porten], BAB R 8122/80899. Teilrückzahlungen: Entwicklung des BHG-Engagements, o. D. [April/Mai 1932], BAB R 8122/105.

23 Notiz, 25.4.1932; Aktenotiz über die heutige Besprechung mit Herrn Dr. Jeidels, 28.6.1932, beide BAB R 8122/105.

24 Actiengesellschaft Charlottenhütte. Bilanz per 31. Dezember, BAB R 8128/A3003.

25 Zit. nach: Feldman, Deutsche Bank 1914-1933, S. 308 f.

Tab. II/15: Verbindlichkeiten der Charlottenhütte aus direkten und indirekten Krediten (April 1932)

Gläubiger	Schuldner	Kreditbetrag	Währung	in Mio. RM	Fälligkeit
BHG/Westfalenbank	*Gaveg/MontCenis	1.300.000	US-$	5,460	jederzeit
BHG	*Schweitzer & Oppler/Mittelstahl	500.000	US-$	2,100	jederzeit
BHG	*Stahlwerk Hennigsdorf	300.000	US-$	1,260	jederzeit
BHG	**Charlottenhütte	500.000	US-$	2,100	19.09.1932
		2.448.000	RM	2,448	31.08.1932
Kreditsumme der BHG				13,368	
davon zurückbezahlt		**-648.000**	**US-$**	**-2,722**	
Danat-Bank	*Rhein. Eisenkontor	3.338.000	US-$	14,020	15.08.1932
		4.400.000	RM	4,400	
DeDi-Bank	*Metafina/SEI	350.000	US-$	1,470	27.8. u. 18.10.1932
S. Hirschland & Cie.	**Charlottenhütte	140.000	brit. £	2,175	9., 17. u. 24.08.1932
A. Levy	**Charlottenhütte	1.562.500 (Teilbetrag)	US-$	6,563	01.03.1933
Preuß. Seehandlung/Röchling	**Charlottenhütte	3.000.000	RM	3,000	
Reichskreditgesellschaft	**Charlottenhütte	628.000	US-$	2,638	~23.05.1933
*Durch Chh verbürgte Schulden von Tochtergesellschaften				25,988	
**Direkte Schulden der Chh				18,924	
Summe				**44,912**	

Quelle: Reckendrees/Priemel, Politik, S. 83.

Verlängerung bis zum Jahresende um weiteren Zahlungsaufschub bat[26], nahm das RKG-Direktorium dies zum Anlaß, um von Flick genauere Informationen über Zustand und Aufbau seines Konzerns zu verlangen. Sowohl Flick als auch sein Finanzchef Kaletsch wiesen in verschiedenen Unterredungen mit den Bankern Fragen nach dem finanziellen Status der Charlottenhütte zurück und schoben die wirtschaftlichen Probleme allein auf die Beteiligungsgesellschaften, allen voran die VSt. Dabei konstruierten sie eine völlige Trennung von Stahlverein und GBAG und verwiesen darauf, daß – so Kaletsch – »der eigentliche Charlottenhütte-Konzern« in dem IG-Verbund Maxhütte-Mittelstahl-Charlottenhütte bestehe, also verhältnismäßig stabil sei.[27] Während Flick bei den langjährig vertrauten Staatsmanagern Ritscher und Porten mit dieser Argumentation durchdrang[28], zeigten sich die Finanzfachleute weitaus weniger zugänglich für seine suggestiven Behauptungen. Ebenso wenig waren sie bereit, sich mit vagen Auskünften zufriedenzugeben und den Kredit über den 1. Januar 1932 hinaus gegenleistungslos zu verlängern.[29] Ende November 1931 unterband die Charlottenhütte jedoch die nach ihrer Auffassung ungebührlichen Informationsforderungen der reichseigenen Bank. Über Ritscher und Porten erreichte man die Verlängerung des fraglichen Kredits, zudem wurden die RKG-Vertreter in ihre Grenzen gewiesen. Nach Beschwerden Flicks und Döglers fiel Porten seinen eigenen Direktoren in den Rücken und erklärte, »daß es völlig unangebracht sei, von einer Persönlichkeit wie Flick [...] solche Auskünfte zu verlangen«.[30]

Die härtesten Auseinandersetzungen führte Flick mit Otto Jeidels. Der Geschäftsinhaber der BHG verlangte im November 1931 eine beschleunigte Rückzahlung der von seinem Haus an Flicks Firmen gewährten und ganz überwiegend ungesicherten Kredite, insbesondere einen raschen und verbindlichen Modus für die auf Schweitzer & Oppler zurückgehenden Forderungen. Angesichts ihrer mangelnden Liquidität versuchten Flick und Kaletsch, die Tilgungstermine zu verzögern, indem sie der BHG vorwarfen, selbst »mit aller Gewalt ins

26 Den Kredit hatte die Commerce aufgenommen, die Charlottenhütte bürgte selbstschuldnerisch und stellte GBAG-Aktien als Sicherung, die im Oktober 1931 jedoch nur noch ein Drittel abdeckten. Die RKG stand selbst unter dem Druck ihrer US-Geldgeber; Zur Besprechung mit Herrn Direktor Belitz, 14.10.1931, BAB R 8122/178, Bl. 101 f.

27 Notiz für Herrn Flick, 14.10.1931 [Kaletsch]; Aktennotiz. Betr. Unterredung mit den Herren Dr. Belitz und Direktor Neubauer, 28.10.1931 [Flick]; Zur Besprechung mit den Herren Dr. Belitz und Neubauer, 30.10.1931 [Kaletsch], alle BAB R 8122/178, Bl. 103-108, 136-141, 130-135, Zitat Bl. 105.

28 Porten war Aufsichtsratsmitglied der RKG; Aktenvermerk, 16.10.1931 [Flick]; Aktennotiz. Betr: Besprechung mit Herrn Ritscher am 1.12.1931, 1.12.1931 [Flick], beide ebd., Bl. 111, 204-207.

29 Notiz. Betrifft: Reichs-Kredit-Gesellschaft/Charlottenhütte, 7.11.1931; Notiz für Herrn Flick, 24.11.1931, beide ebd., Bl. 118 f., 113.

30 Aktennotiz. Betr. Besprechung mit Herrn Dr. von der Porten am 29.11.1931, 1.12.1931, BAB R 8122/178, Bl. 208-211, Zitat Bl. 209; vgl. Kaletschs Unmut in: Notiz. Betrifft: [RKG]-Kredit, 26.11.1931, ebd., Bl. 215 f. Zu den fehlgeschlagenen Informierungsversuchen der Basler Handelsbank umfängliche Korrespondenz in BAB R 8122/325.

Geschäft« mit der Charlottenhütte gedrängt zu haben und nun in harten Zeiten nicht zu ihren Geschäftspartnern zu stehen.[31] Tatsächlich wurden die Forderungen, die sich im März 1931 auf 13,3 Mio. RM belaufen hatten, auf Jeidels' Druck bis April 1932 auf gut zehn Mio. RM reduziert. Wegen der verschlechterten Finanzlage der von ihm kontrollierten Unternehmen sah sich Flick nun aber endgültig außerstande, weitere Rückzahlungen auf die Darlehen zu leisten. Erst im Zuge des GBAG-Verkaufs bot sich wieder Raum, Jeidels Forderungen zu bedienen.[32]

Der Erfolg von Flicks Versuchen, seine Geldprobleme herunterzuspielen, blieb begrenzt. Zwar gelang es ihm, den Eindruck zu erwecken, das Gros seiner Schulden sei langfristig fällig, dennoch entging gerade den Verantwortlichen der großen Bankhäuser nicht, daß »Flicks Situation sehr stark angespannt« war.[33] Das Ausmaß der Krise belegen auch die 1931/32 erwogenen Exit-Strategien, denen gemeinsam war, daß sie tiefgreifende Änderungen der Besitzverhältnisse und Konzernstrukturen vorsahen.

4.2. Reorganisationsideen und Mitteldeutschland-Plan

4.2.1. Der Mitteldeutschland-Plan

Im Zentrum der Reorganisationspläne, die von der Führung der Charlottenhütte auf dem Höhepunkt der Weltwirtschaftskrise erarbeitet wurden, standen Mittelstahl und Maxhütte. Ausgehend von der Entscheidung zum Erwerb der Maxhütte 1929 kristallisierte sich in den folgenden drei Jahren das Konzept eines eigenständigen mittel- und süddeutschen Montankonzerns heraus, der die VSt weniger ergänzen als vielmehr selbst national wettbewerbsfähig sein sollte. Dieser Mitteldeutschland-Plan war jedoch weder das Ergebnis einer durchweg kohärenten Strategie noch stellte er zu Beginn eine intentionale Zielsetzung dar. Vielmehr schälte sich die Idee einer autonomen industriellen Basis des Flick-Konzerns *abseits* der VSt erst sukzessive und unter dem Eindruck des Scheiterns anderer Optionen heraus.

Unstrittig war schon Anfang 1929, daß der Erwerb der Maxhütte der Stärkung Mittelstahls dienen sollte. Das bayerische Traditionsunternehmen[34], des-

31 Notiz, 21.11.1931; Flick an Jeidels, 26.11.1931; Jeidels an Flick, 28.11.1931; Zitat: Vermerk, 1.12.1931 [Kaletsch], alle BAB R 8122/105.

32 Notiz, 24.5.1932 [Flick]; Aktennotiz über die heutige Besprechung mit Herrn Dr. Jeidels, 28.6.1932 [Flick], beide ebd.

33 So Ritscher laut Tgb. Schäffer, 12.8.1931. IfZ ED 93, Bd. 13, Bl. 608 f. Beeindruckt zeigte sich der Vertreter der Bankers Trust Company (New York), Eric Archdeacon, der Steinbrincks Darstellung offenbar Glauben schenkte und von durchweg langfristigen Fälligkeiten ausging; Archdeacon an McComas, 23.6.1932, BAK R 111/24. Auch Richthofen wurde auf die Linie eingeschworen, Flick habe als vorausschauender Kaufmann die Krise »bereits vo[r] 1½ Jahren« kommen sehen und daher keineswegs mit kurzfristigem Geld operiert; [Vermerk], o. D. [1932], BAK N 1164/24.

34 Zur Frühgeschichte der 1851/53 von belgischen Investoren im oberpfälzischen Haidhof gegründeten Maxhütte: Gömmel, Maxhütte, S. 85-99.

sen Majorität nach dem Krieg in den Röchling'schen Besitz übergegangen war, stand seit 1928 zum Verkauf, da der saarländische Konzern in eine schwere Finanzkrise geraten war.[35] Im Umfeld Flicks beschäftigte man sich umgehend mit einem möglichen Erwerb, die konzeptionelle Regie lag beim Mittelstahl-Vorstand in Riesa. Im Januar erstellte Koppenberg ein erstes, vorwiegend technisches Gutachten, in dem er aber auch die strategische Bedeutung eines Zusammenschlusses mit Mittelstahl ansprach. Zwei Vorteile der Maxhütte hob Koppenberg in seiner Beurteilung hervor: die eigene Erzbasis in Bayern und Thüringen sowie den Frachtvorsprung bei der Belieferung süddeutscher Verbraucher, die lediglich durch die teureren Kokslieferungen gemindert wurden. Die Qualität der Anlagen erachtete der Riesaer Direktor für gut, vor allem das im Bau befindliche Werk Unterwellenborn galt als Pluspunkt. Insgesamt bildete die Maxhütte demnach einen »abgerundete[n] wirtschaftlich arbeitende[n] Betrieb mit fabrikatorischer Zusammengehörigkeit und eigener Erzbasis«.[36]

Den Ausschlag gab in Koppenbergs Augen die Absatzfrage im mitteldeutschen Raum. Anders als noch bei der Gründung Mittelstahls 1926, als man sich im Wettbewerbsvorteil gewähnt hatte, dominierte nun eine Einschätzung wachsender Bedrohung durch die Konkurrenz. So erblickte der Riesaer Vorstand neben der Qualitätsproduktion im nahen Döhlen auch in den im Osten gelegenen VOH, in der Ilseder Hütte im Nordwesten sowie eben durch die Maxhütte im Süden eine Vielzahl potentieller Anbieter im eigenen Absatzgebiet. Der Maxhütte kam dabei hervorgehobene Bedeutung zu, da sie ebenfalls für das Massensegment produzierte und mit Unterwellenborn in unmittelbarer Nachbarschaft in naher Zukunft über einen modernen, integrierten Hochofen-, Stahl- und Walzwerkskomplex verfügen würde. Die darin liegende Gefahr bot in Koppenbergs Augen gleichwohl auch eine Chance – die »Kupplung Unterwellenborn/Zwickau/Riesa«.[37]

In einer Grundsatzdenkschrift, die wiederum Koppenberg gemeinsam mit Möller ein Dreivierteljahr später erstellte, wurden die Planspiele konkretisiert. In nüchterner Analyse konstatierten sie, daß der Investitionsschub der zwanziger Jahre zu einem Kapazitätsüberhang geführt und einen verschärften Kampf um das mitteldeutsche Absatzgebiet nach sich gezogen habe. Zwar hielt das Exposé die laufenden Ausbauvorhaben aus volkswirtschaftlicher Sicht für »falsch und unnötig«, aber aus Gründen der Wärmewirtschaft, Absatzsicherung usw. für betriebsökonomisch durchaus sinnvoll. Angesichts der verfügbaren Anlagen, deren Beschäftigung für die einzelne Werke aus den bekannten Fixkosten-Gründen jeweils oberste Priorität hatte, sahen Möller und Koppenberg in Kartellabsprachen

35 Tgb. Schäffer, 29.10.1925, 27.11.1928 u. 10.1.1929, IfZ ED 93, Bd. 1, Bl. 48f., Bd. 4, Bl. 133, u. Bd. 5, Bl. 21; vgl. Gömmel, Maxhütte, S. 90f.; Petzina, Ausgaben, S. 31. Sowohl Schäffer als auch Porten waren auf staatlicher Seite an der Stützungsaktion zugunsten Röchlings beteiligt. Naheliegend ist daher eine aus dieser Richtung stammende Anregung zur Angliederung der Maxhütte durch Flick.

36 [Gutachten Koppenberg, Jan. 1929], BAB R 8122/880, Bl. 22-31.

37 Ebd., Bl. 29.

kein probates Mittel, die Diskrepanz zwischen Erzeugungs- und Absatzmöglichkeiten zu beheben – wohl aber in einer Konzernierung, konkret im Zusammenschluß von Mittelstahl und Maxhütte. Auf diese Weise sollte der weitere Ausbau Unterwellenborns um ein Martinstahl- und Stabwalzwerk überflüssig gemacht werden, da entsprechende Kapazitäten in Riesa zur Verfügung standen. Entsprechend forderten die Manager eine Fusion beider Unternehmen, welche die Thüringer Betriebe an Mittelstahl anschloß und die oberpfälzischen Werke auf den süddeutschen Markt verwies.[38]

Zudem eröffnete sich Mittelstahl die Chance, mit Hilfe der Roheisenerzeugung in Unterwellenborn endlich das Manko der fehlenden Integration des eigenen Produktionsprozesses zu beheben und »mit einem Schlage in die Reihe der gemischten Werke mit Hochofen-, Thomas- und Martinbetrieb [zu] rücken«, mithin den langfristigen Erhalt zu sichern, denn »[a]uf die Dauer ist ein Unternehmen wie die M.St. […] ohne eigene Roheisenbasis nicht denkbar«.[39] Damit war die Perspektive nicht erschöpft: Ausdrücklich bezogen die Gutachten vom Januar und Oktober 1929 auch die Werke in Pirna und Freital-Döhlen in ihre Planungen mit ein; die Integration Hennigsdorfs war ohnehin selbstverständlich. Insgesamt sollte somit ein schwerindustrieller Komplex mit einer Jahresproduktion von 870000 t Rohstahl entstehen, dem eine unbestrittene regionale Führungsrolle zukommen würde.[40]

Auch Vögler zeigte sich überaus optimistisch hinsichtlich einer Kombination Mittelstahl-Maxhütte, an der die VSt mindestens 51 Prozent der Aktien, das Selbstverbrauchsrecht für Kohlenlieferungen sowie die Kontrolle über die Ertragspolitik erhalten sollten, und prophezeite noch vor Abschluß des Kaufvertrages: »Man sollte meinen, daß das neue Unternehmen […] bei der dann hervorragend verbesserten Rohstoffgrundlage das Montanunternehmen in Deutschland sein wird, das zehn Prozent Dividende jahrein jahraus garantieren kann. Ich glaube, wir können uns alle zu der neuen Transaktion beglückwünschen.«[41]

Die Integration der Maxhütte in den VSt-Konzern blieb jedoch aus.[42] Den Kauf der gut zehn Mio. RM Anteile (bei einem Stammkapital von 22,5 Mio. RM) von Röchling, der Ende August 1929 zu einem Übernahmekurs von 200 Prozent vereinbart wurde[43], trug ein Konsortium aus Charlottenhütte, ATH, Otto-Wolff

38 Ebd.

39 Stellung der Werke Riesa und Unterwellenborn in der mitteldeutschen Eisenindustrie und Möglichkeit ihrer wirtschaftlichen Weiterentwicklung, 10.10.1929, BAB R 8122/80899.

40 Ebd.; [Gutachten Koppenberg, Januar 29], BAB R 8122/880, Bl. 24f., 28f.

41 Vögler an Sempell, 31.8.1929, BAB R 8122/300, Bl. 7-9; Richthofen an Flick, 31.8.1929, BAK N 1164/24.

42 Laut Steinbrinck sprachen Syndikatserwägungen gegen eine sofortige Fusion auf Mittelstahl; Kauert an Steinbrinck, 12.7.1929, BAB R 8122/1030. Zudem war eine gewisse Rücksicht auf die Münchener Staatsregierung geboten, die einer »fremden« Übernahme des wichtigsten bayerischen Schwerindustriekomplexes mißtrauisch gegenüberstand.

43 Vgl. Reckendrees, Stahltrust, S. 475. Da die Maxhütte 1,5 Mio. RM eigene Aktien hielt, stellten die übernommenen Anteile eine effektive Mehrheit dar. Weitere Max-

und Danat.[44] Tatsächlich stellte der Bund aber nur eine öffentlichkeitswirksame Fassade und kurzfristige Finanzierungshilfe für Flick dar. Bis zum Frühjahr 1930 gaben die übrigen Konsorten ihre Anteile an seine Holding ab und erhielten dafür Sondervergütungen; intern waren sie von etwaigen Verpflichtungen bereits zuvor durch die Charlottenhütte freigestellt worden.[45]

Bei den nicht beteiligten Parteien innerhalb des Stahlvereins stieß der Kauf auf vernehmliche Kritik. Sie erblickten in der angekündigten Bezahlung über eine Kapitalerhöhung bei Mittelstahl, die zum größten Teil die VSt tragen sollten (um diesen die Mehrheit an dem neuen Unternehmen Mittelstahl-Maxhütte zu sichern), eine finanzielle Begünstigung Flicks, Thyssens und Wolffs, die ihre Stellung als VSt-Großaktionäre für eigene Gewinne nutzten.[46] Mit Blick auf Thyssen und Wolff, der zudem wieder mit Handelsverträgen bedacht wurde, war dieser Vorwurf nicht aus der Luft gegriffen. Für Flick aber bestand der eigentliche Vorteil darin, daß die für den Einstieg bei der Maxhütte aufgewandten Mittel aus der Abgabe der Fiduciaire an die VSt refinanziert wurden. Somit wurde die risikoreiche Oberschlesien-Beteiligung mittelbar gegen Aktien eines rentabel arbeitenden und gut positionierten deutschen Unternehmens eingetauscht.[47] Dennoch gab sich Flick beleidigt und verwies, patriotische Motive reklamierend, auf den drohenden Übergang der Maxhütte in »unbequeme ausländische Hände« – den luxemburgischen Montankonzern Arbed –, den man abgewendet habe.[48]

Während die Charlottenhütte im folgenden Jahr auch die belgische Minderheitsbeteiligung hinzuerwarb und somit Ende 1930 etwa 80 Prozent des Stammkapitals der Maxhütte besaß[49], zerschlugen sich die Pläne für die Übernahme der SGW Döhlen. Bereits Ende September 1929 erklärte Otto Wolff, seine SGW-Beteiligung nicht mehr abgeben zu wollen, weitere Gespräche blieben ergebnislos.[50] Statt dessen wurden die Döhlen-Anteile schließlich vom »Büro Osterloh«,

hütte-Aktien gab Wolff an Flick ab; Seehandlung an Chh, ATH u. Otto Wolff, 6.9.1929, BAB R 8122/300, Bl. 15; Wolff an Flick, 6.9.1929, ebd., Bl. 17.

44 Flick an Vögler, 20.8.1929, ebd., Bl. 67 f.; Flick an Vögler, 27.9.1929, BAB R 8122/153.

45 Wolff an Flick, 6.9.1929; Notiz für Herrn Kaletsch, 28.9.1929; Flick an Wolff, 8.10. u. 21.10.1929; [Vermerk Kaletsch], 6.11.1929; Thyssen an Flick, 15.11.1929; Chh an ATH, 28.11.1929; Notiz, 27.3.1930 [Solbrig], alle BAB R 8122/300, Bl. 17, 21, 65 f., 56 f., 53, 48, 88 f., 74 f.

46 Flick an Vögler, 14.9.1929; Fahrenhorst an Vögler, 17.11.1929, beide ebd., Bl. 25 f., 46 f.

47 Stellungnahme der Charlottenhütte [...], 4.1.1933, TKA VSt/924

48 Tatsächlich hatte es anfangs Gespräche der VSt mit Arbed gegeben. Diese wurden aber nicht weiter verfolgt, was zu scharfer Kritik der Arbed-Generaldirektion führte. Die VSt-Führung um Ernst Poensgen wies diese zurück, indem sie Otto Wolff als eigentlichen Initiator darstellte; Korrespondenz E. u. H. Poensgen/Arbed sowie Flick, Vögler und Porten in BAB R 8122/922-2, Bl. 1-11; Flick an Vögler, 14.9.1929, BAB R 8122/300, Bl. 25 f.

49 Flick an Vögler, 13.3.1931, BAB R 8122/138, Bl. 137; Maxhütte, in: Münchener Neueste Nachrichten Nr. 289 v. 23.10.1930, in: BayHStA MWi 2448.

50 Abkommen mit O. W. v. 27.9.1929, 28.9.1929; Flick an Wolff, 21.10.1929, beide BAB R 8122/300, Bl. 22 f., 55 f. Die Gründe für die Verärgerung Wolffs sind nicht klar, aller-

übernommen, ein Konsortium der Stahlwerksverbands-Unternehmen, das 1929/30 eine Reihe wirtschaftlich nicht überlebensfähiger Werke zur Verteilung von Anlagen und Quoten unter Schließung der Standorte aufkaufte.[51] Da die sächsische Staatsregierung dies im Falle der SGW aber strikt ablehnte und mit einer vorherigen Enteignung drohte, willigte das Konsortium schließlich in einen gemeinsamen Weiterbetrieb mit dem Land ein, das den Großteil der Sanierungskosten trug. Dafür erhielt Sachsen rund 57 Prozent der SGW-Aktien, das Konsortium verfügte über 40 Prozent; die Anteile wurden gepoolt und konnten nur im gegenseitigen Einverständnis veräußert werden.[52] Damit scheiterten auch die zuvor von Flick geführten Verhandlungen, Quoten und Kundenstamm der SGW zu übernehmen.[53]

Unterdessen hatten die Pläne für die Integration der Maxhütte in das Geflecht der Flick-Beteiligungen ein neues Gesicht erhalten. Angesichts der bereits eingetretenen bzw. sich abzeichnenden Dividendenlosigkeit seiner Tochtergesellschaften hatte Flick beschlossen, die Einnahmenbasis der Charlottenhütte wieder zu verbreitern sowie dieser eine für Kreditaufnahmen belastbare Anlagensubstanz zu verschaffen.[54] Die Maxhütte sollte daher nicht wie ursprünglich beabsichtigt unter die Führung der VSt, sondern der Charlottenhütte gebracht werden. Um dennoch die Rationalisierungspotentiale einer Gemeinschaft mit Mittelstahl zu nutzen, löste Flick im Dezember 1930 die Mehrheitsbeteiligung des Riesaer Unternehmens (nom. 24,6 Mio. RM) aus den VSt heraus; diese hielten fortan nur noch eine qualifizierte Minderheit mit einer siebenprozentigen Dividendengarantie.[55] Den Erwerb der Aktien finanzierte ihrerseits die Maxhütte aus dem Erlös einer im Frühjahr 1930 eigens aufgenommenen

dings dürfte es auch um die von Flick erwähnte »Abrundung der Interessensphären« im mittel- und süddeutschen Raum gegangen sein, ebd., Bl. 56.

51 Gesellschaftsvertrag betreffend der Sächsische Gusstahlwerke Döhlen A.G. [Dezember 1929], SächsHStA 11616/5.14; MSt-Vorstand an Flick, 10.1.1930, BAB R 8122/151, Bl. 2. Das nach Richard Osterloh benannte Büro führte die Geschäfte der Stahlkonsortium GmbH, s. dazu BAB R 8119F/P1454.

52 Niederschrift über die Besprechung am 14.10.1930, 15.10.1930; Büro Osterloh an MSt, 17.12.1930, beide BAB R 8122/699; Möller an Flick, 24.10.1930, BAB R 8122/4, Bl. 63; Vertrag Konsortium/Sächs. WiMin., 22.12.1931, SächsHStA 10851/13293. Die sächsische Beteiligung umfaßte eine Unterbeteiligung der Gemeinde Freital; Vertrag Land Sachsen u. Stadtgemeinde Freital, 11.5.1931, ebd.

53 Niederschrift über die 7. Sitzung der Geschäftsführung am 26.8.1930, 27.8.1930, BAB R 8122/4, Bl. 51-55; Notiz [Terberger], 17.9.1930, ebd., Bl. 57f.; E. Poensgen an Möller, 10.3.1930, ebd., Bl. 7; Flick an Vögler, 14.11.1930, BAB R 8122/138, Bl. 92, 94.

54 Flick an Vögler, 13.3.1931, BAB R 8122/138, Bl. 137; Aktennotiz. Betr. Unterredung mit den Herren Belitz und Neubauer, 28.10.1931 [Flick], BAB R 8122/178, Bl. 136-141; Vertrauliche Ausführungen von Herrn Dr. Vögler in der Sitzung des engeren Ausschusses des Aufsichtsrats der G.B.A.G. am 1.7.1932, 2.7.1932, BBA 55/446.

55 Die VSt hielten 37,1 Mio. RM Mittelstahl-Anteile; nach der Abgabe verblieben 12,5 Mio. RM; Notiz [Steinbrinck], 5.3.1931, SächsHStA 11616/14.07; Vorlage für industrielle Kommission, 7.3.1932, TKA RSW/4586.

Anleihe.[56] Dessen ungeachtet erklärten Vögler und Flick bayerischen Landespolitikern im Februar 1931, »daß niemand daran dächte, die Selbständigkeit der Maxhütte anzugreifen.«[57]

Mochte dies formal korrekt sein, so traten doch die neuen Machtverhältnisse bald darauf offen zutage. Zwar verzichtete Flick auf eine juristische Verschmelzung mit Mittelstahl, um der »bayerische[n] Mentalität« entgegenzukommen, mehr noch aber, um die Fusionssteuern zu vermeiden. Statt dessen wurde ein IG-Vertrag mit der Charlottenhütte geschlossen, der ihr nicht nur den Zugriff auf die Finanzen der Maxhütte, sondern auch ein ausdrückliches Weisungsrecht verlieh. Den außenstehenden Aktionären der Maxhütte wurde eine achtprozentige Dividendengarantie gewährt – nach Ansicht des DeDi-Direktors Werner Kehl eine Verschlechterung, da er dem Unternehmen dauerhaft höhere Erträge zutraute.[58] Indes konnten die Minderheitsaktionäre froh sein, nicht zwangsweise herausgekauft zu werden, denn entsprechende Pläne lagen bereits seit 1929 in Flicks Schublade.[59]

Ferner befand sich ein weiterer IG-Vertrag in Vorbereitung, der im September 1931 zwischen Maxhütte und Mittelstahl geschlossen und durch ein Quotenabkommen beider Unternehmen sowie einen dritten Kontrakt unter Einschluß der Charlottenhütte ergänzt wurde. Das Vertragswerk sah vor, eine Arbeits- und Interessengemeinschaft zu etablieren, die juristische Selbständigkeit jedoch zu wahren. Die Vorstände sollten in Personalunion besetzt und ein von Flick geführter gemeinsamer Aufsichtsratausschuß als eigentliches Leitungsorgan mit ausdrücklicher Richtlinienkompetenz und Weisungsbefugnis gebildet werden. Ziel war nicht nur die Abstimmung von Produktpaletten, Technologieaustausch, Auftragskoordination und anderen betrieblichen Fragen, sondern auch die Schaffung von Bilanzierungs-»Verstecken« durch die Aufstellung von Vorbilanzen, aus denen ein IG-Gesamtergebnis errechnet werden sollte. Die drei Unter-

56 Flick an AR-Mitglieder der Chh, 17.3.1931, BAB R 8122/138, Bl. 158f.; Vermerk. Betr. Eisenwerkgesellschaft Maximilianshütte, Rosenberg, 31.10.1932, BAB R 8136/3436; [Vermerk], o.D. [1932], BAK N 1164/24.

57 Schlittenbauer an Held, 16.2.1931 (Zitat Flick); Vögler an Held, 9.2.1931; beide BayHStA MWi 2448.

58 Flick an Vögler, 13.3.1931; Flick an AR-Mitglieder der Chh, 17.3.1931, beide BAB R 8122/138, Bl. 136-140, 157-159, Zitat Bl. 138; Besuch des Herrn Flick, 20.3.1931 [Kehl], BAB R 8119F/P1165.

59 Im Sommer 1929 hatte Flick den Aktienrechtsexperten Julius Flechtheim mit der Erarbeitung von Vorschlägen zur Abfindung von Minderheitsaktionären gegen deren Willen beauftragt, weil diese Frage für eine nahestehende Gesellschaft »ein akutes Interesse« habe; Korrespondenz Flechtheim/Flick/Frey, 12.7., 15.7. u. 8.8.1929, BAB R 8122/237. Flechtheim, einer der führenden Kartell- und Aktienrechtler Weimars, verfügte über ein hohes Renommee in Wirtschaftskreisen und hatte zahlreiche Aufsichtsrats- und Verbandsmandate inne. Der Kontakt zu Flick ging möglicherweise auf dessen Studium an der Kölner Handelshochschule zurück, an der Flechtheim zwischen 1904 und 1911 Handels- und Gesellschaftsrecht gelehrt hatte; vgl. Heymann, Flechtheim, S. 4-36.

nehmen vereinbarten einen wechselseitigen Gewinnausgleich; für die außenstehenden Aktionäre galt die im März getroffene Regelung.[60] Diese Praxis sollte bis 1933/34 der Maxhütte zugutekommen, danach flossen jährlich hohe Summen aus Sulzbach-Rosenberg nach Riesa.[61]

4.2.2. Ausstiegskonzepte

Mit der Angliederung des Mittelstahl-Maxhütte-Komplexes hatte sich die Charlottenhütte eine Möglichkeit verschafft, ihre Geldquellen mittelfristig zu fundieren. Unter den Krisenbedingungen des Jahres 1931 war eine Besserung der kurzfristigen Liquiditätsprobleme der Holding davon jedoch nicht zu erwarten. Dies machte weitere Umbauten im Beteiligungsgefüge erforderlich, die 1931/32 in verschiedenen Varianten diskutiert wurden. Schon im März 1931 hatte Flick erwogen, den Zechenbesitz der GBAG – namentlich die ehemaligen Essener Betriebe – an die Maxhütte zu verkaufen, um so die GBAG wieder flüssig zu machen. Mit Werner Kehl sprach er im Frühjahr über Anleihemöglichkeiten. Indes kam es nicht zu einer Umsetzung dieser Idee, einerseits weil die Maxhütte mit dem Erwerb der Mittelstahl-Aktien bereits stark in Anspruch genommen war, andererseits weil Flick wußte, daß die erneute Herauslösung der Zechen nicht im Interesse der GBAG-Verwaltung lag.[62]

Ein weiterer Lösungsweg wurde im Sommer desselben Jahres in den Berliner Büros von Charlottenhütte und Stahlverein entwickelt. In einem ersten Arbeitspapier vom Juni 1931, dem im folgenden Monat ein zweites folgte, stellte Sempells Mitarbeiter Daub den Plan vor, VSt und Phoenix auf die GBAG als Muttergesellschaft beider Untenehmen zu fusionieren. Dies versprach Sonderabschreibungen und Buchgewinne von bis zu 250 Mio. RM, um die Bilanz der GBAG zu sanieren. Der VSt-Führung in Düsseldorf versuchte Flick die »Reorganisation« mit der Aussicht auf eine Verminderung der künftigen Dividendenverpflichtung jener Anteile, die derzeit noch bei Phoenix und GBAG lagen, schmackhaft zu machen. Thyssen und Vögler zeigten sich von dem Konzept jedoch keineswegs angetan, da es im Kern nur der GBAG half, hingegen den VSt zusätzliche Schulden aufbürdete, die anfallenden Steuern und Abgaben gar nicht eingerechnet.[63] Dennoch sollten die in den Büros Flicks, Sempells und

60 Vorentwürfe: I.G.-Vertrag Ch./Mx. Neue Fassung des I.G. Vertrages M.St./Mx., [21.4.1931], SächsHStA 11616/5.20; endgültige Fassung: Interessengemeinschafts-Vertrag Mx./M.St./Ch. gemäss Aufsichtsratsbeschlüssen vom 1.9.1931, TKA VSt/948; vgl. Reckendrees, Stahltrust, S. 477.

61 Notiz, 11.7.1941, BAB R 8122/403.

62 Besuch des Herrn Flick, 20.3.1931, BAB R 8119F/P1165; Zitat: [Vermerk], 10.4.1931, ebd.

63 Abschrift. Fr., 14.7.1931, BAB R 8122/138, Bl. 4-7; Vertrauliche Mitteilung für Herrn Dr. Vögler, 18.12.1931 [Thyssen], ebd., Bl. 66f.; Flick an Thyssen, 17.3.1932, BAB R 8122/80899; Vertrauliche Ausführungen von Herrn Dr. Vögler, 2.7.1932, BBA 55/446; vgl. Reckendrees, Stahltrust, S. 496-498; Fear, Control, S. 621.

Dinkelbachs skizzierten Pläne den Nukleus der späteren, allerdings unter anderen Vorzeichen vorgenommenen Reorganisation des Stahlvereins darstellen.[64]

Anfang 1932 wurde Max von der Porten in die Sanierungsbemühungen mit einbezogen, ohne daß diese jedoch erkennbare Fortschritte machten. So wurde die kurzzeitig erwogene Überlegung, Charlottenhütte und Mittelstahl zu fusionieren, im Februar fallen gelassen, weil weder Porten noch Vögler ein Tauschverhältnis von 1:2 zugunsten der angeschlagenen Charlottenhütte für vertretbar hielten. Auch eine Variante, in der Mittelstahl GBAG-Anteile übernehmen sollte, um Flicks Holding mit flüssigen Mitteln auszustatten, fand keine Umsetzung. Zunächst legten die DeDi-Bankiers Kehl und Eduard Mosler Widerspruch gegen die massive Belastung der Riesaer Finanzen ein. Zwar signalisierte Kehl, mit dem Flick auf gutem Fuße stand, später doch noch Zustimmung, aber augenscheinlich war man sich auch innerhalb der Charlottenhütte nicht schlüssig, ob eine derartige Beschwernis der gerade erst geschaffenen Produktivgrundlage dauerhaft im Interesse der Holding liegen konnte.[65]

Der letzte Lösungsvorschlag[66], den Flick, Vögler und Porten Anfang März 1932 diskutierten, stammte von Fritz Thyssen, der nach Möglichkeiten suchte, die Krise der Charlottenhütte zur Stärkung seiner eigenen Position innerhalb der VSt zu nutzen. Sein Plan sah vor, die GBAG-Anteile Flicks im Tausch gegen die ehemals Essener Zechen sowie eine Barzahlung von 20 Mio. Gulden zu übernehmen. Am 17. März teilte Flick Thyssen jedoch mit, daß er – nachdem er von dessen französischen Geldquellen erfahren habe – eine derartige Transaktion nicht verantworten könne.[67] Zwar waren die entsprechenden Informationen weder neu noch verbürgt, genügten Flick jedoch als Argument, um die Verhandlungen mit den bisherigen VSt-Partnern einzustellen. Tatsächlich hatte Flick am selben Tag einen potenteren Interessenten für seine GBAG-Beteiligung gefunden: die Reichsregierung.

64 Ausführliche, allerdings abweichende Darstellungen bei Fear, Control, S. 622-660, und Reckendrees, Stahltrust, S. 507-558.

65 Kritische Beurteilung des Fusionsprogrammes [ca. Anfang 1932], BAB R 8122/151, Bl. 102-109; Gutachten Justizrat Frey, 11.2.1932, ebd., Bl. 92-94. Vögler und Porten hielten den DeDi-Widerstand für das Scheitern für ausschlaggebend, Steinbrinck betonte indes die Zustimmung der Bank zu der verkleinerten Variante; Vertrauliche Ausführungen von Herrn Dr. Vögler, 2.7.1932, BBA 55/446; Aktennotiz [Porten], 2.5.1932, BAB R 8122/80899, Aktennotiz. Betr. Exposé von Dr. v.d. P. über die Vorgeschichte der Transaktion wegen der G-Aktien, 2.5.1932 [Steinbrinck], ebd.

66 Zu dem angeblichen Vorschlag Flicks, die VSt in einzelne Werksgruppen der Größe Hoeschs aufzulösen und unter den Großaktionären aufzuteilen vgl. Reckendrees/Priemel, Politik, S. 84.

67 Flick an Thyssen, 17.3.1932; Aktennotiz [Porten], 2.5.1932; Aktennotiz [Steinbrinck], 2.5.1932, alle BAB R 8122/80899. Steinbrinck betonte zudem, daß es sich bei dem Thyssen-Vorschlag keineswegs um eine fertige Offerte, sondern um einen bloßen Plan gehandelt habe.

4.3. Die Gelsenberg-Affäre

Die Bereitschaft, sich aus der GBAG zurückzuziehen und damit die Kontrolle über die VSt, die bedeutendste Position innerhalb der deutschen Montanindustrie, zu verlieren, dokumentierte den Druck und den Mangel an gangbaren Alternativen, dem Flick sich gegenübersah. Erste derartige Gedankenspiele hatte er schon im Herbst 1931 angestellt, als er im Gespräch mit RKG-Vertretern bemerkte, falls »die Charlottenhütte einmal in Schwierigkeiten käme, so würde man sich eben von Gelsen im ganzen trennen. Hierfür gäbe es selbst unter heutigen Zeiten noch Käufer im Hinblick darauf, daß die Gelsenkirchener Mehrheit die Kontrolle über die Ruhr bedeute«.[68] Seit Anfang 1932 gewannen diese Überlegungen an Momentum und führten im März zu einer Einigung mit dem Reichsfinanzministerium. Der genaue Gang der Verhandlungen zwischen Flick und Hermann Dietrich läßt sich nur schwer verläßlich rekonstruieren, da die Mehrzahl der verfügbaren Quellen aus Ex-Post-Darstellungen der Beteiligten besteht, die zwar mit geringem zeitlichen Abstand, jedoch durchweg als Rechtfertigungen entstanden.[69]

Eine Schlüsselrolle bei der Anbahnung der als »Gelsenberg-Affäre« bekannt gewordenen Transaktion kam Max von der Porten zu, der selbst nach der verheerenden öffentlichen Resonanz noch für sich in Anspruch nahm, der »geistige Urheber« des Geschäfts gewesen zu sein.[70] In seiner Funktion als stellvertretender Aufsichtsratsvorsitzender der Maxhütte sowie als Vertrauensmann des Reiches in der oberschlesischen Sache stand Porten in engem Austausch mit Flick und Vögler. Seit Januar 1932 war er über die Restrukturierungspläne wie auch die finanzielle Situation von VSt, GBAG und Charlottenhütte informiert. Letztere, so stellte Porten fest, war ohne gravierende Einschnitte in ihr Portfolio nicht mehr in der Lage, eine ausgeglichene Bilanz aufzustellen.[71]

68 Aktennotiz. Betr. Unterredung mit Belitz und Neubauer, 28.10.1931 [Flick], BAB R 8122/178, Bl. 136-141.

69 Entsprechend problematisch sind die jeweils auf einseitigen Quellengrundlagen entstandenen und daher untereinander höchst widersprüchlichen Darstellungen bei Saldern, Dietrich, S. 179-183; Hallgarten, Hitler, S. 100-106; Köhler, Verhältnis; Hörster-Phillips, Schatten, S. 24-27; Stegmann, Flick; Goßweiler, Stahlwerke; Volkland, Hintergründe; eine ausführliche Bewertung bei Reckendrees, Stahltrust, S. 493-507, u. ders./Priemel, Politik, denen die vorliegende Interpretation in zentralen Punkten folgt, allerdings die Rolle der Beteiligten anders gewichtet.

70 Porten an Flotow, 8.12.1932, BBA 55/476. Für die von Dülffer, Gruppe, S. 161, behauptete Vermittlungsrolle Otto Wolffs findet sich in den Quellen kein Hinweis, gegenüber Schäffer teilte Wolff mit, in keiner Form beteiligt gewesen zu sein; Tgb. Schäffer, 1.7.1932, IfZ ED 93, Bd. 21, Bl. 628. Lediglich eine Einflußnahme Wolffs, den Deal nicht zu revidieren, läßt sich feststellen, vermutlich weil Wolff seine eigenen GBAG-Aktien an Flick bzw. das Reich veräußern wollte; Wolff an Dietrich, 20.6.1932, BAK N 1004/134, Bl. 134f.; Sal. Oppenheim an Chh, 23.6.1932, u. Steinbrinck an Schwandt, 25.6.1932, BAB R 8122/251.

71 Aktennotiz [Porten], 2.5.1932, BAB R 8122/80899; Tgb. Schäffer, 22.6.1932, IfZ ED 93, Bd. 21, Bl. 606.

Anfang März 1932 erfuhr Porten von Thyssens Vorschlag und wandte sich daraufhin umgehend an Dietrich, um diesen vor der drohenden Abgabe der VSt-Mehrheit an das, noch dazu französische Ausland zu warnen. Die Reaktion des Finanzministers erfolgte prompt, und Porten erhielt den Auftrag, für den Fiskus eine Kaufvereinbarung mit Flick zu treffen. Am 17. März wurde das Vertragsgerüst schriftlich fixiert; zu substantiellen Änderungen kam es in den folgenden Monaten nicht mehr. Demnach erklarte Dietrich, Flicks GBAG-Besitz von nominal 100 Mio. RM-Anteilen übernehmen zu wollen, weitere zehn Mio. RM Aktien sollte die Charlottenhütte für Rechnung des Reiches zusätzlich beschaffen. Diese waren, unter Einrechnung der 15 Mio. RM Anteile, die bei der staatlich kontrollierten Dresdner Bank lagen, erforderlich, um »mir«, wie Dietrich ungewöhnlich persönlich formulierte, »die Majorität [zu] sicher[n]«. Im Gegenzug sollte das Reich Schulden von Charlottenhütte und GBAG in Höhe von 65 Mio. RM übernehmen sowie Schatzanweisungen über 25 Mio. RM an Flicks Holding zahlen, mithin einen Kaufpreis von insgesamt 90 Mio. RM aufbringen. Eine Unterklausel sah indes vor, daß die Schuldenübernahme um 26,2 Mio RM gesenkt wurde, die als Kaufpreis für 13,1 Mio. RM Rheinbraun-Anteile fungierten, die Flick aus der GBAG mitnahm.[72]

In den folgenden Wochen und Monaten liefen bei der Charlottenhütte intensive Vorbereitungen für eine Abwicklung des Geschäfts mit dem Reich. Von Vögler ließ sich Flick Erklärungen ausstellen, die dem Finanzminister bestätigten, daß sich zum einen die Mehrheit der Anteile der Alpine Montan unter Kontrolle der VSt befand und zum anderen die Vorzugsaktien der GBAG einer Beherrschung über die Stammaktien nicht entgegenstanden.[73] Angesichts der sich zuspitzenden Krise der Regierung Brüning sowie seiner drückenden finanziellen Verpflichtungen drängte Flick Anfang Mai darauf, den Kaufvertrag endgültig zu fixieren, und suchte Dietrich dazu gar auf dessen Privatgut am Bodensee auf. Daraufhin sicherte der Minister dem Industriellen schriftlich zu, daß der Vertrag wie vereinbart geschlossen werde; mit dieser Erklärung in der Hand konnte Flick bereits neue Mittel für einige unmittelbare Verpflichtungen akquirieren. Die Ausführung der Transaktion oblag dem Bankhaus Hardy & Co., eine hunderprozentige Tochter der Dresdner Bank, die als GmbH nicht offen-

72 Ebd.; Chh (Flick) an RFM Dietrich, 17.3.1932, BAB R 43 I/2179, Bl. 187f.; Zitat: Dietrich an Chh, 18.3.1932, BAB R 8122/80899. Das Schreiben Dietrichs vom 18.3. entsprach nicht nur in der Diktion, sondern auch in der schriftlichen Ausführung nicht den ministeriellen Konventionen. Weder war es auf amtlichem Briefpapier verfaßt noch zeichnete Dietrich mit seinem Titel, sondern lediglich handschriftlich mit seinem Namen. Insofern sind zumindest Zweifel an der später verbreiteten Darstellung angebracht, der Briefwechsel vom 17./18.3.1932 sei rechtlich bereits bindend gewesen. Dagegen spricht auch das Schreiben Dietrichs vom 4.5.1932, vgl. unten. Zur Frage des Übernahmekurses s. Reckendrees/Priemel, Politik, S. 185 (Anm. 113).

73 Zwei Schreiben Vöglers an Flick vom 29.4.1932, BAB R 8122/80899. Zu den GBAG-Vorzugsaktien s. o. S. 136-138.

legungspflichtig war.[74] Den Rest des Monats Mai widmete Flicks Stab Gesprächen mit jenen Banken, bei denen GBAG-Aktien hinterlegt waren, die es nun durch andere Wertpapiere zu ersetzen galt, sowie der Anbahnung des Erwerbs der zusätzlichen zehn Mio. RM Anteile. Bei den komplizierten Verhandlungen bediente sich Flick Vertreter führender Privatbanken, insbesondere Kurt von Schröder (J.H. Stein), Hermann J. Abs (Delbrück Schickler)[75] und Robert Pferdmenges (Sal. Oppenheimer)[76]. Obgleich Flick unmittelbar nach Dietrichs Schreiben vom 4. Mai um den baldigen Vertragsschluß gebeten hatte, erfolgte dieser erst in buchstäblich letzter Minute. Am 31. Mai, dem Tag der Demissionierung des Kabinetts Brüning, genehmigte der Finanzminister den Ankauf durch Hardy, die Unterzeichnung des Kontrakts durch die Charlottenhütte folgte tags darauf.[77]

Der Zeitpunkt des Vertragsschlusses inkriminierte den brisanten Deal noch zusätzlich, als knapp drei Wochen später die ersten Meldungen in der Presse erschienen. Das Bekanntwerden des Inhalts der Vereinbarungen löste eine Welle heftiger Kritik an der abgetretenen Regierung aus, die in Zeiten höchster Haushaltsnot und fehlender Mittel für die Arbeitslosenfürsorge einen dreistelligen Millionenbetrag aufgewandt hatte, um einen illiquiden Industriekonzern zu sanieren.[78] Die öffentliche Mißbilligung traf in erster Linie Dietrich, da das Kabi-

74 Laut Carl Goetz (Dresdner Bank) fungierte Hardy als »technische und korrespondenzmäßige Abwicklungsstelle«; verantwortlich war Flotow; Linz an Schwede, 4.7.1951; Aktennotiz. Betr. Stahlverein, 5.1.1952, beide TKA BIW/488; Tgb. Schäffer, 5.7.1932, IfZ ED 93, Bd. 21, Bl. 648-650; RFM/Dietrich an Chh, 4.5.1932; Chh an Hardy, 6.5.1932, beide BAB R 8122/80899.

75 Zur Auslösung der GBAG-Anteile die Korrespondenz zwischen J. Henry Schroeder & Co., J.H. Stein, Delbrück Schickler & Co. sowie Chh in BAB R 8122/1002.

76 Pferdmenges wickelte den Ankauf der zusätzlichen GBAG-Anteile ab. Dabei kam es zu wiederholten Auseinandersetzungen mit den Reichsvertretern, die in den von Flick und Pferdmenges für die einzelnen Pakete berechneten Preisen wohl zurecht verdeckte Gewinnmargen auf Kosten des Fiskus' vermuteten; dazu die Unterlagen in BAB R 8122/251. Zu Pferdmenges s. Stürmer/Teichmann/Treue, Oppenheim, S. 348-534.

77 Chh an RFM/Dietrich, 6.5.1932, BAB R 8122/80899; Vertrag Hardy & Co./Chh, 31.5./1.6.1932, TKA BIW/488; RFM an Hardy, 31.5.1932; Dietrich an Chh, 31.5.1932; Chh an Hardy, 1.6.1932, alle BAB R 8122/80899. Materiell deckte sich der Vertrag vom 31.5./1.6. in allen zentralen Punkten mit dem Vorabkommen vom März.

78 Aus der Masse der Veröffentlichungen: Stahlverein unter Reichseinfluß?, in: FZ Nr. 453 v. 19.6.1932; Die Verhandlungen um das Gelsenkirchen-Paket, in: FZ Nr. 457 v. 21.6.1932; Das Gelsen-Geschäft der Brüning-Regierung, in: BBZ Nr. 288 v. 22.6.1932; Gelsenkirchen, in: Der deutsche Volkswirt v. 24.6.1932, S. 1279-1281; Nochmals Gelsenkirchen, in: Der deutsche Volkswirt v. 1.7.1932, S. 1304; Gelsenkirchen in neuer Beleuchtung, in FZ Nr. 564 v. 30.7.1932. Die beste zeitgenössische Übersicht bietet der luzide, wenngleich von Spekulationen nicht freie Aufsatz von Kupczyk, Majoritätswechsel. Die Debatte hielt etwa sechs Wochen an, um Anfang August fast schlagartig zu verstummen, was auf den Informationsboykott der beteiligten Unternehmen wie auch der Regierung Papen zurückzuführen war. Flick unterstützte die Medienmanipulation aktiv, etwa durch lancierte (Fehl)Informationen. Steinbrinck berichtete in Nürnberg, daß 1931/32 »unfreundliche Bemerkungen in der Presse oder Angriffe lokaler

nett von Papen erklärte, die Abkommen rechtsgültig vorgefunden zu haben, und die Verantwortung dem ehemaligen Finanzminister zuwies. Die übrigen, teils noch aus der Vorgängerregierung stammenden Ressortleiter und Beamten – insbesondere Wirtschaftsminister Warmbold sowie der neue Finanzminister und bisherige Chef von Dietrichs Etatabteilung, Schwerin von Krosigk, – wiesen Mitwisserschaft und Verantwortung einhellig zurück.[79]

Flick selbst hielt sich bei der Kommentierung des Gelsenberg-Deals bedeckt. Gegenüber Vertretern der neuen Regierung zeigte er sich scheinbar konziliant und bot an, die Transaktion einer öffentlichen Prüfung zu unterziehen und sie nötigenfalls gar vollständig zu widerrufen. Der Wert dieser Offerte war gleichwohl beschränkt, wie Flick in einer Unterredung mit Reichswehrminister Schleicher – dabei ebenso verbindlich im Ton wie unmißverständlich in der Aussage – klarstellte. Drohend wies er darauf hin, im Falle einer Rückabwicklung des Aktientransfers bei der neuerlichen Käufersuche völlig freie Hand, also auch bei ausländischen Geboten, zu beanspruchen. Zudem deutete Flick an, daß das Kabinett im eigenen Interesse besser davon absähe, das Geschäft offenzulegen: »Er möchte [...] vor dem Aufdecken verschiedener Momente warnen, deren Bekanntwerden zwar er nicht zu scheuen habe, das aber mittelbar recht fatale Folgen für die heutige Regierung zeitigen könnte, insbesondere in der aufgereizten Atmosphäre der Wahl-Agitation. – Im übrigen nenne er nur das Stichwort: Ost-Oberschlesien!«[80]

Flicks Taktik erwies sich als erfolgreich. Die anfänglichen Pläne, eine Untersuchungskommission zur Gelsenberg-Affäre einzusetzen, verschwanden bald

Stellen rechtzeitig unterbunden oder abgefangen werden mußten« und zu diesem Zweck gemeinsam mit Otto Wolff ein Pressebüro gegründet wurde; Eidesstattliche Erklärung Steinbrinck, 28.1.1947, StAN Rep. 501, KVP, Fall 5, B-32, NI-3505, Bl. 37; vgl. Herrn Dr. Silverberg, 29.6.u. 6.7.1932, BAK N 1013/637, Bl. 131 f.

79 Auszug aus der Niederschrift über die Ministerbesprechung v. 21.6.1932, BAB R 43 I/2179, Bl. 193 f.; Telegramm Warmbold an StS Planck, 22.6.1932, ebd., Bl. 196 f.; Entwurf einer Pressenotiz, o. D. [Juni 1932, Schwerin von Krosigk]. Krosigk wies noch nach dem Krieg Dietrichs Behauptung zurück, er habe den damaligen Ministerialdirektor eingeweiht: Tgb. Schäffer, 22.6.1932, IfZ ED 93, Bd. 21, Bl. 605; [Schwerin v. Krosigk], Notizen zu Schäffers Tagebuch 1930-31, IfZ ZS/A-20, Bd. 8, Bl. 89.

80 Besprechung mit Hrn. Dr. Flick am 29.6.1932, BAB R 43 I/2179, Bl. 216-219, Zitat: Bl. 218 f.; die Zuweisung der Autorenschaft an Schleicher nach AdR, Weimarer Republik, Papen, Bd. 1, S. 163. Ähnliche Aussagen traf Flick gegenüber StS Zarden, in: Tgb. Schäffer, 30.6.1932, IfZ ED 93, Bd. 21, Bl. 623, sowie Schwerin v. Krosigk: Auszug aus der Niederschrift über die Ministerbesprechung v. 25.6.1932, BAB R 43 I/2179, Bl. 205-207. Hinsichtlich der Prüfung vgl. die späteren Aussagen Burkarts und Flicks, der Verkauf der GBAG sei »1932 in tagelanger Aussprache [...] vom heutigen Reichsmarschall persönlich überprüft und sanktioniert worden.« Auch die SPD habe mit dem ehemaligen Reichsminister Wilhelm Sollmann einen »Prüfer« entsandt. Vermutlich handelte es sich um informatorische Gespräche; im Nachlaß Sollmanns, HStAK 1120, finden sich keine einschlägigen Belege; Burkart an Gillitzer, 17.9.1940, StAN Rep. 502, KVA, NI-5432; Vernehmung Flick, 2.7.1947, StAN Rep. 501, KVP, Fall 5, A 37-39, Bl. 3196 f.

wieder in der Schublade.[81] Befördert wurde die regierungsseitige Unterbindung weiterer Diskussionen durch die großzügige Spendenpraxis Flicks in den Wahlkämpfen des Jahres 1932.[82] Dabei flossen Gelder an nahezu alle politischen Parteien und deckten ein Spektrum von der SPD bis zur NSDAP ab. Vorrangig wurden jedoch die amtierenden oder wahrscheinlichen Regierungsparteien von Zentrum, Deutscher Staatspartei und DNVP bedacht, die allein in der zweiten Jahreshälfte 1932 mehr als eine Dreiviertelmillion RM erhielten.[83] Diese Spenden verfolgten nach Angaben Steinbrincks, der im Konzern in erster Linie für die politische Kontaktpflege verantwortlich war, das ausdrückliche Ziel, als Versicherungszahlungen die politischen Entscheidungsträger zu befrieden und die Gelsenberg-Transaktion abzufedern.[84]

Hermann Dietrich bemühte sich unterdessen im Wahlkampf um Rehabilitierung, ohne daß es ihm jedoch gelang, seine Motive überzeugend plausibel zu machen. In verschiedenen offiziösen wie privaten Äußerungen wartete der ehemalige Minister mit einem ganzen Bündel wirtschaftspolitischer Argumente auf, um sich der Öffentlichkeit als strategischer Kopf der VSt-Übernahme und nicht als von Flick Getriebener zu präsentieren.[85] Besonderes Gewicht maß Dietrich dem von ihm abgewendeten drohenden Verkauf des Herzstücks der deutschen Schwerindustrie ins Ausland bei, allerdings mit zwiespältiger Wirkung. Einer-

81 Auszug aus der Niederschrift über die Ministerbesprechung v. 1.7.1932, BAB R 43 I/2179, Bl. 214, 205-207.

82 Dabei handelte es sich nicht um erst- oder einmalige Zahlungen, vielmehr wurde die u.a. über Richthofens Büro bestehende Parteienfinanzierung anläßlich des Skandals ausgebaut; Steinbrinck an Richthofen, 27.7.1932, BAK N 1164/24.

83 Diese Summe ergibt sich aus einer eigenen Aufstellung Flicks im Rahmen des Nürnberger Prozesses, Eidesstattliche Erklärung Flick, 29.11.1946, StAN Rep. 501, KVP, Fall 5, B-32, NI-3122, Bl. 10f. Für eine präzise Verifizierung der Angaben, insbesondere auch der Zurechnung an einzelne Parteien fehlt die Quellengrundlage. Einzelnachweise liegen vor für eine Summe von 20000 RM an den Zentralwahlfonds der DNVP; Flick an Hugenberg, 19.7.1932, NrwHStA RWN 218/137, Bl. 34; für 100000 RM an Papens Wahlorganisation: Planck an Flick, 7.10.1932, u. Flick an Planck, 10.10.1932, StAN Rep. 501, KVP, Fall 5, E-2, Bl. 9f.; ferner Quittungen über Zahlungen an Schleicher vom 12. u. 23.7.1932 über 100000 bzw. 20000 RM, ebd., Bl. 11f.; schon am 12. März hatte Schleicher 100000 RM erhalten, ebd., Bl. 13. Zur Spendenpraxis der Schwerindustrie in der Schlußphase Weimars sowie zu Flicks Versicherungs-Strategie: Turner, Business, S. 235f., 254f.; Trumpp, Finanzierung, S. 132-154.

84 Affidavit Steinbrinck, 28.1.1947, NI-3508, in TWC 6/1, S. 228; [Befragung Steinbrincks], o.D. [1947], StAN Rep. 502A, KVV, Handakten, Flächsner-14. Vermutlich ist auch der unmittelbar nach der Affäre erfolgte Beitritt Steinbrincks zum Keppler-Kreis in die Versicherungspolitik Flicks einzuordnen; zur Entstehung: Bütow, Freundeskreis, S. 23-27.

85 Vgl. Reckendrees/Priemel, Politik, S. 65f., 86f. Nach dem Krieg beanspruchte Dietrich, mit Hilfe des schwerindustriellen Unterpfandes eine wirtschaftliche Verständigung mit Frankreich angestrebt zu haben; Notizen zu Schäffers Tagebuch 1930-31, IfZ ZS/A-20, Bd. 8, Bl. 89. Auch Brüning bemühte sich in der Rückschau, die Übernahme der VSt als Ausdruck von Handlungsstärke in der Krise sowie als Machtprobe angesichts der Anfeindungen der Schwerindustrie darzustellen; Brüning, Memoiren, S. 370f., 442f.; vgl. Weisbrod, Schwerindustrie, S. 486-498; Neebe, Großindustrie, S. 95-122.

seits wurde, mit einiger Wahrscheinlichkeit von Flick lanciert, dessen Brief an Thyssen vom 17. März in der Presse zur Unterstützung dieser These angeführt. Andererseits bestritten die mutmaßlichen Geldgeber vom Bankhaus Mendelssohn vehement, in irgendeiner Form als Vermittler zwischen Thyssen und dem angeblichen französischen Konsortium gewirkt zu haben, so daß schnell die Vermutung aufkam, Dietrich sei auf bewußt gestreute Gerüchte hereingefallen.[86]

Diese Annahme war nicht unbegründet, denn Flick war in der Tat die wahrscheinliche Quelle dieser Fama. Schon im Herbst 1931 hatte er Mutmaßungen über einen Verkauf ans Ausland zumindest nicht zurückgewiesen und war von Brüning im Oktober beordert worden, keine derartigen Abschlüsse ohne vorherige Genehmigung der Reichsregierung zu tätigen.[87] Im Frühjahr 1932 waren Flick und Vögler erneut die einzigen Zeugen für den Verkaufsplan, dessen beunruhigende Implikationen Porten an Dietrich meldete. Auch nach dem Bekanntwerden des Deals im Juni hielt Flick daran fest, die französische Offerte sei authentisch gewesen.[88] Nicht zuletzt lag ihm daran, diese Möglichkeit drohend schweben zu lassen, um etwaige Revisionswünsche des Reiches auszuhebeln; die Ähnlichkeiten zum Vorgehen bei den früheren Geschäften mit der öffentlichen Hand in Polnisch-Oberschlesien waren dabei augenfällig.

Auf das Ost-Engagement selbst wurde in der öffentlich geführten Diskussion nicht Bezug genommen, lediglich in einigen internen Bemerkungen zeigte sich, daß es eine bedeutende Rolle gespielt hatte.[89] Insbesondere die heikle Lage der polnischen Werke nach Flicks finanziellem Offenbarungseid zu Jahresanfang, als er sich demonstrativ aus der Verantwortung zurückgezogen hatte, und die von Flick und Vögler geäußerten Drohungen mit der Bilanzoffenlegung der an die RKG gegebenen brisanten Sicherheiten, hatten nach Dietrichs Äußerungen die Entscheidung zur Übernahme stark beeinflußt. Vögler habe immer wieder mit den Buchprüfern von Price Waterhouse argumentiert, um Dietrich zu einer Freigabe der Sicherheiten und Übernahme der CSSC-*prefered shares* zu bewegen. Hatte sich das Reich lange dagegen gesträubt, so verlor diese Frage an Erheblichkeit, wenn der Fiskus über die Mehrheit an GBAG und VSt in jedem Fall die

86 Tgb. Schäffer, 28.6.1932, IfZ ED 93, Bd. 21, Bl. 620; Flickwerk, in: FZ Nr. 470/471 v. 26.6.1932; Gelsenkirchen in neuer Beleuchtung, in FZ Nr. 564 v. 30.7.1932; Das Gelsenkirchen-Geschäft, in: FZ Nr. 567 v. 31.7.1932. Den Auslandsgerüchten schenkte auch Flotow keinen Glauben – Flick habe bloß »sehr geschickt verhandelt«; Vernehmung Hans v. Flotow, 12.9.1947, StAN Rep. 502, KVA, Interrogations, F-52.

87 Archdeacon an McComas, 23.6.1932, BAK R 111/24. Archdeacon bezog sich auf ein Gespräch mit Steinbrinck. Brüning, Memoiren, S. 442f., stützt die Datierung. Flick selbst erklärte, mit Brüning im Herbst 1931 über die Situation gesprochen zu haben; Besprechung mit Hrn. Dr. Flick am 29.6.1932, BAB R 43 I/2179, Bl. 217f.

88 Ebd., Bl. 218. Allein gegenüber Schäffer äußerte sich Flick abweichend und behauptete, nicht zu wissen, ob Thyssen ein entsprechendes Angebot vorgelegen habe; Tgb. Schäffer, 30.6.1932, IfZ ED 93, Bd. 21, Bl. 623.

89 So auch die Aussage Steinbrincks, 23.1.1947, StAN Rep. 501, KVP, Fall 5, B-32, NI-9153, Bl. 97-99.

oberschlesische Unternehmenssubstanz besaß, wie man in der Reichsregierung direkt nach dem Gelsenberg-Deal folgerichtig konstatierte.[90]

Schäffers lakonisches Resümee, daß sein ehemaliger Vorgesetzter »so leicht gelockt wurde«[91], traf somit den Kern. Flicks Gründe für den Verkauf der Aktien lagen auf der Hand. Die Charlottenhütte stand wegen seit 1926 betriebenen, fast ausschließlich kreditfinanzierten Expansion und der tiefen Wirtschaftskrise unmittelbar vor dem Ruin und konnte nur durch eine Neuausrichtung ihrer Beteiligungen erhalten werden. Die Grundlage dafür hatte Flick mit der Herauslösung von Mittelstahl und Maxhütte 1931 (sowie der Mitnahme der Rheinbraun-Anteile) geschaffen, allerdings bedurfte es noch eines Weges, seine Holding aus den Verpflichtungen der VSt- und GBAG-Strukturen herauszuwinden. Das Thyssen-Angebot, ob dies nun einen wahren Kern enthielt oder nicht, stellte ein ideales Mittel dar, um die Regierung aus der Reserve zu locken. Über den Vertrauensmann des Reiches, Porten, der inzwischen nicht minder Flicks Vertrauter war und als Transmissionsstelle für den Informationsfluß zu den Ministerien diente, entwickelte Flick eine Konstellation, die mit bekannten Variabeln agierte: In Ostoberschlesien standen der wirtschaftliche Zusammenbruch sowie die Offenlegung des außenpolitisch riskanten Joint-ventures bevor. Beides erforderte den Argumentationen Flicks und Vöglers zufolge die direkte finanzielle Intervention des Reiches. Bei VSt und GBAG zeichnete sich, auch dies kein taufrisches Szenario, zeitgleich ein Verkauf ans (französische) Ausland ab, der den größten europäischen Montankomplex der deutschen Beherrschung zu entziehen drohte. Damit wurde Brüning und Dietrich, die durchaus erkannten, daß es sich um ein »Flickproblem«[92] bzw. den »Bankrott« der Charlottenhütte[93] handelte, eine Stützungsaktion nahegelegt, um das Scheitern ihrer wirtschaftspolitischen Stabilisierungsbemühungen und außenpolitischen Revisionsziele sowie die »Überfremdung« der heimischen Industrie abzuwenden. Die Bereitschaft der Regierungsverantwortlichen, diesen Weg einzuschlagen, schätzte Flick richtig ein.[94]

Daß der Verkauf der GBAG/VSt in der öffentlichen Debatte als Sozialisierung aufgefaßt werden würde, war abzusehen gewesen. Der Makel fehlender wirtschaftspolitischer Prinzipien fand aber weder 1932 noch in späteren Einlassungen Flicks irgendeine Beachtung.[95] Ganz anders fielen die Reaktionen in der Schwerindustrie aus, vor allem in Rheinland-Westfalen, wo – in der Erinne-

90 Vermerk. Betrifft: Angelegenheit Fi., 7.6.1932, BAB R 2/15478, Bl. 68.

91 Tgb. Schäffer, 12.8.1932, IfZ ED 93, Bd. 22, Bl. 739.

92 Brüning, Memoiren, S. 365.

93 Dietrich an RMdI Frhr. v. Gayl, 15.7.1932, BAB R 43I/2179, Bl. 233.

94 Im Falle Dietrichs spielte wohl auch eine Rolle, daß er bereits langjährig und eng in die Ostpolitik eingebunden war; vgl. Krekeler, Revisionsanspruch, S. 91-103. Erwartbaren Zuspruch erhielt Flick vom westoberschlesischen Oberpräsidenten Lukaschek; Flick an Lukaschek, 12.7.1932 (Faksimile), in: Loch/Szendzielorz, Huty, S. 121.

95 Tgb. Schäffer, 30.6.1932, IfZ ED 93, Bd. 21, Bl. 623; Akten-Notiz [Klass], 8.12.1955, TKA A/8943.

rung des VDESI-Geschäftsführers Reichert – »vernichtende Kritik über Flicks Verhalten, das der privatwirtschaftlichen Tradition der Unternehmen ins Gesicht schlug«, geäußert wurde.[96] Insbesondere Paul Reusch forderte, daß gegen den »Staatskapitalismus [...] die freie Wirtschaft bis aufs letzte verteidigt werden« müsse, und ließ keinen Zweifel daran, daß er die beteiligten Industriellen für unverantwortliche Hasardeure hielt. Ebenso attackierte der Vorsitzende des einflußreichen Langnam-Vereins, Fritz Springorum, die Transaktion öffentlich »aufs schärfste« und forderte ihre umgehende Rücknahme.[97]

Die Vorwürfe trafen vor allem Vögler, der als Vorstandsvorsitzender der VSt eine zentrale Figur der deutschen Schwerindustrie war und ernsthaft um sein Ansehen besorgt sein mußte, zumal er angestellter Manager war und nicht wie Flick selbständiger Eigentümer. Entsprechend mußte Vögler vor dem Engeren Ausschuß des GBAG-Aufsichtsrats ausführlich Rechenschaft ablegen.[98] Dort teilte er im Juli 1932 mit, erst nach der Einigung Flicks mit dem Finanzminister darüber unterrichtet und zudem von Dietrich angewiesen worden zu sein, »diese Dinge als Staatsgeheimnis zu betrachten«.[99] Die Ausschußmitglieder schenkten Vöglers Darstellung Glauben und konzentrierten ihren Unwillen auf Flick. Repräsentativ war das Urteil des DeDi-Vertreters Max von Schinckel, der in der Transaktion »eine große Schiebung zu Gunsten einer sanierungsbedürftigen Einzelperson« erkannte. Im übrigen wollte man aber, auf Vöglers nachdrückliche Empfehlung, das leidige Thema möglichst schnell beenden und versuchte, es in der Öffentlichkeit totzuschweigen.[100]

Die fortan kanonisierte Darstellung, derzufolge Flick das Geschäft mit dem Reich alleine und ohne Abstimmung mit seinem Aufsichtsratsvorsitzenden Vögler durchgeführt hatte, vermag indes nicht zu überzeugen, auch wenn die Quellen eine abschließende Beurteilung nicht zulassen. Dennoch spricht einiges für eine bewußte Sprachregelung zum Schutze der Reputation Vöglers, die durch dessen ausführliche Berichterstattung in der GBAG wie auch vor führenden

96 Nürnberger Berichte, o. D. [Oktober 1946; J.W. Reichert], RWWA 130-40010145/165.

97 Reusch: Gelsenkirchen. Ein Urteil aus der Eisenindustrie, in: FZ Nr. 498 v. 6.7.1932; Springorum: Stahl und Eisen 52 (1932), S. 767; zur ablehnenden Reaktion Gustav Krupps vgl. Overy, Primacy, S. 124f.

98 Zu einer Aussprache kam es auch gegenüber dem Ruhrlade-Zirkel; die Rechtfertigungen Vöglers dort deckten sich mit jenen in den GBAG-Gremien; vgl. Reckendrees, Stahltrust, S. 506. In der RDI-Führung sollte das Thema auf die Tagesordnung gebracht werden, doch verstand Flick es, seine oberflächliche Zustimmung an die unverblümte Warnung zu koppeln, auch andere Fälle staatlicher Unterstützung zur Sprache zu bringen. Gustav Krupp, den dies selbst betraf, sorgte daraufhin dafür, daß die Diskussion um Gelsenberg »totgemacht« wurde, so Kastl an Silverberg, 17.8.1932, BAK N 1013/249, Bl. 120. Dazu sowie zu Silverberg, der zu den schärfsten Kritikern des Deals zählte und Vögler nicht glaubte: Gehlen, Silverberg, S. 511-515.

99 Vertrauliche Ausführungen von Herrn Dr. Vögler am 1.7.1932, 2.7.1932, BBA 55/446.

100 Ebd.; Vögler lehnte in der Generalversammlung jeden Kommentar zum Eigentümerwechsel ab; Stenographischer Bericht über die ord. Generalversammlung der GBAG, 14.12.1932, BBA 55/443.

Ruhrindustriellen, denen er ein – nicht angenommenes – Rücktrittsangebot von allen Verbandsämtern unterbreitete[101], noch unterstützt wurde. Vögler war nach eigenen Angaben bis März in die Reorganisations-Planungen eng eingebunden gewesen und hatte auch an der Besprechung mit Porten teilgenommen, in deren Anschluß dieser dem Reichsfinanzminister den Kauf von Flicks GBAG-Paket vorschlug.[102] Zudem betonten Porten wie Dietrich mehrfach, die Verhandlungen mit beiden, Flick und Vögler, geführt zu haben.[103] Vor allem der VSt-Vorstandsvorsitzende habe Druck wegen der Buchprüfer von Price Waterhouse ausgeübt und gegenüber Dietrich die Gefahr einer ausländischen Übernahme beschworen.[104] Nicht zuletzt schien, unter der Prämisse, daß Vögler tatsächlich nicht eingeweiht war, Flicks Vorgehen für den VSt-Manager erstaunlicherweise keinerlei Vertrauensbruch zu bedeuten: Auch in der Folge wirkte er ohne erkennbare Konflikte an der weiteren Abwicklung der Transaktion mit, etwa durch die Ausstellung der von Flick angeforderten Erklärungen über den Aktienbesitz bei GBAG und VSt, desgleichen bei den gemeinsamen Verhandlungen wegen Oberschlesien, die mit der Verkaufsfrage in engem Zusammenhang standen. Auch darüber hinaus hielten Flick und Vögler bis zu dessen Tod engen persönlichen Kontakt. 1932 indes stärkte Vöglers geschickte Selbstinszenierung als vom Großaktionär düpierter Manager und rücktrittswilliger Ehrenmann sein Ansehen eher noch. Eine Führungskrise im größten deutschen Stahlkonzern ebenso wie der persönliche Statusverlust wurden auf diese Weise vermieden.[105]

Flick selbst konnte das negative Echo der Gelsenberg-Affäre letztlich gleichgültig sein. Zwar war dies nicht geeignet, das ihm anhängende Image als »Werkshändler« (Reichert) zu verbessern, die harten ökonomischen Fakten sprachen jedoch unzweifelhaft für ihn. Dies sahen auch namhafte Vertreter der Privatwirtschaft nicht anders. Die Leitung des Bankhauses Simon Hirschland konstatierte zufrieden, die Schuldnerin Charlottenhütte habe sich »ganz erheblich verbessert«, und der europäische Vertreter der Bankers Trust Company resümierte mit sichtlicher Bewunderung, der Gelsenberg-Deal sei »an excellent work on part of Mr. Flick which realises him a substantial profit«.[106]

Unterdessen hatte Flick seine Trennung von den VSt auch identifikatorisch vollzogen. Seit Sommer 1932 konzentrierte er sich voll auf die Bemühungen zur

101 Vgl. Reckendrees, Stahltrust, S. 506.

102 Aktennotiz [Porten], 1.5.1932, BAB R 8122/80899; Tbg. Schäffer, 22.6.1932, IfZ ED 93, Bd. 21, Bl. 606; Dietrich an Gayl, 15.7.1932, BAB R 43 I/2179, Bl. 231f.

103 Tgb. Schäffer, 5.7.1932, IfZ ED 93, Bd. 21, Bl. 638-640 [Gespräch mit Dietrich]; Dietrich an Gayl, 15.7.1932, BAB R 43 I/2179, Bl. 231-236.

104 Ebd., Bl. 234.

105 Flick selbst äußerte sich widersprüchlich, aber meist gesichtswahrend zur Rolle Vöglers. So stellte er fest, Vögler »mußte es wissen«, andererseits wollte er Vögler nicht von der Verhandlungsaufnahme mit Dietrich informiert haben; Akten-Notiz [Klass], 8.12.1955, TKA A/8943. Klass, Vögler, S. 212f., läßt die Frage unbeantwortet.

106 Aktennotiz Kaletsch, 28.6.1932, BAB R 8122/429; Archdeacon to McComas, 23.6.1932, BAK R 111/24.

Neuausrichtung seines Konzerns entlang der im Mitteldeutschland-Plan formulierten Linien. In einer Besprechung mit Böhringer im Herbst zog Flick den Erwerb der bayerischen Luitpoldhütte, der früher schon ins Auge gefaßten SGW Döhlen sowie der Ilseder Hütte in Erwägung. Ferner entwickelte Flick ein Szenario, in dem ihm selbst die Führungsrolle einer nunmehr gegen die VSt sowie die übrigen westdeutschen Montankonzerne gerichteten industriellen Opposition zukommen sollte, die er dezidiert mit politischen Erwägungen sowie bewährten Strategien koppelte: Wenn man den »vereinigten Ruhr-Interessen von Reich und Preußen einen mitteldeutschen Block entgegensetzen [wolle], der sich insbesondere der Unterstützung von Bayern und Sachsen erfreut«, malte Flick Böhringer aus, dann erscheine es sinnvoll, beiden Ländern »ein direktes Interesse«, also finanzielle Beteiligungen an dem entsprechenden Industriegebilde, einzuräumen.[107]

107 Notiz, 27.9.1932 [Steinbrinck], BAB R 8122/699.

Zwischenbetrachtung: Die Charlottenhütte am Ausgang der Weimarer Republik

Expansionspolitik zwischen Erfolg und Scheitern

Der Gelsenberg-Deal markierte einen klaren Schnitt in der unternehmerischen Entwicklung Flicks und gab Anlaß zur Rückschau. Nach seiner bereits bemerkenswerten Kriegskarriere vom Manager zum Eigentümer ausgedehnter industrieller Interessen hatte Flick seit 1926 einen beispiellosen, gleichsam exponentiell beschleunigten Aufstieg vollzogen, dessen Höhepunkt mit der Kontrolle über die VSt Anfang 1930 erreicht war. Damit beherrschte Flick einen schwerindustriellen Komplex, der im Vorjahr die Hälfte der deutschen Roheisen- und 43,8 Prozent der Rohstahlerzeugung erbracht hatte.[1] Darin nicht berücksichtigt war das von Flick dominierte Beteiligungsimperium, das in weiteren zentraleuropäischen Montanrevieren eine herausragende Rolle spielte. In Mittel- und Süddeutschland stellte die IG Mittelstahl-Maxhütte den bedeutendsten Stahlerzeuger dar und war zwischen Weser und Oder nur wenig Wettbewerb ausgesetzt. In Österreich war die Alpine Montan nahezu Monopolistin, in der Schweiz verfügte die GBAG mit den Vereinigten Böhlerstahlwerken ebenfalls über ein gewichtiges Standbein.[2] Die IG Kattowitz-Laura dominierte die polnische Montanindustrie. Entsprechend huldigte der Börsenjournalist Georg Tischert 1930 Flick mit großen Worten: »Er bildet gewissermaßen die Brücke vom Westen über Mitteldeutschland nach dem Osten. Eine solche Persönlichkeit hatten wir in der deutschen Montan-Industrie noch nicht.«[3]

Nach Produktionskapazitäten, Umsatzziffern und Beschäftigtenzahlen sollte Flick in den folgenden 25 Jahren keine vergleichbare Position mehr erreichen: Gemessen an der Ausdehnung seines Einflußbereiches war er 1930/31 auf dem einstweiligen Höhepunkt seiner Karriere angekommen. Verfügungsrechte verschiedener miteinander verknüpfter Unternehmensgebilde, die gemeinsam eine überragende Position in der deutschen und europäischen Industrielandschaft stellten, bündelten sich in seiner Hand. Gleichwohl bedeutete dies nicht, daß diese Dispositionsmacht auch dauerhaft und stabil bei Flick lag. Der Aktienbesitz, auf dem seine herausgehobene Stellung fußte, war im wesentlich kreditfinanziert erworben worden und harrte zu großen Teilen noch der endgültigen Bezahlung. Nicht anders als bei einem Hausbesitzer gehörte das Konzerngebäude Flicks, obgleich er über dessen Einrichtung bereits bestimmte, letztlich noch jenen Banken, die ihn mit den Mitteln zum Eigentumserwerb ausgestattet hatten.

1 Daten von 1929 nach Reckendrees, Stahltrust, S. 26. Dem Stammkapital nach stellten die VSt hinter den IG Farben das zweitgrößte deutsche Privatunternehmen, nach der Zahl der Beschäftigten 1927 das größte, jeweils ohne die Konzernbeteiligungen in Deutschland, Polen, Österreich usw.; vgl. Siegrist, Großunternehmen.

2 Die GBAG hielt rund 40 % an Böhler; vgl. GBAG-Vorstand an Flick, 30.3.1928, BAB R 8122/927, Bl. 94; Reckendrees, Stahltrust, S. 290.

3 Tischert, Männer, S. 150.

Die Abbezahlung der Forderungen wiederum sollten die erworbenen Unternehmen selbst durch kontinuierliche Ausschüttungen finanzieren. Eben dies bildete das Nadelöhr der Flick'schen Expansionsstrategie in der Weltwirtschaftskrise.

Angesichts der ungeheuren Dimension des Majorisierungsprojektes und der eingegangenen Verpflichtungen läßt sich Flicks Vorgehen in den späten zwanziger Jahren daher durchaus als (konjunkturelle) Spekulation charakterisieren. Daß diese nicht aufging, lag wesentlich darin begründet, daß die erwarteten Rationalisierungserfolge in den von Flick kontrollierten Unternehmen ausblieben und er aufgrund seiner Kreditverpflichtungen nicht die Zeit hatte zu warten, bis sie sich einstellten. Die Charlottenhütte hatte nur teilweise in gefestigte Unternehmenseinheiten, in der Hauptsache jedoch in noch in der Entstehung begriffene Komplexe investiert, die erst der Konsolidierung und Integration bedurften[4], oft »Rationalisierungsgemeinschaften«, deren erhoffte positive Effekte Wechsel auf die Zukunft darstellten. Dabei durchschaute Flick ebenso wenig wie die Mehrheit der deutschen Schwerindustriellen den Teufelskreis aus Produktivitätssteigerungen, Kapazitätsüberhängen und Fixkostenlasten, der zur branchenweiten Erlöskrise führte und, im Falle Flicks, die Existenzfrage stellte.

Die Abgabe von GBAG und VSt 1932 bedeutete das Scheitern eines auf nationale, wenn nicht gar kontinentale Branchenbeherrschung zielenden Kalküls. Dennoch läßt sich nicht von einem vollständigen Mißlingen der Expansion sprechen. Der Besitz, den Flick im Sommer 1932 aus den VSt mitnahm, war ungleich wertvoller und aussichtsreicher als jener, den er 1926 eingebracht hatte. Statt industrieller *Has-beens* verfügte er mit Mittelstahl-Maxhütte über den nach Quoten drittgrößten deutschen Stahlerzeuger mit zukunftsträchtigen, weil modernisierten und in regionalen Absatzmärkten fest verankerten Produktionseinheiten, ferner über wertvollen Beteiligungsbesitz. Möglich war dies, weil Flick rechtzeitig eine Ausstiegsoption entwickelt hatte, die ihn 1932 nicht zu einem Neuanfang zwang, sondern ihm zu einer Reorientierung verhalf. Auf dem Höhepunkt der Wirtschaftskrise gelang es ihm, seine eigenen Handlungsspielräume zu erweitern, indem er – auf der Basis jahrelanger Erfahrungen in Oberschlesien – gezielt eine staatliche Intervention provozierte, die ihm durch die finanzielle Stützungsaktion der Gelsenberg-Affäre das viel beschworene unternehmerische Risiko abnahm. Durch die Instrumentalisierung genuin politischer Ziele der deutschen Reichsregierung konnte Flick das eigene wirtschaftliche Wagnis versichern. Der Verkauf der GBAG stellte somit, um im Bilde zu bleiben, die Auszahlung der Prämie dar. Einen Bonus bedeutete der Umstand, daß Flick 1932 erstmals seit fast einem Jahrzehnt wieder der alleinige Eigentümer der von ihm kontrollierten Unternehmen war und die Ausübung seiner Verfügungsrechte keiner Abstimmung mit nennenswerten Partnern erforderte.

4 So konstatiert Fear, Control, S. 570f., 659, daß es erst eines jahrelangen, mühevollen Prozesses bedurfte, um unterschiedliche Strukturen und Unternehmenstraditionen der VSt miteinander zu verschmelzen und eine echte Handlungseinheit zu formen; vgl. Reckendrees, Stahltrust, S. 552f., 578-584.

Dies wirft die nicht leicht zu beantwortende Frage nach den Führungsstrukturen innerhalb des Komplexes VSt-GBAG-Charlottenhütte auf, an die sich weitere Teilfragen anschließen: Wer entschied in den von Flick kontrollierten Industriebeteiligungen, vor allem im Stahlverein? Wo konzentrierten sich die Entscheidungsfindungsprozesse, und läßt sich überhaupt von einer einheitlichen Konzernführung sprechen, mithin: Gab es vor 1932 einen Flick-Konzern?

Die Verfügungsrechte Flicks

Als Markstein für die strategische Führung innerhalb von GBAG und VSt muß die Übereinkunft zwischen Flick und den Entscheidungsträgern in der GBAG 1926/27 gelten. Das auf beiderseitigem Vorteil basierende Abkommen, das der Charlottenhütte die Führung bei der GBAG gewährte, während diese im Gegenzug zur Holding der VSt ausgebaut wurde, überging die bestehenden Bedenken gegenüber Flick. Fortan bildete sich eine kleine Spitzengruppe heraus, die in Personalunion die wichtigsten Funktionen der drei Gesellschaften besetzte, deren Entscheidungsfindungsprozesse jedoch weniger formalisierten Regeln und Routinen als vielmehr informeller Interessenabstimmung zwischen den durch Aktienbesitz ausgewiesenen Inhabern der Verfügungsrechte folgten.[5] Die herausragenden Protagonisten waren Flick und Vögler, denen es zudem gelang, mit Fritz Thyssen eine Verständigung zu erzielen. Als »Triumvirat« (Reckendrees) dominierten sie die Entwicklung und Ausrichtung der VSt und verschoben die internen Machtverhältnisse unter den Aktionären zu ihren Gunsten.

Indes waren die Beziehungen unter diesen dreien keineswegs ausgeglichen. Auf der einen Seite hatten die Eigentümer Flick und Thyssen einen Machtvorsprung vor dem – zugespitzt – abhängig beschäftigten Manager Vögler, der sich vor allem in der Beteiligungspolitik, aber auch in der Frage der Dividendenausschüttung 1931 artikulierte, welche die Aktionäre begünstigte, den VSt jedoch schadete. Auf der anderen Seite agierten Flick und Vögler gemeinsam als Vertreter des Großaktionärs Charlottenhütte/GBAG mit dem Ziel, diesem die effektive Kontrolle über die VSt zu verschaffen. Im Ergebnis setzten sich Flick und Vögler damit durch, jedoch um den Preis eines Vetorechts, das Thyssen sich über die Poolung der Phoenix-Anteile, die den Ausschlag in der VSt-Generalversammlung gaben, sicherte. Dennoch ist nicht zu übersehen, daß der Machtzuwachs Thyssens keinesfalls proportional zu jenem ausfiel, den Flick nach 1926 erfuhr und zu dem ihm Thyssen durch die Kooperationen bei den Phoenix-,

5 Vgl. Reckendrees, Property, S. 281f. Hierzu sowie zum folgenden, allerdings mit abweichender Einschätzung des Verhältnisses Vögler/Thyssen/Flick, ders., Stahltrust, S. 291-293, 300f., 574-577. Reckendrees' stärkere Akzentuierung der Rolle Vöglers gilt weniger der Beteiligungspolitik als der Formulierung und Durchführung der operativen Ziele der VSt, die hier nur am Rande in den Blick geraten. Ein äußerst durchsetzungsfähiges Bild von Vögler zeichnet Hachtmann, Wissenschaftsmanagement, Kap. 2.3. u. 10.2.

Maxhütte- und Ostoberschlesien-Projekten selbst verhalf.[6] Ob die Konsolidierung des Familienbesitzes, der durch die Aufteilung zwischen ihm und seinem Bruder Heinrich Thyssen-Bornemisza eine erhebliche Schwächung erfahren hatte, dies in einem ähnlichen Maße aufwog, wie es für Otto Wolff die Privilegierung im Handelsgeschäft tat, muß an dieser Stelle offenbleiben.

Flicks enge Abstimmung mit Vögler und teils auch Thyssen, die stets kollegial, nicht hierarchisch erfolgte, reduzierte Konfliktpotential und Reibungsverluste. Dies war auch deswegen notwendig, weil angesichts der bedeutenden Rolle Vöglers bei der Konzeption und Errichtung des Stahltrusts sowie fortdauernder Loyalitäten der ehemaligen Deutsch-Lux- und Thyssen-Manager gegenüber »ihren« Vorstands- und Aufsichtsratsvorsitzenden eine autokratische Durchsetzung Flicks in den Verwaltungen von GBAG und VSt schwerlich realistisch gewesen wäre. Zusammenfassend ist somit von einem Führungsduo Flick-Vögler zu sprechen, das regelmäßig um Thyssen zu einem Triumvirat erweitert wurde, innerhalb dessen jedoch Flick aufgrund der Besitzverhältnisse spätestens ab 1929 die Rolle des *primus inter pares* zukam.

Galt dieser Primat Flicks vor allem für die Formulierung der expansionistischen Leitlinien, so wurden die Grenzen seiner Verfügungsgewalt im Scheitern der Sanierungspläne 1931/32 offenbar. Eine ausgesprochene Schädigung der von ihnen verantworteten bzw. besitzmäßig kontrollierten Unternehmen zugunsten der Charlottenhütte wollten Vögler und Thyssen nicht hinnehmen und verhinderten daher die Umsetzung der in Berlin ausgearbeiteten Fusionspläne. Andererseits endete in diesen Fragen auch Flicks Verständigungsbereitschaft, etwa wenn er den GBAG-Zechenverkauf an die Maxhütte im Alleingang erwog. Darin zeichnete sich der Bruch im einvernehmlichen Handeln der drei Hauptakteure der VSt ab, der den Weg zum Gelsenberg-Deal bereitete. Der offensichtliche Vorteil Flicks, der Thyssens Plan gezielt für seine Zwecke einsetzte, konfrontierte den nun verbliebenen privaten Großaktionär mit einem zumindest potentiell starken staatlichen Mehrheitseigner. Die Folgen für den Manager Vögler waren weniger klar abzusehen; immerhin verband sich mit dem Übergang an den Fiskus aber wohl die Hoffnung auf ein eher passives Auftreten der öffentlichen Hand, das dem Vorstand mehr Spielräume lassen würde.[7] 1936 sollte diese Dreier-Konstellation im Zuge der Reprivatisierung der VSt eine Neuauflage finden.

Dafür, daß die Machtverhältnisse innerhalb der VSt mit ihren vielfältigen Abstimmungsbedürfnissen – von den eifersüchtigen Kompetenzbehauptungen der Werksleitungen ganz abgesehen – nicht nur eine residuale Eigenständigkeit

6 Eine mögliche Erklärung für Thyssens Beteiligung in Oberschlesien könnte in politischen Motiven liegen. In diesem Zusammenhang scheint innerhalb des Triumvirats eine dritte Einteilung möglich, in der Thyssen und Vögler als aktive Repräsentanten eines sich »national« definierenden, sozial- und außenpolitisch rechtskonservativen Unternehmertums dem diesbezüglich kaum artikulierten Flick gegenüberzustellen wären.

7 Vertrauliche Ausführungen von Herrn Dr. Vögler am 1.7.1932, 2.7.1932, BBA 55/446. Ebenso Reckendrees, Stahltrust, S. 507, 576f.

der von Flick besitzmäßig dominierten Unternehmen, sondern vielmehr eine effektive Beschränkung seiner Verfügungsrechte implizierten, spricht auch der sich sukzessive abzeichnende Strategiewechsel Flicks bei seinen Majorisierungsprojekten. Die umgehende Übernahme des belgischen Minderheitspakets bei der Maxhütte sowie die in engem zeitlichen Zusammenhang erfolgten Überlegungen zu Zwangsabfindungen außenstehender Aktionäre drückten ein Umdenken in der Beteiligungspolitik aus. An die Stelle der bis dahin oft über Schachtelbeteiligungen und einfache Mehrheiten erfolgten Beherrschung trat zunehmend eine auf zweifelsfreie Kontrolle zielende Strategie. Diese versprach eine Besitzstruktur, in der Flick keinen anderen, tendenziell ebenbürtigen Partnern mehr rechenschaftspflichtig war und nach eigenem Ermessen agieren konnte. Die Berücksichtigung außenstehender Interessen – Rechtsvorschriften, Kartellbestimmungen, Informationsansprüche von Kreditgebern usw. – wurde damit freilich nicht obsolet. Die Prämisse interner Unabhängigkeit und Ungebundenheit sollte aber in den folgenden Jahrzehnten zu einem der handlungsleitenden Motive für den Konzernbau Flicks werden.

Die Charlottenhütte zwischen Gruppe und Konzern

Mit der Einordnung der Führungspersönlichkeiten ist die Frage nach der institutionellen Relation der von Flick kontrollierten Beteiligungen eng verbunden, der für die Beurteilung, ob eine Konzernstruktur vorlag, entscheidende Bedeutung zukommt. Zum Zeitpunkt der Einbringung der Charlottenhütte-Werke und -Beteiligungen in die VSt 1926 konnte von einem »Flick-Konzern« kaum die Rede sein. Die Siegerländer, mitteldeutschen sowie west- und ostoberschlesischen Unternehmen stellten keine unter einheitlicher Führung der Charlottenhütte agierenden Werksgruppen mit aufeinander abgestimmten Firmenstrategien dar. Vielmehr bildeten sie jeweils eigenständige, regional konzentrierte Konzerne, die Teile eines breit gefächerten Beteiligungsportefeuilles waren. Als verbindendes Element wirkten die Kapitalinteressen der Charlottenhütte und ihrer Tochtergesellschaften; die Besitzverhältnisse variierten von der fast hundertprozentigen Eigentümerschaft Flicks im Siegerland bis zur hälftigen Beteiligung an der Bismarckhütte stark. Abgesehen von dem gescheiterten Projekt der LHL-Obereisen-Gemeinschaft unterblieb eine Kooperation der einzelnen Unternehmen weitgehend. Eine Abstimmung fand, nicht zuletzt infolge der räumlichen Distanzen, im Ein- und Verkauf ebenso wenig statt wie in der Investitions- oder Personalpolitik. Auch eine kartellmäßige Koordination läßt sich nicht nachweisen. Technische Hilfestellungen etwa vom Siegerland nach Oberschlesien scheiterten mitunter am Einspruch eines Einzelwerks.[8] Daher blieb es bei allenfalls lose Beziehungen, die sich im Berliner Büro der Charlottenhütte

8 Bismarckhütte an Chh, Abt. Eichener Walzwerk, 1.10.1923; [Flick] an Kallenborn, 13.10.1923, beide BAB R 8122/1019.

sowie in der Person Flicks, der als Vorstand und Aufsichtsrat in den vier Zweigen seiner Gruppe auftrat, manifestierten.

Die vierfache Integration der Jahre 1926/29 mit den regional separierten, kapitalmäßig verbundenen Konzernen VSt, Mittelstahl, VOH sowie der Interessengemeinschaft aus Königs-Laura und KAG stellte eine wichtige Weiterentwicklung im Aufbau der Flick-Beteiligungen dar. Jede der Gründungen für sich sollte die angeschlossenen Werke rationalisieren und rentable Produktionseinheiten errichten. Ferner war eine Koordination zwischen den Einzelkonzernen beabsichtigt, die aber nur im Falle von VSt und Mittelstahl in Form des Gemeinsamen Ausschusses institutionelle Gestalt annahm. Auch hier blieben die Ergebnisse bescheiden. Nach kurzer Zeit überführte man das Gremium in die Hüttenkommission der VSt und trug damit dem Umstand Rechnung, daß weniger eine Koordination von west- und mitteldeutschen Leitungen als vielmehr eine Regie durch die VSt geplant war.[9] Dennoch sperrten sich die Direktoren in Riesa und Brandenburg weiterhin gegen die Unterstellung unter die Düsseldorfer Zentrale etwa in Fragen der Quotenübertragungen oder der Investitionspolitik. Den Unabhängigkeitsanspruch Mittelstahls formulierte Koppenberg 1928 unzweideutig, wenn er darauf hinwies, daß »ein vertraglich starr festgelegtes Zusammengehen zwischen den mitteldeutschen und den rheinisch-westfälischen Werken [...], soweit es sich nicht um ganz große grundsätzliche Fragen handle, nicht empfehlenswert und nicht zweckmäßig sei.«[10]

Ausgehend von der inoffiziellen Aufgabenteilung, die den VSt die Leitung der Betriebe überließ, während die Charlottenhütte sich auf die Expansionsplanung und die Organisation der Kapitalinteressen Flicks konzentrierte, war auch in diesem, bis 1930 andauernden Zeitabschnitt von einer Konzernstruktur der Beteiligungen kaum zu sprechen. Vielmehr bestimmten Organisations-, Integrations- und Konsolidierungsbemühungen innerhalb der neu geschaffenen Unternehmen das Bild. Gerade die fehlende institutionelle Binnenkohäsion zwischen den Einzelfirmen stärkte indes die Funktion Flicks als personelle Klammer. Als Mitglied aller wichtigen Kommissionen der VSt ebenso wie der Aufsichtsräte von Mittelstahl und VOH überblickte er deren wirtschaftliche Entwicklung. Zudem agierte Flick in den mittel- und ostdeutschen sowie den polnischen Gesellschaften als erster Repräsentant der VSt; auch das für Polen zuständige sogenannte Ost-Komitee unterstand seiner Leitung.[11]

9 Vgl. Reckendrees, Stahltrust, S. 332.

10 Quotenstreit: Niederschrift über die Sitzung des VSt-Hüttenausschusses am 8.7.1927, 12.7.1927, TKA A/5740; Flick an Vögler, 8.4.1931, BAB R 8122/138, Bl. 169f.; Investitionskontrolle: Niederschrift über die Sitzung des gemeinsamen Arbeitsausschusses am 20.9.1927, 21.9.1927, TKA RSW/4590; Zitat: Niederschrift über die Sitzung des gemeinsamen Arbeitsausschusses am 27.3.1928, 27.3.1928, ebd.; s. auch: Eidesstattliche Aussage Otto Steinbrinck, 21.10.1947, StAN Rep. 501, KVP, Fall-5, E-9, Dok. Flick-90, Bl. 309-311.

11 Flick an die Herren Mitglieder des Ost-Komitees, 23.3.1929, TKA VSt/925; Flick an Vögler, 3.6.1931, BAB R 8122/138, Bl. 16.

Diese Situation änderte sich seit 1929 markant. Mit der Festigung ihrer Beherrschung bei den VSt sowie unter dem Eindruck der gesamtwirtschaftlichen Verschlechterung nahm die Beschäftigung der Charlottenhütte mit den betriebswirtschaftlichen Fragen der Tochterunternehmen zu. In der ostoberschlesischen IG unterstellte Flick die Investitionsallokation dem von ihm kontrollierten Gemeinschaftsrat, eine vergleichbare Funktion hatte der 1931 geschaffene gemeinsame Ausschuß von Mittelstahl und Maxhütte. Darin drückte sich auch der stark von Fragen der Investitions- und Vermarktungskoordination geprägte Charakter der mittel-süddeutschen IG aus. Die Einbeziehung der Charlottenhütte in diese Interessengemeinschaft zielte dabei nicht allein auf die Gewinnabschöpfung, sondern institutionalisierte den Kontroll- und Führungsanspruch Flicks. Im Zusammenfall der erfolgreichen Majorisierung des Stahlvereins einerseits und des Einbruchs der Weltwirtschaftskrise andererseits kann somit die Genesis der Transformation der Charlottenhütte von einer Beteiligungsgesellschaft zur Spitzenorganisation des eigentlichen Flick-Konzerns verortet werden. Die Krise erforderte eine größere Koordinationsleistung, die von den VSt bis dahin nur teilweise erreicht worden bzw. ihr aufgrund der veränderten Beteiligungsstrukturen 1930/31 nicht mehr möglich war. Diese Rolle konnte nach erfolgter Expansion jedoch nun die Charlottenhütte übernehmen.

Dennoch resultierte daraus vorerst kein offizieller, durch Strukturen und Routinen formalisierter Ausbau zur Konzernzentrale. Bis zur Trennung von Gelsenberg 1932 wurden die Führungs-, Kontroll- und Koordinationsaufgaben vielmehr von VSt, GBAG und Charlottenhütte gemeinsam wahrgenommen. Zusammen bildeten sie einen Nexus, dessen Gravitationszentrum Flick war, um den sich die Spitzenmanager von VSt und GBAG ebenso wie der Kreis der engeren Vertrauten in der Charlottenhütte gruppierten. Dieses personalistisch geprägte Kommunikationsnetz führte zu einer personell wie strukturell oft unklaren Aufgabenzuweisung, die dem Umstand geschuldet war, daß alle drei Gesellschaften in unterschiedlichem Umfang Holdingaufgaben wahrnahmen, deren Koordination über informelle Verständigungen erfolgte und sich mit persönlichen Loyalitäten überschnitt.

Das Personal der Führungsebene

Seinen beredten Ausdruck fand diese Aufgabenverteilung in der regelmäßigen Bearbeitung von Angelegenheiten des einen Unternehmens durch Mitarbeiter des anderen, etwa wenn Erwin Daub in der Berliner Verwaltungsstelle der VSt die Kreditbesicherung der GBAG bearbeitete oder den Entwurf für die Fusion zwischen VSt und GBAG, die der Charlottenhütte zugute kommen sollte, erstellte. Tatsächlich stand der Bürokomplex in der Berliner Bellevuestraße nachgerade paradigmatisch für die überlappenden Zuständigkeiten der drei Unternehmen. Hier residierten sowohl die Charlottenhütte als auch die VSt-Dependance, zudem bot das oberste Stockwerk eine Privatwohnung, die von Vögler regelmäßig während seiner Berlin-Aufenthalte genutzt wurde.[12] Der Leiter der VSt-Verwaltungsstelle, Oskar Sempell, war insofern nicht nur »Botschafter«[13] bei den Berliner Behörden und Großbanken, sondern bis 1932 neben Vögler Flicks wichtigster Verbindungsmann zu den VSt. Als Mitglied entweder des Vorstandes oder des Aufsichtsrates war Sempell ab 1926 auf allen wichtigen Schauplätzen von Flicks Beteiligungspolitik vertreten. Daß die besagten Fusionspläne 1931 aus seinem Büro stammten, unterstreicht den engen Konnex, der zwischen Sempell und Flick bis 1932 bestand. Ferner gewannen in der Schlußphase der Flick-Ära bei den VSt auch Heinrich Dinkelbach und dessen enger Mitarbeiter Theodor Kurre an Bedeutung und wurden in so hohem Maße in die oberschlesischen Fragen einbezogen, daß die Schweizer Strohmänner der Fiduciaire sich 1931 bei Kaletsch rückversicherten, ob die beiden VSt-Angestellten tatsächlich weisungsbefugt seien.[14] Kurre wechselte 1932 zu Mittelstahl, während Dinkelbach und Flick in den folgenden Jahrzehnten eine vertrauensvolle Zusammenarbeit pflegen sollten.

Indes lief die Zusammenarbeit der Charlottenhütte nicht mit allen Verantwortlichen der VSt sowie anderer Konzerngesellschaften ähnlich glatt. Während es im Verhältnis zu dem durchweg loyalen Ernst Poensgen, wohl auch wegen dessen Arbeitsschwerpunkt auf der Verbandsrepräsentation, zu keinen Auffälligkeiten kam, war es in Düsseldorf vornehmlich Carl Rabes, an dessen Opposition gegen Pläne Flicks sich mehrfach Konflikte entzündeten. Wiederholt fand der ehemalige Thyssen-Manager und stellvertretende Vorstandsvorsitzende der VSt die Interessen des von ihm geführten Unternehmens zu offensichtlich hinter jene des Großaktionärs Flick zurückgestellt. Vor allem die Verlagerung des Fiduciaire-Engagements auf die VSt 1929 begründete andauernde Konflikte, die nach dem Ausscheiden Flicks in einen regelrechten Streit mündeten.[15]

Auseinandersetzungen gab es schließlich verschiedentlich mit Managern einzelner Unternehmen, insbesondere wenn diese direkten Anweisungen der Charlottenhütte mit gemischten Gefühlen oder gar rundheraus ablehnend begegneten. Offensichtlich war dies etwa im Fall von LH(B), wo nach der Trennung von Mittelstahl anfangs Eichberg seine Dauerfehde mit Flick fortführte, ehe er im zweiten Geschäftsjahr durch den ehemaligen Krupp-Manager Oesterlen ersetzt wurde. Hatte sich Flick von diesem erhofft, für eine glattere Kooperation LHBs mit Mittelstahl zu gewährleisten, sah er sich bald getäuscht, da auch Oesterlen bemüht war, das Optimum für »sein« Unternehmen herauszuholen und den Großaktionären mit Mißtrauen begegnete. Entsprechend entnervt zeigte sich Flick 1928 über den widerspenstigen Manager.[16] Erst nach der Installierung

12 Vernehmung Friedrich Flick am 8.2.1947, StAN Rep. 502, KVA, Interrogations, F-47.
13 Fear, Control, S. 580.
14 Vgl. die Korrespondenz zwischen Kaletsch, Schucany und Dinkelbach, November 1931, in BAB R 8122/1033.
15 Hierzu vor allem die mehrfach zitierte Stellungnahme der Charlottenhütte, 4.1.1933, TKA VSt/924.
16 [Flick] an Vögler, 22.3.1931, BAB R 8122/138, Bl. 162-164.

Theodor Scholls und Oswald Putzes Mitte der dreißiger Jahre konnte ein durchweg loyales Arbeitsverhältnis zwischen der Konzernspitze und den Linke-Hofmann-Werken etabliert werden.

Die schärfsten Auseinandersetzungen fanden unterdessen in Polnisch-Oberschlesien statt, und zwar sowohl mit Kallenborn als auch mit Williger. Bei Kallenborn lagen die Probleme vorwiegend im Persönlichen. Zwar genoß der technische Direktor der Bismarckhütte als Fachmann großes Renommée, galt jedoch Kollegen und Untergebenen ebenso wie außenstehenden Beobachtern für unerträglich arrogant und sein zwischenmenschlicher Umgang als Zumutung. Immer wieder kam es auf den Werken zu Zusammenstößen zwischen Belegschaftsvertretern und Kallenborn, die ihn bereits 1923/24 zu Zwangsurlauben nötigten, sehr zum Verdruß Flicks. Da sich dies in den folgenden Jahren nicht besserte und Kallenborn auch gegenüber den polnischen Behörden den deutschnationalen Standpunkt so undiplomatisch hervorkehrte, daß er immer wieder des Landes verwiesen wurde und seinen Aufgaben nach Flicks Auffassung unzureichend nachkam, ließ sich dieser nur durch die Fürsprache Lukascheks und nur für den Moment von der Entlassung abhalten.[17]

Anders war der Fall Williger gelagert. Als graue Eminenz der oberschlesischen Montanindustrie genoß Williger – zumindest in deutschen Kreisen – höchstes Ansehen. Als Vorsitzender des Berg- und Hüttenmännischen Vereins galt er als die Führungsfigur der deutschen Minderheit schlechthin und begegnete dem revierfremden und ungleich jüngeren Flick mit entsprechend großem Selbstbewußtsein. Im Zuge der anfänglichen Expansionsbestrebungen der KAG noch auf einer Linie mit seinem Dienstherrn, zeigte sich Williger nach den Umgruppierungen der zweiten Hälfte der Zwanziger zunehmend distanziert. Insbesondere teilte er die Enttäuschung der politischen Stellen, als Flick in der Wirtschaftskrise nicht bereit war, volkstumspolitische über betriebsökonomische Belange zu stellen, und Entlassungen auch unter der deutschen Belegschaft vornahm. Letztlich führte der Konflikt um Willigers Insubordination 1931 zu seinem beschleunigten Übertritt in den Ruhestand.[18]

An die Stelle Willigers und Kallenborns, mit denen Flick lange eng zusammengearbeitet hatte, trat zu Beginn des neuen Jahrzehnts eine Gruppe jüngerer Manager, denen eine engere Anbindung an das Berliner Büro gemeinsam war. So übernahm der Silesia-Direktor Herbert Monden[19] 1931 die technische Ober-

17 Flick an Vögler, 4.10.1930, ebd., Bl. 79; Telegramm, 1.10.1930, PAAA R 31187, Bl. 9; vgl. Loch/Szendzielorz, Huty, S. 118-121.

18 Trautmann an Heintze, 3.7.1930, PAAA R 35631, Bl. 142-44. GenKonsulat (Illgen) an AA, 1.9.1930; Aufzeichnung, 4.9.1930, beide PAAA R 31140k; Aufzeichnung, 25.3.1931, PAAA R 35952, Bl. 30-33.

19 1888-1952, Abitur, Studium des Eisenhüttenfachs TH Berlin; Promotion; 1912-21 bei verschiedenen Hüttenwerken als Stahlwerksingenieur; 1914 Bismarckhütte, 1921 Hüttendirektor Silesia; 1931 technische Oberleitung IG KAG-Laura; 1940 Ballestrem; 1942 Geschäftsführer Dnjepr-Stahl GmbH; 1943 technische Leitung der Hüttenverwaltung

leitung der IG, während Alfred Rohde[20] in die kaufmännische Führung aufrückte und in der Akquise der Russengeschäfte prominent hervortrat. Walter Tomalla übernahm die zentrale Bearbeitung der oberschlesischen Fragen bei der Charlottenhütte und wurde über eine parallele Anstellung bei der KAG zum wichtigsten Verbindungsmann zwischen Holding und Werken.[21]

Durch die Abschöpfung von leitenden Angestellten aus dem Personalpool der von ihm kontrollierten Gesellschaften baute Flick in der zweiten Hälfte der zwanziger Jahre die Charlottenhütte in Berlin personell stark aus und bereitete den Boden für die Konzernführung im folgenden Jahrzehnt. Nachdem er 1925 Steinbrinck von Möllers Seite in sein Büro geholt hatte, rückte 1930 auch Hermann Terberger[22] aus Riesa in die Schaltzentrale Flicks auf. Terberger stellte zusammen mit den – ebenso wie er selbst – promovierten Juristen Erich Schulte und Hugo Solbrig, bis Mitte der Dreißiger den Kern der zweiten Reihe der Konzernspitze hinter Kaletsch, Steinbrinck und Natz.[23] Hinzu kamen die aus den Siegener Anfängen übernommenen, langjährigen Mitarbeiter Hermann L. Thomas und Friedrich Stähler, die das Vertrauen Flicks genossen.[24]

In der Auswahl der Mitarbeiter der Berliner Zentrale zeichnete sich eine klare Aufgabenteilung ab. Flick wählte ausschließlich Kaufleute und Juristen für seine Holding aus. Ingenieure, Bergassessoren und das übrige technische Personal blieben auf der Unternehmensebene angesiedelt, wo ihnen wiederum kaufmännische Kräfte in der Führung mindestens beigeordnet wurden. Benötigte die Charlottenhütte technische Expertise, so zog sie die Unternehmensvorstände heran, insbesondere von Mittelstahl, wo Möller und Koppenberg ein enges Arbeitsverhältnis mit Flick verband, so daß sie auch an den strategischen Planun-

West der Reichswerke »Hermann Göring«; Mitte 1946 stellv. Leiter des Amts für Stahl und Eisen; 1947 zur STV.

20 1891-1972; Hagen; Volks- u. Kaufmannschule bis 1909; kaufm. Lehrzeit bei Stahl- und Eisengießerei J.C. Post Söhne, Hagen; 1916/17 Höhere Handelschule Berlin; 1913-20 kaufm. Angestellter AEG Berlin; 1920-33: Angestellter und Prokurist Bismarckhütte und KAG; 1931 stellv. Vorstandsmitglied KAG; 1934-45 Vorstand Königs-Laura, Berlin, sowie Liquidator; ab 1939/40 kaufm. Direktor im freien Angestelltenverhältnis bei Mittelstahl Berlin; seit 1938 AR HOW Lübeck, ab 1945 ARV, 1953 in den Vorstand delegiert, 1954-60 VV bei MHW Lübeck, 1960-72 ARV; diverse AR-Mandate bei FFKG-Gesellschaften.

21 Williger an Flick, 13.8.1923; Flick an Tomalla, 21.12.1923, beide BAB R 8122/1020. Zu Tomalla, promovierter Jurist und seit Beginn der zwanziger Jahre in Flicks Diensten, fehlen biographische Angaben.

22 *1892; 1911 Abitur, dann Jura-Studium, Promotion; Weltkriegsteilnahme; 1919-25 Barmer Bankverein und Häcktal Draht- u. Kabelwerke Hannover; 1925-27 Prokurist LHL; 1927-36 Prokurist Mittelstahl; 1931 Prokura für Chh; 1937-45 stellv. VV Maxhütte; nach 1945 im Familienunternehmen Katag AG.

23 Vgl. Reichsanzeiger Nr. 23 v. 28.1.1931, in: BAB R 8128/A3003.

24 Ebd.; Stähler: *1874; seit 1894 kaufm. Angestellter des Cöln-Müsener Bergwerks- u. Hüttenvereins; 1915 Leiter der Chh-Buchhaltung; 1927 Handlungsvollmacht; 1937 Gesamt-Prokura für FFKG, Leitung des Büros Düsseldorf; bis Kriegsende bei FFKG. Zu Thomas konnten keine Angaben ermittelt werden.

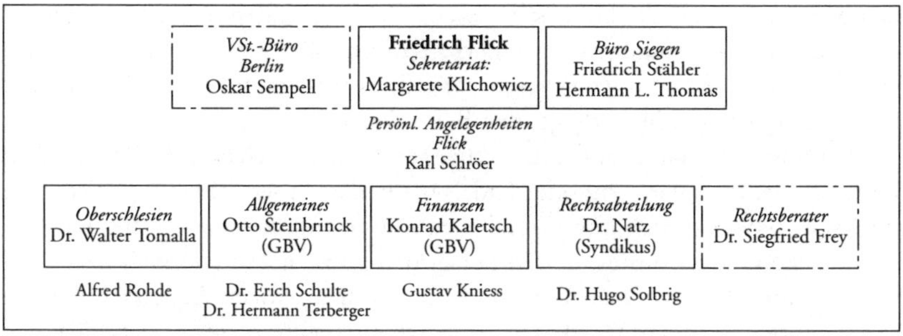

Quelle: Eigene Zusammenstellung.

Abb. II/4: Der Aufbau der Charlottenhütte-Verwaltung, Ende der 1920er Jahre

gen mitwirkten. Schließlich verfügte Flick über einen weiten Kreis »informeller Mitarbeiter«. Dies waren zum einen Rechtsberater wie Siegfried Frey und Julius Flechtheim, die Flick bei Bedarf – und der bestand regelmäßig – zu seinen Transaktionen hinzuzog; insbesondere Freys Rolle ähnelte der eines Hausjuristen. Das gleiche galt für den Buchprüfer Fritz Lang, der nur formal unabhängig arbeitete, tatsächlich aber die Charlottenhütte-eigene Revisionsabteilung verkörperte.

Finanzpolitik und Stakeholder

Hinzu kam eine größere Gruppe von Finanzfachleuten, mit denen Flick eng kooperierte. Dies waren einerseits Privatbankiers, die Flicks vielfach im Geheimen vollzogene Transaktionen diskret durchführten und diverse Auslandsanleihen beschafften. Hier spielten vor allem die holländischen Geschäftspartner um Franz Koenigs eine hervorzuhebende Rolle. Auf dem deutschen Finanzsektor bestanden über Koenigs gute Kontakte zu Delbrück Schickler & Co., zudem nutzte Flick weiterhin die alten Verbindungen zu den Bankhäusern Carl Cahn und J.H. Stein. Anfang der dreißiger Jahre trat Sal. Oppenheimer mit dem aufstrebenden Robert Pferdmenges prominent hinzu.

Indes erforderte der Umfang der Finanzierungserfordernisse Flicks immer häufiger Kreditvolumina, die vorrangig von den Großbanken aufgebracht werden konnten, zumal diese oft Hausbanken der von Flick übernommenen Unternehmen waren. Daher gewannen Danat, DeDi und BHG rasch an Bedeutung für Flicks Projektfinanzierung. In geringerem Maße traf dies auch auf die Dresdner Bank zu, während etwa die Commerz- und Privatbank meist nur im Rahmen von Konsortien zum Zuge kam. Flick verfügte über ein großes Netz an Bankkontakten, die er bei Bedarf nutzen konnte, ohne sich zu irgendeinem Zeitpunkt in die Abhängigkeit eines einzelnen Instituts zu begeben. Mitspracherechte in der Geschäftspolitik kamen den in den Aufsichtsräten von Flick-Unternehmen vertretenen Bankiers, selbst wenn sie diese zahlenmäßig dominierten, praktisch nicht zu. Insgesamt wich Flicks Bankenpolitik somit nicht substantiell von den für die Beziehungen zwischen Kreditinstituten und Schwerindustrie in der Weimarer Republik vorliegenden Befunden ab.[25]

Allerdings bestanden auf einer Ratgeber-Ebene durchaus Einflußchancen: Flick zog Bankiers wie Kehl oder Jeidels bei Bedarf in seine Planungen ein, um ihr Know how wie auch ihre Kontakte zu nutzen. Auf keinen traf dies mehr zu als auf Jakob Goldschmidt, dessen Danat den größten Teil von Flicks Akquisitionen zumindest mitfinanzierte und an der frühzeitigen Beherrschung der GBAG entscheidenden Anteil hatte. Insofern überrascht es wenig, daß Flick sich 1931 prominent in die Sanierungsbemühungen der Schwerindustrie für die Danat einschaltete, drohte ihm doch ein Vertrauter und verläßlicher Finanzier verloren zu gehen.[26] Auch für Rhodius-Koenigs unternahm Flick 1931/32, freilich in kleinerem Rahmen, entsprechende Anstrengungen.[27]

Eine Besonderheit in Flicks Finanzierungspolitik resultierte aus den politisch aufgeladenen industriellen Engagements, die Flick einging, namentlich in West- und Ostoberschlesien. Da das grenzpolitische Interesse am Erhalt der beiden Industriegebiete bekannt war, griff Flick hier vor allem auf staatliche Kreditinstitute zurück, deren Bereitschaft zur Geldvergabe nicht allein von – in diesen Fällen höchst fraglichen – Verzinsungsaussichten bestimmt, sondern von politischen Opportunitäten beeinflußt wurde, die soweit reichen konnten, Millionenbeträge abzuschreiben. Über Seehandlung (Preußen) und RKG (Reich) konnte Flick auf diese Weise allein zwischen 1924 und 1929 rund 60 Mio. RM mobilisieren, die zu erheblichen Teilen als Zwischengewinne an seine Holdinggesellschaften flossen. Eine Konkurrenz zu den privaten Banken bedeutete das kaum. Daß diese ähnlich hohe Summen in die erkennbar wenig aussichtsreichen ostdeutschen und polnischen Komplexe investiert hätten, ist kaum wahrscheinlich.

Das Engagement im Osten eröffnete Flick auch weitgespannte persönliche Beziehungen zu Entscheidungsträgern in der öffentlichen Verwaltung bis in die Reichsregierung hinein, unter denen die Vertrauensmänner der öffentlichen Hand, Samuel Ritscher, Max von der Porten und Hans von Flotow[28], besonders hervorzuheben sind. Alle drei agierten vor allem in der oberschlesischen Frage dem Anschein nach als neutrale, persönlich desinteressierte Vermittler. Dennoch betätigten sie sich vielfach weniger als zweiseitige Transmissionsstellen denn als

25 Zusammenfassend: Wixforth, Banken, S. 499-511; ders./Wellhöner, Unternehmensfinanzierung.

26 Sitzung des Wirtschaftsausschusses des Reichskabinetts v. 28.7.1931, in: AdR, Brüning I u. II, Bd. 2, S. 1439.

27 Tgb. Schäffer, 3.8. u. 12.8.1931, IfZ ED 93, Bd. 13, Bl. 527, 603 f., 608 f., sowie die Unterlagen in MMA P 1.25.26.2.

28 1881-1947, Abitur, Jurastudium, Promotion; bis 1916 Reichsjustizamt u. Amtsrichter; 1917 zum MfHuG; 1921 zur Stumm-Gruppe/Hardy & Co., Geschäftsführer bis 1934/35; Vernehmung Hans v. Flotow, 12.9.1947, StAN Rep. 502, KVA, Interrogations, F-52.

Informations- und Einflußkanäle namentlich für Flick und Vögler, mit denen sie gemeinsam planten bzw. deren Vorschläge sie regelmäßig befürwortend weiterleiteten. Dies ging soweit, daß sich Ritscher 1931 für den von Flick verlangten Wiedereinstieg des Reichs bei der Fiduciaire erwärmen konnte, während Porten – der nach eigener Aussage »mit der Gruppe Charlottenhütte so befreundet war«[29] – in den Verkaufsverhandlungen 1932 gegenüber Dietrich geradezu als Sprachrohr Flicks auftrat. Flotow war bereits in die Verhandlungen für die Obereisen- und VOH-Kredite 1924/26 involviert gewesen und sollte ab 1932 in Polnisch-Oberschlesien enge Fühlungnahme mit Flick suchen.

In ihrer Doppelfunktion einerseits als Manager privatrechtlich organisierter Unternehmen, anderseits als Bedienstete der öffentlichen Hand und nicht selten auch Beauftragte staatlicher Politikgestaltung vereinten Porten, Ritscher und Flotow unternehmerische Kompetenz und Akzeptanz in der Privatwirtschaft mit einer dienstlichen Verpflichtung auf das Gemeinwohl. Gleichsam als »Allzweckwaffen« fanden diese staatlichen Gewährsleute zwischen dem Ersten Weltkrieg und dem Antritt des NS-Regimes an nahezu allen wichtigen Krisenschauplätzen Verwendung[30] und zählten zu den bestvernetzten Wirtschaftsfunktionären in Deutschland. Dies galt um so mehr, als die wechselnden Reichsregierungen als Prinzipale die Aufgaben ihrer Agenten zumeist weit faßten und nur geringe Kontrolle ausübten. Die Grundsatzfrage, wem sich diese Mittelsmänner im Zweifel verpflichtet fühlten – den staatlichen Auftraggebern oder der individuellen beruflichen Perspektive und der privatkapitalistischen Wirtschaft, in der sie sozial wie habituell verwurzelt waren und in deren Institutionen sie erfolgreich agierten – blieb dabei nicht nur unbeantwortet, sondern wurde gar nicht erst gestellt.

Geschichtspolitik

Nicht zuletzt kam Max von der Porten eine bezeichnende Funktion bei der Ausformulierung der Flickschen Version der Gelsenberg-Affäre zu. In den Maitagen 1932 arbeitete Porten gemeinsam mit Flick eine Denkschrift zu den Ursachen und Modalitäten des GBAG-Verkaufs aus. Die Niederschrift übernahm der VIAG-Direktor und übersandte das Manuskript an Flick und Steinbrinck, die ihrerseits Korrekturen vorschlugen. Die gemeinsame Darlegung kreiste um bekannte Topoi, so etwa die drohende französische Übernahme der VSt-Majorität. Ausführlich legte Porten die damit einhergehenden Gefahren eines Verlusts der deutschen Beherrschung der mittel- und südosteuropäischen Montanindustrie dar. Auch die »moralischen Verpflichtungen [aus dem Besitz] der polnischen Berg- und Hüttenwerke« fanden Erwähnung. Damit schrieb Portens Exposé die

29 Aktennotiz. Betr. Besprechung mit Herrn Dr. v.d. Porten am 29.11., 1.12.1931 [Flick], BAB R 8122/178, Bl. 210.

30 Porten an Schäffer, 28.6.1936, LBIB MF 512, 2/1/11; Schäffer an Porten, 18.1.1941, ebd., 6/2/19.

patriotische Auslegung des Gelsenberg-Deals als Rettungsaktion nationaler Interessen fest, die Flick mit seinem Brief an Thyssen vorgegeben hatte und von der er auch in der Folge nicht abging.

Nur in einer Frage stimmten Portens und Flicks Versionen nicht überein: Portens Feststellung, die Charlottenhütte habe wegen ihrer Bankschulden 1932 »[k]eine Bilanz herausbringen« können, stieß dort auf Ablehnung. Man gewinne den Eindruck, so Steinbrinck, »daß die Transaktion einer akuten Finanzkalamität der Ch.[arlottenhütte] entsprungen sei« – eine »viel zu schwarze Schilderung«, da man »keinen Anlaß zu größeren Besorgnissen als die übrige deutsche Montanindustrie« gehabt habe. Dennoch bestand Flick nicht auf einer umgehenden Korrektur, weil das Exposé nur bei etwaigen offiziellen Überprüfungen als »Verteidigungsschrift, nicht als objektive und historisch richtige Darstellung« Verwendung finden sollte.[31]

Dessen ungeachtet wurde fortan in allen weiteren Unterredungen zum Gelsenberg-Deal seitens Flicks auf der Interpretation insistiert, daß nicht seine Holding, sondern GBAG und VSt die entscheidenden wirtschaftlichen Schwachpunkte gewesen seien.[32] Gekoppelt wurde dies mit einer auf die Widerlegung des Pakethändler-Images zielenden Darstellung, derzufolge Flick sich wieder als »produktiver« Unternehmer mit größerer Nähe zu den Werken betätigen wollte statt nur als Großaktionär der VSt.[33] Den Vögler-Biographen Gert von Klass beschied Flick noch nach dem Krieg:

> »Der Grund [für den GBAG-Verkauf] lag nicht etwa in den finanziellen Verhältnissen der Flick-Gruppe; er lag vielmehr daran, daß das größte Objekte der Flick-Gruppe, nämlich die praktische Mehrheit der Gelsenkirchener Gesellschaft, in der auch die praktische Mehrheit der Vereinigten Stahlwerke verankert war, bei der damaligen kritischen Situation – bei einem Kurs des Stahlvereins, der teilweise unter zehn Prozent lag – gefährdet erschien [...]. Die Rolle eines mittelbaren [...] Großaktionärs der Vereinigten Stahlwerke gefiel mir schon lange nicht mehr. Ich strebte danach, wieder selbst die Rolle einer eigenen Unternehmerpersönlichkeit zu fundamentieren. Ich bin diesen Weg bewußt gegangen, indem ich im Jahre 1929 die Mehrheit der Maxhütte übernahm und im Jahre 1930 50 Prozent von Mittelstahl aus dem Besitz der Vereinigten Stahlwerke kaufte.«[34]

31 Aktennotiz. Betr. Exposé von Dr. v.d. P. [...], 2.5.1932 [Steinbrinck], BAB R 8122/80899.

32 Besprechung mit Hrn. Dr. Flick am 29.6.1932, BAB R 43 I/2179, Bl. 216-219. Bemerkenswert ist daher die spätere Aussage Steinbrincks, die Lage der Charlottenhütte sei Anfang 1932 »kritisch« gewesen; Eidesstattliche Erklärung Steinbrinck, 25.1.1947, StAN Rep. 501 KVP, Fall 5, B-3, NI-3499, Bl. 20.

33 Unter einer Vielzahl entsprechender Äußerung vgl. Rede Flicks [...], 1.4.1940, StAN Rep. 501 KVP, B-3, NI-3345, Bl. 14f.; Vernehmung Flick, 2.7.1947, ebd., A 37-39; Bl. 3188, 3194. [Unbetiteltes Typoskript], o. D. [August 1945], WWA S 8/84.

34 [Bemerkungen Flicks zum Manuskript Klass], 29.9.1956, TKA A/8943.

Zwar stellte dies angesichts der tatsächlichen Anpassungsprozesse und Strategieänderungen, die Flick in der Weltwirtschaftskrise vorgenommen hatte, eine im nachhinein geglättete biographische Selbstkonstruktion dar. Dennoch sollte sich diese nicht nur wie ein roter Faden durch alle retrospektiven Äußerungen Flicks bis in die Festschrift zu seinem 80. Geburtstag ziehen[35], sondern auch dem Mythos Flicks als industrieller Führerpersönlichkeit in den folgenden Jahren des »Dritten Reiches« zuträglich sein.

35 Dr. Friedrich Flick. Zum 80. Geburtstag, Düsseldorf, o. J. [1963], TKA Firmenschriften, S. 5 f.; deutlicher akzentuiert noch in: Dr. Friedrich Flick zum 70. Geburtstag, o. O., o. J. [1953], AIHKR, Ordner 2.

Friedrich Flick, um 1922

Das Werk Niederschelden der Charlottenhütte, um 1922

Hauptbüro AG Charlottenhütte, Siegen, um 1922

Verwaltungsgebäude Bismarckhütte AG, 1922

Albert Vögler, 1926

Oskar Sempell, 1926

Heinrich Koppenberg, um 1925

Friedrich Möller, 1935

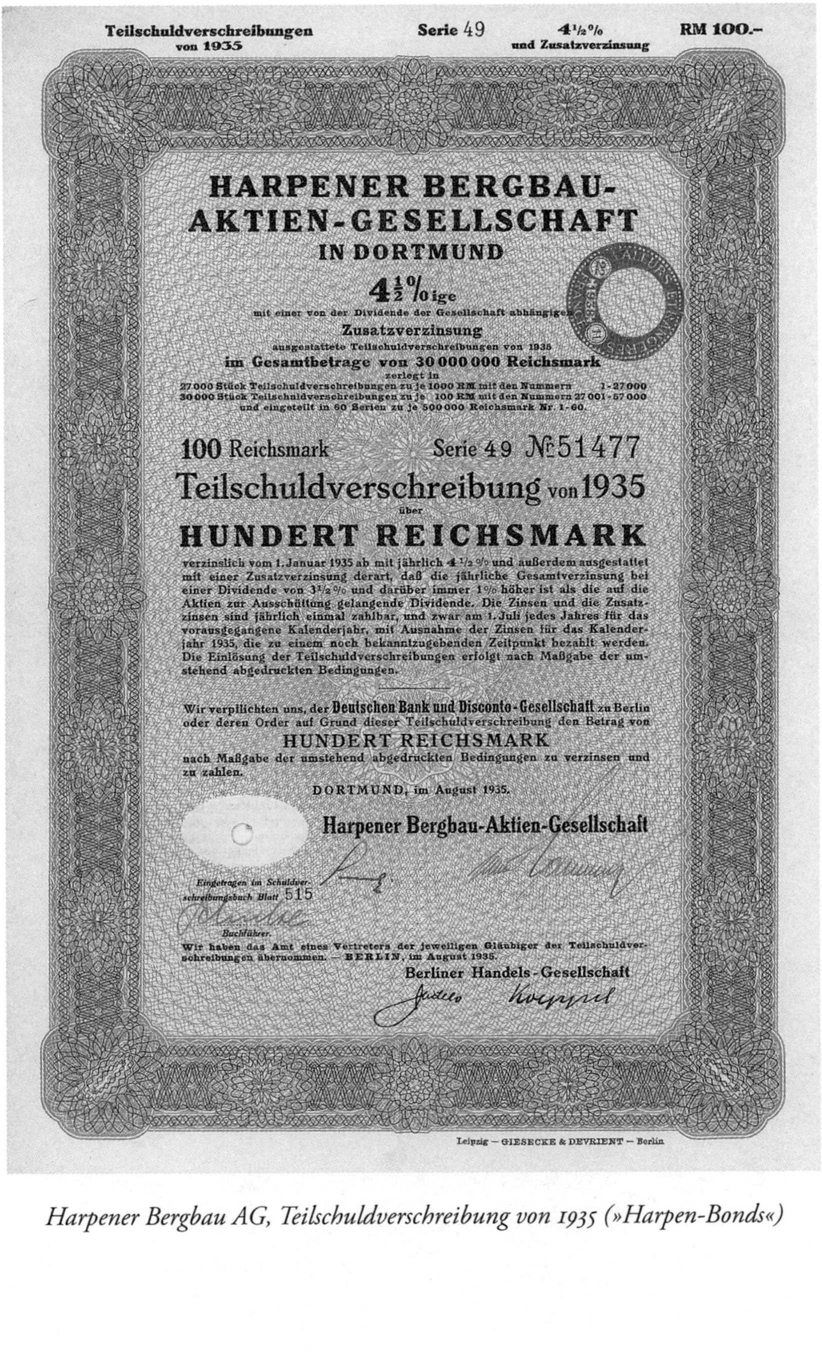
Teilschuldverschreibungen von 1935 Serie 49 4½% und Zusatzverzinsung RM 100.–

HARPENER BERGBAU-AKTIEN-GESELLSCHAFT IN DORTMUND

4½%ige

mit einer von der Dividende der Gesellschaft abhängigen Zusatzverzinsung ausgestattete Teilschuldverschreibungen von 1935 im Gesamtbetrage von 30 000 000 Reichsmark zerlegt in 27 000 Stück Teilschuldverschreibungen zu je 1000 RM mit den Nummern 1-27 000 30 000 Stück Teilschuldverschreibungen zu je 100 RM mit den Nummern 27 001-57 000 und eingeteilt in 60 Serien zu je 500 000 Reichsmark Nr. 1-60.

100 Reichsmark Serie 49 № 51477

Teilschuldverschreibung von 1935

über

HUNDERT REICHSMARK

verzinslich vom 1. Januar 1935 ab mit jährlich 4½% und außerdem ausgestattet mit einer Zusatzverzinsung derart, daß die jährliche Gesamtverzinsung bei einer Dividende von 3½% und darüber immer 1% höher ist als die auf die Aktien zur Ausschüttung gelangende Dividende. Die Zinsen und die Zusatzzinsen sind jährlich einmal zahlbar, und zwar am 1. Juli jedes Jahres für das vorausgegangene Kalenderjahr, mit Ausnahme der Zinsen für das Kalenderjahr 1935, die zu einem noch bekanntzugebenden Zeitpunkt bezahlt werden. Die Einlösung der Teilschuldverschreibungen erfolgt nach Maßgabe der umstehend abgedruckten Bedingungen.

Wir verpflichten uns, der Deutschen Bank und Disconto-Gesellschaft zu Berlin oder deren Order auf Grund dieser Teilschuldverschreibung den Betrag von HUNDERT REICHSMARK nach Maßgabe der umstehend abgedruckten Bedingungen zu verzinsen und zu zahlen.

DORTMUND, im August 1935.

Harpener Bergbau-Aktien-Gesellschaft

Eingetragen im Schuldverschreibungsbuch Blatt 515

Buchführer.

Wir haben das Amt eines Vertreters der jeweiligen Gläubiger der Teilschuldverschreibungen übernommen. – BERLIN, im August 1935.

Berliner Handels-Gesellschaft

Leipzig – GIESECKE & DEVRIENT – Berlin

Harpener Bergbau AG, Teilschuldverschreibung von 1935 (»Harpen-Bonds«)

Werbung für die »Havel-Gruppe«, um 1940

Ehrung für Ernst Poensgen, 1941
(erste Reihe, Mitte: Vögler, Keppler (in Uniform), Flick;
zweiter von rechts: Funk, zweiter von links: Poensgen)

Gesamtansicht der Rombacher Hüttenwerke, um 1942

Teilansicht der Preußenhütte, Dnjepr-Stahl GmbH, 1943

Hochofenanlage der Preußenhütte, 1943
(Im Vordergrund ukrainische Arbeiterinnen, barfuß)

Teil B
Rüstung und Expansion

III. Reorganisation – Reintegration – Rüstung (1932-1939)

1. Nach der Schlacht: Die Konzernreorganisation

»Nach der Schlacht«, übertitelte der *Berliner Börsen-Courier* Anfang 1933 seine Analyse der Charlottenhütte-Bilanz für das vorangegangene Jahr.[1] Darin kam zum einen zum Ausdruck, daß die Firma die größten Schwierigkeiten hinter sich gelassen – und überlebt – hatte. Ebenso klang jedoch mit, daß es eine ganze Reihe von Aufräumarbeiten im Flick-Konzern zu bewältigen gab, Altlasten, die im Zuge der Neuausrichtung abzutragen waren. Zuvorderst betraf dies die Finanzen: Die Charlottenhütte war im zweiten Halbjahr 1932 keineswegs schuldenfrei. Im Gegenteil drückten die Holding immer noch hohe, allerdings nun fast durchweg langfristige Zahlungsverpflichtungen. Unter diesen befand sich ein erheblicher Teil an Auslandsschulden, die unter den geltenden Devisenbestimmungen nicht aufrecht erhalten werden konnten.

Damit einher gingen organisatorische Fragen. Die Holding-Konstruktion stammte noch aus der Zeit der komplizierten Schachtelbeteiligungen zur Beherrschung der Vereinigten Stahlwerke (VSt) und aus der improvisierten Herauslösung ab 1931, welche die Mittelstahl-Anteile bei der Maxhütte plaziert hatte. Die Behandlung der finanziellen und organisatorischen Fragen in den ersten fünf Jahren nach der Lösung von den VSt, die der erneuten Expansion teilweise voranging, teilweise durch diese erforderlich wurde, soll daher zunächst skizziert werden, ehe die eigentliche Ausdehnung des Flick-Konzerns zur Sprache kommt. Diese organisatorischen Bemühungen begannen vor dem Antritt des NS-Regimes 1933 und verfolgten autonome Zielsetzungen. Indes zeigte sich bald, daß aus dem inkohärenten Konglomerat wirtschaftspolitischer Vorstellungen der »Bewegung« sich einzelne ideologische Versatzstücke zur Legitimation der Konzernpolitik ebenso wie zur Annäherung an die neuen Machthaber heranziehen ließen.[2]

1 Charlottenhütte: Nach der Schlacht, in: BBC Nr. 121 v. 12.3.1933, 3. Beilage.

2 Die Diagnose einer fehlenden dezidiert nationalsozialistischen »Wirtschafts-Ideologie« bei einem erkennbaren NS-Wirtschaftssystem, das gleichermaßen in nationalistisch-etatistischen Traditionen wurzelte wie es Opportunitätserwägungen flexibel integrierte, kann inzwischen als Konsens der historischen Forschung betrachtet werden. Vgl. Barkai, Wirtschaftssystem, S. 27-42, 68-71, 102, 228-230; Gosewinkel, Wirtschaftskontrolle, S. xvii f.; Ambrosius, Kriegswirtschaft, S. 331-347; die inzwischen überholte Primat-Diskussion zusammenfassend: ders., Staat, S. 91 f. Jüngere Überlegungen: Buchheim/Scherner, Anmerkungen; dies., Role, sowie jetzt Tooze: Wages.

1.1. Reorganisation und Monopolisierung

1.1.1. Die Fusion von Charlottenhütte und Mittelstahl

Der Gelsenberg-Deal befreite die Charlottenhütte von rund 60 Mio. RM Schulden, was für die Abdeckung der kurzfristigen Verpflichtungen und damit für das Überleben der Flick-Holding essentiell war. Gleichzeitig übernahm das Unternehmen die Rheinbraun-Aktien und verfügte mit 21 Mio. RM Anteilen über einen bedeutenden Wert im Portefeuille, da der Braunkohleerzeuger auch in der Weltwirtschaftskrise eine hohe Wertbeständigkeit aufwies und kaum Kursverluste hinnehmen mußte.[3] Dies war einerseits wichtig, um die hinterlegten und nun an das Reich zu liefernden GBAG-Aktien gegen eine weitaus geringere Zahl an Rheinbraun-Papieren auswechseln zu können[4], andererseits auch als gewichtiges Aktivum im Bilanzausgleich angesichts hoher verbliebener Schulden. Diese wurden zum Jahresende 1932 bei der Charlottenhütte noch immer auf über 36 Mio. RM beziffert – ohne Einrechnung verbürgter Verpflichtungen. Tatsächlich war die reine Charlottenhütte-Bilanz wenig aussagekräftig, da erst unter Einrechnung der Siegener Eisenindustrie AG sowie der drei Hollandgesellschaften Commerce, Nedahand und Metafina eine konsolidierte Konzernbilanz vorlag. In dieser fielen die Verpflichtungen mit über 80 Mio. RM mehr als doppelt so hoch aus.[5]

Zwar drängten diese Verpflichtungen, die zum überwiegenden Teil in den Jahren 1935/36 fällig waren, nicht unmittelbar, dennoch war eine mittelfristige Sanierung der Charlottenhütte auch nach dem Gelsenberg-Handel noch erforderlich. Dies galt zumal, als die Holding infolge des 1931 geschlossenen Interessengemeinschafts-(IG)-Vertrages keine Dividenden von Mittelstahl und Maxhütte erwarten konnte. Sofern an der Gewinnthesaurierung festgehalten werden sollte, kam eine Kündigung nicht in Frage. Die Lösung lag in dem bereits früher erwogenen Plan, Charlottenhütte und Mittelstahl zu fusionieren: Damit konnten die Schulden der Holding durch das Anlagekapital der IG balanciert und die Zahlungsverpflichtungen direkt aus den laufenden Betriebserlösen beglichen werden.

Ferner strebte die Konzernzentrale eine Vereinfachung der unübersichtlichen – und nach der Trennung von den VSt auch überproportionierten – Holdingstruktur an, in der sich diverse Anteilspakete unter anderem auf Charlottenhütte, Siegener Eisenindustrie (SEI) und die Hollandtöchter verteilten. Mittelstahl

3 Rheinische AG für Braunkohlen Bergbau und Brikettfabrikation, 26.5.1932 [Entwurf], BAB R 8122/1002.

4 Kaletsch an Schröder, 23.6.1932; Delbrück Schickler & Co. an Chh, 27.6.1932, beide ebd.

5 Der o.g. BBC-Artikel ging von rund 82 Mio. RM zinspflichtigen Verbindlichkeiten des Konzerns aus. Bei der IG Farben, die ein Bilanzarchiv der wichtigsten deutschen Unternehmen führte, wurden die gesamten Verbindlichkeiten der Charlottenhütte auf 74,2 Mio. RM, unter Berücksichtigung von Rückstellungen und Wertberichtigungsposten auf 83,3 Mio. RM beziffert; Actiengesellschaft Charlottenhütte. Bilanz per 31.12.1932, BAB R 8128/A3003.

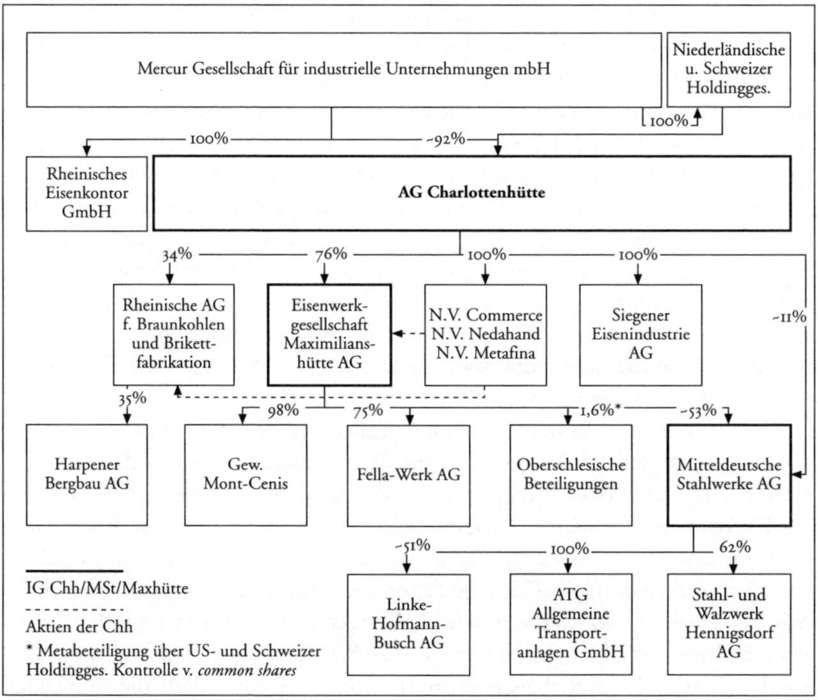

Quelle: Eigene Zusammenstellung.

Abb. III/1: Der Flick-Konzern nach dem Gelsenberg-Deal, Ende 1932

sollte künftig die industrielle Führung und Beteiligungsverwaltung innehaben und die SEI als reine Kapitalholding an die Spitze rücken.[6] In der Praxis bedeutete dies eine Vielzahl von Umschichtungen von Wertpapieren und Beteiligungen zwischen den Konzernunternehmen, auch um die Charlottenhütte mit zusätzlichen Werten auszustatten und ihrem Hauptaktionär – Flick – so die Mehrheit an Mittelstahl zu sichern.[7]

6 Die SEI (Kapital: 2,3 Mio. RM) stand ihrerseits unter Kontrolle der Mercur Gesellschaft für industrielle Unternehmungen mbH, die Flicks Privatbesitz verwaltete und deren Geschäftsführung Kaletsch und Natz ausübten; Chh an Mercur, 28.9.1933, BAB R 8122/2; Chh an J. H. Stein, 22.11.1932; MSt an Dresdner Bank, 19.7.1934, beide BAB R 8122/429; Konzerne der Deutschen Eisen- und Stahlindustrie. Stand von 1933, BAB R 3101 Anh./278; Fragen an Herrn Steinbrinck, o. D., StAN Rep. 502A, KVV, Handakten, Flächsner-12; Verhör Kaletsch, 17.9.1947, StAN Rep. 501, KVP, Fall 5, A 92-94, Bl. 7271

7 Zur Fusionsvorbereitung im einzelnen die Unterlagen in BAB R 8122/2; Hauptaktionäre der Charlottenhütte waren die Mercur als Eignerin von 13,3 Mio. Anteilen I. Gattung, auf die 31,3 Mio. Aktien der fusionierten MSt entfielen, sowie die Gaveg, in deren Depot weitere 5,3 Mio Aktien I. Gattung lagerten, die einen Anspruch auf 12,5 Mio.

Von zentraler Bedeutung war das zeitgleich vollzogene Tauschgeschäft Flicks mit der Rheinisch-Westfälisches Elektrizitätswerk AG (RWE), in dessen Zuge die Charlottenhütte ihre Rheinbraun-Anteile abgab und dafür Harpen- und RWE-Aktien erhielt. Letztere wurden 1933/34 für eine ganze Reihe von Transaktionen Flicks als Zahlungsmittel benutzt. Von der Maxhütte erwarb die Charlottenhütte deren knapp 26,7 Mio. Mittelstahl-Aktien im Austausch gegen Harpen- und RWE-Anteile[8], und auch die Übertragung der noch bei den VSt liegenden 25 Prozent wurde durch Hergabe von RWE-Aktien beglichen.[9] Im Ergebnis dieser Transaktionen konnte die Charlottenhütte im Spätsommer 1933 rund 47 von insgesamt 50 Mio. RM Mittelstahl-Anteilen in die Fusion mit Mittelstahl einbringen. Dies erlaubte es zum einen, die Verschmelzung ohne Kapitalerhöhung vorzunehmen, zum anderen wurde perspektivisch eine Einziehung von Aktien mit entsprechenden Buchgewinnen möglich.[10]

Im September 1933 waren die Vorbereitungen für das Fusionsprogramm abgeschlossen, so daß mittelfristige Finanzpläne aufgestellt werden konnten, eine Aufgabe, die seit seinem Wechsel von Dinkelbachs Büro in das Kaletschs Theodor Kurre oblag. Bei seinen Berechnungen im November 1933 kam Kurre nicht umhin festzustellen, daß der Konzern noch lange nicht in den schwarzen Zahlen war. Zwar verminderte die Konsolidierung der Einzelverpflichtungen bei Mittelstahl als neuem Konzernkern durch die Verrechnung wechselseitiger Forderungen die Gesamtschulden um fast sechs Mio. RM. Dennoch überstiegen die Verbindlichkeiten die Guthaben noch immer um 19,4 Mio. RM, die durch den Beteiligungsbesitz im Bilanzwert von 51,7 Mio. RM gedeckt wurden. Unter Einrechung der Maxhütte war das Bild stabil, ohne zu glänzen: Der Gesamtkomplex der IG wies Verpflichtungen von 85 Mio. RM aus, denen ein Guthaben von 52 Mio. RM gegenüberstand. Die Deckung erfolgte im wesentlichen aus der Harpen-Beteiligung mit 35 Mio. RM, ferner hielt die IG rund 32 Mio. RM eigene Anteile an Mittelstahl und Maxhütte.[11]

Die eigentliche Herausforderung lag nicht im bilanzierten Fremdkapital, sondern in den darauf entfallenden Zinsen. Als »Amortisationsverpflichtungen« figurierten sie nicht in der oben angegebenen Summe, sondern wurden eigenständig mit einem Gesamtbetrag von 83,4 Mio. RM aufgeführt. Entsprechend eng stellte

MSt-Anteile begründeten. Damit standen noch rund 1,4 Mio. Stammaktien aus, von denen sich ein Teil ebf. im Besitz Flicks befand. Die Vorzugsaktien II. Gattung gehörten Flick vollständig; Mercur an MSt, 20.12.1933; Gaveg an MSt, 20.12.1933, beide SächsHStA 11616/14.07.

8 Vertrag v. 29.8.1933, BAB R 8122/2. Zum Rheinbraun-Harpen-RWE-Geschäft vgl. unten S. 296-298.

9 Neuregelung des Kaufvertrages wegen 25 Millionen Mittelstahl-Aktien, 14.7.1932, BAB R 8122/274, Bl. 1-4; Entwicklung der wichtigsten Beteiligungen, 9.5.1946, StAN Rep. 502, KVA, Handakten, B-2; [Vermerk], 19.7.1932 [Haßlacher], TKA RSW/4582.

10 AG Charlottenhütte. Vermögensstatus zum 30.9.1933 (nach vorbereitenden Fusionsmaßnahmen), BAB R 8122/151, Bl. 80; Aktenvermerk, 21.12.1933, BAB R 8119F/P1364, Bl. 127 f.

11 Notiz betr. Zinsbelastung Chh.-Konzern + S. E. I., 1.11.1933 [Kurre], BAB R 8122/404.

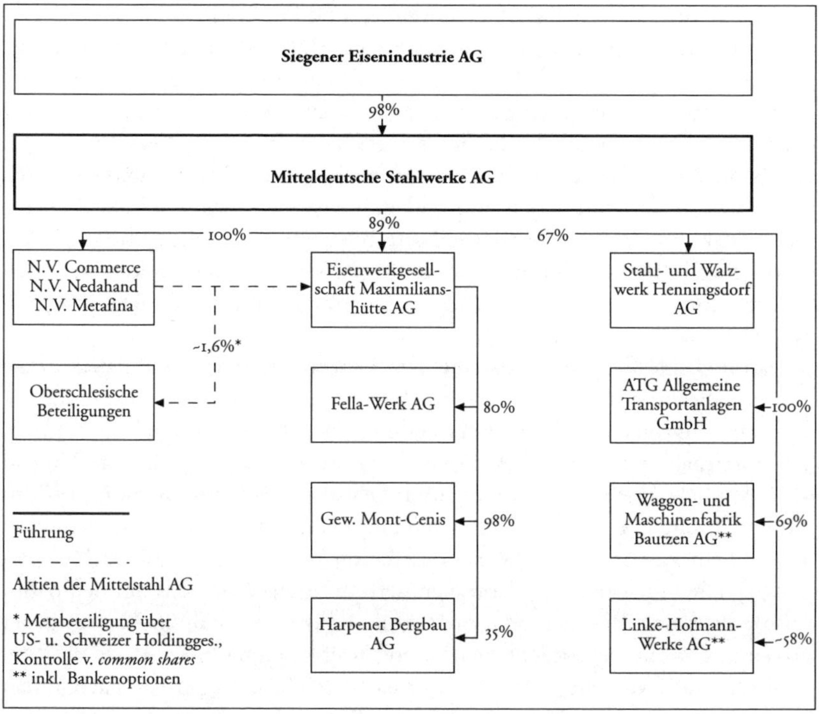

Quelle: Eigene Zusammenstellung

Abb. III/2: Der Flick-Konzern nach der Fusion Charlottenhütte/Mittelstahl, 1934

sich der Finanzplan der nächsten Jahre aus der Perspektive des Herbstes 1933 dar. Allein bis Ende 1935 kalkulierte Kurre mit Geldausgängen in Höhe von 38 Mio. RM für Kreditverpflichtungen; dabei erwog der Chefbuchhalter verschiedene Varianten, die Abtragungen bis in die fünfziger Jahre hinein beinhalteten.[12] Daß der staatlich beschleunigte konjunkturelle Aufschwung der nächsten Jahre einen weit schnelleren Schuldenabbau erlauben sollte, konnte Kurre schwerlich ahnen.

1.1.2. Die Verdrängung der Kleinaktionäre und die Gründung der Friedrich Flick KG

Am 31. Januar 1934 ging die AG Charlottenhütte in der Mitteldeutsche Stahlwerke AG auf. Damit wurde das Unternehmen, an dessen Spitze Flick seit 1915 als Direktor und Eigentümer gestanden hatte, aus dem Handelsregister gelöscht – ein Moment, der Siegfried Frey »zu elegischen Stimmungen« veranlaßte. Flick hingegen, wenngleich er angab, Freys Sentiment zu teilen, wollte

12 Ebd.; mit leicht abweichenden Zahlen: Finanzprogramm, 21.11.1933 [Kurre], ebd.

»den Blick von der Vergangenheit abwenden und ihn in die Zukunft richten«.[13] Die Führung der im nächsten Jahrzehnt meist als »Mittelstahl-Konzern« bezeichneten Gruppe übte Flick fortan in seiner Funktion als Hauptaktionär und Aufsichtsratsvorsitzender aus und stellte personelle Kontinuität beim Übergang der Führungsgremien auf Mittelstahl sicher: Im Aufsichtsrat übernahm Konsul von Stein die Stellvertretung Flicks, und auch Vögler, Sempell und Poensgen wurden wiedergewählt. In den Vorstand wurden Steinbrinck und Kaletsch berufen, so daß das bisherige Charlottenhütte-Büro Berlin nun als Mittelstahl-Verwaltungsstelle Berlin firmierte und als Konzernzentrale die Holdingaufgaben bruchlos fortführte; die betriebliche Leitung oblag weiterhin der Hauptverwaltung in Riesa.[14]

Damit rückte Flick gleich um mehrere Verschachtelungsstufen näher an die Produktivbetriebe seiner Beteiligungen heran und schien seine Begründung für die Trennung von den indirekten Kapitalinteressen an GBAG und VSt nachträglich untermauern zu wollen. Auch in der Presse erblickte man in dem Umbau den Ausdruck einer Rückbesinnung und »Selbstbescheidung«, die zwar die Konzernverschachtelung nicht vollkommen aufgegeben, aber doch stark gemildert habe. Nicht zuletzt wurde die Reorganisation im Flick-Konzern als Hinwendung zu einem persönlichen Unternehmertum interpretiert, das mit den nationalsozialistischen Propagandaformeln von industrieller Führerschaft und der Ablehnung anonymer Aktienbeherrschung konform ging.[15]

In der Tat hatte die nationalsozialistisch geführte Regierung nach ihrem Machtantritt erste Eingriffe in das Wirtschaftssystem unternommen. Allerdings hatten sich diese im Zuge der rapiden, in ihrer radikalen Ausschaltung der überkommenen politischen und gesellschaftlichen Institutionen von Reich und Republik dezidiert revolutionären »Gleichschaltung«[16] weniger auf die Unternehmen als vielmehr auf die Arbeiterorganisationen und Eingriffe in die industriellen Beziehungen konzentriert.[17] Mit der Auflösung der Gewerkschaften am 2. Mai 1933 sowie der Berufung der sogenannten Treuhänder der Arbeit gut zwei Wochen später wurden das geltende Koalitionsrecht und Tarifparteiensystem faktisch abgeschafft. Tarifordnungen wurden fortan staatlich fixiert und galten ausnahmslos für alle Arbeitnehmer des jeweiligen Tarifgebiets.[18] Die

13 Zitate: Frey an Flick, 3.2.1934; Flick an Frey, 5.2.1934, beide BAB R 8122/31.

14 Zwischen der Führung des Berliner Büros und dem SEI-Vorstand bestand Personalunion. Das Düsseldorfer SEI-Büro unter Leitung Stählers wurde separat fortgeführt; Notiz für Herrn Kaletsch, 29.11.1934, BAB R 8122/147, Bl. 112; Die Umstellung in der Flick-Gruppe, in: DAZ Nr. 21 v. 13.1.1934; Tätigkeitsfeld Kaletsch 1925-45, StAN Rep. 501, KVP, Fall 5, F-2, Dok. Kaletsch-919, Bl. 45.

15 Privatkonzern Flick, in: Handelsblatt der Kölnischen Zeitung Nr. 268 v. 21.12.1933, (Morgenblatt); Zitat: Neuordnung der Gruppe Flick, in: FZ Nr. 879/880 v. 21.12.1933.

16 Dazu nach wie vor Bracher, Diktatur, S. 209-249; Broszat, Staat, S. 82-150, 173-222; ferner Herbst, Deutschland, S. 66-73; Wehler, Gesellschaftsgeschichte, Bd. 4, S. 601-617.

17 So etwa: Petzina, Zwischenkriegszeit, S. 124f.

18 Vgl. Barkai, Wirtschaftssystem, S. 115-121; Ambrosius, Staat, S. 10; Hachtmann, Industriearbeit, S. 32.

parallel etablierte Deutsche Arbeitsfront (DAF), der Arbeitnehmer und Arbeitgeber gleichermaßen angehörten, trat entsprechend nicht in die Rolle einer Interessenorganisation der Beschäftigten ein, sondern war in erster Linie den politischen Vorgaben des Regimes verpflichtet und zielte auf die sozialintegrative Wirkung reichsweit einheitlicher und propagandistisch orchestrierter sozialpolitischer Aktivitäten. Mit ihrem Monopol auf die Vertretung aller »Schaffenden« verhinderte die DAF zudem effektiv die Entwicklung der Nationalsozialistischen Betriebszellen-Organisation (NSBO) zu einer Arbeitnehmervertretung gegen die Unternehmensleitungen.[19] Das »Gesetz zur Ordnung der nationalen Arbeit« vom 20. Januar 1934 schrieb schließlich das Ende der betrieblichen Mitbestimmung fest und etablierte klare Hierarchien zwischen »Betriebsführern« und »Gefolgschaften«.[20]

Die Auflösung der Gewerkschaften wie auch die Ausschaltung der NSBO, deren Aktionen anfangs für Unruhe in den Betrieben gesorgt und Unternehmensvertreter wie Eugen Böhringer zur Intervention bei Regierungs- und Parteistellen veranlaßt hatten[21], wurde von der Privatwirtschaft, insbesondere von der Schwerindustrie, als positives Signal einer ersatzlosen Abschaffung des abgelehnten Weimarer Systems begrüßt. Irritationen wie die berüchtigte Besetzung der Repräsentanz des Reichsverbandes der Deutschen Industrie (RDI) blieben hingegen ebenso Zwischenspiel wie die in den Verbandsumbenennungen artikulierten ständischen Neigungen in Teilen der NS-Führung. Ein personelles Revirement in den Organisationen der Privatwirtschaft – von dem Flick mangels maßgeblicher Verbandsämter unmittelbar nicht berührt war – fand nur vereinzelt statt wie im Falle des RDI-Geschäftsführers Ludwig Kastl; die internen Meinungsbildungs- und Entscheidungsprozesse blieben weitgehend unverändert.[22] Ebenso ging die im »Gesetz zur Vorbereitung des organischen Aufbaus der deutschen Wirtschaft« (Februar 1934) verfügte Umwandlung der Branchenverbände in Wirtschaftsgruppen mit weitestgehender personeller Kontinuität einher. Bei-

19 Vgl. Hachtmann, Industriearbeit, S. 29 f; Zollitsch, Arbeiter, S. 212-214; Tooze, Wages, S. 40; zum Kompetenzkampf zwischen DAF und NSBO: Frese, Betriebspolitik, besonders S. 44-93.

20 Bähr, Governance, S. 68; Barkai, Wirtschaftssystem, S. 117; Hachtmann, Industriearbeit, S. 30 f.; Frese, Betriebspolitik, S. 93-113. Zum Begriff der Gefolgschaft noch immer die luziden Betrachtungen bei Klemperer, LTI, S. 278 f.

21 Allgemein Frese, Betriebspolitik, S. 36-40, 47 f. Am Beispiel von Sulzbach-Rosenberg im März 1933, wo Auseinandersetzungen durch die guten Beziehungen Böhringers ins rechte Parteienspektrum einschließlich der NSDAP unterbunden werden konnten; Maxhütte an Siebert, 27.5. u. 28.5.1933, beide BayHStA MWi 2448; s. Eidesstattliche Erklärung Steinbrinck, 28.1.1947, StAN Rep. 501, KVP, Fall 5, B-32, NI-3505, Bl. 37. Die Bewertung Böhringers bei Blaich, Industrie, S. 245, scheint zu positiv.

22 Zusammenfassend Neebe, Industrie, S. 155-176; Barkai, Wirtschaftssystem, S. 105-115; Turner, Business, S. 333-337; Tooze, Wages, S. 107 f. Zu den bereits vorher heftigen Attacken des rechtskonservativen schwerindustriellen RDI-Flügels auf Kastl vgl. Przigoda, Unternehmensverbände, S. 331 f. Zum Scheitern ständischer Konzepte: Freise, Wettbewerb, S. 82-84, 160-162.

spielhaft war der Fall des Vereins Deutscher Eisen- und Stahlindustrieller (VDESI), der schlicht zur Wirtschaftsgruppe Eisen schaffende Industrie umgewidmet wurde.[23]

Weit augenfälliger waren die personellen Veränderungen im öffentlichen Leben. Die rasch einsetzende Verfolgung der politischen Opposition, vor allem aber die Ausgrenzung führender jüdischer Industrieller, Kaufleute und Bankiers, die im Gefolge des »Gesetzes über das Berufsbeamtentum« (7. April 1933) auf Druck von Partei- und Staatsstellen oder in vorauseilendem Gehorsam vieler Unternehmen ihre Posten räumen mußten, gaben dem Kreis der Gesprächs- und Verhandlungspartner ein unübersehbar gewandeltes Gesicht.[24] In der Schwerindustrie waren, mit den bekannten Ausnahmen vor allem Paul Silverbergs und der Familie Hahn, jüdische Unternehmer traditionell gering vertreten.[25] Anders stellte sich die Situation bei Rechtsberatern[26] und vor allem Bankiers dar. Im Kreise der prominenten jüdischen Unternehmer, zu denen Flick enge Beziehungen unterhielt, zeichnete sich zum Jahresende 1933 das Ausscheiden Max von der Portens und Jakob Goldschmidts aus sämtlichen Ämtern ab, so etwa im Aufsichtsrat der Maxhütte. Samuel Ritscher verblieb noch bis 1936 in der Führung der Dresdner Bank, dann trat auch er den Gang ins Exil an. Zwei Jahre später machte Otto Jeidels seinen Abschiedsbesuch bei Flick.[27] Wenn diese Vorgänge in der Konzernspitze Beachtung fanden, so drückte es sich jedenfalls nicht im Geschäftsverkehr aus. Bestürzt ob der Ignoranz, mit der die »bewußte Ausdörrung und Vereinsamung eines Bevölkerungsteiles« in der deutschen Privatwirtschaft mitvollzogen und hingenommen wurde, appellierte Hans Schäffer aus der schwedischen Emigration an die industriellen Wortführer, »sich den Sinn für Recht und Billigkeit offen zu halten und nicht vor gegenwärtigen Tatsachen zu kapitulieren, als ob sie ewig sein müßten, weil das Nachdenken darüber unangenehm und vielleicht auch beschämend ist«. Schäffers bittere Mahnung verhallte indes, wie von ihm selbst nicht anders erwartet, ungehört.[28]

Manifest und nicht zu ignorieren war der politische Bruch unterdessen auf einem anderen Gebiet: Mit der Ernennung Hitlers zum Reichskanzler begann eine wahre Flut von Spendenbitten und -aufrufen, die ihren nötigenden Cha-

23 Vgl. Bähr, Governance, S. 68 f.; Ambrosius, Staat, S. 10; Esenwein-Rothe, Wirtschaftsverbände, S. 40-73.

24 Vgl. Barkai, Boykott, S. 35-43; Gellately, Hingeschaut, S. 47-50; am Beispiel der Deutschen Bank: James, Deutsche Bank, S. 25 f.

25 Dazu Pierenkemper, Unternehmer, S. 100-118.

26 Julius Flechtheim mußte 1933 sowohl seine Lehrtätigkeit an der Berliner Universität als auch seine Verbandsämter aufgeben; Heymann, Flechtheim, S. 30-33; vgl. Herbst, Deutschland, S. 77-79.

27 Vermerk, 14.12.1933 [Belitz], BAB R 8136/3436; Aufstellung Flicks, 21.5.1947, StAN Rep. 501, KVP, Fall 5, E-4, Dok. Flick-42, Bl. 151 f.; Notiz, 3.2.1938 [Steinbrinck], BAB R 8122/105; Korrespondenz Schäffer/Porten 1933 in LBIB MF 512, 1/1/3; Münzel, Mitglieder, S. 205, 221 f., 266 f.

28 Schäffer an Röchling, 15.12.1935, LBIB MF 512, 2/1/7.

rakter nicht verleugneten.[29] Zahllose Vertreter von Parteigliederungen wurden etwa bei Mittelstahl und Maxhütte vorstellig, die in ihren jeweiligen Regionen die größten Industrieunternehmen darstellten und entsprechend gern aufgesucht wurden.[30] Die Zahlungen wurden – in Absprache mit der Berliner Zentrale – in den folgenden Jahren trotz des von Hitler zugunsten von Winterhilfswerk und Adolf-Hitler-Spende verfügten Sammelverbots fortgesetzt, um angesichts der meist kleinen Summen keine unnötigen Konflikte zu provozieren.[31] Die Konzernführung selbst leistete weit höhere Beträge an Spitzenvertreter des NS-Regimes, besonders über die Mitgliedschaft Steinbrincks und ab 1935 auch Flicks im später zum »Freundeskreis des Reichsführers SS« transformierten Keppler-Kreis, der jährlich eine Millionensumme von seinen Mitgliedern erhob.[32] Die Teilnahme gleich zweier hochrangiger Konzernvertreter dokumentierte die hohe Anpassungsbereitschaft Flicks an die neuen Machthaber. Darüber hinaus mochte es für die Zukunft nicht schaden, mit dem »Wirtschaftsberater des Führers« und später auch mit dem Reichsführer SS auf gutem Fuße zu stehen, wenn es um Informationen, Kontakte und Beziehungen ging.[33]

Blieb die finanzielle Bedeutung dieser letztlich über Spesen nicht hinausreichenden Aufwendungen gering, so entfaltete das Umwandlungsgesetz vom Juli 1934 rasch bedeutsame Auswirkungen für Flicks Konzern. In dem Gesetz und den folgenden Durchführungsverordnungen artikulierten sich die diffus

29 Den Auftakt machte die berüchtigte, auch von Flick besuchte Sitzung vom 20.2.1933, auf der Hitler, Schacht und Göring unter dezidiertem Hinweis auf die antidemokratischen Ziele der neuen Regierung von führenden Vertretern der Privatwirtschaft hohe Geldspenden akquirierten; vgl. Tooze, Wages, S. 99-101.

30 Weitere Forderungen richteten sich auf die bevorzugte Einstellung »Alter Kämpfer« im Zuge der »Arbeitsschlacht« 1933/34. Anders als im öffentlichen Dienst blieb die Resonanz in der Privatwirtschaft gering, Qualifikation und Bedarf gaben hier weiter den Ausschlag; z. B. NSDAP-Kreisleitung Bautzen an LHB Bautzen, 13.4.1933 u. 26.5.1934; LHB Bautzen an NSDAP Kreisleitung, 19.4.1933, 9.8.1933 u. 4.1.1934; alle SächsHStA 11692/382; vgl. Bajohr, Parvenüs, S. 22-24, 27-30.

31 Umfangreiche Dokumentation für Mittelstahl in: SächsHStA 11616/20.03, 20.04, 20.06; für die Havelgruppe vgl. BLHA Pr. Br. Rep. 75, Nr. 1.

32 Zu Flicks Mitgliedschaft ab 1935: Eidesstattliche Erklärung F. Flick, 5.1.1947, StAN Rep. 501, KVP, Fall 5, B-26, NI-3188, Bl. 60 f. Zur Spendenpraxis: Vogelsang, Freundeskreis, S. 108-115; Bütow, Freundeskreis, S. 44; Wildt, Terminkalender, S. 679-682. In welchem Jahr welche Beträge überwiesen wurden, läßt sich kaum exakt ermitteln. Nach Angaben Flicks betrug der Jahresbetrag bei seinem Beitritt 50-70 000 RM, in späteren Jahren 100 000 RM; vgl. Eidesstattliche Erklärung F. Flick, 29.11.1946, StAN Rep. 501, KVP, Fall 5, B-32, NI-3122, Bl. 8 f.; Liste der 1943 auf Sonderkonto »S« eingezahlten Beiträge, ebd., B-26, EC-453, Bl. 53; Kaletsch an Schröder, 17.2.1944, ebd., B-26, NI-3506, Bl. 69. Steinbrinck zufolge bestand bereits seit 1931 ein Abkommen mit Himmler über einheitliche Zahlungen an die SS; Steinbrinck an Raabe, 28.12.1938, ebd., B-26, NI-3454, Bl. 86.

33 Die ältere Studie von Vogelsang, Freundeskreis, gibt kaum Aufschluß über den praktischen Wert der Mitgliedschaft. Informationszugang und Einflußmöglichkeiten wird in Kürze die erweiterte Fassung von Bütow, Freundeskreis, vermessen.

antikapitalistischen Strömungen innerhalb der Partei in einer steuerlichen Begünstigung von Personen- (oHG, KG) gegenüber Kapitalgesellschaften (GmbH, AG). Davon erhoffte sich die Regierung einen wirksamen Anreiz für eine Umwandlung in Unternehmensformen, die dem Führerprinzip vermeintlich mehr entsprachen.[34] Gleichwohl waren der Umwandlung offenkundige Grenzen gesetzt. Vor allem Großunternehmen, die auf Kapitalakquise durch Aktienausgabe und Kreditaufnahme angewiesen waren, konnten kaum auf gering kapitalisierte und nicht-offenlegungspflichtige Gesellschaftsformen zurückgreifen.

Aus diesem Grund widmete sich seit Anfang 1934 die Akademie für Deutsches Recht[35] der Erarbeitung einer Aktienrechtsnovelle, die Strukturen und Verfahren der Kapitalgesellschaften neu regeln sollte. Dem Vorhaben lag eine doppelte Intention zugrunde: Einerseits galt es, das in den Bilanzskandalen der Weltwirtschaftskrise vom Schlage Schweitzer & Opplers verloren gegangene öffentliche Vertrauen in die Selbstregulierungsfähigkeiten der Privatwirtschaft durch Fixierung und Präzisierung der unter Brüning begonnenen Reformen wiederherzustellen.[36] Zum anderen sollte die Neugestaltung der institutionellen Beziehungen zwischen den verschiedenen Gesellschaftsorganen (General-/Gesellschafterversammlung, Aufsichts-/Verwaltungsrat, Vorstand/Geschäftsführung) stärker nationalsozialistischen Leitlinien folgen. Das nach dreijährigen, intensiven Beratungen erzielte Ergebnis, das im Januar 1937 erlassene Aktiengesetz, stellte schließlich einen eigentümlichen Kompromiß dar, der Elemente von »Führertum« und Kontrolle miteinander verband. So stärkte das Gesetz den Vorstand gegenüber Aufsichtsrat und Hauptversammlung, ohne aber die generelle Entscheidungsteilung abzuschaffen, und schrieb die Prüfpflicht durch externe Revisoren fest. In der Praxis sollte sich zeigen, daß die normative Ausformulierung der Entscheidungsbefugnisse in privaten Unternehmen eine faktische Leitung, die sich an den Verfügungsrechten und an persönlich-charismatischen Konstellationen orientierte, nicht ausschloß. Auch die gängige Übung, pensionierte Vorstandsmitglieder in die Aufsichtsräte zu wählen, die den personellen Autismus innerhalb der Unternehmen fortschrieb, wurde beibehalten.[37]

Im Flick-Konzern beobachtete man den Fortgang der Diskussion um das neue Unternehmensrecht aufmerksam und suchte nach Möglichkeiten, eigene, dem juristischen Diskurs zeitlich vorausgehende Pläne als Beitrag zur laufenden Debatte umzuetikettieren. Anders als die eingangs zitierten Pressestimmen es vermuteten, handelte es sich bei den Umbaumaßnahmen in den Flick-Beteiligungen 1933/34 weniger um Anpassungsleistungen an nationalsozialistische Vorgaben als vielmehr um eine geschickte, die zeitgenössische Terminologie auf-

34 Dazu: Bähr, Governance, S. 69; Swatek, Unternehmenskonzentration, S. 82 f.

35 Grundlegend die Einführungen zu der vielbändigen Aktenedition: Schubert, Vorbemerkungen, und ders., Einleitung.

36 Vgl. Hofmann/Hofmann, Governance, S. 50 f.; Spoerer, Scheingewinne, S. 81.

37 Die Präferenz der NS-Führung für Personengesellschaften fand ihren Niederschlag in der Anhebung des Mindestkapitals von AG von 50000 auf 500000 RM; vgl. Bähr, Governance, S. 65-73; ders., Kapitalmarktrecht, S. 47-51.

greifende Inszenierung eigener strategischer Dispositionen, in deren Zentrum das Ziel der Ausschaltung von Minderheitsaktionären und letztlich das wenigstens teilweise Unterlaufen der Transparenzforderung des avisierten Aktienrechtsgesetzes stand.

Schon 1929 hatten Flick und seine juristischen Experten um Frey und Flechtheim den rechtlichen Raum zur zwangsweisen Verdrängung von außenstehenden, meist kleinen Aktionären durch den Inhaber der Majorität ausgelotet. Da diese Überlegungen in der Agonie der Weimarer Republik jedoch nicht mehr umgesetzt worden waren, hatte Flick zunächst den üblichen Weg von Tauschofferten eingeschlagen, um bei Mittelstahl und Maxhütte kleine Aktienpositionen hinzuzuerwerben. Schon der IG-Vertrag von 1931 war von einem Umtauschangebot begleitet worden, dem im Frühjahr darauf ein zweites gefolgt war, das gezielt einige größere Pakete umworben hatte.[38]

Im Zuge der Fusion von Charlottenhütte und Mittelstahl intensivierte Flick seine Bemühungen, die außenstehenden Aktionäre aus den Führungsgesellschaften seines Konzerns herauszukaufen. Indem er die von ihm vollständig kontrollierte SEI als Spitzenholding einsetzte, konnte Flick auf der höchsten Ebene des Konzerngebäudes die Verhältnisse leicht klären: Im Unterschied zur Charlottenhütte, wo er zwar rund 92 Prozent des Kapitals in seiner Hand gehalten, aber nie eine Beherrschung unter Ausschluß aller fremden Anteilseigner erreicht hatte, war Flick an der Spitze nun niemandem mehr rechenschaftspflichtig. Anders gestaltete sich die Lage in Riesa: Hier blieb trotz der Tauschangebote eine kleine Gruppe verkaufsunwilliger Aktionäre mit etwa zwei Mio. RM Nominalanteilen erhalten, zu denen nun auch die wenigen außenstehenden Anteilseigner der Charlottenhütte hinzukamen.[39]

Aus diesem Grund verband Flick die Reorganisation 1934 mit einem Umtauschangebot, als dessen Zweck er gegenüber den Banken vorgab, »die noch ausstehenden Aktien hereinzubringen, da die Absicht besteht, die Mitteldeutsche Stahlwerke AG zu einem Familienunternehmen unter späterer Änderung in eine andere Gesellschaftsform zu gestalten«. Unterbreitet wurde eine attraktive Tauschofferte gegen RWE-Aktien, die Flick nachdrücklich mit der Warnung verband, daß Aktionäre, die es vorzögen, ihre Mittelstahl-Anteile zu behalten, künftig mit keinerlei Gewinnausschüttungen mehr rechnen dürften: Alle Gewinne würden fürderhin im Unternehmen einbehalten werden.[40]

38 Umtauschangebot an die Aktionäre der Firma Mitteldeutsche Stahlwerke AG, März 1932; Betr. Umtausch Mitteldeutsche Stahlwerkes-Aktien in Aktien der Maximilianshütte, 18.3.1932, beide BADH R 8127/15290, Bl. 13 f.

39 Bei den Fusions-Generalversammlungen von Chh und MSt wurden 19 272 000 Chh-Aktien I. Gattung sowie alle Aktien II. Gattung angemeldet; bei MSt waren 49 147 300 RM-Anteile vertreten, von denen die Chh mindestens 47 311 300 RM stellte; Chh-Vermögensbilanz zum 30.9.1933, BAB R 8122/151, Bl. 80; Die Umstellung in der Flick-Gruppe, in: DAZ Nr. 21 v. 13.1.1934.

40 Umtauschangebot an die freien Aktionäre der A.G. Charlottenhütte und der Mitteldeutschen Stahlwerke A.G., 4.1.1934, BADH R 8127/15481, Bl. 5-9, Zitate Bl. 5 f. In

Hinweise darauf, daß Flick tatsächlich vorhatte, Mittelstahl in eine Personalgesellschaft umzuwandeln, fehlen. Angesichts der damit verbundenen Finanzierungsschwierigkeiten sprach auch wenig dafür. Dennoch griff er in der Folge mehrfach auf diese Scheinoption zurück, um sich der Zustimmung von Partei- und Regierungsstellen zu seinen Plänen zu versichern sowie den Druck auf die Kleinaktionäre aufrechtzuerhalten. Denn 1934 blieben die Ergebnisse der Umtauschoffensive erneut unbefriedigend, vier Fünftel aller in Frage kommenden Charlottenhütte- und sogar 90 Prozent aller außenstehenden Mittelstahl-Aktionäre ließen die Fristen verstreichen.[41] Das Ergebnis war ein jährlich wiederkehrendes Szenario: Flick erneuerte anläßlich der Hauptversammlungen immer wieder seine Angebote und trug den Konsortialbanken auf, den Druck auf ihre Kunden zu erhöhen. Dies ging soweit, daß die Dresdner Bank Ende März 1935 explizit dazu aufforderte, bei den Anmeldestellen Namen der Eigner und Nennbeträge der Aktien festzuhalten und die Verzeichnisse an Flick weiterzureichen. Erst zweieinhalb Monate später korrigierte die Bank ihre Ermunterung zu dem eklatanten Bruch des Bankgeheimnisses und forderte Angaben zum Gesamtbetrag, jedoch ohne Namensnennung. Auf diese Weise erhöhte Flick 1935 seinen Besitz an Mittelstahl auf über 99 Prozent. Damit war jedoch das Ende der Fahnenstange erreicht.[42]

Parallel zu diesen Aufkaufversuchen erkannte die Konzernführung Flicks von Beginn an in den Vorbereitungen für ein neues Aktienrecht die Möglichkeit, ihre 1929 in der Schublade verbliebenen Konzepte zum eigenen Nutzen einzubringen. Dabei griff sie auch auf die seit 1932 etablierten Kontakte zur Parteiführung zurück, namentlich Steinbrincks Mitgliedschaft im Keppler-Kreis. Schon im Oktober 1933 kam es zu einer ausführlichen Besprechung von Flicks rechter Hand mit Hitlers Wirtschaftsberater über die mögliche Zielsetzung der Aktienrechtsreform. Dabei stimmten Steinbrinck und Keppler lebhaft überein, daß lediglich für Mehrheitseigner eine Identifikation mit den Unternehmen angenommen werden konnte, die übrigen Kleinaktionäre jedoch als reine Rentiers zu gelten hatten. Entsprechend einig waren sich die beiden Gesprächspartner, daß es rechtlicher Möglichkeiten bedurfte, um diese bloßen Dividendeninteressen zwangsweise abzufinden.[43]

Dies entsprach präzise der 1929 eingeschlagenen Linie und zeichnete den Kurs der folgenden Jahre vor. Als 1934 die Akademie für Deutsches Recht die konkreten Arbeiten am Aktiengesetz aufnahm, standen Flick verschiedene Informationskanäle zur Verfügung. So bestand mit Walter Luetgebrune, Mitglied des

dieser Sitzung bezifferte Flick die außenstehenden Beträge auf je rund 750.000 und 1,5 Mio. RM Chh- respektive MSt-Aktien.

41 Dresdner Bank an BHG, 15.2.1934, ebd., Bl. 49 f.

42 Dresdner an BHG, 30.3., 29.4. u. 11.6.1935, ebd., Bl. 99 f., 112, 130; Entwicklung der wichtigsten Beteiligungen, 9.5.1946, StAN Rep. 502, KVA, Handakten, B-2. Akten-Notiz. Niederschrift betreffend Gesamtvorstandssitzung v. 17.2.1937, 18.2.1937, BAB R 8122/402; Mitteldeutsche Stahlwerke, in: BBZ Nr. 101 v. 2.3.1937.

43 Zur Besprechung mit Herrn Keppler, 23.10.1933, BAB R 8122/237.

Führerrats der Akademie, ein Beratervertrag, während Böhringer im Aktienrechts-Ausschuß vertreten war.[44] Beide fungierten als Transmissionsstellen für Vorschläge, die in Flicks Rechtsabteilung, namentlich von Frey, erarbeitet wurden. Darin zog der Siegener Justizrat verschiedene Varianten in Betracht, in denen ein Mehrheitsaktionär in der Lage sein sollte, die Minderheitseigner auch gegen deren Willen durch Zwangsabfindung aus dem fraglichen Unternehmen herauszukaufen; das dazu erforderliche Besitzminimum schwankte in Freys Planungen zwischen 80 und 95 Prozent und entsprach damit den Verhältnissen bei Mittelstahl.[45] Explizit wurde in den Diskussionspapieren, was Flick an den Kleinaktionären in seinen Unternehmen störte: Ihre Anwesenheit zwang ihn dazu, die Firmen zumindest teilweise wie fremdes Vermögens zu verwalten, und beschränkte somit seine »Beweglichkeit«. Die Interessen der Kleinaktionäre wurden dabei nicht als berechtigter Wunsch der Eigentumsnutzung aufgefaßt, sondern – in einer angesichts von Flicks eigenem Ruf unfreiwillig komischen Volte – als rein »kapitalistisches Interesse« denunziert.[46]

Im Juli 1934 wurde als eines der ersten Ergebnisse der aktienrechtlichen Neugestaltung das Gesetz zur Umwandlung von Kapitalgesellschaften verabschiedet, das den zwangsweisen Einzug von Aktien ermöglichte, wenn diese weniger als zehn Prozent des Gesamtkapitals ausmachten, sowie eine umfassende Steuerentlastung für entsprechende Transaktionen vorsah. Im Dezember 1936 wurde die erforderliche Mehrheit gar auf drei Viertel gesenkt. Einschränkend wirkte lediglich die obligatorische Einzelfallprüfung, die den Ausschluß der Minderheitsaktionäre an die Genehmigung des Reichswirtschaftsministeriums band.[47]

Angesichts der unergiebigen Reaktionen auf seine Umtauschofferten machte Flick fast umgehend Gebrauch von der neugeschaffenen Möglichkeit und kündigte im März 1935 an, für Mittelstahl und Hennigsdorf auf diese Möglichkeit zurückgreifen zu wollen.[48] Im Falle der brandenburgischen Firma gelang dies unproblematisch. Nachdem die SEI die bis dahin bei der AEG liegende qualifizierte Minderheit übernommen hatte, stimmte das Ministerium zu, auch die

44 Luetgebrune an Flick, 14.2.1934; Steinbrinck an Luetgebrune, 16.2.1934; Notiz für Herrn Geheimrat Böhringer, 7.5.1934 [Steinbrinck], alle BAB R 8122/237. Den Kontakt zu Luetgebrune, vor 1933 ein bekannter Strafverteidiger rechtsextremistischer Gruppen und bis zum »Röhm-Putsch« mit direktem Kontakt zur Regimespitze, hatte wohl Richthofen hergestellt; Richthofen an Steinbrinck, 17.7.1933, BAK N 1164/24; Schubert, Akademie, Bd. 1, S. lix.

45 Entwurf Frey, 27.2.1934 [mit Überarbeitung vom 28.2.1934]; Dezentralisation von Grossbetrieben, 5.5.1934, alle BAB R 8122/237.

46 Zitat: »Was kann geschehen, um in der Privatwirtschaft den Gedanken der ›verantwortlichen Führung‹ zur Durchführung zu verhelfen?«, 5.5.1934, BAB R 8122/237; vgl. Notiz für Herrn Geheimrat Böhringer, 7.5.1934, ebd.

47 Gesetz zur Umwandlung von Kapitalgesellschaften, 5.7.1934, RGBl. I, 1934, S. 569-571; DVO, 14.12.1934, ebd., S. 1262-1264; dazu sowie zu den weiteren Vorteilen, die die erleichterte Umwandlung Großaktionären bot, die ausführlichen Darstellungen bei: Swatek, Unternehmenskonzentration, S. 81-83; Spoerer, Scheingewinne, S. 84.

48 Aktenvermerk, 5.3.1935, BAB R 8119F/P1367, Bl. 14f.

verbliebenen außenstehenden Anteile einzuziehen. Im Anschluß löste die SEI Hennigsdorf als eigene Gesellschaft auf und verpachtete das Werk an Mittelstahl.[49] In Riesa blieb die Umwandlung unterdessen aus, statt dessen unterbreitete Flick in den folgenden Jahren weitere Übernahmeofferten. Vermutlich verweigerte das Wirtschaftsministerium die Zustimmung, die auch das im Januar 1937 endlich vorgelegte Aktiengesetz zwingend vorsah.[50]

Da die rechtlichen Möglichkeiten für Flicks Monopolisierungsziel somit unbefriedigend blieben, schlug er bald darauf einen anderen Weg ein. In einer Unterredung mit dem Staatssekretär im Reichswirtschaftsministerium, Hans Posse, berichtete Steinbrinck im Frühjahr 1937, man habe eine Konstruktion gefunden, um »den Aufbau zu vereinfachen und die Verantwortlichkeit der einzelnen Betriebsgruppen zu stärken, andererseits aber den von der nationalsozialistischen Rechtsauffassung verlangten persönlichen Einfluß des Besitzers stärker zur Geltung zu bringen und die Anonymität verschwinden zu lassen«. Konkret hieß das, daß Mittelstahl als AG erhalten blieb, um so die Finanzierung der anstehenden Investitionsvorhaben im Zuge des Vierjahresplans zu sichern. Dafür sollte die Havelgruppe – Weberwerk und Hennigsdorf – ausgegliedert und auf eine noch zu gründende Gesellschaft übertragen werden. Diese neue, als Kommanditgesellschaft auszugestaltende Holding, warb Steinbrinck, werde gleichzeitig die SEI als Konzernzentrale ablösen und dem Wunsch des Regimes »nach stärkerem Hervortreten des Besitzers Rechnung tragen«: Ihr Name sollte Friedrich Flick KG sein. Posse zeigte sich von den Plänen angetan und sagte zu, die steuerlichen Begünstigungen für Umwandlungen auf Personalgesellschaften zu gewähren und dem Einzug von zwölf Mio. RM Mittelstahl-Anteilen (mit denen die SEI/FFKG den Kauf der Havelgruppe zu bezahlen gedachte) keine Steine in den Weg zu legen.[51]

Während die Behörden eine ideologisch konforme Begründung für die Transaktion erhielten, wurde die Ausgliederung im Innenverhältnis ganz anders bewertet. Demnach sollte Flick eine größere persönliche Einnahmequelle verschafft werden, um Barrücklagen für die im Erbschaftsfall anfallenden Steuern anzulegen.[52] Die Erwägung, den Familiencharakter des Konzernbesitzes, der sich im

49 Flick an A. Macco, 23.4.1935, BAB R 8122/26; SEI an AEG, 14.10.1935, BAB R 8122/228; »Mittelstahlgruppe«, in: BBZ v. 11.9.1935, hier: BAB R 8119F/P1364, Bl. 168; Eine Chronik der Besitzveränderungen, o. D., BAB R 2501/10109.

50 SEI, Geschäftsbericht 1936, im Juni 1936, NI-5545, BAB R 8122/80920.

51 Notiz [Steinbrinck], 7.5.1937, StAN Rep. 502, KVA, Handakten, B-3. Die Steuervorteile galten nur bis 1936, wurden aber für Großunternehmen, deren Umwandlung in Personengesellschaften das Regime als Ausdruck eigener wirtschaftspolitischer Gestaltungsmacht sah, mehrfach verlängert, so auch im Falle Krupps, wo man zeitgleich mit Flick nach einer neuen Organisationsform suchte; vgl. Abelshauser, Rüstungsschmiede, S. 317 f. Bei Otto-Wolff beobachtete man die Gründung der FFKG aufmerksam und prüfte eine etwaige Übertragbarkeit auf das eigene Unternehmen; Betr. Umwandlung von Kapitalgesellschaften, 16.7.1937 [Siedersleben]; Vermerk über den Aufbau der Friedrich-Flick-Gruppe, 9.12.1938, beide RWWA 72-171-6.

52 Hingegen stellte die von Kaletsch ex post vertretene Behauptung, Flick habe Produktionsbetriebe direkt und mit persönlichem Risiko betreiben wollen, einen weiteren

Namen der KG manifestierte, zu stärken, zählte daher – abseits der Regimewünsche – tatsächlich zu den entscheidenden Motiven der Umgründung und wurde zwei Jahre darauf durch den Eintritt Otto-Ernst Flicks als Kommanditist unterstrichen. Am 10. Juli 1937 erfolgte die formelle Gründung der FFKG, als Geschäftsinhaber fungierte Friedrich Flick. Die SEI wurde sechs Wochen später aus dem Handelsregister gelöscht und damit auch der letzte Hinweis auf die Siegerländer Ursprünge des Konzerns getilgt.[53]

Die FFKG übernahm von Mittelstahl den Brandenburger Betrieb, ein nicht unerheblicher Verlust für das Riesaer Unternehmen, da das Weberwerk zu den besten Produktionsstätten gehörte.[54] In der praktischen Unternehmensführung änderte sich aber ausdrücklich nichts. Die Brüder Hennecke blieben im Vorstand Mittelstahls, und auch sonst erfuhr die Zusammenarbeit ungeachtet der formal veränderten Besitzverhältnisse bei der nunmehr als Mitteldeutsche Stahl- und Walzwerke Friedrich Flick KG firmierenden Havelgruppe keine Umgestaltung.[55] Bei Mittelstahl – inzwischen nur noch mit einem Stammkapital von 28 Mio. RM ausgestattet – standen nach dieser Transaktion immer noch rund 150 000 RM Anteile aus. Beharrlich setzte Flick seine Umtauschangebote fort, doch erst in der zweiten Kriegshälfte sollte die Frage des ausschließlichen Besitzes eine endgültige Klärung finden.[56]

Die von der Aktienrechtsreform angestrebten Ziele wurden mit diesen Reorganisationsmaßnahmen nur sehr partiell erfüllt. Der Führungsanspruch des Vorstandes war angesichts der überragenden Stellung Flicks gegenstandslos, da dieser in der Lage war, jederzeit und autonom personelle Revirements vorzunehmen, falls es zu Unstimmigkeiten in der Unternehmensführung kam. Einen Ausgleich fand dies in der Ausweisung der Eigentümerschaft Flicks im Namen der KG, der einen der berüchtigtsten Künstler der Konzernverschachtelung offen hervortreten ließ – freilich bei einer Holding und nur im Falle der Havelgruppe auch im Namen der Produktivbetriebe ablesbar. Vor allem aber half gerade die Substitution der Siegener Eisenindustrie AG durch die FFKG, die Transparenzziele des Aktiengesetzes zu konterkarieren: Für die KG bestand keine

Baustein des Flick-Portraits als »echter Unternehmer« dar; vgl. [Unbetitelte Denkschrift], o. D. [August 1945], WWA 28/84; Verhör Kaletsch, 17.9.1947, StAN Rep. 501, KVP, Fall 5, A 92-94; Bl. 7297 f.

53 Handelsregisterauszüge, 23.8.1937 u. 14.3.1939, NI-5544, BAB R 8122/80920.

54 Flick an Böhringer, Brennecke u. Koppenberg, 17.6.1937, SächsHStA 11616/5.25 (mit Anlagen).

55 Niederschrift über die Verhandlungen der Mitteldeutsche Stahlwerke AG am 15.7.1937, SächsHStA 11616/5.25; Bericht über das 11. Geschäftsjahr 1.10.1936-30.9.1937 für die ordentliche Generalversammlung am 7.4.1938, Bl. 20. Anders als die Bezeichnung nahelegt, verfügte die Havelgruppe über keine eigene Rechtspersönlichkeit, sondern bildete eine unselbständige Abteilung der FFKG.

56 Aktenvermerk, 22.2.1938, BAB R 8119F/P1090; Betr. Mitteldeutsche Stahlwerke. Mosler an Flick, 24.2.1938, BAB R 8119F/P1364, Bl. 249 f.; Dresdner Bank an BHG, 24.3.1939, 29.3. u. 20.4.1940, alle BADH R 8127/15290; Flick an Siedersleben, 1.4.1940, RWWA 72-171-6.

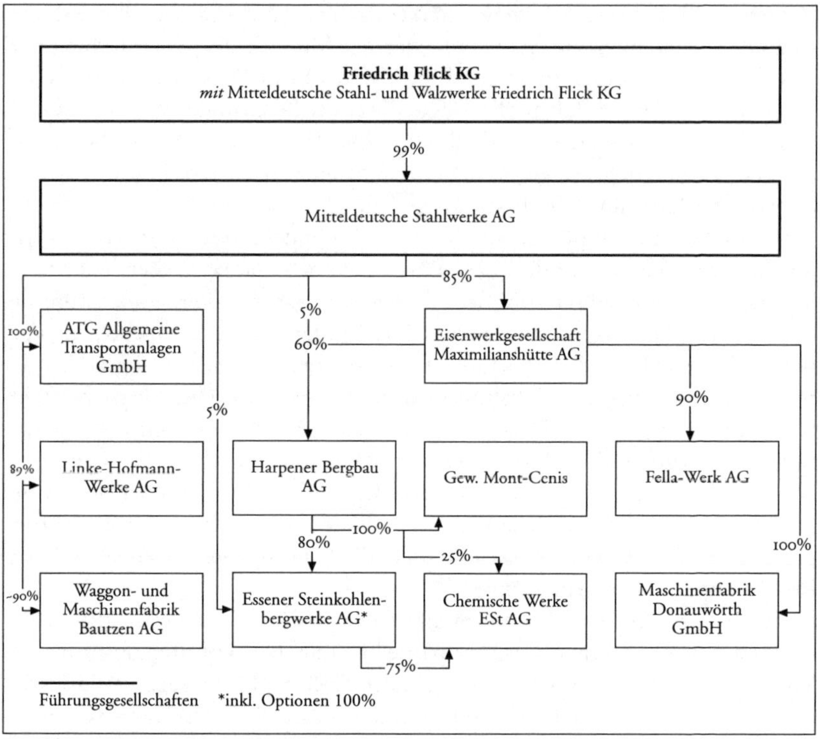

Quelle: Eigene Zusammenstellung.

Abb. III/3: Der Flick-Konzern nach der Gründung der FFKG, 1937

Offenlegungspflicht mehr, interne Besitzverschiebungen konnten völlig lautlos vollzogen werden. Zudem erlaubten es Flicks Majoritäten bei seinen Beteiligungen, auch dort die externe Revision auszuhebeln: Von keinen signifikanten Großaktionären behindert – und angesichts der sich verändernden Kapitalmarktlage der dreißiger Jahre auch nicht länger durch die Kreditinstitute dazu genötigt – konnte Flick bei den von ihm beherrschten Unternehmen Fritz Lang mit der Buchprüfung beauftragen. Damit war nicht nur garantiert, daß es zu keinen unvorhersehbaren Ergebnissen kam, die Beauftragung Langs wirkte geradezu als Signal der Beherrschung durch die FFKG. Trat er an, lag die Informationshoheit endgültig bei Flick.

1.2. Devisenpolitik und Kreditmarktbeschränkung

Noch auf einem zweiten Feld, dem des internationalen Kapitalverkehrs, überschnitten sich die Reorganisation des Flick-Konzerns und die frühen wirtschaftspolitischen Maßnahmen des NS-Regimes. Ebenso wie bei der Aktienrechtsreform gingen auch hier die Anstrengungen der nationalsozialistischen Regierung auf Maßnahmen des Kabinetts Brüning in der Bankenkrise zurück. Schon 1931 war per Notverordnung die Devisenbewirtschaftung eingeführt und die Binnenwertgestaltung der Reichsmark von der Außenwertregulierung im internationalen Zahlungsverkehr abgekoppelt worden. Dies hatte die Basis für eine Abspaltung von Binnen- und Außenmarkt gelegt, mithin den Weg zu einer innerdeutschen »Konjunkturautonomie« vorgezeichnet.[57] Ferner waren 1931/32 internationale Stillhalteabkommen für deutsche Auslandskredite vereinbart worden, um den Devisenabfluß durch Zins- und Tilgungszahlungen zu verringern. Der Flick-Konzern hatte von dieser Regelung in hohem Maße profitiert und daher am Zustandekommen erhebliches Interesse gezeigt.[58]

Auf den Antritt des ersten Kabinetts unter Hitlers Reichskanzlerschaft folgte im Frühjahr 1933 ein erneuter massiver Kapitalabzug ausländischer Investoren, so daß der drohende Zusammenbruch der Reichsbank nur durch die Verhängung einer Transfersperre verhindert werden konnte. Dies bedeutete, daß fortan die auf langfristige Auslandsverpflichtungen deutscher Schuldner fälligen Zinsen nicht mehr an die Gläubiger ausbezahlt, sondern auf Sperrkonten, die auf Reichsmark lauteten, überwiesen wurden. Ab 1. Juli 1933 trat diese Verweigerung der Ansprüche ausländischer Kapitalanleger auf Gewinn- und Zinszahlungen in Kraft. Es folgte ein weiterer Ausbau von Bewirtschaftungsregeln und Kontrollinstanzen, die schließlich im sogenannten Neuen Plan Hjalmar Schachts, der Hans Luther als Reichsbankchef im März 1933 abgelöst hatte und im Jahr darauf auch die Führung des Reichswirtschaftsministeriums übernahm, mündeten. Mit den Verordnungen wurden verschiedene Regularien zur Vermeidung von Devisenlücken, zur vollständigen Einfuhrkontrolle und zur Bilateralisierung des kompletten Außenwirtschaftsverkehrs etabliert.[59]

Für die Charlottenhütte und ihre Rechtsnachfolger erschwerte die Devisenbewirtschaftung die Geschäftsabwicklung erheblich, insbesondere die Bedienung von Zinsverpflichtungen gegenüber internationalen Kreditinstituten. Dies galt in erster Linie für die drei Hollandtöchter Commerce, Nedahand und Metafina, über die nahezu alle Valutakredite geführt wurden und für die hohe Sicherheiten in Form von Aktienpaketen hinterlegt waren. Nach schweren Auseinandersetzungen mit den ausländischen Gläubigern – bei denen sich die Flick-Unternehmen regelmäßig hinter den staatlichen Devisenbestimmungen verschanzten,

57 Vgl. Boelcke, Finanzpolitik, S. 97; Zitat: ders., Kosten, S. 10.

58 Für die deutschen Industrieunternehmen hatte Ludwig Kastl zusammen mit Sachverständigen der Konzerne, darunter auch Sempell, maßgeblichen Anteil an der Aushandelung der Stillhaltung gehabt. Bei der Verlängerung des ersten Abkommens, die Anfang 1932 anstand, hatte der unter starkem Druck seiner Gläubiger stehende Flick mit Kastls Unterstützung einen großen Teil der auf den Hollandtöchtern lastenden Verpflichtungen unter die Stillhalteregelung fassen können; vgl. die Korrespondenz Flick/Kaletsch mit Kastl, Januar–November 1932, BAK N 1138/14.

59 Vgl. Tooze, Wages, S. 71-96; Ebi, Devisenrecht, S. 189-198; Boelcke, Wirtschaft, S. 100-117; Ritschl, Wirtschaftspolitik, S. 119f.

um in deren Windschatten ihre eigenen Kosten zu reduzieren – löste Kaletsch schließlich in mehrjährigen, komplizierten Verhandlungen, die niederländischen Firmen sukzessive auf. Fast zeitgleich mit der SEI wurde im Herbst 1937 auch die letzte Holland-Tochter liquidiert, so daß die Reduzierung der Holdinggesellschaften des Flick-Konzerns auch in dieser Hinsicht als abgeschlossen gelten konnte.[60]

Der dritte Bereich, in dem der Flick-Konzern bald nach der »Machtergreifung« von der nationalsozialistischen Wirtschafts- und Finanzpolitik betroffen war, war der innerdeutsche Kapitalmarkt. Hier brachte das Anleihestockgesetz von 1934 einen kreditpolitischen Paradigmenwechsel. Für die auszuschüttenden Gewinne von Kapitalgesellschaften galten fortan Maximalwerte von sechs bzw. acht Prozent. Überschritten die ausgewiesenen Dividenden diese Grenzen, so wurden die zusätzlichen Gewinne in einen Anleihestock des Reiches überführt, dessen Zinserträge alle vier Jahre auf die betroffenen Gesellschaften verteilt werden sollten. In der Praxis führte dies dazu, daß die festgelegten Grenzen eingehalten und die Gewinne in hohem Umfang thesauriert wurden. Dies war vom Gesetzgeber durchaus beabsichtigt, um auf diese Weise die Unternehmen in die Lage zu versetzen, ihre Investitionen selbst zu finanzieren, während das Reich – vor dem Hintergrund der wachsenden Staatsausgaben für die Rüstungspolitik – den Kapitalmarkt für sich monopolisierte. Nicht zuletzt förderte diese Praxis die Unternehmenskonzentration, da Konzerne in der Regel über mehr Möglichkeiten zur Anlage stiller Reserven und somit über eine höhere Selbstfinanzierungsfähigkeit verfügten.[61] Diese Politik erwies sich in der Tat als ungemein erfolgreich, die Eigenfinanzierung von Industrieinvestitionen stieg in den dreißiger Jahren rapide.[62] Für größere Vorhaben, die eine rasche Bereitstellung von Fremdmitteln erforderten, bedeutete die neue Kapitalmarktpolitik jedoch eine erhebliche Erschwernis, da Genehmigungen diverser Behörden, vor allem von Reichsbank, Reichsfinanz- und Reichswirtschaftsministerium, eingeholt werden mußten.

Beispielhaft illustrierte dies der Versuch Flicks, für die IG Mittelstahl-Maxhütte 1936/37 zusätzliche Gelder zu mobilisieren, die sowohl in industrielle Vorhaben wie den Erzaufschluß in Bayern und die Rüstungsproduktion bei Mittelstahl als auch in die zeitgleich vorbereiteten Expansionsvorhaben im Zuge der »Arisierungen« fließen sollten. Um keine vollständig neue Anleihe beantragen zu müssen, deren Genehmigung man in der Konzernführung für wenig wahrscheinlich hielt, konzentrierten sich die Überlegungen frühzeitig darauf, laufende Kredite auszubauen. Eine erste Fühlungnahme Steinbrincks im Reichs-

60 Aktennotiz. Betr. Mitteldeutsche Stahlwerke, März 1937; Notiz [Streese], 25.3.1937, alle BAB R 8122/1000; Vergleichende Gegenüberstellung der Auslandsposition per 30.9.33/37/44, 15.3.1946 [Lang/Kurre; mit Erläuterungen v. 23.3.1946], StAN Rep. 502, KVA, Handakten, B-2; vgl. Priemel, Geborgt.

61 Vgl. Bähr, Kapitalmarktrecht, S. 56-62; Spoerer, Scheingewinne, S. 82-84; Swatek, Unternehmenskonzentration, S. 59-61.

62 Dazu, mit umfangreichen Zahlenangaben, Kopper, Marktwirtschaft, S. 181-188.

wirtschaftsministerium stimmte zuversichtlich, doch die Reichsbank lehnte ab.[63] Die Verhandlungen zogen sich 1936/37 über viele Monate hin, ohne zu den vom Konzern gewünschten Ergebnissen zu gelangen. Dies lag zuvorderst am konsequenten Nein Schachts, der in dieser Frage auch persönlichen Interventionen Flicks nicht zugänglich war und darauf bestand, daß die Industrie »so viel Geld [verdiene], daß es ihr ein Leichtes sei, die ihr übertragenen Aufgaben selbst zu finanzieren«.[64] Erst im Zuge des Streits um die Gründung der Reichswerke »Hermann Göring«, aus dem Schacht wegen seiner Kritik an dem Vorhaben geschwächt hervorging, gab er im Sommer 1937 doch noch sein Plazet zu Flicks Anleihe. In Anbetracht des betriebenen Aufwandes für ein Finanzvolumen von letztlich nur sieben Mio. RM mochte Steinbrinck, der den Großteil der Lobbyarbeit geleistet hatte, seine »große Enttäuschung« aber nicht verhehlen.[65]

In der Tat war die vereinbarte Summe angesichts der mittlerweile komfortablen Finanzlage des Konzerns eher zweitrangig. Das abrufbare Kreditvolumen überstieg zum Ende des Jahrzehnts die tatsächlich genutzten Gelder deutlich. Anfang 1940 beliefen sich die zusagten Bereitstellungskredite von FFKG, Mittelstahl und Maxhütte auf über 30 Mio. RM, von denen nur 8,4 Mio. tatsächlich in Anspruch genommen waren.[66] Darin drückte sich eine Rückkehr zu den Kräfteverhältnissen zwischen den Banken und ihren schwerindustriellen Kreditnehmern vor der Weltwirtschaftskrise aus. Die Kapitalmarktpolitik des Reiches beschnitt die Industriefinanzierung – das traditionelle Geschäftsfeld der bedeutenden Privat- und mehr noch der Großbanken – beträchtlich, während die vom Rüstungsaufschwung profitierenden Unternehmen vielfach nur noch bei Gewährung günstiger Konditionen überhaupt zur Kreditaufnahme geneigt waren.[67]

Entsprechend stark war das Interesse der Bankhäuser an größeren Vorhaben wie der besagten Anleihe Flicks. Es häuften sich die Anfragen von Kreditinstituten, die beteiligt werden wollten, während sich Dresdner und Deutsche Bank um die Konsortialführung stritten. Bei der Zusammenstellung der Konsorten berücksichtigte Flick neben den unvermeidlichen Großbanken insbesondere langjährige Partner wie J.H. Stein und Delbrück Schickler, letzteres Haus ausdrücklich als Dank an Koenigs und Abs für deren treue Dienste in der Weltwirt-

63 Aktenvermerk, 11.5.1936 [Steinbrinck], BAB R 8122/147, Bl. 69f.

64 Akten-Notiz, 20.2.1937, BAB R 8122/219; Zitat: Notiz für Herrn Flick, 5.5.1937 [Steinbrinck], ebd.; Notizen, 6.4. u. 17.8.1937 [Steinbrinck], BAB R 8122/147, Bl. 13f., 209-212; Notiz, 26.4.1937 [Flick], BAB R 8122/215, Bl. 1f.

65 Notiz, 26.8.1937 [Steinbrinck], Steinbrinck an Sperl, 27.8.1937; Notiz für Herrn Flick, 2.9.1937; Flick an Schacht, 4.9.1937; Notiz für Herrn Steinbrinck, 10.9.1937 [Kaletsch], alle BAB R 8122/223; Zitat: Notiz, 16.9.1937 [Steinbrinck], BAB R 812/219; RWiM an Dresdner Bank, 22.9.1937, ebd.; Aktenvermerk, 17.9.1937 [Mosler], BAB R 8119F/P1165.

66 Bereitstellungskredite nach dem Stande vom 29.2.1940, 29.2.1940, BAB R 8122/8, Bl. 12.

67 Vgl. Bähr, Dresdner Bank, S. 172f., 206; Kopper, Marktwirtschaft, S. 183f.

schaftskrise und bei der Abwicklung der Auslandsverpflichtungen.[68] Daneben stellte Flicks Konsortialzusammensetzung auch einen Beitrag zur Verdrängung der jüdischen Unternehmen aus dem deutschen Wirtschaftsleben und eine bewußte Anpassung an die vom Regime geförderte Ausgrenzungspolitik dar. Während das Münchener Bankhaus Merck, Finck & Co., einer der notorischen Aufsteiger im Bankensektor nach 1933[69], zu dem Flick lange keine Beziehungen gepflegt hatte, nun in den Kreis der Konsortialbanken des Konzerns aufrückte, legte dieser auf die weitere Zusammenarbeit mit den jüdischen Kreditinstituten M. M. Warburg, J. Dreyfus & Co. und Simon Hirschland ausdrücklich keinen Wert mehr.[70]

Daß sich der Konzern durch die stark verbesserte Konjunktur in eine Position der Stärke versetzt sah, ließ die Mittelstahl- und SEI/FFKG-Führung aber auch »arische« Banken fühlen. Immer häufiger mußten diese von sich aus anfragen, ob bei Flick Interesse an Krediten bestehe. Insbesondere jene Institute, mit denen es in der Weltwirtschaftskrise zu teils heftigen Auseinandersetzungen gekommen war, zuvorderst die Reichs-Kredit-Gesellschaft (RKG) und die Berliner Handelsgesellschaft (BHG), wurden bei ihren Versuchen, das Geschäft mit Flicks Firmen zu beleben, auffallend kühl behandelt. So erkundigte sich der RKG-Direktor Franz Belitz – über den man sich bei der Charlottenhütte 1931 besonders verärgert gezeigt hatte – wiederholt nach Möglichkeiten, mit Flick ins Geschäft zu kommen, bekam aber von Kaletsch kaum konkrete Zusagen. Auch Quartalsberichte erhielt die RKG trotz ihres Aufsichtsratsmandats bei der Maxhütte seit 1935 nicht mehr.[71] Besonders augenfällig war der Umschwung im Falle der BHG. Wenige Jahre zuvor noch einer der Hauptpartner bei Flicks Geldbeschaffung, sanken die Umsätze seit Mitte der Dreißiger kontinuierlich. Jeidels, der Flick 1932 zur schnellen Schuldenbegleichung angehalten hatte, pries

68 Notiz für Herrn Flick, 18.2.1937 [Steinbrinck], BAB R 8122/147, Bl. 28; Notiz, 6.9.1937 [Steinbrinck], BAB R 8122/219; Notiz, 19.8.1937 [Flick]; Notiz für Herrn Flick, 21.8.1937 [Kaletsch]; Zur Besprechung mit der DD-Bank, 28.8.1937 [Steinbrinck]; Notiz, 28.8.1937 [Kaletsch], alle BAB R 8122/223. Auch Sal. Oppenheim, mit dessen Führungsfigur Pferdmenges Flick seit dem Gelsenberg-Deal ein vertrauensvolles Verhältnis verband, wurde in den Konsortialkreis mitaufgenommen.

69 Vgl. Ziegler, Strukturwandel, S. 208 f.

70 Die Entscheidung fiel vor dem richtungsweisenden Ausschluß jüdischer Kreditinstitute aus dem Reichsanleihe-Konsortium im September 1937; die Maxhütte hatte schon seit 1935 ihre Beziehungen zu Warburg gekappt; Notiz für Herrn Flick, 18.2.1937 [Steinbrinck], 18.2.1937; Notiz für Herrn Flick, 5.4.1937 [Kaletsch], beide BAB R 8122/219; Aktenvermerk, Unterhaltung mit Dr. Friedrich Flick am 19.8.37, 20.8.1937 [Mosler], BAB R 8119F/P1165. Eine Ausnahme wurde aus nicht erkennbaren Gründen für Bleichröder gemacht; vgl. Notiz für Herrn Flick, 1./2.4.1937, BAB R 8122/219; Aufstellung Neue Mittelstahl-Anleihe von 1937, 13.9.1937, ebd.; vgl. Kopper, Marktwirtschaft, S. 232, 261.

71 Belitz an MSt, 21.5.1935; Notiz. Betrifft: Reichs-Kredit-Gesellschaft Harpener Aktien, 8.7.1935, beide BAB R 8122/178, Bl. 191, 188; Benatzky an Belitz, 25.11.1935; Vermerk. Betr. Eisenwerkgesellschaft Maximilianshütte, 20.4.1936; Belitz an Benatzky, 5.4.1936, alle BAB R 8136/3436.

nun an, »wie nützlich und angenehm die Berliner-Handels-Gesellschaft sich als Bankverbindung erweist«.[72] Die Reaktion fiel unverhohlen desinteressiert aus. Wenn überhaupt, so Kaletsch, kämen nur langfristige Kreditlinien zu besten Konditionen in Frage. Konkret hieß dies in den deutlichen Worten von Flicks Finanzchef, »daß der zu gewährende Betrag ohne jede Deckung eingeräumt werden müßte«.[73] Die Botschaft war unmißverständlich: Auf fremdes Geld waren die Flick-Unternehmen nicht länger angewiesen und konnten daher zwischen den vorteilhaftesten Bedingungen frei wählen.

Fazit

Der neue Umgang, den die Flick-Führung mit Gläubigern bzw. solchen Banken, die es werden wollten, pflegte, entsprach dem Selbstvertrauen, das der seit 1932 rundum sanierte, straff geordnete und von den Sedimenten der Stahlvereins-Ära bereinigte Konzern ausstrahlte. Nach dem doppelten, erst unternehmerischen, dann politischen Umbruch der Jahre 1932/33 hatte Flick seine Beteiligungen reorganisiert, finanziell konsolidiert und seine eigene Position als unumstrittener Alleineigentümer gefestigt. Insbesondere unter dem Schutzschild des nationalsozialistisch verbrämten Begriffs vom »Wirtschaftsführertum« hatte Flick bis Ende der dreißiger Jahre eine dezidiert kleinaktionärsfeindliche Rausschmeißer-Politik betrieben und dazu die Nähe zu den neuen Machthabern über Diskussionsbeiträge zur Aktienrechtsreform ebenso wie über Spendenleistungen und die Mitgliedschaft in Kepplers »Freundeskreis« gesucht und gefunden. Wirtschaftspolitische Schwierigkeiten brachte der politische Systemwechsel nur in geringem Umfange – etwa bei den Devisenrestriktionen –, während die Beschränkung des Kapitalmarktes durch die von der rapide anziehenden Konjunktur in die Kassen gespülten flüssigen Mittel allenfalls ein nachrangiges Hindernis bedeutete und die Verhandlungsposition des Konzerns gegenüber Geldgebern gar noch untermauerte. Dieses Bewußtsein um die eigene Stärke hatte seine Grundlage aber auch in dem neuerlichen, erfolgreichen Expansionskurs, den Flick seit seiner Lösung von den VSt eingeschlagen hatte und der sich am Ende der Dekade einem ersten Höhepunkt näherte.

72 Jeidels an Steinbrinck, 16.7.1937, BAB R 8122/105.
73 Notiz Kaletsch, 13.8.1937, ebd.

2. Vertikale Integration I: Steinkohle

2.1. Die Übernahme von Harpen

2.1.1. Machtkampf und Intrigenspiel: Der Rheinbraun-Tausch

In der rechtzeitigen Separierung des Mittelstahl-Maxhütte-Komplexes von den VSt hatte sich im Bruch des Jahres 1932 bereits der fließende Übergang in eine neue Ära des Flick-Konzerns abgezeichnet. Nichts anderes galt für das zweite große Mitnahmeobjekt, die Rheinbraun-Beteiligung. Mit dem ersten Tage der Verhandlungen über den Gelsenberg-Verkauf an das Reich wurden die Pläne für die Nutzung dieses beträchtlichen Werts vorangetrieben. Dabei knüpfte Flick an die bereits seit 1927 bestehenden Überlegungen über einen Zugriff auf die Harpener Bergbau AG an.

Seit den 1929/30 zwischen Flick, Vögler und Thyssen sowie dem Aufsichtratsvorsitzenden von Rheinbraun, Paul Silverberg[1], getroffenen Vereinbarungen hielt der Energiekonzern mit rund 36 Prozent der Harpen-Aktien eine faktische Hauptversammlungsmehrheit an dem Steinkohleunternehmen.[2] Im Gegenzug waren 13 bis 14 Mio. RM Aktien von Rheinbraun an die GBAG transferiert worden. Da gleichzeitig die Charlottenhütte über weitere sieben Mio. Rheinbraun-Anteile verfügte, befanden sich 1932 etwa 29 Prozent des Grundkapitals von Silverbergs Unternehmen im Einflußbereich Flicks; Vögler war in den Aufsichtsräten von Rheinbraun und Harpen vertreten. Angesichts des überwiegend verstreuten Aktienkapitals kontrollierte Flick die entscheidende Position bei Rheinbraun und mittelbar auch bei Harpen, wenngleich Silverberg beide Unternehmen in großer Autonomie führte.[3]

Das Traditionsunternehmen Harpen mit seiner hohen Syndikatsquote fand sich somit frühzeitig in Flicks Visier. Zu diesem Interesse trug auch das umfassende Modernisierungsprogramm bei, das unter Regie Silverbergs sowie des Generaldirektors, Erich Fickler, seit 1924 auf den Harpener Zechen durchgeführt

1 Als Generaldirektor formte Silverberg Rheinbraun seit 1903 in einem mehrjährigen Sanierungs- und Wachstumskurs zum horizontal und vertikal integrierten Energieerzeuger. Seit 1926 leitete Silverberg das Unternehmen als Aufsichtsratsvorsitzender und blieb unbestritten die Führungsfigur, ohne aber nennenswerten Besitz an dem Unternehmen zu halten; vgl. Mariaux, Gedenkwort, S. 302-322; zur politischen Betätigung Silverbergs: Neebe, Großindustrie, S. 27 f., 35-39, 65 f.; jetzt vor allem Gehlen, Silverberg.

2 In den Harpener Hauptversammlungen 1931 und 1932 waren 86,4 bzw. 73,3 Mio. RM vertreten, davon entfielen 20 Mio. auf eigene Vorratsaktien des Unternehmens; Verzeichnis der für die ordentliche Generalversammlung der Harpener Bergbau-AG am 4.6.1932 angemeldeten Aktionäre, ihrer Aktienbeteiligung und Stimmenzahl, BAK N 1013/208, Bl. 184.

3 Niederschrift über die Sitzung des Präsidiums des Aufsichtsrats der GBAG am 10.3.1930, BAB R 8122/103; Aufstellung: Entwicklung der wichtigsten Beteiligungen, 9.5.1946, StAN Rep. 502, KVA, Handakten, B-2; Mariaux, Gedenkwort, S. 372-377, 391; Gehlen, Silverberg, S. 518, 520.

wurde. Mit einem Investitionsvolumen von rund 110 Mio. RM – dies entsprach der Höhe des Eigenkapitals von Harpen – allein zwischen 1926 und 1931 stand das Unternehmen an der Spitze der zeitgenössischen Rationalisierungsbewegung. Schachtanlagen wurden komplett eingestellt bzw. zu größeren Komplexen zusammengeschlossen, die Zahl der Betriebspunkte reduziert und neue Großkokereien errichtet.[4]

In technischer und organisatorischer Hinsicht war Harpen 1932 somit grundmodernisiert, wenngleich dies nicht ohne beträchtliche finanzielle Bürden erreicht worden war. 1928 hatte das Unternehmen eine US-Anleihe über zehn Mio. Dollar aufgenommen; 1930/31 konnten die Erträge die hohen Abschreibungen des Investitionsprogrammes nicht decken. Das Bilanzminus 1932 wurde durch den Einzug von Vorratsaktien, der das Stammkapital auf 90 Mio. RM senkte, ausgeglichen.[5] Angesichts der schlechten Zahlen bremste Flick im Frühjahr 1931 Silverbergs Rationalisierungsbegeisterung und äußerte Zweifel daran, ob das Vertrauen in Großschachtanlagen, die sich nur bei Massenabsatz rechneten, »das Alleinseligmachende« sei. Konkret forderte Flick, die Investitionen einstweilen einzustellen und die Auswirkungen der bisherigen Arbeiten auf die Renditeentwicklung abzuwarten.[6] Darin zeichnete sich eine wachsende Interessendivergenz der bis dahin kooperierenden Industriellen ab, die sich noch verstärkte, als Flicks eigene Position unter dem Druck der Weltwirtschaftskrise zusammenzubrechen drohte, während Rheinbraun stabil blieb.[7]

Seit März 1932 suchte Flick, durch die Gelsenberg-Zusage des Reichsfinanzministers gestärkt, nach Möglichkeiten, seinen industriellen Besitz zu konsolidieren und auf eine tragfähige Grundlage zu stellen. Den Kern des Besitzes machten die Eisen- und Stahlwerke in Mittel- und Süddeutschland aus, Betriebe der vor- und nachgelagerten Industrien waren jedoch nicht in entsprechendem Umfang angeschlossen. Nur die sächsischen Betriebe verfügten über eine eigene Brennstoffversorgung; Mont-Cenis blieb das Sorgenkind der Maxhütte und war im Rheinisch-Westfälischen Kohlen-Syndikat (RWKS) bedeutungslos. Harpen stellte somit einen ebenso naheliegenden wie ansehnlichen Baustein auf dem Weg zur Reintegration der Flick'schen Montankonzerns dar. Allerdings war mit Silverberg, der die Verbindung zwischen Braunkohle (Rheinbraun) und Steinkohle (Harpen) zu seinem zentralen strategischen Anliegen gemacht hatte[8], eine

4 Detailliert Zimmermann, Rationalisierung, S. 432-444; Mariaux, Gedenkwort, S. 331f., 342f., 374. Zur technischen Rationalisierung im Ruhrbergbau: Burghardt, Mechanisierung, S. 281-310.

5 BHG an Zulassungsstelle an der Börse zu Berlin, 18.5.1932, BADH R 8127/15330, Bl. 6-8. Die Aktienrechtsnovelle von 1931 verlangte eine Kapitalsenkung um zehn Prozent, die übrigen neun Mio. RM dienten der Konsolidierung.

6 Silverberg an Flick, 21.4.1931; Flick an Silverberg, 30.4.1931, Silverberg an Flick, 2.5.1931, BAK N 1013/207, Bl. 139, 148-153, Zitat S. 149; vgl. Mariaux, Gedenkwort, S. 342f.

7 Aktennotiz über die Besprechung mit Chefredakteur Oeser (F.Z.), 3.2.1933, BAB R 8122/294; [Unbetiteltes Typoskript], o.D. [August 1945], WWA S 8/84.

8 Vgl. Gehlen, Silverberg, Abschnitt V.1.a.2.; Mariaux, Gedenkwort, S. 373.

Trennung beider kaum zu erreichen. Eben jene mußte aber Flicks Ziel sein, um mittelfristig eine Mehrheit an Harpen und somit eine Versorgung seiner Stahlwerke im Wege des preisgünstigen Selbstverbrauchs zu erreichen, der entscheidend für die Konkurrenzfähigkeit der Eisenerzeugnisse war. Flick kontrollierte zwar die größte einzelne Rheinbraun-Beteiligung, die aber nicht ausreichte, um gegen Silverbergs Willen Harpen herauszulösen.[9] Was er benötigte, war ein Partner, der bereits bei Rheinbraun engagiert, an einer Majorisierung interessiert und zur Abgabe von Harpen bereit war. Diesen Partner fand Flick in RWE, der sich die Möglichkeit eröffnete, den wichtigsten Konkurrenten in der rheinischen Elektrizitätswirtschaft zu übernehmen und zudem Zugriff auf den umfangreichen Grubenbesitz sowie die hohen liquiden Mittel von Rheinbraun zu erlangen.[10]

Schon Anfang April 1932, rund drei Wochen nach dem Gelsenberg-Abkommen mit Dietrich, standen die Grundzüge der geplanten Transaktion mit RWE fest. Die Charlottenhütte sollte ihre Rheinbraun-Aktien abgeben und im Gegenzug einen dreigeteilten Kaufpreis erhalten: RWE-Aktien, Anteile der RWE-Tochter Roddergrube sowie einen Barbetrag. Die Roddergrube-Papiere stellten dabei lediglich ein Unterpfand dar und sollten in einem zweiten Geschäft gegen das dann von RWE kontrollierte Harpen-Paket eingetauscht werden.[11]

Zum entscheidenden Problem gerieten weniger die Verkaufsmodalitäten als vielmehr die Causa Silverberg. Nicht nur handelte es sich bei Rheinbraun um das Lebenswerk des Industriellen, dieser war auch eine zwar kontroverse, aber unbestritten erstrangige Führungsfigur der deutschen Wirtschaft.[12] Der Vorschlag Flicks bedeutete, nicht allein einen Konkurrenten aus dessen eigenem Unternehmen auszubooten, sondern die vollständige Demontage des Ruhrlade-Mitgliedes. Diese heikle Situation wurde zusätzlich verkompliziert, als Flick mit Silverberg im Juni 1932 eine Vereinbarung traf, die Verwertung der Rheinbraun- und Harpen-Aktienpakete einvernehmlich zu regeln.[13] Dennoch war es nicht Flick, sondern die RWE-Führung, die Zweifel ob des geplanten Handels äußerte. Die beiden Vorstandsmitglieder des Energieunternehmens, Ernst Henke und Arthur Koepchen, regten wiederholt an, Silverberg in die Abmachung einzubeziehen. Flick, der zu keinen Abstrichen an seiner Zielsetzung bereit war, lehnte

9 Um das Rheinbraun-Paket auszubauen, kaufte die Charlottenhütte selbst auf dem Höhepunkt ihrer Liquiditätskrise Anfang 1932 Anteile hinzu; u. a. DeDi Berlin an Chh, 4.1.1932, BAB R 8122/243.

10 Flick an Vögler, 2.4.1932, BAB R 8122/301 [nicht abgesandt]. Die Behauptung Kaletschs, [Unbetiteltes Typoskript], o. D. [August 1945], WWA S 8/84, RWE sei an Flick herangetreten, findet in den Quellen keine Unterstützung. Zum Verhältnis von Rheinbraun und RWE, wo Silverberg als stellvertretender ARV amtierte, Gehlen, Silverberg, S. 527-530.

11 Entwürfe A und B, 6.4.1932; Grundgedanke der neuen Rbr.-Transaktion, 6.4.1932, beide BAB R 8122/301.

12 Dazu Neebe, Großindustrie, mit weiteren Verweisen zur sogenannten Silverberg-Kontroverse 1926.

13 Vgl. Gehlen, Silverberg, S. 521 f.

rundweg ab und überzeugte die RWE-Vertreter davon, »daß die Gruppe S.[ilverberg] mit Gewalt zum IG-Vertrag gezwungen werden müsse«.[14] Damit war das Problem jedoch keineswegs gelöst, denn das Ziel von RWE, den Zugriff auf die geldlichen Überschüsse Rheinbrauns durch einen IG-Vertrag zu erreichen, bedurfte einer Dreiviertelmehrheit in der Aktionärsversammlung, die wiederum nur unter Einbeziehung Silverbergs möglich schien.[15] Erst im Herbst zeichnete sich in dieser Frage eine Lösung ab. Um das Gewicht von Charlottenhütte und RWE in der Rheinbraun-Hauptversammlung zu stärken, wurde Fritz Thyssen, der über mindestens vier Mio. RM Aktien des Unternehmens verfügte und sich umgehend und gerne bereit fand, diese durch einen – zudem lukrativen – Verkauf gegen seinen (verbands)politischen Widersacher Silverberg in Position zu bringen, in die Transaktion einbezogen.[16]

Dennoch zögerten Henke und Koepchen weiter, das ausgehandelte Konzept in der Praxis umzusetzen. Erschwerend kam Ende 1932 hinzu, daß Vögler, der bis dahin an den Verhandlungen ohne erkennbare Meinungsverschiedenheiten mit Flick mitgewirkt hatte[17], nun in seiner Funktion als RWE-Aufsichtsratsvorsitzender Hürden errichtete und eine Abwicklung des Geschäfts ohne Zustimmung Silverbergs nicht mittragen mochte. Einige Wochen später legte er nach: Er habe von Anfang, so Vögler, klar zum Ausdruck gebracht, »daß mit meiner Genehmigung niemals dem Verkäufer der Rheinische Braunkohle [i. e. der Charlottenhütte] das Recht zugestanden werden dürfe, für die Ro[ddergrube]-Aktien Harpen-Aktien zu verlangen«. Allerdings ergänzte Vögler, daß es »eine Sache für sich« sei, wenn RWE nach dem Kauf von Rheinbraun diese Frage in eigener Verantwortung entscheide.[18] Vöglers Position blieb somit undurchsichtig, zumal er weiterhin Flick Informationen zutrug und von diesem über den Verhandlungsstand auf dem laufenden gehalten wurde.[19] Offensichtlich be-

14 Flick an Vögler, 8.4.1932; Zitat: Notiz. Betr. Rbr/RWE-Geschäft, 29.4.1932 [Steinbrinck], BAB R 8122/301.

15 Aktenvermerk, 20.12.1932 [Steinbrinck]; Zur Besprechung mit den Herren des RWE, 26.10.1932, beide BAB R 8122/303.

16 Zur Besprechung mit Herrn Thyssen, 10.11.1932 [Steinbrinck]; Aktenvermerk, 30.11.1932 [Steinbrinck]; Aktennotiz über die Besprechung mit Herrn Dr. Thyssen am 29.11.1932, 1.12.1932 [Flick], alle BAB R 8122/303. Silverberg machte später vor allem Thyssen (»Canaille«) für seine Verdrängung verantwortlich; Gehlen, Silverberg, S. 531-539 (Zitat S. 537), argumentiert überzeugend, daß die Beziehungen zwischen Silverberg und dem Trio Flick/Vögler/Thyssen wegen Silverbergs scharfer Kritik im Zuge des Gelsenberg-Affäre sowie seiner Indiskretion während des seinerzeitigen Übernahmeversuchs bei der GHH bereits belastet waren; vgl. Neebe, Großindustrie, S. 190f.; Grieger, RWE, S. 118.

17 Flick an Vögler, 2.4.1932; Notiz, 8.4.1932 [Flick], beide BAB R 8122/301.

18 Aktennotiz: Ergebnis der heutigen Besprechung mit den Herren Koepchen u. Henke, 10.11.1932 [Steinbrinck], BAB R 8122/303; Betr. RWE, 5.1.1933, [Flick], ebd.; Zitate: Vögler an Henke, 5.1.1933, BAB R 8122/294. Vögler war seit Stinnes' Tod ARV, vgl. RWE-Geschäftsberichte, HStAK 902/226/2.

19 Flick an Vögler, 10.11.1932, BAB R 8122/303; Vögler an Silverberg, 18.1.1933, BAB R 8122/295.

fürchtete er, daß die geplante Transaktion sein bereits im Zuge der Gelsenberg-Affäre angekratztes Image weiter beschädigen könnte: Vom einflußreichen Silverberg war ohne Zweifel erhebliche öffentliche Gegenwehr zu erwarten, die leicht einer Interpretation den Boden bereiten konnte, die in dem Verkauf der privaten Rheinbraun an die mehrheitlich von der öffentlichen Hand kontrollierte RWE AG eine erneute Verstaatlichungsaktion mit Flick und Vögler in den Hauptrollen erblickte.[20]

Im Dezember 1932 wurden die Kaufverträge über die Rheinbraun-Beteiligung der Charlottenhütte unterzeichnet[21], doch zur Jahreswende war das Projekt dem endgültigen Scheitern deutlich näher als dem erfolgreichen Abschluß, den Flick intern ohne jede Beschönigung als »praktisch[e] Unterjochung der Rheinbraun unter das RWE und Herausnahme der Ha.[rpen]-Aktien« charakterisierte.[22] Statt dessen war es nun Silverberg, der – wohl auf Vermittlung Vöglers – seinerseits Vorschläge unterbreitete, wie Harpen mit Mittelstahl-Maxhütte kombiniert werden könne, um sich von »RWE frei[zu]kaufen«, wie Steinbrinck süffisant konstatierte.[23] Zwar hatten diese Angebote nur geringe Attraktivität für Flick, da sie eine Teilung der Kontrolle über den Gesamtkomplex mit Silverberg implizierten. Ungelegen kamen sie ihm aber nicht, denn die bloße Alternative setzte RWE unter Druck und bot die Möglichkeit, beide Seiten gegeneinander auszuspielen. Letztlich war es Flick gleichgültig, mit wem er das Geschäft machte.[24]

Flicks Taktik zeitigte den erhofften Erfolg. Mitte Februar einigte er sich mit RWE darauf, den ursprünglichen Plan umzusetzen – den Kontakt zu Silverberg brach er umgehend ab.[25] Silverbergs Widerstand war damit endgültig gebrochen. Obschon er Rheinbraun in eigentümergleicher Souveränität führte, fehlten ihm die aus dem Eigentum erwachsenden Verfügungsrechte. Ohne diese Macht-

20 Ungeklärte Fragen bei der Durchführung des RWE-Geschäftes, 15.2.1933 [Steinbrinck], BAB R 8122/303; Ausscheiden Vöglers bei Rheinbraun und Charlottenhütte, in: Berliner Tageblatt Nr. 30 v. 18.1.1933. Zur Kapitalverteilung beim RWE: Notiz betr. Verteilung der RWE-Aktien, 4.2.1933 [Philipp], BAB R 8122/294.

21 Vertrag Ch./R. W. E. und Nachtragsvertrag, 3.12.1932 (Entwürfe), BAB R 8122/294; Datierung: Flick an Henke, 12.5.1933, BAB R 8122/306; Vernehmung Flick, 8.1.1947, StAN Rep. 502, KVA, Interrogations, F-47. Von seiner Verpflichtung, nicht ohne Silverbergs Zustimmung zu verkaufen, erklärte sich Flick am 14.12.1932 kurzerhand für befreit; s. Gehlen, Silverberg, S. 524.

22 Betr. RWE, 5.1.1933, [Flick], BAB R 8122/303.

23 Vorschlag Dr. S., 29.1.1933; Notiz 2.2.1933 [Steinbrinck]; Neuer Vorschlag von Dr. S., 30.1.1933; Silverberg an Flick, 3.2.1933, alle BAB R 8122/295; Zitat: Notiz Steinbrinck, 4.2.1933, ebd.

24 Aktennotiz. Ergebnis der heutigen Besprechung mit den Herren Koepchen u. Henke, 10.11.1932, BAB R 8122/303.

25 Die Informationen stammten u. a. von Pferdmenges, der auch den Kontakt zu Adenauer herstellte. Zwar galt Pferdmenges Adenauer als objektiver Vermittler, doch zugleich als »Vertreter der Flick'schen Interessen«; Notiz. Betr. RWE-Geschäft, 10.2.1933; Notiz betr. Rbr./RWE-Geschäft, 13.2.1933; Notiz. Vorschläge Dr. Silverberg zum RWE-Geschäft, 16.2.1933; Zur Besprechung mit Herrn Henke, 22.2.1933 [alle Steinbrinck], alle BAB R 8122/294; Zitat: Adenauer an Wassermann, 14.2.1933, HStAK 902/159, Bl. 73f.

ressourcen stand er dem Ränkespiel der Großaktionäre Flick, Thyssen und RWE letztlich hilflos gegenüber.[26] Für »mehr als schlapp« befand indes der Kölner Oberbürgermeister Konrad Adenauer Silverbergs ermattenden Kampfgeist und fühlte sich genötigt, diesem »das Rückgrat richtig wieder einzusetzen«.[27] Tatsächlich entwickelte Adenauer, der die Anteile der Stadt Köln sowohl bei Rheinbraun als auch bei RWE vertrat und um die bislang von Silverbergs Unternehmen gewährten günstigen Stromtarife fürchtete[28], zu Jahresanfang 1933 eine lebhafte Oppositionstätigkeit gegen die Verkaufspläne Flicks. Adenauer verfügte allerdings nicht über eine ausreichend starke Position, um mehr als einen für die Großaktionäre lästigen Einspruch zu erheben, und durchschaute zudem die Zusammenhänge der Transaktion zu wenig. Im Kern hielt er RWE für den Schrittmacher und glaubte fälschlicherweise, die Gründe für die Mißstimmung zwischen Flick und Silverberg lägen im – leicht ausräumbaren – Persönlichen.[29] Zudem fiel mit der lokalen »Machtergreifung« in Köln und Adenauers Absetzung auch dieser Widerstand fort.[30] Im Sommer 1933 war das Tauschgeschäft perfekt. In einer ersten Tranche erhielt Flick 31,8 Mio. RM Harpen-Anteile, weitere vier Mio. RM folgten, so daß Flick Ende 1934 über 40,9 Prozent des Gesamtstammkapitals von 90 Mio. RM verfügte.[31]

Derweil sorgte die Führung der Charlottenhütte mit Hilfe gezielt lancierter Informationen dafür, daß sowohl in Fachkreisen als auch in der Öffentlichkeit der Schwarze Peter Silverberg zugeschoben wurde. Flick selbst bestritt vehement jede »unkorrekte Handlung«.[32] Daß Silverbergs Rücktritt von seinen Ämtern im März 1933 unter den veränderten politischen Rahmenbedingungen einer radikal-

26 Zu den komplizierten aktienrechtlichen Details Gehlen, Silverberg, S. 518-522.

27 Adenauer an Pferdmenges, 16.1.1933; Adenauer an Wassermann, 14.2.1933, HStAK 902/159, Bl. 71 (Zitat)-74.

28 Vgl. Gehlen, Köln.

29 Niederschrift über die Sitzung des Aufsichtsratsausschusses der [Rheinbraun] am 23.2.1933, ebd., HStAK 902/227/2, Bl. 373-383; Adenauer an Pferdmenges, 16.1.1933, Adenauer an O. Wassermann, 14.2.1933, beide HStAK 902/159, Bl. 71 f., 73 f.; vgl. Gehlen, Köln; ders., Silverberg, S. 540-549.

30 Entsprechend stimmten die Kommunen ebenso wie die Banken auch bei RWE für den Austausch; Vögler an Silverberg, 10.7.1933, BAK N 1013/209, Bl. 175. Zu Adenauers Absetzung: Schwarz, Adenauer, S. 343-352. Die Auseinandersetzungen mit Flick waren nicht grundsätzlicher Natur; Adenauer hielt offenbar viel von Flick, mit dem er einen beruflichen Neuanfang plante, vgl. ebd., S. 375.

31 Notiz, 20.10.1933 [Kniess], BAB R 8122/309; Henke an Kaletsch, 13.11.1933; Akten-Notiz, 5.12.1933 [Kaletsch], alle BAB R 8122/302; Entwicklung der wichtigsten Beteiligungen, 9.5.1946, StAN Rep. 502, KVA, Handakten, B-2. Auch Vögler, dessen Verhalten in dieser Affäre durchaus Brünings bekanntes Wort, »Herr Vögler wechselte am Tag in grundlegenden Fragen zwei- bis dreimal seine Anschauung« (Brüning, Memoiren, S. 371), rechtfertigte, signalisierte Zustimmung; Notiz, 31.3.1933 [Steinbrinck]; Henke an Flick, 20.6.1933, beide BAB R 8122/306; Kaletsch an Brecht, 25.7.1933; Flick an Vögler, Juli 1933, beide BAB R 8122/301.

32 Aktennotiz über die Besprechung mit Chefredakteur Oeser (F. Z.), 3.2.1933, BAB R 8122/294; Zitat: Flick an Theodor Frank (DeDi), 22.2.1933, BAB R 8122/295.

antisemitischen Regierung vollzogen wurde[33], verlieh dem Intrigenspiel um den Rheinbraun-Harpen-Komplex jedoch zumindest in der Rückschau den Charakter einer »Arisierung« avant-la-lettre.

2.1.2. Die Harpen-Bonds

Noch in den letzten Zügen des Aktientausches mit RWE hatte deren Vorstand versucht, höhere Preise herauszuschlagen, indem Henke den Wert herausstrich, den die fraglichen Anteile für eine Majorisierung hatten. Flick wies das Ansinnen jedoch zurück, da er über die praktische Mehrheit in der Generalversammlung bereits verfügte und die angebotenen Aktien ihm eine absolute nicht verschaffen konnten.[34] In der Tat war Flick schon 1934 in der Lage, als Ausdruck der neuen Besitzverhältnisse personelle Änderungen im Aufsichtsrat vorzunehmen und selbst den Vorsitz anzutreten. Außerdem wurden die Harpen-Anteile im Zuge der Konzernreorganisation bei der Maxhütte konzentriert, um dieser das steuerlich wichtige Schachtelprivileg zu sichern.[35] Der im Revier hochangesehene Generaldirektor Harpens, Erich Fickler, blieb im Amt. Obgleich Fickler Ende 1934 wegen seiner schweren Erkrankung um eine baldige Ablösung nachsuchte, bat Flick ihn nachdrücklich, das Unternehmen weiterhin zu führen.[36]

Rechtlich gehörten Flick zwar nur 40 Prozent der Substanz Harpens, faktisch bestimmte er jedoch die Unternehmenspolitik kaum anders als ein Mehrheitseigner. Insbesondere formulierte er nun die bereits früher geäußerte Kritik an der strategischen Planung der vergangenen Jahre ohne jede Zurückhaltung. Scharf wandte er sich gegen das Ungleichgewicht zwischen den erfolgten Investitionen und dem unterbliebenen Quotenausbau, das heißt gegen die fehlenden Absatzmöglichkeiten, welche die auf Massenförderung ausgerichteten Anlagen erst sinnvoll machten. Nachdem Harpen schon in den Vorjahren keine Dividenden gezahlt hatte, sprach sich Flick daher auch für 1934 trotz eines ausgewiesenen Reingewinns von 4,4 Mio. RM gegen eine Ausschüttung aus.[37]

Flicks Kritik an der bisherigen Unternehmensführung reflektierte nicht allein tatsächliche oder vermeintliche Versäumnisse seiner Vorgänger, sondern auch taktische Erwägungen: Der Verweis auf die mangelhafte Quotenbeschaffung rechtfertigte seine Absicht, Mont-Cenis an Harpen anzugliedern, die Zeche zu

33 Den Harpen-Vorsitz legte Silverberg offiziell am 3.8.1933 nieder; Harpen Vorstand an Oskar Schlitter (DeDi), 2.12.1933, BAB R 8119F/P949, Bl. 100; zur sukzessiven Ämteraufgabe: Gehlen, Silverberg, S. 552-565.

34 Notiz für Herrn Flick, 24.11.1934; Flick an Henke, 26.11.1934, Henke an Flick, 4.12.1934, alle BAB R 8122/313.

35 Harpen Vorstand an DeDi (Kimmich), 5.6.1934, BAB R 8119F/P948, Bl. 13; Notiz für Herrn Flick. Zur Besprechung mit Herrn Geheimrat Böhringer, o. D. [Kaletsch], BAB R 8122/878.

36 Mariaux, Gedenkwort, S. 426; Erich Fickler zum Gedächtnis, o. O., o. J. [1935].

37 Notiz für T. B., 24.4.1935, BAB R 8119F/P948, Bl. 17; Vermerk über eine Besprechung mit dem Vorsitzenden des Aufsichtsrats Herrn Dr. Flick am 30. April 1935, 3.5.1935, WWA F 79/45.

schließen und ihre Quoten zu übertragen. Gleichzeitig sollte damit die Maxhütte von den Schulden Mont-Cenis' befreit werden. Angesichts der miserablen Lage der Zeche war Flick bewußt, daß dieses Geschäft nur wenig Zustimmung bei den übrigen Harpen-Aktionären finden und insbesondere den Verdacht nahelegen würde, der Großaktionär Maxhütte/Flick solle begünstigt werden. Entsprechend schlug Flick vor, daß nicht er, sondern der Harpen-Vorstand mit einem entsprechenden Vorschlag hervortreten möge.[38]

Daß Flick in den übrigen Anteilseignern ein lästiges Hindernis für seine Pläne erblickte, unterstrich auch der angekündigte Dividendenverzicht, der Harpen als Geldanlage für die zahlenmäßig überwiegenden Kleinaktionäre möglichst unattraktiv machen sollte. Diese Überlegung stand Pate für einen dritten von Flick 1934 vorgebrachten Gedanken, mit dem sich der neue Großaktionär dauerhaft die Stimmenmehrheit bei Harpen verschaffen wollte. In diesem Kontext kristallisierte sich in den folgenden Monaten ein aktienrechtliches Manöver heraus, das als »Meisterstück der Spätzeit des deutschen Effektenkapitalismus« große Aufmerksamkeit erregen und die Beziehungen Flicks zu Harpen zwei Jahrzehnte lang prägen sollte.[39]

Der Plan für das Majorisierungsvorhaben Flicks sah in sehr vereinfachten Zügen vor, einen Teil der Aktien in festverzinsliche, aber stimmrechtslose Obligationen, also Teilschuldverschreibungen, umzuwandeln. Ihre Sicherung blieb durch Kopplung mit dem Aktienkurs an die Harpen-Substanz gebunden.[40] Ein solcher Typ aktienähnlicher, substanzgesicherter Obligationen existierte zu diesem Zeitpunkt nicht, und Kaletsch nahm später in Anspruch, es habe sich um »eine einzigartige Erfindung« Flicks gehandelt.[41] Tatsächlich ging die Idee für die als Harpen-*Bonds* bekannt gewordene Konstruktion auf eine Zusammenarbeit Flicks mit den beiden Konsortialführerinnen Harpens, BHG und Deutsche Bank und Disconto-Gesellschaft (DeDi), und hier namentlich mit Otto Jeidels sowie Karl Kimmich zurück.[42]

An der Zielsetzung bestand unter den Beteiligten kein Zweifel: Nicht die Rendite der Kleinaktionäre sollte garantiert werden – vielmehr galt es, Flick »die Möglichkeit zu verschaffen, daß [er] in Zukunft über die Mehrheit des Stammaktienkapitals verfügt«. Praktisch hieß dies, daß der Maxhütte die absolute Har-

38 Vermerk über eine Besprechung mit Herrn Dr. Flick am 30.4.1935, 3.5.1935, ebd. Der Zustimmung des Vorstandes half Flick durch die ankündigte Erhöhung der in der Wirtschaftskrise gesenkten Bezüge nach.

39 [Peter Waller], Zum Umtauschangebot für die Harpen-Bonds, in: Deutsche Zeitung u. Wirtschaftszeitung v. 12.12.1953, zit. nach: BAK B 102/60714.

40 Herrn Dr. Kimmich. Betr. Harpener Bergbau AG – Plan einer Kapitalumlagerung, 4.5.1935, BAB R 8119F/P948, Bl. 19-24; Harpener Bergbau-AG, 11.5.1935, BADH R 8127/15627, Bl. 1f.

41 [Unbetiteltes Typoskript], o. D. [August 1945], WWA S 8/84.

42 Waller (s. o.), wies Kimmich als geistigen Vater der Bonds aus, allerdings hatte eher Jeidels die führende Rolle, was auch der langjährigen engen Beziehung zwischen Harpen und BHG entsprach; vgl. Berliner Handels-Gesellschaft, S. 74f., 89-93, 248.

pen-Majorität gesichert werden wollte, die für die Gewährung des Selbstverbrauchsrechts beim RWKS erforderlich war.[43] Da ein Aufkauf von über zehn Mio. RM Anteilen höchst kostspielig gewesen wäre und selbst dann die für gesellschaftsrechtliche Änderungen erforderliche Zweidrittelmehrheit noch immer in weiter Ferne gelegen hätte, wurde die Idee geboren, das Stammkapital zu reduzieren, um den finanziellen Aufwand der Majorisierung zu verringern. Eine denkbare Zusammenlegung der Aktien hätte die Mehrheitsverhältnisse unverändert gelassen und Flick mit keinerlei zusätzlichen Werten ausgestattet, die er für seine Pläne benötigte. Eben dies versprachen die Obligationen zu leisten: Bei einem Umtausch von einem Drittel der Stammaktien in Teilschuldverschreibungen erhielt Flick eine erhebliche Zahl der Scheine, die umgehend den Kleinaktionären im Austausch gegen ihre verbliebenen Aktien angeboten werden sollten.[44] Im Kern lief das Geschäft somit auf den Aufkauf von Stimmrechten gegen Renditezusagen hinaus, jedoch mit einem deutlich verminderten finanziellen Gesamtaufwand und praktisch ohne Beanspruchung liquider Mittel. Im Vergleich zur Alternative eines Erwerbs an der Börse kam dies Modell unvergleichlich billiger, noch dazu bei einem stark verminderten Gesamtkapital. Das immer wieder vorgeschobene Argument der Dividendensicherung für die Kleinaktionäre stellte hingegen nichts anderes als eine Verbrämung der Flick'schen Mehrheitsbeschaffung dar, welche die übrigen Anteilseigner der Verfügungsrechte über ihr Eigentum effektiv entkleidete.[45]

Im Frühjahr 1935 arbeiteten die Stäbe sowohl in der Konzernzentrale Flicks als auch bei den beiden Banken intensiv an der Vorbereitung und rechtlichen Prüfung des Planes[46], für den es an Präzedenzfällen fehlte. Mitte Juni zeichnete sich das endgültige Procedere ab. Bei einem Grundkapital von 90,3 Mio. RM sollten zunächst die 300 000 RM Vorzugsaktien eingezogen und dann 30 Mio. RM Stammaktien in Teilschuldverschreibungen umgewandelt werden. Der Umtausch sollte als Rückzahlung des Grundkapitals an die Aktionäre firmieren, jedoch nicht in bar, sondern in Gestalt der Obligationen. Die *Bonds*, die auf die von Flick kontrollierten Aktien entfielen, wollten die Banken den von ihnen betreuten Kleinaktionären unmittelbar nach der Umwandlung zum Austausch gegen deren Stammaktien anbieten.[47]

43 Zitat: Harpener Bergbau-AG, 11.5.1935, BADH R 8127/15627, Bl. 1; Harpener Bergbau-AG, 20.5.1935, BAB R 8119F/P948, Bl. 38f.

44 Herrn Dr. Kimmich. Betr. Harpener Bergbau AG, 4.5.1935, ebd., Bl. 19-24

45 Dieser Effekt wurde schließlich noch dadurch vergrößert, daß die Obligationäre vom Bezugsrecht auf neue Aktien wie auch auf neue Obligationen ausgeschlossen wurden. Trotz Widerständen Kimmichs blieb es dabei, Flick gestand lediglich die Einräumung des Bezugsrechts für die DeDi selbst zu; Brandt an Jeidels, 31.7., 3.8. u. 8.8.1935, alle BADH R 8127/15627, Bl. 250-252, 282f.

46 Vgl. dazu die Korrespondenz zwischen Frey, Solbrig, Flechtheim und dem Harpen-Justitiar Gerhard Boldt in WWA F 24/47.

47 Jeidels an Koeppel u. Hoffmann, 22.5.1935; Betr. Harpener Bergbau-AG, 31.5.1935 [Jeidels]; Jeidels an Brandt, 5.6.1936; Jeidels an Flick, 12.6.1935; Flick an Jeidels, 14.6.1935, alle BADH R 8127/15627, Bl. 29f., 46, 55f., 76, 94. Zusammenfassend: Harpener Berg-

Kritische Stimmen ignorierte Flick weitgehend. So kommentierte Kimmichs Kollege Oskar Schlitter, dem Plan fehle »die logische innere Begründung«, da man das wahre Ziel nicht bekanntmachen könne[48], während der Harpen-Vorstand – der in die Vorbereitungen kaum einbezogen wurde[49] – Nachteile für das Renommée des Unternehmens befürchtete. In einem internen Memorandum kritisierte das Management unmißverständlich, daß zur Legitimation der Veränderungen in der Aktienstruktur der Eindruck erweckt werde, Harpen könne wegen einer angeblichen Überkapitalisierung keine Dividenden zahlen. Bei verbesserter Wirtschaftslage hielt man dies für durchaus erreichbar und äußerte »[B]efremden, wenn jetzt der gegenteilige Standpunkt als Begründung des Planes vertreten werden sollte«.[50]

Diese Bedenken selbst aus dem unmittelbaren Umfeld der Verantwortlichen unterstrichen, daß die *Bonds*-Transaktion durch den Vorwurf der Schädigung von Anlegerinteressen öffentlich angreifbar war. Flicks Planer sorgte insbesondere eine schlechte Presse, unter deren Eindruck etwaige gerichtliche Überprüfungen besonders streng auszufallen drohten.[51] Entsprechend generalstabsmäßig erfolgte die Vorbereitung auf die für Mitte August 1935 angesetzte außerordentliche Hauptversammlung, welche die Umwandlung beschließen sollte. Auf staatlicher Seite wurden frühzeitig Schacht und das Reichswirtschaftsministerium in Kenntnis gesetzt sowie die Zustimmung des Börsenkommissars eingeholt.[52] Auch die Hauptversammlung selbst wurde minutiös vorgeplant. Zwar konnte man durch vorherige Absprachen mit befreundeten Großaktionären, vor allem Fentener van Vlissingen und die Banken, erreichen, daß eine Dreiviertelmehrheit für die Umwandlung votieren würde. Dennoch sollte jegliche öffentlichkeitswirksame Gegenwehr der chancenlosen Kleinaktionäre vor vornherein unterbunden werden. Dazu scheute man in der Konzernzentrale Flicks auch nicht vor schmutzigen Tricks zurück und setzte auf einzelne Träger der »Opposition« eine Detektei an, welche die finanziellen und privaten Verhältnisse der Betroffenen

bau-AG. Vermerk vom 22.6.1935 mit allen Anlagen, 22.6.1935, ebd.; Harpener Bergbau-AG, Dortmund, 12.6.1935, BAB R 8119F/P948, Bl. 69-77.

48 Herrn Dr. Kimmich, Betr. Harpener Bergbau-AG., 14.6.1935, ebd., Bl. 85.

49 Erst am 19. Juni informierten Flick und Steinbrinck den Vorstand über den Stand der Dinge, Harpener Bergbau-AG, 20.6.1935 [Jeidels], BADH R 8127/15627, Bl. 106.

50 [Unbetiteltes Memorandum] »Vertraulich!«, o. D. [Mai/Juni 1935], WWA F 79/45. Verfasser war vermutlich Silverbergs langjähriger Mitarbeiter bei Rheinbraun und Harpen, Rüdiger Schmidt (vgl. Gehlen, Silverberg, Abschnitt V.1.a.2.). In Berlin war man sich durchaus bewußt, daß eine zu starke Kritik an der Finanzpolitik Harpens für den Vorstand eine Zumutung bedeutete; Steinbrinck an Jeidels, 28.6.1935; Harpen-Transaktion. Entwurf eines Kommuniques [sic], 28.6.1935, beide BADH R 8127/15627, Bl. 142-145.

51 Harpener Bergbau A-G, 13.5.1935, ebd., Bl. 7a-7c; Frey an Steinbrinck, 5.7.1935, ebd., Bl. 162-166.

52 Harpener Bergbau-AG, 20.6.1935 [Jeidels], ebd., Bl. 106; Steinbrinck an Schmidt, 2.7.1934, WWA 24/74.

ermitteln sollte, um Druck auf diese ausüben zu können.[53] Auf der Generalversammlung stimmten die Aktionäre eindeutig für die Kapitalherabsetzung und Obligationsausgabe; Anfragen irgendeiner Art wurden nicht gestellt, wie die Deutsche Bank zufrieden resümierte.[54]

Auch von der Presse mußte der Flick-Konzern wenig Kritisches fürchten. Mit aufwendiger PR-Arbeit hatten Steinbrinck und Flick ausgewählte Zeitungsvertreter vorab gleichermaßen informiert wie instruiert. Ende Juni wurden durch Flicks Öffentlichkeitsreferenten Hans-Otto Philipp zunächst die Redakteure der wichtigsten Berliner Blätter und überregionalen Zeitungen einzeln zu einem »rein persönlichen Gedankenaustausch« in die Bellevuestraße eingeladen.[55] In einem zweiten Schritt wurde die westdeutsche Presse in den Blick genommen. Für den Vorabend der Harpen-Hauptversammlung lud Flick – seine persönliche Teilnahme unterstrich die Bedeutung, die er der Medienresonanz beimaß – ein Dutzend Redakteure zum »Bierabend« ein. Den Vorwand lieferte die informelle Vorstellung von Ernst Buskühl[56] als Nachfolger Ficklers. Tatsächlich sollten die Journalisten auf die benevolente Flick'sche Interpretation der *Bonds*-Einführung eingeschworen werden. Zu diesem Zweck hatte man in der Konzernzentrale eigens Frage- und Antwortszenarien durchgespielt. Darin wurden neben der angeblichen Besserstellung der Kleinaktionäre vor allem die explizite Zustimmung der Reichsregierung sowie die inhaltliche Verbindung zum Führerprinzip hervorgehoben. Unzweideutig gab Flick in dem Gespräch ferner zu verstehen, die Journalisten sollten im Interesse der künftigen Zusammenarbeit ein »Allzuviel« an Berichterstattung unterlassen.[57] Das Ergebnis war ein weitgehender Erfolg. Die Mehrzahl der Zeitungen übernahm die von Flicks Büro herausgegebene

53 Die von Kaletsch eingeholten und mit Flick besprochenen Informationen ergingen sich in Indiskretionen unterhalb der Peinlichkeitsschwelle; Notiz, 8.8.1935 [Kaletsch]; Schlussbericht in Sachen: Harpen/von Koeppen, v. 13.8.1935; Eilbericht über Frau Ella C., 10.8.1935, alle WWA F 24/47. Auch die Dortmunder DeDi-Filiale unterstützte die Drangsalierungen: Briefwechsel Honroth/Kimmich 10.8.-16.8.1935, BAB R 8119F/P948, Bl. 135-141.

54 DeDi Dortmund an DeDi Berlin, 13.8.1935, ebd., Bl. 135; Generalversammlungsprotokoll, 13.8.1935, WWA 24/47.

55 Bericht über die Stimmung an der heutigen Berliner Börse, 26.6.1935; Notiz für Herrn Steinbrinck, 26.6.1936; Notiz für Herrn Flick, 1.7.1935 [Philipp]; Zitat: Philipp an Dr. Winschuh, 27.6.1936; Herrn Steinbrinck, 27.6.1935 [Philipp]; Ausführungen von Herrn Flick auf evtl. Anfragen in der G. V. und zur Pressekonferenz, alle WWA F 24/47.

56 1880-1945; Realgymnasium, bergmännisches Studium in München u. Aachen, 1908 Bergassessor; 1909-12 Bergbauverein; 1912 Bergwerksdirektor Consolidation; 1922 technischer Vorstand Mannesmannröhren-Werke AG; 1935-45 GenDir Harpen; 1937-45 Leiter BezGr Steinkohlenbergbau/Bergbau-Verein, Vorstand VDEh u. v. a. Mandate.

57 Zum Bierabend am 12.8.1935 in Essen, o. D.; Pressebesprechung, Montag, den 12.8. in Essen, 8.8.1935; Notiz. Betr. Bierabend mit den Vertretern der westdeutschen Presse am 12.8. in Essen, 14.8.1935 [Philipp], alle WWA F 24/47; Zitat: Begrüßungsansprache für Pressekonferenz, o. D., ebd.

Pressemitteilung im Wortlaut, mit den Ausnahmen der *Frankfurter Zeitung* und Walther Funks *Berliner Börsen-Zeitung*.[58]

In den folgenden Monaten sicherte sich Flick zügig die absolute Mehrheit bei Harpen, führte im Dezember die Übernahme von Mont-Cenis zu einem Kaufpreis von rund 17 Mio. RM durch und erreichte das Selbstverbrauchsrecht der Maxhütte beim RWKS.[59] Die alleinige Kontrolle Flicks fand schließlich im Mai 1936 ihren finalen Ausdruck in der Auswechslung der externen Revisoren bei Harpen. Hatte bislang die Deutsche Revisions- und Treuhandgesellschaft die Buch- und Bilanzprüfung vorgenommen, so wurde nun Fritz Lang damit beauftragt. Bedenken dagegen, eine externe Gesellschaft durch einen Einzelprüfer ersetzen, der überdies Flick »nahestehe«, wie sie der DeDi-Direktor Eduard Mosler äußerte, überging der Konzernherr.[60]

2.2. *Von Oberschlesien nach Westen: Der Kauf der Essener Steinkohlenbergwerke*

Fast zeitgleich mit der Majorisierung bei Harpen plante Flick bereits, seine Kohleninteressen an der Ruhr auszubauen. Im Blickpunkt standen dabei die Zechen der Essener Steinkohlenbergwerke AG, eine hundertprozentige VSt-Tochter, die im Zuge der Fusion von VSt, GBAG und Phoenix 1933/34 ausgegründet worden war und praktisch denselben Besitz umfaßte, den Flick als Hauptaktionär der GBAG bereits zwischen 1930 und 1932 kontrolliert hatte.[61] Der Ankauf hatte zwei Wurzeln: Zum einen hatte Flick schon früher die Angliederung der betreffenden Zechen an die Maxhütte in Erwägung gezogen. Zum anderen stand der Erwerb am Ende mehrjähriger Verhandlungen zur Abwicklung der oberschlesischen Beteiligungen und der Reprivatisierung der Vereinigten Stahlwerke. Die finale Regelung des »Ost-Engagements« sollte sich als Schlüssel zur Rückkehr Flicks in den Kreis der wichtigsten Montankonzerne des Westens erweisen.

2.2.1. *Die Auflösung des »Ost-Engagements«*

Mit dem Gelsenberg-Deal hatte das Reich die ostoberschlesischen Beteiligungen nahezu vollständig übernommen. Die vom Fiskus kontrollierten GBAG und VSt hielten zusammen rund 85 Prozent der polnischen Substanz mittelbar in ihren Portefeuilles und kamen in etwa gleicher Höhe auch für die Bürgschaften

58 Aktenvermerk, 3.7.1935, BAB R 8119F/P948, Bl. 129; Das neue Harpener Papier, in: Berliner Tageblatt/Handels-Zeitung Nr. 311 v. 4.7.1933; Die bevorstehende Kapitalumstellung bei Harpen, in: BBZ Nr. 307 v. 4.7.1935.

59 Akten-Vermerk, 27.12.1935 [Kimmich], BAB R 8119F/P948, Bl. 150; Abrundung der Flick-Kohleninteressen, in: FZ Nr. 4/5 v. 3.1.1936; Entwicklung der wichtigsten Beteiligungen, 9.5.1946, StAN Rep. 502, KVA, Handakten, B-2.

60 Aktenvermerk. Harpener Bergbau-AG, 23.5.1936, BAB R 8119F/P1364, Bl. 180.

61 Vgl. Gebhardt, Ruhrbergbau, S. 164f.; Reckendrees, Stahltrust, S. 537.

auf.[62] Diese Wahrnehmung setzte sich in den folgenden Jahren aber keineswegs durch. Weiterhin verhandelten die (Industrielle) Gruppe A und die (fiskalische) Gruppe B, als ob es keine besitzmäßigen Verflechtungen gäbe. Ferner trat der mit der Treuhänderschaft für die Reichsbeteiligung an GBAG/VSt beauftragte Hans von Flotow weit mehr als Mittelsmann zwischen Unternehmen und Regierung, denn als Vertreter des Mehrheitsaktionärs und Hauptgläubigers auf. Die Fusion der VSt auf die GBAG, die mit einer Reduzierung der staatlichen Aktienmehrheit auf einen reinen Großaktionärsstatus einherging, verstärkte diese Tendenzen noch zusätzlich.[63]

Die veränderte Situation in den Besitzverhältnissen drückte sich daher in der Folge nur darin aus, daß das Reich weitere Millionenbeträge an die IG aus Kattowitzer AG (KAG) und Königs-Laura überwies, um die laufenden Kosten abzudecken. Insgesamt belief sich damit die Summe der von der öffentlichen Hand seit 1927 in das »Ost-Engagement« investierten Gelder auf 51,5 Mio. RM.[64] Ferner wurden die Auskunftsrechte der beiden Vertrauensmänner Porten und Ritscher erweitert und auf Flotow ausgedehnt; alle Entlassungen und Stillegungen wurden berichts- und genehmigungspflichtig. Angesichts der geringen materiellen Auswirkungen stellte dies jedoch bloß »eine Äußerlichkeit« dar, wie Steinbrinck gegenüber Heinrich Dinkelbach konstatierte.[65]

An den grundsätzlichen wirtschaftlichen Problemen der IG-Werke vermochten weder die finanziellen noch die organisatorischen Maßnahmen etwas zu ändern. Im Herbst 1932 war allen Beteiligten klar, daß die gegebenen Gelder für eine Konsolidierung keineswegs ausreichten.[66] Die industrielle Seite, dies zeichnete sich rasch ab, war weiterhin nicht bereit, Abhilfe zu schaffen. Ende August hatte Vögler unmißverständlich mitgeteilt, daß »wir die Position nicht durchhalten können und eine klare Antwort erbeten[,] ob die [Regierung] die Situation noch politisch wie früher betrachte – dann müsse sie einspringen; oder nicht – dann müssen wir freie Hand erhalten«.[67] Was Vögler wollte, war offensichtlich – auf die eine oder andere Weise von den Kosten aus den polnischen Werken freigestellt werden, entweder durch einen vollen Lastenausgleich oder

62 Notiz, 15.5.1934 [Kurre], BAB R 8122/212; Bericht über die Minesa S.A. de Mines et Usines Européennes, 17.9.1945, [Alfred Hennecke; Dinkelbach], TKA VSt/894.

63 Vgl. Reckendrees, Stahltrust, S. 507-516; zu Flotow: ebd., S. 507, 544; Klass, Vögler, S. 220f., 224f.

64 I.G. Kattowitz/Laura, 19.10.1932, BAB R 8119F/P1520, Bl. 4f.; Akzeptbank an RFM, 13.9.1932; Akzeptbank an Bismarckhütte GmbH und Königs-Laurahütte, 23.9.1932; Bürgschaftserklärung RFM, 27.9.1932; Akzeptbank an RFM, 11.10.1932; Reichsbank-Direktorium an Akzeptbank, 25.10.1932, alle BAB R 2/15498, Bl. 65-70, 78-80, 84, 128-130, 177; Betr. I.G. Kattowitz/Laura, o.D. [Januar 1933], BAB R 2/15499, Bl. 80f.

65 Chh (Vögler/Flick) an AA (Meyer), 9.8.1932, TKA VSt/923; Zitat: Steinbrinck an Dinkelbach, 9.9.1932, ebd.

66 Vermerk, 21.10.1932, BAB R 2/15498, Bl. 131; IG Kattowitz-Polenlaura, 24.10.1932, ebd., Bl. 285-308.

67 Vögler an Thyssen, o.D. [Ende August 1932], TKA VSt/925.

durch die Erlaubnis zum Verkauf. Letzterem kam jedoch eher rhetorische Bedeutung zu, um das Reich zur Intervention zu animieren.[68]

Auch Flick bekräftigte, daß die öffentliche Hand nicht ohne weitere Opfer auf den vertraglich fixierten politischen Zielen beharren könne. Vor dem Hintergrund des zur Jahreswende 1932/33 wachsenden Drucks der polnischen Regierung, die hohe Steuerstrafen mit Forderungen nach personellen Änderungen in der IG-Führung verband, unterstrich Flick, daß ein Widerstand nur bei geldlicher Unterstützung durch das Reich möglich sei. Der Skepsis etwa im Auswärtigen Amt, ob die Unternehmen sich überhaupt ausreichend gegen die »Polonisierung« zur Wehr setzten, wurden von Flicks Lobbyisten Richthofen deutliche Worte entgegengehalten: »Entweder müsse man von deutscher Seite restlos für die Gesellschaften sorgen – in diesem Falle könne man auch eine rücksichtslose deutsche Politik verlangen –, oder man müsse den Leuten gestatten, sich bestens durchzulavieren.«[69] Entsprechend stieg das Mißtrauen der Regierungsstellen gegenüber einer vermuteten Verständigungspolitik Flicks: Im Auswärtigen Amt kam bereits der Vorschlag auf, »Herrn Flick abzusägen und ihn durch eine Persönlichkeit zu ersetzen, mit der man den Kampf mit dem Wojewoden [poln. Regierungspräsident] aufnehmen kann und die uns nicht dauernd in die Notwendigkeit versetzt, faule Konzessionen zu machen«.[70]

Der schwelende Streit eskalierte im Frühjahr 1934, als Flick seinen vollständigen Rückzug aus den Angelegenheiten der IG verkündete. Da Rücktrittsdrohungen Flicks in der oberschlesischen Sache so neu nicht waren, reagierten die Adressaten des Beschwerdeschreibens anfangs unbeeindruckt.[71] Daraufhin mobilisierte Flick zu seiner Unterstützung Vögler, Flotow und Richthofen, die sich für den unbedingten Verbleib Flicks als Aufsichtsratsvorsitzender der IG aussprachen.[72] Dieser legte selbst noch einmal nach und verfaßte einen zweiten

68 Die katastrophalen Aussichten der IG-Werke angesichts der Krise und dem Druck des polnischen Staates führten auch innerhalb der Industriellen Gruppe zu Auseinandersetzungen, da sich bei den VSt allmählich die Erkenntnis durchsetzte, daß die Charlottenhütte durch die Übertragung 1929 das bessere Geschäft gemacht hatte. In einem ausufernden Rechtfertigungsschreiben und in ostentativ beleidigtem Ton wies die Chh-Spitze die »bittere Ungerechtigkeit« dieses Vorwurfs zurück; Stellungnahme der Charlottenhütte […], 4.1.1933, TKA VSt/924.

69 Aufzeichnung, o. D. [Herbst 1932; Meyer], PAAA R 35952, Bl. 24 f.; Ritscher an Olscher, 25.11.1932, BAB R 2/15499, Bl. 5-7; Zitat: Aktennotiz. Betr. Freigabe der hinterlegten Russenwechsel für den O/S-Kredit, 30.11.1932 [Steinbrinck], BAB R 8122/1027.

70 Deutsche Gesandtschaft Warschau (v. Moltke) an Meyer, 22.2.1933, PAAA R 31142k. Der semi-offizielle Vorschlag blieb folgenlos. Allen Beteiligten war klar, daß auf Flick als spiritus rector der Ost-Konstruktion vorerst nicht verzichtet werden konnte; vgl. Notiz, 3.3.1933, ebd.

71 Flick an Neurath, 7.4.1933, PAAA R 35954, Bl. 80; Flick an Meyer, 7.4.1933, BAB R 2/15478, Bl. 132-134; Vermerk, 12.4.1933 [Schwerin v. Krosigk], ebd., Bl. 129; Meyer an Flick, 13.4.1933, ebd., Bl. 140-142.

72 Richthofen an Küsel-Glogau, 7.4.1933, BAB R 2/15478, Bl. 123-126; Flotow an Meyer, 13.4.1933; Vögler an Meyer, 18.4.1933, beide PAAA R 35954, Bl. 341 f., 333 f.

Brandbrief, in dem er sich zum uneigennützigen Advokaten der deutschen Interessen stilisierte:

> »Ich darf nochmals feierlich versichern, daß es ausschließlich das Pflichtbewußtsein als Deutscher gewesen ist, das mich veranlaßt hat, das Mandat weiter zu verwalten und, allen Anfechtungen und Anfeindungen zum Trotz, die Verantwortung und die oberste Leitung in der Hand zu behalten, auch nachdem unser wirtschaftliches Interesse erloschen war.
>
> Offenbar glaubt man aber in unseren deutschen Kreisen, mir eine uneigennützige Pflichterfüllung nicht zutrauen zu sollen. In den Ämtern der Regierung und besonders unter den Deutschen Oberschlesiens vermutet man bei allem, was wir tun und lassen, Sonderinteressen materieller Natur. [...] Das wachsende Bewußtsein eines vergeblichen Kampfes nach zwei oder mehr Fronten und das Gefühl mangelnden Verständnisses und Vertrauens und letzten Endes auch mangelnder Unterstützung bei den Stellen, deren Richtlinien zu folgen ich mich bemüht habe, sie sind die Ursachen meiner Amtsmüdigkeit und meines Bedürfnisses, das undankbare Amt in andere Hände gelegt zu sehen.«[73]

Die Rückzugsankündigungen Flicks wurden durch die Einrichtung eines separaten Büros für die oberschlesischen Fragen untermauert[74] und erhöhten den Druck auf die Reichsregierung, die ein eigenes Hervortreten nach wie vor nicht wünschte. Zudem flankierten Flicks Beschwerden die von Vögler gleichzeitig geforderte Entlastung der VSt, so daß der Eindruck, die beiden Führungsfiguren des Komplexes suchten nach Möglichkeiten, sich der Verantwortung zu entziehen, nicht von der Hand zu weisen war. Im Rahmen der Reorganisation der VSt strebte Vögler eine Bereinigung der Konzernbilanz an und wollte die ungeliebte Ost-Beteiligung loswerden. Vom Reichswirtschaftsministerium forderte er – da ein von ihm als möglich bezeichneter Verkauf an französische (und wie üblich nicht näher benannte) Interessenten politisch inopportun war[75] – ein

73 Flick an Meyer, 19.4.1933, ebd., Bl. 118-121. Nicht zur Sprache kamen die unklaren Besitzverhältnisse innerhalb der Industriellen Gruppe. 1929 hatte die Charlottenhütte noch 13,34 % an der Minesa als Spitzenholding gehalten, von denen jedoch weitere 11,73 % an die VSt übergingen, so daß Charlottenhütte/Mittelstahl nur noch über 1,61 % verfügte. Im Zuge der Abwicklung 1935/36 erhöhte sich der Anteil wieder auf 5 %. Ob anderweitige interne Bindungen bestanden, läßt sich kaum feststellen. Es ist jedoch anzunehmen, daß Flick nicht allein aus Kollegialität führend in den Ostangelegenheiten mitwirkte. In jedem Fall banden ihn die persönlichen Verpflichtungen der Verträge mit dem Reich 1927/29; Hauptbuch, Konsortium für die Bismarckhütte GmbH, MMA R 1.40.90; MSt/VSt an Reichsstelle für Devisenbewirtschaftung, 16.10.1935; Bericht über die Minesa, 17.9.1945, beide TKA VSt/894.

74 Vorbesprechung am 28.3.1933 für die Chefbesprechung am 29.3.1933 im A.A., BAB R 2/15499, Bl. 300-304.

75 Mit dieser Drohung hantierten Vögler und Flick schon seit 1932. In unübersehbarer Parallelität zur Gelsenberg-Affäre informierte Vögler im Herbst des Jahres Wirtschaftsminister Warmbold von einer französisch-amerikanischen Gruppe, hinter der angeblich die französische Schwerindustrie stand. Als Emissär wirkte statt Porten nun Flotow.

»Gelsenberg II«-Geschäft: Das Bankhaus Hardy sollte wiederum die Beteiligung übernehmen.[76] Vöglers Taktik war Erfolg beschieden, denn bei einer Chefbesprechung der drei beteiligten Minister Hugenberg, Schwerin von Krosigk und Neurath wurde den VSt Ende März tatsächlich ein Andienungsrecht an Hardy in Aussicht gestellt. Gleichzeitig sollte die Mitarbeit Vöglers und Flicks in der industriellen Führung gesichert werden, um die IG-Werke zu rationalisieren und wieder in die Rentabilität zu führen.[77]

Um die Tür zu dem somit eröffneten Fluchtweg nicht zuschlagen zu lassen, reichte Vögler umgehend einen Andienungsvorschlag ein, der die Besitzverhältnisse grob umriß und einen Kaufpreis von 35 Mio. RM vorsah, dessen Berechnung kaum transparent war, aber Flotows Zustimmung gefunden hatte. Vögler drängte auf eine schriftliche Fixierung des Angebots und forderte eine Umgehung des »Instanzenweg[es]«, allerdings erfolglos: Die drei Minister hatten ihren Vorschlag unter Vorbehalt eines Kabinettsbeschlusses gestellt.[78] In der entsprechenden Sitzung im April kam es zu keiner Entscheidung. Während sich Göring und Reichswehrminister Blomberg für einen kompletten Verkauf der polnischen Werke aussprachen – ein Vorschlag, der im Finanzministerium seit geraumer Zeit kursierte, den Schwerin von Krosigk aber wohl selbst nicht zu formulieren wagte –, vertagte Hitler die Entscheidung aus Sorge vor Stillegungen und einem Zuzug erwerbsloser deutschstämmiger Arbeiter ins Reich.[79]

Als Hitler in der nächsten Kabinettsitzung, die sich der Oberschlesien-Frage widmete, erneut eine endgültige Entscheidung vermied – trotz eines zwischenzeitlichen Votums von Flotow im Sinne der Vögler'schen Forderungen[80] –, befanden sich die Verhandlungen zwischen den Industrie- und den Regierungsvertretern in einer Sackgasse.[81] Während die Ministerialbeamten eine umgehende

Wie konkret die geführten Gespräche tatsächlich waren, läßt sich kaum abschätzen; Vögler an Thyssen, o. D. [August 1932], TKA VSt/925; Flotow an Nasse, 27.11.1933, BAB R 2/15479, Bl. 126-128.

76 Vögler an Zarden, 18.3.1933, BAB R 2/15499, Bl. 255 f.; ebenso: Vorbesprechung [...], 28.3.1933, ebd., Bl. 304. Unterstützung erfuhr Vögler durch Flotow; vgl. Flotow an Olscher, 13.4.1933, BAB R 2/15478, Bl. 144-146.

77 [Vermerk], 30.3.1933 [Meyer]; Aktennotiz, 31.3.1933 [Vögler], beide ebd., Bl. 109 f., 115-117.

78 Vögler an Meyer, 20.4.1933, PAAA R 35954, Bl. 335 f.; [Andienungsvorschlag], o. D. [5.4.1933], ebd., Bl. 176-180. Der niedrige Kaufpreis erklärte sich vor allem durch die auf der IG lastenden Schulden von rund 130 Mio. RM; Vertrauliche Mitteilung des Herrn Steinbrinck v. 10.2.1933 [Richthofen], BAK N 1164/24.

79 Ministerbesprechung vom 22.4.1933, in: AdR, Regierung Hitler, Bd. 1, S. 354-359.

80 Vorläufiger Bericht des Herrn v. Flotow über I.G. Kattowitz/Laura, BAB R 2/15478, Bl. 205-214; Betrifft: I.G. Kattowitz-Laura, 28.4.1933, BAB R 2/15500, Bl. 64 f.

81 Kabinettssitzung v. 31.5.1933, in: AdR, Regierung Hitler, Bd. 1, S. 536. Hitlers Äußerungen zu dem Thema blieben auch in der Folge sibyllinisch. Nach einer Unterredung mit Vögler, Neurath und Wirtschaftsminister Kurt Schmitt, zogen die Beteiligten diametral entgegengesetzte Schlüsse: Während Neurath meinte, Hitler wolle das zugesagte Andienungsrecht noch mal überdenken, sah Vögler nun den Weg zum Verkauf frei; Aufzeichnung, 26.10.1933; Aufzeichnung, 27.10.1933, beide PAAA R 35956, Bl. 328 f.

technische Rationalisierung und finanzielle Sanierung unter maßgeblicher Beteiligung der Privaten forderten, ehe sie weitere finanzielle Mittel bereitstellten, lehnten Vögler, Thyssen und Flick ab, ihrerseits Rationalisierungsinvestitionen vorzunehmen, solange nicht das Andienungsrecht verbrieft war. Diese gegenseitige Blockade hielt ein volles Jahr an, in dem immer wieder Sanierungskonzepte entworfen und diskutiert, wegen der ungewissen finanziellen Haftung jedoch nie umgesetzt wurden.[82] Mit völligem Unverständnis beobachteten die Banken diese Entwicklung, nicht zuletzt aus der berechtigten Befürchtung heraus, daß angesichts der sich unaufhörlich verschlimmernden Lage in Polen am Ende auch sie zu massiven Abstrichen an ihren Forderungen gezwungen sein würden. Alle von ihm »wie eine alte Gebetsmühle« vorgetragenen Appelle an die ökonomische Vernunft, so DeDi-Direktor Johannes Kiehl, hätten nichts genutzt: »Das Groteske an der Situation war aber, daß die Industrie als Großaktionärin jede Mitwirkung unter Berufung auf das angebliche Andienungsrecht der Aktien an das Reich ablehnte. Diejenigen, um deren Schicksal es in erster Linie ging, nämlich die Aktionäre, stellten sich also in der Sache sozusagen tot.«[83]

Ganz so unbeweglich wie es den Bankenbeobachtern schien, waren die Fronten, vor allem auf Seiten der Regierung, indes nicht. So zog der Staatssekretär im Auswärtigen Amt, Bernhard von Bülow, eine verheerende außenpolitische Bilanz des vergangenen Jahrzehnts und entlarvte darüber hinaus die von Vögler, Flick und Thyssen geforderte Andienung als »Erpressung unter Verwendung nationaler Gesichtspunkte«.[84] Zur gleichen Zeit, da das Außenministerium noch nach Möglichkeiten suchte, den Status quo aufrechtzuerhalten, waren die Überlegungen im Finanzressort schon einen Schritt weiter. Hier stellte Ministerialrat Arthur Nasse fest, daß die Forderungen der Industriellen »mit politischen Gründen nichts zu tun« hätten, äußerte starke Zweifel an der Glaubwürdigkeit der angeblichen ausländischen Kaufinteressenten und sah prinzipiell keinen Nutzen im Erhalt der oberschlesischen Werke, die er als Konkurrenz für die reichsdeutsche Industrie einstufte. Die Andienung lehnte er vollständig ab, zumal er »[s]chwere außenpolitische Bedenken gegen die Betätigung des Reichs als Großaktionär des größten Industrieunternehmens eines nicht befreundeten Staates« geltend machte. Daß dies faktisch bereits der Fall war, übersah Nasse allerdings geflissentlich.[85]

Während sich in der Reichsregierung die Abneigung dagegen verdichtete, die Ostwerke direkt auf die öffentliche Hand zu übertragen, lieferte die polnische Regierung im Herbst 1933 einen Grund, warum das in Aussicht gestellte Andienungsrecht keinesfalls gewährt werden konnte. Im November führte die pol-

82 Z. B. Kurze Skizzierung des Reorganisationsplanes für die I.-G.-Gesellschaften, 7.10.1933, BAB R 8119F/P1270, Bl. 95.

83 Kiehl an Mosler, 4.4.1934, ebd., Bl. 127-130.

84 Bülow an Neurath, 29.9.1933, PAAA R 35956, Bl. 350 f.

85 Bemerkungen zu dem Schreiben des Herrn v. Flotow v. 21.10.1933 in der Sache der I.G., 23.10.[1933], BAB R 2/15478, Bl. 368-372. Desgleichen Vögler an Flotow, 1.11.1933, BAB R 2/15479, Bl. 3-5.

nische Staatsanwaltschaft in den Büros der oberschlesischen IG eine Razzia wegen Steuerhinterziehungsvergehen durch und legte damit die Grundlage für die im folgenden März beantragte Verhängung der Geschäftsaufsicht. Da in der Zwischenzeit auch die verbliebenen deutschen Vorstandsmitglieder und Verbindungsmänner Flicks, Rohde und Tomalla, geflüchtet waren, befanden sich die IG-Betriebe Anfang 1934 faktisch nicht mehr unter deutscher Kontrolle.[86]

Das Reichsfinanzministerium, das in dieser Phase als Schrittmacher einer härteren Position gegenüber den Industriellen auftrat, reagierte umgehend auf die veränderte Lage. Ende November 1933 informierte Schwerin von Krosigk seine Kabinettskollegen Neurath und Schmitt, Hugenbergs Nachfolger im Wirtschaftsressort, daß die Andienung keinerlei Grundlage mehr habe, weil die Reichsregierung schlechterdings ein Unternehmen finanziell bezuschussen könne, das unter polnischer Verwaltung antideutsche Politik betreibe. Entsprechend wurde das Auswärtige Amt aufgefordert, seinen Widerstand gegen eine Aufgabe der Werke fallenzulassen.[87] Neurath verzögerte zwar den kaum noch zu verhindernden Paradigmenwechsel in der Linie seines Hauses[88], doch nach Verhängung der Geschäftsaufsicht wandte sich auch Schmitt mit ungewohnt harschen Worten gegen die weitere Subventionierung. Der Wirtschaftsminister schrieb die polnischen Werke vollständig ab, beließ es jedoch nicht bei der außenpolitischen Frage. In einem geradezu furiosen, 25seitigen Grundsatzpapier rechnete er mit den beteiligten deutschen Unternehmen ab, die den absehbaren Verlust der Ostposition durch ihre zweifelhaften Finanzpraktiken heraufbeschworen hätten:

»Unstreitig ist die wirtschaftliche Lage der Gesellschaften, wenn nicht ausschließlich, so doch ganz überwiegend auf außerbetriebliche Gründe, nämlich darauf zurückzuführen, daß diese Produktionsgesellschaften zur Begründung von Herrschaftsverhältnissen Dritter Aktien auf Kredit gekauft haben, daß diese Kredite kurz- oder mittelfristig und zu harten Bedingungen aufgenommen wurden und daß diese Spekulation ungünstig ausgelaufen ist. [...] Die Einräumung des Andienungsrechts selbst aber bedeutet bereits, daß Verluste ›sozialisiert‹ werden, die die Industrielle Gruppe aus der Konjunkturentwicklung in Verbindung mit einem Fehlschlagen finanzieller Transaktionen erlitten hat, und daß ferner schlechte Risiken auf das Reich übernommen werden, nachdem die guten Chancen der Vergangenheit allein zu Gunsten der Industriellen Gruppe gelaufen sind [...].«[89]

86 Aufzeichnung, 3.11.1933; Aufzeichnung über eine Besprechung im Auswärtigen Amt am 3.11.33, 3.11.1933, beide PAAA R 35956, Bl. 323, 279-284; Betr. IG Kattowitz-Laura, 10.11.1933; Flick an Vorstand der KAG, 22.3.1934; Protokoll der Aufsichtsratssitzung der KAG am 26.3.1934, alle BAB R 8119F/P1270, Bl. 103, 119-123.

87 Schwerin v. Krosigk an Neurath und Schmitt, 29.11.1933, PAAA R 35956, Bl. 230-234.

88 [Vermerk Neurath], 23.1.1934, ebd., Bl. 201.

89 RWiM an RFM u. AA 20.3.1934, BAB R 2/15480, Bl. 37-49, Zitate Bl. 40, 43. Vergleichbar äußerte sich Kiehl; I.G. Kattowitz/Laura, 21.3.1934, BAB R 8119F/P7241, Bl. 155-159.

Daraufhin kapitulierte Neurath weitgehend. Fortan zog sich das Auswärtige Amt fast gänzlich aus den Beratungen zurück. Mit dem Verweis darauf, man habe von jeher nur am politischen Gehalt der Ost-Position Interesse gehabt, stahlen sich die Diplomaten erfolgreich aus der weiteren Verantwortung für das finanzielle Desaster in Oberschlesien.[90]

Bei der Industriellen Gruppe stieß der Richtungswechsel in der Regierungspolitik wenig überraschend auf Widerstand, und Vögler reklamierte, Hitler habe ihm das Andienungsrecht doch »feierlichst zugesagt«.[91] Da die beteiligten Ministerien kaum leugnen konnten, daß sie im vorigen Jahr die Andienung in Aussicht gestellt hatten, kam es im Mai 1934 zu einem Kompromiß. Zwar setzten die Industriellen ihre Forderung auf die Andienung nicht durch, immerhin sagten die Minister aber einen »angemessenen Ausgleich« zu. Die Ausgestaltung dieses Ausgleichs wurde an das Ergebnis der Sanierung bzw. des nun konkret ins Auge gefaßten Verkaufs der oberschlesischen Unternehmen gebunden.[92]

Damit war der Weg frei für eine Abwicklung des inzwischen rund ein Jahrzehnt währenden »Ost-Engagements« von Reich und Industrieller Gruppe. Seit Mitte 1934 liefen, befördert durch die deutsch-polnische Entspannungspolitik im Gefolge des Nichtangriffspaktes, kontinuierliche Verhandlungen mit Vertretern Warschaus über eine Sanierung des IG-Konzerns sowie mögliche Verkaufsmodalitäten. Dennoch schleppten sich die Gespräche noch rund anderthalb Jahre unter erheblichen Schwierigkeiten hin, nicht zuletzt, weil die polnischen Behörden die Steuerschrauben bei der IG anzogen, um den Kaufpreis zu senken.[93]

Als sich im November 1935 eine konkrete Verkaufsmöglichkeit abzeichnete[94], trat auch Flick wieder verstärkt in den Vordergrund. Dabei betonte er, besitzmäßig nur in geringem Maße beteiligt zu sein und folglich als Beauftragter zu handeln. Den Großteil der täglichen Verhandlungsarbeit leistete ohnehin Alfred

90 Neurath an Schmitt, 6.4.1934, PAAA R 35957, Bl. 198-200; Aufzeichnung. Sitzung betr. die I.G., 27.3.1934, PAAA R 59456, Bl. 16-18.

91 Neurath an Vögler, 21.4.1934; Vögler an Neurath, 24.4.1934, beide PAAA R 35957, Bl. 128f., 125; Zitat: Vermerk über eine Besprechung in Sachen I.G. Kattowitz-Laura am 24. April, 25.4.1934, BAB R 2/15480, Bl. 137f.

92 Flotow an Vögler, 7.5.1934; Schmitt an Vögler, 9.5.1934; Vögler an Schmitt, 14.5.1934, alle BAB R 2/15480, Bl. 197-199, 221, 241.

93 Zum 30.11.1935 wiesen die IG-Gesellschaften einen Gesamtverlust von rund 190 Mio. zł. aus; Bilanz der IG Kattowitzer AG und Polen-Laura per 30.11.1935, BAB R 8122/1029; Vermerk. Betrifft: Sanierung I.G. Kattowitz-Laura, 12.6.1934; Vorschlag für die Sanierung der I.G. Kattowitz-Laura, 14.6.1934, beide BAB R 2/15484, Bl. 42-50, 55f.; Gutachten über die IG Kattowitz, [Juli/August] 1934, BAB R 2/15502, Bl. 118-217; Vögler an Schwerin v. Krosigk, 31.8.1934; Schwerin an Vögler, 5.9.1934, beide BAB R 2/15480, Bl. 261f., 266; Sanierung Kattowitz/Laura, 20.9.1935, PAAA R 94085; VSt (Sempell, Daub) an RWiM (Josten), 16.10[?].1935, BAB R 2/15485, Bl. 43.

94 Vermerk, 5.11.1935, ebd., Bl. 144-148; VSt/MSt an RWiM, 12.11.1935, BAB R 2/15480, Bl. 297-300; Vermerk. Betrifft: I.G. Kattowitz-Laura, o.D. [November 1935], ebd., Bl. 315-327.

Rohde.[95] Im Juli 1936 wurden die Gespräche abgeschlossen. Zu einem Gesamtpreis von 80 Mio. zł. gaben die deutschen Besitzer bzw. ihre Holdinggesellschaften die Aktien der KAG und Königs-Laura vollständig an eine polnische Staatsgesellschaft ab.[96] Der erwartbare Streit um die Aufteilung des Erlöses unter Aktionären und Gläubigern auf deutscher Seite führte letztlich zu einem Abkommen, das den größeren Teil dem Bankenkonsortium zusprach.[97]

Auch die finanziellen Verflechtungen zwischen Reich und Industrie mußten gelöst werden, ein Problem, das nicht minder kontrovers zu werden versprach. Einen möglichen Ausweg deutete jedoch ein im November 1935 von der Industriellen Gruppe an die Reichsregierung herangetragener Vorschlag an: Man könnte, so die Idee, die Ansprüche aus dem nicht gewährten Andienungsrecht und das seit geraumer Zeit diskutierte Projekt einer Reprivatisierung der VSt miteinander kombinieren. Zu diesem Zeitpunkt noch eher vage – im entsprechenden Vermerk wurde die Passage wieder gestrichen –, entwickelte sich dieser Weg bald zur ersten Wahl.[98]

2.2.2. Die Revision des Gelsenberg-Deals

Die Initiative für eine Verknüpfung der beiden offenen Fragen – fiskalische Beteiligung am Stahlverein und Ost-Oberschlesien – ging somit der von Flick auf Anfang 1936 terminierten Initiative Fritz Thyssens zu einer Reprivatisierung der VSt voraus. Flicks Version, derzufolge Thyssen ihn im Januar 1936 gebeten habe, die Überführung der staatlichen Anteile vorzubereiten, weil er als Urheber der Gelsenberg-Aktion der einzige sei, der auch den Rückerwerb durchführen könne[99], fügt sich zwar in das Selbstbild als Stratege wie auch als überzeugter Anhänger der Privatwirtschaft ein, unterschlägt jedoch die Einbettung in die vorausgegangenen jahrelangen Verhandlungen um die Andienungsfrage und den Verkauf an Polen: Mit der sich abzeichnenden endgültigen Abwicklung des »Ost-Engagements« mußte das finanzielle Verhältnis zwischen Reich und

95 Aktenvermerk, 15.4.1936, BAB R 8119F/P1270, Bl. 145-148, Vermerk. Betr. I.G. Kattowitz-Laura; Verhandlungen mit Polen, 20.4.1936, BAB R 2/15485, Bl. 190-192.

96 Vertrag v. 25.7.1936; RWiM (Posse) an Flick, 23.7.1936; Dresdner Bank an Akzeptbank, 28.7.1936, alle BAB R 2/15481, Bl. 235-253, 268, 192-195; Niederschrift über die Besprechung am 4.5.[19]37; Notiz über die Besprechung am 13.5.1937, 14.5.1937, beide BAB R 2/15482, Bl. 271-275, 281-284. Den Verhandlungserfolg von Flick und Rohde beurteilten die staatlichen Stellen offenbar positiv, denn beide wurden direkt im Anschluß gebeten, die Sanierung des Pleß-Besitzes zu organisieren; dazu ausführliches Material in BAB R 8122/1017 u. 1018 sowie StAN Rep. 502, KVA, Handakten, B-86.

97 Akzeptbank an RFM (Nasse), 4.11.1935, BAB R 2/15503, Bl. 64-66; Betr. I.G. Kattowitz/Laura, 13.12.1935; Dresdner Bank (Konsortialabteilung) an Rohde, 8.5.1936, beide BAB R 8122/1028.

98 Vermerk, 23.11.1935, BAB R 2/15480, Bl. 308-312, Streichung Bl. 312.

99 Flick an Thyssen, 1.2.1936, BAB R 8122/215, Bl. 86; Vereinbarungen zwischen den Herren Thyssen u. Flick, 20.2.1936, NARA RG 260, Entry 232 (A1), Box 19; [Bemerkungen zum Manuskript Klass], 29.9.1956, TKA A/8943.

Industrieller Gruppe geklärt werden. Neben dem Entschädigungsproblem waren dabei der RKG-Kredit und die Gewinnbeteiligung, welche die Industriellen dem Fiskus 1929 vertraglich zugesichert hatten, zu regeln. Diese Fragen verbanden sich mit weiteren Überlegungen, darunter das Ziel Thyssens, seine im Zuge der VSt-Sanierung 1933 geschrumpfte Beteiligung wieder auf über ein Viertel zu bringen, um das steuerliche Schachtelprivileg in Anspruch nehmen zu können[100], sowie mit Flicks fortgesetzter Expansion im Ruhrrevier.[101]

Diesem Interessengemenge entsprach die schließlich gewählte Globallösung, welche die VSt-Reprivatisierung gleichsam als Rahmen für die Einzelfragen nutzte, aber ihrerseits durch die Verknüpfung mit dem Oberschlesien-Komplex erst durchführbar wurde. Dafür, daß die Pläne für die Kombination dieser verschiedenen Sachfragen nicht erst zu Jahresanfang 1936 komplett neu erdacht werden mußten, sondern dem oben skizzierten Diskussionsprozeß entstammten, spricht auch der Umstand, daß schon in den ersten Skizzen für die Privatisierung die Brücke nach Oberschlesien geschlagen wurde. Zudem bestanden personelle Kontinuitäten, vor allem in Gestalt von Ministerialdirektor Alfred Olscher, der seit 1932 mit den Ostfragen befaßt war, oder Staatssekretär Hans Posse, der an der Spitze der Ministerialvertreter in den Verhandlungen mit Polen stand.[102]

Im Zentrum des ganzen Vorhabens standen finanzielle Aspekte. Das Reich hielt trotz der Minderung seines VSt-Pakets noch immer über 130 Mio. RM Anteile, deren Erwerb einen immensen Geldaufwand erforderte. Zudem stellte Olscher klar, daß eine Abgabe der Aktien durch das Reich zum Einstandspreis von 1932 angesichts der inzwischen eingetretenen Kurssteigerung nicht in Frage kam und der Nominalwert unumgänglich war. Um die Kosten einzugrenzen, wurde daher zum einen das Transaktionsvolumen auf 115 Mio. RM VSt-Anteile reduziert, zum anderen sollte ein Teil des Kaufpreises durch die Übernahme der noch auf dem Besitz lastenden Restschulden aus der Gelsenberg-Transaktion beglichen werden.[103] Zur Minderung des immer noch hohen Barbetrages, den die VSt aufbringen mußten, sollte die Entschädigung für das nicht gewährte oberschlesische Andienungsrecht verrechnet werden. Die verbleibende Rest-

100 Ausführliche Darstellung bei Reckendrees, Stahltrust, S. 507-552.

101 Wohl zutreffend ist die Darstellung, daß die ersten Planungen in Abwesenheit des urlaubenden Vöglers aufgestellt und dieser sehr zu seiner Verärgerung erst nach seiner Rückkehr informiert wurde; Zur Besprechung mit Herrn Thyssen, 15.2.1936, BAB R 8122/215, Bl. 64; [Unbetiteltes Memorandum], 29.11.1956 [Dinkelbach]; [Bemerkungen Flicks zum Manuskript Klass], 29.9.1956, beide TKA A/8943.

102 Olscher wurde auf ministerialer Seite zur Schlüsselfigur der Verhandlungen (biographische Angaben bei Pohl/Schneider, VIAG, S. 130-132); Durchführung des Planes O., 5.2.1936, BAB R 8122/215, Bl. 82-84.

103 Ebd., Bl. 82; Neuer Plan O. auf Grund der Besprechung vom 14.2.36, 14.2.1936, BAB R 8122/215, Bl. 65-68. Offen war anfangs, ob nach gewährter Entschädigung die Aktien der IG-Unternehmen bei der Industriellen Gruppe verbleiben oder an den Fiskus gehen sollten. Für den ersten Fall bezeichnete Flick intern eine Entschädigungssumme von 15 bis 20 Mio. RM als »gute Lösung«; Zur Rücksprache mit Herrn Thyssen, 11.2.1936, BAB R 8122/215, Bl. 78.

summe mußte durch die Verwertung von industriellem Besitz mobilisiert werden. Dabei war der Gedanke, auf die Essener Steinkohle zurückzugreifen, naheliegend. Diese waren schon bei der Reorganisation 1932 an eine VSt-Tochter ausgelagert worden, weil sich die reinen Zechen nicht ohne weiteres in die Verbundswirtschaft integrieren ließen.[104] Bei einem Grundkapital von 70 Mio. RM versprach die Einbeziehung Essens in Verbindung mit der Entschädigungszahlung und der Übernahme von Verbindlichkeiten den fälligen Kaufpreis weitgehend abzudecken.[105]

Damit zeichneten sich die Umrisse des Projektes bereits erkennbar ab. Offen war indes noch eine Reihe komplizierter Einzelfragen, die sich in drei Komplexe gliederten: a) In welcher Höhe sollte die Abfindung an die Industrielle Gruppe bemessen und verrechnet werden?; b) Wie waren die rechtlichen Grundlagen für die Einziehung der VSt-Aktien zu schaffen?; und c) Wie konnte Flick den Erwerb der Essener Steinkohle finanzieren?

a) Nach zähen Verhandlungen einigten sich Olscher und Flick auf eine Abfindung in Höhe von nur 20 Mio. RM, eine für die öffentliche Hand »nicht ungünstig[e]« Lösung, wie man im Reichsfinanzministerium fand.[106] Indes war diese Interpretation eher Ausdruck autosuggestiver Beschränkung auf die positiven Aspekte des Handels. Tatsächlich war damit nämlich nicht nur die Entlassung aus den politischen Verpflichtungen verbunden, sondern auch die Forderung des Reiches aus dem RKG-Kredit an die Fiduciaire von vormals 25 Mio. RM entfiel. Legitimiert wurde dies mit dem argumentativen Kunstgriff, daß die Entschädigung einen Ausgleich für das Andienungsrecht darstelle und folglich so zu behandeln sei, als wäre eine Andienung der IG-Aktien erfolgt: In einem solchen Falle wäre in der Tat die Kreditforderung hinfällig geworden, weil dann sowohl hinter dem Kreditgeber (RKG) als auch hinter dem Kreditnehmer (IG) das Reich gestanden hätte. Da aber die IG-Aktien im Besitz der Industriellen Gruppe blieben und der Fiskus im Endeffekt nur mit 40 Prozent an dem Verkaufserlös beteiligt wurde, stellte der Verzicht auf die Darlehnsforderung ein reines Geldgeschenk dar.[107]

b) Ein wesentliches Hindernis auf dem Weg zur Reprivatisierung brachten die Beschränkungen des Aktienrechts, das die Einziehung eigener Anteile nur in Höhe von zehn Prozent gestattete. Zur Übernahme der in Rede stehenden 115 Mio.

104 Niederschrift über die VSt-Aufsichtratssitzung am 21.3.1936, 23.3.1936, TKA VSt/4103; vgl. Reckendrees, Stahltrust, S. 536, 544.

105 Projekt O. Abänderung des ursprünglichen Planes, 18.2.1936; Zur Rücksprache mit Herrn Olscher, 18.2.1936, beide BAB R 8122/215, Bl. 41-48.

106 Aktenvermerk, 22.2.1936 [Steinbrinck]; Zur Besprechung mit Herrn Olscher, 25.2.1936, ebd., Bl. 17f., 114f.; Vermerk. Betrifft: IG Kattowitz/Laura, 26.3.1936, BAB R 2/15481, Bl. 10-19, Zitat Bl. 19.

107 Vermerk, 23.11.1935, BAB R 2/15480, Bl. 310-312, hingegen die kritische Einschätzung Nasses: Bemerkungen zu dem Schreiben des Herrn v. Flotow v. 21.10.1933 in der Sache der I.G., 23.10.[1933], BAB R 2/15478, Bl. 369; vgl. auch Reckendrees, Stahltrust, S. 562f.

RM Aktien wurde daher ein Sondergesetz zugunsten der VSt entworfen, für das die Industriellen die grundsätzliche Zustimmung der Zuständigen in Staat und Partei gewannen.[108] Im nächsten Schritt wurde die benötigte *Lex Stahlverein*, welche die Einziehung der VSt-Aktien als Einzelfall zulassen sollte, bei den Ministerien regelrecht bestellt und von der Führung des Flick-Konzerns ein eigener Entwurf eingereicht.[109] Angesichts solch gründlicher Vorarbeiten erwartete man aber auch eine beschleunigte Bearbeitung durch die Behörden. So ließ der in die Planungen eingebundene Karl Kimmich das Justizministerium unmißverständlich wissen, daß nun »auch der gesetzliche Apparat unbedingt funktionieren müsse« – mit Erfolg: Das Gesetz erging in der gewünschten Form.[110]

c) Noch die schwierigste Frage stellte die Geldbeschaffung dar, mit der das Projekt stand und fiel. Ohne den Verkauf der Essener Zechen fehlten den VSt die Mittel, um ihre Reprivatisierung gegenzufinanzieren. Indes bedeuteten die 70 Mio. RM Stammkapital Essens, die ebenfalls zum Nominalwert veranschlagt wurden, eine Summe, die aus den Konzernfinanzen Flicks heraus zu diesem Zeitpunkt nicht bezahlbar war. Erschwerend hinzu kam, daß das Unternehmen eine Anleiheschuld über 30 Mio. RM mit bereits 1938 einsetzenden Tilgungsraten trug.[111] In einem ersten Schritt handelte Flick bei dem von der DeDi geführten Konsortium die Umstellung der Essener Anleihe auf einen Zahlungszeitraum bis 1961 aus. Da dies die »conditio sine qua non des Hauptbeteiligten« – Flick – an der Reprivatisierung der VSt war, wollten die Banken das Großgeschäft daran nicht scheitern lassen.[112] Dies entlastete Flicks Finanzen bereits spürbar, entledigte ihn aber nicht der Notwendigkeit, kurzfristig hohe flüssige Mittel zu mobilisieren. Da dauerhafte Fremdbeteiligungen für seine Zwecke ausschieden, schlug er in der Folge eine Reihe von Haken und lagerte größere Aktienpakete bei befreundeten Gruppen zwischen, darunter die DeDi, Fentener van Vlissingen sowie Fritz Thyssen. Die besten Bedingungen erzielt dabei van Vlissingen, dessen Anteile Flick über einen mehrjährigen Zeitraum bis 1941 gegen Barbeträge und Harpen-Aktien zurückerwerben mußte.[113]

108 Projekt O., 19.2.1936, BAB R 8122/215, Bl. 34f.; Zur Besprechung mit Herrn Thyssen, 19.2.1936, ebd., Bl. 36f. Der Umstand, daß auch diese, im Kern eine VSt-Angelegenheit darstellende Frage von Flick, Steinbrinck und Frey verhandelt wurde, unterstrich, in wessen Interesse die ganze Transaktion zuvorderst lag; Notiz, 4.3.1936, ebd., Bl. 194-198.

109 Zur Besprechung mit Herrn Olscher, 25.2.1936; Zur Besprechung mit Herrn Thyssen, 26.2.1936; Notiz, 4.3.1936; [Vermerk], 6.3.1936, alle BAB R 8122/215, Bl. 114, 89, 194-198, 176.

110 Notiz, 9.4.1936 [Steinbrinck], ebd., Bl. 127f.; Reichsjustizministerium an VSt, 16.5.1936, NARA RG 260, Entry 232 (A1), Box 19.

111 Besprechung wegen Umtausch und Neubegebung der 5% Anleihe der Essener Steinkohlenbergwerke A.-G. von 30 Mill. RM, 29.5.1936, BADH R 8127/15725, Bl. 16-19.

112 [Vermerk], 29.5.1936, ebd., Bl. 3-9, Zitat Bl. 3.

113 MSt an Administratiekontoor »Unitas«, 19.3.1936, BAB R 8122/327; DeDi an Unitas, 19.3.1936, BAB R 8122/146, Bl. 62f.; Harpen an Unitas, 19.3.1936, BAB R 8122/271; Entwicklung der wichtigsten Beteiligungen, 9.5.1946, StAN Rep. 502, KVA, Handakten, B-2.

Schließlich gelang Flick bei der Finanzierungsvorbereitung ein besonderer Coup, der eindrucksvoll zeigte, welche Schlupflöcher die scheinbar rigide »Befehlswirtschaft« findigen Unternehmern ließ. Entgegen der offiziellen Kapitalmarktpolitik gelang es Flick, einen Kredit der Allianz zu beschaffen, der durch den Umweg über eine Klassifizierung als Siedlungsdarlehen möglich wurde: Als Sicherheit diente der ausgedehnte Immobilienbesitz Harpens, der mit einer Hypothek über acht Mio. RM belegt wurde. Mit ausdrücklichem Einverständnis Posses konnte Flick die Abweichung von der Regierungslinie damit rechtfertigen, daß die Gelder über den Ankauf der VSt-Anteile letztlich wieder der Staatskasse zuflossen.[114]

In eine Reihe von Verträgen wurden Mitte März schließlich der Verkauf der Essen-Anteile an Flick und seine Partner, der VSt-Aktien des Reiches an den Stahlverein sowie das Ende des »Ost-Engagements« perfekt gemacht.[115] Die VSt reduzierten ihr Aktienkapital um 100 Mio. RM, verbesserten so den inneren Wert des Unternehmens und wurden endgültig die Verpflichtung zum Erhalt der polnischen Werke los. Thyssen konnte kurz darauf die beim Reich verbliebenen VSt-Anteile erwerben und das Schachtelprivileg ebenso wie den nunmehr unbestrittenen Hauptaktionärsstatus beim Stahlverein erlangen. Flick besaß annähernd die Hälfte der Essener Steinkohle und übte mittels Optionen auf die übrigen Aktien die Verfügungsrechte über das Unternehmen aus. Die DeDi erhielt für ihre Vermittlerdienste eine großzügige Provision von einer Million RM.[116]

Im Zuge der Abschlußarbeiten an der Transaktion bemühte sich die Konzernzentrale Flicks erneut darum, unliebsame Berichterstattung zu unterdrücken. Anders als noch bei der Harpen-Majorisierung wählte man jedoch nicht den Weg privater PR-Arbeit, sondern spannte die Zensurmöglichkeiten des NS-Regimes ein. Mit dem zum Staatssekretär im Propagandaministerium avancierten Walther Funk vereinbarte Steinbrinck, der Presse ein »Schweigeverbot« aufzuerlegen. Anders als die verquere Bezeichnung nahelegte, bedeutete dies, daß die Zeitungen lediglich das offizielle Communiqué »ohne Kommentar und ohne sachliche Kritik« wiedergeben durften, das Steinbrinck, Philipp und Helmuth Poensgen (VSt) erarbeitet hatten.[117] Die Geheimhaltung der Details war zwar

114 Notiz, 20.2.1936 [Steinbrinck]; Notiz für Herrn Flick, 12.3.1936; Schmitt an Flick, 30.3.1936; Vermerk 31.3.1936, BAB R 8122/145; Steinbrinck an Posse, 1.4.1936, alle BAB R 8122/145, Bl. 23-25, 21, 5 f., 9 f.; Entwurf. Vertrag Harpen/Allianz, April 1936, Bl. 255-258; Harpen an Maxhütte, 3.4.1936; Aktennotiz, 16.4.1936 [Steinbrinck]; Notiz für Herrn Flick, 19.5.1936 [Steinbrinck], alle BAB R 8122/215, Bl. 253 f., 251, 247.

115 Vereinbarung zwischen der Gruppe B und der Industriellen Gruppe (Gruppe A) über das sogenannte Ost-Engagement, 16.3.1936, TKA VSt/896 sowie v. 18.3.1936, BAB R 2/15481, Bl. 56-58; Vertrag zwischen Deutsche Bank und Disconto-Gesellschaft und Vereinigte Stahlwerke, 16.3.1936, BAB R 8122/215, Bl. 153-157, sowie v. 18.3.1936, BAB R 8122/146, Bl. 26-33.

116 Abteilung für Generalversammlungen, 19.12.1936, BAB R 8119F/P11190, Bl. 17 f.

117 Steinbrinck an Funk, 19.3.36, BAB R 8122/145, Bl. 41; Zitate: Steinbrinck an H. Poensgen, 20.3.1936, ebd., Bl. 39.

auch dem außenpolitischen Hintergrund des »Ost-Engagements« geschuldet, in erster Linie ging es Flick aber darum, den Einblick in Aufbau und Finanzierung seines Konzerngebäudes zu beschränken.[118]

Die Beherrschung der Essener Steinkohlenbergwerke durch Flick äußerte sich, neben Personalfragen, umgehend in der Kapitalstruktur des Unternehmens und der Zusammenarbeit mit Harpen. Das Essener Grundkapital wurde auf 63 Mio. RM reduziert und die Aktien bei Harpen konzentriert. Langfristiges Ziel war eine IG beider Unternehmen mit gemeinsamer Gewinn- und Investitionspolitik.[119] Die Unabhängigkeit Essens sollte aber gewahrt bleiben, auch mit Rücksicht auf die Familie Tengelmann, der in einem Sonderabkommen der Führungsanspruch Ernst Tengelmanns inklusive der Nachfolge durch seinen Sohn Walter zugesagt wurde.[120]

2.3. *Einstieg in die Chemie-Branche*

Der Zusammenschluß von Harpen und Essen innerhalb des Flick-Konzerns führte bereits im Übernahmejahr zu ersten konkreten Ergebnissen, namentlich auf dem Gebiet der synthetischen Treibstoffproduktion. Angesichts der Importabhängigkeit im Rohölsektor genoß die Benzingewinnung aus Kohlen innerhalb des 1936 verkündeten und unter Görings Verantwortung gestellten Vierjahresplans herausragende Bedeutung[121] und traf zugleich auf reges Interesse der Kohlen- und Chemieindustrien an den technisch hochinnovativen Verfahren. Die unternehmerische Initiative zu einer staatlichen Förderung der Benzinsynthese ging entsprechenden Bestrebungen der Vierjahresplanbehörde tatsächlich voraus[122], so daß die Verhandlungen über einen Ausbau dieses Industriezweiges ebenso rasch wie einvernehmlich abgeschlossen werden konnten. Im Sommer 1936 nahmen im Flick-Konzern Pläne für einen Einstieg der Essener Betriebe in das Fischer-Tropsch-Verfahren Gestalt an. Unter Anschluß an die Zeche Monopol mit den beiden Gruben Grillo-Grimberg sollte eine Anlage mit einer Jahreskapazität von 30 000 t Benzin und Treiböl errichtet werden. Die veranschlagten Kosten in Höhe von rund 14 Mio. RM waren über eine Anleihe aufzubringen.[123]

118 Notizen, 23.3., 24.3. u. 26.3.1936 [alle Philipp], BAB R 8122/145, Bl. 33-38; Notiz für Herrn Flick, 25.3.1936 [Steinbrinck], ebd., Bl. 16.

119 Ebd., Bl. 188; Notiz, 28.11.1936 [Steinbrinck], BAB R 8122/244; Aktenvermerk, 12.12.1936, BAB R 8119F/P948, Bl. 189; Beschluß bei ESt, 17.12.1936 (Entwurf), BAB R 8122/246. Zur Gründung der IG kam es allerdings erst 1942.

120 Zur Besprechung mit dem Vorstand von Ha., 26.2.1936, BAB R 8122/146, Bl. 84-86.

121 Allg., mit Schwerpunkt auf dem Hydrierverfahren, Birkenfeld, Treibstoff; dazu kritisch: Brinkmann, Reich, S. 16-23.

122 Vgl. Birkenfeld, Treibstoff, S. 48-50; Stokes, Farbenindustrie, S. 264-266; Scherner/Buchheim, Anmerkungen, S. 90 f.

123 Notiz für Herrn Flick, 29.6.1936 [Steinbrinck], BAB R 8122/80902; Vermerk. Konsortialbesprechung in der Deutschen Bank und Disconto-Gesellschaft, Berlin, 6.8.1936, BAB R 8136/2824.

Als wenig später die Vierjahresplanbehörde auch bei Harpen ein entsprechendes Investitionsvorhaben anregte[124], erkannte die Konzernführung Synergiepotentiale in einer Zusammenlegung beider Einzelprojekte. Statt zweier sollte nur eine, dafür jedoch auf 50000 t/Jahr vergrößerte Anlage errichtet werden, was die Anschubfinanzierung zwar auf 24 Mio. RM erhöhte, dauerhaft jedoch eine Verringerung der Kosten durch Skaleneffekte in Aussicht stellte. Die entsprechend aufgestockte Anleihe über zehn Mio. RM wurde von den Behörden unproblematisch durchgewunken, weil für Vorhaben des Vierjahresplans die Hürden des privaten Kapitalmarktzutritts deutlich niedriger lagen und das Darlehen dem Reichswirtschaftsministerium als »Vorreiter für mehrere weitere Anleihen zur Finanzierung von Hydrieranlagen« galt.[125] Darüber hinaus wurde Flick und Ernst Tengelmann für das neue Werk ein Wirtschaftlichkeitsvertrag zugesagt, der eine zehnjährige Absatz- sowie eine Gewinngarantie für den gleichen Zeitraum zusicherte. Zwar beschränkte der Vertrag die Dispositionsmöglichkeiten des Unternehmens durch die Verpflichtung zu einseitigen Absatzbeziehungen mit staatlichen Stellen, dafür konnte mit einer festen Kapitalverzinsung kalkuliert werden. Das Vorhaben schloß das unternehmerische Risiko effektiv aus, zudem standen die Anlagen nach Ablauf des Zehnjahreszeitraums zur freien Verfügung.[126]

Im Januar 1937 wurde die Chemische Werke Essener Steinkohle AG (Chemische Werke ESt) in Bergkamen gegründet. Das Stammkapital von zwölf Mio. RM lag zu 75 Prozent in Essen, das übrige Viertel hielt Harpen.[127] Die Investition erwies sich als großer Erfolg, schon im ersten vollen Betriebsjahr 1939/40 schrieb das Unternehmen schwarze Zahlen. Weitere Kapazitätserweiterungen folgten, so daß die Chemischen Werke ESt bei Vollbeschäftigung an 365 Tagen mit 24-Stunden-Betrieb für 1941 eine Marke von rund 78000 t Benzin und Treiböl sowie 15000 t Gasol anvisierten.[128] Der Umsatz stieg von gut zehn (1939) auf fast

124 Die Umsetzung der von Flick betonten Aufforderung stellte keineswegs einen Zwang dar. Die Zeche de Wendel, deren Position im Vergleich zum Flick-Konzern unzweifelhaft schwächer war, lehnte die Errichtung eines Benzinwerks erfolgreich ab; vgl. Buchheim/Scherner, Anmerkungen, S. 91.

125 Zitat: Besprechung über die Ausgabe einer 5% Anleihe der Chemischen Werke Monopol AG am 22.12.1936, 23.12.1936, BAB R 8119F/P1648, Bl. 22. Zur selektiven Wiedereröffnung des Kapitalmarkts für Vierjahresplan- u.a. rüstungsrelevante Investitionen: Petzina, Zwischenkriegszeit, S. 135; Kopper, Marktwirtschaft, S. 187.

126 Notiz, 16.12.1936, BAB R 3101/18283; [Vermerk], 12.12.1936, BAB R 8119F/P840, Bl. 26; die Neuauflage 1939: RWiM an Chemische Werke ESt u.a., 22.5.1939, BAB R 3101/18270; zum Instrument der Wirtschaftlichkeitsverträge s. Petzina, Zwischenkriegszeit, S. 136; Scherner, Gesetz, S. 349-351; Buchheim/Scherner, Anmerkungen, S. 89-92.

127 Gründungsvertrag Chemische Werke Essener Steinkohle AG, 2.1.1937, BAB R 8119F/P1647, Bl. 30-35.

128 DeDi an ESt u. RKG, je 19.7.1938, BAB R 8136/3180; ESt Vorstand an AR-Mitglieder, 26.8.1939, BAB R 8119F/P840, Bl. 54; Rundschreiben GBV für Sonderfragen der chemischen Erzeugung, 14.7.1941, BAB R 3101/18270; Geschäftsberichte 1938/39-1940/41, BAB R 8119F/P1647, Bl. 2-29; Notiz, 12.1.1943, StAN Rep. 502, KVA, Handakten, B-11.

26 Mio. RM (1941). Im Laufe des Krieges sollten die Gewinne so sehr anwachsen, daß ein Organschaftsvertrag mit der Essener Muttergesellschaft in Aussicht genommen wurde, um über deren größere interne Verrechungsmöglichkeiten Steuern und Gewinnabführungen zu reduzieren.[129]

2.4. Die Produktionsentwicklung bei Harpen und Essen bis 1938

In den ersten beiden Jahren nach der Weltwirtschaftskrise holte der deutsche Kohlenbergbau die vorherigen Förderrückgänge nur allmählich auf, erst 1937 wurde der Stand von 1929 erreicht und überschritten.[130] Darin drückten sich die verschärften Anforderungen an die Zechen durch die Vierjahresplan-forcierte Aufrüstung aus. Neben den traditionellen Großverbrauchern der Eisen- und Chemieindustrien und der Reichsbahn benötigten auch zusätzliche Nachfrager wie die Kohlenhydrierwerke und die Reichswerke in Salzgitter große Brennstoffmengen. Nachdem die Harpen- und Essener Zechen noch bis in das Jahr 1936 hinein Feierschichten eingelegt hatten, erreichten sie im Herbst des Jahres eine dauerhafte Vollbeschäftigung, die sich in den folgenden Monaten stabilisierte.[131]

Mit der steigenden Nachfrage sanken die Fixkosten der Gruben, Kokereien und Nebenbetriebe, und die umfangreichen Investitionen, die bei Harpen im vergangenen Jahrzehnt getätigt worden waren, machten sich nun positiv bemerkbar.[132] Schon für 1936 rechnete Flick mit einem Gewinn von 27 Mio. RM vor Abschreibungen bei Harpen und Essen, mit denen er die aufgenommen Verpflichtungen für seine Zukäufe sowie die Investition in die Chemischen Werke wieder einspielen wollte; zwei Jahre später lagen die Überschüsse vor Abschreibungen und Ertragssteuern sogar bei 38 Mio. RM.[133] In einem umfassenden Gutachten, das das Reichsfinanzministerium 1940 in Auftrag gab, um den vom Bergbau geltend gemachten Förderbedarf der Zechenbetriebe zu prüfen, ergaben sich für Harpen und vor allem für Essen gute Werte für das abgelaufene Jahr 1939. Demnach erzielte Harpen je Tonne verwertbarer Förderung nach Abzug von Ertragssteuern einen Überschuß von 0,20 bis 0,35 RM/t, was bei einer Jahresförderung von rund 9,6 Mio. t einem Reingewinn zwischen 1,9 und 3,4 Mio. RM

129 Betr. Chemische Werke Essener Steinkohle AG, 20.8.1942, BAB R 8119F/P1649, Bl. 61.

130 Vgl. Wiel, Wirtschaftsgeschichte, S. 127.

131 Harpen: Vierteljahresberichte 1936, BAB R 8119F/P953; ESt: Bericht für den Aufsichtrat. 4. Vierteljahr 1936, Januar 1937, BAB R 8119F/P845, Bl. 17-20.

132 U. a. die modernen Großkokereien Gneisenau und Robert Müser; Bericht über die bei der Harpener Bergbau-AG vorgenommene Sonderprüfung, 18.12.1939, BAB R 2/16329, Bl. 11f.

133 Vermerk. Konsortialbesprechung in der Deutschen Bank und Disconto-Gesellschaft, 6.8.1936, BAB R 8136/2824; Aktenvermerk, 12.12.1936, BAB R 8119F/P948, Bl. 189; Akten-Vermerk, 11.3.1939 [Kimmich], BAB R 8119F/P953.

Tab. III/1: Förderung, Erzeugung und Belegschaftsentwicklung der Steinkohlegesellschaften, 1932-1939

	Förderung		**Kokserzeugung**		**Brikett-herstellung**		**Belegschaft**[2]		
	absolut in t	Änderung in %	absolut in t	Änderung in %	absolut in t	Änderung in %	Arbeiter	Angestellte	Gesamt
Harpener Bergbau AG[1]									
1932	5.251.894		1.222.384		116.020				
1933	5.558.834	+6	1.134.557	+1	100.528	-13	12.613	1.128	13.741
1934	6.467.724	+16	1.383.313	+22	133.878	+33	13.015	1.151	14.166
1935	6.846.820	+6	1.462.256	+6	134.663	+1	13.443	1.164	14.607
1936	7.406.987	+8	1.814.938	+24	156.501	+16	16.892	1.371	18.263
1937	9.148.912	+24	2.276.957	+25	135.815	-13	20.244	1.547	21.791
1938	9.207.651	+1	2.622.469	+15	89.845	[3]-34	20.958	1.626	22.584
1939 1. Hj.	4.698.000		1.340.000		47.000		21.489	1.649	23.138
Essener Steinkohlenbergwerke									
1933[4]	2.566.339		347.253		332.302		10.499	888	11.337
1934	4.101.065	[5]+20	473.121	[5]+2	489.552	[5]+10	10.874	906	11.780
1935	4.344.279	+6	513.648	+9	516.567	+6	11.107	914	12.021
1936	4.838.236	+11	516.824	+0,6	562.202	+9	11.799	926	12.725
1937	6.106.142	+26	660.422	+28	705.678	+26	14.337	988	15.325
1938	6.133.792	+0,5	686.146	+4	746.395	+6	14.564	1.019	15.583
1939 1. Hj.	3.079.813		486.518		428.136				

[1]) Die Zahlen der Gew. Mont-Cenis sind für die Jahre 1932-35 rückwirkend eingerechnet, 1939 wird infolge der Abgabe von Mont-Cenis nur das 1. Halbjahr gerundet berücksichtigt; [2]) 1932-35 ohne Mont-Cenis; [3]) Rückgang der Briketterzeugung durch teilweise Quotenübertragung auf ESt; [4]) 1.4.-31.12.1933; [5]) berechnet auf Basis von 75% der Jahresförderung 1934.
Quellen: Bericht über das 83. Geschäftsjahr, 24.3.1939, BAB R 8119F/P950, Bl. 24; Berichte über die bei der Harpener Bergbau und der Essener Steinkohlenbergwerke vorgenommenen Sonderprüfungen, 18. u. 27.12.1939, BAB R 2/16329, Bl. 11f., 112, 115.

entsprach. Durch die Abgabe der Zeche Mont-Cenis im August 1939[134] verringerte sich zwar das absolute Förderquantum. Da deren Betriebe aber äußerst schlechte Leistungen erbracht hatten, war noch mit einer Ertragsbesserung zu rechnen. Eine durchschnittliche Kapitalrendite von fünf Prozent hielten die Prüfer für problemlos möglich.[135] Noch besser schnitt Essen ab. Bei einer mittleren Jahresförderung von 6,3 Mio. t und einem durchschnittlichen Überschuß von 0,61 RM/t gingen die Prüfer von über 3,8 Mio. RM Reingewinn aus und zählten die Flick-Tochter zu den »am günstigsten arbeitenden Unternehmen des Ruhrbergbaus«.[136]

Als Belastung erwiesen sich für die beiden Steinkohleunternehmen interne Probleme: Die Übertragung von Mont-Cenis auf Harpen verschlechterte die durchschnittliche Leistungsfähigkeit zwischen 1935 und 1939 beträchtlich, während bei Essen vor allem die im südlichen Ruhrrevier gelegenen Zechen zunehmend Ermüdungserscheinungen und entsprechend verminderte Erträge zeigten, so daß der Ausbau von Monopol auch über den Bedarf der Chemischen Werke hinaus zügig durchgeführt werden mußte.[137] Zudem bewirkte die deutsche Rüstungskonjunktur seit Mitte der dreißiger Jahre eine fühlbare Verkehrung der bisherigen Verhältnisse auf dem Arbeitsmarkt. Zur Jahreswende 1936/37 war das Erwerbslosenreservoir annähernd abgebaut, qualifizierte Kräfte und Facharbeiter waren bereits zuvor rar geworden.[138] Dies führte zu einer verstärkten Abwanderung von Stammkräften aus dem Bergbau in attraktivere, weil weniger strapaziöse und bessere bezahlte Beschäftigungsverhältnisse etwa in der benachbarten Eisenindustrie. Die statt dessen nachrückenden, später oft dienstverpflichteten Arbeitskräfte wiesen in der Regel geringere Qualifikationen und eine schlechtere körperliche Eignung auf. Ferner nahm angesichts des gewandelten Arbeitsmarktes auch der hohe Leistungsdruck ab, der sich in der Weltwirtschaftskrise aufgebaut hatte. Als Folge dieser Entwicklungen sank die durchschnittliche Schichtleistung pro Kopf untertage an der Ruhr zwischen 1936 und 1938 von rund 2 200 auf 1 970 kg.[139]

Auch die Vorstände von Harpen und Essen beklagten die seit 1935 rückläufigen Schichtförderanteile, da zwar Förder- und Umsatzzahlen weiterhin stiegen, die Effektivität von angelegten Arbeitern und Material aber stetig sank, mit

134 1939 gelang es, den Verlustbringer an Krupp abzustoßen, hingegen die Quoten bei Harpen zu behalten; Flick an Kimmich, 19.6. u. 28.6.1939, BAB R 8119F/P948, Bl. 242-246.

135 Zusammenfassender Bericht über die bei verschiedenen Gesellschaften des Steinkohlenbergbaus vorgenommenen Sonderprüfungen, 29.3.1940, BAB R 2/16324, Bl. 96-99.

136 Ebd., Bl. 100-102 (Zitat).

137 Bericht über das 2. Viertel des Geschäftsjahres 1936, BAB R 8119F/P953; Zusammenfassender Bericht, 29.3.1940, BAB R 2/16324, Bl. 96, 100 f.

138 Overy, Unemployment, S. 50 f., konstatiert eine massive Verknappung erst für 1938, differenziert aber kaum nach Regionen und Branchen; vgl. Hachtmann, Industriearbeit, S. 38, 41-44.

139 Vgl. Wisotzky, Ruhrbergbau, S. 230-244.

entsprechenden Folgen für die Betriebsrentabilität.[140] So fiel bei Harpen die Schichtleistung untertage zwischen März 1936 und August 1938 von 2299 auf 2091 kg/Kopf um neun Prozent, bei Essen im gleichen Zeitraum von 2243 auf 1997 kg/Kopf um elf Prozent. Damit lag zumindest Harpen immerhin noch über dem Branchendurchschnitt im Ruhrrevier von -10,5 Prozent.[141]

Die Klagen der Zechen über die abnehmende Produktivität der Belegschaften und den fehlenden Nachwuchs sowie die zur Jahreswende 1938/39 allgemein diagnostizierte »Kohlennot«[142] führten noch vor Kriegsbeginn zu ersten Interventionen Görings, der um den Erfolg des von ihm verantworteten Vierjahresplans fürchtete. Mit Wirkung vom 1. April 1939 setzte die sogenannte Göring-Verordnung die Arbeitszeit von acht auf 8¾ Stunden herauf, gewährte einen Überstundenzuschlag und stellte bei weiteren Fördersteigerungen eine Leistungszulage von 200 Prozent in Aussicht.[143] Die Ergebnisse blieben indes bescheiden: Zwar nahm die Förderleistung je verfahrener Schicht der bergmännischen Belegschaft tatsächlich zu (Harpen: +5,4 Prozent, Essen: +8,8 Prozent), um die Mehrarbeitszeit bereinigt sank die Gewinnung hingegen.[144]

Am Vorabend des Zweiten Weltkrieges stellte sich die Lage für die beiden Steinkohle-Gesellschaften des Flick-Konzerns ambivalent dar. Zwar kletterten Produktion und Erlöse auf immer neue Rekordhöhen, zugleich sanken aber Produktivität und Kapitalrendite. Während die Vorstände in Dortmund und Essen Pläne für umfangreiche Kapazitätsausbauten entwarfen, kündigte sich die Ressourcenverknappung der Kriegswirtschaft vor allem bei Arbeitskräften und im Transportwesen schon 1938 unverkennbar an.[145]

Fazit

Wenn auch die Aussichten für Flicks Steinkohlegesellschaften nicht ungetrübt waren, so profitierte der Konzern doch als Ganzes von der erfolgreichen Rückwärtsintegration. Mit den Angliederungen von Harpen und Essen verfügte Flick

140 Harpen: Vierteljahrsberichte 1935-1937, BAB R 8119F/P953; Überlegungen zum Jahresabschluß 1938, 6.12.1938, BAB R 8122/408; ESt: Bericht des Vorstandes, im März 1939, BAB R 8119F/P846, Bl. 7.

141 Schichtleistung untertage (Anlage zum Brief Buskühl an Kimmich, 15.11.1938), BAB R 8119F/P953. Die Angaben erlauben keinen Aufschluß über die internen Verhältnisse. Die Leistungen einzelner Zechen differierten je nach Modernisierungsgrad erheblich. Bei Harpen lag die Spannbreite der Rückgänge zwischen -3,1 und -26,7 %, auf Hugo I stieg die Leistung im Vergleichszeitraum sogar um 2,4 %.

142 Wisotzky, Ruhrbergbau, S. 248 f.

143 Vgl. Wisotzky, Vorabend, S. 418-461; zum Leistungsbeauftragten für den Bergbau: Priemel, Macht, S. 164-167.

144 Harpen: Bericht, 18.12.1939, BAB R 2/16329, Bl. 29 f., ESt: Bericht, 27.12.1939, ebd., Bl. 176-181.

145 Neubauplan (Ausgabe Januar 1940); Niederschrift über die Vorstands-Besprechung am 20. April, 6.5.1940, beide WWA F 79/27; die Klagen über die Waggongestellung s. Harpen-Vorstandsprotokolle 1938 in BAB R 8122/80910.

über eine mehr als ausreichende Brennstoffbasis zur Belieferung seiner Stahlwerke in Brandenburg und in Bayern, zudem im preisgünstigen Selbstverbrauch. Flick war zurück an der Ruhr. Genau genommen war er nie wirklich weg gewesen, denn die Majorisierung von Harpen, bei der Flick erneut seine Fähigkeit zur Intrige (gegen Silverberg) wie auch sein Gespür für kostensparende Aktiengeschäfte zu Lasten Dritter (die Kleinaktionäre) unter Beweis stellte, war bereits im Arrangement des Gelsenberg-Deals angelegt gewesen. Und auch die Akquisition der Essener Steinkohle resultierte aus den Nachwehen des VSt-Verkaufs, aus deren Erbmasse Flick das Unternehmen herauslöste und dabei zugleich die offene oberschlesische Frage zum Abschluß brachte. Erst die Verknüpfung der beiden Komplexe eröffnete Flick die Chance, Essen zu übernehmen. So trugen die letzten Ausläufer seines Joint-ventures mit dem Reich dazu bei, ihm den Weg zurück in die Ruhrelite zu ebnen.

Daß er nun weit mehr Steinkohle besaß, als er für seine eigenen Stahlwerke benötigte, mußte keine Fehlkalkulation sein, machte doch die starke Stellung in Syndikatsfragen den Zechenbesitz doppelt wertvoll. Flick kontrollierte zwei der vier größten Zechengruppen im RWKS mit einer Gesamtquote von über zehn Prozent und stellte somit hinsichtlich Informations- und Mitspracherechten eine feste Größe im Revier dar. Die Neuauflage der Ruhrlade als »Kleiner Kreis« trug diesem Umstand Rechnung und schloß als einzigen Vertreter eines im wesentlichen nicht im Nordwesten gelegenen Montankonzerns Flick ein. Darüber hinaus eröffnete die breite Kohlenbasis Anknüpfungsmöglichkeiten für Angliederungen nicht nur in der Eisenindustrie, sondern auch im lukrativen Chemiegeschäft. Gerade unter den Bedingungen der Rohstoffbewirtschaftung war dies ein Pfund, mit dem sich wuchern ließ.

3. Vertikale Integration II: Endfertigung und Rüstung

Mit der Angliederung umfangreichen Zechenbesitzes an das Rumpfgebilde aus Mittelstahl und Maxhütte gelang Flick die erfolgreiche Rückwärtsintegration von Brennstofflieferanten. Komplementär dazu betrieb er zeitgleich die vertikale Erweiterung in die nachgelagerten Sektoren der Stahlverarbeitung und Fertigproduktion. Dabei verknüpfte er verschiedene Pfade miteinander: (1.) Die infolge der mehrfachen Paketverschiebungen sowie Finanzsanierungen zersplitterten Konzernzusammenhänge zwischen Mittelstahl und Linke-Hofmann-Busch (LHB) wurden wieder konsolidiert. (2.) Damit eng verbunden waren eine vertiefte Durchdringung der regionalen Eisen- und Stahlverarbeiter und die Festigung der Position Flicks in der mitteldeutschen Schwerindustrie. (3.) Die Expansion in den Verarbeitungsbereich folgte nicht nur der Überlegung, die Absatzbasis für die Stahlwerke in Mittel- und Süddeutschland zu sichern. Frühzeitig lag ihr auch das Kalkül zugrunde, an der rasch an Bedeutung gewinnenden Aufrüstung in möglichst weitgehendem Maße zu partizipieren und dabei gerade die geostrategische Lage des mitteldeutschen Raumes für die Auftragseinwerbung zu nutzen.

3.1. Scheitern und Aufschwung: Die Auflösung des Waggontrusts

Die Situation in der LHB-Werksgruppe war nach dem Sanierungsversuch vom Februar 1933 in jeder Hinsicht unübersichtlich. Das auf 17 Mio. RM reduzierte Stammkapital verteilte sich nach mehreren Umschichtungen nun auf Mittelstahl, eine Reihe von Kleinaktionären sowie auf die Gläubiger. Die VSt hatten ihre Aktien unmittelbar vor der Kapitalzusammenlegung an die Charlottenhütte abgetreten, die sie aufgrund der Lieferbeziehungen zwischen Riesa und Breslau ihrerseits an Mittelstahl weitergereicht hatte.[1] Eine genaue Rekonstruktion der Besitzverhältnisse ist kaum möglich, der von Flick kontrollierte Anteil dürfte jedoch rund ein Drittel betragen haben[2], genug, um die industrielle Führung des Unternehmens zu gewährleisten, zumal die Banken ihre Mehrheitsbeteiligung weniger als langfristiges Investment, denn als Sanierungsbeitrag und Sicherung ihrer Forderungen betrachteten. Die starke Stellung Flicks fand nicht zuletzt in der 1933 erfolgten Einsetzung Langs als Wirtschaftsprüfer für LHB ihren Aus-

1 Niederschrift über die Sitzung der industriellen Kommission des Aufsichtrates am 17.1.1933, 18.1.1933, TKA RSW/4586; Chh an VSt, 25.4.1933, TKA VSt/4510. Allerdings zeichnete Mittelstahl 700 000 RM neue LHB-Aktien lediglich treuhänderisch für die Faminta, so daß die VSt mittelbar beteiligt blieben. Buchungen Chh mit MSt, 15.3.1933; Chh an MSt, 5.4.1933; MSt an Chh, 6.4.1933; Notiz, o. D., alle SächsHStA 11616/14.07.

2 Dies entspricht auch einer späteren Aussage Steinbrincks, der zufolge Chh/MSt Anfang 1933 etwa zehn und die VSt rund 20% der Aktien gehalten hatten; Befragung Steinbrincks zum Lebenslauf und persönlichen Angelegenheiten, o. D., StAN Rep. 502A, KVV, Handakten, Flächsner-14.

druck. Und auch bei der Bestellung des Aufsichtsrats war es die Charlottenhütte, die den Wünschen der neuen Machthaber, die bisherigen jüdischen Mitglieder abzulösen, beflissen nachkam.[3]

Unbefriedigend blieb unterdessen die betriebswirtschaftliche Situation. Trotz der Sanierung erfolgte keine spürbare Besserung, ganz im Gegenteil sank der Umsatz noch einmal auf 12,4 Mio. RM (1932/33) ab und erreichte damit kaum mehr als ein Viertel des bereits schlechten Wertes von 1930/31. Zum 30. September 1933 wies die Bilanz von LHB einen Verlust von 3,3 Mio. RM aus.[4] Die Schlüsse, welche die Konzernspitze Anfang 1934 aus den anhaltend schlechten Zahlen zog, kamen dem Eingeständnis gleich, daß die Idee des Waggontrusts gescheitert war. Der erst sechs Jahre zuvor etablierte Verbund von sächsischen und niederschlesischen Werken sollte wieder aufgelöst und durch zwei Unternehmen ersetzt werden, die im wesentlichen den vormaligen Fusionspartnern – Linke-Hofmann und Busch-Bautzen/Werdau – entsprachen. Wie schon 1926 die Trennung von Linke-Hofmann und Lauchhammer-Gruppe erwies sich auch 1934 die Aufgliederung von LHB als kompliziert, um so mehr, als sie mit einer neuerlichen Kapitalreduzierung verbunden war. Zudem wurden einzelne Betriebe zur Sanierung veräußert, darunter die Maschinenbausparte, die an die Junkers Flugzeugwerk AG ging und fortan als Fahrzeug- und Motorenwerke GmbH (Famo) firmierte.[5]

Im Juli 1934 gründeten sich die Linke-Hofmann-Werke AG (LHW) und die Waggon- und Maschinenbau AG vorm. Busch neu, während die LHB ihren Namen in AG für Waggonbauwerte änderte und die Abwicklung von Werten übernahm, die nicht den Werksgruppen zugeordnet werden konnten. Das Grundkapital der beiden neuen Produktivunternehmen sollte im Wege der Kapitalrückzahlung von LHB an deren Aktionäre verteilt werden, ein Modus, den Flick auch bei den Harpen-*Bonds* wählte. Flick hielt zwar an keiner der beiden Gesellschaften Mehrheiten, sondern nur rund 1,15 Mio. RM bei LHW (von 8,8 Mio.) bzw. 900 500 RM bei Busch-Bautzen (von 3,5 Mio.). Dennoch konnte er mit Hilfe der Banken in weitgehendem Maße über die Vorstands- und Aufsichtsratsbesetzung entscheiden und den Direktorien beider Unternehmen Investitionsrestriktionen auferlegen.[6] Der beträchtliche Spielraum, den die Banken Flick bei

3 Jahresberichte LHB-Werke AG 1931/32 u. 1932/33, SächsHStA 11692/4. Steinbrinck an Himmler, 13.7.1933, StAN Rep. 501, KVP, Fall 5, B-32, NI-10095, Bl. 100. Dies betraf u. a. Samuel Ritscher und Ernst Spiegelberg (Warburg).

4 63. Jahresbericht LHB-Werke AG 1932/33, SächsHStA 11692/4; Linke-Hofmann-Busch-Werke-AG, o. D. [1934], SächsHStA 11692/38; HbDtAG 1933, S. 4346.

5 Dresdner Bank an BHG, 31.10.1934, BADH R 8127/15561; AG für Waggonbauwerte an Dresdner Bank, 1.11.1934; Dresdner Bank an BHG, 2.11.1934, beide BADH R 8127/15560, Bl. 34, 30; Bericht der WiIn VII (Breslau), 20.2.1936, BA-MA RW 19/10, Bl. 72; Konzernfirmen, o. D., BAB R 3101/34412, Bl. 80-82.

6 Betr. Linke-Hofmann-Busch-Werke AG, 22.6.1934, BADH R 8127/14704, Bl. 382 f.; Gründungsvertrag LH-Werke AG, 6.7.1934, BAB R 8122/262; LHB. Kapitalherabsetzung und Änderung des Firmennamens, im September 1934, BADH R 8127/15383;

der Neugestaltung ließen, erklärte sich vor allem daraus, daß sie ihre Anteile mittelfristig an den Konzernherrn wieder abzugeben gedachten. Sein Interesse daran hatte Flick frühzeitig bekundet, insbesondere mit Blick auf Busch-Bautzen, das sich schneller von der Krise erholte als die Breslauer Werke und den Bankhäusern als »das Lieblingskind von Herrn Flick« galt.[7]

Entsprechend ging Flick die Mehrheitsbeschaffung zuerst bei dem Bautzener Unternehmen an und sicherte sich im Frühjahr 1935 die Anteile aus dem Gläubigerbesitz.[8] Im Anschluß verfolgte er erneut das Ziel einer weitestmöglichen Mehrheit unter Herausdrängung der Kleinaktionäre. Mit dem bekannten Wechselspiel aus Übernahmeangeboten und aktienrechtlichen Kniffen baute Flick in den folgenden 18 Monaten seinen Besitz stetig aus.[9] Zwar erlangte er keinen vollständigen Besitz an dem Bautzener Unternehmen, mit annähernd 90 Prozent des Stammkapitals kontrollierte er den Waggonbauer im Herbst 1936 aber unumstritten.[10] Mit ähnlichen Winkelzügen erfolgte ein Jahr nach der Majorisierung Buschs auch die Mehrheitsübernahme der LHW. Wiederum in enger Kooperation mit den Banken brachte sich Flick bzw. Mittelstahl mittels sukzessiver Kapitalzusammenlegungen und -erhöhungen – letztere unter Ausschluß des Bezugsrechts der übrigen Aktionäre – in den Besitz einer komfortablen Mehrheit in Breslau. Bis zum September 1936 wuchs Flicks Anteil auf 76 Prozent des sich nunmehr auf 5,5 Mio. RM belaufenden LHW-Stammkapitals an.[11]

Der zweite Anlauf mit den beiden Waggonbauunternehmen erwies sich unter den Bedingungen des Aufschwunges der dreißiger Jahre als erfolgreich, schon vor dem Krieg konnten LHW und Busch-Bautzen rasch die roten Zahlen verlassen. Dies spiegelte sich bei Busch selbst in den wenig aussagekräftigen veröffentlichten Gewinnziffern wider, die sich von einem Bilanzverlust von 3 000 (1933/34) zu einem Reingewinn von über 420 000 RM (1937/38) verbesserten. Die tatsächlichen Gewinne, das sollten die Kapitalumstellungen im Krieg zeigen, lagen um einiges höher. Ein markanteres Bild für die rapide betriebswirtschaftliche Gesundung infolge der stark verbesserten Kapazitätsauslastung vermittelten die

Dresdner Bank an BHG, 31.10.1934, BADH 8127/15561; Entwicklung der wichtigsten Beteiligungen, 9.5.1946, StAN Rep. 502, KVA, Handakten, B-2.

7 Betr. Linke-Hofmann-Busch-Werke AG, 22.6.1934, BADH R 8127/14704, Bl. 382 f.; Dresdner Bank an BHG, 31.10.1934, BADH 8127/15561; Zitat: Betr. Linke-Hofmann-Konzern, 25.1./30.1.1935, BADH R 8127/15560, Bl. 58.

8 [Vermerk], 16.5.1935, BADH R 8127/15584, Bl. 6-8.

9 Dresdner Bank an BHG, 31.5. u. 11.6.1935, BADH R 8127/15584, Bl. 8, 25-27; Dresdner Bank an BHG, 11.6.1935, BADH R 8127/15649, Bl. 2; A.-G. für Waggonbauwerte, in: BBZ v. 12.6.1935.

10 Entwicklung der wichtigsten Beteiligungen, 9.5.1946, StAN Rep. 502, KVA, Handakten, B-2.

11 Notiz für Riesa/Hauptbuchhaltung, 15.5.1936; Kaletsch an Gehlofen, 8.7.1936, beide BAB R 8122/262; Dresdner Bank an BHG, 11.5.1936, BADH R 8127/15561; Entwicklung der wichtigsten Beteiligungen, 9.5.1946, StAN Rep. 502, KVA, Handakten, B-2. Kleinere Zukäufe folgten in den nächsten Jahren; vgl. die Unterlagen in BAB R 8122/262.

Umsatzzahlen, die sich von 5,4 Mio. (1933/34) auf 17,5 Mio. RM (1938/39) mehr als verdreifachten.[12]

Auch LHW verzeichnete 1935/36 einen spürbaren Aufwärtstrend durch die eingehenden Staats- und Privataufträge, die endlich eine Nutzung der hochmodernen Breslauer Betriebe und den Lohn der langjährigen Rationalisierungsstrategie in Aussicht stellten. Neben den umfänglichen Bestellungen durch Reichsbahn und teilweise auch Reichswehr[13] waren es ab Mitte 1936 vor allem große Exportaufträge, die LHW als größtes und modernstes Werk der deutschen Waggonindustrie einwerben konnte, darunter Renommierobjekte für die Staatschefs der Türkei und Persiens ebenso wie Salonwagen für Hitler. Im Sommer 1939 meldete Breslau Vollbeschäftigung.[14]

3.2. Luftwaffenrüstung und Flugzeugbau

Der Erwerb der Allgemeine Transportanlagen GmbH (ATG), Leipzig, gilt als nachgerade paradigmatischer Fall für den frühzeitig vollzogenen Einstieg Flicks in das Rüstungsgeschäft, handelte es sich bei dem Unternehmen doch um einen ehemaligen Luftschiffproduzenten, der nach dem Luftwaffen-Verbot des Versailler Vertrages auf zivilen Maschinenbau umgesattelt hatte.[15] Indes widerspricht die Chronologie der Ereignisse einer solchen Interpretation – die Pläne für den Kauf der ATG gingen der Entscheidung für die forcierte Luftrüstung deutlich voraus. Schon im Frühjahr 1931 hatte Flick die Leipziger Firma ins Auge gefaßt, die Durchführung aber zunächst zurückgestellt; im Dezember 1932 erfolgte dann die Übernahme der 500 000 RM Gesellschaftsanteile durch Mittelstahl.[16]

Zu diesem Zeitpunkt fügte sich die ATG weniger in eine auf Rüstungsproduktion, sondern vielmehr auf Branchenkonzentration angelegte Konzernstrategie. Das Unternehmen war neben dem Mittelstahl-Werk Oberhammer der bedeutendste Hersteller von Förderbrücken für den Braunkohlentagebau; gemeinsam hatten Mittelstahl und ATG ein praktisches Monopol in diesem

12 Geschäftsberichte Waggon- und Maschinenfabrik AG vorm. Busch, Bautzen, Geschäftsjahre 1933/34-1938/39, SächsHStA 11692/4. Zur Kapitalberichtigung bei Busch und LHB vgl. unten Kap. IV.3.

13 Bericht der WiIn VIII (Breslau) an RKM, 18.4.1936, BA-MA RW 19/12, Bl. 105-112; Bericht der WiIn VIII (Breslau) an RKM, 19.5.1936, BA-MA RW 19/13, Bl. 146, 148, 152.

14 Bericht der WiIn VIII (Breslau) an RKM, 20.8.1936, BA-MA RW 19/17, Bl. 176f.; Terminmeldung zur wirtschaftlichen Lage Febr./März 1938, 22.4.1938, BA-MA RW 19/43, Bl. 199, 202; Wirtschaftsbericht April–Juni der WiIn VIII (Breslau), 8.6.1939, BA-MA RW 19/58, Bl. 102; Zur Sitzung der Devisen-Rohstoff-Kommission, 29.6.1936 [Steinbrinck], BAB R 8122/80902.

15 So beispielsweise Homze, Luftwaffe, S. 67.

16 Flick an Vögler, 6.3.1931, BAB R 8122/138, Bl. 143f.; Aktenvermerk. Sitzung des Aufsichtsrates der Mitteldeutschen Stahlwerke am 22.3.1933, BAB R 8119F/P1367, Bl. 10; Entwicklung der wichtigsten Beteiligungen, 9.5.1946, StAN Rep. 502, KVA, Handakten, B-2.

Segment und konnten Preiskämpfe fortan ausschließen.[17] Vor allem aber ließen sich durch die Verlagerung eines Großteils der ATG-Produktion nach Oberhammer die 1933 noch immer raren Aufträge auf die unterbeschäftigten Mittelstahl-Maschinenbaubetriebe umlegen und deren Auslastung verbessern.[18]

Daß sich die ATG optimal in die Produktionsstruktur Mittelstahls eingliederte, bedeutete nicht, daß die potentielle Nutzung für den Flugzeugbau unbeachtet blieb. Sie stellte jedoch nicht das vordergründige Ziel, sondern einen optionalen, nicht verläßlich einplanbaren, gleichwohl hocherwünschten Bonus der Transaktion dar. Daß man in der Konzernzentrale diesen wenigstens in Erwägung zog, lag nahe, da von Flick kontrollierte Unternehmen schon seit Mitte der zwanziger Jahre zwar nie in vorderster Linie, aber doch kontinuierlich an der illegalen Rüstung der Reichswehr beteiligt gewesen waren. Zu den bekannten Beispielen zählte die Geschoßfabrik der GBAG, die seit 1925/26 in größerem Umfang an das Heereswaffenamt (HWA) lieferte.[19] Auch Mittelstahl war im Zuge der Reichswehrpolitik, die Rüstungsproduktion zu dezentralisieren, seit 1927 in den weiteren Kreis der Hersteller für Artilleriegeschosse aufgerückt. Vor allem Gröditz hatte sich als feste Größe im Lieferprogramm des Militärs etabliert.[20]

Die 1932 von Schleicher eingeläutete Wende in der Rüstungsplanung, die ein personell deutlich vergrößertes und materiell besser ausgestattetes Heer anstrebte, war Flick zweifelsohne nicht entgangen[21], als er vor Jahresende den Kauf der ATG perfekt machte. Daß die »Wiederwehrhaftmachung« des Reiches am Aufbau einer neuen Luftflotte nicht vorbeigehen würde, stand ebenso außer Zweifel. Die Berufung Hermann Görings zum Reichskommissar für die Luftfahrt unmittelbar nach Antritt des ersten Kabinetts Hitler bestätigte entsprechende Erwartungen nachdrücklich. Am 27. April wurde das Kommissariat zum Ministerium aufgewertet, um den Lufthansa-Direktor Erhard Milch als Staatssekretär erweitert und durch die Herauslösung aus dem Reichswehrressort die Priorität des Luftwaffenaufbaus untermauert.[22]

17 Vortrag Wiegand bei Gemeinschaftssitzung MSt/AKW am 19.6.1944, BAB R 8122/367; Flick an Mosler, 23.8.1933, BAB R 8119F/P1160, Bl. 11f.

18 Bericht Maxhütte/MSt über Monate Januar bis März 1933, 5.5.1933, BAB R 8119F/P1368, Bl. 33f.; Mitteldeutsche Stahlwerke/Maxhütte, 4.10.1933, SächsHStA 11616/16.43; zur raschen Interessenkoordinierung zwischen ATG und MSt in Verbandsfragen s. StAL 20778/4.

19 Liefervertrag, 22.5.1925; Bauprogramm für den Ausbau der Geschoßfabrik, 5.5.1925, beide BAB R 2301/5602, Bl. 1-5, 7-9; vgl. Hansen, Reichswehr, S. 58, 99.

20 Vgl. Hansen, Reichswehr, S. 100, 107, 122f., 140f.; zu den Rüstungsplanungen der Zwanziger: Deist, Aufrüstung, S. 448-459.

21 Ausführlich: Budraß, Flugzeugindustrie, S. 266-273; Deist, Aufrüstung, S. 463-473, 485; Ludwig, Strukturmerkmale, S. 46; Tooze, Wages, S. 26; zur Rolle Vöglers und Portens als Ansprechpartner der Reichswehr vgl. Hansen, Reichswehr, S. 44-52, 166f., 172f.

22 Vgl. Homze, Luftwaffe, S. 49f.; Deist, Aufrüstung, S. 566-568; Budraß, Flugzeugindustrie, S. 293-298.

Die im Frühjahr 1933 von Milch vorangetriebenen Planungen für ein erstes Luftrüstungsprogramm eröffneten mittelfristig ein neues Betätigungsfeld für Firmen mit entsprechender fabrikatorischer Vorerfahrung oder verwandten Produktionen, also Unternehmen, die bereits in der Flugzeugkonstruktion tätig waren, oder andere Transportmittelhersteller.[23] In der Perspektive einer beschleunigten Luftrüstung mit entsprechendem Bedarf nach Mehrkapazitäten, die durch die bestehenden Werke der renommierten Erfinder Heinkel, Junkers und Dornier nicht gedeckt waren, erkannten auch die Zulieferer aus der Elektro- und Stahlindustrie Wachstumspotential. Im Frühjahr 1934 stand neben Siemens das vormalige VSt-Triumvirat aus Vögler, Thyssen und Flick in der ersten Reihe der Interessenten für den Einstieg in die Luftfahrtindustrie. Die etablierten Flugzeugbauer sahen die neue Konkurrenz der Stahlkonzerne und die Gefährdung ihrer Unabhängigkeit hingegen mit Verärgerung und Mißtrauen.[24]

Hatte Flick anfangs noch gemeinsame Pläne mit den VSt verfolgt[25], so ließ er diese schon bald fallen. Die ATG erwies sich als hervorragende Ausgangsposition im Rennen um die Beteiligung an den Rüstungsaufträgen – auf Partner war Flick daher kaum angewiesen. Ausschlaggebend war jedoch, ob es gelingen würde, den Mangel an technischem Know-how auszugleichen. Daran gebrach es der ATG, die im übrigen aber, wie der zuständige Mittelstahl-Direktor Koppenberg warb, ein »komfortable[s] Flugzeugwerk [...], das wir jederzeit, ohne viel Zeitverlust seinem Bestimmungszweck wieder zuführen können«, darstellte.[26]

Im Frühjahr 1933 begannen die eigentlichen Vorbereitungen für eine militärische Nutzung der ATG. Zunächst sondierte Koppenberg die Verhandlungsbereitschaft von Heinkel, Junkers und Dornier zu einer etwaigen Kooperation. Indes stieß er bei den drei Flugzeugbauern auf Skepsis, wenn nicht gar offene Ablehnung.[27] Trotz dieser frostigen Reaktion gelang es der ATG wenig später, die fachlichen Defizite nach anderthalb Jahrzehnten Abstinenz vom Flugzeugbau auszugleichen. Im Zuge der faktischen Enteignung von Hugo Junkers[28] wurde

23 Die Dominanz von Firmen aus benachbarten Branchen wertet Budraß als Indiz, daß die angeschlagene Flugzeugindustrie nicht unmittelbar hohe Profite verheißen habe. Ferner habe es 1933 nicht die oft angeführten Kapazitätslücken gegeben; Ausbaubedarf entstand demnach erst in den folgenden Jahren; Budraß, Flugzeugindustrie, S. 299, 311-313; vgl. hingegen Homze, Luftwaffe, S. 26, 35; Deist, Aufrüstung, S. 574; Erker, Heinkel, S. 224.

24 Betrifft: Luftfahrt, 6.4.1933 [Koppenberg], BAB R 8122/80920, NI-10118; abgedruckt in Anatomie des Krieges, S. 108f.; Betrifft: Unterredung mit Dr. Dornier in Friedrichshafen am 19.4.1933, 20.4.1933, BAB R 8122/80899; Homze, Luftwaffe, S. 66; Budraß, Flugzeugindustrie, S. 299-301. Erker, Heinkel, S. 225, charakterisiert die Gruppe der Erfinder-Unternehmer als »eitel, ehrgeizig, eifersüchtig und extrem mißtrauisch«.

25 Budraß, Flugzeugindustrie, S. 305f., läßt die engen Beziehungen Flicks zu den VSt-Vertretern unberücksichtigt.

26 Betrifft: Luftfahrt, 6.4.1933 [Koppenberg], BAB R 8122/80920, NI-10118.

27 Koppenberg an Steinbrinck, 20.4.1933; Betrifft: Unterredung mit Dr. Dornier in Friedrichshafen am 19.4.1933, 20.4.1933, beide BAB R 8122/80899.

28 Vgl. dazu die erschöpfende Darstellung bei Budraß, Flugzeugindustrie, S. 320-332.

Koppenberg, nicht zuletzt wegen seiner prononcierten Befürwortung serieller und standardisierter Massenproduktionsverfahren, im Dezember 1933 zum neuen Generaldirektor der Junkers Flugzeugwerke berufen. Für den ehrgeizigen Manager bedeutete dies einen vielversprechenden Karrieresprung, für Flick einen Fuß in der Tür bei Junkers, da Koppenberg vorerst weiter im Vorstand von Mittelstahl blieb.[29]

Ebenfalls im Dezember 1933 verhandelte Flick mit Milch über eine baldige Auftragsvergabe an ATG. Nach einer mündlichen Zusage des Staatssekretärs wies Flick den Leipziger Vorstand an, mit den Investitionen zu beginnen. Das Fertigungsprogramm sollte indes keine Eigenprodukte, sondern in Lizenz hergestellte Flugzeugteile für Junkers beinhalten – wo nun Koppenberg für die Lizenzvergabe verantwortlich zeichnete. Erst Anfang 1935 schied dieser rückwirkend aus dem Riesaer Vorstand aus, hielt aber weiter regelmäßigen Kontakt zu Flick.[30] Das Lizensierungsverfahren Junkers-ATG entsprach auch der dezidierten Position des Reichsluftfahrtministeriums, die Konzentration in der Flugzeugindustrie zu beschleunigen, um die Serienfabrikation zu erleichtern und die Koordinierung zwischen Behörden und Unternehmen auf einige zentrale Ansprechpartner beschränken zu können.[31]

Als das Ministerium im Frühjahr 1935 eine Reprivatisierung von Junkers in Erwägung zog, hatte Mittelstahl wiederum die beste Ausgangsposition, da Koppenberg mit der Ausarbeitung eines entsprechenden Plans beauftragt wurde. Umgehend setzte er sich mit Flick in Verbindung, konnte aber trotz der nachdrücklichen Bekundung Milchs, daß man »sehr großen Wert auf die Mitwirkung der Gruppe Flick lege«, letztlich keinen Abschluß erzielen.[32] Grund dafür war jedoch nicht das später von Flicks Mitarbeitern behauptete Desinteresse an einem außerhalb der Kernkompetenzen liegenden Engagement in der Flugzeugbranche[33]– mit der rapide expandierenden ATG bestand dies bereits –, sondern

29 Zu diesem Zeitpunkt hatte das Reich 51 % an Junkers erworben; die vollständige Sozialisierung erfolgte 1934; Budraß, Flugzeugindustrie, S. 324, 327; vgl. Deist, Aufrüstung, S. 575; Homze, Luftwaffe, S. 63, 67 f.

30 Seit Dezember 1934 war Koppenberg offiziell beurlaubt; Rundschreiben an die Werksdirektionen Riesa/Gröditz/Lauchhammer, 7.12.1934, BAB R 8122/80899; Flick an ATG-Vorstand, 7.12.1933, BAB R 8122/80920, NI-12119; Flick an MSt-Vorstand, 1.2.1935, SächsHStA 11616/18.91; vgl. Homze, Luftwaffe S. 68; Vernehmung von Heinrich Koppenberg am 12.8.1947, StAN Rep. 502, KVA, Interrogations, K-135. 1936/37 erhielt Koppenberg immer noch Vergütungen (rund 41 500 RM) von Flick; s. Verwaltungsstelle Berlin, Aufteilung der Unkosten für die Zeit v. 1.10.36-31.3.37, 12.4.1937, StAN Rep. 502, KVA, Handakten, B-7.

31 Besprechungs-Punkte, 9.5.1934; ATG an Steinbrinck, 25.6.1934, beide BAB R 8122/80899. Die ATG wurde damit zum wichtigsten Junkers-Zulieferer in Leipzig; vgl. Kohl/Bessel, Auto Union, S. 32 f.

32 Aktennotiz Steinbrincks, 2.5.1935, StAN Rep. 501, KVP, Fall 5, B-33, NI-10114, Bl. 25 f.

33 Befragung Steinbrincks zum Lebenslauf und persönlichen Angelegenheiten, o. D., StAN Rep. 502A, KVV, Handakten, Flächsner-14; [Unbetiteltes Typoskript], o. D. [August 1945], WWA S 8/84; so übernommen in: Radkau, Machtergreifung, S. 258.

der Finanzaufwand, den ein Erwerb erfordert hätte. Für die verfügbaren 75 Prozent des Kapitals (die übrigen Aktien wollte das Reich behalten) hätte bereits der Nominalwert 38,5 Mio. RM betragen, etwaige Kursaufschläge in der prosperierenden Branche gar nicht eingerechnet. Da zudem Milch dem Vorschlag Koppenbergs, die ATG in die Junkers AG einzubringen, um den Kaufpreis zu verringern, skeptisch gegenüberstand, war die Offerte letztlich zu unattraktiv für Flick. Dies galt zumal, als die staatliche Sperrminorität im sensiblen Rüstungssektor die effektiven Verfügungsrechte stark zu beschneiden drohte. In Görings Ministerium war man über das »nicht gerade besonders groß[e]« Interesse Flicks und die Versuche, »Volksvermögen« zu billigen Preisen zu erlangen, nicht erfreut und beließ es bei der staatlichen Eigentümerschaft.[34]

Dies war nicht das einzige Feld, auf dem es zu Differenzen zwischen dem Konzern und den staatlichen Autoritäten kam. Besonders hinsichtlich der Finanzierung des Werksausbaus hatte Flick eigene Vorstellungen, die darauf zielten, die erforderlichen Investitionen möglichst vollständig durch Abschlagszahlungen auf noch nicht abgelieferte bzw. nicht einmal eingegangene Aufträge vorfinanziert zu erhalten. So beschwerten sich Flick und Steinbrinck 1934 und 1935 wiederholt bei Schacht über die Forderung des Militärs, Mittelstahl solle weitere Baukosten durch eine Kapitalerhöhung sowie einen (günstigen) staatlichen Kredit selbst tragen. Die Begründung für die Ablehnung formulierte Steinbrinck ebenso eigenwillig wie symptomatisch für die Selbstdarstellung des Konzerns. Den Einstieg in die »uns wesensfremde Flugzeugindustrie« deutete er flugs zum Opfer um, das ATG/Mittelstahl im Dienste der Rüstung durch Bereitstellung von Fertigungsanlagen erbracht hätten, die ihnen jetzt aber im eigentlichen Arbeitsbereich des Eisen- und Maschinenbaus »schmerzlich fehl[t]en«. Daß die Unternehmen dafür auch noch Kreditlasten tragen sollten und angeblich nur geringe Gewinne erzielten, bezeichnete Steinbrinck als »unerhörte Zumutung«.[35]

Tatsächlich konnte sich der Konzern weitgehend durchsetzen. Eine Kapitalerhöhung der ATG um 3,5 Mio. RM fand erst im Geschäftsjahr 1936/37 statt, und die laufenden Luftwaffen-Aufträge wurden weiterhin vorausbezahlt.[36] Das Wachstum der Betriebe gestaltete sich unter diesen günstigen Bedingungen rasant. Nachdem Anfang 1934 die Produktion aufgenommen worden war, folgten 1934/35 rasch zwei weitere Werke, ein dritter Neubau befand sich in Planung. Seit der Umstellung auf die Flugzeugfabrikation hatte die ATG Bestellungen

34 Aktennotiz Steinbrincks, 2.5.1935, StAN Rep. 501, KVP, Fall 5, B-33, NI-10114, Bl. 25 f.; Zitate: Verhör Erhard Milch, 8.10.1947, StAN Rep. 501, KVP, Fall 5, A 104-106, Bl. 8212 f.

35 Zur Besprechung mit Herrn Reichsbankpräsident Dr. Schacht, 26.11.1934 [Steinbrinck], NI-5311; Zur Unterredung mit Herrn Dr. Schacht. Verhandlungen mit dem RLM, 28.3.1935 [Steinbrinck], NI-5312, beide BAB R 8122/80919.

36 Entwicklung der wichtigsten Beteiligungen, 9.5.1946, StAN Rep. 502, KVA, Handakten, B-2; Unterlagen über die Verwaltungsrats-Sitzung der ATG am 14.2.1935, 12.2.1935, BAB R 8122/80917.

über 213 komplette Maschinen und 400 Sätze Tragflächen erhalten, mit wenigen Ausnahmen allesamt Junkers-Modelle. Als Vorabzahlungen hatte die ATG im Februar 1935 bereits mehr als 9,5 Mio. RM verbucht. Die Belegschaft war von gut 700 Personen vor der Umstellung auf die Rüstungsfertigung Anfang 1933 auf rund 3100 Anfang 1935 angewachsen und stieg kontinuierlich weiter. Damit spiegelte die Entwicklung der ATG das explosionsartige Wachstum der Flugzeugindustrie, deren Beschäftigtenzahl binnen zwei Jahren von 4000 auf 54000 anschwoll.[37]

Tab. III/2: Beschäftigtenzahlen in der Flugzellenproduktion, Juli 1935

Firma	Beschäftigte	Firma	Beschäftigte
Junkers	9.483	Blohm & Voss	1.496
Heinkel	7.611	Apparatebau Oschersleben	1.156
Dornier	7.080	Fieseler	1.027
ATG	3.902	Aero Sport	908
Arado	3.749	Erla	698
Henschel	3.672	Gotha	492
Focke-Wulff	3.174	Bücker	196
Bayer. Flugzeugwerke	2.344	AEG	170
AG Weser	2.178	Von Kehler & Stellino	138
Klemm	1.527	Grotrian-Steinweg	105
		Gesamt	51.106

Quelle: Homze, Luftwaffe, S. 108.

Dank der privilegierten Stellung der Luftfahrt im nationalsozialistischen Rüstungsprogramm konnte die Expansion auch in den folgenden Jahren fortgesetzt werden, da sowohl die Bedarfsanmeldungen für Material wie auch für die immer knapper werdenden (Fach)Arbeiter bevorzugt behandelt wurden.[38] Im Herbst 1939 bestand die ATG aus einer auf fünf Werke angewachsenen Betriebsgruppe, die annähernd 7300 Beschäftigte zählte und einen Gesamtauftrags-

37 Mitteldeutsche Stahlwerke/Maxhütte, 4.10.1933, SächsHStA 11616/1643; Unterlagen über die Verwaltungsrats-Sitzung der ATG am 14.2.1935, 12.2.1935, BAB R 8122/80917; Homze, Luftwaffe, S. 93, 181.

38 Zur Ressourcenlenkung zugunsten der Flugzeughersteller vgl. Budraß, Flugzeugindustrie, S. 368-374; Tooze, Wages, S. 126-129.

bestand in Höhe von 257 255 000 RM in ihren Büchern verzeichnete. Allein der Gewinn für Juli und August 1939 betrug über 670 000 RM.[39]

Die Erlöse der Flugzeughersteller ergaben sich bis 1936 aus den eigenen Aufwendungen sowie einem prozentual zum investierten Kapital berechneten Gewinn. Die zulässigen Abschreibungssätze waren jedoch gering, so daß die privaten Gesellschaften die Abschreibungen in großem Umfang in die Abrechnung der Flugzeugherstellung verdeckt einfließen ließen, mit entsprechenden Folgen für die Preisentwicklung. Hinzu kam, daß diese Form der Auftragsfinanzierung wenig Anreize für wirtschaftliche Produktionsgestaltung bot und massive Preisdifferenzen unter den Unternehmen bewirkte. So berechnete Heinkel für eine Maschine eigenen Typs, die vom Luftfahrtministerium mit 225 000 RM veranschlagt worden war, 299 000 RM, die ATG sogar 321 000 RM.[40] Im Herbst 1936 legte eine Neuregelung eine vereinheitlichte Nachkalkulation in Verbindung mit einer behördlichen Preisprüfung, Abrechnung zu Festpreisen, Zusage einer zehnprozentigen Gewinnmarge auf den Umsatz – statt wie zuvor auf das investierte Kapital – sowie angemessene Abschreibungen fest. Dies bedeutete nicht, daß die Luftfahrtunternehmen fortan schlecht verdienten: 1939 erzielten die Firmen der Flugzeugzellenproduktion eine durchschnittliche Umsatzrendite von 6,8 Prozent, teilweise sogar bis zu zehn Prozent.[41]

In Leipzig, das zu einem der Schwerpunkte der im mitteldeutschen Raum konzentrierten Luftfahrtindustrie wurde[42], verfügte die ATG ferner über einen Ring kleinerer Tochterfirmen, unter denen die Leipziger Werkzeug- und Gerätefabrik mbH (LWG) die bedeutendste war. An diese wurden die zivilen Aufträge, langfristig das wichtige zweite Standbein, ausgelagert und von der LWG im Auftrage und auf Rechnung der ATG ausgeführt; die Gewinne flossen über ein Organschaftsverhältnis direkt der ATG zu.[43]

39 Bilanz-Bericht April 1938, o. D. [Mai 1938], BAB R 8122/940, Bl. 251-287; Bericht über den I. und II. Betriebsmonat 1939/40 (1.7.-24.8.1939) der ATG, BAB R 8122/941, Bl. 37-71. Ein Teil des Umsatzes entfiel allerdings auf einen Gemeinschaftsauftrag, der zusammen mit den Siebel Flugzeugwerken bearbeitet wurde. Die Belegschaftszahl betrug am 1.10.1938 insgesamt 6 356 und am 1.4.1940 9 131 Personen; Budraß, Flugzeugindustrie, S. 351.

40 Vgl. zum »cost-plus«-System Barkai, Wirtschaftssystem, S. 221 f.; Budraß, Flugzeugindustrie, S. 476 f.; zu den verbreiteten Preisdifferenzen zwischen Stamm- und Lizenzbetrieben s. auch Boelcke, Finanzierung, S. 44.

41 Budraß, Flugzeugindustrie, S. 478, 757.

42 Bei der Wehrmacht stieß dies auf Kritik wegen der Luftangriffsgefahr; Allgemeine wehrwirtschaftliche Übersicht über den Bereich der WiIn IV, 7.12.1938, BA-MA RW 20-4/27, Bl. 6-21; Meldungen über den Mob-Verlauf (RüIn IV), 20.12.1939, BA-MA RW 20-4/11, Bl. 96.

43 Bericht über den II. Betriebsmonat 1938/39 (29.7.-25.8.38) der ATG, BAB R 8122/941, Bl. 7 f.; Vertrag zwischen der ATG und der LWG, 25.10.1938, SächsHStA 11616/10.24.

3.3. Wachstum durch Rüstung

3.3.1. Der Einstieg in die Rüstung

Anders als im Falle der ATG erfolgte der Einstieg ins Rüstungsgeschäft bei dem Kernunternehmen des Flick-Konzerns, Mittelstahl, nicht als planmäßiges Resultat der vertikalen Reintegration, sondern stellte eine opportunistische Nutzung der sich 1933 eröffnenden Chancen dar. An die Stelle einer langfristig angelegten Konzeption trat die Anpassung an die sich mit dem Zutritt der staatlichen Nachfrager rasch verändernden Marktbedingungen. Anders formuliert, vom Auftragskuchen der nationalsozialistischen Aufrüstungspolitik beanspruchte Flick sein sprichwörtliches Stück. Dabei suchte er vor allem, den im überregionalen Wettbewerb regelmäßig gegebenen Nachteil der abgelegenen Produktionsstandorte in einen geostrategischen Vorteil umzumünzen.

Hitlers bekannte Rede vor der Generalität am 3. Februar 1933, in welcher der Reichskanzler die Remilitarisierung proklamierte, unterstrich »den Wandel der Grundbedingungen [...], unter denen künftig Fragen der bewaffneten Macht und der Rüstungspolitik behandelt werden sollten«.[44] Dieser Kurswechsel war nicht allein den Zirkeln der Reichswehr bekannt, auch gegenüber dem Kabinett sprach Hitler bereits zu Beginn seiner Amtszeit von der Notwendigkeit, Arbeitsbeschaffungs- und Rüstungsmaßnahmen miteinander zu verbinden. Gleichwohl hieß dies nicht, daß jede konjunkturbelebende Maßnahme ein Mittel der verdeckten Aufrüstung darstellte.[45]

Mit der Andienung der ATG als Flugzeugfertiger reagierte Flick zügig auf die neuen Möglichkeiten, die sich aus dem staatlichen Rüstungsprogramm ergaben. Nicht anders verfuhr er hinsichtlich seiner Stahl- und Walzwerke. Dabei erkannte Flick frühzeitig, daß es besonderer Anstrengungen bedurfte, um bei der Auftragsvergabe nicht gegenüber der archetypischen Rüstkammer des Reiches, dem Ruhrgebiet mit seinen traditionellen »Waffenschmieden« vom Schlage Krupps[46], marginalisiert zu werden. In der Folge begannen Flick und seine Mitarbeiter eine offensive, teils regelrecht aggressive Auftragsakquise, um den mitteldeutschen Betrieben einen substantiellen Anteil am Kriegsgerätegeschäft zu sichern. Die Bedeutung, die Flick dem Wachstumspotential der Rüstungspolitik für seinen geschrumpften Konzern beimaß, fand ihren beredten Ausdruck darin, daß er persönlich einen Großteil der Lobbyarbeit bei diversen Reichsstellen übernahm. In den Jahren 1933/34 absolvierten Flick und seine Manager zahlreiche Besuche bei Vertretern von Reichsregierung und Militär und luden mehrfach Delegationen zu Werksbesichtigungen bei Mittelstahl und Maxhütte ein.

Insbesondere galt es, die Verantwortlichen in den Vergabestellen von Reichswehrministerium und HWA von der Leistungsfähigkeit der Flick'schen Betriebe

44 Deist, Aufrüstung, S. 479; vgl. Herbst, Deutschland, S. 96-99.
45 Vgl. Volkmann, NS-Wirtschaft, S. 276-285; Overy, Introduction, S. 6f.; abweichend Tooze, Wages, S. 55.
46 Vgl. dazu u. a. Geyer, Einfluß, S. 203, Abelshauser, Rüstungsschmiede, S. 272-280.

zu überzeugen. Im Mai 1933 traf eine Abordnung des HWA in Riesa ein, wo die Offiziere von Steinbrinck empfangen wurden und einen Eindruck von den Werkstätten erhielten.[47] Im Mittelpunkt stand zunächst das der Reichswehr bereits bekannte Gröditzer Werk, das im September 1933 erste Bestellungen für Flak-Geschosse verzeichnete.[48] Allerdings entsprach dies nicht dem Umfang, der Flick vorschwebte, und nach einem halben Jahr wurden die Einwerbungsbemühungen spürbar verstärkt. Als Ansprechpartner Nr. 1 erwies sich einmal mehr Reichsbankpräsident Schacht[49], der die Lauchhammer-Gruppe Anfang Oktober aufsuchte. Die zu diesem Anlaß entworfene Präsentation referierte eingehend die militärisch relevanten Produktionsmöglichkeiten der Flick-Betriebe von Brandenburg bis Unterwellenborn mit einer reichen Palette an Kriegsgerät. Mit geringen und schnell durchführbaren Investitionen konnten Geschütze und Geschosse, Torpedoböden und Fliegerbomben, Panzer und Flugzeugteile hergestellt werden. Im Zentrum der Darstellung stand jedoch die geographische Lage: Die große Entfernung zu Großstädten und Eisenbahnknotenpunkten – in Friedenszeiten ein eklatanter Standortnachteil – wurde mit Blick auf die Verletzlichkeit durch feindliche Angriffe nun zu einem entscheidenden Vorzug von Mittelstahl und Maxhütte.[50] Zudem hoben die Konzernmanager die autarke Versorgung mit eigenen Erzen, Braunkohle und Schrott aus dem unmittelbaren Umland hervor, gerade »im Falle einer Blockierung Deutschlands«.[51]

Flick näherte sich zielstrebig den relevanten Entscheidungsträgern. Nach dem Notenbankpräsidenten suchte er das Gespräch mit dem Reichswirtschaftsministerium und griff dabei auf seine Kontakte aus dem Oberschlesien-Engagement zurück.[52] Anfang Dezember folgte ein Ortstermin mit Schmitt sowie Vertretern des Reichswehrministeriums in Lauchhammer, die einen ähnlichen Überblick über die Konzernbetriebe erhielten wie zuvor Schacht. Noch unverhohlener als im Oktober verwies Flick dabei auf den drohenden Angriffsfall, für den seine Werke geradezu prädestiniert seien – »im Unterschied zu den Werken an der Ruhr«.[53] Ebenso argumentierte Flick anläßlich eines Besuchs bei Blomberg, den Schacht vermittelt hatte. Der Reichswehrminister zeigte sich »außerordentlich

47 Vernehmung des Emil Leeb v. 25.5.1947, StAN Rep. 502, KVA, Interrogations, L-27.

48 Übersichtsliste gemäß Besprechung bei Amtschef A, 9.9.1933, StAN Rep. 501, KVP, B-3, Dok. C-32, Bl. 73-76. Alle in der Liste aufgeführten Fertigungen verstießen gegen den Vertrag von Versailles.

49 Schachts Rolle in der Rüstungspolitik: Boelcke, Kosten, S. 19; Blaich, Wirtschaft, S. 21 f.; Tooze, Wages, S. 54, 91, 207.

50 Zur in der älteren Forschung angenommenen verzögerten Aufrüstung in Mitteldeutschland aufgrund der drohenden Grenzlage nach Osten vgl. Bramke, Freistaat, S. 1077; modifiziert: Heß, Industrie, S. 55 f., 63, 74 f.; anders aber schon: Geyer, Einfluß, S. 226 f.

51 Zitat: Mitteldeutsche Stahlwerk/Maxhütte, 4.10.1933, SächsHStA 11616/16.43; [Koppenberg?] an Schacht, 9.10.1933, BAB R 8122/80919, NI-5313.

52 Aktennotiz über eine Besprechung im Reichswirtschaftsministerium, 25.11.1933, BAB R 8122/636, Bl. 345-347 (über ein Besprechung mit Posse und Heintze).

53 [Manuskript Flick], 5.12.1933, BAB R 8122/636, Bl. 333-339.

interessiert« an dem auf seiner persönlichen rüstungspolitischen Landkarte unverhofft aufgetauchten Stahlproduzenten, dessen Bedeutung ihm zuvor nicht klargewesen sei.[54]

Trotz der positiven Resonanz Blombergs kam es aber nicht zu der erhofften Auftragswelle an Mittelstahl und Maxhütte. Grund dafür waren vor allem Differenzen innerhalb der Reichswehr. Während der Generalstab das Ruhrgebiet als militärisch besonders gefährdet einstufte und daher eine Dezentralisierung der Rüstungsproduktion befürwortete, stand das HWA derartigen Plänen skeptisch gegenüber. Als Flick sich Mitte März 1934 bei Amtschef Generalmajor Kurt Liese und dessen Leiter des Beschaffungswesens, Oberst Emil Leeb, nach dem Stand der Dinge erkundigte, mußte er feststellen, daß das HWA die Auftragsvergabe an Mittelstahl verschleppte, weil man nicht glaubte, daß die Industriegebiete abseits der Ruhr die nötige Leistungsfähigkeit mitbrachten.[55] Flick war keineswegs bereit, die Sache damit bewenden zu lassen. Im Mai suchte er erneut Blomberg auf und beschwerte sich so vehement, daß der Minister umgehend zugunsten Mittelstahls intervenierte. Liese reagierte sichtlich verschnupft auf die Umgehung des Dienstwegs, zumal Flick gegenüber Blomberg verschwiegen hatte, daß das Beschaffungsamt die Gröditzer Preise für überhöht hielt.[56] Flick wiederum blieb verärgert über die Hinhaltetaktik dese Amtes, das nur unverbindliche Kostenvoranschläge anforderte, aber keine nennenswerten Aufträge erteilte. Was er wollte, waren zählbare Erfolge seiner Klinkenputzerei: »Uns ist nicht damit gedient, daß das HWA Anfragen an uns richtet; wir brauchen Bestellungen.«[57]

Der anfänglichen Unstimmigkeiten zum Trotz kamen die Geschäfte in der zweiten Jahreshälfte 1934 besser in Schwung, begünstigt durch den Wechsel im Amt des Wirtschaftsministers in Person Schachts, der weiter als Vermittler Flicks zu den obersten Reichsbehörden auftrat.[58] Im August versicherte Liese, daß Mittelstahl »sich unbedenklich für eine Reihe von Jahren für laufende erhebliche Aufträge einstellen könne«.[59] Auch der Chef der Amtsgruppe für industrielle Rüstung (Munition) im Oberkommando des Heeres (OKH), Generalmajor Henrici, sagte Ende 1934 weitere Aufträge für die Gröditzer Granatenherstellung

54 Zitat: Flick an Schacht, 28.12.1933, StAN Rep. 501, KVP, Fall 5, B-32, Bl. 40 f.

55 Aktennotiz über die Besprechung im HWA mit General Liese am 15.3.1934, BAB R 8122/636, Bl. 342-44; Vernehmung des Emil Leeb v. 25.5.1947, StAN Rep. 502, KVA, Interrogations, L-27; zu Leeb vgl. Biographische Skizze, BA-MA MSg 109/10849; allg. Deist, Aufrüstung, S. 475 f.

56 Den Preisvorwurf kommentierte Flick, man hätte einen Auftrag »an den drei Prozent sicher nicht scheitern lassen«; Liese an Flick, 31.5.1934; Notiz für Geheimrat Böhringer, 4.6.1934, beide BAB R 8122/636, Bl. 330-332, 340 f., Zitat [handschriftlich]: Bl. 332; Vernehmung des Emil Leeb v. 14.4.1947, StAN Rep. 502, KVA, Interrogations, L-27.

57 Notiz für Herrn Geheimrat Böhringer, 4.6.1934, BAB R 8122/636, Bl. 341.

58 Flick an Schacht, 3.8.1934, BAB R 8122/80919; Zur Besprechung mit Herrn Reichsbankpräsident Dr. Schacht, 26.11.1934, BAB R 80899, NI-5311; Notiz für Herrn Flick, 20.12.1934 [Steinbrinck], BAB R 8122/80920, NI-5586.

59 Notiz für Herrn Flick, 20.8.1934, StAN Rep. 501, KVP, Fall 5, B-32, NI-10056, Bl. 43 f.

zu und stellte ferner Anforderungen für Unterwellenborn in Aussicht.[60] Die rasche Verbesserung der Geschäftsbeziehungen zu den Beschaffungsstellen war nicht zuletzt der im HWA wachsenden Einsicht in die Diskrepanz zwischen außenpolitischen Zielsetzungen und rüstungswirtschaftlicher Vorbereitung geschuldet.[61] Zum anderen folgte sie aus der Professionalisierung der Lobbyarbeit des Flick-Konzerns. Mit Julius Brurein wurde der bisherige Leiter der Berliner Dependance einer Maxhütte-Verkaufsgesellschaft in die Konzernzentrale integriert. Fortan fungierte Brurein als Verbindungsmann der Konzernfirmen zu den militärischen Stellen und bündelte die Kontaktpflege und Anbahnung von Verhandlungen mit dem Beschaffungsapparat.[62]

3.3.2. Die Finanzierung der Rüstungsgeschäfte: Das Beispiel Gröditz[63]

Bei einem Besuch in Gröditz Ende 1934 zeigte sich Henrici überrascht über Größe und Modernität der besichtigten Anlagen und äußerte Verständnis, »daß Herr Flick darauf drängte, für diese Anlagen Arbeit zu bekommen«.[64] In der Tat war Flick höchst unzufrieden mit der Entwicklung, die das Werk auch nach dem Abflauen der Krise genommen hatte. Betriebsleitung und Vorstand warf der Konzernherr im Juli 1934 vor, beständig neue Investitionen zu tätigen, ohne daß sich die Ergebnisse entsprechend besserten. »Man könne Gröditz nicht dadurch in Ordnung bringen, daß man immer neues Geld hereinstecke, ohne daß man letzten Endes wisse, wann dies zu Ende ist und wohin die Reise geht«, stellte Flick unwirsch fest und kündigte an, keine weiteren Gelder zu bewilligen, ehe nicht ein »Generalplan« vorlag, der präzise Ziele und Erlöserwartungen formulierte.[65]

In der Folge verlegte sich Mittelstahl auf den massiven Ausbau des Gröditzer Werks, das fortan in U[rsprungs]- und S[onder]-Betriebe unterschieden wurde.

60 Notiz. Betr. Besuch Henrici/Brurein in Gröditz am 3.12., 4.12.1934 [Terberger], BAB R 8122/80920, NI-10057.

61 Vgl. Deist, Aufrüstung, S. 491-493.

62 *1882; Volks- und Realoberschule; Versicherungskaufmann; Studien- und Arbeitsaufenthalte in USA und Italien; Weltkriegsteilnahme; Leitung der Berliner Verkaufstelle von Gebr. Röchling u. Maxhütte; Vernehmung des Julius Brurein v. 14.3.1947, StAN Rep. 502, KVA, Interrogations, B-179; Vernehmung des Dr. Robert Tillmanns v. 16.1.1947, StAN Rep. 502, KVA, Interrogations, T-27.

63 Präzise Aussagen über Ausmaß und Zusammensetzung der Rüstungsproduktion in den diversen Unternehmen des Flick-Konzerns lassen sich angesichts fehlender aggregierter Daten und der großen Spannbreite der Fertigungslinien kaum verläßlich treffen. Statt dessen werden im folgenden Entwicklung und Gestaltung der Einwerbung, Finanzierung und Durchführung von Rüstungsaufträgen exemplarisch anhand des Mittelstahl-Werks Gröditz dargestellt.

64 Notiz. Betr. Besuch Henrici/Brurein in Gröditz am 3.12., 4.12.1934 [Terberger], BAB R 8122/80920, NI-10057.

65 Niederschrift über die Besprechung betr. Gröditz am 6.7.1934, 9.7.1934 [Terberger], SächsHStA 11616/18.111.

Bis September 1938 wurden 4,3 Mio. RM in die vorwiegend zivile U-Fertigung, über fünf Mio. RM in die militärische S-Produktion investiert und damit der Standort auch im Verhältnis zum Hauptwerk in Riesa gestärkt.[66] Diese Vorgehensweise widersprach nur scheinbar Flicks Investitionsstop-Drohung. Die gezielte Entwicklung des Standorts zu einem Schwerpunkt der Rüstungsproduktion im Konzern bot eine Reihe von Vorteilen: Die Erweiterungen orientierten sich an vorab vereinbarten staatlichen Aufträgen, so daß nicht für einen ungewissen Markt, sondern für einen fest kalkulierbaren Abnehmer zu vorab vereinbarten Preisen produziert wurde. Zudem ließen sich die militärischen Auftraggeber bei Dispositionsänderungen regelmäßig zur anteiligen Kostenübernahme heranziehen. Ein Großteil der Investitionen wurde entweder aus wehrmachtseigenen Mitteln oder über zinsgünstige und in ihren Tilgungsregelungen an die Gewinnentwicklung der entsprechenden Betriebe gekoppelte Kredite finanziert, so daß das effektive Risiko für das Unternehmen minimal war.[67] Dabei entwickelte die Riesaer Leitung beachtliche Virtuosität darin, Zusicherungen entsprechender Garantieleistungen für den Gröditzer Komplex zu erlangen.

Nachdem die anfängliche Auftragseinwerbung sich auf den Heeresbedarf konzentriert hatte, wurde 1934/35 zunehmend für die Kriegsmarine produziert. Mit der Marineleitung vereinbarte Mittelstahl den Bau umfangreicher Anlagen zur Granatenpressung und -fertigbearbeitung. In drei Bauabschnitten sollten bis zum Frühjahr 1936 Kapazitäten für eine Jahresproduktion von 288 000 Granaten entstehen; ferner waren Werkstätten für Geschützrohre und Torpedokessel vorgesehen. Das Gesamtbauvolumen belief sich in dieser Phase auf fast 7,5 Mio. RM, von denen Marine und HWA rund 4,6 Mio. stellten. Mittelstahl trug die Kosten für Grundstück und Bauten, nicht aber für die nur zu Rüstungszwecken geeigneten Maschinen und Anlagen.[68]

Nach Abschluß der letzten Baustufe machte sich Brurein umgehend daran, weitere Aufträge für Gröditz zu beschaffen. Dabei bemühte er sich, den Betrieb nicht zu sehr in Abhängigkeit nur eines Wehrmachtsteils geraten zu lassen, sondern parallele Fertigungen für Marine und Heer zu akquirieren, um sich wechselnden Prioritätensetzungen in der Rüstungspolitik anpassen zu können. Zwei Produktlinien, die den Kernbereich der Granatenerzeugung ergänzen sollten,

66 Sonderzahlen 1937/38, o. D., SächsHStA 11616/16.47. Dies unterstützt jedoch nicht die von Müller, VEB Riesa, S. 282-285, vertretene These, unter Flicks Regie habe Mittelstahl Riesa bewußt stagnieren lassen. Auch dort wurden umfangreiche Neubaumaßnahmen für Rüstungszwecke umgesetzt. Allerdings waren die Ausbaumöglichkeiten durch das beengte Werksgelände limitiert; Werk Riesa. Kurze Beschreibung der Werkslage, 5.5.1937, SächsHStA 11616/16.45; Denkschrift über den Ausbau des Rohrwerks der Mitteldeutsche Stahlwerke AG, Werk Riesa, 15.7.1939 [Wiegand], SächsHStA 11616/16.43.

67 Zu den Wegen, Investitionsrisiken zu vermeiden: Scherner, Gesetz, S. 349-359; Buchheim/Scherner, Role, S. 403 f.

68 Hampel an Terberger, 29.12.1935, BAB R 8122/464, Bl. 17-22; Aktennotiz, 13.7.1937 [Brurein], ebd., Bl. 2.

standen bis Kriegsbeginn im Vordergrund: die Anfertigung von Torpedo-Luftkesseln und die Herstellung kompletter Geschütze.[69] Die Beschaffung der Kessel-Aufträge verlief zunächst in den von Mittelstahl gewünschten Bahnen. Nach einem Probelauf Ende 1935 warb Brurein bei der Marine einen Folgeauftrag ein, obgleich die Gröditzer Fertigung technisch nicht mehr auf dem neuesten Stand war und beträchtlich höhere Kosten verursachte als jene der Konkurrenz.[70] Als Brurein Mitte 1937 jedoch vorschlug, die teure Produktion durch einen von der Beschaffungsstelle selbst zu finanzierenden Ausbau auszuweiten, bremste die Marineleitung und knüpfte eine erhöhte Auftragsvergabe an finanzielle Eigenleistungen von Mittelstahl. Angesichts von Mehrkosten in Höhe von 4,5 Mio. RM verzichtete das Unternehmen Anfang 1938 lieber auf die Kessel-Order: Die Produktion für den Rüstungsbedarf setzte keine betriebswirtschaftlichen Kalküle außer Kraft.[71]

Als voller Erfolg erwiesen sich unterdessen, wenngleich nach langwierigen Verhandlungen, die Geschützaufträge. In dieser Angelegenheit verhandelte Brurein ebenfalls seit 1936, doch erst im Januar des nächsten Jahres konkretisierte sich das Interesse des HWA an der Einrichtung entsprechender Werkstätten. In zentralen Fragen signalisierten die Offiziere Entgegenkommen, der entscheidende Punkt blieb aber erneut die Finanzierung.[72] Die Mittelstahl-Vertreter Brurein, Wiegand und Burkart machten von Beginn an klar, daß das Unternehmen keine Gelder bereitstellen würde.[73] Hinter der harten Position verbarg sich gewissermaßen ein Bluff: Als das OKH Anfang 1938 bekanntgab, künftig keine Aufträge auf Vor-, sondern ausschließlich auf Endprodukte auszugeben und somit die Preisverhandlungen den privaten Lieferanten untereinander zu überlassen, sah sich Mittelstahl vor ernstliche Schwierigkeiten gestellt. Wie Brurein intern einräumte, waren die bislang in Rechnung gestellten Preise deutlich höher als der marktübliche Durchschnitt, was die Prüfer des OKH zwar wiederholt gerügt, aber nie geändert hatten. Bei einer rein privatwirtschaftlichen Verhandlung, so Brureins Prognose, werde man mit überhöhten Kalkulationen jedoch nicht durchkommen und »von vornherein wohl andere Preise machen müssen als wir sie dem HWA gemacht haben«.[74]

69 Ebd.; Aktennotiz. Betr. Geschützfertigung, 24.6.1936 [Brurein]; Aktenvermerk!, 30.6.1936 [Wiegand]; Wiegand an Terberger/Flick, 30.6.1936, alle BAB R 8122/80900.

70 Aktennotiz Brurein, 12.9., 15.9., 17.9., 5.11., 30.11.1936 [alle Brurein]; Brurein an Hampel/MSt, 3.11. u. 8.12.1936, alle BAB R 8122/464, Bl. 6-15.

71 Aktennotiz, 13.7.1937 [Brurein], BAB R 8122/464, Bl. 2-5; Aktennotiz. Besprechung bei der Marine, 28.1.1938 [Burkart, Brurein], BAB R 8122/80900.

72 Aktenvermerk!, 30.6.1936 [Wiegand]; Aktennotizen. Betr. Fertigbearbeitung von Rohrblöcken für schwere Artillerie, 9.1. u. 25.1.1937 [Brurein], alle BAB R 8122/80900.

73 Aktennotiz, 13.7.1937 [Brurein]; Aktennotiz! Besprechung Swoboda, Kochskämper und Brurein, 15.10.1937, beide BAB R 8122/464, Bl. 4, 1. Zu Odilo Burkart, seit 1936 der Nachfolger Terbergers, s. u. S. 430.

74 Zitat: Aktennotiz! Betr. Flak-Artillerie, 5.1.1938 [Brurein]; Notiz für Herrn Steinbrinck, 24.1.1938 [Burkart], beide BAB R 8122/80900.

Weil Mittelstahl an einer Ausschaltung von Zwischenlieferanten gelegen sein mußte, kam es unmittelbar darauf zu einer Annäherung der Verhandlungspositionen, begünstigt durch den Umstand, daß nun auch die Marine an einer entsprechenden Produktion in Gröditz Interesse zeigte.[75] Weiterhin versuchten die Unternehmensvertreter, die im fortgeschrittenen Verhandlungsstadium von Steinbrinck geführt wurden, ein Maximum an staatlichen Zugeständnissen herauszuholen. Bei erwarteten Gesamtkosten von rund neun Mio. RM bot die Marine zunächst eine Übernahme von zwei Dritteln der Summe durch Gewährung eines zinslosen Darlehens an. Steinbrincks Vorschlag, das Oberkommando der Marine (OKM) solle die kompletten Anlagen finanzieren, Gröditz dagegen lediglich die für die zusätzlichen Belegschaften nötigen Werkswohnungen, lehnten die Offiziere zunächst ab. Allerdings erwies sich Steinbrincks selbstbewußte Prognose, daß man sich letztlich durchsetzen werde, als korrekt. Im Juli 1938 gewährte das OKM einen zinsfreien Kredit über 10,8 Mio. RM, der für Anlagen und Maschinen gedacht war. Die Wohnungen, die »wir in Gröditz immer gebrauchen können«, wie Steinbrinck zufrieden konstatierte, stellten neben dem Grundstück den einzig wesentlichen und zudem vom Rüstungsgeschäft unabhängigen Beitrag Mittelstahls zu dem Vorhaben dar.[76]

Im Zuge der Projektumsetzung gelang es Mittelstahl, weitere finanzielle Erleichterungen auszuhandeln, darunter die Zusage, die für die Neubauten erforderlichen Gelder nicht erst nach der jeweiligen Beanspruchung, sondern bereits als Abschlag zur Verfügung zu stellen. Im März 1939 waren die Gesamtkosten für die Geschützfertigung in Gröditz auf annähernd 15 Mio. RM angewachsen, von denen das OKM 14,25 Mio. RM als zinsloses Darlehen gewährte; die restliche Dreiviertelmillion übernahm die Marine als Eigeninvestition. Zur Rechtfertigung der hohen Aufwendungen machten sich die Offiziere des Beschaffungsamtes die Argumentation der Flick-Manager zueigen und stellten fest, daß »einerseits nicht damit gerechnet werden kann, daß die Firma nach Ausbau des Werkes in einer für die Wirtschaftlichkeit ausreichenden Höhe Aufträge erhält, andererseits aber der Ausbau militärisch notwendig ist«.[77] Damit hatte sich Mittelstahl mit seinen Vorstellungen nahezu vollständig durchgesetzt und trug kaum ein nennenswertes finanzielles Risiko.

Völlig zufrieden war Flick mit den Geschäftsergebnissen in Gröditz aber noch immer nicht. Insbesondere die Sonderfabrikation hielt er für »unzureichend«[78],

75 Aktennotiz. Besprechung bei der Marine, 28.1.1938 [Burkart, Brurein], BAB R 8122/80900.

76 Zitat: Aktennotiz. Betr. Herstellung einer Bearbeitungswerkstatt für Rohre, 17.6.1938 (Steinbrinck); OKM an MSt z.Hd. Brurein, 18.6.1938; Aktennotiz. Betr. Rohrbearbeitungswerkstatt, 24.6.1938 [Steinbrinck]; MSt Vorstand an OKM, 11.7.1938, alle BAB R 8122/80900.

77 Notiz. Betrifft: Besuch beim OKM am 20.1.1939, 21.1.1939; Burkart an Vorstand der MSt, 4.2.1939; Wiegand/Menzel an Burkart, 21.2.1939; Zitat: OKM/Henrici an MSt/Brurein, 27.3.1939, BAB R 8122/80900.

78 Hahl an MSt Riesa, 4.10.1939, BAB R 8122/470.

als sie in ihrer Anlaufphase und infolge mehrer Produktionsumstellungen negative Betriebsergebnisse verbuchte. Im Mai 1937 standen die S-Betriebe erstmals auf breiter Linie in den schwarzen Zahlen, wenngleich das Bilanzergebnis auch 1937/38 und 1938/39 negativ blieb. Allerdings täuschte hier der erste Eindruck, da jeweils Abschreibungen und Rückstellungen in Millionenhöhe enthalten waren. Wie profitabel des Gröditzer Werk bei Kriegsbeginn tatsächlich arbeitete, dokumentiert der Umstand, daß trotz anhaltend hoher Abschreibungs- und Rückstellungssätze 1939/40 mit annähernd vier Mio. RM ein immens verbessertes Ergebnis vorgelegt wurde, zu dem maßgeblich die Rüstungsfabrikation der S-Betriebe beitrug (Tab. III/3).

Tab. III/3: Jahresergebnisse (in RM) Mitteldeutsche Stahlwerke AG, Werk Gröditz, 1936-1941

	1936/37	**1937/38**	**1938/39**	**1939/40**	**1940/41**
U-Fabrikate[1]	3.571.240	5.370.438	5.916.271	5.410.629	7.152.157
S-Fabrikate[2]	3.270.335	3.126.961	3.730.918	5.717.734	9.006.321
Gesamt	6.841.576	8.497.399	9.647.189	11.128.363	16.158.478
Rohergebnis[3]	6.946.792	8.645.833	9.843.814	11.263.359	16.114.502
Zwischenergebnis[4]	6.234.710	6.372.562	6.926.583	11.647.352	15.030.909
Ergebnis vor Zinsen, Abschreibungen und Rückstellungen	5.699.074	5.663.360	5.822.883	10.360.735	13.280.485
Ergebnis vor Abschreibungen und Rückstellungen	4.532.860	4.854.259	4.774.302	8.690.317	11.990.297
Bilanzergebnis[5]	645.259	-517.912	-3.197.429	3.930.317	5.212.385

[1]) U-Fabrikate: Graugruß-Kokillen u. -Formstücke, Muffenrohre, Flaschenrohre, Fittings, Temperguß, Stahlformguß, Grubenwagenräder, Autoräder, nahtlose Ringe roh u. bearb., Reifen normal/Lokomotiv/abnormal, Radsätze, Achsen u. Radscheiben, Rohrbogen u.a.; [2]) S-Fabrikate: Preßzylinder (Boden u. Köpfe), Tempergußzylinder u. -Körper, Stahlgußzylinder, Hohlwellen, Kokillen u.a.; [3]) nach Verrechnung mit Differenz zwischen entstandener u. verrechneter Werksumlage; [4]) nach Sondereinahmen u. Ausgaben; [5]) Sonderrückstellungen sukzessive in Mio. RM: [/]; 1,86; 3,48; 2,88; 4,83; 2,08; Abschreibungen sukzessive in Mio. RM: 3,89; 3,51; 4,49; 1,88; 1,94; 0,91. Quelle: Ergebnisse Gröditz, 18.3.1942, BAB R 8122/463.

3.4. Die reinen Waffenfabriken

3.4.1. Die Montan-Betriebe

Der Einstieg in die Rüstungsproduktion bei ATG und Mittelstahl erfolgte in großem Umfang, vermied es aber, sich auf eine alternativlos auf die Fertigung von Kriegsgerät ausgerichtete Produktpalette zu kaprizieren. Die ATG gab ihre zivile Produktion nicht auf, sondern lagerte diese nach Lauchhammer und in die LWG aus. In Gröditz erweiterten die hinzukommenden Rüstungsbetriebe die zivile Produktion, ohne diese zu ersetzen, und wurden finanziell in großem Umfang durch staatliche Subventionen abgesichert. Noch zurückhaltender gab sich die Maxhütte bei der Annahme von Rüstungsaufträgen, denen lange Zeit nur geringe Bedeutung zukam. Erst im Geschäftsjahr 1938/39 überschritt der Anteil der für Rüstungszwecke benötigten Halbzeugproduktion die Marke von zehn Prozent. Gegenüber dem Vorjahr bedeutete dies allerdings mehr als eine Verdoppelung der Erzeugung in diesem Segment.[79]

Den sprunghaften Anstieg verursachte nicht allein die beschleunigte Aufrüstung im letzten Vorkriegsjahr; in erster Linie machte sich nun eine zuvor getroffene strategische Entscheidung bemerkbar. Ende der dreißiger Jahre gewann die Maschinenfabrik Donauwörth GmbH, eine Tochtergesellschaft der Maxhütte, als Abnehmerin der Halbzeugproduktion stark an Bedeutung. Donauwörth trat als eigentliche Waffenlieferantin anstelle der Maxhütte auf, was es dieser erlaubte, ihre Standardfabrikation aufrechtzuerhalten, ohne auf die Vorteile von Rüstungsaufträgen verzichten zu müssen. Darin erschöpfte sich die Bedeutung der Fabrik jedoch nicht. Vielmehr kam ihr eine Schlüsselrolle bei der Errichtung des als »Montan-Betriebe« bekannt gewordenen Komplexes heereseigener Rüstungsunternehmen zu. Tatsächlich bildete die Maxhütte-Tochter das »Stammwerk« der Montan-Betriebe, und der Vorstand in Sulzbach-Rosenberg trug in erheblichem Maße dazu bei, diesen wichtigen Baustein der deutschen Kriegsvorbereitung einzusetzen.[80]

Die Weichenstellungen für diesen rasch expandierenden Zweig der Konzernfirmen Flicks erfolgten 1934. Das zweite Rüstungsprogramm der Reichswehr mit einem Budget von 400 Mio. RM erforderte einen schnellen Ausbau der Fertigungsmöglichkeiten für die materielle Rüstung, das heißt Waffen und Gerät.[81] Um die nötigen Kapazitäten zu schaffen, bedurfte es staatlicher Gelder, da die privaten Unternehmen unmittelbar nach der Weltwirtschaftskrise weder über ausreichende finanzielle Reserven verfügten noch daran interessiert waren,

79 Erzeugung Halbzeug für Rüstung und Gesamt-Walzproduktion, 27.11.1946, StAN Rep. 502, KVA, Handakten, B-88. Gegen Ende der Dreißiger wurden in einzelnen Maxhütte-Werke wie in Fronberg auch Endfertigungen, etwa für Granaten, eingerichtet; Wirtschaftsbericht der WiIn XIII (Nürnberg), 8.11.1939, BA-MA RW 19/63, Bl. 2.

80 So schon Boelcke, Finanzierung, S. 42; zur Genese und Entwicklung der Montan-Betriebe: Hopmann, Montan; Zitat ebd., S. 27.

81 Vgl. Deist, Aufrüstung, S. 464-468, 479-494; Tooze, Wages, S. 80 f.

neben ihren unausgelasteten zivilen zusätzliche militärische Anlagen *auf eigene Kosten* zu errichten und zu unterhalten. Die Bereitstellung der Mittel über heereseigene Maschinen wie im Gröditzer Fall war einer der eingeschlagenen Lösungswege. Ein anderer war die vollständige Errichtung von Rüstungsbetrieben durch die Reichswehr. Für entsprechende Zwecke lag vor allem die Heranziehung kleinerer, zumeist grenzfern gelegener Firmen nahe, welche die Reichswehr bereits in den zwanziger Jahren mit Maschinen und Anlagen versorgt hatte, um an der illegalen Waffenfertigung mitzuwirken. Dazu zählte auch die Fabrik in Donauwörth, die bis 1929 im Auftrag der Reichswehr Artilleriemunition hergestellt hatte.[82] Nachdem das Werk wegen hoher Ausschußzahlen zwischenzeitlich stillgelegt worden war, reaktivierte das HWA den Betrieb 1933 mit dem Ziel eines zwar privatwirtschaftlich organisierten, aber militärisch kontrollierten und dabei möglichst nicht publiken Geschäftsganges.[83]

In dieser Situation bot Eugen Böhringer dem HWA an, diesem die Maxhütte-Tochter Verwertungsgesellschaft für Montanindustrie GmbH (Montan) zu überlassen.[84] Das Auftauchen Böhringers war dabei kein Zufall. Bereits seit vielen Jahren bestanden Kontakte zwischen Donauwörth und dem Böhringer'schen Familienbetrieb, einer Maschinenfabrik in Göppingen.[85] Zudem verfügte der Vorstand der Maxhütte über einen vertrauten Ansprechpartner im Beschaffungswesen des HWA, den Referenten für kaufmännische und Vertragsangelegenheiten, Johann »Max« Zeidelhack.[86] Bis 1933 noch Rechnungsprüfer bei der Maxhütte, war Zeidelhack Anfang 1934 zum Militär gewechselt. Unmittelbar nach seiner Einstellung unterbreitete er General Liese den Vorschlag, Donauwörth auszubauen, und im Frühjahr trat die Maxhütte die Montan unentgeltlich an die Heeresverwaltung ab.[87] Gleichzeitig erzwang die Reichswehr einen Eigentümerwechsel in Donauwörth unter faktischer Enteignung des bisherigen Besitzers. Die Anlagen der Fabrik gingen in den Besitz des HWA über, der Firmen-

82 Dazu Hansen, Reichswehr, S. 59 f., 99 f., 105 f.; Hopmann, Montan, S. 23.

83 Vgl. Hopmann, Montan, S. 23-26.

84 Die Montan war 1916 durch Böhringers Amtsvorgänger gegründet worden; 1922 hatte die Maxhütte die 20000 Mark Anteile übernommen; Hopmann, Montan, S. 9, 15-20.

85 Familiengeschichte Böhringer, WABW N 4, Bü 46, F 8, S. 28; vgl. Hansen, Reichswehr, S. 60.

86 *1891, Abitur, Studium in München; Weltkriegsteilnahme; 1922 Promotion in Politischen Wissenschaften; Beschäftigungsverhältnisse bei der Bayerischen Vereinsbank u. der Süddeutschen Treuhandgesellschaft AG; 1931-33 Rechnungsprüfer Maxhütte; 1934 Referent im HWA, ab November 1934 Gruppenleiter V beim Leiter des Beschaffungswesens; 1938-45 Chef der Betriebswirtschaftlichen Abteilung. Zeidelhack war einer der frühesten Anhänger der NSDAP überhaupt (Mitgliedsnummer 17) sowie Blutordensträger, nach Hopmann, Montan, S. 42 f.

87 Ausführlich ebd., S. 25-27. Die Montan-Anteile wurden zunächst auf Zeidelhack persönlich überschrieben; erst 1938 erfolgte die formale Übernahme auf das Reich; Vollmacht, 23.4.1934, NMH-BA.

mantel wurde aufgegeben. Statt dessen gründete die Maxhütte im Juli 1934 die Maschinenfabrik Donauwörth GmbH, die das vakante Werk pachtete.[88]

Die Montan wurde fortan zur Holding des HWA für dessen Rüstungsbetriebe ausgebaut, die Geschäftsführung oblag bis 1943 Zeidelhack. In den folgenden Jahren finanzierte die Montan zahlreiche Neubauten auf Rechnung des Reiches. Den privaten Unternehmen oblagen Betrieb und Instandhaltung der Anlagen, die über jeweils neugegründete Tochterfirmen als Pächter geführt wurden. Die von den Betriebsgesellschaften gezahlte Pacht an die Montan richtete sich nach den bilanzierten Bruttoüberschüssen, nach Abzug betrieblicher Aufwendungen und Abschreibungen; die Quoten schwankten zwischen einem Drittel und 50 Prozent. Zudem hatte die Heeresholding ein umfassendes Prüfungsrecht der kaufmännischen Unternehmensführung. Mit dieser als »Montan-Schema« bezeichneten Vertragsstruktur sicherte sich das HWA die Kontrolle über Art und Umfang der neu eingerichteten Rüstungsfertigungen, während die privaten Beteiligten lediglich ein eingeschränktes Betriebs- und gar kein Anlagenrisiko zu tragen hatten.[89] Den Auftakt des bis 1943 auf insgesamt 126 Werke anwachsenden Montan-Komplexes machte Donauwörth selbst, dessen Pachtvertrag zum 1. Dezember in Kraft treten sollte.[90] Dazu kam es allerdings vorerst nicht: Zwar begannen umgehend die Arbeiten am Werksausbau, und die HWA-Investitionen erfolgten jahrelang anstandslos. Doch Mitte 1939 monierte die mit der Prüfung der Montan-Betriebe beauftragte Deutsche Revisions- und Treuhand-AG erstaunt, daß weder Mantel- noch Pachtvertrag in den vergangenen fünf Jahren über das Entwurfsstadium hinausgelangt und die staatlichen Gelder somit ohne gültige Rechtsgrundlage geflossen waren.[91]

Donauwörth konnte derweil ein rasches Wachstum vermelden und nach der Vorbereitungs- und Anlaufphase 1934 im Januar 1935 die Fertigung aufnehmen. Ein Jahr später wurden die ersten Aufträge auf Geschoßteile vollständig ab-

88 Entwicklung der »sonstigen« Majoritätsbeteiligungen, 24.5.1946, StAN Rep. 502, KVA, Handakten, B-2; vgl. Hopmann, Montan, S. 27f. (Anm. 52), 33-35.

89 Bündig: Boelcke, Finanzierung, S. 42; umfassend: Hopmann, Montan, S. 27, 29f., 71-77; Plumpe, Farbenindustrie, S. 657f. Das Betriebsrisiko wurde ferner dadurch gemindert, daß die Pacht- und Mantelverträge feste Auftragsvergaben beinhalteten, wiewohl es keine Garantien für Anschlußaufträge gab: Als im Frühherbst 1935 die Auslastung kurzzeitig zurückging, mußte die Donauwörther Belegschaft stark reduziert werden. Allerdings blieb dies eine Momentaufnahme; Bericht der WiIn VII (München), 13.9.1935, BA-MA RW 19/9, Bl. 132.

90 Protokoll über die Aufsichtsratssitzung v. 22.5.1937 der Firma Maschinenfabrik Donauwörth GmbH, 22./28.5.1937, BADH R 121/2848; Hopmann, Montan, S. 111.

91 Bericht über die bei der Maschinenfabrik Donauwörth GmbH vorgenommene Prüfung des Jahresabschlusses zum 31.3.1938, 16.6.1939, BAB R 2301/5550, Bl. 2-26. Die Verträge wurden erst Ende 1939 geschlossen und rückdatiert; vgl. Mantelvertrag zwischen dem Deutschen Reich (Reichsfiskus-Heer) und der Eisenwerkgesellschaft Maximilianshütte AG, 28.10./30.12.1939; Pachtvertrag zwischen der Verwertungsgesellschaft für Montanindustrie GmbH und der Maschinenfabrik Donauwörth GmbH, 28.10./30.12.1938, beide NMH-BA.

geliefert.[92] Artilleriemunition bildete auch in den folgenden Jahren das Kerngeschäft des Unternehmens, das seine Belegschaftszahl im Stammwerk zwischen 1936 und 1939 mehr als verdoppelte. Die Umsatzziffern stiegen im selben Zeitraum von knapp drei auf etwa 7,4 Mio. RM, der Gewinn von rund 244 000 auf 422 500 RM.[93] Zudem wuchs das Rüstungsunternehmen rapide. 1934/35 wurde das Donauwörther Stammwerk um einen Betrieb in Unterwellenborn (Donauwörth II) erweitert, der 1937 auf die Maxhütte übertragen wurde.[94] Grund dafür war der geplante Bau eines dritten Werks auf dem thüringischen Gelände, das zwar eng an Donauwörth II angeschlossen und in der Energieversorgung mit ihm verbunden, jedoch nicht als Montan-Betrieb, sondern für Rechnung der Maxhütte errichtet werden sollte. Dies bedeutete indes nicht, daß die Maxhütte die Baukosten auch tatsächlich selbst zu tragen gedachte. Statt dessen wurde eine umfangreiche, verdeckte Subventionierung durch das Reich mit dem HWA vereinbart – »ein sehr interessanter Kredit«, wie Julius Brurein sich noch nach dem Krieg erinnerte.[95]

Um einen Kredit handelte es sich allerdings nicht wirklich, denn an eine Rückzahlung war von vornherein nicht gedacht. Vielmehr sollten die Gelder durch eine Überbezahlung auf Aufträge des Werks II an die Maxhütte fließen: Die Umgliederung des Werks diente somit allein dazu, der Maxhütte den Zugriff auf diese Mittel zu verschaffen. Zu diesem Zweck erteilte das OKH dem Werk II einen Großauftrag über Geschoßhülsen, für die ein Festpreis von je 14,25 RM vereinbart wurde. Darin enthalten waren 2,85 RM/Stück, die als reiner Überpreis galten, der bis zur Höhe von 4,5 Mio. RM für den Bau des dritten Werks zu verwenden war. Nach Erreichen dieser Summe sollte das Werk II an die Betriebsgesellschaft Donauwörth zurückgegeben werden. Auf die übliche Gewinnbeteiligung verzichtete das HWA während dieses Zeitraumes völlig, und den als »Amortisationsbetrag« bezeichneten Überpreis konnte die Maxhütte körperschafts- und gewerbesteuerfrei verbuchen. Kurz, die Wehrmacht schenkte der Maxhütte ein komplettes Werk, das fortan unter der Bezeichnung Preßwerke Thüringen firmierte, mit der einzigen Auflage, ab September 1939 für die OKH-Aufträge zur Verfügung zu stehen.[96]

Nur der Reichsrechnungshof erhob gegen die von Böhringer, Brurein sowie HWA-Vertretern fernab der Unternehmens- und Behördenbüros höchst klan-

92 Protokoll über die Aufsichtsratssitzung der Firma Maschinenfabrik Donauwörth am 24.2.1936, BADH R 121/2848.

93 Ebd.; Datenblatt Donauwörth, BAB R 2301/5549-1, Bl. 1.

94 Vgl. Keilwerth, Maxhütte, S. 82; Maxhütte Unterwellenborn 1921 bis 1945, S. 48 f.

95 Vernehmung des Julius Brurein v. 21.5.1947, StAN Rep. 502, KVA, Interrogations, B-179.

96 Vertrag OKH/Verwertungsgesellschaft für Montanindustrie und Maxhütte, 4.12./11.12./30.12.1938, BAB R 2301/5550, Bl. 144-151, Zitat Bl. 148; Vermerk, 1.3.1941, BAB R 2301/5558; über die Vorbereitungen wurde der Konzernzentrale in Berlin berichtet: Raabe an Burkart, 23.9.1937, StAN Rep. 502, KVA, Handakten, B-63; vgl. Maxhütte Unterwellenborn 1921 bis 1945, S. 49 f.

destin getroffene Vereinbarung scharfe Einwände. Die Prüfer sparten nicht mit Kritik an dem Überbezahlungsmodus, den sie als schweren Verstoß gegen haushaltsrechtliche Bestimmungen einstuften. Darüber hinaus befand der Rechnungshof, es sei überhaupt nicht einzusehen, warum das Werk Donauwörth II auf die Maxhütte übertragen und dieser, abweichend von den sonst geltenden Regelungen für die Montan-Betriebe, der komplette Gewinn zugesprochen wurde. Vollkommen zutreffend resümierten die Prüfer daher: »Es erweckt den Eindruck, als ob diese ganze Maßnahme nur getroffen worden ist, um der Maxhütte das Aufgeld zukommen und auf diese Weise das mit Reichsmitteln erstellte Werk firmeneigen werden zu lassen.«[97]

Damit nicht genug, entdeckten die Beamten des Rechnungshofes noch eine Reihe anderer Unregelmäßigkeiten in den zwischen HWA und Maxhütte getroffenen Absprachen. So waren die Preßwerke Thüringen so eng mit Donauwörth II verbunden worden, daß von einer echten Selbständigkeit des heereseigenen Betriebes nicht mehr die Rede sein konnte, was sich wertmindernd und somit günstig für den im Falle einer späteren Veräußerung einzig in Frage kommenden Käufer, die Maxhütte, auswirkte. Schließlich hatte auch Mittelstahl von dem Deal profitiert. Ein Teil des Geschoßhülsenauftrages, der als Finanzierungsinstrument für die Preßwerke Thüringen diente, war gar nicht von Donauwörth II, sondern in Gröditz bearbeitet worden und zweigte somit Gelder für den dortigen Werksausbau ab.[98]

Trotz der herben Kritik blieb es offenbar bei der getroffenen Vereinbarung zugunsten der Maxhütte[99]; die Preßwerke Thüringen nahmen 1939 ihren Betrieb auf, und das »ausgeliehene« Werk Donauwörth II wurde sogar erst im Sommer 1940 wieder an die Mutterfirma zurückgegeben.[100] Zu diesem Zeitpunkt hatte sich der Rüstungsbetrieb beträchtlich vergrößert, allein die Belegschaftszahl im Werk I überstieg 1200 Personen. Weitere 650 kamen mit dem Werk II wieder hinzu. Aus dem mittelständischen Betrieb des Jahres 1933 war durch die Heeresfinanzierung bis Kriegsbeginn ein Großunternehmen der Rüstungsindustrie geworden.[101]

Die erfolgreiche Zusammenarbeit der Maxhütte mit dem HWA in Donauwörth zog weitere Kooperationen zwischen Flick-Konzern und der Montan nach sich. Im September 1937 gründete Mittelstahl die Brandenburger Eisenwerke

97 Vermerk, 1.3.1941, BAB R 2301/5558.

98 Der Generalbevollmächtigte für die Eisen- und Stahlbewirtschaftung an das Reichskriegsministerium, 4.10.1937, BAB R 2301/5558 (Abschrift); Vermerk, 1.3.1941, ebd.

99 Das OKH zögerte seine Reaktion jahrelang hinaus, so daß es anscheinend nicht zu Konsequenzen kam; OKH an Rechnungshof des Deutschen Reiches, 29.3. u. 27.4.1943; Rechnungshof an OKH, 5.6.1943, alle BAB R 2301/5558; OKH an Rechnungshof, 6.7.1942, BAB R 2301/5549-1.

100 Bericht über die Wehrwirtschaftsprüfung bei der Firma Maschinenfabrik Donauwörth GmbH, Werk II Unterwellenborn/Thüringen, 26.11.1941, BAB R 2301/5549-1, Bl. 31f.

101 Ebd., sowie Tab. III/4.

Tab. III/4: Kennzahlen der Maschinenfabrik Donauwörth GmbH, 1935-1940

	OKH-Investitionen in RM*	Umsatz in RM					Belegschaft	
		Wehrmacht	Fremde	Gesamt	Gewinne in RM	Pachtzins in RM	Werk I	Werk II
1935	1.110.000				213.497	33,3 %		
1935/36	1.850.000			2.973.952	243.596	33,3 %	389	68
1936/37	4.337.172			5.350.647	681.728	33,3 %	547	389
1937/38**	3.063.807	6.593.046	122.015	6.715.061	802.448	40,0 %	605	541
1938/39**	3.759.016	7.183.676	247.500	7.431.176	422.518	50,0 %	898	–
1939/40**	4.503.362	12.048.229	373.109	12.421.338	419.528	50,0 %	1.354	–

* Kalenderjahr; ** Wechsel Werk II zur Maxhütte ab 1.4.1937
Quelle: Datenblatt, o. D., BAB R 2301/5549-1. Bl. 1.

GmbH. Die Zuständigkeit fiel konzernintern in den Bereich der Havelgruppe, die mit dem Weberwerk unmittelbarer Nachbar des neuen Betriebes war. Den Vorstand der Eisenwerke besetzten entsprechend Arthur und Rudolf Hennecke, im Aufsichtsrat saßen neben Zeidelhack und anderen HWA-Vertretern Flick, Kaletsch, Burkart und Brurein.[102]

Anders als die auf Munition spezialisierten Donauwörther Betriebe sollte das Brandenburger Werk Panzer produzieren, was aufgrund der weitaus komplexeren Fertigungsprozesse einen entsprechend höheren Investitionsbedarf nach sich zog. Innerhalb der ersten 18 Monate investierte das OKH rund 10,7 Mio. RM in das Vorhaben, ein Jahr darauf war die Summe schon auf annähernd 30 Mio. gestiegen. Insgesamt rechnete man mit einem Investitionsvolumen von 90 Mio. RM.[103] Angesichts der hohen Vorinvestitionen gestaltete sich die Anlaufphase verlustreich, da die beiden Teile, das Q[uenz]- und das P-Werk, nur zu geringen Teilen ausgelastet waren und der Mangel an Betriebsmitteln das Zuschießen weiterer Beträge erforderlich machte.[104] Dennoch stellten die finanziellen Kennziffern eine baldige Besserung in Aussicht. Im Geschäftsjahr 1939/40 konnte

102 Datenblatt Brandenburger Eisenwerke, o. D., BAB R 2301/5568, Bl. 1.
103 Ebd.; Betrifft: Montanbetrieb Brandenburger Eisenwerke GmbH in Brandenburg/Havel, 29.6.1942, BAB R 2301/5568, Bl. 8-12.
104 [Vermerk], 19.7.1939, BADH R 121/5267; Niederschrift über die Aufsichtsratssitzung der Brandenburger Eisenwerke GmbH am 18.12.1939, BAB R 2301/5568, Bl. 23-26. Die Abkürzung »P.« wird in den Quellen nicht aufgeschlüsselt; möglicherweise stand dies für die geplante Panzerkuppelproduktion.

selbst bei einer Auslastung von nur 18 Prozent bereits ein kleiner Betriebsgewinn erzielt werden.[105] In den folgenden Kriegsjahren sollte sich dieser Trend verfestigen und die Brandenburger Eisenwerke ihre Ergebnisse rapide steigern.

3.4.2. Die abgebrochene »Arisierung« von Simson-Suhl

Auf dem Weg in die reine Waffenfabrikation bot sich Flick im Herbst 1934 unerwartet eine Alternative zum »Montan-Schema«, als das HWA zwecks Übernahme der Maschinengewehrfabrik Simson & Co. im thüringischen Suhl an ihn herantrat.[106] Die Firma Simson stellte in zweifacher Hinsicht einen Sonderfall in der deutschen Rüstungsindustrie dar. Unter den Bestimmungen des Versailler Vertrages war sie die einzig konzessionierte Fabrik für den Bau leichter Maschinengewehre und hatte daher in der Weimarer Republik eine Monopolstellung besessen.[107] Vor allem aber war die Eigentümerfamilie Simson jüdisch und stand somit im Kreuzfeuer antisemitischer Angriffe. Schon in den zwanziger Jahren hatten Presseorgane der NSDAP wiederholt Hetzkampagnen gegen Firma und Familie geführt; in der thüringischen Gauleitung stand das Unternehmen unter ständiger Beobachtung.[108] Mit dem Regierungsantritt Hitlers und der sich unmittelbar verschärfenden antisemitischen Politik sahen zudem die regionalen Konkurrenten Simsons die Gelegenheit gekommen, das Monopol auf Reichswehraufträge zu brechen. In einer Eingabe des mittelständischen Verbandes Suhler Gewehr-Fabriken e. V. an Hitler warfen sie Simson »ungeheure Preisschleuderei« vor und forderten vom neuen Reichskanzler, »Heeresaufträge nicht nur der jüdischen Firma Simson & Co. zu erteilen«.[109]

Vor allem die Weimarer Gauleitung unter Fritz Sauckel erhöhte seit Februar 1933 den Druck auf die Firma und erreichte Anfang 1934 schließlich ein erstes Nachgeben Arthur Simsons. Dieser erklärte sich angesichts der drohenden Zwangsmaßnahmen bereit, die Fabrik in eine Kommanditgesellschaft einzubringen, an der sein Familienunternehmen nur noch als Kommanditistin beteiligt war. Damit blieb Simson zwar Eigentümer, gab jedoch die Verfügungsrechte an eine staatliche Beteiligungsfirma ab, die als Komplementär in die neue KG eintrat.

105 [Datenblatt], o. D., BAB R 2301/5568, Bl. 1; Bericht des Oberkommandos des Heeres gemäß §§ 111 ff. RHO über die Jahresabschlüsse zum 30.12.38, 31.3.39 u. 31.3.40 der Brandenburger Eisenwerke GmbH, 1.3.1942, ebd., Bl. 3-7; Bericht des Aufsichtsratsmitgliedes MinDgt. Dr. Zeidelhack gemäß § 111 RHO, 29.3.1941, ebd., Bl. 13-21.

106 Notiz für Herrn Flick, 6.10.1934 [Steinbrinck], StAN Rep.501, KVP, Fall 5, G-5, Bl. 128; umfassend zum Simson-Komplex: Schulz, Enteignung.

107 Hansen, Reichswehr, S. 102, 156 f.; zur Unternehmensgeschichte im Überblick: Schulz, Enteignung, S. 26-30.

108 Gau-Fachberater Bezirk Suhl, 21.2.1932; Techn. Kreis-Fachberater am Techn. Gau-Fachberater, 6.12.1932, beide ThHStA Wilhelm-Gustloff-Werke NS-Industriestiftung, Bd. 127, Bl. 510a bzw. unpag.; vgl. Genschel, Verdrängung, S. 99; Mönninghoff, Enteignung, S. 92-95; informativer: Schulz, Enteignung, S. 30-34.

109 Verband Suhler Gewehr-Fabrikanten e. V. an Hitler, 17.6.1933, BAB R 3101/18171, Bl. 287. Vgl. zu solchen frühen Verdrängungsinitiativen Bajohr, Prozeß, S. 24.

Die treuhänderische Betriebsführung wurde einem Parteigenossen übertragen.[110] Indes war Simson nicht bereit, seinen Einfluß auf das Unternehmen vollständig aufzugeben. In den folgenden Monaten kam es mehrfach zu Auseinandersetzungen, in deren Zuge Simson versuchte, den Partei-Treuhänder durch eine zuverlässigere und kompetentere Persönlichkeit zu ersetzen.[111] Sauckel unterstützte den Parteimann jedoch entschieden und drohte bei einer Rede vor der Suhler Belegschaft, jegliche Änderung in der Geschäftsführung zu verhindern und »jeden Juden, der sich erneut Anmaßungen erlauben sollte, in seine Schranken zurückzuweisen«.[112]

In dieser Situation traf die Anfrage des HWA, wo sich Liese, Leeb und Zeidelhack mit der Angelegenheit befaßten und einen Übergang Simsons in andere Hände wünschten, die eine »reibungslose Zusammenarbeit« garantierten, bei Flick ein.[113] Die Resonanz in der Konzernführung fiel verhalten aus. Steinbrinck ließ sich erst einige grundlegende Informationen über Anlagenwert und Auftragsstand sowie eine Prognose der weiteren Beschäftigung geben, ehe er unverbindlich Interesse signalisierte – »aus allgemeinen nationalpolitischen Gründen«, wie er ausdrücklich betonte. Ferner verwies Steinbrinck darauf, daß der Konzern an der Suhler Fabrik nur als Abnehmerin für einen möglichen Walzwerkneubau in Unterwellenborn interessiert sei.[114]

In den folgenden Monaten kam es zu Gesprächen zwischen der Konzernführung und Arthur Simson, die jedoch unkonkret blieben und in der Preisfrage – Flick bot maximal zehn Mio. RM – zu keinem Ergebnis gelangten.[115] Dies lag auch daran, daß das Engagement Flicks begrenzt blieb, nachdem er sich gegen den Bau eines neuen Walzwerks entschieden hatte.[116] Dennoch schloß Steinbrinck eine Übernahme der Waffenfabrik nach wie vor nicht aus, als im Mai 1935 diesmal Keppler auf die Sache zu sprechen kam. Zudem hatte der Wirtschaftsbeauftragte des Führers neue Informationen, die auch die von Steinbrinck geforderte Preissenkung möglich erscheinen ließen. Wegen angeblicher Übergewinne in Millionenhöhe war Arthur Simson verhaftet worden – eine Beugehaft-Praxis, die in den folgenden Jahren vielfach Anwendung fand, um

110 Erläuterungen zu der Bild-Darstellung Plan zur Stiftung »Berlin-Suhler Waffen- und Fahrzeugwerke«, Entwurf vom 21.10.1936, ThHStA Gustloff-Werke Weimar Nr. 86, Bl. 1-6; vgl. Schulz, Enteignung, S. 45-47.

111 Simson & Co. Verwaltungsgesellschaft an Reichswehrminister, Entwurf o. D. [Juni 1934]; Treuhandvereinbarung, o. D. [September 1934], beide ThHStA Wilhelm-Gustloff-Werke NS-Industriestiftung, Bd. 1, Bl. 7-15, 66-69; mit präziser Herausarbeitung der Akteure: Schulz, Enteignung, S. 52-58.

112 Reichstatthalter Sauckel besucht WAAFA-Werke, o. D. [17.10.1934]; Suhler Zeitung v. 17.10.1934, beide ThHStA Wilhelm-Gustloff-Werke NS-Industriestiftung, Bd. 1, Bl. 150-154, Zitat. Bl. 153.

113 Zitat: Aktennotiz. Besprechung am 31.10.1934 [Zeidelhack], ebd., Bl. 159; Notiz für Herrn Flick, 6.10.1934, StAN Rep. 501, KVP, Fall 5, G-5, Bl. 128-130.

114 Ebd., Bl. 128.

115 Notiz, 23.5.1935, ebd., B-13, NI-5337, Bl. 147.

116 Notiz betr. Simson/Suhl, 9.5.1935 [Steinbrinck], ebd., NI-5335, Bl. 143f.

die Verkaufsbereitschaft jüdischer Unternehmer zu erzwingen.[117] Dies in Rechnung stellend, sagte Keppler daher im Falle Simsons voraus, daß »unter heutigen Umständen der Kaufpreis reduziert werden würde«.[118]

Hellhörig machte Steinbrinck jedoch die Ankündigung Zeidelhacks, daß der Ermittlungsstand gegen Simson eine baldige Enteignung der Familie zulassen werde. Dies wies der Konzernvertreter zurück: »[W]ir als private Gruppe könnten nur kaufen, wenn Simson ohne Zwang und in voller Freiheit uns gegenübertreten könne. Eine Enteignung zugunsten der Gruppe Flick/Mittelstahl müßten wir ablehnen.« Damit implizierte Steinbrinck keineswegs Kritik an der Beraubung Simsons, sondern wollte vermeiden, direkt in ein Vorgehen involviert zu werden, das einer etwaigen rechtlichen Überprüfung kaum standhielte. Hingegen sah Steinbrinck keine Schwierigkeiten für den Fall, daß Simson zugunsten des Reichs enteignet würde und dieses dann später den Besitz an Flick weiterveräußerte – dazu würde man »voraussichtlich bereit sein«.[119]

Wenig später erneuerte Flick gegenüber den HWA-Vertretern seine Bereitschaft, Simson in seinen Konzern einzugliedern, um den Wünschen der Heeresleitung zu entsprechen. Zeidelhack wiederum unterstrich, daß es sich bei der Offerte um eine Bevorzugung Flicks gegenüber den gleichfalls interessierten Röchling- und Klöckner-Konzernen handelte, die »eine besondere Bedeutung habe und das starke Vertrauen bezeuge, dessen sich die Gruppe Flick erfreuen könne«.[120] Ungeachtet der erzielten Einigkeit kam es jedoch nicht mehr zu einem Abschluß, da das HWA den erheblichen Anstrengungen der thüringischen Gauleitung, das Unternehmen unter ihre Kontrolle zu bringen, zu wenig entgegenzusetzen hatte. Im Mai 1935 äußerte sich Zeidelhack daher ahnungsvoll, am Ende werde »die Gruppe Sauckel/Hoffmann die Herren in Suhl sein«.[121]

Für die Familie Simson bedeutete das Ausscheiden des privaten Interessenten eine finale Verschärfung ihrer Situation, da Sauckel nunmehr freie Bahn hatte. Im November 1935 wurde Arthur Simson gezwungen, seine aus den angeblichen Übergewinnen resultierende Schuld durch Abgabe der Geschäftsanteile zu begleichen. Um das Unternehmen dem thüringischen Gauleiter zuzuschieben, ließ sich Sauckel in seiner Funktion als Reichsstatthalter zum Interessenvertreter des Reichskriegsministeriums berufen und übernahm so das Werk. Im Mai 1936

117 So schon Hilberg, Vernichtung, S. 99 f.; vgl. Bajohr, »Arisierung«, S. 174; Herbst, Banker, S. 77-79.

118 Notiz betr. Simson/Suhl, 9.5.1935, StAN Rep. 501, KVP, Fall 5, B-13, NI-5335, Bl. 144. Ein von der Gauleitung bestelltes Gutachten belegte diesen Vorwurf praktisch nicht, sondern beließ es bei bloßen Behauptungen; Revisions- und Treuhandgesellschaft an Reichsstatthalter in Thüringen, 15.11.1935, ThHStA Wilhelm-Gustloff-Werke NS-Industriestiftung, Bd. 127, Bl. 109-113. Detailliert: Schulz, Enteignung, S. 69-75.

119 Aktennotiz. Betr. Simson/Suhl, 23.5.1935 [Steinbrinck], StAN Rep. 502, KVA, NI-5336.

120 Notiz, 23.5.1935, StAN Rep. 501, KVP, Fall 5, B-13, NI-5337, Bl. 146. Zu den entgegengesetzten Interessen von Heer und Gauleitung Schulz, Enteignung, S. 38 f., 60-62.

121 Notiz, 11.6.1935, StAN Rep. 501, KVP, Fall 5, B-13, NI-5338, Bl. 149 f.; Zitat: Aktennotiz. Betr. Simson/Suhl, 23.5.1935, StAN Rep. 502, KVA, NI-5336. Herbert Hoffmann war der eingesetzte Treuhänder.

wurde schließlich die Wilhelm-Gustloff-Stiftung gegründet, die als NS-Musterbetrieb fortan das Suhler Werk unterhielt.[122] Im HWA fand man sich mit dieser Lösung ab, wenngleich Lieses Gratulation an Sauckel zur Überführung des Rüstungsbetriebes aus jüdischer Hand – »das Heereswaffenamt wäre allein bestimmt nicht zum gleichen Ziel gekommen« – eine gewisse Zweideutigkeit nicht verhehlte.[123]

Fazit

Daß die Gauleitung bei Simson-Suhl letztlich das Rennen machte, stieß im Flick-Konzern anscheinend auf wenig mehr als Achselzucken. Das von Beginn an mit – gerade im Vergleich zu anderen Expansionsprojekten – geringem Nachdruck verfolgte Vorhaben wurde schlicht zu den Akten gelegt und auch in der Folge nicht als besonderer Verlust betrachtet.[124] Diese für die Verhältnisse Flicks ungewöhnliche Lässigkeit erklärte sich aus der Entwicklung anderer »Baustellen« des Konzerns, etwa die Angliederung der bedeutenden Stahlverarbeiter in Bautzen und Breslau, die den Konzern zur Fertigungsseite hin ebenso abrundeten wie die Umwidmung der ATG zum Flugzeugbauer, welche die Tür ins Kriegsgerätegeschäft weit aufstieß. Zudem bot die in Kooperation mit dem HWA eröffnete Option der Montan-Betriebe die Möglichkeit, in großem Stil in die Rüstungsendproduktion einzusteigen, ohne dabei in substantiellem Umfang eigene Mittel investieren zu müssen. Die Rüstungskonjunktur wurde somit zum Motor der produktiven Konzernintegration Flicks wie auch seiner regionalen Expansion.

Flick konnte es sich somit leisten, die Beteiligung an der »Arisierung« Simsons abzubrechen. Dies bedeutet weniger, daß er ein Geschäft ausließ, als daß er in dem Angebot keines erblickte. Darin zeichnete sich, gleichsam als Negativfolie späterer Übernahmen im Zuge der antijüdischen Wirtschaftspolitik, der ökonomische Primat in den strategischen Erwägungen der Konzernführung ab. Die bloße Gelegenheit allein rechtfertigte noch kein Engagement, vielmehr mußten Preis, Leistung und die Konzernintegration stimmig sein. Einen Nachhall sollten die in den Simson-Verhandlungen gesammelten Erfahrungswerte und taktischen Erwägungen im Verlauf der großen »Arisierungs«geschäfte Ende der dreißiger Jahre finden.

122 Erläuterungen zu der Bild-Darstellung, 21.10.1936, ThHStA Gustloff-Werke Weimar Nr. 86, Bl. 6-9; Durchführung der von Herrn Reichsstatthalter und Gauleiter Fritz Sauckel am 27.10.1936 verkündeten Grundsätze der Wilhelm-Gustloff-Stiftung, 18.11.1936, ebd., Bl. 40-76; Keppler an Lammers, 6.5.1936, ThHStA Wilhelm-Gustloff-Werke NS-Industriestiftung, Bd. 2, Bl. 158; Schulz, Enteignung, S. 77-83.

123 Niederschrift über die Besprechung bei Herrn General Liese am 4.11.1936 im HWA, 5.11.1936, ThHStA Wilhelm-Gustloff-Werke NS-Industriestiftung, Bd. 5, Bl. 6 f.

124 Spätere Behauptungen, man habe nur pro forma verhandelt, sind als exkulpierend intendierte Aussagen zu werten; »Reserve« [Prozeßaussagenvorbereitung], StAN Rep. 502A, KVV, Handakten, Flächsner-18; Befragung Steinbrincks zum Lebenslauf u. persönlichen Angelegenheiten, o. D. [1947], ebd., Flächsner-14.

4. Horizontale Integration I: Der Ausbau des Eisenkerns

4.1. Aufschwung

Anders als in den vor- und nachgelagerten Industrien bestand im Kernbereich des Flick-Konzerns, der Eisen-, Stahl- und Walzerzeugung zunächst kein Erweiterungsbedarf. Mit den Werken von Maxhütte und Mittelstahl hatte Flick im Vorfeld der Gelsenberg-Transaktion nicht nur eine ausreichende Grundlage für die weiteren Expansionsziele gelegt, sondern auch einen Gesamtkomplex mit beträchtlichen Reserven unter seine Kontrolle gebracht. Nach Kapazitäten und Quoten stellte die Interessengemeinschaft den drittgrößten deutschen Stahlerzeuger[1], dessen Auslastung am Ausgang der Weimarer Republik freilich weit hinter den Möglichkeiten zurückblieb.

Um so enthusiastischer begrüßten die Führungskräfte des Konzerns die lang herbeigesehnte Konjunkturbesserung. Vor der gemeinsamen Hauptversammlung von Maxhütte und Mittelstahl im Mai 1934 ließ Eugen Böhringer dabei keinen Zweifel daran, wem der Aufschwung zuzuschreiben war. Die wiedergewonnene wirtschaftliche Stabilität und der kontinuierliche Beschäftigungsanstieg, so hielt der Vorstandsbericht fest, verdankten sich dem »Umschwung in den politischen Verhältnissen Deutschlands durch die Berufung der Regierung des nationalen Willens und durch die von der neuen Regierung durchgeführte Aufrichtung eines starken nationalen Staates«.[2] Nun waren derartige, als Loyalitätsbekundungen gedachte Kausalitätskonstruktionen 15 Monate nach der Machtübernahme des NS-Regimes keineswegs selten, sondern stellten vielmehr die obligatorische Ornamentierung der meisten Geschäftsberichte und Generalversammlungsansprachen dar.[3] Wenn auch der konjunkturelle Aufschwung der ersten Monate der NS-Herrschaft nur zu einem geringen Teil von der neuen Regierung verantwortet wurde[4], so war die manifeste Verbesserung der Wirtschaftslage doch nicht zu leugnen, und dies war aus unternehmerischer Perspektive letztlich entscheidend. Schon im ersten Jahr unter der Regierung Hitlers kletterte die deutsche Roheisenerzeugung von 3,9 (1932) auf 5,3 Mio. t (1933), im Folgejahr betrug die Menge sogar 8,7 Mio. Bis 1936 stieg die Roheisenerzeugung, das inzwischen hinzugekommene Saarland nicht eingerechnet, auf über 13,1 Mio. t an. Nicht weniger rasch nahm die Rohstahlerzeugung zu, die von rund 5,8 (1932) über 7,6 (1933) auf annähernd 17 Mio. t (1936) anstieg.[5]

1 Vermerk. Betr. Eisenwerkgesellschaft Maximilianshütte, 31.10.1932, BAB R 8136/3436.

2 Bericht über das 7. Geschäftsjahr 1.10.1932-30.9.1933 für die ordentliche Hauptversammlung am 17.5.1934, BAB R 8119F/P1366.

3 Vgl. exemplarisch: Ansprache von Herrn Dr. Mosler in der Generalversammlung der Deutschen Bank und Disconto-Gesellschaft am 26.4.1934, BAB R 43 II/244, Bl. 10, und Hayes, Degussa, S. 47.

4 Mit pointierter Kritik am Topos des NS-Aufschwunges: Buchheim, Upswing, sowie jetzt Tooze, Wages, S. 62-65.

5 Alle Daten nach Gemeinfaßliche Darstellung, S. 280-282.

Auch die Stahlwerke des Flick-Konzerns verzeichneten 1933 eine merkliche und vor allem erstmals seit vier Jahren nachhaltige Besserung der Beschäftigungslage. Nach rückläufigen Zahlen im ersten Quartal legte die Rohstahlausbringung im Mai schlagartig um 36 Prozent zu und stieg bis zum Jahresende kontinuierlich weiter.[6] Mit der sich rasch verbessernden Auslastung der Anlagen sanken die Selbstkosten spürbar. So war etwa in den Werken der Maxhütte zu beobachten, wie bei einem Großteil der Produkte die Gestehungskosten im Monatstakt fielen; im Rosenberger Walzwerk sanken die Selbstkosten allein von September auf Oktober 1933 um durchschnittlich 1,82 RM/t.[7]

Tab. III/5: Erzeugung im Monatsmittel und Belegschaftsentwicklung IG Maxhütte/Mittelstahl 1933/34

	Jan.-März	Apr.-Juni	Juli-Sep.	Jan.-März	Apr.-Juni	Juli-Sep.
Rohstahl-Erzeugung in t	28.800	36.300	43.100	50.300	64.900	68.900
Leistung Walzwerke in t	22.200	27.000	33.900	41.500	47.200	54.600
Versand Walzwerke in t	19.600	27.200	33.800	41.100	47.400	52.500
Arbeiter*	8.302	8.915	9.733	11.134	12.366	13.123
Angestellte*	1.215	1.227	1.227	1.425	1.524	1.562

*zum Quartalsende
Quelle: Berichte über Monate Januar 1933-September 1934, BAB R 8119F/P1368, Bl. 28, 33f., 39, 45, 52, 58. [Bei Abweichungen zwischen den einzelnen Berichten wurde den später aufgestellten Daten der Vorzug gegeben.]

Die gute Auftragslage erlaubte es im August 1934, endlich auch das bereits vier Jahre zuvor fertiggestellte Werk in Unterwellenborn dauerhaft in Betrieb zu nehmen und bald darauf einen weiteren Hochofen des thüringischen Standorts anzublasen, desgleichen in Rosenberg.[8] Die Lauchhammer- und Havelgruppen gingen bereits im Frühjahr 1933 zu Neueinstellungen über, um die wachsende Nachfrage adäquat zu bedienen. Die Belegschaftszahl der Lauchhammer-Werke stieg von März 1933 bis April 1934 um ein Drittel, wobei vor allem Gröditz mit

6 Bericht Maxhütte/MSt über Monate Juli bis September 1933, 7.11.1933, BAB R 8119F/P1368, Bl. 45.
7 Selbstkostenberechnungen Maxhütte Okt. [19]33, BAB R 8122/162.
8 Maxhütte. Geschäftsbericht für das Betriebsjahr 1933/34, BAB R 8122/878, vgl. Maxhütte Unterwellenborn 1921 bis 1945, S. 41f.

einer Zunahme von 54 Prozent herausragte.[9] Auch in der Umsatzentwicklung der IG-Unternehmen bildete sich der gestiegene Auftragseingang erkennbar ab (Tab. III/6). Wenn Böhringer daher 1936 feststellte, man habe in den beiden Vorjahren noch die Folgen der Krise beseitigen müssen und erst im Geschäftsjahr 1935/36 »auf einer bereinigten Grundlage« aufgebaut[10], so zeugte dies von einer zurückhaltenden Lagebeurteilung. Tatsächlich hatten sowohl die mittel- wie auch die süddeutschen Werke schon 1934/35 ihre Rekordziffern von 1928/29 in Erzeugung, Umsatz und Belegschaft eingestellt und übertroffen (Tab. III/5, III/6).

Tab. III/6: Netto-Umsatz der Stahlgruppe (ohne Weiterverarbeitung), 1933-1936

	An Fremde und Beteiligungen					Gesamtumsatz inkl. eigener Werke u. Selbstverbrauch				
	1933/34	1934/35		1935/36		1933/34	1934/35		1935/36	
	1.000 RM	1.000 RM	Steigerung in %	1.000 RM	Steigerung in %	1.000 RM	1.000 RM	Steigerung in %	1.000 RM	Steigerung in %
Lhh-Gruppe	47.994	67.457	41	83.574	24	54.861	76.911	40	98.159	28
Havelgruppe	31.203	39.658	27	48.272	22	33.007	42.176	28	51.390	22
Summe	79.197	107.115	35	131.846	23	87.868	119.087	36	149.549	26
Maxhütte	30.452	43.503	49	51.077	17	30.452	43.503	43	51.077	17
Gesamt	109.649	150.618	37	182.923	21	118.320	162.590	37	200.626	23

Quelle: Netto-Umsatz, BAB R 8122/430, Bl. 6. [Abweichende Angaben: Netto-Umsatz (ohne Weiterverarbeitung), 5.11.1935, BAB R 8122/359, Bl. 227.]

Finanziell flankiert wurde das rasche Wachstum von einer günstigen Kostenstruktur. Während die verbesserte Auslastung die Fixkosten relativ zu den Erlösen stetig sinken ließ, wurden Anlageinvestitionen steuerlich begünstigt, etwa durch die Einkommenssteuerreform 1934, die kurzlebige Anlagen und Ersatzbeschaffungen bis Ende 1935 komplett abschreibungsfähig machte und die darunter fallenden Produktionsgüter bewußt weit faßte.[11] Im Rechnungszeitraum 1934/35 führte dies bei der Maxhütte zu einem durchschnittlichen Abschreibungssatz von 11,6 Prozent, der im Folgejahr noch einmal erheblich auf 21,9 Punkte an-

9 Entwicklung des Beschäftigungsgrades der Lauchhammer-Gruppe, 16.4.1934, Sächs HStA 11616/18.111.

10 Maxhütte-Geschäftsbericht für das Betriebsjahr 1935/36, BAB R 8122/879.

11 Betr. Verbuchung der sogen. kurzlebigen Anlagen und der Ersatzbeschaffungen, 4.12.1934, BAB R 8122/823; dazu: Spoerer, Scheingewinne, S. 83f.; Boelcke, Finanzierung, S. 46f.

stieg. Auf den Endwert der Anlagen am 30. September 1936 berechnet, ergaben sich gar enorme 28 Prozent; bei Mittelstahl belief sich der Abschreibungssatz nach demselben Rechenmodus auf volle 30 Prozent.[12] Und auch die beweglichen Kosten, insbesondere jene für Löhne und Gehälter, entwickelten sich trotz anderslautender öffentlicher Feststellungen der Konzernmanager durchweg erfreulich für Flicks Stahlunternehmen. Während die Rohstahlerzeugung pro Kopf schon 1933/34 den Vorkrisenstand übertraf, blieben die Löhne praktisch eingefroren. In keinem der Werke von Mittelstahl, Maxhütte und Hennigsdorf wurde 1935/36 das Lohnniveau von 1928/29 erreicht, in den meisten Bereichen lagen die Verdienste deutlich niedriger und nicht selten sogar unter den Krisenlöhnen von 1932/33, wie in Riesa und Gröditz. Noch schlechter standen sich die Angestellten, deren Gehälter teils weniger als die Hälfte der Entgelte von 1932/33 betrugen.[13] Angesichts derartig vorteilhafter Lohnkostenverhältnisse fiel es den Konzernunternehmen leicht, ihre freiwilligen sozialen Leistungen ganz im Sinne sozialpatriarchaler Vorstellungen zu erhöhen, zumal dies der Anwerbung von Fachpersonal zuträglich war, das man für weitere Produktionssteigerungen benötigte.[14]

4.2. Vierjahresplan und Reichswerke-Krise

Im Herbst 1936 überraschte Flicks Stahlunternehmen ein neuerliches Anziehen der bereits hochtourig laufenden Konjunktur. Mitte September erfolgte ein derartig starker Andrang von Bestellungen, daß die Riesaer Verwaltung den Auftragseingang nicht zur Gänze fest verbuchen konnte, sondern dazu überging, die Aufträge zu sammeln. Selbst in den sonst wenig nachgefragten Sorten sorgte der »Materialhunger« dafür, daß die Lager weitgehend geräumt werden konnten. In einzelnen Sparten wie der Gröditzer Wagenradproduktion waren die Kapazitäten auf Monate hinaus bis an die Grenze der Belastungsfähigkeit ausgereizt.[15]

Der Auftragsschub überschnitt sich mit dem von Hitler auf dem »Parteitag der Ehre« im September 1936 verkündeten Vierjahresplan.[16] Die Forderung nach

12 Erläuterungen der Bilanz Maxhütte in der Aufsichtsratssitzung Maxhütte, 26.2.1937, BAB R 8122/879.

13 Kennziffern – Mittelstahl, 8.6.1937, BAB R 8122/434; vgl. Tooze, Wages, S. 102.

14 Dies bildete sich prominent in den Geschäftsberichten ab, die den Sozialleistungen zunehmend breiteren Raum widmeten. Neben dem Ziel, dem Austragungsort des Wettbewerbs um (qualifizierte) Arbeitskräfte abseits des staatlichen regulierten Tarifwesens zu verlagern, war damit auch die affirmative Anlehnung an die NS-Vorgabe der »Betriebsgemeinschaft« beabsichtigt; Auszug aus dem Geschäftsbericht für das Betriebsjahr 1935/36 der Maximilianshütte, BAB R 8122/402; MSt-Bericht über das 10. Geschäftsjahr 1.10.1935-30.9.1936, ebd.; Rechenschaftsbericht über soziale Einrichtungen unseres Unternehmens [1936/37, MSt], StAN Rep. 502, KVA, Handakten, B-13.

15 Monatsbericht MSt Lhh-Gruppe September 1936, SächsHStA 11616/12.202, Bl. 1-14, Zitat Bl. 3.

16 Vgl. Treue, Denkschrift.

einer Beschleunigung der wirtschaftlichen Kriegsvorbereitungen und die Berufung Görings zum Beauftragten für den Vierjahresplan – der rasch dazu überging, die zwischen diversen zivilen und militärischen Stellen zersplittertem Kompetenzen in seiner Behörde zu konzentrieren – verschärften das Tempo der Aufrüstung spürbar.[17] Ausdrückliches Ziel des Vierjahresplanes war es nicht nur, die Ausstattung der Wehrmacht mit quantitativ und qualitativ ausreichendem Gerät zu gewährleisten, sondern die gesamte Volkswirtschaft in einen Zustand der Kriegsbereitschaft zu versetzen, sie in eine »Wehrwirtschaft« zu transformieren. Dazu zählte insbesondere die Verringerung der Importabhängigkeit von Roh- und Grundstoffen, auch wenn das Autarkieziel angesichts der beschränkten natürlichen Ressourcen und der technischen Limitierungen der Ersatzstoffentwicklung von vornherein nur als Annäherungsgröße verstanden werden konnte.[18]

Die Bemühungen, die Anfälligkeit der deutschen Rüstungsproduktion für Außenhandelsblockaden zu verringern, erhielten durch die Nominierung Görings eine deutlich größere Durchschlagskraft und knüpften an konzeptionelle Vorarbeiten an. So hatte sich Kepplers 1934 eingerichtete Dienststelle »Sonderaufgabe Deutsche Roh- und Werkstoffe« bereits intensiv mit jenen Fragen beschäftigt, die im Zentrum des Vierjahresplans stehen sollten, darunter auch die Nutzung eisenarmer Erze. Der personelle Kern von Kepplers Stelle, in vorderster Front Hans Kehrl und Paul Pleiger, wurde in Görings Behörde inkorporiert.[19] Keppler hatte die Unternehmen der eisenerzeugenden Industrie bereits früher aufgefordert, die Erschließung heimischer Erze zu intensivieren, um den Devisenverbrauch zu verringern, war aber angesichts der niedrigen Preise für schwedische Importe und der mit der Verhüttung der minderwertigen deutschen Erze einhergehenden hohen Kosten für Aufbereitung und höheren Kokseinsatz nicht durchgedrungen.[20] Mitte 1935 hatte Pleiger einen erneuten Vorstoß unternommen und die westdeutschen Stahlkonzerne dazu bewegt, als Zeichen des guten Willens einen Liefervertrag mit der Maxhütte über 250 000 t Doggererze, schwefelreicher Jura-Eisenstein der Gew. Kleiner Johannes im oberfränkischen Pegnitz, zu schließen. Eine Steigerung auf 500 000 t war in Aussicht genommen worden, allerdings erst nach einem weiteren Felderaufschluß.[21] Während dies für

17 Wegweisend Petzina, Autarkiepolitik.

18 Zum Konzept der Wehrwirtschaft vgl. vor allem Herbst, Steuerung, S. 7f.; zur Einordnung in die Genese kriegswirtschaftlicher Konzeptionen eines »total« geführten Krieges grundlegend: ders., Krieg, besonders S. 64-81; ferner Tooze, Wages, S. 219-225.

19 Vgl. Petzina, Autarkiepolitik, S. 24f.; auch Riedel, Eisen, S. 97f. Der Selbststilisierung Görings als omnipotenter »Wirtschaftsdiktator« folgt Overy, Goering, S. 42-56; kritisch: Volkmann, NS-Wirtschaft, S. 330 (Anm. 3).

20 Reusch an Reichert, 16.12.1934, BADH R 13 I/601, Bl. 44; vgl. Riedel, Eisen, S. 32f.

21 Reichsbeauftragter für Eisen und Stahl an Maxhütte, 25.4.1936, BAB R 8122/219; Maxhütte-Geschäftsbericht für das Betriebsjahr 1935/36, BAB R 8122/879; vgl. Riedel, Eisen, S. 35-37, 41. An der Gew. Kleiner Johannes war der bayerische Fiskus zur Hälfte beteiligt.

die Maxhütte eine finanziell attraktive Möglichkeit eröffnete, den Wert der von ihr selbst nicht verarbeiteten Doggererze ohne eigenes Risiko zu erproben[22], blieben die Abnehmer skeptisch hinsichtlich der wirtschaftlichen Perspektiven des Pegnitzer Eisensteins. Otto Wolffs Forderung auf eine finanzielle Quervergütung zugunsten der Verbraucher lehnte Flick jedoch strikt ab.[23]

Die erste Intervention Görings in der Erzfrage ging seiner Ernennung zum Vierjahresplanbeauftragten voraus. Im Mai 1936 berief er ein Gutachtergremium, das Vorschläge zur Überwindung des Rohstoffmangels erarbeiten sollte und zu dem auch Vögler, Thyssen, Springorum sowie Flick hinzugezogen wurden.[24] In einer mit zahlreichen Ressortchefs, Ministerialbeamten und Parteivertretern hochrangig besetzten Besprechung eröffnete Göring das Thema der inländischen Erze und forderte von der Privatwirtschaft, größere Risikobereitschaft bei der Investitionstätigkeit in dieser rüstungsrelevanten Frage an den Tag zu legen. Trotz einiger martialischer Phrasen – die »Schaffung der deutschen Wehrfreiheit« dürfe nicht davon abhängig gemacht werden, ob sie »rentabel und bequem« zu erreichen sei – zeigte sich Göring zugänglich für die von der Industrie vorgebrachten technischen und finanziellen Einwände.[25]

Zwar gelangte die Sitzung letztlich über Absichtserklärungen nicht hinaus, im Flick-Konzern wurden jedoch umgehend Planspiele begonnen, wie man sich – da der Konzern mit der Maxhütte einen der größten Eigentümer von Erzfeldern stellte – auf die staatliche Unterstützung des inländischen Eisensteins einrichten könne. In zwei Exposés vom Juni skizzierte Hermann Terberger Möglichkeiten, das staatliche Bergbauprogramm für die eigenen Zwecke zu nutzen – und zwar auf Kosten der Konkurrenz. Die Quintessenz von Terbergers Denkschriften war schlicht: Die Ruhrindustrie sollte zum einen die schlechteren Pegnitzer Erze der Maxhütte abnehmen, zum zweiten auf den immer knapper werdenden Schrott zugunsten der mitteldeutschen Werke verzichten und zum dritten die entstehenden Mehrkosten beim Reich eintreiben. Hinter diesem Konzept verbarg sich eine massive Verschiebung der internen Kostenstruktur der Stahlbranche zugunsten der Flick'schen Unternehmen, selbstverständlich – so Terberger – strikt im Dienste der deutschen Aufrüstung.[26] Die wehr- und nationalpolitisch verbrämte Argumentation Flicks stieß bei seinen Konkurrenten auf berechtigtes

22 So warb Böhringer z. B. in öffentlichen Vorträgen für die größere Verbreitung heimischer Erze, vgl. Bericht der WiIn VII (München), 19.12.1936, BA-MA RW 19/10, Bl. 182 f.

23 Vgl. den Briefwechsel Flick/Wolff, 27. u. 30.12.1935 sowie 3.1.1936, RWWA 72-171-6.

24 Notiz für Herrn Steinbrinck, 23.5.1936, BAB R 8122/80902, vgl. Volkmann, NS-Wirtschaft, S. 329, 336-39; Haus, Lothringen, S. 153.

25 Niederschrift über Sitzung des Gutachter-Ausschusses über Rohstoff-Fragen am 26.5.[19]36, StAN Rep. 501, KVP, Fall 5, B-32, NI-5380, Bl. 58-90, Zitate: Bl. 86, 89; Aktenvermerk, 2.6.1936 [Steinbrinck], BAB R 8122/80902.

26 Zusätzliche Verarbeitung von Inlandserzen, 27.6.1936 [Terberger]; Standpunkt der Gruppe MSt./Mx. zur Frage der Rohstoffverknappung in der Eisen erzeugenden Industrie, 29.6.1936 [Terberger], beide BAB R 8122/80902.

Mißtrauen. Sein vordergründig autarkiefreundlicher Vorstoß fand daher keine Unterstützung bei der Ruhreisenindustrie, die sich unter Führung der VSt auf eine Hinhaltetaktik verlegte und die Sorgen der staatlichen Planer hinsichtlich der Erzversorgung zu beschwichtigen versuchte.[27]

Unterdessen verschlechterte sich die Eisenbelieferung der Rüstungsindustrie kontinuierlich, so daß die Reichsbehörden im Februar 1937 zur Bewirtschaftung von Eisen und Stahl übergingen. Künftig erhielten alle Verbraucher – darunter fiel auch der Eigenbedarf der Erzeuger – festgelegte Kontingente an Eisen-, Stahl und Walzwerkerzeugnissen. Damit sollte eine gezielte Ressourcenallokation an die gemäß einer rüstungswirtschaftlichen Prioritätenfolge anerkannten Bedarfsträger ermöglicht werden.[28] Die Einführung der Kontingentierung verdeutlichte den Grad der Überhitzung der deutschen Rüstungskonjunktur und alarmierte Göring. In der für ihn typischen, ebenso rabiaten wie aktionistischen Diktion erklärte er wenige Wochen später führenden Vertretern der Stahlindustrie, es sei ihre »verdammte Pflicht, alle Möglichkeiten auszuschöpfen, um weitere Erze aus allen Gegenden der Welt zu holen, ohne die Devisenlage Deutschlands ernstlich anzuspannen« und gleichzeitig die deutschen Rohstoffvorkommen »in Tag- und Nachtschichten« aufzuschließen. Fragen der Wirtschaftlichkeit wischte Göring vom Tisch und forderte, notfalls die Zahl der Hochöfen zu verdreifachen.[29]

Ungeachtet des barschen Tonfalls vertraute Göring also noch immer auf eine entsprechende Initiative der Privatwirtschaft. Dort war das Interesse an der vom Vierjahresplanbeauftragten entworfenen Vision eines massiven Hochofenneubaus jedoch gleich null. Bei einer gleichbleibenden Belieferung aus dem Ausland und bei normalisierten Außenhandelsverhältnissen, mit denen man mittelfristig rechnete, bestand kein Bedarf an einer Verlagerung auf deutsche Erze. Eine erhebliche Kapazitätserweiterung bedeutete – dies hatte die Weltwirtschaftskrise nachdrücklich bewiesen – eine wissentlich in Kauf genommene Fixkostensteigerung mit entsprechenden Folgen für die Rentabilität. Entsprechend zurückhaltend gestaltete sich der Vorschlag, den die Wirtschaftsgruppe Eisen schaffende Industrie im Juni 1937 vorlegte. Darin war lediglich eine begrenzte Erweiterung des bestehenden Hochofenraumes vorgesehen, die Rohstahlerzeugung sollte zunächst bis 1940 auf 21 Mio. t, in einer zweiten Stufe auf 24 Mio. t gesteigert

27 Vertrauliche Aktennotiz, 30.6.1936 [Flick]; Notiz für Herrn Flick, 2.7.1936, beide ebd.

28 Notiz für Herrn Flick, 26.2.1937 [Burkart], BAB R 8122/108, Bl. 138; Blaich, Rüstung, S. 24. Die Rationierung beseitigte effektiv die Marktfreiheit in der Eisenindustrie, da über die Kontingentträgerschaften ein faktischer Vertragszwang zur vorrangigen Bearbeitung von Rüstungsaufträgen bestand. Dies stellte einen markanten Unterschied zu anderen Branchen dar, in denen die Marktfreiheit grundsätzlich nicht in Frage gestellt wurde. Gleichwohl blieben den Unternehmen rüstungsfreie Dispositionsräume; vgl. Buchheim/Scherner, Anmerkungen, S. 86 f.; dies., Role, S. 396 f.

29 Niederschrift über die am 17. März abgehaltene Besprechung, BADH R 13 I/601, Bl. 115-139, Zitate Bl. 119 f.

werden. Tatsächlich bedeutete dies im wesentlichen keine zusätzlichen Kapazitäten, sondern die Ausschöpfung vorhandener Reserven.[30]

Dies Programm blieb deutlich hinter den Erwartungen Görings zurück, da die von ihm geforderte Inangriffnahme der Erzlagerstätten in Baden, der Oberpfalz und vor allem im Salzgitter-Gebiet darin kaum zum Ausdruck kam. Aus der Weigerung der Stahlindustrie, ihre Investitionsplanung entsprechend den staatlichen Wünschen auszurichten, zog man in der Vierjahresplanbehörde den Schluß, das privatwirtschaftlich undurchführbare Projekt Inlandserze in direkter staatlicher Verantwortung umzusetzen.[31] Am 15. Juli 1937 wurde daher die Reichswerke AG für Erzbergbau und Eisenhütten »Hermann Göring« (HGW) gegründet.[32]

Die offizielle Bekanntgabe der HGW-Gründung sollte eine Woche später vor einer größeren Gruppe von Industriellen erfolgen, zu der als Vertreter Flicks auch Steinbrinck eingeladen war.[33] Bereits im Vorfeld entwickelten die Unternehmen hektische Aktivitäten. So wies Vögler den bei den VSt für die Rohstoffbetriebe zuständigen Vorstand Hermann Wenzel an, einen Kompromißkurs einzuschlagen. Die VSt sollten sich an den Reichswerken durch Einbringung von Teilen ihres umfangreichen Felderbesitzes bei Salzgitter beteiligen, allerdings nur unter der strikten Prämisse, daß ein reines Hochofenwerk ohne Stahlerzeugung errichtet werde.[34] Vöglers klare Vorgabe unterstrich, daß sich die Industriellen nach wie vor in einer starken Verhandlungsposition wähnten. Die Sitzung vom 23. Juli wirkte insofern ernüchternd. Statt eines offenen Gesprächs verkündete Göring – nachdem er zuvor scharfe Klage über die Versäumnisse der Konzerne geführt hatte – nicht nur die Gründung der Reichswerke unter seiner Schirmherrschaft, sondern auch den Ausbau zu einem vollintegrierten Werkskomplex, der »in einer Größe entstehen [solle], wie es bisher in der Welt nicht

30 Bericht über die Verarbeitung deutscher Erze durch die deutsche Eisenindustrie im Rahmen des Vierjahresplanes, im Juni 1937, BAB R 3101/32249, Bl. 56-100. Vgl. Haus, Lothringen, S. 186; Overy, Industry, S. 100f.; Jäger, Abhängigkeit, S. 54f.

31 Während Tooze, Wages, S. 235f., machtpolitische Erwägungen der HGW-Gründung überstrapaziert, überzeugt die Einschätzung bei Buchheim/Scherner, Anmerkungen, S. 95, die weniger eine Zwangsmaßnahme, denn eine Folge der nicht in Frage gestellten (negativen) Vertragsfreiheit der Privaten erkennen. Statt diese zur Investition zu zwingen, wurde der Staat selbst aktiv. Unbelegt bleibt die bei Mollin, Montankonzerne, S. 72f., vertretene These, mitentscheidend seien antikapitalistische Ressentiments Pleigers gewesen. Dies steht auch in gewissem Widerspruch zu Pleigers eigener Fabrikanten-Tätigkeit und seinem erkennbaren Bemühen, im Unterschied zu Göring betriebswirtschaftliche Rentabilitätskriterien nicht aus den Augen zu verlieren; vgl. Riedel, Eisen, S. 160-163.

32 [Chronik], BAB R 8128/A827, Bl. 6; Overy, Industry, S. 104.

33 Reichert an Hanneken, 22.7.1937, BADH R 13 I/597, Bl. 149; vgl. TWC 12/1, S. 480, Anm. 2.

34 Herrn Dr. Wenzel. Telef. Anruf von Herrn Dr. Vögler, 22.7.1937; Zusammenschluß der Bergwerksbesitzer am Salzgitterer Höhenzug aufgrund der Anordnungen vom 23.7.[19]37, beide TKA VSt/4036.

für möglich gehalten würde«. Die erforderlichen Erzfelder in Salzgitter, Baden und Bayern sollten von den privaten Unternehmen entweder freiwillig oder im Sozialisierungswege übernommen werden. Für die Führung des neuen Staatsunternehmens war Pleiger vorgesehen.[35]

Die Reaktion der Stahlkonzerne auf Görings Ansprache offenbarte ein hochgradig fragmentiertes Interessenspektrum und eine *»sauve-qui-peut«*-Mentalität der wichtigsten Protagonisten.[36] Ohne Zeitverzögerung nahm die Mehrheit der von der Felderenteignung bedrohten Unternehmen Verhandlungen mit den Vierjahresplanvertretern auf, um zu einer gütlichen Einigung zu gelangen. Anfang August schlossen Mannesmann und die Ilseder Hütte Abkommen mit den Reichswerken; ebenso suchten die VSt nach Möglichkeiten, mit Göring und Pleiger ins Gespräch zu kommen, allerdings ergebnislos.[37] Auch Flick entschied sich für eine Annäherung an das neue wirtschaftspolitische Machtzentrum Görings, der mit der HGW-Gründung seine Entschlossenheit zu erheblichen Einschnitten in die Marktstrukturen unter Beweis gestellt hatte. Binnen kurzem einigten sich Konzernvertreter mit den Reichswerken auf eine Abgabe der Gew. Kleiner Johannes. Die beiden für die Maxhütte wichtigsten Klauseln des Abkommens enthielten zum einen die Zusicherung, daß – sollten die übrigen Gruben den Eigenbedarf nicht mehr decken – Flicks Werke einen 60jährigen Lieferanspruch auf die Doggererze geltend machen konnten, zum anderen, daß die HGW auf das geplante Hochofen- und Stahlwerk in der Oberpfalz verzichteten, sofern die Maxhütte wahlweise ihre bayerischen oder thüringischen Anlagen erweiterte.[38] Damit war für die Maxhütte die Bedrohung durch ein staatlich gefördertes Konkurrenzunternehmen in unmittelbarer Nachbarschaft beseitigt, während die Abgabe der Doggererze aufgrund anderweitiger reicher Erzreserven nicht entscheidend ins Gewicht fiel.[39] Darüber hinaus sicherte sich Flick mit seiner konzilianten Taktik die positive Resonanz Görings, der in seinem Dankesschreiben nicht versäumte zu betonen, »daß Sie sich im Gegensatz zu anderen Leitern der deutschen Eisen- und Stahlindustrie auf dem Gebiet der Förderung und Verarbeitung der deutschen Erze im Rahmen des Vierjahresplans nach

35 Reichert an H. Poensgen, 24.7.1937, BADH R 13 I/597, Bl. 137; Zitat: Besprechung bei dem Herrn Ministerpräsident Göring am 23.7.1937, 24.7.1937 [Klein], TKA VSt/4036; Akten-Vermerk, 28.7.1937 [Kimmich], BAB R 8119F/P1415, Bl. 11-13.

36 Zitat: Overy, Industry, S. 109; vgl. Tooze, Wages, S. 237f.

37 Vermerk. Betr. Reichswerke, 30.7.1937; Vermerk, 5.8.1937 [Wenzel]; Niederschrift über die Besprechung mit Herrn Paul Pleiger am 6.8.[1937]; Aktenvermerk über die Besprechung mit Ministerpräsident Göring am 12.8.1937, 12.8.1937, alle TKA VSt/4036; Treue, Ilseder Hütte, S. 598-609.

38 Vermerk, 19.8.1937 [Wenzel], TKA VSt/4036.

39 Aktennotiz über die Befahrung der Gruben der Maxhütte [...] in der Zeit vom 2. bis 7.4.1929, 9.4.1929, BAB R 8122/880, Bl. 2-21; vgl. Hartmann, Erzbergbau. Die Amberger Luitpoldhütte, die vom bayerischen Staat auf die HGW überging, stellte als reines Hochofen- und Gießereiwerk keine nennenswerte Konkurrenz für die Maxhütte dar.

Kräften eingesetzt und damit mir die Durchführung meiner Aufgabe erleichtert haben«.[40]

Nach den »Separatfriedensschlüssen«, die hinsichtlich der Erzfelder getroffen wurden, standen die Bemühungen, in der ungleich bedeutenderen Frage der geplanten HGW-Stahlwerke eine gemeinsame industrielle Front zu errichten, von vornherein auf wackeligen Füßen. Zwar war nicht von der Hand zu weisen, daß der Bau zusätzlicher Stahlkapazitäten für alle Beteiligten sowohl eine weitere Anspannung der knappen Material- und Arbeitskraftressourcen mit sich bringen als auch eine zukünftige, durch den abzusehenden behördlichen Protektionismus unbequeme Konkurrenz bilden würde. Dies galt nicht zuletzt für Flick, dessen Werke neben der Ilseder Hütte in erster Linie den regionalen Markt mit dem Staatskonzern teilen mußten. Unklar und umstritten war jedoch die gegenüber Göring und seinem Stab einzuschlagende Taktik. In dieser Frage folgte letztlich jedes Unternehmen eigenen Prioritäten, die Meinungsführer von den VSt eingeschlossen.[41]

Tatsächlich begann die VSt-Spitze um Vögler, Poensgen und Wenzel Anfang August 1937, parallel zu ihren Verhandlungen mit den Vierjahresplan-Verantwortlichen, die Opposition gegen das Salzitter-Projekt zu organisieren, allerdings nur mit Blick auf die Stahlerzeugung; den Hochofenbau an Ort und Stelle der Erzförderung hielt auch Poensgen für sinnvoll. Die große Sorge über die Überkapazitäten reflektierte die traditionelle Selbstwahrnehmung des Stahlvereins als Instanz zur Kapazitätsregulierung mit einer über das eigene Unternehmen hinausreichenden Verantwortung für die »gesunde« Zusammensetzung der gesamten Branche.[42] Um Göring vom Ausbau der Stahlkapazitäten abzubringen, brachte Poensgen – nach Rücksprache mit Schacht, der die HGW-Gründung ebenfalls entschieden ablehnte – den Gedanken einer gemeinsamen Denkschrift der in

40 Göring an Flick, 13.8.1937, StAN Rep. 501, KVP, Fall 5, B-18, NI-3488, Bl. 1.

41 Wenig hilfreich erscheint daher Mollins Versuch, saturierte »alte« von expansionsbedürftigen »jungen« Konzernen als HGW-feindliche bzw. -freundliche Fraktionen zu unterscheiden. Zum einen sind diese Kategorien mit der von Mollin gleichfalls getroffenen Differenzierung zwischen regional und international orientierten Unternehmen keineswegs identisch (etwa im Falle Mannesmanns). Zum zweiten ist es fragwürdig, Flicks Verbund als drittgrößten Stahlkonzern noch als aufstrebend zu kennzeichnen, zumal die strukturellen Unterschiede in Aufbau und Ausrichtung zu den mit dem gleichen Label versehenen Otto-Wolff- und Ballestrem-Gruppen gewichtig sind. Schließlich unterstellt diese Einteilung ex post, die Annäherung an die HGW habe die Wachstumsbestrebungen der territorialen Expansion vorbereitet – die im Sommer 1937 für die Beteiligten jedoch schwerlich absehbar waren. Auch im Falle der »Arisierung« Lübecks spielten, wie unten zu zeigen sein wird, die Vierjahresplankontakte erst im Herbst eine Rolle. Hingegen ist durchaus davon auszugehen, daß die Unternehmen einen offenen Konflikt mit dem politischen Schwergewicht Göring vermeiden wollten. Dies traf indes auch auf die »alten« Konzerne Krupp und Hoesch zu, wie deren vorsichtige, jede unnötige Exponierung vermeidende Taktik zeigt; vgl. Mollin, Montankonzerne, S. 106 f., 132; akzentuierter: ders., Stahlindustrie, S. 474-476.

42 Vertrauliche Besprechung bei Staatsrat Neumann am 5.8.1937, 5.8.1937 [E. Poensgen], TKA VSt/4036; vgl. u. a. Petzina, Autarkiepolitik, S. 102-104.

der Wirtschaftsgruppe der Eisenerzeuger organisierten Unternehmen auf. Darin sollte die Bereitschaft zu Erzaufschluß und Hochofenbau bekundet, gleichzeitig aber die Überflüssigkeit zusätzlicher Stahl- und Walzwerke herausgestellt werden. Im Kern lief dies auf ein Angebot in Höhe der früher errechneten 24 Mio. t hinaus, bei erhöhtem Anteil deutscher Erze.[43]

Der VSt-Führung diente die gemeinsame Eingabe auch dazu, die eigenen Interessen zu stärken. Ein schon Anfang August ausgearbeitetes 21seitiges Memorandum, das die im Salzgitter-Gebiet vertretenen Unternehmen vor einer Enteignung schützen und darüber hinaus die Stahlfrage im Sinne eines Verzichts der HGW klären sollte, berücksichtigte bezeichnenderweise zunächst nur die VSt-Perspektive. Krupp und Hoesch betreffende Korrekturen wurden erst nachträglich und auf ausdrückliche Ermahnung Arthur Klotzbachs (Krupp) ergänzt. Insbesondere die Leitung des Essener Konzerns forderte, einen weniger scharfen Ton anzuschlagen, um keinen Konflikt mit Göring heraufzubeschwören. Erklärtes Ziel der Denkschrift war es, doch noch zu einer Zusammenarbeit mit den Reichswerken zu gelangen.[44]

Das VSt-Memorandum bildete zugleich die Grundlage für die von der Wirtschaftsgruppe einzureichende, nahezu identische Eingabe.[45] Eben dies stieß bei einigen Industriellen auf scharfe Kritik. So war Hermann Röchling schon frühzeitig aus der Phalanx der Stahlindustrie ausgeschert und hatte die Gründung der Reichswerke eindeutig befürwortet.[46] Daneben war es namentlich der Mannesmann-Vorstandsvorsitzende Wilhelm Zangen, der in Poensgens Strategie die Interessen des von ihm geführten Unternehmens nicht repräsentiert sah und daher seine Zustimmung verweigerte. Zum einen warf Zangen den VSt nicht zu Unrecht vor, die übrigen Unternehmen »ins Schlepptau« nehmen zu wollen. Zum anderen forderte er, wie zuvor in der Erzfelderfrage auch hinsichtlich der Stahlwerke größeres Entgegenkommen zu signalisieren. Eine vergleichbare Position bezog Otto Wolff.[47]

Flicks Haltung in dieser Debatte war ambivalent. Ähnlich wie Zangen lehnte er einerseits jene Passagen des VSt-Entwurfes ab, in denen er seine Interessen nicht vertreten sah. Da er zudem Göring nicht brüskieren wollte, sprach er sich dafür aus, eine aktive Teilnahme an dem Salzgitter-Projekt vorzuschlagen. An-

43 Zur Besprechung am 10.8.1937, 9.8.1937 [E. Poensgen], TKA VSt/4036; Notiz, 11.8.1937 [Steinbrinck], BAB R 8122/7, Bl. 61 f.; Aktenvermerk über die Besprechung mit Ministerpräsident Göring am 12.8.1937, 12.8.1937 [Vögler], BADH R 13 I/597, Bl. 268 f.

44 Vermerk Daub, 9.8.1937; Klotzbach an Wenzel, 18.8.1937; Wenzel an Vögler, 16.8.1937, alle TKA VSt/4036; VSt (E. Poensgen, Wenzel) an HGW (Körner), 18.8.1937, TKA VSt/1535; Vögler an Körner, 19.8.1937, TKA NSt/495.

45 Fassung II, 19.8.1937, BADH R 13 I/597, Bl. 234-247.

46 Vgl. Petzina, Autarkiepolitik, S. 104; Haus, Lothringen, S. 133-152; Mollin, Montankonzerne, S. 71, 105, 116.

47 Aktennotiz Flicks, 20.8.1937, BAB R 8122/7, Bl. 54 f.; Flick an Poensgen, 21.8.1927 (Entwurf), ebd., Bl. 51 f. Zangens Autobiographie datiert den Konflikt fälschlich auf 1936 und umgeht Einzelheiten; Zangen, Leben, S. 126.

dererseits hatte Flick mit Blick auf die Havel- und Lauchhammer-Werke ein manifestes Interesse, zusätzliche Stahlkapazitäten im mitteldeutschen Absatzgebiet zu verhindern, und ging in diesem Punkt mit den VSt durchaus konform. Zudem war mit einem Affront der VSt-Führung im Stile Zangens nichts gewonnen, da die Erfolgsaussichten der Denkschrift von einem geschlossenen Auftreten abhingen. Um diese widersprüchlichen Standpunkte miteinander zu verbinden, bezog Flick eine Mittlerrolle zwischen Befürwortern und Gegnern der Denkschrift. Dies erlaubte es ihm, sich hinter die radikalere Position Zangens zurückzuziehen und seine eigene Forderung nach einem Kooperationsangebot an Göring als Kompromiß mit dem Ziel einer bracheninternen Frontbegradigung unter Einschluß der widerspenstigen Mannesmann-Führung anzubieten. Unterstützung fand Flick bei Peter Klöckner, der eine ähnlich bewegliche Taktik verfolgte.[48]

Die entscheidende Verbandssitzung, auf der die Denkschrift in ihrer endgültigen Fassung diskutiert und verabschiedet werden sollte, war für den 24. August 1937 in Düsseldorf anberaumt worden. Im Vorfeld kursierten verschiedene Entwürfe der Schlußpassage, in der die eigentlich brisante Frage, in welcher Form sich die Industrie an den Reichswerken zu beteiligen gedachte, angesprochen war.[49] An der Sitzung selbst nahmen weder Flick noch Steinbrinck teil, statt dessen wurden die Vorstandsmitglieder von Mittelstahl und Maxhütte, Möller, Terberger und Raabe, entsandt. In Berlin hielt Flick unterdessen den Kontakt zu Zangen, um in einer Art Telephondiplomatie die Fäden zu ziehen. Bei ihrem Eintreffen in Düsseldorf stellten die Flick-Vertreter jedoch fest, daß der letzte, von Flick als gangbarer Kompromiß zwischen den Polen von VSt und Mannesmann sanktionierte Stand des Entwurfes erneut überarbeitet worden war, nachdem Paul Reusch ein zu starkes Entgegenkommen gegenüber den Reichswerken abgelehnt hatte. Statt des von Flick gewünschten positiven Vorschlages hatte Reusch eine unverbindliche, »pflaumenweiche Erklärung«, so Möllers Einschätzung, in den Text einarbeiten lassen. Die Flick-Delegierten setzten daraufhin ihrerseits eine eingehende Redigierung des Manuskripts durch Terberger durch.[50]

Die folgende Debatte geriet indes endgültig zur Farce, als mittags in der Berliner Konzernzentrale Flicks ein Telegramm Görings eintraf, das ausdrücklich vor der Zustimmung zur VSt-Denkschrift warnte und diese als »Sabotage« be-

48 Notiz, 21.8.1937 [Burkart]; Notiz für Herrn Steinbrinck, 21.8.1937 [Flick], beide BAB R 8122/7, Bl. 47 f.; Über die Vorgänge in Berlin am 20. u. 21.8.1937 [Reichert], o. D. [ca. September 1937], BADH R 13 I/597, Bl. 64-69.

49 Roher Entwurf!, 23.8.1937 [Zangen]; Entwurf für Schreiben an Göring, 24.8.1937; WiGr Eisen schaffende Industrie an Burkart, 24.8.1937; [Neuer Wortlaut der Schlußpassage], alle BAB R 8122/7, Bl. 40 f., 20 f., 30-32.

50 Notiz. Betr. Düsseldorfer Sitzung des Stahlwerks-Verbandes am 24.8., 26.8.1937 [Burkart]; Aktennotiz vom 31.8.1937 [Steinbrinck]; Notiz, 21.9.1937 [Möller], alle ebd., Bl. 5-8, 11-14, 18, Zitat: Bl. 6. Auch der Hoesch-Vertreter hatte den Entwurf zuvor kritisiert.

zeichnete. Entsprechend instruierte Flick seine Direktoren umgehend, die Erklärung nun doch abzulehnen.[51] An die übrigen Sitzungsteilnehmer ergingen – mit Ausnahme der VSt – wortgleiche Fernschreiben, ohne daß diese jedoch darüber wechselseitig informiert waren. Daher war, als Poensgen den soeben erst erarbeiteten Kompromiß zur Abstimmung stellte, die Entscheidung bereits gefallen. Heikel war aber die Situation der Flick-Vertreter, die an der Fassung letzter Hand entscheidend mitgewirkt hatten und diese kaum ohne Gesichtsverlust ablehnen konnten. Daß es dazu nicht kam, verdankten die drei Direktoren der Sitzungsregie, die es zufällig so wollte, daß vor ihnen eine Reihe anderer Industrieller ihre Stimme abgab. Neben dem erwartbaren Widerstand Röchlings sprachen sich nacheinander auch die Vertreter von Ilsede, Mannesmann, Hoesch und Otto-Wolff gegen die Eingabe aus und provozierten einen Eklat: Wutentbrannt ob des Vertrauensentzuges brach Poensgen die Sitzung ab.[52] Den Flick-Direktoren kam dies zupaß, bedeutete es doch, »daß wir uns gar nicht zu demaskieren brauchten. Die Herren, die an der kleinen Aussprache am Vormittag teilgenommen hatten, konnten in dem Glauben bleiben, daß wir nach wie vor bereit seien, mit zu unterschreiben, während die anderen Versammlungsteilnehmer sich über unsere Stellungnahme im Unklaren befanden«, wie Friedrich Möller zufrieden festhielt.[53]

Der vermeintliche Triumph der Göring'schen Drohung[54] überdeckte indes den Umstand, daß eine Zustimmung angesichts der fehlenden Interessenidentität und taktischen Differenzen der beteiligten Unternehmen auch ohne das besagte Telegramm keinesfalls sicher gewesen wäre. Daß eine konsensfähige Position kaum bestand, hatte die im Vorfeld geführte Diskussion ebenso illustriert wie die zeitgleich stattfindenden Konsultationen über eine Rohstahlmehrerzeugung durch Herabsetzung der Vorräte: Selbst in dieser unscheinbaren Frage fanden die Großunternehmen im August angesichts erheblich variierender Aus-

51 Telegramm Göring an GenDir Flick, Mittelstahl, 24.8.1937, BAB R 8122/7, Bl. 19. Abdruck des an mehrere Konzerne mit identischem Wortlaut gerichteten Schreibens in: Emessen, Schreibtisch, S. 82 f.

52 Zum Ablauf der Sitzung liegen verschiedene ausführliche, in den Eckpunkten übereinstimmende Fassungen vor: Betr. Denkschrift betreffend Reichswerke. Niederschrift über die am 24.8.1937 abgehaltene Besprechung [Reichert], BADH R 13 I/597, Bl. 106-117. Aktennotiz, 31.8.1937 [Steinbrinck], BAB R 8122/7, Bl. 11-14; Notiz. Betr. Besprechung im Stahlwerksverband wegen Hermann-Göring-Werke am 24.8.1937, 21.9.1937, ebd., Bl. 1-4. Eine minutiöse Rekonstruktion bei Haus, Lothringen, S. 210-218. Poensgens nach dem Krieg entstandener Erinnerungsbericht weist unübersehbare Anzeichen autobiographischer Konstruktion auf, welche die VSt-Spitze geradezu in die Nähe des antinazistischen Widerstandes rückt; Poensgen, Gründung, S. 338-340.

53 Notiz, 21.9.1937 [Möller], BAB R 8122/7, Bl. 7 f. Die verbands- und wirtschaftspolitische Sprengkraft der Ereignisse war den Beteiligten offensichtlich bewußt; Steinbrinck sprach daher von der »berühmten Sitzung in Düsseldorf«; Notiz, 4.9.1937, ebd., Bl. 9.

54 So Overy, Industry, S. 106: »Germany's most powerful industrial interest group had been compelled to retreat in the face of party power«; mit einem sowohl-als-auch: Mollin, Montankonzerne, S. 104, 106.

gangsbedingungen zu keiner gemeinsamen Auffassung. Vielmehr verwiesen ihre widerstreitenden Meinungen auf die fortgeschrittene Desintegration der stahlindustriellen Interessenorganisation.[55]

Das Scheitern der kollektiven Opposition gegen die Reichswerke zog unterdessen weitere Konsequenzen nach sich, darunter die Ankündigung von Schachts Rücktritt vom Amt des Reichswirtschaftsministers, nachdem er sich allzu deutlich gegen die Etablierung der von Göring protegierten Reichswerke exponiert hatte.[56] Die VSt-Führung entschloß sich derweil endgültig, einen ausschließlich auf die eigenen Interessen gerichteten Kurs zu verfolgen. So hoffte Hermann Wenzel nach dem Düsseldorfer Desaster, daß die VSt über eine Beteiligung an den HGW im Falle einer erfolgreichen technischen Massennutzung der Salzgitter-Erze einen begünstigten Zugriff erhielten, mit dem Ziel der »Wiedererkämpfung eines höheren Anteiles unserer Gesellschaft an der Ruhrproduktion, die nur möglich ist, wenn wir von Pl.[eiger] Erze bekommen und zwar relativ mehr als die anderen«.[57]

Einen anderen Schluß zog Peter Klöckner aus der Unfähigkeit, die divergierenden Interessen der verschiedenen Stahlkonzerne wirksam zu koordinieren. Mit der Initiative zur Gründung des in der Tradition der Ruhrlade stehenden »Kleinen Kreises«, der sich auf die maßgeblichen westdeutschen Stahlunternehmen (VSt, Krupp, Gutehoffungshütte, Hoesch, Mannesmann, Klöckner) sowie den Flick-Konzern beschränkte, damit aber eine nach Produktion und Verbandsquoten unangefochtene, oligopolistische Führungsgruppe versammelte, suchte Klöckner ein überschaubares und informelles Gremium zu etablieren, das leichter zu einer einheitlichen Willensbildung in der Lage und dessen Beschlüsse angesichts der repräsentierten Marktmacht praktisch unangreifbar waren.[58]

Klöckner war es auch, der gemeinsam mit Flick namens der im Kleinen Kreis versammelten Unternehmen im Oktober 1937 einen »Friedensschluß«[59] mit den HGW anbahnte. Zur atmosphärischen Bereinigung erklärten sich die Konzerne bereit, Anteile der Reichswerke zu zeichnen, »um damit dem Herrn Generaloberst Göring zur Kenntnis zu bringen, daß ihrerseits zwischen den großen Werken der eisenschaffenden Industrie und den Hermann-Göring-Werken keine Differenzen bestehen und daß allseitig der Wunsch zu einer einmütigen Zu-

55 Aktennotiz. Vorbesprechung am 20.8. betreffend Rohstahlerzeugung, 20.8.1937 [Burkart]; Niederschrift über die Sitzung bei Oberst v. Hanneken am 20.8.1937 [Möller], 20.8.1937, beide BAB R 8122/347.

56 Vögler an Wenzel, 9.9.1937, TKA VSt/4036. Zum sukzessiven Machtverlust Schachts vgl. Tooze, Wages, S. 223 f.

57 Wenzel an Vögler, 3./6.9.1937, TKA VSt/4036.

58 »Es ist mir kein Fall bekannt, in welchem die Verbände Maßnahmen ergriffen, die den im Kleinen Kreis getroffenen Abreden entgegenstanden«; Erklärung unter Eid, o. D. [1948; Zangen], MMA M 20.039.2; vgl. Mollin, Montankonzerne, S. 115 f.

59 So Kimmich, der erneut als Vermittlungsstelle fungierte; Betr. Göring-Werke, 2.3.1938, BAB R 8119F/P1415, Bl. 81.

sammenarbeit vorliege«.[60] Dennoch blieb das Verhältnis zwischen privater und staatlicher Montanindustrie in den folgenden Jahren angespannt, bisweilen krisenhaft wie in der Abtretung der Alpine Montan durch die VSt oder im Wettlauf um die attraktivsten Übernahmeobjekte im Ausland ab 1938.[61] Auch die Führung der FFKG betrachtete den zum Moloch anwachsenden Staatskonzern – Ende März 1941 sollte er 260 Gesellschaften mit einem Gesamtstammkapital von über 2,5 Mrd. RM zählen[62] – mit gemischten Gefühlen und versuchte mehrfach, bei den Berliner Ministerien einen weiteren Ausbau abzuwenden.[63] Dessen ungeachtet akzeptierte Flick die Realität der neuen Machtkonstellation in der deutschen Schwerindustrie und zögerte in den folgenden Jahren nicht, durch Annäherung, gelegentlich auch Anlehnung, an das Staatsunternehmen den eigenen Vorteil zu suchen.

4.3. Maxhütte und Mittelstahl bis zum Beginn des Krieges

Der zunehmende Rohstoffmangel, der die Gründung der Reichswerke entscheidend förderte, bestimmte seit Einführung der Kontingentierung Anfang 1937 den Alltag in der Eisen- und Stahlindustrie. Allerdings gestaltete sich die Bewirtschaftung von Beginn an problematisch, bisweilen gar chaotisch.[64] Um die zwischen Reichswirtschaftsministerium, Überwachungsstelle für Eisen und Stahl, seinem eigenen Stab sowie den Verbänden zersplitterten Kompetenzen in einer Hand zusammenzufassen, berief Göring im Juni 1937 Oberst Hermann von Hanneken zum Generalbevollmächtigten (GBV) für die Eisenwirtschaft. Die neue Instanz, die zu der wachsenden Zahl von Sondergewalten zählte, sollte die verstreuten Zuständigkeiten bündeln und die bis dato ineffektive Kontingen-

60 Zitat: Akten-Notiz über die am 21.10.1937 stattgefundene Besprechung, BAB R 8119F/P1415, Bl. 36f.; [Vermerk], 22.10.1937, ebd., Bl. 39f.; Klöckner an Kimmich, 23.11.1937, ebd. Bl. 50.

61 Zur Alpine vgl. Overy, Industry, S. 108f.; Mollin, Montankonzerne, S. 115-124; zur Expansion im Krieg s. u.

62 Gliederung des Gesamtkonzerns AG Reichswerke »Hermann Göring«, Stand am 31.3.1941, BAB R 3102/10607, Bl. 46-49; Die Unternehmungen des Konzerns Reichswerke AG für Berg- und Hüttenwerke »Hermann Göring«, gegliedert nach Rechtsformen, Stand am 31.3.1944, ebd. Die einzige, den Anspruch einer Gesamtdarstellung erhebende Studie, Meyer, Holding, genügt wissenschaftlichen Ansprüchen nur in Teilen.

63 Gegenüber Hanneken bezeichnete Flick 1939 neue Walzwerke in Linz und Salzgitter als überflüssig, zwei Jahre darauf nutzte Burkart die Expansion ins lothringische Revier, um das komplette Salzgitter-Projekt als »vollkommen gegenstandlos« anzugreifen; Aktennotiz, 19.1.1939 [Burkart], BAB R 8122/58; Notiz, 11.6.1940 [Burkart], StAN Rep. 501, KVP, Fall 5, B-20, NI-3516, Bl. 65; Rombacher Hüttenwerke an VDEh, 30.6.1941, BAB R 8122/116.

64 WiGr Eisen schaffende Industrie (Reichert) an Vierjahresplanbehörde (Göring), 9.3.1937; Notiz für Herrn Flick, 12.3.1937; Notiz für Herrn Flick, 18.3.1937 [Burkart], alle BAB R 8122/108, Bl. 133f., 131, 128.

tierung reformieren.[65] Die Umsetzung erwies sich jedoch als schwierig und zog sich über Monate hinweg. Dabei drängte die Wirtschaftsgruppe unter Poensgens Führung, die bisherige Zahl von zwölf Kontingentträgern zu reduzieren, nur noch Vierjahresplan und Wehrmacht als eigene Anspruchsberechtigte auftreten zu lassen und die Versorgung der restlichen Verbraucher durch den Stahlwerksverband zu regeln. Hanneken sollte lediglich ein monatliches Auftragssoll vorgeben, das dann vom Verband entsprechend den internen Quoten auf die Werke umzulegen war.[66]

Als dieses Procedere im Herbst 1937 eingeführt wurde, sah sich der Flick-Konzern zu massivem Widerspruch veranlaßt, da für das sogenannte H[ütten]u[nd] Z[echen]-Kontingent – jene Stahlmengen, die an die Erzeuger selbst ausgegeben wurden – die Vergleichswerte von 1936 zugrunde gelegt wurden. Dies entsprach nicht dem aktuellen Bedarf der Flick-Werke, insbesondere der Maxhütte, die infolge der verstärkten Verhüttung heimischer Erze ihre Produktion über den Branchendurchschnitt hinaus erhöht hatte und dazu von den für die Konkurrenz geltenden Beschränkungen im Bezug von Grund- und Hilfsstoffen ausgenommen worden war. Die Berechnung auf der Basis von 1936 bedeutete somit einen Rückfall auf den status quo ante, eine Reduzierung des Stahlkontingents um fast die Hälfte, die eine Ausschöpfung der inzwischen vergrößerten Kapazitäten zu verhindern drohte.[67]

Entsprechend heftig fiel die Reaktion von Zentrale und Maxhütte-Vorstand aus. Dabei zeigten sich die Konzernmanager konfrontationsbereit und wach für die argumentativen Möglichkeiten, die ihnen die nationalsozialistische Autarkie-Propaganda an die Hand gab. In einem empörten Schreiben an die Wirtschaftsgruppe attackierte Terberger die Neuregelung, forderte eine umgehende Heraufsetzung des zugewiesenen Kontingents und drohte andernfalls mit einer Beschwerde bei Göring.[68] Als dies zunächst nicht die gewünschte Wirkung zeigte, verstärkten die Verantwortlichen in Berlin, Riesa und Sulzbach-Rosenberg ihre Bemühungen.[69] Zum einen intervenierte Burkart bei der Vierjahresplanbehörde, um an die Sonderstellung der süd- und mitteldeutschen Werke infolge ihrer heimischen Erzbasis zu erinnern. Zum anderen ging sein Kollege

65 Ernennung von Hanneken, BAB R 26 I/3 (= NI-13627); Niederschrift über die am 3.6.1937 bei Oberst v. Hanneken (HWA) abgehaltene Besprechung [J. Reichert], BAB R 8122/348.

66 Aktennotiz, 30.6.1937 [Burkart]; Niederschrift über die Besprechung mit dem GBV für die Eisenbewirtschaftung am 6.7.1937, 7.7.1937; Notiz für Herrn Burkart, 5.11.1937 [Steinbrinck], alle BAB R 8122/348.

67 Entwicklung des HuZ-Kontingents, 15.11.1937 [Burkart]; Rundschreiben der WiGr Eisen schaffenden Industrie, 9.11.1937, beide BAB R 8122/108, Bl.46, 41. Allerdings hatten die bisherigen Zuteilungen den Eigenbedarf der Maxhütte, wie intern durchaus eingestanden wurde, deutlich überschritten; Burkart an Raabe, 14.9.1937; Notiz für Herrn Flick, 14.9.1937 [Burkart], BAB R 8122/108, Bl. 99 f., 98.

68 Terberger an WiGr Eisen schaffende Industrie, 15.11.1937, ebd., Bl. 43-45, Zitat Bl. 45.

69 Rundschreiben der WiGr Eisen schaffende Industrie, 18.11.1937, BAB R 8122/58.

Ernst Wiegand im industriellen Kontingentausschuß, der durch den VSt-Vertreter Walter Rohland geleitet wurde, in die Offensive. Für den Fall, daß es zu keiner Einigung komme, warnte Wiegand, wüßten die Flick-Unternehmen »an anderer Stelle ihr Recht durchzusetzen«.[70] Trotz Rohlands ausdrücklicher Bitte, »die Disziplin zu wahren« und nicht die industrieinterne Abstimmung durch eine provozierte staatliche Intervention zu gefährden[71], wandten sich erst Burkart und Steinbrinck, dann Raabe und Terberger im Dezember 1937 an Hanneken und baten um eine offizielle Untersuchung. Unter Verweis auf die herausragende Bedeutung der deutschen Erze und mit unmißverständlicher Warnung vor drohenden Produktionsbeschränkungen gelang es, eine Erhöhung der Zuteilung durchzusetzen. Zum Jahreswechsel 1937/38 vergaß Flick daher nicht, Hanneken für »das große Verständnis und Wohlwollen [...], das Sie und Ihre Mitarbeiter meiner Gruppe Mittelstahl/Maxhütte im laufenden Jahr entgegen gebracht haben«, seinen Dank abzustatten.[72]

Diese Konfliktanordnung, ebenso wie die vorgebrachten Argumente, wiederholte sich vor dem Hintergrund der anhaltend schlechten Versorgungslage in den folgenden Jahren noch mehrfach.[73] Die regelmäßigen Klagen konnten aber nicht darüber hinwegtäuschen, daß trotz der wachsenden Schwierigkeiten infolge unzulänglicher Transportbedingungen, Materiallieferungen und Arbeitskräftemangels die wirtschaftliche Situation von Mittelstahl und Maxhütte sich weiter spürbar verbesserte. Im November 1938 vermeldete Burkart »fast überall Rekord-Produktionsziffern« der Lauchhammer-Werke und legte seinem Chef nahe, dem Riesaer Vorstand »einige freundliche Worte zu sagen«.[74] Die Maxhütte konnte ihre durchschnittliche Monatsproduktion von Roheisen im Geschäftsjahr 1938/39 auf den weder davor noch danach wieder erreichten Höchststand von 44583 t bringen.[75] Die Rohstahlerzeugung aller Konzernwerke stieg von 1,3 (1936/37) über 1,5 (1937/38) auf 1,6 Mio. t (1938/39) im letzten Friedensjahr an. Die gute Auslastung und die hohen Erlöse drückten sich ebenso in den Bilanzzahlen aus, infolge der Dividendenabgabeverordnung aber nicht in den ausgewiesenen Gewinnen, sondern in den förmlich explodierenden, aber nur schwer entzifferbaren offenen und stillen Reserven, in denen die Überschüsse

70 Notiz für Herrn Flick, 19.11.1937 [Burkart]; Aktenvermerk, 25.11.1937 [Wiegand], BAB R 8122/108, Bl. 35 f., 22-29, Zitat: Bl. 23.

71 Ebd., Bl. 23.

72 Maxhütte an GBV Eisen- und Stahlbewirtschaftung, 8.12.1937; Notiz. Betr. Besuch von General Bührmann am 13.12.1937, 15.12.1937 [Raabe, Terberger]; Maxhütte an Stellv. des GBV für Eisen und Stahlbewirtschaftung (Bührmann), 22.12.1937; Situation bei den Werken der Maxhütte nach Einführung der Rohstahlkontingentierung, 23.12.1937; Notiz, 4.1.1938 [Steinbrinck], alle BAB R 8122/348; Zitat: Flick an Hanneken, 23.12.1937, ebd.

73 Beispielhaft: Maxhütte an WiGr Eisen schaffende Industrie, 19.9.1939, BAB R 8122/108, Bl. 1-3.

74 Notiz für Herrn Flick, 1.12.1938 [Burkart], BAB R 8122/359, Bl. 154.

75 Maxhütte, o. D., BAB R 8122/352. In der Rohstahlproduktion wurde im folgenden Jahr der Höchstwert erzielt, dasselbe galt für die Erzförderung.

thesauriert wurden. Auch die Wirtschaftsredakteure der *Frankfurter Zeitung* beließen es daher dabei, das über dem Branchendurchschnitt liegende Wachstum der Flick'schen Produktion zu konstatieren, und erklärten, für Außenstehende sei der Einblick in Aufbau und finanzielle Verhältnisse des Konzerns »nur sehr begrenzt möglich«.[76]

Etwas mehr Aufschluß gaben die für die Aufsichtsräte vorgesehenen Unterlagen, wenngleich auch sie mit Blick auf die konzernfremden Mandatsträger zurückhaltend gestaltet wurden. Bei der Maxhütte erläuterte Anfang 1940 der Finanzdirektor Hans Krugmann die Bilanz für das Geschäftsjahr 1938/39. Demnach waren darin Rücklagen mit reinem Reservecharakter (gesetzliche Reserve, andere Rücklagen, Wohnungs- und Siedlungsfonds) in Höhe von 17,5 Mio. RM (Vorjahr: 14,7 Mio. RM) enthalten, zu denen Rückstellungen für ungewisse Schulden in Höhe von 8,1 Mio. RM (7,2 Mio.) hinzukamen. Ferner wurden faktisch als freie Mittel zu betrachtende Rückstellungen verbucht, die weitere 1,8 Mio. RM ausmachten. Inklusive von Wertberichtigungen auf das Umlaufvermögen und passiven Rechnungsabgrenzungsposten versammelten sich in den diversen Bilanzposten der Passivseite annähernd 30 Mio. RM, von denen ein Großteil aus nicht ausgewiesenen Gewinnen resultierte.[77]

Nicht anders stellte sich die Situation bei Mittelstahl dar. Allein 17 Mio. RM standen hier als gesetzliche Rücklagen und zusätzlicher Reservefonds zu Buche. Unter »andere Rücklagen« erschienen weitere 7,4 Mio. RM (Vorjahr: vier Mio.), als Rückstellungen für ungewisse Schulden 21,3 Mio. RM (18,5 Mio.). Auch der Wohn- und Siedlungsfonds erfuhr mit 4,3 Mio. RM eine beträchtliche Steigerung gegenüber dem Vorjahr (1,8 Mio.), ebenso die Wertberichtigungen auf Posten des Anlage- und des Umlaufvermögens, die sich zusammen auf 9,6 Mio. RM (5,9 Mio.) beliefen. In diesen insgesamt rund 44 Mio. RM Rückstellungen und Reserven, die in der Bilanz aufgeführt wurden, befanden sich nach Angaben Konrad Kaletschs »erhebliche Reserven«, die nicht für die ausgewiesenen Zwecke benötigt wurden. Nicht zu vergessen war schließlich der offiziell ausgewiesene Reingewinn von rund 3,3 Mio. RM.[78] Eine präzise Aufstellung der Überschüsse

76 Der Flick'sche Eisenkern, in: FZ v. 30.3.1938; s. auch: Starke Aktivität bei Mittelstahl und Maxhütte, in: BBZ v. 30.3.1938. Das Aktiengesetz von 1937 erlaubte die Bildung stiller Reserven ausdrücklich; vgl. Boelcke, Kosten, S. 47.

77 Bericht des Herrn Krugmann. Erläuterung der Bilanz Maxhütte in der Aufsichtsratssitzung von Maxhütte, 14.3.1940, BAB R 8122/405. Als Gewinn wies die Maxhütte im gleichen Jahr nur 1,26 Mio. RM aus. Dies war der Betrag nach dem Gewinnausgleich in Höhe von 3,5 Mio. RM, der im Rahmen des IG-Vertrages an Mittelstahl überwiesen und als außerordentliche Aufwendung verbucht wurde; ebd. u. Notiz. Betr. IG-Ausgleich Mittelstahl/Maxhütte, 11.7.1941, BAB R 8122/403.

78 Bericht des Herrn Kaletsch. Erläuterung der Bilanz Mittelstahl, 9.4.1940, BAB R 8122/405; Zitat: Bericht des Herrn Kaletsch. Erläuterung der Bilanz Mittelstahl (Entwurf), 9.4.1940, ebd. In einer internen Aufstellung von 1940 werden die in der Bilanz 1938/39 enthaltenen Reserven – ohne das Anlagevermögen – auf 24 Mio. RM beziffert; Notiz, 30.4.1940, ebd.

stellte dies nicht dar. Doch offenkundig war, daß die Stahlgruppe mit einem substantiellen finanziellen Polster in den Krieg ging.

Einen schweren Verlust für den Konzern bedeutete der unerwartete Tod Friedrich Möllers im September 1938. Mit Möller verstarb einer der langjährigen Weggefährten Flicks, der die enge Anbindung Riesas an die Berliner Zentrale gewährleistet hatte. Steinbrinck würdigte ihn entsprechend als einen »der treuesten Paladine unseres Herrn Friedrich Flick« und als »getreuen Ekkehard der Lauchhammerwerke«.[79] Möllers Nachfolge trat mit August Menzel ein alter Bekannter Flicks an, mit dem er bereits in Oberschlesien eng zusammengearbeitet hatte.[80]

4.4. Die »Arisierung« des Hochofenwerks Lübeck

4.4.1. Vorlauf und Konzeption

Die »Eisennot« des Jahres 1936 und die damit einhergehende Schrottverknappung erhöhten die Anforderungen an die Konzernwerke, insbesondere an die Roheisenerzeugung der Maxhütte. Da die Stahlwerke in Riesa und Gröditz kontinuierlich ihren Rohstoffverbrauch steigerten, Schrott als wichtigster Grundstoff aber immer spärlicher und teurer wurde, ersetzten die Mittelstahl-Betriebe diesen in wachsendem Umfang durch Roheisen, das aus Unterwellenborn geliefert wurde. Währenddessen stieg die eigene Stahlerzeugung in Thüringen ebenfalls an – nicht zuletzt befördert durch die Einrichtung von Donauwörth II –, so daß sich die Kluft zwischen Eigenbedarf und Fremdbelieferung zunehmend vergrößerte. Daher wurde Unterwellenborn seit Mitte des Jahrzehnts ausgebaut und sollte den Planungen zufolge ab 1938 monatlich 5000 bis 6000 t Roheisen an Mittelstahl abgeben.[81]

Zwar versprach dies, die Versorgungsprobleme der sächsischen Betriebe zu lindern, allerdings nur in begrenztem Maße und mit dem Unsicherheitsfaktor belastet, daß bei weiter anziehender Nachfrage die Maxhütte die zusätzlichen Mengen selbst beanspruchen würde. Ferner half der Ausbau den brandenburgischen Betrieben der FFKG nicht weiter, da die langen Transportwege von Thüringen ertragsmindernd wirkten. Zu den naheliegenden Alternativen zur Verbreiterung der Rohstoffgrundlage zählte daher die Reaktivierung der schon seit den zwanziger Jahren immer wieder erwogenen Pläne, den Konzern um die Hochofenwerk (HOW) Lübeck AG zu erweitern. Als eines der letzten reinen Hochofenwerke besetzte das Unternehmen die Mittelstahl fehlende Produktionsvorstufe und hatte mangels Stahlwerk keinen nennenswerten Eigenbedarf.

79 Friedrich Möller zum Gedächtnis, o. O., o. J. [1938], in: SächsHStA 11616/22.156.
80 *1890, Abitur, Studium der Rechts- u. Staatswissenschaften in Breslau, 1919 Promotion; Weltkriegsteilnahme; seit 1919 in oberschlesischer Eisenindustrie, bis 1939 Vorstand VOH; Beirat der IHK Oppeln.
81 Notiz für Herrn Flick, 8.12.1936 [Burkart], BAB R 8122/80902.

Zudem war das HOW als Küstenwerk prädestiniert für eine Belieferung über die Wasserwege, an die sowohl die elbnahen Lauchhammer- wie auch die Havel-Werke angeschlossen waren.[82]

Schon nach der Gründung von Mittelstahl 1926 waren Gespräche mit dem zweitgrößten HOW-Aktionär Rawack & Grünfeld, einer Erzhandelsgesellschaft, geführt worden.[83] Anfang 1928 hatte sich diese Idee allerdings zerschlagen, weil Flick den verlangten Kaufpreis von 22 Mio. RM für eine hälftige Beteiligung am HOW (Stammkapital: 16 Mio. RM) für zwar angemessen, aber angesichts anderer Alternativen zu hoch befunden hatte. Zudem hatten VSt und Mittelstahl damals noch Pläne für einen Erzaufschluß in Salzgitter verfolgt.[84] Nach dem Erwerb der Maxhütte mit ihrer hervorragenden Rohstoffbasis und der fortan bestehenden Belieferungsmöglichkeit für die mitteldeutschen Werke waren sowohl die Salzgitter-Option als auch eine Beteiligung an dem Lübecker Unternehmen obsolet geworden.[85] Entsprechend war ein zweiter Anlauf[86] zur Anbindung des HOW an Mittelstahl 1934/35 auch nicht von Flick ausgegangen, sondern hatte sich aus einer Kombination der antisemitischen Politik des NS-Regimes und lokaler Dynamiken in Lübeck ergeben.[87]

Als eines der wenigen, buchstäblich an einer Hand abzählbaren Unternehmen der Eisen- und Metallindustrie, die unter jüdischer Führung standen, war das HOW fast unmittelbar nach der Machtübernahme zum Ziel nationalsozialistischer Angriffe geworden.[88] Die antisemitischen Attacken hatten – unterstützt vom HOW-Vorstandsmitglied Hermann Fabry – bereits 1934 zur Ablösung des

82 Die Hochofenwerk Lübeck AG war 1905 unter maßgeblicher Beteiligung der Lübecker Kaufmannschaft ins Leben gerufen worden, um die Industrie des norddeutschen Hinterlandes zu beliefern. Es verfügte über keine eigene Rohstoffbasis, sondern sollte durch die Lage am Küstenstandort Herrenwyk von den günstigen Seefrachten für skandinavische Erze sowie britische Kohlen profitieren. Seit seiner Gründung war das Unternehmen durch Werkserweiterungen, Quotenzukäufe sowie Diversifizierung in die Nichteisenmetall-Sparte, Zementfabrikation und kommunale Energieversorgung stark angewachsen. Zu den bedeutendsten Angliederungen zählte das 1921 erworbene Eisenwerk Kraft in Kratzwieck bei Stettin, das in der Produktionsstruktur große Ähnlichkeiten mit dem HOW aufwies; vgl. Priemel, ›Arisierung‹, S. 178-180.

83 Verhör A. Rohde, 13.8.1947, StAN Rep. 501, KVP, Fall 5, A 68-70, Bl. 5361.

84 Flick an Neumark, 2.6.1928, ebd., G-3, Dok. Steinbrinck-30, Bl. 70; Rawack & Grünfeld an Hahn'sche Werke, Metallgesellschaft u. M. M. Warburg, 29.5.1928, Dok. Steinbrinck-29, ebd., Bl. 68 f.; vgl. Haus, Lothringen, S. 97-99.

85 Vgl. ebd., S. 110-112.

86 Genschel, Verdrängung, S. 221, erwähnt Verhandlungen Flicks mit der HOW-Führung 1932/33, Stallbaumer, Business, S. 164, eine ergebnislose Kontaktaufnahme im November 1933. Vgl. Kreuzverhör Rudolf Hahn, 15.10.1947, StAN Rep. 501, KVP, Fall 5, A 107-09, Bl. 8478 f.

87 Vgl. für diese typische Konstellation in den ersten Jahren der Diktatur: Bajohr, Prozeß, S. 15-30; ders., »Arisierung«, S. 12-16, 174, 339 f.

88 Zur Machtübernahme der Nationalsozialisten in Lübeck am 6.3.1933: Nationalsozialismus in Lübeck, S. 19 f.; vgl. Fiedler, »Arisierung«, S. 64 f.

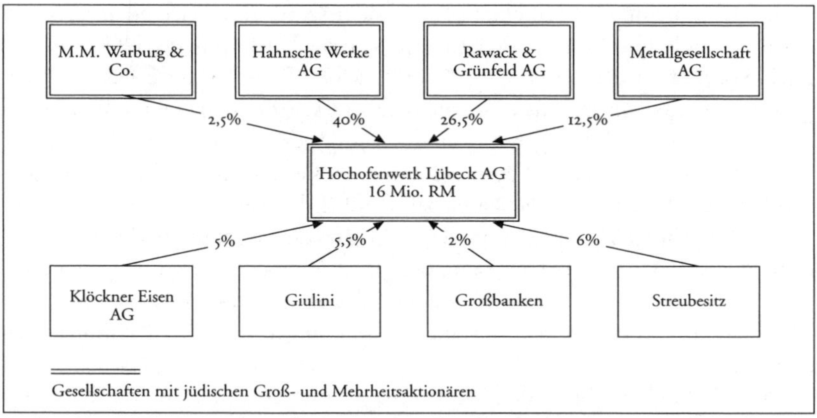

Quellen: StAN Rep. 501, KVP, Fall 5, F-3, Dok. Kaletsch-949; StAN Rep. 501, KVP, Fall 5, B14, NI-4401; NI-1849; Hauptversammlungsprotokolle HOW AG 1936-39, AHStL Metallhüttenwerke Nr. 44 u. Nr. 45.

Abb. III/4: Kapitalverteilung Hochofenwerk Lübeck AG, November 1937

langjährigen Generaldirektors Moritz Neumark geführt[89] und seither auch die jüdischen Eigentümer (Abb. III/4) unter wachsenden Druck gesetzt, sich aus dem Lübecker Unternehmen zurückzuziehen. Unter dem Eindruck des feindlichen Klimas war es 1934/35 zu Verhandlungen mit Flick gekommen, die von den Gesellschaftern selbst initiiert, in der Folge jedoch vom Lübeckschen Gesandten bei der Reichsregierung, Werner Daitz, in einen »Arisierungs«-Plan transformiert worden waren.[90] Gleichwohl war dieser erste »Arisierungs«versuch an der Weigerung der Großaktionäre gescheitert, ihren Besitz zu indiskutablen Konditionen abzugeben. Und auch Flicks Interesse hatte zu diesem Zeitpunkt noch nicht so gedrängt, als daß er zu preislichen Zugeständnissen bereit gewesen wäre.[91]

Zwei Jahre später hatte sich die Situation grundlegend gewandelt. Zur Jahreswende 1936/37 stellte eine ohne Zeitverzögerung erreichbare Verbreiterung der Roheisenversorgung eine bedenkenswerte Option dar. Daß ein verläßlicher Zugang zu der Lübecker Produktion wünschenswert war, stand daher kaum zur Debatte – wohl aber, auf welchem Wege er erfolgen sollte. Ausdrücklich gegen einen Aufkauf des HOW sprach sich in der Konzernzentrale Odilo Burkart aus und zeigte sich skeptisch hinsichtlich der langfristigen Perspektiven des Lü-

89 Vgl. Priemel, ›Arisierung‹, S. 183-185; zu Neumarks Biographie s. Leben und Arbeiten, S. 284-287; Fabry: 1879-1949; Lehre bei Gew. Deutscher Kaiser; seit 1907 HOW; Weltkriegsteilnahme; 1921 Vorstand HOW, 1934 VV; Präsident der IHK Lübeck und stellv. Leiter der Wirtschaftskammer Nordmark; Wehrwirtschaftsführer.

90 Zu Daitz, u.a. Mitglied der NSDAP-Reichsleitung, vgl. Lorenz, Industrieelite, S. 84f., 164f.

91 Dazu ausführlich Priemel, ›Arisierung‹, S. 186-189; Stallbaumer, Business, S. 169.

becker Unternehmens nach einem früher oder später zu erwartenden Abflauen der Rüstungskonjunktur.[92] Unterstützung für die Anlehnung des HOW an den Flick-Konzern kam hingegen aus Lübeck selbst. Dort forcierte Fabry, Nachfolger Neumarks im Amt des Generaldirektors, seit Ende 1936 seine Bemühungen, »mit Mittelstahl in engeren Konnex zu kommen«. Fabrys Anbiederung ging vor allem darauf zurück, daß er in der jüdischen Besitzstruktur den entscheidenden Grund erblickte, daß das Unternehmen bei der Vergabe von Rüstungsaufträgen weitgehend übergangen wurde.[93] Der Vorstandschef sah in den jüdischen Kapitaleignern einen Klotz am Bein, dessen er sich möglichst entledigen wollte. Diese Zielsetzung trieb Fabry auch in der Folge an, etwa in seinem »brennenden Wunsch«, das HOW von geringfügigen Forderungen jüdischer Kreditgeber zu befreien.[94]

Dem akuten Bedarf und dem beiderseitigen Interesse, die Absatzbeziehungen zwischen Mittelstahl und Lübeck zu intensivieren, standen die von Burkart formulierten langfristigen Bedenken entgegen. Der Weg, den die Konzernführung Ende 1936 einschlug, vermied daher eine vorzeitige strategische Festlegung und ließ verschiedene Möglichkeiten offen. Ins Zentrum der Überlegungen, wie die Einflußnahme auf das HOW zu erreichen war, rückte nun die Rawack & Grünfeld AG (R&G), deren Besitzer vorwiegend jüdische und ausländische Anteilseigner waren (Abb. III/5).[95] Aus diesem Perspektivwechsel, der nicht mehr das eigentliche Ziel HOW, sondern einen Großaktionär zum Fluchtpunkt wählte – eine Taktik, die Flick mit spektakulärem Erfolg bei der Majorisierung der VSt angewandt hatte –, ergab sich eine Fülle von Implikationen:

1. Der Zugriff auf die Roheisenproduktion von Lübeck in Form fester Lieferzusagen war nicht an die Aktienmehrheit gebunden, sondern ließ sich auch als Großaktionär erreichen.
2. Mit 28 Prozent des Stammkapitals verfügte R&G über die qualifizierte Minderheit in der HOW-Hauptversammlung und somit über ein effektives Vetorecht in den zentralen Belangen der Kapitalverhältnisse und Besitzveräußerungen.
3. Das Stammkapital von R&G lag mit 3,5 Mio. RM substantiell unter den 16 Mio. RM der Hochofenwerk Lübeck AG. Entsprechend genügten bereits 1,8 Mio. RM Rawack-Aktien, um die in deren Besitz befindlichen 4,25 Mio. RM HOW-Anteile zu kontrollieren. Der Kapitalaufwand für eine etwaige Majorisierung des Lübecker Unternehmens fiel also beträchtlich niedriger aus als bei einem Direkterwerb.

92 Notiz für Herrn Flick, 8.12.1936 [Burkart], BAB R 8122/80902.

93 Zitat: Notiz für Herrn Flick, 23.6.1937; Notiz für Herrn Steinbrinck, 4.8.1937; Notiz für Herrn Flick, 11.11.1937, alle BAB R 8122/80902; [Unbetitelte Denkschrift], o. D. [ca. November 1941], BAB R 8122/80901; Stallbaumer, Business, S. 172.

94 HOW an Abt. der Reichsbank für Auslandsschulden, 10.11. u. 9.12.1937, BAB R 2501/9804. Zitat: Fabry an Schacht, 13.6.1938, ebd. Zu Fabrys Rolle s. Priemel, ›Arisierung‹.

95 [Unbetitelter Vermerk], 15.12.1936, StAN Rep. 501, KVP, Fall 5, B-14, NI-4410, Bl. 3.

4. Die Übernahme Rawacks versprach einen Einbruch in die Aktionärsgruppe in Lübeck und somit die Möglichkeit, über anschließende Einzelverhandlungen deutlich günstigere Konditionen als bei einem geschlossenen Paketkauf von über 75 Prozent zu erreichen.
5. Gleichsam als Bonus zum eigentlichen Zielobjekt HOW eröffnete sich die Möglichkeit, mit R&G auch eine renommierte Außenhandelsgesellschaft zu erwerben – eine Funktion, die im Konzerngefüge bis dato vakant war.

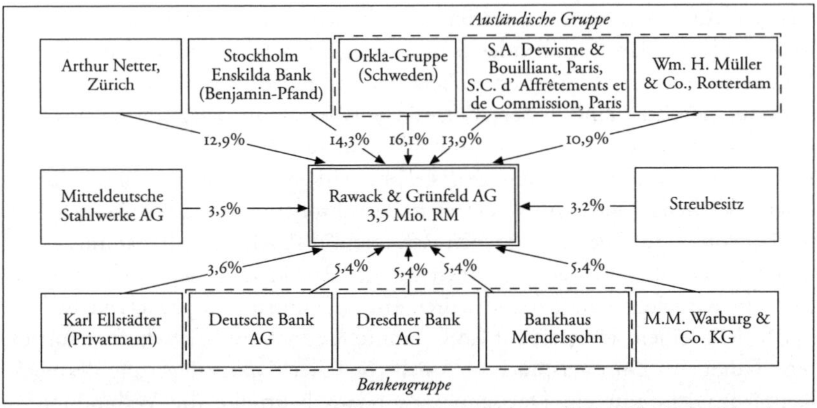

Quellen: StAN Rep. 501, KVP, Fall 5, KVP, NI-4408; StAN Rep. 501, KVP, Fall 5, Dok. Kaletsch-950; eigene Berechnungen.

Abb. III/5: Kapitalverteilung Rawack & Grünfeld AG, Berlin, November 1937

Diesen Weg schlug Flick Anfang 1937 ein. Eine erste kleine Marge von 3,5 Prozent des R&G-Kapitals konnte er rasch erwerben; die übrigen größeren Aktienpakete lagen jedoch im Ausland und erforderten somit Valutazahlungen, die aufgrund der deutschen Devisenpolitik nur mit behördlicher Zustimmung aufgebracht werden konnten.[96] Um den Kaufpreis nicht nach oben zu treiben und die Verhandlungsposition der R&G-Eigentümer zu schwächen, gab sich Flick nach außen desinteressiert und ließ den Aufsichtsrat um Hermann Münch und den Warburg-Teilhaber Ernst Spiegelberg wissen, daß er keine Ambitionen mehr hinsichtlich des HOW oder Rawacks hege.[97]

96 Vernehmung Flick, 9.7.1947, StAN Rep. 501, KVP, Fall 5, A 43-46, Bl. 3386 f.; Vernehmung Steinbrinck, 1.8.1947, ebd., A 60-62, Bl. 4765 f.; Verhör Rohde, 13.8.1947, ebd., A 68-70, Bl. 5361. Einer der jüdischen Eigner bot seine Aktien sowohl Flick als auch ausländischen Interessenten an, was Rohde in antisemitischer Wendung als »echt jüdische[n] Dreh« bezeichnete; zit. nach Stallbaumer, Business, S. 180 (Anm. 41).

97 Aktennotiz [Münch], 6.12.1937, StAN Rep. 501, KVP, Fall 5, B-34, Bl. 107-113 [u. a. über Besprechung am 1.2.1937]. Münch war sowohl im Aufsichtsrat von R&G als auch des HOW vertreten. Warburg war an beiden Unternehmen beteiligt, zudem bestanden verwandtschaftliche Beziehungen zwischen den Familien Hahn und Warburg; aller-

Tatsächlich verfolgte Flick seine Pläne, das Lübecker Unternehmen »durch die Hintertür« zu ergattern, wie Spiegelberg die Strategie später präzise charakterisierte[98], vor dem Hintergrund der Ereignisse des Sommers 1937 mit großer Zielstrebigkeit weiter, wuchs doch die Bedeutung Lübecks für Flicks Konzern mit der Etablierung der Reichswerke signifikant. Das HOW stellte angesichts der künftigen Konkurrenz durch ein staatlich protegiertes, vollintegriertes Eisen- und Stahlunternehmen auf eigener Erzbasis einen bedeutenden Baustein dar, um die Position der FFKG im umkämpften mitteldeutschen Absatzgebiet zu festigen. Außerdem war zu erwarten, daß die Reichswerke Flicks Betrieben den in Mitteldeutschland anfallenden Schrott streitig machen würden. Eine teilweise Kompensation durch Lübecker Roheisen – das zudem durch die Verarbeitung schwedischer Erze eine bessere Qualität aufwies als in Salzgitter zu erwarten war – lag also nahe. Darüber hinaus konkretisierte sich Flicks Interesse an R&G. Durch die verbesserte Auftragslage der exportstärkeren Waggonbauunternehmen wuchs der Bedarf nach einer zentralen Ausfuhrorganisation. Seit Anfang September sondierte Kaletsch bei jenen Referaten in Reichswirtschaftsministerium und Reichsbank, mit denen er auch bei der Abwicklung der Hollandtöchter zusammenarbeitete, die Möglichkeiten für eine entsprechende Handelsgesellschaft. Mit seinem Hinweis auf R&G rannte Kaletsch im Wirtschaftsressort offene Türen ein: Dort versprach man sich von einer Exportsteigerung des Flick-Konzerns nicht nur ein Devisenplus, sondern beurteilte die Verbindung zu R&G, über deren »nicht-arische« Besitzverhältnisse man bis dato nicht orientiert gewesen war, als »sehr bedeutungsvoll«.[99]

Mit dieser Zustimmung im Rücken erhöhte Flick den Druck auf die Eigentümer von R&G. Seit Oktober 1937 fanden die Verhandlungen immer weniger auf Augenhöhe statt. Vielmehr forcierte Flick die Einbeziehung staatlicher Organe und trieb mit diesem Drohpotential die jüdischen Aktionäre und Manager streckenweise regelrecht vor sich her. Flick stellte nun die komplette Transaktion als politischen Akt dar, der von »hohen Stellen« angeregt worden sei. Damit wollte er die laufenden Bemühungen der Verantwortlichen von R&G, durch Aktientransfers ins Ausland sowie Poolabkommen der Aktionäre ihre Verhandlungsposition zu verbessern, aushebeln. Kaum bemäntelt drohte er, derartige Schritte würden bei den Behörden »unangenehm auffallen«.[100]

dings war Warburg nicht Hausbank der Hahn'schen Werke; zu stark daher die Einschätzung bei Ziegler, Dresdner Bank, S. 234f., Warburg habe informell mehr als 50% der HOW-Aktien kontrolliert.

98 Perpetuation of testimony of Dr. Ernest Spiegelberg, 14.5.1947, StAN Rep. 502A, KVV, Handakten, Flächsner-13.

99 Akten-Notiz, 1.9.1937; MSt (Kaletsch, Kurre) an die Reichsstelle für Devisenbewirtschaftung, 16.10.1937, Notiz für Herrn Flick, 1.11.1937 [Kaletsch], alle BAB R 8122/397, Bl. 247f., 225-31, 162f.; Zitat: Notiz, 18.10.1937 [Kaletsch], ebd., Bl. 224; Vernehmung Steinbrinck, 1.8.1947, StAN Rep. 501, KVP, Fall 5, A 60-62, Bl. 4765f.

100 Notiz über heutige Rücksprache mit Herrn Spiegelberg, 28.10.1937, StAN Rep. 501, KVP, Fall 5, B-14, NI-1873, Bl. 11-13; vgl. Ziegler, Dresdner Bank, S. 235. Von einer

Flicks Verweis auf behördliche Interventionen galt vor allem der Vierjahresplanbehörde. Hier war es Hannekens Büro, präziser: Walther Oldewage, Referent für Erz-, Roheisen- und Stahleinfuhr und mit Flick noch aus dem Ersten Weltkrieg bekannt, der zu einer Schlüsselfigur in der nun folgenden Beschleunigungsphase der »Arisierung« von R&G und HOW wurde.[101] Im November 1937 informierte Oldewage Burkart, daß auf Ministerialebene der Beschluß gefaßt worden sei, die jüdisch-ausländisch geleitete Erzhandelsgesellschaft in deutsche, also Flicks Hände zu überführen.[102] Ihrer Ankündigung verliehen Vierjahresplan und Wirtschaftsministerium umgehend Nachdruck. Dem R&G-Vorstand wurde offiziell mitgeteilt, daß etwaige Vermögensveräußerungen an ausländische Käufer nicht genehmigt würden; einen niederländischen Interessenten beschied man, die deutsche Regierung lehne eine Ausdehnung seines Einflusses bei R&G ab. Essentiell war zudem die Zusage der Ressorts, einen Devisenantrag Flicks zum Aufkauf der Schweizer und schwedischen Rawack-Aktien zu befürworten.[103]

Auf diese Weise gelang es Flick und seinen Mitarbeitern – Alfred Rohde führte die hauptsächlichen Verhandlungen –, binnen kurzem vollendete Tatsachen zu schaffen. Mit der Devisengenehmigung in Aussicht, konnten die ersten ausländischen Pakete erworben werden. Auch die deutschen Eigner, insbesondere Dresdner und Deutsche Bank sowie das selbst unter »Arisierungs«druck stehende Bankhaus Mendelssohn gaben bereitwillig ihre Rawack-Anteile an Mittelstahl ab.[104] Damit wurde die Position Warburgs zunehmend prekärer. Zwar fühlte sich Spiegelberg den ausländischen Aktionären verpflichtet und war bemüht, Flick doch noch von R&G auf das Lübeck-Aktienpaket abzulenken, gleichzeitig aber drohte der Wert der eigenen Aktien drastisch zu sinken, sobald Flick über eine faktische Generalversammlungsmehrheit verfügte und die Warburg-Anteile nicht mehr benötigte.[105]

offiziellen Einflußnahme konnte zu diesem Zeitpunkt – abgesehen von dem Auftreten Daitz' 1935 – keine Rede sein.

101 Vernehmung des Friedrich Flick am 17.2.1947, StAN Rep. 502, KVA, Interrogations, F-47.

102 Notiz für Herrn Flick, 15.11.1937 [Burkart], StAN Rep. 501, KVP, Fall 5, B-14, NI-1874 (F), Bl. 15; s. auch: Eidesstattliche Aussage Walther Oldewage, 20.4.1947, ebd., E-4, Dok. Flick-54, Bl. 177 f.

103 Die Devisenbeschaffung lief über das Nordische Erzkontor (L. Possehl & Co.), ein Unternehmen der Lübeckschen öffentlichen Hand, gegen eine Beteiligung an R&G; zur Rolle Possehls und der Stadt: Priemel, ›Arisierung‹, S. 195.

104 Die Großbanken waren Gläubiger der überschuldeten R&G und wahrten somit ihre Kreditinteressen; vgl. Ziegler, Dresdner Bank, S. 235, 237 f. Zur Arisierung Mendelssohns Kopper, Marktwirtschaft, S. 273-275.

105 Sobald die o.g. Transaktionen abgeschlossen waren, verfügte Flick über 46,8 %; bei 3,3 % Streubesitz konnte dies bereits eine Abstimmungsmehrheit bedeuten; Notiz für Herrn Flick, 20.11.1937 [Rohde], NI-1879 (F); Notiz über Stand der Angelegenheit Rawack und Grünfeld am 22.11.37, 22.11.1937 [Rohde], NI-4408, beide StAN Rep. 501, KVP, Fall 5, B-14, Bl. 24 f., 4-8. Stallbaumer, Business, S. 193, übersieht Warburgs Eigeninteresse.

Da auf die verbliebenen ausländischen Eigentümer nur bedingt Druck ausgeübt werden konnte, lag in Warburgs Position der Schlüssel zur stabilen Mehrheit Flicks bei R&G. Auf Rohdes Anregung hin wies daher Oldewage Spiegelberg nachdrücklich auf den wünschenswerten Übergang der Rawack-Majorität »in gute deutsche Hände« hin.[106] Dies verfehlte seine Wirkung nicht, zumal Oldewage seine Ermahnung mit einer einschneidenden Maßnahme unterstrich: Er veranlaßte, daß der Erzhandel »vereinfacht«, das heißt, nur noch fünf Firmen zugelassen wurden – zu denen R&G nicht gehörte. Der Handstreich brachte unmißverständlich den Willen der Reichsbehörden zum Ausdruck, die »Eindeutschung« notfalls unter Entzug der Arbeitsgrundlage des Unternehmens zu erzwingen.[107]

Zur entscheidenden Sitzung mit Spiegelberg sowie den ausländischen Vertretern am 1. Dezember 1937 erschien Flick nicht selbst, sondern entsandte Rohde. Seine Abwesenheit begründete er gegenüber Oldewage damit, die Hinzuziehung von Ausländern sei »ein erneuter jüdischer Trick, auf den ich nach meinen bisherigen schlechten Erfahrungen nicht einzugehen bereit bin«.[108] Die ungewöhnlich plumpe, ostentativ antisemitische Formulierung Flicks kaschierte indes eher sein Bemühen, in der »Arisierungs«frage nicht allzu prominent aufzutreten. Unterdessen gestalteten sich die Verhandlungen Rohdes erfolgreich. Zwar blieben die ausländischen Gruppen unnachgiebig, aber Spiegelberg gab unter dem Eindruck der massiven Interventionen Oldewages schließlich nach und willigte ein, Warburgs eigenes Aktienpaket an Mittelstahl zu veräußern.[109] Damit konnte Flick mit einer absoluten Mehrheit bei Rawack kalkulieren. Gleichzeitig stellte er mit mehr als einem Viertel der HOW-Aktien nun auch eine unumgehbare Größe in Lübeck dar.

4.4.2. Die Übernahme Lübecks und die »Arisierung« der Hahn'schen Werke

Die Kontrolle über R&G somit gesichert, konnte Flick aus einer starken Position heraus den Hauptaktionär der HOW, die Hahn'schen Werke[110], frontal angehen. Wieder leistete Oldewage wertvolle Schützenhilfe, indem er unmittelbar nach der Rawack-Übernahme den Eigentümern der Hahn'schen Werke, den

106 Notiz über Stand der Angelegenheit [...], 22.11.1937, StAN Rep. 501, KVP, Fall 5, B-14, NI-4408, Bl. 7.

107 Notiz für Herrn Steinbrinck, 22.11.1937 [Rohde], NI-1880 (F); Notiz. Anruf von Herrn Oldewage, 25.11.1937, NI-1881 (F), beide StAN Rep. 501, KVP, Fall 5, B-14, Bl. 26-28.

108 Flick an Oldewage, 1.12.1937, ebd., NI-2621 (F), Bl. 34.

109 Notiz für Herrn Flick, 1.12.1937 [Rohde], ebd., NI-2620 (F), Bl. 29-33. Darüber hinaus willigte Spiegelberg auch in die Übertragung der HOW-Aktien ein; Notiz. Betr. ungefähre Kosten der R&G-Lübeck-Transaktion, 11.12.1937 [Rohde], NI-4401, ebd., Bl. 41; vgl. Kopper, Marktwirtschaft, S. 262.

110 Vgl. Wessel, Hahnsche Werke; ders., Kontinuität, S. 229 f.

beiden jüdischen Familien Hahn und Eisner, mitteilte, daß der Übergang des kriegswichtigen Hochofenwerks auf einen »arischen« Eigentümer von Wehrmacht und Reichsregierung gewünscht werde. Die Unternehmerfamilien entschlossen sich angesichts der langjährigen Bedrängung, die sie in Lübeck erfahren hatten, auf Widerstand zu verzichten und statt dessen eine Sicherung ihres Stammwerks in Duisburg-Großenbaum auszuhandeln. Im Vordergrund der erneut über Spiegelberg geführten Gespräche stand daher von Beginn an der Schutz Großenbaums durch eine offizielle Erklärung, daß die Behörden durch die Abgabe der HOW-Aktien »den guten Willen der Hahn-Gruppe« anerkannten.[111] Spiegelberg verlieh dabei seiner Hoffnung Ausdruck, daß eine solche »Beruhigungserklärung« erreichbar sei, »wenn Sie [Flick] sich dafür einsetzen«.[112] Im Gegenzug wollten die Hahns Flick entgegenkommen und – wie von diesem gewünscht – einem nur hälftigen Verkauf zustimmen, obschon dieser für sie ein schlechteres Geschäft darstellte, da die verbleibenden 20 Prozent keinen entscheidenden Einfluß mehr gewährleisteten. Die Gespräche wurden in geradezu atemberaubender Geschwindigkeit abgeschlossen, schon am 10. Dezember 1937 lag eine Vereinbarung vor. Die Hahn'schen Werke verkauften nominal 3,4 Mio. RM HOW-Aktien an Mittelstahl; für weitere 2,2 Mio. RM Aktien wurde ein wechselseitiges Andienungs- bzw. Optionsrecht vereinbart. Der mündliche Vertrag stand unter dem Vorbehalt, daß die von den Hahns gewünschte Bestandsgarantie für ihre Firma durch den Generalbevollmächtigten für die Eisenwirtschaft gegeben werde.[113] Indes verlas Hanneken die gewünschte Zusage nicht selber, sondern betraute den subalternen Oldewage damit. In der entscheidenden Passage hieß es, »[d]er Generalbevollmächtigte hat nicht die Absicht, nach irgend einer Richtung auf die Familien der Gründer des Unternehmens Hahn und Eisner einen Druck auszuüben, daß sie auch ihren Besitz in Großenbaum abgeben sollten«.[114]

Nach den vorausgegangenen monatelangen Verhandlungen mit Rawack hatte Flick nun innerhalb weniger Tage die Kontrolle über das HOW erlangt und durch den Umweg via R&G auch noch rund 4,5 Mio. RM eingespart, wie Rohde am Tag nach dem Vertragsabschluß bilanzierte.[115] Weniger positiv fiel das Ergebnis hingegen für die Familien Hahn und Eisner aus. Sie hatten zwar ein auf den ersten Blick passables, bei genauerer Hinsicht jedoch keinesfalls gutes Geschäft gemacht; von einem »fair[en]« Abschluß konnte nicht nur wegen des durch

111 Notiz, 7.12.1937 [Flick], StAN Rep. 501, StAN KVP, Fall 5, B-14, NI-2625 (F), Bl. 35 f.

112 Spiegelberg an Flick, 9.12.1937, StAN Rep. 501, KVP, Fall 5, B-14, NI-4389, Bl. 37.

113 Notiz, 10.12.1937, AHStL Metallhüttenwerke Nr. 204 [= NI-1845].

114 Der GBV für Eisenwirtschaft an die Hahn'schen Werke, 10.12.1937, NI-2626 (F), StAN Rep. 501, KVP, Fall 5, B-14, Bl. 40, Textänderung: ebd., Bl. 39; vgl. auch Notiz, 10.12.1937, AHStL Metallhüttenwerke Nr. 204. Die Verlesung der Erklärung erfolgte am 10.1.1938; Notiz, 10.1.1938, StAN Rep. 501, KVP, Fall 5, B-14, NI-4428, Bl. 47 f.

115 Notiz. Betr. ungefähre Kosten der R&G-Lübeck-Transaktion, 11.12.1937 [Rohde], ebd., NI-4401, Bl. 41.

Drohungen erzwungenen Verkaufs keine Rede sein.[116] Der Kurs von 132,5 Prozent orientierte sich am Tageswert, ohne jedoch den für ausschlaggebende Aktienpakete üblichen Aufschlag zu beinhalten. Zudem lag der Preis nach Einschätzung der Verkäufer unter dem inneren Wert des Unternehmens.[117] Noch schlechter stellten sich die weiteren Bestimmungen dar. Für die 2,2 Mio. RM Anteile, die die Hahns andienen konnten, war lediglich ein Kurs von 122,5 Prozent vereinbart worden, und selbst für den Fall, daß Flick seine Option zog, fiel der Kaufpreis auf 130 Prozent. Schließlich blieben noch etwa 800 000 RM HOW-Anteile, für die keine Regelung getroffen wurde und deren Wert als Minderheitspaket in einem von Flick beherrschten Konzern nur gering einzuschätzen war.

Den größten Haken des Verkaufs stellte aber die der ganzen Transaktion zugrundeliegende Prämisse dar, daß die Hahn'schen Werke fortan von Diskriminierung und Bedrängung verschont bleiben würden. Diese von der Familie Hahn gehegte Hoffnung erwies sich schon bald als Trugschluß und die von Oldewage gegebene Schutzerklärung als völlig substanzlos. Nur zweieinhalb Wochen, nachdem er sich mit den Hahns geeinigt hatte, konstatierte Flick, daß es bereits Bestrebungen westlicher Unternehmen gebe, das Werk in Großenbaum aufzukaufen. Gegenüber Karl Kimmich benannte Flick Klöckner und Mannesmann als Interessenten.[118]

Entscheidend nachgeholfen wurde in offenkundiger Parallele zum Vorgehen gegen R&G durch das Reichswirtschaftsministerium, das Anfang 1938 die Verkaufsgesellschaft der Hahns, die Stahlkontor GmbH, mit einer Kürzung des Handelskontingents bedrohte, wenn diese nicht »alsbald sich arisiere«.[119] Da dies die Rentabilität des gesamten Unternehmens in Frage stellte, vereinbarten die Hahns mit ihrer Hausbank BHG, daß diese das Stahlkontor zur Tarnung übernehmen und formell als Eigentümerin betreiben sollte. Der Plan scheiterte jedoch an der Weigerung des Wirtschaftsministeriums, dies als echte »Arisierung« anzuerkennen.[120] Versuche, unter Berufung auf die im Dezember erhaltene Versicherung Zugeständnisse der Regierungsstellen zu erreichen, scheiterten. Auch Oldewage ließ sich nicht heranziehen – dieser stand seit Anfang Februar offiziell in Diensten Flicks.[121]

116 So Stallbaumer, Business, S. 161, die den Fakt des Verkaufs, nicht aber die Modalitäten problematisiert.

117 Kreuzverhör Rudolf Hahn, 15.10.1947, StAN Rep. 501, KVP, Fall 5, A 107-09, Bl. 8485 f.; Perpetuation of Testimony of Dr. Ernest Spiegelberg, 14.5.1947, StAN Rep. 502A, KVV, Handakten, Flächsner-13; Eidesstattliche Erklärung Peter Hahn, 15.4.1947, StAN Rep. 501, KVP, Fall 5, B-14, NI-6017, Bl. 62-64.

118 Flick an E. Tengelmann, 28.12.1937, ebd., NI-4382, Bl. 44; Akten-Vermerk, 29.12.1937 [Kimmich], BAB R 8119F/P840, Bl. 38.

119 Betr. Stahlkontor GmbH. Besprechung mit Georg, Peter und Rudolf Hahn u. a. am 18.2.1938, [Anfang 1938], BADH R 8127/15856, Bl. 12.

120 Ebd., Bl. 13 f.; BHG an Hahnsche Werke AG, 22.2.1938, Vertrag vom 24.2.1938, BADH R 8127/15856, Bl. 15 f., 27-30. Vgl. dazu ausführlich Wessel, Hahnsche Werke, S. 452 f.

121 Hanneken an Flick, 4.2.1938, StAN Rep. 501. KVP, Fall 5, E-7, Dok. Flick-76, Bl. 276; Oldewage erhielt den Posten eines »Werksdirektors a. D.« und die Mittelstahl-Handels-

In der Zwischenzeit hatte jedoch der Geschäftsführer des Stahlkontors eigenmächtig und hinter dem Rücken der Eigentümer Kontakt mit Mannesmann geknüpft, um die Firma als Kaufobjekt anzutragen.[122] Zangen – der noch in seinen 1968 veröffentlichten Erinnerungen mit erkennbarem Stolz auf die Mühen, die er zur Erlangung des Hahn-Besitzes auf sich genommen habe, hinweisen sollte[123] – zeigte sich interessiert, wollte jedoch die Handelsgesellschaft lieber von der BHG als direkt von den Hahns erwerben. Aus diesen Präliminarien entwickelten sich umfassende Verhandlungen über den Verkauf nicht nur des Stahlkontors, sondern der kompletten Hahn'schen Werke, die wiederum durch eine Zwangsandrohung des Wirtschaftsministeriums gefördert wurden: Dem Werk in Großenbaum wurde unvermittelt die Rohstoffzuteilung abgeschnitten.[124] Unter diesen Vorzeichen gaben die Hahns endgültig auf und willigten zähneknirschend in den mit staatlichen Schikanen erzwungenen Verkauf ein. Der Mitte März 1938 geschlossene Kaufvertrag mit Mannesmann sah die Übernahme des Familienunternehmens für rund 15,3 Mio. RM vor, wovon ein erheblicher Teil auf die Beschaffung britischer Pfund entfiel, da nunmehr die Auswanderung der Familie feststand – Kosten, die sich Flick drei Monate zuvor noch gespart hatte.[125] Davon erhielten die Hahns nach Abzug der diversen Emigrationssteuern jedoch nur einen verhältnismäßig geringen Betrag, einen Großteil der Gelder zog der Reichsfiskus an sich.[126]

Die rapide Verdrängung der Familien Hahn und Eisner brachte auch die Frage der ausstehenden HOW-Aktien auf die Tagesordnung. Im März 1938 bot Rudolf Hahn Flick das verbliebene Paket an. Kurz darauf übernahm Mittelstahl rund zwei Mio. RM Aktien, wenig später auch die im Kaufvertrag nicht vorgesehenen restlichen Anteilsscheine, da Flick den Übergang an Mannesmann

vertretung in Hannover. Tatsächlich spielte er keine wichtige Rolle und repräsentierte eher den Typ des Frühstücksdirektors. Steinbrinck hielt ihn für »[m]enschlich [...] zu weich«, Burkarts Mitarbeiter Hans Hahl für einen »[S]chwätz[er]«; Notiz, 19./20.1.1938 [Steinbrinck], BAB R 8122/347; Vernehmung Hans Hahl, 25.4.1947, StAN Rep. 502, KVA, Interrogations, H-12. Oldewages Rolle unterstützt die Formulierung bei Bajohr, Parvenüs, S. 105-119, von der »Arisierung« als »Kristallisationspunkt der Korruption« eindrücklich.

122 [Unbetitelte Darstellung], 29.8.1939, MMA M 70.021. Der Geschäftsführer ließ sich zusichern, daß die Gesellschafter von seiner Rolle vorerst nichts erfuhren; seinen Posten behielt er nach der Eingliederung in den Mannesmann-Konzern bei.

123 Zangen, Leben, S. 122f.

124 Eidesstattliche Erklärung Peter Hahn, 15.4.1947, NI-6017; Eidesstattliche Erklärung Rudolf Hahn 18.4.1947, NI-6018, beide StAN Rep. 501, KVP, Fall 5, B-14, Bl. 62-69.

125 Wessel, Hahnsche Werke, S. 457, nennt die offizielle Summe von 16,75 Mio. RM. Ein Teil der beschafften Devisen floß jedoch an Mannesmann zurück; Mannesmannröhren-Werke an RWiM u. Reichsbankdirektorium, 28.3.1938, BADH R 8127/15870, Bl. 58-62.

126 Vgl. Bajohr, Prozeß, S. 21. Zum finanziellen Procedere der Auswanderung der Familien Hahn und Eisner BADH R 8127/15871 u. LAB A Rep. 093-03, Nr. 52081, 54313 u. 51616.

verhindern wollte.[127] Damit verfügte Flick im Frühjahr 1938 über eine komfortable Mehrheit von rund 70 Prozent der Anteile an dem Lübecker Unternehmen, die er auf verschiedene Konzerngesellschaften verteilte.[128] Im Laufe des Frühjahres 1938 fand die erfolgreiche »Arisierung« auch personell mit dem Ausscheiden der Vertreter von Hahn und Warburg ihren Abschluß. An ihre Stelle traten Flick und Rohde sowie Ernst Tengelmann.[129]

In seinem schon zuvor ersichtlichen Bemühen, sich in den »Arisierungs«-Geschäften nicht allzu sehr zu exponieren, legte Flick großen Wert darauf, seine Neuerwerbungen in einem moralisch weniger zweifelhaften Licht erscheinen oder gleich ganz im Dunkeln zu lassen. So informierte er zwar Kimmich über den Erwerb Rawacks und Lübecks, hielt diesen aber an, »strengste Diskretion« zu wahren.[130] Anfragen anderer Konzerne, denen Gerüchte über die Lübeck-Transaktion zu Ohren gekommen waren, wurden strikt negativ beschieden, so daß man bei Otto-Wolff, als der Verkauf nicht mehr zu verheimlichen war, die Flick'sche Informationspolitik verblüfft kommentierte: »Man fragt sich jetzt, was Herr Flick bei seinem Dementi meinte?«[131]

Da der Kauf nicht dauerhaft geheimzuhalten war, verlegte sich die FFKG darauf, eine verbindliche Interpretation zu formulieren. Dabei knüpften Flick und seine Mitarbeiter an die bereits gegenüber den jüdischen Voreigentümern angeklungene Idee eines von »hohen Stellen«, das heißt politisch gewollten Erwerbs an. Eine erste Sprachregelung gab Steinbrinck Anfang 1938 vor, als er den HOW-Aufsichtsratsvorsitzenden Klöckner informierte, Flick habe den Auftrag des Reichswirtschaftministeriums erhalten, den jüdischen Einfluß bei R&G auszuschalten.[132] Bei anderer Gelegenheit hieß es, Flick und Rohde seien »von einer hohen kriegswirtschaftlichen Stelle gebeten worden, sich auch der Bereinigung

127 Notiz über die Besprechung mit Herrn Rudolf Hahn, 30.3.1938 [Rohde], NI-4394; Flick an P. Klöckner, 1.4.1938, NI-4400, beide StAN Rep. 501, KVP, Fall 5, B-14, Bl. 55 f., 70 f. Allerdings hatte Mannesmann kein Interesse an dem HOW-Paket. Ob Flick dies nicht bewußt war und er daher für die zweite Marge einen Kurs von 127,5 %, d. h. mehr als ursprünglich vereinbart, zugestand, läßt sich nicht klären, wird aber durch die Darstellung bei Zangen, Leben, S. 122, nahegelegt. Für die übrigen Aktien blieb es bei 122,5 %; Betrifft. Erwerb der Aktien der Hochofenwerk Lübeck A.G., 6.9.1950, AHStL Metallhüttenwerke Nr. 204.

128 Briefwechsel Maxhütte-Mittelstahl, 1.10.1938, 21.1.1939, 9.3.1940, NMH-BA.

129 Klöckner an die AR-Mitglieder der HOW AG, 16.4.1938; Klöckner an Drechsler, 31.5.1938, beide AStHL NSA XI 21 d/14; Gauwirtschaftsberater Schleswig-Holstein an Fabry, 4.10.1939; AHStL Metallhüttenwerke Nr. 125; RWiM an WiGr Eisen schaffende, 27.2.1940, BADH R 13 I/602, Bl. 145.

130 Akten-Vermerk, 29.12.1937 [Kimmich], BAB R 8119F/P840, Bl. 38.

131 Notiz für Herrn Flick, 14.1.1938 [Burkart], BAB R 8122/80902; Aktenvermerk, 31.1.1938 [Siedersleben], RWWA 72-171-6; Notiz, 2.2.1938 [Philipp], StAN Rep. 501, KVP, Fall 5, B-14, NI-4404, Bl. 51-53. Zitat: Neunkircher Eisenwerk AG an Siedersleben, 5.2.1938, RWWA 72-171-6. Bei R&G blieb es zunächst bei der Geheimhaltung; Verzeichnis der in der ordentlichen Hauptversammlung der Rawack & Grünfeld AG am 10.8.1938 erschienenen Aktionäre bzw. vertretenen Aktionäre, 10.8.1938, NMH-BA.

132 Notiz Steinbrincks, 30.12.1937, StAN Rep. 501, KVP, Fall 5, B-34, NI-2628, Bl. 114 f.

der Verhältnisse beim Hochofenwerk Lübeck und der Firma R&G anzunehmen«.[133] Gegenüber der Presse mutierte Flick schließlich gar zum Treuhänder des Reiches, der für seine uneigennützigen Mühen mit den Rawack-Anteilen quasi entschädigt worden sei.[134] Ihren Abschluß fanden diese legitimatorischen Bemühungen in einer Anfang 1939 von Rohde verfaßten »Geschichte des Erwerbs der Aktien der Rawack & Grünfeld AG [...] und der Aktien der Hochofenwerk Lübeck AG«. Darin resümierte Rohde die komplette Transaktion und schloß mit dem Ergebnis: »Die gestellte Aufgabe wurde von uns Ende 1937 sofort in Angriff genommen und trotz großer Schwierigkeiten gelöst. Beide Gesellschaften sind sowohl im kapitalmäßigen Besitz als auch im Aufsichtsrat, Vorstand und in der Gefolgschaft vollkommen arisiert worden.«[135]

4.5. Die Übernahme der Sächsischen Gußstahlwerke Döhlen

Fast ebenso lange wie auf das Hochofenwerk Lübeck hatten sich die Überlegungen Flicks auf die Sächsischen Gußstahlwerke (SGW) gerichtet. Schon 1929 war im Zuge des Erwerbs der Maxhütte auch der Einstieg bei Döhlen zur Sprache gekommen, hatte sich jedoch nicht umsetzen lassen. Statt dessen hatten das Land Sachsen und das vom Büro Osterloh geführte Konsortium der Stahlindustrie die gemeinsame Trägerschaft übernommen und so die Betriebe in Freital und Pirna vor der Stillegung bewahrt.[136] Anfang der dreißiger Jahre hielten der sächsische Fiskus und die Stadt Freital 57 Prozent des Stammkapitals der SGW, das Konsortium weitere 40 Prozent, die übrigen Anteile befanden sich in Streubesitz. Die private Seite hatte sich jedoch von vornherein ein Optionsrecht auf die zur Parität fehlenden Aktien gesichert, und der Poolvertrag schrieb eine einvernehmliche Geschäftsführung vor.[137]

133 Zur Besprechung mit Herrn Merton am 5.1.38, 4.1.1938, NI-4387, ebd., Bl. 44f. Mit der »kriegswirtschaftlichen Stelle« war wohl das HWA 1935 gemeint, mit »auch« die Tätigkeit Flicks und Rohdes in Oberschlesien.

134 Notiz, 2.2.1938 [Philipp], StAN Rep. 501, KVP, Fall 5, B-14, NI-4404, Bl. 52f.

135 Geschichte des Erwerbs der Aktien der Rawack & Grünfeld AG und der Aktien der Hochofenwerk Lübeck AG, 10.2.1939, ebd., NI-1848, Bl. 80-84. Das Memorandum benannte Hanneken als Auftraggeber der »Arisierungen«. Anlaß für die späte Rechtfertigungsschrift war vermutlich die im selben Jahr erfolgte Umwandlung von R&G in die AG für Montaninteressen, die erst nach langen Verhandlungen mit den verbliebenen ausländischen Eignern zustandekam; Notiz für Herrn Flick, 15.5.1939 [Rohde], BAB R 8122/80899; Rundschreiben Rawack & Grünfeld AG, im Juli 1939, BAB R 8122/80900, ferner die Unterlagen in BAB R 8122/329 u. 397 sowie BAB R 3101/33509.

136 Die SGW verfügten neben ihrem 1855 gegründeten Stammwerk in Freital auch über das 1928/29 angegliederte Stahlwerk Gebr. Hunger in Pirna sowie einen Betrieb in Cainsdorf; Geschichtliches, o. D., BAB R 8122/523.

137 Vertrag Konsortium der Großaktionäre der SGW Döhlen mit Sächs. WiMin., 22.12.1931, SächsHStA 10851/13293; Notiz. Betr. Döhlen, 19.4.1933 [Terberger], BAB R 8122/699.

In den ersten Jahren funktionierte das staatlich-private Joint-venture weitgehend reibungslos. Im Frühjahr 1933 verschlechterten sich jedoch die Beziehungen zwischen den beiden Gruppen, da die nunmehr nationalsozialistische Landesregierung und der sächsische Gauleiter Martin Mutschmann[138] die SGW unter Verweis auf ihre Mehrheitsbeteiligung als Staatsbetrieb einstuften. Insbesondere lehnte die Dresdner Regierung die Führung des Unternehmens »mit dem Rechenstift« ab und wandte sich gegen Stillegungen unrentabler Betriebsteile. Darüber hinaus forderte sie in Anbetracht der im Reichsvergleich weit überdurchschnittlichen Arbeitslosigkeit im Lande die Einstellung einer »möglichst große[n] Anzahl von Leuten, koste es, was es wolle«.[139]

Um die eigene Position gegenüber den Vertretern der öffentlichen Hand zu stärken, zog das Stahlkonsortium die Kaufoption und trat somit auch formal dem Majoritätsanspruch des Fiskus' entgegen. Beide Seiten verfügten nun über je 48,6 Prozent der SGW-Anteile.[140] Die Beziehungen gestalteten sich indes auch in den folgenden Jahren steinig. Einerseits stellte das rasch gesundende Unternehmen eine interessante Beteiligung dar, vor allem dank des Einganges großer Rüstungsaufträge, für welche die SGW mit ihren auf Qualitätsstahl ausgerichteten Anlagen prädestiniert war.[141] Entsprechend konnte die Rohstahlerzeugung bereits 1934/35 mit rund 150 000 t den Rekordwert von 1928/29 (130 000 t) übertreffen; im letzten Friedensjahr erreichte sie schließlich annähernd 200 000 t. Die Belegschaft wuchs von etwa 1 000 Beschäftigten (1931/32) auf 4 200 (1938/39) an. Seit Juni 1933 lagen die monatlichen Betriebsgewinne vor Abgaben und Abschreibungen kontinuierlich über 100 000 RM.[142] Andererseits blieben sowohl auf privater wie auch auf staatlicher Seite Überlegungen virulent, sich aus der

138 Mutschmann vereinte seit Februar 1935 die Ämter des Gauleiters, Reichsstatthalters und Ministerpräsidenten auf sich und errang so »eine im reichsweiten Vergleich herausgehobene Machtstellung auf regionaler Ebene«; Wagner, Mutschmann, S. 139; Heß, Industrie, S. 80.

139 Von Herrn Hoheisel aus Riesa telefonisch durchgegeben, 20.4.1933, BAB R 8122/699; Lennheim an Sächs. WiMin, 27.11.1933, BAB R 8119F/P1451, Bl. 6 f.; Zitate: Bericht über die Sächsische Gußstahlwerke Döhlen AG, Freital, o. D. [Februar 1934], BAB R 8122/699. Bis 1937 meldete der LAA-Bezirk Sachsen die mit Abstand höchste Arbeitslosigkeit im Reich, erst im Frühjahr des Jahres wurde ein endgültiger Aufwärtstrend verzeichnet; Die Arbeitslosigkeit in den Landesarbeitsamtsbezirken am 31.8.1935, BA-MA RW 19/9, Bl. 141; Bericht der WiIn IV (Dresden), 22.6.1937, BA-MA RW 19/28, Bl. 39, 49; vgl. Heß, Industrie, S. 60-62.

140 Bericht über die Sächsische Gußstahlwerke Döhlen AG, Freital, o. D. [Februar 1934], BAB R 8122/699.

141 Schreiben Sächsische Gußstahl u. Gebr. Pierburg Handelsgesellschaft, 30.5.1934; Betr. Gewehrlauffabrik, 26.11.1938; OKH an SGW, 6.11.1939, alle BAB R 8122/797; Vertrag zwischen dem Deutschen Reich (Wehrmacht-Fiskus) und der Firma SGW AG, 1937, BAB R 8119F/P1440; Vergleichende Aufstellung über »Luft«-Abschreibungen v. 1.7.1937 und SGW-Abschreibung des Geschäftsjahres 1940/41, o. D. [Ende 1941], BAB R 8122/824.

142 Geschichtliches, o. D., BAB R 8122/523; Bericht über die Sächsische Gußstahlwerke Döhlen AG, o. D. [Februar 1934], BAB R 8122/699.

ungeliebten Kooperation wieder zurückzuziehen und dabei einen beträchtlichen Erlös durch die inzwischen erfolgte Wertsteigerung zu realisieren.[143]

Flick verfolgte die Entwicklung aufmerksam und dies nicht nur wegen der Beteiligung von Mittelstahl und Maxhütte am Osterloh-Konsortium, in dem sie zusammen die fünftgrößte Beteiligung hielten.[144] Bereits im Nachgang der Gelsenberg-Affäre hatte Flick die SGW als mögliches Erweiterungsobjekt für Mittelstahl ins Auge gefaßt und seither die Entwicklung der Besitzverhältnisse genau beobachtet, Gespräche mit Vertretern der Staatsregierung geführt sowie Informationen über den Zustand der Werksanlagen eingeholt.[145]

Seit 1934 sondierte Flick die Möglichkeit, eine Hälfte der SGW-Anteile zu übernehmen – unklar war nur welche. Die vorsichtige Bereitschaft des Konsorten, ihre Anteile an Flick abzugeben, signalisierte Ernst Poensgen, der eine Kooperation Mittelstahls mit dem Land Sachsen für weniger konfliktträchtig hielt, als sich diese im Verhältnis zu den westlichen Konzernen gestaltete.[146] Zudem bestanden bereits vor Beginn der konkreten Verhandlungen zwischen Flick und den beiden Großaktionärsgruppen gute Kontakte Mittelstahls zum Döhlener Vorstand. So hatte Möller eine engere Zusammenarbeit mit den SGW angeregt, wo der kaufmännische Vorstand, Gerhard Bruns[147], sich für eine Anlehnung an Mittelstahl sehr aufgeschlossen zeigte.[148] Zur Jahresmitte 1938 traf Flicks zu ersten Besprechungen mit Mutschmann und dem sächsischen Wirtschaftsminister Georg Lenk zusammen, die durch Möllers gute Kontakte zur regionalen Parteiprominenz begünstigt wurden. Darin regte Flick einen Zusammenschluß Riesa-Döhlen als »durchaus natürliche Lösung« an und verwies auf die möglichen Rationalisierungseffekte und die wechselseitig ergänzenden Produktpaletten. Zugleich ließ er unterschwellig anklingen, daß dies nicht immer so bleiben müsse: Käme es nicht zu einer engeren Verflechtung, dann würde sich Mittelstahl weiter auf die Qualitätsstahlproduktion verlegen, was notwendig Konkurrenz für die kleineren SGW bedeutete.[149]

Während Mutschmann und Lenk dem Einstieg Flicks grundsätzlich zustimmten, gestalteten sich die Verhandlungen mit dem Konsortium schwieriger. Zum einen zeigte sich Poensgen irritiert, daß Flick in direkter Absprache mit den

143 Ebd.; E. Poensgen an Flick, 8.5.1934, ebd.

144 Die Stellung entsprach nicht der Konzerngröße, sondern den Einzelmitgliedschaften von Mittelstahl und Maxhütte ohne Hennigsdorf; Betr. Döhlen, 14.3.1934, BAB R 8122/699.

145 Notiz für Herrn Dr. Terberger, 13.4.1933 [Steinbrinck]; Notiz. Betr. Döhlen, 19.4.1933 [Terberger]; Von Herrn Hoheisel aus Riesa telefonisch durchgegeben, 20.4.1933, alle BAB R 8122/699; Hampel an Flick, 14.3.1934, SächsHStA 11616/18.111

146 E. Poensgen an Flick, 8.5.1934, BAB R 8122/699.

147 *1889; seit 1927 Leitung der SGW-Handelsgesellschaft; 1937 Mitglied des Vorstandes; ab 1.6.1943 Vorstandsvorsitzender; Rüstungsobmann IVa; 1945 Hüttenwerke Oberhausen, nach 1945 Vorsitzender der Gruppe Walzstahl der WVESI.

148 Flick an Lenk, [27.10.?] 1938, SächsHStA 11616/4.06, Bl. 4.

149 Ebd., Bl. 3f.; Arbeitsgemeinschaft Döhlen/Mittelstahl, 27.10.1938, SächsHStA 11616/4.06, Bl. 6f.

sächsischen Autoritäten die gemeinsame Linie der privaten Seite umstandslos verlassen hatte, zum anderen forderten die übrigen Eigner einen hohen Preis: 300 Prozent, teilte Poensgen Flick mit, halte man angesichts der Wertsteigerung für angemessen, und auch die Otto-Wolff-Führung erachtete wegen der »große[n] stillen Reserven« 15 Mio. RM als tatsächlichen Unternehmenswert (bei einem Nominalkapital von sechs Mio RM) für möglich.[150]

Ein solcher Geldaufwand kam indes für Flick nicht in Frage. Poensgens Forderung bezeichnete er als »Witz« und bot seinerseits die Hälfte; zupaß kamen ihm dabei Bilanzinterna, die ihm Bruns verschafft hatte.[151] Zudem zog Flick eine Alternative in Betracht. Sollte es nicht zu einer Einigung kommen, konnte das Land Sachsen eine im Poolvertrag vorgesehene Kaufoption ziehen und dann die aufgenommenen Aktien geschlossen an ihn weiterreichen, ohne daß dies von den westlichen Konzernen zu verhindern war. Dies implizierte zwar einen beträchtlichen Vertrauensbruch innerhalb der privaten Gruppe, hinderte Flick jedoch nicht daran, Mutschmann für den Verzicht auf das Vorkaufsrecht der Staatsregierung eine Ablöse von rund 2,5 Mio. RM anzubieten. Der Vorgang unterstrich den Wert, den Flick den SGW für seinen Konzern beimaß.[152]

Zwar war der Winkelzug letztlich nicht nötig, dennoch griffen Flick und die sächsische Regierung auf einige Tricks zurück, um ihre jeweiligen Interessen zu fördern. So belastete das Dresdner Wirtschaftsministerium Mittelstahl demonstrativ mit harten Auflagen, damit Flick diese in den Verhandlungen mit dem Konsortium preismindernd geltend machen konnte. In der Folge einigte sich Flick mit den übrigen Konzernen – nicht im Konsortium, sondern im Rahmen des Kleinen Kreises – auf einen effektiven Kurs von 161,5 Prozent, der deutlich näher an den von Flick gebotenen 150 als an den von Poensgen zuletzt ins Spiel gebrachten 200 Prozent lag.[153] Im Gegenzug für die sächsische Unterstützung zahlte Mittelstahl dem Land vorab eine runde halbe Million RM der vereinbarten Ablösesumme für sein Vorkaufsrecht.[154]

150 Zitat: Aktenvermerk. Besprechung am 13.1.1939, 13.1.1939, RWWA 72-171-6; Notiz. Betrifft: Döhlen, 15.11.1938 [Flick], SächsHStA 11616/4.06, Bl. 17-21; Betr. Döhlen (Aussprache zwischen Herrn Flick und Herrn Poensgen am 2.11.), 3.11.1938, [Burkart], ebd., Bl. 8-nach 10.

151 Betr. Döhlen, 3.11.1938, SächsHStA 11616/4.06, Bl. 9 f.

152 Flick an Mutschmann, 6.12.1938, BAB R 8122/1046, Bl. 42-44. Der unterbreitete Vorschlag stimmt mit einem internen Vermerk vom 27.10.1938 überein. Mutschmann stimmte Ende Dezember zu; Mutschmann an Flick, 22.12.1938, SächsHStA 11616/4.06, Bl. 22.

153 Notiz für Herrn Flick, 17.4.1939 [Burkart]; Notiz. Betrifft: Aussprache mit Herrn Poensgen, 26.4.1939, Notiz. Betrifft: Sitzung des Kleinen Kreises am 2.5.1939, 4.5.1939, alle SächsHStA 11616/4.06, Bl. 34-47.

154 Die Mittel flossen an die Freitaler Kommune, die somit rasch, aber viel zu niedrig für ihr Aktienpaket abgefunden wurde; Lewinski/DeDi Dresden an Kiehl, 1.3.1939, BAB R 8119F/P1440; [Vermerk], 12.6.1939, SächsHStA 10851/13293; Vertrag Land Sachsen u. Stadtgemeinde Freital, 16./21.12.1939, ebd.; Sächs.FinMin an RFM, 14.9.1939, SächsHStA 10851/12258.

Damit hielten nun sowohl der Flick-Konzern als auch der sächsische Freistaat je 2919800 RM Aktien der SGW, zusammen 97,3 Prozent des gesamten Stammkapitals; die übrigen 2,7 Prozent firmierten nach wie vor als Streubesitz. Die Aktienpakete wurden auf fünf Jahre gepoolt, ein Verkauf konnte nur mit Zustimmung des jeweils anderen Partners erfolgen; Zukäufe weiterer Anteile waren unter beiden Parteien aufzuteilen.[155] Die sächsische Landesregierung zeigte sich so angetan von der guten Zusammenarbeit, daß sie über Konrad Gehlofen ausrichten ließ, »das Vertrauen in Herrn Flick und Mittelstahl sei riesengroß«.[156]

Vermutlich wäre der Glaube an Flicks Zuverlässigkeit deutlich geringer ausgefallen, wenn sich die Dresdner Verantwortlichen klarer über seine wirtschaftlichen Absichten gewesen wären. Tatsächlich legte Flick nicht nur umgehend nahe, daß in der ersten Wahlperiode der Posten des Aufsichtsratsvorsitzenden besser durch ihn als Mittelstahl-Vertreter besetzt würde, um die engere Zusammenarbeit beider Unternehmen zu befördern.[157] Er verschwieg gegenüber den Landesvertretern auch, daß er beim Bankhaus Delbrück Schickler & Co. über eine Option auf 89200 RM SGW-Aktien verfügte, die er nach Ablauf der Vertragsdauer ziehen und sich somit die Majorität sichern konnte. Dies mochte dem Wortlaut des Poolabkommens entsprechen, nicht aber seinem Sinn.[158]

Konzernintern bestand über die strategischen Ziele kein Zweifel. Schon im Herbst 1938 hatte Burkart das SGW-Projekt in die Bemühungen eingeordnet, die Rohstahlerzeugung soweit wie irgend möglich weiter zu steigern, »um den Vorsprung einzuholen, den im Jahr 1938 der Stahlverein und zum Teil auch Krupp erreicht haben«.[159] Noch deutlicher formulierte dies Gehlofen, der zwei Jahre nach der Angliederung der SGW resümierte. »Es lag von jeher in unserer Linie, die andere Aktienhälfte von dem Land Sachsen zu erwerben [...].« Ziel, so Gehlofen, sei die weitere Integration der mitteldeutschen Werke, dazu eine rationellere Aufteilung von Produktionssparten und die Sicherung der Rohstoffversorgung – und zwar vor allem gegenüber dem zu erwartenden Wettbewerb mit den HGW.[160] Daß die Forcierung des lange kontemplierten Ankaufs gerade 1938/39 erfolgte, war vor dem zeitgenössischen Hintergrund – hohe Kapazitätsauslastung, Rohstoffbedarf, Gründung der Reichswerke – kaum zufällig. Auch

155 [Pool-Abkommen Sachsen-MSt], 29.12.1939/8.1.1940, BAB R 8122/1046, Bl. 50-53; SGW an das Statistische Reichsamt, 24.7.1940, BAB R 8122/542, Bl. 31; Öffentliche Beteiligungen an inländischen Unternehmungen der eisenschaffenden Industrie, o. D., BAB R 3102/10607, Bl. 52f.

156 Notiz über Dresdner Besuche am 4.9.39, 5.9.1939 [Gehlofen], SächsHStA 11616/4.06, Bl. 52f.

157 Flick an Lenk, 15.11.1939, BAB R 8119F/P1440.

158 Entwicklung der wichtigsten Beteiligungen, 9.5.1946, StAN Rep. 502, KVA, Handakten, B-2.

159 Betr. Döhlen, 3.11.1938 [Burkart], SächsHStA 11616/4.06, Bl. 9.

160 Notiz für Herrn Dr. Flick, 7.10.1941 [Gehlofen], SächsHStA 11616/4.06, Bl. 95-98, Zitat Bl. 95f.

die Angliederung Lübecks spielte eine Rolle, da sie die Möglichkeit eröffnete, Döhlen »mit einer Roheisenbasis auszustatten, die gerade in nächster Zeit bei dem sicher zu erwartenden Rohstoffmangel nicht unterschätzt werden darf«, wie man bei Mittelstahl im September 1939 festhielt. Entsprechend übernahm das Lübecker Unternehmen eine Unterbeteiligung an den SGW, um die entsprechenden Lieferbeziehungen besitzmäßig zu fundieren. Allerdings realisierten sich diese in den folgenden Jahren nicht im erhofften Ausmaß.[161]

Zutreffender als die optimistischen Erwartungen der sächsischen Partei- und Staatsführung, die in den kommenden Jahren dem Flick-Konzern faktisch die alleinige Führung der SGW überließ, so daß diese als vollwertiger Teil in den Konzern integriert werden konnten, waren die Analysen außenstehender Fachleute. So rechnete *Der deutsche Volkswirt* Döhlen »produktionspolitisch« zur Gänze dem Flick-Konzern zu und stellte respektvoll fest: »In dem Aufbau der Flick-Gruppe zum allumfassenden mitteldeutschen Stahlkonzern ist jetzt der Schlußstein gesetzt worden: Die mitteldeutschen Stahlwerke haben fast 50 Prozent der Sächsischen Gußstahl-Werke Döhlen A.-G. gekauft. Danach gibt es östlich von Salzgitter und westlich des oberschlesischen Reviers nur noch ein Erzeugerwerk der Eisen- und Stahlindustrie außerhalb des Flick-Konzerns: das Eisenhüttenwerk Thale [...].«[162]

Fazit

Das aus der Stahlvereins-Ära herübergerettete Erbe der Maxhütte- und Mittelstahl-Werke stand im Zentrum des Konzerns, den Flick in den dreißiger Jahren formte. Während in den vor- und nachgelagerten Produktionsstufen rasch eine Reihe von Erweiterungen und Arrondierungen vorgenommen wurde, lag das Augenmerk im Stahlsektor bis zur Mitte des Jahrzehnts nicht auf dem äußeren Wachstum, sondern auf der inneren Konsolidierung durch Hochfahren der bestehenden Anlagen. Dabei half die Rüstungshausse und verschaffte Flick finanzielle Spielräume für seine Expansionspolitik. Erst im Zuge der neuerlich beschleunigten Aufrüstung nach 1936, welche die Unternehmen Flicks einerseits an ihre Kapazitätsgrenzen stoßen ließ, anderseits mit der Gründung der Reichswerke »Hermann Göring« die mitteldeutschen Marktverhältnisse grundlegend

161 Notiz: Betrifft: Döhlen, 23.9.1939, SächsHStA 11616/4.06, Bl. 69; Sächs. WiMin an Flick, 22.12.1939, BAB R 8122/1046, Bl. 49

162 Döhlen bei Flick, in: Der deutsche Volkswirt v. 24.11.1939, hier: RWWA 72-171-6. Tatsächlich hatte Flick 1931 und 1935/36 gemeinsam mit Otto Wolff den Kauf des Thaler Werks erwogen, wegen des unbefriedigenden Zustandes der Anlagen und der Preisforderungen davon aber Abstand genommen; Schlieper an Schlitter, 3.2.1931; Schlitter an Schlieper, 6.2.1931, beide BAB R 8119F/P1564, Bl. 31, 57; Korrespondenz mit J. Meyer im Februar 1935, SächsHStA 11616/4.04; Aktenvermerk über Unterredung mit Herrn Flick, 4.8.1936, 5.8.1936; Siedersleben an Hölling und Sippell, 10.8.1936; Aktenvermerk betr. Eisenhüttenwerk Thale A.G., 18.8.1936, alle RWWA 72-171-6.

veränderte, festigte der Flick-Konzern seinen Eisen- und Stahlbesitz durch horizontale Angliederungen. Damit reagierte er auf den gewachsenen Bedarf ebenso wie auf die Herausforderung seiner regionalen Hegemonialstellung.

Flicks Reaktion auf die staatliche Intervention in der Eisenwirtschaft, die seine Kerninteressen berührte, vermied indes sorgfältig eine konfrontative Strategie. Vielmehr arrangierte sich die Konzernführung mit den neuen Realitäten, ließ Konkurrenten wie die VSt-Manager ins offene Messer laufen und wahrte doch das eigene Gesicht. Zudem mochte es aus der Perspektive Flicks wie ausgleichende Gerechtigkeit wirken, daß er dem Wettbewerb der Reichswerke durch einen beschleunigten Ausbau seines Konzerns prophylaktisch vorbaute, der bei den SGW auf einer Kooperation mit der öffentlichen Hand beruhte oder wie in Lübeck von der wirtschaftlichen Verdrängung der deutschen Juden profitierte, die Ausfluß nationalsozialistischer Staatsraison war. Die Rüstungs- und »Arisierungs«politik, im Falle der Maxhütte auch die Kontingentwirtschaft, eröffneten Flick Gelegenheiten, die zu nutzen er nicht zögerte. Vielmehr verknüpfte er ältere Expansionspläne mit den sich nun bietenden Chancen, um einen Eigentums-, Einfluß- und Statusgewinn erheblichen Ausmaßes zu erzielen. Das Ergebnis brachte der Geschäftsführer der Wirtschaftsgruppe Eisen schaffende Industrie auf den Punkt. Mit dem Erwerb von Lübeck und Döhlen, so Jakob Reichert nach dem Krieg, »beherrschte Flick die Eisen schaffenden Betriebe von der Nordsee bis zu den Alpen«.[163]

163 Nürnberger Berichte, o. D. [Oktober 1946], RWWA 130-40010145/165.

5. Die »Arisierung« der Petschek-Gruppen: Horizontale und vertikale Integration

Den Schlußstein auf dem Weg zum »allumfassenden« mitteldeutschen Konzern stellten nicht die SGW dar, sondern der umfangreiche Braunkohlenbesitz, den Flick in rund zweieinhalb Jahre währenden Dauerverhandlungen zwischen 1937 und 1940 seinem Imperium angliederte. Die in diesem Maßstab letzte, massive Erweiterung des Konzerns innerhalb der Weimarer Reichsgrenzen war Teil der größten Einzel-»Arisierung« jüdischen Besitzes im industriellen Sektor überhaupt, des Petschek-Komplexes.

Der Ablauf der Petschek-»Arisierung« folgte einem Muster kumulativer Radikalisierung, die von der Ausgangsposition wechselseitiger privatwirtschaftlicher Vertragsfreiheit – allerdings in einer Atmosphäre des zur Staatsideologie erhobenen Antisemitismus'[1] – zu unilateralen staatlichen Zwangsmaßnahmen führte. Die administrativen Einzelschritte dieses Prozesses[2] orientierten sich dabei erkennbar an der innen- und außenpolitischen Radikalisierung des NS-Regimes, die schließlich auch den territorialen Übergriff auf das tschechische Eigentum der Petscheks erlaubte. Gleichzeitig, und damit eng verwoben, spielte im Laufe der monatelangen Vorbereitungen und sukzessiven Diskriminierungs-, Zwangs- und Enteignungsmaßnahmen die Konkurrenz einer Vielzahl von deutschen Privat- und Staatsunternehmen eine nicht zu unterschätzende Rolle bei der Beschleunigung des Verdrängungsprozesses. Und nicht zuletzt trugen auch die Verteidigungsmaßnahmen der betroffenen Konzerne, die sich mit ihrer eigenen Marktmacht und Kapitalkraft keineswegs auf die passive Rolle als Beute beschränkten[3], zur spezifischen Dynamik der Petschek-»Arisierung« bei. In diesem hochkomplexen Interessen- und Machtgeflecht entwickelte sich der Flick-Konzern rasch zu einem der wichtigsten, phasenweise ausschlaggebenden Protagonisten mit erheblicher Eigeninitiative bis hin zur konzeptionellen Führung. Am Ende zählte Flick zu den größten – wenngleich nicht vorbehaltlos begünstigten – Gewinnern dieses gigantischen Verdrängungs- und Enteignungsvorganges.[4]

1 So stellte das Reichsgericht 1936 den »bürgerlichen Tod« der deutschen Juden höchstrichterlich fest; vgl. Herzig, Geschichte, S. 226.

2 Grundlegend: Hilberg, Vernichtung, Bd. 1, S. 69: »Ein Vernichtungsprozeß besteht aus einer Reihe von administrativen Maßnahmen, die auf eine klar umrissene Gruppe zielen«, mit den Einzelschritten Definition–Enteignung–Konzentration–Vernichtung.

3 Auch bei Simson-Suhl und bei Rawack/Lübeck wurden Verteidigungsstrategien entwickelt. Allerdings verfügten die Petschek-Konzerne über ein weit größeres Arsenal an finanziellen und rechtlichen Möglichkeiten, nicht zuletzt durch ihre tschechische Staatsangehörigkeit; vgl. jetzt Wixforth, Expansion, S. 161f.

4 Der Gesamtumfang der betroffenen Vermögenswerte kann angesichts des zu großen Teilen in der ČSR liegenden und hier nicht ins Bild kommenden Besitzes im folgenden nur angedeutet werden; vgl. Barkai, Boykott, S. 86; Hilberg, Vernichtung, Bd. 1, S. 120-127; Wixforth, Expansion, S. 118-141.

In den Memoranden und Protokollen der Regierungsstellen wie auch der deutschen Unternehmen erschien das »P.-Problem«[5] regelmäßig als scheinbar einheitlicher Komplex. Dies entsprach jedoch keineswegs der Realität, wie auch die beteiligten Industriellen und Beamten wußten. Zwar bestanden zwischen der Julius-Petschek-Gruppe und der Ignaz-Petschek-Gruppe enge verwandtschaftliche Verhältnisse – die Gründer waren Brüder –, dennoch waren beide Konzerne rechtlich selbständig und besitzmäßig unverbunden (Abb. III/6). Die Beziehungen zwischen den jeweils in zweiter Generation geführten Unternehmen gestalteten sich kühl, bisweilen regelrecht feindselig.[6] Schließlich verteilte sich auch der Besitz sehr unterschiedlich: Während der Großteil der industriellen Interessen der kleineren Julius-Gruppe in der ČSR lag, war die Ignaz-Gruppe mit weitgestreutem Besitz in Mittel- und Ostdeutschland, teils auch im Rheinland vertreten. Dies spiegelte sich insbesondere in den Syndikatsquoten wider. Die Julius-Petschek-Firmen hielten im Ostelbischen Braunkohlensyndikat (OBS) 1937 eine Brikettquote von 5,9 Prozent, die Ignaz-Petschek-Betriebe hingegen 57,3 Prozent; im Mitteldeutschen Braunkohlensyndikat betrugen die Anteile 14,3 respektive 19,8 Prozent. Zum Vergleich: Die OBS-Quote Mittelstahls erreichte nur 2,9 Prozent.[7]

Entsprechend mußten die »Arisierungen« der von den beiden Konzernen kontrollierten Unternehmen separat vorbereitet und verhandelt werden und gelangten schließlich zu unterschiedlichen Ergebnissen. Gleichwohl bezogen die beteiligten Vertreter aus Industrie, Ministerialbürokratie und Partei die Aus- und Wechselwirkungen zwischen beiden Komplexen stets in ihre Überlegungen ein.

5.1. »Arisierung« zum Nulltarif: Der Julius Petschek-Besitz

5.1.1. Auf dem Weg in die erste Reihe

Die Vormachtstellung der beiden Petschek-Konzerne in den Syndikaten diente der antisemitischen Propaganda des Regimes frühzeitig als Angriffsfläche, da sich hierin die Agitation gegen einen durch Monopolpreise die Volksgemeinschaft schädigenden Handelskapitalismus mit rassistischen Vorurteilen kombi-

5 Aktenvermerk. Betr. Julius P.-Problem/Besprechung mit Herrn Rosterg, 29.1.1938, BAB R 8122/80903.

6 Die beiden Gruppen entstanden aus der Trennung der Geschäftsinteressen von Ignaz auf der einen sowie Isidor und Julius Petschek auf der anderen Seite. Nach dem Tod der Brüder führten Ignaz' Söhne Karl, Franz, Ernst und Wilhelm bzw. Paul, Friedrich und Hans (Julius) sowie Walter (Isidor) die Geschäfte; H. Petschek an Kempner, 19.12.1946, NARA RG 236, Entry 193, Box 8.

7 Die Angaben variieren; hier nach: Vermerk, 27.1.1938, BAB R 3101/31006, Bl. 8 f.; etwas niedriger für Ignaz: Ostelbisches Braunkohlensyndikat 1928. Quoten nach dem Stande vom 1.5.1937, BAB R 8122/70, Bl. 56; [Notiz], 19.1.1938 [Flick], StAN Rep. 501, KVP, Fall 5, B-15, NI-784, Bl. 2.

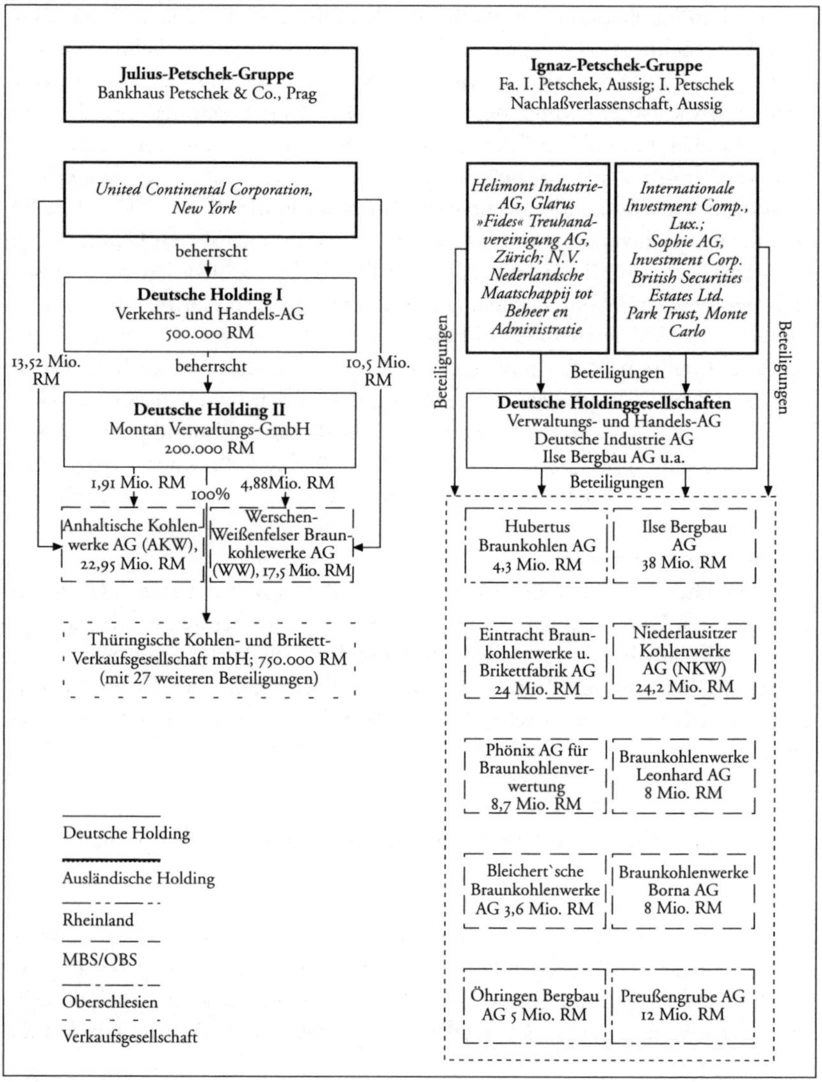

Quelle: Eigene Zusammenstellung.

Abb. III/6: Die deutschen Tochtergesellschaften der Petschek-Gruppen, 1938/39

nieren ließ. Entsprechend lancierten lokale Parteikreise unmittelbar nach dem antijüdischen Geschäftsboykott und dem Erlaß des Berufsbeamtengesetzes im April 1933 eine Pressekampagne, die sich gegen die Julius-Petschek-Unternehmen Anhaltische Kohlenwerke AG (AKW) und Werschen-Weißenfelser Braunkohlewerke AG (WW) richtete. Auch innerhalb der Verkaufsorganisationen wurde versucht, über staatliche Unternehmen Druck auf die Petschek-Firmen auszuüben.[8] Im großen und ganzen konnten sich diese jedoch erfolgreich behaupten, ehe im Mai 1937 der jüdische Generaldirektor als Zugeständnis an das Regime seinen Platz räumen mußte.[9] Die initiative Rolle der Parteistellen vor Ort drückte sich auch in der Teilnehmerliste einer Besprechung aus, die Göring im Juni 1937 einberief, um die Verhältnisse bei AKW zu erörtern: Neben Schacht und dem im Vierjahresplan für Devisenfragen zuständigen Ministerialdirektor Erich Neumann wurden die beiden Gauleiter Sauckel und Mutschmann bemüht. Zugleich zog Göring aber mit seiner Einladung die Zuständigkeit für den Petschek-Komplex an sich.[10]

An der Führung der Flick KG gingen diese frühen Planungsstadien noch vorbei, ganz im Gegensatz zu den IG Farben und dem Kali-Konzern Wintershall, die bereits die Verkaufsbereitschaft der Julius-Petschek-Gruppe sondierten.[11] Erst im November 1937 war es einmal mehr Keppler, der Steinbrinck von der »neuen Verkaufswelle« unterrichtete, die den jüdischen Besitz ergriffen und nun AKW und WW erreicht habe. Kepplers Interesse daran, mit Mittelstahl den neben Chemie- und Energiewirtschaft wichtigsten Braunkohlenverbraucher der Region ins Spiel zu bringen, erfaßte Steinbrinck sofort und erklärte – eingedenk der in den zwanziger Jahren gescheiterten Versuche, den Lauchhammer-Grubenbesitz zu erweitern – die Berücksichtigung von Flicks sächsischen Werken zur »Lebensfrage«.[12]

Der FFKG bot sich somit die Chance, die eigene Kohlenbasis auf einen Schlag so zu erweitern, daß die Rohstoffposition der mitteldeutschen Werke auf Jahrzehnte hinaus gesichert sein würde.[13] Umgehend begann daher die Suche nach Verbündeten, um sich gegenüber der Konkurrenz in Stellung zu bringen. Binnen weniger Wochen baute die FFKG-Spitze ein auf das Zielobjekt Julius-Petschek zugeschnittenes Netz von Informations- und Einflußkanälen auf. Während Flick zunächst die Unterstützung Schachts suchte, hielt sich Steinbrinck an Keppler. Einig waren sich die beiden Freundeskreis-Mitglieder sowohl über die Bedeutung der Braunkohle, die »gegen Geld nicht zu erwerben« sei, als auch über den durch die Rüstungsaufträge begründeten Anspruch Mittelstahls. Kon-

8 Vgl. die Zeitungsmeldungen und die Beschwerden der AKW-Führung bei lokalen Parteistellen in BAB R 8122/80915 u. 80916 sowie StAN Rep. 502A, KVV, Handakten, Flächsner-18; Sächsische Werke an MSt, 22.5.1934 (Abschrift); Notiz, 10.4.1935 [Terberger]; Vermerk über Verhandlung im RWiM über die Stillegung der Grube Heye III, 11.4.1935, alle BAB R 8122/70, Bl. 5, 15-19.

9 Zu Heinz Pulvermanns Schicksal: H. Petschek an Kempner, 19.12.1946, NARA RG 238, Entry 193, Box 8.

10 Fräulein Grundtmann, 2.6.1937, BAB R 26 I/20. Das Besprechungsprotokoll ist nicht überliefert.

11 Aktenvermerk, 20.11.1937 [Steinbrinck], StAN Rep. 502, KVA, NI-10124.

12 Notiz für Herrn Flick, 4.11.1937 [Steinbrinck], StAN Rep. 502A, KVV, Handakten, Flächsner-16, Bl. 1-3.

13 Zu den Plänen Flicks 1932/33, in großem Stil in die mitteldeutsche Braunkohlenwirtschaft einzusteigen, vgl. Gehlen, Silverberg, S. 524.

sens bestand ferner über die Zielsetzung, »dem jüdischen Element Ärger zu machen«, wie Keppler unumwunden formulierte. Seinen Vorschlag, den Bergbau durch Juden grundsätzlich verbieten zu lassen, hielt Steinbrinck jedoch für unzureichend: Dies hätte zwar im Management, nicht aber bei den Besitzverhältnissen gegriffen.[14]

Als wichtigster Neuzugang unter den amtlichen Informationsquellen Flicks erwies sich Herbert Göring, der im Windschatten seines Vetters Karriere gemacht hatte. Auch er war Mitglied des Freundeskreises, traf seit November 1937 regelmäßig mit Flick und Steinbrinck zu Besprechungen über die Braunkohlenfrage zusammen und ließ erwarten, durch seine Verwandtschaft die Tür zu Hermann Göring zu öffnen.[15] Weitere Ansprechpartner erschloß die Konzernführung Anfang Dezember und näherte sich kontinuierlich der ministeriellen Spitzenebene an. Ministerialdirektor Neumann, der bereits bei der Juni-Besprechung Görings zugegen gewesen war, wurde ebenso von dem vorrangigen Kohlenbedarf Mittelstahls überzeugt wie Paul Körner, Staatssekretär im Vierjahresplan.[16]

Schließlich gelang es Flick, auch einen direkten Konnex in die AKW/WW-Führung zu etablieren. Die Initiative dazu ging indes nicht von ihm aus, sondern von Carlos Wetzell, ein kurz zuvor aufgerücktes Vorstandsmitglied. Wetzell, ein »geltungsbedürftiger, im äußeren Auftreten gewandter Mann mit weltmännischen Formen [...], ein ›Angeber‹, im übrigen aber kein Arbeiter«, wie sein Mitarbeiter Robert Tillmanns ihn charakterisierte[17], erhoffte sich von der Anlehnung an Flick einen Schub für seine Karriere sowie finanzielle Vorteile.[18] Den Kontakt knüpfte er über einen entfernten Verwandten, dessen gute Verbindungen bekannt waren: Hartmann von Richthofen, Flicks bewährter Vertrauensmann und Lobbyist aus oberschlesischen Tagen, der überdies dank seines vordem liberalen DDP-Parteibuchs von sich behauptete, »zu den wenigen arischen Persönlichkeiten [zu] gehöre[n], denen die [... Petscheks] ein relatives Vertrauen entgegenbringen«.[19] Über Richthofen und Wetzell erhielt Flick fortan Interna

14 Zitate: Aktenvermerk, 20.11.1937 [Steinbrinck], StAN Rep. 502, KVA, NI-10124; Für den 11. November, 6.11.1937, NI-5607, BAB R 8122/80920. Die Beziehungen zwischen Keppler und Steinbrinck waren ausgesprochen freundlich, man duzte sich; Steinbrinck an Keppler, 15.12.1937, BAB R 8122/80903.

15 Notiz, 16.11.1937 [Steinbrinck], StAN Rep. 502, KVA, NI-10123; vgl. Bütow, Freundeskreis, S. 42f.

16 Notiz, 3.12.1937 [Steinbrinck], StAN Rep. 502A, KVV, Handakten, Flächsner-16, Bl. 10-13; Aktennotiz, 16.12.1937 [Steinbrinck], StAN Rep. 501, KVP, Fall 5, G-5, Dok. Steinbrinck-356, Bl. 133f.

17 Vernehmung des Dr. Robert Tillmanns v. 17.1.1947, StAN Rep. 502, KVA, Interrogations, T-27.

18 Wetzell erhielt für seine Zuträgerdienste später einen günstigen Kredit, schied aber 1939 infolge von Qualifikationsdefiziten sowie plumpen Bereicherungsversuchen aus der AKW-Führung aus.

19 Notiz für Herrn Flick, 4.12.1937 [Steinbrinck], StAN Rep. 501, KVP, Fall 5, G-5, Dok. Steinbrinck-360; Notiz. Betr. Petschek, 6.12.1937, BAB R 8122/80903; umfangreiche Korrespondenz Flick/Richthofen in: StAN Rep. 502A, KVV, Handakten, Flächsner-16;

aus den Petschek-Unternehmen, zu den Finanz- und bergbaulichen Verhältnissen ebenso wie zum Stand der Verhandlungen Paul und Walter Petscheks mit der IG Farben und Wintershall.[20]

Zu diesem Zeitpunkt richteten sich Flicks Überlegungen noch auf einen prinzipiell freiwilligen Verkauf, der ein fundiertes Preisgebot erforderte und bei dem die Konkurrenz nicht allein über die Fürsprache der staatlichen Autoritäten ausgeschaltet werden konnte. Die eingeschlagene Taktik fiel daher zweigleisig aus: Über Herbert Göring und Wetzell sollte Paul Petschek durch die direkte »Arisierungs«-Aufforderung der Reichsbehörden zu größerem Entgegenkommen veranlaßt werden. Zudem sollte Herbert Göring von seinem Vetter die Zusage erwirken, daß eine etwaige Verhandlungsführung Flick zufiel und dieser somit an die Spitze der Interessenten rückte.[21] Zum anderen bemühte sich Flick darum, Devisen zu beschaffen, da die Petscheks nicht nur tschechische Staatsbürger waren, sondern ihren Aktienbesitz über internationale Holdings kompliziert verflochten hatten. Zu einer Abgabe gegen nur im Deutschen Reich verwertbare Mark waren sie daher nicht bereit.[22]

Im Dezember 1937 zeichnete sich jedoch ab, daß die Reichsbehörden einem Kauf mit ausländischen Zahlungsmitteln nicht zustimmen würden. Dies machte einen Großteil der bisherigen Anstrengungen hinfällig, kam der FFKG aber nicht völlig ungelegen, da die Devisenschwäche des Flick-Konzerns gegenüber den Konkurrenten aus der exportstarken Chemiebranche einen erheblichen Nachteil bedeutete und das Geschäft bei Zahlung in heimischer Währung zudem weitaus billiger zu werden versprach. Nicht zuletzt hatte man auch die Auswirkungen auf den zweiten Petschek-Konzern im Auge: Ein Valuta-Kaufpreis drohte einen unerwünschten Präzedenzfall zu schaffen, da die nötigen Mittel angesichts des größeren Umfanges der Ignaz-Gruppe für diese keinesfalls aufzubringen waren.[23]

Zum Jahreswechsel war die Situation verfahren. Zwar war die FFKG in die Riege der von den Regierungsstellen anerkannten Interessenten vorgestoßen und hatte sich sogar leichte Vorteile im Wettlauf um den Braunkohlenbesitz verschafft, doch abgesehen von einigen Tastversuchen war man konkreten Verhandlungen, geschweige denn einem Geschäftsabschluß mit Julius-Petschek

Zitat: Richthofen an Flick, 25.1.1938, ebd., Bl. 85. Richthofen erhielt für seine Dienste ein Honorar in fünfstelliger Höhe; Notiz, 22.3.1938 [Steinbrinck], StAN Rep. 501, KVP, Fall 5, B-34, NI-10132, Bl. 58.

20 Auch Kimmich trug Flick Informationen zu; Notiz für Herrn Flick 7.12.1937 [Steinbrinck], ebd., B-15, NI-5304 (F), Bl. 10.

21 Betr. Projekt P. [Steinbrinck], 14.12.1937, ebd, NI-3253, Bl. 17; Notizen über die Unterredung zwischen den Herren Flick, Wetzel [sic], Richthofen am 17.12.37, 20.12.1937, StAN Rep. 502A, KVV, Handakten, Flächsner-16, Bl. 31f.

22 Notiz, 9.12.1937 [Flick], NI-5303; Notiz, 10.12.1937 [Steinbrinck], NI-5589; Aktenvermerk, 14.12.1937 [Steinbrinck], NI-901, alle StAN Rep. 501, KVP, Fall 5, B-15, Bl. 11-16.

23 Besprechung mit den Herren Rosterg und Keppler am 28.12., 29.12.1937 [Steinbrinck], StAN Rep. 501, KVP, Fall 5, G-5, Dok. Steinbrinck-357, Bl. 135-139.

kaum näher gekommen. Bei Ignaz-Petschek sah es noch düsterer aus, dort tat sich rein gar nichts. In Ermangelung von Fortschritten drohte Göring in den letzten Dezembertagen damit, eine gesetzliche Enteignung zu verfügen – was die privatwirtschaftliche Beteiligung obsolet gemacht hätte und daher der FFKG-Führung allenfalls als letzter Ausweg erwünscht war.[24] Unzufrieden mit dem bisher Erreichten forcierte Flick im eigenen Hause die Bemühungen und forderte, den Druck auf die Petscheks zu erhöhen: »Große Dinge müssen in kurzer Zeit – ohne Unterbrechungen – schnell hintereinander durchgeführt werden. Verzögert sich die Durchführung, so vermehren sich die ohnehin verbundenen Schwierigkeiten in einem Umfang, daß der Erfolg in Frage gestellt wird.«[25] Dies entsprach Flicks im allgemeinen bevorzugter Verhandlungstaktik[26], war aber konkret auf den Fall Petschek gemünzt, in dem man der jüdischen Gruppe nicht allzuviel Bedenkzeit gewähren wollte, weil diese »umso größere Schwierigkeiten machen [werde], je länger sie Zeit hat«. Daher regte Flick an, einen Gesetzentwurf für eine etwaige Enteignung auszuarbeiten, um damit in den Verhandlungen drohen zu können und diesen – im Falle des Nichteinlenkens, mit dem Flick bei Ignaz-Petschek rechnete – auch umzusetzen.[27]

Entsprechend setzte im Januar eine rege Planungstätigkeit in der Berliner Konzernzentrale ein. Im Mittelpunkt stand die Neubewertung der Problemstellung, von der Steinbrinck eingestand, sie sei »doch allmählich viel schwerer lösbar als es anfangs schien«.[28] Drei wesentliche Stolpersteine machte Steinbrinck aus, die ein aufzustellender »Kriegsplan« zu berücksichtigen habe: (1.) Die ausschlaggebende Rolle des Vierjahresplans erfordere es, mit Göring zu einer Einigung zu gelangen, um dann mit dessen Rückendeckung in die Verhandlungen gehen zu können; (2.) die von den Petscheks geforderte Devisenzahlung sei möglichst zu vermeiden, da sie von Göring strikt abgelehnt werde; (3.) die Zwischenschaltung britischer und US-amerikanischer Holdings erschwere die Verhandlungen zusätzlich, da mit diplomatischen Verwicklungen gerechnet werden müsse.[29]

24 Aktenvermerk, 30.12.1937, [Steinbrinck], StAN Rep. 502, KVA, NI-10125. Dazu kam es ebenso wenig wie die von Göring berufene Petschek-Kommission, der als einziger Industrieller Flick angehörte, irgendeine Aktivität entfaltete; vgl. Stallbaumer, Business, S. 264f.

25 [Notiz, handschriftlich; Flick], o.D. [ca. Jan. 1938], StAN Rep. 501, KVP, Fall 5, B-15, NI-3675, Bl. 27.

26 Vgl. [Bemerkungen zum Manuskript Klass], 29.9.1956, TKA A/8943.

27 [Notiz, handschriftlich; Flick], o.D. [ca. Jan. 1938], StAN Rep. 501, KVP, Fall 5, B-15, NI-3675, Bl. 27.

28 Notiz für Herrn Flick, 11.1.1938 [Steinbrinck], StAN Rep. 502A, KVV, Handakten, Flächsner-16, Bl. 58.

29 P.-Projekt, 10.1.1938 [Steinbrinck], StAN Rep. 502, KVA, NI-3251; Zitat: Anlage IV, o.D., StAN Rep. 501, KVP, Fall 5, B-15, NI-3254, Bl. 29 (Zitat)-33. Die Anlage war nicht signiert, allerdings lassen der militärische Jargon sowie die antisemitischen Äußerungen auf Steinbrincks Autorenschaft schließen. Dafür spricht auch der Umstand, daß die handschriftlichen Kommentare von Flick stammen.

Um diese Schwierigkeiten aus dem Weg zu räumen, suchte Flick den direkten Zugang zu Göring. Zu diesem Zweck schloß er ein formales Abkommen mit dessen Vetter Herbert, das diesen zur Lobbyarbeit im Dienste Flicks heranzog und eine prozentual auf den Gesamtwert des auf Flick entfallenden Grubenbesitzes zu berechnende Erfolgsprämie avisierte.[30] In Vorbereitung auf eine Besprechung mit dem Vierjahresplanbeauftragten, die Flick wenig später arrangieren konnte, entwickelte er in enger Zusammenarbeit mit Steinbrinck und auf Basis des von Wetzell bereitgestellten Datenmaterials[31] ein Konzept, das er Göring in möglichst geschlossener Form präsentieren wollte. In seinem Skript legte Flick zunächst den Umfang des Braunkohlenbesitzes von Julius- und Ignaz-Petschek dar und verwies auf die strategische Bedeutung für die deutsche Rohstoffwirtschaft, da beide Gruppen zusammen nach Flicks Angaben etwa ein Drittel der gesamten deutschen Braunkohlenvorräte kontrollierten. Ferner stellte er auf den erheblichen Einfluß der Petscheks auf die Syndikatspolitik ab und behauptete, die in jüdischem Besitz befindlichen Unternehmen hätten ihre Macht »rücksichtslos ausgenutzt«.[32] In einem nächsten Schritt wandte sich Flick den ausländischen Beteiligungen, die beide Petschek-Gruppen als Schutzmaßnahmen eingeschaltet hatten. Diese hielt Flick zwar für reine Täuschungsmanöver, warnte aber vor außenpolitischen Folgen bei etwaigen Enteignungen. Entsprechend konzentrierte sich Flick auf das unmittelbar Mögliche: nämlich AKW und WW, für die Julius-Petschek Verkaufsbereitschaft signalisiert hatte. Zwar stimmte Flick in seinem Exposé Görings bekannter Ablehnung einer Devisenabgabe für »deutschen Grund und Boden« vordergründig zu, insinuierte jedoch, daß ein Kompromiß in dieser Frage der Dreh- und Angelpunkt für den Gesamtkomplex war, da eine Übernahme von Julius- die Verhandlungsposition Ignaz-Petscheks spürbar zu schwächen versprach: »Es würde außerordentlich wichtig sein, wenn man mit der kleineren Gruppe, die […] grundsätzlich zum Verkauf bereit ist, zu einem Einvernehmen gelangen könnte. Es würde das die taktische Position gegenüber der bedeutenden Ignaz-Gruppe wesentlich verstärken. Die deutsche Stellung wäre auch praktisch wesentlich besser, wenn einer von beiden erst einmal freiwillig abgegeben haben würde.«[33]

Flick befürwortete nicht nur ein gewisses Entgegenkommen durch die deutsche Seite in den bevorstehenden Gesprächen, sondern unterbreitete auch einen konkreten Vorschlag, wer diese führen solle – er selbst. Dies begründete er nicht mit eigenen Interessen oder bereits geknüpften Kontakten, sondern vorrangig damit, nur eine einheitliche Verhandlungsführung könne einen optimalen, also

30 Notiz. Betr. Abkommen Flick/Herbert Göring, 12.1.1938 [Steinbrinck], BAB R 8122/80903, NI-12318.

31 U.a. Notiz, 12.1.1938 [Steinbrinck], StAN Rep. 502A, KVV, Handakten, Flächsner-16, Bl. 59-63; Aktenvermerk, 15.1.1938, StAN Rep. 501, KVP, Fall 5, B-15, NI-3250, Bl. 38-40.

32 In einem internen Vermerk des RWiM heißt es hingegen, wegen des guten Minderheitenschutzes sei es im OBS nie zu Schwierigkeiten gekommen; vgl. Vermerk, 27.1.1938, BAB R 3101/31006, Bl. 8f.

33 Notiz, 19.1.1938 [Flick], BAB R 8122/80903, NI-784.

möglichst niedrigen Preis durchsetzen. Explizit bat er daher um eine offizielle Anordnung, die andere »private Verhandlungen zwecks privaten Erwerbs« mit der zu erwartenden gegenseitigen Preiskonkurrenz ausschloß.[34]

Die Besprechung mit Göring am 21. Januar 1938 geriet zum Erfolg auf ganzer Linie. Göring zeigte sich offenbar so überzeugt von Flicks Konzept, daß er diesen umgehend mit der gewünschten Generalermächtigung ausstattete, die Verhandlungen mit beiden Petschek-Gruppen für den jeweils kompletten Besitz allein zu führen. Zwar bedeutete dies noch keine alleinige Verfügung über die Unternehmensmasse zugunsten Flicks, da sich Göring die Aufteilung der Werte – dies fügte er dem Auftragsschreiben handschriftlich hinzu – selbst vorbehielt.[35] Dennoch konnte kaum ein Zweifel daran bestehen, daß der alleinige Verhandlungsführer auch ein Erstzugriffsrecht haben würde. Zudem hatte Flick das bisherige prinzipielle Gleichgewicht zwischen deutschen Kaufinteressenten und tschechisch-jüdischen Verkäufern grundlegend zu seinen Gunsten verschoben. Die Petscheks besaßen nicht länger die Möglichkeit, unter verschiedenen Angeboten das beste zu wählen.[36]

34 Ebd. Auffällig war die verhaltene Position hinsichtlich etwaiger staatlicher Zwangsmaßnahmen, deren Befürwortung als ultima ratio in internen Darstellungen ungeschminkt zum Ausdruck kam. So hatte Steinbrinck wenige Tage zuvor notiert: »Da nach den neuesten Informationen mit einer freiwilligen Abgabe der Anteile aus dem Besitz der P.-Gruppen nicht zu rechnen ist, muß man gegebenenfalls Gewaltmaßnahmen oder staatliche Eingriffe ins Auge fassen. […] Es ist eine rein politische Frage und allein abhängig von dem politischen Machtwillen, ob überhaupt eine Gewaltaktion gegen die P.-Gruppen durchgeführt werden soll. Entschließt man sich dazu, muß man sich darüber klar sein, daß nötigenfalls die schärfsten Mittel angewandt werden müssen«; P.-Projekt, 10.1.1938 [Steinbrinck] StAN Rep. 502, KVA, NI-3251. Daß Flick nicht aus moralischen, sondern aus taktischen Gründen – eine Sozialisierung drohte ihn als Privaten aus dem Spiel zu nehmen – Gewaltaktionen vorerst abgeneigt war, unterstrich eine Aufzeichnung des Konzernchefs: »Ich persönlich hätte am wenigsten Veranlassung, einer friedl.[ichen] Lösung das Wort zu reden. Ich habe jahrelang einen [sic] erheblichen Teil der Werke der abgetretenen Obersch.[lesischen] Industriebezirke vorgestanden; ich habe am eigenen Leibe die Machtmittel eines fremden Staates kennen gelernt, die Polen haben uns in O/S. mit Stumpf und Stiel ausgerottet.« Die selbstgerechte Analogie zwischen seiner Position als Vertreter einer nationalistischen Außenpolitik in einem fremden Land mit dem Angriff auf die hier betroffenen Unternehmen legt nahe, daß Flick die Wahrnehmung der jüdischen Besitzer als Staatsfeinde durchaus teilte. Unklar ist allerdings, ob es sich um eine rein interne Meinungsäußerung oder Vorbereitungen für die Göring-Besprechung handelte; [Handschriftliche Notiz], o. D. [Januar 1938, Flick], StAN Rep. 501, KVP, Fall 5, B-15, NI-5276, Bl. 41.

35 Göring an Flick, 21.1.1938, ebd., NI-900, Bl. 46. Obgleich die Ermächtigung dies nicht ausdrücklich feststellte, verstand sich die Vollmacht Flicks nur für die deutschen Petschek-Betriebe, nicht aber für die tschechischen. Die FFKG-Führung scheint hierauf auch keinen Anspruch erhoben zu haben.

36 Vgl. Stallbaumer, Business, S. 231. Zwar mochte es juristisch fragwürdig sein, daß Göring einen zivilrechtlichen Kaufvertrag untersagte. Allerdings bestand wenig Zweifel daran, daß sich gegen den ausdrücklichen Wunsch des Vierjahresplanbeauftragten kein Unternehmen zum Abschluß bereitfinden würde.

5.1.2. Deutsch-amerikanische Verhandlungen

Während Flick noch mit Göring verhandelte, wirkten Wetzell und Richthofen auf die Brüder Petschek ein, Gespräche mit der FFKG aufzunehmen. Dabei warnten sie vor Zwangsmaßnahmen der Reichsregierung und präsentierten im selben Atemzug mit Flick als einzig autorisiertem Vertreter der Privatwirtschaft den logischen Ansprechpartner.[37] Die Petscheks willigten schließlich ein, hatten aber nicht die Absicht, aus ihrer Prager Konzernzentrale nach Deutschland zu reisen, um die Verhandlungen persönlich zu führen. Statt dessen schalteten sie George Murnane, Vertreter der United Continental Corporation (UCC), ein. Dies war nur folgerichtig, da diese offiziell als Mehrheitseignerin von AKW und WW fungierte, während die Petscheks in keinem Gremium vertreten waren.[38] Flick waren Gespräche mit Murnane jedoch alles andere als recht.[39] Zum einen war Murnane kein unbeschriebenes Blatt auf dem deutschen Parkett, sondern verfügte über zahlreiche gute Kontakte.[40] Zum anderen war es Flick wie schon zuvor in den Verhandlungen mit den Rawack-Aktionären unangenehm, seine Beteiligung an der antijüdischen Verdrängungspolitik auf internationaler Ebene, auf der er mit bedeutend weniger Verständnis rechnen mußte als im Reich, allzu offensichtlich zur Schau zu stellen. Vor allem aber wähnte sich Flick im taktischen Nachteil: Erkannte er einmal Murnane als Kontrahenten an, so konnte er auch die UCC-Besitzansprüche nicht ohne weiteres zurückweisen, während er an sich die Position vertrat, sich »durch die amerikanische Tarnung nicht bluffen« zu lassen.[41] Flick zierte sich noch einige Tage, willigte aber schließlich doch ein, den UCC-Mann im Januar zu treffen. Akribisch präparierte er sich für eine von Beginn an harte Linie: Murnane sollte zur Kenntnis nehmen, daß allein Flick »von höchster Stelle« zu Kaufverhandlungen befugt sei, daß Devisenzahlungen für deutsche Bodenschätze ausgeschlossen seien und daß ohne schnelles Entgegenkommen der Petscheks, die er nach wie vor als Besitzer betrachtete, keine freiwillige – und dies implizierte: wohl aber eine zwangsweise – Lösung zustandekommen werde.[42]

Flick setzte somit massiv auf das Drohpotential des Regimes. Wie mit einer solch kompromißlosen Taktik eine Einigung erzielt werden sollte, blieb unklar. Entsprechend unergiebig gestaltete sich das erste Aufeinandertreffen mit

37 Aktenvermerk, 15.1. u. 21.1.1938 [beide Steinbrinck], StAN Rep. 501, KVP, Fall 5, B-15, NI-3250 u. NI-3248-F, Bl. 38-40, 47-50; Richthofen an Flick, 22.1.1938, StAN Rep. 502A, KVV, Handakten, Flächsner-16, Bl. 81f.

38 Vermerk, 27.1.1938, BAB R 3101/31006, Bl. 8.

39 Aktenvermerk, 22.1.1938 [Steinbrinck], StAN Rep. 502, KVA, NI-3247.

40 Als Partner des New Yorker Bankhauses Lee Higginson & Co. unterhielt er langjährige und enge Beziehungen zu deutschen Industrie- und Regierungskreisen. Die Petscheks engagierten Murnane, der ein Beratungsbüro mit Jean Monnet führte, als *hired gun*; vgl. Schäffer an Murnane, 21.1.1939, LBIB MF 512, 5/2/11.

41 Zwei Notizen für Herrn Flick, 24.1.1938 [Steinbrinck], BAB R 8122/80903; Richthofen an Flick, 25.1.1938, StAN Rep. 502A, KVV, Handakten, Flächsner-16, Bl. 85.

42 [Notiz], 25.1.1938 [Flick], StAN Rep. 502, KVA, NI-3246.

Murnane. Während Flick seine Vollmacht als »Befehl von top quarters [sic]« kundtat und den Besitzanspruch der UCC mit dem erhellenden Hinweis parierte, er durchschaue das System von Verschachtelungen und Strohmännern aus eigener Erfahrung, gab sich der US-Bankier ebenso gelassen wie entgegenkommend. In freundlichem Ton äußerte Murnane gar Verständnis für »die Aufrüstungsfrage und Judenfrage«. In den entscheidenden Punkten blieb er indes unnachgiebig: Den Wert des Julius-Petschek-Besitzes setzte er auf 180 Mio. RM an und forderte einen Preis von rund $ 15 Mio. Darüber hinaus deutete er an, daß Flicks Konkurrenz durchaus gewillt sei, Beträge in dieser Größenordnung *und* in Devisen aufzubringen. Da Flick weder über entsprechende Mittel verfügte noch Aussicht bestand, diese von Göring oder Schacht bewilligt zu bekommen, endete die erste Runde ergebnislos.[43] Erfolge brachte auch eine zweite Unterredung nicht, in der Murnane aber den Urheber des Konkurrenzangebots benannte: den Generaldirektor von Wintershall, August Rosterg.[44]

Als sich auch in den folgenden Tagen keine Annäherung abzeichnete, während gleichzeitig die Bemühungen Kaletschs und Steinbrincks, die Reichsbank für eine höhere Devisenbereitstellung zu gewinnen, scheiterten[45], erhöhte Flick den Druck auf den UCC-Mann durch das vielfach erprobte Mittel der Rückzugsdrohung. In einer am 31. Januar verlesenen Stellungnahme erklärte Flick, sein Auftrag sei nur bis zum Monatsende befristet – was Görings Schreiben an keiner Stelle erwähnte – und kündigte an, der Vierjahresplanbeauftragte werde ohne substantielle Zugeständnisse Murnanes das Heft sofort wieder in die Hand nehmen. Eine privatwirtschaftliche Lösung werde dann nicht mehr in Frage kommen. Mehr noch, Flick strich heraus, daß vor dem Hintergrund der antisemitischen Regierungspolitik Murnane seiner Meinung nach die Kräfteverhältnisse verkannte. In einer Formulierung, die frappierend an die 1927 mit den Vertretern des Reiches geführten Gespräche über das Oberschlesien-Engagement erinnerte, ließ Flick seinen amerikanischen Gegenüber wissen, daß dieser sich in einer alternativlosen Lage befand, während er selbst am längeren Hebel saß:

> »Wenn ein objektiver Dritter unseren bisherigen Verhandlungen zugehört hätte, so würde er wahrscheinlich eine ganz andere Auffassung bekommen haben, die der tatsächlichen Lage nicht entspricht. Er könnte vielleicht den Eindruck gewinnen, als ob ich hier in erheblicher Besorgnis wäre und mir Tag

43 Aktenvermerk, 28.1.1938 [Steinbrinck], StAN Rep. 501, KVP, Fall 5, B-15, NI-3245, Bl. 51-54, Zitate Bl. 51 f.

44 Aktenvermerk. Betr. Problem Julius Petschek, 28.1.1938; Aktenvermerk. Betr. Julius P.-Problem/Besprechung mit Herrn Rosterg, 29.1.1938, BAB R 8122/80903.

45 Reichsbankdirektor Karl Blessing bot maximal ein Zehntel der von Murnane verlangten Summe, und Schacht beschied die Flick'sche Bitte mit den deutlichen Worten, man hätte wesentlich günstigere Bedingungen erzielen können, »wenn Herr Flick den Mann [Murnane] hinausgeschmissen hätte«; Notiz. Betr. Julius P.-UCC-Kredit, 29.1.1938, BAB R 8122/80903; Aktennotiz, 29.1.1938 [Steinbrinck], StAN Rep. 501, KVP, Fall 5, F-3, Dok. Kaletsch-951, Bl. 7.

und Nacht den Kopf zerbrechen müßte, eine Lösung zu finden, kurz also, als ob wir hier mit vertauschten Rollen arbeiteten. – So sind die Dinge nicht.«[46]

Anders als die seinerzeit betroffenen Ministerialbeamten schätzte Murnane jedoch die Situation grundlegend anders ein als Flick. Weder war er bereit, sich auf den gebotenen Dollarbetrag in Höhe von nur zwei Millionen – der Rest sollte in Mark oder in deutschen Wertpapieren beglichen werden – einzugehen, noch ließ er sich von Flicks Warnung, die Konditionen verschlechterten sich täglich, einschüchtern. Statt dessen zahlte er in gleicher Münze zurück. Auf Flicks finale Drohung entgegnete Murnane, auch in den USA gebe es deutsches Eigentum, dem womöglich »die gleichen Probleme, wie sie ihn in Deutschland jetzt beschäftigt hätten, […] drohten«. Damit waren die Verhandlungen vorerst gescheitert.[47]

Eine Einigung war somit wieder in die Ferne gerückt, aber deswegen nicht ausgeschlossen.[48] Allerdings bedurfte es neuer Verhandlungen unter den deutschen Beteiligten, denn zu den bisher in Betracht gezogenen Konditionen war ein Geschäftsabschluß mit Julius-Petschek/UCC nicht zu erzielen. Für die FFKG galt es dabei, nicht ihr Monopol auf die Verhandlungsführung zu verlieren, zumal Flick in Rosterg einen erheblichen Störfaktor erkannte, der die ursprüngliche Absicht, die Petscheks zu isolieren, unterlaufen hatte. Daher ließ sich Flick am Tag nach dem Gesprächsabbruch von Göring eine weitere schriftliche Autorisierung ausstellen, die alle übrigen Interessenten zur unverzüglichen Einstellung ihrer Verhandlungen verpflichtete.[49] Damit hatte Flick Zeit gewonnen, um seine eigene Taktik neu zu justieren und insbesondere die Partei- und Regierungsstellen dafür zu gewinnen, ihm beim Entwurf eines für die Petscheks akzeptablen Angebots stärker als bisher entgegenzukommen. Es bedurfte jedoch mehrwöchiger, intensiver Lobbyarbeit sowie der Parallelität der sich zuspitzenden außenpolitischen Ereignisse, ehe sich eine Einigung abzeichnete.

46 Die Erklärung liegt in verschiedenen Fassungen vor; ohne die zitierte Passage: Erklärung, heute abzugeben!, 29.1.1938 [Flick], BAB R 8122/80903. Die verlesene Fassung mit Nachtrag vom 31.1.: Notiz, 31.1.1938 [Steinbrinck], StAN Rep. 501, KVP, Fall 5, B-15, NI-3451, Bl. 61 f. Die 1927 gewählte Formulierung oben S. 164.

47 Notiz, 31.1.1938 [Steinbrinck], StAN Rep. 501, KVP, Fall 5, B-15, NI-3451, Bl. 61 f. entsprechende Andeutungen hatte Murnane bereits am 29.1. fallen gelassen und wiederholte diese auch anderer Stelle; Notiz, 29.1.1938 [Steinbrinck], ebd., NI-3450, Bl. 57; Aufzeichnungen betr. Mitteilungen des Botschafters a. D. von Pritwitz, 31.1.1938, BAB R 8122/80903; vgl. Stallbaumer, Business, S. 236.

48 So auch die Einschätzung Murnanes: Aktenvermerk. Betr. Julius P., 1.2.1938 [Steinbrinck], BAB R 8122/80903. Vgl. die überraschend freundliche Abschiedskorrespondenz zwischen Flick und Murnane, 1.2./2.2.1938, StAN Rep. 501, KVP, Fall 5, E-4, Dok. Flick-44/45, Bl. 154 f.

49 Göring an Flick, 1.2.1938, NI-899, abgedruckt in TWC 6/1, S. 464; Görings Schreiben basierte lose auf einem Entwurf Steinbrincks: Zur Besprechung mit Staatsrat Neumann, 1.2.1938 [Steinbrinck], StAN Rep. 501, KVP, Fall 5, G-5, Dok. Steinbrinck-364a, Bl. 155.

In der Führungsetage des Flick-Konzerns systematisierte man als erstes die Schlußfolgerungen aus dem Mißerfolg der Gespräche mit Murnane. Angesichts der von der UCC erhobenen Forderungen blieben nur drei Möglichkeiten für das weitere deutsche Vorgehen:

(a) Eine Aufgabe des »Arisierungs«-Zieles wegen der angedrohten Konsequenzen für den deutschen Auslandsbesitz. Allerdings würden dann »sich die Petscheks als Sieger fühlen und bei Göring ein erheblicher Prestigeverlust eintreten«.[50]

(b) Statt weiterer Verhandlungen kamen Zwangsmaßnahmen in Frage, die indes Flicks Beteiligung ausschlossen und zudem mit außenpolitischen Unwägbarkeiten verbunden waren.

(c) Eine Wiederaufnahme der Verhandlungen unter der Voraussetzung, daß (mehr) Devisen angeboten werden könnten.

Mit diesen drei Alternativen wandten sich Flick und Steinbrinck Anfang Februar an Keppler – obschon dieser mit der gewachsenen Bedeutung Görings in »Arisierungs«-Fragen merklich an Bedeutung für Flick verlor –, sowie an Neumann, Posse und Körner.[51] Die scheinbar unvoreingenommen präsentierten Optionen wurden mehr oder minder subtil intoniert, um die staatlichen Funktionsträger in die gewünschte Richtung zu lenken. War ein gänzlicher Verzicht auf die wirtschaftliche Ausschaltung der Petscheks von vornherein mit der nationalsozialistischen Agenda offenkundig unvereinbar, so provozierte der Hinweis auf Görings Prestigeverlust geradezu eine unbedingte Ablehnung dieser Variante. Gleichzeitig nahm man im Vierjahresplan und im Reichswirtschaftsministerium die Warnungen Murnanes durchaus ernst, insbesondere mit Blick auf den umfangreichen Besitz der IG Farben in den USA. Folgerichtig blieb nur eine Lösung, und – wie Steinbrinck sichtlich zufrieden konstatierte – »Neumann trat sogleich auf die Brücke des Weges c)«.[52] Auch Posse, Körner und Keppler stimmten der sich aus dem Flick'schen Szenario ergebenden Notwendigkeit, Devisen bereitzustellen zu, nicht zuletzt deswegen, weil man sich nach wie vor günstige Auswirkungen auf Ignaz-Petschek erhoffte. In Flicks Worten galt es, »Julius auf dem Wege von Verhandlungen zu erledigen [zu] suchen, um Ignaz gegenüber eine bessere Stellung zu haben«.[53]

Dennoch blieben der Umfang der einzusetzenden Valutabeträge umstritten, Görings Haltung in dieser Frage intransigent und die Reichsbank wenig zugänglich.[54] Flick erbat daher eine »ausdrückliche Ermächtigung des Herrn General-

50 Aktennotiz. Betr. Julius Petschek, 1.2.1938 [Steinbrinck], StAN Rep. 502, KVA, NI-3244.

51 Ebd.; Aktenvermerk. Betr. Julius P., 2.2.1938 [Steinbrinck], StAN Rep. 502A, KVV, Handakten, Flächsner-16, Bl. 101f.; Programm für die Besprechung mit StS Körner, 16.2.1938, ebd., Bl. 112f.

52 Aktennotiz. Betr. Julius Petschek. 1.2.1938, StAN Rep. 502, KVA, NI-3244.

53 Notiz. Betrifft: Julius Petschek, 24.2.1938, BAB R 8122/80920, NI-10128; Zitat: [Notiz, Flick], 21.2.1938, StAN Rep. 502, KVA, NI-5523; Stand der Verhandlungen mit den Petschek-Gruppen, 16.2.1938, BAB R 2501/9802.

54 Abteilung für Auslandschulden an Reichsstelle für Devisenbewirtschaftung, 19.2.1938, ebd.; Notiz für Herrn Flick, 23.4.1938 [Steinbrinck], NI-10133, BAB R 8122/80903.

feldmarschall« zur Devisenbeschaffung. In diesem Fall erhielt er die gewünschte Ermächtigung jedoch nicht; Neumann versicherte ihm lediglich, sein Ressort werde eine Mobilisierung zusätzlicher Fremdwährung »mit allem möglichen Wohlwollen beurteilen«.[55] Absichtserklärungen dieser Art halfen Flick aber kaum weiter, zumal sie tendenziell die in den Startlöchern sitzende Konkurrenz der Chemie- und Kali-Firmen, mit deren Devisenzugang Flick nicht mithalten konnte, bevorteilten. Zudem erschien Mitte Februar mit Ministerialdirektor Helmut Wohlthat ein weiterer Protagonist auf der Bildfläche. Wohlthat, bis Ende 1937 Leiter der Reichsstelle für Devisenbewirtschaftung, wurde von Göring zum persönlichen Beauftragten für den Petschek-Komplex berufen und begann umgehend, gerüstet mit einer selbstbewußten Eigendefinition als »Privatbankier« Görings, die behördlichen Kompetenzen an sich zu ziehen.[56]

Schließlich erschwerte auch die außenpolitische Entwicklung die Planbarkeit des weiteren Vorgehens. Schon am 17. Februar 1938 formulierte Steinbrinck unter dem Eindruck des wachsenden deutschen Drucks auf die österreichische Bundesregierung[57] die Implikationen, welche die Einflußausweitung des Reichs in Südosteuropa für die Petschek-Verhandlungen nach sich zog:

> »Ob die Veränderung der österreichischen Verhältnisse auf die Petscheks Eindruck machen wird, wird die nächste Zukunft zeigen. […] In Österreich soll eine neue Fluchtwelle des jüdischen Elementes einsetzen und die starke Einflußnahme Deutschlands auf die österreichische Innenpolitik wird sicherlich von der Tschechei als eine gewisse Bedrohung betrachtet werden. Es gibt Persönlichkeiten, die der Meinung sind, daß ein Erwerb der P.-Werke gar nicht mehr erforderlich wäre, weil die politische Entwicklung in verhältnismäßig kurzer Zeit vollendete Tatsachen schaffen werde.«[58]

Diese Entwicklung sah die Konzernspitze nicht nur positiv. Zwar erhoffte man sich eine größere Nachgiebigkeit der Petscheks, gleichzeitig stand zu befürchten, eine Umwälzung der territorialen Verhältnisse werde auch den zivilrechtlichen

55 Weitere Behandlung des Petschek-Problems, 21.2.1938, StAN Rep. 501, KVP, Fall 5, G-5, Dok. Steinbrinck-366a, Bl. 162; Beauftragter VJPl./Geschäftsgruppe Devisen (Neumann) an Steinbrinck, 23.2.1938, BAB R 2501/9802.

56 Die Vermehrung der institutionellen Zuständigkeiten in der »Arisierungs«-Frage nahm man in der FFKG mit gewisser Ermüdung und Mißtrauen zur Kenntnis. Flick fürchtete, der Ministerialbeamte habe die »gleiche Vollmacht wie ich« erhalten; Zitat Wohlthat: Notiz für Herrn Flick, 26.2.1938, StAN Rep. 502A, KVV, Handakten, Flächsner-16, Bl. 132-134 (= NI-10130); Aktennotiz. Betr. P-Problem. Unterredung mit Staatsrat Neumann am 28.2., 28.2.1938 [Steinbrinck], NI-10131, BAB R 8122/80903; Zitat Flick: handschriftliche Anmerkung zu Notiz für Herrn Flick, 23.4.1938 [Steinbrinck], ebd.; Vernehmung des Herrn Helmuth Wohltat [sic] v. 25.9.1947, StAN Rep. 502, KVA, Interrogations, W-128.

57 Vgl. Kershaw, Hitler, S. 115-120.

58 Notiz Betr. Petschek Angelegenheit vom 17.2.1938 [Steinbrinck], StAN Rep. 502, KVA, Handakten, B-76, abgedruckt als NI-3241 in TWC 6/1, S. 465 f.; ebenso Notiz, 12.4.1938 [Steinbrinck], StAN Rep. 502A, KVV, Handakten, Flächsner-17, Bl. 154.

Aufkauf obsolet machen. Der Einmarsch der Wehrmacht in Österreich und die Erklärung des »Anschlusses« am 12./13. März 1938 sowie die bald darauf verschärfte Agitation für eine Autonomie der sudetendeutschen Gebiete[59] bestätigten die Informationen, die die FFKG von ihren Kontaktleuten in den Ministerien erhalten hatte. Seit Ende 1937 wurde in der Reichsregierung zudem an einer rechtlich handhabbaren Definition »jüdischer Unternehmen« gearbeitet und diese im Januar 1938 intern bekanntgegeben, ehe sie im Juni zur Veröffentlichung gelangte. Bereits Ende April stellte Göring die Veräußerung und Verpachtung »nichtarischer« Unternehmen unter Genehmigungsvorbehalt. Dies bedeutete eine massive Einschränkung der Vertragsfreiheit für jüdische Unternehmer, denen nunmehr die Möglichkeit, den bestmöglichen Preis auszuhandeln, nicht nur in der Praxis, sondern auch formalrechtlich genommen war.[60]

Der Gleichklang von Aggression nach außen und antisemitischer Gesetzgebung im Inneren verfehlte nicht seine Wirkung auf die Julius-Petschek-Gruppe. Zwar traf die neue Rechtslage die tschechisch-amerikanische Eigentumskonstruktion nicht unmittelbar, das »Alarmsignal«, so Flick, kam jedoch an. Nur wenige Tage nach Görings Verordnung deutete sich neue Verhandlungsbereitschaft auf Seiten der UCC an.[61] Zudem war es zuvor gelungen, Wohlthat davon zu überzeugen, daß auch ein gewaltsamer Zugriff auf die tschechische Konzernzentrale wegen der Verschachtelung über die US-Holding nicht notwendig die eigentlichen Zielobjekte, AKW und WW, erreichte. Flick profitierte gewissermaßen von der Verteidigungsstrategie der jüdischen Besitzer.[62] Und schließlich zeichnete sich im Frühjahr 1938 auch eine Lösung des Devisenproblems ab. Da Flick das nötige Exportvolumen zur Valutabeschaffung fehlte, er aber noch immer über das Verhandlungsmonopol verfügte, während die Konkurrenz, allen voran Wintershall, Devisen zwar beschaffen, aber nicht verwenden durfte, lag ein Zusammengehen trotz des gegenseitigen Mißtrauens nicht fern. Erste diesbezügliche Überlegungen nahmen Ende März rasch Gestalt an. Mit der Salzdetfurth-AG, ein weiteres Kaliunternehmen, erweiterte sich der Kreis der Beteiligten; Verhandlungen mit der IG Farben befanden sich in der Schwebe. In der Kooptierung der Konkurrenten lag auch ein erheblicher Preisvorteil, da die Devisenbeschaffung über die Reichsbank, die daran stets mitverdienen wollte, erheblich teurer kam, als es auf privatem Wege der Fall war.[63]

59 Im Überblick: Recker, Revisionismus, S. 324-328; Kershaw, Hitler, S. 126-136, 147-149.

60 Vgl. Herbst, Banker, S. 84-86; Bajohr, »Arisierung«, S. 18; Hilberg, Vernichtung, Bd. 1, S. 105 f.

61 Aktenvermerk. Betr. Besprechung mit Staatssekretär Körner am 30.4., 2.5.1938, NI-10135, BAB R 8122/80903; Stallbaumer, Business, S. 242-244.

62 Notiz. Heutige Besprechung mit Herrn Ministerialdirektor Wohlthat, 25.4.1938 [Flick], StAN Rep.502A, KVV, Handakten, Flächsner-17, Bl. 158-162.

63 Aktenvermerk, 26.3.1938, StAN Rep. 501, KVP, Fall 5, G-5, Dok. Steinbrinck-355, Bl. 140-143; Notiz, 19.5.1938 [Steinbrinck], ebd., B-15, NI-5305, Bl. 74 f.; Notiz. Notwendigkeiten eines Sonderabkommens mit Stahl und Rosterg, 19.5.1938 [Steinbrinck], BAB R 8122/80903. Rudolf Stahl war Generaldirektor bei Salzdetfurth.

Unter den neuen Vorzeichen auf beiden Seiten des Verhandlungstisches gestalteten sich die im Mai 1938 wieder aufgenommenen Gespräche zwischen Vertretern von UCC und Flick weitaus unkomplizierter als noch im Januar.[64] Der europäische Vertreter Murnanes, Viscount Strathallan, ließ gegenüber dem Verhandlungsteam aus Flick, Steinbrinck und Rohde durchblicken, daß die frühere Preisforderung von $ 15 Mio. nicht mehr galt, sofern es nur zur Devisenzahlung kam.[65] Mit den neuen Partnern im Rücken gestand Flick dies zu, und noch im selben Monat wurde der Kaufvertrag unterzeichnet. Dieser sah vor, daß die UCC 67 Prozent des Aktienkapitals von AKW und 87 Prozent der Anteile an WW an Mittelstahl abtrat. Als reinen Kaufpreis sicherte Mittelstahl $ 4,75 Mio. zu. Der eigentliche Kern der Abmachung betraf jedoch eine bis dahin umstrittene Kreditforderung in Höhe von rund sieben Mio. Dollar, die die UCC gegen die beiden Braunkohlengesellschaften hatte. Von dieser verzichtete das amerikanische Unternehmen nun auf die Hälfte, so daß sich formal ein Gesamtkaufpreis von $ 8,75 Mio. errechnete. Der tatsächlich zu zahlende Preis lag jedoch bedeutend niedriger, da die Vertragsmodalitäten die tatsächlich zu begleichende Schuld auf 45 Prozent der Restkreditsumme beschränkten. Damit reduzierte sich der effektiv an die Petscheks fließende Dollarbetrag auf $ 6,3 Mio., mithin nur 42 Prozent der ursprünglich geforderten Summe und nur 57,5 Prozent der früher von Rosterg gebotenen elf Mio. Dollar. Daß ein solch beträchtlicher Abschlag hingenommen wurde, deutete auf einen Prioritätenwechsel der Petscheks hin: Inzwischen genügte es ihnen, überhaupt noch zu einem tragbaren Abschluß zu gelangen.[66]

Bemerkenswert war der Vertragstext noch in anderer Hinsicht. Für einen privatrechtlichen Geschäftsabschluß ungewöhnlich, wurde ein langer Passus in den Kontrakt aufgenommen, der explizit betonte, »daß Mittelstahl die Verhandlungen über diesen Vertrag auf Grund eines besonderen Auftrags führt«. Ohne Zustimmung des »Auftraggebers« sollte der Kaufvertrag keine Wirksamkeit ent-

64 Nach dem Krieg erhoben US-Ermittler schwere Vorwürfe gegen Murnane »[who] had, to say the least, badly represented the interests of his customers. We are even inclined to believe that he played the Petschek-property into the hands of the nazis by giving way [...] in all points and by showing weakness.« Allerdings bestätigen dies weder zeitgenössische Dokumente noch spätere Äußerungen der Petscheks; Role played by Mr Murnane during the Petschek-Transaction, 1946, BAK Z 45 F 11/12-3/29. Subject: Friedrich Flick Case, 22.1.1947 [Kempner], NARA RG 238, Entry 159, Box 2.

65 Aktenvermerk. Betr. Petschek-Problem, 17.5.1938 [Steinbrinck], BAB R 8122/80903; Aktennotiz. Betrifft: Julius Petschek, 20.5.1938, ebd.

66 Vertrag UCC/MSt, 21.5.1938, StAN Rep. 501, KVP, Fall 5, B-15, NI-3236, Bl. 77-88; Vereinbarung [Nachtrag zum Vertrag v. 21.5.1938], 11.6.1938, NI-3232, ebd., Bl. 94f.; Aktenvermerk, 24.5.1938 [Flick], ebd., B-16, NI-5524, Bl. 1-3. Unzutreffende Zahlenangaben bei Wixforth, Expansion, S. 121. Das Nominalkapital von AKW betrug 22,95 Mio. RM, darunter 1,35 Mio. Vorzugsaktien. Mittelstahl erwarb von der UCC 14,76 Mio. RM Stamm- und 705000 RM Vorzugsaktien. Das Nominalkapital von WW betrug 17,5 Mio. RM, von denen Mittelstahl 15,3 Mio. erwarb; Aufstellung BAB R 3101/31006, Bl. 80, 91; zum Kaufpreis s. u.

falten.[67] Damit war nicht nur ein Rücktrittsrecht für den Fall von Görings Widerspruch, den er sich im Ermächtigungsschreiben vom 21. Januar des Jahres vorbehalten hatte, gegeben. Mit der schriftlichen Fixierung seiner Beauftragung baute Flick einen Puffer ein, der sowohl legitimatorische Funktion hatte – das Geschäft basierte auf dem Interesse des Staates, nicht Mittelstahls – als auch einen Schutzmechanismus im Falle späterer Regreßansprüche bieten mochte: Neben den beiden vertragsschließenden Kontrahenten war das Reich als dritte, gleichsam stille Partei am Zustandekommen des Geschäfts beteiligt.

Vier Tage nach der Unterzeichnung genehmigte Körner für die Vierjahresplanbehörde den Vertrag, nachdem Flick zugesichert hatte, daß die Devisen durch langfristige, über zusätzliche Exporte refinanzierte Kredite der Kali- und Chemieunternehmen beschafft würden. Mit Wintershall und Salzdetfurth wurde ein entsprechendes Abkommen wenig später geschlossen.[68] Dennoch blieb Flick in den folgenden Wochen die Vorlage einer Devisenaufstellung schuldig.[69] Grund dafür war die ausstehende Einigung mit der IG Farben, mit der Flick im Mai und Juni 1938 angestrengt verhandelte. Dabei kam es zu heftigen Zusammenstößen, weil sich die Farben-Führung um Hermann Schmitz von Flick ausgebootet fühlte und eine gleichberechtigte Aufteilung von AKW und WW unter den Interessenten verlangte. Flick war jedoch nicht bereit, auch nur einen Handbreit von seiner Position der Stärke zurückzuweichen und behandelte Schmitz beinahe als Bittsteller, dem er Konditionen diktieren konnte. Auf den empörten Vorwurf der Chemie-Manager, Flick versuche auf ihre Kosten seine Ausgaben zu refinanzieren, stellte Flick trocken fest, »[e]r benötige die I.G. nicht und habe keine Veranlassung, ihnen Substanz abzugeben. Wenn er jedoch sich bereit erkläre, Substanz abzugeben, sei diese nur gegen Dollar verkäuflich.«[70] Als Schmitz sich daraufhin bei Keppler beschwerte, Flick erwarte für deutsche Braunkohle fremde Währung, drohte der Streit zu eskalieren. Steinbrinck erwiderte die Angriffe Schmitz' und des IG-Farben-Aufsichtsratsvorsitzenden Carl Bosch seinerseits mit Drohgebärden:

> »Wir würden uns verpflichtet fühlen, den zuständigen Stellen, insbesondere dem G[eneral]f[eldmarschall]., hiervon Kenntnis zu geben, wenn diese Angriffe nicht sofort abgeblasen würden. Noch heute […] sei die Überführung

67 Vertrag UCC/MSt, 21.5.1938, StAN Rep. 501, KVP, Fall 5, B-15, NI-3236, Bl. 81f.

68 Körner an Flick/Mittelstahl, 25.5.1938, ebd., NI-3320, Bl. 97f.; Notiz, 25.5.1938 [Steinbrinck], StAN Rep. 501, KVP, Fall 5, G-3, Dok. Steinbrinck-31, Bl. 71-73; [Vermerk], 24.5.1938; Vereinbarung über die Beschaffung von Devisen, getroffen am 1.6.1938, beide BAB R 8122/80903.

69 Notiz. Betr. Devisenbeschaffung. Unterredung mit Wohltat [sic], 8.6.1938, StAN Rep. 502A, KVV, Handakten, Flächsner-17, Bl. 191.

70 Notiz. Betr. Konsortialabkommen mit der I.G. Farben betr. Petschek, 30.5.1938 [Steinbrinck]; Aktennotiz. Betr.: Konsortialabkommen mit der I.G. Farben, 31.5.1938; Notiz. Betr. Konsortialabkommen mit der I.G., 14.6.1938, alle BAB R 8122/80908; Zitat: Notiz. Betr. Konsortialabkommen mit I.G. Farben, 21.6.1938, ebd.; Aktennotiz. Betr. Verhandlungen mit den I.G. Farben, 3.6.1938, BAB R 8122/80920, NI-7584.

der Aktien AKW/WW in deutschen Besitz ein politisches Geschäft, das wir als Beauftragte des Gf. absolut korrekt und fair durchführen würden. Angriffe gegen uns müßten wir als solche gegen die Regierungsstellen betrachten, und wir würden nicht scheuen, entsprechend zu handeln.«[71]

Damit nicht genug, forderte Flick von der IG-Farben-Führung nun auch noch eine schriftliche Anerkennung seiner Leistungen in der Geschäftsanbahnung. Das Ansinnen des FFKG-Inhabers kam einer Demütigung des größeren Konzerns gleich und wurde rundweg abgelehnt.[72] Das Beharren auf einem solchen Schriftstück spiegelte einerseits Flicks Eigenart, sich stets Dokumente zu sichern, auf die er später beweiskräftig zurückgreifen konnte. Zum anderen dürfte es sich um einen taktischen Winkelzug gehandelt haben, mit dem Ziel, den Farben-Konzern unter Druck zu setzen. Denn Flick war keineswegs so wenig auf die finanzielle Kontribution angewiesen, wie er nach außen vorgab, sondern plante fest mit der Erstattung seiner Kosten, für die er Kredite aufgenommen hatte. Um seine Verhandlungsposition nicht zu schwächen, gab er jedoch als Leitlinie aus, »daß wir der IG gegenüber nicht zu erkennen geben dürften, daß wir an sich auf das Geld sehr scharf wären, oder daß die IG den Eindruck erhalten könnte, daß wir das Geld unter allen Umständen am 18. [August] brauchen«.[73] Aus dem Konflikt mit der IG Farben ging Flick schlußendlich siegreich hervor. Der Chemiegigant stellte, wie Salzdetfurth und Wintershall, im Tausch gegen Kohlenfelder von AKW/WW drei Mio. Dollar bereit und garantierte nach Abschluß der Transaktion die Zahlung von zusätzlichen 12,5 Mio. RM.[74]

Eine präzise Aufschlüsselung der Frage, wer letztlich was bezahlte, ist angesichts der verschlungenen Devisenüberweisungen und Verrechnungen nicht mit letzter Gewißheit zu leisten. Dennoch läßt sich der Rahmen grob umreißen. Die UCC erhielt für den abgegebenen Besitz effektiv $ 6,325 Mio. Von den beteiligten Industriekonzernen wurden aber insgesamt elf Mio. Dollar mobilisiert. Je drei Mio. trugen Wintershall und IG Farben bei, zwei Mio. stammten von Salzdetfurth, und wiederum drei Mio. finanzierte Mittelstahl. Die Diskrepanz erklärt sich aus der erheblichen Abschöpfung durch die staatlichen Stellen: Von den durch Flick für rund 17,3 Mio. RM erworbenen Devisen flossen nur $ 1,6 Mio. –

71 Aktenvermerk. Betr. Verhandlungen mit der I.G., 6.7.1938 [Steinbrinck], BAB R 8122/80908.

72 Ebd.; auch der Bankier August von Finck hielt das für »ein bißchen viel verlangt«; Notiz für Herrn Steinbrinck, 28.7.1938 [Flick]; Aktenvermerk. Betr. Dollar-Beschaffung für die I.G. Farbenindustrie, 2.9.1938 [Steinbrinck]; Notiz für Herrn Flick, 6.9.1938 [Steinbrinck], alle ebd.; Notiz. Betr. Auseinandersetzung mit der I.G., Unterredung mit Dr. Bütefisch, 23.11.1938, BAB R 8122/80899 [= NI-7586]. Wie zuvor im Falle Rostergs half die gemeinsame Freundeskreis-Zugehörigkeit der Beteiligten in den Auseinandersetzungen wohl nicht.

73 Notiz für Herrn Steinbrinck, 12.8.1938 [Kaletsch], BAB R 8122/80908. Zu den Krediten vgl. Notizen, 7.12.1938, BAB R 8122/8, Bl. 18, 22.

74 Vertrag IG Farben/MSt, 6.8.1938, BAB R 8122/80908; Notiz für Herrn Dr. Solbrig, 5.12.1938 [Steinbrinck], BAB R 8122/80904.

die Restforderung der UCC aus ihrer Kreditforderung – in den Kaufpreis ein; die übrigen $ 1,4 Mio. gingen an die Reichsbank. Einen noch höheren Preis berechnete die Vierjahresplanbehörde für ihre Zustimmung zu der Transaktion: $ 2,7 Mio. Somit standen letztlich nur rund $ 6,9 Mio. für den eigentlichen Kauf zur Verfügung. Nach Abzug des Kaufpreises an die UCC blieb eine Differenz von $ 575 000 zugunsten Flicks. Darin nicht eingerechnet war der Reichsmarkbetrag, den die IG Farben zusätzlich zahlten. Nach Verrechnung dieser beiden Summen mit den von Flick aufgewandten 17,3 Mio. RM ergab sich – abhängig davon, in welcher Höhe man die geschäftlichen Unkosten für Provision, Gebühren usw. ansetzt – ein leichtes Plus oder, im schlechtesten Fall, ein Fehlbetrag von etwa 1,4 Mio. RM.[75] Kurz, Flick ließ sich – wie die IG Farben vollkommen zutreffend erkannt hatte – seine eigenen Kosten praktisch vollständig durch die früheren Konkurrenten ersetzen und gab dafür nur den kleineren und nicht aufgeschlossenen Teil des erworbenen Braunkohlenbesitzes ab. Praktisch ohne Einsatz eigener Mittel vervielfachte er seine Brennstoffgrundlage[76], was auch unter den informierten Ministerialbeamten Erstaunen hervorrief. »Was«, so fragte der Referent des Finanz-Staatssekretärs, »hat nun eigentlich Mittelstahl damit zu tun?«[77]

Um an dieser Stelle keine offene Flanke für etwaige Angriffe auf das durchaus nicht volks-, sondern privatwirtschaftlich motivierte Interesse Flicks an der »Arisierung« von AKW und WW zu bieten, machte sich Steinbrinck umgehend daran, eine verbindliche Interpretation vorzuformulieren. Diese sollte auf ausdrücklichen Wunsch Flicks in Gestalt einer »abschließenden Sanktionierung unserer Maßnahmen durch den Beauftragten für den Vierjahresplan« mit offi-

75 Eine vollständige und detaillierte Aufstellung der Zahlungs- und Rechnungsvorgänge liegt nicht vor, die Angaben bei Thieleke, Arisierungen, S. 418 f., und Mollin, Montanindustrie, S. 185, sind unvollständig und vermitteln ein falsches Bild. Eine Annäherung ist nur über eine von Wohlthat verantwortete, aber wohl auf einen Steinbrinck-Entwurf zurückgehende Gesamtschau, welche die Posten aber nicht aufschlüsselt, sowie Einzelaufstellungen möglich. Die Zahlung der 12,5 Mio. RM durch die IG Farben scheint offiziell nicht bekannt gewesen zu sein; Schlußbericht über die Rückführung des Braunkohlenbesitzes der Julius Petschek-Gruppe in reichsdeutsche Hände, 16.12.1938, StAN Rep. 501, KVP, Fall 5, B-15, NI-3306, Bl. 100-102; RWiM an Devisenstelle Berlin, 16.6.1938, BAB R 2501/9802; Aktennotiz zu der am 16.6.1938 zwischen Salzdetfurth und Mittelstahl getroffenen Vereinbarung, BAB R 8122/80903; Vermerke, 29.7. u. 12.9.1938 [beide Kniess], ebd.; Notiz. Betr. Julius-Petschek – Unterredung mit Wohltat am 5.7.1938 [Steinbrinck], BAB R 8122/80899; Notiz für Herrn Kaletsch, 19.12.1938 [Kurre], ebd.

76 AKW förderte 1936 fast fünf Mio. t Kohle und produzierte 1,5 Mio. t Briketts (WW: 2,6 Mio. t Kohle und 960 000 t Briketts in 1938). Die Lauchhammerbetriebe kamen 1936/37 hingegen auf nur 1,8 Mio. t Kohle und 496 000 t Briketts; Aufstellungen AKW und WW, o. D., StAN Rep. 502, KVA, Handakten, B-76; Erzeugungszahlen Mittelstahl/K.G./Maxhütte, o. D., BAB R 8122/430, Bl. 2.

77 Aktennotiz, 30.11.1938, StAN Rep. 501, KVP, Fall 5, G-5, Dok. Steinbrinck-370b, Bl. 178 f.

ziellem Siegel versehen werden.[78] Entsprechend las sich der Mitte Dezember 1938 herausgegebene, von Göring unterzeichnete Schlußbericht. Darin wurde die beschönigend als »Rückführung des Braunkohlenbesitzes der Julius Petschek-Gruppe in reichsdeutsche Hände« bezeichnete »Arisierung« nicht auf das Interessengeflecht staatlicher Instanzen und privater Konzerne zurückgeführt, sondern ausdrücklich festgehalten, die Transaktion sei »nicht aus privatwirtschaftlichen, sondern aus allgemeinen staats- und wirtschaftspolitischen Gründen« erfolgt – eine Formulierung, die in ihrer Aufnahme eines sprachlich vertrauten Motivs aus der Flick'schen Unternehmensgeschichte die Autorenschaft Steinbrincks hinter dem Briefpapier Görings durchschimmern ließ.[79]

Mit dem Protokoll war die Verdrängung des Julius-Petschek-Konzerns aus der deutschen Wirtschaft abgeschlossen. Unterdessen hatte der Angriff auf den tschechischen Hauptbesitz dieses Familienzweigs bereits begonnen, allerdings weitgehend ohne Beteiligung Flicks.[80] Dieser wandte sich Naheliegenderem zu, etwa der Eingliederung von AKW und WW in den Konzern. Die zu diesem Zwecke vorgesehene Fusion beider Gesellschaften machte nach Ansicht von Johannes Kiehl (DeDi) aber erst dann Sinn, wenn »das Schicksal des Komplexes Ignaz Petschek besser zu übersehen ist und feststeht, welche Teile hiervon etwa AKW und WW zufallen.«[81]

5.2. Enteignung, Tausch, gewollter Zwang: Der Fall Ignaz-Petschek

5.2.1. Ansturm

Daran, daß Ignaz-Petschek früher oder später das gleiche Schicksal wie den Bruderkonzern ereilen sollte, hatte zu keiner Zeit ein Zweifel bestanden. Görings Bevollmächtigungsschreiben hatte die Gruppen gleichermaßen indiziert, und Flicks geschickte Darstellung der Devisenbeschaffung für Julius- als Schritt zur Isolierung von Ignaz-Petschek hatte die UCC-Transaktion erst ermöglicht.[82] Das

78 Ebd.; Steinbrinck an Wohlthat, 5.12.1938, StAN Rep. 502A, KVV, Handakten, Flächsner-17, Bl. 239.

79 Vgl. den früheren Entwurf: Rückführung des Braunkohlenbesitzes der Julius-Petschek-Gruppe in reichsdeutsche Hände, 26.11.1938, StAN Rep. 501, KVP, Fall 5, G-5, Dok. Steinbrinck-370a, Bl. 175-177; Aktennotiz, 30.11.1938, Dok. Steinbrinck-370b, ebd., Bl. 178 f. Auch das von Görings Behörde an den Preiskommissar gesandte Schreiben, das sinngemäß mit dem Schlußprotokoll identisch war, wurde im Flick-Konzern entworfen; Aktenvermerk. Betr. Besprechung mit Ministerialdirektor Wohlthat am 28.11., 28.11.1938, BAB R 8122/80903; Wohltat an Reichskommissar für die Preisbildung, 20.12.1938, BAB R 8122/80904.

80 Wixforth, Expansion, S. 123 f., erwähnt eine kurzzeitige Interessennahme Flicks.

81 Betr. Anhaltische Kohlenwerke/Werschen-Weißenfelser Braunkohlen, 18.7.1939, BAB R 8119F/P675, Bl. 11-15.

82 So Wohlthats Feststellung, die Valutafreigabe diene ausschließlich dazu, »um Ignaz P. allein in der Zange haben«; Notiz. Betr. Julius-Petschek – Unterredung mit Wohltat [sic] am 5.7.1938 [Steinbrinck], BAB R 8122/80899.

von der Führung des Flick-Konzerns konzipierte schrittweise Vorgehen gegen die Petscheks folgte aber nicht allein taktischen Erwägungen des Ariseurs, sondern resultierte maßgeblich aus der hartnäckigen Verkaufsverweigerung der Söhne Ignaz Petscheks. Aus der im sudetenländischen Aussig a. d. Elbe (Ústí nad Labem) gelegenen Konzernzentrale ließen sie mehrfach verlauten, sie dächten nicht daran zu verkaufen, und verwiesen auf ihre vielfältigen Besitzverflechtungen mit britischen und eidgenössischen Gesellschaften. Auf die wiederholten Drangsalierungen von deutscher Seite hin stellte Karl Petschek selbstbewußt fest: »Diese Leute wollen mich also [...] schlachten, das wird ihnen nicht gelingen.«[83]

Nicht nur die unnachgiebige Haltung der Eigentümer und die enorme Größe des Objektes – der tatsächliche Wert des (deutschen) Ignaz-Petschek-Besitzes wurde auf 200 bis 250 Mio. RM taxiert[84] – stellten den Flick-Konzern, der nach wie vor die Zuständigkeit für die »Arisierung« beanspruchte, vor eine im Vergleich zu Julius-Petschek kompliziertere Problemlage. Auch die Zahl der Interessenten unter den deutschen Konzernen war erheblich größer, da Ignaz-Petschek neben den mitteldeutschen Betrieben über Steinkohlezechen in Oberschlesien und eine Braunkohlengrube im Rheinland verfügte.[85] Unter den Bewerbern um Teile des Ignaz-Besitzes befanden sich Privatunternehmen ebenso wie staatliche Gesellschaften, allen voran die VIAG, die bereits im Herbst 1937 ihren Anspruch auf die Ilse Bergbau AG – das allseits anerkannte Juwel der Ignaz-Gruppe – erfolgreich geltend machte.[86] Für die Reichswerke erklärte Paul Pleiger zwar sein Desinteresse, ohne daß das Dementi aber im Flick-Konzern zur Beruhigung beitrug. »[B]ei der Mentalität von Pleiger müsse man immer damit rechnen, daß der Machthunger alle normalen Überlegungen über den Haufen renne«, warnte Steinbrinck Anfang 1938.[87]

Daß diese Einschätzung keinesfalls fehlging, erwies sich unmittelbar, nachdem die Julius-Transaktion beendet war. Gegenüber Flick zeigte sich Pleiger »sehr mißvergnügt«, daß sein Unternehmen unberücksichtigt geblieben war. Aufschluß-

83 [Vermerk], 22.11.1937, BAB R 8122/80903; Anlage IV, o. D., StAN Rep. 501, KVP, Fall 5, B-15, NI-3254, Bl. 29 f.; Notiz für Herrn Flick, 11.1.1938 [Steinbrinck], StAN Rep. 502A, KVV, Handakten, Flächsner-16, Bl. 58; Stand der Verhandlungen mit den Petschek-Gruppen, 16.2.1938, BAB R 2501/9802; Zitat: Aktenvermerk, 19.1.1938 [Steinbrinck], StAN Rep. 501, KVP, Fall 5, B-15, NI-3249, Bl. 44; vgl. Wixforth, Expansion, S. 132 f.

84 Vermerk über die Unterredung mit Dr. Olscher am 3.3.1938, 5.4.1938 [Wohlthat], BAB R 2501/9802.

85 Zur rheinischen Hubertus AG und Abs' Rolle der letzte Stand bei James, Deutsche Bank, S. 100-104, der resümiert, Abs habe die Petscheks nicht geschädigt, aber durchaus den eigenen Vorteil gesucht, ähnlich Gall, Bankier, S. 59-75.

86 Flick ließ entsprechende Forderungen daher rasch fallen und konzentrierte sich auf die übrigen Betriebe; Notiz. Betr. Petschek-Plan. Besprechung mit Herrn Keppler am 20.12.1937, 21.12.1937; Notiz. Betr. P-Problem. Unterredung mit Dr. Olscher, 3.2.1938, beide BAB R 8122/80903; unergiebig: Pohl/Schneider, VIAG, S. 94, 266.

87 Aktenvermerk, 22.1.1938 [Steinbrinck], StAN Rep. 502, KVA, NI-3247. Die Einschätzung ging auf eine Äußerung des Reichswerke-Vorstandes Wilhelm Voss zurück.

reich war Pleigers Begründung für das plötzlich erwachte Interesse an der Braunkohle: Seit geraumer Zeit verhandelte er erfolglos mit dem RWKS über verbilligte Kohlenlieferungen nach Salzgitter. Um auf die Ruhrkonzerne nicht länger angewiesen zu sein, war Pleiger daher eine andere Idee gekommen: Auf Flicks Nachfrage deutete er im Juni 1938 an, »daß er sich einen Tausch von Braunkohle gegen Steinkohle vorstellen könne«.[88] Die eher beiläufige Bemerkung des HGW-Chefs blieb zunächst folgenlos, sollte aber schon bald zum Ausgangspunkt einer Neuausrichtung der Flick'schen Taktik mit Blick auf Ignaz-Petschek werden.

Derweil traten die eigenen Bemühungen der FFKG auf der Stelle. Zwar sammelte die Konzernführung einen Berg an Informationen zu den Besitzverhältnissen bei den Petschek-Betrieben, die vor allem der renommierte Berliner Jurist Hugo Dietrich – mit dem Flick seit dem Schweitzer & Oppler-Prozeß zusammenarbeitete – aus den verfügbaren Registerakten beschaffte.[89] Allerdings fehlte jeglicher Ansatzpunkt für Verhandlungen, Flicks Vollmacht lief ins Leere. Je weniger wahrscheinlich eine freiwillige Einigung wurde, um so mehr tendierte die Konzernführung zu Zwangsmaßnahmen. Zwar hielt sich Flick hinsichtlich einer staatlichen Gewaltanwendung nach außen bedeckt und bekundete gegenüber der Konkurrenz, es gehe ihm gerade um die Verhinderung einer Enteignung[90], intern hatte er aber seit geraumer Zeit entsprechende Optionen einkalkuliert. In Ausführung des von Flick zu Jahresanfang geforderten Gesetzentwurfs zur Enteignung der Petscheks hatte Dietrich bereits im Juni 1938 einen Verordnungsentwurf vorgelegt, der die Einsetzung von Treuhändern in jüdischen Unternehmen und deren Ermächtigung zur Besitzveräußerung gegen den Willen der Eigentümer vorsah.[91] Unmittelbar nach dem Erhalt von Dietrichs Exposé riet Steinbrinck Neumann und Wohlthat, einen Verwalter für die Petschek-Betriebe zu bestellen, da man auf privatwirtschaftlichem Wege keine Fortschritte erzielte.[92]

Das Eingeständnis, selber nicht weiterzukommen, und die unbemäntelte Aufforderung, den staatlichen Druck auf den tschechischen Konzern zu erhöhen, führten vor dem Hintergrund der Sudetenkrise im Sommer 1938 zu einem Initiativwechsel in der Planung der Ignaz-Petschek-»Arisierung«. Mit Görings Auftrag im Rücken übernahm nun Wohlthat die konzeptionelle Führung, um den Zugriff auf die Petschek-Unternehmen zu erlangen. Zu diesem Zweck stellte er

88 Notiz. Betr. Besprechung mit Herrn Pleiger am 29.6.38, 30.6.1938 [Flick], BAB R 8122/80904.

89 Dietrich an Steinbrinck, 21.6., 24.6., 30.6. u. 18.7.1938, NI-6206, NI-6207, NI-6204, in BAB R 8122/80903 u. StAN Rep. 501 KVP, Fall 5, B-6, Bl. 8-11. Dietrich hatte im damaligen Verfahren als Richter amtiert.

90 Notiz, 5.7.1938 [Flick], StAN Rep. 502, KVA, NI-3226; Stallbaumer, Business, S. 270f., folgt Flicks Selbstdarstellung.

91 Exposé zum Problem Ignaz Petschek, 20.6.1938 [Dietrich], StAN Rep. 501, KVP, Fall 5, B-16, NI-898 (F), Bl. 5-9.

92 Steinbrinck an Neumann, 22.6.1938, StAN Rep. 501, KVP, Fall 5, B-16, NI-897 (F), Bl. 10f.; Vermerk über eine Besprechung mit Herrn Steinbrinck, 15.7.1938, BAB R 3101/31006, Bl. 110. Stallbaumer, Business, S. 254, 290, vermutet, Steinbrinck habe eigenmächtig gehandelt, übersieht aber Flicks frühere Vorgabe.

Tab. III/7: Liste der Interessenten am Petschek-Besitz, Stand 10. Januar 1939

Interessenten	Beanspruchte Objekte
Bubiag	Eintracht o. NKW
Brabag	eigene Braunkohlenbasis
HGW	eigene Steinkohlenbasis bzw. Braunkohle als Tauschobjekt
Ballestrem	Preußengrube u. Oehringen
Schaffgotsch	Preußengrube u. Oehringen
Schering AG/ Borsig-Kokswerke	westliche Oehringen-Felder
Preußag	Preußengrube u. Oehringen
Generaldirektor Seebohm	Britannia
VIAG	Ilse
Werhahn	Ilse o. Eintracht
AG Sächsische Werke	Borna als Tauschobjekt mit Deutscher Erdöl-AG (DEA)
Schering AG	Borna
Salzdetfurth AG	Leonhard-Zipsendorf, Phönix
Fürsten Hohenlohe	Polnischer Hohenlohe-Besitz
Rheinbraun AG	Hubertus
Erft Bergbau AG	Hubertus
Michelwerke	mitteldeutsche Braunkohlenfelder
Mittelstahl	NKW, Eintracht [Bleichert/Borna, Phönix/Leonhard, Ilse Reservefelder]

Quelle: BAB R 3101/31009, Bl. 223 f.; eigene Zusammenstellung.

eine interministerielle Arbeitsgruppe zusammen, die in den folgenden Monaten in regelmäßigen Zusammenkünften Vorschläge zur Enteignung der Petscheks diskutierte. Dazu zählten unter anderem Vertreter der Reichsministerien für Finanzen, Wirtschaft, Justiz sowie des Auswärtigen Amts und der Gestapo, ferner Angehörige subordinierter Behörden, insbesondere des Oberfinanzpräsidiums Berlin und des Finanzamts Moabit-West, dem bei der wirtschaftlichen Existenzvernichtung der deutschen Juden eine exekutive Schlüsselrolle zukam.[93]

93 Vgl. Friedenberger, Finanzamt; Vermerk über die Besprechung v. 22.7.1938 über die Arisierung des Ignaz Petschek Konzerns, 2.8.1938, BAB R 8122/80899; Vermerk über die Besprechung v. 12.12.1938, 22.12.1938, BAB R 3101/31005, Bl. 104-107.

Schon in der ersten Sitzung im Juli 1938 entwickelten die Teilnehmer einen ganzen Maßnahmenkatalog, der den Druck auf die Petscheks erhöhen sollte. Dieser schloß Transfersperren für Ertragszahlungen ebenso ein wie die Suche nach bzw. Erfindung von Steuerforderungen, um fiskalische Ansprüche gegen die Petschek-Firmen zu begründen.[94] Steinbrincks anfängliche Enttäuschung über die Ergebnisse des Wohlthat-Ausschusses, weil dieser nicht, wie von ihm vorgeschlagen, sofort Treuhandschaften verhängte[95], erwies sich als unbegründet. Auf diversen Ebenen wurden steuer- und devisenstrafrechtliche Ermittlungen aufgenommen, und schon Anfang September präsentierten die Berliner Finanzbeamten eine Steuernachforderung gegen die Petschek-Konzernholding von rund 30 Mio. RM.[96]

Steinbrinck verfolgte das Geschehen weiterhin aufmerksam und hielt enge Fühlung mit Wohlthat, der ihn auch über die Durchsuchung der Petschek-Büros bei der Besetzung des Sudetenlandes (Oktober 1938) unterrichtete.[97] Zudem bemühte sich der FFKG-Manager, aus dem »Arisierungs«-Vorgang durch die staatlichen Maßnahmen nicht verdrängt zu werden. Mit Wohlthat vereinbarte er unter Verweis auf die auch für Ignaz-Petschek geltende Vollmacht Flicks, daß die FFKG umgehend hinzugezogen werden sollte, »[s]obald die Petscheks verhandlungsbereit sind«.[98] Letztlich lief dies auf eine arbeitsteilige Vorgehensweise hinaus, bei der die staatlichen Instanzen den Arisierungsopfern so lange durch Schikanen zusetzten, bis diese einwilligten, sich auf ein »privates« Geschäft mit dem Flick-Konzern einzulassen.

In der Zwischenzeit schritten die Ermittlungen der Steuerbehörden voran, Ende Oktober 1938 betrug die Steuerforderung gegen Ignaz-Petschek schon 70 Mio. RM. Die Veranlagung des Aussiger Unternehmens wurde mit einem Taschenspielertrick ermöglicht. Da die Petschek-Brüder lange in Berlin gelebt hatten, wurde gefolgert, daß sich auch die Geschäftsführung in der Reichshauptstadt befunden habe und somit die Konzernholding wie auch ihre Eigentümer als »Deviseninländer« zu klassifizieren seien. Diese Argumentation erlaubte es, die zum Konzern zählenden Braunkohlenbetriebe als Teil des Vermögens in Haftung zu nehmen, um damit die angeblichen Steuernachzahlungen und Steuer-

94 Ebd.; MSt Berlin (Steinbrinck, Burkart) an MSt Riesa, 17.8.1938, BAB R 8122/70, Bl. 62.

95 Aktennotiz, 6.8.1938 [Steinbrinck], StAN Rep. 501, KVP, Fall 5, B-16, NI-3225, Bl. 24-28.

96 Betr. Verdacht der Devisenvergehen durch den Juden Dr. Ernst Petschek und Andere, 10.9.1938, BAB R 2 Anh./56, Bl. 344-346; Betrifft: Sicherstellung der Steueransprüche gegen die Ignatz [sic] Petschek'schen Erben, 13.9.1938, ebd., Bl. 30-33; Vermerk über die Besprechung vom 8.9.1938, 23.9.1938, BAB R 3101/31005, Bl. 9-12.

97 Aktennotizen, 5.10., 7.10. u. 13.10.1938 [alle Steinbrinck], NI-3314, NI-895, NI-894, alle in TWC 6/1, S. 493-497; Wohlthat an Gebhardt, 8.10.1938, BAB R 3101/31005, Bl. 14; Betrifft: Ignaz Petschek Konzern, 24.10.1938, ebd., Bl. 21f.; Vermerk über die Dienstreise, 19.10.1938, BAB R 2 Anh./56, Bl. 46-56.

98 Aktennotiz. Betr. Ignaz Petschek, 13.10.1938 [Steinbrinck], StAN Rep. 502, KVA, NI-984; Steinbrinck an Wohlthat, 14.10.1938, StAN Rep. 502A, KVV, Handakten, Flächsner-17, Bl. 207f.

strafen sicherzustellen. Außerdem ließ sich durch die Einstufung der Petscheks als Deviseninländer auch der Verkauf an ausländische Investoren für rückwirkend genehmigungspflichtig und somit unwirksam erklären.[99]

Die Einwände der Ignaz-Petschek-Gruppe und ihrer britischen und schweizerischen Holding-Partner, durch die eingeleiteten Maßnahmen würden ausländische Eigentumsrechte verletzt, wischten die deutschen Behörden, bestärkt durch die nunmehr unverhohlen aggressive deutsche Außenpolitik und in markantem Kontrast zum Vorgehen gegenüber der UCC, schlicht beiseite.[100] Nach dem brutalen November-Pogrom, das den verbliebenen Rest des internationalen Ansehens des NS-Regimes beseitigt hatte, paßten Rücksichtnahmen auf internationale Finanzverflechtungen und mögliche diplomatische Verwicklungen nicht mehr in die Zeit. »Jude bleibt Jude, mag er auch noch so oft seine Staatsangehörigkeit geändert, noch so oft das Gesangbuch gewechselt [...] haben«, stellte die *Deutsche Kohlenzeitung* stellvertretend fest.[101] Im Januar 1939 wurde schließlich ein staatlicher Treuhänder für die Produktionsgesellschaften Ignaz-Petscheks eingesetzt, der als eine seiner ersten Amtshandlungen den Verkauf der Unternehmen an »arische« Erwerber bis zum 28. Februar anordnete. Gelang dies nicht, konnte der Treuhänder mit Zustimmung des Reichswirtschaftsministeriums die Veräußerung selbst einleiten.[102]

5.2.2. Die Tauschverhandlungen mit den Reichswerken

Die erhebliche Eigendynamik des Verwaltungsapparates bei der Planung und Vorbereitung der »Arisierung« reflektierte die politische Radikalisierung und gab dem Ignaz-Petschek-Fall Anfang 1939 eine neue Qualität. Die Einsetzung staatlicher Treuhänder, die zeitlich kaum einzuhaltende Verkaufsfrist sowie die schwebenden Forderungen des Fiskus', die sich schließlich bis zur absurden Summe von über 670 Mio. RM auftürmten[103], beraubten die Petscheks ihrer

99 Aus der Fülle an Dokumenten s. Notiz, 22.10.1938 [Steinbrinck], StAN Rep. 502A, KVV, Handakten, Flächsner-17, Bl. 210 f.; Vermerk über den Stand der Angelegenheit des Ignaz Petschek-Konzerns, 4.11.1938; Vermerk über die Besprechung im Preußischen Staatsministerium vom 8.11.1938, 9.11.1938, BAB R 2 Anh./57, Bl. 25-36; Vermerk über die Besprechung mit Direktor Nußbaumer und Dr. Velder am 19.12., 21.12.1938, BAB R 3101/31005, Bl. 63-70.

100 Notiz. Betr. Verhandlung Goetz/Karl Petschek, 6.12.1938 [Steinbrinck], StAN Rep. 502, KVA, NI-3308; Vermerk über die Besprechung vom 6.12.1938, 10.12.1938, BAB R 3101/31005, Bl. 48-58; Vermerk über die Besprechung mit Dr. Velder am 16.12.1938, 22.12.1938, ebd., Bl. 96-98; Vermerk über die Besprechung vom 7.12.1938, BAB R 2 Anh./57, Bl. 114-119; Vermerk, 21.12.1938, BAB R 2 Anh./58, Bl. 187-189.

101 Die Machtstellung des Ignaz-Petschek-Kapitals in der deutschen Kohlenwirtschaft (Entwurf), 14.12.1938, BAB R 3101/31006, Bl. 168 f.

102 Vermerk, 15.1.1939, BAB R 2 Anh./58, Bl. 225 f.; RWiM an NKW, 19.1.1939, BAB R 8119F/P995, Bl. 104.

103 Aktenvermerk über die Besprechung betr. Überführung der Betriebe des Ignaz-Petschek-Konzerns vom 3.8.1939, 4.8.1939, BAB R 3101/31007, Bl. 63.

Verfügungsrechte. Als Verhandlungspartner Flicks blieben die staatlichen Stellen, die durch die Steuerschuld faktisch das komplette Eigentum der Petschek-Unternehmen für das Reich beanspruchten. Der zwischen Wohlthat und Steinbrinck ursprünglich abgesprochene fließende Übergang von staatlichem Zwang zu privaten Kaufverhandlungen war somit obsolet geworden.[104] Das galt allerdings nicht notwendig auch für die Ambitionen des Flick-Konzerns auf den Petschek-Besitz. Der Modus der Eigentumsübertragung in »arische« Hand war noch vollkommen unklar, ein formaljuristischer Erwerb von den Petscheks kam nach wie vor in Betracht. Außerdem ließ sich die Vollmacht Görings auch zu einem Anspruch auf bevorzugte Berücksichtigung bei der Verteilung der Beute wenden. Für diesen Fall war es indes sinnvoll, die eigenen Wünsche durch eine an die Gemeinnutz-Propaganda angelehnte volkswirtschaftliche Begründung zu flankieren und starke Fürsprecher zu suchen. Beides versprach eine Annäherung an die Reichswerke »Hermann Göring«.

Überlegungen, die Verteilung der Petschek'schen Braunkohle mit dem nach wie vor ungelösten Problem der Steinkohlenlieferungen an die Reichswerke zu verbinden, waren seit Pleigers erster Anregung im Juni 1938 virulent geblieben. In einer Unterredung mit Flick Ende Oktober hatte Pleiger, der die Interessen des Staatskonzerns vom RWKS nicht ausreichend gewürdigt sah, mit einer zweiten Reichswerke-Krise, das heißt einer Teilenteignung der privaten Zechen, gedroht. Die martialischen, politisch aber kaum gedeckten Äußerungen des HGW-Chefs hatten nicht nur sein dringendes Interesse an einer eigenen Brennstoffgrundlage verdeutlicht. In der gleichen Besprechung hatte Pleiger auch die Brücke zur Braunkohlen-Frage geschlagen und die Idee eines Tausches erneut aufgebracht.[105] Zur Jahreswende 1938/39 beschäftigte sich Flick daher erstmals mit den Details einer solchen Transaktion.[106] Auch das Reichwirtschaftsministerium bestärkte Flick in dem Gedanken, den Zugang zum Ignaz-Petschek-Besitz über einen Tauschhandel zu suchen. Der Leiter der Bergabteilung, Ministerialdirigent Oskar Gabel, kündigte im Januar 1939 an, daß der Flick-Konzern in einem solchen Falle »besonders große Aussichten hätte, an der Petschek-Kohle beteiligt zu werden«. Ein massiver Steuernachlaß für die volkswirtschaftlich bedeutende Besitzumschichtung zugunsten der Reichswerke und Mittelstahls wurde ebenfalls in Aussicht gestellt. Auch Wohlthat hielt die Idee für »gut und richtig«.[107]

Ende Januar verfestigte sich die Überzeugung, daß die Kooperation mit den Reichswerken angesichts der Doppelkonstellation aus staatlichem Zugriff und

104 Diese Erkenntnis setzte sich erst nach und nach durch. Anfang Februar drängte Steinbrinck noch darauf, die Petscheks »länger zappeln zu lassen«, da diese »noch nicht weich genug« seien; Notiz, 10.2.1939 [Steinbrinck], StAN Rep. 501, KVP, Fall 5, B-16, NI-3277, Bl. 62; Vermerk über die Unterredung mit Direktor Rasche (Dresdner Bank) und Herrn Steinbrinck am 10.2.1939, 20.2.1939, BAB R 2 Anh./57, Bl. 218.

105 Notiz, 28.10.1938 [Flick], StAN Rep. 501, KVP, Fall 5, E-4, Dok. Flick-56, Bl. 181-187.

106 [Notiz], 4.1.1939 [Flick], StAN Rep. 502, KVA, NI-3293.

107 Aktenvermerk, 14.1.1939 [Steinbrinck] StAN Rep. 501, KVP, Fall 5, B-16, NI-3290, Bl. 41-46; Notiz, 6.2.1939 [Steinbrinck], ebd., B-18, NI-3279, Bl. 3.

der großen Interessentenschar den Königsweg darstellte, um wieder in eine aktive Rolle bei der Entscheidungsfindung zu gelangen. Der anhaltenden Differenzen zwischen RWKS und Reichswerken gewahr, erkannte Flick das Verhandlungspotential, das ihm aus dieser Situation zuwuchs: Mit seinem reichhaltigen Kohlenbesitz, der weit über den Bedarf der eigenen Stahlwerke hinausging[108], verfügte er über ein Faustpfand, das bei der Verteilung der Braunkohle als Druckmittel einsetzbar war. »Meines Erachtens«, so Flick im Februar 1939, »haben wir in Bezug auf den Tausch guter Ruhrkohle keine ernsthaften Konkurrenten.«[109] Insofern lag es in Flicks Interesse, daß die Reichswerke den Zuschlag für Ignaz-Petschek erhielten. Bei Pleiger konnte er damit rechnen, daß dieser abweichende – gleich ob volkswirtschaftlich oder anders begründete – Ansprüche hintanstellen würde, wenn dies Salzgitter zum Vorteil gereichte. Entsprechend resümierte Steinbrinck, der Erwerb der Braunkohle sei »nur möglich in Kombination mit den HG-Werken, die auf diese Weise sich ein [Stein]Kohlenunternehmen schaffen wollen«.[110] Unklar blieb in dieser frühen Phase aber noch, wie genau ein Zusammengehen mit den Reichswerken zu gestalten war. Die Überlegungen, die vorerst nur in der engsten FFKG-Führung angestellt wurden, reichten von einer Abgabe einzelner Grubenfelder des Konzerns bis zu einer gemeinsam mit den Reichswerken zu errichtenden Zechengruppe – eine Idee, von der man angesichts von Pleigers Machtbewußtsein jedoch bald wieder Abstand nahm.[111]

Im Februar beantragten sowohl AKW/WW als auch Mittelstahl, ihnen Teile des Ignaz-Besitzes zuzuweisen. Begründet wurde dies mit Flicks Vollmacht sowie – in einer kaum anders als dreist zu nennenden Volte – mit den im Zuge der Julius-Transaktion erbrachten »Opfern« durch Felderabgabe an die Chemie- und Kalikonzerne.[112] Die Anträge stellten indes nur einen Zwischenschritt dar, um darauf aufbauend um so »nachdrücklicher auf den geplanten Feldertausch mit Steinkohle« hinzuweisen.[113] Nach dem Hin und Her der vorangegangenen Wochen und Monate wurde dieser Weg nun zielstrebig bestritten. Nach einer

108 Graphische Darstellung der Jahresbeteiligung von Mitgliedern des RWKS, StAN Rep. 501, KVP, Fall 5, G-5, Dok. Steinbrinck-374, Bl. 187.

109 Ergänzungen zu der Niederschrift vom 4.1.1939 [Flick], 27.1.1939, BAB R 8122/80904; Zitat: Notiz, 2.2.1939 [Steinbrinck], StAN Rep. 501, KVP, Fall 5, B-16, NI-889, Bl. 52 [handschriftliche Randbemerkung]; Zitat: Notiz, 14.2.1939 [Flick], ebd., NI-6013 (F), Bl. 68.

110 Notiz, 3.2.1939 [Flick], ebd., NI-3281, Bl. 56-59; Durchführung des Erwerbs von E.[intracht], 3.2.1939 [Steinbrinck], BAB R 8122/80904, NI-3324, vgl. Stallbaumer, Business, S. 298.

111 Ergänzungen zu der Niederschrift vom 4.1.39, 27.1.1939 [Flick], BAB R 8122/80904; Notiz. Betr. Befriedigung der Wünsche von P. P. auf dem Steinkohlen-Sektor, 4.2.1939 [Steinbrinck], StAN Rep. 502, KVA, Handakten, B-112.

112 AKW/WW (Wetzell) an RWiM (Gabel), 21.2.1939; MSt (Steinbrinck/Kaletsch) an RWiM (Gabel), 22.2.1939, BAB R 3101/31009, Bl. 96-100, 42-44; vgl. Stallbaumer, Business, S. 308.

113 Notiz für Herrn Flick, 24.2.1939 [Steinbrinck], StAN Rep. 501, KVP, Fall 5, B-16, NI-929 (F), Bl. 72f.

langen Unterredung Flicks mit Pleiger Ende Februar, in welcher der HGW-Chef klar ersichtlich das Ziel eines Tausches – wenngleich noch zu unannehmbaren Konditionen – formulierte, erarbeitete die FFKG-Spitze einen erneuten Vollmachtsentwurf, in dem Göring in Anknüpfung an die früheren Auftragsschreiben nun auch den Handel mit den Reichswerken anordnen sollte.[114] Zu dieser dritten Bevollmächtigung kam es nicht, da Wohlthat die bereits vorliegenden als materiell ausreichend beurteilte. Die gemeinsamen Überlegungen mit Pleiger aber gewannen rasch an Kontur, zumal dieser bald auch die Zweifel daran ausräumen konnte, daß die Reichswerke den Petschek-Besitz fast geschlossen übernehmen würden.[115] Entsprechend modifizierte Mittelstahl Mitte März seinen früheren Antrag, bei der Aufteilung der Petschek-Betriebe berücksichtigt zu werden. Nicht mehr Flicks Vollmacht, sondern das geplante Tauschgeschäft mit den HGW stand nun im Mittelpunkt der Argumentation.[116]

Die Anlehnung an Pleiger brachte Flick einen entscheidenden Schritt näher an die erhoffte zusätzliche Braunkohle. Allerdings knüpfte sich an die taktische Entscheidung eine Reihe von Folgeproblemen: Welche Tauschobjekte kamen in Frage, und wie ließen sich die jeweiligen Werte adäquat berechnen? Wie sollte die Eigentumsübertragung vonstatten gehen? Welche Folgen hatte die Abgabe von Steinkohlenzechen für Flicks Ruf an der Ruhr? Gerade das letztgenannte Problem trieb Flick seit geraumer Zeit um. Schon Mitte Februar hatte er Pleiger gegenüber zwar sein Interesse daran bekundet, »uns in der Steinkohle zu verkleinern und die abzugebenden Objekte gegen Braunkohle auszutauschen«, gleichzeitig jedoch auf »Hemmungen [...] im großen Stil« hingewiesen.[117] Dies bezog sich vor allem auf die heikle Syndikatsfrage. Der Widerstand der Ruhrkonzerne gegen ein Eindringen der öffentlichen Hand in das RWKS war noch aus der Hibernia-Affäre 1905 wohlbekannt[118], und der seit dem Gelsenberg-Deal angeschlagene Leumund Flicks drohte zusätzlichen Schaden zu nehmen, wenn er – kaum, daß die VSt reprivatisiert waren – erneut als Türöffner einer »kalten Sozialisierung« im Ruhrgebiet auftrat. Die gleichzeitige Verbindung mit der Enteignung der Petscheks drohte den Ruf Flicks als prinzipienloser Totengräber privatwirtschaftlicher Ordnungspolitik ein für allemal zu zementieren. Diesen, in seiner Drastik künftigen Geschäftsbeziehungen und der Verbandsrepräsenta-

114 Aktenvermerk, 28.2.1939 [Steinbrinck], ebd., NI-6007 (F), Bl. 76-79. Entwurf, 27.2.1939, StAN Rep. 502, KVA, NI-3269.

115 Flick an Gritzbach, 1.3.1939, StAN Rep. 501, KVP, Fall 5, B-16, NI-3267, Bl. 74 f.; Notiz Flicks, 1.3.1939, StAN Rep. 502A, KVV, Handakten, Flächsner-17, Bl. 247-250; Pleiger an Funk, 3.3.1939, BAB R 3101/31011, Bl. 207-209; Aktenvermerk. Betrifft: Fernmündliche Besprechung mit Herrn Dr. Hahn v. 21.3.1939, 21.3.1939, ebd., Bl. 203-205. Ausgenommen waren Ilse und Hubertus, die an die VIAG bzw. an eine mit der Familie Abs verbundene Firma gingen.

116 MSt (Steinbrinck) an RWiM (Gabel), 17.3.1939, StAN Rep. 501, KVP, Fall 5, B-16, NI-3261, Bl. 80 f.

117 Notiz, 14.2.1939 [Flick], ebd., NI-6013 (F), Bl. 64-69.

118 Dazu grundlegend: Bleidick, Hibernia.

tion abträglichen Eindruck galt es für Flick zu vermeiden. Entsprechend lehnte er die Einbindung in den eigentlichen Enteignungsvorgang frühzeitig ab und bezeichnete es als »politisch untragbar [...], das Erbe von Ignaz Petschek zu übernehmen«.[119] Die grundsätzlichen Vorbehalte, die im Rahmen der Zusammenarbeit mit den Reichswerken zu berücksichtigen waren, faßte Steinbrinck Anfang April zusammen:

> »Rein privatwirtschaftlich gesehen ist es nicht richtig, daß deutsche industrielle Kreise die Handhabe zu Maßnahmen bieten, die praktisch zur Enteignung eines ausländischen Privatmannes führen. Ebenso wird es vom privatwirtschaftlichen Standpunkt aus als eine Förderung der Staatswirtschaft angesehen werden, wenn von privater Seite den HG-Werken eine Steinkohlenbasis zugeführt wird, ohne daß auf die Privatinteressen der stärkste Druck zur Abgabe der Steinkohlenfelder gelegt worden wäre.«[120]

Dies bedeutete indes nicht, daß man in der FFKG auf die Beteiligung an der gigantischen Konfiskation verzichten wollte. Es sollte nur nicht danach aussehen. Die Absprache mit den Reichswerken, insbesondere die Ermittlung der Wertverhältnisse der Tauschobjekte, sollte als »rein interne Maßnahme« erfolgen, die Durchführung von Enteignung *und* Austausch jedoch im Wege staatlicher Weisung. »Bei einem solchen oder einem ähnlichen Wege würde jedenfalls nach außen das Gesicht besser gewahrt bleiben«, schrieb Steinbrinck und fügte an, daß man dann auch konzernintern, das heißt gegenüber Harpen und Essen, einen besseren Stand haben werde.[121] Kurzum, der Flick-Konzern wollte unbedingt von der Petschek-»Arisierung« profitieren, aber zu seinem Glück buchstäblich gezwungen werden.

Die zuletzt formulierte Erwägung deutete auf einen weiteren Problembereich hin. Es mußte nicht nur Steinkohlenbesitz gefunden werden, dessen Abgabe vertretbar schien, sondern es waren auch die Vorstände in Dortmund und Essen – von den außenstehenden Aktionären ganz abgesehen – von der Notwendigkeit des Tausches, der auf ihre Kosten ging, zu überzeugen. Dabei leistete der Anschein von Druck oder gar Zwang nützliche Dienste. Da die Konzernspitze von Beginn an in erster Linie Harpen für eine Zechen- und Felderabgabe ins Auge faßte, sprach Flick zunächst mit dem Vorstandsvorsitzenden Ernst Buskühl. Zum einen war Buskühl als Leiter der Bezirksgruppe Steinkohlenbergbau Ruhr und als Vorsitzender des Bergbau-Vereins einer der angesehensten Manager des Reviers, so daß eine mit seiner Zustimmung erfolgte Abgabe von Zechenbesitz an den Staatskonzern leichter zu vermitteln sein würde. Zum anderen hatte er seinen Posten erst unter der Ägide Flicks erlangt, dem auch Buskühls Loyalität galt. Gleichwohl wurde der Harpen-Generaldirektor keineswegs in alle Über-

119 Aktenvermerk, 28.2.1939, StAN Rep. 501, KVP, Fall 5, B-16, NI-6007 (F), Bl. 76.
120 Umtausch Steinkohle gegen Braunkohle. Einige grundsätzliche Überlegungen, 6.4.1939 [Steinbrinck], StAN Rep. 501, KVP, Fall 5, G-3, Dok. Steinbrinck-33, Bl. 76-79.
121 Ebd.

legungen einbezogen und teilweise sogar gezielt desinformiert, insbesondere indem ihm Flick andeutete, ohne Zugeständnisse Harpens provoziere man »gewaltsame Eingriffe«.[122] Die von Flick insinuierte zweite Reichswerke-Krise wurde um so schärfer konterkariert, als Pleiger just am selben Tage gegenüber Wirtschaftsminister Funk ganz entgegengesetzt argumentierte: »Ich kann nun von Herrn Flick nicht verlangen, daß er den HGW einen Teil seiner Steinkohlevorkommen verkauft. Er hat mir aber erklärt, grundsätzlich bereit zu sein, Steinkohle gegen Braunkohle zu tauschen.«[123]

Auf diese Weise machte sich Flick geschickt den Pleiger vorauseilenden Ruf als rücksichtloser, unersättlicher Parteibuchmanager zunutze, um ohne Gesichtsverlust zum Ziel zu gelangen. Dabei half ihm der Umstand, daß die parallel geführten Verhandlungen des Reichswerke-Chefs mit den RWKS-Vertretern sich zielsicher dem Scheitern näherten. Nachdem beide Seiten Anfang Mai erneut aufeinander geprallt waren, zeigten sich die Syndikatsvertreter vollkommen entnervt, und Gustav Knepper, einflußreicher Kopf der VSt-Bergbaubetriebe und mit Flick auf gutem Fuße, versprach diesem: »Wenn es Ihnen gelingt, mit den Ihnen vorschwebenden Maßnahmen [...] das Problem zur Lösung zu bringen, so werde ich überall und an jeder Stelle den Standpunkt vertreten, daß Sie den Ruhrkohlenbergbau vor der Enteignung geschützt haben.«[124]

Dies entsprach exakt dem Märtyrerbild, das Flick von sich zu zeichnen versuchte. Doppelt erfreulich aus seiner Sicht war, daß Pleiger aus derselben Sitzung mit dem RWKS den Schluß zog, den Tauschhandel mit Flick zu forcieren, und diesen aufforderte, so schnell als möglich einen Vorvertrag aufzusetzen.[125] In der Bellevuestraße machte man sich umgehend an die Ausarbeitung, und Anfang Juni lag der Entwurf vor. Der materielle Gehalt hatte sich bereits in den Wochen zuvor in groben Zügen herauskristallisiert. Flick sagte zu, die Zechengruppe Herne, die Zeche Viktoria-Lünen sowie die Felder Preußen I/II (Harpen), das Feld Prinz Schönaich (Essen) und das Feld Maximilian (Maxhütte) an die Reichswerke abzutreten. Im Gegenzug beanspruchte Flick neben der Eintracht auch die östlichen Betriebe der Niederlausitzer Kohlenwerke AG (NKW), Bleichert, Borna und Phönix/Leonhard. Der Rundumschlag sollte allerdings daran gekoppelt werden, daß es Flick gelang, zusätzlichen Zechenbesitz des lothringischen De-Wendel-Konzerns und Salzdetfurths auf Rechnung der Reichswerke zu be-

122 Aktennotiz, 3.3.1939 [Steinbrinck]; Notiz, 27.3.1939 [Flick], beide BAB R 8122/80904. In gleicher Weise verfuhr Flick wenig später gegenüber E. Tengelmann, als Pleiger Teile des Essener-Besitzes beanspruchte; Notiz. Betrifft: heutige Besprechung mit Herrn Tengelmann, 10.5.1939 [Flick], ebd.

123 Pleiger an Funk, 3.3.1939, BAB R 3101/31011, Bl. 208.

124 Notiz, 3.3.1939 [Steinbrinck], BAB R 8122/58; Zitat: Notiz. Betr. Heutige Besprechung mit Herrn Knepper, 5.5.1939 [Flick], StAN Rep. 501, KVP, Fall 5, E-4, Dok. Flick-58, Bl. 193.

125 Notiz. Betrifft: Heutige Besprechung mit Herrn Pleiger, 5.5.1939 [Flick], StAN Rep. 502A, KVV, Handakten, Flächsner-17, Bl. 253-263.

schaffen. Statt einer schwierigen detaillierten Wertermittlung sah der Entwurf den pauschalen Tausch der jeweiligen Anlagen vor.[126]

Fast interessanter waren die übrigen Bestandteile des Kontraktes. Eine ausführliche Präambel sprach einerseits die ergebnislosen RWKS-Verhandlungen, andererseits die Reichswerke-Krise an und erklärte den Austausch ausdrücklich damit, eine »Wiederholung der Vorkommnisse [...] im Jahr 1937« vermeiden zu wollen. In einem sprachlichen Balanceakt bemühte sich der Entwurf, Flicks Entgegenkommen gegenüber den HGW als Vertreter staatlicher Autarkiepolitik positiv hervorzuheben, gleichzeitig aber – adressiert an die Privatindustrie und die eigenen Tochtergesellschaften – den Weisungscharakter des Geschäfts zu betonen. Mit einer der Julius-Petschek-Transaktion entlehnten Formulierung hieß es daher: »Der geplante Austausch von Steinkohle gegen Braunkohle ist kein privatwirtschaftliches Geschäft, sondern eine aus staatspolitischen und staatswirtschaftlichen Erwägungen getroffene Abmachung [...].« Damit war auch die Brücke zum zweiten großen Anliegen Flicks gebaut. Mit der Enteignung der Petscheks sollten seine Konzernfirmen nichts zu tun haben: »[A]uf welche Weise, zu welchem Preise und mit welchen Mitteln« die Reichswerke an die Braunkohle gelangten, interessierte Flick nicht. Ausdrücklich bedeutete dies, daß »die Gruppe Harpen/ESt/Mittelstahl freizustellen [ist] von allen Ansprüchen der sogenannten Petschek-Gruppe, der sonstigen freien Aktionäre und der Steuerbehörden. Allenfallsige Entschädigungsansprüche sind also von den HG-Werken zu tragen.« Abgerundet wurde das Gesamtpaket durch die im Entwurfstext enthaltene Niederschlagung sämtlicher Steuern und Abgaben sowie von den staatlichen Stellen geforderte Zusagen, daß eine Kapazitätserweiterung Harpens weder durch Syndikats- noch durch Kontingentierungsfragen behindert würde.[127]

5.2.3. Konflikt und Stillstand

Wenn Flick gehofft hatte, mit dem vorgelegten Entwurf zu einer schnellen Vertragsunterzeichnung zu gelangen, so erwies sich dies als Trugschluß. In den folgenden Monaten häuften sich die Probleme. Ein Grund dafür war, daß Pleiger zwar eine Reihe von Zusagen gegeben, diese aber nicht oder nur unzureichend mit den zuständigen Ministerien abgesprochen hatte.[128] Ferner schien man sich bei den Reichswerken erst allmählich über den Sinn der Flick'schen Vorschläge klarzuwerden. Nach einigen Tagen der Prüfung zeichnete sich ab, daß Pleiger durchaus nicht gewillt war, die Enteignung der Petscheks alleine durchzuführen

126 Entwurf eines Abkommens zwischen HG-Werken und der Gruppe Harpen/Essener Steinkohle, 1.6.1939, StAN Rep. 502, KVA, Handakten, B-115.

127 Ebd.

128 So erwiderte das RWiM auf Pleigers Anforderung des von Flick gewünschten Garantieschreibens für die Kapazitätserweiterung bei Harpen, man könne nicht einfach in privatrechtliche Syndikatsfragen intervenieren; Pleiger an RWiM (Funk), 2.6.1939; RWiM an Reichswerke (Entwurf), 30.6.1939, beide BAB R 3101/33509, Bl. 3f., 8f.

und die außenstehenden Aktionäre der Braunkohleunternehmen abzufinden, um dann erst mit Harpen in ein Vertragsverhältnis einzutreten. Vielmehr verlangte nun seinerseits Pleiger, daß Flick den Tauschvertrag direkt mit dem Reichswirtschaftsministerium abschließe und sich somit an der Aktionärsabfindung beteilige.[129] Flick lehnte rundweg ab und drohte, den Handel scheitern zu lassen, wenn nicht gewährleistet werde, daß er die Braunkohle bar jeder Ansprüche Dritter übernehmen könne.[130] Entsprechend enthielt der zweite, am 15. Juni vorgelegte Vertragsentwurf alle entsprechenden Passagen, die den staatlich gewollten und angeordneten sowie rechtlich für Flick unbedenklichen Charakter des Tauschgeschäfts betonten.[131] Kompromißlos konstatierte Steinbrinck, man werde »unter gar keinen Umständen ein direktes Geschäft zwischen den jetzt bestehenden Aktiengesellschaften der Petschek-Gruppe und uns abschließen [...]. Die Sache sei unserer Auffassung nach kein Privatgeschäft mehr, sondern ein Staatsakt. Infolgedessen wären auch durch eine staatliche Anordnung die Braunkohlenunternehmen uns zu verschaffen, ebenso wie die Steinkohleunternehmungen durch staatliche Anordnung an die HG-Werke kommen müssen.«[132]

Statt nachzugeben eröffnete Pleiger weitere Fronten. Mit Blick auf Flicks Vertragsvorschlag wollte er das pauschalisierte Tauschverfahren nicht mehr anerkennen und äußerte ferner Bedenken wegen der Präambel, die im alleinigen Interesse Flicks liege.[133] Bevor er auf beide Punkte ausführlich zurückkam, demonstrierte Pleiger noch seinen Einfluß, um die eigene Verhandlungsposition zu stärken. Im Sommer 1939 lancierte er eine Pressekampagne, welche die Folgen einer defizitären Kohlenversorgung in Salzgitter drohend ausmalte und der von Flick behaupteten Gefahr der Bergbausozialisierung Substanz zu verleihen schien.[134] Gegenüber Regierungsvertretern äußerte sich Pleiger allerdings deutlich zurückhaltender und sprach sich explizit dagegen aus, »ohne zwingende Gründe [...] Eingriffe in die freie Wirtschaft« vorzunehmen.[135]

129 Für die Besprechung mit Herrn Pleiger, 6.6.1939 [Flick], BAB R 8122/80904; Notiz, 7.6.1939 [Flick], StAN Rep. 502, KVA, Handakten, B-116; vgl. Stallbaumer, Business, S. 325.

130 Ebd.; Aktenvermerk Steinbrinck, 12.6.1939, StAN Rep. 501, KVP, Fall 5, B-17, NI-3364, Bl. 2-4.

131 Entwurf eines Abkommens zwischen den Reichswerken »Hermann Göring« und Herrn Dr. Friedrich Flick, 19.6.1939, StAN KVA, NI-3365.

132 Notiz, 22.6.1939 [Steinbrinck], StAN Rep. 501, KVP, Fall 5, B-17, NI-928, Bl. 5; Notiz für Herrn Flick, 26.6.1939 [Steinbrinck], ebd., G-3, Dok. Steinbrinck-34, Bl. 80 f.

133 Notiz, 23.6.1939 [Steinbrinck], StAN Rep. 502A, KVV, Handakten, Flächsner-17, Bl. 267-270. Aufschlußreich für die Motivlage in der FFKG war Steinbrincks Feststellung, man müsse aufpassen, daß Pleiger »nicht bei näherem Studium der Braunkohle besonderen Geschmack an ihrer derzeitigen Ertragslage bekommt und die Unternehmungen gar nicht oder nur zum Teil herausrückt«, ebd., Bl. 270.

134 Kohlenbasis für die Göring-Werke, aus: Rundschau Deutscher Technik v. 6.7.1939 (= NI-3367); Notiz für Herrn Flick, 7.7.1939 [Steinbrinck], StAN Rep. 501, KVP, Fall 5, G-3, Dok. Steinbrinck-35, Bl. 82.

135 Pleiger an Landfried, 27.7.1939, BAB R 8122/80898.

Auf einem zweiten Schauplatz attackierten die Reichswerke gezielt Flick: Bereits seit einiger Zeit stritt die Maxhütte mit den Reichswerken um die Abgrenzung der bayerischen Erzfelder. Im Juli verschärfte sich der Ton jedoch spürbar – der Maxhütte-Vorstandschef Karl Raabe bezeichnete den HGW-Direktor Franz Beckenbauer als »besonders rücksichtslos« –, und griff auf die Berliner Zentrale über. Dort gaben Flick und Steinbrinck angesichts der laufenden Auseinandersetzungen mit Pleiger wenig auf dessen Beteuerungen, damit nichts zu tun zu haben[136], und gingen Ende Juli noch einmal in die Offensive. Unzweideutig lehnten sie die jeden »direkten Kontakt mit den Petscheks« im Enteignungsverfahren ab. Im Reichswirtschaftsministerium unterstrich Flick, daß seiner Auffassung nach einmal mehr der Staat etwas von ihm wolle und nicht umgekehrt: »1. wir haben nicht mit den Verhandlungen begonnen, 2. wir haben kein Geschäft machen wollen.«[137]

So offensichtlich unzutreffend dies auch war, im entscheidenden Punkt konnte Flick sich durchsetzen. Der Transfer der Braunkohlenbetriebe auf seine Tochtergesellschaften sollte nicht mehr direkt, sondern durch die Zwischenschaltung einer staatlichen Holding erfolgen, die im Gegenzug die erfundenen Steuerforderungen verrechnete. Erst nach Ausschaltung der enteigneten jüdischen Mehrheitsbesitzer wie auch der »arischen« Minderheitsaktionäre sollte die reine Substanz – die Betriebe ohne gesellschaftsrechtlichen Mantel – an Flick abgegeben werden. Die direkte Übertragung der in jüdischem Besitz befindlichen Anteile auf die Erwerber – Anathema für die FFKG – war vom Tisch.[138]

Damit hatte die Flick-Konzernführung einen Teilerfolg erzielt, der für die eigene Außendarstellung essentiell war. Allerdings waren die Probleme keineswegs ausgestanden, denn als nächstes wandte sich Pleiger dem Zuschnitt der Tauschobjekte zu. Sein Ansinnen, die frühere Pauschvereinbarung durch eine

136 Vgl. die Korrespondenz zwischen Raabe und Gillitzer, Burkart, Flick und Steinbrinck sowie Pleiger Mai–Juli 1939 in BAB R 8122/882 und BBA 142/24, Zitat: Raabe an Flick, 19.7.1939, BBA 142/24.

137 Aktenvermerk, 31.7.1939 [Steinbrinck], StAN Rep. 501, KVP, Fall 5, B-17, Bl. 13-17; Zitat: Notiz, 9.8.1939 [Flick], StAN Rep. 502A, KVV, Handakten, Flächsner-17, Bl. 282. Instruktiv ist die an frühere Verhandlungen von Schäffer bis Murnane anknüpfende sprachliche Wendung Flicks in einer internen Denkschrift: »Die ganze Transaktion ist nicht unsere Anregung. […] Wenn man jetzt den Brief, den mir Herr Pleiger geschickt hat, liest, so wird jeder unbefangene Dritte daraus den Eindruck bekommen, als ob wir Herrn Pleiger nachgelaufen seien und ihm die Transaktion angeboten hätten«; Memorandum, 11.9.1939, zit. nach: Stallbaumer, Business, S. 341 (Anm. 75).

138 Aktennotiz. Betr. Gedanken zu dem geplanten Austausch Steinkohle gegen Braunkohle, 10.8.1939 [Steinbrinck], BAB R 8122/80904; Wetzell an Steinbrinck, 16.8.1939, StAN Rep. 501, KVP, Fall 5, B-34, NI-10140, Bl. 75 f.; Plan zur Übertragung des Petschek-Konzerns auf die Deutsche Kohlenbergbau-GmbH, 1.9.1939, BAB R 3101/31007, Bl. 3 f.; Krause an Geister, 16.1.1939, BAB R 2 Anh./59, Bl. 110 f. Stallbaumer sieht die mehrfachen Strategiewechsel zurecht als Beleg für die fehlende Konsistenz in der staatlichen Planung; vgl. dies., Business, S. 329 f., 335.

präzisere Wertermittlung zu ersetzen, war nicht einmal unberechtigt. Denn während Flick frühzeitig Zugang zu den Braunkohle-Daten sowie Grubenbefahrungen ermöglicht worden waren[139], verfügte Pleiger nur über wenige Informationen zu den in Rede stehenden Steinkohlezechen und -feldern. Die Folge waren monatelange Verhandlungen, in denen Flick und Pleiger sowie ihre jeweiligen Mitarbeiter über die Äquivalenzwerte von Steinkohlenförderung und Braunkohlenbriketts, die Lebensdauer der Gruben inklusiver ihrer Reserven und die mittelfristigen Ertragsaussichten stritten.[140]

Als im November 1939 ein Ende der Verhandlungen noch immer nicht abzusehen war, forderte Görings Stellvertreter im Vierjahresplan, Körner, beide Seiten ultimativ auf, die »unerfreuliche Angelegenheit – Feilschen im Kriege – endlich aus der Welt zu schaffen«. Allerdings gab Steinbrinck den Ball postwendend zurück und verlangte seinerseits von Körner, daß dieser eine Entscheidung herbeiführe, da es sich nicht um ein Privatgeschäft, sondern um eine »Staatsaktion« handele.[141] Da Körner zögerte, half Steinbrinck nach und präsentierte dem Staatssekretär Anfang Dezember 1939 eine fertige Anordnung, die sowohl an Harpen und Flick als auch an die Reichswerke zu richten war. Unter erneuter Bemühung der Formel der »unumgängliche[n] staatspolitische[n] Notwendigkeit« forderte der Entwurf ein Verhandlungsergebnis noch in derselben Woche. In einer der Komik nicht entbehrenden Situation überzeugte Steinbrinck Körner, seine Hemmungen ob einer »Ausnutzung der Machtstellung des Vierjahresplans zugunsten der Reichswerke« aufzugeben und die Anordnung zu unterzeichnen.[142] Noch am selben Tage ging das Schreiben, nahezu im Wortlaut identisch mit der Vorlage, heraus. 24 Stunden später wurde eine Einigung mit den Reichswerken erzielt.[143]

Am 9. Dezember 1939 konnte ein vorläufiger Vertrag zwischen Harpen und den HGW paraphiert werden. Darin wurde nun endgültig festgelegt, welcher

139 MSt (Steinbrinck, Kaletsch) an RWiM (Gabel), 16.3.1939, BAB R 3101/31009, Bl. 45 f.; Aktenvermerk. Betrifft: Fernmündliche Besprechung mit Herrn Dr. Hahn v. 21.3.1939, 21.3.1939, BAB R 3101/31011, Bl. 203-205.

140 Notiz, 21.8.1939 [Flick], StAN Rep. 502, KVA, Handakten, B-125; Entwurf für Protokoll, 22.8.1939, StAN Rep. 501, KVP, Fall 5, E-6, Dok. Flick-62, Bl. 207-219; Notiz, 25.8.1939 [Flick], ebd., Dok. Flick-63, Bl. 220-230; [Vermerk], o. D. [handschriftlich: 20.9.]; [Ergebnisprotokoll Pleiger], 27.9.1939; Notiz. Betr. Gestrige Besprechung mit Herrn Pleiger, 10.10.1939 [Flick], alle BAB R 8122/80904; Pleiger an Flick, 13.10.1939, StAN Rep. 501, KVP, Fall 5, E-6, Dok. Flick-64, Bl. 231-234, vgl. Stallbaumer, Business, S. 338-340.

141 Notiz, 8.11.1939 [Steinbrinck], StAN Rep. 501, KVP, Fall 5, B-17, NI-932, Bl. 29-34.

142 Entwurf für Anordnung des Ministerpräsidenten und Generalfeldmarschalls, 6.12.1939, NI-934; Aktennotiz, 6.12.1939 [Steinbrinck], StAN Rep. 501, KVP, Fall 5, B-17, NI-936, Bl. 48, 46 f.

143 Schreiben des Beauftragten für den Vierjahresplan (StS), 6.12.1939, StAN Rep. 501, KVP, Fall 5, B-17, NI-935, Bl. 45; Notiz, 8.12.1939 [Flick], BAB R 8122/80904; vgl. Stallbaumer, Business, S. 350 f. Für den Anordnungstext zeichnete Kaletsch verantwortlich.

Stein- bzw. Braunkohlebesitz jeweils abzugeben war; die Modalitäten folgten weitgehend dem Juni-Entwurf. Im Gegenzug erhielt Harpen von den HGW sämtliche Anlagen der Eintracht sowie den ostelbischen Teil der NKW samt Nebenbetrieben, Immobilien, Quoten etc. Da die früher geplante Beschaffung der Salzdetfurth- und De-Wendel-Zechen nicht zustande gekommen war[144], mußte Flick auf Phoenix/Leonhard verzichten, erhielt jedoch ein Vorkaufsrecht, falls sich später eine Möglichkeit zum Tausch gegen weitere Steinkohle bieten sollte. Hinsichtlich der Ilse-Reservefelder sagten die Reichswerke zu, sich für eine Abgabe an Harpen einzusetzen. Und schließlich waren auch die weiteren, früher bereits von Flick geforderten Klauseln – Steuerfreiheit und staatliche Unterstützung beim Kapazitätsausbau Harpens – Teil des Vertragswerks.[145]

Während dies für den Flick-Konzern erneut eine beträchtliche Stärkung seiner Position in Mitteldeutschland und in den dortigen Braunkohlesyndikaten bedeutete, in denen er zur wichtigsten Kraft aufstieg[146], stellte der Vertrag für Harpen einen schweren Schlag dar. Das Unternehmen verlor rund 40 Prozent seines Anlagevermögens, angesichts des Rufs als eine der führenden deutschen Zechengesellschaften ein herber Verlust. Entsprechend hoch war der interne Legitimationsbedarf Flicks für die Verschiebeaktion, die er Harpen zumutete. Dies galt um so mehr, als der Dortmunder Vorstand nicht nur der Unternehmenstradition, sondern rechtlich auch den außenstehenden Aktionären verpflichtet war, die bei der ganzen Transaktion vollkommen ungehört geblieben waren, obwohl sie immerhin 35 Prozent der Aktien hielten. Auch die Frage der Harpen-*Bonds*, der 1935 zur Majorisierung ausgegebenen Teilschuldverschreibungen, war

144 Zur Information von Herrn Buskühl, 20.9.1939, BAB R 8122/80904; Bericht über die bei der Firma Salzdetfurth AG am 16. und 18.8.1939 vorgenommen Prüfung, BAB R 2/20899, Bl. 48f. Salzdetfurth, dessen Vorstand ursprünglich Flick mit der Verhandlungsführung betraut hatte, einigte sich separat mit den HGW.

145 Schlußabkommen mit Pleiger am 9.12.1939, StAN Rep. 502A, KVV, Handakten, Flächsner-18; Austausch von Steinkohle gegen Braunkohle, 9.12.1939, BAB R 2/20899, Bl. 359-367. Von einer Bewertung des Abkommens, insbesondere der Frage, welche Seite letztlich besser gestellt wurde, muß abgesehen werden. Die komplizierten bergtechnischen Berechnungen entziehen sich ohne Fachkenntnisse weitgehend der Prüfung. Das RFM berechnete 1939/40 den Wert der Steinkohle auf 24, jene der Braunkohle hingegen auf 65 Mio. RM und sah daher die Reichsinteressen geschädigt. Allerdings basierte die Kalkulation auf den Einheitswerten, d.h. Verkehrswerte, Rentabilitätsverhältnisse u.ä. blieben unberücksichtigt. Auch die anstehenden Vorräte wurden nicht angemessen eingerechnet, die bei der abgegebenen Steinkohle wesentlich höher ausfielen. – Im vorliegenden Kontext ist indes entscheidend, daß beide Seiten den Handel fraglos wollten und offenbar erhebliche Vorteile für sich darin erblickten; Vermerk. Betr. Austausch von Steinkohle gegen Braunkohle, 18.1.1940, BAB R 3101/33509, Bl. 112f.

146 Nach Abschluß der Transaktion verfügte Flick über ca. 35% der OBS-Brikettquote; Betriebs- und Bilanz-Zahlen der I.P.-Betriebe, 19.8.1938, BAB R 8122/80903. Schon vor dem Vertragsschluß bestimmte Flick die Personalpolitik im OBS, Steinbrinck sprach gar von »uns als Produktionssyndikat«; Hayler an Flick, 21.9.1939, BAB R 8122/70, Bl. 140f.; Zitat: Notiz, 7.10.1939 [Steinbrinck], ebd., Bl. 151.

den Verantwortlichen zumindest im Hinterkopf präsent, da die *Bonds* substanzgesichert waren und eben jene Substanz nun massiv reduziert wurde. Denn frühzeitig deutete sich an, daß Harpen die fernab der Ruhr gelegenen Braunkohlenbetriebe keineswegs selbst betreiben, sondern nach dem Willen der Berliner Zentrale baldmöglichst an AKW abgeben sollte. Letztlich finanzierte somit Harpen die strategische Neugewichtung der Konzernbeteiligungen und sicherte den Mittelstahl-Werken eine langfristige Brennstoffgrundlage vor Ort.[147]

Daß die Harpen-Führung keineswegs erfreut über Flicks Pläne sein würde, hatte man in der FFKG-Zentrale erwartet. In der Tat stellten sich die von Rüdiger Schmidt geführten Vorstandsmitglieder, als sie von den Tauschverhandlungen in Kenntnis gesetzt wurden, mehrheitlich gegen die Schröpfung ihres Unternehmens. Dies war sowohl wirtschaftlichen Überlegungen geschuldet, da die Verkleinerung Harpens die Verdienst- und Entwicklungsmöglichkeiten beschnitt, als auch Ausdruck einer gewissen Abneigung, sich mit den bergtechnisch für minderwertig erachteten Tagebaubetrieben der Braunkohleförderung zu identifizieren. Zwar warben Kaletsch und Steinbrinck für die Eintracht- und NKW-Betriebe als »große Sache«, wollten dies aber auch nicht überbetonen, weil es dann »sicher noch größere Schwierigkeiten machen [würde], Harpen bei der Behandlung der Braunkohle später auszuschließen«, wie Kaletsch festhielt.[148]

Da der Harpen-Vorstand abgesehen von Buskühl, der loyal zu Flick stand, seine Bedenken nicht ablegte, bereitete sich Flick zeitgleich mit Steinbrincks Überredung Körners auf eine interne Machtprobe vor. Die Koinzidenz war kein Zufall: Während Flick nach außen mit den Zumutungen für Harpen argumentierte, um staatliche Zugeständnisse zu erreichen, verwies er nach innen auf den behördlichen Zwang, um seine Maßnahmen zu rechtfertigen und konnte dazu schriftliche Belege gut gebrauchen. Folgerichtig berief sich Flick auch in der Sitzung mit dem Harpen-Vorstand auf den Druck, der auf ihn ausgeübt worden sei, und die Notwendigkeit, eine zweite Reichswerke-Krise zu vermeiden. Darüber hinaus behauptete Flick, nur mit Rücksicht auf das Traditionsunternehmen Pleigers ursprünglichen Vorschlag, Harpen en gros gegen die komplette Braunkohle Ignaz-Petscheks zu tauschen, nicht angenommen zu haben. Dies war zwar offenkundig falsch, da Pleiger nie einen so weitreichenden Zugriff gehabt hatte, dennoch gab sich Flick als verantwortungsbewußter Nicht-Spekulant, der auf »das fantastischste Geschäft meines Lebens« verzichtet habe. Für den Fall, daß all dies das Direktorium nicht überzeugte, hielt Flick eine ultimative Drohung parat. In harschen Worten kritisierte sein Skript erst die »völlig laue, innerlich ablehnende Haltung« des Vorstandes, um dann unmißverständlich zum Aus-

147 Betr. Gedanken zu dem geplanten Austausch Steinkohle gegen Braunkohle, 10.8.1939 [Steinbrinck], BAB R 8122/80904.

148 Notiz für Herrn Flick, 24.11.1939 [Kaletsch]; vgl. Notiz für Herrn Flick, 25.11.1939, beide ebd.; Eidesstattliche Erklärung Friedrich Brockhues, 1.2.1947, StAN Rep. 501, KVP, Fall 5, B-17, NI-3575, Bl. 99.

druck bringen, daß ohne dessen Zustimmung Flick das Unternehmen schlicht verkaufen werde: »Es ist einfacher ein Aktienpaket zu verkaufen als zwei Steinkohlezechen mit Braunkohlebetrieben zu tauschen.«[149] Angesichts der Wucht von Flicks Vorgehen blieb die Machtprobe letztlich aus, und der Vorstand willigte, teilweise milde gestimmt durch die Erwartung, den Kapazitätsausbau auf alte Größe umgehend beginnen zu können, in das Tauschgeschäft ein. Allein die Beziehung zu Schmidt als Sprecher der oppositionellen Gruppe blieb dauerhaft so angespannt, daß er bei nächster Gelegenheit 1942 in die RWKS-Führung weggelobt wurde.[150]

5.2.4. Der Streit um Vertragszusagen und Befehlslage

Der letzte Akt der Ignaz-Petschek-»Arisierung« spielte sich wieder zwischen den Konzern- und den Staatsvertretern ab. Zwar hatte der Vorvertrag eine Arbeitsgrundlage für die wesentlichen Punkte geschaffen, aber eine Reihe von Fragen nur unverbindlich angesprochen und noch keine endgültige sprachliche Gestalt erhalten. Insbesondere letztere stand schon wenige Tage nach der Unterzeichnung zur Debatte, denn Pleiger wies die von Flick geforderte Präambel über die »staatspolitischen Notwendigkeiten« zurück: Bei einem regulären Abkommen vermochte er keine Befehlsnotwendigkeit zu erkennen. Auch Vierjahresplan und Wirtschaftsministerium zeigten sich anfangs ablehnend und verwiesen auf das »glänzende Geschäft« für Flick, der stets »ein lebhaftes Interesses am Zustandekommen des Austauschs zur Schau getragen habe«.[151] Dies nachträglich mit einer Anordnung auszuschmücken, sah man keinen Anlaß, zumal man nicht dem Vorwurf Vorschub leisten wollte, die Regierung habe zugunsten der HGW Druck ausgeübt, obgleich dies gar nicht der Fall gewesen war.[152]

Um die Aufnahme der gesichtswahrenden Formel dennoch durchzusetzen, wurden von Seiten Flicks alle denkbaren Argumentationslinien beansprucht. Dies geriet fast grotesk, wenn Steinbrinck die Angemessenheit der Präambel mit eben jener Anordnung Körners begründete, die er diesem selbst aufgenötigt hatte, oder wenn einerseits Flick die Bedenken des Harpen-Vorstands und andererseits Buskühl die Aktionäre Harpens – deren entscheidender Flick war – als

149 Ausführungen von Herrn Flick in der Besprechung mit dem Harpener Vorstand am 6.12.39, 5.12.1939, BAB R 8122/80903, NI-3338 (F). Unklar ist, welche Teile seines Skriptes Flick tatsächlich vortrug. Das NI-Dokument weist einen handschriftlichen Zusatz v. 6.12.1939 aus, daß in der Sitzung auf Teile verzichtet wurde. Der Brief Flicks an Steinbrinck, 21.12.1939, BAB R 8122/80920, deutet darauf hin, daß Flick seine Drohung nicht aussprechen mußte.

150 Formulierung eines Beschlusses, 6.12.1939, BAB R 8122/80904; Flick an AR-Mitglieder Harpen, 5.10.1942, BAB R 8119F/P947, Bl. 42 f.; Vermerk, 21.4.1953, BBA 12/674.

151 Aktennotiz! Betr. Vereinbarung Austausch von Steinkohle gegen Braunkohle, Bl. 77; Reichswerke an RWiM (Gabel), 12.12.1939, BAB R 3101/33509, Bl. 76, 89; Aktennotiz, 15.12.1939 [Steinbrinck], BAB R 8122/90805, NI-3392; Zitat: Notiz, 15.12.1939 [Steinbrinck], StAN Rep. 501, KVP, Fall 5, B-34, NI-3447, Bl. 80.

152 Ebd.; Zitat: Notiz für Herrn Flick, 17.1.1940 [Werning], ebd., NI-10142, Bl. 84.

Rechtfertigung für einen »klaren Hoheitsakt« bemühten.[153] Letztlich führte dies zu der auch sprachlich abstrusen Situation, daß sich der Flick-Konzern nur zur freiwilligen Unterzeichnung des Tauschvertrages bereiterklärten wollte, wenn dessen Inhalt ihm befohlen würde.[154]

Nach wiederum wochenlangen Verhandlungen, in denen die Konzernführung die Integration von Präambel und Schlußbestimmungen in den Tauschvertrag nicht durchsetzen konnte, gab schließlich das Reichswirtschaftsministerium den anhaltenden Forderungen Flicks und Buskühls ermattet nach. Im März 1940 erhielten Harpen und FFKG in gesonderten Schreiben die gewünschten Erklärungen, die zum ersten die Kapazitätsfrage und die spätere Verteilung der Komplexe Ilse-Reserve/Phoenix-Leonhard in Flicks Sinne formulierten, zum zweiten die inzwischen vollkommen überstrapazierte Wendung der »staatspolitischen Notwendigkeiten zur Schaffung einer ausreichenden Steinkohlenbasis für die Reichswerke« enthielten.[155] Die parallel vorbereitete Presseerklärung nahm erwartungsgemäß diese Formulierung ebenfalls auf, abweichende Darstellungen wurden zensiert, und die Flick'sche Fassung konnte somit offizielle Verbindlichkeit beanspruchen.[156]

In den offenen materiellen Fragen war dem Flick-Konzern jedoch nur begrenzter Erfolg beschieden. Dies galt vor allem deswegen, weil die Reichswerke für die meisten Regelungen, die nicht den unmittelbaren Anlagentausch betrafen, über keine Entscheidungskompetenzen verfügten. Die Steuerbefreiung war mit der Reichsfinanzverwaltung sowie den nachgeordneten Behörden zu klären, hinsichtlich der Ilse-Reservefelder und Phoenix/Leonhard sowie der Kapazitätserweiterung Harpens war die Unterstützung des Reichwirtschaftsministeriums zu gewinnen. Am Ende stellte sich die erwartete Steuerbefreiung als eine – allerdings sehr weitgehende – Steuerminderung heraus, mit der sich Buskühl »wohl oder übel« abfand.[157]

Schlechter entwickelte sich die Frage der zusätzlichen Braunkohlenfelder. In schier unendlichen Verhandlungen, die unmittelbar nach der Vertragsunter-

153 Flick an Göring, 20.1.1940, StAN Rep. 502, KVA, Handakten, B-108; Vermerk. Betrifft: Austausch von Steinkohle gegen Braunkohle zwischen den Reichswerken Hermann Göring und Harpener Bergbau AG, 23.1.1940, BAB R 3101/33509, Bl. 117f.; Zitat: Notiz, 15.12.1939, StAN Rep. 501, KVP, Fall 5, B-34, NI-3447, Bl. 81.

154 Aktennotiz!, 12.12.1939, BAB R 3101/33509, Bl. 76; Aktennotiz, 15.12.1939 [Steinbrinck], BAB R 8122/90805, NI-3392, Bl. 63-67.

155 Abt. II Bg (Gabel) an Landfried, 1.3.1940, BAB R 3101/33509, Bl. 141f.; Schnellbriefe RWiM (Landfried) an Harpen/Flick, 5.3. u. 26.3.1940, StAN Rep. 501, KVP, Fall 5, B-18, NI-3436 u. NI-3401, Bl. 13f., 32f.

156 Notiz für Herrn Flick, 14.3.1940 [Kaletsch], BAB R 8122/80906; vgl. Steinkohle für die Göring-Werke, in: BBZ Nr. 147 v. 29.3.1940; Kohlentausch Harpen-Reichswerke, in: FZ v. 29.3.1940.

157 RWiM an Harpen, 17.2.1940; Buskühl an Boldt (RWiM), 24.2.1940; Entwurf. Stellungnahme zum Erlaß R.W.M. 17.2.1940, alle BAB R 3101/33509, Bl. 145, 135-140, Zitat Bl. 137; Schnellbrief RWiM an Harpen/Flick, 5.3.1940, StAN Rep. 501, KVP, Fall 5, B-18, NI-3436, Bl. 13f.

zeichnung im Dezember 1939 einsetzten und sich bis in die letzten Kriegstage im Frühjahr 1945 hinziehen sollten, mußte Flick feststellen, daß die Schlußbestimmungen des Vertragswerks ihm keine effektive Handhabe zur Durchsetzung seiner – vehement als moralisches Recht eingeklagten – Ansprüche an die Hand gaben. In der Erwartung, Pleiger verfüge über ausreichend Einfluß, um Flicks Wünsche durchzusetzen, hatte Flick wenigstens in dieser Hinsicht auf die falsche Karte gesetzt. Pleigers Ehrgeiz in der Angelegenheit blieb begrenzt, während mit der VIAG und der Brabag zwei weitere Staatskonzerne auf ihren jeweiligen Besitzansprüchen bestanden. Erst mit der Besetzung durch die Rote Armee sollte die Diskussion ein Ende finden, die angesichts der faktischen Umwälzungen, wie Rudolf Stahl im März 1945 gegenüber Flick anmerkte, »ja nur noch historisches Interesse« habe.[158]

Anfang 1940 herrschte indes noch Zufriedenheit über das Erreichte bei den deutschen Beteiligten. In seinem Abschlußbericht, der den Petschek-Komplex nunmehr zu den Akten legen sollte[159], zog Helmuth Wohlthat ein rundum positives Fazit der von ihm koordinierten »Arisierung«:

> »Dieses Ergebnis bei der Entjudung der Petschek-Gruppe wurde mit den vorhandenen gesetzlichen Mitteln erzielt, ohne daß bisher irgendwelche Geldbewegungen notwendig waren, und unter Vermeidung jeglichen Transfers, ohne Störung der Produktion und der Verteilung der Kohlenerzeugung, bei Wahrung der sozialen Belange der Gefolgschaften, unter Schonung der arischen deutschen Aktionäre und ohne Mitwirkung und im weiteren Verlauf gegen den Widerstand der Petscheks. […]
>
> Dieser Bericht behandelt den größten Einzelfall in Steuer- und Devisenstrafverfahren, der bisher in Deutschland bearbeitet worden ist und der mit einem Ergebnis von über 100 Mill. RM zu Gunsten des Reichsfiskus abschließen wird. Die volkswirtschaftlichen Werte, die im Zusammenhang mit der

158 Mit der Brabag gelangte Flick zu einer freundschaftlichen Einigung, die Verhandlungen mit der VIAG gerieten jedoch zunehmend erbittert. Dem Streit lag ein Fehler im RWiM zugrunde: Dort hatte man 1939/40 VIAG und Flick widersprüchliche Zusagen über die jeweiligen Ansprüche auf die Ilse-Reservefelder gegeben, auf die sich in der Folge beide Seiten beriefen; vgl. die umfassende Überlieferung in: BAB R 2/20899, BAB R 8122/80905-80907 u. 80918 sowie StAN Rep. 501, KVP, Fall 5, B-34; Zitat: Stahl an Flick, 23.3.1945, ebd., B-33, NI-7713, Bl. 11-14. Die letzte aktenkundige Beschäftigung mit dieser Frage datiert vom April 1945; Stahl an Rösler, 4.4.1945, BAB R 8119F/P1189.

159 Dies traf allerdings nur für das Reichsgebiet zu. In den folgenden Kriegsjahren spürten deutsche Finanzbeamte den Geschäftsverbindungen der Petscheks in halb Europa nach, wann immer sich der deutsche Machtbereich vergrößerte. Dies ging soweit, daß im RWiM konkrete Vorbereitungen für Beschlagnahmungen sowie Verhaftungen der Mitglieder beider Familien im Zuge der erwarteten Invasion der britischen Inseln getroffen wurden; vgl. Reisebericht über die Dienstreise nach Holland und Luxemburg, 8.7.1940, BAB R 2 Anh./60, Bl. 392-394; Wichtige britische Konzerne und Verzeichnis deutscher Gesellschaften, BAB R 3101/33193, Bl. 1-4.

Entjudung der Ignaz Petschek-Gruppe in die Hand des Reiches übergehen, sind erheblich höher zu bewerten.«[160]

Auch Steinbrinck sah in der abgeschlossenen Transaktion einen Erfolg Flicks. Ende 1939 gratulierte er dem Konzernchef zu dem »selten erfolgreiche[n] Lebensabschnitt« im sich neigenden Jahr und verwies insbesondere auf die »angestrebte Umlagerung von der Steinkohle auf die Braunkohle«. Persönlich zog Steinbrinck eine andere Bilanz. Angesichts anhaltender Konflikte zwischen ihm und seinem Arbeitgeber sprach Steinbrinck von einer nur noch »krampfhaften Zusammenarbeit«, die »bei uns innerlich mehr zerstört als äußerlich Nutzen geschaffen« habe. Zum Jahresende quittierte Flicks rechte Hand seinen Dienst.[161]

Die Entscheidung seines neben Konrad Kaletsch wichtigsten Mitarbeiters kam für Flick nicht überraschend. Bereits im Herbst hatte Steinbrinck seine Absicht, aus dem Konzern auszuscheiden, mehrfach angekündigt, doch Flick hatte die Kündigung schlicht nicht akzeptiert.[162] Während nach dem Kriege beide Seiten ihre eigene Interpretation der Hintergründe lieferten und Flick und Kaletsch behaupteten, Steinbrincks Regimenähe habe zu Schwierigkeiten in der Bellevuestraße geführt[163], scheinen tatsächlich zwischenmenschliche Motive ausschlaggebend gewesen zu sein. Zwar kam es im Zuge des HGW-Harpen-Tausches zu Unstimmigkeiten zwischen Flick und Steinbrinck – der Manager lehnte das harsche Vorgehen des Großaktionärs gegen den Vorstand ab[164] –, diese waren jedoch nicht grundsätzlichen Charakters und machten sich in den konkreten Verhandlungen zu keiner Zeit bemerkbar.[165] Hingegen waren es weiche Fragen der Unternehmenskultur, die seit geraumer Zeit unter der Oberfläche für Unstimmigkeiten sorgten. So hatte sich Steinbrinck verschiedentlich über das in der FFKG herrschende harte Regiment hinsichtlich der Arbeitszeiten beklagt, etwa darüber »welche übermäßige Inanspruchnahme Flick ihm bis in

160 Schlußbericht über die Entjudung der Ignaz-Petschek-Gruppe, 3.5.1940 [Wohlthat], BAB R 2 Anh./61, Bl. 15.

161 Steinbrinck an Flick, 29.12.1939, StAN Rep. 501, KVP, Fall 5, B-17, NI-931, Bl. 77-79.

162 Die erste mündliche Kündigung war am 6.11.1939 erfolgt; Steinbrinck an Flick, 18.12.1939, BAB R 8122/80920, NI-10053; Flick an Steinbrinck, 21.12.1939, NI-11054, ebd. Frühere Überlegungen: Aktenvermerk. Betr. Unterredung mit Herrn Marotzke am 14.9., 15.9.1939 [Steinbrinck], StAN Rep. 502, KVA, Handakten, B-109.

163 Diese Behauptung verschwand indes bald wieder in der Schublade, als die Anklage Steinbrincks eine einheitliche Verteidigungsstrategie erforderlich machte; vgl. dazu unten Kap. V.2.

164 Steinbrinck an Flick, 18.12.1939, NI-10053; Flick an Steinbrinck, 21.12.1939, NI-10054, beide BAB R 8122/80920, Vermerk, 21.4.1953, BBA 12/674 [Unterredung mit Rüdiger Schmidt].

165 Für die bei Stallbaumer, Business, S. 254, 290-292, 357 f., mehrfach geäußerte Vermutung, Steinbrinck sei bei der »Arisierung« aus ideologischer Überzeugung über Flicks Vorgaben hinausgegangen, finden sich keine Belege. Allen Differenzen zum Trotz blieb Steinbrinck bis zum Schluß absolut loyal. Die Behauptung bei Hayes, Business, S. 266, Steinbrinck habe Flick in die Petschek-»Arisierung« geradezu hineingetrieben, ist unhaltbar.

die späten Nachtstunden« zumute, oder die Schwierigkeiten, Urlaub bewilligt zu erhalten.[166] Ferner war es 1939 zunehmend zu atmosphärischen Störungen zwischen den Familien Flick und Steinbrinck gekommen. Insbesondere die beiden Ehefrauen, Marie Flick und Lola Steinbrinck, verband wechselseitige Antipathie, und auch Flicks Sohn Otto-Ernst hatte – nach Steinbrincks Darstellung – verschiedentlich allzusehr den Unternehmenserben herausgekehrt, wodurch sich der Manager zurückgesetzt fühlte.[167] Die im Nürnberger Verfahren sowie in späteren Darstellungen geäußerte Mutmaßung, Steinbrinck habe eine Partnerschaft von Flick gefordert, erscheint hingegen wenig plausibel: Daß Flick bereit gewesen wäre, seinen Angestellten am Konzernbesitz zu beteiligen, konnte dieser nicht ernstlich glauben, und Naivität zeichnete Otto Steinbrinck kaum aus.[168]

Flick reagierte flugs auf den Verlust seines Adlatus'. Da sich mit dem erneuten Anwachsen des Konzerns auch die Aufgabenbereiche vergrößerten, berief er auf die Position Steinbrincks gleich zwei neue Generalbevollmächtigte, Odilo Burkart und Bernhard Weiss. Burkart hatte in der Nachfolge Terbergers seit 1936 die Eisen- und Stahlseite des Konzerns betreut und bereits einen Teil der Lobbyarbeit bei staatlichen Stellen übernommen; nun erhielt er zusätzlich die Zuständigkeit für die Braunkohlenunternehmen.[169] Mit Weiss, ein Neffe Flicks aus der Familie seiner Frau, wurde neben Kaletsch ein weiteres Familienmitglied in die Konzernverwaltung geholt und dort mit der Betreuung der Steinkohlen- und Verarbeitungssparten betraut. Gleichzeitig führte Weiss auch das siegerländische Familienunternehmen Siemag weiter.[170]

Fazit

Die Petschek-»Arisierungen« belegten erneut Wucht, Ausmaß und Bedenkenlosigkeit der Flick'schen Expansion. Bei geringstem Mitteleinsatz eignete sich der Konzern ungeheure Industriewerte an, gegenüber denen die nichterfüllten Nachforderungen, über die sich Flick so beklagte, kaum ins Gewicht fielen. Auch die Strategie regionaler Monopol- und Syndikatsmacht wurde durch die

166 Zitat: Nürnberger Berichte, o. D. [Oktober 1946; J. W. Reichert], RWWA 130-40010145/165; Persönliche Gründe für mein Ausscheiden bei FF, Ostern 1940, TKA NOST/1.

167 Vgl. den Briefwechsel Steinbrinck/Flick, 18.12., 21.12., 29.12.1939, BAB R 8122/80920 u. StAN Rep. 502, KVA, NI-10053, NI-3393, NI-11054, NI-931.

168 Zu Steinbrincks Widerlegung entsprechender Vorwürfe vgl. StAN Rep. 502A, KVV, Handakten, Flächsner-14.

169 *1899; Abitur, Studium d. Staatswissenschaften, Promotion; 1922 Silesia/OEI, 1931 Prokura, 1934-36 Verkaufsdirektor Walzeisen; 1936 Prokurist MSt; 1937 Prokura FFKG; 1938 stellv. Vorstandsmitglied MSt; Frühjahr 1940 MSt-Vorstand u. GBV FFKG; 1950-66 Vorstand Maxhütte, seit 1956 Vorsitzender; 1966(68)–76 AR(V) Maxhütte.

170 1904-73; kaufmänn. Lehre; 1922 Siegener Eisenbahnbedarf AG, 1923 LHL; 1925 zwei Semester Handelshochschule Köln; 1926/27 Eintreten in Siegener Maschinenbau AG; 1932 Vorstand; 1941 alleiniger Inhaber; 1939-46 FFKG; ab 1948 Siemag; 1962-65 Präsident des Vereins Deutscher Maschinenbau-Anstalten e. V.

Übernahme der Petschek-Betriebe nahezu abgeschlossen. So gut der Verkauf von Eisen und Stahl, Waggons und Rüstungsgütern in den dreißiger Jahren auch lief – ohne die nationalsozialistische »Arisierungs«politik wären diese Akquisitionen für die FFKG und ihre Tochtergesellschaften kaum finanzierbar gewesen. Flick erkannte und nutzte die in der rassistischen Ausgrenzungspolitik liegende Chance, abseits marktwirtschaftlicher Determinanten von Wertermittlung und Konkurrenz zum Zuge zu kommen, indem er sich über gezielt eröffnete Einflußkanäle dem Regime als Ausführungsorgan der »Eindeutschung« anempfahl und die autarkie- und rüstungswirtschaftliche Bedeutung seines mitteldeutschen Werksverbundes herausstrich. Sowohl in den Planungen zur »Arisierung« der Julius- als auch der Ignaz-Petschek-Unternehmen war Flick eine aktive, gestaltende und – auch im Verhältnis zu Pleiger – oft überlegene Kraft, nicht aber, wie er branchenintern glauben machen wollte, Randfigur oder gar Objekt staatlichen Interventionismus'. Die aus Oberschlesien entliehene Formel der »staatspolitischen Notwendigkeit«, aus der heraus Flick die AKW übernommen und die Steinkohle abgegeben habe, sollte seinen hochprofitablen Akquisitionen den Anschein des uneigennützigen Dienstes an der deutschen Volkswirtschaft verleihen.

Nicht zuletzt zeigte sich Flick bemüht, dem – angesichts der weit über den Eigenbedarf hinausgehenden Braunkohlenzugänge – naheliegenden Eindruck der Unersättlichkeit entgegenzuwirken. Entsprechend zeichnete Flick bei einer Rede, die er am 1. April 1940 anläßlich seines 25jährigen Jubiläums an der Spitze der Charlottenhütte bzw. der FFKG vor ausgewählten Mitarbeitern hielt, das Bild eines durchweg planvollen Aufstieges mit stets stimmigen Expansionsmustern, um schließlich den Zustand der Saturiertheit zu verkünden. Den erneuten Konzernaufbau erklärte er für beendet: »[N]unmehr soll Schluß sein! Die Zeiten der Expansion sind nun vorüber!«[171] Obgleich Flick im selben Atemzuge die einvernehmliche Zusammenarbeit zwischen Zentrale und Tochtergesellschaften, Konzernspitze und Mitarbeitern als Ziel ausgab, stellte seine Aussage eine bewußte Irreführung dar. Während er noch das Ende der Ausdehnung bekanntgab, bereitete er die nächste Stufe bereits vor. Der nationalsozialistische Eroberungskrieg eröffnete der unternehmerischen Expansion neue Gelegenheiten. Und Flick war keineswegs gewillt, diese achtlos verstreichen zu lassen.

171 Rede Flicks […], 1.4.1940, StAN Rep. 501, KVP, B-3, NI-3345, Bl. 16.

IV. Expansion – Kriegswirtschaft – Leistungsgemeinschaft (1939-1944/45)

1. Territoriale Expansion

In den schon vor dem Pogrom vom November 1938 ungehemmt betriebenen »Arisierungen« hatte sich nicht weniger als in Aufrüstung und Autarkiebestrebungen die aggressive außenpolitische Zielsetzung des NS-Regimes artikuliert. Während Rüstungsproduktion und Ersatzstoffgewinnung ein kriegswirtschaftliches Szenario vorbereiteten, diente der Ausschluß vorgeblicher, rassisch definierter Feinde aus der nationalsozialistischen »Volksgemeinschaft« der Festigung der Heimatfront.[1] Nicht minder drückte sich in dem durch legalistische Maßnahmen nur noch notdürftig kaschierten, brutalen Vorgehen gegen die jüdische Bevölkerung auch eine unübersehbare Indifferenz gegenüber der internationalen öffentlichen Meinung und den bestürzten Reaktionen ausländischer Regierungen wie auch Geschäftspartner aus.[2]

Statt auf internationale Diplomatie und Handelsbeziehungen setzte die deutsche Außen(wirtschafts)politik zunehmend auf unilaterales Vorgehen und auf Hegemonialkonzepte einer mittel-südosteuropäischen Großraumwirtschaft unter deutscher Führung. Eine solche, auf die gewaltsame Veränderung des Status quo zielende Politik stand einerseits in der Tradition wilhelminisch-imperialistischer Weltmachtsphantasien und der Revisionsforderungen der post-Versailles-Ära. Andererseits ging sie in ihrer spezifischen, rassistisch begründeten Vision einer Lebensraumerweiterung durch Ausdehnung nicht allein des deutschen Macht-, sondern auch des Siedlungsbereiches nach Osteuropa mit der darin von vornherein implizierten Verdrängung der betroffenen Bevölkerungen weit über den Rahmen verbreiteter nationalistischer Vorherrschaftsansprüche hinaus. Die expansionistische Dynamik der NS-Außenpolitik war ungleich stärker und vor allem: absoluter.[3]

1 Zur Verbindung von innerem und äußerem Volkstumskampf vgl. Graml, Rassismus; Kershaw, Hitler, S. 349.

2 Vgl. die international verheerenden Reaktionen auf das Novemberpogrom, die zu einer Flut von Absagen für die Leipziger Frühjahrsmesse führten; WiIn IV (Dresden), Zusammenstellung über die jüdische Boykottbewegung, 5.4.1939, BA-MA RW 19/54, Bl. 137-161.

3 Dazu allg. Kershaw, Hitler, S. 26-28, 85f., 107-113, 136-139; im Überblick: Jacobsen, Außenpolitik; Messerschmidt, Außenpolitik; prägnant Graml, Grundzüge; zur Großraumwirtschaftskonzeption bündig: Volkmann, NS-Wirtschaft, S. 381f.; nach Herbst, Unternehmensstrategie, S. 112-120, bezog das Konzept einer südosteuropäischen Hegemonialstellung aus Sicht der Wirtschaftsvertreter seine Attraktivität nicht als Ersatz internationaler Handelsbeziehungen, sondern aus der Stärkung der globalen Wettbewerbsposition. Die Feststellung (Herbst, Deutschland, S. 37), Flick habe Großraumwirtschafts-Ideen exponiert vertreten, läßt sich nicht bestätigen.

Schließlich war die territoriale Expansion nicht nur Zweck, sondern ihrerseits auch Mittel der nationalsozialistischen Aggression. Die heißgelaufene Binnenwirtschaft, die den Scheitelpunkt ihrer Leistungsfähigkeit 1938 überschritt und in der sich Ressourcen und Staatsfinanzen bis zur Mangelwirtschaft und verdeckten Inflation verknappten, mußte ihre Grenzen ausdehnen, um die Aufrüstung im bestehenden Umfang aufrechtzuerhalten.[4]

1.1. Oberschlesien und die Rombacher Hüttenwerke

1.1.1. Von Polen nach Lothringen

Bereits die ersten, noch vor dem offiziellen Auftakt zum Zweiten Weltkrieg erfolgten deutschen Okkupationsschritte in Österreich, im Sudetenland und in der sogenannten Rest-Tschechei 1938/39 hatte die Flick-Konzernführung wachen Auges verfolgt. Parallel zu den Petschek-Verhandlungen erwog die FFKG, sich an der Ausdehnung deutscher Großunternehmen im südosteuropäischen Raum zu beteiligen. So erkundigte sich Flick persönlich bei Schacht nach möglichen österreichischen Übernahmekandidaten, während seine Mitarbeiter die Voraussetzungen für einen Vorstoß in die sudetenländischen und tschechischen Schwerindustriereviere sondierten.[5]

Allerdings stießen etwaige Ambitionen Flicks in dieser Richtung stets auf die Ansprüche der Reichswerke.[6] Nur eine Woche nach dem Beginn der Sudetenlandbesetzung erfuhr die FFKG-Spitze, daß Pleiger ein Monopol auf die dortigen Braunkohlevorkommen erhalten hatte.[7] Als sich in der Folge abzeichnete, daß auch die tschechische Stahlindustrie in weiten Teilen an die Reichswerke fallen würde, ließ der Ehrgeiz der Konzernführung rasch nach, sich – unter erwartbar großen Mühen – doch noch in die Verteilung der Beute einzuschalten.[8] An einer Expansion um jeden Preis hatte man im Flick-Konzern kein Interesse. Hervorragende, deutschland- und europaweit konkurrenzfähige Großobjekte

4 Volkmann, NS-Wirtschaft, S. 367-374; Boelcke, Wirtschaft, S. 209 f., 217-225; Müller, Mobilisierung, S. 357-361.

5 Betr. Braunkohlen-Verhältnisse in Sudetendeutschland, 3.10.1938, BAB R 8122/1039; Erzeugung von Eisen und Stahl und Förderung von Stein- und Braunkohle in der Tschechoslowakei, 7.10.1938 [Philipp]; Notiz für Herrn Flick, 11.10.1938 [Philipp]; Verzeichnis der metallverarbeitenden Aktiengesellschaften im Sudetenland, [Februar 1939], alle BAB R 8122/1041. Vgl. Fischer, Schacht, S. 213.

6 Notiz für Herrn Flick, 7.10.1938 [Steinbrinck]; Notiz. Betrifft: Ignaz Petschek/Sudetenkohle, 15.2.1939, beide BAB R 8122/1039; vgl. Volkmann, NS-Wirtschaft, S. 383 f.; Wixforth, Expansion, S. 39; Overy, Reichswerke, S. 148-150.

7 Aktennotiz. Betr. Reichswerke Hermann-Göring, 7.10.1938 [Steinbrinck], BAB R 8122/80917, NI-895; vgl. Overy, Multi-Nationals, S. 320.

8 Zwei Aktenvermerke Betr. Sudetenländische Bergbau AG, 24.6. u. 19.7.1939 [Steinbrinck], beide BAB R 8122/1039. Vgl. Overy, Reichswerke, S. 151-155; ders., Goering, S. 111; Wixforth, Expansion, S. 256 f., 264-266, 274-282, 292-303; Mollin, Montankonzerne, S. 187-190.

hätte man kaum ausgeschlagen. Für die von den Reichswerken verschmähten, meist technisch und organisatorisch mangelhaften Unternehmen hatte man hingegen keine Verwendung.[9] Eine echte Lobbyarbeit, wie sie zur gleichen Zeit im Zuge der Ignaz-Petschek-Verhandlungen in tagtäglicher Kleinarbeit betrieben wurde, entwickelte die Konzernführung im Südosten zu keiner Zeit.[10]

Kaum ein halbes Jahr nach der Zerschlagung der Tschechoslowakei fand das Va-banque-Spiel Hitlers, die Duldung der Westmächte durch immer neue Gebietsforderungen auszureizen, mit dem Überfall auf Polen und den folgenden Kriegserklärungen Großbritanniens und Frankreichs ein Ende.[11] In der Privatwirtschaft regte sich allenfalls privatim Widerspruch gegen die Entfesselung des Krieges. Die bemerkenswerte Ausnahme stellte ausgerechnet der langjährige Förderer Hitlers, diesem aber inzwischen entfremdete Fritz Thyssen dar. In seinem Amt als Reichstagsabgeordneter verweigerte er die Zustimmung zur Kriegserklärung ausdrücklich und mußte in der Folge aus dem französischen Exil zusehen, wie sein Besitz unter Kuratel des Reiches gestellt wurde. Für einen anderen Industriellen bedeutete dies indes einen unerwarteten Karriereschub: Kaum aus der FFKG ausgeschieden, wurde Otto Steinbrinck von der Reichsregierung als Treuhänder der beschlagnahmten Thyssen-Aktien in den Aufsichtsrat der VSt entsandt.[12]

Die wirtschaftliche Ausbeutung der besetzten Gebiete durch Ressourcenplünderung war integraler Bestandteil der deutschen Angriffsplanung. Die Einsicht in die Notwendigkeit, die gewerbliche Wirtschaft systematisch zu nutzen, sollte sich hingegen erst sukzessive durchsetzen.[13] Anders war dies im Falle der dem Reich direkt einzugliedernden Territorien und ihrer Wirtschaftszentren wie Ostoberschlesien. Für oberschlesische Fragen war man im Flick-Konzern nach wie vor hellhörig. Kaum drei Jahre, nachdem man den scheinbar finalen Abschied aus dem polnischen Industriegebiet gegeben hatte, wurden die Karten neu gemischt. Zehn Tage nach Kriegsbeginn suchte Flick Hanneken zu einer ersten Besprechung auf, während sein Stab den Planungsstand im Vierjahresplan und in der Wirtschaftsgruppe auslotete. In diesem Fall war man nicht bereit, die Reichswerke, für die Pleiger erneut »sehr starken Appetit« bekundete, unwidersprochen willfahren zu lassen, da sich die FFKG als Alteigentümerin der frag-

9 Notiz für Herrn Flick, 5.8.1939 [Burkart]; Aktennotiz. Betr. Stahlgußhütte Karpitz, 9.8.1939 [Burkart], beide BAB R 8122/1041.

10 Dies zeigte sich auch darin, daß die zweite Reihe der Konzernmitarbeiter die Sondierungen leistete, darunter Hans Hahl (*1906; 1925 Abitur; Studium d. Wirtschaftswissenschaften TH München; 1930-38 Röchling; ab 1938 Prokurist MSt Berlin; ab 1.3.1941 Pächter Rodinger Hochofenstahl AG; Bezirksbeauftragter West/Südwesten im Hauptring Eisenerzeugung; nach 1945 Geschäftsführer Süd-Ferrum Eisenhandelsgesellschaft KG; ab 1961 kaufm. Direktor u. Vorstandsmitglied Maxhütte, 1966 Vorstandsprecher; Vorstandsmitglied WVESI).

11 Für eine pragmatisch-ideologische Lesart von Hitlers Entscheidung, 1939 die Entscheidung gegen übermächtige Gegner zu suchen, vgl. Tooze, Wages, S. 321-325.

12 Dazu und zum weiteren Schicksal Thyssens: Eglau, Thyssen, S. 209-231.

13 Vgl. Madajzcyk, Okkupationspolitik, S. 544-546; Röhr, Wirtschaftspolitik, S. 236f.; Rosenkötter, Treuhandpolitik, S. 20-22; Umbreit, Kontinentalherrschaft, S. 218.

lichen Werke betrachtete.[14] In den Forderungen, die der Flick-Konzern stellte, tauchten nun wie Untote einmal mehr jene »moralischen Ansprüche [...] aus der Ostposition« auf, die man bis 1936 regelmäßig bemüht hatte, um staatliche Finanzhilfen zu erlangen.[15] Angesichts der »großen Opfer, die die deutschen Interessenten im jahrelangen Kampf gegen die Polonisierungsabsichten der polnischen Behörden im Interesse des Deutschtums« erbracht hätten, argumentierte Alfred Rohde in vertrauter Diktion, wollte man nun in die Verteilung der oberschlesischen Werke einbezogen werden.[16]

Allerdings gestaltete sich die Lage weit komplizierter als es den Vertretern der FFKG in den ersten Kriegswochen klar war. Ebenso wie Flick erhoben die oberschlesischen Magnaten der Ballestrem, Donnersmarck und Schaffgottsch Altansprüche. Aber auch völlig revierfremde Konzerne aus dem Westen, namentlich Krupp und Röchling, stellten frühzeitig Forderungen. Und nicht zu vergessen standen die Reichswerke bereit. Unterdessen fehlten bei den Regierungsstellen einheitliche Maßgaben für die Verteilung der oberschlesischen Montanindustrie fast völlig. Während einige Behörden den ehemaligen Besitzern Vorrang einräumen wollten, wünschten andere, darunter das Reichswirtschaftsministerium, auch westdeutsche Interessenten zu berücksichtigen.[17] Görings Entscheidung, im Oktober 1939 die Haupttreuhandstelle Ost (HTO) als dem Vierjahresplan unterstellte Instanz zur Verwaltung des polnischen Industrievermögens einzusetzen und durch Bestimmung von Treuhändern die endgültige Verteilung bis nach Kriegsende hinauszuschieben[18], beruhigte den Konkurrenzkampf nicht. Vielmehr verlagerte sich dieser auf die Jagd nach Treuhandmandaten, die gemeinhin als Präjudiz für die spätere Übereignung galten.[19]

Anfang Januar 1940 suchte Flick daher den Kontakt zur HTO, die sich allerdings noch gänzlich unsortiert und schlecht informiert zeigte.[20] Dies wog um

14 Aktenvermerk. Betr. Unterredung mit Herrn Marotzke am 14.9., 15.9.1939 [Steinbrinck], StAN Rep. 502, KVA, Handakten, B-109; Niederschrift über eine Besprechung am 15.9.1939, 15.9.1939, BADH R 13 I/671, Bl. 142-146; Niederschrift über eine Besprechung am 22.9.1939, 22.9.1939, ebd., Bl. 147-150. Verweis auf Flicks erste Unterredung: Flick an Hanneken, 8.11.1939, BAB R 2/15483, Bl. 315 f.

15 Flick an Vögler, 5.10.1939, StAN Rep. 502, KVA, Handakten, B-56.

16 Niederschrift über die Sitzung des Poolausschusses betr. Obligationen der I.G. Kattowitz/Laura am 7.11.1939 [bei] Herrn Dr. Flick, 7.11.1939, BAB R 2/15483, Bl. 300 f.; Flick an Hanneken, 8.11.1939, ebd., Bl. 315 f.

17 Vgl. Rosenkötter, Treuhandpolitik, S. 21-23; Madajzcyk, Okkupationspolitik, S. 551; Röhr, Wirtschaftspolitik, S. 235 f.; Abelshauser, Rüstungsschmiede, S. 369.

18 Göring an alle Reichsminister und die Vierjahresplan-Beauftragten über wirtschaftliche Verwaltung der besetzten Gebiete, 19.10.1939, Dok. EC-410, IMT Bd. 3, S. 644, u. Bd. 22, S. 549. Leiter der HTO wurde Max Winkler, mit dem Flick in früheren Jahren in Oberschlesien verschiedentlich zu tun gehabt hatte; zur Person vgl. Rosenkötter, Treuhandpolitik, S. 89 f.; Dingell, Tätigkeit, S. 79-81.

19 Rosenkötter, Treuhandpolitik, S. 24.

20 Aktenvermerk über eine Besprechung in der Haupttreuhandstelle Ost am 8.1.1940, 8.1.1940, BAB R 2/15483, Bl. 324 f.

so schwerer, als am selben Tage im Reichswirtschaftsministerium eine zweite Besprechung stattfand, in der die Konkurrenz von Krupp Forderungen nach Werkszuweisungen in Ostoberschlesien erhob. Dabei konnte Krupp seinen Anspruch auf das beste Objekt im Revier, die Bismarckhütte, als Ausweichstelle im Falle etwaiger Luftangriffe auf das Essener Hauptwerk durchsetzen. Derweil ging die Betriebsführung der Königs-Laura-Hütte an Röchling.[21]

Durch die zeitige Lobbyarbeit seiner Mitbewerber und die wohl zu frühe Entscheidung, auf die HTO als entscheidende Instanz zu setzen, war Flick ins Hintertreffen geraten und mußte zur Kenntnis nehmen, daß erste Vereinbarungen zugunsten Krupps und Röchlings bald darauf provisorisch fixiert wurden.[22] Zwar war damit offiziell keine endgültige Entscheidung über den Verkauf getroffen, die Chancen, doch noch zum Zuge zu kommen, waren aber empfindlich gesunken. Allerdings stellten zwei andere Entwicklungen Flick vor die Frage, inwieweit dies überhaupt wünschenswert war. Zum einen konnten die HGW schon Ende 1939 ihren Anspruch auf die Masse der ostoberschlesischen Steinkohle durchsetzen und erhielten dadurch sämtliche vormals staatlichen polnischen Gruben und Felder sowie die Zechen der früheren IG Kattowitz/Laura. Ohne eigene Kohlengrundlage waren indes die meisten oberschlesischen Werke – allenfalls mit Ausnahme der vergebenen Bismarckhütte – wertlos.[23] Zum anderen hatten die Kriegsereignisse völlig neue Möglichkeiten eröffnet. Mit dem deutschen Angriff im Westen im Mai 1940, der die *drôle de guerre* beendete, rückten die Industriegebiete der Benelux-Staaten sowie Frankreichs in die Reichweite deutscher Stellen. Während die Niederlande und Belgien für Flick als Expansionsziele von nachgeordnetem Interesse waren[24], verschob der Zugriff auf

21 Niederschrift über eine Besprechung am 8.1.1940 über treuhänderische Leitung der Bismarckhütte und Baildonhütte, 8.1.1940, BADH R 13 I/671, Bl. 26-31. Die Verhandlungen Krupps Oktober-Dezember 1939: PrFinMin (Popitz) an Vorsitzenden des Ministerrat für die Reichsverteidigung (Göring), 8.12.1939, BAB R 43 II/483b, Bl. 50-54; Vermerk, 8.12.1939, ebd., Bl. 48; Aktenvermerk, 15.12.1939 [Kimmich], BAB R 8119F/P1415, Bl. 110; Abelshauser, Rüstungsschmiede, S. 369 f.

22 RWiM (Hanneken) an WiGr Eisen schaffende Industrie, 30.1.1940, BADH R 13 I/671, Bl. 25; Notiz. Betr. IG Kattowitz/Laura, 6.2.1940 [Rohde], TKA VSt/896; Vertrag Röchling, 6.3./18.3.1940, BADH R 13 I/700, Bl. 121-125. Vgl. die Einschätzung Johannes Kiehls »Mit des Geschickes Mächten ist kein ewiger Bund zu flechten, besonders wenn das Geschick durch eine noch so wenig konsolidierte Behörde wie die Haupttreuhandstelle Ost dargestellt wird«; Kiehl an Pott, 12.3.1940, BAB R 8119F/P1532, Bl. 240.

23 HTO (Winkler) an RWiM (Gabel), 8.12.1939; Anordnung, 8.12.1939, beide BAB R 3101/30987, Bl. 32-34; Madajczyk, Okkupationspolitik, S. 551; Overy, Reichswerke, S. 157; Rosenkötter, Treuhandpolitik, S. 234 f. Flicks negative Lageeinschätzung: Notiz. Betr. Unterredung mit Herrn Pleiger am 18.4.1940 [Burkart], BAB R 8122/80905.

24 Einzig Hermann Fabry hegte, allerdings illusorische, Ambitionen: Der Lübecker Generaldirektor spekulierte auf die Hoogovens-Werke, die zum Einflußbereich Fentener van Vlissingens zählten, und meldete über den aus Lübeck nach Amsterdam versetzten Senator Böhmcker Interesse an. Zwar zeigte sich Böhmcker aufgeschlossen, Fabry fand aber offenbar keine Unterstützung in der Konzernspitze. Zum einen zählte Fentener van Vlissingen zu Flicks ältesten und verläßlichsten Geschäftspartnern, zum anderen

das lothringisch-luxemburgische Minettegebiet unter Einschluß der Erzbecken von Briey und Longwy die Relationen innerhalb der deutschen Montanindustrie noch stärker, als dies das Hinzukommen Oberschlesiens getan hatte. Aus den fraglichen Gebieten hatte Frankreich bis dahin mehr als drei Viertel seiner Roheisen- und gut zwei Drittel seiner Rohstahlerzeugung bezogen. Beim Eisenerz war der Triumph total: Über 90 Prozent der französischen Förderung stammten aus den Départements Lorraine und Moselle.[25]

Daß dieses Potential erhebliche Begehrlichkeiten in der deutschen Schwerindustrie weckte, war auch der Reichsregierung klar. Schon Anfang Juni bat Wirtschaftsminister Funk daher die im Kleinen Kreis versammelten Konzerne, alle Ansprüche für die Dauer des Krieges zurückzustellen. Dabei ging es Funk jedoch weniger darum, etwaige industrielle Forderungen von vornherein abzuwehren, als vielmehr eine annektionistische Propaganda ähnlich der gut erinnerlichen Kampagne im Ersten Weltkrieg zu verhindern. Jeder Anschein von Kriegsgewinnlerei sollte mit Rücksicht auf die öffentliche Meinung vermieden werden.[26]

Tatsächlich übten sich die Industriellenverbände vordergründig in Genügsamkeit, und die Mitglieder des Kleinen Kreises sagten Funk schriftlich zu, bis Kriegsende nicht mit Eigentums- und Beteiligungswünschen hervorzutreten.[27] Die Zusicherung war jedoch rein konditional: Weder durften in der Zwischenzeit Forderungen von anderer Seite berücksichtigt werden, noch implizierte das »Stillhalteabkommen« eine Aufgabe der Ansprüche der ehemals in Lothringen vertretenen Gesellschaften bzw. ihrer Rechtsnachfolger; diese wurden im Gegenteil ausdrücklich festgeschrieben. Damit befanden sich die Montankonzerne im Einvernehmen mit den Regierungsstellen, die ebenfalls eine Orientierung an den früheren Eigentumsverhältnissen bevorzugten und ihrerseits die eisenindustriellen Verbände aufforderten, unter Vermeidung jeglichen Aufsehens entsprechende Aufstellungen zu erarbeiten. Diese sollten umgehend vorgelegt werden, sobald die Verteilungsfrage zur Entscheidung anstand.[28] Die privatwirtschaftliche Annexionsagitation war daher nur bei oberflächlicher Betrachtung

bestanden zwischen Hoogovens und VSt einschlägige Bindungen; vor allem aber war Hoogovens für das HOW eine Nummer zu groß; Korrespondenz Fabry/Böhmcker, 16.-25.10.1940, AHStL NSA XI 21 d/14. Vgl. Mollin, Montankonzerne, S. 227-232.

25 Die Eisen schaffende Industrie in Lothringen, 17.6.1940, BADH R 10 III/6, Bl. 2-21 (= NI-4091); Die Eisen schaffende Industrie in Ostfrankreich, 22.6.1940, BADH R 10 III/5, Bl. 149-168.

26 Besprechung im Kleinen Kreis am 7.6.1940, StAN Rep. 501, KVP, Fall 5, B-20, NI-048, Bl. 74-80.

27 Entwurf, [7.6.1940], ebd., Bl. 81-83; endgültige Fassung: Poensgen an RWiM (Funk), 24.6.1940, TKA VSt/4315.

28 Notiz, 11.6.1940 [Burkart], StAN Rep. 501, KVP, Fall 5, B-20, NI-3516, Bl. 64-66; Rundschreiben der WiGr Eisen schaffende Industrie, 26.6.1940, NI-3526, ebd., Bl. 72 f.; Reichert an E. u. H. Poensgen, 20.6.1940, BADH R 13 I/602, Bl. 134; Poensgen an Flick, Klöckner, Löser, Tgahrt, Lübsen u. Zangen, 27.6.1940, TKA VSt/4315.

»lächerlich dünn«.[29] Vielmehr lag dem Stillhalten der Industrievertreter ein weitgehendes Einverständnis mit dem Regime zugrunde, daß in naher Zukunft die lothringische Frage in ihrem Interesse behandelt werden würde.

Flick hatte sich an dem Übereinkommen von vornherein nicht beteiligt. Seine Weigerung, das gemeinsame Schreiben des Kleinen Kreises zu unterzeichnen, war indes weniger Ausdruck industriepolitischen Einzelgängertums als vielmehr eine taktische Meisterleistung. Anders als einige der im Kreis versammelten Konzerne verfügte Flick über keinerlei Anknüpfungspunkte, um in Frankreich Forderungen irgendeiner Art anmelden zu können. Diese mußten folglich erst geschaffen werden. Die Verbindung der Stillhaltezusage mit der Statuierung der Altansprüche bot dazu den entscheidenden Ansatzpunkt. Flick stellte seine Zustimmung zu dem Schreiben und damit zur Regelung, daß die Verteilung den früheren Eigentumsverhältnissen folgen sollte, für den Fall in Aussicht, daß auch in Polen ein entsprechendes Verfahren angewandt würde.[30] Damit war der Konzernherr mit einem Handstreich zumindest argumentativ im Geschäft – und dies gleich in doppelter Hinsicht. Flick konnte nun auf den Präzedenzcharakter der Entscheidung des Kleinen Kreises verweisen und auf seinen früheren oberschlesischen Besitz Anspruch erheben. Zugleich hieß dies im Umkehrschluß: Sollte an der provisorischen Verteilung im Osten nicht mehr gerüttelt werden, so erwartete Flick eine Entschädigung der ihm entgangenen »Rechte« im Westen – angesichts der hohen Qualität der dortigen Werke nicht die schlechteste, wahrscheinlich sogar die präferierte Lösung.[31]

Die Umlegung der polnischen Ansprüche nach Frankreich gewann noch an Bedeutung vor dem Hintergrund der unklaren Grenzziehung in einem von Deutschland zu diktierenden Friedensvertrag. An der Angliederung Luxemburg-Lothringens bestanden wenig Zweifel, das Ausmaß war jedoch ungewiß. Praktisch bedeutete dies, so Flick gegenüber Buskühl, daß nur mit den ehemals deutschen Werken fest kalkuliert werden könne. Die freien, weil stets in französisch-lothringischen Besitz gewesenen Unternehmen, für die auch Interessenten ohne

29 So Mollin, Montankonzerne, S. 234f. Auch von einer Differenzierung zwischen angeblich ungewollten Erzgruben und hart umkämpften Hütten kann keine Rede sein. Vielmehr wurde die Beibehaltung der Verbundswirtschaft zwischen Erzförderung, Verhüttung und Stahlerzeugung von den Industrievertretern schlichtweg vorausgesetzt. Die negative Überraschung sollte daher gerade in der späteren Trennung bestehen. An die von Mollin behauptete Substitution der Minette- durch schwedische Importerze war nicht gedacht. Dies wäre angesichts der Transportkosten betriebswirtschaftlich abwegig gewesen, konnte man doch, wie Flick konstatierte, in Lothringen »die billigsten Stahlselbstkosten der Welt« erreichen. Eine Unterscheidung zwischen autarkieorientierter, die Minetteerze bevorzugender »Befehlswirtschaft« und einer international orientierten Privatwirtschaft ist in diesem Zusammenhang nicht nur künstlich, sondern falsch; Zitat: Flick an Buskühl, 23.6.1940, StAN Rep. 501, KVP, Fall 5, B-20, NI-3513, Bl. 71.

30 Besprechung im Kleinen Kreis, 7.6.1940, ebd., NI-048, Bl. 78; vgl. Gillingham, Industry, S. 143.

31 Unzutreffend ist die Bestechungszahlungen nahelegende Darstellung bei Berger, Beziehung, S. 163.

entsprechende Traditionslinien in Frage kamen, stellten hingegen keine sichere Bank dar. Bestätigung fand Flicks vorsichtige Prognose in der im August getroffenen Entscheidung Hitlers, zunächst nur das frühere deutsch-lothringische Gebiet der deutschen Zivilverwaltung zu unterstellen. Der gleichzeitige Zusammenschluß mit der Saarpfalz zum neuen Reichsgau Westmark bedeutete somit eine wenn auch nicht formalrechtliche, so doch faktische Annexion. Offen blieb das Schicksal Französisch-Lothringens.[32]

Einmal in den Kreis der Anspruchsberechtigten vorgestoßen, machte sich Flick umgehend daran, seine Pläne zu konkretisieren. Anders als im Herbst 1939, als die FFKG im Gegensatz zu Krupp ohne präzise Vorschläge an die Regierungsstellen herangetreten war, sollten nun klare Wünsche vorgetragen werden. Durch die beabsichtigte Vergabe an die Alteigentümer fiel dies denkbar leicht. Nach Abzug der bis 1918 den VSt-Vorgängern, Klöckner, Röchling, Stumm und den Dillinger Werken gehörenden Unternehmen in Lothringen und Luxemburg blieben die De-Wendel- und Arbed-Konzerne, der ehemalige Thyssen-Besitz und die früheren Rombacher Hüttenwerke, deren Alteigentümer inzwischen nur noch über ein mäßig bedeutsames Handelsgeschäft verfügten. Da Erkundigungen von Flicks Mitarbeitern bereits ergeben hatten, daß die Reichswerke auf das ehemalige Thyssen-Werk in Hagendingen sowie den kompletten De-Wendel-Besitz abstellten, blieben Arbed und die S.A. Lorraine des Aciéries de Rombas (Rombach). Ob und vor allem auf welche Weise der luxemburgische Arbed-Konzern in deutsches Eigentum gebracht werden sollte, war ungewiß, so daß Flick Ende Juni 1940 mit Rombach seinen Schwerpunkt gefunden hatte.[33]

Flick hatte seine Überlegungen nicht grundlos an Buskühl adressiert. Harpen sollte in den antizipierten Verhandlungen mit den Reichsbehörden als Vertreterin des Konzerns agieren. Davon erwartete sich Flick eine weitere Verbesserung seiner Ausgangsposition, indem er nun diverse »historische« Zusammenhänge zu einem Argumentationsstrauß bündelte, um seine Forderung auf das Rombacher Werk zu untermauern. Dem legitimatorischen Hauptzweig der enttäuschten oberschlesischen Ansprüche, der über Mittelstahl hergeleitet wurde, sollte ein zweiter Ansatz zur Seite gestellt werden. Auch Harpen hatte demnach einen »moralischen Anspruch« auf lothringische Werke, den Flick Buskühl freilich erst erläutern mußte. Dieser Anspruch gliederte sich in drei Einzelargumente: Erstens habe Harpen soeben einen »schwerwiegenden Eingriff« durch den angeordneten Tausch Stein- gegen Braunkohle erlitten, für den eine Kompensation noch ausstehe; zweitens gelte es zu vermeiden, daß ein weiteres Mal die nicht im Eigenverbrauch benötigten Kohlenmengen von Harpen/Essen dem Konzern

32 Flick an Buskühl, 23.6.1940, StAN Rep. 501, KVP, Fall 5, B-20, NI-3513, Bl. 67-71; vgl. Rebentisch, Führerstaat, S. 209-211.

33 Ebd.; Notizen für Herrn Flick, 15.6. u. 17.6.1940 [Werning], beide BAB R 8122/80899; Notiz für Herrn Flick, 18.6.1940, BAB R 8122/80920 (= NID-14617). Zum letztlich allseits erfolglosen Wettstreit um Arbed s. Mollin, Montankonzerne, S. 243-251; die Übernahme De Wendels streift James, Familienunternehmen, S. 193 f.

entzogen würden, um anderweitigen Bedarf zu stillen – zudem implizierte der Brennstoffüberschuß den Pluspunkt der Vertikalintegration für die ohne eigene Kohlengrundlage arbeitenden lothringischen Werke; drittens berief sich Flick auf Verhandlungen Rombachs mit Harpen über eine engere Zusammenarbeit in den Jahren 1925/26, die quasi als Frühstadium einer Konzernverbindung präsentiert werden sollten.[34]

Damit stand das argumentative Gerüst für die folgenden Verhandlungen mit Verbands- und Regierungsvertretern, die im Juli Fahrt aufnahmen. Ungeachtet der Bemühungen Görings, Funks und Hannekens, die Willensbildung der eisenschaffenden Industrie in geordnete und vor allem diskrete Bahnen zu lenken, begannen die Konzernleitungen, in großer Zahl und mit ebensolcher Vehemenz Forderungen aufzustellen. Auch die Einsetzung Hermann Röchlings als Generalbeauftragter für Eisen und Stahl für Lothringen beruhigte die Lage nicht[35], zumal unklar blieb, in welchem Umfang die französischen Werke zur Verteilung anstanden. Zeitweise kursierten Gerüchte über eine lückenlose Eingliederung des Reviers mit der Folge förmlich explodierender Anfrageeingänge bei Poensgens Wirtschaftsgruppe. Annähernd 20 Werkskomplexe und fast ebenso viele Interessenten wurden in den umlaufenden Listen geführt. Auch die FFKG-Spitze weitete den Kreis ihrer Zielobjekte aus und schloß zusätzlich zu Rombach, das ohnehin das nahegelegene Werk Maizières (Machern) mitumfaßte, auch die Betriebe in Homécourt und Auboué ein. Allerdings blieb Flick seiner Linie treu, anders als etwa Hoesch nicht die ganz großen Komplexe wie De Wendel und Arbed zu berühren.[36] Um seinen Forderungen Nachdruck zu verleihen, nutzte Flick vor allem seine Kontakte zu Vögler und zu Ernst Poensgen, der ihm zusagte, keinerlei Vorschläge ohne vorherige Rücksprache weiterzugeben. Auch mit Zangen, inzwischen zum Leiter der Reichsgruppe Industrie aufgestiegen, suchte Flick das Gespräch. Allerdings stießen hier entgegengesetzte

34 Flick an Buskühl, 23.6.1940, StAN Rep. 501, KVP, Fall 5, B-20, NI-3513, Bl. 68-71. Für Rombach sprach sich auch Maxhütte-Generaldirektor Raabe aus, der den technischen Zustand in höchsten Tönen lobte; K. Raabe an Flick, 2.7.1940, NI-3531, abgedruckt in TWC 6/2, S. 888.

35 Schreiben des GBV für die Eisen- und Stahlbewirtschaftung, 1.7.1940, StAN Rep. 501, KVP, Fall 5, B-19, NI-3751, Bl. 92. Flicks Versuche, Rudolf Brennecke statt Röchling in die Kommissarposition für Lothringen zu lancieren, blieben erfolglos. Auch eine Nominierung Terbergers als Unterkommissar kam nicht zustande. Lediglich Hahl trat kurzzeitig eine Stelle in Liège an; Notizen für Herrn Flick, 24.6., 26.6. u. 2.7.1940 [alle Burkart], StAN Rep. 501, KVP, Fall 5, B-20, NI-3525, NI-3540, NI-3519, Bl. 60, 62f.; Burkart an Schricker, 24.6.1940, ebd., Bl. 61; Vermerk, 29.8.1940 [Siedersleben], RWWA 72-171-6.

36 Notiz für Herrn Flick, 4.7.1940 [Burkart], StAN Rep. 501, KVP, Fall 5, B-20, NI-3522, Bl. 86; Notiz, 16.8.1940 [Burkart], NI-3539, ebd., Bl. 95-100. Die Erzeugungskapazität der neuen Werksgruppen, o. D. [ca. Juli 1940; Küttner] BADH R 13 I/700, Bl. 1f.; Verteilungsvorschläge des luxemburg.-lothring. Hüttenbesitzes, 19.7.1940, BADH R 10 III/96, Bl. 1f. (= NI-2990); vgl. Mollin, Montankonzerne, S. 239.

Interessen aufeinander, da Mannesmann ebenfalls auf Auboué und Homécourt spekulierte. Gleiches galt für Röchling, der Ansprüche auf Rombach erhob.[37]

Nicht weniger wichtig als die innerindustriellen Absprachen, das wußte Flick aus langjähriger Erfahrung, waren gute Kontakte zu den einschlägigen Regierungsstellen. Bereits Ende Juli konnte die Konzernleitung einen ersten Erfolg für sich verbuchen, da die Reichsstelle für Eisen und Stahl der Argumentation Flicks folgte, wonach der verfügbaren Brennstoffbasis der Antragssteller hervorgehobene Bedeutung bei der Zuteilung der lothringischen Werke zukommen sollte. Mit einem Verhältnis von 2,7 t Koks je Tonne Roheisenkapazität lag die Flick-Gruppe mit weitem Abstand an der Spitze der deutschen Montankonzerne. Zudem wurde positiv in Rechnung gestellt, daß die FFKG weder in Österreich und der Tschechoslowakei noch in Oberschlesien an der Expansion beteiligt war, anders als Mannesmann und Krupp.[38]

Auf das Votum der eher nachrangigen Behörde, so hilfreich dies auch sein mochte, wollte Flick indes nicht vertrauen und suchte daher die direkte Unterstützung des Reichswirtschaftsministeriums und des Vierjahresplans. Um zum Ziel zu gelangen, fiel Flick jedoch nicht mit der Tür ins Haus, sondern schlug einen geschickt gewählten Umweg ein: Auf den Tag genau elf Monate nach dem Überfall auf Polen und obgleich er seit fast einem halben Jahr keinerlei Anstrengungen mehr in diese Richtung unternommen hatte, hob Flick gegenüber Hanneken und Körner scheinbar unvermittelt das Thema Bismarckhütte wieder auf die Tagesordnung. Da sich in der Zwischenzeit aber an der Entscheidung zugunsten Krupps nichts geändert hatte, konnten die Ministerialbeamten dem Konzernherrn lediglich bestätigen, daß trotz der von ihnen ausdrücklich anerkannten »moralischen Ansprüche« der FFKG das oberschlesische Werk nicht zur Verfügung stand.[39] Das genügte Flick schon. Die Verknüpfung der beiden Verteilungsfragen in Polen und Frankreich war somit offiziell etabliert. Unmittelbar darauf erhielt die HTO vom Reichswirtschaftsministerium die Weisung, daß die Treuhandschaftsvergabe im Westen und Osten gemeinsam zu regeln war und daß Flicks Ansprüche in Oberschlesien grundsätzliche Anerkennung fanden.[40] In weiteren Unterredungen Flicks und seiner Mitarbeiter mit Behördenvertretern wurde die Aufrechnung von oberschlesischem Anspruch mit lothringischer Kompensationsleistung fortgeführt, die Gewichte verschoben sich jedoch zu-

37 Notiz für Herrn Flick, 4.7.1940 [Burkart], StAN Rep. 501, KVP, Fall 5, B-20, NI-3522, Bl. 87; Notiz für Herrn Burkart, 5.8.1940 [Weiss], NI-3533, ebd., Bl. 94; Rücksprache Vögler, 17.8.1940 [Flick], NI-1990, BAB R 8122/80917; Flick an Poensgen, 30.8.1940, BADH R 13 I/700, Bl. 41.

38 Verteilungsvorschläge der Reichsstelle für Eisen und Stahl für die luxemburgische und französisch-lothringische Eisenindustrie, 26.7.1940, StAN Rep. 501, KVP, Fall 5, B-20, NI-3518, Bl. 88-92, abgedruckt in TWC 6/2, S. 891-894.

39 Eine Unterredung gleichen Inhalts hatte Flick tags zuvor mit Hanneken im RWiM geführt; Notiz über die heutige Besprechung mit den Herren Staatssekretär Körner und Ministerialdirigent Marotzke, 2.8.1940 [Flick], BAB R 8122/80899 (= NID-14954)

40 Notiz für Herrn Flick, 26.8.1940 [Rohde], BAB R 8122/80899.

nehmend. Für den Fall, daß man wider Erwarten doch noch den Zuschlag für die Bismarckhütte erhalten sollte, bot die FFKG ebenso bereitwillig wie leichten Herzens den Verzicht auf Homécourt an – stand doch noch nicht einmal fest, ob das Werk jemals zur Verteilung gelangen würde. Von einem völligen Rückzug aus Lothringen war hingegen überhaupt nicht mehr die Rede.[41]

Mitte September 1940, die Beschränkung der zu verteilenden lothringischen Werke zeichnete sich bereits ab, unternahmen die Regierungsvertreter einen letzten Versuch, Flick nach Osten abzulenken. Auf einer Reise durch die polnischen Industriegebiete sollte er für die Berghütten-Gruppe erwärmt werden. Nicht zuletzt erhofften sich Reichswirtschaftsministerium und HTO davon, doch noch Investoren für das marode oberschlesische Revier zu finden, dessen Betriebe man erfolglos »wie sauer Bier« anbot.[42] Die Reiseeindrücke bestärkten jedoch nur Flicks Überzeugung, mit der Orientierung nach Westen die richtige Entscheidung getroffen zu haben. Angesichts des disparaten Zustandes von Berghütten kämen diese allenfalls zusätzlich zu den lothringischen Werken in Betracht, teilte Flick Hanneken nach seiner Rückkehr mit.[43] Für eine solche Strategie sprach sich in der Konzernführung insbesondere Burkart aus, der jegliche Anrechnung auf die Ansprüche im Westen ablehnte: »Deshalb darf bei uns die Fragestellung nicht lauten: ›Was ist richtig, Berghütten *oder* Rombach?‹ Vielmehr müssen wir primär, mit Rücksicht auf die Erhaltung unseres westlichen Steinkohlenbesitzes, überhaupt Rombach verfolgen. Erst sekundär, wenn die Frage Rombach (evtl. unter Einbeziehung von Homécourt) geklärt ist und Sie [Flick] die Absicht haben, über die lothringischen Interessen hinaus noch eine Expansion zu betreiben, dürfen wir uns mit dem Problem Berghütten intensiver beschäftigen.«[44]

41 Rücksprache mit Herrn v. Hanneken am 27.8., 29.8.1940 [Burkart], StAN Rep. 501, KVP, Fall 5, B-20, NI-3529, Bl. 101 f.; Rücksprache Vögler, 17.8.1940 [Flick], BAB R 8122/80917, NI-1990; Vermerk, 29.8.1940 [Siedersleben], RWWA 72-171-6; Notiz über die heutige Besprechung bei der Haupttreuhandstelle Ost betreffend Bismarckhütte, 3.9.1940 [Rohde]; Zur Besprechung mit den Herren Funk/Körner/v. Hanneken, 5.9.1940 [Flick]; Aktennotiz. Besprechung bei Herrn von Hanneken wegen Oberschlesien/Lothringen am 9.9.1940, 10.9.1940 [Burkart], alle BAB R 8122/80899; Burkart an Gillitzer, 17.9.1940, StAN Rep. 502, KVA, NI-5432.

42 Besichtigungsreise im Olsa-Gebiet und in Ostoberschlesien vom 18.-20.9., 25.9.1940 [Burkart], WWA F 14/1; Notiz für Herrn Flick. Betrifft: Finanzierung des Erwerbs Berghütten und R[om]b[a]ch, 19.9.1940, BAB R 8122/80917, NI-1643; Zitat: Rücksprache mit Herrn v. Hanneken am 27.8., 29.8.1940 [Burkart], StAN Rep. 501, KVP, Fall 5, B-20, NI-3529, Bl. 102.

43 Notiz. Heutiger Besuch bei General v. Hanneken, 24.9.1940 [Flick], BAB R 8122/80899.

44 Notiz für Herrn Flick, 26.9.1940 [Burkart], ebd. [Hervorhebung im Original]. Das letzte Wort war damit in der oberschlesischen Frage aber nicht gesprochen. Nach dem Rückzug Krupps und Röchlings kam es 1941 noch einmal zu Überlegungen in der FFKG, in Polen tätig zu werden die aber letztlich aufgrund des Perspektivmangels nicht verfolgt wurden. Dafür betätigte sich Flick als Türöffner für Bernhard Weiss' Siemag, die Interesse an der Eintrachthütte zeigte; Notiz für Herrn Flick, 14.10.1940,

Flick schloß sich dem Votum seines Generalbevollmächtigten an und beantragte wenig später die Zuteilung von Rombach und Homécourt inklusive Maizières und sämtlicher Erzfelder. Flankiert wurde das Gesuch durch das bekannte Begründungsbündel.[45] Gegenüber Hanneken faßte Flick noch einmal die Verhandlungsergebnisse der letzten Monate aus seiner Sicht zusammen:

»Ich lege ferner noch Wert auf eine Klarstellung, die für unsere Gruppe von entscheidender Bedeutung ist: [...] *Nachdem wir im Osten in unseren früheren Betrieben ausgefallen* sind und für den Westen volks- und betriebswirtschaftlich besonders günstige Voraussetzungen mitbringen, möchten wir uns nicht der Gefahr aussetzen, auch im Westen auszufallen mit dem allenfallsigen Hinweis auf vielleicht noch bestehende Erwerbsmöglichkeiten im Osten, die zum Teil vage sind und teils mit Opfern verbunden wären [...]. *Ich möchte also für meine Gruppe eindeutig klarstellen, daß der westliche Anspruch meiner Gruppe den Vorrang haben soll und daß ich für meine Gruppe im Osten keinerlei Ansprüche stelle, falls dieselben auf die Westansprüche angerechnet oder mit ihnen kompensiert werden sollten.*«[46]

Damit wurde nicht nur die von Flick selbst initiierte Praxis des Anspruchstransfers von Ost nach West, für den sein Konzern bezeichnenderweise der einzige Kandidat war, zum objektiv korrekten und offiziell gewollten Verfahren umgedeutet. Auch für die später intensiv gepflegte Legende, Flick habe sich an der Aufteilung der polnischen Industrie durch deutsche Unternehmen in keiner Form beteiligt, wurde hier der Grundstein gelegt.[47] Flicks Strategie erwies sich als durchschlagender Erfolg. Als das Reichswirtschaftsministerium am 31. Januar 1941 der Wirtschaftsgruppe der Eisenerzeuger die vorgesehenen Treuhandschaften mitteilte, fand sich in der merklich geschrumpften Liste – sämtliche französisch-lothringischen Werke waren nun doch ausgenommen worden – der Flick-Konzern an prominenter Stelle. Mit Rombach/Machern erhielt er einen der fünf größten Werkskomplexe und war neben den Reichswerken das einzige Unternehmen, das über keine auf das Kaiserreich zurückgehenden Traditionslinien in Lothringen verfügte.[48]

StAN Rep. 502, KVA, Handakten, B-21; Zwei Notizen für Herrn Flick, 12.10.1940 [Burkart; Rohde]; Notiz für Herrn Flick, 9.7.1941, alle BAB R 8122/80899; Flick an Vögler, 10.11.1941, BAB R 8122/80902; Abelshauser, Rüstungsschmiede, S. 371.

45 Flick an E. Poensgen, 2.10.1940, StAN Rep. 501, KVP, Fall 5, B-20, NI-2505, Bl. 105-108.

46 Flick an Hanneken, 7.10.1940, BAB R 8122/80917, NI-2506 [Hervorhebungen im Original].

47 Lebensdarstellung Friedrich Flick, 20.8.1945 [Flick/Kaletsch], BAB R 8122/80898; Interrogation Summary No. 734. Interrogation of Konrad Kaletsch, 13.12.1946, NARA RG 238, Entry 185, Box 2; Verhör Burkart, 4.9.1947, StAN Rep. 501, KVP, Fall 5, A 81-83, Bl. 6496f.; Dr. Friedrich Flick zum 80. Geburtstag, TKA Firmenschriften, S. 7.

48 RWiM (Hanneken) an WiGr Eisen schaffende Industrie (E. Poensgen), 31.1.1941, StAN Rep. 502, KVA, Handakten, B-35; Akten-Vermerk, 31.1.1941 [Kimmich], BAB R 8119F/P1315, Bl. 120.

Fassungslos und tief gekränkt registrierte dies Hermann Röchling, der die Nichtbeachtung seiner eigenen Ansprüche auf Rombach als persönliche Zurücksetzung begriff. Nicht nur stilisierte sich Röchling zum jahrzehntelangen Kämpfer für das Deutschtum gegen den französischen Erbfeind. Mit Ingrimm erinnerte er an die dubiosen Vorgänge in der Gelsenberg-Affäre sowie die traditionell geringe technische Innovationsleistung Flick'scher Unternehmen: »Allem, was ein geldliches Risiko bedeutete, ist er klug aus dem Weg gegangen«, so Röchling – und sollte nun dafür auch noch belohnt werden.[49]

Am 1. März 1941 wurde der FFKG das Rombacher Werk übergeben, die Verwaltung übernahm eine neugegründete Betriebsgesellschaft, die Rombacher Hüttenwerke GmbH. Das Kapital stellten zu 51 Prozent Harpen, um das Selbstverbrauchsrecht beim RWKS zu erlangen, sowie zu 49 Prozent die Maxhütte, mit der das lothringische Unternehmen große Überschneidungen in der Produktpalette und im Absatzgebiet aufwies.[50] Entsprechend entstammte auch das nach Rombach entsandte Führungspersonal zu großen Teilen der bayerischen Konzerntochter. Die Leitung wurde im September 1941 Flicks Sohn Otto-Ernst übertragen, der sich in verantwortlicher Stellung seine Sporen verdienen sollte.[51]

Am Ziel war die FFKG damit jedoch nicht. Die Ausgestaltung der Treuhandschaften oblag der Behörde des Chefs der Zivilverwaltung (CdZ), Josef Bürckel, dem als saarländischer Gauleiter der Ruf eines wenig unternehmerfreundlichen, aber um so machtbewußteren Regionalfürsten vorauseilte.[52] Tatsächlich sollte erst 1944, drei Jahre nach der Werksübernahme und nach mühseligen, verbissen geführten Verhandlungen Flicks mit der Gauverwaltung ein rechtsgültiger Betriebsführungsvertrag zur Unterzeichnung kommen.[53] Das Ergebnis fiel aus der Perspektive der FFKG zwiespältig aus. So wurden die Rombacher Erzgruben

49 Röchling an Hanneken, 22.1.1941, StAN Rep. 501, KVP, B-3, NI-3018, Bl. 22-25. Ungeachtet Röchlings Zorns geht die Charakterisierung als »Affäre Rombas« fehl. Sein Mandat als Bevollmächtigter beinhaltete keinen Anspruch auf die Leitung von Rombach, das ihm daher nicht zugunsten Flicks entzogen wurde; so Berger, Beziehung, S. 171.

50 In der Konzernführung gab es Überlegungen, Maxhütte-Rombach zu einem südwestdeutschen Kleinkonzern auszubauen. Als Erweiterungsprojekte wurden Erz- und Kohlegruben, das Werk Auboué, eine belgische Großkokerei, eine Schraubenfabrik sowie der Bau eines Waggonwerks ins Auge gefaßt; Rücksprache Dr. Burkart, 6.6.1941 [Flick], StAN Rep. 502, KVA, Handakten, B-43; Notiz für Herrn Flick zur Besprechung in Saarbrücken, 9.5.1942, ebd., B-261; [Gillitzer?] an Burkart, 9.5.1942, NMH-BA; Vermerke, 13./27.11.1942 [Siedersleben], RWWA 72-171-6; Betrifft: Rombacher Hüttenwerke GmbH, 3.6.1943, BAB R 8122/80917, NI-1733.

51 Urkunde, 1.3.1941, StAN Rep. 501, KVP, Fall 5, B-20, NI-2507, Bl. 131-133; Gesellschaftsvertrag Rombacher Hüttenwerke GmbH, 28.2.1941, NMH-BA; Notiz. Betr. Telephonat mit Regierungsdirektor Binder, Saarbrücken, 22.2.1941 [Streese?], BAB R 8122/80900; Notiz für Herrn Flick, 27.2.1941 [Burkart], ebd.; Notiz. Betr. Vorarbeiten für die Übernahme von Rombach, 5.2.1941, StAN Rep. 502, KVA, Handakten, B-43.

52 Vgl. Noakes, Viceroys, S. 124, 130 f., 141 f.

53 Die am 15.12.1942 vom CdZ genehmigten Betriebsüberlassungs-, Pacht- und Schiedsverträge unterschrieb die FFKG wegen der Vielzahl offener Fragen nicht; Betriebsüberlassungsvertrag, 15.12.1942, StAN Rep. 501, KVP, Fall 5, B-20, NI-1988, Bl. 185-197;

und das sekundäre Hüttenvermögen – Werkswohnungen, Grundbesitz etc. – nicht an die Betriebsgesellschaft übergeben.[54] Dies bedeutete vor dem Hintergrund der Germanisierungspolitik in Lothringen ein Handicap für die Personalakquise und somit für den Unternehmenserfolg, wie Otto-Ernst Flick konstatierte, »weil ganz ohne Zweifel unsere hiesige unternehmerische Leistung von der heutigen staatlichen und politischen Führung in erster Linie danach beurteilt wird, welche Erfolge wir auf dem Gebiete der Volkstumspolitik aufzuweisen haben [...]. Nur dann, wenn wir in dieser Beziehung wirkliche Erfolge aufzuweisen haben, [...] wird uns der Gauleiter in unseren anderen Wünschen, wie Erzgruben, weiterverarbeitende Industrie usw. unterstützen.«[55]

Mehr Erfolg war der FFKG bei der Ausgestaltung der Steuer-, Abschreibungs- und Pachtfragen beschieden. Vor allem aber gaben die Verlautbarungen staatlicher Stellen zur Übereignung Rombachs nach dem Krieg Anlaß zu Optimismus. Zwar räumte der für alle Interessenten einheitliche Treuhandvertrag keine rechtlich verbindliche Kaufoption ein, setzte die spätere Abgabe der Werke jedoch in den Einzelregelungen wie selbstverständlich voraus.[56] Diese Annahme unterstrich die von den deutschen Industriellen ausgehandelte Regelung, wonach der an das Reich zu zahlende Pachtzins auf den späteren Kaufpreis anzurechnen war.[57] Abweichende Auslegungen des Vertragswerks wiesen Kaletsch und Burkart entschieden zurück, trugen diese doch »den Geist in sich, als wenn wir Lothringen wieder abgeben müßten. Das widerspricht dem Sinn der ganzen Sache, und das könnten wir auch nicht mitmachen.«[58]

Indessen wurde das Erweiterungsprojekt Rombach nur wenige Wochen nach der Vertragsunterzeichnung im Sommer 1944 von der Kriegsentwicklung überholt. Nachdem die FFKG volle vier Jahre darauf verwandt hatte, in Lothringen Fuß zu fassen, möglichst optimale Vertragsbedingungen auszuhandeln und eine

Rombacher Hüttenwerk an Wenner, 29.6.1944, StAN Rep. 502, KVA, Handakten, B-260; Kriegsschäden Rombach, 16.12.1944, ebd., B-253.

54 Notiz. Betr. Erzversorgung der Eisenhütten in Luxemburg und Lothringen, 24.4.1941 [Hahl], BAB R 8122/80899; CdZ Lothringen an Rombacher Hütte, 30.7.1941, StAN Rep. 501, KVP, B-20, NI-1888, Bl. 182 f.; Gisner an Burkart, 5.8.1941, BAB R 8122/80900; Niederschrift über Besuch des Herrn Regierungspräsidenten Wenner am 1.7.1943, 2.7.1943, StAN Rep. 502, KVA, Handakten, B-42.

55 O.-E. Flick an Burkart, 7.8.1942, BAB R 8122/80900; vgl. Muskalla, NS-Politik, S. 326 f.

56 RWiM an Leiter der WiGr Eisen schaffende Industrie, 31.1.1941, StAN Rep. 502, KVA, Handakten, B-35; RWiM (Hanneken) an FFKG, 13.3.1941, BAB R 8122/80899; Entwurf, 13.3.1941 [Hahl], BADH R 13 I/700, Bl. 110-117; Betriebsüberlassungsvertrag, 15.12.1942, StAN Rep. 501, KVP, Fall 5, B-20, NI-1988, Bl. 185-197.

57 Notiz über die heutige Besprechung, 27.5.1941, ebd., NI-1887, Bl. 172-176; Niederschrift über die Besprechung beim CdZ Lothringen am 5.6.1941, 6.6.1941, ebd., NI-2502, Bl. 177-180 (= TWC 6/2, S. 913-916); CdZ Lothringen an Rombacher Hütte, 30.7.1941, NI-1888, ebd., Bl. 182 f.; Rundschreiben des Verwalters der Eisenhütten in Lothringen, 1.3.1944, ebd., NI-1886, Bl. 208-211; Notiz. Betrifft Rombach, 2.9.1943 [Kurre], BAB R 8122/80909.

58 Zitat: Akten-Notiz. Betrifft: Rombach/Abschreibungen, 19.1.1943 [Kaletsch], ebd.

langfristige Präsenz mit dem Ziel der Stärkung der Konzernposition im Süden des Reiches zu etablieren, kam den hart umkämpften Besitzfragen allenfalls für die Abwicklung der deutschen Betriebsgesellschaft noch Bedeutung zu.

1.1.2. Die Betriebsentwicklung in Rombach

Mit dem Treuhandauftrag erhielt die FFKG einen Eisen- und Stahlwerkskomplex, dessen Produktionskapazitäten etwa einem Drittel jener der eigenen Konzernwerke entsprachen. Acht Hochöfen in Rombach und vier weitere in Machern konnten im Normalbetrieb jährlich über 700 000 t Roheisen produzieren, das Thomasstahlwerk 595 000 t Rohstahl. Das Walzwerk verfügte über eine breite Produktpalette, eine Reihe von Nebenbetrieben wie Zement- und Betonsteinfabriken kamen hinzu. Ein ebenfalls vorhandenes, veraltetes Siemens-Martin-Werk allerdings war nicht der Erwähnung wert – eine »Murksbude«, wie der kommissarische Werksleiter urteilte.[59] Nicht nur er äußerte Kritik am Zustand der Anlagen. Diese waren nach einhelliger Meinung der Gutachter nur teilmodernisiert und in vielen Fällen reparatur- oder ergänzungsbedürftig. Auch der von Flick eingesetzte technische Direktor, Karl Stein, monierte entsprechende Mängel und dehnte seine Klagen gleich auf die Belegschaft aus. Dieser warf er nach nur zweimonatigem Aufenthalt vor, sich politisch feindselig gegenüber den neuen Betreibern zu verhalten, faul, unzuverlässig und langsam zu arbeiten und durch die Weigerung, Deutsch zu sprechen, die Betriebsabläufe absichtlich zu behindern.[60]

Im ersten Geschäftshalbjahr hatte das Rombacher Werk mit massiven Anlaufproblemen zu kämpfen. Technische Unzulänglichkeiten sowie Brennstoff- und Transportraummangel führten zu Verlusten in fast allen Eisen- und Stahlerzeugnissen. Im Schnitt wurde im Kernsegment von März bis August 1940 ein Minus von 12,93 RM/t verbucht, was einem monatlichen Verlust von rund 440 000 RM entsprach.[61] Hingegen erwiesen sich die Nebenprodukte als stabile Flanke Rombachs. Vor allem Zement, der in Frankreich fast unbegrenzten Absatz für

59 Zitat: Jacobs an Hahl, 21.11.1940, StAN Rep. 502, KVA, Handakten, B-43; Werksbesuch Nr. 4, o. D. [Juli 1940], TKA A/11108; Auszug aus dem Gutachten über die Bewertung der luxemburgischen und lothringischen Werke, März/April 1941, StAN Rep. 501, KVP, Fall 5, B-20, NI-5487 (F), Bl. 134-168; Rombach an Mittelstahl, 12.9.1942, SächsHStA 11616/15.10. Das Werk Machern mußte erst umfassend saniert werden; Betr. Hochofenwerk Rombach/Machern, 23.3.1942 [Rummel, Klein], WWA F 65/334.

60 Stein an Burkart, 21.7.1941, StAN Rep. 502, KVA, Handakten, B-43. Stein verschwieg, daß die sozialen Leistungen im Werk der Arbeitswilligkeit kaum zuträglich waren. Insbesondere sanitäre Anlagen, Werksküchen usw., befanden sich in miserablem Zustand und provozierten massive Kritik der DAF; Bericht über den vom Kreisobmann der DAF am 6.8.1941 durchgeführten Betriebsbesuch, 7.8.1941, StAN Rep. 502, KVA, Handakten, B-267.

61 Gewinn bezw. Verlust in RM je t Erzeugnis in Rombach, 2.11.1942, BAB R 8122/341; Geschäftsbericht für das Rumpfgeschäftsjahr 1941, Juli 1942, NMH-BA (als Fragment in BAB R 8122/997).

Befestigungsbauten wie am Atlantikwall fand, zählte bis zum Ende der Besatzungszeit zu den konstantesten und einträglichsten Erzeugnissen.[62]

Im folgenden Geschäftsjahr 1941/42 besserten sich die Zahlen spürbar, ohne allerdings in die Gewinnzone vorzustoßen. Modernisierungs- und Erweiterungsinvestitionen konnten weiterhin nur über Zuschüsse finanziert werden, immerhin glichen sich aber betriebliche Verluste und Gewinne in etwa aus.[63] Nach Flicks Auffassung war der bescheidene Aufwärtstrend überfällig. »Im Grund sei es selbstverständlich, daß Rombach erhebliche Überschüsse bringen könne und müsse«, kommentierte Flick gegenüber dem Generalbevollmächtigten der Otto-Wolff-Gruppe, Rudolf Siedersleben, Anfang 1943.[64] Allerdings erwiesen sich die Hoffnungen auf eine Verstetigung des Trends als vergebens. Zwar verzeichneten die Rombacher Betriebe seit August 1942 eine massive Leistungssteigerung, die erwartete Kostendegression durch Massenerzeugung blieb jedoch aus.[65]

Der Grund für beide Entwicklungen, kontinuierlich steigende Produktionsziffern und ebenso unaufhaltsam zunehmende Selbstkosten, lag – neben den anhaltenden Schwierigkeiten ungenügender und zu teurer Rohstofflieferungen – maßgeblich in der unter Otto-Ernst Flicks Führung vollzogenen abrupten Umstellung des Werks auf die Rüstungsproduktion. Seit Anfang 1943 trat die Rombacher Hüttenwerke GmbH als Generalunternehmer für zunächst fünf, später sogar 15 Munitionsfabriken im besetzten Frankreich auf. Der Rombacher Geschäftsführung oblagen Anleitung und Überwachung der Betriebe, für die das Stahlwerk nun in großen Mengen das Rohmaterial lieferte.[66] Der daraus folgende Wechsel zu Qualitäts- und Edelstählen verteuerte sowohl die Rohstoffe als auch die Herstellungskosten in Rombach nachhaltig. Zudem wirkte die Produktionsausweitung ihrerseits kostenintensiv, da in wachsendem Maße Mehrarbeit erforderlich wurde, die tarifliche Zuschläge nach sich zog. Allein der Umstand, daß der Anteil sowjetischer Arbeiter mit fortschreitender Kriegsdauer ständig wuchs und diese keine entsprechenden Zusatzzahlungen erhielten, be-

62 KTB des WiRü Stabes Frankreich, 2.10. u. 1.11.1941, BA-MA RW 24/3; KTB RüIn Frankreich 5.10.1942-2.1.1943, BA-MA RW 24/25, passim; Selbstkosten- und Ergebnisbericht September 1941, 14.11.1941, BAB R 8122/991; Fabrikate-Erlösheft Februar 1942, BAB R 8122/993; Aktenvermerk, 2.7.1942 [O.-E. Flick], StAN Rep. 502, KVA, Handakten, B-21.

63 Gewinn bezw. Verlust in RM je t Erzeugnis in Rombach, 2.11.1942, BAB R 8122/341; Geschäftsbericht für das Geschäftsjahr 1941/42, NMH-BA.

64 Vermerk. Betrifft: Ueckingen/Rombach, 1.2.1943, RWWA 72-171-6.

65 Bericht über die Geschäftsaussichten nach Ablauf des Geschäftsjahres 1942/43, StAN Rep. 502, KVA, Handakten, B-263; Gewinn bezw. Verlust in RM je t Erzeugnis in Rombach, 2.11.1942, BAB R 8122/341.

66 Notiz über Betreuung französischer Munitionsfabriken durch die Rombacher Hüttenwerke, Januar 1943, StAN Rep. 501, KVP, Fall 5, B-20, NI-5465, Bl. 220f.; O.-E. Flick an F. Flick, 20.2.1943, NI-4998, ebd., Bl. 231-233; Bericht über die Geschäftslage [zum 30.9.1943], StAN Rep. 502, KVA, Handakten, B-263. Vgl. Radtke-Delacor, Werkbank, S. 333-336. Aus der Perspektive der betroffenen französischen Unternehmen, darunter eine von Rombach betreute Firma: Rousselier-Fraboulet, Métallurgie.

grenzte die Lohnsummenzunahme. Dessen ungeachtet ergab sich im Herbst 1943 ein geradezu katastrophaler Erlösrückgang von rund 2,9 Mio. RM gegenüber dem Vorjahr.[67]

Die besorgniserregende Entwicklung rief den Konzernchef auf den Plan. In den folgenden Monaten mischte sich Flick immer stärker in die Geschäftsführung bei Rombach ein. Schon Anfang März 1943 wies er auf die gefährlichen Selbstkostensteigerungen hin, die er als Anzeichen dafür nahm, »daß der Betrieb nicht in Ordnung sein kann«.[68] Während die Firmenleitung dies zunächst auf die technischen Mängel und Ausstattungsdefizite zu schieben versuchte, blieb Flick skeptisch. Drei Monate später wandte er sich erneut an die Unternehmensführung, um auf Mißstände hinzuweisen, und unterstrich den Prestigecharakter des Rombacher Projektes. Ohne den Nachweis erfolgreicher Betriebsführung lief man Gefahr, den angestrebten späteren Erwerb zu verpassen: »Bei den Rombacher Hüttenwerken müssen wir einen möglichst hohen Beitrag zur Rüstung leisten, und wir müssen auch unbedingt das Ansehen und den Ruf behalten, auch wenn es Geld kosten sollte. Wir haben eine treuhänderische Aufgabe von Hoher Hand, und wir dürfen uns nicht blamieren.«[69]

Als im August 1943 zu den geldlichen Verlusten auch noch starke Produktionsrückgänge hinzukamen, riß Flick endgültig der Geduldsfaden. Für den September forderte er unter allen Umständen eine substantielle Besserung.[70] Der verschärfte Ton Flicks führte vor Ort zu einer regelrechten Eskalation. Der technische Direktor Stein reichte den Druck umgehend an seine Untergebenen weiter und drohte den überwiegend französischen Betriebschefs, Meistern und Vorarbeitern, deren Abteilungen nicht die geforderten Leistungen erbrachten, in Kasernenhofton mit Verweisen, Geldstrafen und Entlassung.[71]

Unterdessen nahm Otto-Ernst Flick seinerseits die heftige Reaktion Steins zum Anlaß, um diesen bei seinem Vater zu diskreditieren und den eigenen Anteil an der Misere herunterzuspielen.[72] Otto-Ernst, selbst nicht eben für seine soziale Kompetenz bekannt, inkriminierte gegenüber seinem Vater Steins Menschenführung, mit deren Methoden und Tonart man »nicht den schwierigen menschlichen Verhältnissen in Lothringen gerecht werden kann«. Als Konsequenz warb Flick jun. mit Friedrich Franz den Direktor des benachbarten – und

67 Geschäftsbericht für das Geschäftsjahr 1942/43 und Vorträge der Geschäftsführung [März 1944], StAN Rep. 502, KVA, Handakten, B-263 (darin Bericht über die Geschäftsaussichten nach Ablauf des Geschäftsjahres 1942/43).

68 Flick an Geschäftsführung der Rombacher Hüttenwerke, 4.3.1943, ebd., B-270.

69 Aktennotiz für Herrn Dr. Burkart, 2.4.1943, StAN Rep. 502, KVA, Handakten, B-43; Zitat: Flick an Geschäftsführung der Rombacher Hüttenwerke GmbH, 7.6.1943, ebd.

70 Flick an Geschäftsführung der Rombacher Hüttenwerke, 13.9.1943, ebd.

71 Rundschreiben v. 15. u. 17.9.1943 [Stein], Stein an Mehl, 15.9.1943, alle StAN Rep. 502, KVA, Handakten, B-268.

72 Erinnerungen lothringischer Arbeiter zufolge ließ sich O.-E. Flick nur selten im Werk blicken und »posait au grand seigneur«; Dépositions des Témoins Ch. Leininger, 20.1.1947, E. Koestle, 29.1.1947, P. Bonn, 30.1.1947, alle StAN Rep. 502, KVA, Handakten, B-7 (Zitat: Bonn).

Tab. IV/1: Produktionsziffern Rombacher Hüttenwerke GmbH, 1941-1944

	Rohstahl gesamt in t	Davon Qualitätsgüten in t*	% von ges. Rohstahlprod.	Versand Walzware in t	Davon Edelstahl in t
Rumpfgeschäftsjahr 1941 (Schnitt)	37.559	6.053	15,92	30.838	57
Geschäftsjahr 1941/42 (Schnitt)	37.307	9.090	24.37	29.738	700
Geschäftsjahr 1942/43 (Schnitt)	50.216	20.586	41,53	37.766	1.533
Oktober 1943	49.883	20.564	41,27	36.558	1.738
November	46.834	24.410	52,12	37.455	1.932
Dezember	50.316	23.041	45,79	38.054	2.159
Januar 1944	49.931	28.599	57,28	38.568	2.268
Februar	47.940	23.907	49,87	37.310	1.124
Schnitt Okt. 1943-Febr. 1944	48.981	24.104	49,27	37.789	1.844

* ohne Sonderstahl Rombaton.
Quelle: Technischer Teil zum Vorstandsbericht 1942/43, Anlage 1, StAN Rep. 502, KVA, Handakten, B-263.

erfolgreich wirtschaftenden – Klöckner-Werks Kneuttingen ab, um Stein endgültig auszubooten.[73] Wie wenig Vertrauen Friedrich Flick indes in das Krisenmanagement vor Ort hatte, dokumentierte die Drohung, eines der Aufsichtsratsmitglieder mit Sondervollmachten zur Übernahme der gesamten technischen Oberleitung in die Geschäftsführung Rombachs zu delegieren, sollten sich Produktions- und Ergebnisziffern nicht schleunigst ändern.[74]

Allerdings zeigten die direkt an Flick gesandten Berichte weder in den Monaten vor Franz' Dienstantritt im März 1944 noch danach eine entscheidende Besse-

73 Aktennotiz über die Werksbesichtigung in Kneuttingen am 21.9.1943, 21.9.1943 [O.-E. Flick], StAN Rep. 502, KVA, Handakten, B-272; Aktennotiz. Betrifft: Besuch bei Herrn Direktor Franz am 21.9.1943, 21.9.1943 [O.-E. Flick], ebd., B-273; Zitat: O.-E. an F. Flick, 29.9.1943, ebd., B-268.

74 Flick an Vorstand Rombacher Hüttenwerke (Stein), 1.10.1943, StAN Rep. 502, KVA, Handakten, B-271. Flick selbst hätte seinen langjährigen Mitarbeiter Herbert Monden bevorzugt, doch der war bereits für die Leitung der Hüttenverwaltung Westmark der HGW vorgesehen. Allerdings sagte Monden zu, als Berater zu helfen; Flick an Pleiger, 1.12.1943, BAB R 8122/80919, NI-5349.

rung. Unter den Bedingungen unaufhörlich zunehmenden Material-, Transportraum- und Arbeitskräftemangels erschwerte sich die Betriebsführung zusehends. Immerhin wirkte sich jedoch die fortgesetzte Umstellung auf die Qualitätsproduktion allmählich erlössteigernd aus, so daß ein Teil der Mehrkosten aufgefangen werden konnte.[75] Ferner strich die Geschäftsführung die bis dahin hohen Investitionsausgaben seit Ende 1943 stark zusammen, wenngleich noch immer nicht in ausreichendem Maße nach Ansicht der Konzernzentrale.[76]

Daß die Rombacher Führungskrise nicht wirklich ausgestanden war, zeigte sich im Zuge der Werksräumung 1944. Nach der alliierten Landung in der Normandie im Juni spitzte sich die Situation in den besetzten Gebieten rasch zu, und auch in Lothringen war der hastige Rückzug der Wehrmacht unübersehbar.[77] Vor diesem Hintergrund ordnete Franz in Abwesenheit Otto-Ernst Flicks an, den Standort zwar bis zur letzten Minute zu halten, gleichzeitig aber Vorbereitungen für eine rasche Evakuierung zu treffen. Als Franz dazu aufforderte, alliierte Radiosender abzuhören, um die Frontentwicklung realistisch einschätzen zu können, und damit sein fehlendes Vertrauen in die deutsche Propaganda offenkundig machte, wurde er in der letzten Augustwoche bei der Sicherheitspolizei denunziert und verhaftet.[78] Abermals war Otto-Ernsts Krisenmanagement durch eine überzogene Reaktion und das sichtbare Bemühen gekennzeichnet, die eigene Autorität um jeden Preis zu wahren:

> »Die Herren, Franz in erster Linie, […] haben durch die leichtfertige Diskussion staatspolitischer Themen, für die sie offenbar keinerlei Vorbildung besaßen und sie vor allen Dingen nichts angingen, das Ansehen des Werks in unverantwortlicher Weise sehr schwer geschädigt und darüber hinaus auch meine persönliche Stellung als Führer des Betriebes erheblich gefährdet, und zwar in einer Weise, für die ich die Verantwortung nicht zu tragen gedenke. Das Verhalten dieser Herren wird von mir scharf mißbilligt; es sind keine Herren meines Vertrauens mehr. […] Jeder Mensch wird sich fragen, wie sich meine Herren mir gegenüber derartige Vorgriffe erlauben konnten, und ich werde, da ich die Vergangenheit leider nicht reparieren kann, die Wiederholung derartiger Naivitäten unmöglich machen.«[79]

Offensichtlich war es vielmehr Flick jun., dem die Sache aus den Händen glitt, eine Einschätzung, die auch in Berlin vorzuherrschen schien. Obgleich Otto-Ernst einen umgehenden Besuch Burkarts als unnötig ablehnte, ordnete sein

75 Erzeugungsprogramm Januar 1944, BAB R 8122/995; Allgemeine Betrachtungen zum Selbstkostenbericht Januar/März 1944; Allgemeine Betrachtungen zum Selbstkostenbericht April/Mai 1944, beide BAB R 8122/993.

76 Aktennotiz für Herrn Direktor Dr. Hanemann, 26.11.1943 [O.-E. Flick]; O.-E. Flick an Burkart, 9.3.1944; Burkart an O.-E. Flick, 21.6.1944, alle BAB R 8122/80909.

77 Notiz für Herrn Flick, 26.8.1944 [Burkart], BAB R 8122/80900.

78 Ebd.; O.-E. Flick an Burkart, 25.8.1944; Eidesstattliche Erklärung F. Franz, 25.5.1947, StAN Rep. 501, KVP, Fall 5, D-5, Dok. Burkart-774, Bl. 482f.

79 O.-E. Flick an Burkart, 28.8.1944, BAB R 8122/80900.

Vater diesen ausdrücklich an.[80] Dazu sollte es allerdings nicht mehr kommen. Am 31. August 1944 erging der Evakuierungsbefehl für Lothringen, das Rombacher Werke wurde in einer überstürzten Nachtaktion aufgegeben. Zuvor hatte man noch versucht, in letzter Minute Gelder ins Reich zu transferieren, Barmittel und Geschäftsunterlagen wurden beim Verlassen des Werkes mitgenommen. Zu Zerstörungen und Demontagen kam es jedoch, wohl auch wegen des minimalen Zeitfensters, nicht.[81]

1.2. Erweiterungsraum im Osten

> »Ich kann ganz offen sagen, daß ich von der Notwendigkeit dieses Krieges zunächst nicht überzeugt war. Heute dagegen ist das Gegenteil der Fall. Wir müssen dem Führer tatsächlich für alle Zeiten dankbar sein, daß er der ungeheuren Gefahr des Bolschewismus [...] noch in letzter Minute aktiv begegnet ist und dieses Ungeheuer vernichtet gerade in dem Zeitpunkt, wo das überhaupt noch möglich ist. Wenn man sich einmal vorstellt, daß es diesen Asiaten gelungen wäre, in Mitteleuropa einzubrechen, so wird unsere Phantasie wohl kaum dazu ausreichen, um sich das Elend alles vorzustellen, was diese Bestien hier alles angerichtet haben würden.«[82]

Mit dem Überfall auf die Sowjetunion am 22. Juni 1941 begann Hitlers »eigentlicher Krieg«[83], im Vergleich zu dem die vorangegangenen Feldzüge kaum mehr als Präliminarien darstellten. Der Krieg im Osten, der in territorialer wie in machtpolitischer Hinsicht eine multiplizierte und noch einmal radikalisierte Version der Unterjochung Polens bedeutete, sollte dem Nationalsozialismus im Wortsinne Raum zur Realisierung seiner rassistischen Vision verschaffen. Ende Juli 1940 entschloß sich Hitler, nach dem Sieg über Frankreich auf dem Höhepunkt seiner innenpolitischen Popularität angekommen, zum Angriff auf die UdSSR. Taktische Rücksichten, wie sie der im Vorjahr geschlossene Nichtangriffspakt dargestellt hatte, galten nunmehr als obsolet. Statt dessen wurde in der

80 Vgl. die telegraphische Korrespondenz O.-E. Flick/Burkart, 28.8.-31.8.1944, ebd. Auf Intervention der Konzernleitung gelangte Franz wieder auf freien Fuß und in eine leitende Stellung in Unterwellenborn; Franz an Burkart, 7.9.1944, ebd.

81 Kaletsch an Maxhütte (Koch), 13.9.1944, ebd.; Maxhütte an OFP Nürnberg, 16.9.1944 (O.E. Flick); Maxhütte an Kaletsch, 15.9.1944, beide NMH-BA. Flicks in Nürnberg aufgestellte Behauptung, ein Zerstörungsbefehl sei von seinem Sohn ausdrücklich sabotiert worden, ist nicht verifizierbar. Gleiches gilt für die Aussage des französischen Generaldirektors von Rombas, man habe das Werk 1944 in äußerst schlechten Zustand zurückerhalten; Kreuzverhör F. Flick, 16.7.1947, StAN Rep. 501, KVP, Fall 5, A 47-49, Bl. 3752; Verhör Ch. Laurent, 14.10.1947, ebd., A 107-109, Bl. 8454f.

82 Kaletsch an Solbrig, 29.7.1941 StAN Rep. 502, KVA, Handakten, B-15. Solbrig war zu diesem Punkt zur Wehrmacht eingezogen.

83 Hillgruber, Strategie, S. 362; Jäckel, Weltanschauung, S. 53; als »Flucht nach vorne«: Tooze, Wages, S. 420-425.

Euphorie des Sommers 1940 in den Berliner Ministerien und Parteistellen bereits eine auf Deutschland ausgerichtete und von diesem hegemonial-zentralistisch geführte europäische Großraumwirtschaft entworfen.[84]

Mit dieser Machtstellung im Rücken sollte der Schlag gegen den bolschewistischen Erzfeind ebenso möglich sein wie die Eroberung des östlichen »Ergänzungsraumes«, den das Regime in der UdSSR erblickte. Lebens- und Siedlungsraum, Bodenschätze und Ackerland sollten dem Deutschen Reich in gewaltigem Umfang zufallen, um als Basis sowohl für die koloniale Ausbreitung über weite Teile Osteuropas als auch für den in Hitlers eschatologischer Geschichtsauffassung vorhergesagten finalen Kampf um die Weltherrschaft mit den angelsächsischen Mächten zu dienen.[85] In diesen megalomanen Vorstellungen wurden bedenkenlos Völker und Nationen verschoben bzw. die Vernichtung ganzer Bevölkerungsteile kaltblütig eingeplant. Dies traf in erster Linie die in den deutschen Herrschaftsbereich gelangenden europäischen Juden, aber auch Millionen von Slawen, für die im neuen germanischen Reich kein Platz mehr sein sollte und deren Tod durch die nach rassistischen Kriterien gestaffelte Ressourcenumverteilung teils gleichmütig, meist willentlich in Kauf genommen wurde. Die Hungerpolitik im Osten war konstitutiver Bestandteil der deutschen Herrschaft in den sowjetischen Territorien und verzahnte Wirtschafts- und Vernichtungspolitik miteinander.[86]

Obgleich dem »Rußlandfeldzug« mit dem Zugriff auf die sowjetischen Ressourcen auch ein genuin ökonomisches Motiv zugrunde lag, wurden die wirtschaftlichen Kriegsvorbereitungen nur grob umrissen. Da die deutsche Führung in krasser Unterschätzung der Leistungs- und Widerstandsfähigkeit der UdSSR von einem kurzen, siegreichen Feldzug ausging, beschränkten sich die Planungen des eigens ins Leben gerufenen Wirtschaftsstabes Ost (Wi Stab Ost) auf die Lokalisierung der wirtschaftlichen Zentren, aus denen man Vorräte und Reserven sowohl für die vorrückende Truppe als auch für die Versorgung des Reiches requirieren wollte. An eine dauerhafte industrielle Nutzung war hingegen nicht oder nur in Einzelfällen gedacht, widersprach dies doch dem Konzept, die Ostgebiete auf den Status eines unterentwickelten Lieferanten von Rohstoffen und Arbeitskräften zu reduzieren. Die nicht hinterfragte Blitzkriegserwartung enthob die Planer zudem der Notwendigkeit, die industriellen Kapazitäten für die unmittelbaren kriegswirtschaftlichen Erfordernisse zu berücksichtigen.[87]

Das Fehlen einer ordnungspolitischen Konzeption für die Besatzungswirtschaft spiegelte sich auch in der Befehlslage wider, die eine ganze Reihe von Fragen offen ließ und erst unter Anpassung an den sich ab Herbst abzeichnen-

84 Vgl. Herbst, Krieg, S. 127-144; Umbreit, Kontinentalherrschaft, S. 210-217; Müller, Mobilisierung, S. 492-496.

85 Vgl. Graml, Grundzüge, S. 111-114; Kershaw, Hitler, S. 451 f., 455; Müller, Unternehmen, S. 131.

86 Besonders: Gerlach, Krieg; ders., Morde; schon früher Müller, Konsequenzen, S. 245 f.

87 Vgl. Müller, Wirtschaftsallianz, S. 101 f., 126-133, 146-151; ders., Scheitern, S. 940-943; Eichholtz, Geschichte, Bd. 1, S. 151-161.

den Erschöpfungskrieg sukzessive konkretisiert wurde. Ende Juli 1941 erging der erste Grundsatzerlaß Görings, der in Erweiterung seiner Kompetenzen in Polen auch die Zuständigkeit für die sowjetische Wirtschaft erhalten hatte. Darin gab der Vierjahresplanbeauftragte vor, daß es nicht das Ziel sei, die besetzten Gebiete »baldigst wieder in Ordnung zu bringen«, sondern nur besonders wichtige Zweige der Rohstoffwirtschaft zu betreiben. Zu diesem Zweck kündigte Göring die Gründung staatlicher Monopolgesellschaften an, denen die alleinige Zuständigkeit für die Ressourcenorganisation zufallen sollte. Im gleichen Zuge trat er Befürchtungen ob eines dauerhaft staatswirtschaftlichen Aufbaus entgegen und stellte in Aussicht, besonders wichtige Industrie- und Handelsbetriebe an deutsche Einzeltreuhänder zu übertragen.[88] Als montanwirtschaftliche Monopolgesellschaft wurde die Berg- und Hüttengesellschaft Ost (BHO) ins Leben gerufen, die für sämtliche Erz- und Kohlegruben sowie Hüttenbetriebe verantwortlich sein sollte. Ihrem aus Vertretern der Staats- und Privatwirtschaft rekrutierten Beirat gehörte auch Flick an. Mit der Befristung der BHO-Tätigkeit auf drei Jahre wurde ihr Charakter als kriegsbedingte Übergangslösung herausgestellt.[89]

Dennoch bestanden in der Besatzungsverwaltung wie auch bei der Privatwirtschaft offenbar erhebliche Unklarheiten darüber, wie die wirtschaftliche Organisation der Ostgebiete in der Praxis zu verstehen war. Im Mai 1942 sah sich Göring daher genötigt, die Richtlinien neu zu formulieren und endgültige Besitzregelungen für die Kriegsdauer auszuschließen. Ausdrücklich wurde festgelegt, daß die treuhänderische Verwaltung dem Treuhänder »keinerlei Anrecht auf späteren Eigentumserwerb« verlieh.[90] Dessen ungeachtet blieb die Kernaussage – Privatisierung nach Kriegsende – bestehen, wie diverse Ministerialvertreter nicht müde wurden zu betonen, um das Interesse der Unternehmen an einer aktiven Mitwirkung zu erhalten. Das neugegründete, wenngleich wenig durchsetzungsfähige Reichsministerium für die besetzten Ostgebiete sprach sich gar für verbindliche Verkaufszusagen noch während des Krieges aus.[91]

88 Erlaß des Reichsmarschalls des Großdeutschen Reiches, 27.7.1941, BAB R 6/23, Bl. 5-8. Zum rechtlichen Rahmen die sonst wenig reflektierte Studie von Gerber, Wirtschaftslenkung, S. 26f., 39, 78f., 87f., 114-122; Werpup, Ziele, S. 43-50; Müller, Ostkrieg, S. 55-57.

89 Poensgen an Kleinen Kreis, 5.8. u. 6.8.1941, NI-5257 u. NI-5255, StAN Rep. 501, KVP, Fall 5, B-22, Bl. 1, 6-13; Ernennungsurkunde Flicks, 4.11.1941, NI-5287, ebd., Bl. 17. [Niederschrift über Besprechung unter Vorsitz Görings am 8.11.1941], 18.11.1941, BA-MA RW 19/544, Bl. 95-100; vgl. Müller, Scheitern, S. 943-945; Werpup, Ziele, S. 97f.; Eichholtz, Geschichte, Bd. 2, S. 403f., 411-415.

90 Schreiben des Reichsmarschalls des Großdeutschen Reiches, 20.5.1942, BAB R 90/444, Bl. 20f.; Verordnung über das Wirtschafts-Sondervermögen in den besetzten Ostgebieten, 26.5.1942, ebd., Bl. 17.

91 Notiz für Herrn Flick, 13.8.1941 [Burkart], StAN Rep. 501, KVP, Fall 5, B-23, NI-5262, Bl. 2; Notiz für Herrn Flick, 13.8.1941 [Kaletsch], NI-5284, ebd., Bl. 3-6; Betr. Verordnung über das Wirtschafts-Sondervermögen, 18.6.1942, BAB R 90/444, Bl. 24 f; Rosenberg an Göring, Dez. 1942, BAB R 6/23, Bl. 176-179.

1.2.1. *Konkurrenzkampf in Riga*

Die Vertagung der Eigentumsfrage, die ein Wettrennen um die sowjetischen Werke verhindern sollte, erwies sich als ebenso erfolglos wie in den polnischen und französischen Präzedenzfällen. Nur Tage nach Beginn der Kampfhandlungen, erfuhr Flick, wurden in der Schwerindustrie »bezüglich der russischen Werke schon Verteilungspläne gewälzt«.[92] Auch in der FFKG begann man umgehend mit der Sondierung geeigneter Objekte. Das Interesse galt zunächst den baltischen Ländern, die sich Anfang Juli bereits in weiten Teilen unter Kontrolle der Wehrmacht befanden, während der Vorstoß im Süden die bedeutenden ukrainischen Industriegebiete noch nicht erreicht hatte. Zudem war mit dem Rigaer Waggonbauunternehmen Vairogs ein naheliegender Anknüpfungspunkt gegeben: Bei Vairogs handelte es sich um die frühere Tochtergesellschaft Phoenix von Busch-Bautzen, die man 1936 wegen Auftragsmangels und schlechter Ertragszahlen an den lettischen Staat verkauft hatte.[93] Unter den veränderten Bedingungen deutscher Besatzungsherrschaft rückte das im Baltikum konkurrenzlose Waggonbauwerk nun wieder in den Blickpunkt.[94]

Die ersten Schritte leitete die Konzernleitung über Hermann Fabry ein. Dieser verfügte über beste Beziehungen in die schleswig-holsteinischen Behörden, aus deren Kreis nach der Berufung des Kieler Gauleiters Hinrich Lohse zum Reichskommissar für das Ostland ein Großteil des deutschen Verwaltungspersonals im Baltikum rekrutiert wurde, darunter auch der Lübecker Oberbürgermeister Otto Drechsler, der zum Generalkommissar in Lettland avancierte.[95] Fabry wies Drechsler, der Mitglied des HOW-Aufsichtsrats war, nicht nur auf den Anspruch des Flick-Konzerns auf Vairogs hin, sondern meldete auch Interesse an dem einzigen Stahl- und Walzwerk der Region im lettischen Libau an.[96]

Wichtigstes Anliegen in der Frühphase der Besetzung war es, Vertrauensleute vor Ort in Stellung zu bringen, um einen Zugriff auf die gewünschten Objekte zu erlangen. Sowohl Bernhard Weiss als auch Fabry schlugen daher Reserveoffiziere aus den Reihen des Konzerns bzw. der IHK Lübeck für entsprechende Ämter vor.[97] Trotz der guten Kontakte nach Riga wie auch ins Ostministerium, wo der mit Weiss befreundete Arnsberger Regierungspräsident Ludwig Runte

92 Notiz für Herrn Flick, 26.6.1941 [Hahl], BAB R 8122/80919, NI-5395.

93 Notiz, 4.6.1947 [Weiss], StAN Rep. 502A, KVV, Handakten, Flächsner-2.

94 Notiz, 7.7.1941 [Weiss], StAN Rep. 501, KVP, Fall 5, B-25, NI-3569 (F), Bl. 9; J. Schneider an Weiss, 29.7.1941, NI-3096, ebd., Bl. 1-8.

95 Fabry an Flick, 30.7.1941, BAB R 8122/80902; Notiz, 31.7.1941 [Weiss], StAN Rep. 501, KVP, Fall 5, B-25, NI-3568, Bl. 10; Vgl. Pingel, Kiel; allg. Myllyniemi, Neuordnung, und Czollek, Faschismus.

96 Fabry an Drechsler, 2.8., 6.8. u. 28.8.1941, alle AHStL Metallhüttenwerke Nr. 125, Zitat v. 2.8.1941.

97 Notizen, 31.7. u. 2.8.1941 [Weiss], NI-3568 u. NI-3567, StAN Rep. 501, KVP, Fall 5, B-25, Bl. 10 f.; Zitat: Fabry an Drechsler, 28.8.1941, AHStL Metallhüttenwerke Nr. 125; Fabry an Drechsler, 25.8.1941, ebd.

tätig war, blieben greifbare Erfolge jedoch aus. Drechsler konnte im August lediglich in Aussicht stellen, bei der treuhänderischen Verwaltung der Waggonfabrik »Persönlichkeiten, die dem Flick-Konzern nahe stehen«, zu berücksichtigen.[98] Bis zum Frühjahr 1942 änderte sich wenig an dieser Situation, doch der für die Verarbeitungsunternehmen Flicks zuständige Weiss erinnerte die Behördenvertretern beharrlich an das ungebrochene Interesse an Libau[99] und Vairogs. Dabei mangelte es den Beamten weniger an gutem Willen als vielmehr an klaren wirtschaftspolitischen Leitlinien für die besetzten Ostgebiete. Entsprechend brachte auch ein Ortstermin des Bautzener Generaldirektors Wilhelm Reichert in Riga zwar genauere Informationen über das Werk, aber keine Fortschritte in der Treuhandfrage.[100]

Erst nach Görings Erlaß vom Mai 1942 kam es zu einer Beschleunigung der bisherigen Entscheidungsprozesse – allerdings mit unerwünschten Ergebnissen für die FFKG. Anfang Juni tauchte plötzlich Krupp als Interessent für Vairogs auf. Statt über das Ostministerium und dessen nachgeordnete Dienstellen hatte Krupp den Weg über das HWA gewählt und dort bereits eine Zusage für die Errichtung einer Lafettenfertigung in Riga erhalten.[101] Eilends wurden daraufhin die eigenen Verbindungen Flicks zum HWA aktiviert, um zur Konkurrenz aufzuschließen. Julius Brurein stellte den Kontakt zu den zuständigen Offizieren her und erreichte, daß die scheinbar schon feste Entscheidung zugunsten Krupps wieder vertagt wurde, nachdem Flick signalisiert hatte, ebenfalls Lafetten herstellen zu wollen, sofern ihm das nur den Zuschlag eintrug.[102] Nach Riga reiste Weiss noch im selben Monat, Brurein folgte wenig später.[103]

Anfang Juli 1942 erhielt Flick die Zusage von OKH und Ostministerium für die Treuhandschaft bei Vairogs. Den hilfreichen Beamten sagten Flick und Weiss

98 Burkart an Drechsler, 7.8.1941, NI-3107, StAN Rep. 501, KVP, Fall 5, B-25, Bl. 15; Weiss an Reichert (Bautzen), 8.8.1941, NI-3565, ebd., Bl. 12-14; Zitat: Drechsler an Burkart, 15.8.1941, NI-3564, ebd., Bl. 16.

99 Ab November 1941 war jedoch abzusehen, daß Libau als Grundstoffunternehmen der BHO zugewiesen würde; Bericht Nr. 3, 16.11.1941, BADH R 121/2140.

100 Weiss an Drechsler, 29.9.1941, NI-3559, BAB R 8122/80918; Notiz für Herrn Flick, 23.9.1941 [Weiss], NI-3099; Notiz, 17.10.1941 [Weiss], NI-3100 (F); Reichert an Weiss, 28.11.1941, NI-3633, alle StAN Rep. 501, KVP, Fall 5, B-25, Bl. 17-26, 28-32; Notiz für Herrn Flick, 5.3.1942 [Weiss], NI-3637, BAB R 8122/80919.

101 Notiz. Betr. Phönix-Riga, 8.6.1942 [Weiss], StAN Rep. 501, KVP, Fall 5, B-25, NI-3638, Bl. 40 f.; Rigaer Waggonfabrik »Vairogs« an GenKom Riga, 9.3.1942, LVVA P-813-1-104, Bl. 54; Kommissarischer Verwalter der Rigaer Waggonfabrik »Vairogs« an GenKom Riga, 10.3.1942, LVVA P-828-6-662.

102 Notiz. Betr. Phönix-Riga, 9.6.1942 [Weiss], NI-3640; Notiz für Herrn Flick, 9.6.1942, NI-3639, beide StAN Rep. 501, KVP, Fall 5, B-25, Bl. 42-47; Notiz. Betr. Phönix-Riga, 11.6.1942 [Weiss], BAB R 8122/80919, NI-3642.

103 Notiz für Herrn Flick, 12.6.1942 [Weiss], NI-3097, beide BAB R 8122/80918; Notizen für Herrn Flick, 22.6. u. 23.6.1942 [Weiss], StAN Rep. 501, KVP, Fall 5, B-25, NI-3644 u. NI-3110, Bl. 55-60; KTB RüIn Ostland v. 19.6.1942, BA-MA RW 30/3, Bl. 29; KTB RüIn Ostland v. 1.7.1942, BA-MA RW 30/4, Bl. 4.

als Dank Aufsichtsratsmandate zu.[104] Im September schlossen Busch-Bautzen und das Reichskommissariat Ostland (RKO) den Treuhandvertrag. Busch übernahm den Betrieb des Werkes für Rechung des Reiches: Weder waren Investitionen aus Eigenmitteln aufzubringen noch Verpflichtungen durch den Treuhänder zu tragen. Dem Bautzener Unternehmen wurde sein Personalaufwand erstattet sowie eine am Bilanzergebnis ausgerichtete Vergütung gezahlt. Dieser Frage maßen Weiss und Flick jedoch keine besondere Bedeutung bei. Vielmehr kam es nach Weiss' Ansicht darauf an, keine eigenen Mittel aufbringen zu müssen, während Flick es für sinnvoll erachtete »eine großzügige Geste [zu] machen und auf jede Gewinnbeteiligung [zu] verzichten«, um einen guten Eindruck zu hinterlassen. Dies war um so wichtiger, als der Treuhandvertrag trotz entsprechender Forderungen Weiss' kein einklagbares Vorkaufsrecht vorsah, so daß man nach Kriegsende auf die Fürsprache des RKO angewiesen sein würde.[105]

Das Werk, das der von Bautzen nach Riga entsandte Ingenieur Eduard Boge im Oktober 1942 übernahm, stellte eher ein Sammelsurium verschiedener, locker miteinander verbundener Betriebe, denn einen einheitlichen Komplex dar. Die eigene Gußstahlerzeugung von Vairogs wurde im wesentlichen in der Waggonfabrik weiterverarbeitet, das Vormaterial für die angeschlossenen Hufeisen- und Nagelfabrikationen stammte zum Großteil aus Libau.[106] Unmittelbar nach der Besetzung Rigas war Vairogs unter deutsche Führung gestellt und vorwiegend mit Wehrmachtsaufträgen belegt worden, da man das Werk für eines von nur zwei metallindustriellen Unternehmen hielt, »die nach deutschen Begriffen die Voraussetzungen erfüllen, die an einen Rüstungsbetrieb gestellt werden«.[107] Boge beurteilte die Lage weniger positiv und beschwerte sich mit kolonialer Überheblichkeit über den schlechten Zustand der Anlagen und den »furchtbare[n] Schlendrian« der Belegschaft.[108]

104 Notiz für Herrn Dr. Burkart, 4.7.1942 [Weiss], StAN Rep. 501, KVP, Fall 5, B-25, NI-3646, Bl. 69; Notiz für Herrn Weiss, 17.8.1942 [Burkart], NI-3654, ebd., Bl. 70; OKH an Mittelstahl, 8.7.1942 [Leyers], StAN Rep. 502, KVA, NI-3649; Aktennotiz. Betr. Lafettenfertigung Phönix, Riga, 10.7.1942 [Brurein], NI-3468, BAB R 8122/80919.

105 Treuhandvertrag Deutsches Reich/Waggon- und Maschinenfabrik AG vorm. Busch, 25.9.1942, SächsHStA 11692/31; Bestallungsurkunde, 1.10.1942, BAB R 8122/80919, NI-3655; Notiz. Betr. Vairogs, Riga, 28.9.42, StAN Rep. 501, KVP, Fall 5, B-25, NI-3087, Bl. 76-93, Zitat: Bl. 86.

106 Bericht über die Besichtigung der Rigaischen Waggonfabrik, 27.11.1941 [Reichert], StAN Rep. 501, KVP, Fall 5, B-25, Bl. 29-32; Notiz für Herrn Flick, 22.6.1942 [Weiss], NI-3644, ebd., Bl. 55-60.

107 Lettische Industrieverwaltung an WiKdo Swinemünde, 7.7.1941, LVVA P-828-6-128; Liste der in Gang gesetzten Betriebe, Stichtag 3.9.1941, BA-MA RW 31/12, Bl. 140-149; Zitat: Wirtschaftsaufbau Lettlands durch das WiKdo Riga, Stand 1.9.1941, BA-MA RW 30/76, Bl. 23f.

108 Boge änderte seine Meinung später und bescheinigte Vairogs »glänzend[e]« Aussichten; Betr. Besuch in Riga 2.-17.10.1942 [Boge], 26.10.1942, NI-3577, BAB R 8122/80918; Zitat: Boge an Reichert, 21.5.1943, NI-3593, ebd.

Zutreffend war die Kritik am diffusen Erzeugungsprogramm. Zwar erhielt Vairogs anfangs von der Reichsbahn einen Großauftrag über 900 Güterwaggons[109], in der Folge entwickelte sich der Betrieb jedoch zu einem regelrechten Gemischtwarenladen mit einer Produktpalette, die von Hufeisen bis zu Holzgasgeneratoren reichte.[110] Dies sollte sich auch unter der Führung des Flick-Konzerns nicht ändern, sondern einerseits infolge der zugesagten Lafettenfertigung[111], andererseits wegen des wachsenden Truppenbedarfs an Versorgungsgütern noch verstärken. Bis Kriegsende machte der Waggonbau kaum die Hälfte des Umsatzes aus. Wachsende Bedeutung kam dafür dem Bau der in den besetzten Ostgebieten allgegenwärtigen pferdegezogenen Panjewagen sowie, damit verbunden, der Herstellung von Hufeisen und Hufnägeln zu. An beiden bestand ein nie völlig gedeckter Bedarf, so daß die Kapazitäten dieser Sparten massiv ausgebaut wurden.[112] Ferner wurden immer wieder kurzfristige, rasch wechselnde Aufträge wie Umspurungen sowjetischer Waggons und Instandsetzungen erteilt.[113]

Entsprechend gering blieben die Verdienste des Werks, die während der zwei Jahre der Betreuung durch Busch-Bautzen keine Viertelmillion RM erreichten.[114] Die Ertragshöhe war jedoch weitgehend unerheblich für den Flick-Konzern. Wichtigstes Ziel blieb es, den Nachweis erfolgreicher Arbeit zu erbringen – und dies bedeutete in erster Linie die Indienststellung für die Kriegswirtschaft –, um nicht die Gunst der deutschen Behörden zu verlieren. Die betriebswirtschaftliche Rationalität mußte dahinter zurückstehen und konnte dies auch problemlos: Investitionen und Kosten trug nicht Busch-Bautzen als Treuhänderin, sondern das RKO als Treugeber. Da die öffentliche Hand die benötigten Mittel ihrerseits über sogenannte Reichskreditkassen-Kredite gegenfinanzierte, kam, nicht nur im Falle Vairogs', letztlich die lettische Volkswirtschaft für die Un-

109 Bericht über den Besuch der ehemaligen Randstaaten Litauen, Lettland und Estland, 2.2.1942, BADH R 10 III/6, Bl. 24-35.

110 Betr. Besuch in Riga, 26.10.1942, NI-3577, BAB R 8122/80918; KTB RüIn Ostland v. 30.9.1941, BA-MA RW 30/1, Bl. 9; März-Bericht der RüIn Ostland, 8.4.1942, BA-MA RW 30/2, Bl. 155-192.

111 Die Vorbereitung der Lafettenherstellung beanspruchte zwar erhebliche Ressourcen, verlief aber im Sande. Im Mai 1943 waren von 60 bestellten Maschinen gerade einmal sieben eingetroffen; KTB RüIn Ostland 1.10.-31.12.1942, BA-MA RW 30/5, Bl. 28; Niederschrift über Besprechung am 12.5.1943, 13.5.1943, BA-MA RW 30/7, Bl. 70-72.

112 Lagebericht der Monate August u. September, o.D. [1942], BAB R 92/926, Bd. 2; Lagebericht, 20.10.1942, BAB R 6/306, Bl. 7, 9; KTB RüKdo Riga, 7.7. u. 30.8.1943, BA-MA RW 30/70, Bl. 24, 27; Vierteljahresbericht für die Zeit 17.-30.9.1943, BA-MA RW 30/8, Bl. 35f.

113 Bericht für die Zeit 1.10.1942-31.3.1943, SächsHStA 11692/138; KTB RüIn Ostland v. 10.4.1943, BA-MA RW 30/7, Bl. 29; Überblick über die rüstungswirtschaftliche Entwicklung im 4. Vierteljahr 1943, 15.1.1944, BA-MA RW 30/9, Bl. 37.

114 Berichte über Feststellungen auf dem Werke der Waggonfabrik Vairogs 17.-23.2.1943 (28.2.1943), 17.-30.4.1943 (5.5.1943) u. 18.-22.9.1943 (27.9.1943), SächsHStA 11692/36 u. 11692/37.

kosten der Treuhandbetriebe auf.[115] Der Aufwand des Flick-Konzerns beschränkte sich auf die organisatorische und personelle Seite. Dies stellte einen Wechsel auf die erwartete Nachkriegswirtschaft dar, in der man Vairogs unter normalen Bedingungen zu betreiben gedachte. Daß dieser Wechsel nicht eingelöst wurde, lag dabei nicht an den unklaren Zusagen hinsichtlich des Vorkaufsrechts, auf dessen zwar nicht vertraglich, aber »moralisch« fundierten Anspruch die Flick-Konzernführung noch im Januar 1944 beharrte.[116]

Zu diesem Zeitpunkt zeichnete sich längst ab, daß das RKO von den deutschen Truppen nicht zu halten sein würde. Im Juli, als die Auflösungserscheinungen bereits weit fortgeschritten waren, wurden die ersten Evakuierungsmaßnahmen angeordnet.[117] Eine vollständige Demontage erwies sich als unmöglich, Boge bemühte sich jedoch unter Anweisung von Weiss, ein Maximum nach Westen zu versenden. Der genaue Umfang der verschickten Materialmenge ist unklar, mindestens 16 Waggonladungen trafen allein bis Oktober in Bautzen ein, eine Reihe weiterer landete im Auffanglager Königsberg.[118] Die in Bautzen verfügbaren Maschinen wurden Ende 1944 auf diverse Konzerngesellschaften Flicks verteilt.[119] Unterdessen hatte Boge Anfang September 1944 Riga verlassen; zur bereits vorbereiteten Sprengung des Werks durch die Wehrmacht war es zu diesem Zeitpunkt noch nicht gekommen.[120]

1.2.2. Vision und Illusion: Das Monopol im Dnjepr-Bogen

Weit mehr als die baltischen Länder stand die Ukraine im Mittelpunkt der wirtschaftlichen (Nach)Kriegsplanungen. Hier erwartete man, einen Großteil jener Rohstoffe, die dem Deutschen Reich fehlten, auf lange Zeit sicherstellen zu können.[121] Dies galt nicht zuletzt für die Schwerindustrie. In der Ostukraine befand sich das Zentrum der sowjetischen Montanwirtschaft mit ausgedehnten Eisen-,

115 Notiz für Herrn Flick, 6.8.1942, StAN Rep. 501, KVP, Fall 5, B-25, NI-3652, Bl. 71; zum Mechanismus der Kreditkassenscheine Aly, Volksstaat, S. 103-113.

116 Notiz für Herrn Flick, 7.1.1944, NI-3113, BAB R 8122/80918.

117 Notiz für Herrn Flick, 12.7.1944 [Weiss], StAN Rep. 502, KVA, Handakten, B-149; Boge an Weiss, 16.8.1944, StAN Rep. 502, KVA, NI-3596.

118 Notiz für Herrn Flick, 7.9.1944 [Weiss], NI-3597, BAB R 8122/80918; Notiz für Herrn Flick, 26.10.1944 [Weiss], StAN Rep. 502, KVA, NI-3601; Weiss an Boge, 31.10.1944, StAN Rep. 501, KVP, Fall 5, B-25, NI-3598, Bl. 117; Zusammenstellung der aus dem Werk »Vairogs« vorgenommenen Abtransporte, 10.11.1944, BAB R 8122/80918.

119 Reichert an Weiss, 14.11.1944, NI-3602, BAB R 8122/80918; Weiss an Hellberg, 17.11.1944, NI-3599, ebd.; Weiss an Boge, 17.11.1944, StAN Rep. 501, KVP, Fall 5, B-25, NI-3600, Bl. 120-123; Boge an Weiss, 21.11.1944, StAN Rep. 502, KVA, Handakten, B-145.

120 Eidesstattliche Erklärung E. Boge, 20.6.1947, StAN Rep. 501, KVP, Fall 5, I-8, Dok. Weiss-1170, Bl. 32f. Die Rüstungswirtschaft im Ostland v. 1.9.1941-8.8.1944. Bericht der WiIn Ostland, BA-MA RW 30/203, Bl. 98f.

121 Vgl. Müller, Wirtschaftsallianz, S. 124f.; Werpup, Ziele, S. 15-23; Tooze, Wages, S. 458-460, 477-479.

Mangan- und Kohlenvorkommen, auf deren Grundlage sich eine umfangreiche Bergwerks- und Hüttenindustrie etabliert hatte, die mehr als die Hälfte der Gesamterzeugung der UdSSR an Roheisen, Stahl und Walzwerkerzeugnissen lieferte.[122]

Im Sommer 1941 richtete sich das Interesse führender deutscher Wirtschaftsvertreter auf diese Ziele. Im Mai, noch vor Feldzugsbeginn, dachte Flick laut über eine Betätigung in der Ukraine nach. Zwei Monate später äußerte er gegenüber Vögler Interesse am Industriegebiet von Kriwoi-Rog, wollte jedoch einstweilen abwarten, in welchem Umfang Göring Ansprüche für das Reich geltend machen würde.[123] Über die Planungen der Berliner Behörden wie auch über die Zustände vor Ort war die FFKG-Spitze dabei wohlinformiert – dank einer Reihe von Quellen, darunter Walter Tengelmann, Vorstandsmitglied in Essen, der als Gruppenleiter Bergbau zur Wehrwirtschaftinspektion Süd berufen und dort zur Erkundung und Inbetriebnahme der Erz- und Kohlengruben eingesetzt war.[124] Ferner erhielt mit Generalleutnant Walter Witting im September 1941 ein bereits zuvor als Lobbyist für Mittelstahl und SGW Döhlen tätiger, hochrangiger Militär die Bestallung als Generalinspekteur für Erfassung und Einsatz von Rohstoffen in den besetzten Gebieten. Zwar blieb Wittings praktische Bedeutung in dieser Funktion gering, verschaffte ihm aber direkte Eindrücke von den industriellen Anlagen im Osten, die er an SGW-Generaldirektor Gerhard Bruns weiterreichte.[125] Als mit Abstand wichtigste Informationsquelle erwiesen sich mehrere Experten der Industrieverbände, die im Herbst 1941 umfangreiche Gutachten der ukrainischen Werke erstellten. Zu ihnen zählten insbesondere Friedrich Wesemann[126] und Carl Küttner[127], die schon in Lothringen in gleicher Tätigkeit

122 Der Ost-Express Nr. 59 (Juni 1940), BAB R 3102/10814; Ukraine. Arbeit der Wissenschaftlichen Abteilung des Stickstoff-Syndikates, Mai 1941, BAB R 94/4.

123 Jacobs an Flick, 30.5.1941, StAN Rep. 502, KVA, Handakten, B-43; Rücksprache Vögler, 28.7.1941 [Flick], ebd., B-56; Rücksprache mit Herrn Vögler, 16.10.1941 [Flick], NI-3120, BAB R 8122/80918. Die VSt erstellten eigens ein detailliertes Handbuch zur Schwerindustrie der europäischen UdSSR; Firmenbericht. Die Werke der Eisen schaffen Industrie in Russland. I. Europäischer Teil, August 1941, BADH R 13 I/696, Bl. 122-142.

124 Anweisung des Geschäftsführer der BHO für den Einsatz und die Arbeitsaufnahme im besetzten Gebiet der UdSSR, o. D. [September 1941], BADH R 121/2139; Notiz für Herrn Flick, 13.8.1941 [Kaletsch], StAN Rep. 501, KVP, Fall 5, B-23, NI-5284, Bl. 3-6.

125 Wi Fü Stab Ost an Witting, 19.9.1941, BADH R 121/2139; Bruns an Witting, 9.9.1940, BAB R 8122/1046. Bl. 9f.; Witting an Bruns, 23.12.1941, ebd., Bl. 11f. Vgl. Müller, Scheitern, S. 951; zu Wittings Laufbahn s. BA-MA MSg 109/10854.

126 *1901; Studium u. Promotion; 1923 Ingenieur bei Askania-Werken; 1925 zum VDEh, 1926-35 Leitung der Zweigstelle Oberschlesien; 1935-41 VDEh-Hauptdienststelle Düsseldorf; 1941 stellv. Vorstandsmitglied Maxhütte, 1943-45 ordentlicher Vorstand; Bezirksbeauftragter d. Hauptringes Eisenerzeugung u. Eisenverarbeitung des RMfBuM für Mitteldeutschland; seit Dezember 1946 Leiter d. Energie- und Betriebswirtschaftstelle des VDEh.

127 *1902 in St. Petersburg, 1918 nach Deutschland; 1922-27 Studium der Eisenhüttenkunde an TH Breslau, Promotion, 1927-29 in den USA; 1929-37 Forschungs- und

gewirkt hatten. Beide traten Ende 1941 als Direktoren in die Dienste der Maxhütte bzw. Mittelstahls.[128]

Indes erhielt Flick nicht nur technische Berichte. Im Herbst 1941 traf ein Rapport von Ulrich Faulhaber, zu diesem Zeitpunkt Sachbearbeiter der Gruppe Eisen und Stahl bei der Wehrwirtschaftsinspektion Süd, in Berlin ein. Faulhaber war lange Jahre Assessor bei der Wirtschaftsgruppe Eisen schaffende Industrie gewesen, Ende 1941 übernahm er die Geschäftsführung der Bezirksgruppe Mitteldeutschland. Aus der Ukraine referierte er wenig über die Industrie, um so eindrücklicher jedoch über seine Erlebnisse im deutschen Vernichtungskrieg. Dabei berichtete er von zahllosen Erschießungen Kriegsgefangener, ebenso von Fällen von Kannibalismus unter den hungernden sowjetischen Soldaten. Auch die Massenmorde von Himmlers Einsatzkommandos an der jüdischen Bevölkerung ließ er nicht unerwähnt. Dnjepropetrowsk, eines der schwerindustriellen Zentren der Ostukraine, war laut Faulhaber vollständig »judenfrei [...]. Wer nicht geflohen ist, wurde ›liquidiert‹.«[129]

Ein Hindernis, sich am Schauplatz der Vernichtungspolitik wirtschaftlich zu betätigen, stellten derartige Informationen offenkundig nicht dar. Als sich innerhalb der BHO, an deren Spitze Paul Pleiger berufen worden war, im Frühjahr 1942 abzeichnete, daß diese weder personell noch infrastrukturell in der Lage war, die in weiten Teilen zerstörte sowjetische Montanindustrie für die deutsche Kriegswirtschaft nutzbar zu machen, wurde Flick aufmerksam.[130] Im Juni 1942 kursierten bereits erste Verteilungsvorschläge, darunter die Zuordnung der Werke Mariupol und Asow an Krupp sowie der Großgruppe von Hüttenwerken am Dnjepr an die Reichswerke. Letzteres lief den Interessen Flicks zuwider, der selbst auf das Stahlwerk Kamenskoje, einen der größten Komplexe im Dnjepr-

Entwicklungsabteilung Krupp; 1937-39 Verbindungsmann der Beschaffungsstelle für Eisen und Stahl/RWiM in Düsseldorf; 1939-41 Fachgruppe Edelstahl u. Geschäftsführer der Ausfuhrgemeinschaft; Herbst 1941 Wi Stab Ost/WiIn Süd; Ende 1941 Wechsel zu Mittelstahl; 1942 Geschäftsführer Dnjepr-Stahl; Sommer 1943 im Auftrag des RMfBuM nach Italien; NSDAP Mai 1933.

128 Vorträge Wesemanns und Küttners vor den führenden Vertretern der Konzerngesellschaften waren etwa am 9.12.1941 geplant; Burkart an Bruns, 2.10.1941, BAB R 8122/1046, Bl. 79f.

129 Bericht von Erkundungsfahrt in der Ukraine, o.D. [ca. Oktober 1941], StAN Rep. 502, KVA, NI-5253. Der Bericht, der auch an andere Stahlindustrielle ging, wurde mindestens von Flick, Kaletsch, Weiss und Tillmanns gegengezeichnet. Faulhabers Angaben waren präzise und zeugten von hoher Informiertheit. Die von ihm als Verpflegungssätze der Bevölkerung angegebenen Mengen etwa stimmten exakt mit offiziellen Angaben überein; vgl. Ergänzungsbericht zum Besuchsbericht Nr. 7 v. 11.10.1941, BADH R 121/2140. Zu den Massenmorden der Einsatzgruppe D vgl. Angrick, Besatzungspolitik.

130 Erster Arbeitsbericht der BHO, Dezember 1941, BADH R 121/2129; Der Wiederaufbau der südrussischen Eisenindustrie. 1. Planungsbericht, 31.3.1942 [W.E. Krebs], BADH R 121/2130; Aktennotiz. Betrifft: Aussprache mit Herrn Dr. Schieber, 6.5.1942 [Burkart], BAB R 8122/80908.

Bogen, spekulierte.[131] Pleiger versuchte anfangs, Flicks Augenmerk auf entferntere Ziele im Osten zu lenken, namentlich das Stalingrader Industriegebiet. Nach einem Blick auf die Landkarte winkte Flick dankend ab.[132]

Statt dessen nahmen die Verhandlungen mit Pleiger eine überraschende Wendung. Der HGW-Chef realisierte bald, daß die Probleme der BHO im Kern ebenso die seit 1937 maßlos gewachsenen Reichswerke betrafen. Für eine erneute Ausdehnung des Aufgabenbereichs fehlte ihm schlicht das Personal. Da zugleich Flick das Interesse an der Dnjepr-Region nicht aufgab, sondern über Küttner beim Wi Stab Ost und beim Ostministerium für die Beauftragung seines Konzerns warb[133], verständigten sich Pleiger und Flick im August 1942 auf ein Jointventure. Die Gründung einer von HGW und Mittelstahl jeweils hälftig zu tragenden Betriebsgesellschaft, der Dnjepr-Stahl GmbH, wahrte beider Interessen. Die Reichswerke brauchten kaum Fachkräfte abzugeben, während der Flick-Konzern durch die Kooperation mit Pleiger den Zugriff auf einen unverhältnismäßig größeren Anteil der ukrainischen Stahlindustrie erhielt, als er als rein privater Bewerber hätte erwarten können. Nahezu alle Hüttenwerke in und um Dnjepropetrowsk sollten an Dnjepr-Stahl fallen.[134] Zu ihrer eigenen Überraschung notierten die FFKG-Vertreter, daß Pleiger entgegen seinen sonstigen Gewohnheiten nicht auf einer dominanten Position bestand. Im Gegenteil, der Multifunktionär zog es vor, sein allgemeines Direktivrecht als Leiter der BHO zu wahren, aber im Management von Dnjepr-Stahl Flick gewähren zu lassen. Fortan galt die verbindliche Regelung, daß die gemeinsame Firma »unter Führung von Mittelstahl« betrieben wurde.[135]

Mit dieser Regelung konnte Flick weitere Lobbybemühungen einstellen. Die Dnjepr-Stahl zugewiesene Werksgruppe stellte den größten zusammenhängenden Hüttenkomplex der besetzten Gebiete dar. Während die übrigen deutschen Konzerne noch um die begehrtesten Betriebe konkurrierten – von einem unfreiwilligen, durch Pleiger mehr befohlenen, denn von den Unternehmen ge-

131 Notiz für Herrn Flick, 25.6.1942 [Burkart], StAN Rep. 501, KVP, Fall 5, B-23, NI-5365, Bl. 8f. Frühzeitig kam auch die spätere Eigentümerschaft zur Sprache. So hoffte Jakob Reichert, »daß die dafür noch zu bestimmenden privaten Konzerne die Betriebe nach dem Kriege behalten könnten«; J. Reichert an Reichsgruppe Industrie, 22.6.1942, ebd., NI-1014, Bl. 148.

132 Notiz, 13.7.1942 [Flick], ebd., NI-3664, Bl. 10-12.

133 Notiz für Herrn Flick, 6.8.1942 [Küttner], ebd., NI-3680, Bl. 13-17.

134 Programm für die gemeinsame Vorstandsbesprechung am 26.8.1942, BAB R 8122/1046, Bl. 99f.; Flick an Pleiger, 7.9.1942, BADH R 121/2140; s. auch Werpup, Ziele, S. 163-165.

135 Notiz für Herrn Flick, 26.10.1942 [Küttner], StAN Rep. 501, KVP, Fall 5, B-23, NI-3666, Bl. 19f.; Zitat: Notiz, 11.11.1942 [Flick], NI-5289, ebd., Bl. 23; Flick an Vögler, 26.3.1943, NI-3669, ebd., Bl. 24; Notiz über Sitzung der BHO am 31.3.1943, 31.3.1943 [Flick], NI-3660, BAB R 8122/80919. Dennoch behaupteten die FFKG-Vertreter nach 1945 unverdrossen, die »industrielle Führung und Entscheidung« habe »ausschließlich bei den Reichswerken« gelegen; [Unbetiteltes Typoskript], o.D. [August 1945, Kaletsch], WWA S 8/84.

wünschten Engagement im ukrainischen Revier war wenig zu spüren[136] – konnte die FFKG-Führung bereits zur Personalplanung übergehen. An die Spitze der Dnjepr-Stahl wurden Küttner (Verwaltung), Otto Kindel (Kaufmännisches) sowie Flicks langjähriger oberschlesischer Mitarbeiter Herbert Monden (technische Leitung) berufen. Hinzu trat eine Reihe von Ingenieuren und Verwaltungsfachleuten, die aus diversen Konzernwerken in die Ukraine abgezogen wurden.[137] Begleitet wurden die Flick-Vertreter durch eine Handvoll Mitarbeiter von Bernhard Weiss' Siemag. Wie schon zuvor in Polen versuchte Weiss, im Windschatten des Konzerns seines Onkels an der europaweiten Expansion zu partizipieren, und bewarb sich erfolgreich um die Übernahme des in unmittelbarer Nachbarschaft zur Dnjepr-Stahl-Gruppe gelegenen Werks Woroschilow. Dort wollte er eine Filiale der Siemag errichten, die als Zulieferer von dem immensen Bedarf der leergeräumten Hütten nach Stahl- und Walzwerksanlagen zu profitieren hoffte.[138] Die von den deutschen Unternehmen mit der BHO geschlossenen Patenschaftsverträge kombinierten ein enges Kontroll- und Bewilligungssystem, das den Wiederaufbau der ukrainischen Hüttenindustrie in einheitliche, durch die Monopolgesellschaft bestimmte Bahnen lenken sollte, mit einer fast völligen finanziellen Entlastung der Paten, deren Ausgaben von der BHO gedeckt wurden.[139] Widerspruch gegen diese Regelung regte sich unter den Konzernen nicht.

Dies war angesichts des desolaten Zustandes der Masse der Werksanlagen kaum verwunderlich. Als die Wehrmacht Ende August die Kontrolle über den Dnjepr-Bogen und das Donez-Gebiet erlangte, stieß sie auf »ein Bild völliger Verwüstung und Leere«.[140] Die abgezogene Rote Armee hatte die Erz- und Kohlegruben gezielt ersaufen lassen, die Öfen und Kraftwerke der Hütten gesprengt, das Gros der Maschinen und vor allem Motoren demontiert sowie fast zwei Drittel aller Ingenieure und Techniker evakuiert.[141] Die Expertenteams um

136 So die in der Literatur verbreitete, aber meist dürftig belegte These, beispielhaft Abelshauser, Rüstungsschmiede, S. 372. Dagegen sprechen u. a. der Wettbewerb zwischen Mannesmann und Witkowitz um das Röhrenwerk Taganrog bzw. die Auseinandersetzungen Krupp/Mannesmann, BADH R 121/2140; Differenziertere Darstellungen bei Müller, Ostkrieg, S. 68; Werpup, Ziele, S. 166 f.; Dülffer, Gruppe, S. 205-208.

137 IHK Berlin an das AG Berlin, 20.1.1943, BAB R 8122/636, Bl. 422; Dnjepr-Stahl an Reichswerke/MSt, 1.2.1943, ebd., Bl. 436. Kindel wurde von Otto-Wolff abgeworben; Siedersleben an Heger, 9.5.1942, RWWA 72-171-6.

138 Die Siemag mußte sich das Werk mit dem Maschinenbauer Brown, Boveri & Cie. teilen; vgl. die Überlieferung in StAN Rep. 501, KVP, Fall 5, B-24 u. I-8 sowie StAN Rep. 502, KVA, Handakten, B-291.

139 Siemag an GenKom Dnjepropetrowsk, 4.11.1942, StAN Rep. 501, KVP, Fall 5, B-24, NI-3610, Bl. 1-3; Weiss an Arnhold, 9.1.1943, ebd., NI-3611, Bl. 8-10.

140 Nachtrag über den ersten Einsatz, KTB WiKdo Dnjepropetrowsk v. 8.6.1941-31.1.1942, BA-MA RW 30/105, Bl. 17-19, vgl. Werpup, Ziele, S. 65-73; Müller, Scheitern, S. 947, 952.

141 Erster Arbeitsbericht der Berg- und Hüttenwerksgesellschaft Ost. Dezember 1941, BADH R 121/2129.

Wesemann und Küttner sahen sich daher mit einer höchst ambivalenten Situation konfrontiert: Einerseits zeigten sie sich überrascht von dem vielfach modernen, überlegt eingerichteten und teils den technischen Stand deutscher Werke übertreffenden Aufbau der sowjetischen Montanindustrie. Andererseits mußten sie konstatieren, daß rund drei Viertel dieser an sich hoch leistungsfähigen Anlagen zerstört bzw. dauerhaft unbrauchbar gemacht worden waren. Dies traf nicht zuletzt auf die an Dnjepr-Stahl fallenden Hütten zu. Die insgesamt acht Einzelwerke, die sich am Dnjepr ähnlich wie an der Ruhr auf engem Raum konzentrierten, hatten vor dem Krieg rund 2,8 Mio. t Rohstahl jährlich produziert, etwa die doppelte Menge der Gesamterzeugung der Flick'schen Werke im Reichsgebiet, und bis zu 80000 Beschäftigte gezählt. Vor allem die beiden großen Komplexe Petrowski (Dnjepropetrowsk) und Dshershinski (Kamenskoje) hatten einen erheblichen Teil der gesamten ukrainischen Stahlproduktion beigesteuert. In arbeitsfähigem Zustand wäre dies ein Konzern von internationalem Format gewesen, der das Produktionsvolumen des Flick-Konzerns in die Größenordnung der VSt katapultiert hätte.[142] Unter den gegebenen Umständen stellten die Werksreste jedoch bestenfalls einen Torso dar. Das neue Stahlwerk des Petrowski-Kombinats war gesprengt, im Bessemerwerk fehlten sämtliche Konverter, die Walzwerke waren demontiert. Im benachbarten DSMO-Werk war das Martinwerk zerstört worden, in Kamenskoje Hochofengebäude und Kraftwerk. Die Liste ließ sich beliebig fortsetzen, am markantesten bei den Elektromotoren: Im Werk Petrowski waren von 4500 nur 500 übrig geblieben, bei DSMO von rund 1000 ganze 20.[143]

Dennoch war die Lage nicht hoffnungslos. In jedem der Unternehmen fanden sich mehrere Betriebsteile und Anlagen, die unversehrt geblieben bzw. mit erträglichem Aufwand wieder in Gang zu setzen waren. Im wesentlichen kam es daher auf die Bereitschaft der deutschen Machthaber zum Wiederaufbau an. Schon im November 1941 kündigte Göring in Abweichung von früheren Plänen eine Nutzung der Rüstungskapazitäten der besetzten Gebiete an.[144] Auf dieser Linie wurde, verstärkt nach der gescheiterten Winterschlacht vor Moskau, fortgefahren. Mit erheblichem Aufwand begann die Besatzungsmacht nun, den Eisenerz- und Kohlenabbau in Gang zu setzen, um die ukrainische Hüttenindustrie für die deutschen Kriegsanstrengungen nutzbar zu machen und die

142 Berichte über Besuche bei Eisenhüttenwerken und Gruben in der Westukraine vom 23.8.-15.9.1941, 18.9.1941, BADH R 13 I/696, Bl. 44-50; Werksbesuchsbericht Dr. Bulle, Dr. Küttner über den Besuch der Hüttenwerke in Dnjepropetrowsk am 10. u. 11.9.1941, 25.9.1941, ebd, Bl. 85-87; Die Eisenhüttenwerke der Ostukraine, 14.11.1941 [Wesemann], ebd., Bl. 37-42.

143 Werksbesuche Dr. Bulle, Dr. Küttner am 10. u. 11.9.1941. Technische Notizen betr. Petrowski-Werke, D.S.M.O., Lenin-Werk, 24.9.1941, BADH R 13 I/696, Bl. 88-99; Die Eisenindustrie im Dnjeprbogen, November 1941 [Küttner, Steck], BADH R 121/2138.

144 [Niederschrift], 18.11.1941, BA-MA RW 19/544, Bl. 95-100.

extremen Nachschubwege für die Truppe zu verringern.[145] Den entscheidenden Wendepunkt markierte der Mitte 1942 gefaßte Beschluß von Rüstungsminister Albert Speer, eine umfangreiche Munitionsproduktion in den ukrainischen Werken aufzulegen. Die unter der Bezeichnung »Iwan-Programm« firmierende Umsetzung wurde dem Leiter des Hauptausschusses Munition, Edmund Geilenberg, unterstellt. Binnen eines Jahres sollten die Hüttenwerke im Dnjepr-Bogen und im Donez-Becken so weit rekonstruiert sein, daß die Granatenbelieferung für die Ostfront direkt aus dem Hinterland erfolgen konnte. Die Werke von Dnjepr-Stahl bildeten das Herzstück der Planung, nachdem ein erster Probeanlauf des Walzwerks Komintern III schon Ende Mai 1942 gelungen war.[146]

Das schwerwiegendste Hindernis für den Wiederaufbau stellte der Mangel an Maschinen, Transportraum, Arbeitskräften und elektrischer Energie dar. Das letztgenannte Problem wurde Anfang 1943 als erstes gelöst. Der nahegelegene, von der Roten Armee gesprengte Staudamm von Saporoshje, das größte Wasserkraftwerk Europas, wurde in einem Kraftakt wieder instand gesetzt und nahm im Januar die Arbeit auf. Damit war eine ausreichende und konstante Energieversorgung der Hütten gewährleistet, die den Grundstein für die Aufbauarbeiten legte.[147] Die fehlenden Maschinen wurden nach und nach beschafft. Teils geschah dies durch Ausschlachtung sowjetischer Werke, die nicht zur Wiederinbetriebnahme vorgesehen waren, teils wurden Anlagen aus dem Reich herangezogen, und nicht zuletzt griffen BHO und Patenbetriebe auf Hüttenwerke in den besetzten Westgebieten zu. Unter der euphemistischen Bezeichnung der »Einschaltung« der dortigen Industrie in den Aufbau im Osten demontierte man Motoren, Kräne etc. ungeachtet der Proteste der belgischen und französischen Besitzer.[148]

Erheblich schwieriger waren unterdessen die beiden anderen Probleme zu lösen, für die praktisch zu keiner Zeit echte Abhilfe geschaffen werden konnte.

145 Der Wiederaufbau der südrussischen Eisenindustrie. 1. Planungsbericht, 31.3.1942, BADH R 121/2130.

146 Speer verknüpfte das Iwan-Programm mit der Patenschaftsfrage, da er die hochgesteckten Ziele nur unter Einbindung der Privatwirtschaft für erreichbar erhielt, gleichzeitig aber erkannte, daß diese unmöglich die erforderlichen Investitionen aufbringen konnte; Niederschrift betr. Vorhaben »Iwan«, 11.7.1942, BADH R 121/2135; Niederschrift über die Abschließende Sitzung am 23.7.1942, 27.7.1942 [Geilenberg], ebd.; Patenschaften in Rußland, 8.8.1942, BADH R 121/2140; RüIn Ukraine. Rückblick auf die rüstungswirtschaftliche Entwicklung in der Zeit v. 1.7.1942-30.9.1942, BA-MA RW 30/96, Bl. 27. Vgl. Umbreit, Herrschaft, S. 191 f; Eichholtz, Kriegswirtschaft, Bd. 2, S. 138 f.; Werpup, Ziele, S. 161 f., 168 f.

147 RüIn Ukraine. Tätigkeitsbericht für die Zeit 1.1.-15.1.1943, BA-MA RW 30/98, Bl. 9 f.; KTB Rü/WiKdo Dnjepropetrowsk v. 6.1., 8.1. u. 11.2.1943, BA-MA RW 30/109, Bl. 5 f., 18 f.

148 Betr. Einschaltung der französischen Industrie beim Wiederaufbau im ukrainischen Raum, o. D. [ca. 1942], BADH R 10 III/97, Bl. 4 f.; BHO an Dnjeprstahl [sic], 26.9.1942, BADH R 121/2139; James, Familienunternehmen, S. 195.

Der Mangel an Transportraum stellte angesichts der Ausdehnung des deutschen Machtbereichs und des limitierten Fahrzeugbestandes ein Problem sui generis dar: je weiter vom Reich – wo die Situation schon notorisch angespannt war – entfernt, desto gravierender.[149] Die Frage der Arbeitskräftebeschaffung schließlich hatte verschiedene Ursachen. Zum einen fehlten die vor dem deutschen Einmarsch evakuierten Fachkräfte. Zum zweiten verringerte sich die vorhandene Zahl der Arbeiter infolge der Zwangsrekrutierungen für den »Reichseinsatz« stetig. Zum dritten beseitigte der Terror der deutschen Besatzungsherrschaft die anfänglichen Sympathien der Ukrainer für die selbsternannten Befreier rasch und dauerhaft. Eine ausreichende Gestellung von Arbeitskräften war spätestens seit Mitte 1942 zu keinem Zeitpunkt mehr gegeben.[150] Symptomatisch war etwa die Beschwerde der Geschäftsführung von Dnjepr-Stahl im Mai 1943, daß von den durch das Generalkommissariat für das Iwan-Programm zugesagten 9300 Arbeitskräften nur knapp 880 bereitgestellt worden seien.[151]

Ungeachtet dieser Umstände erzielten die deutschen Patenbetriebe innerhalb eines Jahres nach Auflage des Iwan-Programms erhebliche Fortschritte beim industriellen Aufbau. Bereits im Oktober 1942 meldeten die Blechwalzwerke Komintern I und Kamenskoje Anlaufbereitschaft.[152] Zwar mußten nach der sowjetischen Winteroffensive im Februar 1943 zwischenzeitlich sämtliche Baumaßnahmen unterbrochen werden[153], im Mai 1943 konnte Flick Pleiger jedoch mitteilen, daß das Werk Petrowski die Schienenherstellung und den ersten SM-Ofen der Dnjepr-Stahl-Gruppe in Betrieb genommen hatte. »Ich kann Ihnen ferner die Versicherung geben, daß seitens Dnjepr-Stahl sämtliche betriebliche Voraussetzungen und Dispositionen für die Herstellung von Geschoßhalbzeug, Schienen und sonstigen Walzwerksprodukten soweit getroffen sind [...].«[154]

Entsprechend positiv war der Eindruck der deutschen Rüstungsplaner. So schwärmte die Hüttenverwaltung Ukraine der BHO von dem »erfreuliche[n] neue[n] Geist, [der] an dem Dnjepr eingezogen ist«, während Geilenberg Monden bescheinigte, Dnjepr-Stahl habe unter seiner Führung »ganz Hervorragen-

149 Aus der Masse an Beschwerden: Rückblick auf die rüstungswirtschaftliche Entwicklung in der Zeit v. 1.1.-31.3.1942, BA-MA RW 30/93, Bl. 28-30; Tätigkeitsbericht für die Zeit 1.11.-15.11.1942, BA-MA RW 30/97, Bl. 12f.; Tätigkeitsbericht für die Zeit 16.1.-31.1.1943, BA-MA RW 30/98, Bl. 11-13.

150 Vgl. Penter, Gesellschaft.

151 RüKdo Dnjepropetrowsk. Halbmonatsbericht (1.-15.9.1942), BA-MA RW 30/107; KTB WiIn Ukraine v. 6.5.1943, BA-MA RW 30/99, Bl. 13.

152 KTB Rü Kdo Dnjepropetrowsk v. 13.10.1942, BA-MA RW 30/108, Bl. 10; Überblick für die Zeit 1.10.-31.12.1942, ebd., Bl. 44f.

153 Rü/WiKdo Dnjepropetrowsk. Halbmonatsübersicht 1.-15.2.1943 u. 16.-28.2.1943, BA-MA RW 30/109, Bl. 16-23, 26-32; RüIn Ukraine. Tätigkeitsbericht für die Zeit 1.-15.2.1943 u. Rückblick über die wehrwirtschaftliche Entwicklung in der Zeit 1.1.-31.3.43, 31.3.1943; BA-MA RW 30/98, Bl. 15-29.

154 Flick an Pleiger, 6.5.1943, BADH R 121/2140; KTB WiKdo Dnjepropetrowsk v. 20.4. u. 3.5.1943 RW 30/110, Bl. 15, 34.

des geleistet«.[155] Die Zufriedenheit der Ingenieure und Manager darüber, daß der Aufbau für das Iwan-Programm deutlich schneller voranschritt als geplant, drückte sich schließlich auch in der Umbenennung der Werke der Dnjepr-Gruppe aus. Der einer gewissen Ironie nicht entbehrende Umstand, daß die Rüstungsanstrengungen für die nationalsozialistische Kriegswirtschaft bis dato mit klingenden Namen wie Komintern und Karl-Liebknecht verbunden gewesen waren, fand nun Abhilfe durch den deutschen Gauen entlehnte Bezeichnungen. Aus Petrowski wurde die Preußenhütte, aus dem Lenin- ein Elbewerk, aus Komintern die Nordmarkhütte.[156]

Bis zu diesem Zeitpunkt konnte die Entwicklung der Dnjepr-Stahl mit Blick auf den raschen Kapazitätsaufbau durchaus als Erfolgsgeschichte bezeichnet werden. Allerdings war sie exakt zu jenem Zeitpunkt zu Ende, als die eigentliche Produktion der Werksgruppe erst beginnen sollte. Im Sommer 1943 brachen die Wehrmachtslinien im Osten auf breiter Front zusammen, ohne Hoffnung, das ukrainische Industriegebiet doch noch zu halten. Anfang September 1943 traf Pleiger im Dnjepr-Bogen ein und verkündete die umgehende Einstellung des Iwan-Programmes sowie den Abbruch sämtlicher Anlagen.[157]

In einer allein der Logik der »verbrannten Erde« folgenden Umkehrung der bisherigen Aufbauarbeit wurde nun durch die deutschen Stellen demontiert, soviel nur möglich war; ganze Fabriken und Brücken wurden abtransportiert.[158] Auch bei den Werken von Dnjepr-Stahl wurde unter Mondens Leitung ein Maximum an Maschinen, Materialien und Gebäudeteilen abgebaut und verladen. Von über 3400 Eisenbahnwagen, die mit Gütern der Eisenindustrie aus Dnjepropetrowsk, Saporoshje, Kamenskoje und Kiew abgefahren wurden, stammten fast 900 von der Dnjepr-Stahl GmbH.[159] Was nicht abtransportiert werden konnte, sollte weisungsgemäß gesprengt werden. Den Betriebsführern oblag es dabei, die neuralgischen Punkte für eine effektive Zerstörung zu benennen.[160]

Die aus der Ukraine rückgeführten Güter waren formell ebenso wie jene von Vairogs Eigentum des Reiches. Dessen Vertreter bemühten sich entsprechend, zwischen 1944/45 eine reguläre Verteilung und Abrechnung zugunsten der Öf-

155 Hüttenverwaltung Ukraine. Wochenbericht 2. Märzwoche, 15.3.1943, BADH R 121/2140; Bericht. Betr. Besprechungen Geilenberg, 24.6.1943, BADH R 121/2139.

156 Aufstellung der W-Betriebe im Bereich des WiKdos Dnjepropetrowsk, Stand v. 1.7.1943, BA-MA RW 30/111, Bl. 107.

157 KTB WiKdo Dnjepropetrowsk v. 3.9. u. 22.9.1943, BA-MA RW 30/111, Bl. 9, 13; Überblick der Gruppe Rü zum Kriegstagebuch 3. Quartal 1943, ebd., Bl. 32-34.

158 KTB WiKdo Dnjepropetrowsk v. 22.9.1943, ebd., Bl. 13. Vgl. Werpup, Ziele, S. 204-214. Zitat: RKU. Lagebericht, 13.11.1943, BAB R 6/305, Bl. 74.

159 Räumungsbericht WiIn Süd, o. D. [1943], BA-MA RW 31/204, Bl. 18-22; KTB des WiKdo Dnjepropetrowsk v. 28.9.1943, BA-MA RW 30/111, Bl. 15; Nachtrag zum Kriegstagebuch für die Zeit v. 13.9. bis 3.10.1943, ebd., Bl. 51.

160 Kommandeur an Einsatzstaffel WiKdo Dnjepropetrowsk, o. D., BA-MA RW 30/112, Bl. 35; Räumungsbericht WiIn Süd, o. D. [1943], BA-MA RW 31/204, Bl. 14; Eidesstattliche Erklärung H. Monden, 27.5.1947, StAN Rep. 501, KVP, Fall 5, D-7, Dok. Burkart-836, Bl. 752-755; s. auch Werpup, Ziele, S. 212 f.

fentlichen Hand durchzusetzen. Dies erwies sich jedoch vielfach als vergebens. So fehlten exakte Unterlagen über Umfang und Wert der verschickten Maschinen und Materialien teils wegen der hektischen Umstände der Evakuierung, teils aufgrund von Luftangriffen auf die deutschen Paten, darunter auch Dnjepr-Stahl, deren zwei Berliner Büros Ende 1943 vollständig ausbrannten.[161] Im Ergebnis hatten jene Behörden und Firmen, bei denen Auffanglager eingerichtet worden waren (darunter Busch, LHW und Mittelstahl), den leichtesten Zugriff auf die Räumungsgüter. Innerhalb des Flick-Konzerns koordinierten die Einzelwerke ihre Anträge, um größtmögliche Zuteilungen zu erhalten und den Ansprüchen des Partners bei Dnjepr-Stahl, den Reichswerken, zuvorzukommen.[162] Von Telephonkabeln bis zu Treibriemen und von Motoren bis zu Kugellagern fanden sich unter den Konzerngesellschaften für praktisch alle Gegenstände Abnehmer.[163] Der Epilog des Plünderungs- und Ausbeutungskrieges im Osten glich einem Schlußverkauf.

Fazit

Wie schon in den »Arisierungen« vor dem Krieg, so erkannte Flick auch in der militärischen Aggression Chancen und Möglichkeiten für seinen eigenen Konzern. Diente das lothringische Unternehmen noch der Arrondierung von Flicks süddeutschem Besitz, so hätte das hochambitionierte Dnjepr-Projekt einen Quantensprung der FFKG in Produktionsumfang und geographischer Ausdehnung bedeutet, wäre die Ukraine im deutschen Herrschaftsbereich verblieben. Daß der Kriegsausgang diese hochspekulativen Wechsel nicht einlöste, tat dem Flick-Konzern letztlich nicht weh. Eigene Mittel waren in Rombach in verhältnismäßig geringem Umfang, in Riga oder Dnjepropetrowsk fast gar nicht involviert.

Für wie hoch Flick die Chancen, die fraglichen Werke langfristig zu kontrollieren, bei nüchterner Betrachtung erachtete, läßt sich kaum beurteilen. Zurückzustehen stellte aber kaum eine Option dar angesichts des regelrechten *scramble*, der zwischen den deutschen Montankonzernen in Polen, Frankreich und der Sowjetunion ausgetragen wurde, freilich nicht um alle, sondern stets nur um die attraktivsten Objekte. Daß er sich so überaus erfolgreich positionieren konnte,

161 Vermerk, 2.12.1943, RWWA 72-171-6; BHO an Leiter der Betriebsabwicklungsstelle, 5.9.1944, BAB R 2/14958a, Bl. 5; Kindel an Burkart, 24.1.1945, BAB R 8122/520, Bl. 102 f. Allerdings erschwerte dies umgekehrt auch die Abrechnung von Forderungen der Patenfirmen gegen die BHO.

162 Niederschrift über die Besprechung am 21.2.44, 23.2.1944, StAN Rep. 501, KVP, Fall 5, B-23, NI-4500, Bl. 32-34.

163 Auszug des Listeninhalts, aufgestellt von der B.H.O., StAN Rep. 501, KVP, Fall 5, B-23, NI-5294, Bl. 40-43; Mittelstahl (Burkart) an Maxhütte, 29.4.1944, NI-5737, ebd., Bl. 45; Weiss an Harpen, ESt, LHW, Busch, ATG u. LWG, 2.6.1944, BAK Z 45 F 11/13-2/11; Notiz über die Besprechung bei der BHO am 12.1.1944, 13.1.1944, StAN Rep. 502, KVA, Handakten, B-81.

während andere Branchengrößen wie Hoesch in Lothringen leer ausgingen, lag vor allem an Flicks erstklassigen Informationswegen und Verhandlungsstrategien. Über den oberschlesischen Umweg kreierte er Ansprüche in Lothringen, wo keine waren, nutzte die kurzen Lübecker Dienstwege in die Ostland-Verwaltung, ging mit Pleigers Reichswerken eine Kooperation in beiderseitigem Interesse ein und gelangte auf quasi-staatlichem Ticket in die vorderste Reihe der Patenbetriebe. Am Ende bedeutete die Aufgabe der solcherart in Beschlag genommenen Betriebe wenig mehr als ein Ärgernis. Einen Versuch war es allemal wert gewesen.

2. Zwangsarbeit im Flick-Konzern

Der nationalsozialistische Raubkrieg erschöpfte sich nicht darin, Rohstoffe und industrielle Ressourcen auszubeuten. Auch die Menschen, die mit dem Vormarsch der Wehrmacht in den deutschen Machtbereich rückten, wurden zu Objekten der Planungen des NS-Regimes. Dies galt in zweierlei Hinsicht: Einerseits stellten die Einwohner der besetzten Gebiete – in sehr unterschiedlichem Maße, das von der jeweiligen Einstufung in die nationalsozialistische Rassenhierarchie bestimmt wurde – zu verschiebende und vor allem in Osteuropa auch zu vernichtende Variabeln der Neuordnungspolitik dar. Zum anderen gewann mit fortschreitender Kriegsdauer die Wahrnehmung der vielen Millionen Menschen unter deutscher Herrschaft als ökonomischer Faktor an Bedeutung. Aus der Erkenntnis heraus, daß der »Produktionsfaktor Mensch«[1] eine, wenn nicht gar die Schlüsselfrage für den Sieg im Wirtschaftskrieg darstellte, entschloß sich das NS-Regime zur Implementierung eines Zwangsarbeitsprogrammes von bis dahin ungekanntem Ausmaß. Die Entscheidung erfolgte dabei nicht in Gestalt eines einmaligen, dauerhaft verbindlichen und die Details umfassend regelnden Entschlusses. Vielmehr handelte es sich um einen dynamischen Prozeß, der sowohl von einer kontinuierlichen Ausweitung der Zwangspolitik wie auch von einem fortwährenden Konflikt zwischen kriegswirtschaftlichem Pragmatismus auf der einen und ideologischer Rassendoktrin auf der anderen Seite charakterisiert wurde. Während diese, in den Widersprüchen des nationalsozialistischen Eroberungskrieges selbst angelegten Auseinandersetzungen teils retardierend auf Umfang und Chronologie des »Fremdarbeitereinsatzes«[2] wirkten, trugen sie gleichzeitig entscheidend zur Verschärfung der Praxis der Zwangsarbeits- und Ausländerpolitik bei.[3]

1 Müller, Wirtschaftspolitik, S. 347; vgl. Thomas, Geschichte, S. 195 f.

2 Trotz oder wegen der inzwischen unübersehbaren Literatur zur Zwangsarbeit im NS-Staat tut sich die Forschung nach wie vor schwer mit einer einheitlichen Begrifflichkeit. Dies liegt einerseits an der Problematik, die ideologisch überformten Begriffe des NS-Regimes als Termini technici in den wissenschaftlichen Sprachgebrauch zu inkorporieren. Andererseits haben sich neutralere Begriffe wie Zwangsarbeit und Ausländerarbeit als nicht deckungsgleich erwiesen. So wurde zwar eine ganz überwiegende Mehrheit, aber eben nicht alle ausländischen Zivilarbeiter zur Arbeitsaufnahme im Reich gezwungen. Zugleich stammten nicht alle Zwangsarbeiter aus dem Ausland, insbesondere nicht jüdische Deutsche, KZ-Häftlinge und Strafgefangene. Im folgenden werden die Begrifflichkeiten des Regimes der besseren Lesbarkeit halber überwiegend ohne Anführungszeichen verwendet, was aufgrund der breiten Sensibilisierung für das Thema in Forschung und Öffentlichkeit hinnehmbar erscheint. Zu terminologischen Fragen vgl. u. a. Spoerer, Zwangsarbeiter, S. 10-19; Herbert, Zwangsarbeit, S. 18 f.

3 Grundlegend Herbert, Fremdarbeiter; aus der älteren Forschung: Homze, Labor; zu den administrativen Entscheidungsprozessen Naasner, Machtzentren; synthetisierend Spoerer, Zwangsarbeiter; weitere Literatur, insbesondere aus der Vielzahl an Unternehmens- und Lokalstudien in den Anm. dieses Kapitels.

Bei einer zeitlichen Dauer von rund fünfeinhalb Jahren und einer Gesamtzahl von etwa 13 Mio. Menschen, die im Rahmen des Ausländer- und Zwangseinsatzes – die besetzten Gebiete nicht eingerechnet – Arbeit im Deutschen Reich leisteten[4], bildeten die Unternehmen des Flick-Konzerns keine Ausnahme vom »ubiquitäre[n] Massenphänomen der Zwangsarbeit«.[5] In allen größeren Tochtergesellschaften des Konzerns wurden während des Zweiten Weltkrieges ausländische, in der Regel zwangsweise rekrutierte Arbeitskräfte eingesetzt. In der Mehrheit der produzierenden Flick-Unternehmen war der Fortbetrieb der Werke spätestens ab Ende 1942 ohne die meist als Fremdarbeiter bezeichneten Männer und Frauen nicht mehr denkbar. Der Rückgriff auf erzwungene Arbeitsleistungen wurde zum konstitutiven Merkmal der Betriebsführung der Flick-Unternehmen und somit auch zu einem Grundstein des Konzerngebäudes unter den Bedingungen der Kriegswirtschaft. Gleichzeitig variierten Zeitpunkt, Umfang und Art, weniger aber die Umstände des Zwangsarbeitereinsatzes unter den Konzerngesellschaften erheblich. Auch individuelle Faktoren, die im habituellen Berufsethos gleichermaßen wie im individuellen Charakter einzelner Betriebsführer und Werksleiter liegen konnten, spielten eine wichtige, für die Alltagserfahrung der betroffenen Arbeiter nicht selten ausschlaggebende Rolle.

Im folgenden wird kein detailliertes Panorama der Zwangsarbeit im Flick-Konzern gezeichnet. Statt dessen werden vor dem Hintergrund der ergiebigen Forschungserträge Chronologie, Umfang und Gestalt der Beschäftigung von Ausländern und Häftlingen in den Konzernunternehmen skizziert. Auf dieser Unterlage werden die verschiedenen Einsatzorte innerhalb des Konzerns miteinander sowie im Kontext ihrer jeweiligen Branchen verglichen und in den Rahmen der nationalsozialistischen Vernichtungs- und Besatzungspolitik eingeordnet.[6]

2.1. Umfang und Chronologie des Ausländer- und Zwangseinsatzes

Der Überblick über Ablauf und Umfang des Einsatzes ausländischer (Zwangs-) Arbeiter im Flick-Konzern zeigt sowohl deutliche Gemeinsamkeiten als auch markante Unterschiede zwischen einzelnen Firmen, teils sogar zwischen Be-

4 Vgl. Spoerer, Zwangsarbeit, S. 223; Demps, Zahlen, S. 831. Die Zahl derer, die allein in den besetzten Ostgebieten für die deutsche Kriegswirtschaft arbeiteten, beziffert Penter, Feind, S. 66, auf rund 22 Mio.

5 Grieger, Zwangsarbeit, S. 49.

6 Für den komparativen Blick auf den Zwangsarbeitereinsatz im Flick-Konzern sind die einleitend gemachten Bemerkungen zur Forschungslage gesondert zu qualifizieren. Zum Kohlenbergbau liegen die auf Branchenebene umfangreichsten und präzisesten Untersuchungen vor: Seidel, Völkergemisch; Urban, ÜberLeben. Ganz im Gegensatz dazu hat der Zwangsarbeitereinsatz in den Hüttenwerken der privaten Stahlkonzerne seit Herberts Studie überraschend wenig Beachtung gefunden. Eine Ausnahme bildet neben der älteren Arbeit von Seebold, Stahlkonzern, S. 168-176, vor allem Abelshauser, Rüstungsschmiede, S. 400-431, dessen Darstellung wohl auch aufgrund der unterschiedlichen Quellenbasis von jener Herberts deutlich abweicht.

triebsabteilungen desselben Werks.[7] Bereits die Ausgangslage der diversen Unternehmen und Sparten variierte ganz erheblich. Zwar war der Arbeitsmarkt schon vor den Einberufungen des Jahres 1939 reichsweit äußerst angespannt und bot kaum noch nennenswerte Reserven, gleichwohl bestand ein spürbares Gefälle nach Branchen und Regionen.[8] So konnten etwa die Verarbeiter des Flick-Konzerns wie ATG, Busch-Bautzen und Linke-Hofmann in größerem Umfang auf weibliche Arbeitskräfte zurückgreifen als die schwerindustriellen Zweige.[9] Mehr noch galt dies für die Munitionsfabrikation etwa der SGW. Deren Bearbeitungsstätten wurden nach 1933 massiv ausgebaut und boten im Gegensatz zu den für Frauen weitgehend unzumutbaren Stahlwerken oder Kohlegruben körperlich weniger anstrengende Tätigkeitsprofile. Zudem verhalf der wachsende Anteil der prioritären Rüstungsfertigung den SGW zu hohen Zuweisungen an Dienstverpflichteten, so daß die Gesamtbelegschaft, die sich bereits zwischen 1932/33 und 1938/39 annähernd vervierfacht hatte, auch nach Kriegsbeginn noch gesteigert werden konnte.[10]

Ebenso wichen die Auswirkungen der militärischen Einziehungen zwischen den einzelnen Unternehmen beträchtlich voneinander ab. So lag die Einberufenenquote der Lauchhammergruppe am Ende des ersten Kriegsjahres bei 13,8 Prozent, die der Havelgruppe hingegen drei Punkte darunter. Noch besser standen sich die Harpener Bergwerksbetriebe, die im Mai 1941 mit 7,1 Prozent eingezogenen Belegschaftsmitgliedern moderate Einbußen verzeichneten. Bei den Braunkohlegruben von Mittelstahl stand selbst im Januar 1945 weniger als ein Viertel der Stammbelegschaft bei der Wehrmacht im Sold.[11]

Nicht nur der Arbeitskräftebedarf der einzelnen Unternehmen und Werke variierte somit spürbar, auch die Bereitschaft, auf ausländische Beschäftigte zurückzugreifen, war an den Konzernstandorten unterschiedlich stark ausgeprägt. Während etwa die Erzgruben in Elbingerode (Mittelstahl) und Schmiedefeld (Maxhütte) zu den Pionieren beim Einsatz polnischer Kriegsgefangener im Herbst 1939 zählten[12], zeigten sich die Steinkohlebetriebe an der Ruhr deutlich zurückhaltender. Die Zechenleitungen von Harpen und Essen gaben sich an-

7 Vgl. für das Riesaer Werk: Meldungen an Abt. Wirtschaftsstatistik, 1944, SächsHStA 11616/15.12.

8 Beispielhaft die Maxhütte 1938, Maxhütte Vorstand an AA Amberg, 6.10. u. 13.10.1938; Maxhütte Vorstand an DAF, 18.7. u. 20.7.1939, beide BAB R 8122/80908.

9 Bautzen, Belegschaftszahlen, o. D., SächsHStA 11692/386; LHW, Bericht Oktober 1941, SächsHStA 11692/67.

10 Belegschaftsstand (nur Arbeiter) unserer Werke, 24.10.1941, SächsHStA 11617/130; SGW, Gefolgschaftszahlen Abteilungen Freital und Pirna, o. D. [1940], BAB R 8122/671; SGW an Deutsche Bank, 10.9.1940, BAB R 8122/545.

11 Zum Heeresdienst einberufene Gefolgschafts-Mitglieder (Stand: 1.10.1940), Sächs HStA 11616/15.08; Gefolgschaft Lauchhammer-(Lhh)-Gruppe Juli 1943-Dezember 1944, 5.9.1943-6.1.1945, SächsHStA 11616/15.09; Niederschrift über die Vorstandssitzung v. 20.5.1941, 5.6.1941, StAN Rep. 502, KVA, Handakten, B-69.

12 Monatsbericht MSt Lhh-Gruppe September 1939, SächsHStA 11616/12.205; Maxhütte an Grubenverwaltung Schmiedefeld, 17.10.1939, StAN Rep. 502, KVA, NI-3627.

gesichts unbefriedigender Erfahrungswerte mit bergfremden, ungelernten, oft auch physisch ungeeigneten Arbeitskräften aus früheren Anwerbungsmaßnahmen skeptisch. Als Görings Leistungsbeauftragter für den Bergbau, Paul Walter, im Herbst 1939 auf den Einsatz von polnischen Kräften drängte, stieß er bei den Ruhrzechen, die auf die baldige Rückkehr ihres Stammpersonals hofften sowie rassen- und sicherheitspolitische Bedenken geltend machten, auf kaum verhohlene Ablehnung.[13] Lediglich in begrenztem Rahmen und in eigener Initiative – an den von der Bezirksgruppe Steinkohlenbergbau nach Polen entsandten Rekrutierungskommissionen beteiligten sich auch Harpen und Essen[14] – waren die Zechengesellschaften zum Einsatz ausländischer Bergleute bereit. Insgesamt blieb der Anteil der auf den Schachtanlagen an der Ruhr eingesetzten Ausländer während des ganzen Jahres 1940 mit nur etwa fünf Prozent auf verhältnismäßig niedrigem Niveau. Bei Harpen waren zu diesem Zeitpunkt lediglich auf den Zechen Gneisenau und Hugo polnische sowie aus Frankreich und Belgien verpflichtete Arbeiterkontingente von insgesamt rund 350 Mann angelegt.[15] Auf den Essener Schächten stellten die ausländischen Bergleute im Oktober 1940 kaum zwei Prozent der Gesamtbelegschaft.[16]

Daß auch in den mitteldeutschen Grubenbetrieben die Zahlen der eingesetzten Ausländer zunächst in einem überschaubarem Rahmen blieben, erklärte sich weniger aus der Abneigung der Unternehmen, entsprechende Kräfte zu beschäftigen, als vielmehr aus der Unfähigkeit der Behörden, die angeforderten Kontingente bereitzustellen. Die Voraussetzungen des Ausländereinsatzes in den Braunkohlenbetrieben des Flick-Konzerns unterschieden sich erheblich von jenen im Steinkohlenbergbau. Der hohe Mechanisierungsgrad des mitteldeutschen Tagebaus, bei dem die eigentliche Förderung durch Großgerät erledigt wurde, erforderte nur ein geringes Maß an manueller Arbeit. Ein Großteil der Beschäftigten war bei Erd-, Bau- und Gleisarbeiten eingesetzt, für die besondere

13 Vgl. Herbert, Fremdarbeiter, S. 169f.; Seidel, Arbeitseinsatz, S. 269, ders., Völkergemisch, S. 97-101.

14 Vohl an W. Tengelmann, 7.7.1940, BAB R 8122/80917; vgl. Dok. 11 u. 33 in Seidel/Tenfelde, Zwangsarbeit, Bd. 2, S. 126-130, 165-170; Littmann, Notstand, S. 18; Seidel, Völkergemisch, S. 90-92.

15 Harpener Gefolgschaft am viertletzten Arbeitstag Februar 1940, März 1940 u. Januar 1941, BAB R 8122/80909; Niederschrift über die Vorstandssitzung am 16.4.1940, ebd.; Vorlage über das Eintreffen des zweiten Polentransportes, 14.6.1940; Zeche Hugo an Harpen, 25.6. u. 17.7.1940; Zeche Hugo an Ernährungsamt Recklinghausen, 29.8.1940, alle BAB R 8122/80911. Die in dieser Phase noch häufige Selbstverpflichtung der ausländischen Arbeiter schließt ökonomische, von den deutschen Besatzungsbehörden gezielt eingesetzte Zwänge nicht aus. Zudem wurden regelmäßig falsche Zusagen über Entlohnung und Behandlung im Reich gemacht, s. etwa Schreiben an Direktor der Harpenwerke in Buer, 30.6.1940, WWA F 14/12; Bericht, 11.7.1940, ebd.

16 ESt an BezGr Steinkohlenbergbau, 8.7.1940; [Vermerk], 18.11.1940; [Vermerk], 4.12.1940; Betriebsabteilung Essen an Betriebsführer, 8.8.1940, alle BAB R 8122/80915; Fragebogen Arbeitskräfte aus Belgien und Nordfrankreich, Stand v. 5.10.1940, StAN Rep. 502, KVA, NI-3083.

Qualifikationen oder langjährige Berufserfahrung nicht erforderlich waren.[17] Daher stieß Walters Initiative zum Einsatz von Polen im Herbst 1939 in Mitteldeutschland anders als im Ruhrgebiet auf reges Interesse; die Bezirksgruppe forderte umgehend rund 6000 Mann an. Aufgrund ihrer vorrangigen Verwendung in der Landwirtschaft gelangten jedoch lediglich 1000 Kriegsgefangene in die Betriebe, ein Zehntel davon zur AKW-Gruppe Welzow.[18]

Unmaßgeblich blieben die ausländischen Belegschaftszugänge zunächst bei den Hüttenwerken Flicks. Die Maxhütte erhielt trotz wiederholter Anforderungen bis zum Sommer 1941 nur kleinste Kontingente[19], und auch bei Mittelstahl war der Einsatz kriegsgefangener und ziviler Ausländer lange nur von nachrangiger Bedeutung – mit Ausnahme des Gröditzer Werks: Hier stieg die Zahl fremder Arbeiter schon vor dem Überfall auf die Sowjetunion auf rund 900 Mann.[20] Dies war annähernd der sechsfache Wert der bei den nahen SGW-Betrieben beschäftigten Ausländer. Dort halfen der erfolgreiche Fraueneinsatz sowie die privilegierte Zuteilung von Dienstverpflichteten, bis zum Herbst 1941 im Stammwerk die Ausländerquote unterhalb eines Zehntels zu halten.[21] Ebenfalls spät, erst Mitte 1940, nahmen die Flick'schen Waggonbauer den Ausländereinsatz auf. Der Anteil der überwiegend französischen Kriegsgefangenen an den Lohnempfängern bei Busch-Bautzen ging jedoch im ersten Jahr nicht über 7,5 Prozent hinaus, im Breslauer LH-Werk stellten diese zusammen mit polnischen Zivilarbeitern seit Oktober 1940 etwa jeden zehnten Arbeiter.[22]

Gemeinsam war der Mehrheit der Konzernwerke, daß erst in der zweiten Kriegsphase ein breiter Einsatz von Fremdarbeitern erfolgte, in dessen Zuge seit Frühjahr 1942 sowjetische Kriegsgefangene und Zivilisten, die sogenannten Ostarbeiter, zu den beiden wichtigsten Einzelgruppen wurden. Dennoch waren auch hier sichtbare Unterschiede in den Rekrutierungsmustern der Werke zu erkennen. So erklärte sich die Maxhütte, der politischen Entscheidungsfindung in

17 Vgl. dazu Urban, Todeskandidaten, S. 323f.

18 BezGr Mitteldeutscher Braunkohlenbergbau an WiGr Bergbau, 19.9.1939, BBA 15/269; Aushang der Grube Clara, Welzow, 31.10.1939, StAN Rep. 502, KVA, NI-6001; BezGr Mitteldeutscher Braunkohlenbergbau an AKW, 22.6.1940, ebd., NI-5226; Arbeiter-Belegschaftsstand 7.7.-13.7.1940, StAN Rep. 501, KVP, Fall 5, D-4, Bl. 274; vgl. Urban, Todeskandidaten, S. 315-317.

19 Fernmündliche Unterredung mit Herrn Dr. Steinberg, BezGr. Nordwest, 14.3.1941, BAB R 8122/80918, NI-3214; Werk Rosenberg u. Kalkwerk Lengenfeld, o. D. [1942], BAB R 8122/80908; vgl. Priemel, Zwangsarbeit, S. 101f.

20 Monatsbericht MSt Lhh-Gruppe September 1940, SächsHStA 11616/12.206; Dörr, Vorgehen, S. 74, 290. Ausländische Zivilarbeiter wurden in den »Gefolgschaftsstatistiken« der Mittelstahl- und FFKG-Werke bis 1942/43 nur selten separat geführt, so daß quantitative Aussagen nicht mit letzter Sicherheit zu treffen sind.

21 Stand der Ausländer und der Kriegsgefangenen, o. D. [ca. 1945], SächsHStA 11617/130.

22 Korrespondenz Busch-Bautzen 1940/41 in SächsHStA 11692/380; Waggonbau Bautzen, Belegschaftszahlen, o. D., SächsHStA 11692/386; LHW, Bericht Oktober 1941, SächsHStA 11692/67.

dieser Frage vorgreifend, bereits im Juli 1941 bereit, sowjetische Gefangene heranzuziehen.[23] Zu diesem Zeitpunkt lief im Ruhrbergbau – wo sich allmählich die Erkenntnis durchsetzte, daß in absehbarer Zeit mit der Rückkehr der Stammbelegschaften nicht zu rechnen war – die interne Diskussion über Art und Umfang eines solchen Einsatzes erst an. Das Ergebnis war freilich am Ende dasselbe.[24] Die erwarteten Kriegsgefangenen blieben aber zunächst aus und wurden durch Ostarbeiter ersetzt: Aufgrund der mörderischen Bedingungen in den Lagern der Wehrmacht starb im ersten halben Jahr des Krieges weit mehr als Hälfte der 3,35 Mio. Rotarmisten. Der Rest war körperlich in aller Regel zu schwach, um zur Arbeit herangezogen zu werden bzw. bedurfte, so der zeitgenössische Jargon, der »Aufpäppelung«.[25] Erst ab Mitte 1942 standen sowjetische Gefangene in großer Zahl zur Verfügung und stellten dann vor den 1943/44 hinzukommenden Italienischen Militärinternierten (IMI) – eine eigens geschaffene Kategorie, um die ehemaligen Bundesgenossen von den Schutzbestimmungen der Genfer Konvention auszunehmen[26]– die größte Gruppe zum Arbeitseinsatz verpflichteter Soldaten.

Diese Um- und Neudispositionen führten zu erheblichen Unterschieden in der Chronologie des Zwangseinsatzes wie auch in der Zusammensetzung der Belegschaften von Flicks Konzernwerken. Trafen die ersten sowjetischen Arbeitskommandos in Gröditz und Breslau schon im Herbst 1941 ein[27], so fanden sich sowjetische Kriegsgefangene in größerer Zahl bei ATG und Harpen erst im Frühjahr bzw. im Herbst 1942.[28] Die ersten Zuweisungen präjudizierten oft die künftigen Belegschaftszusammensetzungen. So wurde bei der Maxhütte das Verbot der gemeinsamen Beschäftigung von Ostarbeitern und sowjetischen Kriegsgefangenen zwar nicht strikt, aber doch weitgehend durchgesetzt. Infolgedessen erhielten die bayerischen Werke nach dem im Dezember 1941 eingetroffenen ersten Transport mit sowjetischen Gefangenen fortan überwiegend Rotarmisten zugeteilt, während Unterwellenborn mit einem Kontingent aus Ostarbeitern begann, die auch das Gros der folgenden Zuweisungen stellten; italienische Militärinternierte wurden indes sowohl in den bayerischen als auch

23 Priemel, Zwangsarbeit, S. 102.

24 BezGr Steinkohlenbergbau Ruhr an Mitglieder, 12.7.1941; RWiM an WiGr Bergbau, 13.7.1941; BezGr Ruhr an RVK/Pleiger, 17.7.1941, alle BBA 15/269; Pleiger an OKW, 30.6.1941, BADH R 10 VIII/54, Bl. 2-5; vgl. Herbert, Fremdarbeiter, S. 160; Seidel, Völkergemisch, S. 82; Spoerer, Zwangsarbeit, S. 73.

25 Grundlegend: Streit, Kameraden; Otto, Wehrmacht; Neumann, Arzttum, S. 323-335.

26 Umfassend: Schreiber, Militärinternierten.

27 Nicht eingerechnet Stahlbau Wittenau; Monatsbericht MSt Lhh-Gruppe September 1942, SächsHStA 11616/12.208; LHW, Berichte Oktober 1941, Januar u. Februar 1942, SächsHStA 11692/67 u. 68; vgl. Dörr, Vorgehen, S. 293.

28 Harpen an BezGr Steinkohlenbergbau, 1.10.1942; Robert Müser an Bergrevier Witten, o. D., beide BAB R 8122/80912; ATG-Berichte über den XII. Betriebsmonat 1940/41 und den XII. Betriebsmonat 1941/42, beide BAB R 8122/941, Bl. 189 f., 299-332; Arbeiterzahlen des Konzerns, o. D., BAB R 8122/80920, NI-5499 (F).

in den thüringischen Betrieben in großer Zahl eingesetzt.[29] Ebenso signifikant differierten die Ausländeranteile an der Arbeiterschaft. Im Frühjahr 1944 betrug die Quote der Fremdarbeiter in Haidhof 33,5, in Rosenberg 39,8, in Fronberg 47,5 und in Unterwellenborn 44,4 Prozent.[30]

Ähnliche Unterschiede wiesen die Steinkohlezechen des Flick-Konzerns auf. Während auf den Harpener Gruben im März 1944 die Zahl der sowjetischen Kriegsgefangenen jene der Ostarbeiter deutlich überstieg (3517:1409), war das Verhältnis beim Essener Schwesterunternehmen annähernd ausgeglichen (2898: 2270).[31] Dies hatte unmittelbare Folgen für die Frage der Frauenarbeit. Während sich bei Harpen wegen der niedrigeren Ostarbeiterzahlen kaum Frauen unter den Fremdarbeitern fanden, zählte man auf den Essener Schachtanlagen Anfang 1945 immerhin 274 sowjetische Arbeiterinnen (zwölf Prozent aller Ostarbeiter).[32]

Unterdessen setzten die Waggon- und Maschinenbaufirmen nur wenige (LHW) bzw. keine Ostarbeiter (Busch-Bautzen) ein, sondern beschäftigten mehrheitlich sowjetische Kriegsgefangene. In Breslau und bei der Leipziger LWG waren in großer Zahl zum Reichseinsatz gezwungene französische Zivilarbeiter beschäftigt[33], während dem Fella-Werk in Feucht als einzigem größeren Betrieb Flicks ein Arbeitskommando aus sowjetischen Offizieren zugeteilt wurde.[34] In den Werken von SGW und Freitaler Stahlindustrie (FSI), wo die

29 Veränderung des Bestandes u. der Zusammensetzung unserer Gefolgschaft gegenüber dem 1.1.1939, 3.4.1944, BAB R 8122/80908; Werk Rosenberg; Werk Haidhof, 6.12.1943, StAN Rep. 502, KVA, Handakten, B-61; vgl. Priemel, Zwangsarbeit, S. 103; Die Maxhütte Unterwellenborn 1921 bis 1945, S. 87f.

30 Veränderung des Bestandes, 3.4.1944 (wie Anm. zuvor).

31 Unter Einrechnung der nicht als Ostarbeiter klassifizierten 501 Westukrainer waren die Quoten gleich. Bei Harpen wurde nur zwischen Ostarbeitern und anderen zivilen Ausländern unterschieden. Die Zählweisen der beiden Unternehmen differierten über den ganzen Zeitraum merklich; ESt, Bericht über den Betriebsablauf im Mai 1944, o. D., StAN Rep. 502, KVA, NI-5509, Zugewiesene ausländische Arbeitskräfte bis zum 28.1.1945, WWA F 14/7; Harpener Gefolgschaft am viertletzten Arbeitstag im März 1944, BAB R 8122/80909

32 Zugewiesene ausländische Arbeitskräfte bis zum 28.1.1945, WWA F 14/7.

33 LHW, Berichte Juli 1943-Juni 1944, SächsHStA 11692/70 u. 71; Waggonbau Bautzen, Belegschaftszahlen, o. D. [1949], SächsHStA 11692/386, Monatsberichte Busch-Bautzen 1943/44, SächsHStA 11692/25; Bericht der Waggonfabrik Bautzen Januar-März 1943, 31.3.1943, StAN Rep. 501, KVP, Fall 5, B-7, NI-3193, Bl. 51; Waggonfabrik an Gestapo Bautzen, 28.7.1944, SächsHStA 11692/381; Korrespondenz LWG 1943/44 in StAL 20864/9, 12 u. 14; Ausländer, die von 1942-1945 in der [LWG] beschäftigt waren, 25.8.1966, StAL 20827/10.

34 Arb.Kdo 281 an Fellawerke, 31.3.1942, StAN Rep. 502, KVA, Handakten, B-44; Vermerk, 16.5.1947 [Siemers], StAN Rep. 502A, KVV, Handakten, Flächsner-2; Gefolgschaftsstand Fella-Werk, o. D., StAN Rep. 502, KVA, NI-5502. Für die ATG fehlt aussagekräftiges Datenmaterial zum Arbeitseinsatz weitgehend. Ende Juni 1942 beschäftigte ATG 1189 Ausländer, davon 375 Ostarbeiterinnen und 130 Ostarbeiter. Im Mai 1943 stellten 1526 ausländische Kräfte 25 % der gesamten Arbeiterschaft von 6107 Personen; unklar ist ob darin auch Kriegsgefangene erfaßt waren; Bericht über den XII. Betriebs-

Trennung zwischen sowjetischen Kriegsgefangenen und Zivilisten weniger rigide beachtet wurde, zählte man 1943 insgesamt 16 verschiedene Nationalitäten, darunter erhebliche Kontingente von Kriegsgefangenen aus Italien und aus der UdSSR sowie Ostarbeiter, ein großer Teil von ihnen junge Frauen. Nachdem die SGW bis Anfang 1942 in verhältnismäßig geringem Umfang auf ausländische Arbeiter zurückgegriffen hatte, stieg deren Anteil nun massiv an und überschritt zum Jahresende ein Viertel; bei der FSI stellten Fremdarbeiter gar schon zwei Drittel der Belegschaft.[35]

Die kontinuierliche Zunahme der Anteile ausländischer und Zwangsarbeiter hielt noch bis weit in das Jahr 1944 an. Erst im Sommer 1944 begannen angesichts hoher Flucht- und Todesraten auf der einen und ausbleibender Neurekrutierungen im schrumpfenden deutschen Machtbereich auf der anderen Seite die Fremdarbeiterzahlen zu sinken, so etwa auf den Ruhrzechen und bei der Maxhütte. In anderen Konzernunternehmen, vor allem in Mitteldeutschland, wurden die Höchststände Ende 1944 erreicht.[36] Zu diesem Zeitpunkt hatten sich die Nationalitätenrelationen in den Betrieben längst eklatant verkehrt. So stellten ausländische Arbeiter auf dem Höhepunkt des Zwangseinsatzes im Ruhrbergbau im Sommer 1944 40 Prozent aller Bergleute, ein Wert, der sich fast exakt auch in den Belegschaftslisten von Harpen und Essen abbildete.[37] Auch die Ausländeranteile von Maxhütte, Mittelstahl und SGW entsprachen nahezu dem von der Reichsvereinigung Eisen (RVE) zum 31. Dezember 1943 ermittelten Durchschnitt in der eisenschaffenden Industrie von 40 Prozent.[38] Gleichwohl zeigte eine ganze Reihe von Werken ein deutlich anderes Bild: So erreichten die Havelwerke Hennigsdorf und Brandenburg schon Mitte 1944 einen Gleichstand von deutschen und ausländischen Arbeitern, bis 1945 verschlechterte sich die Relation weiter zuungunsten der Stammbelegschaft. In anderen Betrieben – etwa

monat 1941/42, BAB R 8122/941, Bl. 299-332; Übersicht über die sozialen Anlagen der Werke 1-6, 15.5.1943, StAN Rep. 501, KVP, Fall 5, I-11, Bl. 19.

35 SGW, Monatsberichte April–Dezember 1942, BAB R 8122/762; SGW, Vierteljahresberichte Januar 1943-Dezember 1944, BAB R 8122/537; Stand der Ausländer u. der Kriegsgefangenen, o. D. [1945], SächsHStA 11617/130.

36 Berichte über den Betriebsablauf Juni 1943-Juni 1944, BAB R 8122/978; Maxhütte an RüKdo Nürnberg, 4.10.1944, BAB R 8122/80909; Maxhütte an Gauarbeitsamt Bayreuth, 23.3.1945, StAN Rep. 502, KVA, Handakten, B-12; Brandenburger Eisenwerke, Gefolgschaft, BAB R 8122/80920, NI-5580; SGW, Belegschaftsstand am 13.10. u. 15.12.1944, BAB R 8122/556.

37 Vgl. Seidel, Völkergemisch, S. 83; ders., Urban, ÜberLeben, S. 145 f.; Berichte über den Betriebsablauf Juni 1943-Juni 1944, BAB R 8122/978; Zugewiesene ausländische Arbeitskräfte bis zum 28.1.1945, WWA F 14/7.

38 M.St./F. K. G., Arbeiter, o. D., BAB R 8122/80920, NI-5493 (F); Monatsbericht MSt Lhh-Gruppe September 1943, SächsHStA 11616/12.209; Ausländer-Betreuung, 22.12.1943, SächsHStA 11616/15.09. RVE/Hauptring Eisenerzeugung. Tätigkeitsbericht 1943, BADH R 10 III/8, Bl. 71; abweichend (35,6 % zum 31.5.1944): Kriegswirtschaftliche Kräftebilanz der deutschen Industrie 1939-1944, BADH R 12 I/79, Bl. 14. Zur Maxhütte s. o.

*Tab. IV/2: Quoten ausländischer/Zwangsarbeiter in Unternehmen des Flick-Konzerns, 1942-1945**

Branche/Firma/Werk	Zeitraum	Anteil d. Ausländer an Arbeiterschaft
Ruhrbergbau	Mitte 1944	> 40,0 %
Harpener Bergbau	Dez. 1943	39,0 %
	Juni 1944	41,0 %
Essener Steinkohle	Ende 1943	33,9 %
	Jan. 1945	~ 40,0 %
Mitteldeutsches Braunkohlenrevier	1944/45	~ 40,0 %
MSt Lauchh. Berg/Kraft	März 1945	35,7 %
Eisenschaffende Industrie	Ende 1943	40,0 %
MSt Lauchh.-Gruppe	Ende 1943	39,5 %
MSt Lauchh.-Gruppe**	März 1945	51,6 %***
MSt Riesa	März 1945	39,1 %
MSt Gröditz	März 1945	60,1 %***
MSt Lauchhammer**	März 1945	44,6 %
Weberwerk Brdbg.	Herbst 1943	43,0 %
	Febr. 1945	61,0 %
Hennigsdorf	Herbst 1943	46,0 %
	Febr. 1945	~ 60,0 %
Brandenburger Eisenwerk	Okt. 1943	~ 35,0 %
	Febr. 1945	67,2 %
Spandauer Stahlindustrie	Jan. 1945	85,0 %
Maxhütte m. Gruben	Okt. 1943	32,7 %
	März 1944	35,6 %
Maxhütte o. Gruben	Okt. 1943	37,7 %
	März 1944	39,0 %
(Spannbreite)		(33,5-47,5 %)
SGW Döhlen	Ende 1942	25,0 %
	Okt.1943	39,5 %
	Ende 1944	53,5 %
FSI	Ende 1942	67,0 %
	Okt. 1943	63,7 %
	Ende 1944	62,8 %
Schmiedewerk Pirna	Ende 1944	83,5 %
ATG Leipzig	Mai 1943	25,0 %****
LH-Werke	Ende 1942	40,5 %
	Ende 1943	52,0 %
	Mitte 1944	> 50,0 %
Busch-Bautzen	Mitte 1944	27,0 %
	Febr. 1945	48,3 %***
HOW Lübeck	März 1944	38,6 %
Konzern (Ø)°	Mitte 1944	~ 42 %

* Nur im Reich, ohne besetzte Gebiete; ** ohne Elbingerode, Lauchhammer Berg/Kraft, Wittenau; *** inkl. KZ-Häftlinge u. Strafgefangene; **** Spätere Daten, die sowohl Ausländer- wie auch KZ-Häftlingseinsatz umfassen, liegen nicht vor. Der Gesamtanteil von Zwangsarbeitern Ende 1944 wird aber mit nicht unter 40 % anzusetzen sein; ° Schätzung für Mitte 1944, Toleranz ± 3 %.
Quelle: Eigene Zusammenstellung.

die FSI oder die Brandenburger Eisenwerke – stellten Deutsche zu diesem Zeitpunkt nur noch ein Drittel der Beschäftigten.[39]

Die Bandbreite des Ausländereinsatzes im Flick-Konzern spiegelt sich in den Quoten ausländischer- und Zwangsarbeiter an den Gesamtbelegschaften wider (Tab. IV/2). Dies kann indes nicht darüber hinwegtäuschen, daß der Einsatz erzwungener Arbeit ab 1942/43 mit Anteilen zwischen einem und mehr als zwei Dritteln der nichtangestellten Beschäftigten nicht Ausnahme, sondern Norm, nicht marginal, sondern essentiell für den Betrieb aller Produktionsgesellschaften war. Die Zahl der insgesamt in den im Reichsgebiet gelegenen FFKG-Unternehmen beschäftigten zivilen Ausländer, Kriegsgefangenen und Häftlinge läßt sich nur umreißen. Selbst bei konservativer Schätzung wird man von rund 50000 Menschen im Spätsommer 1944 ausgehen müssen. Die Momentaufnahme verzerrt jedoch das Bild. Angesichts der immensen Fluktuation dürfte die Zahl derer, die zwischen 1939 und 1945 gegen ihren Willen für die Konzernunternehmen Flicks arbeiten mußten, ungleich höher gewesen sein.

2.2. *Zwangsarbeit als Mittel der Expansion*

Die Betriebe des Flick-Konzerns waren nahezu sämtlich an unterschiedlichen Stellen der Rüstungsproduktionskette zu finden. Die Arbeitskräfte, die sie für die staatlich forcierte Steigerung ihrer Ausstoßziffern benötigten, konnten sie ab 1938/39 praktisch nicht mehr vom nationalen Arbeitsmarkt beziehen. Beispielhaft galt dies für den Steinkohlenbergbau, der die Basis der Grund-, Halbstoff- und Rüstungserzeugung bildete und von dem beständig wachsende Förderzahlen erwartet wurden, die mit dem vorhandenen Personal kaum zu erzielen waren. Dies traf Flicks Zechen nicht anders als jene der übrigen Bergbaugesellschaften.[40] Hinzu kamen jedoch eigene Pläne der Konzernunternehmen zum Kapazitätsausbau, zur Vergrößerung von Marktanteilen oder zur Etablierung neuer Produktionszweige. Angesichts der Arbeitsmarktlage beruhten solche Vorhaben notwendig auf dem Einsatz ausländischer Kräfte. Indem sich Vorstände und Aufsichtsräte entschieden, an langfristigen Plänen zur Unternehmensentwicklung ebenso wie an kurzfristigen Konzepten zur Teilhabe an der Rüstungsproduktion auch unter der Bedingungen der Kriegswirtschaft festzuhalten bzw. diese eigens aufzustellen, optierten sie ebenso zwangsläufig wie bewußt für den Einsatz von Zwangsarbeitern.

39 [F. F.]K.G., Arbeiter, o. D., BAB R 8122/80920, NI-5493 (F); Bericht Havelgruppe, Februar 1945, NI-5511, ebd.; Brandenburger Eisenwerke, Gefolgschaft, NI-5580, ebd.; Walzwerk Brandenburg an Abt. Wirtschaftstatistik, 4.5.1944, SächsHStA 11616/15.09; Walzwerk Brandenburg an Abt. Wirtschaftsstatistik, 6.6. u. 6.7.1944, SächsHStA 11616/17.10; SGW/FSI, Vierteljahresberichte Oktober–Dezember 1944, BAB R 8122/537.

40 Vgl. Wisotzky, Vorabend; Urban, ÜberLeben, S. 27; Tenfelde/Seidel, Arbeitseinsatz, S. 16, 18f.

Im Falle Harpens drückte sich dies deutlich in den Zuordnungen der ersten Kontingente kriegsgefangener und ziviler Ausländer aus, die bis Anfang 1942 fast vollständig auf der Zeche Gneisenau beschäftigt wurden. Mit den ersten Transporten sowjetischer Kriegsgefangener im Frühjahr 1942 erhielten ferner die Schachtanlagen von Robert Müser und Hugo hohe Zuweisungen. Erst im Sommer 1942 waren auf allen Harpen-Zechen Kriegsgefangene und Zivilarbeiter zu finden, die drei genannten Betriebe dominierten aber deutlich.[41] Diese Aufteilung folgte im wesentlichen den Ausbauplänen, die man in Dortmund nach der Grubenabgabe an die Reichswerke 1939 entworfen hatte. Durch die Vergrößerung der Förderkapazitäten von 19000 auf 24500, perspektivisch sogar 29500 t/Monat sollten die Quoten im RWKS wieder ausgefüllt und die Wettbewerbsfähigkeit langfristig gesichert werden. Im Zentrum dieser Pläne standen Gneisenau und Robert Müser sowie die Doppelzeche Hugo, die erheblichen Modernisierungsbedarf aufwies.[42] Auch die Sicherung der Lieferungen an die Rombacher Hüttenwerke erforderte Ausbaumaßnahmen.[43]

Beim Essener Schwesterunternehmen verteilten sich die ausländischen Arbeitskräfte gleichmäßiger auf die Einzelzechen. Allerdings war eine gewisse Schwerpunktsetzung auf die Schachtanlagen Grillo/Grimberg zu beobachten. Dafür gab es strategische Gründe: Zum einen zeigten sich an den älteren Standorten des Unternehmens erste Erschöpfungserscheinungen, so daß ein verstärkter Aufschluß des Bergkamener Fördergebiets ratsam schien. Zum anderen bestand mit den Chemischen Werken ESt ein direkter Abnehmer, der seit dem Anlaufen 1939 beständig wachsenden Bedarf anmeldete.[44]

Anders gelagert war die Situation bei den LHW. Hier ging es weniger darum, Substanzverluste auszugleichen, als vielmehr das seit den zwanziger Jahren verfolgte Rationalisierungsprojekt fortzuführen. Nachdem sich das Unternehmen von den diversen Umstrukturierungen und Kapitalschnitten der Vorjahre erholt hatte, wurde ab 1940 eine neue Offensive im Kampf um die Marktführerschaft eingeläutet. Dabei waren LHW-Vorstand und Konzernzentrale bestrebt, durch Ausbau, Modernisierung und Rationalisierung des Breslauer Werkes die Kapazitäten beständig auszuweiten, um dort schneller, günstiger und mehr zu produzieren. Die Anforderungen des Rüstungsgeschäfts und insbesondere die durch Fritz Todt eingeleitete und dann von Speer fortgeführte Politik der Standardisierung und Typenreduzierung kamen dem Unternehmen zupaß. Gegenüber

41 Vgl. oben; Harpener Gefolgschaft am viertletzten Arbeitstag August 1942, BAB R 8122/80909; Harpen an BezGr Steinkohlenbergbau, 1.10.1942; Robert Müser an Bergrevier Witten, o. D., beide BAB R 8122/80912; Harpener Gefolgschaft am viertletzten Arbeitstag April 1942-März 1944, BAB R 8122/80909.

42 Neubauplan (Ausgabe Januar 1940); Wiederaufbau der Harpener Kapazität nach Abgabe der Zechengruppe Herne und der Zeche Victoria-Lünen. Juli 1940; [Unbetiteltes Memorandum], [Herbst 1940], alle WWA F 79/27.

43 Denkschrift über die Versorgung der Rombacher Hüttenwerke mit Brennstoffen, Oktober 1941, WWA F 79/27.

44 Zusammenfassender Bericht [...], 29.3.1940, BAB R 2/16324, Bl. 100f.

Ministerial- und Wehrmachtsvertretern argumentierten Burkart, Weiss und Putze mit Erfolg, daß durch die Verlagerung anderer Waggonproduktionen nach Breslau die größte Leistungssteigerung erreicht und gleichzeitig die Konkurrenzwerke für andere Rüstungszwecke freigemacht würden.[45]

Um die vorhandenen Anlagen auszulasten und die Voraussetzungen für den Kapazitätsausbau zu sichern, forderte der LHW-Vorstand in Absprache mit Berlin zusätzliche Arbeitskräfte in großer Zahl an. Allein im Februar 1942 kalkulierten Weiss und Putze mit einem Bedarf von etwa 800 Mann sowohl zum Ausbau der eigenen Erzeugung als auch zur gleichzeitigen Verdrängung der Konkurrenz aus dem LHW-Segment.[46] Im Herbst 1942 legte Putze ein Programm vor, das die Ausweitung der Güterwagenherstellung bis August 1943 auf 1500 Stück/Monat vorsah – bis dato lag die Breslauer Kapazität bei 800 bis 1000 Einheiten – und die Bereitstellung von 2000 zusätzlichen Arbeitern zwischen Oktober 1942 und Februar 1943 erforderte.[47]

Den größten Bedarf an Arbeitskräften wiesen aber jene Werksabteilungen und Unternehmen auf, die infolge ihrer späten Gründung über kaum bzw. gar kein Stammpersonal verfügten. Dies betraf insbesondere die mit Hilfe der Wehrmacht errichteten Rüstungsfertigungen wie in Gröditz, das unter den Mittelstahlwerken das rasanteste Wachstum nicht nur im Umsatz, sondern auch in den Belegschaftszahlen verzeichnete. Allein zwischen Kriegsbeginn und Februar 1945 stieg die Zahl der Arbeiter im Schwerpunktwerk der Mittelstahl-Rüstungsproduktion von knapp 5200 auf fast 8800.[48]

Noch akzentuierter fiel die Entwicklung der 1941 bzw. 1944 in Betrieb genommenen Werke der FSI, eine hundertprozentige Tochter der SGW, die vollständig der Rüstungsfertigung diente, und der Schmiedewerk Pirna GmbH, ein Gemeinschaftsunternehmen von SGW und Auto-Union, aus. Bei minimalen Anteilen deutscher Vorarbeiter und Ingenieure wurden sie fast komplett von ausländischen Arbeitskräften betrieben, die Ende 1944 63 (FSI) bzw. 84 Prozent (Pirna) der Belegschaften stellten.[49] Spät etabliert, stießen sie bereits in der Anlaufphase auf einen praktisch leeren Arbeitsmarkt. Der Rückgriff auf ausländische Arbeiter, ob freiwillig angeworben, als Kriegsgefangene interniert oder zur Zwangsarbeit rekrutiert, lag für die Werks- und Unternehmensleitungen

45 Notiz, 29.2.1940 [Weiss], BAB R 8122/58; LHW, Bericht über den Monat Februar 1942, SächsHStA 11692/68.

46 Notiz. Betr. LHW – Rationalisierung im Waggonbau, 14.2.1942 [Weiss], StAN Rep. 502, KVA, NI-3585; LHW (Putze, Scholl) an Hauptausschuß für Schienenfahrzeuge, 20.3.1942, ebd., NI-3586; Notiz für Herrn Flick, 29.4.1942, ebd., NI-3587 (abgedruckt in TWC 6/2, S. 711-713).

47 Notiz für Herrn Flick, 8.10.1942, StAN Rep. 502, KVA, NI-3617; LHW, Bericht über den Monat Dezember 1942, SächsHStA 11692/69.

48 M.St./F.K.G., Arbeiter, o.D. [1945], BAB R 8122/80920, NI-5493; Dörr, Vorgehen, S. 287.

49 SGW, Vierteljahresberichte Januar 1943-Dezember 1944, BAB R 8122/537; Belegschaftsstand am 13.10. u. 15.12.1944, BAB R 8122/556.

daher nahe und wurde immer wieder unter explizitem Verweis auf die eigene Rüstungserzeugung bei den Vermittlungsstellen eingefordert und von diesen entsprechend bevorzugt behandelt.[50]

Ähnliches galt für die Montan-Betriebe, die der Flick-Konzern in Donauwörth, Brandenburg und Spandau unterhielt. Diese glichen in ihrer Entstehungsgeschichte – die Anlagen erst in den Dreißigern errichtet und staatlich finanziert, die Produktpalette auf Waffen und Munitionsfertigung beschränkt – ebenso wie in den Belegschaftsstrukturen den Rüstungswerken in Gröditz und Freital. Um den nie zu befriedigenden Wehrmachtsverbrauch decken zu können, waren sie auf kontinuierliche Zuweisungen an Zwangsarbeitern angewiesen. Anfang Februar 1945 waren im Brandenburger Eisenwerk 3 200 ausländische Zivilarbeiter (60 Prozent) und 330 Kriegsgefangene (sechs Prozent) beschäftigt. Nur noch ein Drittel der Arbeiter zuzüglich der Angestellten waren deutscher Nationalität. Den Spitzenwert unter den Konzernwerken erreichte bezeichnenderweise einer der jüngsten Betriebe, die 1942 übernommene Spandauer Stahlindustrie GmbH, mit einem Ausländeranteil von 85 Prozent im Januar 1945.[51]

Proportional zur Ausweitung der Fertigungsmöglichkeiten stiegen somit erst die Zahlen von Kriegsgefangenen und ausländischen Zwangsarbeitern, schließlich auch von KZ-Häftlingen, die in den Rüstungszweigen von ATG (Flugzeuge), Breslau (V-Waffen), Döhlen (Munition) und Gröditz (Munition, Gerät) beschäftigt wurden. Als einziges, nicht zentral an der Produktion von Kriegsgerät beteiligtes Werk setzte Busch-Bautzen KZ-Häftlinge ein. Das Gegenbeispiel zur Praxis, fortwährend Kapazitäten und Belegschaftszahlen auszudehnen, war die Entwicklung in Lübeck. Hier erreichte die unmittelbare Rüstungsproduktion nie einen nennenswerten Umfang. Entsprechend bescheiden gestaltete sich der Belegschaftszuwachs, der zwischen Oktober 1942 und August 1944 gerade einmal knapp 240 Mann betrug. Folglich blieb auch der Anteil ausländischer Arbeiter beim HOW hinter dem Schnitt sowohl der Flick-Konzernwerke als auch der Eisenschaffenden Industrie zurück.[52]

50 Z. B. FFKG (R. Hennecke) an RüKdo Potsdam 16.11.1943, StAN Rep. 502, KVA, NI-3471; Bruns an Gauarbeitsamt, 25.5.1944, BAB R 8122/612, Bl. 82, 84; Aktennotiz, 23.5.1941, StAN Rep. 502, KVA, Handakten, B-309.

51 Brandenburger Eisenwerke, Gefolgschaft, BAB R 8122/80920, NI-5580; Bericht Havelgruppe, Februar 1945, NI-5511, ebd.

52 Lübeck. Gefolgschaftszahlen, o. D., BAB R 8122/80920, NI-5498 (F); vgl. Leben und Arbeit, S. 294f.

2.3. Rassenideologie, Volkstumspolitik, Genozid

2.3.1. Der Einsatz ausländischer Zivilarbeiter und Kriegsgefangener im Reich

Die je nach Perspektive wechselnde Akzentuierung von Unterschieden und Gemeinsamkeiten, die für die zeitliche Abfolge, den Umfang und die Zusammensetzung der ausländischen Belegschaften in den Unternehmen des Flick-Konzerns festgestellt werden können, beschreibt, mutatis mutandis, auch die Praxis des Zwangsarbeitereinsatzes. Die Behandlung der Ausländergruppen konnte von Unternehmen zu Unternehmen, von Werk zu Werk, von Zeche zu Zeche in einzelnen Punkten erheblich variieren und die konkreten Lebens- und Arbeitsbedingungen der ausländischen Arbeiter entscheidend beeinflussen. Dennoch erscheinen in der Überschau die Divergenzen eher graduell denn grundsätzlich, während die gemeinsamen Charakteristika – bezogen auf den Industrieeinsatz[53] – selbst zwischen Branchen mit unterschiedlichsten Tätigkeitsprofilen überwogen.

Für Ähnlichkeiten und Übereinstimmungen war zuvorderst die rechtliche Normierung der Ausländerpolitik verantwortlich. Der Fremdarbeitereinsatz stellte einen zentralen Bereich dar, in dem sich der völkische Charakter des NS-Staates manifestierte.[54] Die im Krieg angestrebte Durchsetzung der rassistischen Utopie[55] einer politisch gleichgeschalteten, genetisch homogenisierten und perspektivisch die Beherrschung mindestens Kontinentaleuropas anstrebenden nationalsozialistischen Volksgemeinschaft fand im Ausländereinsatz mit seinem Nebeneinander verschiedenster Nationalitäten und Ethnien ein paradigmatisches Betätigungsfeld. Dies war um so mehr der Fall, als das bloße Faktum des millionenfachen »Imports« ausländischer Arbeitskräfte in offensichtlichem Widerspruch zu dem vom Regime verfolgten Ziel ethnischer Flurbereinigung stand. Gerade der »Herrschaftskompromiß«[56] zwischen ökonomischen Pragmatikern und Anhängern einer getreuen Umsetzung rassistischer Doktrinen – keine grundsätzlich unvereinbaren Positionen, sondern vielmehr eine Meinungsverschiedenheit über die einzuschlagende Taktik für den Endsieg – verlieh dem Zwangsarbeitereinsatz sein spezifisches Gepräge. Wenn schon das »ob« der Ausländerbeschäftigung nicht zu verhindern war, so sollte wenigstens das »wie« des Einsatzes die Maßstäbe nationalsozialistischer Rassenpolitik widerspiegeln.[57]

Zu diesem Zweck wurde für die Beschäftigung ausländischer Zivilarbeiter und Kriegsgefangener eine Vielzahl von Verordnungen, Richtlinien und Anweisungen erlassen, die in den folgenden fünfeinhalb Jahren fortwährenden

53 Zu den abweichenden Mustern des Ausländereinsatzes in der Landwirtschaft vgl. Hornung/Langthaler/Schweitzer, Zwangsarbeit; zum marginalen Dienstleistungssektor s. Spoerer, Zwangsarbeit, S. 226.

54 Vgl. Tenfelde/Seidel, Arbeitseinsatz, S. 11; Spoerer, Zwangsarbeit, S. 253; Herbert, Ausländerpolitik, S. 187 f.

55 Vgl. Mommsen, Realisierung.

56 Herbert, Fremdarbeiter, S. 81, 88.

57 Vgl. ders., Einleitung, S. 11; Spoerer, Zwangsarbeit, S. 33, 257 f.

Änderungen und Anpassungen unterlagen. Im Zentrum stand die Einordnung der Ausländer in die Rassenhierarchie des NS-Staates. Ihre Lebens- und Arbeitsverhältnisse wurden in allen wesentlichen Fragen – Arbeitszeiten und Entlohnung, Unterbringung und Ernährung, hygienische Verhältnisse und medizinische Betreuung – durch Standards und Richtlinien vorgeprägt. Dabei standen die Staatsangehörigen verbündeter Nationen sowie Zivilarbeiter und Kriegsgefangene aus Westeuropa auf den oberen Stufen (aber unterhalb der deutschen Beschäftigten), Polen, Ostarbeiter und sowjetische Kriegsgefangene am unteren Ende. Die bei weitem schlechteste Einstufung erfuhren jüdische Zwangsarbeiter und KZ-Häftlinge. Die Bandbreite zwischen den Extremen war erheblich, während zugleich einzelne Abgrenzungen in der Praxis mitunter verschwammen, etwa bei den sowjetischen Kriegsgefangenen, deren Behandlung besonders in der Endphase des Krieges vielfach jener der KZ-Insassen glich.[58] Unter den IMI, den aus den polnischen und sowjetischen Gebieten sowie aus den Lagern der SS stammenden Männern, Frauen und Jugendlichen, die zusammen eine Mehrheit der zwischen 1939 und 1945 eingesetzten Zwangsarbeiter bildeten, führte die diskriminierende Praxis des Ausländereinsatzes zu millionenfachen Schäden an Leib und Seele sowie zu furchtbaren Todesziffern.[59]

Die rigiden Beschränkungen und Zwänge gaben die grundsätzliche Richtung des Ausländereinsatzes vor. Dennoch konnte die Regelungsdichte der Vielzahl an Einzel- und Sonderfällen kaum lückenlos adäquat sein und trug durch ausreichende Interpretationsoffenheit und Dehnbarkeit dem breiten Spektrum von Einsatzorten und -formen Rechnung. Zudem war die Vielzahl an Handlungsalternativen ihrerseits kaum überblick- oder kontrollierbar. Insofern stellten die Vorgaben bei aller Strenge und nicht zu leugnender Minutiösität eher limitierende Faktoren denn starre Grenzen dar. Sie bildeten einen Handlungsrahmen, dessen Ausgestaltung den Betrieben, Unternehmen und Selbstverwaltungsorganen der Wirtschaft oblag.[60]

In den Unternehmen des Flick-Konzerns – das kann vor dem Hintergrund der umfangreichen Befunde für diverse industrielle Großunternehmen nicht überraschen – bestanden die gleichen Sollbruchstellen in der Behandlung der jeweils beschäftigten ausländischen Arbeiter: die eklatante Unterversorgung mit Lebensmitteln und Bekleidung; das Fehlen angemessener Unterkünfte und vor allem sanitärer Einrichtungen; die unzureichende medizinische Betreuung bei gleichzeitiger Überforderung der physischen Kräfte; die für Westarbeiter geringere, bei Ostarbeitern und sowjetischen Kriegsgefangenen oft auf ein Minimum reduzierte bzw. bei Häftlingen gänzlich entfallende Entlohnung; Mißhandlungen durch deutsche Kollegen und Vorgesetzte sowie das breite Sanktionsinstrumen-

58 Zusammenfassend: Spoerer, Zwangsarbeit, S. 90-144, 229, 257; Herbert, Ausländerpolitik, S. 154-158.

59 Vgl. Spoerer, Differenzierung, S. 570-576; Herbert, Fremdarbeiter, S. 333-341, 410f.

60 Für den Ruhrbergbau s. Urban, ÜberLeben, S. 18f.; Seidel, Völkergemisch, S. 80, 96, 101-107.

tarium von Geldstrafen über Verpflegungskürzungen bis hin zu Einweisungen in Konzentrations- und Arbeitserziehungslager[61], um nur einige der Faktoren zu nennen.[62]

Konzernintern variierte die Praxis des Fremdarbeitereinsatzes aus einer Reihe von Gründen. An erster Stelle standen die Tätigkeitsprofile unterschiedlicher Branchen infolge der breiten Fächerung von Flicks Beteiligungen. Die enormen körperlichen Strapazen etwa im Untertagebergbau kontrastierten mit den – im Vergleich – leichteren Tätigkeiten in der Rüstungsendfertigung. Die Anforderungen an die Arbeitskräfte führten zu teilweise stark differierenden Zusammensetzungen der Gefolgschaft, so die Konzentration der Ruhrzechen auf sowjetische Kriegsgefangene und männliche Ostarbeiter. Gerade die bevorzugte Beschäftigung der in Versorgung und Behandlung am stärksten unterprivelegierten Gruppen in den härtesten Tätigkeiten verschärfte die ohnehin schlechten Lebensbedingungen der Zwangsarbeiter in den Bergwerken zusätzlich. Die weit überdurchschnittliche Sterblichkeit sowjetischer Kriegsgefangener prägte somit wohl auch den Einsatz auf den Zechen von Harpen und Essen.[63]

Die Zusammensetzung der Belegschaften hatte auch mit Blick auf die Verteilung der Geschlechter wichtige Implikationen. So bedeutete in verschiedenen Betrieben Flicks, deren Tätigkeiten hohe physische Beanspruchungen beinhalteten und für den Fraueneinsatz wenig Raum ließen (wie Untertagebergbau oder Hüttenwerke), die Präferenz für sowjetische Kriegsgefangene den teilweisen oder vollständigen Verzicht auf Ostarbeiter. Diese stellten wiederum den größten Anteil an weiblichen ausländischen Arbeitskräften. Tendenziell fiel die Behandlung ausländischer Frauen weniger brutal aus als jene der Männer, nicht zuletzt weil Leistungserwartung und -druck von vornherein niedriger, gleichzeitig aber die Hemmschwellen für körperliche Gewalt höher waren. Daß die Ostarbeiterinnen in der Folge vielfach gute, oft relativ bessere Leistungen als die sowjetischen Männer erbrachten[64], verstärkte diese Tendenzen zusätzlich. Dies

61 Grundlegend Lotfi, KZ.

62 Zur Praxis und Alltagserfahrung der Betroffenen vgl. neben den Überblicksstudien die Ergebnisse zu einzelnen Konzernunternehmen; *Harpen* und *ESt*: Urban, ÜberLeben; diverse Hinweise auch bei Seidel, Völkergemisch; zu Lübeck s. Leben und Arbeit, S. 292-299; für Gröditz: Dörr, Vorgehen; *Maxhütte*: Priemel, Zwangsarbeit; speziell zum Werk Unterwellenborn: Die Maxhütte Unterwellenborn 1921 bis 1945, S. 87-92; wenig aufschlußreich zu *MSt*: Drobisch, Ausbeutung, und Müller, VEB Riesa. Nicht explizit zu AKW und MSt, aber durch den regionalen Bezug aufschlußreich: Urban, Todeskandidaten; Osterloh, Lager.

63 Vgl. Seidel, Völkergemisch, S. 156 f.; Urban, ÜberLeben, S. 137 f.; Berechnungen zu den Mortalitätsraten unterschiedlicher Zwangsarbeitergruppen bei Spoerer, Zwangsarbeiter, S. 227-229. Berechnungen für einzelne Zechen und Unternehmen sind mangels Daten praktisch kaum möglich. Insbesondere die Kriegsgefangenen wurden regelmäßig zum Sterben an die Stalags abgeschoben und somit nicht in den internen Statistiken geführt.

64 Vgl. u. a. Rundschreiben DAF Kreiswaltung Essen an alle Betriebe, die Ostarbeiterinnen beschäftigen, 24.4.1944, WWA F 14/6; Fickert an Bruns, 9.8.1944, BAB R 8122/803.

war nicht zuletzt wegen des – ebenfalls rassistisch präformierten – Mechanismus' der Leistungsernährung der Fall, der gute Ergebnisse mit höheren Rationen »belohnte« und somit Leistungsfähigkeit perpetuierte, gleichzeitig aber in einer spiralförmigen Negativauslese schwache, hinter dem Soll zurückbleibende Arbeiter mit geringen Rationen bestrafte und ihre Kraft weiter reduzierte.[65]

Allerdings bedeutete die stärkere Präsenz von Ostarbeiterinnen und anderen ausländischen Frauen keinen Automatismus einer besseren Behandlung, wie das Beispiel Rombach zeigte[66], zumal sich weibliche Arbeitskräfte und insbesondere Ostarbeiterinnen vielfach sexuellen Übergriffen seitens deutscher wie auch ausländischer »Kollegen« ausgesetzt sahen. Oft änderte sich oft weniger der Umfang als die Form der Gewaltausübung.[67] Neben solchen, aus branchenspezifischen Anforderungen und variierenden Konstellationen verschiedener Zwangsarbeitergruppen resultierenden Unterschieden, zeigte sich jedoch eine breite Phalanx von Ähnlichkeiten im Ausländereinsatz, die das komplette Spektrum der Arbeits- und Lebensbedingungen abdeckte.

Die Unzulänglichkeit der behördlich vorgeschriebenen Verpflegungssätze war für die beteiligten Unternehmen und ihre Interessenverbände frühzeitig offenkundig. Schon im Zuge der Einstellung polnischer Arbeiter machte etwa der Harpen-Vorstand die Bezirksgruppe Steinkohlenbergbau im Juni 1940 auf die zu geringen Rationen aufmerksam, ohne daß grundlegende Änderungen erfolgten.[68] Im September 1941 berichteten die Rohstoffbetriebe der VSt, die eine der ersten Gruppen sowjetischer Gefangener eingesetzt hatten, daß angesichts deren miserablen Zustandes und der hohen Anforderungen die gewährte Verpflegung nicht genügte.[69] Dieselbe Erfahrung machten Sulzbach-Rosenberg und Breslau. Ende Dezember 1941 stellte die Maxhütte-Leitung fest, daß die massenhafte Erkrankung der Kriegsgefangenen knapp zwei Wochen nach Beginn der Arbeitsaufnahme eintrat, weil Kälte, Arbeitsbelastung und Nahrungsmangel die Männer überfordert hatten. Ein Großteil wurde in spezielle Wehrmachtslager zum »Aufpäppeln« zurückgeschickt. Auch der LHW-Vorstand verlegte sich zum Jahres-

65 Zum Prinzip der Leistungsernährung und seiner fatalen Konsequenzen vgl. Herbert, Fremdarbeiter, S. 318f.; Urban, ÜberLeben, S. 96f., 100; Seidel, Völkergemisch, S. 125; Spoerer, Zwangsarbeit, S. 127-29. Hinzu kam, daß die Bewertung der ausländischen Arbeiterinnen an den Maßstäben deutscher Frauen gemessen wurde, deren geringe Leistung und Arbeitsmoral geradezu notorisch waren; vgl. Spoerer, Zwangsarbeit, S. 187.

66 Vgl. dazu unten S. 496f.

67 Vgl. Spoerer, Differenzierung, S. 574; Hornung/Langthaler/Schweitzer, Zwangsarbeit S. 643f. Angaben zu dem hochgradig schambesetzten Bereich homosexueller Nötigung und Gewalt gegen männliche Jugendliche fehlen vollständig.

68 Harpen an BezGr Steinkohlenbergbau Ruhr, 12.6.1940, mit weiterem Schriftwechsel in BAB R 8122/80911; Schreiben an Direktor der Harpenwerke in Buer, 30.6.1940; Bericht, 11.7.1940, beide WWA F 14/12.

69 Rohstoffbetriebe der VSt/Bergverwaltung Süddeutschland, 10.9.1941, BBA 15/269; Niederschrift über die Sitzungen des Beirates der Bezirksgruppe Nordwest, 19.11.1941 u. 31.3.1942, BADH R 13 I/373, Bl. 6-51, 61-98.

ende 1941 darauf, den ankommenden Kriegsgefangenen einige Tage Erholung und Zusatzrationen zu gewähren, um sie arbeitsfähig zu machen.[70]

Derartige Maßnahmen waren aber nicht von Dauer. Zwar kannten fast alle größeren Unternehmen des Flick-Konzerns zusätzliche Wege der Lebensmittelbeschaffung – diese kamen jedoch nur zu geringen Teilen den ausländischen Beschäftigten zugute und am wenigsten Ostarbeitern und Kriegsgefangenen. Letztere wurden im Zweifel in »Aufpäppelungslager« abgeschoben, erstere versuchte man durch die vorübergehende Unterbringung in leichteren Tätigkeiten notdürftig zu kräftigen.[71] Die Meldungen über die unzureichende Verpflegungslage rissen daher bis 1945 zu keinem Zeitpunkt ab. Zwar wurden etwa die Ostarbeiterrationen sukzessive den Sätzen für West- und schließlich auch deutsche Arbeiter angeglichen. Diese Änderungen blieben aber weitgehend auf dem Papier. In der Praxis wurden Lebensmittelmengen in zahlreichen Werksküchen unterschlagen oder bewußt beschnitten, um Kosten zu reduzieren; die schlechte Qualität verursachte durchweg hohen Ausschuß sowie geringe Nährwerte.[72] Zudem verlief die Anpassung der Verpflegungssätze antiproportional zur Verfügbarkeit von Nahrungsmitteln, so daß die theoretisch höheren Rationen kaum zur Verteilung gelangten. Kein Werk machte jedenfalls von sich reden, indem es im großen Stil Lebensmittel ohne Bezugsscheine hinzugekauft hätte.[73]

Charakteristisch war ferner, daß sich Unternehmen und Werke auf der einen sowie zivile und Wehrmachtsbehörden auf der anderen Seite wechselseitig die Verantwortung zuschoben. Dies galt für Verpflegung ebenso wie für Bekleidung, die Gewährung ausreichender Ruhepausen oder die Behandlung im allgemeinen. So ließ die Bautzener Waggonfabrik im Winter 1942/43 wochenlang Kriegsgefangene bei Minusgraden mit bloßen Händen Eisenwaren stapeln. Handschuhe wurden nicht gestellt, sondern erst zu einem späten Zeitpunkt von

70 Aktennotiz, 30.12.1941 [Laermann], BAB R 8122/80917, StAN Rep. 502, KVA, NI-311; Weiss an Buskühl, 18.2.1942, StAN Rep. 502, KVA, NI-5236; LHW, Bericht über den Monat November 1941, SächsHStA 11692/67.

71 *LHW*: Bericht über den Monat April 1943, SächsHStA 11692/70; *Maxhütte*: Haidhof an Kreisobmann Schwandorf, 9.7.1942, StAN Rep. 501, KVP, Fall 5, H-8, Bl. 183; *Fella*: Meldung an die Werksküche, 5.10.1943, ebd., B-252; *ESt:* Betr. Zivilrussenlager Grimberg I/II, 27.10.1942, WWA F 14/5; Rundschreiben BezGr Steinkohlenbergbau Ruhr, 29.12.1944, BAB R 8122/80912.

72 *Busch-Bautzen*: Waggonfabrik Bautzen an LSB 393, 21.12.1942, SächsHStA 11692/380, Bl. 200; *ESt*: Herrn Bergwerksdirektor Stodt, Zeche Dorstfeld. Betr. Küchenabrechnungen, 14.7.1944, BAB R 8122/80918, NI-3128; *Maxhütte*: Werk Haidhof an Hauptverwaltung, 6.6.1941, StAN Rep. 501, KVP, Fall 5, H-8, Bl. 210; Bericht Nr. 2, 1.3.1943, ebd., Bl. 288-230. Zur Qualität: Schreiben des Beratenden Hygienikers beim Wehrkreisarzt VI, 22.6.1944, BBA 15/270; *Harpen:* Schulze-Höing an Buskühl, 2.10.1944, StAN Rep. 501, KVP, Fall 5, I-5, Dok. Weiss-1084, Bl. 77 f.

73 Die Ausländer selbst konnten nur teilweise auf den Schwarzmarkt zurückgreifen, Ostarbeiter, sowjetische Kriegsgefangene und IMI infolge ihrer Lagerhaft nahezu gar nicht, was ihre Löhne massiv entwertete; A. Hennecke an Beck, 11.11.1944, BADH R 10 III/130, Bl. 3.

den Wehrmachtsstellen gefordert. Arbeitskleidung fehlte praktisch in allen Werken des Flick-Konzerns und führte regelmäßig zu Unfällen, etwa weil Arbeiterinnen barfuß liefen – »bei schlechtem Wetter eine üble Sache«, wie man bei der Maxhütte lakonisch anmerkte – oder ätzende Chemikalien ohne Schutzbrillen handhaben mußten wie bei den SGW. Im Riesaer Ostarbeiterlager fürchtete der Lagerführer, ein großer Teil der Insassen werde »sich bald nur noch im Adams Kostüm [sic] zeigen« können, nachdem seine wiederholten Appelle zur Textilbeschaffung keine Wirkung gezeigt hatten.[74] Bei Bekleidung und Ernährung setzten einerseits Bewirtschaftungsvorschriften Grenzen. Andererseits lehnten die Unternehmen des Konzerns es regelmäßig ab, Vor- oder gar einseitige Leistungen zu erbringen.[75]

Die Folgen waren allerorten evident: geringe Leistungen, Mangelerscheinungen wie Magenkrankheiten, Ödeme und Geschwüre, verminderte Abwehrkräfte, die zu Grippe- und Tbc-Epidemien unter Ostarbeitern und Kriegsgefangenen führten. Während die Gefangenen wiederum prompt zum Sterben zur Wehrmacht geschickt wurden, mußten die Essener Zechen zu ihrem Leidwesen die Ostarbeiter in den eigenen, völlig unzureichenden Krankenstationen versorgen.[76] Zu den offensichtlichsten Folgen gehörten schließlich auch eklatante Gewichtsabnahmen, die vor allem Ostarbeiter, sowjetische Kriegsgefangene und IMI betrafen.[77] Lebensmitteldiebstähle waren daher in nahezu allen Werken an der Tagesordnung, obgleich diese hart bestraft wurden, in Riesa etwa mit Einweisungen ins Arbeitserziehungslager, in der Endphase des Krieges gar mit sofortiger Erschießung.[78]

74 *Busch-Bautzen*: Waggonfabrik an Wirtschaftsamt, 12.1.1943, SächsHStA 11692/380, Bl. 212; *SGW*: Unfall-Anzeigen, 18.10. u. 28.10.1943, SächsHStA 11617/114; *Maxhütte*: Bericht an Stalag XIII A, 30.11.1943 (Zitat), StAN Rep. 502, KVA, Handakten, B-88; *MSt*: Bericht des Ostarbeiterlagers für August 1944, 31.8.1944 (Zitat), SächsHStA 11616/17.09.

75 Z. B. der Streit um Modus und Höhe der Fettration 1944, an dessen Ende die *Maxhütte* die Mengen wieder kürzte: Maxhütte an LSB 829, 3.2.1944, StAN Rep. 501, KVP, Fall 5, H-4, Dok. Terberger-1315, Bl. 40f. und StAN Rep. 502, KVA, Handakten, B-178 u. B-179; *Harpen*: [Vermerk], o. D. [Mai 1943], BAB R 8122/80912.

76 *Maxhütte*: Maxhütte an Kassenärztliche Vereinigung, 6.12.1944, StAN Rep. 502, KVA, Handakten, B-177; *Bautzen*: Zur Aufsichtsratssitzung am 14.2.44, 14.2.1944, SächsHStA 11692/133; *ESt*: [Vermerk], 6.10.1942, BAB R 8122/80914 (vgl. WWA F 14/5); zu den massenhaften Tbc-Fällen: *Harpen* und *ESt*: StAN Rep. 502, KVA, Handakten, B-296 u. BAB R 8122/80914; *Bautzen*: Waggonfabrik Bautzen an Stalag Hohnstein, 4.11.1944, SächsHStA 11692/380, Bl. 144. Bei *LHW* starben wegen unzureichender Einkleidung im Winter 1943/44 reihenweise IMI an Lungenentzündung: Berichte Januar u. Februar 1944, SächsHStA 11692/71.

77 *ESt*: Briefwechsel ESt/Harpen (W. Tengelmann/Buskühl), 9.1./12.1.1944, StAN Rep. 502, KVA, NI-3420; *MSt*: Bericht des Ostarbeiterlagers Dezember 1943, 31.12.1944, SächsHStA 11616/17.09; deutsche Vergleichsdaten aus dem Jahre 1942 in BAB R 3102/10055.

78 *Harpen (Gneisenau u. Hugo)*: diverse Hinweise in WWA F 79/47; V.[orlage], 19.10.1943, BAB R 8122/80913; *MSt Riesa*: Abgangslisten März 1944 u. Februar 1945, SächsHStA

Die Strafpraxis fiel allgemein streng aus. Insbesondere Meldungen an die staatlichen Behörden wurden in großer Zahl und stets mit expliziter Zielsetzung eingereicht. In der Regel forderten die Anträge, die von einfachen Abteilungsleitern über Werkschefs bis zu Vorstandsmitgliedern gestellt wurden, von der Gestapo die Einweisung Einzelner wie auch ganzer Gruppen von Fremdarbeitern, die stets als »widerspenstig«, »faul« und »renitent« bezeichnet wurden, in Konzentrations- und Arbeitserziehungslager.[79] In Breslau führte die Gestapo auf dem Werksgelände Schauprozesse durch, bei denen französische Arbeiter wegen unentschuldigten Fehlens im Beisein ihrer Landsleute zu mehrwöchiger Arbeitserziehungslagerhaft verurteilt wurden, um den exemplarischen Charakter der Bestrafung zu verdeutlichen.[80]

Derartige Strafkataloge prägten die Arbeits- und Lebensbedingungen entscheidend mit. Die Frage, welche Atmosphäre im Einzelfall herrschte, hatte aber nicht zuletzt eine personelle Dimension. Auf dem Gebiet individueller Charakterzüge und Überzeugungen sind generalisierende Aussagen naturgemäß kaum zu treffen. Gleichwohl läßt sich konstatieren, daß nicht alle Führungsmitglieder der Konzernfirmen einen gleichermaßen strengen, teils brutalen Stil pflegten und nicht überall die rassistischen Grundsätze des Regimes auch persönlich mit demselben Nachdruck vertreten wurden. Hingegen stand eine Reihe von Betriebsführern im Rufe, sich als Scharfmacher und ideologisch Hundertprozentige zu gebärden. Schon vor dem Ausländereinsatz hatten sich etwa die technischen Direktoren in Lübeck, Jakob Dreher, und in Döhlen, Max Lobe, durch einen autoritären Führungsstil hervorgetan. Auch Karl Stein in Rombach war für seine fortwährenden Drohungen bekannt.[81]

Dieser Umgang traf nicht nur ausländische Arbeitskräfte, diese aber ungleich heftiger, da sie Diskriminierung und Gewaltausübung meist hilflos ausgesetzt

11616/15.11 u. 15.12; *Maxhütte*: Maxhütte Unterwellenborn an AA Saalfeld, 30.7.1942, StAN Rep. 502, KVA, NI-3157.

79 Buchstäblich massenhafte Belege: *Harpen*: StAN Rep. 502, KVA, NI-3121; BAB R 8122/80920; WWA F 79/50; *ESt*: BAB R 8122/80914; *Maxhütte*: StAN Rep. 502, KVA, Handakten, B-13; StAN Rep. 501, KVP, Fall 5, B-36, NI-3153, Bl. 33; *MSt Riesa*: Bericht des Ostarbeiterlagers Dezember 1943, SächsHStA 11616/17.09; *Busch-Bautzen*: Diverse Belege (1943/44) in SächsHStA 11692/381; *SGW*: Herrn Major Ewald, 12.10.1944 u. 26.3.1945, BAB R 8122/610, Bl. 3f.

80 LHW, Bericht Monat Oktober 1943, SächsHStA 11692/70. Gegenüber deutschen Arbeitskräften, mit deren Leistung und/oder Verhalten sie unzufrieden waren, schalteten die Unternehmen ebf. oft die Gestapo ein. Auch bei psychisch Kranken und Alkoholikern wurde entsprechend verfahren; wiederum beispielhaft: *Harpen*: Sammlung NI-3121, BAB R 8122/80918; *Busch*: Waggonfabrik an Gestapo Bautzen, 4.1.1944, SächsHStA 11692/381; vgl. Lotfi, KZ, S. 129-136, dort auch die ungerührte Rechtfertigung Otto Schlarbs (Gneisenau).

81 Zu Stein s. o. S. 449; *HOW*: Bericht der Betriebsversammlung bei dem Hochofenwerk, o. D. [ca. 1935], AHStL NSA XI 21d/13; *SGW*: Werkluftschutzbefehle, 15.12.1939, 27.10.1941 u. 24.8.1943, BAB R 8122/562, Bl. 256, 384, 217; vgl. Wagner-Kyora, Menschenführung, S. 417, 438-440.

waren. Zudem wurden die deutschen Belegschaften regelmäßig auf eine Linie angeblich kriegsnotwendiger Härte und Unerbittlichkeit eingeschworen. So wurden in diversen Werken des Flick-Konzerns die amtlichen Anordnungen, nach denen jede Form der Freundlichkeit gegenüber den kriegsgefangenen Feinden bzw. den rassisch »minderwertigen« Ostarbeitern untersagt war, nicht nur pflichtschuldig bekanntgegeben, sondern stetig wiederholt und Verstöße strikt sanktioniert. Insbesondere die nicht eben häufigen Fürsprachen und Hilfen einzelner Deutscher für Kriegsgefangene oder ausländische Arbeiter, etwa durch Zustecken von Lebensmitteln, wurden inkriminiert. So entzog die Personalabteilung der Maxhütte deutschen Arbeitern für entsprechende Vergehen ihre Lebensmittelzulagen und drohte mit polizeilicher Meldung. Ferner forderte die Verwaltung ausdrücklich dazu auf, die »gegebenen Möglichkeiten, die Leistungen der Ausländer zu steigern und pflichtwidrige Arbeitsverweigerung auszuschließen, [...] unter allen Umständen voll und ganz aus[zu]schöpf[en]« – durch Verwarnungen, Bußen und Anzeigen bei der Gestapo.[82] In das gleiche Horn stieß die Haidhofer Direktion, die den freundlichen Umgang mit Kriegsgefangenen als »Gefühlsduselei« untersagte.[83] Im nahegelegenen Fella-Werk verbat sich Direktor Albert Löffler »falsch angebrachte[s] Mitleid«.[84] Die Versorgung der Kriegsgefangenen galt Löffler nicht als Verpflichtung, sondern als »Machtmittel [...zur] Ausmerzung der Faulenzer«.[85] Das Wort von der Gefühlsduselei fand sich auch in der Diktion Lobes in Döhlen, der im Kampf gegen Fraternisierungsphänomene mehrfach unterstrich, daß man die Ausländer nicht aus Sympathie ins Reich geholt habe – eine Erkenntnis, die Lobe jedoch bei einigen seiner Untergebenen vermißte:

> »Mit der immer wieder in Erscheinung tretenden Gefühlsduselei muß jetzt endlich Schluß gemacht werden. Wir müssen es unseren Männern und Frauen immer wieder einhämmern, daß wir diesen Krieg, der so gewaltige Anstrengungen verlangt, und so viel Leid über deutsche Familien gebracht hat, wahrscheinlich nicht hätten, wenn er uns nicht von Frankreich, im Verein mit England im Dienste des internationalen Judentums, erklärt worden wäre. Wer in Zukunft den Ausländern [...] und Ostarbeitern gegenüber noch in Nächstenliebe macht und nicht dafür sorgt, daß diese sich während und nach der Arbeit in jeder Hinsicht korrekt verhalten, versündigt sich an unserem Volk, unseren Soldaten und insbesondere an den Kämpfern von Stalingrad.«[86]

82 Zitat: Anweisung betr. Ausländ. Zivilarbeiter, 26.1.1943 [Laermann, Hoven], StAN Rep. 502, KVA, NI-3150; Laermann an Kummert, 28.8.1944, StAN Rep. 502, KVA, NI-3158.

83 Bekanntmachung. Betr. Umgang mit Kriegsgefangenen, 4.12.1940 [Vogel], BAB R 8122/80908.

84 Bekanntmachung Nr. 704. Betr. Russen-Verpflegung, 14.2.1942 [Löffler], BAB R 8122/80919, NI-5203.

85 Fella-Werk. Arbeitseinsatz der sowjetischen Kriegsgefangenen, 30.12.1943, ebd., NI-5206.

86 Appell vom 12.4.1943 [Lobe], BAB R 8122/614, Bl. 2-5.

Angesichts dieser Vorgaben konnte es nicht verwundern, daß gewaltsame Übergriffe deutscher Vorgesetzter wie auch gewöhnlicher Arbeiter nicht nur nicht ausblieben, sondern oft an der Tagesordnung waren. Dies galt vor allem für den Bergbau, wo der traditionelle Grubenmilitarismus mit seinen rigiden Hierarchien, rauhem Umgangston und Männlichkeitskult einen passenden Nährboden für die rassistisch motivierte und, mit zunehmender Verschlechterung der Situation im Reich, entgrenzte Gewalt durch deutsche Bergleute bildete.[87] Von demütigenden Ohrfeigen bis hin zu schweren Körperverletzungen und Totschlag reichten die Mißhandlungen, die in der Regel ungeahndet blieben.[88] Zwar scheint eine gewisse Häufung in den Bergbaubetrieben des Flick-Konzerns feststellbar, aber auch in anderen Werken und teils in kaum geringerem Umfang kam es zu Übergriffen und Gewalttaten.[89] Körperverletzungen waren etwa bei der Maxhütte keine Ausnahme.[90] Und bei den SGW erinnerte die Werksleitung wiederholt daran, daß speziell Kriegsgefangene weder von Angehörigen des Werks(luft)schutzes noch anderer Abteilungen mißhandelt werden durften.[91]

2.3.2. Der Einsatz von KZ-Häftlingen und Juden im Reich

Das Zwangsarbeitsprogramm innerhalb der deutschen Grenzen erreichte seine finale Zuspitzung im Einsatz von KZ-Häftlingen und Juden seit Herbst 1942.[92] Hatte bis dahin die Arbeit in den Lagern sowie SS-eigenen Betrieben stattgefunden und vor allem eine »erzieherische«, das heißt strafende Funktion gehabt, so rückte mit zunehmender Verknappung der verfügbaren Reserven die Ausbeutung der Häftlingsarbeit in den Vordergrund. Dies implizierte keine veränderte Zielsetzung, sondern einen anderen, »rationaleren« Weg zur Vernichtung der internierten »Volks- und Rassenfeinde«.[93] Im September 1942 wurde das Prinzip der Ausleihe von Sträflingen an private Unternehmen festgeschrieben, das fortan den Häftlingseinsatz in der Industrie charakterisieren sollte. Allerdings wurden

87 Urban, ÜberLeben, S. 128-131; Seidel, Völkergemisch, S. 133-135; vgl. zur spezifischen Arbeitskultur untertage: Brüggemeier, Leben, S. 92-141.

88 *Harpen/Hugo*: Dok.-Weiss 1084, StAN Rep. 501, KVP, Fall 5, I-5, Bl. 79-85; Bericht, 4.1.1943; Herrn Betriebsdirektor Spickernagel, 4.1.1943, BAB R 8122/80912, Eidesstattliche Erklärung V. Schürhoff, 7.11.1947, StAN Rep. 502, KVA, NI-13353.

89 Derartige Aussagen sind nur mir Vorsicht zu treffen. Aufgrund der lückenhaften Quellenüberüberlieferung sind Häufigkeiten kaum zu ermitteln. Dies gilt besonders, da ein erheblicher Teil der einschlägigen Dokumente von der Nürnberger Anklage stammt, die sich auf Harpen und die Maxhütte konzentrierte, andere Schauplätze hingegen nur am Rande beachtete.

90 Vgl. die Aussagen-Sammlung von Maxhütte-Arbeitern in StAN Rep. 502, KVA, Handakten, B-74.

91 Konferenz v. 3.3.1944, 3.3.1944, BAB R 8122/583; Konferenz v. 9.3.1944, 10.3.1944, BAB R 8122/803.

92 Dazu u.a. Hilberg, Vernichtung, Bd. 2, S. 982-1000; Spoerer, Zwangsarbeit, S. 107-115; Fröbe, Arbeitseinsatz.

93 Vgl. Herbert, Ausländerpolitik, S. 167-174; Mommsen/Grieger, Volkswagenwerk, S. 506-515; Spoerer, Zwangsarbeit, S. 108-111.

nicht, wie ursprünglich vorgesehen, auch Juden in die Regelung einbezogen. Hitler persönlich hatte sich dagegen verwahrt, die zeitgleich laufenden Deportationen deutscher Juden zu den Hinrichtungsplätzen im Osten durch ihre erneute Eingliederung in die Rüstungswirtschaft zu unterlaufen.[94]

Dies war wohl auch der Grund, weshalb der zeitgleich erwogene Einsatz von Juden in einem KZ-Außenlager in Döhlen nicht zustande kam. Auf eine entsprechende Anfrage aus der Speer'schen Rüstungsadministration hatte der SGW-Vorstand positiv reagiert, ohne daß sich die Überlegung jedoch konkretisiert hätte.[95] Die Rolle des Vorreiters unter Flicks Unternehmen beim KZ-Einsatz kam ohnehin dem Stahlwerk Hennigsdorf zu. Als einer der ersten privaten Betriebe im Reichsgebiet überhaupt hatte die Hennigsdorfer Leitung schon 1940 über den Einsatz von Häftlingen aus Sachsenhausen verhandelt und 1941/42 tatsächlich für mehrere Monate ein kleines Arbeitskommando eingesetzt. In großem Umfang griff Hennigsdorf nach der Ausweitung des KZ-Einsatzes 1944, in deren Zuge nun auch jüdische Arbeiter beschäftigt wurden[96], auf Häftlinge zurück. Seit Oktober wurden rund 850 Frauen aus Ravensbrück in dem brandenburgischen Werk eingesetzt.[97]

Im letzten Kriegsjahr war Hennigsdorf keineswegs das einzige Konzernwerk, das in erheblicher Zahl Häftlinge der SS gegen die Pauschale von vier bzw. sechs RM/Tag für ungelernte respektive Facharbeiter auslieh. In Breslau beschloß die LHW-Führung im Sommer 1944, angesichts der versiegenden Transporte aus dem Osten für die ständig wachsenden Produktionsanforderungen im Waggonbau sowie für die V-Waffenfertigung (»A4«) rund 1000 KZ-Häftlinge anzufordern. Diese trafen im Sommer ein und wurden bis zu ihrem Abtransport Ende Januar 1945 beschäftigt.[98] Zudem war LHW über die A4-Produktion auch an der Untertageverlagerung beteiligt, für die in großem Umfang und unter den mörderischsten Bedingungen KZ-Insassen verwendet wurden.[99] Der Bautzener Vorstand entschied sich im August 1944 für den Einsatz von KZ-Kräften. Nach Verhandlungen mit dem Lager Groß-Rosen erhielt die Waggonfabrik die Zusage für 800 Häftlinge, von denen ein Vorauskommando im Oktober eintraf. Ende Februar 1945 meldete Busch-Bautzen 462 Häftlinge, die Zahl der insgesamt eingesetzten Menschen dürfte aber erheblich höher gewesen sein; allein 202 Tote, die nicht zurück nach Groß-Rosen überstellt wurden, sind nachweisbar.[100]

94 Herbert, Ausländerpolitik, S. 173 f.

95 Rundschreiben Nr. 27/42, 22.9.1942; SGW an W. Schuster, 28.9.1942, beide BAB R 8122/643, Bl. 50 f.

96 Herbert, Ausländerpolitik, S. 177-179.

97 Für die Hinweise danke ich sehr herzlich Thomas Irmer. Vgl. auch Endlich, Brandenburg, S. 289 f.

98 LHW, Bericht über den Monat Juni 1944, SächsHStA 11692/71; Bericht über die Dienstreise zur LHW in Breslau (21.-24.9.1944), 26.9.1944, BAB NS 4 Anh./29, Bl. 46-50.

99 Zur Verlagerung: Schulte, Zwangsarbeit, besonders S. 406-415; Wagner, Produktion.

100 Die zu den Stichdaten angegebenen Zahlen umfaßten nur die noch lebenden Arbeitskräfte, nicht aber die – angesichts der hohen Mortalitätsraten – erhebliche Zahl von

Unterdessen blieb bei den SGW auch der zweite Anlauf zum KZ-Einsatz weitgehend ergebnislos. Seit Mitte Juli verhandelte der Vorstand um Bruns und Lobe mit der SS über die Einrichtung eines 600 Mann starken Außenkommandos für die Munitionserzeugung. Auch der zuständige Abteilungsleiter, Edmund Fickert, sprach sich entschieden für die Beschäftigung der KZ-Insassen aus:

»Durch Einsatz von Kz-Häftlingen, die bekanntermaßen in der geforderten Anzahl pünktlich zu Schichtbeginn stehen und zu Schichtende wieder abgeholt werden, fallen Ausfallstunden, wie sie bei der ausländischen Gefolgschaft und insbesondere bei den Frauen hauptsächlich beobachtet werden, vollkommen fort. Wir bitten deshalb, den Einsatz von Kz-Häftlingen bezüglich der lagermäßigen Unterbringung besonders sorgfältig zu überprüfen, da, wie aus dem vorgesagten schon hervorgeht, wir uns bei der Beschäftigung von Kz-Häftlingen nur Vorteile versprechen. Der beim Umbesetzen mit Kz-Häftlingen vorübergehend eintretende Produktionsabfall wird in kurzer Zeit nicht nur eingeholt, sondern überholt werden.«[101]

Über Unterbringungs- und Bewachungsfragen konnte jedoch keine Einigung erzielt werden, und vermutlich war auch die ausdrückliche Forderung, nur männliche Häftlinge zu erhalten, problematisch. Ein 40 bis 50 Mann starkes Vorkommando wurde zwar zunächst nach Döhlen geschickt, Mitte November 1944 aber wieder abgezogen.[102] Im Gegensatz dazu fand sich die ATG-Führung bereit, auch Frauen aus den SS-Lagern zu übernehmen. Der Leipziger Flugzeugbauer beschäftigte ab August 1944 500 Jüdinnen, die im Zuge der Deportationen aus Ungarn ins Reich gelangt waren.[103]

Zum umfangreichsten und am besten dokumentierten KZ-Häftlingseinsatz kam es in Gröditz. Anfang Oktober 1944 traf ein erster Transport aus Flossen-

Toten. Die KZ-Insassen wurden nicht als Teil der Belegschaften geführt und, soweit möglich, bei Arbeitsunfähigkeit wieder an die Lager abgegeben. Der Durchlauf von Häftlingen in den Außenkommandos ist daher deutlich höher anzusetzen als die statistisch erfaßten Daten. Die Zahl bei Goldenbogen, Sachsen, S. 624f., von 1000 bis 1500 erscheint aber dennoch zu hoch. Wahrscheinlich ist ein Gesamtumfang im Rahmen der vereinbarten 800 Häftlinge; Auszug aus Monatsbericht August 1944, StAN Rep. 502, KVA, NI-3026; Korrespondenz KZ Groß-Rosen/Waggonfabrik Bautzen, 1.9.1944-29.3.1945, SächsHStA 11692/380, Bl. 67, 53, 23, 11; Boge an Klemm, 12.3.1945, SächsHStA 11692/106; Dils, 20 Jahre, S. 53, legt nahe, daß ein größerer Teil der Häftlinge Juden gewesen seien.

101 Zitat: Fickert an Bruns, 9.8.1944, BAB R 8122/803; Niederschrift über die Vorstandssitzungen am 5. u. 11.7.1944, 13.7.1944, BAB R 8122/529.

102 Ebd.; Konferenz am 15.11.44, 16.11.1944, BAB R 8122/803. Ob es sich bei den Häftlingen um jüdische Zwangsarbeiter handelte, ist unklar; vgl. aber Goldenbogen. Sachsen, S. 665.

103 Die Frauen kamen ursprünglich aus Stutthof und wurden in der Folge als Außenkommando Buchenwald geführt; Die Statistik Häftlingseinsatz für Rüstungszwecke im Monat Dezember 1944, StAN Rep. 502, KVA, NI-4185; für die präzise Datierung des Einsatzbeginns danke ich sehr herzlich Sabine Stein, Weimar; zu den Deportationen aus Ungarn: Gerlach/Aly, Kapitel, S. 251f., 379-394.

bürg ein, der 235 Fach- und 64 Hilfsarbeiter umfaßte. Weitere Häftlinge kamen aus verschiedenen Lagern, darunter noch im Frühjahr 1945 eine Gruppe aus Auschwitz »Evakuierter«. Die Zahlen stiegen rasch auf 582 KZ-Insassen Ende Dezember 1944 und erreichten Anfang März 1945 mit 789 Menschen ihren Höhepunkt. Die Gesamtzahl der in Gröditz eingesetzten Häftlinge lag mit hoher Wahrscheinlichkeit über 1 000.[104]

Die Häftlinge wurden in der Gröditzer Maschinenbauabteilung untergebracht und eingesetzt. Das eigentliche Lager unterstand der SS, während der Arbeit erfolgte die Überwachung durch die deutschen Werksangehörigen. Die Bedingungen überstiegen mit Blick auf Versorgung und Behandlung noch die brutalen Umstände des Einsatzes sowjetischer Kriegsgefangener. Allerdings gab es selbst hier ein gewisses Spektrum an Verhaltensweisen. Facharbeiter, die häufig aus Westeuropa kamen, erfuhren tendenziell eine bessere Behandlung als ungelernte Häftlinge, insbesondere wenn diese Juden waren. Allerdings waren dies Unterschiede auf niedrigstem Niveau – keine wirklichen Verbesserungen, sondern gestufte Grade der Brutalität. Diese äußerte sich in massiven Mißhandlungen, einer jeder Beschreibung spottenden Verpflegung, mörderischem Leistungszwang sowie im Fehlen hygienischer Mindeststandards und medizinischer Versorgung.[105] Wenige Tage vor dem Einmarsch der Roten Armee in Gröditz wurden die transportfähigen Häftlinge im April 1945 von der SS auf einen zehntägigen Todesmarsch geschickt. Rund 180 KZ-Insassen, die für zu schwach befunden wurden, ermordete ein SS-Erschießungskommando in einer unweit des Werks gelegenen Kiesgrube.[106]

104 Für die quantitative Dimension des Häftlingseinsatzes in Gröditz gilt das in Anm. 100 gesagte. Verläßliche Angaben zu Todesziffern liegen ebf. nicht vor; Gefolgschaftsveränderung November 1944-Februar 1945, SächsHStA 11616/15.09 u. 15.10; Forderungsnachweise über den Häftlingseinsatz bei MSt Gröditz 1.-31.10.1944 u. 1.-31.12.1944, 1.11.1944/1.1.1945, BAB NS 4 Fl/393/2; Kommandantur KZ Flossenbürg an SS-WVHA Amt D II, 1.1.1945; KZ Flossenbürg an Arbeitslager Gröditz, 2.4.1945, beide BAB NS 4 Fl/391. Vgl. Goldenbogen, Sachsen, S. 673, und Dörr, Vorgehen, S. 170-174, wonach rund 300 der Häftlinge Juden waren.

105 Dazu die gesammelten Aussagen ehemaliger Zwangsarbeiter und Häftling in StAN Rep. 502, KVA, Handakten, B-30, B-73 u. B-59; vgl. Dörr, Vorgehen, S. 174-182.

106 Wie vorige Anm. sowie Bericht, 18.4.1945 [Heger], StAN Rep. 501, KVP, Fall 5, D-6, Dok. Burkart-828, Bl. 587-589; Eidesstattliche Erklärung O. Klauser, 23.7.1947, ebd., Dok. Burkart-827, Bl. 582-586; Eidesstattliche Erklärung E. Wiegand, 2.5.1947, ebd., Dok. Burkart-778, Bl. 490-498. In welchem Rahmen die Werksleitung informiert war, ist kaum zu klären. Ein am 18.4. angelegter Aktenvermerk bestritt ausdrücklich jede Mitwisserschaft und Beteiligung, allerdings stand da die Rote Armee nicht nur sprichwörtlich vor der Tür. Einer der Überlebenden sagte nach dem Krieg aus, von seinem deutschen Vorarbeiter rechtzeitig vor der Selektion gewarnt worden zu sein; Affidavit V. Rittenberg, 29.3.1947, StAN Rep. 502, KVA, Handakten, B-59.

2.3.3. *Arbeit für den Flick-Konzern im besetzten Europa*

Die Mitwirkung an der rassistischen Politik des Regimes mit ihren genozidalen Implikationen durch die Unternehmen des Flick-Konzerns fand einen weiteren Schauplatz in den besetzten Gebieten. Im Kontext der industriellen »Durchdringung« der okkupierten Länder hatten sie an den nationalsozialistischen Neuordnungsplänen teil. Dies galt, wenngleich in sehr unterschiedlichen Ausprägungen, sowohl für Lothringen als auch für den Osten. Darüber hinaus verband sich mit dem Betrieb der französischen, lettischen und ukrainischen Werke zwangsläufig die Beschäftigung von – aus der Sicht der Okkupanten – ausländischen Arbeitskräften. Diese lassen sich nicht pauschal als Zwangsarbeiter rubrizieren, handelte es sich doch in Teilen um die Stammbelegschaften der Werke, die in ihrem gewohnten Arbeits- und Lebensumfeld verblieben. Daneben fanden sich aber an allen Standorten Deportationsopfer, Kriegsgefangene und/oder jüdische Zwangsarbeiter. Gemeinsam war allen Beschäftigten, insbesondere im Osten, daß sie unter Arbeitszwang standen und daß die überaus harten Bedingungen, unter denen sie Arbeit leisteten, jenen des Reichseinsatzes weitgehend glichen bzw. vor dem Hintergrund der deutschen Besatzungspolitik teils noch darüber hinausgingen.[107]

a) Lothringen. Bereits die Treuhandverträge über die französischen Werke schlossen eine explizite volkstumspolitische Rollenzuweisung an die neuen Betreiber ein. Diese sollten zur »Eindeutschung« Lothringens beitragen, indem sie Beschäftigte ihrer Stammwerke nach Lothringen brachten, während umgekehrt lothringische Arbeiter zur zwangsweisen Versetzung ins Altreich vorgesehen waren, um dort gleichsam reassimiliert zu werden. Sowohl in der Konzernspitze wie auch im Rombacher Vorstand war dies prinzipiell anerkannt und nicht umstritten. Eine gewisse Reserviertheit brachte man lediglich gegenüber dem Zeitpunkt zum Ausdruck – die Abgabe von Stammbelegschaften aus dem Reich während des Krieges hielt man für wenig glücklich.[108]

In mehreren Aktionen wurden frankophone Lothringer, von deren Feindseligkeit gegenüber der deutschen Herrschaft die Behörden ausgingen, zum einen ins besetzte Frankreich ausgewiesen[109] und zum anderen als Westarbeiter ins Reich deportiert. Diese Maßnahmen trugen erheblich zur schlechten Arbeitsatmosphäre und unterschwelligen Ablehnung der deutschen Werksleitung durch die verbliebenen einheimischen Arbeiter auch in Rombach bei, wo allein

107 Vgl. vor allem Penter, Feind, S. 93 f.; dies., Zwangsarbeit, S. 95-100; dies., Hunger, S. 464-466.

108 Notiz für Herrn Flick, 11.9.1941 [Burkart], BAB R 8122/80909; O.-E. Flick an Burkart, 7.8.1942, BAB R 8122/80900. Vgl. dazu oben S. 446.

109 Darunter waren auch die Führungskräfte des Rombacher Werks; Jacobs an Hahl, 21.11.1940, StAN Rep. 502, KVA, Handakten, B-43; Procès-Verbal J. Laurent, 21.12.1946, ebd., B-73; Verhör H. Röchling, 15.9.1947, StAN Rep. 501, KVP, Fall 5, A 89-91, Bl. 7066 f., 7069, 7071.

375 Beschäftigte betroffen waren.[110] Zwar führten Otto-Ernst Flick und Karl Stein dies auf »kommunistische« Neigungen der Franzosen zurück, erkannten aber auch, daß die Umsiedlungspolitik der deutschen Behörden die Lage erheblich erschwerte.[111]

Unterdessen konnten nur in geringem Maße deutsche Arbeiter nach Lothringen abgeordnet werden. Um die somit gerissenen Lücken zu schließen, griffen die Werke in besonders hohem Maße auf ausländische Arbeitskräfte zurück. Da die Verwendung französischer und belgischer Kriegsgefangener in Lothringen kaum in Frage kam, stellten in der Folge sowjetische Beschäftigte einen erheblichen Anteil der Belegschaften. In Rombach waren dies in erster Linie Ostarbeiter, während Kriegsgefangene nur zu Beginn und zum Ende der deutschen Besatzung in kleinerer Zahl zum Einsatz gelangten. Im Dezember 1943 befanden sich über 2000 Ostarbeiter und sowjetische Kriegsgefangene bei den Rombacher Hüttenwerken, hinzu kamen weitere 1400 als Ausländer klassifizierte Arbeiter, vorwiegend Italiener, Polen und Russen, die schon vor dem Krieg nach Frankreich gekommen waren. Nur etwa 2800 der insgesamt über 6500 Beschäftigten waren Reichs- und Volksdeutsche. Besonders auffällig war der hohe Anteil an Frauen. Diese stellten mehr als ein Viertel aller Beschäftigten, eine für ein Hüttenwerk exorbitante Quote. Unter ihnen dominierten wiederum die Ostarbeiterinnen, die fast 19 Prozent der Rombacher Belegschaft ausmachten.[112] Diese Entwicklung wich merklich von jener im Altreich ab, wo man erst 1944 auf breiter Ebene dazu überging, Ostarbeiterinnen auf üblicherweise Männern vorbehaltenen Plätzen einzusetzen, um leichtere Tätigkeiten für deutsche Frauen freizumachen.[113]

Die Rekrutierungsmuster hatten erhebliche Auswirkungen auf den Alltag der Zwangsarbeiter in Rombach. Die Ostarbeiterinnen wurden schon seit 1942 in großer Zahl für die körperlich enorm strapaziösen Heißbetriebe ebenso wie zu schweren Verladearbeiten herangezogen. Angesichts niedriger Lebensmittelrationen, schlechter hygienischer Verhältnisse und anderer Versorgungsdefizite potenzierte sich damit die ohnedies eklatante Gesundheitsgefährdung der

110 Gefolgschaftsangehörige der Rombacher-Hütte, die zum Arbeitseinsatz nach dem Altreich zur Verfügung gestellt wurden, o. D. [1942], StAN Rep. 502, KVA, Handakten, B-5; Auszug aus der Niederschrift über die Vorstandssitzung am 29.10.42, 16.11.1942, StAN Rep. 501, KVP, Fall 5, B-33, NI-10113, Bl. 17 f.; BezGr Südwest an H. Röchling, 7.12.1942, BADH R 10 III/69, Bl. 145.

111 Bericht über Selbstkosten und Ergebnislage Rombach, 10.4.1943, StAN Rep. 502, KVA, NI-6000.

112 Fraueneinsatz bei den Saar, Lothringischen und Luxemburgischen Hüttenwerken, Stand am 31.8.1943, BADH R 10 III/130, Bl. 58; Franz an Flick, 4.11.1944; Bericht über Rombacher Hüttenwerke, NI-5592, BAB R 8122/80920; Eidesstattliche Erklärung H. Geschwinde, 2.7.1947, StAN Rep. 501, KVP, Fall 5, D-7, Dok. Burkart-809, Bl. 637.

113 Rundschreiben. Betr. Fraueneinsatz, 3.8.1944 [Bruns], BAB R 8122/556; Aktennotiz über die Besprechung bezüglich verstärkten Einsatzes von Frauen, 21.9.1944, StAN Rep. 502, KVA, Handakten, B-13.

Frauen.[114] Hinzu kam die äußerst harte »Menschenführung« der deutschen Verantwortlichen. Neben Stein und Otto-Ernst Flick war dafür vor allem der Werkschutzbeauftragte Franz Degen verantwortlich, der ein regelrechtes Terrorregime in Rombach führte. Sein Werkschutz war berüchtigt für gewaltsame Übergriffe und Mißhandlungen von Ostarbeitern.[115] Von Zurückhaltung zum Zwecke der Imagewahrung gegenüber der einheimischen Bevölkerung war wenig zu spüren. Die einzige Erleichterung stellte eine gewisse, allerdings kaum zu quantifizierende Solidarität der französisch-lothringischen Bevölkerung mit den Zwangsarbeitern dar. Hilfeleistungen wie die Versorgung mit zusätzlichen Lebensmitteln oder die Schonung am Arbeitsplatz kamen wohl in größerer Zahl als im Altreich vor, vermutlich, weil die Denunziationsgefahr deutlich geringer war als in deutschen Werken, teils auch als Ausdruck der Ablehnung der Besatzer.[116] An den grundsätzlich verheerenden Zuständen, die zu den schlechtesten in den Werken Flicks zählten, vermochte dies aber nur wenig zu ändern.[117]

b) Lettland. Mit der Übernahme von Vairogs befand sich der Flick-Konzern unvermittelt auf einem der zentralen Schauplätze des Holocausts in der besetzten Sowjetunion. Lettland zählte zu jenen Gebieten, in denen die Vernichtung der jüdischen Bevölkerung mit besonderer Geschwindigkeit implementiert wurde; allein bis Mitte 1942 wurden Zehntausende lettische Juden ermordet.[118] Die genozidale Dimension der deutschen Besatzungspolitik entging dabei weder der Geschäftsführung vor Ort noch der Konzernführung in Berlin.[119] Während der Bautzener Generaldirektor Reichert nach seinem Besuch in Riga im November 1941, auf dem Höhepunkt der Massenerschießungen, das Thema in seinem Reisebericht aussparte[120], sprach Weiss dies ein halbes Jahr später offen an. Nach

114 Affidavit E. Voytowich, 27.3.1947 u. Affidavit S. Cheyko, 27.3.1947, ebd., B-23 u. B-32; ferner die Aussagensammlung in StAN Rep. 502, KVA, Handakten, B-73.

115 Ebd.; Eidesstattliche Erklärung H. Weißgerber, 17.5.1947, StAN Rep. 501, KVP, Fall 5, D-7, Dok. Burkart-810, Bl. 643-649.

116 Affidavit E. Voytowich, 27.3.1947 (wie Anm. 114); Dépositions des Témoins L. Eberhard, 29.1.1947, P. Bonn, 30.1.1947, Ch. Leininger, 20.1.1947, StAN Rep. 502, KVA, Handakten, B-73.

117 So auch die vorsichtigen Schlußfolgerungen bei Piquet, Zwangsarbeiter.

118 Vgl. Angrick/Klein, Endlösung, S. 63-184.

119 So ließ sich Weiss von Runte am 8.8.1941 über die Pläne für das RKO ins Bild setzen. Kurz zuvor hatte Runte an einer Besprechung bei Rosenberg teilgenommen, auf der die Massenmorde an der jüdischen Bevölkerung im Baltikum, die geplanten Arbeitslager sowie das Endziel, alle Juden »restlos [zu] entfern[en]«, benannt worden waren; Protokoll der Besprechung über die politisch und wirtschaftliche Lage im Ostland am 1.8.1941, 5.8.1941, BAB R 6/300, Bl. 2; Weiss an Reichert (Bautzen), 8.8.1941, StAN Rep. 501, KVP, Fall 5, B-25, NI-3565, Bl. 12-14. Im RKO galt seit August 1941 ein Arbeitszwang für Juden, RKfdbO an GenKom Lettland, 18.8.1941, LVVA P-70-5-34, Bl. 50.

120 Bericht über die Besichtigung der Rigaischen Waggonfabrik, 27.11.1941, StAN Rep. 501, KVP, Fall 5, B-25, Bl. 29-32. »In Riga wird allgemein von Massenerschießungen der bisher im Ghetto untergebrachten Juden gesprochen«; Bericht v. 23.12.1941, LVVA P-70-5-44, Bl. 29.

seiner Besichtigung von Vairogs berichtete er, daß sich unter der Belegschaft auch Juden und Kriegsgefangene befänden. Während letztere zu geringe Leistungen zeigten, sei man mit »den Juden [...] im allgemeinen recht zufrieden«. Allerdings, so Weiss weiter, müsse man die bereits ghettoisierten Juden auch am Arbeitsplatz getrennt einsetzen, weil nach den Massenmorden des Jahres 1941 »jederzeit die Gefahr bestehe, daß sie von den Letten totgeschlagen werden.«[121]

Auch in der Folge zeigte sich die FFKG-Führung bereit, von der Zwangslage der verbliebenen jüdischen Bevölkerung Rigas zu profitieren, deren einzige Überlebenschance in der Arbeit für kriegswichtige Zwecke lag.[122] Im September 1942 informierte Brurein Weiss und Burkart über Überlegungen, bei Vairogs »Juden und KZ-Leute zu beschäftigen«.[123] Allerdings waren dem enge Grenzen gesetzt. Ein Großteil der jüdischen Gemeinde Lettlands war bereits ermordet, und die Überlebenden leisteten mehrheitlich für deutsche zivile und militärische Stellen Arbeit.[124] Anfang 1943 fand sich unter den 1738 Beschäftigten von Vairogs ein zusammengefaßtes Kontingent von 150 Juden und Kriegsgefangen. Die tatsächliche Zahl der jüdischen Kräfte lag wohl nur im niedrigen zweistelligen Bereich, allerdings wurden sowohl in einem Heereskraftfahrpark, den Vairogs im Auftrag der Wehrmacht betrieb, sowie in einer SS-Werkstatt, die sich ebenfalls auf dem Gelände befand, Juden in größerer Zahl eingesetzt.[125]

Unterdessen strebte der technische Leiter, Boge, eine Ausweitung des »Judeneinsatzes« an, insbesondere weil er mit den Arbeitsleistungen der lettischen Belegschaft völlig unzufrieden war. Dies war nicht zuletzt darauf zurückzuführen,

121 Notiz für Herrn Flick, 22.6.1942, StAN Rep. 501, KVP, Fall 5, B-25, NI-3644, Bl. 56, 60, so schon Vairogs an AA Riga, 18.9.1941, LVVA P-98-1-28, Bl. 46. Weiss machte sich damit die offizielle Sprachregelung zueigen, derzufolge die Massenmorde spontane Pogrome darstellten. Wie weit seine Kenntnisse reichten, ist kaum festzustellen. Die schlechten Leistungen der Kriegsgefangenen waren auf deren Unterversorgung und die verheerende Fleckfieberepidemie im Winter 1941/42 mit Tausenden von Todesopfern zurückzuführen; Bericht für die Zeit v. 16.11.-31.12.1941, 15.1.1942, LVVA P-69-2-72, Bl. 36f.; Bericht über die Struktur des Arbeitseinsatzbezirks Riga, 8.1.1942, BAB R 92/1155.

122 Für das Generalkommissariat Litauen, wo die Lage vergleichbar war: Priemel, Wirtschaftskrieg.

123 Aktennotiz. Betr. Lafettenfertigung Riga, 20.9.1942 [Brurein], BAB R 8122/80918, NI-3114; Vernehmung des J. Brurein v. 28.3.1947, StAN Rep. 502, KVA, Interrogations, B-179.

124 RKO, Lagebericht zum 30.6.1942, 16.7.1942, BAB R 90/428; Die Rüstungswirtschaft im Ostland v. 1.9.1941-8.8.1944, BA-MA RW 30/203, Bl. 48f.; GenKom/Aso an RKO/Aso, 12.4.1943, LVVA P-69-2-74, Bl. 42.

125 Bericht über Waggonfabrik Vairogs Riga 17.-23.2.1943 [Oesterhelt], 28.2.1943, SächsH StA 11692/36. Im eigentlichen Vairogs-Betrieb befanden sich im Frühjahr 1942/43 ca. 15 jüdische Arbeiter, bei der SS-Werkstatt 35; für den Fuhrpark wurden im August 1943 375 Juden vermerkt, allerdings ging dieser wieder in militärische Führung über; GenKom Riga an Waggonfabrik »Vairogs«, 6.3.1942, LVVA P-69-3-33, Bl. 42; Judeneinsatz, o.D. [ca. April 1943], BAB R 92/1158, Bl. 47-55; Arbeitsverwaltung Riga an GenKom Riga/Aso, 18.8.1943, ebd., Bl. 103f.

daß die anfängliche Euphorie über die Befreiung von der sowjetischen Herrschaft in der lettischen Bevölkerung 1942 rasch der Ernüchterung wich, als die erhoffte Unabhängigkeit ausblieb. Auch die Zwangsrekrutierungen für den Arbeitseinsatz im Reich sowie Einschnitte in der Lebensmittelversorgung trübten die Stimmung erheblich.[126] Entsprechend beschwerte sich Boge über die nachlassende Arbeitsmoral der Letten und hohe Krankenziffern. Auf die angekündigte Repressionspolitik der deutschen Besatzungsbehörden wollte Boge nicht warten und forderte 200 Juden an, die auf dem Gelände kaserniert werden sollten. Dies entsprach der im Juni 1943 von Himmler verfügten Neuregelung des jüdischen Arbeitseinsatzes im RKO, derzufolge die Ghettos aufzulösen und die Arbeitskommandos in Gestalt von »Betriebs-KZs« auf die vordringlichsten Einsatzorte zu beschränken waren.[127] In der allgemeinen Verminderung des Judeneinsatzes, der die letzte Phase der Vernichtung einläutete, wurde Boges Forderung jedoch nicht erfüllt. Abgesehen von dem bei Vairogs angesiedelten Kraftfahrpark erhielt die Fabrik bis zum Abzug im Spätsommer kein entsprechendes Kommando zugeteilt.[128]

c) Ukraine. Anders als in Riga, wo die nichtjüdische Stammbelegschaft von Vairogs nach der Besetzung weitgehend unverändert im Werk verblieb, waren die verwüsteten Hüttenwerke im Dnjepr-Bogen – die vor dem Krieg mehr als 70000 Beschäftigte gezählt hatten[129] – nahezu verwaist, als die deutschen Truppen eintrafen. Die Fachkräfte waren größtenteils mit der Roten Armee evakuiert worden und die Werke betriebsunfähig, so daß unter den vorhandenen Belegschaften anfangs eine nicht unerhebliche Arbeitslosigkeit herrschte. Diese wurde durch die Ende 1941 einsetzenden Deportationen nach Deutschland rasch abgebaut, und im Frühjahr 1942 stand die Ukraine im Zentrum der Zwangsarbeiterbeschaffung für die deutsche Kriegswirtschaft. Die sich rasch verbreitenden Nachrichten über die Umstände des Arbeitseinsatzes in Deutschland sowie die eklatante Brutalisierung der Werbungsmethoden durch die Besatzungsbehörden beseitigten binnen kurzem das geringe Maß an Freiwilligkeit.[130]

Gegenüber der erzwungenen Verschickung zogen die Ukrainer die Beschäftigung vor Ort in der Regel vor. Dies hieß jedoch nicht, daß der Dienst mehrheit-

126 Aus der Masse an einschlägigen Berichten: RKO/Lagebericht v. 15.9.1942, 16.9.1942 [Trampedach], BAB R 6/84, Bl. 29-39; RüKdo Riga. Lagebericht für die Zeit v. 31.3.-30.4.1943, BA-MA RW 30/69, Bl. 50-58; Monatsbericht über die Lage im Arbeitsamt Riga v. 1.-28.2.1943, 1.3.1943, LVVA P-958-1-2, Bl. 54.

127 Vairogs, Berichte für die Monate Juni und Juli 1943, SächsHStA 11692/138; RKO/Aso an Abt. I (Politik), 20.7.1943, LVVA P-70-5-65, Bl. 4; vgl. Priemel, Wirtschaftskrieg, S. 315f.

128 Lagebericht der Monate Juni u. Juli, 9.8.1943, BAB R 92/926, Bd. 2; Arbeitsverwaltung Riga an GenKom/Aso, 18.8.1943, BAB R 92/1158, Bl. 103f. Für den freundlichen Hinweis danke ich Margers Vestermanis.

129 Überblick über den Einsatz von Arbeitern bei den Betrieben der BHO, o.D. [ca. 1942], BADH R 10 VIII/54, Bl. 41.

130 Vgl. Spoerer, Zwangsarbeit, S. 72f.; Eikel, Menschen, S. 409-414; Penter, Feind, S. 72-74.

lich aus eigenem Antrieb erfolgte. Schon seit Ende 1941 war auch die Organisation des Arbeitseinsatzes in der Ukraine mit dem Einsatz massiver Zwangsmittel verbunden. Insbesondere wurde die Lebensmittelzuteilung an die Registrierung bei der Arbeitsverwaltung und den regelmäßigen Beschäftigungsnachweis geknüpft. Eine Möglichkeit zur Arbeitsplatzwahl oder zur Auflösung von Vertragsverhältnissen durch die Beschäftigten bestand nicht; Kontraktbruch wurde mit massiven Sanktionen von der Haft bis zur Todesstrafe belegt.[131]

Gleichwohl konnte der Terror der Besatzungsbehörden nicht darüber hinwegtäuschen, daß die Anforderungen an die Ressourcen des Landes infolge der wirtschaftlichen Umstellung vom Blitz- zum Abnutzungskrieg auf diversen Gebieten – Lebensmittel, Rohstoffe, Arbeitskräfte – in wachsendem Widerspruch zueinander standen. Insbesondere war das Konzept einer selektiven Hungerpolitik, welche die landwirtschaftlichen Zuschußgebiete, also vor allem industrielle Ballungsräume, unversorgt ließ, um die verfügbaren Lebensmittel für die Wehrmacht sowie die Heimatfront zu verwenden, unvereinbar mit einer Ausnutzung des industriellen Potentials, das in diesen Zentren konzentriert war. Ebenso unvereinbar war die Deportation Hunderttausender Ukrainer ins Reich mit der Rekrutierung von Belegschaften für den Wiederaufbau der lokalen Montanindustrie. Mit der Entscheidung des NS-Regimes im Sommer 1942, Bergbau- und Hüttenbetriebe in großem Stil wieder in Gang zu setzen, traten deren Anforderungen in offene Konkurrenz zu jenen des Reiches. Unterstützung fanden sie bei den Besatzungsbehörden ebenso wie bei Vertretern der staatlichen Rüstungswirtschaft wie Pleiger und Geilenberg, die als durchsetzungsfähige Fürsprecher der ukrainischen Industriegebiete auftraten. Aufgelöst wurden diese Widersprüche freilich nicht, sondern vielmehr durch ein beständig wiederholtes, die Realitäten ignorierendes »sowohl-als-auch« rhetorisch überdeckt.[132]

Die Übernahme der Werke der Dnjepr-Gruppe durch die Flick-Manager im Herbst 1942 fiel in diese Phase des schlagartigen Aderlasses des lokalen Arbeitsmarktes, zusätzlich verschärft durch die massive Abwanderung der Stadtbevölkerung aufs Land.[133] Den deutschen Verantwortlichen war der Zusammenhang zwischen Lebensmittelversorgung und Leistungsfähigkeit durchaus bewußt. So konstatierte der deutsche Leiter des Dnjepr-Stahl-Werks Artem, die Ukrainer könnten bis zu 80 Prozent der Leistung deutscher Kräfte erbringen, wenn man sie nur ausreichend ernährte.[134] In der Tat lagen deren Verpflegungssätze noch deutlich unter jenen der Ostarbeiter im Reich. Zwar wurden ab Herbst 1942 Erhöhungen zugestanden, allerdings blieben diese auf unzureichendem Niveau,

131 Vgl. Eikel, Menschen, S. 409 f., 415; Penter, Feind, S. 75; dies., Hunger, S. 438-441.

132 Vgl. Penter, Feind, S. 68-70; dies., Zwangsarbeit, S. 78 f., 86-88.

133 GenKom Dnjepropetrowsk. Lagebericht für den Monat April 1942, 1.5.1942, BAB R 6/307, Bl. 39 f.; Monatsbericht Wi Stab Ost (1.4.-30.4.1942), 18.5.1942, BAB R 6/304, Bl. 4, 19; vgl. Penter, Feind, S. 76-79.

134 Reisebericht über die Dienstreise in das Generalkommissariat Dnjepropetrowsk 3.-18.5.1942, 21.5.1942, BAB R 2/30590; Wehrmachtsbefehlshaber Ukraine. Monatsbericht Nr. 9 (31.5.1942), 17.6.1942, BAB R 6/302, Bl. 28-33.

zumal die offizielle Rationierung keineswegs garantierte, daß die entsprechenden Lebensmittelmengen außerhalb des Schwarzmarktes überhaupt verfügbar waren.[135] Derweil standen die sowjetischen Kriegsgefangenen auch in der Ukraine in der Versorgungshierarchie noch eine Stufe unterhalb der Zivilbevölkerung, so daß ihr im Sommer 1942 begonnener Einsatz im Bergbau, teilweise auch in der Hüttenindustrie, aufgrund der in keiner Weise gegebenen Arbeitsfähigkeit vollends zum Fiasko geriet und wegen der furchtbaren Todesraten ein halbes Jahr später zum Erliegen kam.[136]

Diese Rahmenbedingungen prägten die Arbeitskräftesituation der Dnjepr-Stahl-Werke. Einerseits beklagte sich deren Leitung fortwährend bei den deutschen Behörden über die Massendeportationen[137], andererseits zählten die Betriebe wegen ihrer Bedeutung für das Iwan-Programm zu den bevorzugten Bedarfsträgern und erreichten rasch hohe Beschäftigtenzahlen. Nach dem ersten Halbjahr meldeten sie bereits eine Gesamtbelegschaft von mehreren Tausend Menschen.[138] Daß die Arbeiter unter den gegebenen Bedingungen nicht freiwillig blieben, war dabei kein Geheimnis. Die BHO forderte das Rüstungskommando Dnjepropetrowsk bereits im Oktober 1942 auf, die »[z]wangsweise beigetriebene[n] Arbeiter« in bewachten Lagern unterzubringen, nachdem zuvor bei Transporten zum Stahlwerk Saporoshje 90 Prozent der Zwangsrekrutierten binnen zwei Tagen wieder geflohen waren.[139]

Allerdings scheiterte die Errichtung eines ähnlich breit angelegten Lagersystems wie im Reich am fehlenden Wachpersonal. Daher griffen die Dnjepr-Stahl-Werke auf praktisch jede verfügbare Arbeitskraft zurück, um die hochgesteckten Ziele zu erreichen. Ende 1942 wurden auf den Werken Karl-Liebknecht und Komintern 160 Männer und 150 Frauen, die die Wehrmacht aus Sewastopol und Stalingrad deportiert hatte, eingesetzt, 1500 Menschen befanden sich in einem Auffanglager der Großkokerei Koksochim, die ebenfalls zu Dnjepr-Stahl gehörte. Dabei handelte es sich im wesentlichen um Familien, von denen nur 600 Menschen tatsächlich als arbeitsfähig eingestuft wurden. Weitere 2000 Menschen waren in einem Quarantänelager untergebracht, in dem Ruhr und Fleckfieber grassierten. Dennoch wurde das Lager nach Arbeitsfähigen durchkämmt.[140] Der rapide Ausbau der Dnjepr-Stahl-Werke bis Mitte 1943 war nicht zuletzt auch auf diese oft wahllose, betriebsökonomisch kaum sinnvolle, aber

135 Vgl. Penter, Feind, S. 82f.
136 Ebd., S. 87-90, 93; Penter, Zwangsarbeit, S. 87f.
137 Monatsbericht Wi Stab Ost (1.4.-30.4.1942), 18.5.1942, BAB R 6/304, Bl. 1-31; RüKdo Dnjepropetrowsk, Halbmonatsübersichten 1.7.-15.7.1942 u. 1.9.-15.9.1942, BA-MA RW 30/107; WiIn Ukraine. Rückblick auf die rüstungswirtschaftliche Entwicklung 1.10.-31.12.42, BA-MA RW 30/97, Bl. 21f.
138 Überblick über den Einsatz von Arbeitern bei den Betrieben der BHO, o.D. [ca. 1942], BADH R 10 VIII/54, Bl. 41.
139 BHO an RüKdo Dnjepropetrowsk, 9.10.1942, BADH R 121/2139.
140 RüKdo Dnjepropetrowsk. Halbmonatsübersicht 15.-31.12.1942, BA-MA RW 30/108, Bl. 43.

durch die schiere Masse wirksame Vergrößerung der Belegschaften zurückzuführen. Mitte September 1943 zählten die Gemeinschaftsbetriebe von Flick-Konzern und Reichswerken eine Gesamtbelegschaft von rund 17600 Menschen.[141]

Über die spezifischen Arbeitsbedingungen in den Flick'schen Patenbetrieben liegen praktisch keine Informationen vor. Allerdings ist nicht davon auszugehen, daß die generellen Versorgungsmängel für die ukrainischen Arbeiter hier in irgendeiner Weise milder ausfielen. Auch der im allgemeinen harsche, nicht selten brutale Führungsstil der deutschen Werksleitungen in der Region dürfte sich kaum unterschieden haben. So wurde etwa in der Waggonfabrik Kamenskoje, mit der Monden und Küttner für Dnjepr-Stahl und Weiss für Woroschilow auch in Personalfragen eng zusammenarbeiteten, ein ganzes Arsenal an Strafen zur »Erziehung« der Ukrainer etabliert. Dabei betonte der Fabrikleiter in seinem Schlußbericht ausdrücklich, daß Arrest- und Geldbußen sich ebenso wenig wie Lebensmittelentzug bewährt hätten, wohl aber die Praxis, gegen »die Einheimischen hart« vorzugehen.[142] »Arbeitszucht und Arbeitsfrieden«, so die ebenso bündige wie beschönigende Formel des Rüstungskommandos Kiew, gingen Hand in Hand.[143]

2.4. Zusammenfassung: Zwangsarbeit im Flick-Konzern

Die zum weit überwiegenden Teil erzwungene Beschäftigung von ausländischen Arbeitskräften, Kriegs- und Strafgefangenen, KZ-Häftlingen und Juden stellte zwischen 1939 und 1945 eines der herausgehobenen Charakteristika des operativen Geschäfts im Flick-Konzern dar. Dies galt weniger im Vergleich zu anderen deutschen Privatunternehmen im allgemeinen oder der Schwerindustrie und Rüstungswirtschaft im besonderen – in dieser Hinsicht fügten sich die Konzernfirmen jeweils in den Durchschnitt ihrer Branchen ein[144] – als vielmehr im Kon-

141 Übersicht über die W-Betriebe, Stand 19.9.1943, BA-MA RW 30/111, Bl. 109-113; geringfügig niedriger: Liste von der WiIn erklärter W-Betriebe, 4.8.1943, BA-MA RW 30/100, Bl. 46f.

142 Bericht über die Waggonfabrik Kamenskoje von Anf. Okt. [19]41 bis 28.IX.[19]43, BADH R 121/2140.

143 Vermerk zur Akte Arbeitseinsatz/Allgemeines, 28.1.1943, BA-MA RW 30/134, Bl. 44-48.

144 Angesichts der stark variierenden Strukturen in der deutschen Industrie ist die Frage, ob der Flick-Konzern als Ganzes mehr Zwangsarbeiter einsetzte als andere Großunternehmen (so u.a. Littmann, Notstand, S. 20, Drobisch, Ausbeutung, S. xxx) kaum sinnvoll zu beantworten. Ein aussagekräftiger Vergleich ist nur zwischen den Unternehmen gleicher Branchen möglich; die häufige summarische Zusammenfassung von Stahlwerken bis zu Flugzeugbauern als »Metallindustrie« verdeckt mehr Unterschiede als sie Gemeinsamkeiten benennt; vgl. Herbert, Fremdarbeiter, S. 314; Rathkolb, Zwangsarbeit, S. 669-672. Krupp beschäftigte trotz ähnlich hoher Stahlerzeugung infolge der stärker ausgebauten Verarbeitung weit mehr Arbeiter (30.9.1944: 191475) als Flick (1.4.1944: 120200), so daß die Verhältniszahlen erheblich abwichen. Im Vergleich zum Schiff- und Flugzeugbauer Blohm & Voss, der erfolgreich seine Stammbelegschaft hielt und nur etwa 15% Zwangsarbeiter zählte, lag die mittlere Quote

text der unternehmerischen Tätigkeit vor 1939 bzw. nach 1945. Zu keiner anderen Zeit stand die Frage der Arbeitskräftebeschaffung in ähnlicher Weise im Brennpunkt der organisatorischen Aufgaben oder erforderte einen vergleichbaren Aufwand personeller und materieller Ressourcen.

Ausnahmslos alle Produktionsgesellschaften des Flick-Konzerns gingen im Zuge der Kriegswirtschaft zur massenhaften Beschäftigung von Zwangsarbeitern über. In keinem Unternehmen und fast keinem Werk Flicks stellten ausländische und Zwangsarbeiter weniger als ein Drittel der Belegschaft, in vielen weit über die Hälfte und gelegentlich sogar mehr als zwei Drittel aller Beschäftigten. Innerhalb dieses Rahmens variierten Umfang, Ablauf und Zusammensetzung des Zwangsarbeitereinsatzes signifikant. Während einige Werke die erste sich bietende Möglichkeit zur Beschäftigung von Kriegsgefangenen und Ausländern ergriffen, zog sich der Einsatzbeginn bei anderen über ein Jahr hin. Dies lag teils an den politischen Entscheidungsfindungsprozessen, teils an den von den Unternehmen gehegten Hoffnungen auf eine baldige Rückkehr ihrer eingezogenen Stammkräfte, in der Regel jedoch schlicht am akuten Bedarf. Entsprechend erreichten die jüngsten Werke ohne Stammpersonal die höchsten Quoten ausländischer und Zwangsarbeiter unter ihren Belegschaften.[145]

Eine grundsätzliche Weigerung, Arbeitskräfte heranzuziehen, die – für alle Verantwortlichen ersichtlich – mit falschen Versprechen und/oder unmittelbarem Zwang ins Reich gebracht wurden, fand an keiner Stelle Ausdruck. Auch die frühzeitige Erkenntnis, daß unter den rassistischen Prämissen des NS-Regimes die Einstellung vor allem von osteuropäischen Zivilarbeitern und Kriegsgefangenen für diese schwerste gesundheits- und lebensgefährdende Folgen hatte, hinderte kein Arbeitsressort eines Flick-Unternehmens daran, sie weiterhin anzufordern, sofern Bedarf bestand. Bedarf meinte dabei nicht nur Bestandswahrung und Einhaltung von Produktionsauflagen, sondern ebenso den unverlangten, eigennützigen Ausbau von Werken und Marktanteilen. Die Freiwilligkeit von Anforderung und Verwendung galt auch für den ganz offenkundig mörderischen Einsatz von KZ-Häftlingen. Weder wurden Bedenken irgendeiner Art geäußert noch Versuche unternommen, das Los der buchstäblich zu Tode geschundenen Menschen zu verbessern. Statt dessen präferierte eine

des Flick-Verarbeiter erheblich höher, gegenüber dem rüstungsintensiven VSt-Betrieb Bochumer Verein jedoch auf vergleichbarem Niveau (~40% inkl. KZ-Häftlingen). Der Gesamtanteil von Zwangsarbeitern im Flick-Konzern wurde maßgeblich von der Zahl der jungen Rüstungsbetriebe beeinflußt. Insofern war die ermittelte Quote von 42% weniger die Folge spezifischer Präferenz für Zwangsarbeit als das Resultat der selbst forcierten Teilhabe Flicks an der Rüstungs- und Kriegswirtschaft; vgl. Meyhoff, Blohm & Voss, S. 320f.; Seebold, Stahlkonzern, S. 172f., 176; Gall, Krupp, S. 666; Arbeiterzahlen des Konzerns, o. D., BAB R 8122/80920, NI-5499 (F).

145 Darin ähnelten sie den staats- und parteiwirtschaftlichen Gründungen der Vierjahresplanära wie HGW und Volkswagen; Mommsen/Grieger, Volkswagenwerk, S. 294, 428-444, 529; in der Privatwirtschaft vgl. Lorentz/Erker, Chemie, S. 292, 301, 310-315; Gregor, Stern, S. 273, 277f.

ganze Reihe von Unternehmens- und Werksleitungen gerade jene Arbeitergruppen, deren Lebens- und Arbeitsbedingungen die furchtbarsten waren – Ostarbeiter, sowjetische Kriegsgefangene und KZ-Häftlinge –, weil man sich von weitreichenden Disziplinierungsmöglichkeiten höhere Leistungen versprach. Daß die Todesangst der in Riga eingesetzten Juden oder der in Bautzen beschäftigten KZ-Häftlinge diese besonders »fleißig« machte, wußte nicht nur Bernhard Weiss zu schätzen.[146]

Ob und in welchem Rahmen die (Flick-)Unternehmen von der erzwungenen Arbeitsleistung profitierten[147], ist quantitativ kaum zu erfassen. Schon bei der Leistungsbewertung differierten die Beurteilungen zwischen verschiedenen Einsatzorten, Tätigkeitsprofilen und Arbeitergruppen auf einer Skala, die sowohl auf rassistischen Stereotypen als auch auf einer realistischen Zugrundelegung unterschiedlicher Ausgangsbedingungen in Physis und Qualifikation basierte. Nicht zuletzt versprachen geringere Leistungsansetzungen auch Mehrzuweisungen und Kostensenkungen etwa durch niedrigere Akkordsätze.[148] Der Einsatz von Zwangsarbeitern war jedenfalls allemal wirtschaftlicher als Minderauslastungen, die im Falle eines – zu keiner Zeit und an keinem Ort erwogenen – Verzichts auf dieses Arbeitskräftepotential die Folge gewesen wären. Nicht zuletzt erlaubte die Betriebsauslastung, beträchtliche Gewinne mindestens bis 1942/43 mitzunehmen. Darüber hinaus leistete der Einsatz von Zwangsarbeitern in der letzten Kriegsphase einen zentralen Beitrag, um die jeweilige Wettbewerbsposition zu behaupten sowie Anlagen, Materialien und Stammbelegschaften zwecks Vorbereitung auf die Friedenswirtschaft zu erhalten.[149]

Innerhalb des vom NS-Regime abgesteckten Handlungsrahmens, der klare Grenzen setzte, verfügten die Unternehmen über erheblichen Spielraum in der Ausgestaltung der Lebens- und Arbeitsbedingungen der ausländischen Arbeiter. Niemand verbot ihnen, mehr sanitäre Anlagen in den Wohnlagern zu bauen als amtlich vorgeschrieben waren. Und ebenso wenig war es untersagt, den Kriegsgefangenen und Zivilarbeitern ausreichende Erholungspausen zwischen den Schichten zu gewähren. Die Liste ließe sich beliebig fortsetzen. Gemeinsam war

146 Zitat: Notiz für Herrn Flick, 22.6.1942 [Weiss], StAN Rep. 501, KVP, Fall 5, B-25, NI-3644, Bl. 60; für Busch-Bautzen: Reichert an Weiss, 17.10.1944, ebd., B-7, NI-5204, Bl. 53f.

147 Vgl. Seidel, Völkergemisch, S. 138-148; Rauh-Kühne, Hehler; Spoerer, Unternehmen. Originäre *Mehr*gewinne werden nicht festgestellt. Spoerer betont aber zu Recht, daß es nicht entscheidend ist, ob die Unternehmen Gewinne erzielten, sondern ob sie diese erwarteten.

148 Auf den Harpen-Zechen variierten die Leistungsbewertungen sowjetischer Kriegsgefangener erheblich, ohne entsprechend abgerechnet zu werden; umfangreiche Überlieferung in BAB R 8122/80912; instruktiv auch die diametral entgegengesetzten Einschätzungen von Max- und Luitpoldhütte; Bericht über den Arbeitseinsatz sowjetrussischer Kriegsgefangener bei Reichswerke AG »Hermann Göring« Luitpoldhütte, 15.9.1942, BADH R 10 VIII/55, Bl. 12; Schreiben an DAF-Kreisobmann Dumler, o. D., Entwurf [Dezember 1942], StAN Rep. 502, KVA, Handakten, B-13.

149 Vgl. Spoerer, Zwangsarbeit, S. 188f.; Gregor, Stern, S. 169f., 290f., 296f.

jedoch praktisch allen Verantwortlichen in den Werks- und Unternehmensleitungen Flicks – grundlegende Unterschiede sind dabei gegenüber anderen industriellen Großunternehmen nicht zu erkennen –, daß sie die vorhandenen Spielräume nicht und wenn, dann häufig sogar zu Lasten der ausländischen Arbeiter nutzten.[150] Daß die behördlichen Vorgaben durchaus auslegungsfähig waren, bewiesen die mitunter deutlich abweichenden Praktiken in ein und demselben Unternehmen. Offenkundig war dies etwa bei den Zechen der beiden Steinkohlegesellschaften. Hier war es gängige Übung, die Richtlinien der Aufsichtsbehörden und Verbände kommentarlos an die Zechendirektionen weiterzuleiten, denen dann die Umsetzung oblag. Dies führte dazu, daß etwa der Essener Vorstand bei Erkundigungen der Bezirksgruppe zum Ausländereinsatz zunächst Rücksprache mit den einzelnen Betrieben halten mußte, um in Erfahrung zu bringen, wie diese bestimmte Einzelfragen regelten.[151]

Daß der Alltag der Zwangsarbeit in den einzelnen Unternehmen des Flick-Konzerns trotz der aus unterschiedlichen Belegschaftszusammensetzungen wie auch aus abweichenden Handhabungen resultierenden Differenzen in der Überschau weitgehende Ähnlichkeiten aufwies – namentlich die besagte Unterlassung möglicher Erleichterungen und Hilfen – ist indes nicht bzw. nur indirekt auf eine einheitliche Konzernpolitik zurückzuführen. In kaum einem Bereich erfolgte die Unternehmensführung so dezentral wie in dem der Arbeits- und Sozialpolitik. Das Gros der Entscheidungen wurde auf Unternehmens-, in weiten Teilen auf Werksebene getroffen.[152] Die Rolle der Konzernspitze beschränkte sich auf vier Ansatzpunkte, (a) Investitionsbewilligung, (b) Information, (c) Koordination und (d) Mitwirkung, die idealtypisch getrennt waren, sich im Regelfall aber überschnitten. So erhielten die von Flick und seinen Generalbevollmächtigten geführten Aufsichtsräte, wenn sie Investitionen für den Bau von Unterkünften bewilligten, meist auch Informationen über Umfang und Art des geplanten Ausländereinsatzes.[153] Ferner gelangten regelmäßige und detaillierte, allerdings nicht einheitlich zusammengestellte Daten zum Arbeitseinsatz über das Berichtswesen der Konzerntöchter an die Berliner Zentrale. Die monatlichen Gefolgschaftsmeldungen der Mittelstahl-Werke, darunter die Daten zum Gröditzer Einsatz von KZ-Häftlingen, gingen an Flick persönlich. Auch andere

150 Vgl. Hopmann u.a., Daimler, S. 283 f., 481, 489-491; Urban, ÜberLeben, S. 152 f.; Herbert, Zwangsarbeit, S. 20-22; Spoerer, Zwangsarbeit, S. 260-262.

151 Dies betraf etwa die Frage der Lohnabzüge für Ausländer 1941 oder die Maßnahmen zur Leistungssteigerung 1943; s. die internen Korrespondenzen bei Harpen und Essen in BAB R 8122/80914; vgl. Urban, ÜberLeben, S. 115-118; Seidel, Russenstreb; S. 22 f.; ders., Völkergemisch, S. 102 f., 112 f.

152 Zu ähnlichen Ergebnissen kommen: Hopmann u.a., Zwangsarbeit, S. 81 f., 300; Spoerer, Verantwortlichkeit, S. 40; Hayes, Degussa, S. 258-269, bleibt in seinen Schlüssen vage.

153 Herrn Direktor Faust, 26.4.1944, BAB R 8122/539, Bl. 37; Betr. Neu zu genehmigende Neuanlagen, 17.11.1944, BAB R 8122/538, Bl. 8; die meisten dieser Bauvorhaben lagen aber unterhalb der Bewilligungsgrenze.

Firmen berichteten über Zwangs- und Häftlingseinsatz teils turnusmäßig, teils in gesonderter Form nach Berlin und bezifferten etwa Kranken- und Sterberaten.[154]

Schließlich holte die Konzernführung ihrerseits gezielt Informationen über den Stand von Arbeitskräftebedarf und -deckung ein, um diesen in gebündelter Form an die zuständigen Verbände und Behörden weiterzuleiten.[155] Damit koordinierte sie zielbewußt die einzelnen Anstrengungen zur Arbeitskräftebeschaffung, um ihnen durch das Gewicht des Konzerns größeren Nachdruck zu verleihen. Zum selben Zweck wurden 1942 bis 1944 bei verschiedenen Anwerbeaktionen in Westeuropa Angehörige von Konzernunternehmen mit dem ausdrücklichen Auftrag entsandt, nicht nur ihren jeweiligen Arbeitgeber, sondern gleichermaßen die Interessen der übrigen Flick-Werke zu vertreten.[156] Zudem stellte man in Berlin in begrenztem Rahmen auch Vergleiche zwischen den unterschiedlichen Umständen des Arbeitseinsatzes in den Konzernwerken an. Als etwa Buskühl Anfang 1942 befand, daß die sowjetischen Kriegsgefangenen wegen ihres miserablen Gesundheitszustandes keine brauchbaren Arbeitskräfte abgäben, wies Weiss auf die bei den LHW praktizierten kurzzeitigen »Aufpäppelungs«maßnahmen hin. Auf diese Weise, so Weiss, ließen sich bessere Leistungen erzielen, zumal man die sowjetischen Arbeiter anders als West- und Südeuropäer nicht »wie ein rohes Ei behandeln muß«.[157] Über derartige Ratschläge hinaus gingen die Interventionen Berlins aber nicht. Eine konzernweit einheitliche Regelung des Ausländereinsatzes, gar zur Besserung des Schicksals der Betroffenen, wurde nie erwogen.

Die aktiven Handreichungen der FFKG-Zentrale beschränkten sich auf punktuelle Hilfestellungen, wenn es darum ging, die Bedarfsanforderungen der Un-

154 Ferner unternahmen Flick und seine GBV regelmäßig Ortstermine; Vorstandsmitglieder referierten in Berlin über Fragen des Arbeitseinsatzes; Gefolgschaftveränderung November 1944, 7.12.1944, SächsHStA 11616/15.09; LHW, Berichte Januar 1942, März 1942 u. Dezember 1943, SächsHStA 11692/68 u. 70; Interrogation Summary No. 404. Interrogation of O.-E. Flick, 31.10.1946, NARA RG 238, Entry 185, Box 2; Verhör Burkart, 3.9.1947, StAN Rep. 501, KVP, Fall 5, A 81-83, Bl. 6396f.

155 Burkart an Vorstand Brandenburg/H., 1.8.1942, StAN Rep. 502, KVA, NI-3223; Notiz für Herrn Flick, 7.10.1942 [Burkart], BAB R 8122/813; Notiz für Herrn Flick, 14.9.1942 [Küttner], BAB R 8122/352.

156 1942 wurde Witting nach Paris geschickt, im Frühjahr 1944 schwärmte eine ganze Armada von Werbern nach Frankreich und Italien aus; Notiz für Herrn Flick, 2.11.1942 [Küttner], StAN Rep. 502, KVA, NI-4555; Eindrücke von meiner Pariser Reise, 17.12.1942 [Witting], ebd., NI-358; Westphal an Laermann, 17.2.1944, ebd., NI-5239; Burkart an Bruns, 10.2.1944, BAB R 8122/612, Bl. 142; Betr. Anwerbung von Arbeitskräften in Italien, 29.3.1944, BAB R 8122/80918; Klaar an die dem Flick-Konzern angehörigen Werke, 6.4.1944, StAN Rep. 502, KVA, Handakten, B-103; Neuhoff an Laermann, 27.6.1944, ebd., B-102.

157 Buskühl an Flick, 16.2.1942; Weiss an Buskühl, 18.2.1942, StAN Rep. 502, KVA, NI-5207 u. NI-5236.

ternehmen unmittelbar bei den Reichsbehörden in Berlin zu vertreten[158], hatten aber letztlich nur geringen Einfluß auf Umfang und Ausgestaltung des Arbeitseinsatzes in den einzelnen Werken. Unmittelbare Entscheidungen wurden, anders als im Falle des Krupp-Vorstandes, der in das Management der Essener Kernbetriebe des Konzerns stets involviert war, von der FFKG-Spitze nicht gefällt.[159] Dies war auch gar nicht notwendig. Das Ziel einer unter den gegebenen Umständen betriebswirtschaftlich optimalen Unternehmensführung, um die von der Konzernspitze erwarteten Ertragszahlen vorweisen zu können, genügte vollauf, um die Manager vor Ort zur Mitwirkung an dem gigantischen Programm zur Verschleppung, Entrechtung und Mißhandlung von Millionen Menschen zu veranlassen.

158 Weiss an Tschersich, 15.7.1941, BAB R 8122/57; MSt an Reichsarbeitsministerium, 28.4.1942, BAB R 8122/80918, NI-3207; Aktenvermerk, 7.9.1943 [Hoven], StAN Rep. 502, KVA, NI-3169.

159 Vgl. Abelshauser, Rüstungsschmiede, S. 415, 419.

3. Der Flick-Konzern in der deutschen Kriegswirtschaft

3.1. Kriegswirtschaft und Friedensperspektiven

3.1.1. Die sprunghafte Kriegskonjunktur

Um wenige wirtschaftsgeschichtliche Fragen des »Dritten Reiches« ist mehr gestritten worden als um den deutschen Mobilisierungsgrad in der Frühphase des Zweiten Weltkrieges. Die Interpretationsangebote reichen von der erfolgreichen Implementierung einer absichtsvollen Blitzkriegskonzeption[1] über die allenfalls »bedingte« Ausweitung der bereits im Frieden etablierten Wehrwirtschaft[2] bis zu einem fatalen organisatorischen Scheitern der Mobilmachung.[3] Die Diagnose fehlender Bereitschaft, der deutschen Bevölkerung nennenswerte Zumutungen abzuverlangen[4], kontrastiert mit der These, das Regime sei schon 1939 unter schonungsloser Ressourcenausbeutung das volle kriegswirtschaftliche Risiko eingegangen.[5]

Bei genauerer Hinsicht erweisen sich jedoch die widerstreitenden, bisweilen auch wechselseitig überschneidenden Deutungen wenigstens teilweise als pauschalisierte Zuspitzungen einzelner, ausschnittartiger Beobachtungen. In der Tat leiteten die militärischen und zivilen Führungsgremien im Sommer 1939 eine gravierende Umverteilung der begrenzten deutschen Ressourcen ein, um sich maßgeblich für die erwarteten Auseinandersetzungen mit den polnischen Schutzmächten Frankreich und Großbritannien zu rüsten. Freilich verfügte man in Berlin deshalb noch lange nicht über ein vorgefertigtes ökonomisches Blitzkriegsparadigma, vielmehr differierten die Einschätzungen über die rüstungspolitischen Notwendigkeiten ganz erheblich. Nicht nur dies hinderte die schlagartige Umstellung der deutschen Wirtschaft auf eine zielgerichtete, reibungslos funktionierende Kriegsmaschinerie – die ergriffenen Maßnahmen brauchten schlicht Zeit, um ihre Wirkung zu entfalten. Dies galt zumal, als die überhitzte, sprichwörtlich an ihre Grenzen gestoßene Binnenwirtschaft 1939 den Scheitelpunkt ihrer Leistungsfähigkeit überschritten und zu Jahresanfang drastische Einschnitte in den Erzeugungsplänen erforderlich gemacht hatte, die sich nun just zu Kriegsbeginn auswirkten.[6]

1 Klassisch Milward, Kriegswirtschaft, S. 14, 21.
2 Zitat: Herbst, Krieg, S. 103, und Müller, Mobilisierung, S. 349 f.; Hachtmann Industriearbeiter, S. 26, spricht von einer »zeitlich vorverlegten Kriegswirtschaft«; vgl. ferner Eichholtz, Ökonomie, S. 32.
3 Vgl. Overy, Hitler's War; Herbst, Krieg, S. 36.
4 So zuletzt prominent Aly, Volksstaat.
5 Jetzt Tooze, Wages, S. 341, 346 f.
6 So die überzeugende Argumentation ebd., S. 249-252, 302-305, 331-336, 342 f.; vgl. die teils ähnlichen Diagnosen von Mangelwirtschaft und verdeckter Inflation bei Volkmann, NS-Wirtschaft, S. 367-374; Boelcke, Wirtschaft, S. 209 f., 217-225; Müller, Mobilisierung, S. 357-361.

Zudem betrafen die ökonomischen Entscheidungen im Vorfeld des Krieges durchaus nicht alle industriellen Sektoren gleichermaßen. So ließ die Reallokation der Halbzeugkontingente zugunsten der Rüstungsendfertigung – besonders des Munitionsprogramms – die Grundstofferzeugung weitgehend unberührt. Gerade die Kohle-, Eisen- und Stahlerzeuger arbeiteten schon am Limit, und hier waren die infolge von Zuteilungskürzungen, Einziehungen und Transportkrise rückläufigen Ausstoßzahlen 1939/40 real genug. Die lange dominante Wahrnehmung geringer Mobilisierungserfolge gerät insofern zwar analytisch zu oberflächlich, beschreibt jedoch die Symptomatik keineswegs unzutreffend. Daß die nach Kriegsbeginn kurzzeitig verschärften Arbeitszeit- und Tarifbestimmungen rasch wieder zurückgenommen wurden und Pläne für eine Erhöhung der Unternehmensbesteuerung zur Abschöpfung von Rüstungsgewinnen von vornherein in der Schublade blieben, fügt sich da leicht in das Bild unvollständiger Kriegsvorbereitungen.[7]

Aus unternehmerischer Sicht, so auch in der FFKG-Führung, stellte sich die Frage nach der Notwendigkeit eines scharfen kriegswirtschaftlichen Bruchs 1939/40 ohnehin nur sehr bedingt. Zur breit gefächerten Produktion für militärische Zwecke waren die Konzernfirmen bereits Mitte der dreißiger Jahre übergegangen. Die entsprechenden Entscheidungen waren 1933/34 und 1936/37 mit dem Einstieg ins Rüstungsgeschäft sowie der intensiven Beteiligung am Vierjahresplanprogramm gefallen und hatten sich in den jeweiligen Folgejahren in den Produktionsstatistiken deutlich niedergeschlagen. Die für Rüstungsfabrikate zentrale Elektrostahlerzeugung hatte sich in den Kernunternehmen Mittelstahl/Maxhütte/FFKG von 1933/34 auf 1934/35 fast verdreifacht und von 1936/37 auf 1938/39 mehr als vervierfacht. 1934/35 war die Rohstahlproduktion im Konzern erstmals über die Marke von einer Mio. Tonnen geklettert, im letzten Friedensjahr hatte sie über 1,6 Mio. erreicht. 1939/40 hingegen war die Rohstahlerzeugung wieder leicht rückläufig, lediglich der Elektrostahlausstoß stieg dank des Kapazitätsausbaus in Gröditz und Brandenburg weiter (Abb. IV/1).[8] Hinzu kamen die neuerworbenen Anlagen der SGW mit ihrem Schwerpunkt im Edelstahlsegment. Allerdings blieben auch in Döhlen die Auswirkungen des Kriegsbeginns zunächst unspektakulär. Der Anteil des Heeres- und Luftwaffenbedarfs am Gesamtumsatz stieg zwar von 23 Prozent im Juli 1939 auf 42 im Mai 1940, pendelte sich aber in den folgenden Monaten bei etwa 35 Prozent ein.[9]

Dies dokumentierte nicht zuletzt die Ungewißheit ob der Dauer und des Ausmaßes des Krieges. Entsprechend blieben die Verantwortlichen von Konzern und Einzelunternehmen in Wartestellung; frühzeitige Festlegungen bedeuteten

7 Vgl. Müller, Grundzüge, S. 360f.; Boelcke, Kosten, S. 99; Herbst, Deutschland, S. 259; Spoerer, Scheingewinnen, S. 91, weist aber darauf hin, daß die Gewinnbesteuerung schon 1938 sukzessive verschärft wurde.

8 Auch für Abb. IV/1: Erzeugungszahlen Mittelstahl/K.G./Maxhütte, o.D., BAB R 8122/430, Bl. 2.

9 Ebd.; Umsatzgliederungen Geschäftsjahre 1939/40 u. 1940/41 (Döhlen), BAB R 8122/808.

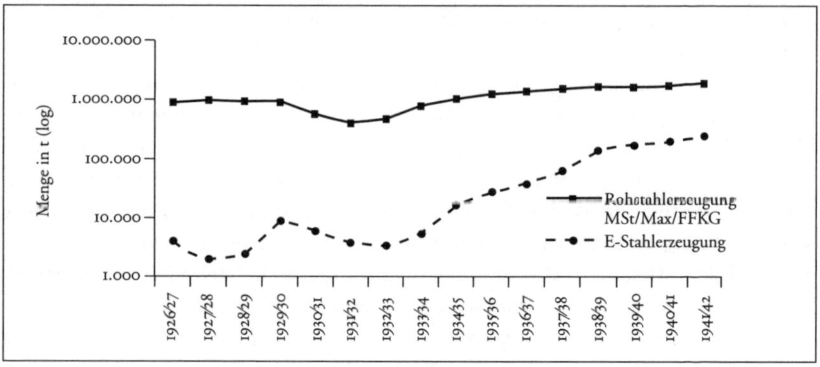

Abb. IV/1: Stahlerzeugung der Konzernkernwerke, 1926/27-1941/42

im Zweifelsfall schlecht angelegtes Geld. Odilo Burkart las sich im Dezember 1939 zunächst einmal in die kriegswirtschaftliche Materie ein und nahm eine Abhandlung über die Eisenwirtschaft im Ersten Weltkrieg zur Hand.[10] In Riesa verschob man unterdessen die Pläne für den bereits seit geraumer Zeit erwogenen Werksausbau, um die weitere Entwicklung abzuwarten. Die Lauchhammer-Betriebe investierten vor allem in ihre Berg- und Kraftwerksanlagen und begegneten Rüstungsfertigungen mal interessiert, mal reserviert. Wohl war der Mittelstahl-Führung an lukrativen militärischen Aufträgen gelegen, jedoch nur unter der Bedingung, daß die Stammproduktion nicht darunter litt: Torpedorohre waren willkommen, aber keinesfalls zulasten des Kerngeschäfts von Förderbrücken und Baggern.[11]

Für einen weiteren Ausbau der Rüstungsproduktion gab auch die allgemeine Siegeseuphorie des Sommers 1940, in die sich die Flick-Unternehmen einreihten, keinen Anlaß. Befördert durch die Reichsbehörden, welche die Aufmerksamkeit auf die europäische Neuordnung lenkten, widmeten sich einerseits die Konzernleitung der Beute in den besetzten Gebieten und andererseits die Vorstände der Einzelunternehmen gedanklich schon der Friedenswirtschaft.[12] So hoffte Mittelstahl im Juli 1940 auf die baldige Auftragsvergabe zum Bau von sechs »ganz große[n]« Rheinbrücken, während die SGW unter dem Betreff »Friedensprogramm« eine engere Zusammenarbeit mit der Auto-Union in Chemnitz an-

10 Notiz für Herrn Flick, 21.12.1939 [Burkart], BAB R 8122/359, Bl. 87f.

11 Besprechung mit Wehrwirtschafts-Inspektion Dresden, 6.10.1939 [Gehlofen], BAB R 8122/519; Denkschrift über den Ausbau des Rohrwerks Riesa, 15.7.1939 [Wiegand], SächsHStA 11616/16.43; zur Investitionsverteilung s. die Monatsberichte MSt Lhh-Gruppe September 1939 u. September 1940, SächsHStA 11616/12.205 u. 12.206.

12 Sitzung des Großen Beirats der Reichsgruppe Industrie, 3.10.1940, BAB R 8122/125, Bl. 1-32; Niederschrift über einen Vortrag v. Hanneken am 19.12.1940, BAB R 8122/106; vgl. Herbst, Krieg, S. 130-144; Gregor, Stern, S. 113-117; Tooze, Wages, S. 385-391; vgl. Dok. 124, 128f. in: Anatomie des Krieges, S. 269-271, 275-280, 281-283.

strebten.[13] Eine nahezu getreuliche Wiederholung fand dieses Szenario ein Jahr später in den ersten Wochen des »Rußlandfeldzuges«, als der rasche Vormarsch der Wehrmacht wiederum ein nahes Kriegsende versprach. Erneut wurden erste konkrete Pläne für die Organisation der wirtschaftlichen Nachkriegsordnung und die Umstellung auf zivile Fertigungen konzipiert. Vor allem für die fast ausschließlich mit Wehrmachtsbestellungen belegten Gröditzer Werkstätten wurde eine Reihe möglicher Nachfolgeaufträge erwogen. Die SGW-Führung sprach schon Ende Juni 1941 Behördenvertretern gegenüber freimütig von ihren Friedensplänen.[14]

Derweil wuchsen sich die Schwierigkeiten der deutschen Kriegswirtschaft im allgemeinen wie der Flick-Unternehmen im besonderen zu einer veritablen Krise aus. Zwar war auf die Berufung Fritz Todts an die Spitze des neugeschaffenen Reichsministeriums für Bewaffnung und Munition, die innerhalb der Industrie als überfällige Bündelung der kriegswirtschaftlichen Kompetenzen begrüßt und durch verstärkten Einsatz in der Rüstungsbürokratie mitgetragen wurde, eine spürbare, wenngleich kaum von Todt verantwortete Steigerung der Produktionsziffern gefolgt.[15] Schon zur Jahreswende 1940/41 gingen diese jedoch in vielen Bereichen erneut zurück. Dies lag zum einen an den Fehlplanungen der Regimespitze, darunter die berüchtigten Umsteuerungsbefehle Hitlers, die im Sommer und Herbst 1941 zu abrupten Kehrtwenden in den Rüstungsanforderungen führten. Zum anderen wurden die Unzulänglichkeiten der staatlichen Wirtschaftsverwaltung – wiederum mehr in der Grundstoff-, denn in der Fertigproduktion – zunehmend offenkundiger, im Bereich der Stahlindustrie etwa das vollkommen gescheiterte Kontingentierungssystem Hannekens und die wachsenden Probleme in der Kohlenversorgung.[16]

Die Rohstahlerzeugung des Konzernkerns, die 1940/41 immerhin wieder geringfügig über das Vorkriegsniveau gestiegen war, fiel im folgenden Geschäftsjahr auf ein Dreijahrestief, und auch die bis dahin stetigen Zuwachsraten der SGW verkehrten sich in ihr Gegenteil. In der Gesamtsicht wurde dies nur durch die Einrechnung der Rombacher Kapazitäten überdeckt. Die Elektrostahlerzeugung, 1940/41 mit rund 200 000 t noch auf einem Rekordwert angekommen, sank mit nur noch rund 146 000 t gar um mehr als ein Viertel.[17] Im Vergleich zur reichswei-

13 Notiz für Herrn Flick, 31.7.1940 [Burkart], StAN Rep. 502, KVA, Handakten, B-88; SGW an Auto-Union AG, 16.7.1940; Betr. Auto-Union AG. Friedensprogramm, 16.7.1940, beide BAB R 8122/816.

14 Burkart an Vorstand MSt Riesa, 5.9.1941; Notiz für Herrn Flick, 1.10.1941, beide BAB R 8122/444; Zitat: Notiz, 27.6.1941 [SGW], BAB R 8122/549.

15 Vgl. Tooze, Wages, S. 348-352; Müller, Mobilisierung, S. 463-465, 474; Eichholtz, Kriegswirtschaft, Bd. 1, S. 116f., 121, 127f.; auch zum folgenden: Herbst, Deutschland, S. 299-304.

16 Vgl. Wagenführ, Wirtschaft, S. 32, 35, 38; Müller, Mobilisierung, S. 486, 489f., 496, 521f.; Eichholtz, Ökonomie, S. 35f.; ders., Kriegswirtschaft, Bd. 2, S. 41-45; Tooze, Wages, S. 416f. Vgl. zu Hannekens Scheitern ebf. Kehrl, Krisenmanager, S. 253-255.

17 Erzeugungszahlen Mittelstahl/K.G./Maxhütte, o. D., BAB R 8122/430, Bl. 2; Rohstahlerzeugung Geschäftsjahr 1941/42, 10.10.1942, BAB R 8122/352.

ten Eisen- und Stahlindustrie, deren Leistung allein im ersten Vierteljahr 1942 um 10,6 Prozent zum Vorquartal einbrach, stand sich der Flick-Konzern mit einem mittleren Rückgang von 7,4 Punkten zwar noch verhältnismäßig gut. Allerdings täuschte die Mischrechnung darüber hinweg, daß die einzelnen Werke erhebliche Schwankungen aufwiesen – Riesa und Gröditz ein Minus von nur 2,4 Prozent, die SGW hingegen von sieben und das Weberwerk sogar von zwölf Prozent.[18]

Aus dieser Bandbreite schloß die FFKG-Zentrale, daß die Einbußen nicht alleine aus den kriegswirtschaftlichen Deformationen wie Arbeitskräfte-, Material- und Transportraummangel resultierten. In den Jahren 1941 und 1942 mahnte Flick mehrfach die Unternehmensvorstände, ihre Produktionsabläufe besser zu organisieren, die Ausstoßzahlen zu erhöhen und die Gestehungskosten zu senken. Dabei fand der Konzernherr deutliche Worte. Die Unkosten der Stahlerzeugung in Unterwellenborn bezeichnete er im Juni 1941 als »außergewöhnlich schlecht«, rechnete die Differenzen zum Werk in Rosenberg vor und verlangte umgehende Verbesserungsvorschläge.[19] Im folgenden Jahr gerieten die SGW-Zahlen in die Kritik, da aus Döhlen inzwischen die stärksten Rückgänge gemeldet wurden und nur teilweise durch die Verlagerung auf arbeits- und materialintensive Qualitäten erklärt werden konnten. »Mit Rücksicht darauf, daß in der heutigen Zeit jede Tonne Stahl dringendst benötigt wird und auf ausdrücklichen Befehl des Führers die Rohstahl-Erzeugung gegenüber dem Vorjahr sogar noch gesteigert werden soll«, forderte Flick den SGW-Vorstand auf, »unverzüglich alle Maßnahmen zu treffen«, um eine erhebliche Steigerung zu bewirken.[20] Und auch der Leitung des verhältnismäßig gut laufenden Gröditzer Werks wurde mehrfach bedeutet, »daß die Selbstkosten doch noch reichlich hoch« waren, gerade im Vergleich zur Konkurrenz an Rhein und Ruhr.[21]

Der Unzufriedenheit Flicks mit den Leistungen der Eisen- und Stahlerzeuger konnte auf Unternehmens- und Werksebene jedoch nur teilweise abgeholfen werden, wie man auch in Berlin durchaus wußte. Vor allem die qualitativ wie quantitativ unzureichende Versorgung mit Brennstoffen und Schrott limitierte die Kapazitätsauslastung von Mittelstahl, FFKG und SGW, und auch die vermehrte Einstellung unerfahrener deutscher wie ausländischer Arbeiter führte zu Produktivitätseinbußen. Letzteres ließ sich durch Anlernmaßnahmen wenigstens teilweise verbessern, die Frage der Rohstoffversorgung lag jedoch in erster Linie in der Hand der Behörden.[22]

18 Gesamtstahlerzeugung im IV. Quartal 41 u. I. Quartal 42, 25.4.1942, BAB R 8122/352.

19 Flick an Maxhütte Vorstand, 23.6.1941, MHU-BA.

20 Flick an SGW Vorstand, 17.6.1942; Herrn Hüttendirektor Lobe, 11.6.1942 [Faust]; Mitteilung, Betr. Steigerung der Rohstahl-Erzeugung, 16.6.1942 [Bruns], alle BAB R 8122/813.

21 Flick an Wiegand, 28.1.1942, BAB R 8122/394; Zitat: Flick an Borner, 30.10.1942, BAB R 8122/75.

22 Ausführungen zur Geschäftslage in der gemeinsamen Aufsichtsratssitzung Mittelstahl/Maxhütte am 12.5.1942 (Entwurf), StAN Rep. 502, KVA, Handakten, B-21; Steigerung der Rohstahlerzeugung im Konzern, 8.6.1942 [Küttner], BAB R 8122/352; Küttner an Bruns, 22.7.1942, ebd.

Tab. IV/3: Nettoumsatz der Konzernunternehmen, 1938/39-1941/42

	1938/39	**1939/40**	**1940/41**	**1941/42**	**1941/42 zu 1940/41 in %**
		in 1.000 RM			
Lhh-Gruppe	149.621	159.481	165.422	173.113	104,60
Wittenau	3.415	5.303	3.436	2.497	72,70
Havel-Gruppe	69.787	71.189	87.942	89.814	102,10
Maxhütte	74.388	74.583	79.060	77.322	97,80
Zus.	297.211	310.556	335.860	342.746	102,10
Rombach	–	–	28.708	60.460	210,60
Lübeck	46.075	42.516	43.512	41.470	95,30
Döhlen	40.496	46.356	53.064	54.723	103,10
Zus.	383.782	399.428	461.144	499.399	108,30
Linke	26.280	38.796	39.864	44.875	112,60
Busch	16.488	17.616	22.320	28.864	129,30
ATG	40.384	74.113	107.431	99.250	92,40
Fella-Werk	9.584	8.274	8.265	9.059	109,60
Zus.	92.736	138.799	177.880	182.048	102,30
	476.518	**538.227**	**639.024**	**681.447**	**106,60**
Harpen	152.558	123.888	122.820	124.116	101,10
Essen	88.812	101.124	104.280	102.753	98,50
Chemische Werke ESt	–	15.120	20.088	22.188	110,50
AKW	93.412	97.476	100.932	107.052	106,10
Zus.	334.782	337.608	348.120	356.109	102,30
	811.300	**875.835**	**987.144**	**1.037.356**	**105,10**
Donauwörth I	7.431	12.421	17.604	14.294	81,20
Donauwörth II	8.586	8.904	7.404	6.772	91,46
Preßwerke Thüringen	–	4.249	10.983	11.669	106,24
Brandenburger Eisenwerke	–	6.223	25.223	39.693	157,30
Zus.	16.017	31.797	61.223	72.428	118,30
Insgesamt	**827.317**	**907.632**	**1.048.367**	**1.109.984**	**105,90**

Quelle: Nettoumsatz, 20.8.1943, StAN, KVA, Handakten, B-11.

Hier zeichneten sich unterdessen spürbare Änderungen ab. Der neue Munitionsminister Albert Speer führte 1942 die von Todt begonnene Reorganisation der Rüstungsverwaltung fort und setzte im Vertrauen auf die Effizienz privatkapitalistischer Ratio in noch größerem Maße auf die Einbindung von Unternehmensvertretern. Über ein System aus Ausschüssen (Rüstungsendfertigung) und Ringen (Grund- und Halbstofferzeugung) sollten Auftragsvergabe, Materialanforderung und -verteilung sowie die Konzentration auf die effektivsten Betriebe gesteuert werden. Zudem führte Speer in den nächsten zwei Jahren die verstreuten Kompetenzen für die industrielle Erzeugung in seinem Haus zusammen und marginalisierte somit die konkurrierende Ressorts von Wehrmacht, Wirtschaftsministerium und Vierjahresplan. Darüber hinaus sicherte er sich Rückhalt in der Privatwirtschaft über die breite Integration von Managern, auch wenn dies im wesentlichen die Durchführungs-, nicht aber die Entscheidungsprozesse betraf.[23] Im Bereich der Eisen- und Stahlerzeugung wurde mit der RVE eine weitgehende Ablösung der Kompetenzen der bisherigen Wirtschaftsgruppe vollzogen. Als Hybrid aus privatwirtschaftlichem Selbstverwaltungs- und staatlichem Hoheitsorgan oblag der Reichsvereinigung ein erheblicher Teil der Branchenorganisation.[24]

Die erneut reformierten Zuständigkeiten und Modalitäten in Auftragsvergabe und Zuteilungswesen führten zu kurzzeitigen Orientierungsproblemen bei den Unternehmen[25], dauerhaft trugen die einheitliche Lenkung und die nicht mehr bloß rhetorische totale Mobilisierung zu einer spürbaren Steigerung des Rüstungsausstoßes bei. Allerdings war dies nicht allein auf Speers Reorganisationsmaßnahmen, sondern vor allem auf die allmählich wirkenden Kapazitätsausweitungen und Lerneffekte der Vorjahre sowie die rücksichtslose Ausbeutung der verfügbaren Roh- und Grundstoffe zurückzuführen.[26] Zwischen Herbst 1942 und Frühjahr 1943 verzeichneten Mittelstahl und Maxhütte eine Produktionszunahme von 14 Prozent bei ansteigendem Trend.[27] Am Ende des Geschäftsjahres 1942/43 konnte die Maxhütte Zuwächse um rund zwölf Prozent gegenüber dem Vorjahr vermelden, maßgeblich aufgrund verbesserter Schrott- und Brennstofflieferungen.[28] Damit profitierte sie ebenso wie die übrigen Stahlerzeuger und -verarbeiter des Flick-Konzerns von der rigorosen Ressourcenumverteilung zugunsten der unmittelbaren rüstungsrelevanten Industrien, die unter Speers Ägide mit Stillegungen einer Vielzahl von Klein- und Mittelbetrieben

23 Dazu Müller, Speer, S. 277-290, 313-315, 336-338, 469; Eichholtz, Kriegswirtschaft, Bd. 2, S. 65-71; Blaich, Wirtschaft, S. 47-51; Volkmann, Verhältnis, S. 481, 491f.

24 Vgl. Eichholtz, Kriegswirtschaft, Bd. 2, S. 89-91; Esenwein-Rothe, Wirtschaftsverbände, S. 129-134. Vorbild der RVE war die 1941 gegründete Reichsvereinigung Kohle (RVK), vgl. Priemel, Macht, S. 176f.

25 Bericht MSt Lhh-Gruppe September 1942, SächsHStA 11616/12.208.

26 So Scherner/Streb, Ende, S. 192-196, und Tooze, Wages, S. 556-576.

27 Betr. Mittelstahl-Maxhütte, 26.4.1943 [Kiehl], BAB R 8119F/P1163.

28 Bericht des Vorstandes über das Geschäftsjahr 1942/43, 25.3.1944 [Terberger], StAN Rep. 502, KVA, Handakten, B-54.

Tab. IV/4: Maxhütte, Erzeugung Halbzeug für Rüstungszwecke, 1935/36-1944/45

	1935/36	1936/37	1937/38	1938/39	1939/40
Rosenberg	10.400	21.000	19.500	36.200	43.300
Unterwellenborn	–	–	19.300	57.000	68.800
Zus.	10.400	21.000	38.800	93.200	112.100
Walzproduktion Maxhütte insg.	347.300	438.900	478.100	497.100	498.700
Rüstungshalbzeug in % d. Gesamtprod.	3,0	4,8	8,1	18,7	22,5
	1940/41	**1941/42**	**1942/43**	**1943/44**	**1944/45**
Rosenberg	43.400	64.100	97.900	100.000	52.200
Unterwellenborn	88.700	84.200	110.200	115.000	40.800
Zus.	132.100	148.300	208.100	215.000	93.000
Walzproduktion Maxhütte insg.	497.500	450.000	482.000	509.000	217.000
Rüstungshalbzeug in % d. Gesamtprod.	26,6	33,0	43,2	42,3	42,8

Quelle: Erzeugung Halbzeug für Rüstung und Gesamt-Walzproduktion, 27.11.1946, StAN Rep. 502, KVA, Handakten, B-88. Angaben in t und %.

einherging und den industriellen Konzentrationsprozeß zugunsten der leistungsstärkeren Großunternehmen massiv beförderte.[29]

Dem Anforderungsprofil für die bevorzugte Teilhabe an der Ressourcenallokation genügte die Maxhütte in mehrfacher Hinsicht. Als Produzentin von Eisen-, Stahl- und Walzwerkserzeugnissen zählte sie per se zum inneren Kreis der Lieferanten von Rüstungsvorprodukten. Hinzu kam das schlagende Argument der eigenen Erzbasis, das mit dem Schwinden des deutschen Machtbereiches und der darin liegenden Bodenschätze noch an Bedeutung gewann.[30] Schließlich

29 Vgl. Müller, Mobilisierung, S. 442-444, 643 f.; Eichholtz, Kriegswirtschaft, S. 197, 228-234; Swatek, Unternehmenskonzentration, S. 95 f., 145 f.

30 Wegen der eigenen Erze erhielt die Maxhütte bevorzugte Schrottkontingente, um einen hochwertigen Hochofenmöller zu erzielen. Der hohe Schrottanteil reduzierte seinerseits den Koksverbrauch, machte die Maxhütte unempfindlicher für Lieferunterbrechungen und verschaffte ihr »die billigsten Selbstkosten für Stahl von sämtlichen Hüttenwerken Deutschlands«, so Flick; Aktenvermerk. Betr. Eisenwerk-Gesellschaft Maximilianshütte, 31.3.1944 [Kiehl], BAB R 8119F/P1163; Bericht des Vorstandes, 25.3.1944, wie Anm. 28.

erhöhte die Maxhütte auch den Anteil von Rüstungshalbzeug an der Gesamtproduktion, vornehmlich in Form von Granatstahl und Geschoßknüppeln, die in den Munitionsfabriken in Donauwörth und Unterwellenborn weiterverarbeitet wurden, von 26,6 (1941/42) auf 43,2 Prozent (1942/43). Die gesamte Walzerzeugung erreichte 1943/44 mit mehr als einer halben Million Tonnen einen Rekordwert.[31]

Ähnlich fiel der Aufwärtstrend in den Werken von Mittelstahl, FFKG und SGW aus. Die Stahlwerke der Lauchhammer- und Havelgruppen konnten bereits im zweiten Halbjahr 1942 ihre Produktionszahlen um jeweils rund 5 000 t/Monat steigern. Allerdings blieben die Werke weiterhin anfällig für Störungen in der Rohstoffzufuhr und litten zunehmend unter der Überbeanspruchung von Belegschaften und Anlagen. Die monatlichen Ausbringungszahlen des Riesaer Werks schwankten daher erheblich, erreichten aber im September 1944 den höchsten Stand seit 1938; vergleichbar entwickelten sich die Betriebe in Gröditz und Lauchhammer.[32]

Die SGW bauten ihre Stahlerzeugung von rund 190 000 (1941/42) auf 205 000 t (1942/43; +17 Prozent) aus; der Rückgang auf 201 000 t im Geschäftsjahr 1943/44 war bereits dem Luftkrieg und der fortschreitenden Umstellung auf Edelstähle geschuldet.[33] Zivile Produkte machten bei SGW spätestens seit 1942 einen nur noch randständigen Anteil aus, statt dessen wuchsen die Rüstungsumsätze auf mehr als drei Viertel der gesamten Produktion. Gemeinsam stellten Flicks Werke im sächsischen Raum nahezu die komplette Granatenfertigung, die SGW waren gar reichsweit führend.[34] Voller Zufriedenheit resümierte Max Lobe Ende 1942, »daß die im Frühjahr noch als kriegsentscheidend bezeichnete Frage auf dem Gebiet der Panzerbekämpfung nunmehr als gelöst bezeichnet werden kann«.[35]

Eine ähnlich rasante Transformation vollzogen die LH-Werke in Breslau. Während Bestellungen für unmittelbare Wehrmachtszwecke bis Herbst 1941 nur einen geringen Anteil des Auftragseinganges ausmachten[36], änderte sich dies mit der Umstellung auf einen Erschöpfungskrieg. Dominierten anfangs Kleinaufträge für Eisenbahnflak und leichte Waffen, so kamen Anfang 1944 Bestellungen über monatlich 325 Panzergehäuse hinzu. Diese trugen zur massiven Umsatzsteigerung in Breslau (1938/39: 38,5 Mio. RM; 1942/43: 106,7 Mio. RM; Juni

31 Maxhütte an Gauwirtschaftskammer Bayreuth, Zweigstelle Regensburg, 28.4.1944, AIHKR, Ordner 2.

32 Rohstahlerzeugung für Dezember 1942, 31.12.1942, BAB R 8122/352; Monatsberichte MSt Lhh-Gruppe September 1941-September 1944, SächsHStA 11616/12.207-12.210.

33 Rohstahlerzeugung Geschäftsjahr 1941/42, 10.10.1942; Rohstahlerzeugung Dezember 1942, 31.12.1942, beide BAB R 8122/352; Entwurf zum Jahresbericht [v. 25.11.1943], BAB R 8122/555; Technischer Bericht über das Geschäftsjahr 1943/44 SGW AG, BAB R 8122/538, Bl. 79.

34 Umsatz Döhlen – Geschäftsjahre 1939/40-1942/43, BAB R 8122/808; Statistiken über Fertigungsverlauf für Munitions-Programme, BA-MA RW 21-15/13, Bl. 92-94.

35 Technischer Bericht über das Geschäftsjahr 1941/42 [Lobe], BAB R 8122/535 (=NI-5344).

36 LHW, Bericht Oktober 1941, SächsHStA 11692/67.

1944: 12,3 Mio. RM) erheblich bei und verschoben das Verhältnis zugunsten der Rüstungsgüter bis Kriegsende spürbar.[37] Entscheidenden Anteil daran hatte auch die Zulieferung für das A4-Programm (»V-Waffen«).[38] Im Juni 1943 lief die Produktion an. Den LHW oblag die Herstellung des Antriebsmotors der Rakete mit einer monatlichen Stückzahl von 900 ab März 1944. Schon Ende 1943 kam die A4-Erzeugung für mehr als ein Drittel des Umsatzes auf und bildete bis Kriegsende neben dem Panzerprogramm einen wesentlichen Teil der Produktpalette der LHW.[39] Als Vorteil erwies sich die Produktion für die als Schlüssel zum »Endsieg« geltenden V-Waffen bei Anträgen auf Arbeitskräfte und Materialien, die von den Rüstungsbehörden vorrangig berücksichtigt wurden.[40]

3.1.2. Zukunftspläne und strategische Weichenstellungen

Trotz des in die Ferne rückenden Kriegsendes verloren die Konzernmanager längerfristige Perspektiven nicht aus den Augen und bemühten sich, ihre zivilen Standbeine zu erhalten, um die Probleme der früher oder später bevorstehenden Umstellung auf die Friedenswirtschaft abzufedern. Dabei kam etwa Mittelstahl entgegen, daß die mechanischen Betriebe in Oberhammer bei den Braunkohleförderanlagen praktisch konkurrenzlos waren und somit eine Schließung zugunsten militärischer Nutzung von vornherein nicht in Frage kam, um die Ersatzbeschaffung für den Bergbau nicht zu gefährden.[41] Auch beim Flugzeugbauer ATG vernachlässigte man – in Verbindung mit der LWG – die zivilen Produktlinien nicht völlig. Zwar leisteten Rohrpflüge, Kurvenbördler und Grubenfräser weder einen entscheidenden Beitrag zum »Endsieg« noch zum Gesamtumsatz, boten aber eine Perspektive jenseits der Luftwaffenzulieferung.[42] Im Falle des Fella-Werks lehnten es Löffler und Weiss noch Ende 1943, in der Phase der letzten Kapazitätsausschöpfung für Rüstungszwecke, strikt ab, den Betrieb von Landmaschinen auf Kriegsgerät umzustellen, um spätere Wettbewerbsnachteile zu vermeiden.[43]

37 LHW, Berichte November 1941-Juni 1944, SächsHStA 11692/67, 11692/69, 11692/71. Bruttoumsatzzahlen nach: Putze, 120 Jahre, Bd. 1, S. 73, 88 f.

38 Zum A4-Programm Tooze, Wages, S. 619-624; auch Gröditz lieferte in geringem Umfang für das Programm; KTB RüKdo Dresden 1.10.-31.12.1943, BA-MA RW 21-15/16, Bl. 45.

39 LHW, Berichte Dezember 1943, März 1944 u. Juni 1944, SächsHStA 11692/70 u. 71; KTB RüKdo Breslau v. 28.6. u. 30.6.1943, BA-MA RW 21-10/4, Bl. 45 f; Putze, 120 Jahre, Bd. 1, S. 103 f.

40 RüKdo Breslau. Vierteljährlicher Überblick für die Zeit 1.10.-31.12.1943, BA-MA RW 21-10/6, Bl. 2-9; LHW, Monatsbericht Juni 1944, SächsHStA 11692/71.

41 Monatsberichte MSt Lhh-Gruppe September 1940 u. 1943, SächsHStA 11616/12.206 u. 12.209.

42 Berichte über den III. Betriebsmonat (22.8.-18.9.1940) und den XIII. Betriebsmonat 1940/41 (29.5.-25./30.6.1941) der ATG, BAB R 8122/941, Bl. 121 f., 191 f.

43 Notiz für Herrn Flick, 11.12.1943 [Weiss], BAB R 8122/802.

Nahezu vollständig ohne Rüstungsaufträge – und somit in gewisser Komplementarität zu den LHW[44] – kam Busch-Bautzen aus. Das Werk lieferte zwar auch an militärische Abnehmer, blieb aber bis Kriegsende bei der Güterwagenproduktion, die für den Wehrmachtsbedarf lediglich modifiziert wurde. Mit diesen Aufträgen konnte die Waggonfabrik sowohl ihre Erzeugungsziffern als auch ihre Umsatz- und Ertragszahlen kontinuierlich steigern. Selbst unter den wachsenden Beschwernissen des Krieges verzeichnete Busch noch 1944 die zweithöchste Produktionshöhe seit der Wiedereingliederung in den Flick-Konzern (Tab. IV/5).

Tab. IV/5: Waggonfabrik Bautzen AG, Produktion, Umsatz und Rentabilität, 1936-1945

	1936	1937	1938	1939	1940	1941	1942	1943	1944	1945
Warenprod.*	7.895	9.253	10.548	15.923	16.942	21.091	23.298	24.926	24.029	10.086
Anzahl Arbeiter	1.135	1.310	1.364	1.725	1.578	1.637	1.612	1.776	1.764	983
Warenprod./ Arbeiter*										
– im Monat**	580	589	644	769	895	1.074	1.204	1.170	1.135	855
– im Jahr**	6.968	7.063	7.733	9.231	10.736	12.884	14.453	14.035	13.622	10.263
Verkauf auf fertige Produkte*	8.250	9.944	11.095	17.010	18.228	21.139	26.785	28.028	26.116	9.673
Reingewinn durch Warenverkauf*	518	978	1.103	1.564	1.846	3.107	3.946	3.787	2.247	-413
Rentabilität in %	6,3	9,8	9,9	9,2	10,1	13,4	14,7	13,5	8,6	-4,3

*) in 1.000 RM; **) in 1.000 RM, gerundet.
Quelle: Grundanzeigen der wirtschaftlichen und kaufmännischen Tätigkeit des Betriebes [August 1946], SächsHStA 11692/78.

Die Kriegswirtschaft stellte Konzern und Unternehmen somit vor eine ambivalente Situation. Die staatlich geforderte und durch die gelenkte Ressourcenallokation massiv geförderte Prioritätensetzung auf die Herstellung rüstungsrelevanter Güter bot einerseits einen klaren Orientierungsrahmen und überdies im Regelfall erhebliche Profitchancen. Andererseits stellten die Kriegsaufträge

44 Allerdings achtete auch der LHW-Vorstand darauf, das Kerngeschäft zu wahren und weiter auszubauen. Wehrmachtsaufträge, die nicht in das Fertigungsprogramm paßten und zu weitreichende Umstellungen erforderten, lehnte die Breslauer Unternehmensführung ab; LHW, Bericht Dezember 1941, SächsHStA 11692/67.

offenkundig eine vorübergehende Sonderkonjunktur dar und entbanden die Firmen nicht von der Entwicklung langfristiger Perspektiven. Diese standen ihrerseits unter dem Vorbehalt des unabsehbaren Kriegsendes, etwa im Falle des Riesaer Werks, wo die Erweiterungspläne während des gesamten Krieges präsent blieben, aber stets auf die Friedenszeit verschoben wurden, um Ausmaß und Art des Stahlbedarfs besser kalkulieren zu können.[45]

Die Beibehaltung ziviler Produktlinien war eine der Möglichkeiten, längerfristige strategische Ziele zu verfolgen. Eine andere war die Verknüpfung von Kriegs- mit Friedensplanungen. Dies versprach besonders große Vorteile, da der bevorzugte Zugang zu knappen Ressourcen für kriegswichtige Fertigungen somit gleichzeitig dazu genutzt werden konnte, sich für die im Frieden zu erwartende Konkurrenz auf einem Markt ohne staatlich induzierte Vollauslastung der Anlagen zu wappnen. Unter dieser Prämisse zeichneten sich vor allem für den Stahlkern des Konzerns zwei zentrale Pfade ab: die Stärkung des Qualitäts- gegenüber dem Massengeschäft und die Festigung der regionalen Vormachtsstellung. Der Frage der zukünftigen Ausrichtung der Eisen- und Stahlerzeuger kam entscheidende Bedeutung zu, gerade vor dem Hintergrund der Überkapazitätserfahrungen der Weltwirtschaftskrise. Seinerzeit hatte sich gezeigt, daß der Absatz von national und international in großen Mengen produzierten Standardsorten in Zeiten des Nachfragerückganges am schnellsten einbrach. Veredelte und weiterverarbeitete Stähle hingegen hatten sich als verhältnismäßig krisenfest erwiesen. Eine Verstärkung dieser Sparten innerhalb des Flick-Konzerns rückte daher zunehmend in den Vordergrund der strategischen Erwägungen.[46]

Erste Weichen hatte der Zug in die Rüstungsproduktion schon selbst gestellt. An einer Reihe von Standorten wurden in den dreißiger Jahren Elektroöfen neu eingerichtet. Auf diese Weise gelang es dem Flick-Konzern, seine Elektrostahlerzeugung allein zwischen 1938 und 1941 um 152 Prozent zu steigern, eine jeden Vergleich mit der Konkurrenz sprengende Dimension.[47] Dies erlaubte es einerseits, in großem Umfang an den Rüstungsaufträgen teilzuhaben und die darin liegenden Gewinnchancen zu nutzen. Zum anderen entwickelte sich der Flick-Konzern binnen weniger Jahre zu einer festen Größe auf dem Gebiet der Qualitätsstahlproduktion, nicht zuletzt durch die Beteiligung an den SGW. Diese Position galt es, so Carl Küttner Anfang 1942 in einem internen Strategiepapier, gegen die Konkurrenz zu verteidigen, die ebenfalls eine Ausbauwelle auf dem

45 So z. B. Denkschrift über die Ausbaumöglichkeiten des Werkes Riesa, 1942, SächsHStA 11616/16.35.

46 Ausführung zur Geschäftslage in der Aufsichtsratssitzung Mittelstahl am 17.3.1938, StAN Rep. 502, KVA, Handakten, B-13; Flick an Lenk, [27.10.(?)]1938, SächsHStA 11616/4.06, Bl. 3f.; Notiz für Herrn Dr. Flick, 7.10.1941 [Gehlofen], ebd., Bl. 95-98; Notizen. Döhlen bei Flick, in: Der deutsche Volkswirt Nr. 8 v. 24.11.1939. Denkschrift über die Ausbaumöglichkeiten des Werkes Riesa, 1942, SächsHStA 11616/16.35.

47 Im gleichen Zeitraum hatte im Reich die Elektrostahlerzeugung um 59% zugenommen; Erzeugungszahlen Mittelstahl/K.G./Maxhütte, o. D., BAB R 8122/430, Bl. 2; Notiz für Herrn Flick, 2.2.1942 [Küttner], BAB R 8122/813.

E-Stahlsektor gestartet hatte. Der entscheidende Unterschied lag darin, daß vor allem die Maxhütte ihren E-Stahl aus dem sogenannten Duplex-Verfahren, das Thomasstahl zur Elektrogüte aufwertete, gewann. Dies erforderte einen geringeren Geld- und Zeitaufwand, war allerdings in der mengenmäßigen Ausbringung weniger effektiv. Die für 1942/43 erwartete Fertigstellung der ersten Welle neuer E-Öfen drohte somit eine erneute Wende auf dem Markt herbeizuführen. Immerhin, so Küttner, bot die chronisch defizitäre Versorgungslage, in diesem Falle bei Elektroden und Legierungsmetallen, einen Pluspunkt für die Flick-Unternehmen. Wenn es gelang, die bisherigen Lieferansprüche auf diese Mangelgüter aufrechtzuerhalten und durch rechtzeitige Einwerbung weiterer kriegswichtiger Aufträge zu Lasten der Mitbewerber noch auszubauen, ließen sich die übrigen Anbieter auf Abstand halten: »Man sollte sich rechtzeitig auf die Herstellung von Silizium-, Mangan- und Vanadin-legierten Stählen einrichten, um nicht, wenn der Kampf um die Elektrode einsetzt, gegenüber den anderen Werken zurückzufallen.«[48]

Küttners Erwägungen waren nicht allein taktischer Natur, um die starke Stellung im Rüstungsgeschäft zu verteidigen. Es ging auch um die dauerhafte Ausrichtung, die mit Hilfe der kriegswichtigen Ressourcen vorbereitet werden sollte. Neben dem Riesaer Werk betraf dies vor allem die SGW. Die offiziell hälftige, unter der Hand aber zur Mehrheit erweiterte Beteiligung hatte man gerade wegen der Edelstahl-Produktpalette zur Ergänzung Mittelstahls erworben.[49] In der konzerninternen Anordnung war den SGW die Rolle eines auf Qualitäten spezialisierten Werks zugedacht, das seine übrigen Fertigungslinien wie Schienen und Oberbau an andere Konzernunternehmen abgeben sollte. Dem stand jedoch die Beteiligung der sächsischen Regierung entgegen, die ein Interesse an der Herstellung von Infrastrukturgütern durch den halbstaatlichen Anbieter hatte. Aus Sicht Flicks war daher mittelfristig eine komplette kapitalmäßige Eingliederung der SGW in den Konzern wünschenswert – personell hatte man diese durch die enge Anbindung Bruns' an Riesa und Berlin ohnehin längst vollzogen.[50]

In der Zwischenzeit schuf die Kriegswirtschaft Fakten. Die Fokussierung Döhlens auf Rüstungsprodukte führte zu einer Verdrängung der übrigen Fertigungen und näherte das Unternehmen der vom Konzern erwarteten Funktion an. Dauerhaft sollte aber ein größerer Abnehmerkreis erschlossen werden. So fanden die virulenten Überlegungen einer Kooperation mit der Automobilindustrie 1943 eine erste Umsetzung in Gestalt des gemeinsam mit der Auto-Union betriebenen Schmiedewerks Pirna. Dort wurden vor allem Pleuel für den

48 Notiz für Herrn Flick, 2.2.1942 [Küttner], BAB R 8122/813. Die Denkschrift ging an Flick, Burkart, Weiss, Terberger, Bruns und O.-E. Flick.

49 Rede Flicks […], 1.4.1940, StAN Rep. 501 KVP, B-3, NI-3345, Bl. 16.

50 Exposé. Die Deutsche Edelstahlindustrie im Spiegel der Eisenkonzerne, 29.2.1944, BAB R 8122/116; zu Bruns s. Flick an Vorstand MSt, 9.2.1940, MSt an SGW, 16.2.1940, beide SächsHStA 11616/2.17/2.

Flugzeugbau angefertigt, die mit geringfügigen Veränderungen ebenso für die KfZ-Ausstattung verwendbar waren.[51] Weitere Abnehmer für den Döhlener Qualitätsstahl erblickte Bruns in der mitteldeutschen Feinmechanik-, Optik- und Chemieindustrie.[52]

Die zweite Leitlinie, der das Konzernwachstum im Weltkrieg folgte, betraf die regionale Vormachtsstellung im mittel- und süddeutschen Raum. Die Übernahme Rombachs bezweckte nicht zuletzt, die Maxhütte gegenüber der nach Wegfall der Zollgrenzen erwachsenen lothringischen Konkurrenz mittels einer eigenen Beteiligung zu schützen. Auch ein erheblicher Teil der Erweiterungen in Gröditz, Brandenburg und Unterwellenborn, sofern sie nach Wegfall der Rüstungsaufträge zu zivilen Nutzungen konvertierbar waren, festigten die Stellung Flicks in seinem Kernrevier. Einen weiteren Schritt in dieser Entwicklung bildete die Übernahme der Betriebsführung der Spandauer Stahlindustrie GmbH 1942. Ursprünglich hatte das HWA den Bochumer Verein mit der Errichtung eines modernen Stahl- und Walzwerks mit angeschlossenen Munitionsbetrieben beauftragt. Nachdem jedoch die Kosten explodiert waren und das Bochumer Interesse spürbar nachgelassen hatte, wurde die Betriebsführung 1941 Mittelstahl angetragen. Diese Lösung lag in mehr als einer Hinsicht nahe, da der Flick-Konzern mit der Havelgruppe in unmittelbarer Umgebung vertreten war und zudem mit dem HWA in Donauwörth und Brandenburg langjährig zusammenarbeitete.[53]

Aus der Sicht Flicks bot die Offerte nicht nur Gelegenheit, beflissene Unterstützung für die Zwecke der Kriegswirtschaft und – anders als die Konkurrenz – Effizienz in der Ausführung staatlicher Aufträge zu demonstrieren. Ebenso bedeutete das Spandauer Projekt, von dessen Stammkapital von einer Mio. RM Mittelstahl 51 Prozent übernahm, einen neuen Baustein im mitteldeutschen Reich Flicks und die fast uneingeschränkte Kontrolle über den Stahlmarkt im Großraum Berlin. Eigene Mittel mußten kaum aufgewandt werden, da Spandau als Montan-Betrieb geführt und somit der Anlagenbau aus Heeresmitteln finanziert wurde. Das geldliche Ausfallrisiko war entsprechend gering. Die ausdrücklichen Ambitionen, das Werk zu einem vollwertigen Bestandteil des Konzerns zu machen[54], waren auch im Personaltableau Spandaus abzulesen. Vehement stritt Flick dafür, daß nicht nur Rudolf Hennecke die technische Leitung, sondern auch dessen Bruder Arthur die kaufmännische Führung erhalten sollte. Dies zielte auf die Einbindung in die Havelgruppe, entsprach jedoch nicht dem

51 Akten-Notiz. Betr. Planung einer Gesenkschmiede in Pirna, 17.3.1943, BAB R 8122/864, Bl. 55-58; Bericht über die Schmiedewerk GmbH Pirna, o. D., BAB R 8122/538, Bl. 62-66.

52 Bruns an Flick, 2.1.1945, BAB R 8122/538, Bl. 10f.

53 Bericht über die bei der Spandauer Stahlindustrie vorgenommene Prüfung des Jahresabschlusses zum 31.3.1941, 17.5.1941, BAB R 8135/3297; Niederschrift über die örtliche Prüfung des Rüstungsvorhabens Spandauer Stahlindustrie GmbH, BAB R 2301/5843, Bl. 1-5.

54 Notiz für Herrn Flick, 30.10.1941 [Hahl], BAB R 8122/59.

Wunsch des HWA, einen eigenen Vertreter als Kontrollinstanz in den Vorstand zu entsenden. Den Widerständen zum Trotz setzte sich Flick mit seiner Forderung nach einer »klaren Befehlsgewalt« beider Henneckes durch.[55]

Hergestellt wurde ab November 1941 in erster Linie Elektrostahl, der zu Geschossen, Geschützrohren und Panzerteilen weiterverarbeitet wurde. 1942/43 produzierte Spandau auf zwei kleineren Öfen, im Mai 1944 begannen die Fundamentierungsarbeiten für eine Verdreifachung der Ofenkapazitäten. Die Baumaßnahmen an Gießerei, Stahl- und Preßwerk waren im Spätsommer 1944 beinahe abgeschlossen. Zum vollen Anlaufen der Anlagen sollte es jedoch nicht mehr kommen, da der Kriegsverlauf die ambitionierten Ausbaupläne obsolet machte. Auch die finanziellen Ergebnisse blieben entsprechend vernachlässigbar.[56]

3.1.3. Die Kohleunternehmen in der Kriegswirtschaft

Während die Stahl- und Verarbeitungsunternehmen des Flick-Konzerns am sogenannten Rüstungswunder[57] zwischen 1942 und 1944 erheblichen Anteil hatten, nahmen die Steinkohlelieferanten eine signifikant unterschiedliche Entwicklung. Im Gegensatz zu den Industriebetrieben half den Zechen eine bevorzugte Ressourcenallokation nur partiell weiter. Die Produktivität hing in erster Linie noch immer von der Leistungsfähigkeit der Bergleute ab. Angesichts der 1942/43 im Bergbau in großem Umfange erfolgenden Einberufungen sank die Zahl der Stammbelegschaften kontinuierlich, und die an ihrer Stelle angelegten ausländischen Arbeitskräfte stellten keinen qualitativ gleichwertigen Ersatz dar. Weder wurden sie ausreichend versorgt, so daß ihre physische Kraft hinter jener der deutschen Bergleute deutlich zurückblieb, noch verfügte die Mehrheit von ihnen über die erforderliche bergmännische Erfahrung. Entsprechend spiegelte die Produktionsentwicklung fast getreulich die Veränderung der Belegschaften wieder (Tab. IV/6).

In den Jahren 1940 (5,8 Mio. t, +2,1 Prozent) und 1941 (sechs Mio. t, +4,0 Prozent) steigerten die Harpen-Zechen ihre absolute Förderung kontinuierlich. Dies war jedoch ausschließlich dem Zuwachs der angelegten Arbeitskräfte sowie den längeren Arbeitszeiten geschuldet, die Schichtförderanteile fielen hingegen

55 Flick an Verwertungsgesellschaft, 28.2.1941; Verwertungsgesellschaft an Wa Z 2, 4.3.1941; Aktenvermerk. Betr. Spandauer Stahlindustrie, 10.3.1041; Zitat: MSt an Zeidelhack, 8.3.1941, alle BADH R 121/2842; Notiz für Herrn Flick, 6.11.1944 [Burkart], BAB 8122/80920, NI-12118.

56 Kurzbericht über Inbetriebnahme, Abbruch und Verlagerung Walzwerk Spandau, 26.8.1943, StAN Rep. 502, KVA, Handakten, B-304; Bericht über die bei der Spandauer Stahlindustrie vorgenommene Prüfung des Jahresabschlusses zum 31.3.1943, 21.7.1944, BAB R 8135/7953; Programm der Einzelbauvorhaben des Werkes Spandauer Stahlindustrie, 24.8.1944, BADH R 121/813; Produktionsübersichten, o. D., LAB A, Rep. 250-01-36, Nr. 3, Bl. 59, 61.

57 Zur kritischen Bewertung jetzt: Scherner/Streb, Ende, und Tooze, Wages, S. 553-557, 670.

mit gleicher Stetigkeit.[58] Schon 1942 konnte das Vorjahresergebnis nur noch gehalten werden (sechs Mio. t, -0,1 Prozent), obschon das Flick-Unternehmen noch über dem Schnitt der Ruhrzechen lag, die ein Minus von 1,1 Prozent verzeichneten.[59] Durch den vermehrten Zwangsarbeitereinsatz wurde im ersten Quartal 1943 zwar noch einmal eine Steigerung erreicht, danach sanken die Förderzahlen der Harpen-Zechen jedoch bis Kriegsende unaufhaltsam (1943: 5,9 Mio t, -2,5 Prozent; 1. Quartal 1944: 1,5 Mio. t). Dazu trugen neben den geringeren Leistungen der Bergleute auch die wachsenden Probleme durch Luftangriffe, Versorgungs- und Transportschwierigkeiten bei, deren Anteil am Abwärtstrend der Förderziffern einzelner Zechen jedoch kaum zu quantifizieren ist. Lange Zeit aufwärts zeigte die Entwicklung in den Übertagebetrieben und hier vor allem in den Bereichen, die Potential für technische und organisatorische Rationalisierung boten, etwa die Kokereien und Brikettfabriken, die noch bis weit in das Jahr 1944 hinein Zuwächse meldeten.[60] Grundsätzlich vergleichbar gestaltete sich die Lage bei Essen. Hier fielen allerdings schon seit den letzten Monaten des Jahres 1940 die Förderzahlen in vierteljährlichem Rhythmus. Erst im dritten Quartal 1942 konnte der Abwärtstrend gestoppt werden. Fortan wurde die Kohlenförderung durch die Vergrößerung der Belegschaften – bei ebenfalls sinkenden Schichtförderquoten – bis auf 1,6 Mio. t im vierten Quartal 1943 gesteigert. Seit Anfang 1944 ließen sich aber auf auch den Essener Zechen die Personalabgänge qualitativ und quantitativ nicht mehr kompensieren.[61]

Die Frage der Rentabilität der Kohlenzechen stellte sich dennoch nur bedingt. Schon seit den dreißiger Jahren verdienten die Montankonzerne an der Steinkohle weniger im Direktabsatz als vielmehr im Konzernzusammenhang: Zum einen war eine Reihe von Nebenbetrieben angeschlossen, deren veredelte Produkte erst die eigentlichen Gewinnchancen eröffneten wie im Falle der Chemischen Werke ESt. Zum anderen kam der Belieferung aus eigenen Gruben an die Eisen- und Stahlwerke entscheidende Bedeutung zu. Durch die Konzernintegration galten innerhalb der Syndikate die niedrigeren Selbstverbrauchspreise, die das profitable Arbeiten der Hütten erst ermöglichten. Schließlich erlaubte die Eingliederung in den Konzernverbund auch die technische Abstimmung zwischen Lieferanten und Abnehmern bei den jeweils benötigten Kohlesorten und Koksqualitäten, die wiederum ein wichtiger Faktor für die Ausbringung der Hochöfen war. Insofern konnten sich die Montankonzerne abnehmende Rentabilitätsziffern der Zechen, die aus den sinkenden Schichtförderleistungen bei gleichzeitig behördlich gedeckelten Preisen resultierten, durchaus leisten, solange diese Einbußen in den nachfolgenden Produktionsstufen wieder eingespielt wurden.

58 Harpen, Vierteljahresberichte 1940/41, BAB R 8119F/P955, Bl. 45, 81f.

59 Harpen, Vierteljahresberichte 1942, BAB R 8119F/P952, Bl. 23f.; vgl. Tooze, Wages, S. 572-575.

60 Harpen, Vierteljahresberichte 1943/44, ebd., Bl. 58, 62; Niederschriften über die Vorstandssitzungen am 14.12.1943 u. 16.6.1944, BAB R 8122/80910.

61 ESt, Vierteljahresberichte 1939-1944, BAB R 8119F/P845, Bl. 11-113.

Tab. IV/6: Harpener Bergbau AG, Beschäftigte und Schichtförderanteil, 1941-1944

Ende des Zeitraumes	Arbeiter				Angestellte	Zus.	Im Wehr- u. Arb.-Dienst[2]	Schichtförder-Anteil in t	
	Gesamt	Ausländer[1]	Kriegsgefangene	Sowj. Zivilarbeiter				Untertage	Bergm. Belegschaft
1941	14.312	1.584	96	–	1.471	15.783	1.391	2.132	1.755
1942	16.352	1.336	1.382	1.079	1.530	17.882	1.138	2.028	1.674
1943	18.200	1.354	4.191	1.436	1.565	19.765	3.187	1.756	1.448
März 1944	18.171	1.260	4.628	1.409	1.588	19.759	3.455	1.697	1.377
Juli 1944	18.457	1.210	4.689	1.792	1.626	20.081	3.508	1.691	1.358

[1]) nur geworbene Ausländer; [2]) ab November Gefallene, bei Wehrmacht Verstorbene und Längerdienende eingerechnet

Quelle: Harpener Bergbau AG, Berichte über den Betriebsablauf Mai 1943-Juli 1944, BAB R 8122/978.

3.2. Investitionsfinanzierung, Gewinne, Steuern

Im Februar 1943 tauschten sich Friedrich Flick und Rudolf Siedersleben, seit dem Tode Otto Wolffs endgültig die ausschlaggebende Führungsfigur im Otto-Wolff-Konzern, über ihre Vorstellungen von der Verantwortung der Privatwirtschaft im Kriege aus und stießen dabei auf ein hohes Maß an Übereinstimmung, wie Siedersleben notierte:

»Wegen der Auftragshereinnahme und Auftragssteigerung ist in der Flick-Gruppe seit alters der gleiche Grundsatz eingeführt wie bei uns. Es werden also die kriegswichtigen Aufträge ohne jede Rücksicht darauf gebucht und schnellstens ausgeführt, ob die Preise günstig oder ungünstig sind. Eine Ablehnung wegen geringeren Interesses oder aus ähnlichen Erwägungen scheidet von vornherein aus. Im Gegenteil wird es für richtig erachtet, daß die Preise und Spannemöglichkeiten in allen Fällen kriegsmäßig gering gehalten werden, selbst wenn die nachfragenden Stellen preisliche Vorteile aufzudrängen suchen.

Ebenso stimmte Herr Dr. Flick mit uns darin überein, daß es überhaupt falsch und unvertretbar sein würde, irgendwelche Umstellungs- oder Leitungsmaßnahmen in den Werken oder in den Handelsbetrieben nach Verdienstgesichtspunkten auszurichten. Jedem muß auch klar sein, daß im Krieg nicht verdient werden kann und niemand im Kriege reicher werden wird. Deshalb wäre es völlig falsch, die Preise bei der Hereinnahme von Aufträgen oder bei der fabrikatorischen Ausrichtung als das ausschlaggebende oder als das wesentliche zu betrachten. Sondern die kriegswichtige Leistung muß *der* Punkt sein und bleiben, auf den es ankommt.«[62]

Es mag dahingestellt bleiben, wie Siedersleben zu Rüstungs- und Kriegsgewinnen tatsächlich stand.[63] Flicks Selbstdarstellung aber war reine Fassade, trug doch nun schon zum zweiten Mal ein Weltkrieg zur Mehrung seines Besitzes bei. Sein nach außen gekehrter Patriotismus kontrastierte eklatant mit den konzernintern verfolgten Zielsetzungen. Dies zeigte sich bei der Investitionsfinanzierung für Rüstungsprojekte, bei den Gewinnvereinbarungen sowie in den Verhandlungen über Besteuerung und Gewinnabschöpfung. In allen Fällen ging es darum, die Belastungen für die Konzernunternehmen zu minimieren und den wirtschaftlichen Nutzen zu optimieren.

3.2.1. Investitionsfinanzierung im Krieg

In der Finanzierungsfrage konnten die Konzernunternehmen weitgehend auf die in den dreißiger Jahren geübte Praxis bauen, einen Großteil der Anlagen durch reichseigene Mittel oder mit Hilfe billiger staatlicher Kredite zu beschaffen. Unternehmenseigene Gelder für reine Rüstungsfabrikationen aufzubringen, lag weiterhin weder im Interesse der Vorstände noch der Berliner Zentrale, die an allen entsprechenden Gesprächen mit den Wehrmachtsteilen selbst teilnahm bzw. die jeweiligen Verhandlungsschritte sanktionierte. Symptomatisch war die klare Absage, die Burkart und Brurein der Marine im Dezember 1939 im Zusammenhang mit der für Lauchhammer vorgesehenen Torpedorohrherstellung erteilten, nachdem das OKM statt Subventionen nur einen Kredit bei der wehrmachtseigenen Industriebank in Aussicht gestellt hatte: »Wir haben eindeutig erklärt, daß wir es ablehnen müssen, zur Industriebank zu gehen und daß wir entweder das Vorhaben auf Grund des Riesaer Vertragsentwurfs durchführen wollen oder aber von dem Vorhaben zurücktreten möchten.«[64]

Auch in der Folge verliefen die Verhandlungen zwischen Mittelstahl und FFKG auf der einen und den Vertretern von OKH und OKM auf der anderen Seite regelmäßig kontrovers. So verweigerten die Unternehmensmanager im Herbst 1942 Eigeninvestitionen zur Granatenherstellung in Gröditz und Riesa, nachdem eine zwischenzeitliche Änderung in den Richtlinien für Wehrmachtsaufträge die gängige Vorfinanzierung in weiten Teilen durch Kreditvergabe ersetzt hatte.[65] Investitionen in Einrichtungen, die keine Friedensverwendung beinhalteten, lehnten Wiegand, Gehlofen und Brurein jedoch rundweg ab, sehr zur Verärgerung der Offiziere, die auf die »ganz besondere[n] Erleichterungen«

62 Vermerk, 1.2.1943 [Siedersleben], RWWA 72-171-6 [Hervorhebung i. O.].

63 Wenig Aufschluß gibt: Dülffer, Gruppe; zu Siederslebens Karriere: Soénius, Auftrag.

64 Burkart an Vorstand MSt, 12.12.1939, BAB R 8122/80900.

65 Vgl. Spoerer, Scheingewinnen, S. 91.

verwiesen, die man Mittelstahl in der Vergangenheit zugestanden habe.[66] Am Ende setzen sich die Unternehmensvertreter dennoch durch. Die erforderlichen Anlagen wurden vom Reich gestellt und blieben Wehrmachtseigentum, ein Anlagerisiko bestand somit für Mittelstahl praktisch nicht.[67] Zum 31. Juli 1942 befanden sich allein im Gröditzer Werk reichseigene Anlagen im Wert von annähernd elf Mio. RM, weiter geplante Investitionen nicht eingerechnet.[68]

In dem letztlich immer schiedlich beigelegten Dauerkonflikt um die Finanzierung von Munitions- und Waffenfertigungen spielte auch eine Rolle, daß die entsprechenden Anlagen in die bestehenden Werke integriert wurden, was eine spätere Auseinanderdividierung des privaten und des öffentlichen Besitzes erschwerte. Nach mehreren Jahren stellten die reichseigenen Maschinen faktisch vollständige Abschreibungsobjekte dar; ein nennenswerter Kaufpreis war für das Reich also kaum zu erzielen. Anders gestaltete sich die Lage bei den SGW. Hier flossen öffentliche Mittel nicht nur in die Erweiterung der bestehenden Werksanlagen, sondern zu ganz erheblichen Teilen in die eigens für die Rüstungsproduktion gegründete FSI. Anfangs zeigte sich das OKH als Auftraggeber daher kooperativ in Fragen der Geldbeschaffung, sprich: das Heer trug die Kosten nahezu allein. Der Einrichtungsauftrag für eine Produktionsstätte für Granaten und Bomben, der im Mai 1941 in Freital eintraf, sah Gesamtkosten von über 18 Mio. RM vor. Davon sollten für die nicht rüstungsspezifischen Gebäude und Einrichtungen gut acht, für die eigentlichen Anlagen sowie Zubehör rund zehn Mio. RM aufgewandt werden. Die letztgenannten Kosten zahlte das OKH komplett, in dem es reichseigene Maschinen und Inventar bereitstellte. Von den Unkosten für die unspezifischen, also auch über den Krieg hinaus nutzbaren Anlagen wurden 4,5 Mio. RM als Reichsbeihilfe den SGW/FSI faktisch geschenkt und die übrigen 3,8 Mio. RM über ein auf 15 Jahre zinsloses Darlehen zur Verfügung gestellt. Einzige Bedingung war, daß für die per Reichsbeihilfe finanzierten Objekte keine Abschreibungen in die Munitionspreise eingerechnet wurden. Blieb nach Vertragsablauf kein Bilanzrestwert, gingen die nicht für Rüstungszwecke bestimmten Anlagen umstandslos in das Eigentum der Firma über.[69]

Dabei blieb es aber nicht. Aufgrund von Überschreitungen der Baukosten durch die FSI einerseits und Auftragsänderungen durch das OKH anderseits überstiegen die Investitionen der folgenden Monate das ursprüngliche Limit spürbar. Forderungen des Heeres, die zusätzlichen Kosten von etwa 2,7 Mio. RM durch einen Kredit der Industriebank zu decken, wies die FSI in Absprache mit

66 Notiz über Finanzierungsbesprechung am 18.9.1942 in Berlin, 18.9.1942 [Gehlofen], BAB R 8122/802.

67 Vgl. Boelcke, Kosten, S. 131.

68 Gesamt-Übersicht (Stand am 31.7.1942) über fertige und fast fertiggestellte reichseigene Anlagen im Werk Gröditz, 20.10.1942, BAB R 8122/467.

69 OKH an FSI, 17.5.1941; Vertrag zwischen dem Deutschen Reich/OKH und der Firma FSI, 19.7.1941, BAB R 8122/837, Bl. 26-38, 77-87.

Flick zurück.[70] Mit dieser Position setzte sich Bruns, der intern einräumte, daß nicht alle Forderungen vollauf berechtigt waren, schließlich durch.[71] Im Juni 1942 hatte das OKH zusätzliche Baukosten in Höhe von 1,3 Mio. RM *à fonds perdu* übernommen und für die Umstellung auf neue Fabrikate 1,2 Mio. RM als Beihilfe sowie 7,3 Mio. RM in Form weiterer Maschinen gestellt. Eine vierte Rechnung wollte das Heer aber nicht mehr begleichen. Vor dem Hintergrund von rund 28 Mio. RM öffentlichen Mittel, so das OKH sichtlich verärgert, »ist es Ihnen ohne weiteres zuzumuten, den restlichen Finanzierungsbedarf von rund RM 2,5 Millionen für ausgesprochen aktivierbare Betriebsanlagen als Ihren Betrag zu leisten«.[72] Daß die FSI in der Folge nicht einmal den angebotenen Kredit in Anspruch nahm, sondern die Gelder aus eigenen Mitteln aufbrachte, mußte die Heeresplaner im nachhinein darin bestätigen, daß die Firma zum eigenen Vorteil überzogene Forderungen gestellt hatte.[73]

Derartig einseitige Finanzierungsmodalitäten auf Kosten des Militärs und somit des Reichsfiskus blieben kein Einzelfall.[74] Zudem erwiesen sich die Hoffnungen der Heeresvertreter, daß SGW und FSI die wehrmachtseigenen Anlagen mittelfristig übernehmen würden, ebenfalls als Irrtum. Mit dem Verweis auf die »mit der Einzweckanlage verbundenen Risiken«, das heißt die fehlende Friedensperspektive – inzwischen schrieb man das Jahr 1945 –, lehnten die FFKG-Töchter ab.[75]

3.2.2. Preise und Fabrikategewinne

Auch in den Fragen der Preis- und Gewinnermittlung verloren die Flick-Unternehmen das Rentabilitätsziel zu keiner Zeit aus den Augen. An der Rüstungsproduktion konnte und sollte verdient werden, auch wenn ein wachsendes Maß an behördlicher Regulierung und Kontrolle den Manövrierraum beschnitt. Die wechselnden, teils überlappenden und oft parallel geltenden Regeln zur Preis- und Gewinnbestimmung für Aufträge der öffentlichen Hand, die so unterschiedliche Zielsetzungen wie Profitlimitierung, Inflationsabschöpfung und Rationalisierungsanreize verfolgten, stellten jedoch nie starre, unveränderliche

70 Niederschrift über die Sitzung des Aufsichtsrates der FSI am 8.12.1941, 8.12.1941, BAB R 8122/534.

71 Aktenvermerk über Besprechung mit Direktor Bruns betr. Finanzierung Freitaler Stahlindustrie am 15.5.1942, 15.5.1942; Herrn Generaldirektor Dr. Flick, 16.5.1942 [Bruns], beide BAB R 8122/837, Bl. 60-62.

72 OKH an SGW, 13.6.1942, ebd., Bl. 58 f.

73 Entwurf. Betr. Finanzierung, 20.6.1942, ebd., Bl. 56 f.

74 Bruns an Flick, 1.7.1942, BAB R 8122/837, Bl. 51-53; Niederschrift über die Sitzung des Aufsichtsrates der SGW Döhlen am 30.11.1942, 30.11.1942; Niederschrift über die Aufsichtsratssitzung der FSI am 10.2.1943, 10.2.1943, beide BAB 8122/534; Niederschrift über die Vorstandssitzungen am 11. u. 12.5.1943 [Endfassung], 17.5.1943, BAB R 8122/529.

75 Verhandlungsprogramm des Herrn Vorsitzers für die Aufsichtsratssitzung der SGW Döhlen, o. D. [Entwurf, ca. Anfang 1945], BAB R 8122/536.

Prinzipien dar, sondern steckten vielmehr den Rahmen für Verhandlungen ab, die teils auf Branchenebene, teils durch die einzelnen Unternehmen geführt wurden.[76]

Bereits bei der Auftragsannahme erwies sich eine Vielzahl von Regelungen als verhandelbar. So hatten die Unternehmen nach den »Leitsätzen für die Preisermittlung auf Grund der Selbstkosten bei Leistungen für öffentliche Auftraggeber« (LSÖ) von 1938 grundsätzlich die Wahl zwischen einem verbindlichen Voranschlag oder einer nachträglichen Preisbestimmung auf Basis der tatsächlichen Kosten (*cost-plus*).[77] Im ersten Fall erlaubte die Vorfixierung, erhebliche Zusatzgewinne zu erzielen, wenn die eigenen, regelmäßig großzügig angesetzten Kostenerwartungen unterschritten wurden. So lieferte LHW im November 1942 750 Güterwagen an die Reichsbahn, für die ursprünglich 574 Akkordstunden und 220 Prozent Gemeinkosten eingeplant worden waren. Tatsächlich hatte das Breslauer Werk nur 511 Akkordstunden und Gemeinkosten in Höhe von 179 Prozent benötigt. Der veranschlagte Gewinn von 8,8 Prozent des Erlöses verdoppelte sich somit auf 17,6 Prozent. In ähnlicher Weise konnte bei einem Auftrag über 48 Flak-Aufbauten die Gewinnspanne von kalkulierten 9,9 auf 20,5 Prozent massiv erhöht werden.[78]

Auch die zweite Variante der nachträglichen Kostenerstattung hatte ihre Vorteile. Als die SGW im Frühjahr 1940 Panzergranaten für das OKH liefern sollten, bot das Heer anfangs nur einen Richtpreis von 24 RM/Stück. Dies lehnte der Döhlener Vorstand strikt ab und verlangte zur Abdeckung der tatsächlich entstandenen Kosten über 39 RM. Im Ergebnis erreichte das Unternehmen, daß mit 37 RM die eigene Forderung fast vollständig umgesetzt wurde. In einer zweiten Fertigung zahlte das OKH trotz inzwischen geringerer Konkurrenzpreise den gewünschten höheren Betrag, um der SGW ihre Restbestände abzunehmen.[79] Schließlich zeigte sich die Wehrmacht auch bei Preisprüfungen oft kulant und beließ festgestellte Übergewinne als Leistungsprämien bei den Unternehmen.[80]

Die 1941 eingeführten und 1942/43 im Zuge der Speer'schen Reorganisation ausgeweiteten Gruppen- und Richtpreise, die sich an der Leistungsfähigkeit sogenannter Bestbetriebe orientierten, verschärften die Anforderungen an die Lieferunternehmen. Hatte bislang das *cost-plus*-System den Gewinnzuschlag auf Selbstkostenbasis errechnet und somit kaum zu Einsparungen motiviert, sollten nun Höchstpreise Rationalisierungsanreize setzen: Lagen die tatsächlichen Kosten unterhalb der entsprechenden Marken, verblieb die Differenz vollständig im Unternehmen. Neben der Effizienzsteigerung und Ressourcenersparnis sollte

76 Vgl. die ausführliche Schilderung der bei Krupp getroffenen Sonderregelungen: Abelshauser, Rüstungsschmiede, S. 361-364.

77 Auch zum folgenden: Bopp, Evolution, S. 157-160; Barkai, Wirtschaftssystem, S. 221f.

78 LHW, Bericht November 1942, SächsHStA 11692/69.

79 SGW Döhlen an SGH Berlin, 6.5.1940; Notiz für Herrn Direktor Bruns, 4.5.1940; SGH Berlin an SGW Döhlen, 4.5.1940, BAB R 8122/636, Bl. 77-79.

80 FSI, Bericht über den Verlauf des Geschäftsjahres 1943/44 und über wichtigste Geschäftsvorfälle in den Monaten Juli/Dezember 1944, 25.1.1945, BAB R 8122/536.

gezielt das privatunternehmerische Profitinteresse in den Dienst der kriegswirtschaftlichen Leistungssteigerung gestellt werden.[81] Eine gewisse Einschränkung bedeuteten die in der zweiten Kriegshälfte intensivierten Abschöpfungsversuche, etwa durch die Anhebung der Körperschaftssteuer und die Gewinnabführung. Allerdings erforderte eine effektive Gewinnermittlung umfangreiche Buch- und Bilanzprüfungen, die nur partiell möglich waren. In der Folge wurde in der Mehrheit der Fälle lediglich der ausgewiesene Nutzen, nicht aber die umfangreichen, in die stillen Reserven geleiteten Gelder erfaßt.[82]

Im Rationalisierungspotential der Gruppenpreise lagen beträchtliche Gewinnchancen. Bei großen Stückzahlen konnten über Skaleneffekte deutliche Rentabilitätsverbesserungen erzielt werden. Dies galt für die Brandenburger Eisenwerke, die kontinuierlich ihre Preise reduzierten, gleichzeitig aber die Ausstoßzahlen massiv erhöhten, ebenso wie für die Maxhütte-Preßwerke, die in der Granatenfertigung im Gruppenpreis eine zwölfprozentige Gewinnmarge erzielten.[83] Auch im Falle von Busch-Bautzen erwiesen sich die Gruppenpreise in einigen Sparten als Verbesserung. So wechselte die Waggonfabrik Anfang 1944 für ihre Normalgüterwagen in einen um 34 Prozent niedrigeren Gruppenpreis, der eine Mindereinnahme von 205 000 RM nach sich zog. Allerdings, so bemerkte der Vorstand, spare man durch die damit einhergehende steuerliche Neueinstufung sowie bei der Gewinnabgabe 360 000 RM und erziele somit unter dem Strich ein klares Plus.[84]

Daß es überhaupt eine Gewinnabschöpfung für Rüstungsunternehmen gab, stieß im Flick-Konzern auf Unverständnis und sollte nicht unwidersprochen bleiben. Mit Blick auf die FSI stellte Burkart fest, daß angesichts der fehlenden Friedensverwendung des Werks Nachverhandlungen über Sonderabschreibungen geführt werden mußten, um die Ausgaben für Körperschaftssteuer und Gewinnabführung aufzuwiegen. Über deren Höhe konnte Burkart in einem Brief an Bruns nur »[...] erheblich den Kopf schütteln. Wenn man sich vor Augen hält, daß die Freitaler Stahlindustrie eine reine Einzweck-Anlage ist, die nach Beendigung des Krieges noch nicht einmal Schrottwert hat, ist es nach meiner Auffassung ein wirtschaftlicher Wahnsinn, überhaupt einen steuerlichen Gewinn und darüber hinaus noch eine Gewinnabführung ausrechnen zu lassen. Du hast ja selbst erlebt, was die Finanzierung dieses reinen Rüstungsbetriebes, der friedensmäßig doch ein ausgesprochener Krüppel ist, für Kopfschmerzen bereitet hat.«[85]

81 Betrifft: Preisbildung bei öffentlichen Aufträgen, 27.8.1943, BAB R 8122/566; vgl. Müller, Speer, S. 469 f.; Boelcke, Kosten, S. 134 f.

82 Dazu Spoerer, Scheingewinnen, S. 91, 121, 162-164; Müller, Speer, S. 469 f.; kostensparender für das Reich war Speers System somit keineswegs, s. Tooze, Wages, S. 565 f.

83 Aktenvermerk. Betr. Besprechung beim Arbeitsstab Gruppenpreise im OKH am 17.9.1943 [Bruns], BAB R 8122/566.

84 Zur Aufsichtsratssitzung am 14.2.1944, 14.2.1944, SächsHStA 11692/133.

85 Burkart an Bruns, 5.3.1945, BAB R 8122/636, Bl. 315 f.

An Burkarts Verärgerung über die staatlichen Versuche, Mehreinnahmen zu erzielen und die privaten Gewinne zu beschneiden, änderten auch die guten Zahlen nichts, die SGW und FSI bis in die letzten Kriegsmonate hinein präsentierten. Vor allem die Konzentration auf höherpreisige Qualitäten brachte selbst bei sinkender Tonnage steigende Erträge.[86] Zwar bestanden zwischen einzelnen Fabrikaten erhebliche Schwankungen[87], insgesamt stiegen die Ertragszahlen bis Herbst 1944 aber fast ununterbrochen an. Und noch Anfang 1945 bezeichnete Bruns den Fabrikateerfolg der FSI mit 15,1 Prozent vom Umsatz (vor Körperschaftssteuer und Gewinnabführung) als günstig, wenngleich er mit sorgenvollem Blick in die Zukunft feststellte, daß mit einer solchen Ertragslage künftig nicht mehr zu rechnen sein werde.[88]

Tab. IV/7: SGW Döhlen: Versand – Umsatz – Reinerfolg, 1939/40-1944

Monatsschnitt	Fremdversand in t	Fremdumsatz		Fabrikatreinerfolg nach Gewerbesteuer	Lohnsumme zu Umsatz
		in RM	in RM/t		
1939/40	*12.386	3.832.000	309,38	k. A.	15,8 %
1940/41	12.681	4.337.000	337,24	751.000	14,6 %
1941/42	12.356	4.504.000	564,59	893.000	13,8 %
1942/43	14.447	5.975.000	413,57	1.586.000	11,8 %
1943/44	14.155	6.538.000	461,87	1.480.000	11,7 %
1944, Juli–Sept.	13.226	6.632.000	489,09	1.888.000	k. A.
1944, Okt–Dez.	12.872	6.104.000	474,20	1.472.000	k. A.
1944/45, 1. Hj.	13.049	6.368.000	488,00	1.680.000	k. A.

*) inkl. Eigenumsatz, Abweichung unter 5 %.
Quellen: Monatserfolgsrechnung Döhlen Juli-September 1943, 22.11.1943, BAB R 8122/555; Berichte zur Fabrikate-Erfolgsrechnung Juni-Dezember 1944, BAB R 8122/556.

Eine Sonderstellung nahmen die Montan-Betriebe ein. Ihr Charakter als Bereitschaftswerke des Heeres behinderte zum einen die Rentabilität der einzelnen Unternehmen. Insbesondere in der ersten Kriegsphase litten die Werke infolge

86 Leitfaden für Herrn Flick, o. D. [ca. 1942]; Bericht über den Verlauf des Geschäftsjahres 1941/42, 23.11.1942, beide BAB R 8122/535; Bericht zur Fabrikat-Erfolgsrechnung Juni 1944; Bericht zur Fabrikat-Erfolgsrechnung Juli-September 1944, o. D.; Bericht zu den Fabrikats-Erfolgsrechnungen Oktober-Dezember 1944, alle BAB R 8122/556.

87 Erläuterungen zu dem Erfolgsvergleich für Halbzeug und Walzstahl (Januar–Juni 1942), 11.11.1942, BAB R 8122/550, Bl. 16-18.

88 FSI, Bericht über den Verlauf des Geschäftsjahres 1943/44 und über wichtigste Geschäftsvorfälle in den Monaten Juli/Dezember 1944, 25.1.1945, BAB R 8122/536.

der rüstungspolitischen Wechsel unter mehrfachen Fertigungsumstellungen und den daraus resultierenden geringen Beschäftigungsgraden. Die LSÖ-Preise entsprachen oft nicht den realen Kostenstrukturen, während die auf Kapazitätsauslastung zielenden Gruppen- und Richtpreise in der zweiten Phase des Krieges nur in einem Teil der Montanbetriebe rentabel umsetzbar waren. Dies galt zumal, als die Rüstungsfabriken meist groß angelegt, kaum für andere Zwecke einsetzbar und oft fernab der Zulieferer aus der Roh- und Halbstoffindustrie gelegen waren, was zusätzlich kostenintensiv wirkte.[89] Dies betraf Donauwörth I, jedoch nicht das in Unterwellenborn integrierte Werk II und die an das Weberwerk angeschlossenen Anlagen der Brandenburger Eisenwerke.

Zum anderen unterlagen die Montan-Betriebe einer engmaschigen, halbjährlichen Preis- und Gewinnkontrolle durch die Reichsbehörden. Allerdings zeigten sich diese bei den Gewinnen, die in ihren Anlagen anfielen, in aller Regel entgegenkommend. Die aus LSÖ-Tarifen entstandenen Übergewinne wurden Donauwörth zu großen Teilen zur Reinvestierung überlassen, jene aus Gruppenpreisen galten als Leistungsprämien.[90] Beide Werke profitierten zudem von der steigenden und ab 1942/43 planvolleren Nachfrage, welche die Auslastung erhöhte. Unter dem Strich schlug sich dies wegen der rapide fallenden Gruppenpreise jedoch nicht nieder. So stieg der Donauwörther Umsatz von 21,5 (1942/43) auf 31,2 Mio. RM (1943/44) um rund 45 Prozent, und auch das Vorsteuerergebnis legte um 39 Prozent auf 2,5 Mio. RM zu. Nach Abzug von Körperschaftssteuer und Gewinnabführung blieben jedoch nur 683000 RM übrig – ein Minus von zwölf Prozent trotz der Umsatzsteigerung.[91] Die Maxhütte zog daraus eine naheliegende, bereits vorbereitete Konsequenz: 1944 wurde das Werk II aufgekauft und nun auch formal gemeinsam mit den Preßwerken Thüringen in Unterwellenborn integriert. Der thüringische Betrieb wies nicht nur eine günstigere Kostenstruktur als das bayerische Stammwerk auf, fortan ließen sich auch die Betriebsgewinne besser thesaurieren als unter den Augen der Rüstungsverwaltung.[92]

Während Donauwörth eine durchwachsene Entwicklung durchlief, gerieten die mit erheblichen Anlaufschwierigkeiten gestarteten Brandenburger Eisenwerke zu einem großen Erfolg. Schon im Geschäftsjahr 1941/42 fielen die technischen und finanziellen Fortschritte blendend aus. Insbesondere die Anlagenverbesserung, die Ausstoßerhöhung und nicht zuletzt die Einführung von

89 Vgl. Hopmann, Montan, S. 125-128, Protokoll über die Aufsichtsratssitzung der Maschinenfabrik Donauwörth am 10.12.1942, BADH R 121/2848.

90 Bericht über die bei der Maschinenfabrik Donauwörth vorgenommene Prüfung des Jahresabschlusses zum 31.3.1942, 17.11.1942, BAB R 8135/7695, Bl. 3 f., 12 f., 38; RMfBuM. Berichte über die Wehrwirtschaftsprüfungen bei der Firma Maschinenfabrik Donauwörth, Werke I u. II, 5.5. u. 10.5.1943, beide BADH R 121/5355.

91 Bericht über die bei der Maschinenfabrik Donauwörth vorgenommene Prüfung des Jahresabschlusses zum 31.3.1944, 20.11.1944, BAB R 8135/7695, Bl. 1-72.

92 Ebd., Bl. 54-68; Protokoll über die Aufsichtsratssitzung der Firma Maschinenfabrik Donauwörth, 17.12.1944, BADH R 121/2848.

Akkordlöhnen erlaubten es dem Werk, fortlaufend die Preise zu senken und über den Massenabsatz dennoch die Erträge zu steigern. Hatte man Anfang 1940 noch um höhere Preise für die Panzerwannen nachgesucht[93], trat das Eisenwerk im Dezember 1941 in den niedrigsten Wettbewerbspreis ein und stand bei den Erzeugungsziffern an der Spitze der deutschen Produzenten.[94] Die Kostensenkungen in den einzelnen Fertigungslinien erreichten zwischen Frühjahr 1939 und Frühjahr 1942 Margen von 30 bis 75 Prozent. Die Betriebe in Brandenburg und ab 1943 in Kirchmöser folgten den Preisvorgaben der Bestbetriebe nicht, sie setzten sie selbst.[95] Der Wettlauf zwischen Rationalisierungserfolgen und Preissenkungen setzte sich bis zum Herbst 1944 fort. Ende Februar verzeichnete das Brandenburger Werk Aufträge mit einem Gesamtvolumen von 120 Mio. RM, »mit einem angemessenen Erträgnis« wurde weiterhin gerechnet.[96]

3.2.3. Finanzen und Vermögen im Konzern

Eine überzeugende Antwort auf die Frage, was bzw. wieviel die einzelnen Unternehmen sowie der Flick-Konzern als Ganzes an Rüstung und Krieg verdienten, scheint nahezu aussichtslos. Schon 1946 hielten die beiden Finanzexperten Flicks, Theodor Kurre und Fritz Lang, die Ermittlung der während des Krieges erzielten Gewinne für nicht möglich, da ihnen die entsprechenden Unterlagen der Werke fehlten.[97] Damit wiesen sie auf die Problematik der erheblich variierenden Einnahmeberechnungen und des je nach Branche und Einzelunternehmen unterschiedlichen Dickichts behördlicher Preis-, Gewinn- und Steuerbestimmungen hin. Für eine zusammengefaßte Berechnung der Gewinne des Flick-Konzerns fehlte die Datenbasis. Auch die FFKG-Abschlüsse, vom bekannten Problem der Bilanzmalerei abgesehen, gaben praktisch kaum Auskunft über die konsolidierten Konzernprofite, da die Gewinne der Tochterunternehmen keineswegs Stufe für Stufe bis an die Spitze weitergeleitet wurden, sondern im Gegenteil weitgehend in den Unternehmen verblieben oder zu Querfinanzierungen dienten.[98] Zur Ausschüttung an die FFKG gelangte nur ein geringer Teil der – zudem gesetzlich beschränkten – Dividenden. Unrecht war Kurre und

93 Notiz für Herrn Flick, 12.1.1940 [Burkart], BAB R 8122/59.

94 Bericht über die Wirtschaftslage der Brandenburger Eisenwerke, 9.12.1941, BAB R 2301/5568, Bl. 68-71; s. auch Scherner/Streb, Ende, S. 194.

95 Kostenentwicklung für die bis 31.3.1942 heeresamtlich abgenommenen Geräte, 24.11.1942, BAB R 2301/5568, Bl. 120; Geschäftsbericht der Brandenburger Eisenwerke für das Geschäftsjahr 1941/1942, 7.1.1943, ebd., Bl. 109-115.

96 Bericht über die weitere Entwicklung der Brandenburger Eisenwerke im laufenden Geschäftsjahr 1943/1944, 24.3.1944, BAB R 8122/80919, NI-5238; Aktenvermerk. Betr. Erhöhung der Zulieferung für das gesteigerte Panzerprogramm in Brandenburg, 1.9.1944, BADH R 121/813.

97 Notiz für Mr. Marcu, 6.5.1946 [Lang/Kurre], StAN Rep. 502, KVA, Handakten, B-2.

98 Das OFP Berlin bezifferte Ende 1941 die bei der FFKG versteuerten Gewinne auf »in den letzten Jahren […] durchschnittlich jährlich 16 Millionen RM«; OFP Berlin an RFM, 27.9.1941, LAB A, Rep. 092, Nr. 409, Bl. 7.

Lang diese Situation wohl nicht. Auf diese Weise ließ es sich vermeiden, den Konzern und seine Führung dem moralisch anrüchigen Vorwurf der Kriegsgewinnlerei auszusetzen. Beiden konnte kaum entgangen sein, daß das Rüstungsgeschäft bis weit in den Krieg hinein beträchtliche Profite eingebracht hatte. Unter den allgemein hohen Eigenkapitalrenditen der deutschen Industrie-Aktiengesellschaften von durchschnittlich 15 Prozent in den Jahren 1936 bis 1941 hatten die im Rüstungsgeschäft besonders stark vertretenen Firmen Spitzenpositionen eingenommen. Und auch in der Phase abnehmender Rentabilität seit 1942/43 hatten sich die mit umfangreichen Wehrmachtsaufträgen versehenen Industrieunternehmen noch am besten gestanden.[99]

Tab. IV/8: Entwicklung der Werksergebnisse FFKG/Mittelstahl/Maxhütte, 1939/40-1943/44

		FFKG	Mittelstahl	Maxhütte	Insg.
1939/40	Brutto	16.415	30.920	14.481	61.816
	Netto	3.478	11.393	6.615	21.486
1940/41	Brutto	19.155	41.487	17.103	77.745
	Netto	5.046	13.553	7.133	25.732
1941/42	Brutto	17.789	41.488	18.560	77.837
	Netto	4.528	10.524	6.135	21.187
1942/43	Brutto	23.194	46.695	20.615	90.504
	Netto	7.332	12.807	5.602	25.741
1943/44	Brutto	28.272	61.637	23.865	113.774
	Netto	7.376	7.151	3.440	17.967

Quelle: Entwicklung der Werksergebnisse, 21.3.1946, StAN Rep. 502, KVA, Handakten, B-2.

Die rasante Umsatzzunahme von 0,8 (1938/39) auf 1,1 Mrd. RM (1941/42) deutet die Dimension der Entwicklung der Flick-Unternehmen in den ersten Kriegsjahren an (Tab. IV/3). Indes führten Umsatzsteigerungen nicht zwangsläufig zu proportionalen Gewinnzuwächsen, wenngleich die Stückkostenreduzierung bei Massenfertigungen eine Verbindung zwischen beiden Größen herstellte. Dies unterstrich die Entwicklung der Werksergebnisse der engeren Stahlgruppe (Mittelstahl/Maxhütte/FFKG), die der Veränderung der Umsatzzahlen entsprach, sich aber hinsichtlich der Rentabilität differenzierter darstellte. Die Bruttoüberschüsse der drei Werksgruppen stiegen zwischen 1939/40 und 1943/44 zwar ins-

99 Dazu grundlegend Spoerer, Scheingewinnen, S. 149-160.

gesamt, stagnierten jedoch 1941/42. Zudem waren in dieser Phase die Nettoüberschüsse infolge der schlechteren Produktivitätsraten der Werke sogar rückläufig und legten erst im Folgejahr wieder zu. Charakteristisch war fortan die wachsende Kluft zwischen Brutto- und Nettoüberschüssen. Während die Bruttoergebnisse bis 1944 weiter stark anstiegen und den Rekordwert von 113,77 Mio. RM erreichten, sanken die Nettoüberschüsse 1943/44 gegenüber dem Vorjahr sogar wieder auf 17,97 Mio. RM. Der Rückgang der unter dem Strich bleibenden Einnahmen und die damit abnehmende Rentabilität waren vor allem auf die scharf angestiegenen Gewinnsteuern zurückzuführen, die sich von knapp 25 (1939/40) auf 72 Mio. RM (1943/44) annähernd verdreifachten. Gleichwohl: Es blieben noch immer fast 18 Mio. RM Gewinn.[100]

Die Gewinnentwicklung der drei Kernunternehmen belegte im Konzernvergleich einen Platz im Mittelfeld zwischen den Kohlengesellschaften, die ihre Rentabilität zumindest in der ersten Phase des Krieges nicht (Braunkohle) oder nur geringfügig (Steinkohle) steigern konnten, einerseits und den Maschinen- und Fahrzeugbauunternehmen, welche die größten Zuwächse erzielten, andererseits. Auf den Zechen stockte der prozentuale Anteil des Gewinns am Vermögensumschlag auf verhältnismäßig niedrigem Niveau, das heißt hier wurde besonders viel Kapital aufgewandt, während der damit erzielte Gewinn im Konzernvergleich unterdurchschnittlich blieb. Entgegengesetzt gestaltete sich die Situation bei den Stahlverarbeitern. Sie benötigten relativ weniger Vermögen und erzielten damit dennoch höhere Gewinne. Offenkundig war ferner, daß der Anteil des Rüstungsgeschäfts entscheidend für die Rentabilitätsentwicklung im Kriege war. So konnte die engere Stahlgruppe ihre Rentabilität in den ersten beiden Kriegsjahren um 12,8 Prozent verbessern, unter Einrechung der neueren, rüstungsintensiven Betriebe vor allem der SGW lag dieser Wert noch fünf Punkte höher. Die Maschinenbauer erreichten gar eine Rentabilitätssteigerung von über 50 Prozent.[101]

Die Umsatz- und Gewinnentwicklung im Konzern sowie die Werksergebnisse der Stahlerzeuger deuten die grundsätzlich positiven Ergebnisse der Kriegswirtschaft für die Flick-Unternehmen an. Die Konzernfirmen arbeiteten mehrheitlich profitabel, und ein großer Teil konnte seine Gewinne im Krieg absolut *und* relativ ausbauen. Dies ist um so bemerkenswerter, als die Hochkonjunktur der unmittelbaren Vorkriegsjahre den Vergleichsmaßstab bildete. Das tatsächliche Gewinniveau dürfte noch höher gelegen haben, als es die skizzierten Zahlen nahelegen. Sie basieren auf den steuerlichen Gewinnen, lassen also stille

100 Entwicklung der Werksergebnisse, 21.3.1946 [Lang/Kurre], StAN Rep. 502, KVA, Handakten, B-2; s. Tab. IV/8.

101 Notiz über Gesichtspunkte, die bei einer Neufassung der GAV berücksichtigt werden müßten, 23.11.1942 [Burkart], StAN Rep. 502, KVA, Handakten, B-11. Um die hohen Profite der Rüstungsunternehmen weniger in Erscheinung treten zu lassen und die verschiedenen Mechanismen der Mehrgewinnabschöpfung zu unterlaufen, bemühte sich die Konzernspitze um eine weitgehende Anerkennung der steuerlichen Konzernmischrechnung.

Reserven in den Buch- und Bilanzunterlagen unberücksichtigt. Diese hatten, nicht nur im Flick-Konzern[102], schon seit der Beschränkung der Dividendenausschüttungen 1934 ganz erhebliche Zuwächse erfahren, die sich im Krieg ungebrochen fortsetzten. Entsprechend glichen die jährlichen Bilanzarbeiten zunehmend einem millionenschweren Versteckspiel, bei dem die Aussagekraft der einzelnen Posten rapide verfiel. Zu den schwierigsten Fragen zählte dabei, wo die Gelder, die man nicht ausweisen wollte, am besten untergebracht waren. Im Sommer 1941 ließ Kaletsch Hermann Terberger wissen, daß man die von der Maxhütte im Zuge der IG-Transferzahlungen in Aussicht gestellten »erhebliche[n] freie[n] Geldmittel« bei Mittelstahl »nicht gebrauchen« könne, da es bei allen Konzerngesellschaften an sinnvollen Anlagemöglichkeiten fehle.[103] Auch in Döhlen wußte man kaum, wohin mit dem Geld. Erhebliche Mühe wurde daher Mitte 1942 darauf verwandt, »soviel Belastungen zu finden wie irgend möglich«, um die Gewinnabführung zu minimieren.[104]

In den Aufsichtsratssitzungen der Konzernunternehmen wurde, in Abhängigkeit von den Beherrschungsverhältnissen, der Umfang der Zugewinne angedeutet. So wies Kaletsch in seinen Erläuterungen zur Mittelstahl-Bilanz von 1939/40 darauf hin, daß in verschiedenen Posten erhebliche finanzielle Reserven lagen. Allein in den Vorräten beliefen sich diese auf über elf Mio. RM, weitere Gelder verbargen sich in den Beteiligungen. Ferner war es gängige Praxis, in den Rubriken Rückstellungen und Wertberichtigungen nicht nur Rücklagen für tatsächlich erwartete Steuernachzahlungen, Kursverluste u. ä. zu bilden, sondern in großem Umfang freie Mittel einzustellen.[105] Bei den SGW beliefen sich offene Rücklagen und stille Reserven 1943 auf 18,1 Mio., 1944 auf 22,8 Mio. RM.[106] Die größten Posten, in denen die stillen Reserven versteckt wurden, stellten die Beteiligungen dar, die systematisch unterbewertet wurden und absurd niedrige Werte erreichten, die mit vorsichtiger Bilanzpolitik kaum zu erklären waren. So standen die rund drei Mio. RM SGW-Aktien bei Mittelstahl lediglich mit ihrem Nominalwert zu Buche, obschon der Substanzwert bei über 400 Prozent lag. Die ATG setzte das bei ihr liegende Paket LHW-Aktien mit 1,7 Mio. RM unterhalb des Nominalwerts von über zwei Mio. an, während der Substanzwert 5,7 Mio. betrug. Diese Beteiligungsreserven liefen schließlich in der FFKG-Bilanz zum 30. September 1944 mit rund 35 Mio. RM auf, zum 22. April 1945 mit gut 44 Mio. Der Substanzwert der darin gefaßten Aktienpakete wurde in-

102 Vgl. Abelshauser, Rüstungsschmiede, S. 312, veranschlagt die freien Reserven in der Krupp-Konzernbilanz 1940/41 auf 420 Mio. RM und geht von weiteren versteckten Reserven aus.

103 Notiz für Herrn Kurre, 20.6.1941 [Kaletsch], BAB R 8122/444.

104 C. Faust an Bruns, 15.8.1942, BAB R 8122/553.

105 Bericht des Herrn Kaletsch, 10.2.1941, (Entwurf), BAB R 8122/409; Vorlage Flick. Rückstellung zur Jahresbilanz Mittelstahl 30.9.40, aufzugliedern nach freien und echten Verpflichtungen, 3.2.1941 [Kaletsch], BAB R 8122/409.

106 Anlage 5a. Offene Rücklagen und stille Reserven am 30.6.1944, 9.1.1945, BAB R 8122/536.

tern hingegen auf über 350 Mio. RM beziffert, der Überschuß lag somit bei 306 Mio. RM.[107]

Angesichts derart gewaltiger Abweichungen gaben sich außenstehende Beobachter wie die Vertreter der Deutschen Bank keinen Illusionen hin, einen aussagekräftigen Einblick in die Konzernfinanzen zu erhalten. Karl Kimmich konstatierte im Frühjahr 1941 lakonisch, »[d]ie einzelnen Bilanzpositionen, insbesondere Anlagewerte, sind so niedrig zu Buch, daß sie ein richtiges Bild doch nicht ergeben«, und beließ es folglich bei der Feststellung, daß Mittelstahl und Maxhütte »in einer glänzenden Verfassung« seien.[108] Sein Kollege Johannes Kiehl fand dem zwei Jahre später wenig hinzuzufügen. Die von beiden Unternehmen erzielten »erhebliche[n] Gewinne« seien nur anhand der Abschreibungen und der Höhe der ausweispflichtigen Steuern annähernd zu ermessen, urteilte der Bankier.[109] Und wiederum ein Jahr später bemerkte er, daß der ausgewiesene Reingewinn der Maxhütte von 2,6 Mio. RM keine maßgebliche Kennziffer darstelle. »Der wirkliche und steuerliche Gewinn ist natürlich ganz erheblich höher, wie sich schon daraus ergibt, daß auf Anlagen und Beteiligungen RM 13 560 000 abgeschrieben werden konnten, und daß Ertrags- und Vermögenssteuern mehr als RM 11 000 000 in Anspruch nahmen.«[110]

Ihre deutlichste Abbildung fanden die seit den dreißiger Jahren erzielten, in großem Umfange thesaurierten Gewinne in den Kapitalerhöhungen von 1941/42. Die Dividendenabgabeverordnung vom 12. Juni 1941 sowie die folgenden Durchführungsverordnungen lockerten das Zuschreibungsverbot für das Anlagevermögen, um eine Auflösung der stillen Reserven zu ermöglichen. Auf diese Weise konnte, begünstigt durch eine geringe Pauschalbesteuerung, das Stammkapital von Aktiengesellschaften ohne Zuführung neuer Gelder erhöht und an das tatsächliche Vermögen angepaßt, mithin »berichtigt« werden. In Friedenszeiten sollte dies eine angemessene Verzinsung des in den Unternehmen arbeitenden Kapitals erlauben.[111] Der Flick-Konzern machte von dieser Option auf breiter Front Gebrauch. Mit Ausnahme des HOW Lübeck und der SGW Döhlen, wo sich jeweils erhebliche Aktienpakete in Fremdbesitz befanden, erhöhten alle großen Konzerngesellschaften ihr Stammkapital. Insgesamt wurden über 112 Mio. RM stiller Reserven aufgelöst und auf das Aktienkapital aufgeschlagen, allein 47 Mio. RM im Falle Mittelstahls, das durch die Verschachtelung des Konzernbesitzes einen Großteil der Gewinne erhalten, jedoch selbst nicht ausgeschüttet hatte (Tab. IV/9).

107 Ermittlung der Beteiligungsreserven, in: Gesamt-Konzern, Beteiligungen und sonstiger Aktienbesitz zum jeweils letztmöglichen Stichtag, 10.4.1946 [Kurre, Lang], StAN Rep. 502, KVA, Handakten, B-2; FFKG. Gegenüberstellung der Jahresbilanzen 1.4.1937-30.9.1944 [Lang, Kurre], ebd.

108 Geheim (nur für den Vorstand), 9.4.1941 [Kimmich], BAB R 8119F/P1164.

109 Betr. Mittelstahl-Maxhütte, 26.4.1943 [Kiehl], BAB R 8119F/P1163.

110 Aktenvermerk. Betr. Eisenwerk-Gesellschaft Maximilianshütte, 31.3.1944 [Kiehl], ebd.

111 Aktennotiz, betr. Dividendenabgabeverordnung, 4.7.1941 [Faust], BAB R 8122/549; vgl. Spoerer, Scheingewinnen, S. 88; Swatek, Unternehmenskonzentration, S. 72; Abelshauser, Rüstungsschmiede, S. 312.

Tab. IV/9: Kapitalberichtigungen im Flick-Konzern, 1941/42

Firma	**Jahr**	**Unberichtigt** in RM	**Berichtigt** in RM	**Veränderung** in RM	in %
Mittelstahl	1942	28.000.000	75.000.000	47.000.000	+168
Maxhütte	1942	26.250.000	37.145.000	10.895.000	+42
Harpen	1942	60.000.000	†69.000.000	9.000.000	+15
Essen	1942	63.000.000	*75.600.000	21.187.500	+34
AKW	1942	82.150.000	**102.687.500	20.537.500	+25
LHW	1942	5.500.000	8.250.000	2.750.000	+50
Busch	1942	3.500.000	5.000.000	1.500.000	+43
ATG	1942	4.000.000	5.200.000	1.200.000	+30
Faguma	1941	3.000.000	9.000.000	6.000.000	+200
Zus.		274.400.000	386.882.500	112.482.500	+41
HOW Lübeck		16.000.000	16.000.000	–	–
SGW		6.000.000	6.000.000	–	–
Gesamt		296.400.000	408.882.500	112.482.500	+38

† Eine weitere Mio. RM neuer Aktien wurde zur Aufrundung auf 70 Mio. RM ausgegeben; * wieder herabgesetzt auf 72 Mio. RM; ** 2,6875 Mio. RM wurden umgehend eingezogen, neues Aktienkapital danach 100 Mio. RM.
Quelle: Entwicklung der wichtigsten Beteiligungen, 9.5.1946, StAN Rep. 502, KVA, Handakten, B-2; eigene Berechung.

Die Kapitalberichtigungswelle der Einzelfirmen liefert einen Baustein zur vorsichtigen Einschätzung des Konzernvermögens am Ende des Krieges, die ihrerseits Rückschlüsse auf das Wachstum des Flick-Konzerns im »Dritten Reich« zuläßt. Einer Aufstellung der Vermögenssteuerwerte der zwölf größten Industrieunternehmen des Konzerns zum 1. Januar 1943 zufolge belief sich deren addiertes Vermögen zu diesem Zeitpunkt auf 738 Mio. RM. Allerdings blieben eine Reihe kleinerer Produktionsgesellschaften wie Fella, LWG u. a. sowie die große Zahl gering kapitalisierter Handelsfirmen außen vor.[112] Die Vermögenssteuerwerte bildeten den gesamten Wert der jeweiligen Unternehmen ab, differenzierten also nicht nach Mehrheitsverhältnissen. Sie bezifferten somit das von der

112 Aufstellung Vermögenssteuer nach dem Stande 1.1.1943, StAN Rep. 502, KVA, Handakten, B-10.

FFKG beherrschte Kapital, nicht das juristische Eigentum des Konzerns. Aus diesem Grund gaben Kaletsch und Kurre nach dem Krieg das Konzernvermögen mit deutlich niedrigeren Summen an. Unter Herausrechnung des außenstehenden Besitzes und durch die Veranschlagung höherer Abschreibungssätze für den Anlagenverschleiß gelangte Kaletsch zu einem Konzernwert von maximal 400 Mio. RM; Kurre errechnete zunächst sogar nur 365 Mio. RM, korrigierte dies aber später auf einen Wert von 593 Mio. RM.[113]

Vor dem Hintergrund dieser weit abweichenden Zahlenangaben vermittelt die konsolidierte Konzernbilanz vom 31. März 1940[114] unter Berücksichtigung der Wertberichtigungen von 1941/42 noch den präzisesten Aufschluß über das Konzervermögen. Demnach verfügte der Konzern im März 1940 über ein Gesamtanlagevermögen von rund 373 Mio. RM, ein nicht in der Gesamtrechnung zusammengeführtes Beteiligungsvermögen von rund 85 Mio. RM sowie ein Umlaufvermögen von rund 339,5 Mio. RM. Zuzüglich kleiner Forderungsposten beliefen sich die Aktiva somit auf etwa 820,5 Mio. RM. Diese Zahl stellte die konsolidierte Gesamtsumme der bilanzmäßigen Substanzwerte (Kapital, Reserven, Bilanzgewinn, intern als frei eingestufte Rückstellungen) dar. Sie enthielt einerseits auch die auf außenstehende Aktionäre entfallenden Besitzanteile und bezifferte somit das beherrschte Vermögen. Andererseits umfaßte sie weder die stillen Reserven aus Vorräten, Wertpapieren usw. der konsolidierten Konzerngesellschaften noch jene der nicht einbezogenen Beteiligungen, die nur zum Buchwert eingesetzt waren. Entsprechend ist davon auszugehen, daß die 1941/42 als Kapitalberichtigungen aktivierten Gelder zu einem erheblichen Teil aus diesen, in der Konzernbilanz nicht erfaßten stillen Reserven stammten und sich das von der FFKG kontrollierte Vermögen bis 1942 auf über 900 Mio. RM belief. Für die Schlußphase des Krieges verkompliziert sich die Einschätzung der Vermögensentwicklung zusätzlich. Einerseits waren keineswegs alle stillen Reserven aufgelöst worden, und bis Kriegsende wurden weitere angelegt.[115] Andererseits verminderten sich insbesondere die Anlagewerte und Vorräte durch Einwirkungen von Luftkrieg, Evakuierungen und Abnutzung zusätzlich. Für 1943/44 scheint daher ein Gesamtvermögen in der Nähe der Milliardengrenze möglich, kann aber nicht mehr als einen groben Schätzwert darstellen.

113 Ermittlung des Vermögens des Gesamtkonzerns, 3.5.1946 [Kurre], ebd., B-2; Notiz betr. Vermögenssteuerwert der Konzerngesellschaften zum 1.1.43, 21.5.1946 [Kurre]; Vermerk, 26.5.1946 [Kaletsch], beide ebd., B-28.

114 Gesamt-Konzern. Konzernbilanz am 31.3.1940, BAB R 8122/80898. Dies ist die einzige derartige Aufstellung für die Jahre 1934-44. Die Zuwächse aus den Petschek-»Arisierungen« sind enthalten, nicht aber die auf den Zeitraum 1942-44 beschränkten Werte in den besetzten Gebieten.

115 So aktivierten die beiden Steinkohlegesellschaften 1952 im Zuge der Umstellung vom RM-Abschluß- zur DM-Eröffnungsbilanz hohe stille Reserven, allein Harpen rund 120 Mio. DM; vgl. Das Ende eines Montankonzerns, in: Handelsblatt v. 7.7.1952, in: BAK B 102/60713.

Bei aller Ungenauigkeit ist eine solche Schätzung instruktiv mit Blick auf die finanzielle Größenordnung, die der Flick-Konzern damit erreichte, und den Wachstumsprozeß, den er innerhalb einer Dekade vollzogen hatte. Auch wenn Flick rechtlich nicht hundertprozentiger Eigentümer der genannten Vermögenswerte war – durch die Reorganisationsmaßnahmen der Jahre 1943 bis 1945 näherte er sich diesem Status aber weiter an – so hatte er doch die effektiven Verfügungsrechte über einen industriellen Gesamtbesitz inne, dessen Wert etwa viermal so hoch war wie das Unternehmensgebilde, das Flick nach dem Ausscheiden aus den Vereinigten Stahlwerken 1932 bis 1934 geformt hatte.[116]

Fazit

In der Kriegswirtschaft der Jahre 1939 bis 1944 konnte Flick seinen Konzern durch Arrondierungen und hohe Umsatzsteigerungen extern und intern weiter festigen und ausbauen. Zwar profitierten nicht alle Sparten gleichermaßen von der Kombination aus Kontingentierung, Preisregulierung und Rationalisierungsprämien – hier galt: je näher am Endprodukt, desto höher die Gewinnmargen –, im Konzernganzen machten sich aber die wechselseitigen Absatz- und Lieferbeziehungen positiv bemerkbar. Dabei wußte der aus dem vorangegangenen Weltkrieg bewirtschaftungserprobte Flick seine Unternehmen richtig auf die Implikationen knapper Ressourcen einzustellen: Die eigene Erzbasis der Maxhütte, das vorrangige V-Waffen-Programm bei LHW und generell das breite Spektrum von Rüstungsfertigungen boten willkommene Argumente, um bei den staatlichen Verteilungsstellen Material, Arbeitskräfte und Transportraum sicherzustellen, und ermöglichten so Produktionssteigerungen mit entsprechenden Gewinnchancen. Das finanzielle Risiko hielt der Flick-Konzern dabei in engen Grenzen. Statt dessen handelten seine Manager in einer Vielzahl von Fällen massive Beihilfen der militärischen Auftragsgeber aus, während das eigene Engagement oft den langfristigen Aussichten der Friedenswirtschaft galt. Rüstung war keineswegs der nationale Selbstzweck, den Flick demonstrativ vor sich her trug. Solange der Krieg jedoch andauerte, nahmen seine Unternehmen die greifbaren Gewinne mit und dies noch bis 1944 auf breiter Front und hohem Niveau.

116 Als Vergleichsbasis steht eine konsolidierte Konzernbilanz nicht zur Verfügung. Allerdings geben die internen Unterlagen über die Fusionsbilanzen für Chh/Mittelstahl, die Hollandtöchter und die Maxhütte Aufschluß über die Größendimension der seinerzeitigen Flick-Gruppe. Unter Verrechnung der bei Chh/Mittelstahl liegenden Maxhütte-Anteile ergibt sich ein Wert von etwa 206 Mio. RM. Dabei ist in Rechnung zu stellen, daß die Unterlagen Buch-, nicht Substanzwerte aufführten. Stille Reserven dürften im unmittelbaren Nachgang der Weltwirtschaftskrise eine untergeordnete Rolle gespielt haben; Mittelstahl-Konzern einschl. Com./Ndh./Mtf. Provisorische Fusionsbilanz auf MSt; Maxhütte. Bilanz zum 30.9.1933 nach vorbereitenden Fusionstransaktionen, beide BAB R 8122/152, Bl. 85, 87.

4. Die Reorganisation des Konzerns im Krieg

4.1. Aufräumarbeiten im Beteiligungsgeflecht

Während des Weltkrieges wuchs der Flick-Konzern vor allem im Rahmen der territorialen Ausbreitung im besetzten Europa. Innerhalb der Reichsgrenzen verzeichnete er nur wenige Zugänge, in der Mehrzahl Erweiterungsvorhaben bestehender Werke oder kleinere Neugründungen. Der Beteiligungsstamm hingegen blieb seit der Übernahme des Petschek-Besitzes konstant. Dies verschaffte der FFKG-Führung die Gelegenheit, innezuhalten und die Ergebnisse des atemlosen Expansionsprozesses des zurückliegenden Jahrzehnts zu bewerten. Dabei rückten schnell organisatorische und strukturelle Fragen in den Blickpunkt. Zwar waren die Angliederungen von Steinkohle- und Verarbeitungsbetrieben, von Braunkohle- und Stahlunternehmen keineswegs wahllos vorgenommen worden. Doch waren die Zeitpunkte und mehr noch die Modalitäten der Transaktionen – nicht nur, aber vor allem in den »Arisierungen« – wiederholt von den spezifischen, politisch überformten Gelegenheiten bestimmt worden. Die Erfassung und Wahrnehmung dieser Expansionschancen hatte dazu geführt, daß die neu hinzukommenden Unternehmen oft nicht an Stellen des Konzerntableaus gelangt waren, die dauerhaft sinnvoll erschienen, sondern rechtlichen und finanziellen Opportunitäten geschuldet waren. Den politischen Hintergrund der Mehrzahl dieser strukturellen Provisorien verschleiernd stellte Flick Mitte 1943 fest:

> »Es ist ja klar, daß in einem Unternehmen wie dem unsrigen im Zuge der ganzen Entwicklungsgeschichte die Beteiligungen von vornherein nicht immer so gelagert sind, wie es wirtschaftlich strukturell letzten Endes richtig und zweckmäßig ist. Wir haben aber in den langen Jahren des Aufbaues immer daran gearbeitet, den Konzern innerlich zu entschachteln und konstruktiv so zu bauen, daß die Beteiligungen in ihrer wirtschaftlichen Struktur richtig zueinander in Beziehung gesetzt werden.«[1]

In einigen Fällen waren die von Flick angeführten Systematisierungsbemühungen bei Kriegsbeginn in der Tat schon abgeschlossen wie im Falle der Harpen-Anteile, die an die Maxhütte gelangt waren, um dieser die Koksbelieferung im Selbstverbrauch zu sichern. Auch hinsichtlich der großen Verarbeiter wurde mit der Gründung der Gesellschaft für Fahrzeug- und Maschinenwerte mbH (Faguma) 1939 ein wichtiger Konzentrationsschritt getan. In der neuen Holding, die als Tochtergesellschaft Mittelstahl unterstellt war, wurden mit den direkten Mehrheiten an LHW, Busch und ATG die wichtigsten Verarbeiter konzentriert.[2]

1 Zur Vorstandssitzung der Eisenwerk-Gesellschaft Maximilianshütte, 20.4.1943, 17.4.1943, NMH-BA.

2 Zur internen Verteilung der ATG- und Faguma-Anteile: Faguma an Busch-Bautzen, 1.3.1940, SächsHStA 11692/104; Liste der Gesellschafter der Faguma, 27.11.1944, BAB

Wenigstens ein Teil der Fella-Aktien war zwischenzeitlich ebenfalls hier angesiedelt.[3]

Aus verschiedenen Gründen blieb eine ganze Reihe organisatorischer Baustellen im Konzerngefüge aber bis in die Kriegsjahre hinein bestehen. So scheiterte 1940 die Umwandlung des IG-Vertrages zwischen Maxhütte und Mittelstahl in ein Organschaftsverhältnis, das die Steuern geschlossen bei der Obergesellschaft (Mittelstahl) veranlagt und somit sparend gewirkt hätte, am Widerstand der um ihre Einnahmequelle fürchtenden bayerischen Finanzämter wie auch der Reichsfinanzverwaltung.[4] Von dem 1941 erwogenen IG-Vertrag zwischen Mittelstahl und HOW Lübeck sah die Konzernführung selbst ab, weil man sich über die Zukunft des Lübecker Unternehmens noch keine klare Meinung gebildet hatte und zudem Abstriche bei den Rohstoffzuweisungen für das HOW fürchtete, wenn dieses als wirtschaftlicher Teil von Mittelstahl galt.[5]

Bei Harpen und Essen waren Bilanz- und Finanzfragen für die fortwährende Verschiebung des seit geraumer Zeit diskutierten IG-Zusammenschlusses verantwortlich. Die zusammengefaßte Verschuldung beider Unternehmen hielt die Konzernführung für untragbar, wenn man sich der Möglichkeit der Fremdfinanzierung nicht vollständig begeben wollte. Dies war in erster Linie Harpen zuzuschreiben, auf deren Budget die Harpen-*Bonds* von 1935 lasteten, zumal nachdem der Reichsfinanzgerichtshof 1939 letztinstanzlich entschieden hatte, daß die Obligationszahlungen steuerlich nicht absetzbar waren. Eben diese Vergünstigung – im Falle der Gewährung hätte dies effektiv eine Refinanzierung der seinerzeitigen Majorisierungsaktion Flicks durch staatliche Steuergeschenke bedeutet – hatten FFKG und Harpen jedoch bei der Auflage der Schuldverschreibungen fest einkalkuliert.[6] Erschwerend hinzu kam die Frage, wer in dem zusammengefaßten Steinkohleunternehmen die Leitung übernehmen sollte, gerade mit Blick auf die Rolle der in Essen quasi-dynastisch führenden Tengelmann-Familie.[7]

R 3/474, Bl. 125; Gesellschaft für Fahrzeug- und Maschinenwerte mbH, 12.4.1946 [Lang/Kurre], StAN Rep. 502, KVA, Handakten, B-2.

3 Zur Vorstandssitzung der Eisenwerk-Gesellschaft Maximilianshütte, 20.4.1943, 17.4.1943, NMH-BA.

4 Zu den Verhandlungen s. die Unterlagen in StAN Rep. 502, KVA, Handakten, B-7.

5 Notiz für Herrn Kaletsch, 19.11.1941 [Burkart]; Notiz. Betr. IG-Vertrag Mittelstahl/Lübeck, 3.12.1941 [Burkart], beide BAB R 8122/80901.

6 Notiz für Herrn Dr. Streese, 28.11.1940 (Kaletsch); Fusionsbilanz auf Basis Monatsbilanz zum 30.9.1940; Denkschrift betreffend die Neuregelung im Konzernaufbau, 8.3.1943 [Kaletsch], StAN Rep. 502, KVA, Handakten, B-53; Hauptausschussitzung Harpen/Ausführungen Flick, o. D., alle BAB R 8122/80899.

7 Die 1942 gewählte Lösung einer bloßen Arbeitsgemeinschaft ohne gewinn- und vermögensrechtliche Auswirkungen vertagte die Personalfrage. Ernst Tengelmann machte keine Anstalten, die Unternehmensführung aus der Hand zu geben, sondern ließ sich, wie Kimmich festhielt, »lediglich intern durch seinen Sohn in dem vom Vater gewünschten Maße entlasten«; Rücksprache Vögler, 28.7.1941 [Flick], BAB R 8122/80898; Zitat: Akten-Vermerk, 30.4.1942, BAB R 8119F/P840, Bl. 77 f.

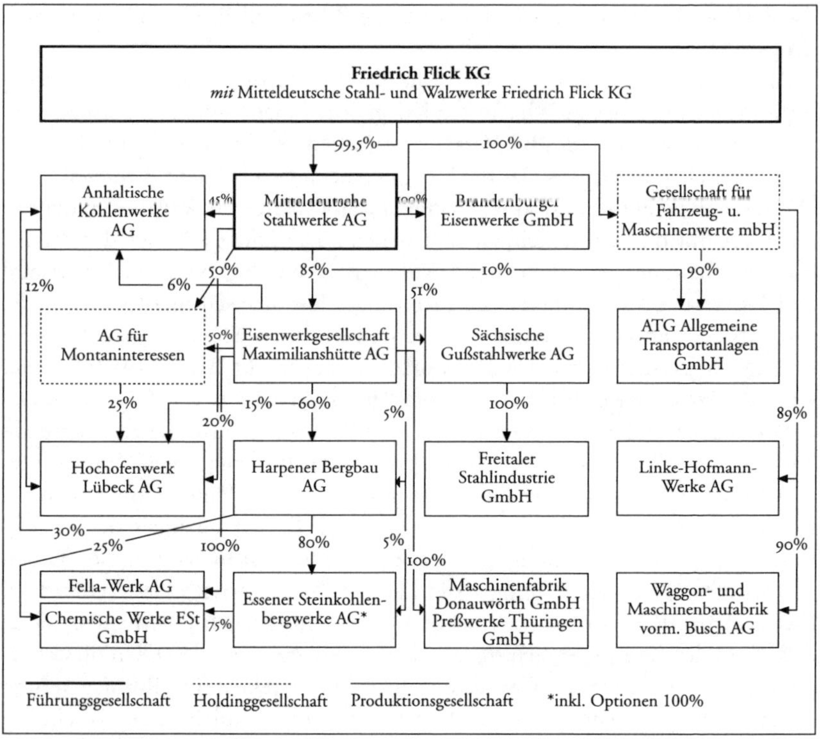

Quelle: Eigene Zusammenstellung.

Abb. IV/2: Die Beteiligungsverhältnisse im Flick-Konzern vor der Reorganisation, Anfang 1941

Das mit Abstand bedeutendste Hindernis auf dem Weg zu einem systematischen Konzernaufbau stellten die AKW-Anteile dar. Während ein großes Paket, das auf die Julius-Petschek-Transaktion zurückging, bei Mittelstahl lag, befanden sich die Aktien aus der Ignaz-Petschek-»Arisierung« vor allem bei Harpen und in geringem Umfang bei Essen und der Maxhütte. Im Zuge der Zechen- und Felderabgabe an die Reichswerke hatte die Verteilung dazu gedient, die Besitzverluste durch Verbuchung entsprechender Gegenwerte zu kompensieren. In produktions- und absatztechnischer Hinsicht hingegen machte es wenig Sinn, ein westfälisches Steinkohlenunternehmen und einen süddeutschen Koksverbraucher besitzmäßig an das mitteldeutsche Braunkohlenrevier zu koppeln.[8] Der Konzernführung sowie den Vorständen von Mittelstahl und AKW, die mittelfristig als vertikaler Verbund ins Auge gefaßt waren, war dies frühzeitig bewußt.

8 Niederschrift, 26.8.1941, BAB R 8122/80907; Bemerkungen zur Notiz 28.10.1941, 31.10.1941, BAB R 8122/80918.

Angesichts der immensen Werte aber, die sich der Flick-Konzern durch die »Arisierungen« einverleibt hatte, war eine Zusammenführung der verstreuten Anteile nicht umzusetzen, solange nicht ausreichende Verrechnungspotentiale und Entschädigungen vor allem für Harpen gegeben waren.[9]

Diese unsystematische Anordnung des Konzernbesitzes war einer der Auslöser für die 1941 einsetzenden und bis Kriegsende andauernden Umbaumaßnahmen in der Beteiligungsstruktur der FFKG. Ein anderer waren langfristige strategische Erwägungen. Zum einen hatte das Konzerngebilde gegenüber dem Neustart 1932 einen beträchtlichen Wandel durchlaufen. Durch die Reintegration über Angliederungen vor- und nachgelagerter Unternehmen, die Eröffnung neuer Tätigkeitsfelder gerade im Rüstungsgeschäft und nicht zuletzt durch die zunehmende geographische Streuung der Werke hatte die Komplexität der Absatz- und Lieferverhältnisse sowie der Besitz- und Finanzstrukturen erheblich zugenommen. Innerhalb der FFKG hatte man diesem Umstand Rechnung getragen, indem die Zahl der Generalbevollmächtigten von zwei auf drei erweiterte sowie ihre Stäbe vergrößert worden waren. Eine organisatorische Anpassung der Beteiligungen war indes bis Kriegsbeginn weitgehend ausgeblieben. Zum anderen stellten sich in wachsendem Maße Zukunftsfragen des Familienunternehmens Flick. Diese betrafen sowohl die Kontroll- und Beherrschungsstrukturen innerhalb des Konzerns als auch den Generationenwechsel. Friedrich Flick befand sich am Ende seines sechsten Lebensjahrzehnts, während seine zwei Söhne Otto-Ernst und Friedrich Karl schon im Konzern tätig waren bzw. sich dem Eintritt näherten.[10] Zwar stellte sich die Frage der Unternehmensübergabe nicht unmittelbar, jedoch schienen Vorkehrungen für den »Erbgang« nicht zuletzt unter dem Eindruck des Kriegsverlaufs durchaus ratsam.[11]

Der Wahrung des Familienbesitzes kam auch eine gewisse politische Relevanz zu, entsprachen doch industrielle Erbhöfe den nationalsozialistischen Vorstellungen von Wirtschaftsführertum und der Abkehr von unpersönlichen Besitzverhältnissen anonymer Kapitalgesellschaften.[12] Die Möglichkeit, die Konzernreorganisation als Ausdruck des vom Regime propagierten Prinzips direkter unternehmerischer Führung zu verbrämen, bedeutete für die weitreichenden Überlegungen in der FFKG zwar kaum einen Grund per se. Wohl aber diente sie als willkommenes Motiv zur Unterstützung der eigenen Pläne. Entsprechende Äußerungen erschöpften sich aber nicht in der bloßen Affirmation der Regimeideologie. Die Kompatibilität der Flick'schen Konzernstrukturen mit den vagen

9 Zwei Notizen für Herrn Flick, 24.11. u. 25.11.1939 [Kaletsch], BAB R 8122/80904; s. auch die Planungen für eine Konsolidierung des Flick'schen Braunkohlenbesitzes 1939/40 in BAB R 8122/80907.

10 Der dritte Sohn, Rudolf, fiel 1941 in der Sowjetunion.

11 Etwa: Denkschrift betreffend die Neuregelung im Konzernaufbau, 8.3.1943 [Kaletsch], StAN Rep. 502, KVA, Handakten, B-53. Die Denkschrift liegt in zwei Fassungen vor, da sie im August 1943 einer Überarbeitung unterzogen wurde.

12 Friedrich Flick. Gründer aus Leidenschaft, in: Das Reich Nr. 39 v. 28.9.1941; vgl. Abelshauser, Rüstungsschmiede, S. 318-324.

Idealen der nationalsozialistischen Wirtschaftsordnung war eine wichtige argumentative Voraussetzung, um steuerliche Zugeständnisse in Millionenhöhe zu erreichen, ohne die an die Durchführung der vielen Einzeltransaktionen aus finanziellen Gründen nicht zu denken gewesen wäre.

Im Mittelpunkt der Überlegungen innerhalb der Konzernführung stand seit 1941 die Frage, wie Mittelstahl und AKW in einen engeren Konnex gebracht werden konnten. Von den 82,15 Mio. RM Nominalkapital des Braunkohlenunternehmens verfügte der Flick-Konzern zusammengenommen über rund 82 Prozent, mit wesentlichen Paketen in Riesa (45 Prozent) und Dortmund (30 Prozent).[13] Dabei verbanden sich zwei Fragen miteinander: Wie konnten die AKW-Anteile von Harpen an Mittelstahl abgegeben werden? Und wie ließ sich der geplante Kapazitätsausbau bei Harpen trotz der mäßigen Ertragslage finanziell bewerkstelligen? Ein kompletter Erwerb des AKW-Pakets war angesichts der finanziellen Dimension unmöglich. Allein der Kaufpreis hätte eine dreistellige Millionensumme beansprucht, die damit einhergehenden Steuerlasten nicht einmal eingerechnet. Die im Herbst 1941 von Kaletsch favorisierte Lösung sah daher vor, Mittelstahl die Anteile nur teilweise bar erwerben zu lassen und einen weiteren Teil gegen die noch ausstehenden Essener Aktien aus dem Besitz Fentener van Vlissingens auszutauschen. Die restlichen AKW-Anteile sollten zwischen Harpen und Mittelstahl gepoolt werden, um den mitteldeutschen Werken den Zugriff auf die Braunkohle und den westdeutschen Zechen Geldzuflüsse zu sichern. Ganz nebenbei sollten die dem Konzern lästigen außenstehenden Aktionäre, die immerhin noch über fast ein Fünftel des AKW-Kapitals verfügten, verdrängt werden. Für das ambitionierte Programm, dies war auch Kaletsch klar, war aber gleich eine ganze Reihe von Problemen zu lösen, von den Preisverhandlungen mit Fentener van Vlissingen bis zu den Steuern, für die man mindestens eine Teilbefreiung durch den Fiskus benötigte. Zu diesem Zweck schlug Flicks Generalbevollmächtigter vor, die altbekannte Begründung heranzuziehen, Harpen müsse noch immer die erlittenen Schäden des Zechentausches mit den Reichswerken ausgleichen: »Man wird dieses Argument natürlich nicht auf lange Dauer verwenden können. Im gegenwärtigen Zeitpunkt müßte es jedoch noch ziehen.«[14]

In der Praxis ließen sich die hochgesteckten Ziele nur teilweise verwirklichen. Zunächst rückte die FFKG-Zentrale von der Idee eines Aktienpools wieder ab, weil dies eine zusätzliche Verschachtelung bedeutet hätte, für die man bei den Finanzbehörden keine Sympathien erwartete.[15] Auch der endgültige Abschluß mit Fentener van Vlissingen ließ sich nicht schnell genug umsetzen. Daher wählte die Konzernführung zunächst eine kleine Lösung: Mittelstahl übernahm von Harpen nur einige Prozentpunkte der AKW sowie ein kleineres Paket aus

13 Entwicklung der wichtigsten Beteiligungen, 9.5.1946, StAN Rep. 502, KVA, Handakten, B-2.

14 Bemerkungen zur Notiz 28.10.1941, 31.10.1941 [Kaletsch], BAB R 8122/80918.

15 Notiz für Herrn Flick, [ca. Herbst] 1941 [Kaletsch], BAB R 8122/80907.

Essen.[16] Auf diese Weise verblieb Harpen ein Viertel der AKW-Anteile und somit das für die Gewinnbesteuerung erhebliche Schachtelprivileg. Zudem erhielt Harpen 7,5 Mio. RM Barmittel für die eigene finanzielle Konsolidierung sowie eine Aufstockung ihrer Dividende auf die AKW-Aktien zugesagt.[17] Mittelstahl erreichte durch die Transaktionen die absolute Mehrheit bei AKW und konnte mit der Tochtergesellschaft nun einen Organvertrag abschließen. Dies war allerdings nur möglich, weil die Aufsichtsbehörden die von Kaletsch reklamierte Hilfskonstruktion anerkannten, wonach die zur Begründung von Organschaften erforderliche Dreiviertelmajorität sich aus der direkten, hälftigen Beteiligung an AKW sowie der indirekten Kontrolle weiterer 25 Prozent über Maxhütte und Harpen zusammensetzte. Das Organverhältnis statuierte eine klare Beherrschung durch die Riesaer Obergesellschaft, hob die Umsatzbesteuerung für Geschäfte zwischen den Firmen auf und faßte ihre steuerliche Veranlagung zusammen.[18]

Parallel gelang es, die schon in den Vorjahren verfolgten Pläne zur Umwandlung der Interessengemeinschaft Maxhütte-Mittelstahl in ein Organverhältnis gleicher Bauart wie mit AKW zu realisieren. Fortan war die als Untergesellschaft firmierende Maxhütte Mittelstahl finanziell, wirtschaftlich und organisatorisch wie eine Betriebsabteilung eingegliedert, wenngleich Buch- und Bilanzführung separat blieben und das bayerische Unternehmen weiterhin juristisch selbständig auftrat. Der Jahresgewinn wurde nach Riesa abgeführt, was den bisher praktizierten IG-Ausgleich fortsetzte. Etwaige Bilanzverluste gingen zu Lasten von Mittelstahl.[19] Das finanzielle Ausmaß der beiden Organverträge wurde deutlich, wenn man die mit Dreiviertelmehrheit kontrollierten Tochtergesellschaften von Mittelstahl, Maxhütte und AKW ebenfalls berücksichtigte: Rund 25 Firmen, darunter die Faguma und eine Vielzahl von Handelsgesellschaften, waren Teil der umsatzsteuerlichen Freistellung.[20]

4.2. Gruppenbildung und Säulenmodell

Die Organverträge trugen der im Kriege gewachsenen steuerlichen Belastung Rechnung. In organisatorischer Hinsicht war hingegen, abgesehen von der klareren Zuordnung von AKW zu Mittelstahl, wenig gewonnen. Zur Jahreswende

16 Vgl. das Schaubild zum Konzernaufbau v. 1941, BAB R 8122/80898.

17 Akten-Vermerk, 30.4.1942 [Kimmich], BAB R 8119F/P840, Bl. 77 f.; Beschluß des Vorstandes der Mitteldeutsche Stahlwerke AG, 4.5.1942, SächsHStA 11616/5.29.

18 Kaletsch an Gehlofen, 18.4.1942; Organvertrag zwischen MSt und AKW, [12.5./3.6.1942]; MSt an RFM/MinRat Josten, 20.4.1942; RFM/Josten an MSt, 27.4.1942, alle SächsHStA 11616/5.29; Akten-Vermerk, 30.4.1942, BAB R 8119F/P948, Bl. 320.

19 Organvertrag Mitteldeutsche Stahlwerke/Eisenwerk-Gesellschaft Maximilianshütte, 12.5.1942, SächsHStA 11616/5.29.

20 Betrifft: Umsatzsteuer/Organgesellschaften, 24.8.1942, SächsHStA 11616/5.28. Hingegen scheiterten die Bemühungen, auch Harpen einzubinden, am Veto des RWiM; Aktenvermerk. Betrifft: Transaktion Harpen–Wehrhahn, 30.7.1942; Aktenvermerk über die Besprechung vom 6.8.[1942]; RWiM/Abt. II an RWiM/Haupabt. IV, 4.9.1942 (Entwurf), BAB R 3101/30241, Bl. 2, 5 f., 12.

1942/43 stand die Konzernführung noch immer vor einer Reihe loser Enden: das Verhältnis Essen/Harpen, das AKW-Paket bei Harpen, die Aufsplitterung des Lübecker Aktienbesitzes[21] und die perspektivische Eingliederung Rombachs. Diese vielfältigen Ansatzpunkte überlagerten sich in den Anfang 1943 von Kaletsch fortgesetzten Überlegungen, wie der Aufbau optimierbar war.[22] In den Vordergrund traten nun zunehmend Fragen der Konzernführung und Beteiligungsanordnung, insbesondere mit Blick auf die Doppelholding-Struktur, die Mittelstahl und FFKG oberhalb der übrigen Konzerngesellschaften plazierte (Abb. IV/1).

Dieser Aufbau ging auf die seinerzeitige Verschmelzung mit der Charlottenhütte, von der Mittelstahl einen Großteil der Holdingfunktionen geerbt hatte, sowie auf die Interessengemeinschaft mit der Maxhütte zurück. Sie war zu einer Zeit errichtet worden, als die Beteiligungsverhältnisse deutlich einfacher und die Verbindung zwischen Maxhütte und Mittelstahl mangels wesentlicher anderer Konzernbeziehungen von größerer Bedeutung gewesen waren. Mit dem Hinzutreten der Kohlenzulieferer, diverser Verarbeiter und den SGW hatte sich dies Verhältnis jedoch gewandelt, und Mittelstahl kam in den vierziger Jahren eher die Rolle einer – wenngleich zentralen – Produktionsgesellschaft unter mehreren zu. Die fortgesetzte Einschaltung als Holding zwischen der Konzernspitze FFKG und den Tochtergesellschaften stand in vielerlei Hinsicht nur auf dem Papier, da die tatsächlichen Führungsaufgaben von dem Berliner Mittelstahl-Büro, faktisch also von der FFKG, wahrgenommen wurden. Dennoch mußten juristische und finanzielle Fragen stets mit der Riesaer Hauptverwaltung abgestimmt werden, weil dort nahezu alle Transaktionen direkt oder indirekt verbucht wurden. Da Riesa zudem am Ende der Gewinnausschüttungskette stand, ohne selbst Dividenden zu zahlen, kam dem Unternehmen – soweit das Instrument der Eigenfinanzierung genutzt wurde – auch die Rolle der Konzernbank zu. All dies verursachte erheblichen Aufwand, der nicht die eigentlichen Stahlwerke betraf und zudem Doppelarbeit von Berlin und Riesa bedeutete. Zwar war die Entwicklung Mittelstahls zu einem »holdingartigen Gebilde« keineswegs so unbeabsichtigt, wie Kaletsch 1943 an das Reichsfinanzministerium schrieb – die Zwischenschaltung war erforderlich, weil Personengesellschaften wie die FFKG das steuerliche Schachtelprivileg für Kapitalgewinne nicht geltend machen konnten –, opportun schien sie jedoch unter den veränderten Verhältnissen nicht mehr.[23]

Das im Frühjahr von Kaletsch ausgearbeitete Konzept entwarf daher eine Gesamtbereinigung, mit der die entstehungsgeschichtlich begründeten kapital-

21 Die HOW-Anteile verteilten sich zu 37 % auf Essen, zu 11 % auf AKW und zu 25,5 % auf die AG für Montaninteressen (früher Rawack & Grünfeld), die zu je 50 % von Mittelstahl und Maxhütte kontrolliert wurde; Notiz für Herrn Flick, 2.2.1943 [Kaletsch], BAB R 8122/80899.

22 Vgl. u. a. Niederschrift, 6.2.1943, BAB R 8122/80898, sowie weitere Überlegungen ebd.

23 FFKG an RFM, 8.3.1943, BAB R 8122/80898.

mäßigen Verbindungen im Konzern zugunsten einer präziseren regionalen und produktionstechnischen Gruppierung umstrukturiert und durch klare Unterstellungsverhältnisse gegliedert werden sollten. Im Kern stand dabei der Gedanke, die in den Vorjahren geschaffenen, regional konzentrierten und vertikal integrierten Verbundkonstruktionen in drei Säulen prominenter hervortreten zu lassen. Gleichzeitig sollte die Gesamtleitung eindeutig der FFKG zugeordnet und somit die regelmäßig anzutreffende Bezeichnung als »Mittelstahl-Konzern« endgültig abgelöst werden. Sofern von einem solchen fortan noch die Rede sein konnte, stellte dieser als Verbund von Mittelstahl, AKW und Döhlen sowie Lübeck eine der in sich geschlossenen Einheiten des Flick-Konzerns dar, quasi als Sub-Konzern und zentrale Säule. Im einzelnen beinhaltete der Reorganisationsplan[24] Maßnahmen für nahezu alle wichtigen Konzerngesellschaften mit Ausnahme der Handelsfirmen:

a) Das 25prozentige AKW-Paket von Harpen sollte endgültig nach Riesa übertragen werden.[25] Die zu schulternden finanziellen Lasten wurden dadurch spürbar erleichtert, daß Mittelstahl über den Organschaftsvertrag auf die Vorsteuererträge von AKW zurückgreifen konnte und so seine liquiden Mittel deutlich vergrößerte.

b) Die Maxhütte schied aus dem Organverhältnis mit Mittelstahl wieder aus und bildete fortan den Kern einer zweiten Säule. Ihr zugeordnet wurden die Rombacher Hüttenwerke zur Blockbildung im Südwesten sowie die Steinkohlegesellschaften[26], um die bayerischen und lothringischen Betriebe im Selbstverbrauch beliefern zu können. Die Vorwärtsintegration sollte vor allem über das Fella-Werk und die Maschinenfabrik Donauwörth gewährleistet werden.

c) Die Faguma-Majorität wurde aus dem Besitz von Mittelstahl herausgelöst und der FFKG direkt unterstellt. Damit erhielten die Verarbeitungsgesellschaften die Funktion einer eigenständigen dritten Säule neben den Roh- und Grundstoffproduzenten. Dies entsprach zum einen dem rapiden Wachstum, das ATG und LHW verzeichnet hatten[27], zum anderen zog man mit der Trennung von

24 Das folgende nach: Denkschrift betreffend die Neuregelung im Konzernaufbau, 8.3.1943 [Kaletsch], StAN Rep. 502, KVA, Handakten, B-53; die überarbeitete Fassung: Denkschrift betreffend die Neuregelung im Konzernaufbau, 8.3./23.8.1943 [Kaletsch], BAB R 8122/80898.

25 Auch die noch bei der Maxhütte liegenden AKW-Anteile wurden 1943 an Mittelstahl weitergereicht; Leitfaden für die Aufsichtsratssitzung der Maximilianshütte am 28.3.1944, NMH-BA.

26 Die Übernahme der restlichen Essen-Aktien F. van Vlissingens stand inzwischen fest; Gesamt-Programm/Antrag an das RFM v. 24.3.1943, BAB R 8122/80898.

27 Vgl. Kapitel IV.3. Für die LHW sollte zudem die 1935 erst an Junkers verkaufte, inzwischen erheblich angewachsene und erfolgreich arbeitende Famo zurückerworben werden. Entsprechende Überlegungen wurden in der Konzernführung seit Ende der dreißiger Jahre angestellt und verdichteten sich 1942; Rücksprache Vögler, 23.4.1942 [Flick], NI-3118, BAB R 8122/80918; Weiss an Vorstand LHW, 8.10.1942, BAB R 8122/80899. Denkschrift betreffend die Neuregelung im Konzernaufbau, 8.3./23.8.1943 [Kaletsch], BAB R 8122/80898.

Stahlwerken und Waggonbauern dezidiert die Lehre aus den katastrophalen Erfahrungen bei Linke-Hofmann-Lauchhammer in den zwanziger Jahren.[28]

d) Die indirekte Beteiligung am Hochofenwerk Lübeck über die AG für Montaninteressen wurde bei Mittelstahl konzentriert, ein gutes Drittel der Aktien blieb bei der Essener Steinkohle, da nach wie vor unklar war, ob die Bedeutung des HOW für den Gesamtkonzern eher in der Roheisenversorgung (an Mittelstahl) oder im Steinkohlenverbrauch (aus Essen) lag. Beides hing maßgeblich von der Frage des Kriegsausganges ab, denn dieser entschied darüber, ob britische Kohle und schwedische Erze dauerhaft nach Lübeck gelangten. Unstrittig war hingegen die Zuweisung der SGW zum Pfeiler aus Mittelstahl und AKW.[29]

Schließlich sollte die Gelegenheit der umfassenden Restrukturierung auch dazu genutzt werden, die seit Kriegsbeginn nicht weiter vorangekommenen Bemühungen zum Abschluß zu bringen, die außenstehenden Aktionäre aus den Konzerngesellschaften zu verdrängen. Zu diesem Zweck wurden bei der Maxhütte Namensaktien eingeführt, um die bislang größtenteils unbekannten Inhaber gezielt herauszukaufen. Bei Mittelstahl gingen die Planungen schon einen Schritt weiter. Über die Umwandlung des Unternehmens in eine GmbH sollten die verbliebenen außenstehenden Aktionäre ebenfalls zur namentlichen Meldung gezwungen werden.[30] In Verbindung damit war vorgesehen, ein letztes freiwilliges Kaufangebots zu unterbreiten. Wer davon nicht Gebrauch machte, sollte unter den Klauseln des Umwandlungsgesetzes von 1934/37 zwangsweise abgefunden werden. Mit der GmbH-Form bezweckte die Konzernführung ferner, die Bilanzoffenlegungspflicht zu umgehen und somit die Publizität ihrer Geschäftstätigkeit erheblich zu verringern. Auch Gesellschaftsversammlungen konnten fortan »in jedem Falle unter Ausschluß der Öffentlichkeit, das heißt insbesondere auch unter Ausschluß der Presse stattfinden«.[31]

Im Frühjahr 1943 wurden die diversen Transaktionen sorgfältig vorbereitet und mit den zuständigen Behörden abgesprochen. Angesichts des Gesamtvolumens war das Entgegenkommen der Finanzverwaltung essentiell, um die im Normalfall entstehenden Umsatz-, Vermögens- und Grundsteuern entscheidend zu senken. In Konsultationen mit den Reichswirtschafts- und -finanzressorts sowie den bayerischen Landesbehörden erreichte die Konzernführung, daß lediglich auf den Transfer der AKW-Anteile von Harpen auf Mittelstahl Abgaben zu entrichten waren. Damit sollten sämtliche auf die übrigen Transaktionen entfallenden Steuern pauschal abgegolten sein. Zudem wurde zugesagt, die AKW-Umschichtung auf Basis der auslaufenden Steuersätze zu veranschlagen, nicht zu

28 FFKG an RFM, 8.3.1943, BAB R 8122/80898; Denkschrift betreffend die Neuregelung im Konzernaufbau, 8.3./23.8.1943, ebd.

29 Gesamt-Programm/Antrag an das RFM v. 24.3.1943, ebd.

30 Kaletsch an Kiehl, 8.7.1942; Kiehl an Kaletsch, 9.7.1942, Aktenvermerk, 30.3.1943 [Kiehl], alle BAB R 8119F/P1158.

31 Denkschrift betreffend die Neuregelung im Konzernaufbau, 8.3./23.8.1943, BAB R 8122/80898.

den bevorstehenden erhöhten Tarifen. Erleichtert konstatierte Flick daher, daß »wir gerade jetzt noch eine Verständigung in steuerlicher Beziehung mit der Finanzverwaltung herbeiführen konnten, die – und das kann man wohl mit Sicherheit sagen – in dieser Art in den nächsten Wochen, sobald die neuen Steuersätze definitiv sein werden, nicht mehr herbeigeführt werden könnte«.[32] Mit diesen Zusagen in der Tasche setzte die Konzernführung die entworfenen Konzepte bei Maxhütte und Mittelstahl ohne Zeitverzögerung in die Tat um.[33]

Heikel war indes die Situation bei Harpen. Dort mußte einmal mehr der Vorstand von der Notwendigkeit der Vermögensverschiebungen und vor allem von deren tatsächlichen oder angeblichen Vorteilen für das Bergbauunternehmen überzeugt werden. Die Kompensationen für den hohen Vermögenswert der AKW-Aktien fielen dabei eher spärlich aus. Sie beschränkten sich im wesentlichen auf die restlichen Essener Anteile, eine Handvoll von Kredit- und Barverpflichtungen sowie die Anwartschaft auf eine knapp hälftige Beteiligung an den Rombacher Hüttenwerken. Da letztere einstweilen nur einen potentiellen Wert darstellte, sollte Harpen bei Nichtzustandekommen des Erwerbs in Lothringen die Hälfte der AKW-Aktien rückoptieren dürfen. Materiell hielt Harpen also abgesehen von den Essener Aktien und Barmitteln zur Schuldentilgung wenig in der Hand. Entsprechend leisteten Buskühl und Flick im Hauptausschuß der Vorstands- und Aufsichtsratsmitglieder intensive Überzeugungsarbeit.[34] Dabei vertraute Flick nicht auf die Einsicht seiner Direktoren sowie der nicht zum Konzern zählenden Aufsichtsräte, sondern griff auf die bewährte Taktik aus Irreführung und Einschüchterung zurück. Einerseits behauptete er, von staatlicher Seite sei die Entschachtelung »dringend nahegelegt« und dafür steuerliche Begünstigung in Aussicht gestellt worden – was nur im zweiten Teil zutraf, im ersten jedoch eine Verkehrung der Tatsachen darstellte. Zum anderen ließ Flick durchblicken, daß es im Falle des Widerstandes gegen seine Pläne auch die Möglichkeit gab, den Konzernbesitz an Harpen zu vergrößern und die übrigbleibenden freien Aktionäre mit einer Zwangsabfindung auszubezahlen. Schließlich stellte Flick, indem er die langfristigen Perspektiven von Stein- und Braunkohle gegeneinander abwog, die Anwesenden vor eine Wahl, die sie effektiv nicht hatten: »Die Gesellschaft [Harpen] muß sich entscheiden, ob sie die ihr näherliegenden Aufgaben auf dem Steinkohlengebiete erfüllen will unter Erwerb der restlichen Essener Steinkohle-Aktien, einer Beteiligung bei den Rombacher Hüttenwerke und Vollendung des Zechenersatz-Programmes oder ob sie auf das

32 Flick an Giesler, 25.3.1943, BayHStA MWi 2448; Zur Vorstandssitzung der Eisenwerk-Gesellschaft Maximilianshütte, 20.4.1943, 17.4.1943, NMH-BA.

33 Niederschrift über Vorstandssitzung der Eisenwerksgesellschaft Maximilianshütte, 20.4.1943, StAN Rep. 501 KVP, B-3, NI-5540, Bl. 43f.; Maxhütte wandelt Inhaberaktien in Namensaktien um, in: FZ Nr. 214/215 v. 28.4.1943; Protokoll, verhandelt am 14.5.1943, StAN Rep. 502, KVA, Handakten, B-70.

34 Niederschrift über die Sitzung des Hauptausschusses der Harpener-Bergbau-AG v. 28.5.1943, BAB R 8122/80898.

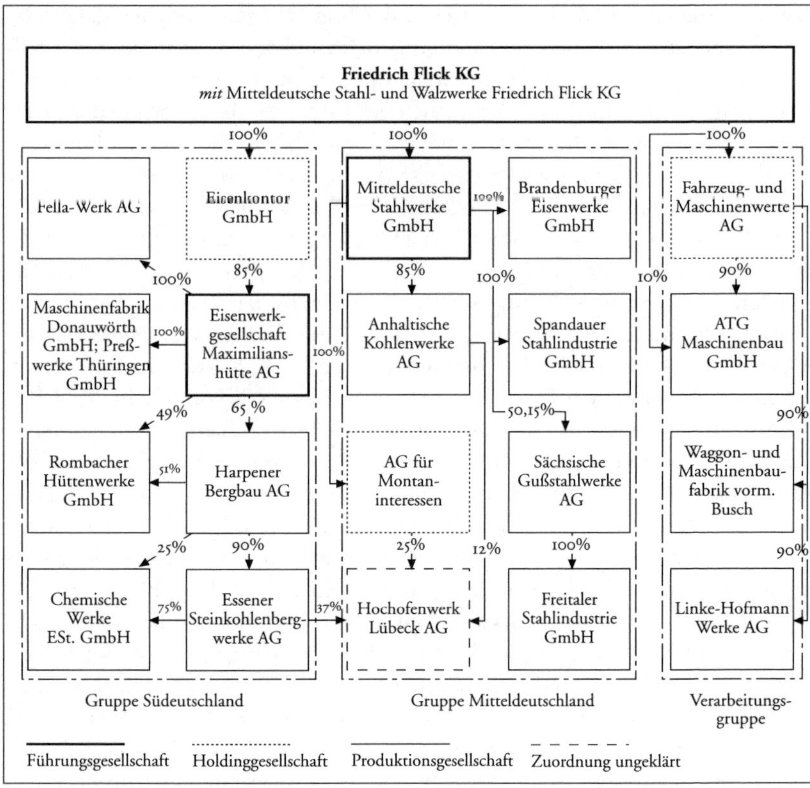

Quelle: Eigene Zusammenstellung.

Abb. IV/3: Der Aufbau des Flick-Konzerns nach Abschluß der Reorganisation, Herbst 1943

soeben erwähnte Steinkohlen-Programm verzichten und dann die Braunkohlenbeteiligung behalten will.«[35]

Flicks Inszenierung grenzte ans Groteske. Nicht nur übte er im gleichen Atemzuge, mit dem er Entscheidungsfreiheit suggerierte, unmißverständlichen Druck aus. Vielmehr ließ er von vornherein den Umstand unter den Tisch fallen, daß die ganze Situation allein Folge der von ihm wenige Jahre zuvor ebenfalls mit Drohungen und Täuschungen durchgesetzten Entscheidung war, die Harpener Zechen gegen »arisierten« Besitz des Ignaz-Petschek-Konzerns einzutauschen. Ebenso wie er seinerzeit dem Dortmunder Vorstand die Zustimmung zur Übernahme der ungeliebten Braunkohle aufgenötigt hatte, verlangte er nun die Abgabe. Für Harpen blieb, im Dienste des Gesamtkonzerns, unter dem

35 Hauptausschußsitzung Harpen/Ausführungen Flick, o. D., BAB R 8122/80899.

Strich der seit 1939 vollzogenen Transaktionen somit eine Reduzierung des eigenen Zechenbesitzes um etwa ein Drittel, den es in jahrelanger Ausbauarbeit wettzumachen galt und der nur durch Zugewinne bei Essen sowie ungewisse Kapitalbeteiligung an einem von der Maxhütte geführten lothringischen Hüttenwerk kompensiert wurde. Vollends krude geriet Flicks Hinweis darauf, daß Harpen auf die in Aussicht gestellten Barmittel zur Abdeckung der *Bonds*-Verpflichtungen angewiesen war: Auch diese verdankte das Unternehmen dem Konzernherrn.[36] An den Machtverhältnissen änderte all dies freilich wenig, der Handel ging wie geplant über die Bühne.[37]

4.3. Nachkriegsprophylaxe

Mit der tiefgreifenden Umschichtung der Beteiligungsverhältnisse 1943 war der Prozeß der Reorganisation nicht abgeschlossen. Statt dessen standen die letzten anderthalb Jahre des »Dritten Reiches« im Zeichen fortwährender Umstrukturierungen und Besitzverschiebungen, deren Halbwertszeit mit dem nahenden Kriegsende immer weiter abnahm. Ausschlaggebend für die Vielzahl von in ihren Einzelheiten bisweilen verwirrenden Transaktionen waren einerseits nicht abschließend geklärte Fragen aus der Reorganisation von 1943, andererseits die Bemühungen, Vorkehrungen für die unsichere Nachkriegsperspektive zu treffen.

Den Anfang machte die Konzernführung bei der Maxhütte und knüpfte nahtlos an die im Vorjahr getroffenen Entscheidungen an, um den vollständigen Alleinbesitz nun kompromißlos durchzusetzen. Am 8. März 1944, auf den Tag genau ein Jahr, nachdem Kaletsch das Grundsatzprogramm zum Konzernumbau inklusive der Vorschläge zur Verdrängung außenstehender Aktionäre vorgelegt hatte, kündigte Flick in einem Rundschreiben an die Mitglieder des Aufsichtsrats die Umwandlung der Maxhütte in eine GmbH an. Dies implizierte wie zuvor bei Mittelstahl, die außenstehenden Anteilsinhaber – freiwillig oder zwangsweise – auszubezahlen, und zwar in Form von Wertpapieren, was für die Betroffenen immerhin nützlicher war als die rechtlich ebenfalls mögliche Entschädigung in Bargeld.[38]

Das Angebot war wohl in erster Linie dem Bemühen Flicks geschuldet, sein Vorgehen gegen die Kleinaktionäre, die bei der Maxhütte anders als im Falle Mittelstahls nicht über nur einen halben, sondern rund zwölf Prozent der Aktien verfügten, weniger rabiat erscheinen zu lassen, als es tatsächlich war. Diese Taktik fand ihren beredten Ausdruck in der im Flick-Konzern ungewöhnlichen Übung, zu der Aufsichtsratssitzung der Maxhütte, die Ende März 1944 über die Umwandlung entscheiden sollte, mit dem Börsenkommissar Friedrich Ernst und dem Staatssekretär a. D. im Reichsjustizministerium, Franz Schlegelberger, zwei

36 Ebd.

37 Niederschrift über die Aufsichtsratssitzung (Gemeinschaftssitzung Harpen/Essener Steinkohle) am 28.5.1943, 28.5.1943, BAB R 8122/80898.

38 ARV Maxhütte (Flick) an Mitglieder des Aufsichtsrats, 8.3.1944, BAB R 8119F/P1158.

hochrangige Gäste einzuladen.[39] Offensichtlich war ihnen die Rolle neutraler Beobachter zugedacht, um die Korrektheit der formal unbedenklichen, aber potentiell mit dem Odium des Verstoßes gegen die guten Sitten behafteten Vorgehensweise gegen die Aktionäre zu bescheinigen. Entsprechend holte Flick in der Sitzung zu umfänglichen Rechtfertigungen aus. Dabei spannte er einmal mehr (und gewiß mehr als einmal zuviel) den Bogen vom Reichswerke-Petschek-Deal bis zur Konzernbereinigung des vorangegangenen Jahres, ehe er zur zentralen Frage gelangte. In einer bemerkenswerten Abweichung von der sonst stereotypen Bemühung des neutralen »wir«, wenn von der Konzernführung die Rede war, erläuterte Flick: »Ich kann meinerseits an Strukturwandlungen, wie sie die Zeitverhältnisse mit sich bringen, nicht vorübergehen; andererseits habe ich mich bemüht, auch den berechtigten Interessen des andern Teils [der Aktionäre] weitestgehend Rechnung zu tragen [...].« Eben deswegen, so der Konzernherr weiter, offeriere er börsengängige Aktien anstelle einer bloßen Barzahlung.[40]

Wiederum stellte Flicks Vortrag eine kühl kalkulierte Inszenierung dar, mit der er die naheliegende Vermutung umging, daß die Namensaktien-Umwandlung vom Vorjahr gezielt den Grundstein für die jetzige Aktion gelegt hatte und das ganze Unterfangen im wesentlichen dazu diente, die alleinige Verfügungsgewalt über die Maxhütte unter weitgehendem Ausschluß der Öffentlichkeit zu erlangen. Erneut verzichtete Flick nicht darauf, unwilligen Aktionären unterschwellig zu drohen. Gezielt bediente er sich dabei der nationalsozialistischen Ressentiments gegen die bloßen Couponschneider ohne schöpferischen Unternehmergeist, wie ihn Flick mit dem Verweis auf seine persönliche Führungsrolle bei der Maxhütte zu repräsentieren meinte:

> »Auf eines möchte ich noch hinweisen: Bei solchen Transaktionen wie der vorliegenden hat es zu allen Zeiten besonders schlaue Leute gegeben. Diese Leute haben den Grundsatz, daß es umgekehrt geht als [sic] beim Pferderennen, das heißt daß derjenige gewinnt, der zuletzt ins Ziel geht. Im vorliegenden Fall indessen würde das eine Fehlkalkulation sein. Diejenigen, denen 240 Prozent für die aufgestockten Aktien [...] nicht genug ist [sic], und die vielleicht noch 100 Prozent mehr erwarten, müssen damit rechnen, das wir nachher doch noch die Umwandlung auf den Hauptgesellschafter, und zwar in diesem Falle lediglich gegen Barzahlung, durchführen. Das müßten wir uns auf alle Fälle vorbehalten. Und wenn man dann in dieser gesetzlich gegebenen Möglichkeit einen Zwang erblicken sollte, so würden wir nach dem vorangegangenen glänzenden Umtauschangebot davor keineswegs zurückschrecken.«[41]

39 Leitfaden für die Aufsichtsratssitzung der Maximilianshütte am 28.3.1944, NMH-BA.
40 Ebd.
41 Ebd. Daß Flick etwaige Vorwürfe einer »Vergewaltigung« der Kleinaktionäre, wie er selbst sagte, durchaus nicht auf die leichte Schulter nahm, zeigten seine neuerlichen Einlassungen drei Monate später; Memorandum zur Verwaltungsratssitzung Maxhütte am 13.6.1944, StAN Rep. 502, KVA, Handakten, B-6.

Mit der im April 1944 vollzogenen Überführung der Maxhütte in eine GmbH[42], schlug die Konzernführung zugleich die Brücke von den internen Zielen der lückenlosen Beherrschung zu den externen Anpassungen, zu denen man sich mit Blick auf das nahende Kriegsende und die ungewisse Friedensordnung in zunehmenden Maße gezwungen sah. Die Umwandlungen der Konzerneckpfeiler Mittelstahl und Maxhütte in GmbH sollten es in der Schlußphase des Weltkrieges erlauben, im engsten Kreis der FFKG und ohne jede Rücksprache mit Außenstehenden Veränderungen im Beteiligungsbesitz vorzunehmen, diese notfalls auch wieder zu revidieren und erneut anzupassen, wenn sich die politische Situation oder zumindest die Lageeinschätzung änderten.

Daß neben den geringeren rechtlichen Anforderungen an Vermögensveränderungen von GmbH der Ausschluß außenstehender Aktionäre eine zentrale Vorbedingung dieser Umstellungen war, unterstrich die dritte große Transaktion dieser Art. Ende August 1944 brachte Mittelstahl seinen Besitz an AKW-Aktien in die eigene hundertprozentige Tochter, die AG für Montaninteressen, ein, die ihr Stammkapital auf 95 Mio. RM erhöhte und ihren Namen in Mitteldeutsche Braunkohlenwerke AG änderte. In einem nächsten Schritt beschloß, in nun schon bekanntem Procedere, die AKW-Hauptversammlung mit der Mehrheit der Flick-Stimmen die Umwandlung auf die Mitteldeutschen Braunkohlenwerke. Auf diese Weise wurden zum dritten Mal die außenstehenden Aktionäre, die im Besitz von immerhin rund 12,5 Mio. RM Anteilen waren, umstandslos aus ihrem Eigentum ausgeschlossen. Die Mitteldeutsche Braunkohlen AG nahm dann wenig überraschend wieder den Namen AKW an.[43]

Damit waren die Voraussetzungen für die nächste Stufe der Neuanordnung des Beteiligungsgefüges geschaffen. Zur Jahreswende 1944/45, als sowohl der Ausgang des Krieges sich in immer größerer Klarheit abzeichnete als auch die ersten Spekulationen über die zu erwartende Aufteilung der Besatzungszonen zu kursieren begannen, entschied sich die Flick-Konzernführung zu einer Abkehr von den bisher befolgten Organisationsprinzipien. Zwischen Januar und März 1945 wurde die vertikale Struktur der Konzerngruppen aufgebrochen und durch eine direkte Unterstellung der wichtigsten Gesellschaften unter die FFKG ersetzt. Den Anfang machten die westfälischen Steinkohlezechen, die im Januar aus der Maxhütte herausgelöst und in eine separate, komplett von der FFKG kontrollierte Holding, die Verwaltungsgesellschaft für Steinkohlenbergbau und Hüttenbetriebe mbH, eingebracht wurden. Bereits hier erwies sich der Vorteil einer vollständig kontrollierten GmbH, denn die notwendigen Vereinbarungen konnten allein von Kaletsch und Burkart, die jeweils FFKG und Verwaltungs-

42 Registergericht an Gauwirtschaftskammer Bayreuth, Zweigstelle Regensburg, 25.5.1944, AIHKR, Ordner 3.

43 Flick an Kimmich, 26.9.1944, BAB R 8119F/P1363, Bl. 77-79; A. Macco an Flick, 20.9.1944, BAB R 8122/26; Vereinbarung betr. Organverhältnis Mittelstahl/AKW, 11.12.1944, SächsHStA 11616/5.29; Entwicklung der wichtigsten Beteiligungen, 9.5.1946, StAN Rep. 502, KVA, Handakten, B-2.

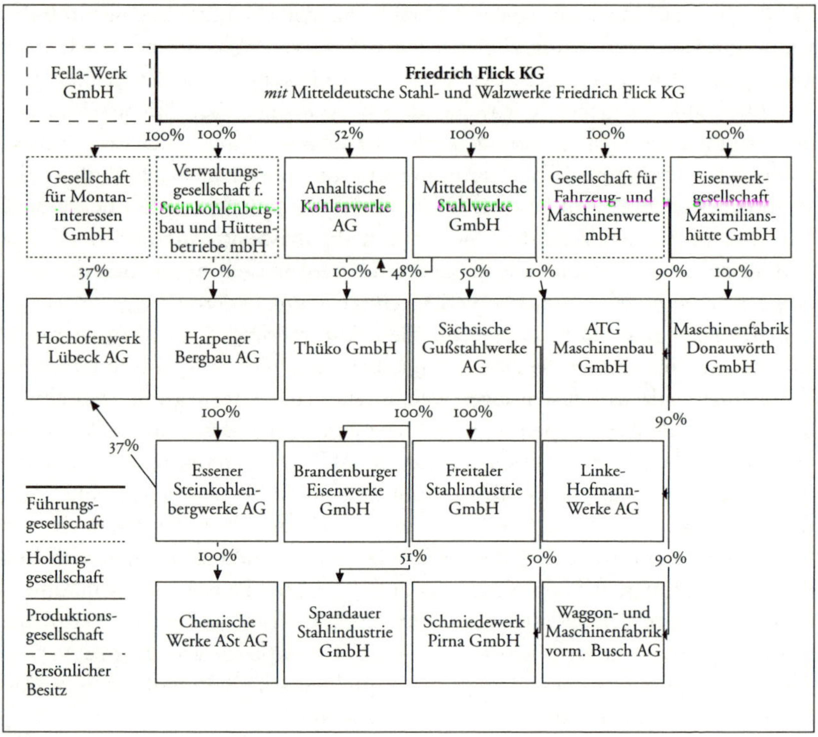

Quelle: Eigene Zusammenstellung.

Abb. IV/4: Der Aufbau des Flick-Konzerns im Frühjahr 1945

gesellschaft repräsentierten, vorgenommen werden. Ebenfalls aus der Maxhütte ausgegliedert wurden die Handelsfirmen, die gemeinsam mit den übrigen Handelsbeteiligungen der Stahlsparte in die eigens zu diesem Zweck ins Leben gerufene Gesellschaft für Montaninteressen mbH eingebracht wurden. Ferner wurden auch jene Anteile am HOW Lübeck, die nicht in Essen lagen, in die Gesellschaft für Montanunteressen überführt.[44]

Unterdessen verschob das sogenannte Tölzer Programm, benannt nach Flicks bayerischem Landgut, auf dem er die letzten Wochen des Krieges verbrachte, die Fella-Beteiligung von der Faguma in Flicks persönlichen Besitz. Mit dem ein-

44 Die Gesellschaft für Montaninteressen mbH war nicht zu verwechseln mit der früheren AG für Montaninteressen, sondern war eine Neugründung; Niederschrift über die Gesellschaftsversammlung der Eisenwerk-Gesellschaft Maximilianshütte am 30.1.1945, NMH-BA; Entwicklung der wichtigsten Beteiligungen, 9.5.1946, StAN Rep. 502, KVA, Handakten, B-2; Changes within the structure of the Flick group enterprises, 9.10.1945, BAB R 8122/80898 [Das Memo stammte vermutlich aus der Feder Kaletschs, die Übersetzung entstand 1946].

zigen komplett zivilen und somit auch den Alliierten vermutlich unverdächtigen Fertigungsunternehmen sollte offensichtlich eine Art industrieller Notgroschen für das Familienvermögen beiseite gelegt werden.[45] Schließlich erfolgte im März 1945 die weitgehende Loslösung der Braunkohlenbetriebe von Mittelstahl. Mit 52 Prozent der AKW-Anteile wurde die Aktienmehrheit unmittelbar auf die FFKG übertragen, während nur 48 Prozent bei Mittelstahl verblieben. Zudem erhielt Harpen eine Option auf etwa ein Drittel der AKW-Aktien zusätzlich zu dem bereits 1943 gewährten Anspruch.[46]

Auf den ersten Blick muteten diese Maßnahmen überraschend und wenig sinnvoll an. Sie zerrissen etablierte Absatz- und Lieferbeziehungen und lösten die vertikalen Sub-Konzerne innerhalb des FFKG-Rahmens zugunsten einer Aufteilung nach Wirtschaftssektoren auf (Abb. IV/4). In der Tat waren die Umgliederungen der letzten acht Monate vor der Kapitulation nicht mit produktions- und allenfalls partiell mit verwaltungstechnischen Motiven, sondern in erster Linie mit den Erwartungen für die Nachkriegszeit zu erklären. Dabei spielten verschiedene Überlegungen in die Gesamtkonzeption, die sich wechselseitig überschnitten und nicht widerspruchsfrei waren. Dazu zählte auch eine mögliche Sozialisierung der Grundstoffindustrien. Um die Verarbeitungs- und Handelsfirmen vor etwaigen Verstaatlichungen zu bewahren, wurden sie von den besonders gefährdeten montanindustriellen Betrieben separiert. Zudem wurden Berg- und Stahlwerke getrennt: Für den Fall, daß nicht beide Sparten von Enteignungen betroffen sein würden, sollte wenigstens die jeweils andere durch die besitzmäßige Aufspaltung geschützt werden.[47]

Neben der Sozialisierungsfrage galt es, auch die regionale Dimension der sich ankündigenden Besatzungsherrschaft zu berücksichtigen. Da über die künftigen administrativen Strukturen sowie die Gesetzeslage im Reich Unklarheit bestand, mußte verhindert werden, daß Maßnahmen einer Besatzungsmacht Auswirkungen auf das Eigentum in der Zone eines anderen Siegerstaates nach sich zogen. Zudem sollten die über das gesamte Reich verstreuten Unternehmen in der Lage sein, in begrenztem Rahmen eigenständig zu agieren, ohne auf die Zustimmung von Gremien an weit entfernten Orten angewiesen zu sein. Allerdings wurde dies durch die im Frühjahr 1945 erneut abgeschlossenen Organschaftsverträge konterkariert. Diese erlaubten der FFKG, die Geschäftspolitik von Mittelstahl, Maxhütte und der AKW in kaufmännischen und finanziellen Fragen unmittel-

45 Notiz für Herrn Dr. Flick, 6.4.1945; Notiz. Betrifft: Auswirkungen des »Programms« v. 13.4.1945, 19.4.1945, beide NARA RG 260, Entry 232 (A1), Box 19. Inwieweit das Tölzer Programm noch Rechtskraft entfaltete, war auch den Beteiligten unklar; Notiz für Herrn Dr. Flick, 1.6.1945 [Kurre], BAB R 8122/80898.

46 Notiz. Zur Besprechung mit dem Harpener Vorstand, 26.2.1945, NI-3323; Notiz für Herrn Dr. Flick, 3.3.1945 [Kaletsch], NI-3333, beide BAB R 8122/80918.

47 Changes within the structure of the Flick group enterprises, 9.10.1945, BAB R 8122/80898; Zu klärende Präzedenzfälle, o. D., [Kurre?], StAN Rep. 502, KVA, Handakten, B-2. Für wie wahrscheinlich die FFKG-Spitze eine Vergemeinschaftung der Grundstoffindustrien tatsächlich hielt, ist schwer abzuschätzen.

bar zu bestimmen. Damit sollte einem Auseinanderfallen des Konzerns bzw. der Herausbildung von Werksegoismen an einzelnen Standorten zulasten des Ganzen wirksam vorgebeugt werden. Zugleich sahen die Organschaftsverträge explizit den Haftungsausschluß des Konzerns für alle kriegsbedingten Zerstörungen, Enteignungen, Räumungen, Mehraufwendungen usw. vor. Die Sicherung der Kontrolle ging somit mit einem effektiven Haftungsentzug des Konzerns Hand in Hand.[48]

Eine besondere Rolle nahm die AKW-Beteiligung ein. Zum einen wurde sie nicht vollständig aus dem Mittelstahl-Besitz herausgelöst, zum anderen trotz ihrer potentiellen Sozialisierungsgefährdung im Unterschied zu den Steinkohlegesellschaften nicht durch eine zwischengeschaltete Holding von der FFKG abgeschirmt. Diese Verfahrensweise lag unmittelbar in der »Arisierungs«-Vorgeschichte begründet. In der frühzeitigen Voraussicht, daß nach einem verlorenen Kriege die in die alliierten Staaten exilierten Mitglieder der Petschek-Familien Restitutionsansprüche stellen würden, befand sich Flick seit Anfang 1945 auf dem geordneten Rückzug aus der Braunkohle, die er im Ignaz-Petschek-Geschäft erlangt hatte.[49] Diese Erwägung stand auch Pate für die Aufspaltung der AKW-Beteiligung unter FFKG, Mittelstahl und, optional, Harpen. Die im Frühjahr 1945 innerhalb der FFKG ventilierte Idee sah vor, die Nichtbefriedigung der Ansprüche auf die Ilse-Reservefelder als Hebel einzusetzen, um von Reichswerken und Reichsregierung die Revision des kompletten Tauschgeschäfts zu verlangen. Diese sollten die aus dem Ignaz-Petschek-Besitz stammenden AKW-Betriebe schlicht wieder zurücknehmen und im Gegenzug die ihnen damals überlassenen Steinkohlezechen erstatten. Harpen sollte in diesem Szenario das Gros der AKW-Anteile erhalten, um »dann als mehrheitlicher Besitzer von AKW besser legitimiert den Anspruch auf Rückgängigmachung des seinerzeitigen Geschäftes zu vertreten«.[50]

Angesichts der Auflösung der staatlichen Verwaltung und der zusammenbrechenden Kommunikationsstrukturen in der Endphase des Krieges kam es nicht mehr zu entsprechenden Verhandlungen. Dies bedeutete aber nur einen Aufschub der geplanten Reklamation, die in der Tat fast 1:1 im Zuge der Restitutionsverhandlungen auf den Tisch kommen sollte. Zudem brachten die Überlegungen unzweideutig zum Ausdruck, daß man im Flick-Konzern nicht mit einer Nachkriegsordnung rechnete, in der das NS-Recht Bestand haben würde.

48 Erläuterungen zum Organvertrag FKG/MSt, 7.3.1945; MSt an RFM, 8.3.1945; Organvertrag FFKG/MSt, 12.3.1945, alle SächsHStA 11616/5.29; Maxhütte an Flick, 15.3.1945; Organvertrag zwischen FFKG/Maxhütte, beide StAN Rep. 502, KVA, Handakten, B-53. Ob der geplante Organvertrag mit der AKW noch zustande kam, ist unklar; Flick an Kaletsch, 13.4.1945, BAB R 8122/80898.

49 Anders hingegen die Finanzverwaltung: Hier verwandte man noch im Januar 1945 Gedanken auf die künftige Verwaltung des Petschek-Vermögens; OFP Berlin-Brandenburg an RFM, 22.1.1945, LAB A, Rep. 093-03, Nr. 54651.

50 Zitat: Notiz. Zur Besprechung mit dem Harpener Vorstand, 26.2.1945, BAB R 8122/80918, NI-3323; Notiz für Herrn Flick, 13.3.1945 [Weiss], BAB R 8122/80899.

Nach dem Krieg behauptete Konrad Kaletsch gegenüber den alliierten Ermittlern, daß die im Hinblick auf Besatzung und Sozialisierung getroffenen Vorkehrungen der Jahre 1944/45 auf unbeabsichtigte, aber gleichsam ideale Weise zum selben Ergebnis geführt hätten wie die intern angestrebte verwaltungsmäßige Reorganisation des Konzerngefüges: »The deliberations, which with regard to the question of socialisation turned to the direction to dissolve the previous direct relations with regard to property existing between the steel enterprises and the coal enterprises and to attach the large producing companies directly to the Holding company and family company finally came on the same level as the contemplations, which quite independently from this were made in respect to the management of the enterprises, future dividing up of work etc.«[51]

Das von Kaletsch reklamierte, mit Optimierungsbestrebungen organisatorischer Art begründete Ziel einer Auflösung vertikaler Strukturen zum Zwecke einer dezentralisierten Konzernlenkung[52] schloß unmittelbar an die von Flick schon 1944 proklamierte »Aufgliederung in die Horizontale« an.[53] Dessen ungeachtet waren die Folgen der direkten Subordination der Produktionsgesellschaften unter die FFKG für die Führungsstrukturen ambivalent. Zwar gewannen die einzelnen Unternehmen an Unabhängigkeit voneinander und somit auch an Flexibilität. Andererseits festigte die direkte Verbindung zwischen FFKG und Einzelunternehmen bzw. den zwischengeschalteten Holdinggesellschaften den Führungsanspruch der Konzernspitze. Ihre Koordinierungsaufgaben, etwa die Organisation der Lieferbeziehungen zwischen Kohlezechen und Stahlwerken, nahmen eher noch zu, wenn diese nicht mehr wie bisher über direkte Beteiligungen erfolgte. Die behauptete Dezentralisierung war daher vornehmlich eine Vorsichtsmaßnahme für die Besatzungszeit und wurde zudem zur Absicherung von zentralistischen Zugriffsrechten flankiert, wie sie die Organschaftsverträge festlegten.

Zutreffender war der kurze Verweis Kaletschs auf einen Nebenaspekt der Umgliederungen 1943 bis 1945. Die Auflösung von Querbeteiligungen zwischen den Tochterunternehmen erlaubte im Falle des Todes Flicks eine leichtere Aufteilung zwischen den Söhnen, sollte eine gemeinschaftliche Leitung nicht möglich sein. Zum Zweck der Erbschaftsregelung hatte Flick an Otto-Ernst und Friedrich Karl bereits seit 1939 sukzessive die Anteilsmehrheit an der FFKG übertragen[54], freilich ohne an der Führungsstruktur auch nur ein Jota zu ändern. Verfügungsrechte waren für die Söhne mit ihren Kommanditanteilen in keiner Weise verbunden. Per Bevollmächtigung mußten sie ihrem Vater die Ausübung

51 Ref.: Changes within the structure of the Flick group enterprises, 9.10.1945, BAB R 8122/80898.

52 Ebd.

53 Leitfaden für die Aufsichtsratssitzung der Maximilianshütte am 28.3.1944, NMH-BA.

54 Otto-Ernst hielt seit Juni 1937 0,8 % an der FFKG, seit Ende 1939 25,8 % und seit Ende 1941 42,5 %, sein Bruder seit Ende 1941 32,5 %. Bei Kriegsende besaßen beide je 45 %, die übrigen 10 % behielt Flick; RFM an F. Lang, 16.10.1941; Vermerk, 22.11.1941; RFM an OFP Berlin, 13.6.1944, alle LAB A, Rep. 092, Nr. 409, Bl. 8, 11, 20.

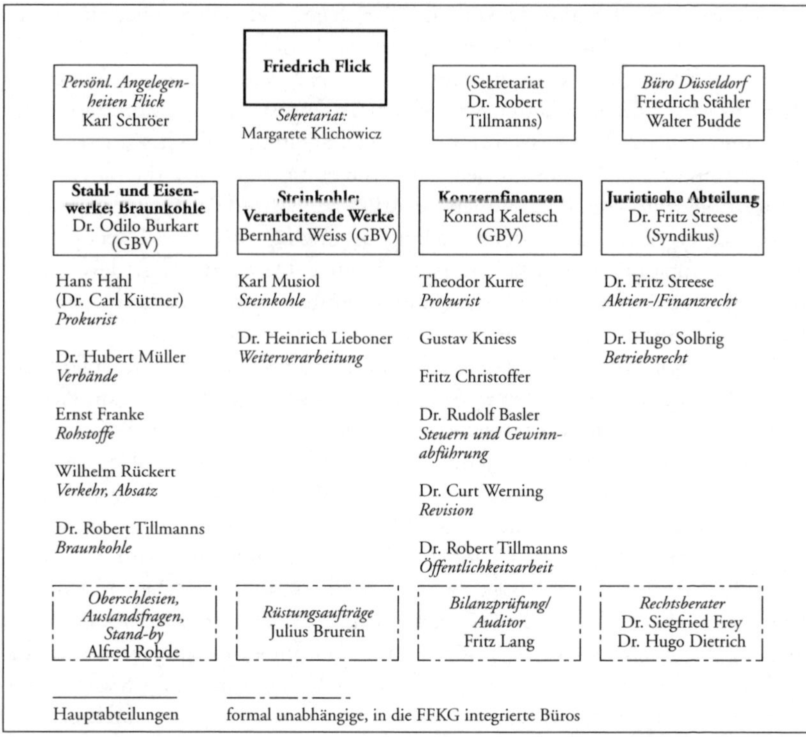

Quelle: Eigene Zusammenstellung

Abb. IV/5: Der Aufbau der FFKG-Konzernverwaltung, 1940-1944

sämtlicher Stimmrechte übertragen. An der Spitze des im Gesellschaftsvertrag als Familienunternehmen charakterisierten Konzerns blieb, ausdrücklich als »Schöpfer« bezeichnet, Friedrich Flick.[55] Die Ausschließlichkeit des Familienbesitzes förderte auch die Verdrängung der außenstehenden Aktionäre, mit dem das persönliche Imperium Flicks zunehmend hermetischer gegenüber Versuchen äußerer Einflußnahme abgeschirmt wurde. In dieser Hinsicht entsprangen die

55 Zitat: Gesellschaftsvertrag der Firma Friedrich Flick Kommanditgesellschaft Düsseldorf in der Fassung vom 21.11.1941 [Dietrich], BAB R 8122/80920, NI-5455; Gesellschaftsvertrag FFKG, 20.3.1944, StAN Rep. 502, KVA, Handakten, B-56; Vollmachten O.-E. u. F.K. Flick an F. Flick zur vollen Vertretung als Gesellschafter, 28.6.1937, 25.12.1939, 13.4.1944, StAN Rep. 501 KVP, B-3, NI-5459-A, B, C u. NI-5460-B, Bl. 130-132 u. 137-140; F. Flick an Amtsgericht Düsseldorf, 7.12.1944, BAB R 8122/80898. Zu den zeitnahen Generationenwechseln bei Otto-Wolff, Klöckner (mit dem Schwiegersohn Günther Henle an der Spitze) und Krupp (»Lex Krupp« zur Umwandlung der AG in ein Familienunternehmen eigener Art unter Führung Alfried v. Bohlen u. Halbachs) vgl. Dülffer, Gruppe, S. 143-145; Henle, Weggenosse, S. 68f.; Abelshauser, Rüstungsschmiede, S. 318-324.

Transformationen von Mittelstahl, Maxhütte und AKW tatsächlich genuinen strategischen Interessen der Konzernführung.

Ob darüber hinaus die erreichte Neuordnung neben der Logik der Prophylaxe auch einer kontextunabhängigen organisatorischen Absicht folgte und als dauerhafte Lösung in einer Friedenswirtschaft und unter unveränderten Besitzverhältnissen Bestand gehabt hätte, muß zweifelhaft bleiben. Es spricht wenig dafür, daß sich die Konzernführung tatsächlich auf eine langfristige Unternehmensanordnung mit getrennten Absatz- und Lieferbeziehungen einstellte, die nur Sinn machte, wenn die Syndikatsbestimmungen entfielen. In einem solchen Fall aber konnte auch nur bedingt vom Fortbestand des Flick-Konzerns in seiner bisherigen Form ausgegangen werden. Weitaus größere Plausibilität kann daher die Annahme beanspruchen, daß das 1943 etablierte Säulenmodell mit zwei vertikal gegliederten, regional konzentrierten Sub-Konzernen, die durch die über die FFKG angeschlossenen, aber wirtschaftlich selbstverantwortlich agierenden Unternehmen der Verarbeitungsgruppe ergänzt wurden, die eigentlich angestrebte und auf die Ergebnisse der mehrjährige Expansion zugeschneiderte Organisationsform darstellte.[56] Gleichwohl muß eine abschließende Bewertung des Potentials der 1944/45 vorgenommenen Veränderungen dahingestellt bleiben. Die im Frühjahr 1945 erreichte horizontale Konzerngliederung wurde nie erprobt. Während in Berlin, Düsseldorf, Sulzbach-Rosenberg und Bad Tölz die Aktienpakete verschoben und neu angeordnet wurden, fand die Konzernlenkung längst nur noch unter den Bedingungen eingeschränkter Information und Kommunikation statt. Das Koordinatensystem des neuen Konzernaufbaus mochte nach dem Kriege Bedeutung entfalten. Einstweilen zählte nur die Improvisation.

56 Gleichwohl wies auch die Systematik von 1943 Unvollkommenheiten auf. Neben der offenen Lübeck-Frage betraf dies vor allem die FFKG selbst. Durch die Havelgruppe behielt die FFKG ihre Zwitterstellung als Konzernholding und Produktionsunternehmen bei, um so direkte Kapitalzuflüsse an Flick zu garantieren.

Zwischenbetrachtung: Der Flick-Konzern am Ende des Zweiten Weltkrieges

Der zweite Aufstieg des Flick-Konzerns zwischen Kontingenz und Opportunismus

Das Geschäftsjahr 1943/44 bedeutete, nach 1930/31, einen neuerlichen Scheitelpunkt in der Karriere Friedrich Flicks und markierte das Ende einer Dekade scheinbar unaufhaltsamen Wachstums seines Konzerns. Dieser hatte in den vergangenen zehn Jahren eine rasante Expansion vollzogen, die im Deutschen Reich ihresgleichen suchte. Mitte 1932, nach dem Ausscheiden aus dem VSt-Trust, hatten die im Mehrheitsbesitz der Charlottenhütte befindlichen Unternehmen von Mittelstahl, Maxhütte und Hennigsdorf kaum 10 000 Beschäftigte gezählt. Selbst zu den besten Weimarer Zeiten 1928/29 hatte sich die Gesamtbelegschaft besagter Werke nur auf das Doppelte belaufen. Gleich, welchen Maßstab man zugrundelegte: Die rund 140 000 Beschäftigten, die Mitte 1944 in den Konzernunternehmen der FFKG arbeiteten, bedeuteten einen Quantensprung. Auch die Produktionszahlen spiegelten dies wider. Die Stahlerzeugung der Konzernwerke lag im vorletzten Kriegsjahr etwa doppelt so hoch wie im besten Jahr vor der Weltwirtschaftskrise. Unter den privaten Rohstahlproduzenten wiesen nur noch die VSt höhere Produktionszahlen aus; Krupp hatten die Unternehmen der FFKG bereits bei Kriegsbeginn überholt.[1] In der Steinkohlenförderung war der Flick-Konzern vom unbedeutenden Besitzer bei Mont-Cenis zum quotenmäßig zweitgrößten Zechenverbund im RWKS aufgestiegen.[2] In der Braunkohlenindustrie hatte er sich vom kleinen Selbstverbraucher zum mitteldeutschen Marktführer aufgeschwungen. Und auch in der Verarbeitungsindustrie, in der die Charlottenhütte 1932 nur das Fella-Werk und die Abteilung Oberhammer als Eigentum gezählt hatte, stellten die Flick-Unternehmen am Ende des Jahrzehnts eine unübersehbare Größe dar; im Waggonbausektor bildeten Busch und LHW gar die zusammen stärkste Marktmacht.[3]

Der immense wirtschaftliche Erfolg des Flick-Konzerns in den dreißiger und frühen vierziger Jahren ist angesichts dieser Zahlen nicht zu übersehen. Zugleich ist offenkundig, daß das Wachstum des Flick-Konzerns über weite Strecken parallel zur Machtausdehnung des »Dritten Reiches« verlief. Der vom NS-Regime neu abgesteckte wirtschafts-, außen- und nicht zuletzt rassenpolitische

1 Die Angaben verstehen sich für 1928/29 ohne die VSt; Erzeugungsdaten Mittelstahl/K.G./Maxhütte, o. D., BAB R 8122/430; Leistungen der F.-Gruppe, 9.7.1942, BAB R 8122/80918, NI-3496.

2 Jahresbeteiligung von Mitgliedern des RWKS 1939, StAN Rep. 501, KVP, Fall 5, G-5; Jahresbeteiligung von Mitgliedern des RWKS (1.10.1939, 1.4.1942, 1.10.1944), StAN Rep. 502A, KVV, Handakten, Flächsner-8.

3 Aktenvermerk. Betr. Eisenwerk-Gesellschaft Maximilianshütte, 31.3.1944 [Kiehl], BAB R 8119F/P1163; German Industrial Complexes. The Flick Concern, October 1945, StAN Rep. 502, KVA. Handakten, B-99.

Rahmen wirkte gleichsam als Katalysator für die Rekonstruktion des Flick-Konzerns nach dem Ende der Stahlvereins-Ära. Mehr noch, Geschwindigkeit, Umfang und teilweise auch Methoden des Flick'schen Expansionsprozesses wurden maßgeblich durch politische Grundsatzentscheidungen bestimmt, angefangen bei der Aufrüstung über die Vernichtung der wirtschaftlichen Existenz der deutschen Juden bis hin zum europäischen Eroberungskrieg. Kurz, die nach innen wie nach außen aggressive Agenda des NS-Regimes eröffnete dem Konzern Wachstumschancen, die nur unter den Bedingungen der Diktatur nutzbar waren und die sich zugleich mit Hilfe der Gewinne aus der Aufrüstung finanzieren ließen.

Eine kontrafaktische Aussage darüber, welchen Weg der Flick-Konzern unter anderen Konditionen, insbesondere in einer nicht durch die Sonderkonjunktur von Rüstungs- und Beutegewinnen charakterisierten Wirtschaftslage, genommen hätte, läßt sich schwerlich treffen. Dennoch zeichnet sich in der Unternehmensentwicklung neben den auf die nationalsozialistische Rahmensetzung zurückzuführenden Spezifika auch eine substantielle Pfadabhängigkeit in der strategischen Ausrichtung ab, welche die Grenzen von 1933 (und 1945) sprengte: Sachlich wie zeitlich war die Schnittmenge zwischen dem erneuten Aufstieg Flicks und der Herausbildung der NS-Diktatur groß, aber nicht deckungsgleich.

Gerade die Ausgangsposition für die neuerliche Expansion wurde nicht erst 1933 geschaffen. Statt nach der Gelsenberg-Transaktion einen echten Neuanfang wagen zu müssen, verfügte Flick mit Mittelstahl und Maxhütte schon 1932 über die drittgrößten Rohstahlkapazitäten des Reiches, das Kernstück des in den folgenden Jahren errichteten Konzerns und einen entscheidenden Bezugspunkt, an den weitere strategische Planungen anknüpfen mußten. Die regionale und sektorale Verortung als ein mittel-süddeutscher Stahlkonzern implizierte bereits Vorentscheidungen, wo und in welchem Rahmen in die vor- und nachgelagerten Industrien zu expandieren war. Zudem bestanden naheliegende Anknüpfungspunkte einerseits in dem aus der GBAG herausgelösten Rheinbraun-Aktienpaket und den dahinter stehenden Ambitionen auf Harpen, andererseits in den nicht abgebrochenen Verbindungen zu den Überresten der Linke-Hofmann-Busch-Gruppe.

Die 1932 eingeschlagene Expansionsstrategie, die wie schon bei Flicks früheren Konzernbauten den Mustern vertikaler Integration der Produktions- und Absatzprozesse sowie der Monopolisierung regionaler Märkte folgte, kennzeichnete die Entwicklung der FFKG[4] bis zum Ende der Dekade und teils noch darüber hinaus. Die Übernahmen der Aktienmehrheit am Hochofenwerk Lübeck und der Anteilshälfte der SGW Döhlen wurzelten in Plänen aus den späten zwanziger Jahren zur Abrundung Mittelstahls. Der gewaltige Ausbau des Flick'schen Stein- und Braunkohlenbesitzes diente der Befriedigung des gewach-

4 Ab 1937, zuvor der Charlottenhütte bzw. Mittelstahls. Der sprachlichen Klarheit halber wird im folgenden nur von der FFKG gesprochen.

senen Bedarfs der alten wie der neuen Konzernwerke, erweiterte die chemiewirtschaftliche Sparte und festigte die Führungsrolle in den Syndikaten als Teil der regionalen Hegemonialstellung. Noch die Treuhandschaft für den Hüttenkomplex in Rombach und die Übernahme des Spandauer Neubauprojektes gliederten sich in die Generalstrategie des Mitteldeutschland-Plans ein und dienten jeweils der Flankendeckung für die bestehenden Interessen in Süddeutschland bzw. in Berlin-Brandenburg. Das Grundmuster der Konzernentwicklung zeugte somit von den langfristigen Wirkungen der Gründungsakte 1926 und 1931 (IG Mittelstahl-Maxhütte). Das Gros der in den Dreißigern getroffenen Expansionsbeschlüsse läßt sich entsprechend als Teilschritte einer kontingenten Folge von Entscheidungen und als Konsequenz einerseits des Wachstums der vorangegangenen Dekade, andererseits des Bruchs mit dem Stahlverein 1931/32 beschreiben.[5]

Zugleich orientierte sich die Konzernentwicklung der dreißiger Jahre in wachsendem Maße an den Gelegenheiten, welche die nationalsozialistische Politik eröffnete. Daher unterschieden sich die Übernahmen von Steinkohle, Waggonbau und SGW deutlich von jenen des HOW und der Braunkohle sowie Rombach, Vairogs und Dnjepr-Stahl. Die erstgenannten Transaktionen erfolgten überwiegend durch privatwirtschaftlichen Mehrheitserwerb als Ergebnis von Verhandlungen gleichberechtigter Geschäftspartner. Dies schloß den Einsatz des bekannten Spektrums Flick'scher Majorisierungsstrategien nicht aus, darunter zweifelhafte juristische und finanzielle Manöver wie bei Harpen ebenso wie das Vorgehen im Grenzbereich privater und öffentlicher Interessen bei der Auflösung des Oberschlesien-»Engagements«. Auch die Kontrolle über die SGW wäre ohne die intensive Fühlungnahme mit der sächsischen Staatsregierung kaum und vor allem nicht zu einem so günstigen Preis zu erlangen gewesen.

Obschon der staatliche Beitrag am Zustandekommen dieser Transaktionen nicht unerheblich war, ging er aber nicht über den Rahmen der Zusammenarbeit hinaus, die Flick schon früher mit diversen Regierungen gepflegt hatte. Im Unterschied dazu waren die Ankäufe im Zuge der »Arisierungen« sowie die Treuhand- und Patenschaften in den besetzten Gebieten unmittelbare Folge der Regimepolitik und ohne diese nicht bzw. nur in grundsätzlich anderer Form denkbar. Mochten auch die Motive für die Übernahmen, wie im Falle Lübecks und Rombachs, genuinen Konzernstrategien entspringen, so wiesen die Gelegenheiten und Umstände ihrer Durchführung einen ebenso genuin nationalsozialistischen Charakter auf. »Arisierung« und territoriale Expansion bildeten die Vorbedingungen für einen erheblichen Teil des äußeren Wachstums des Flick-Konzerns. Weder bei den Aktionären in Lübeck noch bei den beiden Petschek-Konzernen bestand eine vom antisemitischen Druck des Regimes unabhängige Verkaufsbereitschaft, noch waren die Betriebsübernahmen in Frankreich und der Sowjetunion ohne den Angriffskrieg denkbar. Die Ausgestaltung der Rawack-, Lübeck- und Julius-Petschek-Transaktionen durch private Kauf-

5 Vgl. Plumpe, Unwahrscheinlichkeit, S. 151 f.

verträge diente daher im wesentlichen der Wahrung der Form und der juristischen Absicherung. Eine zutreffende Beschreibung von Verhandlungsführung und -ergebnissen vermittelte sie nicht.

Die schnelle Erfassung und konsequente Nutzung dieser Gelegenheiten stellte einen Schlüssel für die Einflußerweiterung des Flick-Konzerns im NS-Staat dar. In der FFKG erkannte man aber nicht nur den materiellen Gehalt dieser Expansionsmöglichkeiten, sondern auch die besonderen Bedingungen, unter denen ihre Ausnutzung möglich war. Dies galt insbesondere für die »Arisierungen« jüdischen Besitzes. Die Konzernspitze realisierte schnell, daß der zur Staatsideologie geronnene Antisemitismus und seine rechtlichen Auswüchse die Verhandlungsposition der Eigentümer entscheidend einschränkten. Diese Situation nutzten Flick und seine Mitarbeiter, zuvorderst Steinbrinck, Kaletsch und Rohde, gezielt aus, um den Verkaufsdruck zu erhöhen und die Zwangslage ihrer Gegenüber in eine massive Senkung der Preise umzumünzen. Moralische Bedenken oder die Beachtung der ansonsten gern bemühten guten kaufmännischen Sitten stellten dabei zu keiner Zeit entscheidungsrelevante Faktoren dar, weder mit Blick auf die Preisbemessung noch hinsichtlich der Frage, ob man sich überhaupt an derartigen Geschäften beteiligen sollte. Eine durch keine ethischen Erwägungen beeinflußte Zweckrationalität auf Seiten Flicks und seiner Manager beurteilte die »Arisierungen« (wie auch die Betriebsübernahmen im Ausland) allein aus der Perspektive des Nutzenkalküls. Zurückhaltung übte die Konzernführung nur in jenen Fällen, in denen Zweifel am Sinn entsprechender Transaktionen bestanden, wie etwa bei der Waffenfabrik Simson oder dem Schrottgroßhändler J. Adler jr., dessen Übernahme Flick ablehnte.[6]

Bei jenen Objekten aber, die sich in die markt- und produktionsstrategischen Pläne des Konzerns einfügten, namentlich das Lübecker Werk und die Braunkohlegesellschaften, entwickelten die FFKG-Manager erhebliche Aktivität, erstellten sogenannte Angriffspläne und schreckten nicht davor zurück, die Bedrängnis der jüdischen Eigentümer noch zu verschärfen. Über die Kontakte zu Offiziellen in Partei, Ministerialverwaltung und Wehrmacht, Lobbyisten und kooptierte Vertreter in den zu »arisierenden« Firmen suchten Flick und seine Mitarbeiter den eigenen Vorteil auf Kosten der jüdischen Eigentümer. Antisemitische Vorurteile, wie sie Flick, Steinbrinck und Rohde bisweilen offenbarten, erleichterten die rücksichtlose Verhandlungsführung gewiß und boten einen ideellen Bonus volkstumspolitischer Pflichterfüllung. Ursächlich für die prominente Beteiligung an der wirtschaftlichen Existenzvernichtung der deutschen Juden waren sie jedoch nicht. Hier ging es ausschließlich um das Geschäft.

Die äußere Expansion, das heißt der Erwerb neuer Industriebeteiligungen, speiste sich zu einem erheblichen Teil aus den Ergebnissen der inneren Expan-

6 Flick an Mosler, 10.2.1937, BAB R 8119F/P1364, Bl. 211. Zur unmaßgeblichen Beteiligung an der »Arisierung« das Essener Bankhauses Hirschland ausführliche Unterlagen in BAB R 8122/6; vgl. Ulrich, Privatbankhaus, S. 129-142.

sion, das heißt der Kapazitätserweiterung, die der Flick-Konzern im Zuge der 1933/34 einsetzenden Rüstungskonjunktur vollzog. Zwar verfügte Flick beim Regierungsantritt der Regierung Hitler mit der IG Mittelstahl-Maxhütte sowie der Rheinbraun-Beteiligung über ein beträchtliches materielles Startkapital. Um jedoch in größerem Umfang neue Gelder zu generieren, bedurfte es einer dauerhaften, stabilen und gewinnbringenden Auslastung der Werksanlagen. Die Chance, die das von der neuen Regierung verfolgte Aufrüstungsprogramm bot, ergriff Flick konsequent. Vom wachsenden Stahlbedarf profitierten Flicks Unternehmen als Halbstofflieferanten in jedem Fall. Durch die Angliederung von Fertigungsstätten, in denen die Rüstungsgüter lieferfertig hergestellt wurden, ließ sich die Gewinnspanne noch deutlich vergrößern. Energisch, fast aggressiv, bemühte sich Flick daher 1933 persönlich um die Einwerbung von Munitions- und Waffenaufträgen. Die bald wachsende Auftragsvergabe des Militärs verschaffte den Stahlwerken seines Konzerns die gewünschte hohe Kapazitätsauslastung und lukrative Abnahmegarantien – das ganze bei einem infolge der staatlich beseitigten Tarifautonomie konstanten Lohnniveau, das sich nur langsam und unvollständig von den Tiefstständen der Krisenjahre erholte.

Die hohe Profitabilität des Rüstungsgeschäftes, die bis weit in den Krieg hinein anhielt und sich in den fast grotesk hohen Stammkapitalberichtigungen der Jahre 1941/42 niederschlug, war es, die einen erheblichen Beitrag zur Firmenakquise Flicks leistete. Die in den dreißiger Jahren erfolgten Zukäufe konnten, vor dem Hintergrund des beschränkten Kapitalmarktzuganges, in weiten Teilen aus den laufenden Werksverdiensten finanziert werden. Die nationalsozialistische Sonderkonjunktur unterfütterte das rasche Ausgreifen des Flick-Konzerns, das ohne diese kalkulierbaren, hohen Einnahmen weder dem Tempo noch dem Umfang nach in gleichem Maße denkbar gewesen wäre. Die neu hinzukommenden Betriebe wiederum trugen ihrerseits zur Produktionsausweitung bei – innere und äußere Expansion erwiesen sich als komplementär. Rüstungserzeugung, »Arisierung« und Eroberungskrieg bildeten die drei zentralen Wachstumspfade, die der Flick-Konzern parallel beschritt und auf die weite Teile der Zugewinne in den dreißiger und vierziger Jahren zurückgingen.

Der Flick-Konzern und die Konkurrenz

Die FFKG zählte unbestreitbar zu den herausragenden Aufsteigern in der Wirtschaft des »Dritten Reiches«, und speziell in der Montanindustrie fand die Entwicklung des Konzerns – unter Außerachtlassung der Hermann-Göring-Werke – nicht ihresgleichen. Die Gründe für die im Branchenvergleich herausgehobene Expansion sind nicht auf einen einzigen Nenner zu bringen. Zuvorderst resultierte das Wachstum des Flick-Konzerns aus dem Nachholbedarf, den dieser im Vergleich zu den in Absatz- und Lieferbeziehungen bereits vollintegrierten Berg- und Hüttenwerkskomplexen an Rhein und Ruhr, im Saarland sowie in Oberschlesien aufwies. Dabei kam Flick der geographische

Schwerpunkt fernab der industriellen Ballungsräume entgegen. Einerseits traf er in Mitteldeutschland auf keine gleichwertige Konkurrenz, andererseits zeigten sich die Reichsbehörden interessiert, die Rüstungskapazitäten in den potentiell weniger angriffsgefährdeten Regionen jenseits des Ruhrgebiets auszuweiten. Daß der mitteldeutsche Raum zunehmend als Interessensphäre Flicks identifiziert wurde, verhalf diesem auch zu einer guten Ausgangsposition im Zuge der »Arisierungen«. In der Schwerindustrie kamen infolge der geringen jüdischen Präsenz in diesem Sektor nur wenige Objekte für die Verteilung an »arische« Erwerber in Frage – und diese lagen zu großen Teilen im Einflußbereich Flicks. Ob Simson-Suhl oder das HOW Lübeck, der Flick-Konzern war jeweils der naheliegende Adressat und ohne nennenswerte industrielle Mitbewerber. Ähnliches galt für den Petschek-Besitz. Allerdings traten hier mit Chemiekonzernen und Energieerzeugern Interessenten anderer Branchen auf den Plan, gegenüber denen die FFKG ihre Ansprüche behaupten mußte. In den Reihen der Montanindustrie blieb Flick aber der wichtigste Prätendent. Daran änderte auch die Intervention Paul Pleigers nur wenig, da dieser kein originäres Interesse an der Braunkohle verfolgte, sondern ein Tauschobjekt gewinnen wollte. Am Ende stand Flick hinsichtlich der durch »Arisierungen« gewonnenen Vermögensmasse in der deutschen Schwerindustrie an erster Stelle.

Ob dies jedoch mit einem überdurchschnittlichen Arisierungseifer zu erklären ist, erscheint zumindest zweifelhaft. Flick konzentrierte seine Bemühungen auf jene Unternehmen aus jüdischem Besitz, die in seinem Einflußbereich lagen und die bestehenden Konzernbetriebe sinnvoll ergänzten. Hingegen machte er keine Anstalten, nach Rawack und Lübeck als vermeintlich logischen dritten Schritt auch die Hahn'schen Werke zu übernehmen – ein Röhrenwerk in Duisburg lag außerhalb seines strategischen Blickfeldes. Anders Mannesmann: Der Erwerb der benachbarten Konkurrenz lag für den im »Arisierungsgeschäft« gleichfalls nicht zurückhaltenden Konzern in jeder Hinsicht nahe. Flicks Erfolg in den »Arisierungen« war somit auch Folge des fehlenden Wettbewerbs anderer Stahlerzeuger. Hätten jedoch das Hochofenwerk nicht in Lübeck, sondern in Recklinghausen, und die Petschek-Gruben nicht in Senftenberg, sondern in Bottrop gelegen, so wäre mit hoher Wahrscheinlichkeit eine völlig andere Interessenkonstellation zustande gekommen. Das bedeutet keineswegs, daß der Flick-Konzern in die Rolle des Ariseurs gedrängt worden wäre. Ganz im Gegenteil setzte sich die FFKG in den beiden Petschek-Transaktionen aggressiv gegen ihre Konkurrenten durch. Im Falle von AKW/WW gelang es, so einflußreiche Unternehmen wie die IG Farben, Wintershall und Salzdetfurth auszuschalten – um sie dann später zur Refinanzierung der eigenen Unkosten zu selbst gestellten Bedingungen wieder einzubeziehen. Bei Ignaz-Petschek führte eine direkte Linie von den Versuchen, die eigene Position gegenüber einem Dutzend Mitbewerber zu verteidigen, zur Allianz mit den Reichswerken als Königsweg, um bei der Beuteaufteilung im Geschäft zu bleiben.

Generell ist die Bedeutung von Konkurrenz und Wettbewerb für die Partizipation an der nationalsozialistischen Unrechts- und Gewaltpolitik hoch zu veranschlagen.[7] Die Sorge, im Vergleich zu Branchenrivalen zurückzufallen, motivierte mehrfach Expansionsentscheidungen der FFKG-Führung. Die Gründung der Reichswerke 1937 ließ eine Stärkung der eigenen Position im mitteldeutschen Absatzgebiet dringend angeraten scheinen. Die Lübecker und Döhlener Werke, später auch Spandau, halfen entsprechend, die Stellung des Konzerns in seinem Stammland zu arrondieren und zu festigen. Auf der anderen Seite nutzte Flick gerade die Verbindung zu den Reichswerken, um im Zuge der Verteilung der ukrainischen Werke an prominenter Stelle berücksichtigt zu werden. Für den Fall, daß die Ostgebiete ein dauerhafter Teil des »Großwirtschaftraumes« würden, galt es, hinter den in fast vollständiger Formation angetretenen Ruhrkonzernen nicht zurückzustehen.[8]

Auch in die Übernahme des Rombacher Werks flossen Wettbewerbserwägungen ein, um die Maxhütte gegenüber der lothringischen Konkurrenz zu schützen. Ferner ging die Wendung nach Frankreich auf die Nichtberücksichtigung Mittelstahls beim ehemaligen Flick-Unternehmen Bismarckhütte zugunsten der Fried. Krupp AG zurück. Darin klang, mehr oder minder unterschwellig, ein sich allmählich herausbildendes Konkurrenzverhältnis zwischen Flick und Krupp an. Die Beziehungen zwischen den Führungsetagen beider Konzerne waren meist reserviert, teils ablehnend, in jedem Fall stets von einer äußeren Gegensätzlichkeit geprägt gewesen: hier das Essener Traditionsunternehmen, das nachgerade sinnbildlich für die deutsche Stahlindustrie stand – dort der, im Vergleich, sprunghafte Parvenü Flick, der 1926 unvermittelt das Ruhrrevier usurpiert, diesem aber 1932 ebenso plötzlich und unter Hinterlassung erheblicher politischer und atmosphärischer Flurschäden wieder den Rücken gekehrt hatte. Ende der dreißiger Jahre schickte sich Flick an, Krupp dessen Stellung als zweitgrößter Stahlkonzern hinter den VSt streitig zu machen. Gleichzeitig trafen die beiden Konzerne vermehrt als Konkurrenten direkt aufeinander.[9] So beobachtete Flick mißtrauisch, wie Krupp 1941 das niederschlesische Berthawerk errichtete, das langfristig einem Einfall in Flicks Hausrevier den Weg zu bereiten drohte und Ressourcen von den übrigen Großunternehmen der Region wie LHW abzog.[10] Das erfolgreich vorgetragene Interesse Krupps an der Bismarckhütte bestätigte insofern die Befürchtungen in der FFKG-Führung, daß Krupp

7 Mit ähnlicher Akzentuierung jetzt auch: Buchheim, Unternehmen, S. 365, 385-387.

8 Vgl. Mollin, Montankonzerne, S. 202f.

9 Das nach dem Krieg von Flick und Steinbrinck vorgebrachte Argument, sie hätten 1937 eine Interessennahme Krupps in Lübeck befürchtet, wird durch zeitgenössische Dokumente nicht erhärtet, dokumentiert jedoch die wachsende Sensibilisierung für eine mögliche Ausdehnung Krupps in das »Hoheitsgebiet« Flicks; [Befragung Steinbrincks], o. D. [1947], StAN Rep. 502A, KVV, Handakten Flächsner-14; Vernehmung F. Flick, 9.7.1947, StAN Rep. 501, KVP, Fall, 5, A 43-46, Bl. 3389.

10 Notiz für Herrn Flick, 30.10.1941 [Hahl], BAB R 8122/59; Notiz für Herrn Flick, 7.7.1943 [Weiss], BAB R 8122/80918, NI-3613; Extracts from a Memorandum of the Flick Concern, 14.10.1944 [Weiss], NIK-7454, in: TWC 9/2, S. 753-755; Abelshauser, Rüstungsschmiede, S. 375-377.

eine dezidierte Ostexpansion betrieb. Allerdings vermochten auch intrigante Bemerkungen Flicks, der angebliche Wahrheitsverfälschungen des Krupp-Vorstandes an Staatssekretär Körner weitertrug, an der Entscheidung nichts zu ändern.[11] Um so entschlossener trat die FFKG Krupps Ambitionen auf Vairogs entgegen und erreichte die Rücknahme der bereits erteilten Zusage. Hinter dem harten Ringen um die kleine Rigaer Firma stand neben der Wahrung der eigenen Waggonbauinteressen vor allem die Auffassung, in der »Prestigeangelegenheit« eines ehemaligen Konzernwerks nicht zurückstecken zu können.[12]

Schließlich spielten Konkurrenzerwägungen auch in den Komplex der Zwangsarbeit hinein. Das volle Ausfahren der Betriebe sollte gerade in der Endphase des Krieges die anhaltende Versorgung mit Maschinen und Material ebenso sichern wie den Schutz der Stammbelegschaften vor Abzügen zu Wehrmacht, Volkssturm oder anderen Unternehmen und so über das Kriegsende hinaus die Arbeitsfähigkeit der Werke und eine möglichst stabile Position im verschärften Wettbewerb der Friedenswirtschaft gewährleisten. Die ausländischen Arbeitskräfte gerieten dabei zur Verschiebemasse, die man so lange anforderte, wie dies zur maximalen Produktion erforderlich war, und alsbald abschob, wenn man befürchtete, wegen der Überbelegung mit Arbeitern deutsche Beschäftigte abgeben zu müssen. Das individuelle Schicksal spielte gegenüber der Bestandswahrungspolitik von Unternehmen und Werken nicht einmal eine untergeordnete Rolle. Damit fügten sich Flicks Betriebe in das Gesamtbild des Zwangsarbeitereinsatzes ihrer jeweiligen Branchen ein. Das in den Konzernwerken herrschende Elend war der Regelfall, nicht die Ausnahme. Mit Blick auf den Umfang des Zwangsarbeitereinsatzes erwiesen sich vor allem der Anteil der Rüstungsproduktion der einzelnen Firmen und, damit zusammenhängend, die Dauer ihres Bestehens als entscheidende Faktoren.

Der relative Vorsprung, den Flicks Konzern im Vergleich zur schwerindustriellen Konkurrenz unter der NS-Herrschaft erzielte, war in erheblichem Maße auf die Bereitschaft zur raschen und radikalen Beteiligung an und Umstellung auf die Rüstungsproduktion zurückzuführen und wurde durch die branchenweit unerreichten Steigerungsraten etwa der Elektrostahlerzeugung eindrucksvoll illustriert. Auf eine vermeintlich höhere ideologische Identifikation mit dem Regime ließ dies aber kaum schließen. Vielmehr teilte die FFKG-Führung die weitgehende Indifferenz ihrer Kollegen, auf welche Art und Weise die Erträge erwirtschaftet und wie Werksakquisitionen bewerkstelligt wurden. Ein grundsätzliche Differenz in der Einstellung zwischen Flick- und anderen Montankonzernen läßt sich weder in der Expansion qua »Arisierung« noch im Wachstum durch den Eroberungskrieg feststellen. Eher handelte es sich um ein größeres

11 Notiz über die heutige Besprechung mit den Herren Staatssekretär Körner und Ministerialdirigent Marotzke, 2.8.1940 [Flick], BAB R 8122/80899 [= NID-14954].

12 Zitat: Vernehmung F. Flick, 11.7.1947, StAN Rep. 501, KVP, Fall 5, A 43-46, Bl. 3492 f.; Vernehmung Weiss, 20.10.1947, ebd., A 110-112, Bl. 8730, 8736; Notiz. Betr. Phönix-Riga, 8.6.1932 [Weiss], ebd., B-25, NI-3638, Bl. 40 f.

Geschick bzw. eine höhere Geschwindigkeit darin, Chancen zu erkennen, selbst zu eröffnen und entschlossen wahrzunehmen. Charakteristisch war dabei für den Flick-Konzern, aber wohl auch für seine Mitbewerber, die fehlende Bereitschaft, ökonomische Gelegenheiten aus außerökonomischen Gründen auszulassen. Für die Verdrängung der Juden aus der deutschen Volkswirtschaft galt dies ebenso wie für die Durchdringung der besetzten Gebiete und den Einsatz von Zwangsarbeitern. Das Machbare wurde umgesetzt, selbst wenn es mit moralisch gravierendem, nicht selten kriminellem und teils offenkundig menschenverachtendem Fehlverhalten einherging. Dahinter stand eine in der einseitigen Fokussierung auf die Zielvorgaben von Rentabilität und Wachstum zu verortende Unfähigkeit zum Verzicht.

Konzernaufbau und Verfügungsrechte

Der massive Wandel, den der Flick-Konzern im »Dritten Reich« in Umfang und Aufbau durchlief, fand in seiner inneren Verfassung nur teilweise ein Äquivalent. Das Wachstum der Konzerngesellschaften und die Angliederung neuer Firmen erforderten immer neue Umstrukturierungen von der Fusion Charlottenhütte/Mittelstahl 1934 über die Gründung der FFKG 1937 bis zu den Reorganisationsmaßnahmen der letzten Kriegsphase. Sinnvolle Zuordnungen, eine klarere Hierarchie und übersichtlichere Besitzverhältnisse standen kontinuierlich auf der Agenda der konzerninternen Ordnungspolitik.

Daneben galt die Aufmerksamkeit in hohem Maße der Frage der Monopolisierung der Verfügungsrechte durch den Ausschluß der konzernfremden Anteilseigner aus den Tochtergesellschaften. Schon die Wahl der SEI als neuer Spitzengesellschaft des Konzerns anstelle der Charlottenhütte, bei der noch aus den Zeiten des Kaiserreichs einige wenige Aktien außerhalb von Flicks Besitz verblieben waren, verfolgte das Ziel, Einblick und Einfluß Außenstehender auf ein Minimum zu begrenzen. Den Zukäufen bei Mittelstahl, Maxhütte und den übrigen größeren Produktionsgesellschaften lag dieselbe Absicht zugrunde. Der sogenannte Rausschmeißer-Paragraph des Aktiengesetzes zur zwangsweisen Abfindung der außenstehenden Eigner durch einen Großaktionär bot dazu eine willkommene Handhabe. Zwar machte die FFKG-Führung von der Regelung, die an eine behördliche Genehmigungspflicht gebunden war, nur dosierten Gebrauch, jedoch stets dann, wenn wichtige Umstrukturierungen geplant wurden. Dies galt für die Integration Hennigsdorfs 1935 ebenso wie bei den Besitzverschiebungen kurz vor Kriegsende, über die man keine Rechenschaft ablegen wollte. Die Umwandlungen von Mittelstahl und Maxhütte in GmbH setzten diese Abschottungspolitik konsequent fort.

Das Neuarrangement der Beteiligungen änderte indes nur wenig an den tatsächlichen Beziehungen zwischen Konzernzentrale und Tochtergesellschaften. Vielmehr glich die direkte Unterstellung der regional und funktional gegliederten Gruppen unter die FFKG, wie sie 1943 vorgenommen wurde, die Besitzanordnung den langjährigen Leitungsstrukturen an. Schon in der Phase, in der Mittelstahl noch alle wesentlichen Beteiligungen in seinem Portefeuille gehalten hatte, war es gleichwohl die Berliner Zentrale gewesen, die Kontroll- und Koordinierungsaufgaben wahrgenommen hatte. Die außer Frage stehenden Eigentumsverhältnisse begründeten den Führungsanspruch der FFKG gegenüber Maxhütte, Harpen, Linke-Hofmann etc., auch wenn die Konzernholding gar nicht unmittelbar beteiligt war. Zudem wurde diese Praxis rechtlich abgesichert durch die Doppelstruktur der Mittelstahl-Hauptverwaltung Riesa, der die Geschäftsführung oblag, und der Mittelstahl-Verwaltungsstelle Berlin, die unter Flicks Leitung die Holdingaufgaben wahrnahm.

Die FFKG war es, die den Konzerncharakter des Gesamtgebildes konstituierte und Flicks Besitz über den Status einer bloßen Beteiligungssammlung hinaushob. In Berlin erfolgte die gesamte übergreifende Planung, welche die Einzelgesellschaften zu einem Ganzen integrierte und diese ungeachtet der Grundsätze rechtlicher Selbständigkeit und autonomer Unternehmensführung den Zielen des Konzerns unterordnete. So fielen die Entscheidungen für Akquisitionen neuer Unternehmen ausschließlich in der FFKG, wo erst die entsprechenden Pläne aufgestellt und dann die jeweiligen Vorstände informiert wurden, in welchem Umfang sie durch Bereitstellung von Mitteln dazu beitragen sollten. Auch das Verschieben von Beteiligungen unter den Tochtergesellschaften wurde in der FFKG-Führung konzipiert und im Anordnungswege an die Einzelfirmen weitergegeben. Dabei konnten die Ziele des Konzerns jenen der Töchter durchaus entgegenstehen wie im Falle des Harpen-HGW-Tausches, der keineswegs im Interesse des Dortmunder Unternehmens, wohl aber in dem der mitteldeutschen Werksgruppe lag. In solchen Fällen zeigten sich die FFKG-Spitze und insbesondere Flick persönlich bereit, notfalls unter explizitem Hinweis auf die Eigentums- und Machtverhältnisse Bedenken oder gar Widersprüche der Unternehmensvorstände rigoros auszuräumen. Auch in industrie- und verbandspolitischer Hinsicht beanspruchte die Berliner Zentrale die Führung, um ein einheitliches Auftreten des Konzerns zu gewährleisten. Entsprechend befolgten die Vorstandsmitglieder von Mittelstahl und Maxhütte im Zuge der Reichswerke-Krise 1937 die aus Berlin eintreffenden Weisungen minutiös und beriefen sich in ihren Argumentationen nicht auf die Interessen ihrer jeweiligen Unternehmen, sondern auf ihr Mandat als Vertreter Flicks.

Differenzierter stellte sich die Situation hinsichtlich der eigentlichen Unternehmensführung dar. Hier verfügten die Tochtergesellschaften über weitgehende Eigenständigkeit. Produktpaletten und Produktionsmethoden, Geschäftsbeziehungen und technische Forschungsleistung oblagen den Vorständen und teilweise auch den Werksleitungen. Insbesondere bestand kein Primat des Konzernumsatzes, das heißt Absatz- und Lieferverhältnisse waren nicht vorrangig zwischen Schwesterunternehmen abzuwickeln, sondern unterlagen dem üblichen Wettbewerb am Markt. Zwar waren die einzelnen Unternehmen grundsätzlich gehalten, untereinander eine freundliche Kooperation zu pflegen, die auch technische und personelle Hilfeleistungen umfaßte. Wenn aber das

Gröditzer Werk seine Radsätze an anderer Stelle zu höheren Preisen absetzen konnte, als sie LHW oder Busch-Bautzen zu zahlen bereit waren, schritt die Konzernleitung nicht ein, um eine Preissenkung zugunsten der eigenen Firmen durchzusetzen – zumindest solange nicht, wie die beiden Waggonfabriken in der Lage waren, ihren Bedarf ihrerseits außerhalb des Konzerns günstiger zu decken.[13]

Auch in den industriellen Arbeitsbeziehungen waren die Einzelunternehmen frei. Grundsätze für die »Gefolgschafts«politik legten allenfalls Parteistellen fest, nicht aber die Konzernführung. Entsprechend entschied über Umfang und Modus der freiwilligen Sozialleistungen, die infolge der restriktiven staatlichen Tarifsetzung zunehmend an Bedeutung für die Belegschaftsrekrutierung gewannen, jedes Unternehmen selbständig. Offenkundig wurde dies in der zwischen einzelnen Firmen signifikant variierenden Finanzausstattung der nur scheinbar einheitlichen »Friedrich-Flick-Stiftung« für bedürftige Beschäftigte.[14]

Der Eigenständigkeit der Vorstände in der operativen Unternehmensführung waren jedoch klare Grenzen gesetzt. Diese bestanden zum einen in der engmaschigen Kontrolle, die über das Berichtswesen, die Bilanzierungsarbeiten und regelmäßige Betriebsbesuche bestand. Die Unternehmen sandten in unterschiedlicher Häufigkeit Wochen- und Monatsberichte, die Aufschluß über Erzeugungshöhe, Produktangebot, Gefolgschaftsstand und finanzielle Ergebnisse gaben. Diese wurden in der FFKG von den Generalbevollmächtigten sowie von Flick persönlich gelesen.[15] Auf dieser Basis konnte die Konzernleitung im Falle unbefriedigender Leistungen oder Erträge direkt bei den Unternehmensleitungen intervenieren, wie Flick dies etwa im Zuge des Erzeugungsrückganges der ersten Kriegsjahre tat. Darüber hinaus schalteten sich Flick und seine Mitarbeiter auch in Vorstandssitzungen ein, allerdings nur im Falle von Mittelstahl und Maxhütte.[16] Dieser Fokus auf die Stahlerzeuger unterstrich deren Bedeutung als Konzernkern und bildete sich auch im Personaltableau ab. Bei Mittelstahl fungierten Kaletsch und Steinbrinck, später Burkart, unmittelbar als Vorstandsmitglieder. Mit Hermann Terberger wurde 1936 ein enger Mitarbeiter Flicks in die Spitze der Maxhütte delegiert. Flick selbst übte bei Mittelstahl gewissermaßen die Rolle eines Generaldirektors aus – den noch aus den Siegerländer Tagen stammenden Titel führte er weiterhin – und beschränkte sich keineswegs auf eine reine Kontrollfunktion. Vielmehr entschied Flick, legitimiert durch den faktischen Alleinbesitz, ob, wann und in welcher Form er Einfluß auf die Unter-

13 Notiz für Herrn Dr. Burkart, 15.11.1939 [Steinbrinck]; Notiz, 19.11.1940 [Weiss], beide BAB R 8122/471.

14 Vermerk (Vorstand). Betrifft: Friedrich-Flick-Stiftung – Besuch in Riesa, 1.12.1943, BAB R 8122/80908.

15 Monatsberichte der Maxhütte, Abt. Bergbau, an Flick: BBA 142/331; Monatsberichte MSt Lhh-Gruppe, SächsHStA 11616/12.205; Burkart an A. Hennecke, 4.5.1944, BAB R 8122/520, Bl. 56.

16 Aufstellung [über Sitzungen Maxhütte u. MSt], o.D, StAN Rep. 502, KVA, Handakten, B-64; Vernehmung F. Flick, 15.7.1947, StAN Rep. 501, KVP, Fall 5, A 47-49, Bl. 3658.

nehmensführung nahm. Dies schloß auch Vorgaben für die Ausrichtung der Einzelunternehmen nicht aus. Beispiele dafür waren Flicks Klinkenputzerei zur Rüstungsauftragsakquise 1933/34 oder die Überlegungen zur Positionierung der Konzernwerke auf dem Stahlmarkt 1942. Hier dienten Küttners Ausarbeitungen dazu, konkrete Entscheidungen für die strategische Ausrichtung der einzelnen Werke im Elektrostahlsegment zu treffen.[17]

Das zentrale Instrument der Konzernführung bildete indes die Finanzkontrolle. In diesem Bereich verfügte die FFKG nicht nur über einen detaillierten Überblick, sondern entschied auch über die Geldverhältnisse der Einzelunternehmen. Dies betraf neben dem aktienrechtlich vorgesehenen Zustimmungserfordernis der Aufsichtsräte zu Investitionen insbesondere die Erstellung von Bilanzen und Finanzplänen. Diese wurden bei sämtlichen wichtigen Produktionsgesellschaften in enger Abstimmung zwischen den jeweils zuständigen Vorstandsmitgliedern und der Finanzabteilung unter Konrad Kaletsch erarbeitet. Teilweise war dabei kaum noch ersichtlich, ob die eigentlichen Entwürfe aus den Büros der Produktionsunternehmen stammten und von den Berliner Holdingmitarbeitern lediglich geprüft und korrigiert wurden oder umgekehrt.[18] War die regelmäßig gewählte Selbstbeschreibung des Konzernaufbaus als dezentralisiert[19] schon für die Geschäftsführung nicht uneingeschränkt zu bejahen, so stand die Finanzverwaltung in offenkundigem Widerspruch zu diesem Prinzip, wie auch der Konzernchef selbst einräumte: »Dieser Punkt (Geldwesen)«, so erklärte Flick 1943, »erscheine ihm einer einheitlichen Regelung fähig und sogar bedürftig.«[20]

Führungspersonal

Die Beziehungen zwischen Holding und Töchtern wurden in der Praxis maßgeblich durch die jeweiligen Verantwortlichen auf beiden Seiten gestaltet. Bei einem Konzern von der Größe des Flick-Imperiums waren diese Beziehungen naturgemäß vielfältig und kaum auf einen einheitlichen Nenner zu bringen. Zwar war der Führungsanspruch Flicks und seiner Generalbevollmächtigten prinzipiell unumstritten. Im Einzelfall blieb jedoch erheblicher Spielraum. So traten Vorstandsmitglieder, die in ihren Unternehmen bereits vor der Übernahme durch Flick wichtige Rollen gespielt und sich nicht selten auch hohes Ansehen in ihren Branchen erworben hatten, oft selbständiger und selbstbewußter gegenüber der Berliner Zentrale auf, als die erst unter Flicks Ägide eingesetzten Manager. Karl Raabe etwa erreichte bei der Maxhütte nie die Auto-

17 Notiz für Herrn Flick, 2.2.1942 [Küttner], BAB R 8122/813.

18 Z.B. Kaletsch an Krugmann/Böhringer, 15.2.1935, BAB R 8122/878; MSt (Kaletsch/Kurre) an Busch-Bautzen (Reichert), 17.1.1942, SächsHStA 11692/43; Korrespondenz Kurre/Schneider 1939-42, SächsHStA 11692/38.

19 Zur Schilderung der Persönlichkeit von F.[lick], o.D. [1945, Kaletsch], BAB R 8122/80899; Dr. Friedrich Flick zum 70. Geburtstag, o.O., o.J. [1953], AIHKR, Ordner 2.

20 Vermerk, 1.2.1943, RWWA 72-171-6.

rität, die sein Vorgänger Böhringer gehabt hatte, zumal ihm mit Terberger ein Vertrauter Flicks unmittelbar zur Seite gestellt wurde. Auch bei Harpen war Buskühls Position – ungeachtet seiner unbestrittenen verbandspolitischen Führungsrolle – nicht mit jener Erich Ficklers zu vergleichen. Der ehemalige Mannesmann-Direktor trat in Konfliktsituationen stets mehr als Flick- denn als Harpen-Mann auf, ganz im Gegensatz zu Rüdiger Schmidt, der noch von Silverberg eingesetzt worden war und den Flick'schen Zumutungen für Harpen immer wieder kritisch entgegentrat. Buskühls Stellung differierte auch merklich von jener Ernst Tengelmanns, der an seinem Führungsanspruch bei der von ihm selbst gegründeten und entscheidend geprägten Essener Steinkohle keinen Zweifel ließ. Auch Tengelmanns Politik eines Managererbhofs zugunsten seines Sohnes Walter stellte Flick vorerst nicht in Frage, obgleich sie seine Fusionspläne mit Harpen erschwerte.

Die Bedeutung der zwei bzw. drei Generalbevollmächtigten für die Konzernführung ist kaum zu überschätzen. Mit der Ausdehnung des Konzerns war Flick zunehmend darauf angewiesen, Aufgaben zu delegieren. Insbesondere die aufwendige Lobby-, Informations- und Verhandlungsarbeit mit dem ständig wachsenden Behördenapparat des NS-Staates galt es auf mehrere Schultern zu verteilen. Diese Schultern gehörten nach 1933 vor allem Otto Steinbrinck, der aufgrund seiner guten Kontakte zu Militär- und Parteikreisen dafür prädestiniert schien und einen Großteil der »Arisierungs«verhandlungen führte. Dabei ging Steinbrinck selbständig vor, beachtete jedoch stets die mit Flick abgesprochenen Vorgaben. Bis zu seinem Ausscheiden 1939 waren Differenzen in den unternehmerischen Zielsetzungen zu keinem Zeitpunkt zu erkennen. Vielmehr erwies sich Steinbrinck noch in den letzten Wochen seiner Tätigkeit und trotz der aufgebrochenen zwischenmenschlichen Konflikte als durch und durch loyaler Gefolgsmann Flicks.

Mit den Berufungen von Burkart und Weiss wählte Flick zwei interne Nachfolgelösungen und trug dem Umstand der gewachsenen Arbeitsbelastung zumindest insoweit Rechnung, als er Steinbrincks Kompetenzen auf die beiden neuen Spitzenmanager aufteilte. Die Arbeitsteilung zwischen Kaletsch, Burkart und Weiss blieb bis Kriegsende erhalten, wurde aber durch die Integration weiterer Mitarbeiter in die FFKG-Zentrale zur Abdeckung spezieller Arbeitsbereiche – Rüstungsaufträge (Brurein), Steuern (Basler), Preisbildung und Gewinnabführung (Werning) – modifiziert (Abb. IV/5).

Auch die Stäbe der Bevollmächtigten wurden ausgebaut. Hatte Steinbrinck anfangs Terberger, später Burkart als Prokuristen an die Seite gestellt bekommen, so übernahmen nach dem Aufrücken Burkarts erst Hans Hahl, ab 1942 Carl Küttner diese Position. In Braunkohlefragen wirkte zudem Robert Tillmanns in Burkarts Abteilung mit. Tillmanns arbeitete auch Kaletsch zu, insbesondere bei der Öffentlichkeitsarbeit, die dieser nach Steinbrincks Weggang übernahm. Die an ein »Mädchen für alles« erinnernde Rolle Tillmanns, der eigentlich als Leiter von Flicks persönlichem Büro eingestellt worden war, hatte ihre Ursache darin, daß es ihm nicht gelang, sich einen eigenständigen Arbeitsbereich aufzubauen.

Insbesondere der direkte Zugang der drei Bevollmächtigten zu Flick verhinderte, daß Tillmanns die vorgesehene Schlüsselposition einnehmen konnte.[21] Unklar blieb auch die Rolle Alfred Rohdes. Dieser bearbeitete während der dreißiger Jahre weiterhin die oberschlesischen Angelegenheiten Flicks, wirkte führend an der »Arisierung« in Lübeck mit und betreute die Außenhandelsinteressen. Eine eindeutige Aufgabenzuweisung erhielt Rohde jedoch vorerst nicht, sondern bildete eine Art Führungsreserve, so daß er »immer [...] am Horizont schwebte«.[22]

Insgesamt kennzeichnete diese eher vage Aufgabenteilung die Arbeit in der Berliner Zentrale. Klare Ressortgrenzen bestanden kaum, die Zuständigkeiten überschnitten sich immer wieder. Dies galt sowohl für die Arbeitsbereiche von Burkart und Weiss, die sich mit den Aufgaben Brureins und Wernings überlappten und untereinander nicht eindeutig geschieden waren. Auch die 1943 etablierte Aufteilung der Konzernunternehmen in Produktionsgruppen stand quer zu den Kompetenzabgrenzungen Weiss' und Burkarts. Größere Klarheit konnte die Separierung der Finanzabteilung Kaletschs beanspruchen, wenngleich es zu Überschneidungen mit den Bereichen Wernings sowie Fritz Langs kam. Noch am einsichtigsten war insofern die Abgrenzung zur juristischen Hausabteilung von Streese und Solbrig, die wie gewohnt bei Bedarf durch Siegfried Frey und Hugo Dietrich ergänzt wurden.[23] Frey, der 1941 seinen 70. Geburtstag feierte, zog sich im Laufe des Krieges aus den Tagesfragen zunehmend zurück, blieb Flick aber als Berater erhalten, der die zentrale Rolle seines langjährigen Mitstreiters dankbar anerkannte: »Seit der Angliederung der Gewerkschaft Luise im Jahre 1916 ist keine Transaktion ohne Ihre Mitwirkung durchgeführt worden.«[24]

Stakeholder und Netzwerke

Während die Konzernverwaltung nach 1932 weiter wuchs, schrumpfte der Kreis der Vertrauten Flicks unter anderen Industriellen und Geschäftsleuten. Mit dem Rückzug aus den VSt und der Konzentration auf den mitteldeutschen Raum reduzierten sich die Interaktionsfelder mit den Vertretern der Ruhrkonzerne. Flick blieb zwar im Aufsichtsrat der VSt und hatte zudem über Harpen bald schon wieder einen Fuß im Westen. Das Verhältnis zu Vögler war aber nach 1933/34 spürbaren Schwankungen unterworfen, unter anderem infolge einer Affäre um Steinbrinck, die zwischenzeitlich zu einem Zerwürfnis zwischen Flick

21 Vernehmung Tillmanns v. 16.1.1947, StAN Rep. 502, KVA, Interrogations, T-27. Flick schätzte Tillmanns' Fähigkeiten nur gering: Vernehmung F. Flick am 14.1.1947, StAN Rep. 502, KVA, Interrogations, F-47.

22 Vernehmung F. Flick am 10.12.1946, ebd.; Antrag auf Ausstellung eines Arbeitsbuches, 17.11.1942, StAN Rep. 502, KVA, Interrogations, R-126.

23 Notiz für Herrn Kaletsch, 24.10.1942, StAN Rep. 501, KVP, Fall 5, A-1, NI-3125a, Bl. 78-89.

24 Zitat: Flick an Frey, 29.3.1941, BAB R 8122/31; Notiz für Herrn Flick, 11.11.1941 [Kaletsch], BAB R 8122/425.

und Vögler führte.[25] Erst Anfang der vierziger Jahre intensivierten die beiden Industriellen ihre Kontakte wieder und kamen regelmäßig zu Besprechungen zusammen. Mehrfach beriet sich Flick mit Vögler über seine Vorhaben, und bei Kriegsende war dem VSt-Kopf wohl auch die Rolle eines Treuhänders oder Testamentsvollstreckers zugedacht.[26]

Eine Wiederannäherung an die Ruhrkonzerne bedeutete die Konstituierung des Kleinen Kreises. Dieser berücksichtigte Flick in seiner Doppelfunktion als Eigentümer eines der größten Ruhrkohlenkomplexe wie auch als Vertreter der mitteldeutschen Stahlindustrie und erlaubte es ihm, seine Interessen in verbandspolitischen Fragen mit den wichtigsten Konkurrenten zu koordinieren. Effektiv waren die im Kleinen Kreis erzielten Einigungen gleichbedeutend mit Beschlüssen in den großen Kartellen und Syndikaten. Wichtiger noch war aber in dieser Hinsicht die Rolle Buskühls. Als verbandspolitischer Multifunktionär zählte er zu den bestvernetzten Industriellen an der Ruhr und informierte Flick regelmäßig über die Vorgänge im RWKS und in der Bezirksgruppe Steinkohlenbergbau.[27] Insofern kam Buskühl in seiner verbandspolitischen Rolle mehr denn als Vorstandsvorsitzender Harpens die Rolle eines Ankers im stets wichtigen Ruhrgebiet zu.

Von abnehmender Bedeutung waren die Beziehungen zu den Banken. Anders als in den Weimarer Jahren versetzte der sinkende Anteil der Fremdfinanzierung Flick in die Lage, den Kreditinstituten weit mehr noch als früher Bedingungen zu diktieren. Eine auch nur begrenzte Mitsprache der Bankhäuser, wie sie zuvor etwa Danat oder BHG gehabt hatten, fand in den Dreißigern praktisch gar nicht mehr statt. Die Mitwirkung an Flicks Geschäften reduzierte sich nun vollends auf beratende Funktionen, wie sie Jeidels und Kimmich bei der Konzeption der Harpen-*Bonds* ausübten. Als wichtigster Ansprechpartner erwies sich dauerhaft die Deutsche Bank, mit deren Direktoren Kimmich, Kiehl und dem von Delbrück, Schickler & Co. gewechselten Abs Flick die regelmäßigsten Rücksprachen hielt. Hingegen gelangte die Bedeutung der Dresdner Bank, die in dieser Hinsicht nicht das Erbe von Goldschmidts Danat antreten konnte, über die üblichen Konsortialbeteiligungen nicht hinaus. Auch das Gros der übrigen Groß- und Privatbanken blieb letztlich ohne größere Relevanz für Finanzierung und Politik des Konzerns in den dreißiger und vierziger Jahren.[28]

25 Vögler warf Steinbrinck vor, den Vertreter einer niederländischen VSt-Tochter in einer nicht näher bezeichneten Angelegenheit bei Himmler denunziert zu haben; vgl. [Bemerkungen Flicks zum Manuskript Klass], 29.9.1956, TKA A/8943; Vernehmung F. Flick am 8.2.1947, StAN Rep. 502, KVA, Interrogations, F-47.

26 Exemplarisch: Flick an Vögler, 13.7.1940, BAB R 8122/80918, NI-3086; Herrn Weiss, 16.7.1942 [Burkart], BAB R 8122/520, Bl. 65; Kaletsch an Budde, 27.1.1945, BAB R 8122/80898.

27 U.a. Buskühl an Flick, 11.2. u. 14.7.1943, StAN Rep. 501, KVP, Fall 5, B-10, NI-4743 u. NI-4736, Bl. 223-237.

28 Zwar zählte der Flick-Konzern zu den größten Debitoren der Dresdner Bank (Bähr, Dresdner Bank, S. 205), umgekehrt war diese jedoch von keiner herausgehobenen Be-

Die insgesamt abnehmende Relevanz des privatwirtschaftlichen Beziehungsgeflechts, in dem Flick operierte, spiegelte den allgemeinen Trend zur Überlagerung marktwirtschaftlicher Mechanismen durch das staatliche Nachfragemonopol der Rüstungs- und Kriegswirtschaft wider. Um die Befriedigung dieses Bedarfs sicherzustellen, bemühten sich Partei- und Staatsführung, mittels Regelungs- und Anreizsystemen – konditionale Ressourcenallokation, finanzielle Beihilfen, Rechtsetzung, Sanktionsdrohungen sowie ein weltanschaulich verbindliches Milieu – Einfluß auf die unternehmerische Strategie- und Entscheidungsbildung zu erlangen. Die privatwirtschaftlichen Eigeninteressen von Bestandserhaltung, Gewinnerzielung und Wachstum sollten in den Dienst der nationalsozialistischen Politik gestellt werden.[29]

Gleichwohl verlief diese Einflußnahme nicht entlang einer Einbahnstraße. Vielmehr zeichnete sich eine reziproke Grundstruktur ab, die etwa die Frage, wann und zu welchen Bedingungen Steuerungsmedien zum Einsatz kamen, ihrerseits zum Verhandlungsgegenstand machte. Die Entscheidung über Anreize und Zwänge war nicht unilateral der staatlichen Autorität bzw. ihren aus der Parteibürokratie stammenden Usurpatoren vorbehalten, sondern war durch die privatwirtschaftliche Empfänger-Seite ihrerseits aktivierbar. Dies galt etwa, wenn Flick 1933 die Einbeziehung der ATG in das Luftrüstungsprogramm forderte, um wenig später mit dem Argument, zum Umbau verpflichtet worden zu sein, bessere Finanzierungsbedingungen zu verlangen. Auch staatliche Zwangsmaßnahmen ließen sich entsprechend aktivieren: gegen verkaufsunwillige jüdische Eigentümer, aber auch gegen den »Antragsteller« selbst, wenn dies der eigenen Außendarstellung zuträglich schien wie im Falle des Harpen-HGW-Tauschgeschäftes, für das Flick beharrlich auf einem offiziellen Befehl insistierte.

Begründet war diese Aushandelbarkeit zuvorderst durch den Umstand, daß das NS-Regime das Institut des Privateigentums nicht aufhob, somit die unmittelbare Verfügungsgewalt über die Produktionsmittel mehrheitlich in privater Hand beließ und auch das Rentabilitätserfordernis privatwirtschaftlichen Handelns nicht grundsätzlich in Frage stellte, sondern für seine eigene Zwecke einzuspannen trachtete. Unter der primären Bedingung, Rüstungs- und Kriegswirtschaft leistungsfähig bzw. überhaupt am laufen zu halten, war ein Verzicht auf das ökonomische und technische Know-how der Privatwirtschaft bzw. ihre weitgehende Demotivierung keine Option. Daher mußten Einschränkungen der privatwirtschaftlichen Handlungsfreiheit regelmäßig durch finanzielle Kompensationen erkauft werden.[30]

deutung für Flick, sondern weitgehend ersetzbar. Aus historischen Gründen hatte sie die Konsortialführung in Riesa und Breslau, diese beschränkte sich jedoch auf die technische Geschäftsabwicklung. Von einer »enge[n] Beziehung« bzw. »intensive[n] Geschäftsbeziehungen mit Friedrich Flick« ist wohl nicht zu sprechen; so aber Ziegler, Dresdner Bank, S. 239, und Wixforth, Expansion, S. 124, 136.

29 Vgl. Plumpe, Unternehmen im NS, S. 264; Buchheim, Unternehmen, S. 357-359, 387.

30 Ebenso: Buchheim, Unternehmen, S. 356, 370, 387f.

Leistungsgemeinschaft

Die Koppelung von Leistung und Gewinnerzielung gehörte auch zu den konstitutiven Merkmalen der »Selbstverantwortung der Industrie«. Die privatwirtschaftliche Organisation der Produktionskräfte sollte demnach Leistungsfähigkeit und -bereitschaft, Rationalität und Effizienz gewährleisten. Die erfolgreiche Ausführung von Rüstungsaufträgen geriet zum prämierungswürdigen Beitrag zur Kraftanstrengung der Volksgemeinschaft im Kriege. Damit fügten sich die von Todt und Speer implementierten Reformen der Rüstungsbürokratie nahtlos in die nationalsozialistische Konzeption der (industriellen) Arbeitswelt als »Leistungsgemeinschaft« ein, die der individuellen Arbeitserbringung nur als Anteil des Betriebs- bzw. Volksganzen einen Wert beimaß.[31] Ausfluß dieses Wirtschaftsverständnisses, das Produktivität und Effizienz honorierte, Defizite jedoch scharf sanktionierte, war die Belohnung von Rationalisierungserfolgen durch Profite ebenso wie die Bestrafung der »Minderleistungen« ausländischer Arbeiter in Gestalt des mörderischen Prinzips der Leistungsernährung. »Rüstungswunder« und Zwangsarbeit waren somit nicht nur funktional aneinander gekoppelt, weil ohne die Millionen ausländischer Arbeiter die Produktionssteigerung bzw. -aufrechterhaltung der letzten Kriegsjahre nicht möglich gewesen wäre, sie stellten auch ideell zwei Seiten einer Medaille dar.

Wenn die Hierarchisierung der Kriegsgesellschaft ihr Gepräge durch das Leistungsprinzip erhielt, stand der Flick-Konzern in dieser Rangordnung weit oben. Schon im Juli 1942 präsentierte eine Aufstellung der FFKG stolz die »Leistungen der F.[lick]-Gruppe«: In der Rohstahlerzeugung belegte man hinter den VSt und vor Krupp den zweiten Rang der privaten Stahlerzeuger. Auch bei Geschossen nahm man die zweite Position hinter den VSt ein. In der Panzerfertigung waren die Brandenburger Werkstätten des Konzerns sogar zum Marktführer bei Gehäusen und Aufbauten geworden.[32] 1944 zählte man nicht weniger als 17 Produktionsstandorte im Dienste der unmittelbaren Rüstungserzeugung, vier von ihnen waren als Kriegsmusterbetriebe ausgezeichnet worden.[33]

Der Erfolg des Konzerns bestand nicht zuletzt im Erfolg der einzelnen Firmen und Werke. Gerade die technischen, in geringerem Maße auch die kaufmännischen Verantwortlichen wurden unter Todts und Speers Ägide in großer Zahl in Funktionen in der Rüstungsbürokratie berufen. Daraus erwuchsen enge Beziehungen zwischen den Firmenleitungen und den staatlichen Verteilungs- und Koordinationsstellen ebenso wie eine hohe Identifikation der Rüstungs-

31 Vgl. Hachtmann, Industriearbeit, S. 16 f.; Geyer, Insurance, S. 1059 f.

32 Leistungen der F.-Gruppe, 9.7.1942, BAB R 8122/80918, NI-3496.

33 Notiz für Herrn Dr. Tillmanns, 20.6.1944, StAN Rep. 502, KVA, NI-5452; s. auch MSt Riesa an RüKdo Dresden, 27.3.1944, SächsHStA 11616/15.12; Weiss an Stadtkämmerer Breslau, 16.11.1942, StAN Rep. 502, KVA, Handakten, B-72; Geschäftsbericht der Brandenburger Eisenwerke für das Geschäftsjahr 1941/1942, 7.1.1943, BAB R 2301/5568, Bl. 109-115; Weiss an Borner, 3.5.1943, BAB R 8122/80899; Flick an ATG, 1.3.1944, BAB R 8122/80920, NI-12128.

manager mit der Zielvorgabe permanenter Leistungssteigerung bis in die letzten Monate des Krieges hinein. Die technische und wirtschaftliche Machbarkeit geriet dabei nicht selten zum Selbstzweck bzw. war von ideologischen Motiven der Regimetreue kaum zu unterscheiden.[34] Die Verbindung eigener Ziele mit jenen des Regimes artikulierte sich im Oktober 1944 beispielhaft in der emphatischen Forderung Gerhard Bruns', im Nebenamt sächsischer Bezirksobmann des Munitionsministeriums: »Es muß uns gelingen, in kürzester Zeit eine Panzergranate zu fertigen, die nach jeder Richtung hin alles schlägt.«[35]

Auch Flick selbst versäumte nicht, zumindest nach außen Funktionen in den Selbstverwaltungsorganen der Kriegswirtschaft wahrzunehmen, ohne dabei seine traditionelle Abstinenz von verbandspolitischen Repräsentationsaufgaben wirklich aufzugeben. Flick war als einziger Industrieller neben Alfried Krupp von Bohlen und Halbach in den Präsidien sowohl der RVK und als auch der RVE vertreten. Von der praktischen Arbeit hielt er sich weitgehend zurück, auch um nicht die Verantwortung für die angesichts der allgemeinen Mangelwirtschaft unvermeidbaren Versorgungsprobleme tragen zu müssen.[36] Bei den Sitzungen von BHO und Brabag fiel Flick ebenfalls meist nur durch Abwesenheit auf bzw. delegierte seine Mitarbeiter in die eigentlich ihm zugedachten Mandate.[37] Dennoch signalisierte Flick durch die Annahme entsprechender Ämter eine affirmative Grundhaltung gegenüber den Institutionen der NS-Wirtschaftsbürokratie. Nicht zuletzt diente seine fortgesetzte Mitgliedschaft im »Freundeskreis« Himmlers diesem Zweck. Zwar zählte Flick wiederum nicht zu den regelmäßigsten Teilnehmern der Herrenabende unter dem Patronat des Reichsführers SS, wohnte aber doch oft genug den Veranstaltungen bei, um sein generelles Interesse an guten Beziehungen zum Regime zu demonstrieren.[38] Auch die Spendenzahlungen im Rahmen des Freundeskreises flossen bis ins letzte Kriegsjahr ohne Abstriche.[39]

Die Selbstindienststellung des Flick-Konzerns für die Zwecke der Kriegswirtschaft sowohl in produktiver als auch in personeller Hinsicht stieß auf ein positives Echo beim Regime. Obgleich Flick zu Todt und Speer anders als zu Schacht

34 Vgl. Ludwig, Technik, S. 344-403, 415-436.

35 Rundschreiben Bruns', 19.10.1944, BAB R 8122/553. Nahezu alle leitenden Mitarbeiter der SGW nahmen Aufgaben in der Rüstungsbürokratie wahr, andere Beispiele waren Putzes (LHW) und Schade (ATG); Öffentliche Ämter in der Wirtschaft, BAB R 8122/560; Notiz für Herrn Flick, 7.7.1943, NI-3613, BAB R 8122/80918; Bericht über den XIII. Betriebsmonat 1940/41 der ATG, BAB R 8122/941, Bl. 189.

36 Eidesstattliche Erklärung G. Knepper, 21.6.1947, StAN Rep. 501, KVP, Fall 5, E-4, Dok. Flick-28, Bl. 114-116; vgl. Priemel, Macht, S. 178.

37 Flick ließ sich anfangs von Koppenberg über die Entwicklung der Brabag auf dem laufenden halten, später entsandte er Steinbrinck. Nach dessen Ausscheiden bemühte sich Flick erfolglos, Franz Hellberg zu positionieren, in der Brabag legte man aber auf Flicks persönliches Renommee Wert, vgl. die Korrespondenz in BAB R 8122/80902 (FFA3/183); vgl. zur Brabag Bütow/Bindernagel, Nachbarschaft.

38 Vgl. Bütow, Freundeskreis, S. 40, 59.

39 Einzelnachweise und Zahlungsbelege in StAN Rep. 501, KVP, Fall 5, B-26, B-32 u. B-35.

und Göring praktisch keine direkten Verbindungen unterhielt, führte die Machtverschiebung innerhalb der Wirtschafts- und Rüstungsverwaltung nicht zu einer Statusverschlechterung der FFKG. Zum einen bestanden weiterhin feste Beziehungen in die Berliner Ministerialbürokratie, zum anderen wurde der Kontakt zur Rüstungsadministration Speers dezentral, aber nicht weniger erfolgreich über die Einflechtung der Manager seiner Konzernunternehmen in die neuen Institutionen etabliert.

In der Berichterstattung der gleichgeschalteten NS-Presse zu Flicks 60. Geburtstag 1943 entstand so das Bild eines deutschen Modellindustriellen.[40] Dem Pressetenor zufolge verband Flick langjähriges, erfolgreiches Wirken in einem Kernbereich der deutschen Wirtschaft mit den Attributen persönlicher Unternehmertätigkeit. Die Bedeutung von Flicks Firmen für die deutsche Rüstungswirtschaft und der Aufbau eines industriellen Erbhofs genügten, um Flick als Projektionsfläche für die unternehmerische Ausprägung des nationalsozialistischen Führerprinzips durchgehen zu lassen. Dies konnte nicht überraschen, waren die Würdigungen der überregionalen Zeitungen doch das Resultat einer gezielten Orchestrierung durch die FFKG. Kaletsch und Tillmanns hatten die Gelegenheit genutzt, das im Flick-Konzern seit Jahren gepflegte restriktive Verständnis von Öffentlichkeitsarbeit durch die dezidierte Instruierung der Presse anläßlich von Flicks Jahrestag nun mit offizieller Rückendeckung zu voller Geltung zu bringen. Mit dem Ergebnis zeigte sich Kaletsch weitgehend zufrieden, die Schriftleiter hätten im Schnitt »guten Willen gezeigt und großen Ernst an den Tag gelegt«. Allerdings merkte er kritisch an, daß der *Völkische Beobachter* das Ereignis nur »unter ›ferner liefen‹« behandelt habe. Angesichts des Umstandes, so Kaletsch, daß Flick »vom Führer persönlich ein herzlich gehaltenes, persönliches Telegramm« erhalten hatte, sollte man das NS-Zentralorgan darauf hinweisen, was die Zeitung verpaßt habe.[41]

Es entbehrte nicht einer gewissen Ironie, daß die Lobeshymnen auf Flick kaum verklungen waren, als sich abzeichnete, daß der Konzern den Zenit seiner Expansion unter der NS-Herrschaft bereits überschritten hatte. Zur Jahreswende 1943/44 zeigten sich in Flicks Imperium feine Risse, die den bevorstehenden Zusammenbruch des Konzerngebäudes ankündigten. Anders als 1931/32 war diese Gefährdung nicht originär ökonomischen Fehlkalkulationen geschuldet, sondern mit dem Niedergang des »Dritten Reiches« verbunden. Darin erging es dem Flick-Konzern grundsätzlich nicht anders als der Mehrheit der deutschen Unternehmen. Bombenkrieg, Eroberung und Besetzung, bald auch Beschlagnahmung und Demontage, betrafen prinzipiell die gesamte deutsche Wirtschaft.

40 Zum folgenden die Presseauschnittssammlung in BAB R 8122/135; sowie: Vom Wesen der Unternehmerpersönlichkeit. Eine Nachlese zum 60. Geburtstag von Friedrich Flick, in: Der Vierjahresplan (1943), Heft VIII, S. 289 (für den Hinweis danke ich Christiane Botzet sehr herzlich).

41 Notiz. Betr. 10.7.1943, 7.1.1943, NI-10060; Zitat: Notiz. Betrifft: Presse-Angelegenheit/60. Geburtstag Dr. F., 12.7.1943, NI-10064, beide BAB R 8122/80920.

Mit dem Vormarsch der alliierten Truppen zerrannen die in die Industriewerte der besetzten Gebieten gesetzten Hoffungen: schon im Herbst 1943 am Dnjepr, im Sommer 1944 in Riga und Rombach. Ab Anfang 1945 wechselten die ersten der im Osten des Reiches gelegenen Werke Flicks in den Westen des sowjetischen Besatzungsgebietes. Mehr noch, der sich abzeichnende Zerfall der staatlichen Autorität und die ungewisse Bestandskraft der unter dem NS-Regime rechtskräftig gewordenen Besitzwechsel ließen die Desintegration weiter Teil des Konzernvermögens wenigstens möglich, mit Blick auf die Braunkohlenindustrie sogar erwartbar erscheinen. Vor diesem Hintergrund nahmen die Umbauten in der Konzernstruktur zwischen 1943 und 1945, die eigentlich der organisatorischen Konsolidierung dienen sollten, zunehmend den Charakter von Präventivmaßnahmen zur Abwehr des Eigentums- und Kontrollverlusts an. Inwieweit die Prophylaxe Wirkung zeigte, würde die Zukunft erweisen. Offenkundig aber war, daß der Flick-Konzern die strategische Initiative verloren hatte und in wachsendem Maße in eine reaktive Rolle gedrängt wurde. Ob Flick das »Dritte Reich« unter dem Strich mit einem Mehr an Besitz und Einfluß oder mit Verlusten gegenüber seiner Position 1932/33 verlassen würde, lag nicht in seiner Hand.

Demontierte Reparaturwerkstatt, Werk Gröditz, 1945

Teildemontierte Röhrengießerei, Werk Gröditz, 1945

»Fall 5«: Überreichung der Anklageschrift, 18.3.1947
(von links: Weiss, Flick, Burkart, Kaletsch, Steinbrinck, Terberger)

Urteilsverlesung am 22. Dezember 1947 (auf der Anklagebank von links Terberger, Weiss, Kaletsch; davor die Verteidiger Horst Pelckmann und Franz von Papen jr.)

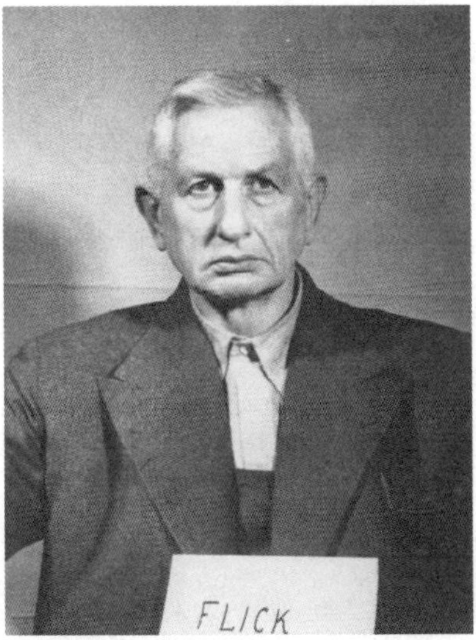

Friedrich Flick als Angeklagter in Nürnberg, 1947

Otto Steinbrinck als Angeklagter in Nürnberg, 1947

Konrad Kaletsch als Angeklagter in Nürnberg, 1947

Odilo Burkart als Angeklagter in Nürnberg, 1947

Bernhard Weiss als Angeklagter in Nürnberg, 1947

Hermann Terberger als Angeklagter in Nürnberg, 1947

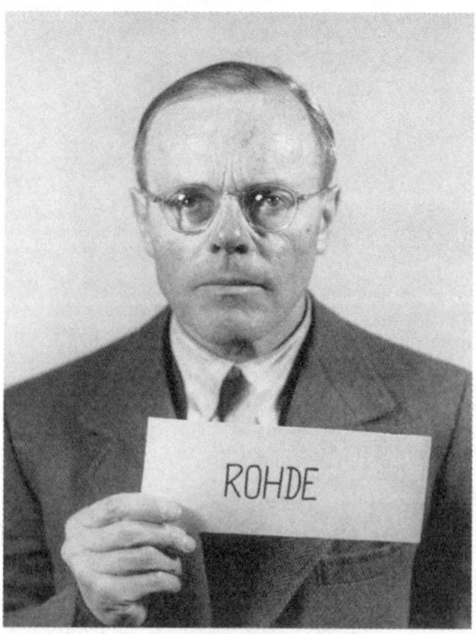

Alfred Rohde als Zeuge in Nürnberg, 1947

Wolfgang Pohle, um 1950

Maxhütte, Werk Sulzbach-Rosenberg, 1949

Zwischen zwei Epochen: das Lübecker Werk, 1954

Einhunderjahrfeier Maxhütte, 1953
(von links: Flick, Ehard, Zietsch)

Einhundertjahrfeier der Harpener Bergbau AG, 1955 (erste Reihe von links: Flick, Keuning, Louvel, Arnold, de Margerie, Erhard, Marx, Mayer, Seebohm; 2. Reihe: Burkart [hinter Louvel] und Kaletsch [schräg rechts hinter Erhard]

Otto-Ernst und Friedrich Karl Flick, 1953

Teil C
Kein Wunder

V. Fall (1944/45-1947)

1. Die Auflösung des Konzerns

Die Umschichtung der Kapitalbeteiligungen und die Neuregelung der Besitzverhältnisse im Flick-Konzern seit Mitte 1944 trugen bereits der Erwartung eines verloren gehenden Krieges Rechnung. Die Umbauten hatten dabei vor allem präventiven Charakter. Dies galt um so mehr, als bis weit in das letzte Kriegsjahr hinein Ungewißheit – oder besser: Illusionen – über den Charakter der Niederlage in der deutschen Unternehmerschaft weit verbreitet war. Insbesondere die Erkenntnis, daß der totale Krieg in die totale Kapitulation münden würde, setzte sich nur allmählich durch. Erst die Kombination aus dem Luftkrieg, der zur Zerstörung ganzer Städte führte, der Besetzung und Aufteilung des Altreiches durch die Alliierten, den ersten Demontagen sowie den Verhaftungen namhafter Repräsentanten der Privatwirtschaft ließ immer weniger Zweifel an einem substantiellen Kontroll- und mutmaßlichen Vermögensverlust zu. Zwischen Sommer 1944 – wenn nicht gar schon früher, seit dem Desaster von Stalingrad – und Mitte 1946 sah sich die deutsche Wirtschaftselite gezwungen, sich schrittweise mit der Realität des Einsturzes des gewohnten staatlichen und, vor allem im Osten, auch des wirtschaftlichen Koordinatensystems vertraut zu machen. Erst im Zuge dieses mühsamen Lernprozesses gelangte die Mehrheit der Unternehmer, unter ihnen die Führungskräfte des Flick-Konzerns, in der »Zusammenbruchgesellschaft«[1] an.

1.1. Kriegsende

1.1.1. Nachkriegsplanungen 1944/45

Während die Regimespitze im Juli 1944 einmal mehr den totalen Krieg ausrief und mit Durchhalteparolen die letzten Reserven zu mobilisieren hoffte, machten sich führende Vertreter sowohl auf ministerialer Ebene als auch innerhalb der privaten Wirtschaft daran, Pläne für eine Friedenswirtschaft zu schmieden, die nicht durch jenen deutsch-dominierten »Großwirtschaftsraum« gekennzeichnet war, mit dem man bis 1942/43 gerechnet hatte. Die Initiative zur binnenwirtschaftlichen Nachkriegsplanung ergriff die private Seite, band frühzeitig aber auch Regierungsbeamte und Vertreter staatlicher Unternehmen ein.[2] In die Überlegungen, die zunächst im Umfeld des Generaldirektors der Salzdetfurth AG, Rudolf Stahl, entwickelt wurden, durch die Kontakte ins Reichswirtschafts-

1 Kleßmann, Staatsgründung, S. 37, 39.

2 Hierzu und zum folgenden: Herbst, Krieg, S. 383-404; Schumann, Nachkriegsplanungen.

ministerium aber bald einen offiziösen Charakter erhielten[3], wurde auch Friedrich Flick einbezogen.[4]

Im Herbst des Jahres gewannen die konzeptionellen Arbeiten erheblich an Dynamik. Die Reichsgruppe Industrie erhob Ende Oktober systematisch Daten von den Wirtschaftsgruppen, um Kapazitätsniveau, Reparaturbedarf und Finanzlage für die Umstellung auf die Friedenswirtschaft abschätzen zu können.[5] Die Friedrich Flick KG (FFKG) erhielt hiervon nur wenige Tage später über Wilhelm Steinberg, Nachfolger Sempells in der Berliner Dependance der Vereinigten Stahlwerke (VSt)[6], Kenntnis und nutzte umgehend die Gelegenheit, die eigene Sicht in den Informationsfluß des Verbandes einzubringen. Kaletsch und Burkart zeigten sich gegenüber Steinberg fest davon überzeugt, »daß wir die Disposition für die Erledigung der wirtschaftlichen Fragen in der Hand behalten«; eine Umwälzung in den Eigentumsverhältnissen erwarteten sie nicht. Auch im übrigen fiel die Lageeinschätzung zuversichtlich aus. Ungeachtet der Auswirkungen des Luftkrieges prognostizierten die beiden Generalbevollmächtigten, daß die deutsche Industrie »im großen und ganzen intakt« bleiben werde, rechneten mit dem ungehinderten Zugang zu den europäischen Märkten und gewannen dem Bombenhagel gar noch etwas Positives ab: Im Inland werde angesichts des »gewaltigen Baubedarfs« zweifelsohne kein Nachfragemangel an Eisen und Stahl herrschen.[7]

In einer Denkschrift Jakob Reicherts, die auf Steinbergs Mitteilungen aufbaute, setzte sich dieser Optimismus nicht nur ungebrochen fort, sondern wurde noch akzentuiert. Durch das komplette Exposé zog sich wie selbstverständlich die Annahme, die Privatwirtschaft werde ungestört ihre Reintegration in die Weltwirtschaft und den sofortigen Wiederaufbau in Angriff nehmen können. Nicht einmal die Möglichkeit harter Friedensbedingungen wurde in Rechnung gestellt. Statt dessen basierte das Exposé auf der Prämisse eines schlichten Endes der Kampfhandlungen – außerhalb der Reichsgrenzen von 1937. Selbstreflexion und eine realistische Einschätzung der alliierten Kriegsziele gingen dem Memorandum des Geschäftsführers der Eisen-Wirtschaftsgruppe völlig ab.[8]

Kaletsch erhielt vom Inhalt des Memorandums erneut durch Steinberg Kenntnis. Inhaltlich hatte er keine Beanstandungen, entsprach dies doch weit-

3 Zum Stahl-Kreis: Herbst, Krieg, S. 385-389. In der Wirtschaftsgruppe Eisen schaffende Industrie hatte der Geschäftsführer Jakob Reichert wohl zunächst unabhängig erste Sondierungen ins RMfRuK unternommen; 2. Aktenvermerk: Betr. Europaplan, 29.7.1944 [Jakob Reichert], BADH R 13 I/697, Bl. 2-4.

4 Vgl. Herbst, Krieg, S. 387; Berghahn, Unternehmer, S. 56.

5 Skrodzki an J.W. Reichert, 31.10.1944, BADH R 13 I/665, Bl. 35f.; Herbst, Krieg, S. 397-402.

6 Sempell starb 1942; vgl. Kanther, Steinberg, S. 8f.

7 Notiz für Herrn Dr. Flick, 4.11.1944 [Kaletsch], BAB R 8122/75; Notiz, 9.11.1944 [Kaletsch], ebd.

8 Zur Umstellung der Eisen schaffenden Industrie auf die Friedenswirtschaft, 10.11.1944 [Reichert], BADH R 13 I/665, Bl. 17-34; vgl. Henke, Besetzung, S. 471f.

gehend dem, was Burkart und er selbst zu Protokoll gegeben hatten. Allerdings zeigte sich der Flick-Manager pikiert, daß sein Konzern nur auf indirektem Wege kontaktiert wurde, und forderte eine intensivere Einbindung in die Verbandsarbeit.[9] Dort beschleunigte sich unterdessen die »Abkoppelung«[10] von der absurden Endsieg-Politik des Regimes, die ihren unzweideutigen Ausdruck in der Redaktion von Reicherts Denkschrift fand. Der darin enthaltene Rekurs auf Zusagen Hitlers zur Wiederherstellung der Privatinitiative nach dem Krieg wurde schlicht gestrichen.[11] So viel schien klar: Für Führerversprechen würde man sich künftig nichts mehr kaufen können.

1.1.2. Zusammenbruch der Produktion

Indes überholte die Realität des Krieges die zum Jahreswechsel angestellten Planspiele rasch. In Jalta ließen die Alliierten Anfang Januar 1945 keine Zweifel daran, daß sie eine komplette Besetzung Deutschlands ebenso anstrebten wie eine vollständige Vernichtung seines Kriegspotentials, das heißt der gesamten Rüstungsindustrie.[12] Beides wurde durch die vorrückenden alliierten Truppen und die nochmalige Intensivierung der Luftkriegsführung in den letzten Kriegsmonaten nachdrücklich unterstrichen. Vor allem im Osten überrollte die Rote Armee die Reste der Wehrmacht förmlich und näherte sich unaufhaltsam den deutschen Grenzen und damit auch den Außenposten des Flick-Imperiums.[13]

Von den alliierten Luftangriffen hingegen blieben die Unternehmen Flicks weitgehend verschont. Mit einer gewissen Überpointierung läßt sich für die Konzerfirmen konstatieren: Der Bombenkrieg fand nicht statt.[14] Dies folgte in erster Linie daraus, daß die Mehrzahl der Werke fernab der industriellen Ballungszentren lag. Während etwa die Eisenhütten des Ruhrgebiets schon seit 1942/43 zum regelmäßigen Ziel des strategischen Bombardements geworden waren, blieben die mittel- und süddeutschen Betriebe von Mittelstahl, Döhlen, Busch-Bautzen und Maxhütte praktisch vollkommen verschont.[15] Nennenswerte Zerstörungen meldeten lange nur Lübeck, wo im Juli 1942 die Teerdestillation in

9 Notiz für Herrn Dr. Burkart, 1.12.1944 [Kaletsch], BAB R 8122/556.
10 Herbst, Krieg, S. 458; so auch Henke, Besetzung, S. 453.
11 Reichert an Skrodzki, 11.1.1945, BADH R 13 I/665, Bl. 1f.
12 Vgl. Henke, Besetzung, S. 455; Kleßmann, Staatsgründung, S. 29f.
13 Als einer der ersten Betriebe Flicks meldete im Januar 1945 eine schlesische Ziegelei das Nahen der Roten Armee; Bericht Siekmann an Tittler/Nordische Holzhandelsgesellschaft, 29.1.1945, StAN Rep. 502, KVA, Handakten, B-72.
14 Hingegen wurde Flicks Berliner Privathaus bereits im Dezember 1943 ausgebombt. Daraufhin übersiedelte er zunächst auf sein brandenburgisches Gut Bärfelde, später nach Bayern; Flick an Reichert, 6.1.1944, BAB R 8122/137; Aktenvermerk, 12.2.1944 [Siedersleben], RWWA 72-184-9; Pleiger an Stadtpräsidenten der Reichshauptstadt, 12.5.1944, BADH R 10 VIII/25, Bl. 86f. Allg., mit Verweisen zur massiv angewachsenen Literatur: Blank, Kriegsalltag.
15 Vgl. die marginalen Erwähnungen der Flick-Konzernwerke in The Bomber's Baedeker, 2nd Edition (1944), NARA RG 226, Entry 16, Box 1036, Doc. 89972.

Schutt und Asche gelegt wurde, der Großteil des Hochofenwerks jedoch unversehrt blieb[16], und Leipzig, das als eines der Zentren der deutschen Flugzeugindustrie mehrfach von schweren Angriffen getroffen wurde. Dies galt auch für die ATG Maschinenbau GmbH, die in Fabriken mit stillgelegten zivilen Erzeugungen auswich.[17]

Ernste Schäden erlitten die im Ruhrgebiet gelegenen Unternehmen des Flick-Konzerns. Seit Ende 1943 wurden die Harpen- und Essener Zechen mehrfach durch teils schwere Luftangriffe beeinträchtigt.[18] Den Höhepunkt erreichten die Bombenabwürfe Mitte März 1945 in Dortmund mit dem größten Luftangriff auf eine europäische Stadt im gesamten Krieg.[19] Allein auf die Harpen-Zeche Gneisenau gingen 135 Sprengbomben nieder, die nahezu sämtliche Übertagebauten zerstörten. Die wichtigeren Untertageanlagen wurden von den Luftangriffen allerdings kaum tangiert. Am meisten litten unter den Bombenabwürfen die ausländischen Arbeiter, deren Unterkünfte mehrfach zerstört wurden. In den Opferstatistiken spiegelte sich dies drastisch wider. Unter den 81 Toten des März-Angriffs auf Gneisenau waren nur drei Deutsche, aber 78 Ausländer.[20] Schwere Verluste verzeichneten die Chemischen Werke in Bergkamen, die zwischen September 1944 und März 1945 durch drei Angriffe zur Stillegung gezwungen wurden und ihre Schäden auf rund 15 Mio. RM bezifferten.[21] Bombenschäden dieses Ausmaßes blieben jedoch Einzelfälle.[22] Insgesamt trifft für die Unternehmen des Flick-Konzerns, mehr noch als für die übrigen Stahlkonzerne, die Feststellung zu, daß die kriegsbedingten Verluste von den Kapazitätsausweitungen des zurückliegenden Jahrzehnts mindestens ausgeglichen, eher aber deutlich übertroffen wurden.[23]

Schwerer als die direkten Einwirkungen der Luftangriffe wog die Verschlechterung in der Versorgungslage der Werke. Der Ausfall von Zulieferern, gerade

16 RüKdo Kiel an OKW WiAmt, 17.7.1942, BA-MA RW 21-32/11, Bl. 26f.; Vorstand HOW Lübeck an AR-Mitglieder, 21.7.1942, AHStL Metallhüttenwerke Nr. 117; vgl. Leben und Arbeit, S. 289, 291.

17 Bericht über die Luftangriffe auf Leipzig am 20.2.1944, BA-MA RW 21-36/18, Bl. 99-101; Feindeinwirkungen im Monat Mai/1944, BA-MA RW 46/423, Bl. 35f.; Mietvertrag Wollgarnfabrik Tittel & Krüger/ATG, 19.10.1943, StAL 20929/72; Terrorangriff am 27.2.1945, StAL 20929/120, Bl. 175.

18 Vgl. Harpen-Geschäftsbericht 1945, Juli 1946, BBA 45/8. Auch die Harpener Hauptverwaltung wurde völlig zerstört, vgl. Photoalbum Hauptverwaltung, BBA 45/252.

19 Vgl. Blank, Kriegsalltag, S. 456f.

20 Harpen an BezGr Steinkohlenbergbau, 27.3.1945 [Schlarb], WWA F 79/53 C 7-1 (W); Die Geschichte der Zeche Gneisenau/Scharnhorst 1945, 6.3.1946, WWA F 79/53 C 7-2 (W).

21 Zusammenstellung über Schäden durch feindlichen Bombenabwurf auf dem Werk Bergkamen, 23.10.1945 [Werning], WWA F 143/242; Kennzeichnung unserer finanziellen Lage September 1944 bis Mai/Juni 1947, 18.6.1947, WWA F 143/38.

22 Notiz für Herrn Flick, 11.12.1943 [Weiss], BAB R 8122/802; MD an Maxhütte, 23.5.1946; Bericht über die Maschinenfabrik Donauwörth, 22.7.1946 [Tangerding], beide NMH-BA; vgl. Zorn, Geschichte, S. 510, 541.

23 Vgl. Abelshauser, Wirtschaftsgeschichte, S. 68-71; ders., Ruhrbergbau, S. 16; Eichholtz, Kriegswirtschaft, S. 342-46.

bei Kohle und Koks, sowie der generelle Zusammenbruch des Transportsystems stellten auch die nicht selbst betroffenen Werke zunehmend vor Schwierigkeiten.[24] Zwar bemühten sich die Berliner Konzernspitze über ihre Verbindungen zu den zentralen Bewirtschaftungsorganisationen sowie die Direktorien der Tochterunternehmen in ihren Funktionen in der Rüstungsadministration, den Betrieb möglichst lange fortzusetzen und somit Vorräte und Stammbelegschaften für die ungewisse Phase nach Ende der Kampfhandlungen im Werk zu halten.[25] Im Frühjahr 1945 mußten jedoch fast alle Konzernwerke beschränkt und Teilfabrikationen gänzlich eingestellt werden. In Unterwellenborn etwa verfügte das Werk Anfang März über keinen Koks mehr, Anfang April legte ein Fliegerangriff das komplette Energie- und Wassersystem lahm. Zugleich brach der Kontakt zur Unternehmenszentrale in Bayern ab. Selbst in der Oberpfalz konnten sich die Werke im April 1945 untereinander nur noch über Fahrradkuriere verständigen.[26]

Während sich das Kriegsende unverkennbar abzeichnete, nutzten die Konzernmanager die verbleibende Zeit dazu, sowohl den betrieblichen Übergang in die Friedenswirtschaft möglichst abzufedern als auch offene Konten der Vergangenheit glattzustellen. Dies war zum einen ganz wörtlich zu nehmen. Die Unternehmensleitungen bemühten sich bis zum Schluß, Geldforderungen noch vor Toresschluß einzutreiben. Ein Großteil davon entfiel auf Rüstungsaufträge, erhebliche Summen auch auf Ausgleichszahlungen für Kriegsschäden sowie auf die Abwicklung der in den besetzten Gebieten betriebenen Werke.[27] Zum anderen sollte die Beteiligung an und Verantwortung für NS-Unrecht vertuscht werden. So bemühten sich ATG und Maxhütte, ihre Zwangsarbeiter noch vor der Besetzung durch die US-Streitkräfte »los zu werden [sic]«, um sowohl möglichen Racheakten als auch Strafmaßnahmen vorzubeugen.[28] In Haidhof und

24 Waggonfabrik Bautzen an Bezirksfachgemeinschaft Sachsen, 29.3.1944, SächsHStA 11692/381; SGW an Maxhütte, 2.2.1945, BAB R 8122/813; Monatsbericht Lhh-Gruppe Februar 1945, SächsHStA 11616/12.211; Besprechungen in Haidhof am 5.3.1945, 6.3.1945, StAN Rep. 502, KVA, Handakten, B-71; RüIn XIII (Nürnberg). Rückblick September 1944, BA-MA RW 20-13/1, Bl. 38-43; KTB RüKdo Kiel v. 26.9.1944, RW 21-32/20, Bl. 36f.

25 [FFKG/MSt] an Kehrl, 23.1.1945, StAN Rep. 502, KVA, Handakten, B-21; MSt an Rüstungsobmann IVa, 2.2.1945, BAB R 8122/802; Bruns/SGW an AA Bunzlau, 10.2.1945, ebd.; Notiz für Herrn Flick, 23.2.1945 [Burkart], BAB R 8122/520, Bl. 48; vgl. Eichholtz, Kriegswirtschaft, S. 338-342.

26 Aktenvermerk über die Besprechung des Vorstandes am 7.3.1945 [Wesemann], 8.3.1945, StAN Rep. 502, KVA, Handakten, B-71; Hüttenverwaltung Uwb an Vorstand Maxhütte, 10.4.1945, ebd., B-54; Maxhütte-Haidhof an Maxhütte Sulzbach-Rosenberg, 17.4.1945, ebd., B-4.

27 Für die SGW: Obligo-Meldungen, 16.4.1945, BAB R 8122/708; für Rombach: Kriegsschäden Rombach, 16.12.1944 [Geschwinde], StAN Rep. 502, KVA, Handakten, B-253; Akten-Notiz, 17.3.1945 [Kaletsch], BAB R 8122/80900.

28 Zitat: Hüttenverwaltung Uwb an Vorstand Maxhütte, 10.4.1945, StAN Rep. 502, KVA, Handakten, B-54; Budraß, Flugzeugindustrie, S. 880.

Riesa machte man sich unterdessen daran, belastendes Material zu beseitigen. »Geheimakte in Bezug auf Partei, DAF, Gestapo, Rü[stungs]k[omman]do, Reichsvereinigung Eisen« wurden Mitte April 1945 vernichtet.[29] Eine Entnazifizierung im Schnelldurchlauf unternahm derweil Gerhard Bruns. Der bis dahin durch seine enge Einbindung in die Speer'sche Rüstungsverwaltung aufgefallene SGW-Generaldirektor ließ just einen Tag vor dem letzten Führergeburtstag sämtliche Hitler-Bilder, -Büsten und andere NS-Devotionalien aus dem Werk entfernen. Zusammenstöße mit einer kleinen Fraktion nationalsozialistischer Durchhaltefanatiker nahm Bruns in Kauf, verliehen sie ihm doch den nun gern gesehenen Anschein von Regimegegnerschaft.[30]

1.1.3. Verwaltungsaufgliederung und Zonenverteilung

Unmittelbar in Erwartung der alliierten Besetzung erfolgten schließlich auch Dislozierung und Dezentralisierung der Berliner Konzernleitung. Ähnlich wie andere Großunternehmen richtete sich die FFKG auf die Aufgliederung Deutschlands ein, indem sie wichtige Unterlagen und Manager auf die seit Herbst 1944 in ihren Umrissen bekannten Besatzungszonen verteilte.[31] Dabei kam Flicks Holding zupaß, daß mit dem Büro am offiziellen Firmensitz in Düsseldorf seit jeher eine Filiale in der Verwaltungshauptstadt des Rhein-Ruhr-Gebiets bestand, die bis 1943 von Friedrich Stähler, danach von Walter Budde geleitet wurde.[32]

Ferner wandelte sich der Maxhütte-Sitz in Sulzbach-Rosenberg ab Herbst 1944 zur dritten Leitstelle. Grund dafür war, daß Flick im bayerischen Bad Tölz über ein großes Gut verfügte, auf das er sich mit seiner Familie zum Jahreswechsel zurückzog, um aus der unter regelmäßigen Fliegerangriffen leidenden Hauptstadt in den »Luftschutzkeller des Reiches« auszuweichen.[33] Zugleich war Flick damit in einer der künftigen Besatzungszonen mit mehreren der wichtigsten Konzernwerke – Maxhütte, Fella, Donauwörth – persönlich vor Ort. Begleitet wurde er von Otto-Ernst, der im Januar 1945 die Nachfolge seines Schwiegervaters Karl Raabe in der Maxhütte-Geschäftsführung antrat. Ferner reiste Theodor Kurre mit Flick in die Oberpfalz, um dort eine FFKG-Ausweich-

29 Maxhütte-Haidhof an Vorstand Maxhütte, 17.4.1945, StAN Rep. 502, KVA, Handakten, B-4; Müller, VEB Riesa, S. 353.

30 Vgl. die ausschließlich von Bruns selbst angelegten Aktenvermerke vom April 1945 in BAB R 8122/637, Bl. 19-23.

31 Vgl. Herbst, Krieg, S. 406 f.; Henke, Besetzung, S. 455-462; Zorn, Geschichte, S. 511; Hayes, Degussa, S. 323-326.

32 FFKG (Budde) an Leiter der Sofortmaßnahmen für die Beseitigung von Bombenschäden, 19.8.1944, BAB R 8122/80898.

33 Klee, Luftschutzkeller, S. 187, 303. Alfred Rohde befand sich bei Einmarsch der Alliierten vermutlich ebenfalls in Tölz; Verhör Rohde, 13.8.1947, StAN Rep. 501, KVP, Fall 5, A 68-70, Bl. 5360.

stelle einzurichten, die fortan Zweitschriften der Korrespondenz zwischen Werken und Berliner Zentrale erhielt.[34]

Auch Bernhard Weiss verließ Anfang 1945 Berlin und nahm seinen Sitz im siegerländischen Dahlbruch bei der Siemag. Von dort aus sollte er die Betreuung der Steinkohlegesellschaften im Ruhrgebiet fortsetzen. Dem Düsseldorfer Büro unter Budde, dem Fritz Lang zur Seite gestellt wurde, oblag die Geschäftsführung der vier Holdinggesellschaften FFKG, Faguma, Gesellschaft für Montaninteressen und Verwaltungsgesellschaft für Steinkohlenbergbau und Hüttenbetriebe.[35] Burkart, dem die Betreuung der mutmaßlich unter sowjetische Kontrolle fallenden Werke zugedacht war, verlegte seinen Dienstsitz nach Riesa.[36] Die eigentliche Koordination des Konzerns fiel somit Kaletsch zu, der – nachdem auch die Bellevuestraße zwischenzeitlich ausgebombt worden war – mit Robert Tillmanns, Fritz Streese und Gustav Kniess in die Berliner Büros der AKW umzog.[37] Mitte März 1945 war die Verteilung der Führungskräfte Flicks auf das Reichsgebiet abgeschlossen. Gleichzeitig stellte ein Werk nach dem anderen den Betrieb ein. Im Grunde wartete man nur noch auf die Alliierten.

1.2. Besetzung und Zerfall des Konzerns

Noch während die Umbauten in der Konzernführung andauerten, ging Ende Januar 1945 mit den Breslauer Linke-Hofmann-Werken das erste Großunternehmen Flicks im Reich verloren.[38] Die übrigen Konzernwerke fielen zwischen Ende März und Anfang Mai nach und nach unter alliierte Kontrolle, darunter die Zechen Hugo (31.3.), Neu-Iserlohn (10.4.), Robert Müser (11.4.) und Gneisenau (12.4.), die Maxhütte Unterwellenborn (14.4.), das Fella-Werk in Feucht (17.4.), die ATG (17.4.), die Gruben der Anhaltischen Kohlenwerke (AKW) im Senftenberger Revier (19.4.), die Maxhütte Sulzbach-Rosenberg (22.4.), die Lauchhammer-Betriebe (22.4.), die Hochofenwerke in Stettin (25.4.) und Lübeck (2.5.) sowie zuletzt die Sächsischen Gußstahlwerke Döhlen (SGW) am Tage der Kapitulation.[39]

34 Flick an Mitglieder des VerwRates Maxhütte, 29.1.1945, BAB R 8119F/1158; [Vermerk], 21.1.1945 [Bruns], BAB R 8122/558, Bl. 50f. O.-E. Flick übernahm die Aufgaben des mit Raabe in den Ruhestand eingetretenen Direktors Hans Krugmann (Verwaltung).

35 [Vermerk], 21.1.1945 [Bruns], BAB R 8122/558, Bl. 50f.; MSt an FFKG, 17.2.1945, StAN Rep. 501, KVP, Fall 5, B-3, NI-5571, Bl. 171-173; Budde an Kaletsch, 23.3.1945, BAB R 8122/80898.

36 Wie Anm. zuvor sowie Abschrift eines Fernschreibens v. 12.2.1945, BAB R 8122/80898; Mitteldeutsche Stahl- und Walzwerke FFKG an FDGB Hennigsdorf, 26.10.1945, BAB DC 1/1894.

37 Notiz für Herrn Dr. Müller, 27.2.1945, BAB R 8122/520, Bl. 41; Extracts from the Transcript of the Flick Case, 16.5.1947, in: TWC 15/1, S. 402f.

38 Putze, 120 Jahre, Bd. 1, S. 110f.; Burkart an Jagsch, 2.4.1945; BAB R 8122/520, Bl. 2.

39 Harpen-Geschäftsbericht 1945, Juli 1946, BBA 45/8; Zeittafel HOW, o.D., AHStL Metallhüttenwerke Nr. 1; Bericht über die Prüfung des Jahresabschlusses [Fella] zum 30.9.1947, 10.3.1948, NMH-BA; Bericht über die Zeit vom Beginn der Kampfhand-

Mit der sukzessiven Besetzung der Werksstandorte begann ein mehrmonatiger Auflösungsprozeß, in dessen Zuge die Konzernstrukturen rapide und in weiten Teilen dauerhaft erodierten. Seinen Abschluß fand dieser Prozeß, der im einzelnen sehr ungleichmäßig verlief, in der Inhaftierung der kompletten Führungsspitze des Flick-Konzerns sowie der Ausschaltung zahlreicher Werksleitungen bis Anfang 1946. Als entscheidende Faktoren erwiesen sich die differierenden politischen Zielsetzungen der Besatzungsmächte, unterschiedliche Dynamiken innerhalb der Belegschaften und der sich neu konstituierenden Arbeitnehmervertretungen sowie Status bzw. Handeln der Unternehmens- und Werksleitungen, die zwischen Flucht und Verhaftung sowie Ausharren und schlichtem weiter-wie-bisher ein breites Spektrum abdeckten. Je weniger die Zentrale zur Koordination fähig war, desto mehr prägte die Initiative der Vorstände, Geschäftsführungen und Betriebsleitungen die Entwicklung in den unmittelbaren Nachkriegsmonaten. Im Wechselspiel mit den übrigen Größen entschied sie, ob und wie lange die FFKG-Führung auf Männer ihres Vertrauens vor Ort bauen konnte, welche die Verfügungsrechte der Zentrale aufrechterhielten. Vor seiner Desintegration verlagerte sich der Konzern noch einmal an die Peripherie.

1.2.1. Die britische Besatzungszone

Als unproblematischste Besatzungszone aus der Sicht der Konzernführung erwies sich 1945 der britische Zuständigkeitsbereich in Nordwestdeutschland, in dem sich die Werke von Harpen, Essen und Lübeck befanden. Die ersten Erfahrungen sammelten die Unternehmensleitungen in Dortmund und Essen allerdings mit den US-amerikanischen Einheiten, die den Ruhrkessel im April eroberten. Auf die Steinkohlezechen hatte dies kaum Auswirkungen, der rasch ins Leben gerufenen *Rhine Coal Control* war in erster Linie an einer Fortsetzung der Förderung gelegen. Auch in die Personalstruktur wurde meist nicht eingegriffen und statt dessen regelmäßig, so etwa auf Gneisenau, die bestehenden Leitungen im Amt bestätigt.[40]

Die Ablösung der amerikanischen durch britische Truppen im Juli 1945 änderte daran vorerst nur wenig. Im Gegenteil erlaubte die neue Militärregierung umgehend, das industrielle Verbandswesen wiederzuerrichten, und griff auf die fortbestehenden Strukturen der deutschen Kriegswirtschaftsorganisation zurück, um die Reibungsverluste bei der Umstellung auf den Friedensbedarf gerade in den heiklen Grundstoffindustrien geringzuhalten. Dabei waren es anfangs vor

lungen bis zum heutigen Tage, 6.6.1945, StAN Rep. 502, KVA, Handakten, B-7; Reiter an VEB für die Ausrüstung von Bergbau und Schwerindustrie, 17.11.1948, SächsHStA 11384/3413, Bl. 188; Bruns/Faust an Kaletsch, 13.6.1945, BAB R 8122/1047; Kriegsende in Sulzbach-Rosenberg, S. 79 f., 127-130; 200 Jahre Kunstgiesserei Lauchhammer, S. 22 f.

40 Berghauptmann Dortmund an Schlarb, 17.4.1945; Gruben-Instruktionen Nr. 1, 22.4.1945, beide WWA F 79/57; vgl. Henke, Besetzung, S. 550.

allem die Industrie- und Handelskammern (IHK), mit deren Infrastruktur und Know-how die Bewirtschaftungsmaßnahmen und Betriebsgenehmigungen – die sogenannten *permits* – organisiert und implementiert wurden. Als Transmissionsstellen für alliierte Anordnungen und als Foren privatwirtschaftlicher Interessenartikulation erfüllten sie somit eine Doppelfunktion.[41] Einzelne personelle Änderungen durch die Ersetzung prominenter Nationalsozialisten führten etwa bei der IHK Siegen dazu, daß die britische Militärregierung Bernhard Weiss als Nicht-Parteigenossen in den Beirat berief.[42] Die bald folgenden Gründungen der Versorgungszentrale des Deutschen Bergbaus und des Verwaltungsamtes für Stahl und Eisen (VSE) knüpften direkt an Vorläufer wie den Bergbau-Verein an und wurden in enger Zusammenarbeit sowie oft in Personalunion mit den Industriellenverbänden, darunter die Wirtschaftsvereinigung Eisen- und Stahlindustrie (WVESI), ins Leben gerufen, finanziert und betrieben.[43]

Ziel der britischen Wirtschaftspolitik war es, mit möglichst geringem eigenen Personalaufwand die ökonomische Grundversorgung zu gewährleisten, die Basis für eine mittelfristige Selbstfinanzierung der Besatzungspolitik zu legen und nicht zuletzt Ansprüchen der übrigen Alliierten auf Mitsprache im Ruhrgebiet entgegenzuwirken.[44] Im Ergebnis führte die Übertragung von Bewirtschaftungsaufgaben auf die Repräsentanten der Privatwirtschaft zu einem »funktionale[n] Dreiecksverhältnis von Besatzungsmacht, Verwaltung und Industrie, in dem die Industrie wegen ihrer fachlichen Kompetenz eine dominierende Rolle spielte«.[45] Zugleich implizierte dieses Bewirtschaftungssystem, das gesellschaftspolitisch keineswegs so neutral und auf reine Effizienzkriterien beschränkt war, wie die Unternehmens- und Verbandsvertreter in Eigenwerbung argumentierten, eine Perpetuierung der bestehenden Eigentums- und Entscheidungsstrukturen.[46]

Die erkennbare Präferenz der britischen Militärbehörden für eine Zusammenarbeit mit den deutschen Industriellen und die rasche Rekonstituierung des Verbandswesens hatte wichtige Implikationen für das Krisenmanagement der FFKG. Zum einen erwiesen sich Sorgen hinsichtlich etwaiger Enteignungen durch die Arbeiterschaft im Ruhrgebiet als unbegründet. Weder gingen von den Belegschaften, die sich auf die eigene Existenzsicherung und gerade deswegen – oft in Kooperation mit dem Management – auf den Erhalt der Arbeitsfähigkeit von Zechen und Betrieben konzentrierten, nennenswerte revolutionäre Impulse aus[47], noch zeigten erst die amerikanischen, dann die britischen Stellen unmittelbare

41 Vgl. Plumpe, Plan, S. 59-61; Henke, Besetzung, S. 505-511; in der SBZ: Großbölting, Rückgrat, S. 149-154; wenig ergiebig Fuchs, Handelskammern.

42 Verhör B. Weiss, 16.10.1947, StAN Rep. 501, KVP, Fall 5, A 107-09, Bl. 8610.

43 Vgl. Plumpe, Plan, S. 71 f., 80-82; Milert, Kontrolle, S. 109 f.; Krumbein, Wirtschaftssteuerung, S. 198 f.; Bührer, Ruhrstahl, S. 34-45.

44 Vgl. Milert, Kontrolle, S. 107; Pingel, Aufschwung, S. 49.

45 Plumpe, Wirtschaftsverwaltung, S. 135 f.

46 Dazu vor allem Plumpe, Plan, S. 94, 343-347; Milert, Kontrolle, S. 111.

47 Für das Ruhrgebiet: Henke, Besetzung, S. 571 f., 594-605, 610-622; am Beispiel württembergischer Betriebsräte: Fichtner, Aufbau, S. 469-549.

sozialreformerische Neigungen. Ein Machtvakuum entstand daher in der Mehrheit der Betriebe nicht. Die beiden spektakulären Verhaftungswellen gegen Syndikatsfunktionäre und den Krupp-Vorstand Anfang September sowie gegen 76 Stahlindustrielle des Reviers Ende November 1945 stellten letztlich eher eine Episode als ein Charakteristikum der britischen Industriepolitik dar – zugleich Höhe- und Schlußpunkt der realen Entnazifizierung in der Wirtschaftsspitze, die bald zu den Akten gelegt werden sollte.[48]

Wichtiger war, daß über die halbprivaten, halbhoheitlichen Bewirtschaftungsorgane die Möglichkeit bestand, in direkten und wirksamen Austausch mit der Besatzungsmacht zu treten. Mit dem Tod Buskühls im September 1945 erlitt die Konzernrepräsentation Flicks im erneuerten Verbandssystem der westdeutschen Schwerindustrie jedoch einen schweren Verlust. Um die durch den Ausfall des hervorragend vernetzten und loyalen Harpen-Vorstandssitzenden gerissene Lücke zu füllen, bezog Weiss umgehend bei dessen Nachfolger Quartier und führte die Interessenvertretung im Ruhrgebiet fort.[49] Erforderlich schien dies vor allem mit Blick auf Sozialisierungspläne, die von der Londoner Regierung zwar vage, aber kontinuierlich ventiliert und in der FFKG durchaus ernst genommen wurden.[50]

Der Erlaß der Allgemeinen Verfügung Nr. 5, mit der die britische Militärregierung am 22. Dezember 1945 den kompletten Ruhrbergbau beschlagnahmte, schien die Sozialisierungsbefürchtungen zu bestätigen.[51] Doch die Maßnahme erwies sich bei genauerem Hinsehen als weitaus weniger entschiedener Schritt hin zur Vergemeinschaftung der Bodenschätze, als es den Anschein hatte. Vielmehr bediente die Verfügung ein Zielkonglomerat, das von der Abwehr von Mitspracheforderungen der übrigen Alliierten bis zur Befriedigung der deutschen und britischen Gewerkschaften reichte.[52] Der Pro-forma-Charakter der Beschlagnahmung drückte sich nicht zuletzt in der lapidaren Umsetzung aus. So notierte der Chronist der Harpen-Zeche Gneisenau: »Der 22. Dezember ist insofern ein ereignisvoller Tag, als um zehn Uhr vormittags mehrere englische Autos mit Offizieren vorfuhren, bei der Markenkontrolle einen schriftlichen Befehl der Besatzungsmächte aushändigten und den Werksdirektor persönlich davon in Kenntnis setzen, daß die Zeche mit dem gesamten Eigentum von den Engländern übernommen worden sei.«[53] Dabei beließen es die Offiziere aber

48 Zu den Verhaftungen in extenso: Henke, Besetzung, S. 561-567; Bührer, Ruhstahl, S. 45f.; Plumpe, Plan, S. 89-92; ders., Wirtschaftsverwaltung, S. 133. Ob und welche Manager von Essen und Harpen sich unter den Verhafteten befanden, war unklar: Kaletsch an Weiss, 9.9.1945, NARA RG 260, Entry 232 (A1), Box 19.

49 Verhör B. Weiss, 16.10.1947, StAN Rep. 501, KVP, Fall 5, A 107-09; Bl. 8610f.

50 Kaletsch an Buskühl, 23.8.1945, BAB R 8122/80898.

51 Vgl. Schmidt, Neuordnung, S. 53f.

52 Dazu ausführlich: Milert, Kontrolle, S. 110; Pingel, Aufschwung, S. 49-51.

53 Die Geschichte der Zeche Gneisenau/Scharnhorst 1945, 6.3.1946, WWA F 79/53 C 7-2 (W).

auch schon und fuhren wieder ab, ohne weitere Anweisungen zu geben. Am Management der Zeche änderte sich in der Folge nichts.[54]

Daß die Unternehmensleitungen von Harpen, Essen und FFKG einstweilen gelassen bleiben konnten, unterstrich die Entwicklung bei den Chemischen Werken. Als Fischer-Tropsch-Anlage eigentlich ein herausgehobenes Beispiel für die nationalsozialistische Autarkie- und Rüstungspolitik, traf das Bergkamener Unternehmen 1945 bei den britischen Zuständigen auf keine Widerstände, als es die neuerliche Inbetriebnahme vorbereitete. Im Juni erteilten die Militärbehörden eine Betriebsgenehmigung für die in der Instandsetzung befindlichen Anlagen, im November erneuerte der *Chemical Industry Branch* den *permit* zum Wiederaufbau. Zum Jahresende waren bereits 730 Arbeiter wieder in Bergkamen beschäftigt, personelle Wechsel in der Leitung gab es keine.[55]

Noch reibungsloser gestaltete sich, fernab des im Brennpunkt des internationalen Interesses stehenden Ruhrgebiets, der Übergang von der nationalsozialistischen Kriegs- in die alliierte Friedenswirtschaft beim Lübecker Hochofenwerk. Als erstes Unternehmen der Stadt erhielt das Hochofenwerk drei Wochen nach seiner Besetzung von der IHK Lübeck namens der britischen Militärverwaltung die Erlaubnis zur sofortigen Wiederinbetriebnahme, um die Gaslieferungen an die Stadt sowie Roheisen und Zement für den Wiederaufbau bereitzustellen.[56] Personelle Bedingungen waren an die Genehmigung nicht geknüpft und wurden auch in der Folge nicht erhoben. Obschon – oder gerade weil – die gesamte Direktion aus NSDAP-Mitgliedern bestand, verzichteten Besatzer, Kommunalbehörde und Belegschaftsvertretung auf den schwierigen personellen Rundumschlag.[57] Vielmehr zeichnete sich auch in Lübeck zwischen Vorstand und Betriebsrat jener »Wiederaufbaupakt« ab, der vielerorts das Verhältnis zwischen Unternehmensleitungen und Belegschaften charakterisierte.[58]

54 Vgl. auch Milert, Kontrolle, S. 111; Kleßmann, Staatsgründung, S. 85 f.

55 Chemische Werke ESt an NGCC, 8.6.1946; Kennzeichnung unserer finanziellen Lage in der Entwicklung von September 1944 bis Mai/Juni 1947, 18.6.1947, beide WWA F 143/38; Kurzer Abriß der Geschichte des Werkes Bergkamen, o. D. [8.7.1953], WWA F 143/37; vgl. den Fall des Buna-Werks Hüls: Lorentz/Erker, Chemie, S. 82.

56 Die Inbetriebnahme erfolgte wegen der monatelang fehlenden Kohlenlieferungen nur schrittweise. Ab Oktober 1945 arbeiteten Kokerei und die angeschlossene Gaserzeugung wieder, der erste Hochofen und die Kupferhütte liefen ein Jahr später an; Bericht über das Werk Herrenwyk der Hochofenwerk Lübeck AG Mai bis Oktober 1945, o. D., AHStL Metallhüttenwerke Nr. 117; Die Wiederinbetriebnahme der Hochofenwerk Lübeck AG, 6.6.1945, AHStL Hauptamt Nr. 1711; Geschäftsbericht für das 42. Geschäftsjahr 1.7.1946-30.6.1947, BAK B 109/3786, Bl. 54-56.

57 Die durch die britische Militärregierung zunächst ausgesprochenen Entlassungen der Direktoren Reichenbach, Herold und Reckmann wurden durch den lokalen Entnazifizierungsausschuß wieder aufgehoben. Gegen Fabry und Dreher wurde offenbar gar nicht vorgegangen; Fabry an Mitglieder des AR, 2.9.1946, AHStL Metallhüttenwerke Nr. 117; Abschrift! Hochofenwerk Lübeck AG, o. D. [Herbst 1947], BAK B 109/5799, Bl. 254.

58 Leben und Arbeit, S. 305, Zitat: Fichtner, Aufbau, S. 549.

Mit Fabry und Dreher blieben somit die altgedienten Führungskräfte unangefochten an der Spitze des HOW. Der Rumpfzentrale in Berlin konnte dies nur recht sein, entledigte es sie doch einstweilen der Sorge um den nördlichen Außenposten des Konzerns, der auch von Sozialisierungsfragen in den ersten Nachkriegsmonaten verschont blieb. Viel größere Relevanz kam unterdessen der Entwicklung in den amerikanisch und sowjetisch kontrollierten Gebieten zu, wo sich die Masse der Konzernwerke ballte.

1.2.2. Die amerikanische Besatzungszone

Auch in Bayern wirkte sich die Besetzung durch die US-Truppen[59] zunächst kaum auf die Tochterfirmen der FFKG aus. Aufgrund von Zerstörungen wie in Donauwörth bzw. wegen des Materialmangels in der Oberpfalz fanden die amerikanischen Einheiten die Flick'schen Betriebe stilliegend vor.[60] In Haidhof konnte mit amerikanischer Genehmigung im September immerhin eine Blechstraße wieder anlaufen; im Oktober folgte der erste Siemens-Martin-Ofen, der die vorhandenen Schrott- und Roheisenvorräte verarbeitete. Gleichwohl verging zwischen Besetzung und Inbetriebnahme des Rosenberger Hauptwerks, das die Roheisenbasis stellte, insgesamt fast ein Jahr. Erst im Frühling 1946 wurde ein Hochofen angeblasen.[61]

Der – abgesehen von den Zulieferproblemen – unkomplizierte Übergang in die Friedenswirtschaft verdankte sich der herausgehobenen Position der Maxhütte als einziger Stahlproduzentin Bayerns, so daß eine Stillegung von amerikanischer Seite offenbar gar nicht erst erwogen wurde. Zudem zeichnete auch in der Oberpfalz ein weitgehender Aufbaukonsens die Beziehungen zwischen Direktorium und Belegschaft in den Nachkriegsmonaten aus. Die neu konstituierten Betriebsräte verzichteten bewußt auf grundsätzliche Opposition zur Unternehmensleitung zugunsten selbstbewußt eingeforderter sozialpolitischer Verbesserungen. Gerade diese Selbstbeschränkung half der Geschäftsführung

59 Zu Organisation und Entwicklung der US-Besatzungsverwaltung: Weisz, OMGUS-Handbuch; darin besonders: Heydenreuter, Office.

60 Annual Report for Military Government of Bavaria, 4.7.1946, BayHStA OMGB 9/73-1/31. Der Empfang durch die Einwohner fiel durchweg freundlich aus. Allerdings änderte sich dies nach den ersten Entnazifizierungsmaßnahmen spürbar. Schon Mitte 1946 beschwerte sich die Grubenleitung Auerbach offiziell über »amerikanische Negersoldaten«, deren Kontakt zu deutschen Frauen »jedem Anstand und jeder Kultur ein Schlag ins Gesicht« seien; Maxhütte an Bürgermeister Auerbach, 20.7.1946, BBA 142/306.

61 Beschäftigung der bayerischen Industrie in der Zeit zwischen 3. und 12.9.1945, 22.9.1945, BayHStA StK 14557; Maxhütte Haidhof an IHK Regensburg, 23.1.1946, AIHKR, Ordner 1; Maxhütte Sulzbach-Rosenberg an IHK Regensburg, 26.1.1946, AIHKR, Ordner 2. In Donauwörth wurde seit Herbst landwirtschaftliches Gerät aus den Granatenrohlingen gefertigt; Bericht über die Maschinenfabrik Donauwörth, 22.7.1946 [Tangerding], NMH-BA.

jedoch, in den zentralen Bereichen von Betriebs- und Investitionspolitik ihr strategisches Monopol zu wahren.[62]

Die Führungskrise bei der Maxhütte, die im Sommer 1945 ausbrach, war daher ursächlich nicht auf betriebliche Konflikte, sondern auf die Verschärfung der Entnazifizierungspolitik durch die Besatzungsmacht zurückzuführen.[63] Nachdem die US-amerikanischen Truppen bereits unmittelbar nach dem Einmarsch einzelne prominente Industrielle festgesetzt hatten – Flick, den man wohl nicht in Bayern vermutet hatte, war verschont geblieben –, kam es im Juni 1945 zu einer systematischen Verhaftungswelle von rund 130 Unternehmern in Bayern und Württemberg.[64] Zwar blieb die Mehrheit von ihnen nur kurze Zeit in Gewahrsam, auf Flick traf dies aber nicht zu. Am 13. Juni 1945 wurde er in Bad Tölz von US-Einheiten festgenommen und sollte für die kommenden fünf Jahre nicht mehr auf freien Fuß gelangen.[65] Von Tölz wurde er in den bekannten *Dustbin* auf dem hessischen Schloß Kransberg gebracht, wo sich die Elite der deutschen Manager, Techniker und Verwaltungsspitzen zu Befragungen über die nationalsozialistische Kriegswirtschaftsorganisation, den Aufbau der deutschen Wirtschaft und wissenschaftliche Forschung versammelt fand. In Kransberg, dessen Haftbedingungen im Vergleich zu den britischen Lagern deutlich erträglicher waren, traf Flick auf eine Reihe bekannter Gesichter, hochrangige Regimevertreter ebenso wie alte Bekannte und künftige Mitstreiter, darunter Wolfgang Pohle (Mannesmann) und Walter Rohland (VSt). Anfang August gelangte Flick zum *Joint Special Financial Detachment* (JSFD) in Frankfurt, wo Daten für die avisierte Dekartellierung gesammelt wurden.[66]

Dem organisatorischen Zusammenhalt des Konzerns versetzte die Verhaftung Flicks einen schweren Schlag. Mit Flick war nicht nur die zentrale Figur der Unternehmensstruktur aus dem Spiel genommen. Auch in dem strategischen Viereck, das der FFKG-Herr und seine drei Generalbevollmächtigten zur Einstellung auf die alliierte Zoneneinteilung eigens errichtet hatten, bestand seit Juni eine Leerstelle. Daß die vor Ort befindlichen Verantwortlichen, namentlich Otto-Ernst Flick, Hermann Terberger und Alfred Rohde, diese nicht ausfüllen konnten oder wollten, sollten die turbulenten Ereignisse des zweiten Halbjahres zeigen.

Die Juni-Verhaftungen waren weniger Ausdruck bloßen Aktionismus' als vielmehr ein Signal, daß trotz der grundsätzlich konstruktiven Besatzungspolitik ein vollständig folgenloses »business as usual« von der US-Militärregierung nicht

62 Grundlegend: Süß, Kumpel, S. 35f.; vgl. Fichtner, Aufbau, S. 522-532, 542f., 548.

63 Zum folgenden: Niethammer, Entnazifizierung.

64 Vgl. Hetzer, Unternehmer, S. 554f.; Latour/Vogelsang, Okkupation, S. 134.

65 Notiz für Herrn Kaletsch und Herrn Dr. Burkart!, 27.9.1945 [Weiss], StAN Rep. 502, KVA, Handakten, B-4; Dr. Friedrich Flick zum 70. Geburtstag, o.O., o.J. [1953], AIHKR, Ordner 2; vgl. OMGUS, Dresdner Bank, S. lxxxiii.

66 [Formblatt], o.D., NARA, RG 238, Entry 200, Box 8; Bericht zur Lage, 30.11.1945 [Pohle], RWWA 130-40010145; vgl. Henke, Besetzung, S. 767 (Anm. 352); Rasch, Rohland, S. 52-54.

gewollt war.[67] Vielmehr sollte die bislang vage und kaum realisierte Umsetzung der Entnazifizierung in der Privatwirtschaft nunmehr entschieden und auch gegen den Widerstand der von den US-Behörden eingesetzten bayerischen Landesregierung durchgesetzt werden.[68] Entsprechend inakzeptabel mußten den amerikanischen Militärorganen die Vorgänge in Sulzbach-Rosenberg im Juli 1945 erscheinen. Dort beanspruchte Otto-Ernst Flick in Abwesenheit seines Vaters die alleinige Führungsrolle und begann, die Verwaltung der Maxhütte nach eigenem Gutdünken umzukrempeln. Insbesondere beabsichtigte er, seiner Einschätzung nach nicht vertrauenswürdige Mitarbeiter auszuschalten und durch ihm loyale Kräfte zu ersetzen. Am 9. Juli entließ er den bisherigen Verkaufsleiter Erich Enzmann[69] und zwei Tage später den Abteilungsleiter Hans Petersen unter dem Vorwand eines angeblichen Diebstahldelikts. Als sich daraufhin der Syndikus der Maxhütte, Harald Koch, mit den beiden Entlassenen solidarisierte, wurde auch er suspendiert. Zusätzlich kündigte Flick jun. an, die komplette Angestelltenschaft entlassen und die Ressorts neu ordnen zu wollen.[70]

Otto-Ernst Flicks selbstherrliches Auftreten erwies sich als komplettes Desaster. Weder hatte er die Unterstützung des Betriebsrates noch standen Terberger und Wesemann hinter ihm, wenngleich diese offenkundig nicht wußten, wie sie den Sohn des Chefs zügeln sollten.[71] Vor allem aber war Otto-Ernsts Stellung bei den US-Behörden keinesfalls gut zu nennen. Schon Anfang Juli war seine Bewegungsfreiheit durch die örtliche Militärverwaltung beschränkt worden.[72] Das darin zum Ausdruck kommende Mißtrauen schien durch die Personalveränderungen gerechtfertigt: Auf die Stellen von Nicht-Parteigenossen – Koch war aktiver Sozialdemokrat und wurde 1946 hessischer Wirtschaftsminister – setzte Flick jun. ausgerechnet zwei vormalige SS- bzw. SA-Mitglieder.[73]

Die US-Behörden reagierten, wohl durch Enzmann alarmiert, prompt, revidierten sämtliche Personalentscheidungen und nahmen Otto-Ernst für einige Tage fest. In einer kaum erklärlichen Fehleinschätzung der Lage machte dieser

67 Vgl. Henke, Besetzung, S. 502 (Zitat), 533, 541.

68 Vgl. Dok. Nr. 74, 27.8.1945, in: Protokolle Kabinett Schäffer, S. 346; vgl. Niethammer, Entnazifizierung, S. 183 f.; Heydenreuter, OMGB, S. 156-158.

69 *1903 in Frankenberg, Sachsen; Wirtschaftsoberschule Chemnitz; Kaufm. Ausbildung bei Commerz- und Privatbank Chemnitz; 1925-31 in Textilindustrie; 1931-37 Tätigkeit im In- und Ausland; 1937 Großhandlung Leopold Siegle, Augsburg; 1938 Prokurist Maxhütte; 1949 Treuhanddirektor; 1950-60 Vorstands-/Geschäftsführungsmitglied.

70 Niederschrift über eine Besprechung mit Herrn Direktor Otto-Ernst Flick am 12.7.1945, 12.7.1945 [Koch], StAN Rep. 502, KVA, Handakten, B-65.

71 Niederschrift über einige Besprechungen in der Angelegenheit Dr. Petersen am 11.7.1945, 11.7.1945 [Koch], ebd.

72 Befehl der Militärregierung Sulzbach-Rosenberg an O.-E. Flick, 2.8.1945, ebd.

73 Petersen an Marcu, 28.5.1947, ebd.; Bericht Dr. Hans Petersen, 13.7.1945, ebd. Ob die Parteizugehörigkeit oder die Loyalität der aus Rombach stammenden Neubesetzungen den Ausschlag gab, läßt sich allerdings kaum beurteilen. Zudem hatte Petersen selbst 1933/34 kurzzeitig der NSDAP angehört.

nach seiner Freilassung jedoch dort weiter, wo er vor seiner Verhaftung aufgehört hatte. Am 30. Juli 1945 setzte er sich nicht nur selbst wieder als Geschäftsführer ein, sondern reklamierte zugleich die alleinige Außenvertretungsbefugnis, womit Terberger und Wesemann effektiv ausgeschaltet wurden. Auch an den Neuberufungen hielt er fest. Damit platzte der lokalen US-Verwaltung endgültig der Kragen. Zwei Tage später wurde dem Flick-Sohn der Zugang zur Maxhütte sowie allen Zweigfirmen untersagt, er selber kurz darauf erneut verhaftet.[74] Otto-Ernst erhielt keine weitere Chance, in die Geschäftsführung der Maxhütte einzugreifen, sondern wurde schließlich ebenfalls nach Frankfurt gebracht. Seine dortigen Befragungen verliefen für die US-Offiziere jedoch enttäuschend. Die Ergebnisse der Verhöre von Vater und Sohn Flick bezeichnete ein internes Memorandum als »not very satisfactory, inasmuch as the Flicks were most elusive and contradictory in their responses«.[75]

Während Friedrich Flick aus der Distanz die Verantwortung vor allem dem Trio Enzmann–Petersen–Koch zuschrieb, beurteilte der aus dem Siegerland herbeigeeilte Bernhard Weiss die Situation kritischer. Zwar hielt er das Vorgehen seines Cousins für teilweise gerechtfertigt, den Zeitpunkt aber für »so unglücklich gewählt wie nur eben möglich« und konstatierte »große taktische Fehler«. Kurz, Otto-Ernst hatte sich Weiss' Meinung nach wie der sprichwörtliche Elefant im Porzellanladen verhalten und dies just in einem Moment, in dem der Konzern in existentieller Gefahr war.[76] Weiss bemühte sich umgehend, die Scherben zusammenzufegen. Insbesondere galt es, eine neue verläßliche Führungsstruktur zu finden. Dieses Unterfangen wurde durch das Gesetz Nr. 8 der amerikanischen Militärregierung erschwert, das Angehörige der NSDAP und ihrer Gliederungen aus Führungspositionen in der Wirtschaft ausschloß – eine Regelung, die bei konsequenter Durchsetzung außer Enzmann und Koch ausnahmslos alle Führungskräfte der Maxhütte betraf.[77]

Aus diesem Grund verständigte sich Weiss mit Kaletsch und Burkart auf eine Hilfskonstruktion: Weiss selbst sollte aus dem Beirat heraus die Kontrolle der Geschäfte übernehmen und dabei von Rohde, der ebenfalls nach Sulzbach-Rosenberg gerufen wurde, unterstützt werden.[78] Allerdings erwies sich der Plan als nicht umsetzbar. Zum einen wurden Terberger und Wesemann wenig später

74 Bekanntmachung vom 30.7.45 [O.-E. Flick]; Befehl der Militärregierung Sulzbach-Rosenberg an O.-E. Flick, 2.8.1945, beide StAN Rep. 502, KVA, Handakten, B-65.

75 Memorandum. Subject: A. Flick Record – Frankfurt Office; B. Suggestions for Flick Report, 21.11.1946, IfZ MF 260 17/229-1/16; vgl. Kriegsende in Sulzbach-Rosenberg, S. 137.

76 [Flick an Kaletsch], 7.10.1945, BAB R 8122/80898; Notiz für Herrn Kaletsch und Herrn Dr. Burkart!, 27.9.1945 [Weiss], StAN Rep. 502, KVA, Handakten, B-4.

77 Übersicht über genehmigtes und nicht genehmigtes Personal nach dem Stande vom 31.12.1946, StAN Rep. 502, KVA, Handakten, B-34; vgl. Latour/Vogelsang, Okkupation, S. 136f.; Heydenreuter, OMGB, S. 271f.

78 Notiz für Herrn Kaletsch und Herrn Dr. Burkart!, 27.9.1945 [Weiss], StAN Rep. 502, KVA, Handakten, B-4; Kaletsch an Maxhütte, 6.10.1945, NMH-BA; Notiz für Herrn Schlieker, 9.10.1945, NARA RG 260, Entry 232 (A1), Box 19.

unter Gesetz Nr. 8 aus der Geschäftsführung entfernt, so daß die loyalen Ansprechpartner fehlten. Zum anderen war Weiss nicht in der Lage, von seinem entfernten Dienstsitz im Westen aus eine effektive Leitungsfunktion auszuüben. Auch Rohde gelang es nicht, nennenswerten Einfluß auf das Geschehen in Sulzbach-Rosenberg zu gewinnen, was Burkart später zu scharfer Kritik veranlaßte. Seiner Auffassung nach übte sich sein Kollege »in der Zeit der Gefahr« allzusehr in »vornehmer Zurückhaltung« statt die Konzerninteressen über die eigene Person zu stellen, wie Burkart dies zeitgleich in der SBZ tat.[79]

Ende 1945 stellte die Geschäftsführung der Maxhütte nahezu eine Tabula rasa dar. Nachdem die US-Militärbehörden eine Reihe leitender Angestellter als untragbar für wirtschaftliche Führungspositionen abgelehnt und Koch im November seinen Dienst bei der Maxhütte zugunsten einer politischen Karriere quittiert hatte, blieb Erich Enzmann als höchstrangiger Angestellter übrig.[80] Der ehrgeizige Prokurist nutzte die Chance zum Karrieresprung und ließ sich von der Militärverwaltung mit der Geschäftsführung beauftragen. Ein halbes Jahr darauf wurde er zum Treuhänder für die Maxhütte berufen und verfügte in Abwesenheit eines arbeitsfähigen und von der Besatzungsmacht autorisierten Verwaltungsrates unvermittelt über eine unangefochtene Machtstellung bei dem Großunternehmen.[81]

Diese Position verteidigte Enzmann in der Folge ebenso entschlossen wie unnachgiebig. Zur Jahreswende 1945/46 gelang es ihm, ein Manöver des pensionierten und unter Beschäftigungsverbot stehenden Altdirektors Karl Raabe zu unterlaufen. Dieser hatte im November 1945 dem von Ludwig Erhard geführten bayerischen Wirtschaftsministerium eine Beteiligung des Freistaates an der Maxhütte angeboten, um die Abwicklung der alliierten Kontrolle zu beschleunigen und zugleich Enzmann – nach Raabes Meinung »ein Konjunkturritter[, der] rücksichtslos gegen seine ehemaligen Brotgeber vorgegangen« sei – auszuschalten.[82] Nach mehrmonatigen Verhandlungen scheiterte Raabes Initiative jedoch zum einen an den chaotischen Zuständen in München, wo man sich nicht auf einen einheitlichen Kurs einigen konnte, zum anderen an den guten Beziehun-

79 Burkart an Flick, 4.3.1949, NMH-BA.

80 Übersicht über genehmigtes und nicht genehmigtes Personal (Beamte u. Angestellte) seitens der Militärregierung nach dem Stande vom 31.12.1946, StAN Rep. 502, KVA, Handakten, B-34; Liste über Entlassung von Personal durch die Militärregierung vom 22.12.1945-1.6.1946, NMH-BA.

81 Registergericht Amberg an IHK Regensburg, 11.1.1947, AIHKR, Ordner 2; Stellungnahme zum Bericht Weisskopf wegen Gehaltsregelung für Herrn Direktor Enzmann, 28.5.1947, NMH-BA.

82 Bericht über den bisherigen Stand der Verhandlungen zwecks Überführung der Eisenwerkgesellschaft Maximilianshütte Sulzbach-Rosenberg und der ihr angeschlossenen Werke in die Hände bayerischen Staates, o.D. [ca. August 1946], NMH-BA. Laut Raabe war der Plan mit Flick abgesprochen. Weitere Hinweise darauf gibt es nicht, allerdings ähnelt das Muster der später im Zuge der Neuordnungsverhandlungen verfolgten Taktik der Konzernleitung.

gen Enzmanns zur US-Militärregierung.[83] Damit zählte die Maxhütte im Frühjahr 1946 nicht mehr zum Verfügungsbereich des Flick-Konzerns.

1.2.3. Die sowjetische Besatzungszone

Die Masse des Konzernvermögens befand sich im Mai 1945 in jenen Gebieten, die von der Roten Armee kontrolliert wurden oder in den kommenden Monaten, nach dem Abzug der weit nach Sachsen-Anhalt, Thüringen und Sachsen vorgestoßenen US-Truppen, unter sowjetische Herrschaft geraten sollten. Entsprechend hatte Flick hier die wichtigsten seiner Mitarbeiter aufgestellt. Neben Kaletsch in Berlin und Burkart in Sachsen sowie ihren jeweiligen Mitarbeitern zählte dazu auch Willy Schlieker. Mit Kriegsende war der Leiter der Amtsgruppe Eisen und Stahl in Speers Rüstungsministerium in die Dienste Flicks eingetreten. Dort sollte er seine vielfältigen Beziehungen in den Berliner Behördenapparat bzw. das, was davon übrig geblieben war, für die Konzernziele fruchtbar machen und Flick über die Entwicklung der Hüttenwerke auf dem Laufenden halten.[84] Kaletsch zeigte sich rasch begeistert von dem neuen Kollegen, der zum »Hauptaktivum« der ausgedünnten FFKG wurde.[85]

Der wichtigste Unterschied, mit dem sich die Manager im Vergleich zu den Westzonen konfrontiert sahen, war der umgehende Beginn der Demontagen durch die sowjetischen Einheiten[86], wenn auch Zeitpunkt und Umfang variierten. Dies traf zunächst auf die Braunkohlenbetriebe der AKW im Halle'schen Revier, die ATG und die Maxhütte Unterwellenborn zu, die bis Ende Juni unter amerikanischer Besetzung standen. In dieser Phase ähnelten die Bedingungen jenen in der Oberpfalz weitgehend. Vor allem im Bergbau unterstützten die US-Vertreter die Aufnahme der Förderung, die bereits einen Monat nach Kriegsende wieder bei 50 bis 60 Prozent lag. Damit, so das AKW-Vorstandsmitglied Karl Fritzsche, konnte man »schon wieder von einem gewissen geordneten Wirtschaftsleben sprechen«. Fritzsche vergaß aber nicht darauf hinzuweisen, daß das gezeichnete Bild »bei uns unendlich viel günstiger als auf der russischen Seite«, das heißt den ostelbischen Gruben der AKW, ausfiel.[87] Nach guten Anfangserfahrungen seines Kollegen Franz Hellberg, der die sowjetischen Offiziere vor

83 Office of Liaison and Security, Recommendation, 29.7.1947, BayHStA OMGB 9/72-1/37; vgl. Süß, Kumpel, S. 36f. Zu den Problemen in Erhards Ressort: Schwarz, Adenauer, Bd. 1, S. 792; Hentschel, Erhard, S. 48f.

84 Schlieker: 1914-80; seit 1942 im RMfBuM; 1945 Sondervollmacht FFKG; 1946 Leiter des statistischen Zentralausschusses im VSE; nach 1950 u.a. im Reedereigewerbe; Kirby/JSFD an Martin/Decartelisation Branch, 28.9.1946; Rundschreiben des VSE, 30.3.1946, beide BAK Z 45 F 11/13-2/11. Vgl. Bührer, Ruhrstahl, S. 46 (Anm. 61); journalistisch: Grunenberg, Wundertäter, S. 75f., 219, 302.

85 Kaletsch an Weiss, 9.9.1945, NARA RG 260 Entry 232 (A1), Box 19. Daneben rückte der Rechtsanwalt Walter Schmidt in den engeren Kreis der Konzernführung auf.

86 Als detaillierter Überblick die Beiträge in: Karlsch/Laufer, Demontagen.

87 Fritzsche an Flick, 18.6.1945, StAN Rep. 502, KVA, Handakten, B-7.

Ort für die Ingangsetzung der Betriebe und einen zwischenzeitlichen Demontagestop gewinnen konnte, verschlechterte sich dort im Spätsommer das Bild rapide.[88]

Sorgen bereitete der AKW-Führung insbesondere das wachsende Selbstbewußtsein der Belegschaftsvertretungen. Hatten sich diese anfangs nicht anders als ihre Kollegen im Westen vornehmlich um Existenzsicherung und Funktionsfähigkeit der Betriebe gekümmert, wurde nach dem Abzug der Amerikaner »unter dem Schutz der [neuen] Besatzungsmacht«, so Hellberg, in zunehmendem Maße Mitsprache bei der Betriebsführung sowie die Entnazifizierung der Werksleitungen eingefordert. Auf der Grube Werminghoff setzten die Arbeiter Ende August 1945 nicht nur die beiden Betriebsleiter ab, sondern entschieden auch eigenständig über die Weiterbeschäftigung anderer Parteigenossen.[89] Dies dokumentierte den Einflußverlust des AKW-Vorstandes, der zudem seine Hoffnungen auf Schonung von der Demontage bald enttäuscht sah. Nach der Potsdamer Konferenz, welche die Befriedigung der Reparationsansprüche der Alliierten grundsätzlich auf ihre jeweiligen Zonen verwiesen hatte[90], begannen im Braunkohlenbergbau umfangreiche Abbaumaßnahmen, von denen weite Teile der AKW betroffen waren.[91]

Die Entwicklung der AKW-Betriebe zeichnete das Schicksal vor, das seit dem Spätsommer 1945 nahezu den gesamten mitteldeutschen Besitz Flicks ereilte. Bis zum Herbst waren fast sämtliche verantwortlichen Stellungen von Managern der Flick-Ära geräumt. Teils waren diese bereits nach der Besetzung verhaftet worden, häufiger jedoch nach Abschluß der ersten Demontagephase, in der die Sowjetische Militäradministration (SMAD) auf die technische Expertise des Leitungspersonals nicht verzichten wollte.[92] Die Mehrheit der kaufmännischen und technischen Führungskräfte entschloß sich aber im Laufe des Sommers, der SBZ den Rücken zu kehren, da sie dort angesichts der beginnenden Abbauten keine Zukunft mehr sahen. Gerhard Bruns setzte sich im Juli nach Berlin ab

88 Dies galt aber nicht in Lauchhammer, wo das Kraftwerk im Juni zu den ersten Abbruchobjekten zählte; Bericht über die Befahrung des Niederlausitzer Kohlenreviers am 21. und 22.5.1945, 24.5.1945; [Hellberg?]; Reise in die Niederlausitz am 7. und 8.6.1945, 9.6.1945 [Hellberg]; Aktenvermerk, 16.6.1945 [Hellberg]; Entwurf vom 30.8.1945, alle StAN Rep. 502, KVA, Handakten, B-7. Ein weiteres Problem, dem sich die AKW-Spitze seit Herbst 1945 gegenübersah, war die angekündigte Bodenreform in der SBZ; dazu der Schriftwechsel 1945-47 in SächsHStA 11384/1508.

89 Notiz Hellberg, 10.9.1945, StAN Rep. 502, KVA, Handakten, B-7; diverse Schreiben und Resolutionen in SächsHStA 11384/1538. Vgl. Suckut, Betriebsrätebewegung, S. 116f., 128-130, 184-189.

90 In Auszügen abgedruckt in: Ruhl, Neubeginn, S. 112-20; vgl. Kleßmann, Staatsgründung, S. 31-34; Schwarz, Reich, S. 109-116.

91 Vgl. Abelshauser, Wirtschaftsgeschichte, S. 379f.; Kretschmer, Industrialisierung, S. 150.

92 Tangerding an Bruns, 24.6.1945, BAB R 8122/637, Bl. 4-6; Schlieker an Flick, 6.9.1945, BAK Z 45 F 11/13-2/11; R. Hennecke an Burkart, 21.3.1948, NMH-BA; Martin, Weg, S. 41 (Anm. 1). Vgl. Schulz, Elitenwechsel, S. 194. Zum gezielten *brain drain* durch die US-Streitkräfte vgl. Gimbel, Science; Henke, Besetzung, S. 742-775.

unter dem Vorwand, daß die dortige Handelsgesellschaft der SGW »unbedingt eine Führung brauch[e]«. Andere wie Weinhardt (ATG), Reichert (Busch), Gehlofen (Mittelstahl), Rudolf Hennecke (Havelgruppe) und Tangerding (SGW) siedelten in die Westzonen über, wo sie neue Verwendungen in Konzernunternehmen Flicks fanden.[93] Zurück blieben Führungskräfte der zweiten und dritten Reihe, zu denen Burkart nach Kräften den Kontakt zu halten suchte.[94] Diese Notlösungen konnten jedoch das Fehlen der »leitenden Herren«, wie Schlieker beklagte, nicht kompensieren, so daß Burkart immer mehr zum alleinigen »Rettungsanker« für die von ihrem Führungspersonal aufgegebenen Werke wurde.[95]

Seine Bemühungen konnten indes nicht verhindern, daß die sowjetischen Truppen im Spätsommer 1945 die Flick'schen Konzernwerke von Hennigsdorf über Leipzig bis Bautzen eines nach dem anderen demontierten und die Anlagen abtransportierten.[96] Ergebnislos verliefen die Bemühungen der FFKG-Rumpfverwaltung, sowohl mit den deutschen als auch mit den alliierten Behörden in Verhandlungen zu treten, um künftige Nutzungen für die Konzernwerke anzubieten und so die Demontagen zu stoppen.[97] Dies galt auch für die Versuche Kaletschs und Schliekers, über Gustav Dahrendorf, bisher Angestellter der AKW und als früherer Reichstagsabgeordneter an der Rekonstituierung der Berliner SPD beteiligt, in Kontakt zu Walter Ulbricht zu treten. Berührungsängste gegenüber dem KPD-Kader hatten die Flick-Manager nicht. Ulbricht wollte man nahegelegen, sich bei der SMAD für die Schonung der mitteldeutschen Industrieanlagen und für eine stärkere Konzentration auf die nach der Potsdamer Mitteilung der UdSSR zustehende 25prozentige Beteiligung an den Demontagen in Westdeutschland einzusetzen. Allerdings, so Schlieker, habe man »über diesen Weg nie etwas von den Russen gehört«.[98]

93 Zitat: Bruns an Lobe und Faust, 7.9.1945, BAB R 8122/635. Zu den raren Ausnahmen zählten F. Franz in Unterwellenborn (s. u.) und Curt Faust (SGW), der als Berater für die Landesverwaltung arbeitete; Entschließung, 25.1.1946, SächsHStA 11384/837, Bl. 126. Bei der Thüko in Leipzig gelang es, die Geschäftsführer als Treuhänder einzusetzen; s. dazu BAB DC 1/1519.

94 ATG an Burkart, 5.10.1945, NARA RG 260, Entry 232 (A1), Box 19; Brieffragment, 21.11.1945 [Burkart], SächsHStA 11384/3414, Bl. 98; Schlieker an Flick, 6.9.1945, BAK Z 45 F 11/13-2/11.

95 Ebd.

96 Zum Ablauf der sowjetischen Demontagepolitk allg. Karlsch, Allein bezahlt; am Beispiel Leipzigs: Schulz, Demontagen; Verlauf und Umfang in Flicks Werken: Priemel, Finis Imperii.

97 Vermerk, 14.7.1945 [Kaletsch]; Notiz für Herrn Kaletsch, 30.7.1945; Notiz, 23.10.1945 [Kaletsch], alle StAN Rep. 502, KVA, Handakten, B-7; Kaletsch an Guckes, 20.10.1945, NARA RG 260, Entry 232 (A1), Box 19; Notiz. Betr. Stahl- und Walzwerk Hennigsdorf, 30.10.1945 [Kaletsch], BAB DC 1/1894; Notiz. Betrifft: Stahlbau Wittenau, 11.9.1945 [Kaletsch], BAB R 8122/80898.

98 Zitat: Schlieker an Flick, 6.9.1945, BAK Z 45 F 11/13-2/11; [Kaletsch?] an G. Dahrendorf, 11.8.1945, StAN Rep. 502, KVA, Handakten, B-7; vgl. Ruhl, Neubeginn, S. 185-188; Wetzel, Office, S. 674.

Entsprechend zeichnete Schlieker in seinem ersten Lagebericht über die Entwicklung im Osten, den er Flick Anfang September 1945 übermittelte, ein desolates Bild. Detailliert listete er Fortschritt und Planungsumfang der Abbrucharbeiten bei den einzelnen Werken auf. Die Unterschiede reduzierten sich demnach auf die Frage, ob die demontierten Anlagen bereits abtransportiert worden waren oder auf den Werksgeländen lagerten und somit noch Gegenstand von Verhandlungen sein konnten. Für zentral erachtete Schlieker, daß man die Überlebensfrage der Werke – nicht nur mit Blick auf die SMAD, sondern auch gegenüber den deutschen Behörden – von der des Konzerns argumentativ trennte, um die Anlagen nicht durch das Flick-Label zusätzlich zu gefährden: »Wir müssen aber unter allen Umständen versuchen, für unsere gesamte Arbeit, die selbstverständlich sehr leicht unter den Begriff ›Konzernleitung‹ in die innerpolitische Diskussion gestellt werden kann, eine betriebliche Grundlage [zu] schaffen.«[99] Dies beherzigte Kaletsch mit Nachdruck und wollte nach außen alle Bemühungen der FFKG, ihre Verfügungsrechte zu wahren, allein »im Interesse der Arbeiterschaft« verstanden wissen.[100]

Unterdessen gelang es Burkart, vielversprechende Verhandlungen mit der sächsischen Landesverwaltung und dem Sachbearbeiter für Industriefragen in der SMAD, Oberst Blochin, anzuknüpfen. Im Kern griff Burkart auf ein bekanntes Muster in der Konzernpolitik zurück – er suchte die Anlehnung an staatliche Entscheidungsträger, um den eigenen Handlungsspielraum zu erweitern. Auch argumentativ bediente sich Burkart bewährter Mittel. Im Zentrum der seit Anfang August laufenden Besprechungen mit Blochin und der Dresdner Landesverwaltung stand die zentrale Bedeutung der Flick'schen Werke für den mitteldeutschen Wirtschaftsraum. Die Mittelstahl-Hütten stellten die wichtigsten Zulieferer für die Metallverarbeitung der Region dar, Döhlen den einzigen Edelstahlproduzenten der SBZ; Busch-Bautzen hatte in Sachsen ein faktisches Monopol im Waggonbau, nachdem die Konkurrenz wie in Görlitz schon demontiert war. Und selbstverständlich handelte es sich bei der Masse der Anlagen um reine Friedensproduktion, wie Burkart zu versichern nicht versäumte. Bei der sächsischen Landesverwaltung, in der Fritz Selbmann (Wirtschaft, KPD) und Gerhard Rohner (Finanzen, CDU) die Ansprechpartner waren, schlug Burkarts Argumentation durch. Da man dort kein Interesse daran haben konnte, die gesamten Stahlkapazitäten des Landes zu verlieren, erklärte die Landesverwaltung die Mittelstahl-Werke kurzerhand zu Schlüsselbetrieben, in der Hoffnung, ein Zeichen für den Erhalt der Betriebe zu setzen.[101]

99 Schlieker an Flick, 6.9.1945, BAK Z 45 F 11/13-2/11; Notiz für Herrn Kaletsch, 15.10.1945 [Tillmanns], BAB R 8122/80898; für inopportun hielt den Konzern-Begriff auch Lang an Kaletsch, 5.11.1945, StAN Rep. 502, KVA, Handakten, B-21.

100 Kaletsch an Kühne/Magistrat Berlin, 20.10.1945; Kaletsch an Kraemer (ZK der KPD u. Zentralverwaltung Industrie), 29.10.1945, beide NARA RG 260, Entry 232 (A1), Box 19.

101 Notiz, 14.9.1945 [Burkart], BAB R 8122/1054, Bl. 40-42; Betrifft: Flick-Konzern, 10.9.1945, BAB R 8119F/P1090.

Dies stellte allerdings eher eine Willensbekundung dar und hinderte die SMAD nicht, die laufenden Demontagen fortzusetzen.[102] Entsprechend änderte Burkart seine Stoßrichtung. Statt auf das Ende der sowjetischen Entnahmen und die Fortführung der Betriebe durch Flicks Tochterfirmen zu bauen, konzipierte er Mitte September ein ambitioniertes Programm. Da die Demontagepolitik einen grundlegenden Neuaufbau der mitteldeutschen Schwerindustrie erforderlich machte, den der Flick-Konzern selbst unter günstigen politischen Rahmenbedingungen nicht alleine finanzieren konnte, ersann Burkart ein Joint-venture mit dem Land Sachsen. Beide Seiten – Konzern und Land – sollten an einer neu zu gründenden Gesellschaft, der Sächsische Hüttenwerke GmbH, je 50 Prozent halten. Als Kapital gedachte Burkart die AKW-Braunkohle einzubringen, mit deren Sozialisierung er ohnehin rechnete, während Sachsen die liquiden Mittel für den Neuaufbau der Stahl- und Walzwerke bereitstellen sollte. Zugleich war die Beteiligung des sächsischen Fiskus' als Schutzschild gegenüber weiteren Reparationsforderungen der Besatzungsmacht und etwaigen Enteignungsplänen intendiert. Das Schadensbegrenzungskonzept, das – wie Kaletsch treffend auf den Punkt brachte – »die Regie von Wiederaufbau und Betriebsführung in [...] unseren Händen« halten sollte[103], versah Burkart mit einer düsteren Warnung vor der sonst drohenden Entindustrialisierung Sachsens: »Andernfalls muß das Rad der Technik um 100 Jahre zurückgedreht werden.«[104]

In Dresden zeigte sich die Landesverwaltung wiederum aufgeschlossen für Burkarts Pläne. Man einigte sich auf ein Neubauprogramm für Riesa, Gröditz, Lauchhammer und die SGW, die in der nun als Sächsische Eisenwerke GmbH projektierten Gesellschaft zusammengefaßt wurden. Auch über die Finanzierung, die über den Erwerb des sächsischen AKW-Besitzes durch das Land für 30 Mio. RM erfolgten sollte, bestand Konsens, so daß Burkart und der von ihm bewußt mit in die Verhandlungen einbezogene Riesaer Betriebsrat Selbmann und Rohner »für das große Entgegenkommen und Verständnis, das Sie in dieser großzügigen Weise dem Neuaufbau der Eisen schaffenden Industrie entgegengebracht haben«, danken konnten.[105] Indessen zeigte sich rasch, daß Burkarts Pläne einen entscheidenden Schönheitsfehler aufwiesen: In der sächsischen Landesverwaltung erkannte man schnell, daß es wenig Sinn machte, die Rohstoff-

102 Dabei transportierten die sowjetischen Abbruchkommandos auch Besitz ab, der gar nicht Flick gehörte, wie etwa italienische Walzwerkanlagen, die im letzten Kriegsjahr nach Riesa gelangt waren; MSt (Burkart) an Landesverwaltung Sachsen, 27.9.1945, SächsHStA 11384/1749.

103 Kaletsch an Burkart, 13.10.1945, NARA RG 260, Entry 232 (A1), Box 19.

104 Betr. Reorganisation der sächsischen Eisen schaffenden Industrie, 20.9.1945, [Burkart], BAB R 8122/1054, Bl. 32-39, Zitat: Bl. 36.

105 Sächsische Eisenwerke an Landesverwaltung Sachsen, 1.10.1945, SächsHStA 11384/837, Bl. 125-127, Zitat Bl. 127. Die Sächsische Eisenwerke GmbH wurde tatsächlich mit einer minimalen Stammeinlage Ende September gegründet; Zur Weiterleitung, 2.10.1945, BAB R 8122/1054, Bl. 44; Satzung der Sächsische Eisenwerke GmbH in Riesa, o. D., SächsHStA 11384/837, Bl. 132-139.

vorkommen eigens zu erwerben, wenn man sie ebenso gut verstaatlichen konnte. Überdies stand außer Zweifel, daß für »Großkapitalisten und Großindustrielle in der Größenordnung von Herrn Flick« keine Entschädigung vorgesehen war.[106]

Davon ließ sich Burkart jedoch ebenso wenig entmutigen wie von den entgegengesetzten Bedenken Kaletschs. Der befand, das Kooperationsangebot mache dem Land zu viele Geschenke, rechnete er doch fest mit sicheren Entschädigungszahlungen durch den »deutsche[n] Reichstag«.[107] Finanzielle Einwände hielt Burkart vor dem Hintergrund des drohenden vollständigen Kontrollverlustes nicht für entscheidend, zumal er trotz der Enteignungsdrohung in der anhaltenden Gesprächsbereitschaft der Landespolitiker weiterhin die Möglichkeit für die FFKG witterte, einen Fuß in der mitteldeutschen Tür zu behalten. Tatsächlich schien Burkarts Strategie eines Neuaufbaus unter Kooptierung der sächsischen Landesverwaltung mit der vertraut klingenden Wendung der »dringende[n] Staatsnotwendigkeit« Erfolg beschieden zu sein.[108] Blochin informierte den Flick-Bevollmächtigten wenige Tage später, daß ein Abbaustopp für die fraglichen Werke bewilligt worden sei, und sagte auch die Rückführung der bereits auf dem Weg nach Osten befindlichen Demontagegüter zu.[109]

Nach dem Erreichten mußte der Beschluß des Landesverwaltungspräsidiums vom 29. Oktober 1945 Burkart gründlich ernüchtern: Die Spitzenbehörde verfügte die entschädigungslose Überführung des gesamten sächsischen Konzernbesitzes Flicks in Landeseigentum.[110] Augenscheinlich hatte Burkart die Entschlossenheit Selbmanns und Rohners, der zum Treuhänder für das beschlagnahmte Flick-Vermögen bestellt wurde[111], unterschätzt und deren Interesse am Standorterhalt als Plattform für gemeinsame Zukunftsplanungen mißverstanden. Derweil wollten die Landespolitiker vermutlich dem am folgenden Tage, dem 30. Oktober 1945, ergangenen Befehl Nr. 124 der SMAD zuvorkommen, der in einer Generalklausel die Beschlagnahme praktisch sämtlichen industriellen Besitzes in der SBZ verfügte.[112]

106 Burkart an Kaletsch, 3.10.1945, NARA RG 260, Entry 232 (A1), Box 19.

107 Betr. Sächsische Eisenwerke GmbH (MSt AKW), 1.10.1945, BAB R 8122/80898.

108 Zitat: Sächsische Eisenwerke an Russische Militär-Administration z.Hd. von Herrn Oberst Blochin, 3.10.1945 [Burkart], BAB R 8122/1054, Bl. 10 f. Wie optimistisch Burkart zu diesem Zeitpunkt den Verhandlungsstand einschätzte, dokumentiert ein vermutlich aus seiner Feder stammender Vermerk, in dem er es für möglich hielt, daß die sowjetische Besatzungsbehörde Wiederaufbaukosten übernehmen werde; Betr. Wiederaufbau der Eisen schaffenden Industrie in Sachsen, 11.10.1945, ebd., Bl. 4-6.

109 Notiz für Herrn Kaletsch, 9.10.1945 [Burkart], StAN Rep. 502, KVA, Handakten, B-7.

110 Beschluß des Präsidiums der Landesverwaltung Sachsen v. 29.10.1945 (Abschrift), SächsHStA 11692/76. Die von Kaletsch und Lukaschek erwogenen Rechtsmittel blieben ergebnislos; Notiz. Betrifft: Beschluß der Sächsischen Landesregierung, 8.11.1945 [Kaletsch], StAN Rep. 502, KVA, Handakten, B-78.

111 Treuhänder Busch-Bautzen an Staatskommissar für das enteignete Flick-Vermögen Vizepräsident Rohner, 24.11.1945, SächsHStA 11692/383.

112 Das legt auch die Darstellung in Fritz Selbmanns, allerdings wenig zuverlässiger, Autobiographie nahe: ders., Jahre, S. 66 f.; vgl. Kleßmann, Staatsgründung, S. 82; vgl. zu

Wenn die sächsische Verwaltung damit die weiteren Abbrucharbeiten abzuwenden gehofft hatte, sah sie sich jedoch getäuscht. In praktisch allen größeren vormals zum Flick-Konzern zählenden Werken erreichten die Demontagegrade bis Ende 1946 100 Prozent. Der im Sommer 1946 von der SED in Sachsen initiierte und propagandistisch ausgeschlachtete Volksentscheid über die »Überführung der Betriebe von Kriegs- und Naziverbrechern in das Eigentum des Volkes«, betraf im Falle Flicks somit nicht mehr vorhandene Substanz.[113] Die an den meisten Standorten in den folgenden Jahren unter großen Mühen errichteten Volkseigenen Betriebe bauten allein hinsichtlich der Belegschaften und partiell beim technischen Know-how auf den früheren Flick-Unternehmen auf.[114] Dies bedeutete indes nicht, daß die FFKG-Führung ihre Ansprüche auf den in der DDR gelegenen Besitz für alle Zeiten aufgegeben hätte. Noch Mitte der fünfziger Jahre hielt man sich für den Fall der »Wiedervereinigung mit der Ostzone« bereit, Restitutionsansprüche auf das – in dieser Form längst inexistente – Mittelstahl-Vermögen zu stellen.[115]

Ende 1945 war dies reine Zukunftsmusik. Die Werke auf polnischem Gebiet und in der SBZ waren bis auf weiteres verloren. Auf die Leitung der bayerischen Maxhütte hatte die FFKG-Spitze keine Einflußmöglichkeiten mehr. Das Schicksal der in der britischen Zone gelegenen Unternehmen fiel noch am glimpflichsten aus. Dort amtierten immerhin die angestammten Vorstände, die zudem in ein dichtes Interessenvertretungsnetz der Schwerindustrie eingebunden waren. Gleichwohl blieb im Ruhrgebiet und in Lübeck vor dem Hintergrund der schwebenden Sozialisierungsfrage die Zukunft zumindest unklar.

Das Führungspersonal von Konzern und Tochtergesellschaften war entlassen, versprengt und durch keine Zentralinstanz mehr koordiniert. Ein Dreivierteljahr nach Kriegsende befand sich nicht ein einziger Angehöriger des inneren Kreises der Konzernführung mehr auf freiem Fuß. Am 5. Dezember 1945 wurde Burkart in der SBZ vom sowjetischen Geheimdienst festgenommen und für die nächsten neun Monate in Chemnitz inhaftiert. Nach seiner Entlassung ging er umgehend in die Westzone, wo er jedoch Anfang 1947, diesmal von den US-

Selbmann und den erfolglosen Schutzversuchen der KPD gegen die Demontagen: Halder, Wirkungen, bes. S. 458-462, 467-471.

113 Aufstellung der zur Zeit in Demontage befindlichen Betriebe, Stand 1.12.1946, SächsHStA 11384/1289; zum Volksentscheid: Kleßmann, Staatsgründung, S. 83.

114 Vgl. den Überblick: The Iron and Steel Industry of Soviet Zone Germany, 13.6.1951, NARA RG 263, CIA-RDP83-00415R006900224000 2-0. Die wichtigste Ausnahme stellte die Maxhütte Unterwellenborn dar, die nicht demontiert wurde. Die Treuhänderschaft lag bis 1946 bei Friedrich Franz. Ob damit ein Kontakt zur FFKG gegeben war, ist unklar. Noch 1947 unterhielten aber einzelne Direktoren in Unterwellenborn Verbindungen zur bayerischen Maxhütte; Korrespondenz Maxhütte/Treuhänder/Dreier-Ausschuß, Oktober–Dezember 1945, in LK 5782, Bl. 39 f., 58, 64-66; Bericht vom Besuch der Maxhütte 20.-23.8.1947, 26.8.1947, SAPMO-BA DY 30/IV 2/6.02/79; vgl. Maxhütte Unterwellenborn 1945 bis 1950, S. 23-40.

115 Betrifft: Verkauf Monopol, o. D. [1955]; Maxhütte an VerwGes für Steinkohlenbergbau, 16.12.1955, beide NMH-BA.

Behörden, verhaftet wurde, um in Nürnberg vor Gericht gestellt zu werden. Als letzter der Generalbevollmächtigten wurde Bernhard Weiss am 1. Februar 1946 verhaftet. Auch er gelangte Ende September noch einmal auf freien Fuß, wurde aber bald darauf erneut festgenommen, ein weiteres Mal entlassen und schließlich Anfang 1947 endgültig nach Nürnberg gebracht.[116]

Kaletsch war zuvor am 8. Dezember 1945 festgesetzt und nach Frankfurt gebracht worden, wo sich neben Vater und Sohn Flick eine ganze Schar von Konzernmitarbeitern befand, darunter der vormals für den Fremdarbeitereinsatz zuständige Maxhütte-Prokurist Werner von Hoven. Kaletsch wurde von den JSFD-Ermittlern zur Abfassung umfangreicher Memoranden über Entstehung und Struktur des Flick-Konzerns herangezogen, die er freilich zu verharmlosenden Darstellungen über dessen Rolle im »Dritten Reich« nutzte. Ergiebiger fielen die Überblicksdarstellungen zu Aufbau, Organisation und Kennzahlen aus, die Fritz Lang und Theodor Kurre im Frühjahr 1946 für das JSFD erstellten, um den amerikanischen Ermittlern einen Einblick in die komplizierten Zusammenhänge des Konzerns und seiner Beteiligungen in den letzten zwei Jahrzehnten zu ermöglichen[117] – eine Aufgabe, der Kurre und Lang in »a spirit of dignified cooperation« nachkamen.[118]

Die rasch aufeinanderfolgenden Festnahmen waren Folge der Ende November aufgenommenen Ermittlungen des Nürnberger *Office of the Chief of Counsel for War Crimes* gegen den Flick-Konzern. Im Zuge der Untersuchungen verbanden die amerikanischen Ermittler das Ziel der Informationsbeschaffung bewußt mit der Lähmung der Konzernleitung. Daß dabei das Besatzungsrecht eine robuste Auslegung erfuhr, wurde intern freimütig eingeräumt:

> »As there was no law which would enable the investigating team to take concrete actions on facts discovered during the investigation, the undersigned was forced to use some rather rough and unorthodox measures in blocking the concern and rendering its key personnel inoperative. Through bluff, and at times high-handed measures, the undersigned removed documents, issued orders which paralyzed the functioning of the concern as a whole, placed a large number of people under house arrest, established a censorship department which controlled the mail of the arrestees […].«[119]

116 Verhör Burkart, 3.9.1947, StAN Rep. 501, KVP, Fall 5, A 81-83, Bl. 6399; Verhör B. Weiss, 16.10.1947, ebd., A 107-109, Bl. 8610 f.; Thieleke, Fall 5, S. 349. Schlieker wurde im Herbst 1945 von den Briten für das VSE rekrutiert, Rohde blieb bis Anfang 1947 auf Tauchstation.

117 Lang an Kaletsch, 5.11.1945, BAB R 8122/80898; The Flick Combine, 2.1.1947, StAN Rep. 502, KVA, Handakten, B-1; die Dossiers in: StAN Rep. 502, KVA, Handakten, B-2, B-28 u. B-55.

118 Subject: Status of Theodore [sic] Kurre, 23.5.1946, IfZ MF 260 17/248-3/17; Unblocking of Account of Fritz Lang, German Civilian, 29.6.1946, IfZ MF 260 17/229-1/16.

119 The Flick Combine, by Josif Marcu, Jr., 2.1.1947, StAN Rep. 502, KVA, Handakten, B-1.

Statt den Konzern durch die schwierigen Nachkriegsjahre zu steuern, sahen sich Flick und seine engsten Mitarbeiter nun gezwungen, sich vor Gericht wegen der ihnen vorgeworfenen Beteiligung an NS-Unrecht und -Verbrechen zu verantworten. Gleichwohl hieß dies nicht, daß das Verfahren ohne Einfluß auf die Konzernpolitik bleiben sollte. Vielmehr zeichnete sich frühzeitig ab, daß in Nürnberg Grundfragen des unternehmerischen Selbstverständnisses, der wirtschaftlichen Ordnungspolitik und nicht zuletzt der Geschichtsdeutung verhandelt würden, deren Bedeutung über den Flick-Konzern hinausreichte.

Fazit

Die Rekonstruktion des eigenen Selbstbildes in Nürnberg sollte durch das – in den Augen nicht nur der Flick-Manager – am eigenen Leib erfahrene Unrecht der Nachkriegszeit erleichtert werden. Die Todesfälle und Inhaftierungen einzelner Direktoren vor allem in der SBZ, mehr noch aber der Verlust von Vermögen und Einfluß infolge von Beschlagnahmung, Absetzung und Demontagen unterfütterten den sich herausbildenden Opferdiskurs innerhalb der FFKG. Tatsächlich erlebte die Konzernführung die Umwälzungen zwar reaktiv, aber keineswegs passiv. Vielmehr versuchte man, wenngleich weitgehend erfolglos, gestaltend einzugreifen, etwa in den Bemühungen, die Kontrolle über die Maxhütte zu wahren oder die Demontagen in der SBZ aufzuhalten. Gerade Burkarts Pläne eines Joint-ventures, das die unter völlig neuen wirtschaftspolitischen Vorzeichen stehende sächsische Landesverwaltung einspannen sollte, verdeutlichten, daß die traditionelle Konzernstrategie, in der Not auf staatliche Instanzen zurückzugreifen, ideologisch unspezifisch war. Zugleich machte Burkarts eklatante Fehlkalkulation die Grenzen dieses Auswegs deutlich: Wo es kein Privateigentum gab, war auch nichts zu verhandeln. Mit dem Enteignungsbeschluß kamen somit die Rechtsansprüche Flicks ebenso in Fortfall wie die Rolle Burkarts als »letzter Mann«, nachdem die Ansprechpartner vor Ort bereits zuvor kollektiv das Weite gesucht hatten. Auf diese Weise wurden die beiden zentralen Herleitungen des FFKG-Kontrollanspruchs effektiv außer Kraft gesetzt. Genau genommen gab es Anfang 1946 keinen Flick-Konzern mehr.

2. Der Prozeß

2.1. Die Konzipierung der Industriellenprozesse

Im November 1946 – das Urteil im Hauptkriegsverbrecherprozeß gegen die überlebende Prominenz des untergegangenen Regimes war soeben ergangen – wurden Flick, sein Sohn Otto-Ernst, Kaletsch und Hoven vom OMGUS-*Decartelization Branch* in Frankfurt zur Nürnberger *War Crimes*-Sektion überstellt. Dort sollten sie als künftige Angeklagte (F. Flick, Kaletsch) bzw. als Zeugen (O.-E. Flick, Hoven) für einen der zwölf sogenannten Nachfolgeprozesse, den »Fall 5«, in Gewahrsam genommen werden.[1]

Bereits die verbreitete Bezeichnung als Nachfolgeprozeß verweist auf den Bezug zum zwischen November 1945 und Oktober 1946 gehaltenen Internationalen Militär-Tribunal (IMT).[2] In der Auswahl der Angeklagten für das IMT wurde auch die Einbeziehung führender Wirtschaftsvertreter diskutiert. Dem zugrunde lag die in den bekannten vier Potsdamer »D's« – Demokratisierung, Denazifizierung, Demilitarisierung und Dekartellierung[3]– enthaltene Grundannahme, daß moralischer und ökonomischer Neuaufbau Deutschlands miteinander zu verbinden und durch einen Elitenwechsel zu fundieren seien. Unterstützung erhielt diese Auffassung noch vor Prozeßbeginn durch den Bericht einer amerikanischen Kommission unter Vorsitz von Senator Harley Kilgore. Dieser stellte unzweideutig fest, »that the listed industrialists shared guilt in the crimes committed by the Nazis against the rest of the world.« Dem Bericht beigefügt war eine – in Kaletschs Augen »ausgeknobelt[e]« – Aufstellung jener 31 Großindustriellen und Bankiers, die die Kilgore-Kommission für schwer belastet hielt. Auf Platz drei rangierte Friedrich Flick.[4]

Auf der Anklagebank des IMT fand diese Einschätzung jedoch keinen Ausdruck. Dort dominierten Vertreter der staatlichen Wirtschaftsverwaltung wie Funk, Schacht und Speer. Der einzige in der Anklageschrift genannte Privatindustrielle, der schwerkranke Gustav Krupp, war verhandlungsunfähig. Die Versuche von US-Chefankläger Robert H. Jackson, Krupp noch in letzter Minute durch dessen Sohn Alfried zu ersetzen, scheiterten an der Ablehnung der Richter gegen einen solchen Kandidatentausch, so daß die Verhandlungen ohne

1 Memorandum. Subject: A. Flick Record – Frankfurt Office; B. Suggestions for Flick Report, 21.11.1946, IfZ MF 260 17/229-1/16.

2 Zur Vorbereitung des Prozesses Smith, Road; zu Verlauf und Ergebnissen Benda, Prozeß, S. 340-351; Steinbach, Prozeß, S. 32-44; Reichel, Vergangenheitsbewältigung, S. 43-58; Weinke, Prozesse, S. 17-58.

3 Vgl. Ruhl, Restauration, S. 113-116; Latour/Vogelsang, Okkupation, S. 21-23, 146f.; Backer, Economy, S. 18-25

4 Official Blacklist Names 31 German Industrialists as War Crimes Accessories, 12.10.1945, NARA RG 238, Entry 165, Box 1; Kaletsch an Burkart, 13.10.1945, NARA RG 260, Entry 232 (A1), Box 19.

Beteiligung der Privatwirtschaft stattfanden.[5] Das IMT stellte gleichwohl die Weichen für die nachfolgenden Prozesse. Zum einen demonstrierte es eine strenge Orientierung an rechtstaatlichen Grundsätzen im Hinblick auf Rechtswahrung der Angeklagten und Offenheit des Verfahrens: Die Strafen fielen differenziert aus und umfaßten drei Freisprüche. Zum anderen traf das Tribunal Richtlinienentscheidungen, welche die Nachfolgegerichte binden sollten, so die Verurteilung von NSDAP, SS und Gestapo als kriminelle Organisationen oder die Qualifizierung des Zwangsarbeitereinsatzes als verbrecherisches »Sklavenarbeits«-Programm.[6]

Über die Verurteilung der Staats-, Partei- und Wehrmachtsführung verloren die Ankläger, vor allem die US-Vertreter, die Strafverfolgung verantwortlicher Unternehmer nicht aus den Augen. Ausgehend von dem Krupp-Fehlschlag wurde seit Anfang 1946 der Gedanke eines zweiten internationalen, auf die Wirtschaft konzentrierten Prozesses eingehend erörtert.[7] Die Idee blieb bis in den Herbst hinein auf dem Tisch, ehe sich die Bedenken Jacksons sowohl in finanzieller Hinsicht als auch mit Blick auf die Gefahr, der sowjetischen Seite eine Plattform für ein Schautribunal gegen das kapitalistische System zu liefern, durchsetzten, zumal die britische Regierung nur geringe Begeisterung für weitere gemeinsame Prozesse zeigte.[8] Instruktiv war jedoch die Auswahl der für das »IMT 2« ins Auge gefaßten Angeklagten: Um ein schnelles, juristisch einfaches und erfolgreiches Verfahren zu führen, sollte die Anklage sich auf höchstens ein Dutzend der prägnantesten Fälle beschränken. Als solchermaßen unvermeidliche Kandidaten galten im Frühjahr 1946 Alfried Krupp, Paul Pleiger, Hermann Röchling, Hermann Schmitz, Kurt von Schröder – und Friedrich Flick.[9]

Parallel zur Option eines interalliierten Wirtschaftsprozesses verfolgten die Siegermächte Pläne für separate zonale Verfahren. Deren Konzeption oblag auf amerikanischer Seite dem Stab des Hauptanklägers, der nach dem IMT-Urteils-

5 IMT, Bd. 1, S. 135-161; Taylor, Prozesse (1951), S. 31; ders., Prozesse (1994), S. 106, 116-121; Abelshauser, Rüstungsschmiede, S. 464f.; Bloxham, Genocide, S. 23f.; Bower, Industriellen, S. 239.

6 Memorandum of Proposals for the Prosecution and Punishment of Certain War Criminals and Other Offenders, 25.-30.4.1945, in: Smith, American Road, S. 162-172; Urteilsspruch, IMT, Bd. 1, S. 189-314.

7 Memoranda for Mr Justice Jackson, 30.1. u. 5.2.1946 [Taylor], NARA RG 260, Office of the Adjutant General/General Correspondence, Box 3; Telford Taylor, Final Report to the Secretary of the Army in the Nuernberg War Crimes Trials under Control Council Law No. 10, 15.8.1949, S. 22-27 (in NARA RG 466, Entry 16A, Box 65, fortan zit. Taylor, Report); Bloxham, Genocide, S. 24f.

8 Jackson an Patterson, 7.3.1946, NARA RG 466, Entry 3/4D, Box 15; Mr Justice Jackson's Memorandum for the President of 13 May 1946, in: Taylor, Report, S. 276-279; vgl. Bloxham, Genocide, S. 31f.

9 Taylor an Jackson, 25.4.1946, NARA RG 238, Entry 159, Box 1. Später wurde eine Auswahl von zwei Angeklagten je Siegermacht in Aussicht genommen. Die sowjetische Seite benannte ihre Kandidaten nicht, allerdings legte das Arrangement nahe, daß Flick auf diesem Ticket mitgenommen werden sollte, Taylor, Report, S. 24f.

spruch und dem Rückzug Jacksons nun unter Führung Telford Taylors der US-Besatzungsverwaltung eingegliedert wurde.[10] Auch die französischen Verantwortlichen nahmen den ursprünglichen Gedanken des Wirtschafts-IMT auf, kooperierten eng mit Taylors Abteilung und führten schließlich im Rastatter Verfahren gegen Mitglieder des Röchling-Konzerns gleichsam den 13. Nachfolgeprozeß.[11]

Hingegen beschränkten sich die britischen Behörden weitgehend darauf, auf Wunsch der US-Anklage in ihrer Zone einsitzende Gefangene nach Nürnberg zu überstellen, und lehnten eine darüber hinausgehende Beteiligung ab.[12] Aber auch für Washington hatte die Fortsetzung der Kriegsverbrecherprozesse bedeutend an Bedeutung eingebüßt. Vor dem Hintergrund des sich herausbildenden Ost-West-Konfliktes befürwortete etwa Ex-Präsident Herbert Hoover nach einer Deutschlandreise Anfang 1947 ein Ende der Verfahren. Statt dessen sollten alle Kräfte angespannt werden, um den schnellen Wiederaufbau einer funktionsfähigen Verwaltung und Wirtschaft zu bewerkstelligen – ein Ziel, für dessen Erreichen die Mitarbeit der bislang unter Generalverdacht stehenden deutschen Funktionseliten unabdingbar schien. Die Zeichen standen somit auf Reintegration und richteten den Blick nach vorne, ein Akzentwechsel, der seinen beredten Ausdruck in der Verkündung des *European Recovery Program* (ERP) durch US-Außenminister George Marshall im Juni 1947 fand.[13] Während der Marshall-Plan finanzielle Hilfen für den Wiederaufbau in Aussicht stellte, wurde das Nürnberger Budget gekürzt und eine beschleunigte Durchführung des Prozeßprogramms gefordert. Vor diesem Hintergrund schmolz die Zahl der geplanten Verfahren von Monat zu Monat. Von den ursprünglich avisierten 32 Folgeverfahren waren im März 1947 noch 18 geblieben, die bis zum September auf die endgültige Zahl von nurmehr zwölf zusammenschrumpften. Ermittlungen unter anderem gegen Siemens, Deutsche und Dresdner Bank wurden eingestellt.[14]

Jene zwölf Nachfolgeprozesse, die schließlich durchgeführt wurden, dokumentierten trotz der massiven Abstriche die Zielsetzung von Taylors Anklagebehörde. In dem Dutzend Verfahren zwischen Oktober 1946 und April 1949 wurden insgesamt 185 Personen angeklagt, die nach Zugehörigkeit zu mehr oder minder präzise definierten Trägergruppen des nationalsozialistischen Regimes ausgesucht worden waren. Anders als im Hauptkriegsverbrecherprozeß standen

10 Taylor, Report, S. 11-15; Bloxham, Genocide, S. 28.

11 Memorandum for the Secretary of the Army, 4.1.1949 [Taylor], NARA RG 238, Entry 159, Box 1; Anklage und Urteil abgedruckt in TWC 14/2, S. 1061-1143; vgl. Pendaries, Procès, S. 51-55.

12 Taylor, Report, S. 7 f., 23, 78; Bloxham, Genocide, S. 32-37.

13 Abgedruckt in: Ruhl, Neuordnung, S. 368-371. Vgl. Gimbel, Zone, S. 99 f.; Backer, Economy, S. 83; Jung, Rechtsprobleme, S. 214 f.

14 Digest of Revised 1947 Budget Estimates, o. D. [1946], NARA RG 260, Office of the Adjutant General/General Correspondence, Box 3; Taylor, Report, S. 80-82; Kempner, Ankläger, S. 334; ferner: Bloxham, Genocide, S. 49-51; Ahrens, Exempelkandidat, S. 648 f.; Scholtyseck, USA; Wiesen, Industry, S. 49. Im Ton polemisch, doch als Quellensammlungen nützlich sind die OMGUS-Berichte zur I.G. Farbenindustrie, Dresdner Bank und Deutschen Bank.

diesmal weniger Partei- und Staatsführung im Mittelpunkt, sondern vielmehr Funktionseliten auf diversen professionellen Ebenen: Mediziner und Militärs, Juristen und SS- und Polizeiführer, Ministerialbeamte und Manager. Dieser Auswahl lag eine spezifische Interpretation der NS-Herrschaft zugrunde, die – ohne dies explizit zu machen – an Franz Neumanns Vier-Säulen-Modell aus Partei, Verwaltung, Militär und Wirtschaft anknüpfte[15], sich darin aber nicht erschöpfte. Der weite Kreis, der aus den Vertretern gesellschaftlich hochangesehener und über den Regimewechsel von 1933 hinweg für Führungspositionen prädisponierter Schichten und Professionen gezogen wurde, wies unmißverständlich auf die Mitverantwortung dieser Eliten für die nationalsozialistischen Verbrechen hin.[16]

Von den wegen ihrer Verbindungen zu Massenmorden und Menschenversuchen vergleichsweise naheliegenden Anklageerhebungen gegen Vertreter von Ärzteschaft, SS und Generalität setzen sich der sogenannte Wilhelmstraßen-Prozeß (Fall 11), vor allem aber die drei Verfahren gegen Industrielle erkennbar ab. Der aus drei getrennten Ermittlungssträngen des ursprünglichen Programms fusionierte Fall 11 versammelte als »Omnibus-Prozeß« eine sehr heterogene Mischung von Angeklagten und Anklagepunkten, die von der Beteiligung an der Planung der »Endlösung« durch Mitarbeiter des Auswärtigen Amtes bis zu Vorwürfen der Plünderung der annektierten Gebiete durch die Reichswerke reichten.[17]

Dagegen hatten die Industrieprozesse eine kohärente Stoßrichtung: Ihr Ziel war es, den Beitrag der deutschen Privatwirtschaft an der Planung und Durchführung des Krieges ebenso wie ihre Profite aus Verbrechen gegen die Menschlichkeit nachzuweisen. Taylors Ansicht nach waren »[i]n essence, if not in form, men like the Farben and Krupp directors, Flick, Rasche of the Dresdner Bank, and Pleiger of the Hermann Goering Works, […] part and parcel of the Wehrmacht as much as Rundstedt, Milch and Raeder«.[18] Nicht zuletzt setzte sich in diesem Verständnis des NS-Staats jener juristische Verschwörungs-Topos fort, der bereits im Hauptkriegsverbrecherprozeß im Mittelpunkt von Jacksons Strategie gestanden hatte. Ungeachtet des geringen Erfolges dieser »tyranny of a construct«[19] vor dem IMT, sollten die Industriellen in dreifacher Funktion vor Gericht gestellt werden: als Individuen, als Unternehmensrepräsentanten und als Funktionäre des nationalsozialistischen Institutionengeflechts, das Krieg und Verbrechen gegen die Menschlichkeit geplant und durchgeführt hatte.[20]

15 Ausführlich: Middendorf, Wissen, S. 100-112; Perels, Beitrag.
16 Ähnlich Ahrens, Exempelkandidat, S. 640; knappe Überblicke über alle Fälle: Taylor, Prozesse (1951), S. 50-115; Ueberschär, Nationalsozialismus, S. 73-212. Zeitgenössische Kommentierungen finden sich in den UN Law Reports (Fall 5 in Bd. IX, S. 1-59).
17 Taylor, Report, S. 77, 81 f.; vgl. Ahrens, Exempelkandidat, S. 651 f.; Blasius, Fall 11.
18 Taylor, Sword, S. 262.
19 Bloxham, Genocide, S. 69; zur Genese des Verschwörungs-Paradigmas: Smith, Road, S. 50-52, 61 f., 75-77, 233 f.
20 Indictment of the Industrialists, 28.9.1946 [Drachsler], NARA RG 238, Entry 165, Box 1; Memorandum for Mr. Pomerantz, 4.10.1946 [Taylor], NARA RG 238, Entry 159, Box 7.

2.2. *Die Vorbereitung der Anklage*

Das Verfahren gegen die Flick-Führung sollte als erster Prozeß gegen deutsche Industrielle zum Präzedenzfall werden.[21] Warum aber hatte sich die US-Anklagebehörde ausgerechnet für Flick entschieden, der sowohl als öffentliche Person wie auch als Synonym für ein Branchenmonopol schwerlich die gleiche internationale Prominenz beanspruchen konnte wie die Konzerne von Krupp und IG Farben?

Flick war frühzeitig ins amerikanische Visier geraten. Noch während des Krieges sammelten verschiedene Stellen Informationen über die bedeutendsten deutschen Unternehmen, so die US-Luftwaffe, die Daten für das strategische Bombardement benötigte, die mit Nachkriegsplanungen beschäftigten Ministerien in Washington, das Office of Strategic Services (OSS) und das Alliierte Oberste Hauptquartier. Das OSS legte im Herbst 1944 eine Liste der 800 bedeutendsten deutschen Industriellen vor, die zwecks Vernehmungen automatisch zu verhaften waren, darunter nahezu die komplette Führungsriege Flicks.[22] Im Alliierten Hauptquartier entstand eigens eine Sammlung von Dossiers über die deutschen Industriekonzerne, die nach der Besetzung auf Basis beschlagnahmter deutscher Unterlagen ergänzt wurden.[23] Damit konnten auch die früheren, teilweise grotesk übertriebenen Einschätzungen von Flicks Bedeutung – »with Göring he rules the entire Ruhr coal region«, hieß es in einer noch im Krieg entstandenen Denkschrift – relativiert und qualifiziert werden. Was aber blieb, war die Beurteilung Flicks als »probably the greatest wire puller in Nazi Germany«.[24]

Im Oktober 1945 lag der *Economics Division* der US-Militärregierung schließlich ein rund hundertseitiger, in weiten Teilen gut recherchierter Katalog der Flick'schen Konzernunternehmen mit Angaben zu Firmengeschichte und Führungspersonal vor.[25] Weitere Aufstellungen und Listen, Zusammenfassungen und Abstracts über die Flick-Gruppe wurden in den folgenden Jahren immer wieder erstellt, einige mit großer Genauigkeit, andere von eher dürftigem Ge-

21 Ursprünglich hatte das Krupp-Verfahren den Auftakt machen sollen, wurde jedoch verschoben. Die mißverständliche Feststellung bei Taylor, Report, S. 78f., das Flick-Verfahren sei kurzfristig hinzugekommen, bezieht sich nicht auf Flicks Person, sondern auf einen eigenständigen Prozeß gegen den Konzern.

22 List of Names of Industrial Leaders Recommended to Be Detained for Interrogation Purposes, 27.11.1944 [26.4.1945], RG 226, Entry 192, Box 4 (Folder 56A).

23 Dabei übernahmen die alliierten Ermittler auch die zahlreichen Fehler der RWiM-Dossiers; [Aufstellung] Friedrich Flick KG, o.D. [ca. 1944], BAB R 3101/34412, Bl. 77-136; britische Provenienz etwa: Friedrich Flick K.G., Düsseldorf, o.D. [Dezember 1945], NARA RG 226, Entry 19, Box 281, Doc. XL 18998; vgl. Latour/Vogelsang, Okkupation, S. 13, 145; Backer, Economy, S.7.

24 Memorandum »Friedrich Flick«, 20.02.[1945?], StAN Rep. 502, KVA, Handakten, B-3. Ein britisches Memorandum vom Juli 1945 bezeichnete Flick als »[p]erhaps the most powerful and successful individual figure among the German industrialists«; Flick Combine, 3.7.1945, NARA RG 226, Entry 16, Box 1608, Doc. 138893.

25 German Industrial Combines. The Flick Concern. October 1945, StAN Rep 501, KVA, Handakten, B-91.

halt.[26] Daß Flick auf nahezu allen Anklagelisten möglicher Nachfolgeverfahren prominent auftrat, die 1946 zusammengestellt wurden[27], lag zuvorderst jedoch in der engen Überschneidung zweier Agenden der US-Besatzungsmacht begründet: der Bestrafung von Kriegsverbrechern und der Auflösung von Konzern- und Kartellstrukturen. Hatte schon der Verschwörungsvorwurf im IMT-Verfahren seine Ursprünge in den amerikanischen Antikartellverfahren der späten dreißiger Jahre, an denen Jackson führend beteiligt gewesen war[28], so galten den Ermittlern der Nachfolgeprozesse die – definitorisch unzureichend unterschiedenen – deutschen Konzerne und Kartelle als Foren unfreier, autoritärer und staatsnaher Wirtschaftsorganisation, die militaristische und nationalsozialistische Ziele gefördert und mitgetragen hatten. Seit dem Frühjahr 1946 kooperierten die Mitarbeiter von Taylors Stab eng mit den Dekartellierungsexperten von OMGUS und tauschten Personal, Dokumente und Erkenntnisse aus. Daß die Auswahl der als Kriegsverbrecher beschuldigten Industriellen zugleich bedeutende »cartel leaders« benennen sollte, galt als ausgemacht.[29]

Als alleiniger Eigentümer eines der größten deutschen Konzerne überhaupt drängte sich die Wahl Flicks als potentieller Angeklagter geradezu auf. Zudem beruhte die Meinungsbildung der amerikanischen Ermittler zu einem nicht unerheblichen Teil auf fehlenden Kenntnissen des deutschen Wirtschaftssystems, die eher zu einer Über- als einer Unterschätzung des Konzernherrn führten. Insbesondere der Unterschied zwischen Vorstand und Aufsichtsrat von Aktiengesellschaften, dem US-Aktienrecht fremd, blieb lange unklar, so daß ein Einfluß Flicks auch in Unternehmen vermutet wurde, in denen er besitzmäßig gar nicht beteiligt war.[30] Ebenso verstärkten die Mandate, die Flick in Gremien wie den Reichsvereinigungen Kohle und Eisen mehr innegehabt denn wahrgenommen hatte, den Eindruck, es bei ihm mit einem der führenden Organisatoren der NS-Wirtschaftslenkung zu tun zu haben. Dies galt um so mehr, als er neben Alfried Krupp der einzige Vertreter der privaten Schwerindustrie war, der in beiden Reichsvereinigungen Sitz und Stimme gehabt hatte.[31]

26 Scott an Edelman, 13.8.1945, StAN Rep. 502, KVA, Handakten, B-56; Liste mit Werken des Flick-Konzerns, 5.3.1946, BayHStA OMGB 9/72-1/37; weitere Unterlagen in BAK Z 45 F 11/5-1/3 u. 11/4-3/20.

27 Beispielhaft: Tentative List of Leading German Industrialists, Bankers and Economic Leaders, 12.3.1946, NARA RG 238, Entry 165, Box 1; Headquarters U.S. Forces an Subsequent Proceedings Division, 19.6.1946, NARA RG 238, Entry 159, Box 1.

28 Vgl. Smith, Road, S. 77; Bloxham, Genocide, S. 60, 71.

29 OCC an Decart. Branch, 15.4.1946; OMGUS/Decart. Branch (Marcu) an Subsequent Proceedings Division, 18.6.1946, beide ebd.; Indictment of the Industrialists, 28.9.1946, NARA RG 238, Entry 165, Box 1.

30 So z.B. German Industrial Combines. The Flick Concern. October 1945, StAN Rep. 501, KVA, Handakten, B-91; vgl. Ahrens, Exempelkandidat, S. 647.

31 Outline Memorandum Brief Concerning Reich Association Coal with Special References to the Part Played therein by Friedr. Flick, o.D. [1946], NARA RG 238, Entry 193, Box 8. Die Aussagen differierten in dieser Hinsicht jedoch erheblich. So ging eine Denkschrift im Oktober 1945 davon aus, Flick habe »seinen Frieden mit der Partei [...]

Kompromittierender noch mußten Flicks Kontakte zur ersten Garde des NS-Regimes wirken. Die Mitgliedschaft im Freundeskreis Himmler rückte ihn in die Nähe des wichtigsten Verantwortlichen für Terror und Genozid. Im Verhältnis zum zweiten Mann im NS-Staat, Hermann Göring, wurde ihm eine »enge Freundschaft« nachgesagt, was die US-Ermittler unter anderem im Tauschgeschäft Harpens mit den Reichswerken 1939 bestätigt sahen.[32] Daß dieser Deal die Brücke zur »Arisierung« des Ignaz-Petschek-Konzerns – dem größten einzelnen Enteignungsfall überhaupt – schlug, war den Besatzungsoffizieren nicht nur nicht entgangen, sondern stellte den zentralen Vorwurf gegen Flick in der Frühphase der Untersuchungen dar. Gestützt unter anderem auf Informationen der Petschek-Erben[33], die bald nach Kriegsende Restitutionsansprüche anmeldeten, sah man Flicks Verbrechen darin, »one of the foremost profiteers from the aryanisation of industry« gewesen zu sein.[34]

Alles in allem war es die Erfolgsgeschichte Flicks, die ihn den US-Offizieren suspekt machte. Der Weg von den eher bescheidenen Anfängen im Siegerland über die Beherrschung des größten europäischen Montankonzerns Vereinigte Stahlwerke bis zum Neuaufbau nach 1932 war in groben Zügen bekannt. Dabei weckten die Heimlichkeiten und Winkelzüge Flicks bei seinen diversen Akquisitionen und sein stetes Expansionsstreben Mißtrauen. Die Verschachtelung der Besitzverhältnisse in holländischen Holdinggesellschaften in den zwanziger Jahren und der Skandal um den Verkauf der Gelsenberg-Mehrheit an das Deutsche Reich trugen ebenso zu einem zweifelhaften Eindruck von Flicks Geschäftsethos bei, wie das außerordentliche Wachstum des Konzerns nach 1932 keine Zweifel an Flicks prinzipieller ökonomischer Befähigung ließ. Sein »spectacular rise to power«, den Flick selbst gegen den Widerstand des Establishments an Rhein und Ruhr vollzogen habe, wurde als Leistung betrachtet, die »unique even under the favourable conditions of the German armament boom of the period« gewesen sei.[35]

Wenn sich in diese Diagnose durchaus eine Spur von Bewunderung mischte[36], war die von amerikanischer Seite gezogene Schlußfolgerung doch eindeutig:

eher später gemacht« und bei der Annahme von Ämtern und Funktionen zurückhaltend agiert; German Industrial Complexes. The Flick Complex. October 1945, StAN Rep. 502, KVA, Handakten, B-91 [Übersetzung d. Verf.].

32 Germany's major industrial combines, 10.5.1948, BAK Z 45 F 11/4-3/20; Taylor, Report, S. 78 f.

33 Vor allem die Julius-Petschek-Seite versorgte Robert Kempner aus Taylors Stab auch in der Folge mit wichtigen Informationen; vgl. die Korrespondenz in NARA RG 238, Entry 159, Box 2.

34 German Industrial Complexes. The Flick Complex, StAN Rep. 501, KVA, Handakten, B-91. Auch die britische Militärregierung interessierte sich für den Petschek-Komplex: Notiz für Herrn Kaletsch, 15.10.1945, BAB R 8122/80898.

35 German Industrial Complexes. The Flick Complex, StAN Rep. 502, KVA, Handakten, B-91; Report on German Cartels and Combines 1946. Vol. III, 1.3.1947, BAK Z 45 F 11/5-1/3.

36 Vgl. das Schreiben v. 13.8.1945, StAN Rep. 502, KVA, Handakten, B-56, in dem Flick als »genius at forming of mergers, holding companies and trusts« bezeichnet wird.

Flicks großer Erfolg sei einer gefährlichen Kombination klandestiner Praktiken mit politischer Begünstigung zuzuschreiben. Warnend stellte daher ein US-Memorandum Anfang 1947 fest: »Such a pattern, it would appear, is capable of utilization again in re-establishing German industrial empires, if these are not carefully policed.« Die Lösung sah die Denkschrift darin, den Flick-Konzern in das industrielle Neuordnungsprogramm der britischen Zone einzubeziehen.[37] So verband sich auch im speziellen Falle Flicks die Strafverfolgung von Kriegsverbrechern mit der wirtschaftlichen Umgestaltung der Schwerindustrie, die Entnazifizierung mit der Entflechtung.

Die Erhebung der Anklagevorwürfe richtete sich nach der rechtlichen Grundlage des Kontrollratsgesetzes Nr. 10, das im wesentlichen vier Tatbestände vorsah: 1. Verbrechen gegen den Frieden, das heißt Planung, Vorbereitung und Führung eines Angriffskrieges, 2. Kriegsverbrechen, 3. Verbrechen gegen die Menschlichkeit sowie 4. die sogenannten Organisationsverbrechen, also die Zugehörigkeit zu einer vom IMT als verbrecherisch eingestuften Vereinigung.[38]

In Anwendung dieser Vorgaben schälten sich die Anklagepunkte gegen Flick schnell heraus: der Zwangseinsatz und die Mißhandlung von ausländischen Arbeitskräften, die Übernahme ausländischen Besitzes in den besetzten Gebieten, die »Arisierungen« jüdischen Eigentums und die (finanzielle) Förderung der NS-Verbrechen durch Mitgliedschaft im Freundeskreis Himmler. Dabei galt der Punkt *slave labour* angesichts der Verurteilung durch das IMT als verbrecherisches Gesamtprogramm für verhältnismäßig unproblematisch, und die Ermittlungen konzentrierten sich entsprechend auf die Suche nach einschlägigen Zeugen. Diese gestaltete sich indes weit schwieriger als angenommen und zog sich bis weit in die Prozeßeröffnung hinein.[39]

Die unter dem Tatbestand der Plünderung zusammengefaßte Expansion nach Lothringen, Lettland und der Ukraine war aus Sicht der Anklage nicht schwer zu belegen. Zum einen waren die Werksübernahmen dokumentarisch gesichert, zum anderen schätzte man Flicks Mandat im Verwaltungsbeirat der BHO als eine reelle Möglichkeit zur Einflußnahme auf die wirtschaftliche Ausbeutung der besetzten Ostgebiete ein.[40] Auch die Beweisführung im Anklagepunkt IV, die Mitgliedschaften Flicks und Steinbrincks im Keppler- bzw. Himmler-Kreis betreffend, bereitete den US-Anklägern keine Probleme. In einem argumentativen Dreischritt sollten erst die Bedeutung des Freundeskreises als *fundraising*-Forum Himmlers dargelegt, dann die kriminellen Machenschaften der SS resü-

37 Report on German Cartels and Combines 1946. Vol. III, 1.3.1947, BAK Z 45 F 11/5-1/3.

38 Gesetz Nr. 10, 20.12.1945, abgedruckt in: Ueberschär, Nationalsozialismus, S. 295 f.

39 Report of Paris Trip, 19.8.1946, StAN Rep. 502, KVA, Handakten, B-3; Report of Trip Undertaken by Messrs. Marcu and Stone, 8.4.1947, ebd., B-58; Skraly to Heilpern, 17.4.1947, NARA RG 238, Entry 203, Box 5.

40 [Zusammenfassung] BHO, o. D. [1946/47], ebd., B-24; Summary of Evidence of the Complicity of Friedrich Flick in Spoliation of Lorraine, 13.3.1947, NARA, RG 238, Entry 193, Box 8.

miert und schließlich die These der Mitwisserschaft der beteiligten Wirtschaftsführer untermauert werden.[41]

Eine herausgehobene Stellung sowohl in der Vorbereitung wie auch später in der Führung des Verfahrens nahmen hingegen die »Arisierungen« ein. Dies hatte verschiedene Gründe. Zunächst war es der schiere Umfang der Flick'schen Aneignungen, seiner Profite aus der rassistischen Politik des NS-Regimes, der sich den Betrachtern aufdrängte. Daneben gründete das Interesse der US-Ermittler aber auch in einer prinzipiellen moralischen Distanzierung von den unternehmerischen Methoden Flicks. In den »Arisierungen« sahen die amerikanischen Ankläger nicht weniger als eine Pervertierung der liberal-kapitalistischen Wirtschaftsordnung.[42] Analog zur von der US-Militärregierung verfolgten ordnungspolitischen Zielsetzung, die Vielzahl an marktregelnden Kartellen und die in ihnen institutionalisierten fließenden Übergänge hoheitlicher Verwaltung und privater Interessenvertretung aufzulösen, erblickten die Nürnberger Ankläger in den »Arisierungen« das Exempel der Verschmelzung staatlicher Politik mit privatwirtschaftlichem Expansionismus, die ihrer Meinung nach in der deutschen Wirtschaftsordnung traditionell angelegt und im »Dritten Reich« kulminiert war. Im Falle Flicks habe die Unmoral der rassistischen Ziele somit legitimes Gewinnstreben in ungebremste Profitsucht transformiert. Mit diesen Geschäftspraktiken mochten die Ermittler nicht einmal das Vokabular teilen:

> »[T]his transaction was so rotten, so far removed from any conception of decency that it should be condemned for reasons over and above the question of inadequacy of consideration. It would be playing with words to call this transaction a sale or purchase. It would be more accurate to characterize it as downright robbery, for the very essence of an honest-to-goodness sale would entail (a) a seller willing to sell (b) to a buyer willing to buy. In the present case the seller's willingness to sell was a result of the gangster's tactics of the Nazi regime and the threat of confiscation for a recalcitrant Jewish owner; and having been forced to sell, these Jewish owners were deprived even of the comfort of shopping around for the highest bidder.«[43]

Die US-Ankläger ließen dabei keine Zweifel daran, daß nicht das Gewinnstreben an sich – »which is an honored American custom«[44]– zur Diskussion stand, sondern die Zwangsmaßnahmen, die zu dessen Umsetzung eingesetzt worden waren. Entsprechend wurde auch die erwartete Verteidigungsstrategie von vornherein zurückgewiesen: Nicht die Angemessenheit des gezahlten Preises, nicht

41 Die Beweisführung im Punkt IV deckte auch die Vorwürfe von Punkt V, Steinbrincks SS-Mitgliedschaft; Outline of Order of Proof of Count IV (Keppler Circle), 26.3.1947, StAN Rep. 502, KVA, Handakten, B-60; [Fragment], o. D., NARA RG 238, Entry 165, Box 1.

42 So auch allg. Abelshauser, Kulturkampf, S. 7 f.

43 Outline of Trial Brief on Flick. VI. Aryanization Julius Petschek, 23.12.1946, StAN Rep. 502, KVA, Handakten, B-75.

44 Outline Part I of Petschek Trial Brief, 25.1.1947 [Sears], ebd.

die von Flick aufgewandten Mühen der Devisenbeschaffung, nicht sein effektiver Gewinn, sondern allein der auf die jüdischen Eigner ausgeübte erpresserische Druck sei das entscheidende Kriterium, um die »Arisierungen« als »plain highway robbery« zu charakterisieren.[45] Gedankenexperimente zu technischen Aspekten wie der Devisenfrage befand man für »about as useful an inquiry as that of a history professor who asks his students what the course of history would have been in 1939 if Hitler – rather than invading Russia [sic] – had married Stalin's daughter. Hitler did not marry Stalin's daughter, and Flick did not pay with blocked marks«.[46]

In der unverhohlenen Abscheu, welche die amerikanischen Anklagevertreter für das Geschäftsgebaren deutscher Unternehmer im Zuge der »Arisierungs«-politik empfanden, war ein erhebliches Maß an Abgrenzungsbedürfnis zu spüren. Dem nur vordergründig liberalen Kapitalismusverständnis der deutschen Privatwirtschaft, die nach Ansicht der US-Ermittler an »Himmler's dinnertable«[47] Geschäfte gemacht hatte, sollte ein freiheitlicheres Wirtschaftsbild entgegengehalten werden, das ohne staatlichen und korporativen Zwang auskam.[48] Gerade in Anbetracht der nur eine Besatzungszone entfernten sowjetischen Systemalternative galt es, die Definitionshoheit über den »richtigen« Kapitalismus zu wahren. Privater Reichtum an sich bedeutete keinesfalls ein Verbrechen, wie Telford Taylor in seiner Eröffnungsrede 1947 ausdrücklich klarstellte.[49]

2.3. Verteidigung und Gegenangriff

Auch die Arbeit der Verteidigung begann bereits in der Endphase des Krieges, und zwar durch die FFKG-Leitung selbst. Die nahende Niederlage vor Augen, nahmen die auf verschiedene Standorte im Reichsgebiet verstreuten Spitzenmanager die Vorbereitungen für eine ungewisse Zukunft nicht nur in organisatorischer, sondern auch in juristischer Hinsicht auf. Dies geschah zunächst in Form von Rechtfertigungsschriften, mit denen möglichen Vorhaltungen zuvorgekommen werden sollte. Zu den frühen, eher innenpolitisch motivierten Vorbereitungen zählte eine Modellrechung vom April 1945, die belegen sollte, daß der Eigentumszuwachs des Konzerns zwischen 1938/39 und 1943 hinter der Ver-

45 Memorandum to Mr. Lyon, 26.2.1947 [Sears], ebd.

46 Memorandum to Mr. Lyon, 24.2.1947 [Sears], ebd. Hinsichtlich Ignaz-Petscheks entlarvten die US-Ankläger Flicks seinerzeitige Strategie, sich zur Kooperation zwingen zu lassen, luzide als »a stage set provided by Flick himself« und als »efforts to hide behind the state«; Preliminary Memorandum. Re: Ignatz [sic] Petschek Case, 12.11.1946 [Lyon, Gantt, Schwartz], NARA RG 238, Entry 159, Box 2.

47 Outline of Trial Brief on Flick, 23.12.1946 (wie Anm. 43).

48 Vgl. Berghahn, Unternehmer, S. 35-39, 84-88, 103f.

49 Opening Statement, in: TWC 6/1, S. 34. So auch die Aussage des stellv. US-Kriegsministers zum Prozeßauftakt: »[W]e are not indicting them because of their business ambitions.«, in: German Steel Men Indicted for Crimes »on a Vast Scale«, in: New York Times Nr. 32.523 v. 9.2.1947; vgl. Wiesen, Industry, S. 42f.

mögensminderung im selben Zeitraum erheblich zurückgeblieben war – eine Art Vorsorgeuntersuchung gegen etwaige Kriegsgewinnler-Vorwürfe.[50] Auch zu einer nochmaligen Darlegung der Finanzverhältnisse zum Zeitpunkt der Gelsenberg-Transaktion sah man sich in Berlin veranlaßt.[51]

Neben der Sorge um den Konzern kümmerten sich die leitenden Angestellten um ihre persönliche Ehrenrettung. Kaletsch sammelte im Juni eine Vielzahl von beglaubigten Erklärungen, die seine politische Unbescholtenheit, vor allem aber verschiedene Hilfeleistungen für jüdische Bekannte bestätigen sollten. Unter den Gewährsleuten befanden sich auch Vertreter der neu gebildeten Parteien mit Verbindungen zum Flick-Konzern. Mit Dahrendorf konnte Kaletsch gar auf ein Mitglied des SPD-Zentralausschusses zurückgreifen; zur Berliner CDU verfügte er mit den Mitgründern Hans Lukaschek und Robert Tillmanns gleich über zwei erstrangige Kontakte. Die Erklärungen übersetzte Kaletsch ebenso wie seinen Lebenslauf vorsorglich ins Englische.[52]

Diese Vorbereitungen entsprangen keineswegs vagen Befürchtungen, sondern fanden ihren konkreten Anlaß in just derselben Angelegenheit, die auch die US-Ermittler am Flick-Konzern besonders interessierte: die »Arisierungen« der Petschek-Gruppen. So notierte Kaletsch im Juni 1945, daß ihm »die P-Angelegenheit [...] selbst schon unangenehm genug war«. Von den nach dem Brand in der Bellevuestraße ausgelagerten Unterlagen ließ er sich im Oktober neben solchen, die seine persönlichen Angelegenheiten und jene Flicks betrafen, auch die »Akte Petschek« bringen.[53]

Kaletschs Einschätzung, daß die Umstände des Braunkohleerwerbs Flick und seine Mitarbeiter besonders belasteten, teilte der Konzernchef. Für Flick suchte sein Rechtsberater Walter Schmidt Anfang September Kontakt zu George Murnane und bat diesen, die seinerzeit geäußerte Zufriedenheit über die Verkaufsverhandlungen noch einmal zu bestätigen.[54] In einem Vermerk zur »Angelegenheit P.« vom Oktober wurden alle Vorwürfe pauschal zurückgewiesen und der »Arisierungs«-Charakter der Julius-Petschek-Transaktion rundweg be-

50 Notiz vom 11.4.1945, StAN Rep. 502, KVA, Handakten, B-11.

51 Überschlägige Vermögensaufstellung des Charlottenhütte-Konzerns zum 31.12.1931, 7.8.1945, StAN Rep. 502, KVA, Handakten, B-11.

52 Kaletsch an Weiss, 9.9.1945, NARA RG 260, Entry 232 (A1), Box 19; Mappe »Persönliche Angelegenheiten Kaletsch«, StAN Rep. 502, KVA, Handakten, B-7; vgl. Ruhl, Neubeginn, S. 188, 191. Auch für Weiss sollte Tillmanns später den »[p]olit. Leumund« liefern, Herrn Dr. Nath, 11.5.1947, ACDP I-229-001/1. Andere Konzernmanager versorgten sich ebenso mit Entlastungsaussagen; Hellberg: StAN Rep. 502, KVA, Handakten, B-9; Menzel: SächsHStA 11616/18.104. Menzel und Burkart traten zudem umgehend in die CDU-Ortsgruppe Riesa ein.

53 Nachtrag zum Vermerk vom 27.6.1945, StAN Rep. 502, KVA, Handakten, B-15; Kaletsch an Maurer, 22.10.1945, ebd., B-11.

54 Flick an Dix, 2.8.1946, StAN Rep. 501, KVP, Fall 5, E-4, Dok. Flick-53, Bl. 172-175; Schmidt an Murnane, 6.9.1945, StAN Rep. 502, KVA, Handakten, B-15. Zumindest eine verwertbare Antwort traf nie ein. Grund dafür war wohl, daß Murnane selbst in die Kritik geraten war; vgl. oben S. 405, Anm. 64.

stritten: In exakter Umkehrung der seinerzeitigen Argumentation, daß der Unterhändler Murnane lediglich ein Strohmann für die jüdischen Besitzer sei, behauptete die Flick-Seite nun, man habe es ausschließlich mit Amerikanern zu tun gehabt.[55]

Auch in der Übernahme von Treuhand- und Patenschaften in den besetzten Gebieten erkannte die Konzernführung frühzeitig einen möglichen Angriffspunkt. Fritz Streese befürchtete im August 1945, durch die Rombacher Akten könne »vielleicht der Eindruck entstehen, daß die Treuhänder auf die Übertragung dieser ihrer Stellung den größten Wert gelegt und ihrerseits immer wieder darauf hingewirkt haben, die Anlagen später zu Eigentum übertragen zu erhalten. Dem ist, jedenfalls in unserem Falle, bestimmt nicht so.« Tatsächlich, so Streese weiter, habe man nur auf Görings Druck hin Verantwortung in den französischen Gebieten übernommen: »Insbesondere Herr F. hat die Übertragung der Treuhänderstellung von sich aus in keiner Weise betrieben und nach erfolgtem Übergang bei internen Besprechungen im Hause immer wieder mit größter Sorge auf die möglichen Konsequenzen für den Fall eines unglücklichen Kriegsausganges hingewiesen. Um Herrn F. nicht dem im Dritten Reich besonders gefährlichen Vorwurf des Defaitismus auszusetzen, liegen besondere Aktennotizen selbstverständlich nicht vor [...].«[56]

In dieser Argumentation zeichneten sich die Eckpunkte der fortan vertretenen Rechtfertigungslinien – staatlicher Zwang, passive Widerständigkeit, wirtschaftliche Risiken – ebenso ab wie die Taktik, Tatsachen zu leugnen oder zu entstellen sowie in großem Umfange interne Sprachregelungen zu treffen, um widersprüchliche Darstellungen heikler Fragen frühzeitig auszuschließen. Das im Sommer 1945 massiv einsetzende Bemühen, eine eigene Deutung der jüngsten Geschichte als allgemeingültigen Orientierungspunkt zu etablieren, orientierte sich zunächst an den erwarteten Beschuldigungen von alliierter Seite. Zugleich knüpfte die Konzernführung an ihre narrative Tradition an. In nahezu allen wichtigen Transaktionen der letzten 15 Jahre hatte Flick sein Vorgehen durch verbindliche Interpretationen gegenüber Partnern, Gegnern und Öffentlichkeit flankiert. Auf dieses Reservoir griff die Konzernspitze beim Entwurf der Verteidigungsstrategie in den kommenden Monaten und Jahren immer wieder zurück.

Seit Herbst 1945 versuchten die Verantwortlichen der FFKG aus der Defensive herauszukommen, in die sie durch die Verhaftungen ihres Führungspersonals geraten waren. Dazu entwarfen sie eine Reihe ausführlicher Denkschriften, die bei verschiedenen Besatzungsorganen eingereicht wurden und die für die prozessuale Verteidigung eine wichtige Grundlage bilden sollten. Die in ähnlicher Weise auch von anderen Unternehmen wie etwa den Vereinigten Stahlwerken und Siemens vorgebrachten Argumente orientierten sich an den zu widerlegen-

55 Vermerk, betr. Dr. Walter Bauer. Gleichzeitig Nachtrag zur Angelegenheit P., 1.10.1945, StAN Rep. 502, KVA, Handakten, B-17.

56 Interne Notiz. Betr. Rombach, 5.8.1945 [Streese], BAB R 8122/80898.

den Vorhaltungen der Alliierten: Abgehandelt wurden das Engagement für und die Profite aus der Rüstungsproduktion, die Teilnahme am Zwangsarbeitsprogramm sowie die Unterstützung der aggressiven und ausbeuterischen territorialen Expansion im Kriege – kurz, der Generalvorwurf der aktiven und willentlichen Kumpanei mit dem NS-Regime.[57]

Verantwortlich für diese ersten prozeßvorbereitenden Darstellungen zeichneten die noch in Freiheit befindlichen Mitglieder der Konzernspitze, namentlich Kaletsch, Schlieker und Tillmanns sowie ihre Rechtsberater.[58] Sie bezogen sich ausdrücklich auf gegen Flick gerichtete Angriffe in der Presse und erhoben Anspruch auf eine Richtigstellung der Fakten.[59] Unter Hinzuziehung statistischen Materials wollten die Denkschriften den Nachweis führen, daß die FFKG aus den Rüstungsgeschäften keinerlei finanzielle Vorteile gezogen habe. Mehr noch, »auf dem Rüstungssektor [hätten] die Konzerngesellschaften unmittelbar keine größere Initiative entwickelt.«[60] In die gleiche Kerbe hieben die Darstellungen zu den Firmenübernahmen in den besetzten Gebieten und den »Arisierungen«: Ein Interesse an den oberschlesischen Montanunternehmen stritten die FFKG-Verantwortlichen rundheraus ab, für das Rombacher Werk reklamierten sie infolge hoher Investitionen ausschließlich Verluste, und das Engagement in der Ukraine reduzierten sie auf die Abstellung einiger weniger, dem Konzern nicht verantwortlicher Fachleute. Die Übernahmen der Petschek-Unternehmen wurden im ersten Falle als konventioneller, privatwirtschaftlicher Handel zur Vergrößerung der Braunkohlenbasis, im zweiten Falle als ein zuungunsten Flicks bzw. Harpens erzwungenes Negativgeschäft gezeichnet.[61]

Damit war auch die Verbindung zur zweiten, die Eingaben und Memoranden wie ein roter Faden durchziehenden Argumentationslinie hergestellt. Die Ab-

57 Vgl. Wiesen, Industry, S. 17-41; für die VSt und insbesondere Walter Rohland, dessen Rolle im Gefüge der deutschen Stahlindustrie er jedoch überschätzt: Henke, Besetzung, S. 522-527.

58 Zum weiteren Kreise der von Kaletsch beauftragten Experten zählte im Sommer 1945 auch Carl Schmitt, der für die Flick-Verteidigung ein Gutachten zum Rückwirkungsverbot und zur Völkerrechtssubjektivität erstellte. Damit reagierte die FFKG-Führung auf die Gerüchte, die Industriellen sollten wegen Beteiligung an der Vorbereitung eines Angriffskrieges angeklagt werden. Allerdings sahen die Ankläger davon im Fall 5 – anders als bei IG Farben und Krupp – ab, so daß Schmitts Gutachten keine Verwendung im Flick-Prozeß fand; vgl. Quaritsch, Nachwort, S. 125-128.

59 Lebensdarstellung Friedrich Flick, 20.8.1945, BAB R 8122/80898. Das Manuskript war in der ersten Person, also aus der Perspektive Flicks, geschrieben, aber handschriftlich von Kaletsch gezeichnet. Vermutlich verfaßte Kaletsch es als Reaktion auf Flicks Verhaftung. Auch Schlieker wirkte an der Ausarbeitung mit; [Unbetitelt], 31.8.1945, NARA RG 260, Entry 232 (A1), Box 19.

60 Entwicklung der von Dr. Friedrich Flick geführten Unternehmungen seit 1933 [ca. Ende 1945], StAN Rep. 502, KVA, Handakten, B-48.

61 Lebensdarstellung Friedrich Flick, 20.8.1945, BAB R 8122/80898; Ergänzungen (Politischer Teil), o. D., BAB R 8122/80899; Re: Dr. Friedrich Flick Kommanditgesellschaft, o. D. [ca. Ende 1945], StAN Rep. 502, KVA, Handakten, B-92; Entwicklung der von Dr. Friedrich Flick geführten Unternehmungen seit 1933, ebd., B-48.

gaben von Erz- und Steinkohlefeldern an die Reichswerke 1937 und 1940 waren demnach eine »Vergewaltigung der deutschen Industrie«[62], die den wahren Charakter des NS-Regimes offenbart habe. Systematisch stellten die Flick-Manager einen ebenso omnipräsenten wie omnipotenten Terrorstaat dar, der jeglichen Widerstand hart bestraft habe und für Außenstehende – insbesondere die Alliierten, die selbst bis 1939 mit Hitler diplomatisch verkehrt und dadurch die deutsche Opposition geschwächt hätten – kaum nachzuvollziehen sei. In einer totalitarismustheoretische Erklärungsansätze dankbar aufgreifenden und für die eigenen Zwecke instrumentalisierenden Argumentation geriet Deutschland zwischen 1933 und 1945 zum »leviathan state which claimed the total dominion of the individual in all provinces of public and private life«.[63]

Für die deutsche Industrie im allgemeinen wie für Flick im besonderen beanspruchten die Verfasser, dennoch jeden nur möglichen Widerstand geleistet zu haben. Vom hinausgezögerten Beitritt des Unternehmenschefs in die NSDAP bis hin zur Übernahme von Rombach, das nun zum heroischen Unterfangen, ein Monopol der Reichswerke in Lothringen zu verhindern, umgedeutet wurde, präsentierten die Denkschriften eine konsequente Verweigerungshaltung des Konzerns und seiner leitenden Mitarbeiter gegenüber der nationalsozialistischen Politik.[64] Ihren vorläufigen Höhepunkt erreichte diese exkulpierende Reinterpretation in der Selbsteinreihung der Manager der FFKG unter die NS-Opfer. Den Siegermächten hielt man vor, das Ausmaß der Ohmacht und Bedrohung aller Deutschen, sprich: aller Unternehmer, im Angesicht der Konzentrationslager zu verkennen und daher zu einer gerechten Beurteilung gar nicht fähig zu sein.[65]

Mit diesem frühen, doch schon fast völlig ausdifferenzierten Deutungsmuster zum Verhältnis von Nationalsozialismus und Privatwirtschaft standen die Verantwortlichen des Flick-Konzerns nicht allein. So tröstete Flicks früherer Mitarbeiter Fritz Tegtmeyer den inhaftierten Konzernherrn, man brauche Mut und Haltung nicht aufzugeben, solange »einen das eigene Gewissen nicht bedrücken kann«, während Gustav Knepper beklagte, daß »durch den verlorenen Krieg alles auf den Kopf gestellt wird[;] es ist sehr schwer, die Welt zu überzeugen, daß wir nur das beste [sic] gewollt haben«.[66]

In Nürnberg nahm derweil Flick die akuten Verteidigungsvorbereitungen selbst in die Hand. Im Sommer 1946 beauftragte er den vormaligen Vorsitzenden des Deutschen Anwaltsvereins, Rudolf Dix, mit der Übernahme seines Fal-

62 Lebensdarstellung Friedrich Flick, 20.8.1945, BAB R 8122/80898; auch: [Unbetiteltes Typoskript], o. D. [August 1945], WWA S 8/84.

63 Re: Dr. Friedrich Flick Kommanditgesellschaft, o. D. [ca. Ende 1945], StAN Rep. 502, KVA, Handakten, B-92.

64 Ebd.; ähnlich: Lebensdarstellung Friedrich Flick, 20.8.1945, BAB R 8122/80898.

65 Lebensdarstellung Friedrich Flick, 20.8.1945, ebd.; Ergänzungen (Politischer Teil), o. D., BAB R 8122/80899.

66 Tegtmeyer an Flick, 21.10.1946; Knepper an Flick, 29.10.1946, beide StAN Rep. 502, KVA, Handakten, B-83.

les und bat ihn, ein »qualitativ gute[s] und geschlossene[s] Verteidigungskorps für die Industrieprozesse zu besorgen«.[67] Ferner gab Flick Dix Interpretationen einzelner Sachverhalte dezidiert vor. Dabei schloß er an die von seinen Mitarbeitern entworfenen Interpretationen der beiden Petschek-Komplexe als gewöhnlichen privatwirtschaftlichen Erwerb respektive als Folge staatlichen Zwanges nahtlos an. Ausdrücklich bezog sich Flick auf eben jenen Passus' der »staatspolitischen Notwendigkeit«, den er in den seinerzeitigen Verhandlungen zum Zwecke der Legitimation und Außendarstellung rigoros verlangt hatte. Seine Mitwirkung an den »Arisierungen« wollte Flick – eine verbreitete Wendung aufnehmend – als ehrlichen Versuch verstanden wissen, »das Schlimmste zu verhüten«. Darüber hinaus vergaß er nicht, die Vorenthaltung der ihm versprochenen Ilse-Reservefelder als Beleg für die eigene Opferrolle anzuführen.[68]

Auch für den Vorwurf des Zwangsarbeitereinsatzes hatte der Konzernchef bereits eine Verteidigungslinie vorgefertigt, die einerseits die fehlende Zuständigkeit der Berliner Holdingverwaltung für die Lebens- und Arbeitsbedingungen der Arbeiter, andererseits das dennoch von ihm an den Tag gelegte redliche Bemühen um deren Verbesserung miteinander in Einklang bringen sollte. Seinem früheren Vorstand, Karl Raabe, diktierte er dessen eidesstattliche Erklärung fast wörtlich und mit haarsträubender Wahrheitsverzerrung:

> »Es wird Dir erinnerlich sein, daß ich in dieser Beziehung nicht eine einzige schriftliche oder mündliche Disposition getroffen habe und treffen konnte, da die Arbeiterfrage als eine spezifische Vorstandsangelegenheit und eine Funktion der vom Vorstand beauftragten Persönlichkeiten zu betrachten war und ich andererseits keine Anträge des Vorstandes zur Bewilligung von Mitteln für die Versorgung und Unterbringung der Arbeiter abgelehnt habe. Bei meinen Werkbesuchen habe ich mich oft erkundigt, ob für die Unterbringung und Verpflegung der ausländischen Arbeiter das Möglichste geschehe. Seitens des Vorstandes wurde mir erwidert, daß seitens der deutschen Bevölkerung Unzufriedenheit darüber geäußert worden sei, daß die ausländischen Arbeiter besser versorgt seien als sie selbst und daß die Verwaltung der Maxhütte – auch unter Umgehung der Kriegswirtschaftsgesetze – alles für die ausländische Arbeiterschaft hinzukaufe, was an Nahrungsmitteln und Bekleidungsstücken zu haben sei.«[69]

67 Flick an Dix, 20.10.1946, StAN Rep. 502, KVA, Handakten, B-83. Zu Dix s. Douma, Anwälte, S. 25.

68 Nachtrag zu der Frage der Ign. Petschek Frage und Austausch Steinkohle/Braunkohle, 19.2.1946, NARA RG 238, Entry 193, Box 8; Flick an Dix, 2.8.1946, StAN Rep. 501, KVP, Fall 5, E-4, Bl. 172-174; Flick an Dix, 13.9.1946, StAN Rep. 502, KVA, Handakten, B-83.

69 Flick an K. Raabe, 18.10.1946, StAN Rep. 502, KVA, Handakten, B-83; Raabes Erklärung folgte der Vorgabe präzise: Eidesstattliche Erklärungen K. Raabe, 29.10.1946, StAN Rep. 501, KVP, Fall 5, E-2, Dok. Flick-23, Bl. 95-98.

Auch die übrigen Angeklagten, die seit Ende 1945 sukzessive in Landsberg eintrafen – unter ihnen Otto Steinbrinck und Hermann Terberger[70]–, blieben nicht untätig. So war es Bernhard Weiss, der mit seinem »Vorschlag für eine einheitliche Formulierung des Wesens des Berliner Büros der FFKG« eine der zentralen Säulen der Verteidigung ausarbeitete. Das Konzept sah vor, die Tätigkeit der Konzernspitze als reine Vermögensverwaltung und das operative Geschäft demgegenüber als vollständig dezentralisiert darzustellen. Dieser Vorschlag wurde unter Angeklagten und Verteidigern verteilt und mit nur geringfügigen Änderungen angenommen.[71] Damit war die Legende von der vollständigen Dezentralisierung geboren, die in offenkundigem Widerspruch zur Unternehmenspraxis stand. In einer Reihe von eidesstattlichen Aussagen wurde sie in der Folge nachträglich mit Substanz versehen. Selbst die von Flick früher eingestandene zentrale Finanzverwaltung wandelte sich nun zur weisungsunabhängigen Eigenverantwortlichkeit der Tochtergesellschaften.[72]

Steinbrinck, der anfangs noch darauf spekuliert hatte, von der britischen Militärregierung für den Wiederaufbau der deutschen Montanindustrie herangezogen zu werden[73], schaltete sich im Januar 1947 aktiv in die Prozeßvorbereitungen ein. Wie Flick bemühte er sich darum, vorformulierte eidesstattliche Erklärungen zur Stützung seiner Verteidigung zu beschaffen.[74] Zwar konnten diese in großer Zahl besorgt werden – Steinbrinck fand u. a. in seinem Kameraden aus der U-Boot-Flotte des Ersten Weltkrieges, Martin Niemöller, einen prominenten Fürsprecher –, gelegentlich kam es jedoch auch zu Fehlschlägen. So berichtete Steinbrincks Ehefrau Lola seinem Rechtsanwalt, »wichtige Herren« aus dem früheren Umfeld ihres Mannes seien »wenig angenehm berührt [gewesen], Auskunft zu geben.«[75] Auch Konrad Gehlofen informierte Flicks

70 Terberger wurde am 3.2.1947 festgenommen, Steinbrinck war schon am 30.8.1945 verhaftet worden; Thieleke, Fall 5, S. 349. Die unfreiwillige quasi-Reintegration Steinbrincks in die Konzernführung hatte Folgen für den Entwurf der Verteidigungsstrategie. Die anfänglichen Versuche, Steinbrinck als »Vorzeige-Nazi« zu präsentieren, mußten nun fallengelassen werden, um ihn nicht in eine Kronzeugenrolle zu drängen. In seinen Vernehmungen von 1946 hatte Flick mehrfach Steinbrincks Regimenähe betont, nach dessen Einreihung in den Fall 5 verschwand diese Argumentation; StAN Rep. 502, KVA, Interrogations, F-47. Auch Kaletsch strich die entsprechende Passage in seinen »Ergänzungen (Politischer Teil)«, BAB R 8122/80899. Allerdings belebte Flick entsprechende Behauptungen nach Steinbrincks Tod neu, vgl. Berghahn/Friedrich, Friedrich, S. 322.

71 Vorschlag für eine einheitliche Formulierung des Wesens des Berliner Büros der FFKG, 30.5.1947; Vermerk 9.6.1947, beide in StAN Rep. 502A, KVV, Handakten, Flächsner-2.

72 U. a. Eidesstattliche Erklärung, o. D. [1947, Tillmanns]; Burkart an H. Müller, 1.5.1947, beide ACDP I-229-001/1; Eidesstattliche Erklärung F. Hellberg, 27.8.1947, StAN Rep. 501. KVP, Fall 5, E-7, Dok. Flick-72, Bl. 269-271.

73 Steinbrinck an Harriman, 21.7.1946; Steinbrinck an den Lagerkommandanten, 21.7.1946, beide StAN Rep. 502A, KVV, Handakten, Flächsner-12.

74 Flächsner an L. Steinbrinck, 26.2.1947, ebd., Flächsner-1.

75 L. Steinbrinck an Flächsner, 5.3.1947; vgl. aber Gillingham, Industry, S. 157 f.

Verteidigerstab, zwei Antworten auf entsprechende Anfragen seien so negativ ausgefallen, daß er diese erst gar nicht weiterleiten wolle.[76] Ob dies allerdings die feinen Differenzierungen eines »spezifische[n] Moralkodex' der westdeutschen Industrieeliten [...] zwischen Kollegen, die akzeptabel, *gerade noch* akzeptabel und *nicht mehr* akzeptabel waren«, dokumentierte, mag zumindest fragwürdig erscheinen. Zwar erfolgte die Unterstützung der Angeklagten im Fall 5 offenbar nicht einmütig, aber letztlich doch mehrheitlich.[77]

Dies war auch deshalb der Fall, weil sich in der (Schwer)Industrie rasch die Erkenntnis durchsetzte, daß unabhängig von persönlichen Sympathien der Exempelcharakter des Flick-Prozesses über den Einzelfall hinaus Ruf, künftige Geltung und sozialen Führungsanspruch der deutschen Unternehmer als solche betraf. Die Schlagkraft dieses Arguments setzten auch die Angeklagten gezielt ein, um materiellen, logistischen und ideellen Beistand zu mobilisieren. Die gegen den Flick-Konzern erhobenen Vorwürfe, so Steinbrinck, zielten in letzter Konsequenz auf die »Grundfragen unserer wirtschaftlichen Selbstverwaltung«, auf die Verbandsorganisation ebenso wie auf jeglichen Behördenkontakt. Daher beträfen die vom Gericht zu fällenden Entscheidungen alle Aufsichtsrats- und Vorstandsmitglieder der großen Industriegesellschaften. Es handelte sich im Fall 5 »nicht um einen ›Privatprozeß Flick und Mitarbeiter‹, sondern um *den* Industrieprozeß, von dessen Abwehr und dessen Ausgang mit uns das Schicksal zahlloser anderer Industrieführer vorgezeichnet ist«. Aus diesem Grunde hielt Steinbrinck gerade die »Freunde im Westen« schon aus Eigeninteresse zu materieller und sachlicher Hilfestellung für verpflichtet, aber ebenso einem größeren Ziel verbunden: »Wenn es uns gelingt, gemeinsam der deutschen Auffassung von unserer Verantwortlichkeit, unseren Pflichten in einem totalen Kriege, unseren Bemühungen um Recht und Menschlichkeit Geltung zu verschaffen, dann fällt die Basis für viele andere von der Anklage geplanten Fälle zusammen! Das muß Ziel unserer Kampfes sein!«[78]

Bei einigen Freunden im Westen stießen seine Forderungen auf offene Ohren. Schon seit Mitte 1946 kümmerte sich der Kopf der Gutehoffungshütte (GHH), Hermann Reusch, um die finanziellen Voraussetzungen für die Verteidigung in den sich abzeichnenden Industrieprozessen.[79] Reusch warb in der Ruhrindustrie um Beiträge für einen Gemeinschaftsfonds in Höhe von 200 000 RM, aus dem die zu erwartenden Verfahrenskosten bestritten werden sollten.

76 Gehlofen an Papen jr., 7.6.1947, ebd., Flächsner-18. Dabei handelte es sich um zwei ehemalige Petschek-Mitarbeiter; vgl. auch Wiesen, Industry, S. 72 f.

77 Berghahn, Unternehmer, S. 54 [Hervorhebungen i.O.]; ähnlich Henke, Besetzung, S. 479 f., und Kittel, Nürnberg, S. 65; differenzierter zur Integrationspraxis Ahrens, Exempelkandidat, S. 666-669, und Joly, Kontinuität, S. 64-69.

78 Alle Zitate: Zur Weiterleitung, 11.4.1947, StAN Rep. 502A, KVV, Handakten, Flächsner-2. [Hervorhebung im Original].

79 Als Preuße und als Kapitalist in Bayern, in: Industriekurier Nr. 148 v. 24.9.1968. Der Sohn von Paul Reusch kehrte im Dezember 1945 in den GHH-Vorstand zurück, Anfang 1947 übernahm er den Vorsitz.

Die GHH selbst trat in Vorleistung und verbuchte trotz eigener Engpässe im Geschäftsjahr 1945/46 für entsprechende Zwecke eine Rückstellung in Höhe von 50000 RM.[80]

Dennoch gestaltete sich der Geldzufluß anfangs noch diffizil. Mangelnde Liquidität, die Unterstellung der Konten unter alliierte Kontrolle und abwartende Taktiken erforderten einige Anstrengungen, bis die Finanzierung Mitte 1947 gesichert war. Erst mehrfache Ermahnungen Reuschs, »daß die Entscheidungen, die bei dieser Gelegenheit getroffen werden, von ausschlaggebender Bedeutung für zukünftige Industrieprozesse sind«[81], sowie die in der Eröffnungsrede Taylors im April 1947 zum Ausdruck kommende Stellvertreterfunktion Flicks verbesserten die Zahlungsmoral nachhaltig.[82] In ihren Begründungen für die Unterstützungsleistungen gegenüber den Aufsichtsbehörden rekurrierten Mannesmann, Klöckner, VSt und Krupp entsprechend auf die »Vorwürfe gegen die Industrie im allgemeinen« und die Übertragbarkeit der Anklagepunkte gegen die Flick-Vertreter auf ihre jeweiligen Unternehmen. Der eigentlich geforderte Nachweis, daß die Zahlungen dazu dienten, strafrechtliche Konsequenzen des Flick-Verfahrens für die Spender abzuwenden, war damit zwar nicht erbracht, die von Heinrich Dinkelbach geleitete Treuhandverwaltung begnügte sich aber regelmäßig mit pauschalen Begründungen.[83]

Die Mittel aus der Industrie flossen an das Nürnberger Büro von Walter Siemers, dem Rechtsanwalt von Bernhard Weiss, um die Beschaffung von Dokumenten, Aussagen und Zeugen gezielt zu organisieren.[84] Insbesondere wurde über das Büro eine Vielzahl eidesstattlicher Aussagen von Verhandlungspartnern, Kollegen und Untergebenen aus diversen staatlichen Stellen, Verbänden und Unternehmen eingeholt, redigiert und den jeweiligen Verteidigern zur Verfügung gestellt. Ferner nahm Siemers' Büro Aufgaben einer Pressestelle wahr und stellte Publikationsmaterial zur öffentlichkeitswirksamen Flankierung der gerichtlichen Auseinandersetzungen bereit. Auf diese Weise wurde das sogenannte Industriebüro binnen kurzem zur zentralen Einrichtung für Informationsaustausch, Strategieabgleich und Interessenkoordinierung von Angeklagten

80 Hauptbuchhaltung, 25.7.1946, RWWA 130-40010145; Linz (VSt) an Gentz, 9.12.1946, BAK B 109/170, Bl. 28. Zum Berechnungsmodus der Beiträge vgl. Betrifft: Wirtschaftsvereinigung. Beitragserhebungen; Reusch an Linz, 23.5.1947, beide RWWA 130-40010145.

81 Reusch an Kastl, 27.2.1947, RWWA 130-40010145.

82 Verhandlungsprotokoll vom 19.4.1947, StAN Rep. 501, KVP, Fall 5, A 1-3, Bl. 35-40.

83 Korrespondenz Stahlkonzernen und Treuhandverwaltung, April-Juni 1947 in BAK B 109/170, Bl. 5-20; [Vermerk], 11.3.1947, u. Linz an H. Reusch, 10.4.1947, beide RWWA 130-40010145. Vgl. Wiesen, Industry, S. 70f.; Ahrens, Exempelkandidat, S. 656. Die Spenden waren u.a. erforderlich, um den vielköpfigen Mitarbeiterstab zu finanzieren, da OMGUS nur die Gehälter der Chefverteidiger übernahm, die Konten der Angeklagten aber gesperrt blieben. Im Fall 5 zählten zu den Mitarbeitern Pohle, Fritz Wecker, Franz v. Papen jr., Erich Schmidt-Leichner und Flicks Konzernsyndikus Streese; Defense Counsel, Military Tribunals, Nürnberg, 31.1.1949, NARA RG 238, Entry 145, Box 3.

84 GHH an Siemers, 3.9.1946, RWWA 130-40010145.

und Anwälten.[85] Zu Siemers' Unterstützung bat Reusch den Mannesmann-Vorstand Wolfgang Pohle, seinen Wohn- und Arbeitsplatz einstweilen nach Nürnberg zu verlegen, wo sich der studierte Jurist dem Flick-Verteidigerteam anschloß und damit den Grundstein für seine spätere Karriere in der FFKG legte.[86] Dritter im Bunde wurde der ehemalige Flottenrichter Otto Kranzbühler, dem als Verteidiger erst im Flick-, dann in den Krupp- und Röchling-Verfahren eine Schlüsselrolle für die Kohärenz der Verteidigungslinie in den Industrieprozessen zukommen sollte.[87]

2.4. *Die Hauptverhandlung*

Nach rund anderthalb Jahren der Vorbereitung begann am 19. April 1947 im Nürnberger Justizpalast das eigentliche Verfahren gegen Friedrich Flick und andere mit der Eröffnung der Hauptverhandlung.[88] In den folgenden 131 Verhandlungstagen bis Ende November standen sich einerseits die Anklage unter Leitung Telford Taylors und seines Stellvertreters Thomas E. Ervin sowie andererseits die deutschen Verteidiger Rudolf Dix (Flick), Hans Flächsner (Steinbrinck), Otto Kranzbühler (Burkart), Herbert Nath (Kaletsch), Walter Siemers (Weiss) und Horst Pelckmann (Terberger) mit ihren jeweiligen Mitarbeitern gegenüber. Mit Ausnahme Naths hatten alle Verteidiger bereits im Hauptkriegsverbrecherprozeß einschlägige Erfahrungen mit der anglo-amerikanischen Prozeßordnung sammeln können. Kranzbühler hatte Dönitz vertreten, Siemers dessen Vorgänger Raeder, Flächsner war für Speer tätig gewesen, und Pelckmann hatte die SS verteidigt.[89] Alle hatten Todesurteile vermieden und Dix gar den Freispruch Hjalmar Schachts erwirkt. Entgegen ihren oft geäußerten Klagen[90]

85 Dabei kam auch Hans Lukaschek, der inzwischen Kompagnon von Flicks Anwalt W. Schmidt geworden war, zum Zuge. Er faßte nicht nur selber entlastende Aussagen für Flick ab, sondern sicherte sich durch die notarielle Beglaubigung eines großen Teils der Aussagen erhebliche Einnahmen. Zur Rolle des Industriebüros: Wiesen, Industry, S. 70f.

86 Die VSt entsandten F. Wecker in das Flick-Team; H. Reusch an Kastl, 27.2.1947; Pohle an Reusch, 25.4.1947; Linz an Reusch, 10.4.1947, alle RWWA 130-40010145; Pohles Vita: 1903-1971; Studium der Rechts- u. Wirtschaftswissenschaften in Göttingen, Leipzig u. Heidelberg; 1925 Dr. iur., Referendar, Assessor; 1929 Zechenverband Essen; 1934 Justitiar BezGr Steinkohlenbergbau Ruhr, 1937 Chefjustitiar; 1940 Mannesmann, Leiter d. Rechts- u. Steuerabteilung; 1944 GBV, 1954-59 Vorstandsmitglied; 1959/60 als GBV zur FFKG, ab 1.1.1965 PHG; 1953-57 MdB (CDU) u. Beratende Versammlung d. EGKS; 1958-62 Wirtschafts- u. Sozialausschuß d. EWG; 1965 Wechsel zur CSU.

87 Pamphlethaft: Wolmar, Verteidiger.

88 Offiziell war das Verfahren mit der Einreichung der Anklageschrift am 8.2.1947 eröffnet worden, allerdings fehlte bei der Verlesung am 15.3. noch Burkart; vgl. Jung, Rechtsprobleme, S. 44.

89 IMT, Bd. 1, S. 5f., 307, 350, 355, 358, 377, 414.

90 Vgl. etwa Eröffnungsrede Dix. 2.7.1947, StAN Rep. 501, KVP, Fall 5, A 37-39, Bl. 3319-3321; Beweisaufnahme, 16.5.1947, ebd., A 21-23, Bl. 1714-1720; Plädoyer Kranzbühler, 25.11.1947, ebd., A 129-130, Bl. 10171-10174.

waren die Verteidiger daher durchaus mit dem Parteiengrundsatz vertraut. Dieser sah im Unterschied zur im deutschen Recht üblichen Untersuchungsmaxime, das heißt der Aufklärung durch das Gericht, die Beibringung von Beweismitteln und Zeugen durch Anklage und Verteidigung vor. Auch das Instrument der Kreuzverhöre hatten die deutschen Anwälte zuvor erprobt und sollten es, wie sich bald zeigte, ebenso gewandt wie gewinnbringend anwenden. Das Militärtribunal 4 wurde gebildet durch den Vorsitzenden Richter Charles B. Sears, seit 1940 pensionierter Richter am Berufungsgericht des Staates New York, Frank N. Richman und William C. Christianson, beide Richter an den Obersten Gerichten von Indiana bzw. Minnesota.[91]

Von den fünf Anklagepunkten betraf lediglich Punkt I (Zwangsarbeit) alle sechs Angeklagten. Unter Punkt II (Plünderung) fielen Vorwürfe gegen Flick, Steinbrinck, Kaletsch, Burkart und Weiss, unter Punkt III (»Arisierungen«) Flick, Steinbrinck und Kaletsch, unter Punkt IV (Freundeskreis Himmler) nur Flick und Steinbrinck; Punkt V galt der SS-Mitgliedschaft Steinbrincks. Die Anschuldigungen gegen Steinbrinck in den Punkten I und II betrafen nicht seine Zeit im Flick-Konzern, sondern spätere Funktionen in den besetzten Westgebieten.[92]

Im Laufe des Prozesses sollten sich die Positionen und Argumente auf beiden Seiten weitgehend in dem bereits zuvor abgesteckten inhaltlichen Rahmen halten, an Schärfe aber noch zunehmen. Auf diese Weise entwickelte sich die mündliche Verhandlung zu einem Austragungsort widerstreitender Geschichtsinterpretationen, in dem die Plausibilität der konfligierenden Narrative und die Deutungshoheit über die Jahre zwischen 1933 und 1945 in den Mittelpunkt rückten. Entsprechend beschränkte sich Chefankläger Taylor in seiner Eröffnungsrede nicht allein auf die Darlegung der rechtlichen Erwägungen und die moralische Kritik an den Angeklagten. Vielmehr unterstrich er, daß die Staatsanwaltschaft nicht ganz Deutschland anklagen, wohl aber eine Verantwortlichkeit über die Regimespitze hinaus beweisen wollte: »Eine Diktatur«, so Taylor, »ist nicht deshalb erfolgreich, weil jedermann sich entgegensetzt, sondern weil machtvolle Gruppen sie unterstützen.« Als eine dieser Gruppen sollte sich die deutsche Industrie für die »Hilfeleistung, Beteiligung und Nutznießerschaft an den gemeinsten und mörderischsten politischen Programmen des Dritten Reiches« verantworten.[93]

Diesen Ball nahmen die Verteidiger aus entgegengesetzter Richtung dankbar auf. Ihr Vorwurf richtete sich gegen die Stellvertreterfunktion des Verfahrens und die Versuche der Besatzungsmacht, die deutsche Industrie in Kollektivhaftung für die nationalsozialistischen Verbrechen zu nehmen. Die Anklageerhebung wurde als Teil eines umfassenden »antikapitalistischen Feldzuges« be-

91 Transmittal of Personal Data re Judges of Military Tribunal IV, 1.3.1947, NARA RG 466, Entry 3/4D, Box 15.

92 Diese Fragen werden im folgenden nicht berücksichtigt; vgl. Jung, Rechtsprobleme, S. 46f.

93 Eröffnungsrede Taylor, 19.4.1947, StAN Rep. 501, KVP, Fall 5, A 1-3, Bl. 35f.

wertet, zu dem auch die Demontagemaßnahmen gehörten und der bezwecke, den Wiederaufbau und -aufstieg Deutschlands zu verhindern.[94] Dieses Motiv unterlag in der Folge dem ganzen Prozeß, um schlußendlich von Kranzbühler in seinem Schlußplädoyer zu einem Frontalangriff gegen die Nürnberger Prozesse an sich ausgeweitet zu werden. Die Verfahren gegen ganze Berufsgruppen und Verantwortungsträger Deutschlands diskreditierten grund- und wahllos alle Deutschen, stellte der Verteidiger fest, während sein Kollege Dix ihm mit der Feststellung sekundierte, schuldig seien allein jene, die im Hauptkriegsverbrecherprozeß »bereits ihren Richterspruch empfangen« hatten.[95]

Um die Vorwürfe der Anklage möglichst effektiv zurückzuweisen, hatten sich die Anwälte auf eine arbeitsteilige Vorgehensweise verständigt. Nur ein Teil ihrer Aufmerksamkeit galt der individuellen Verteidigung ihrer jeweiligen Mandanten, nicht minder konzentrierten sie sich aber darauf, die übergreifende These von der industriellen Mitverantwortlichkeit für die NS-Politik zu widerlegen. So verneinte Kranzbühler, daß der Zwangsarbeitereinsatz als solcher überhaupt ein Verbrechen darstelle, indem er diesen hinsichtlich der Kriegsgefangenen als durch die Haager und Genfer Konventionen gedeckt bezeichnete, des weiteren auf die Tradition deutscher Arbeitsverpflichtungen vom Hilfsdienstgesetz im Ersten Weltkrieg bis zum Reichsarbeitsdienst im Dritten Reich verwies und schließlich mit der Rechtsfigur des *tu quoque* (gleiches Maß für gleichen Tatbestand) die seiner Auffassung nach vergleichbaren Maßnahmen der alliierten Besatzungspolitik bemühte. Daran knüpfte Pelckmann direkt an, der für die Maxhütte den konkreten Nachweis zu führen suchte, daß dort weder ein völkerrechtlich verbotener Rüstungseinsatz der Kriegsgefangenen noch Menschenrechtsverstöße vorgekommen seien. Mißhandlungen und fehlende Fürsorge wurden allein den staatlichen Einrichtungen und Behörden zugeschrieben.[96]

Zudem warf Pelckmann gemeinsam mit seinen Kollegen Nath und Siemers die Frage der individuellen Verantwortung auf. Mehrfach wurde in den Vernehmungen von Konzernangehörigen auf das von Weiss ausgearbeitete Konzept eines umfassend dezentralisierten Aufbaus rekurriert[97], um somit die Zuständigkeit für die ausländischen Arbeiter allein den in Nürnberg nicht vertretenen technischen Werksleitern bzw. subalternen Kräften wie Vorarbeitern und deren »Korporalsgeist«[98] zuzuweisen. Auf diese Weise wurden nicht nur die Finanz-

94 So Siemers in seiner Eröffnungsrede, ebd., A 50-53, Bl. 3918, sowie in seinem Plädoyer, 27.11.1947, ebd., A 131-133, Bl. 10511 f.; vgl. auch Dix' Eröffnungsrede, ebd., A 37-39, Bl. 3317 f.

95 Plädoyer Kranzbühler, 25.11.1947, StAN Rep. 502, KVP, Fall 5, A 129-130, Bl. 10276 f.; Plädoyer Dix, 29.11.1947, ebd., A 131-133, Bl. 10668.

96 Beweisaufnahme, 19.8.1947, StAN Rep. 501, KVP, Fall 5, A 71-73, Bl. 5633-5694; Beweisaufnahme 22.8.1947, ebd., A 74-77, Bl. 5807-56; Verhör Terberger, 24.10.1947, ebd., A 113-115, Bl. 9070-9098.

97 Vernehmung Flick, 9.7.1947, ebd., A 43-46, Bl. 3409; Vernehmung Kniess, 17.9.1947; Vernehmung Kaletsch, 18.9.1947, ebd., A 92-94, Bl. 7237-7241, 7316 f.

98 Eröffnungsrede Dix, 2.7.1947, ebd., A 37-39, Bl. 3142.

und Verwaltungsfachleute wie Kaletsch in Berlin und Terberger in Sulzbach-Rosenberg, sondern die komplette Führungsetage der Holding wie auch ihrer Tochtergesellschaften den Niederungen des Arbeitseinsatzes entrückt. Die verbindliche Sprachregelung sah demnach so aus, daß die Tätigkeiten der Angeklagten generell Sozial- und Arbeitsfragen ausgespart hätten, jedoch nicht ohne – quasi hilfsgutachtlich – zu ergänzen, daß dessen ungeachtet alle Möglichkeiten zur Besserung des Loses der beschäftigten Ausländer genutzt worden seien.[99]

Dem zweiten großen Komplex, den »Arisierungen«, näherten sich die Verteidiger aus zwei Richtungen, materiell und formaljuristisch. Die Verteidigungsstrategie führte dabei die zuvor von Flick und Steinbrinck in diversen Stellungnahmen und Probevernehmungen entworfene Interpretation fort.[100] Die Übernahmen von Lübeck und Julius-Petschek erschienen demnach als rein private Geschäftsabschlüsse, der Anschluß der Ignaz-Petschek-Betriebe als ein zum Schaden Flicks verlaufener Zwangstausch in Erfüllung nationaler Pflichten.[101] In Anbetracht der erdrückenden Beweisfülle, welche die Anklage in diesem Punkt präsentieren konnte, verließen sich die Verteidiger jedoch nicht allein auf die Überzeugungskraft ihrer Deutung der Flick-Akquisitionen. Zusätzlich stellte Flächsner auf die strittige Justitiabilität der »Arisierungen« unter dem einschlägigen Kontrollratsgesetz Nr. 10 ab. Anders als die US-Ankläger, die einen Formulierungsunterschied des Gesetzes im Vergleich zum IMT-Statut als Beleg dafür nahmen, daß die Jurisdiktion der Nachfolgeprozesse auch vor 1939 begangene und nicht mit dem Krieg ursächlich in Verbindung stehende Vergehen umfaßte, bestritt Flächsner eine entsprechende Kompetenz des Gerichtes.[102]

Die Darlegungen der einzelnen Verteidiger standen nicht unabhängig nebeneinander, sondern fügten sich zu einer Gesamtinterpretation, die von den Anwälten wie von den Angeklagten gleichermaßen sorgsam ausgebreitet wurde. Dieses Deutungsmuster unterstrich den vollzogenen Übergang von einer defensiven Taktik der Vorwurfs-Abwehr zu einer selbstbewußt vorgetragenen Eigenbeschreibung der Manager. Von der Nürnberger Anklagebank aus wurde gewissermaßen eine Generalüberholung des Images des deutschen Industriellen eingeleitet.[103] Insbesondere Dix war es, der sich während des ganzen Verfahrens mühte, das Bild des »Dritten Reiches« als einer auf allen Ebenen terroristisch geführten Diktatur zu zeichnen, die dem einfachen Bürger ebenso wie den

99 Vernehmung Flick, 11.7.1947, ebd., A 43-46, Bl. 3515-3517; Plädoyer Pelckmann, 26.11.1947, ebd., A 129-130, Bl. 10312-10316.

100 [Befragung Steinbrinck], o. D., StAN Rep. 502A, KVV, Handakten, Flächsner-14; Stellungnahme, o. D., ebd., Flächsner-4.

101 Vernehmung Flick, 8.7.1947, StAN Rep. 501, KVP, Fall 5, A 40-42, Bl. 3322-3364; Vernehmung Steinbrinck, 6.8.1947, ebd., A 37-39, Bl. 4945-4951; Vernehmung A. Rohde, 13.8.1947, ebd., A 68-70, Bl. 5359-5393.

102 Eröffnungsrede Taylor, 19.4.1947, ebd., A 1-3, Bl. 96f., 104; Eröffnungsrede Flächsner, 18.7.1947, ebd., A 50-53, Bl. 3893f.; Plädoyer Flächsner, 27.11.1947, ebd., A 131-133, Bl. 10440-10443.

103 Vgl. Wiesen, Industry, S. 81f.

Großindustriellen jegliche Bewegungsfreiheit geraubt habe. Angesichts des Drohpotentials des NS-Regimes sei den Beklagten keine Option als die Mitarbeit geblieben, wollte man nicht eine »Rechtspflicht zum Märtyrertod« annehmen.[104] Dabei ließ Dix es nicht bewenden. Gerade der Umstand, daß die NS-Diktatur Flick und seine Mitarbeiter gezwungen habe, am »Gottlosen und Ungerechten« mitzuwirken, sei ihre Tragik gewesen, nicht aber ihre Schuld. Im Gegenteil seien die Angeklagten zweifache Opfer, einerseits der erzwungenen Kollaboration mit einem verbrecherischen Regime, zum anderen der Verfolgung durch die Alliierten, ein »seelisches Martyrium«.[105] In diesen Tenor stimmten auch die übrigen Verteidiger ein. So sprach Kranzbühler von einer »diktatorischen Lenkung des gesamten Arbeitseinsatzes durch den Staat« ohne Einwirkungsmöglichkeiten der Unternehmer, bezeichnete Flächsner die RVK als »Zwangsvereinigung des deutschen Bergbaus«, erkannte Siemers das Schreckbild einer »Diktatur des Staates«.[106]

Auch die Angeklagten griffen die von ihnen selbst vorformulierten Topoi immer wieder auf. Flick versäumte es nicht, sich in seiner Vernehmung als Opfer arglistiger Täuschung bei der Verteilung der Ilse-Reservefelder bzw. Objekt der Expansionsgelüste Paul Pleigers – der immer mehr als Inkarnation einer vollendet diktatorischen Wirtschaftsordnung und gar als »kleine[r] Hitler« erschien[107]– darzustellen. Darüber hinaus vollzog Flick nach der Transformation vom Beschuldigten zum Opfer nun auch den nächsten Schritt zum veritablen Widerstandskämpfer. Neben den in diesem Zusammenhang obligaten Verweisen auf Unterstützungsleistungen für jüdische Bekannte verwandelte er die gegen ihn erhobenen Vorwürfe in ihr Gegenteil. Mit Blick auf die »Arisierungen« inszenierte er sich geradezu als Retter der Petscheks, der alles in seiner Macht Stehende getan habe, um diesen wenigstens einen Teil ihres Besitzes zu erhalten, was ihn in Dix' Worten zum »Anwalt der Petscheker Interessen« machte.[108] Auch seine ihm vorgehaltenen antisemitischen Äußerungen erschütterten Flicks Selbstbild keineswegs: »Wer wie ich sein Leben eingesetzt hat für die Juden«, so der Angeklagte, »der konnte sich vielleicht auch mal eine antisemitische Bemerkung erlauben, um den allgemeinen Verdacht von sich abzulenken.«[109]

104 Eröffnungsrede Dix, 2.7.1947, StAN Rep. 502, KVP, Fall 5, A 37-39, Bl. 3117f. Die Formulierung entstammte dem Gutachten Schmitts. Diese Argumentationslinie stand im Kern seit Anfang 1946 fest: Indictment of the Industrialists, 28.9.1946, NARA RG 238, Entry 165, Box 1.

105 Ebd.; vgl. Dix am 2.5.1947, StAN Rep. 501, KVP, Fall 5, A 9-11, Bl. 814; vgl. Berghahn, Unternehmer, S. 79-81.

106 Plädoyer Kranzbühler, 25.11.1947, StAN Rep. 501, KVP, Fall 5, A 129-130, Bl. 10259; Eröffnungsreden Flächsner und Siemers, 18.7.1947, ebd., A 50-53, Bl. 3884, 3930.

107 Rückverhör Flick, 17.7.1947, ebd., A 47-49, Bl. 3861; Vernehmung Steinbrinck, 31.7. u. 5.8.1947, ebd., A 37-39, Bl. 4571, 4669, 4912.

108 Vernehmung Flick, 7.7./8.7.1947, ebd., A 40-42, Bl. 3255-3260, 3365-3368; Eröffnungsrede Dix, 2.7.1947, ebd., A 37-39, Bl. 3145.

109 Kreuzverhör Flick, 14.7.1947, Bl. 365f., ebd., A 43-46, Bl. 3569f. Die oft zitierte Formulierung Flicks, »[one] had to howl with the wolves, as they say, if one wanted to play

In das gleiche Horn stießen Flicks Mitarbeiter. Kaletsch, der bereits 1945 versucht hatte, eine Bescheinigung als politisch Verfolgter zu erlangen[110], verwies gleichfalls auf seine vielen jüdischen Freunde[111], während Steinbrinck mit der unbewiesenen Aussage überraschte, Rudolf Hahn nach dem Verkauf der Lübeck-Beteiligung die Ausreise ermöglicht zu haben.[112] Weiss schließlich rühmte sich ebenso wie Flick der Nähe zum konservativen Widerstand des 20. Juli.[113] Allen Angeklagten gemeinsam war, daß sie ihre Tätigkeiten als Ausdruck einer unpolitischen, rein sachlogisch motivierten und ausschließlich an technischen bzw. kaufmännischen Gesichtspunkten orientierten Berufsauffassung beschrieben.[114] Die Selbstvergewisserung seiner Mandanten als Vertreter einer unpolitischen Privatwirtschaft, Opfer des Regimes und Förderer des Widerstandes somit gesichert, ging Dix in seinem Schlußplädoyer dazu über, die vermeintlich wahren Unterstützer des NS-Regimes zu benennen und die fehlgeleitete Zielsetzung der Nürnberger Prozesse anzugreifen:

> »Hitler verdankt seinen Aufstieg der Tatsache, daß die Gewerkschaften, welche noch im Jahre [19]20 beim Kapp-Putsch diese von ihnen als [sic] reaktionär gehaltene Bewegung durch Generalstreik zu Boden schlugen, 1933 durch die Jahre der Arbeitslosigkeit zermürbt waren, weil sie keine Massen, welche ihren Glauben an die Gewerkschaften verloren hatten, mehr hinter sich hatten. Sechs Millionen Arbeitslose lagen zum Teil seit Jahren auf der Straße[,] und die Gewerkschaften, welche ihnen seit Jahrzehnten den sozialistischen Himmel versprochen hatten, waren unfähig, ihnen zu helfen. Da kam aus den Reihen des Proletariats der ›Heiland‹, der ihnen Rettung versprach, Rettung aus der Misere[,] und alle die Massen des kleinen Mittelstandes und des Proletariats folgten diesem Rattenfänger. […] Die Massen haben Hitler getragen, nicht die Elite […]. Die Elite aber ist machtlos ohne die Massen.«[115]

Daß diese, auf die Revision des öffentlichen Kollektivbildes der Industriellen zielende Verteidigungsstrategie mit einer solchen Vehemenz vertreten werden konnte, war nicht zuletzt dem prozessualen Procedere geschuldet. Das Interesse der US-Besatzungsverwaltung, sichtbar faire Verfahren zu führen, um den Vor-

a part at all«, findet sich lediglich im englischen Transkript und wurde Flick vermutlich sinngemäß in den Mund gelegt; vgl. TWC 6/2, S. 609.

110 Kaletsch an Dahrendorf, 25.6.1946, StAN Rep. 502, KVA, Handakten, B-15.

111 Eidesstattliche Aussage R. E. Duin, 29.5.1947; Eidesstattliche Aussage Kurre, 17.6.1947, StAN Rep. 501, KVP, Fall 5, F-2, Dok. Kaletsch-931 u. -932, Bl. 77-82.

112 Kreuzverhör Steinbrinck, 12.8.1947, ebd., A 66-67, Bl. 5314.

113 Vernehmung Weiss, 16.10.1947, ebd., A 107-109, Bl. 8617. Die Behauptungen, einen der Attentäter auf der Flucht beherbergt zu haben, waren allem Anschein nach frei erfunden; vgl. Drobisch, Fall 5, S. 132, mit weiterem Verweis.

114 Vgl. Wiesen, Industry, S. 81 f.; Schanetzky, Unternehmer, S. 83; mit längerfristiger Perspektive: Plato, Wirtschaftskapitäne.

115 Plädoyer Dix, 29.11.1947, StAN Rep. 501, KVP, Fall 5, A 131-133, Bl. 10687 f.

würfen von Schauprozessen und Siegerjustiz vorzubeugen[116], bevorteilte letztlich die Verteidigung – auch wenn diese nicht müde wurde, immer wieder zu behaupten, zu spät und mit zu geringen sachlichen und personellen Mitteln in einem fremden Rechtssystem ihre Arbeit aufgenommen zu haben.[117]

Tatsächlich aber waren es die Ankläger und mehr noch die aus der amerikanischen Provinz stammenden, oft überforderten Richter, die sich schwertaten, das komplexe System der deutschen Wirtschaftsverwaltung, zumal unter Berücksichtigung diverser Reformen im einschlägigen Zeitraum, zu durchdringen. Auch geographische Zuordnungen und für die deutschen Anwälte prominente Namen wie Vögler und Springorum waren den amerikanischen Juristen vielfach kein Begriff.[118] Dies führte bisweilen zu geradezu absurden Momenten, etwa wenn Richter Sears an der staatsrechtlichen Beziehung zwischen Reich und Preußen scheiterte: »Ich bin nicht ganz sicher, daß ich das ganz verstanden habe, aber ich bin fast sicher, daß ich es nicht verstanden habe.«[119] Wie eklatant uninformiert die Richter aber waren, machte der Umstand deutlich, daß Sears einen KZ-Häftling ernsthaft fragen konnte, ob es nicht zum Abendessen Wein gegeben habe.[120]

Der geringere Wissensstand auf Seiten von Anklage und Richtern kam der Verteidigung an keiner Stelle mehr entgegen als bei der Zulassung und Bewertung der Beweisstücke und Zeugen. Während die Anklage sich vorwiegend auf beschlagnahmte Dokumente stützte, griffen die Verteidiger weitgehend auf eidesstattliche Aussagen zurück. Daß diese fast vollständig von Kollegen und leitenden Angestellten der Konzernfirmen stammten, wurde von den Richtern nicht als beweiskraftmindernd gewertet. Mitunter trieben die Aussagen der Verteidigungszeugen seltsame Blüten, insbesondere wenn es um die immer wieder beteuerten Fürsorgebemühungen für die ausländischen Arbeitskräfte ging. Dabei konnte durchaus der Eindruck entstehen, daß die schlechte Ernährungslage der Ostarbeiter und Kriegsgefangenen allein dem Umstand geschuldet war, daß praktisch das komplette leitende Personal der Unternehmen täglich von den Mahlzeiten gekostet hatte, um sich von deren Güte zu überzeugen.[121]

Darüber hinaus drückte das Auftreten der Verteidiger keineswegs das vorsichtige Tasten in einer ihnen fremden Rechtsordnung oder gar die Zurückhaltung von Vertretern einer soeben erst unterlegenen Nation gegenüber den Repräsen-

116 Taylor, Prozesse (1951), S. 27; Kempner, Ankläger, S. 234; Jung, Rechtsprobleme, S. 78, 87.

117 Vgl. Jung, Rechtsprobleme, S. 87; wohl anders: Abelshauser, Rüstungsschmiede, S. 466-468.

118 Vernehmung W. Kimmich, StAN Rep. 501, KVP, Fall 5, A 31-33, Bl. 2744 f.

119 Vernehmung Gritzbach, 3.6.1947, ebd., A 28-30, Bl. 2476.

120 Vernehmung F. Travers, 30.4.1947, ebd., A 9-11, Bl. 681.

121 Für viele derartige Aussagen: Vernehmung Weinhardt, 22.9.1947, ebd., A 113-115, Bl. 8885; Eidesstattliche Aussage Hetz, 12.9.1947, ebd., H-e-5, Dok. Terberger-1404, Bl. 108; Eidesstattliche Erklärung Scharnagl, 27.8.1947 u. Eidesstattliche Versicherung Sumper, 20.6.1947, ebd., H-4, Dok. Terberger-1305 u. -1334, Bl. 17-23, 85-88.

tanten der Siegermacht aus. Im Gegenteil versäumten die mit Ausnahme Kranzbühlers sämtlich promovierten Anwälte keine Gelegenheit, aus ihrem reichhaltigen Fundus des Juristenlateins zu schöpfen und ihren amerikanischen Widerparts Beispiele der komplexen und abstraktionsreichen kontinentalen Rechtsphilosophie zu geben.[122] Zugleich schöpften sie selbst die Möglichkeiten der angloamerikanischen Prozeßordnung geschickt aus. Die Kreuzverhöre nutzten sie, um die Zeugen der Anklage mit großer Schärfe anzugehen und ihre Aussagen zu diskreditieren. Insbesondere die befragten Zwangsarbeiter, aber auch Mitglieder von SPD und KPD sahen sich einem barschen Tonfall ausgesetzt und fanden jedes Detail ihrer Aussagen, teils mit Hilfe von Fangfragen, auf den Prüfstand gestellt. Bei Gegenfragen wurden die Zeugen abgekanzelt, ihnen fehlender Wille zur Objektivität vorgeworfen und den ukrainischen Zwangsarbeitern implizit eine Mitverantwortung für die Zustände in der sowjetischen Besatzungszone unterstellt.[123]

Im Gegensatz dazu pflegten die Verteidiger mit ihren eigenen Zeugen, meist Direktoren oder Ministerialbeamte, eher höfliche Konversation. Allerdings konnte auch hier der Tonfall umschwenken, wenn die Befragten nicht die gewünschten Antworten lieferten, so etwa Hermann von Hanneken, dem daraufhin das kurz vor Kriegsende gegen ihn angestrengte Korruptionsverfahren vorgehalten wurde, oder der Chef des persönlichen Stabes Himmlers, Karl Wolff. Dieser verzichtete auf eine Anbiederung an die Industriellen und sprach offenherzig (und mit sardonischer Übertreibung) von einem »freundschaftlichen Verhältnis« zu Flick, »einen ehrenhaften Industriellen, der sich zu den Idealen der SS bekannt hat« – eine mehr als unerwünschte Aussage für die Verteidigung. Diese hatte Wolff eigentlich zur Erhärtung einer grotesken Verschwörungstheorie in den Zeugenstand gerufen, in deren Zuge Himmlers notorisch wichtigtuerischer Masseur Felix Kersten von Mordplänen der SS gegen Flick berichtete.[124]

Um derartige Ausfälle zu vermeiden, verlegten sich die Anwälte regelmäßig auf Suggestivfragen. So wurde für die Vernehmung eines an der Ignaz-Petschek-»Arisierung« führend beteiligten Ministerialdirigenten ein regelrechter Frage- und Antwortkatalog vorbereitet: »Haben Flick oder dessen Mitarbeiter irgendwelche Anregungen gegeben oder Einfluß ausgeübt bezüglich der Geltendmachung von

122 U. a. Eröffnungsrede Dix, 2.7.1947, ebd., A 37-39, Bl. 3177, 3121, 3123; Eröffnungsrede Flächsner, 18.7.1947, ebd., A 50-53, Bl. 3873; Plädoyer Kranzbühler, 25.11.1947, ebd., A 129-130, Bl. 10171-10187.

123 Kreuzverhör Travers, 1.5.1947, StAN Rep. 501, KVP, Fall 5, A 9-11, Bl. 710; Kreuzverhör Voytovitch, 1./2.5.1947, ebd., Bl. 765, 773 f.; Kreuzverhör Kittelmann, 28.5.1947, ebd., A 28-30, Bl. 2310, 2323-2326; Kreuzverhör Roessler, 9.6.1947, ebd., A 34-36, Bl. 2788.

124 Vernehmung Hanneken, 21./28.7.1947, ebd., A 50-53, Bl. 4046-4187; Pohle an Reusch, 8.8.1947, RWWA 130-40010145; Zitate: Erklärung K. Wolff, 30.4.1947, StAN Rep. 502A, KVV, Handakten, Flächsner-12; Vernehmung K. Wolff, 4.11.1947, StAN Rep. 501, KVP, Fall 5, A 122-124, Bl. 9718-9720; zwischen 1939 und 1944 hatte Kersten 96 700 RM von Flick erhalten; Memorandum to Mr. Woodson, 17.2.1947, StAN Rep. 502, KVA, Handakten, B-38.

Steueransprüchen oder Steuerstrafen gegen die P.[etscheks]? Oder hatte Flick nicht vielmehr versucht, durch Pleiger ein derartiges Vorgehen zu verhindern, nachdem er davon gehört hatte?«[125] Nur gelegentlich unterbrachen die Richter dies mit der Ermahnung, daß sie die Fragen der Anwälte von den Antworten der Zeugen nicht mehr unterscheiden könnten, oder die Ankläger beschwerten sich, daß ein Zeuge »offensichtlich [...] die Antworten irgendwo abliest«, wie im Falle Gustav Kniess'.[126]

Als der Gerichtshof am 22. Dezember 1947 sein Urteil im Fall 5 verkündete, klangen die Schlußworte der Parteien noch nach. Taylors eindringlicher Mahnung, dem Bestreben der Verteidigung, einen Schlußstrich zu ziehen, um sich ganz auf den Aufbau konzentrieren zu können, nicht nachzugeben, weil »der Wiederaufbau, nach dem die zivilisierte Welt dringend verlangt, [...] ein Wiederaufbau nicht nur in materieller, sondern auch in moralischer Hinsicht« sein müsse[127], hatte stellvertretend für alle Angeklagten Flick sein letztes Wort entgegengesetzt. Explizit als »Exponent der deutschen Industrie« wies er die Vorwürfe zurück, diese habe Hitler zur Macht verholfen, den Krieg gefördert und an Verbrechen teilgehabt. »Niemand«, so hatte Flick geschlossen, »[...] wird es glauben, daß wir uns gegen die Menschlichkeit vergangen haben, und nichts wird uns davon überzeugen, daß wir Kriegsverbrecher waren.«[128]

Die urteilenden Richter stimmten dem Angeklagten Flick nicht zu – um so mehr jedoch dem »Exponenten der deutschen Industrie«. Während für Flick, Steinbrinck und Weiss Haftstrafen von je sieben, fünf und zweieinhalb Jahren ausgesprochen wurden, erhielten die übrigen drei Beschuldigten Freisprüche. Dies folgte aus der peniblen Unterscheidung der Richter zwischen der deutschen Industrie im allgemeinen und den Angeklagten im besonderen. Während die Einzelpersonen Flick, Steinbrinck und Weiss wegen individueller Vergehen verurteilt wurden, erteilte das Gericht den Unternehmern als Gruppe weitgehende Absolution. Das Urteil folgte dabei der Verteidigungsargumentation minutiös: Der Zwangsarbeitereinsatz wurde als staatliches Programm verstanden, dem sich die Industriellen aufgrund des omnipräsenten Drucks des Regimes nicht hätten entziehen können, ohne sich dem Vorwurf der Sabotage auszusetzen, so daß ihnen ausdrücklich ein genereller Notstand zugebilligt wurde. Die Verantwortung der Unternehmen wurde daher ausschließlich an der Frage gemessen, inwieweit sie den Einsatz in ihren Firmen aktiv befördert hatten. Allein hier wurden die Richter fündig, da Flick und Weiss im Falle von Linke-Hofmann eine Produktionsausweitung mit entsprechenden Zuweisungen von Zwangsarbeitern betrieben hatten. In der Frage der Behandlung der Arbeiter

125 [Fragen], StAN Rep. 502A, KVV, Handakten, Flächsner-13; Fragen an Dr. Tillmanns auf Fragen an Kaletsch, [1947], ACDP I-229-001/1.

126 Vernehmung Flick, 2.7.1947, KVP, Fall 5, A 37-39, Bl. 3168; Zitat: Kreuzverhör Kniess, 17.9.1947, ebd., A 92-94, Bl. 7240. Rohland, Zeiten, S. 137f. berichtet, er habe seine Aussage vorher mit den mitinhaftierten Angeklagten abgesprochen.

127 Plädoyer Taylor, 24.11.1947, ebd., A 127-128, Bl. 10030.

128 Schlußwort Flick, 29.11.1947, ebd., Bl. 10712-10714.

schlossen sich die Richter dann wieder der Argumentation der Verteidigung an, nach der die Unternehmen das ihnen Mögliche getan hätten, darüber hinaus jedoch von den restriktiven Anordnungen von Partei, Wehrmacht und SS beschränkt worden seien. Die Anklage scheiterte in diesem Punkt an der Kluft zwischen dem Anspruch, eine generelle Mitverantwortung der Industrie nachzuweisen, und der Notwendigkeit, die individuelle Schuld der Angeklagten zu belegen. Beides zusammen trug das vorgelegte Beweismaterial nicht.[129]

In ähnlicher Weise beschränkten sich die Richter im Punkt II darauf, Flick wegen rechtswidriger Eigentumsvorenthaltung im Falle der Rombacher Hüttenwerke zu verurteilen. Hinsichtlich der Übernahmen sowjetischen Staatsbesitzes folgten sie ebenfalls den Darlegungen der Anwälte, daß es sich hier nicht um Privateigentum und zudem um ein Engagement unter staatlicher Kuratel gehandelt habe. In Flicks Bestreben, daraus spätere Besitzansprüche abzuleiten, konnten sie kein strafwürdiges Vergehen erblicken: »Etwas zu begehren ist ein Sünde nach den Zehn Geboten, aber weder eine Verletzung der Haager Bestimmungen noch ein Kriegsverbrechen.«[130]

Verurteilt wurden Flick und Steinbrinck hingegen in den vermeintlich unbedeutenden und eher am Rande verhandelten Anklagepunkten IV und V. In der finanziellen Förderung Himmlers über den Freundeskreis sahen die US-Richter in der Tat eine Unterstützung der nationalsozialistischen Verbrechen. In diesem Punkte durchaus zu einer gewissen spekulativen Überbrückung der fehlenden Beweise bereit, lehnten sie es »als der Leichtgläubigkeiten zuviel« ab, den Behauptungen der beiden Wirtschaftsführer zu folgen, den verbrecherischen Charakter der SS nicht erkannt und an eine ausschließlich kulturelle Verwendung der Gelder geglaubt zu haben.[131]

Ungeachtet dieser teilweisen Schuldsprüche trug die Verteidigung den entscheidenden Sieg bei den »Arisierungen« davon, jenem Komplex, den Flächsner als »dritten Akt und Höhepunkt in dem [...] inszenierten Drama gegen Flick und Genossen« hervorgehoben hatte.[132] Obgleich die Ankläger keinen der anderen Vorwürfe ähnlich überzeugend dokumentiert, in keinem anderen Punkt ebenso unzweifelhaft die persönliche Verantwortung der Angeklagten mit der antisemitischen Politik des NS-Regimes verbunden hatten, stand am Ende keine Verurteilung. Das Verfahren wurde im Punkt III eingestellt, weil die Richter sich der Einschätzung Flächsners anschlossen und ihre Unzuständigkeit unter Kontrollratsgesetz Nr. 10 feststellten – nicht ohne hilfsgutachtlich darauf zu verweisen, daß auch andernfalls die Eigentumsentziehung kaum als Verbrechen gegen die Menschlichkeit zu behandeln gewesen wäre.[133]

129 Thieleke, Fall 5, S. 323-328; ausführlich: Jung, Rechtsprobleme, S. 48-53, 221.
130 Thieleke, Fall 5, S. 329-338, Zitat: S. 336.
131 Ebd., S. 343-349, Zitat: S. 347.
132 Plädoyer Flächsner, 27.11.1947, StAN Rep. 501, KVP, Fall 5, A 131-133, Bl. 10439.
133 Thieleke, Fall 5, S. 338-342; Jung, Rechtsprobleme, S. 216.

Entsprechend konnte sich Wolfgang Pohle darüber freuen, daß »wesentliche Stücke der gegen die Industrie erhobenen Vorwürfe endgültig entkräftet« worden und das Urteil insgesamt für die Unternehmerschaft »sehr viel günstiger« ausgefallen sei, als es die Haftstrafen vermuten ließen.[134] Damit unterschlug Pohle jedoch, daß der Rechtsspruch in drei bedeutenden Fragen nicht im Interesse der Angeklagten ausgefallen war: Über die im Prozeß stets virulente Frage, inwieweit die deutsche Industrie an der Planung und Durchführung der Angriffskriege beteiligt gewesen sei, hatten die Richter ausdrücklich nicht entschieden, da Taylor darauf verzichtet hatte, diese Beschuldigung als förmlichen Anklagepunkt aufzunehmen.[135] Keinen Zweifel hatten die US-Richter hingegen daran gelassen, daß auch Privatpersonen als unmittelbare Völkerrechtssubjekte zu betrachten seien und zudem das von der Verteidigung im Verfahren dutzendfach bemühte Rückwirkungsverbot keine Anwendung finden könne.[136]

Schließlich hatte das Richterkollegium sich auch auf die von Dix in der Schlußphase der Verhandlung aufgeworfene Frage der Nationalität des Verfahrens nicht eingelassen.[137] Entschieden formulierten sie, daß es sich trotz der Besetzung mit US-Richtern und der Anwendung anglo-amerikanischer Rechtsgrundsätze um ein internationales Gericht auf der Grundlage alliierten Besatzungsrechts handele.[138] Bedeutung hatte diese Frage deswegen, weil die Anfechtung des Urteils nur möglich war, wenn das Tribunal als Gericht der Vereinigten Staaten verhandelte. Zu diesem Zweck hatten die Flick-Verteidiger, einen Schuldspruch offensichtlich erwartend, bereits frühzeitig eine amerikanische Kanzlei mit der Interessenvertretung in den USA betraut.[139] Die unmittelbar nach Prozeßende aufgenommenen Revisionsbemühungen des Verteidigerteams blieben aber erfolglos. Zwar wurde die Rechtssache 1949 bis zum *Supreme Court* getragen, dort jedoch mit Verweis auf die Unzuständigkeit amerikanischer Gerichte für Revisionsverfahren der Nürnberger Tribunale abgewiesen.[140] Vor-

134 Pohle an Dinkelbach, 30.12.1947, BAK B 109/1396, Bl. 82-84. Kaletsch bezeichnete den Urteilsspruch als »moralische Rechtfertigung für sämtliche Angeklagten«, Kaletsch an H. Reusch, 22.10.1948, RWWA 130-40010145/166.

135 Vgl. Thieleke, Fall 5, S. 317.

136 Ebd., S. 318.

137 Plädoyer Dix, 29.11.1947, StAN Rep. 501, KVP, Fall 5, A 131-133, Bl. 10630; Jung, Rechtsprobleme, S. 121-123.

138 Indes mußte der Rahmen des Gerichtshofs irritieren. Die Richter saßen während der Verhandlungen vor einer US-Fahne, die Sitzungen wurden mit der Formel »God save the United States of America and this honorable tribunal« eingeleitet, und Sears selbst bezeichnete das Tribunal zum Auftakt als »amerikanisches Gericht [mit] amerikanischen Vorschriften«; Prozeßeröffnung, 15.3.1947, StAN Rep. 501, KVP, Fall 5, A 1-3, Bl. 25; vgl. TWC 12/1, S. 7, 64.

139 [Dix] An die Herren Verteidiger, 10.10.1947, StAN Rep. 502A, KVV, Handakten, Flächsner-2; Wecker an Rohland, 9.11.1947, TKA NRO/95.

140 Draft. Flick appeals to Supreme Court from US Court of Appeal Decision, 20.5.1949, BAK B 109/5882, Bl. 2; Eingabe in Sachen Flick an Supreme Court, Sept. [19]49, IfZ ZS/A-20, Bd. 7, Bl. 140-142. Vgl. Jung, Rechtsprobleme, S. 126-137.

erst blieb es daher bei Flicks Postanschrift: Herrn Friedrich Flick (13b), Landsberg/Lech, Hindenburgring 12.[141]

2.5. *Nachverhandlungen*

Das Flick-Urteil gab die Richtung für die Entscheidungen in den beiden Verfahren gegen IG Farben und Krupp vor, zu einem geringeren Anteil auch im Wilhelmstraßen-Fall 11. So fanden sich in den Urteilen der nachfolgenden Gerichte mit der Unzuständigkeit für »Arisierungs«tatbestände und der Anerkennung des Befehlsnotstandes zentrale Entscheidungen des Militärtribunals 4 wieder und führten etwa für die Farben-Direktoren zu ähnlich milden Urteilen wie im Flick-Prozeß.[142] Lediglich für die Angeklagten des Krupp-Verfahrens galt dies nicht. Obgleich die von Kranzbühler dirigierte Verteidigung erneut auf den Befehlsnotstand in einer totalen Diktatur als Leitmotiv setzte und dieser von den Richtern prinzipiell anerkannt wurde, unterschied das Tribunal sorgfältig zwischen genereller Zwangslage und individuellen Handlungsalternativen. Bei lediglich einem Freispruch, aber einer Haftstrafe von zwölf Jahren für den Firmeninhaber, der zudem mit Vermögensentzug belegt wurde[143], fielen die Urteile differenziert, insgesamt jedoch spürbar härter als gegenüber FFKG und IG Farben aus. Es läßt sich dabei kaum von der Hand weisen, daß die unterschwellige Wahrnehmung Krupps als Synonym für einen militärisch-industriellen Komplex vom Kaiserreich bis zum NS-Staat hierbei eine ausschlaggebende Rolle spielte.[144]

Mit dem Urteil im Fall 11 im April 1949 fand die Strafverfolgung der Privatwirtschaft durch die US-Behörden ihren Abschluß. Die Diskussion um die Legitimität der Verfahren und Verurteilungen hingegen begann erst in voller Schärfe. Schon seit 1947 hatten sich die kritischen, oft rundheraus ablehnenden Stimmen zu den alliierten Kriegsverbrecherprozessen gemehrt und zunehmend die öffentliche ebenso wie die veröffentlichte Meinung der Westzonen dominiert. Die – auch im Eigeninteresse – polemische Bewertung des Flick-Urteils durch den ehemaligen Finanzminister Schwerin von Krosigk war dabei kein Einzelfall:

> »Man hat beinahe das Gefühl, als ob das Gericht die Weisung bekommen habe, aus irgendeinem Grunde zu einer Verurteilung zu kommen, um die

141 Rundschreiben Kaletsch, 4.1.1949, RWWA 130-40010145/166.

142 Vgl. die kluge Darstellung bei Ahrens, Exempelkandidat, S. 658-664; ferner: Plumpe, Farbenindustrie, S. 750-756; Boll, Fall 6, S. 141; Blasius, Fall 11.

143 Auch im Fall 5 hatten die Anklagevertreter einen Vermögensentzug in Erwägung gezogen und blickten mit einem gewissen Neidgefühl in die SBZ, wo man Flick per Gesetz enteignet hatte – »without the inconvenience of a trial«; Subject: Visit of Mr Charles Lyon, Prosecutor in the Flick Case at Nuremberg, 27.6.1947, IfZ MF 260 17/248-3/17.

144 Vgl. Kröll, Fall 10, S. 186; Abelshauser, Rüstungsschmiede, S. 470, bleibt in seiner Wertung unverbindlich, impliziert aber ein zu hartes Strafmaß.

> Staatsanwaltschaft nicht allzusehr zu vor der Weltöffentlichkeit zu blamieren, und als ob das Gericht seine bessere Einsicht in der dem Strafmaß geradezu widersprechenden Begründung zum Ausdruck habe bringen wollen. [...] Der Verbrecher als Gesetzgeber und Richter – darin liegt die tiefe innere Unsittlichkeit dieses [Kontrollrats-]Gesetzes, dessen verschwommene Fassung auf kommunistische Schauprozesse zugeschnitten ist und nicht die Grundlage bilden kann für eine international auf Gerechtigkeit und Wahrheit basierende Gerichtsbarkeit.«[145]

Angriffe dieser Art wurden in den folgenden Jahren zu einer regelrechten Kampagne gebündelt. Orchestriert wurde sie vor allem durch die Nürnberger Verteidiger, die im Auftrage ihrer Mandanten eine zweigleisige Taktik einschlugen. Neben den Versuchen, in den USA Berufungsverfahren durchzusetzen, wollte man durch gezielte Lobby- und Öffentlichkeitsarbeit den Boden für eine umfassende Begnadigung bereiten. Die Protagonisten aus Fall 5 als erstem Industrieprozeß schritten dabei erneut voran. Anträge auf Strafmilderung für Flick, Steinbrinck und Weiss wurden bereits Anfang 1948 an Militärgouverneur Lucius D. Clay gerichtet.[146] Diese sollten nach Vorstellung der Verteidiger wie auch ihrer Auftraggeber – Kaletsch übernahm nach seiner Entlassung die Regie – durch Eingaben aus Politik und Wirtschaft flankiert werden. Wie schon bei der Prozeßfinanzierung wies Kaletsch ausdrücklich darauf hin: »Eine Anteilnahme an dieser Sache liegt nicht allein im Interesse der Verurteilten, sondern im Interesse der gesamten deutschen Wirtschaft.«[147]

Die Nürnberger Verteidiger trugen zu den kontinuierlich gesteigerten Amnestieforderungen auf verschiedene Art und Weise bei. Zum einen untermauerten sie über den im Frühjahr 1949 gebildeten Heidelberger Juristenkreis – eine »Clearingstelle« zur Interessenbündelung und Strategieabstimmung[148] – die Ansprüche auf eine großangelegte Urteilsrevision mit juristischen Argumenten. Zum anderen versorgten sie die öffentliche Diskussion mit Materialien und selbstverfaßten Erfahrungsberichten über die Prozesse, zu deren Verbreitung sie auch die Unterstützung prominenter Kirchenvertreter beider Konfessionen gewinnen konnten.[149]

145 Gedanken für einen Artikel in der »Zeit« über das Flick-Urteil als Beweis für die Richtigkeit des Angriffs Teungels gegen Nürnberg, o. D. [1948], IfZ ZS/A-20, Bd. 7, Bl. 143 f.; Krosigk war selbst Angeklagter im Fall 11.

146 Anträge in: IfZ MF 260 6/68-1/7; s. auch die grelle, antikommunistische Attacke des US-Anwalts Flicks, der gegenüber Clay von »Travestie und [...] Verrat zu Nürnberg« sprach; Carroll an Clay, 12.1.1948, MMA M 20.039.2.

147 Kaletsch an H. Reusch, 22.10.1948, RWWA 130-40010145/166.

148 Frei, Vergangenheitspolitik, S. 163-165, 248 f., Zitat: S. 165. Auch Kranzbühler zählte zu dem Kreis.

149 Kranzbühler, Rückblick; ders., Nürnberg; Kranzbühler an Ehard, 6.1.1950, BayHStA NL Ehard 190; Pohle, Einzelne, S. 12-34. Ausführlich: Frei, Vergangenheitspolitik, S. 135-141, 144-146, 151-163; Reichel, Vergangenheitsbewältigung, S. 66-72, 118 f.; zum folgenden: Schwartz, Begnadigung, S. 375-414.

Zwar verteidigte Gouverneur Clay die Urteile vehement, den Gezeitenwechsel in der Behandlung der Kriegsverbrecherfrage konnte er jedoch nicht aufhalten. Ihre spezifische Dynamik entfaltete die Kampagne durch das hohe Maß an Identifikation, das die deutsche Öffentlichkeit mit den immer häufiger als Kriegsgefangene bezeichneten und als Opfer eines Kollektivschuldvorwurfes wahrgenommenen Landsberger Häftlingen verband. Im gerade erst konstituierten Bundestag schlossen sich nicht nur am rechten Rand agierende Klein-, sondern auch die beiden Volksparteien den Forderungen nach Haftreduzierungen an, die als Bedingung für die Integration der Bundesrepublik in das westliche Bündnis bezeichnet wurden. Zwischen 1949 und 1954 wurden in einer Reihe legislativer Maßnahmen Teilamnestien für NS-Belastete ausgesprochen.[150] Auch der Nachfolger Clays, der Hohe Kommissar John McCloy, griff zum Mittel des Straferlasses, um auf den wachsenden Druck zu reagieren. Ende 1949 wurden die ersten Landsberger Insassen auf freien Fuß gesetzt, ein halbes Jahr darauf erließ McCloy den Inhaftierten bei guter Führung ein Drittel ihrer Strafe. Auf dieser Grundlage wurden am 25. August 1950 weitere Verurteilte entlassen. Unter ihnen befand sich auch Friedrich Flick.[151]

Die Haftverschonungen wurden indes von der deutschen Öffentlichkeit ebensowenig wie von den direkt Betroffenen als Zeichen der Milde oder Versöhnung der US-Behörden gegenüber dem ehemaligen Feind gewürdigt, sondern als Eingeständnis der formellen wie inhaltlichen Fehlerhaftigkeit der Nürnberger Verfahren aufgefaßt und somit vom Anspruch auf Totalrevision übertönt.[152] Auch die einstigen Angeklagten schrieben in den fünfziger Jahren an der in Nürnberg begonnenen Legendenbildung fort. So urteilte Burkart 1952, die Industriellenprozesse hätten allein den Zweck verfolgt, »bestimmte Berufsgruppen, die früher in Deutschland eine Rolle gespielt hatten, vor dem ganzen deutschen Volk und vor der Weltöffentlichkeit zu diffamieren [... und] Herrn Flick in seiner Vermögenssubstanz zu vernichten«.[153]

Dennoch blickte Burkart nicht ohne Nostalgie auf die gemeinschaftsstiftenden Monate in Nürnberg zurück. In den fünfziger Jahren ließ er ein Photoalbum anfertigen – vermutlich in geringer Stückzahl für Angeklagte und Verteidiger des Falls 5 –, in dem er das Verfahren Revue passieren ließ. Das Ergebnis war ein großformatiges, edel in Leder gebundenes Album mit Bildern aller Beteiligten

150 Dazu Frei, Vergangenheitspolitik, S. 195-216; Reichel, Vergangenheitsbewältigung, S. 107-124.

151 Vgl. Frei, Vergangenheitspolitik, S. 200, 219f., 301f.; Schwartz, McCloy, S. 439 (Anm. 28), erwähnt die negative Medienresonanz auf Flicks Freilassung in den USA. Weiss' Haftzeit war bereits 1949 abgelaufen; Steinbrinck starb im selben Jahr in Landsberg. Vgl. Gedenkrede von Friedrich Flick, in: Die Parole Nr. 269 v. 22.8.1949; Ansprache von Herrn Kaletsch bei der Trauerfeier von Otto Steinbrinck am 22.8.1949 [Kopien im Besitz d. Verf.]. Kaletsch nutzte die Gelegenheit zu einem Angriff auf die US-Justiz in schrillen, regelrecht haßerfüllten Tönen.

152 Vgl. Frei, Vergangenheitspolitik, S. 220-229.

153 Burkart an Finanzamt Amberg, 14.5.1952, NMH-BA.

sowie Kommentierungen Burkarts, die geprägt waren von Jovialität und Kumpelton gegenüber Mitangeklagten und Verteidigern, jedoch von Grobheit und Revanchismus gegenüber den Anklagevertretern und ihren Zeugen. So legte Burkart vor dem Hintergrund der völkerrechtlichen Fragwürdigkeit des Korea-Krieges Chefankläger Taylor den »Strang« nahe, diffamierte einen Staatsanwalt als »Armen im Geiste«, einen anderen als korrupt. Ehemalige Zwangsarbeiter, die vor Gericht ausgesagt hatten, verspottete Flicks Mitarbeiter (»Die Zeugin, die in Rombach täglich in Tränen badete«). Doch auch die eigenen Zeugen kamen nicht immer gut weg, so Hjalmar Schacht, den Burkart als blanken Opportunisten zeichnete: »Wen ein hoher Kragen schmückt, wer zur rechten Zeit sich drückt/Wer die Harzburgfront erfand und beim Umbruch Pate stand/Wer die Rüstung finanzierte und den Haushalt balancierte/Wer in Widerstand bald machte und mit Adolf sich verkrachte/Wer erfand die Mefo-Tratte/Ist so flink wie eine Ratte.«[154]

Fazit

Nicht allein der Tonfall von Burkarts Erinnerungsstück, der in deutlichem Kontrast zu üblichen sprachlichen Konventionen stand, überrascht. Bereits die bloße Idee, das Verfahren nicht als zu verdrängenden Schandfleck, sondern als andenkenswerten dramatischen Knoten in der individuellen Biographie wie auch der Konzerngeschichte zu verstehen, dokumentiert ein so hohes Maß an Selbstbewußtsein, daß fragwürdig erscheinen muß, ob der oft angeführte (und selten belegte) Schock der Wirtschaftselite durch Verhaftung, Demontage und Entflechtung tatsächlich nennenswerte Auswirkungen auf die Selbstwahrnehmung hatte.[155] Die Vorbereitung und Führung des Nürnberger Verfahrens durch Flick und seine Mitarbeiter spricht viel eher für tiefsitzende mentale und habituelle Kontinuitäten unter den Spitzenunternehmern, die vom »Epochenjahr«[156] 1944/45 unbeeindruckt geblieben waren und sich in einem kaltschnäuzigen, nicht selten zynischen »weiter-so« ausdrückten – vor Gericht wie in der Nachkriegswirtschaft.[157]

Dies galt nicht nur für die FFKG-Manager, sondern auf breiter Front für die deutsche Industrieelite. Im Musterprozeß gegen die Flick-Konzernführung wurden die zentralen Elemente der Apologie und Wahrheitsverfälschung – die Privatwirtschaft als Opfer staatlicher Gewalt, die unpolitische Professionalität von »Arisierungen« und Okkupation, die Einstufung von Zwangsarbeit als legitimes

154 Military Tribunal Case V. Nürnberg 1947, o. D., NrwHStA RWN 218/638, Bl. 25, 27, 30, 53, 41.

155 So vor allem Henke, Besetzung, S. 565-571; Berghahn, Germany, S. 329; in schwächerer Form: Plato, Wirtschaftskapitäne, S. 388; Plumpe, Wirtschaftsverwaltung, S. 133.

156 Henke, Besetzung, S. 25.

157 Dies vor allem die These von Erker, Einleitung, S. 2 f., 14-17; scharf ablehnend, jedoch ohne empirische Unterfütterung: Plumpe, Unternehmen im NS, S. 250 (Anm. 44).

Beschäftigungsverhältnis – entworfen, die das selbstgezeichnete Bild der deutschen Industrie auf Jahrzehnte hinaus charakterisieren sollten. Dies manifestierte sich nicht zuletzt in der Masse von Hagiographien und Festschriften als Foren industrieinterner Geschichtsschreibung.[158] So auch im Hause Flick. In dem 1953 erstellten Festblatt anläßlich Flicks 70. Geburtstag figurierte der Fall 5 als der »erste mit großem Geschrei in Scene gesetzte Prozeß gegen deutsche Wirtschaftsführer«, dessen Urteil »auf nachweisbaren Mißverständnissen und Formfehlern« beruht habe.[159] Das Lebenswerk Flicks jedoch, und daran ließ die Festschrift keinen Zweifel, war über jede Kritik erhaben. Dies galt um so mehr, als der Konzernherr sich nach seiner Freilassung umgehend daran machte, eben jenes Lebenswerk entschlossen fortzusetzen.

158 Vgl. Rasch, Festschrift; Wiesen, Industry; Priemel, Geschichte.
159 Dr. Friedrich Flick zum 70. Geburtstag, o. O., o. J. [1953], AIHKR, Ordner 2.

VI. Comeback (1948-1955)

1. Die Rückeroberung des Konzerns

Die Nürnberger Prozesse sollten nicht nur Entnazifizierung und politische Umerziehung befördern, sondern gemeinsam mit Dekartellierung und Entflechtung auch dem in Potsdam verkündeten Zweck der »Vernichtung der bestehenden übermäßigen Konzentration der Wirtschaftskraft« dienen. Diese umständlich formulierte und konzeptionell ausfüllungsbedürftige Zielvorgabe erfolgte nach 1945 nicht in Gestalt einer programmatisch geschlossenen und entschieden durchgeführten Zwangspolitik der Besatzungsmächte, sondern vielmehr als mehrjähriger Prozeß, dessen Objektiven sich unter dem Eindruck der wirtschaftlichen Wiederaufbauerfordernisse und der neuen weltpolitischen Frontstellung des Kalten Krieges als wandelbar erwiesen.[1]

In der Praxis stellte sich die ökonomische Neuordnung der Westalliierten als »stop-and-go«-Verfahren dar, in dem sich Phasen stärkeren Regelungswillens mit Abschnitten des Stillstandes abwechselten. Dabei sind drei Etappen erkennbar, einsetzend mit denn ersten Entflechtungsschritten in der Montanindustrie der britischen Zone und der Begleitdiskussion um Demontage und Sozialisierung (1946/47). Zwischen Währungsreform und Weststaatgründung machte die Neuordnungspolitik zwar kaum praktische Fortschritte, doch zeichnete sich ein Procedere ab, das nicht oktroyiert, sondern mit den deutschen Betroffenen ausgehandelt werden sollte (1948/49). Zur eigentlichen Montanneuordnung kam es daher, unter den Prämissen der Westintegration, erst nach langwierigen Auseinandersetzungen zwischen Alliierten, Bundesregierung und Industrie (1950-1952).

1.1. Die Abwendung von Demontage und Sozialisierung

Die Befriedigung der Reparationsansprüche der Besatzungsmächte aus den von ihnen jeweils verwalteten Zonen führte zu erheblichen Unterschieden in der Entnahmepolitik. Während die SMAD ihre Abbaumaßnahmen 1945 in großem Umfang fortsetzte, kristallisierte sich in den britischen und amerikanischen Zonen bald heraus, daß die Demontagefrage in den weiteren Kontext des Wiederaufbaus zu stellen sein würde. Erst im Zuge des ersten Industrieplans wurde Ende März 1946 eine Liste zu demontierender Produktionsanlagen veröffentlicht. Die tatsächlichen Abbruchmaßnahmen setzten jedoch nur allmählich ein und wurden als Ergebnis einer mehrjährigen, von den westdeutschen Unternehmensverbänden organisierten Protestkampagne und der veränderten politischen Zielsetzungen der Westalliierten sukzessive zusammengestrichen. Im

1 Zit. nach. Ruhl, Neubeginn, S. 116; vgl. Görtemaker, Krieg.

November 1949 befanden sich nur noch 38 Prozent der ursprünglich zur Demontage vorgesehenen Anlagen auf der Entnahmeliste, das endgültige Aus für die Abbauten folgte wenig später. Der tatsächliche Verlust des Bruttoanlagevermögens auf dem Gebiet der Bundesrepublik lag am Ende der öffentlich heftig angefeindeten alliierten Demontagen unter fünf Prozent.[2]

Während die Bergbaubetriebe wegen ihrer volkswirtschaftlichen Bedeutung von den Entnahmen nur indirekt betroffen waren[3], standen die Eisenhütten an Ruhr und Rhein mit ihren angegliederten Maschinen- und Stahlbaubetrieben im Mittelpunkt des alliierten Interesses.[4] Von den außerhalb des industriellen Kernlandes gelegenen Unternehmen des Flick-Konzerns fielen im wesentlichen Lübeck und Maxhütte in den Kreis möglicher Reparationsobjekte.[5] Faktisch reduzierte sich die Diskussion schließlich auf das Maxhütte-Werk Haidhof, dessen Einreihung in die Demontageliste Ende März 1946 bekannt wurde.[6]

Dem Treuhänder der Maxhütte, Erich Enzmann, bot dies die erste Gelegenheit, sich um das Unternehmen verdient zu machen. Enzmann begann umgehend, seine Kontakte zu den amerikanischen Dienststellen sowie den bayerischen Landesbehörden zu aktivieren. Insbesondere dem bayerischen Wirtschaftsminister Ludwig Erhard, der die Angelegenheit unterschätzte und schon im Mai wieder zu den Akten legen wollte, hielt Enzmann den Ernst der Lage vor Augen: »Wenn Haidhof als Blech- und Stabeisenlieferant für die Versorgung des gesamten süddeutschen Raumes ausfällt, sind die Folgen, welche hierdurch entstehen, nicht zu übersehen. Ich darf wohl behaupten, daß der Aufbau in diesem Gebiet nur möglich ist, wenn Haidhof uns erhalten bleibt.«[7] Neben der Unterstützung des Kabinetts mobilisierte Enzmann auch den Wirtschaftsbeirat der Staatsregierung um den einflußreichen früheren RDI-Geschäftsführer Ludwig Kastl sowie die

2 Vgl. Abelshauser, Wirtschaftsgeschichte, S. 75-82; Berghahn, Unternehmer, S. 73-83; Bührer, Ruhrstahl, S. 105-113; Plumpe, Plan, S. 263-276; detailliert: Köchling, Demontagepolitik, besonders S. 101-118, 159-170, 182 f.

3 Dies betraf den Ausfall zu demontierender Bergbauzulieferbetrieben; Versorgungszentrale des Deutschen Bergbaus an die Regional Economic Offices, 28.10.1947, BAK Z 8/2091, Bl. 3 f.

4 Nachrichten-Sonderdienst Nr. 99. Die Demontageliste, 16.10.1947, BAK B 102/232, Heft 1; Demontage/Verfügbarkeitsliste, 8.5.1948, BAK Z 8/2131.

5 In der Treibstoffsyntheseindustrie waren die Chemischen Werke ESt von der Demontage betroffen. Erst 1952, nach langen Verhandlungen mit den alliierten Behörden, konnten sie wieder zum Normalbetrieb übergehen; dazu umfangreiches Material in WWA F 143/44, 2 Bde., sowie WWA F 143/16 und BAK B 102/3828. Vgl. die ähnliche Entwicklung beim Buna-Werk Hüls: Lorentz/Erker, Chemie, S. 82-92. Zur kurzzeitigen Diskussion um die Demontage des HOW: Stadtwerke Lübeck an Oberstadtdirektion, 22.3.1946; Oberstadtdirektion an IHK Lübeck, 25.3.1946, beide AHStL Hauptamt Nr. 1711; vgl. Leben und Arbeit, S. 306.

6 Enzmann an Erhard, 4.4.1946, AIHKR, Ordner 1.

7 Ministerratssitzung, 2.5.1946, in: Protokolle, Hoegner I, Bd. 1, S. 484; Zitat: Maxhütte (Enzmann) an Erhard, 2.9.1946, AIHKR, Ordner 1.

bayerischen Industrie- und Handelskammern.[8] Mitte 1947 zeichnete sich schließlich ab, daß im Zuge des revidierten Industrieplans, der die zulässige Stahlerzeugung von 5,8 auf 10,7 Mio. t/Jahr erhöhte und die Reparationsentnahmen verringerte, die im Vergleich zu den Ruhrwerken zweitrangigen Haidhofer Anlagen freigestellt würden. Im Oktober des Jahres erhielt die Staatsregierung die offizielle Bestätigung.[9]

Den Erfolg schrieb sich, nicht zu Unrecht, Enzmann auf die Fahnen.[10] Schon während der Kampagne hatte seine Identifikation mit dem ihm anvertrauten Werk eigentümerähnliche Züge angenommen. Gegenüber Kastl hatte Enzmann die amerikanische Politik im September 1946 geradezu als Angriff auf seine eigene Position aufgefaßt: »Die Alliierten haben die Absicht, *mir* die Blechstraßen des Werkes Haidhof zu belassen. Was haben die Blechstraßen allein für einen Wert, wenn *ich* die Siemens-Martin-Öfen verliere und keine Qualitätsbleche mehr herstellen kann? *Ich* wäre dann nur noch in der Lage, Handelsbleche aus unserem Thomas-Roheisen herzustellen. Da die bayerische Industrie auch Qualitätsbleche benötigt, wäre *ich* nicht in der Lage, diesen Bedarf zu decken.«[11] Nicht zuletzt aufgrund solcher Äußerungen Enzmanns vermutete der *Decartelization Branch* von OMGUS schon früh, daß die neue Maxhütte-Leitung Ambitionen auf den Besitz des Unternehmens hegen könnte.[12]

Das Interesse Enzmanns daran, seine eigene Position innerhalb der Maxhütte-Führung dauerhaft zu festigen, bestärkte ihn auch darin, aufkommenden Sozialisierungsforderungen entgegenzutreten. Entsprechend bekundete Enzmann, »daß er alles tun werde, um die Maxhütte der Privatwirtschaft zu erhalten. Er sei strikt gegen eine Überführung in die Hand des Staates.«[13] Allerdings lag diese Entscheidung schwerlich bei dem Treuhänder. Als ausschlaggebend erwiesen sich vielmehr die amerikanische Abneigung gegenüber Vergemeinschaftungsideen und mehr noch die Differenzen innerhalb der bayerischen Staatsregierung.

Dort beschäftigte man sich seit Anfang 1946 intensiv mit der Möglichkeit, Energie- und Grundstofferzeuger in staatliches Eigentum zu überführen. Neben der zum Reichswerke-Komplex zählenden Luitpoldhütte betraf dies vorrangig die Maxhütte, deren Sozialisierung die kommunistischen und sozialdemokratischen Fraktionen ebenso wie Kommunalpolitiker vehement forderten.[14] In der

8 Enzmann an Kastl, 26.9.1946; Lanz (IHK-Präsident Regensburg) an Enzmann, 7.10.1946; Enzmann an Lanz, 9.10.1946, alle AIHKR, Ordner 1; Maxhütte an IHK Regensburg, 12.2.1947, AIHKR, Ordner 2; RegRat Bär an StMinWi, 16.10.1946, BayHStA StK 14557.

9 Ministerratssitzung, 16.10.1947, in: Protokolle, Ehard II, Bd. 1, S. 70f.

10 Niederschrift über die 1. Sitzung des Beirats der Eisenwerk-Gesellschaft Maximilianshütte am 28.6.1949, NMH-BA.

11 Enzmann an Kastl, 26.9.1946, AIHKR, Ordner 1 [Hervorhebungen d. Verf.].

12 Memorandum. Subject: A. Flick Record – Frankfurt Office; B. Suggestions for Flick Report, 21.11.1946, IfZ MF 260 17/229-1/16.

13 Bericht über den bisherigen Stand der Verhandlungen […], [ca. August 1946], NMH-BA.

14 Endemann an Hoegner, 23.4.1946; Erhard an Endemann, 9.8.1946, beide BayHStA MWi 14894/2.

Mehrparteienregierung des sozialdemokratischen Ministerpräsidenten Wilhelm Hoegner bestanden zu diesem Zeitpunkt keine Einwände gegen ein solches Vorgehen. Einmütig, mit den Stimmen der CSU-Vertreter wie auch der beiden parteilosen Wirtschafts- und Finanzminister Ludwig Erhard und Fritz Terhalle, votierte das Kabinett im Mai 1946 für die Verstaatlichung von Max- und Luitpoldhütte.[15]

Den Enthusiasmus Hoegners und seiner Kabinettskollegen dafür, die Gunst der Stunde zu nutzen[16], bremsten die amerikanischen Verantwortlichen jedoch aus. Nüchtern teilte die Militärregierung mit, das bayerische Kabinett könne ein beschlagnahmtes Unternehmen nicht einfach verstaatlichen.[17] Erfolgversprechender war daher der Versuch, die Regie bei der Maxhütte über das Ende Mai errichtete Bayerische Landesamt für Vermögensverwaltung (BLV) zu erlangen, dem die Zuständigkeit für die beschlagnahmten Betriebe übertragen wurde. Das BLV blieb der *Property Control* rechenschaftspflichtig, unterstand aber unmittelbar dem Ministerpräsidenten. Zum starken Mann der Vermögensverwaltung avancierte der Staatsekretär des für die Entnazifizierung zuständigen Sonderministeriums, Arthur Höltermann (SPD).[18]

Die Wende in der bayerischen Sozialisierungspolitik kam mit den ersten Landtagswahlen im Dezember 1946. Zwar amtierte weiterhin eine Koalition aus CSU und SPD, die Christsozialen stellten aber nun den ungleich stärkeren Partner und mit Hans Ehard den Ministerpräsidenten. Ehard verschleppte fortan die Verabschiedung eines Ausführungsgesetzes zum Art. 160 der Bayerischen Verfassung, der die Verstaatlichung regelte. Auch im Wirtschaftsausschuß des Landtages verzögerten die CSU-Vertreter die Beratungen.[19] Im April 1947 schied Höltermann, frustriert ob der Differenzen mit seinem vorgesetzten Minister in Fragen der Entnazifizierung sowie wegen der geringen Fortschritte in der Sozialisierungsfrage, aus der Staatsregierung aus.[20]

Als kurz darauf nach hartem Ringen unter den Koalitionspartnern das Ver-

15 Hoegner an Property Control, 8.5.1946, BayHStA StK 14557; Ministerratssitzung, 2.5.1946, in: Protokolle, Hoegner I, Bd. 1, S. 483 f.; Terhalles Vorarbeiten für ein Verstaatlichungsgesetz in BayHStA MF 71750.

16 Ministerratssitzung, 10.5.1946, in: Protokolle, Hoegner I, S. 502 f. Zu Hoegners wirtschaftspolitischen, genossenschaftlich orientierten und nach dem Krieg noch stärker sozialistisch geprägten Ideen vgl. Kritzer, Hoegner, S. 186 f., 207 f.

17 OMGB (Branch Chief Property Control), 17.5.1946, NMH-BA.

18 Vgl. Niethammer, Entnazifizierung, S. 366 f.; Protokolle, Hoegner I, S. 336 (Anm. 28); Ministerratssitzung, 4.7.1946, ebd., S. 607.

19 Ministerratssitzungen, 9.1., 29.3., 2.4. u. 12.4.1947, in: Protokolle, Ehard I, Bd. 1, S. 45 f., 239-242, 352-354, 367-369; Begründung zum Entwurf eines Gesetzes zur Durchführung des Art. 160 der bayerischen Verfassung, [zum Entwurf v. 5.3.1947], BayHStA MF 71750; Ausschuß für Aufgaben wirtschaftlicher Art. 4. Sitzung, 14.2.1947, Archiv des bayerischen Landtages (für die Überlassung der Kopien danke ich Dietmar Süß sehr herzlich).

20 Vgl. Ministerratssitzung, 19.4.1947, in: Protokolle, Ehard I, S. 399 (Anm. 48), S. 487, Anm. 37; Niethammer, Entnazifizierung, S. 263 (Anm. 14), S. 356 (Anm. 70).

staatlichungsgesetz doch noch beschlossen wurde, erwies sich die Mühe als vergeblich: Die amerikanische Militärregierung verweigerte ihr Plazet. In der CSU, die unter Ehards Führung einen marktwirtschaftlichen Kurs eingeschlagen hatte, stieß die Entscheidung auf wenig Bedauern. Für die weitere Umsetzung des Sozialisierungsauftrages wurde mit Heinrich Emmert ein Mann aus den Fraktionsreihen zum »Staatsbeauftragten für die Durchführung des Art. 160 der Verfassung (Sozialisierung)« bestellt, dessen Nominierung den Status quo eher festschreiben als verändern sollte.[21]

Für die Befürworter einer Verstaatlichung der Maxhütte bedeutete dies eine schwere Niederlage und veranlaßte den zurückgetretenen Höltermann im Dezember 1947 zu einer ebenso waghalsigen wie widerrechtlichen, aber dennoch beinahe von Erfolg gekrönten Unternehmung. Nur wenige Tage nach dem Nürnberger Urteil gegen Flick suchte er den Konzernherrn in der Haft auf und unterbreitete ihm ein Angebot auf Beteiligung des bayerischen Fiskus' an der Maxhütte. Dabei verlangte Höltermann die Übereignung von 42,5 Prozent des Kapitals, die er Flick unter Verweis auf eine angeblich akute Sozialisierungsgefahr als Wahrung wenigstens von Teilen seines Besitzes schmackhaft zu machen versuchte. Späteren Einlassungen Odilo Burkarts zufolge neigte Flick anfangs tatsächlich dazu, auf den Vorschlag einzugehen, ehe er in Erfahrung brachte, daß Höltermann ohne Rückendeckung der Staatsregierung gehandelt hatte, und die Gespräche umgehend beendete.[22] Ende 1947 war die Sozialisierung der Maxhütte abgewendet. Die Frage der Staatsbeteiligung sollte jedoch im Zuge der alliierten Neuordnungspolitik eine Fortsetzung erfahren, allerdings unter umgekehrten Vorzeichen.

Derweil fügte sich die bayerische Entwicklung in die grundsätzliche Ablehnung, auf die Sozialisierungsbestrebungen bei der amerikanischen Besatzungsmacht trafen.[23] Nach Etablierung der Bizone Anfang 1947 konnten die US-Vertreter gegenüber den britischen Partnern ein Abrücken von der bis dahin offen gehaltenen Verstaatlichung der Grundstoffindustrien durchsetzen. Offiziell blieb die Option zwar bestehen, faktisch bestand aber kaum noch ein Zweifel an der Fixierung der bestehenden privaten Eigentumsstrukturen. Daß die britische Militärregierung im August 1948 schließlich das nordrhein-westfälische Sozialisierungsgesetz abwies, unterstrich dies eindrücklich.[24]

Diese richtungsweisenden Entscheidungen milderten auch die Auswirkungen der ersten Schritte alliierter Dekonzentrationspolitik auf die schwerindustriellen

21 Ministerratssitzung, 10.10.1947, ACSP NL Seidel Nr. 37; vgl. Protokolle, Ehard I, S. 472; Kritzer, Hoegner, S. 209.

22 Beteiligung des bayerischen Staates an der Eisenwerk-Gesellschaft Maximilianshütte, 5.1.1953 [Burkart], BayHStA NL Ehard 1710. Burkarts Memorandum stellt die einzige Quelle für diese Episode dar. Ob und wie eine Anteilsübernahme ohne Rückendeckung des Kabinetts umzusetzen gewesen wäre, ist unklar.

23 Vgl. Heiden, Sozialisierung, S. 77-81.

24 Vgl. Abelshauser, Wirtschaftsgeschichte, S. 119; ders., Ruhrbergbau, S. 24-29; Bührer, Ruhrstahl, S. 70; Schmidt, Neuordnung, S. 110-113, 150-158.

Besitzverhältnisse beträchtlich. Bis dahin hatten im britisch verwalteten Gebiet einschneidende Maßnahmen der Besatzungsmacht zumindest im Bereich des Möglichen gelegen. Im August 1946 hatte die Militärregierung die Stahlwerke ihrer Zone beschlagnahmt, unter Kontrolle der *North German Iron and Steel Control* (NGISC) gestellt und sodann 25 Einzelwerke aus den Hüttenkomplexen herausgelöst und in Gestalt von Betriebsführungsgesellschaften verselbständigt. Die konzeptionelle Führung bei der Entflechtung der Konzerngebilde hatte die Treuhandverwaltung im Auftrag der NGISC, ein Expertengremium unter Leitung Heinrich Dinkelbachs, übernommen.[25]

In den deutschen Montanunternehmen erblickte man in der handstreichartigen Auflösung der Konzernverbindungen eine Bedrohung der Besitzverhältnisse, die durch die Ankündigung Londons, die Stahlwerke nicht den Alteigentümern zurückgeben zu wollen, untermauert wurde, freilich ohne je in rechtliche Formen gegossen zu werden. Erst die bizonale Entwicklung beschwichtigte die Sorgen der betroffenen Konzernleitungen, ließ aber viele Fragen offen und führte zu Unsicherheiten über die künftige Richtung der alliierten Wirtschaftspolitik. Der Erlaß zweier sinngemäß gleicher Rechtssätze in den britischen und amerikanischen Zonen im Februar 1947, welche die übermäßige Konzentration ökonomischer Macht verboten, änderte daran wenig. Nicht nur blieben konkrete Maßnahmen aus, die britische Verordnung nahm zudem die Berg- und Hüttenindustrie ausdrücklich von der Regelung aus.[26]

Nicht zuletzt bestand Unklarheit, welche Unternehmen unter die Entflechtung fielen. So verhandelte der Vorstand des HOW Lübeck – das zur gleichen Zeit ebenfalls Objekt von Sozialisierungsbestrebungen der Landespolitik war[27] – über ein Jahr mit Vertretern von NGISC und Treuhandverwaltung über den Status des Unternehmens. Dabei behauptete Fabry von Beginn an, daß »wir eine selbständige Aktiengesellschaft frei von Konzernbindungen immer waren und auch bis jetzt geblieben sind«. Die Zugehörigkeit zum Einflußbereich Flicks leugnete Fabry ebenso ungeniert wie ausdauernd, darauf bauend, daß die Briten die verschachtelten Beteiligungsverhältnisse im Konzern (Abb. VI/1) nicht durchschauen würden.[28] Diesen Gefallen taten die Vertreter der Besatzungsmacht Fabry jedoch nicht und stellten im November 1947 auch das HOW unter ihre

25 Dazu erschöpfend: Die Neuordnung, S. 62-67; Hennig, Entflechtung, S. 14-19; Müller, Strukturwandel, S. 77-83.

26 Die Neuordnung, S. 86; Müller, Strukturwandel, S. 83, 89. Die amerikanische Norm entfaltete nur bei der Entflechtung des Kohlenhandels in Württemberg Wirkung, von der auch eine FFKG-Konzerntochter betroffen war; Betr. Entflechtung Kohlenhandel US-Zone, 27.1.1948, BAK B 109/2, Bl. 43-48.

27 Die Kieler Regierung und der Lübecker Senat bekundeten mehrfach Interesse an einer Überführung des HOW in öffentliches Eigentum, schlußendlich aber ergebnislos; dazu AHStL Hauptamt Nr. 1719, Bl. 3-6; LMin für Wirtschaft u. Verkehr an Dinkelbach, 13.1.1947, BAK B 109/202.

28 Zur Frage der Konzernzugehörigkeit, 14.11.1946, AHStL Metallhüttenwerke Nr. 137; Fabry an Dinkelbach, 27.11.1946, BAK B 109/202, Bl. 21.

Kontrolle. Eine Betriebsführungsgesellschaft wurde aber nicht gegründet, schon weil die räumliche und technische Verbindung der Werkseinheiten eine Entflechtung praktisch unmöglich machte.[29]

1.2. Oberwasser

1.2.1. Die Überwindung der Nachkriegskrise

»Unsere gesamte Wirtschaft muß grundlegend neu geordnet werden. Die Neuordnung muß einem Neubau entsprechen. Es kann nicht daran herumrepariert werden [...].« In der Anfang 1947 ausgegebenen Losung der Treuhandverwaltung hatten sich fester Vorsatz und Begeisterung der Planer für eine umfassende Reorganisation der deutschen Schwerindustrie Bahn gebrochen.[30] Gegen Jahresende war jedoch unverkennbar Ernüchterung eingekehrt. Anderthalb Jahre nach der Potsdamer Konferenz hatten die industriepolitischen Gestaltungsbemühungen in den Westzonen nur bescheidene Fortschritte gemacht, die Eigentumsverteilung war weder grundlegend noch irreversibel verändert worden. Über den Vorrang des wirtschaftlichen und politischen Wiederaufbaus schien die Neuordnung in weite Ferne gerückt zu sein.

Das nur langsame Anlaufen der Reorganisation hatte seine Ursachen nicht zuletzt in den erheblichen Schwierigkeiten, auf welche die Wiederingangsetzung und Stabilisierung der westdeutschen Wirtschaft 1947 stießen und die zwischenzeitlich volks- wie betriebswirtschaftlich bedrohliche Ausmaße annahmen. Auch die verbliebenen Konzernunternehmen Flicks fuhren infolge von unregelmäßigen Beschäftigungslagen, Versorgungsdefiziten und Finanzproblemen massive, teils astronomische Verluste ein. Insbesondere im Zuge der Winterkrise 1946/47, die zum weitgehenden Zusammenbruch der Brennstoffversorgung führte[31], kam es in Lübeck und in der Oberpfalz zu schweren Produktions- und Erlöseinbußen. Zudem mußten Maxhütte und Lübeck ohne die Subventionszahlungen auskommen, die den entflochtenen Stahlwerken an Rhein und Ruhr seit April 1947 in Höhe von 50 RM je Tonne Rohstahl zuflossen.[32]

29 Niederschrift über die 155. Sitzung des Aufsichtsrates am 11.6.1947, AHStL Metallhüttenwerke Nr. 75; Lübeck an Reichsbankstelle Lübeck, 21.1.1948, AHStL Metallhüttenwerke Nr. 281.

30 Überlegungen zu der Frage Neuordnung der Wirtschaft, 14.1.1947, BAK B 109/174, Bl. 106f. Für den Eigenanspruch der Treuhandverwaltung, zu organisatorisch optimalen Lösungen zu gelangen, vgl. Deist, Umgestaltung, S. 38-53; Fear, Control, S. 689-707.

31 Vgl. Abelshauser, Wirtschaftsgeschichte, S. 106-111, 114-118; Plumpe, Plan, S. 174-181; Hardach, Wirtschaftsgeschichte, S. 115-124.

32 Ergänzungsbericht zum Bericht der Prüfungskommission über die Eisenwerk-Gesellschaft Maximilianshütte, 1947, NMH-BA; Die Neuordnung, S. 55. Das HOW Lübeck erhielt immerhin von der Besatzungsverwaltung veranlaßte Kredithilfen; vgl. Briefwechsel Fabry/Dinkelbach, 25. u. 29.11.1947, BAK B 109/4977, Bl. 194f.; Notiz über eine Besprechung bei der Reichsbankleitstelle Hamburg am 13.4.[19]48, 14.4.1948, AHStL Metallhüttenwerke Nr. 279.

Tab. VI/1: Hochofenwerk Lübeck AG, Leistungsentwicklung 1946-1948

Monat (Schnitt)	*Roheisen	*Zement	*Kupfer	**Gesamtumsatz
Dezember 1933	21.601	9.049	532	2.749.000
1.10.1946-30.09.1947	4.825	2.436	252	747.000
1.10.1947-31.12.1947	6.817	3.202	379	1.172.000
1.01.1948-31.03.1948	7.329	3.099	368	1.230.000
1.04.1948-20.06.1948	6.496	3.634	261	1.782.000
21.6.1948-30.07.1948	8.007	5.551	356	1.942.000
August 1948	8.401	9.600	470	1.994.000
September 1948	8.242	10.768	461	3.530.000
Oktober 1948	9.346	8.223	509	3.446.000
November 1948	12.600	7.641	517	2.888.000
Dezember 1948	15.582	9.693	540	3.420.000

*in t; *bis 20.6.1948 in RM, ab 21.6.1948 in DM; Dezemberwerte 1948 geschätzt.
Quelle: Leistungsentwicklung seit Betriebsbeginn, BAK B 109/4688, o. D., Bl. 40, 73.

Am weitaus schlimmsten traf die sogenannte Lähmungskrise die Steinkohlegesellschaften. Zwar konnten sie ihre Produktionszahlen lange Zeit steigern und erhielten mit Ernährungszulagen Mittel an die Hand, um die Leistungskraft der Bergarbeiter zu erhöhen. Dennoch blieben die absoluten Förderzahlen und die aus den Umsätzen erzielten Erträge – ein erheblicher Teil der Förderung mußte infolge alliierter Auflagen zu weit unter Weltmarktniveau liegenden Preisen exportiert werden – hinter dem Rentabilitätsminimum deutlich zurück. Die daraus entstehenden »Riesenverluste«, die im Falle Harpens bis zum Frühjahr 1947 das Aktienkapital überstiegen, konnten nur durch ein Kreditprogramm der Militärregierung gedeckt werden. Lakonisch kommentierte der Essener Direktor Adolf Beckmann daher im Mai desselben Jahres, »[w]ohin dieses alles steuere, wisse man nicht, es würde eben auf der ganzen Linie gemäß Anordnung weiter gewurschtelt«.[33] In der Tat waren die Zahlen, welche die Geschäftsberichte von Harpen und Essen für die ersten Nachkriegsjahre auswiesen, »fast unglaubhaft«. Harpen bezifferte die Reinverluste der Geschäftsjahre 1945 bis 1947 auf 25,5, 35,5

33 Beide Zitate: Akten-Notiz über eine Besprechung mit Herrn Bergwerksdirektor Beckmann am 22. u. 25.5.[19]47 [Fabry], AHStL Metallhüttenwerke Nr. 125; vgl. Abelshauser, Ruhrbergbau, S. 46-48; ders., Wirtschaftsgeschichte, S. 109-117; Gillingham, Coal, S. 184-188.

Tab. VI/2: Bilanzübersicht Harpener Bergbau AG und Essener Steinkohlenbergwerke AG (in Mio. RM/DM)

	Harpener Bergbau			Essener Steinkohlenbergwerke		
	1947	20.6.1948	DM-EB	1947	20.6.1948	DM-EB
Aktiva						
Anlagevermögen	89,29	81,38	202,77	80,89	79,54	165,21
Beteiligungen	75,79	71,17	40,10	37,68	31,51	28,87
Umlaufvermögen	38,16	54,03	28,73	36,00	42,03	20,50
– Vorräte	10,88	10,91	17,20	4,29	4,89	9,22
– Wertpapiere	9,76	8,50	0,15	6,73	6,35	0,05
– Warenforderungen	4,61	9,54	6,82	3,95	9,87	8,09
– Flüssige Mittel	2,44	9,16	1,18	4,39	7,25	1,12
– Sonstige Forderungen	7,66	14,42	3,16	10,16	11,03	1,85
Kriegsschädenforderungen	63,96	66,76	–	32,45	33,42	–
Verlust	25,71	21,35	–	28,85	20,85	–
Passiva						
Grundkapital	70,00	70,00	154,00	72,00	72,00	108,00
Gesetzliche Rücklage	9,03	9,03	63,91	7,56	7,56	89,11
Beamten- und Arbeiterfonds	2,00	2,00	–	1,58	1,56	–
Andere Rücklagen	2,74	–	–	28,55	28,10	–
Rücklagen für Ersatzbeschaffungen	60,08	63,60	–	2,24	1,87	–
Rückstellungen für Bergschäden	4,00	4,00	–	4,72	4,72	0,10
Rückstellungen	21,33	16,90	35,90	22,12	11,55	6,13
Verbindlichkeiten	123,10	129,21	17,77	76,82	30,20	11,24

N. B.: Die Abschluß- und Eröffnungsbilanzen wurden erst 1952, nach Einigung über den Flick-Neuordnungsplan, veröffentlicht.
Quelle: Handelsblatt v. 7.7.1952, hier in: BAK B 102/60713.

und 49,2 Mio. RM.[34] Die – bilanzmäßige – Wende brachte erst die Währungsreform im Juni 1948. Zwar schlossen die letzten Reichsmarkbilanzen von Harpen und ESt mit Verlustausweisungen von 21,4 bzw. 20,9 Mio. RM. Diese konnten jedoch durch die Auflösung ganz erheblicher stiller Reserven mehr als aufgewogen werden – ganz abgesehen davon, daß Barschulden durch die Umstellung von 1:10, die nur für Geld-, nicht aber für Sachwerte galt, fast gänzlich verschwanden (Tab. VI/2). Dennoch vermochte das geglättete Bilanzbild zum 21. Juni 1948 nicht darüber hinwegzutäuschen, daß der Bergbau von der Vergangenheit gezehrt hatte, ohne seine strukturellen Probleme zu lösen: die Folgen des Raubbaus der Kriegswirtschaft, den manifesten Investitionsrückstand, die Kapazitätsprobleme. Und auch die für die Investitionsbereitschaft entscheidende Neuordnungsfrage harrte weiter der Klärung.[35]

Positive Effekte der Währungsreform[36] konstatierte man auch in Lübeck und Sulzbach-Rosenberg (Tab. VI/1 u. 3). In der Oberpfalz erblickte die Geschäfts-

Tab. VI/3: Monatliche Produktionsziffern Maxhütte (in t), Oktober 1945-Februar 1949

	Okt.-Sep. 1945/46	Okt.-Sep. 1946/47	Okt.-Sep. 1947/48	Okt. 1948	Nov. 1948	Dez. 1948	Jan. 1949	Feb. 1949
Rosenberg								
Thomas-Roheisen	12.800	13.500	17.100	24.050	21.005	22.030	23.103	22.684
Thomas-Rohstahl	11.750	12.400	15.800	21.907	18.436	21.738	21.294	21.540
Walzprodukte	10.150	10.800	13.700	19.078	16.302	19.389	18.702	19.076
Davon für Haidhof	5.100	7.200	7.700	10.415	8.497	11.437	10.831	12.666
Haidhof								
SM-Rohstahl	4.350	3.250	5.400	7.009	7.064	6.800	7.300	7.523
Stabeisen	4.360	6.700	77.700	10.677	11.563	10.626	10.927	10.722
Bleche	2.130	3.020	3.360	5.001	4.212	4.759	5.374	5.217
Maxhütte insgesamt Fertigproduktion	7.010	13.300	16.700	24.341	20.746	23.337	23.023	22.349

Quelle: Produktion Maxhütte in t, o. D. [März 1949], AIHKR, Ordner 2.

34 Harpen-Geschäftsberichte 1945, 1946 u. 1947 (Zitat), BBA 45/8.
35 Vgl. allg. Abelshauser, Ruhrbergbau, S. 49; Müller, Strukturwandel, S. 186f.
36 Die Wirkung der Währungsumstellung ist nach wie vor umstritten, insbesondere in der Abgrenzung zwischen »harten« ökonomischen und »weichen« psychologischen Faktoren. Mit positiver Bewertung Buchheim, Wiedereingliederung, S. 57-62; ders., Marshall Plan; Ritschl, Währungsreform; entgegengesetzt aber Abelshauser, Wirtschaftsgeschichte, S. 127-136; synthetisierend Wolfrum, Bundesrepublik, S. 121.

führung die Vorteile der Reform gerade im berüchtigten »Schaufenster-Effekt« und in der steigenden Arbeitsmoral der Belegschaft. Aber auch bei den Produktionszahlen verzeichnete die Maxhütte ab Herbst 1948 einen spürbaren Anstieg infolge der einsetzenden Nachfragebelebung durch die bayerische Industrie. Diese deckte einen Großteil ihres Stahlbedarfs bei der regional konkurrenzlosen Maxhütte und milderte die Ende 1948 in Westdeutschland einsetzende »fünfzehnmonatige deflationistische Phase mit zuweilen depressiver Grundstimmung« spürbar.[37]

1.2.2. Restauration

Angesichts der skizzierten wirtschaftlichen Situation und mehr noch der alliierten Beschlagnahmung der Konzernwerke stand die FFKG-Führung, die soeben in Nürnberg ihre Urteilssprüche empfangen hatte, Anfang 1948 vor unbestreitbar großen Schwierigkeiten. Aussichtslos war die Lage aber nicht. Die Tochterunternehmen hatten die Lähmungskrise überstanden, zentrale Entscheidungen hinsichtlich des Schicksals der deutschen Montanindustrie waren noch nicht gefallen, die Bizonengründung erleichterte die Koordination der verstreuten Besitzungen, und mit Kaletsch und Burkart befanden sich die beiden wichtigsten Mitarbeiter Flicks wieder auf freiem Fuß. Kaletsch begab sich umgehend zum Düsseldorfer FFKG-Büro, wo er als Schaltstelle sowie als Stellvertreter Flicks in der politischen und Verbandsrepräsentation wirken sollte. Unterdessen schlug Burkart sein Quartier in Süddeutschland auf, um Kontakte zur Maxhütte zu knüpfen und langfristig die Kontrolle über das Unternehmen zu erlangen. Schon in Nürnberg hatte ihm Flick den Posten des Generaldirektors angeboten, wenngleich zunächst unklar blieb, wie dies mit den Ambitionen Otto-Ernsts zu vereinbaren war.[38] Als Dritter im Bunde trat Rohde auf. Dieser hatte im Zuge des Nürnberger Verfahrens wieder Anschluß an die Konzernführung gewonnen und zeigte seit 1947 verstärkte Präsenz in Lübeck.[39] Diese Kompetenzverteilung – Kaletsch in der Zentrale sowie mit dem Anschluß an das Ruhrrevier, Burkart und Rohde an den wichtigsten verbliebenen eisenindustriellen Standorten – bildete nicht nur das organisatorische Grundmuster der FFKG-Spitze in der Abwesenheit des Konzernchefs, sondern prägte Strukturen vor, die für die kommenden 20 Jahre Bestand haben sollten.[40]

37 Maxhütte an Kelley, 5.10.1948, BayHStA OMGB 9/31-2/7; Bavarian Economic Situation, 13.12.1948, ebd.; Hardach, Wirtschaftsgeschichte, S. 218-220; Buchheim, Wiedereingliederung, S. 64; Zitat: Abelshauser, Wirtschaftsgeschichte, S. 156.

38 Vereinbarung zwischen den Herren Otto-Ernst Flick und Fritz-Karl [sic] Flick als Kommanditisten des Friedrich Flick-KG und Herrn Dr. Odilo Burkart, 16.6.1948; Aktenvermerk über die Besprechung in München am 28.7.1948, beide NMH-BA.

39 HOW Vorstand an AR-Mitglieder, 11.1.1947, AHStL Metallhüttenwerke Nr. 117.

40 Hingegen trat Bernhard Weiss, dessen Haftstrafe 1949 endete, nicht wieder in die FFKG-Führung ein, sondern widmete sich vollständig der Siemag. Auch Hermann Terberger ging nach seinem Freispruch eigene Wege und wechselte zu seinem Bielefelder Familienunternehmen Katag AG.

Die vordringlichste Aufgabe der Flick-Manager bestand darin, den nur noch auf dem Papier bestehenden Konzern wieder entscheidungs- und handlungsfähig zu machen, indem sie die personellen Strukturen reetablierten und den Informationsfluß wieder in Gang brachten. Dies galt zum einen mit Blick auf den weiter inhaftierten FFKG-Chef selbst, der bis Herbst 1948 als Zeuge für die noch laufenden Prozesse in Nürnberg blieb, ehe er schließlich nach Landsberg verlegt wurde.[41] Neben den Rechtsanwälten – in erster Linie Wolfgang Pohle – versorgten Kaletsch und Burkart ihren Chef fortan mit Erzeugungsstatistiken, Finanzständen und anderem Datenmaterial. Auf diese Weise wurde Flick über den Zustand seiner Werke auf dem laufenden gehalten und in alle Fragen von genereller Bedeutung eingebunden; Entscheidungen über Besitz- und Beteiligungsfragen erfolgten ausschließlich nach Rücksprache mit ihm. Von einer Leitung des Konzerns aus der Haft heraus läßt sich zwar angesichts der umständlichen Kommunikationswege und beschränkten Besuchszeiten nur bedingt sprechen. Dennoch wirkte Flick in den wichtigsten Fragen lange vor seiner Entlassung wieder als Direktiv- und Sanktionsinstanz.[42]

Auf der anderen Seite galt es, die verstreuten und teils auf andere Posten gewechselten Manager der Konzernunternehmen zu sammeln und Ansprechpartner an jenen Werksstandorten zu gewinnen, wo keine Vertrauten der FFKG mehr tätig waren. Frühzeitig trat Burkart in Kontakt mit Rudolf Hennecke, der inzwischen in Westfalen eine Stellung gefunden hatte und Anfang 1948 für eine Führungsposition in Lübeck im Gespräch war.[43] Die LHW-Leitung mußte gar nicht erst mobilisiert werden. Ergänzt um Personal anderer Konzerntöchter hatte sich die Breslauer Leitung inzwischen in Bayern eingefunden, um in Zusammenarbeit mit der Maschinenfabrik Donauwörth neue Beschäftigungsmöglichkeiten im Waggonbau zu suchen.[44] Bei der Maxhütte erwies sich die Informationsbeschaffung angesichts des weitgehenden Personalaustausches an der Spitze schwieriger. Gleichwohl fanden sich auch hier unter den Prokuristen und Abteilungsleitern Mitarbeiter, die aus alter Loyalität oder gutem Gespür für die sich erneut verändernden Machtverhältnisse Selbstkostenaufstellungen u.a. Kennzahlen weitergaben.[45]

Mit der Informationsbeschaffung sollte zudem Präsenz gezeigt und den Tochtergesellschaften der ungebrochene Führungsanspruch der FFKG signalisiert werden. Rohdes Delegierung nach Lübeck bedeutete daher auch eine Kontrollmaßnahme gegenüber dem dortigen Vorstand, der sich als weniger standfest als erhofft erwiesen hatte. Auf das wiederholt vorgetragene Ansinnen Fabrys, die

41 Weiss an Burkart, 30./31.8.1948, NMH-BA.

42 Exemplarisch: Flick an Burkart, 30.8.1948, 10.11.1948 u. 15.2.1949; Burkart an Flick, 29.5.1949, alle NMH-BA.

43 R. Hennecke an Burkart, 21.3.1948, NMH-BA; Schöne an Meier (Treuhandverwaltung), 10.1.1948, BAK B 109/5799, Bl. 210f.

44 Bericht über die Maschinenfabrik Donauwörth, 22.7.1946 [Tangerding], NMH-BA. Vgl. zur ausgeprägten Abwanderung von der SBZ nach Bayern: Hefele, Verlagerung.

45 Laermann an Burkart, 3.1.1949; Burkart an Flick, 29.5.1949, beide NMH-BA.

FFKG-Spitze möge sich in Lübeck aus politischen Gründen nicht exponieren[46], erwiderte Burkart, der offenbar ähnliche Absetzbewegungen wie bei der Maxhütte befürchtete, mit einer scharfen Replik. Weder Kaletsch noch er würden sich »durch imaginäre Rücksichten auf einen Betriebsrat oder eine Gewerkschaft an die Wand quetschen lassen«, ließ er Fabry wissen, und bekräftigte somit, wieder Herr im Hause zu sein.[47]

Dies vertrat Burkart in konziliantere Form auch gegenüber den US-Behörden in Bayern. Diese zeigten sich zunächst überraschend aufgeschlossen gegenüber den Mitsprachewünschen Burkarts und stellten Mitte Juni 1948 gar in Aussicht, seine Kandidatur als Treuhänder und kaufmännischer Leiter der Maxhütte in Erwägung zu ziehen, was eine faktische Ausbootung Enzmanns bedeutet hätte.[48] Dazu kam es infolge der wenig später verkündeten Neuordnungsziele zwar nicht. In seinem Bestreben, wieder Einfluß auf die Geschäftsführung der Maxhütte zu gewinnen, ließ sich Burkart jedoch nicht beirren. Im Herbst 1948 trat er in Kontakt mit dem BLV, um das von Enzmann geplante Investitionsprogramm mit einem Volumen von rund 30 Mio. RM zu stoppen. Unter Verweis auf sein früheres Mandat im Verwaltungsrat verlangte er höflich, aber bestimmt, die Entscheidung über Ausgaben in dieser Höhe bis zur Berufung eines neuen – unter Mitwirkung der Eigentümer zu bestimmenden – Aufsichtsgremiums zurückzustellen. Zwar erwies sich nur ein Teil des Programmes als aufschiebbar; fast noch wichtiger war aber, daß es Burkart gelang, vom BLV als Vertreter der legitimen Eigentümerinteressen Flicks anerkannt zu werden.[49]

Der Zeitpunkt hätte besser nicht gewählt sein können, denn mit dem im November 1948 in gleicher Form in den britischen und amerikanischen Zonen erlassenen Gesetz Nr. 75 nahm das alliierte Neuordnungsprogramm allmählich Gestalt an. Konkrete Maßnahmen nannte der neue Rechtsakt noch nicht, präzisierte jedoch, welche Montankonzerne betroffen waren. Im Anhang A, der die zur endgültigen Entflechtung und Liquidation bestimmten Großunternehmen aufzählte, fand sich auch der Flick-Konzern. Eine zentrale Neuerung enthielt die vorangestellte Präambel: Über die Eigentumsfrage wollten nicht mehr die Alliierten entscheiden, sondern dies einer künftigen (west)deutschen Regierung überlassen. Das galt allerdings nur für die Gesamtfrage der Sozialisierung, nicht für einzelne Eigentümer. Diese fielen unter die – nicht näher ausgeführte und in

46 Notiz über die Besprechung mit Direktor Dinkelbach am 23.4.1947, AHStL Metallhüttenwerke Nr. 278; Fabry an Dietrich, 14.5.1947, AHStL Metallhüttenwerke Lübeck Nr. 137; Fabry an Burkart, 4.6.1948, AHStL Metallhüttenwerke Nr. 126.

47 Burkart an Fabry, 22.6.1948, AHStL Metallhüttenwerke Nr. 126. Zu ähnlich motivierten, aber ungleich heftiger ausgetragenen Konflikten kam es wegen der Flick-Beteiligung bei der Kalker Trieurfabrik 1945-1949; dazu umfängliche Korrespondenz in RWWA 132-8-4 u. 132-10-3.

48 Aktenvermerk über die Besprechung am 28.7.1948; Niederschrift über die Besprechung am 17.8.1948, je NMH-BA.

49 Burkart an Oesterle, 11.10.1948; Oesterle an Burkart, 22.10.1948; Burkart an Oesterle, 5.12.1948, alle NMH-BA.

den folgenden Jahren immer wieder debattierte – Klausel, »daß jemand, von dem bekannt ist oder bekannt wird, daß er die nationalsozialistischen Angriffspläne gefördert hat, [...] Eigentums- und Kontrollrechte« nicht zurückerhalten sollte.[50]

Zugleich mit der Bekanntgabe von Gesetz Nr. 75 wurde die Gründung einer deutschen Stahltreuhändervereinigung (STV) angekündigt, der die Planung der Neuordnung oblag. Der Amtsantritt des beratenden Organs sollte sich noch bis September 1949 verzögern, doch mit der Treuhandverwaltung unter Dinkelbach, der in die Spitze der STV berufen wurde, standen der personelle Kern ebenso wie die konzeptionelle Grundausrichtung schon fest.[51] Als Pendant für die Steinkohlenwirtschaft erhielt die bereits im November 1947 gegründete Deutsche Kohlenbergbauleitung (DKBL), deren Führung der frühere Haniel-Bergwerksdirektor Heinrich Kost innehatte, im Juni 1949 den Auftrag zur Neugliederung des Bergbaus.[52]

Obgleich präzise Pläne vorerst ausblieben, erfaßte die FFKG-Führung den Übergang der alliierten Politik zu einem aktiveren Vorgehen in der Neuordnungsfrage.[53] Bestärkt wurden die Flick-Manager darin durch die Sondierungsgespräche, die Vertreter von Alliierten und Treuhandverwaltung im Dezember 1948 mit den unter Gesetz Nr. 75 fallenden Konzernen führten. Zum Jahresende kam Kaletsch mit einer Delegation zusammen, die ihm die Ziele von Neuordnung und Konzernauflösung darlegte, zugleich aber auch Kooperationsbereitschaft mit den Eigentümern signalisierte.[54] Kaletsch verwies seinerseits darauf, daß nach den Verlusten in Polen und der SBZ keine ausreichende Unternehmenssubstanz geblieben sei, die überhaupt als übermäßige Konzentration wirtschaftlicher Macht hätte definiert werden können, eine Einschätzung, die er später durch ein Exposé belegte, das den Vermögensverlust mit rund 80 Prozent wohl nur wenig übertrieb.[55]

Daneben entwickelte die FFKG-Führung zwei Fluchtwege, um das HOW Lübeck und die Maxhütte von der Dekonzentrationspolitik auszunehmen. Mit Blick auf das Hochofenwerk kristallisierte sich eine Doppelstrategie heraus. Zum einen setzte Kaletsch Fabrys Linie, die Konzernzugehörigkeit an sich zu bestreiten, beharrlich fort und rechnete in immer neuen Varianten die Flick-Beteiligung an dem Unternehmen herunter.[56] Zum anderen eröffnete die Pro-

50 Abgedruckt in: Die Neuordnung, S. 329-335, Zitat S. 329; vgl. Müller, Strukturwandel, S. 94f.; Schmidt, Neuordnung, S. 176f.

51 Die Neuordnung, S. 336-338.

52 Vgl. Kroker, Kost, S. 308-312; Unverferth, Einführung.

53 Insofern unterschätzt Warner, Steel, S. 9, die Bedeutung des Gesetzes Nr. 75 in ihrer grundlegenden Arbeit zur alliierten Dekonzentrationspolitik.

54 Besprechung mit Herrn Kaletsch vom Flick-Konzern über die Durchführung der Bestimmungen zum Gesetz Nr. 75 am 22.12.1948, BAK B 109/581, Bl. 114-121.

55 Ebd.

56 Dazu bezog Kaletsch etwa die noch gar nicht absehbaren, parallel bestrittenen Entflechtungs- und Restitutionsmaßnahmen in seine Kalkulation ein; Zu Gesetz 75, 11.2.1949,

duktpalette des HOW Lübeck einen gangbaren Weg, das Unternehmen aus der Neuordnung der Eisenindustrie auszuklammern. Angesichts der zahlreichen Nebenbetriebe des Hochofenwerks, die gemeinsam einen höheren Anteil am Umsatz hatten als der Roheisenverkauf, entschloß sich die Konzernführung, die Sparten der Zementherstellung und Nichteisen-Metallgewinnung weiter auszubauen und so den Charakter eines Eisenwerks wenn nicht abzulegen, so doch zu mindern. Dies war zwar nicht die einzige Motivation für die strategische Entscheidung, wirkte aber als Katalysator für den eingeschlagenen Diversifizierungskurs.[57]

Dringlicher noch war es, ein Konzept für die Maxhütte zu erarbeiten, den – abgesehen von der externen Brennstoffversorgung – einzig integrierten Werkskomplex, der Flick verblieben war. Als Ausgangspunkt für einen erneuten Konzernbau war das Unternehmen unerläßlich. Gerüchte, er wolle die Maxhütte abgeben, um den Amerikanern entgegenzukommen, hatte Flick schon in der Haft entschieden zurückgewiesen. »I am very much to keep it«, hatte er die Ermittler vom *OMGUS Decartelization Branch* 1946 wissen lassen, die ihrerseits daraus den Schluß gezogen hatten, die Maxhütte solle voraussichtlich »a nucleus for a new Flick empire« bilden.[58]

Zur dauerhaften Sicherung des oberpfälzischen Unternehmens für den Konzern griff die FFKG unmittelbar nach Erlaß von Gesetz Nr. 75 auf eine aus Burkarts sächsischen Verhandlungen im Herbst 1945 vertraute Idee zurück: Das Land Bayern sollte für eine Beteiligung interessiert und als Schutzschild gegen alliierte Entflechtungsmaßnahmen für die Konzernziele eingespannt werden.[59] In der Tat rannte Burkart offene Türen ein, als er im Januar 1949 erstmals mit dem für die Sozialisierung zuständigen CSU-Parlamentarier Emmert über diesen Vorschlag sprach. In München hatte man den Erlaß des Dekonzentrationsgesetzes ebenfalls mit Sorge zur Kenntnis genommen. Insbesondere die Konzentrierung der Entscheidungsprozesse auf und in Nordrhein-Westfalen ließ in Ehards Kabinett Befürchtungen aufkommen, bayerische Interessen könnten vernachlässigt werden. Daher gab der Staatssekretär im Wirtschaftsministerium, Hugo Geiger (CSU), im Dezember 1948 die Losung aus, »unter allen Umständen die Maxhütte [zu] erhalten«.[60] Zugleich erkannte die Staats-

AHStL Metallhüttenwerke Nr. 281; Memorandum, 1949 [Kaletsch], BAK B 109/581, Bl. 94-101; FFKG (Burkart, Kaletsch) an Bartholomew, 26.4.1949, ebd., Bl. 103.

57 Aktennotiz. Betreff: Hochofenwerk Lübeck AG, 12.5.1948, BAK B 109/1975, Bl. 1; Aktennotiz. Betr. Antrag auf Gewährung eines langfristigen Kredites, 18.1.1949, AHStL Metallhüttenwerke Nr. 280.

58 Acting Chief Decart Branch an Chief Decart Section OMGB, 21.5.1946, IfZ MF 260 17/248-3/17; Zitate: Interrogation of F. Flick on April 24th 1946, ebd.; Memorandum. Subject: A. Flick Record – Frankfurt Office; B. Suggestions for Flick Report, 21.11.1946, IfZ MF 260 17/229-1/16.

59 Beteiligung des bayerischen Staates an der Eisenwerk-Gesellschaft Maximilianshütte, 5.1.1953 [Burkart], BayHStA NL Ehard 1710.

60 Ministerratssitzung, 11.12.1948, in: Protokolle, Kabinett Ehard II, S. 779 f.

regierung eine Möglichkeit, den Verfassungsauftrag des Art. 160 auf elegante Art und Weise vom Tisch zu bekommen. Mit einer Beteiligung konnte der Einfluß auf ein zentrales Unternehmen der Grundstoffindustrie gesichert, die ungeliebte Verstaatlichung jedoch vermieden werden. Eine solche Kompromißlösung hielt auch Richard Ringelmann (CSU), Ministerialdirektor im Finanzministerium und die zentrale Figur in den Verhandlungen mit Burkart, für das Beste.[61]

Ende Januar 1949 legten Burkart und Kaletsch Flick ihre Überlegungen einer Kapitalbeteiligung des Freistaates an der Maxhütte in Höhe von 26 Prozent – einer qualifizierten Minderheit mit Vetorecht – vor. Demnach schlossen die Regierungsvertreter im Gegenzug weitere Maßnahmen unter Art. 160 aus und unterstützten Flick zudem in den Fragen von Dekonzentration und Entnazifizierung. Letzteres weckte allerdings eher das Mißtrauen Flicks, der befürchtete, das Land wolle überhaupt keinen Kaufpreis zahlen, sondern sich allein mit atmosphärischen Zusagen einen Anteil an der Maxhütte sichern. Trotz dieser Sorge, man wolle ihn, den »im Gefängnis sitzende[n], zu Unrecht Verurteilte[n]«, schröpfen, erkannte Flick jedoch die Vorteile, die eine solche Regelung bot, und beauftragte Burkart, der bayerischen Regierung ein Verkaufsangebot vorzulegen.[62] Die Offerte fixierte die Grundzüge der Transaktion sowie weitere Absprachen, insbesondere die Berufung von Repräsentanten der FFKG in das neue Aufsichtsgremium der Maxhütte. Die Höhe des Kaufpreises wurde offen gelassen. Ringelmann beruhigte Burkart jedoch in dieser Hinsicht: Man habe nicht vor, das Aktienpaket zu einem »Schleuderpreis« zu erwerben.[63] Der Vertragsschluß, so verständigten sich beide Seiten Anfang März, sollte warten, bis Flick aus der Haft entlassen sei und selbst zeichnen könne – laut Burkart eine Sache von zwei bis drei Monaten, da die Revisionsverhandlungen in den USA angeblich gut standen.[64] Dies erwies sich indes als Irrtum und verzögerte die Umsetzung erheblich.

Größere Schwierigkeiten kamen von unerwarteter Seite: Otto-Ernst Flick, der nicht in die Verhandlungen eingeweiht worden war, sah zum wiederholten Male seine Position in der konzerninternen Hierarchie in Gefahr und provozierte einen Eklat. In einer Unterredung, die der Flick-Sohn gemeinsam mit seinem Bruder Friedrich Karl mit Burkart und Kaletsch Anfang März führte, griff er Burkart frontal an, bestritt dessen Kompetenz zum Verkauf der Beteiligung und gab »ganz eindeutig zu verstehen, daß ich sein Vertrauen nicht be-

61 Beteiligung des bayerischen Staates an der Eisenwerk-Gesellschaft Maximilianshütte [Burkart], 5.1.1953, BayHStA NL Ehard 1710.

62 Zitat: Flick an Burkart, 15.2.1949, NMH-BA; Flick an Burkart, 17.2.1949, ebd.; Beteiligung des bayerischen Staates an der Eisenwerk-Gesellschaft Maximilianshütte [Burkart], 5.1.1953, BayHStA NL Ehard 1710.

63 FFKG (Burkart/Kaletsch) an BayFinMin, 16.2.1949; Burkart an Flick, 4.3.1949, beide NMH-BA.

64 Burkart an Flick, 4.3.1949, NMH-BA.

sitze«, so Burkart.[65] Seine Schilderung der Ereignisse gegenüber Friedrich Flick zeugte von loyaler, wenngleich mühsamer Selbstbeherrschung. Tatsächlich war die Besprechung mit den beiden Flick-Söhnen weit heftiger ausgefallen, als der Manager es seinem Chef beschrieb. In einer Mitschrift der Unterredung[66] wurde deutlich, daß es sich nicht um einen bloßen Streit, sondern um eine ins Persönliche reichende, unter massiven Anschuldigungen geführte Auseinandersetzung handelte. Verantwortlich war dafür in erster Linie Otto-Ernst, der Burkart unterstellte, hinter dem Rücken der Familie Verhandlungen zu führen, um sich selbst als Generaldirektor der Maxhütte in Stellung zu bringen. Für den Flick uneingeschränkt ergebenen Burkart war eine größere Beleidigung kaum denkbar. Wutentbrannt und in scharfen Tönen wies er die Brüder zurecht und kündigte – im Wissen um die Rückendeckung Flicks, der es nicht für nötig befunden hatte, seine Söhne einzubeziehen – an, die Transaktion auch gegen den Willen der beiden FFKG-Kommanditisten durchzuführen: Diese würden ihm seine Mühen einmal danken.[67]

Die Fortsetzung der Serie von personellen Auseinandersetzungen, in deren Mittelpunkt Otto-Ernst Flick stand, zeitigte zwar keine unmittelbaren Folgen, sollte aber langfristig zu schwerwiegenden Verwerfungen im Konzerngefüge beitragen. Vorerst blieb es bei dem vereinbarten Vorgehen mit der bayerischen Lan-

65 Ebd. Burkart verwies in seinem Bericht auch auf die im Vorjahr gescheiterten Verhandlungen Otto-Ernsts mit den US-Behörden, an deren Ende der Flick-Sohn von seinem Posten als Geschäftsführer seiner eigenen Schrotthandelsgesellschaft Süd-Ferrum GmbH abgelöst worden war.

66 Schreiben an Mr. Ehrlich, o. D. [März 1949], NMH-BA. Die ungezeichnete Quelle weist eine Reihe erläuterungsbedürftiger Eigentümlichkeiten auf. Bei dem Schreiben handelt es sich dem Verfasser zufolge um die Wiedergabe der besagten Unterredung, die in einem Münchener Hotel mitgehört wurde. Ob dies eine gezielte Überwachung der FFKG-Führung impliziert, ist kaum zu beantworten. Die sachlichen Details der Mitschrift decken sich weitgehend mit Burkarts eigenen Angaben, so daß der Wahrheitsgehalt belastbar scheint. Inwiefern stilistische Übertreibungen in die Wiedergabe einflossen, läßt sich nicht beurteilen. Ebenso unklar ist, wie das Schriftstück später zu den Papieren Burkarts gelangte. Bei dem Adressaten handelte es sich vermutlich um den führenden *OMGB Property Branch*-Mitarbeiter Sherwyn E. Ehrlich; vgl. Heydenreuter, OMGB, S. 267.

67 Ebd. Neben den hitzigen Angriffen – sachliche Einwände gegen die Transaktion hatten die Flick-Söhne keineswegs – unterstrichen Burkarts Ausführungen die Stoßrichtung der Pläne. Enzmann sollte ausdrücklich aus der Maxhütte-Führung ausgeschaltet und das Gesetz Nr. 75 umgangen werden. Damit, so Burkart, »mache man sich bei dem Staat, dem Parlament und den Gewerkschaften beliebt«. Mit der regierungsseitigen Unterstützung rechnete er auch aus anderen Gründen: Emmert befand sich passenderweise in »großen Geldschwierigkeiten«, während Ringelmann als »alter Nazi« Verständnis für die Umgehung der alliierten Maßnahmen habe (vgl. Protokolle, Kabinett Hoegner I, Bd. 2, S. 899 f.). – Bemerkenswert waren schließlich die antisemitischen Ausfälle Burkarts, der die *Property Control* als Organ der »Morgenthau-Juden« bezeichnete: »[I]ch bin in Nürnberg angeklagt gewesen und habe dort nur Juden gesehen. Da bin ich bestimmt nicht zum Judenfreund geworden«; Schreiben an Mr. Ehrlich, o. D. [März 1946], NMH-BA.

desregierung, so daß Kaletsch in den Gesprächen mit der Treuhandverwaltung im Frühjahr 1949 bereits ankündigen konnte, der Einstieg des Freistaats bei der Maxhütte werde die Parameter der Neuordnungsverhandlungen substantiell verändern.[68]

Unterdessen fanden die übrigen Punkte, auf die sich beide Seiten im Rahmen der Kaufverhandlungen geeinigt hatten, rasch Erledigung. Im Juni 1949 konstituierte sich ein vom BLV nominierter Beirat der Maxhütte, in den auch Geiger, Ringelmann und Emmert sowie Alfred Rohde als angeblich neutraler Industriefachmann und stellvertretender Vorsitzender berufen wurden. Zu den ersten Beschlüssen des Beirats zählte die Hinzuwahl von Kaletsch und Burkart als Repräsentanten der Eigentümer. Daß unmittelbar darauf Burkart aus dem Beirat in die Geschäftsführung delegiert wurde, unterstrich das gemeinsame Ziel von Regierungs- und FFKG-Vertretern, den Konzern wieder in seine Verfügungsrechte einzusetzen.[69]

Offenkundig erkannte nun auch Enzmann, daß ihm die Kontrolle über die Maxhütte entglitten war, und versuchte in einer radikalen Kehrtwende, eine Verständigung mit der FFKG-Führung und damit seine Position zumindest teilweise zu erhalten. Vehement trat er plötzlich für die Berufung der Konzernvertreter ein und sprach sich gegen die Herauslösung der Maxhütte aus Flicks Besitz aus.[70] Eine nicht unerhebliche Rolle für die opportunistische Umorientierung dürfte ein von Burkart und Kaletsch vorgelegtes Angebot gespielt haben: Enzmann sollte im Vorstand bleiben dürfen, vor allem Aufgaben der Außenvertretung wahrnehmen und zudem einen lukrativen Pensionsvertrag erhalten, den ihm das BLV im Vorjahr noch versagt hatte.[71] Der bayerische Wirtschaftsminister Hanns Seidel kommentierte dies nüchtern: »[G]anz offensichtlich ist ein Arrangement zwischen Enzmann und Flick zustande gekommen, so daß auch von dieser Seite her die Dinge in Ordnung sind.«[72]

Mit der Entsendung Burkarts in die Leitung der Maxhütte übte die Konzernführung wieder die Kontrolle über das operative Geschäft und das Vermögen des Unternehmens aus. Die 1950 folgende reguläre Berufung Burkarts in den Vorstand, wo er die Rolle des *primus inter pares* einnahm, verdeutlichte ebenso wie die Nominierung Rudolf Henneckes zum technischen Vorstandsmitglied den restaurierten Machtanspruch des Flick-Konzerns. – Fast spiegelbildlich ent-

68 Herrn Dinkelbach, 13.4.1949; Herrn Dinkelbach. Betr. Flick K.G., 13.5.1949, beide BAK B 109/581, Bl. 146, 102.

69 Niederschrift über die erste Sitzung des Beirats der Maxhütte am 28.6.1949; BLV an Burkart, 30.6.1949, alle NMH-BA; Rohde an Burkart, 27.7.1949, AHStL Metallhüttenwerke Nr. 126.

70 Niederschrift, 28.6.1949 (wie vorige Anm.); Seybold an Burkart, 1.7.1949, NMH-BA.

71 Aktenvermerk über die Besprechung mit dem Treuhanddirektorium der Maxhütte am 15.6.48, 18.6.1948; Flick an Burkart, 26.7.1949; Vertrag über die Gewährung von Versorgungsbezügen, 19.8./3.9.1949, alle NMH-BA.

72 Verhandlungen des Bayerischen Landtages. Stenographischer Bericht 57. Sitzung, 13.12.1951, S. 928.

wickelte sich die Situation in Lübeck. Nachdem 1949 binnen weniger Wochen erst Hermann Fabry, dann Jakob Dreher verstarben, delegierte der Aufsichtsrat umgehend Rohde in den Vorstand, dessen Vorsitz er in den folgenden Jahren auch formal übernehmen sollte.[73]

Im Sommer 1949 befand sich die Kontrolle über die Eisen- und Stahlwerke des Konzerns somit eindeutig wieder in den Händen von Flicks Mitarbeitern.[74] Der Wert dieses Etappensieges mußte sich jedoch noch erweisen, denn die Fragen der Neuordnung und des Eigentumsentzuges der Stahlkonzerne waren weiterhin offen. Erst mit der offiziellen Einsetzung der Stahltreuhändervereinigung zum 1. September 1949 konkretisierten sich die Planungen, doch zugleich verkomplizierte sich die Situation durch die westdeutsche Staatsgründung spürbar. Mit der Bundesregierung trat eine weitere Instanz hinzu, die Anspruch auf Mitwirkung in den Neuordnungsverhandlungen erhob und diese zusätzlich politisch auflud. Vor allem die zentralen außenpolitischen Anliegen der neuen Regierung – Westintegration, äußere Sicherheit, Gleichberechtigung[75] – führten unmittelbar auf wirtschaftliches Gebiet. In der Wirtschaftskraft der Bundesrepublik lag einerseits der Schlüssel für den europäischen Wiederaufbau und die Eingliederung in den westlichen Block. Andererseits stellte gerade die Wirtschaftspolitik eines jener Felder dar, auf denen alliiertes Recht als Erbe der Potsdamer Beschlüsse tief in die deutsche Autonomie eingriff. Die Ablösung des Besatzungsrechts, eines der zentralen Ziele der Regierung Adenauer, wirkte insofern unmittelbar auf die Neuordnungsplanungen ein und war von den betroffenen Unternehmen sowohl als zusätzliches Gewicht der deutschen Verhandlungsseite wie auch als nationale Verpflichtung in Rechnung zu stellen.

Entsprechend galt es, die Beziehungen zu den politischen Entscheidungsträgern in Bonn und, im föderalen Westdeutschland, auch in Düsseldorf, Kiel und München zu pflegen. Persönliche Kontakte waren dabei das eine. Mit Hans Lukaschek und Robert Tillmanns verfügte die FFKG-Leitung über Ansprechpartner in der CDU-Prominenz, deren Einfluß in wirtschaftspolitischen Fragen freilich begrenzt war.[76] Als wichtiger erwiesen sich Flicks gute Beziehungen zu Robert Pferdmenges. Der Kölner Bankier verfügte nicht nur über einen stets hervorragenden Informationsstand über die wirtschaftspolitischen Pläne

73 Rohde an Henle, 8.6.1949, AHStL Metallhüttenwerke Nr. 89; Rohde an Dinkelbach, 22.6.1949, BAK B 109/4977, Bl. 143. Rohde wechselte mehrfach zwischen Vorstand und Aufsichtsrat, blieb aber in jeder Phase die entscheidende Persönlichkeit in Lübeck.

74 Anders stellte sich die Situation im Ruhrgebiet dar. Zwar verfügte die FFKG hier weiterhin über Ansprechpartner auf den Zechen und konnte die Entwicklung somit beobachten, jedoch nicht steuern. Dies lag vor allem in den weitreichenden Kompetenzen der DKBL begründet; vgl. Kroker, Kost, S. 308f.

75 Schöllgen, Außenpolitik, S. 20f.

76 Vor allem Kaletsch hielt den Kontakt zu Tillmanns aufrecht. Nach dessen Nominierung zum Bundesminister für besondere Aufgaben 1953 regte Flick eine Intensivierung der Beziehungen an und untermauerte seinen Wunsch später mit einer kleineren Geldspende für das langjährig von Tillmanns geleitete Hilfswerk der Evangelischen Kirche; vgl. die Korrespondenz Flick/Kaletsch/Tillmanns, 1953-55 in ACDP I-229-003/1.

Adenauers, sondern wirkte auch als Türöffner zum Kanzleramt. Mehrfach setzte er sich für seinen Geschäftsfreund ein, um Adenauers Unterstützung in den Entflechtungsverhandlungen mit den Alliierten zu erlangen, von denen sich Flick ungebührlich diskriminiert fühlte. Einen Mann von »seiner Sachkenntnis und seines überragenden Organisationstalentes«, warb Pferdmenges Anfang 1951 für den Konzernherrn, »benötigen wir in erster Linie, um die schwierigen Aufgaben anzupacken, die die heutige Zeit unserer schwer angeschlagenen Wirtschaft stellt«. Diese Ansicht traf im Bundeskanzleramt auf Zustimmung, zumal man dort für Flicks Fähigkeiten eine passende Verwendungsmöglichkeit sah: »Das Verteidigungsprogramm ist ohne Flick schwer denkbar.«[77]

Ferner griff die Konzernführung auf das erprobte Instrument der Spendenvergabe zurück, wie vor allem die regen Geldflüsse in Bayern zeigten. Dort unterhielt Burkart seit Aufnahme der Verhandlungen über die Maxhütte-Beteiligung enge Beziehungen zur CSU; Franz-Josef Strauß datierte die ersten Zahlungen aus den Reihen Flicks später auf 1949.[78] Nachdem Burkart wieder Zugriff auf die Maxhütte-Konten hatte, flossen über eine Reihe von mal mehr, mal weniger offiziellen Kanälen Mittel an die Regierungspartei. Als wichtiges Forum diente dabei der Wirtschaftsbeirat der Union, der regelmäßige Beiträge erhob. In Notfällen überwies die Maxhütte auch Sonderzahlungen, etwa 1951 zur kurzfristigen Stützung des in finanzielle Schieflage geratenen *Bayernkuriers*.[79] Weniger offiziell waren die an Briefkastenadressen erfolgten Zahlungen »für Wirtschaftsberatung«, die von den Empfängern handschriftlich und auf losen Zetteln bestätigt wurden und vierstellige Beträge erreichten.[80] In ähnlicher Form quittierte der Staatssekretär im Münchener Wirtschaftsministerium, Geiger, die ihm im Sommer und Herbst 1950 übergebenen Spenden in Höhe von 23 000 DM für die bevorstehende Landtagswahl.[81]

Neben der CSU erfuhren auch Bayernpartei und FDP finanzielle Unterstützung. Für die Liberalen fungierte der bayerische Landesvorsitzende, Thomas Dehler, als Wegbereiter der Geldzuflüsse. Dehler, der als Bundesjustizminister ein prononcierter Unterstützer der Amnestieforderungen für die Landsberger

77 Pferdmenges an Adenauer, 30.1.1951, BAK B 305/393, dort auch der (handschriftliche) Zusatz. Auch die CIA registrierte aufmerksam Gerüchte über einen Wiedereinstieg Flicks in das Rüstungsgeschäft: Activities of Former Directors of German Steel Concerns, 29.3.1951, NARA RG 263, CIA-RDP 82-00457R007100690020-0.

78 Burchardt/Schlamp, Flick-Zeugen, S. 233.

79 Maxhütte an Bayrische Vereinsbank, 29.3.1951; Bericht für die Zeit vom 1.4.1950-31.3.1951, ACSP NL Elsen Nr. 4.5.1; zu den fortlaufenden Zahlungen zahlreiche Nachweise ebd.

80 Zu den Empfängern zählte etwa das akademisch nicht auffällig gewordene »Internationale Institut für Sozialwissenschaften und Politik«; die lose gesammelten Quittungen 1949-53 in ACSP NL Elsen Nr. 4.5.1.

81 Quittungen, 24.8. u. 24.11.1950 [Geiger], NMH-BA. Weitere Gelder flossen über den Landesausschuß der bayerischen Industrie; Empfangsbestätigung, 30.8.1950; Aktennotiz an Steuerabteilung, 24.11.1950, ebd. Nach Moser, Unternehmer, S. 51, bezifferte die CSU ihren normalen Finanzbedarf für 1950 mit 90 000 DM.

Häftlinge war[82], stand bereits vor Flicks Entlassung mit dem Konzernherrn über Kranzbühler, Burkart und den Maxhütte-Direktor Georg Gillitzer in Verbindung. Letzterer ließ Dehler im Februar 1950 wissen, daß sein Chef »mit der FDP stark sympathisiere« und nach seiner Entlassung persönlich mit Dehler zusammentreffen wolle.[83] Entsprechend kam es im Oktober zu einem »angenehmen Besuch des Herrn Flick, [...der] in liebenswürdiger Weise auf die Unterstützung meiner Partei im bayerischen Wahlkampf« hinwies, wie der FDP-Politiker an Burkart berichtete und diesem den Kontakt zu Everhard Bungartz, dem Schatzmeister der bayerischen Liberalen, vermittelte. Allein im Oktober und November erhielt Bungartz zwei Zahlungen über je 15 000 DM in bar, die er ebenso wie Geiger handschriftlich und formlos quittierte.[84] Daß Dehler nur ein Jahr später mit Blick auf die Bayernpartei die »Finanzpraktiken gewisser bayerischer Politiker [...] erschütternd« nannte, verlieh seiner eigenen Spendenakquise den Beigeschmack von Bigotterie.[85]

1.3. Zurück am Verhandlungstisch

1.3.1. Dekonzentration und Westintegration

Die Rückkehr Friedrich Flicks auf die Bühne der Nachkriegswirtschaft im August 1950 fiel in eine denkbar turbulente Phase. Nach der vorangegangenen Stagnation der Dekonzentrationspolitik überschlugen sich die Ereignisse nun förmlich, und ein Paradigmenwechsel in den Beziehungen zwischen Bundesrepublik und Besatzungsmächten bahnte sich an.

Einen ersten Einschnitt markierte der Erlaß des Gesetzes Nr. 27 im Mai 1950 durch die Alliierte Hohe Kommission (AHK), die im Vorjahr an die Stelle der drei westlichen Militärregierungen getreten war.[86] Die Norm ersetzte das bizonale Gesetz Nr. 75, vereinheitlichte die Rechtsgrundlage der Dekonzentration für das gesamte Bundesgebiet und erneuerte den Zuständigkeitsanspruch der Besatzungsmächte für Entflechtung und Neuordnung. Der zu Jahresbeginn von der Bonner Regierung erhobenen Forderung, diese Aufgaben in ihren Kompetenzbereich zu überführen, wurde damit eine unmißverständliche Absage erteilt. Anders als auf dem Gebiet der Dekartellierung, für die sich die Bundesregierung im Petersberger Abkommen verpflichtet hatte, ein den alliierten Vor-

82 Vgl. Frei, Vergangenheitspolitik, S. 324-326; Wengst, Dehler, S. 157-163.

83 Gillitzer an Dehler, 8.2.1950; Burkart an Dehler, 1.8.1950, beide BAK B 305/143. Dehler war unmittelbar nach seinem Amtsantritt durch Kranzbühler sowie dessen Anwaltskollegen und späteren StS im Bundeskanzleramt, Otto Lenz, in die Amnestiebestrebungen zugunsten Flicks eingeschaltet worden; Lenz an Dehler, 19.10.1949; Kranzbühler an Dehler, 2.11.1949; Dehler an Lenz, 8.11.1949, alle BAK B 305/143.

84 Dehler an Burkart, 28.9. (Zitat), 4.10. u. 19.10.1950; Burkart an Dehler, 30.9.1950; Quittungen [Bungartz], 11.10. u. 17.11.1950, alle NMH-BA.

85 Dehler an Elsen, 1.8.1951, ACSP NL Elsen Nr. 3.2; vgl. Wengst, Dehler, S. 170.

86 Abgedruckt in: Die Neuordnung, S. 341-351.

gaben entsprechendes Gesetzgebungsverfahren in Gang zu setzen, blieb Bonn bei der Dekonzentration zunächst vor der Tür.[87] Materiell stand das Gesetz Nr. 27 in deutlicher Kontinuität zu seinem Vorgänger. Insbesondere die Zielvorgaben der Präambel wurden übernommen. Daneben enthielt die Bestimmung wichtige Änderungen. Die nur noch fakultative Einbeziehung jener Gesellschaften, die nicht als übermäßig konzentriert eingeschätzt wurden, bedeutete eine faktische Aufgabe des bisher geltenden umfassenden Neuordnungszieles. Ferner sicherte das Gesetz den Eigentümern der zur Liquidation bestimmten Konzerne erstmals eine »angemessene und geeignete Entschädigung« zu und schuf damit eine Anspruchsgrundlage, von der aus die Montanunternehmen Mitspracherechte geltend machen konnten.[88]

Auf der Grundlage des neuen Gesetzes legten die Stahltreuhändervereinigung und die DKBL im November 1950 ein überarbeitetes, deutlich weniger tiefgreifendes Neuordnungskonzept vor, das auch den künftigen Umfang der Verbundswirtschaft zwischen Zechen, Kokereien und Hütten vorläufig umriß. Die Maxhütte und das HOW Lübeck wurden in unverändertem Zuschnitt unter die zu gründenden »Einheitsgesellschaften« eingereiht, eine besitzmäßige Verbindung zu den Ruhrzechen sah der Entwurf für sie nicht vor.[89]

Das herausragende Ereignis des Sommers 1950 stellte indes die Präsentation des Schuman-Plans zur Gründung einer Europäischen Gemeinschaft für Kohle und Stahl (EGKS) dar. Die Integration der Bundesrepublik in die meist als Montanunion bezeichnete supranationale Organisation eröffnete eine grundlegend neue Perspektive für die Beziehungen zwischen den Besatzungsmächten und dem besetzten Staat. Das Ziel der französischen Regierung, ihren Einfluß auf die westdeutsche Wirtschaftskraft zu sichern, sowie das – durch den Ausbruch des Korea-Krieges im Juni 1950 potenzierte – Interesse der USA, die Bundesrepublik rasch in die transatlantischen Bündnisbeziehungen zu integrieren und die westeuropäischen Partner ökonomisch und politisch zu stabilisieren, stärkte die deutsche Verhandlungsposition in besatzungspolitischen Fragen spürbar. Hinzu kamen enge Bezüge zur innenpolitischen Entwicklung, da einflußreiche Gruppen wie Gewerkschaften und Unternehmerverbände ihre Unterstützung für den Integrationsprozeß von Zugeständnissen in Neuordnungsfragen (Mitbestimmung, Eigentumswahrung, Verbundwirtschaft) abhängig machten, welche die Bundesregierung ihrerseits mit den Alliierten verhandeln mußte. Dieses Wechselspiel außenpolitischer Ziele und innenpolitischen Drucks wußte

87 Vgl. Warner, Steel, S. 12-14. Zu den mühevollen außen- und innenpolitischen Verhandlungen um das westdeutsche Kartellgesetz s. Berghahn, Unternehmer, S. 153-179; Götz, Vorgeschichte.

88 Die Neuordnung, S. 344f.; Warner, Steel, S. 18; Müller, Strukturwandel, S. 94f.

89 BWiM an Adenauer, 17.10.1950, BAK B 102/60661; Die Neuordnung, S. 153-183; vgl. Abelshauser, Ruhrbergbau, S. 52f.; Müller, Strukturwandel, S. 94f.; Warner, Steel, S. 20f.

Adenauer einzusetzen, um seinen Forderungen nach Gleichberechtigung und Souveränität Nachdruck zu verleihen.[90]

Für die Dekonzentrationspolitik kam dem Schuman-Plan fundamentale Bedeutung zu, da er eine ordnungspolitische Umwälzung in jenem Aufgabenkreis in Aussicht stellte, für den die Alliierten mit Gesetz Nr. 27 soeben ihren Regelungsanspruch erneuert hatten. Frühzeitig zeichnete sich daher ab, daß die Fragen der Vereinbarkeit von EGKS- und AHK-Kompetenzen sowie die dauerhafte Durchsetzung der alliierten Neuordnungsziele im Mittelpunkt der weiteren Verhandlungen stehen würden. Insbesondere der Streit um die sogenannten Versteinerungsklauseln in den Punkten Dekartellierung und Dekonzentration sollte die Aushandlung von General- und Überleitungsvertrag 1951/52 prägen, da sich hierin mustergültig die Gleichberechtigungsfrage manifestierte.[91]

Die neue Konstellation führte fast umgehend zur Intensivierung der Bonner Bemühungen, Einfluß auf die Dekonzentrationsplanungen der AHK und ihrer Einrichtungen[92] zu gewinnen. Im Oktober 1950 ließ sich die Bundesregierung zusichern, vor Erlaß alliierter Durchführungsverordnungen (DVO), die das Gesetz Nr. 27 inhaltlich ausgestalteten, konsultiert zu werden.[93] Im folgenden Monat reklamierte die westdeutsche Regierung unter Verweis auf ihre volkswirtschaftliche Verantwortung erneut die Neuordnungszuständigkeit für sich und entwickelte in einem hastig ausgearbeiteten Memorandum eigene Grundlinien für den montanindustriellen Umbau. Zwar ließ die AHK den neuerlichen Vorstoß, ihr die Dekonzentrationspolitik zu entwinden, abprallen, trat aber in eine mehrmonatige Diskussion mit der Bundesregierung ein.[94] Das Ergebnis war eine grundsätzliche Verständigung zwischen Alliierten Hochkommissaren und Bonner Führung im März 1951. Sie berücksichtigte – unter ausdrücklichem Verweis auf den Gestalt annehmenden EGKS-Vertrag – zahlreiche Wünsche der Bundesregierung. In der Zusammensetzung einzelner Einheitsgesellschaften, unter ihnen Maxhütte und Lübeck als Nummern 19 und 21, wichen die verein-

90 Herbst, Stil, schätzt die Handlungsspielräume der Bundesregierung geringer ein und betont den grundsätzlichen Zielkonsens zwischen Adenauer und den Alliierten; vgl. Schöllgen, Außenpolitik, S. 24-38; Buchheim, Eingliederung, S. 171-173, 179-181.

91 Vgl. Warner, Steel, S. 149-152; Bührer, Ruhrstahl, S. 196-199, 203 f.; zur Genese des Überleitungsvertrages auch: Polzer, Vertrag.

92 Dies waren die *Combined Steel Group* (CSG) und die *Combined Coal Control Group* (CCCG), die als tripartistische Aufsichtsorgane seit 1949 STV und DKBL überwachten. Das Subordinationsverhältnis verwandelte sich jedoch zunehmend in einen institutionalisierten Diskussionsprozeß, in dem etwa die STV Forderungen, die sie für falsch hielt, nicht mittrug; vgl. Neuordnung, S. vi f., 118, 149 f.; Warner, Steel, S. 19; Müller, Strukturwandel, S. 92.

93 Vorausgegangen waren die ersten beiden DVO, in denen die Liquidation der sechs Ruhrkonzerne angeordnet wurde, entgegen den »schweren politischen Bedenken« der Bundesregierung; Vermerk betr. Durchführungsverordnungen Nr. 1 bis 3 zum Gesetz Nr. 27, 23.9.1950 [Thiesing]; Adenauer an AHK, 23.9.1950, beide BAK B 102/60663.

94 Umfangreiche Auszüge aus dem Notenwechsel sind in: Die Neuordnung, S. 413-458, abgedruckt.

barten Regelungen vom November-Plan der STV jedoch in mehreren Fällen ab und erforderten langwierige Nachverhandlungen in Detailfragen.[95]

Der geographische Vorrang, der bei der Zusammenstellung der neuen Stahlwerkskomplexe galt, beließ die beiden FFKG-Tochterunternehmen unverändert, allerdings mit der Perspektive, sie in Einheitsgesellschaften umzugründen.[96] Dies implizierte nicht nur eine einheitliche Mustersatzung und die obligatorische Umsetzung der im Zuge der Entflechtung 1946/47 eingeführten paritätischen Mitbestimmung der Arbeitnehmer[97], sondern auch die Einsetzung von Treuhändern, um die Vermögensverwaltung bis zur Klärung der endgültigen Eigentumsverhältnisse auszuüben. Dies konnte aber keinesfalls im Sinne der Flick-Konzernführung sein. Deren Bemühungen richteten sich zwischen 1950 und 1952 daher auf drei zentrale Aspekte: erstens die Herausnahme des HOW Lübeck und der Maxhütte aus dem Geltungsbereich der Neuordnung, zweitens die Sicherung der Kohlenversorgung der Maxhütte und drittens die Verhinderung der Liquidation der FFKG, eine Frage mit hohem Symbolwert.

1.3.2. Die Aufweichung der Dekonzentration

Als erstes wurde die Frage der FFKG-Auflösung akut. Nachdem die Holding zum Auftakt der Liquidationsverfügungen im September wegen der »verhältnismäßig geringe[n] Werte des Flick-Komplexes« noch verschont geblieben war[98], kündigte die AHK im Dezember 1950 den Erlaß einer DVO an, welche die Abwicklung der Spitzengesellschaft mit Beginn des neuen Jahres vorsah.[99] Die FFKG reagierte umgehend und mobilisierte die Bundesregierung, um die Veröffentlichung der Verordnung noch zu verhindern. Während Pferdmenges direkt bei McCloy Partei für den zu Unrecht »diffamierten« Flick und dessen »Lebenswerk« ergriff[100], wurden im Wirtschaftsministerium und im Kanzleramt eilige Protestnoten verfaßt, die auf einem von Kaletsch eingereichten Exposé basierten. Dabei warnte der Staatssekretär des Wirtschaftsressorts, Eduard Schalfejew, einseitige Maßnahmen wie die Liquidationsverfügung gefährdeten die Verhandlungen über den Schuman-Plan.[101] Obgleich die Hochkommissare die

95 Die Neuordnung, S. 116-118, Zitat. S. 457.

96 Zwischenzeitliche Neueinteilungen: Vorschläge für die Vervollständigung des Neuordnungsplanes v. 20.11.1950, 21.12.1950, BAK B 109/1134, Bl. 24; Werk: Maxhütte Sulzbach-Rosenberg und Haidhof, 26.1.1951, BAK B 109/5323, Bl. 1-16.

97 Zeitgenössisch: Potthoff, Kampf; ferner: Müller, Strukturwandel; Berghahn, Unternehmer, S. 223-229; Abelshauser, Fünfziger Jahre, S. 42-45.

98 Vermerk betr. Durchführungsverordnungen Nr. 1 bis 3 zum Gesetz Nr. 27, 23.9.1950 [Thiesing], BAK B 102/60663.

99 Durchführungsverordnung Nr. 5 zum Gesetz Nr. 27, o. D. (nicht erschienen), ebd.

100 Pferdmenges an McCloy, 14.12.1950, NARA RG 466, Entry 28, Box 28 [Übersetzung d. Verf.].

101 Kaletsch an Rust/Bundeskanzleramt, 13.12.1950, BAK B 136/2457, Bl. 246; Betr. Die Liquidation der Flick KG, o. D. [12.12.1950]; Note Dr. Schalfejew an AHK General-

Einlassungen aus Bonn kühl für »unzweckmäßig« befanden, gelang es, die Rücknahme der Verordnung zu erreichen.[102]

Entscheidend dazu bei trug der Entschluß der FFKG-Führung, weniger gegen die Neuordnung zu protestieren als selbst Einfluß auf ihre Ausgestaltung zu nehmen. Schon frühzeitig signalisierten Flick und seine Mitarbeiter in Unterredungen mit Erhard, Schalfejew und den Stahltreuhändern, an der Umsetzung des Gesetzes Nr. 27 mitwirken zu wollen. Statt gegen ihn, so Flicks Angebot, sei die Liquidation ebenso gut und besser, weil schneller, mit ihm durchzuführen. Die Argumentation verfing in der Tat bei der AHK, und die FFKG wurde – in Kaletschs Worten – beauftragt, »eine gewisse Reorganisation auf freiwilliger Grundlage durchzuführen«. Damit hatte sich die Situation für den Konzern grundlegend verändert. Nicht nur wurde der bereits zuvor angedeutete Wandel vom Objekt der alliierten Dekonzentrationspolitik zum Verhandlungspartner untermauert, die gestalterische Initiative wechselte nun auf die Seite Flicks.[103]

Fast zeitgleich mit der Liquidationsfrage rückte das Problem der Brennstoffsicherung in den Vordergrund. Von vornherein hatte kein Zweifel bestanden, daß angesichts der Priorität, die die Trennung von Stahl und Kohle in den alliierten Planungen genoß, an den Erhalt von Harpen und Essen nicht zu denken war. Als zweitgrößter privater Zechenkomplex des Reviers stand ihre Abspaltung außer Frage, wenn der Konzern am Stahl festhalten wollte. Daher hatte sich die FFKG frühzeitig entschieden, die Zuteilung einer nur auf den Bedarf der Maxhütte zugeschnittenen Steinkohlenbasis zu beantragen. Die Wahl war dabei auf die Harpen-Zeche Hugo gefallen, einen der modernsten und rentabelsten Unternehmensteile.[104] Da im Gegensatz zu den Ruhrkonzernen eine gemeinsame Wärmewirtschaft wegen der großen Distanz aber nicht in Frage kam, sahen die Konzepte der alliierten wie auch der deutschen Experten keine oder allenfalls eine Minderheitsbeteiligung für die Maxhütte vor. Mitte Januar 1951 wandte sich die Konzernführung daher erneut nach Bonn. Direkt in die mit dem Problem befaßte Kabinettssitzung sandte Flick Erhard ein Telegramm, in dem er bittere Klage führte, gegenüber den Stahlkonzernen Westfalens benachteiligt zu werden, denen in allen Fällen mindestens hälftige Beteiligungsverhältnisse zugedacht waren.[105] Flick vertraute indes nicht nur auf die eigene Überzeugungskraft, son-

sekretär, Dezember 1950 [Entwurf], beide BAK B 102/60711; Bundeskanzleramt an AHK Generalsekretariat, 15.12.1950, abgedruckt in: Die Neuordnung, S. 442-444.

102 AHK Generalsekretariat an Bundeskanzleramt, 27.1.1951, BAK B 102/60663.

103 Betr. Die Liquidation der Flick KG, o. D. [12.12.1950], BAK B 102/60711; Zitat: Herrn Reg.-Direktor Thiesing, 30.1.1951, ebd.; vgl. Müller, Strukturwandel, S. 94 f.; Schmidt, Neuordnung, S. 176-181.

104 Maxhütte an BWiM, 27.10.1950, TKA NDI/25; Gutachten über das gegenseitige Wertverhältnis der Zechen und sonstigen Anlagen der Harpener Bergbau AG, 26.4.1952, BBA 12/153.

105 Fernschreiben Flick an Reichswirtschaftsminister [sic] Erhard, 17.1.1951, BAK B 102/4727. Ebenso die Eingabe an die AHK, die Günther Max Paefgen, ein neuer Mitarbeiter in der Führungsetage der FFKG, erstellte: Paefgen an Schalfejew, 17.1.1951 (mit Anlage), beide ebd., Tgb. Lenz, 17.1.1951, S. 5.

dern ließ Erhard wissen, daß »das Land Bayern speziell an der Regelung der Angelegenheit Maxhütte und [...] insbesondere auch an der Regelung der Verbundwirtschaft mit der Kohle dringend interessiert ist und den allergrößten Wert darauf legt, daß die Regelung so getroffen wird, daß die Maxhütte in ihrer Lebensfähigkeit nicht nachteilig beeinträchtigt wird«.[106] Auf die tatkräftige Hilfe der bayerischen Staatsregierung konnte sich Flick verlassen. Wirtschaftsminister Seidel setzte sich vehement für eine Verbindung Maxhütte-Hugo ein und teilte Erhard ebenso wie Adenauer mit, er werde »kein Verständnis« haben, sollten andere Unternehmen besser gestellt und »bayerische Wünsche« mißachtet werden.[107]

In Bonn nahm man die Forderungen aus München zur Kenntnis, sah sich aber aufgrund der schwierigen Verhandlungen mit den Westmächten vorerst nicht in der Lage, den bayerischen Wünschen Folge zu leisten. Im Rahmen der Grundsatzeinigung über die Neuordnung im März 1951 akzeptierte die Bundesregierung die von der AHK verlangte Obergrenze für die Bedarfsdeckung. Kein Stahlunternehmen sollte demnach mehr als drei Viertel seines Kohlenverbrauchs aus den ihm zugeteilten Grubenbetrieben beziehen können, um einen Markt für freie Anbieter zu sichern. Die Frage der Maxhütte stellte Adenauer ausdrücklich unter den Vorbehalt einer späteren Regelung, schloß jedoch Hugo wegen des annähernd hundertprozentigen Deckungsverhältnisses aus. Damit wurde die Entscheidung vertagt.[108]

Derweil gewann der dritte Schwerpunkt der Konzernpolitik in der Neuordnungsfrage, die Freistellung der Hüttenwerke in Lübeck und Bayern von der Branchenreorganisation, im Frühjahr 1951 an Dringlichkeit. Der Abschluß des EGKS-Vertrages am 18. April 1951 erhöhte den Zeitdruck auf die AHK, die Umsetzung des Dekonzentrationsprogrammes möglichst vor Inkrafttreten des Vertragswerks abzuschließen, gerade weil das Verhältnis des alliierten zum europäischen Recht ungeklärt war. Entsprechend drängten die Alliierten darauf, die im März vereinbarten Einheitsgesellschaften endlich zu gründen. Die ersten sollten im Juli des Jahres die Geschäftstätigkeit aufnehmen.[109]

Für die FFKG-Führung hieß dies, daß die früher bereits begonnenen Anstrengungen, Ausnahmeregelungen für ihre beiden Unternehmen zu erreichen, verstärkt werden mußten.[110] Dabei suchte man nicht nach neuen Taktiken und Argumenten, sondern feilte vielmehr an den bereits früher eingesetzten und veränderte deren interne Gewichtung. In den Stellungnahmen zur HOW-Frage,

106 Zitat s. Anm. 115 oben.

107 Seidel an L. Erhard, 6.2.1951, BAK B 102/4728; Seidel an Adenauer, 12.2.1951, ACSP NL Seidel Nr. 29; H. Ehard an Adenauer, 14.2.1951, BAK B 136/2458.

108 Adenauer an Vorsitzenden der AHK, 14.3.1951, abgedruckt in: Die Neuordnung, S. 456.

109 Die Neuordnung, S. 261f.; Warner, Steel, S. 65-67, 74.

110 U.a. mit einer Flut von Memoranden, die Flicks Anwälte Mitte April bei den US-Behörden einreichten, z.B. Friedrich Flick and Law 27, 19.4.1951, NARA RG 466, Entry 28, Box 28.

welche die Düsseldorfer Zentrale ebenso wie der Lübecker Vorstand im Frühjahr 1951 einreichten, wurden weiterhin die im bundesdeutschen Vergleich unbedeutende Werksgröße bemüht und der vom Konzern kontrollierte Kapitalanteil ebenso systematisch wie unzutreffend bis zur Minorität heruntergerechnet.[111] Da jedoch von derartigen Tricksereien kaum durchgreifende Erfolge zu erwarten waren, legten Flick und seine Mitarbeiter ab Jahresmitte das Schwergewicht darauf, Lübeck vom Hochofen- zum diversifizierten Metallwerk umzuwidmen. Dies war durchaus wörtlich zu nehmen. Bereits im Mai kündigte Rohde eine Satzungsänderung an, die als Unternehmensgegenstand nicht mehr die Erzeugung und Verarbeitung von Eisen, sondern von »Metallen aller Art und deren Nebenprodukten« enthalten sollte. Ein halbes Jahr später gab die FFKG bekannt, den Firmennamen in »Metall- und Hüttenwerk Lübeck AG« ändern zu wollen.[112] In der Zwischenzeit tat man alles, um die Neuetikettierung mit Substanz zu versehen, und setzte den eingeschlagenen Investitionskurs in die Nichteisenmetall-Sparten mit zusätzlichen Geldern fort, ein Auge dabei stets auf die Kontrollbehörden gerichtet.[113]

Um dieser Argumentation auch auf höchster Ebene Gehör zu verschaffen, wurde der Kreis der Unterstützer erweitert. In Lübeck kooptierte der Vorstand die lokalen Gewerkschaftsvertreter mit der Zusage, das Modell der Montan-Mitbestimmung in jedem Fall einzuführen.[114] Vor allem aber mobilisierten die Konzernvertreter die schleswig-holsteinische Landesregierung, um den einzigen Eisenerzeuger des Bundeslandes vor den behaupteten finanziellen Unwägbarkeiten einer Umgründung als Einheitsgesellschaft zu bewahren. In mehreren Schreiben wandte sich daraufhin das Kieler Kabinett an die Bundesregierung, um die vorgesehenen Maßnahmen abzuwenden. Dabei hielt man sich in Kiel eng an die von der Konzernführung vorgezeichnete Linie und betonte den fehlenden eisenindustriellen Charakter. »Es liegt hier«, schrieb Ministerpräsident Friedrich-Wilhelm Lübke im Juni 1951, »zweifellos ein Mißverständnis vor, das hauptsächlich auf die irreführende Namensbezeichnung ›Hochofenwerk‹ zurückzuführen sein dürfte.«[115] Dem beharrlichen Druck war Erfolg beschieden.

111 Der »Trick« bestand darin, nur das substantielle, nicht das schachtelmäßig kontrollierte Vermögen zugrundezulegen, so daß sich Flicks Beteiligung rechnerisch auf 23,5 % verringerte; Stellungnahme zur Frage Hochofenwerk Lübeck A.G./Gesetz Nr. 27, o.D. [1951], BAK B 109/4977, Bl. 104-113; Rohde an Dinkelbach, 25.6.1951, ebd., Bl. 66.

112 Rohde an Kleine, 31.5.1951, BAK B 109/4977, Bl. 97; FFKG an CSG, 1.2.1952, BAK B 109/895, Bl. 18f.

113 Rohde an Mitglieder des AR, 19.6.1951, BAK B 109/4977, Bl. 45; Schäfer (FFKG) an Unger (CSG), 9.2.1952, BAK B 102/60714.

114 Rohde an Dinkelbach, 31.5.1951, BAK B 109/4977, Bl. 87f.; IG Metall Lübeck an IG Metall Frankfurt, 18.7.1951, ebd., Bl. 38.

115 Lübke an Lenz, 7.6.1951, BAK B 136/2460, Bl. 340; LMin für Wirtschaft an STV/Dinkelbach, 18.7.1951, BAK B 109/4977, Bl. 35f.; LMin für Wirtschaft an BWiM/Graf, 8.10.1951, BAK B 102/4728. Das BWiM wandte sich daraufhin umgehend an die AHK: BWiM/Graf an AHK/Wirtschaftsauschuß, 8.10.1951, BAK B 102/60714.

Die Bundesregierung schloß sich den Forderungen von Landespolitik und Flick-Konzern an und erreichte, daß die Gründung der Lübecker Einheitsgesellschaft so lange hinausgeschoben wurde, bis die Frage im Zuge der Gesamtregelung für den Konzern Erledigung fand.[116] Ende Juni 1952 stimmten die alliierten Gremien der Entlassung des HOW aus dem Geltungsbereich von Gesetz Nr. 27 zu.[117]

Im November 1951 war das Lübecker Unternehmen eine von vier der insgesamt 24 projektierten Einheitsgesellschaften, deren Gründung noch ausstand. Die anderen drei waren die zwischen AHK und Bundesregierung umstrittene August-Thyssen-Hütte, die Luitpoldhütte (Reichswerke) – und die Maxhütte.[118] Angesichts der bestehenden Vereinbarungen mit der Münchener Regierung spielte die landespolitische Unterstützung für die Bemühungen um Entlassung aus Gesetz Nr. 27 hier früher und in größerem Maße eine Rolle, als es in Schleswig-Holstein der Fall war. Bereits im März 1950, seinerzeit noch auf Basis des OMGUS-Gesetzes Nr. 75, hatte sich im bayerischen Wirtschaftsministerium Hugo Geiger für die Befreiung der Maxhütte von der alliierten Kontrolle eingesetzt. Genau genommen, hatte Burkart entsprechende Anschreiben und Denkschriften für Geiger entworfen, die dieser lediglich sprachlich überarbeitet, im übrigen aber mit dem Siegel seines Amtes an das US-Hochkommissariat weitergeleitet hatte, um »dieses ewige Damokles-Schwert, das über unseren Häuptern schwebt, endgültig zu beseitigen«.[119]

Mit Flicks Haftende konnten zudem die im Vorjahr begonnenen Verkaufsverhandlungen mit dem Freistaat wieder aufgenommen werden, eine der ersten Angelegenheiten, denen sich der Konzernherr nach seiner Entlassung widmete. Ende Oktober traf er auf Ringelmann, mit dem er endgültig vereinbarte, mittels der bayerischen Minderheitsbeteiligung »die Maxhütte vor etwaigen weitergehenden Entflechtungswünschen der Alliierten abzuschirmen«.[120] Lediglich die praktische Durchführung verzögerte sich weiter. Zunächst hielt es Ringelmann für inopportun, den brisanten Handel just vor den anstehenden Landtagswahlen abzuschließen. Dann war es die FFKG, die sich auf den Entwurf des Entflechtungsplanes konzentrierte, dessen Ausgestaltung auch Rückwirkungen auf das Schicksal der Maxhütte hatte. Erst im August 1951 wurde ein Vorvertrag zwischen dem bayerischen Finanzministerium und der FFKG geschlossen. Für 20 Mio. DM sollte das Bundesland 26 Prozent des Maxhütte-Stammkapitals

116 BWiM an StS im Bundeskanzleramt, 3.9.1951, BAK B 136/2460, Bl. 344; Lenz an Lübke, 11.10.1951, BAK B 102/4728.

117 Betr. Hochofenwerk Lübeck, 23.6.1952 [Deist], TKA NDI/30.

118 Vermerk betr. Stand der Neuordnung in den Grundstoffindustrien, 13.11.1951 [Thiesing], BAK B 102/60662.

119 Entwurf eines Briefes von Herrn Staatssekretär Geiger an Mr. Taylor, Hicog, 1.3.1950; Zitat: Burkart an Geiger, 3.3.1950, beide BayHStA MWi 14016; die von Geiger tatsächlich abgesandten Fassungen ebd.

120 Burkart an Flick, 2.11.1950; Flick an Ringelmann, 7.11.1950, beide NMH-BA; Zitat: Beteiligung des bayerischen Staates an der Eisenwerk-Gesellschaft Maximilianshütte, 5.1.1953 [Burkart], BayHStA NL Ehard 1710.

übernehmen. Von der Geldanlage versprach sich Finanzminister Friedrich Zietsch (SPD) eine jährliche Rendite von vier Prozent, rund zwei Mio. DM.[121]

Trotz dieser optimistischen Einschätzung verlief die Abwicklung weniger glatt als erhofft. Grund war vor allem die skeptische Haltung von Wirtschaftsminister Seidel. Dieser hatte zwar in der Zechenfrage mit der Flick-Führung zusammengearbeitet, dies aber im wohlverstandenen Interesse des Freistaates, das er in dem nun in Rede stehenden Kauf nicht gewahrt sah. Die von Zietsch und Ringelmann, dem eigentlichen Organisator der Transaktion, vorgebrachten Argumente ökonomischer und wirtschaftspolitischer Natur hielt Seidel für unzureichend, ließ sich auch in der Folge nicht überzeugen und unterwarf sich nur widerstrebend und mit vernehmlichem Sondervotum der Kabinettsdisziplin.[122] Für wie falsch der als »klug, ehrgeizlos und umgänglich, aber fast verschlossen« geltende Seidel[123] den Minderheitserwerb erachtete, unterstrich die Landtagsdebatte, in der die entsprechenden Haushaltsmittel bewilligt werden sollten. Während sich selbst die Opposition mehrheitlich für den Erwerb aussprach, gab Seidel den einsamen Rufer. Schonungslos legte er dabei die Motive Flicks für die Abgabe der Sperrminorität offen:

> »Was sind die Interessen des Herrn Flick? Herr Flick hat nach dem ersten Weltkrieg und im dritten [sic] Reich eine umfangreiche wirtschaftliche Organisation mit einem erheblichen finanziellen Volumen geschaffen. Ich will mich hier vorsichtig ausdrücken. Er fällt also unter die Menschen, die wirtschaftliche Macht konzentriert haben. Nun hat er einen großen Teil seines Besitzes in der Ostzone verloren. […] Er möchte die Maxhütte unter allen Umständen behalten. Wenn er nachweisen kann, daß an dieser Maxhütte sein Einfluß nicht allein entscheidend ist, sondern auch der bayerische Staat an dieser Maxhütte beteiligt ist, dann ist sein Standpunkt gegenüber den Dekartellisierungsbehörden der Alliierten ein leichterer. Das ist das eine Interesse des Herrn Flick.«[124]

Flick konnte Seidels Opposition indes für den Moment gleichgültig sein. Nicht nur hatte er sich beträchtliche Barmittel gesichert, die Beteiligung des Freistaates an der Maxhütte wirkte sich auch unmittelbar auf die Neuordnungsfrage aus. Das Münchener Finanzministerium wandte sich im Oktober 1951 an die alliierten Kontrollgremien und an die Bundesregierung und lehnte, nunmehr als selbst betroffener Eigentümer, die Einbeziehung der Maxhütte in die Neuordnung strikt ab. Insbesondere eine Fremdbestimmung fiskalischen Besitzes durch

121 Vorlage an den Ministerrat. Betreff. Beteiligung Bayerns an der Eisenwerk-Gesellschaft Maximilianshütte, 3.9.1951 [Zietsch], BayHStA MWi 14036.

122 Protokoll des Ministerrats v. 4.9.1951, BayHStA StK 14186; Niederschrift. Betreff: Beteiligung Bayerns an der Eisenwerkgesellschaft Maxhütte, 8.9.1951; Seidel an Ehard, 29.11.1951, BayHStA MWi 14036.

123 Zorn, Geschichte, S. 661.

124 Verhandlungen des Bayerischen Landtages. Stenographischer Bericht 57. Sitzung, 13.12.1951, S. 927f.

alliierte Treuhänder wollte man keinesfalls akzeptieren, wie Ringelmann betonte: »Das Land Bayern kann sich nicht durch eine Kerngesellschaft mit Verwaltungstreuhändern ausschalten lassen [...].«[125] Auch in Bonn hielt man diese Sichtweise für gerechtfertigt und trug daher die bayerische Forderung nach einer Sonderregelung für die Maxhütte mit, so daß diese vorerst keiner Umbildung unterzogen wurde.[126] Das Ergebnis, auf das sich die Beteiligten schließlich einigten, stellte einen Formelkompromiß dar. Im Juli 1952 wurde die Maxhütte offiziell in eine Einheitsgesellschaft umgewandelt, was jedoch nicht mehr bedeutete als die Annahme der AG-Form sowie die Einführung von Mustersatzung und Mitbestimmung. Verfügungstreuhänder wurden nicht berufen, und die Regelung der Eigentumsfrage blieb dem Gesamtplan für den Konzern vorbehalten.[127]

Der von der bayerischen Staatsregierung erhobene Anspruch, uneingeschränkt über ihr Eigentum zu bestimmen, auf dessen Trittbrett Flick seine Verfügungsrechte sicherte, hatte direkte Konsequenzen für die nach wie vor ungelöste Verbundsfrage, die seit dem Frühjahr 1951 auf Eis lag.[128] Erst nachdem Klarheit über die künftige Aufteilung der Stahlwerke bestand, rückten zur Jahreswende 1951/52 die Steinkohlenbetriebe wieder ins Blickfeld. Nach dem Scheitern des Hugo-Antrages hatte sich die FFKG neu orientiert und Ansprüche auf den Zechenkomplex von Monopol angemeldet.[129] Für die Wahl sprachen zwei Gründe. Monopol wies ähnlich gute Ertragswerte auf wie Hugo und stand mit Abstand an der Spitze der Essener Zechen.[130] Zudem bot sich die Chance, die mit der Zeche verbundenen Chemischen Werken in Bergkamen, die nicht der Montanneuordnung unterlagen, in den künftigen Flick-Konzern zu überführen. Allerdings sollte Monopol nicht komplett auf die FFKG übernommen werden, sondern lediglich die Anlagen Grillo-Grimberg 1/2. Auf die Teilzeche Grimberg 3/4 verzichtete die Konzernführung freiwillig. Dies geschah nicht nur aus Gründen der Verbrauchsarithmetik gemäß der 75-Prozent-Klausel, sondern auch wegen der Folgen eines verheerenden Grubenunglücks auf der Schachtanlage 1946. Angesichts des erheblichen Instandsetzungsbedarfes war auf Jahre hinaus nur mit Kosten, nicht aber mit Erträgen zu rechnen.[131]

125 Ringelmann an Bundeskanzleramt/Lenz, 18.10.1951, BAK B 102/60714; Zietsch an CCCG, 10.10.1951, BAK B 109/5291, Bl. 109 f.

126 Bundeskanzleramt/Rust an BWiM/Westrick, 24.10.1951, BAK B 136/2460, Bl. 421; Aktenvermerk, 29.10.1951, BAK B 102/60714; BWiM (Graf) an AHK-Wirtschaftsausschuß, 9.11.1951, BBA 55/724.

127 FFKG an CSG, 30.7.1952, BAK B 109/892, Bl. 96 f.; Die Neuordnung, S. 260, 278 f.

128 Warner, Steel, S. 95.

129 FFKG (Kaletsch) an CCCG, 2.8.1951, BBA 12/151.

130 Gutachten über das gegenseitige Wertverhältnis der Zechen und sonstigen Anlagen der Harpener Bergbau AG, 26.4.1952, BBA 12/153. Die von der FFKG beanspruchten Betriebe hatten demnach einen Anlagewert von 84 Mio. und einen Ertragswert von 113 Mio. DM.

131 Vgl. Kroker/Farrenkopf, Grubenunglücke, S. 405. Bei der Schlagwetterexplosion waren mehr als 400 Bergleute zu Tode gekommen.

Das Konzept, das die FFKG im Dezember 1951 vorlegte, war nichts anderes als ein elaboriertes Konstrukt mit dem Ziel, eine für den Konzern optimale Lösung auf Kosten der abzustoßenden Steinkohlegesellschaften zu finden. Wie in besten Großaktionärszeiten der dreißiger Jahre arrangierte die FFKG fast nach Belieben den Besitz zwischen Harpen, Essen und der dritten, Grillo-Grimberg 1/2 umfassenden Gesellschaft neu. Der bei Essen entstehende Verlust von Monopol sowie der Anteile an den Chemischen Werken sollte durch die Übertragung von Zechenbesitz aus dem Bestand Harpens ausgeglichen werden. Der besondere Reiz des Vorschlages lag darin, daß die Flick-Führung die Konzerntradition von Geschäften auf Kosten der Steinkohlegesellschaften fortsetzen, dies aber nicht selbst, sondern ausdrücklich durch die Autorität alliierten Rechtes erreichen wollte. Mit einem entsprechenden Befehl oder einer Verordnung der AHK sollten die erwartbar unerfreulichen Reaktionen der Aktionäre schlichtweg umgangen werden.[132]

Offenkundig war man sich in der Konzernführung über die Widerstände, die der Plan hervorrufen mußte, durchaus im Klaren. Dies betraf auch die DKBL, deren Experten von den Vorschlägen keineswegs angetan waren. Ähnlich wie beim Pendant der Stahltreuhänder sahen die bergmännischen Fachleute ihren ursprünglichen Großentwurf zur optimalen Reorganisation des Ruhrreviers durch die Partikularinteressen der Konzerne zunehmend gefährdet.[133] Die Entwicklung, die Flicks Tochtergesellschaften nahmen, stand beispielhaft für diesen Erosionsprozeß. Wegen der bayerischen Staatsbeteiligung an der Maxhütte, die Monopol am Ende übernehmen sollte, schied die Einrichtung einer gemeinsamen Obergesellschaft für Kohle- und Stahlbetriebe, welche die DKBL konzipiert hatte, um eine einseitige Beherrschung der Zechen durch die Hütten zu vermeiden[134], von vornherein aus. Schwerer noch wog die Trennung der beiden Grimberg-Teile, gegen die sich im Bergmännischen Ausschuß der DKBL Widerstand regte.[135] Erst Ende Mai 1952 gelang es, die Einwände zu umgehen, zum einen durch die wiederholten Hinweise von Konzern- und Behördenvertretern auf den politischen »Sonderfall« Flicks, zum anderen durch eine Ausgleichsregelung: Harpen sollte Grillo-Grimberg 1/2 für fünf Jahre pachten, um auf diese Weise die Instandsetzung von Grimberg 3/4 zu refinanzieren. Indes stellte dies nur einen schwachen, vorübergehenden Trost dar und war nicht ohne Vorteil für den Flick-Konzern. Statt bei der neuen Gesellschaft rasch ein Management installieren zu müssen, konnte man einstweilen auf die vertrauten Ansprechpartner in der Dortmunder Harpen-Verwaltung zurückgreifen.[136]

132 FFKG an DKBL, 3.12.1951; Korsch an Schirmer, Bergmann, Fischer u.a., 7.12.1951, beide BBA 55/724.

133 Vgl. Deist, Neuordnung, S. 5; Hennig, Entflechtung, S. 109.

134 Vgl. Die Neuordnung, S. 98; Warner, Steel, S. 97, 102; Kroker, Kost, S. 311 f.

135 Vermerk. Betr. Entflechtung des Flick-Komplexes, 7.5.1952, BAK B 141/7467; die Stellungnahmen des Bergmännischen Ausschusses vom Mai 1952 in BBA 55/725.

136 Zeitplan für die Umgestaltung des Kohlenbergbaus der Flick-Gruppe, 7.3.1952 (mit Erläuterungen v. 8.3.1952); Struve Hensel an Emmett, 21.4.1952, alle BADH B 102/424027; Zitat u.a. in: Vermerk. Betr. Neuordnung Flick, 11.6.1952, ebd.

Neben den bergtechnischen waren es vor allem finanz- und aktienrechtliche Fragen, die Konzernvertreter, alliierte und deutsche Aufsichtsorgane sowie Bundesministerien monatelang beschäftigten. Dabei ging es um eine Flick'sche Altlast: die Harpen-*Bonds*, mit denen sich der Konzernherr 1935 die Mehrheit an dem Ruhrunternehmen verschafft hatte. Da diese substanzgesichert waren, verminderte sich bei der bevorstehenden Trennung von Harpen, Essen und Monopol ihr Wert. Um die bei einer Teilliquidation der *Bonds* anfallenden kostspieligen Rückzahlungen zu vermeiden, schlug die Konzernleitung vor, die Obligationsschuld auf die Einzelunternehmen umzulegen und die Harpen-Obligationäre somit direkt an der Substanz von Essen zu beteiligen. Auf den ersten Blick eine logische Idee, zeigten sich bei genauerer Hinsicht gravierende Mängel, deren offensichtlichster der Umstand war, daß Monopol von der Belastung ausgenommen wurde. Dies bedeutete nichts anderes, als daß die FFKG die seinerzeit von Flick geschaffenen Teilschuldverschreibungen den beiden Zechengesellschaften zum Abschied hinterlassen und zugleich einen schuldenfreien Vermögensanteil mitnehmen wollte. Damit wurden zum einen Essen Verpflichtungen aufgebürdet, mit denen das Unternehmen, das 1935 nicht im Besitz Harpens oder des Flick-Konzerns gewesen war, rein gar nichts zu tun hatte.[137] Zum anderen wurde den Obligationären ein quantitativ erheblicher und qualitativ der beste Teil eben jener Substanz genommen, die für ihre geldwerten Forderungen garantieren sollte.[138]

Die FFKG hatte nicht die Absicht, den geplanten Kunstgriff dem Test einer ordentlichen Hauptversammlung zu unterziehen. Während die DKBL-Mitglieder rechtliche Zweifel und ein gewisses Maß an Skrupeln ob der Verletzung von Aktionärs- und Gläubigerrechten äußerten, teilte Kaletsch diese nicht, sondern forderte freimütig Zwangsmaßnahmen zur reibungslosen Abwicklung des Entflechtungsprogrammes.[139] Bei den Vertretern der Alliierten stieß das Ansinnen auf Überraschung. Nachdem man das Zugeständnis, die Entflechtung des Flick-Konzerns von dessen eigener Leitung planen zu lassen, wegen der Präferenz für eine privatwirtschaftliche Rechtsgrundlage gemacht hatte, äußerten die AHK-Beauftragten ihr Befremden über das Ausmaß, in dem die von Flick

137 Über die internen Diskussionsprozesse zwischen FFKG und Harpen/Essen lassen sich keine Aussagen treffen, nach außen unterstützten die Vorstände die Konzernlinie. Auffällig war aber, daß praktisch unmittelbar nach dem Verkauf Essens 1954 Walter Tengelmann sich in massiver Weise von Flick absetzte und es in der *Bonds*-Frage zu heftigen Auseinandersetzung kam; vgl. dazu das aufschlußreiche Material in MMA M 17.142 u. 17.143.

138 Vorlage Nr. 11 des Generalsekretariats Gesetz Nr. 27 an den Rechts- und Steuerausschuß, 23.2.1952, BAK B 102/60711; Reisebericht. Betr. Neuordnung der Kohlenbeteiligungen bei der Friedrich Flick KG, 14.3.1952 [Thiesing], ebd.; Betr. Die Harpener Teilschuldverschreibungen von 1935, 12.3.1952 [Borgmann], BADH B 102/424027; FFKG an DKBL, 8.5.1952, BAK B 109/896, Bl. 3-22.

139 Zitat: Aktenvermerk. Besprechung bei der Essener Steinkohlenbergwerke AG am 15.2.1952, 19.2.1952, BBA 55/724; Niederschrift über die Sitzung des Beirats der DKBL am 13.3.1952, ebd.

konzipierten Maßnahmen hoheitliches Eingreifen erforderten.[140] Da sich aber die Bonner Justiz- und Wirtschaftsressorts für Flicks Vorschlag aussprachen und der Zeitdruck auf die AHK mit dem nahenden Inkrafttreten von EGKS-Vertrag einerseits und den Verhandlungen über die Ablösung des Besatzungsstatuts andererseits wuchs, stimmten die alliierten Wirtschaftsexperten dem Verfahren schließlich zu.[141] Nachdem auch das zuständige deutsche Expertengremium, der von Hermann J. Abs geleitete Finanzausschuß der DKBL, die Umgestaltung für finanziell angemessen befand, war Ende Mai der Weg frei für das alliierte Plazet.[142] Im Juli 1952 wurden die Monopol Bergwerks-AG gegründet, der Pachtvertrag mit Harpen beschlossen und ein komplizierter Ringtausch einzelner Zechen und Aktienpakete zwischen Verwaltungsgesellschaft für Steinkohlenbergbau und Hüttenbetriebe, Harpen, Essen und Maxhütte in Gang gesetzt, an dessen Ende die Maxhütte das komplette Stammkapital von Monopol hielt.[143]

1.3.3. Der Streit um die Verkaufsbeschränkungen

Die verwickelten Verhandlungen um die Steinkohlegesellschaften verzögerten die Arbeiten am Gesamtplan, den die FFKG bereits im November 1951 angekündigt hatte, um mehr als ein halbes Jahr.[144] Als Mitte 1952 die materiellen Einzelfragen geklärt waren, war der entscheidende Punkt noch offen: Wie waren die Eigentumsrechte der FFKG bzw. Friedrich Flicks zu behandeln?

Das Gesetz Nr. 27 sah zwar eine Entschädigung der Eigentümer vor, gab jedoch keine Hinweise auf Form und Umfang des Ausgleichs. Eine erste Präzisierung nahm die AHK Anfang April 1951 vor, als sie entschied, daß die Aktien der neuen Gesellschaften zur Entschädigung betroffener Privatpersonen ausgegeben werden sollten. Zugleich beharrten die Alliierten darauf, »daß das Wiederentstehen einer übermäßigen […] Zusammenballung wirtschaftlicher Macht vermieden wird und daß diejenigen Personen, welche nach den Bestimmungen des Gesetzes Nr. 27 als untragbar gelten, ausgeschlossen bleiben«.[145] Auch die Verfahrensanweisung, mit der die AHK im Januar 1952 eine *pro-rata*-Regelung

140 Zitat: Aktenvermerk. Besprechung über Neuordnung Flick am 18.2.1952, 18.2.1952; Niederschrift über die Besprechung mit den Alliierten zu dem Vorschlag der »Friedrich-Flick-KG«, 13.-18.3.1952, beide BBA 55/724.

141 Vermerk. Betr. Entflechtung des Flick-Komplexes, 25.3.1952 BAK B 141/7467; AHK an CCCG, 16.4.1952, BAK B 109/892, Bl. 103.

142 Entschliessung des Abs-Ausschusses vom 17.5.1952 zur Neuordnung der Flick-Gruppe, BBA 55/725; Entschließung des Beirates des DKBL zur Neuordnung der Flick-Gruppe, 29.5.1952, BAK B 141/7468, Bl. 12-14.

143 FFKG (Kaletsch, Bedbur) an CCCG, 30.7.1952, BAK B 109/892, Bl. 92-95; Betrifft: Verkauf Monopol, o.D. [1955], NMH-BA. Monopol wurde als Bergbau-Einheitsgesellschaft mit Mustersatzung und Mitbestimmung gegründet, Harpen und Essen nahmen entsprechende Änderungen im Juli und August vor, s. BAK B 102/60712.

144 Entwurf eines Schreibens an den AHK-Wirtschaftausschuß, 18.1.1952, BAK B 102/60711; BWiM an AHK-Wirtschaftsausschuß, 30.1.1952, BAK B 102/60714.

145 AHK an Adenauer, 24.5.1951, BAK B 136/2460, Bl. 149.

vorgab, also die Ausschüttung der Anteile an den neuen Gesellschaften entsprechend der Beteiligung an den entflochtenen Konzernen, hielt an dieser Klausel fest.[146] Damit wurden einerseits die Eigentumsverhältnisse in der Montanindustrie endgültig festgeschrieben und eine Vermögensumschichtung ausgeschlossen. Andererseits stellte die Ausschlußregelung der Präambel die Frage nach dem Schicksal der Hauptaktionäre als potentielle Träger »übermäßiger Konzentration«. Unproblematisch war dies bei Konzernen, deren Anteile sich im Streubesitz befanden, wie Mannesmann, Hoesch und, mit dem Sonderfall der verzweigten Haniel-Familie, auch die GHH.[147] Da diese aber nur den kleineren Teil der Stahlkonzerne stellten, bedurfte es einer Sonderregelung für die Unternehmenskomplexe mit Groß- und Alleinaktionären – VSt, Krupp, Klöckner, Otto-Wolff und die FFKG. Von einer allgemeinen Regelung sah die AHK ab und setzte ihre Linie fort, in Einzelverhandlungen mit den Konzernen jeweils spezifische Entflechtungspläne zu vereinbaren, in denen auch die Aktionärsfrage geklärt werden sollte. Den eigentlichen Präzedenzfall stellte daher nicht der Anfang August 1952 in Kraft gesetzte Mannesmann-Plan dar[148], sondern der Flick-Plan, der als erster und mit ausdrücklicher Vorbildfunktion die heikle Eigentumsfrage normieren sollte.[149]

Gerade aus diesem Grunde durchlief die sachlich bereits weitgehend geklärte Causa Flick im Sommer und Herbst 1952 noch einmal eine Phase heftiger Kontroversen. Dabei gewann die Rolle der Bundesregierung zunehmend an Bedeutung. Schon im November 1951 hatte der Leiter der Hauptabteilung II (Wirtschaftsordnung) im Wirtschaftsministerium, Ludwig Kattenstroth, erkannt, daß die Frage der Fortdauer der Eigentumsbeschränkungen im Kern eine Frage der Fortdauer alliierten Rechts darstellte und somit an diesem Gegenstand die Souveränitätsdebatte mit ausgefochten würde.[150]

Für die Großaktionäre hatte die AHK im Januar die Regel aufgestellt, daß sie nach Ausschüttung der neuen Aktien ihren Besitz auf jeweils nur eine Einheitsgesellschaft konzentrieren, die Anteile an anderen Konzernteilen jedoch abgeben sollten. Diejenigen Aktionäre, deren fortgesetzte Betätigung in der Montanindustrie die Alliierten für unvereinbar mit Gesetz 27 hielten, sollten sich komplett von ihrem schwerindustriellen Vermögen trennen – eine Regelung, die in

146 Mit Schwerpunkt auf den politischen Verhandlungen zum folgenden: Warner, Steel, S. 149-210.

147 Vgl. James, Familienunternehmen, S. 255-259; Wessel, Kontinuität, S. 274-278; Bernett, Entflechtung; Mönnich, Aufbruch, S. 337f., 346-348, 355f.

148 So aber Bernett, Entflechtung, S. 13; Wessel, Kontinuität, S. 279; Müller, Strukturwandel, S. 228-234.

149 DKBL an CCCG, 2.8.1952, BAK B 141/7468, Bl. 164-166; Vermerk. Betr. Entstehungsgeschichte der Vorschriften des Flick-Entflechtungsplans Teil III Nr. 27, 28.10.1953, BAK B 141/7471, Bl. 154-157.

150 Auszugsweise Abschrift aus der Niederschrift über die Besprechung des Unterausschusses für Dekartellisierung und Entflechtung am 23.11.1951, BAK B 102/420; zu Kattenstroth s. Polzer, Vertrag, S. 59.

erster Linie auf die verurteilten Krupp und Flick zielte.[151] Hiergegen wandte sich Flick jedoch energisch und warb in Bonn um Unterstützung, um seiner gegenüber den Alliierten vorgetragenen Selbstdarstellung als antinazistischer Regimegegner Gewicht zu verleihen.[152] Im Januar 1952 setzte der Konzernherr dem Kanzler persönlich den Stand der Entflechtungsverhandlungen auseinander und bat um Hilfestellung in der Präambel-Frage. Adenauer stand Flicks Anliegen nach dessen eigener Bewertung aufgeschlossen gegenüber, zumal sich Pferdmenges erneut engagiert für seinen langjährigen Geschäftspartner verwandte:

> »Entscheidend wäre, wenn Sie [Adenauer] auf Grund der Kenntnis der Verhältnisse, die mir ja völlig geläufig sind, den drei Hochkommissaren gegenüber zum Ausdruck bringen könnten, daß nach Auffassung der deutschen Regierung Herr Flick nicht zu den Personen gehört, die jemals die Aggressivpolitik der NSDAP gefördert haben. Die Entscheidung der Hochkommissare wird meines Erachtens ganz wesentlich davon abhängen, wie der Führer der deutschen Regierung sich zu dem Fall hinstellt.«[153]

Der Imagekampagne Flicks war erfolgreich. Die Einigung, die sich zwischen AHK und Flick-Konzern im Frühjahr 1952 anbahnte, relativierte die Strenge der alliierten Vorgaben sichtlich. Da das Lübecker Unternehmen in Fortfall kam, sollte die FFKG lediglich ihren Zechenbesitz abgeben, abzüglich Monopols und der Chemischen Werke. Für den Verkauf der Steinkohlegesellschaften galt eine fünfjährige Frist, während derer die Stimmrechte durch einen von den Flick-Anwälten konzipierten *voting trust* unter Leitung je dreier Treuhänder für Harpen und Essen ausgeübt werden sollten. Die Verkaufsverhandlungen blieben dem Flick-Management überlassen, das auch weiterhin Zugang zu allen wichtigen Geschäftsunterlagen erhielt. Für die Maxhütte akzeptierten die Alliierten gar einen regelrechten Kuhhandel. Die FFKG sollte den 74prozentigen Restbesitz an eine durch die beiden Flick-Söhne zu gründende Gesellschaft, die Merkur Gesellschaft für Industrie- und Handelsunternehmungen mbH[154], abgeben und im Gegenzug eine partielle Rückzahlung der auf Otto-Ernst und Friedrich Karl Flick entfallenden Kommanditanteile erhalten. Da weder die alliierten noch die deutschen Stellen ernstlich glauben konnten, daß dies den Einfluß Friedrich Flicks mindern würde, hofften die AHK-Vertreter zumindest auf einen symbolischen Erfolg, die Liquidation der FFKG. Auch dies erwies sich als Fehl-

151 Die Neuordnung, S. 104f.

152 Ende Februar 1952 sandte Flick ein wortgleiches Schreiben an die Staatssekretäre Lenz und Westrick, die Ministerialdirektoren Graf und Kattenstroth sowie die DKBL, in dem er versicherte, seine amerikanischen Anwälte hätten erreicht, daß die Präambel auf ihn keine Anwendung finde und folglich sein Entflechtungsvorschlag zustimmungsfähig sei; exemplarisch: Flick an Lenz, 28.2.1952, BBA 12/152; vgl. Struve Hensel an Debevoise, 1.2.1952, NARA RG 466, Entry 28, Box 28.

153 Pferdmenges an Adenauer, 16.1.1952, BAK B 102/60711.

154 Bereits der Name, der an Flicks frühere Mercur-Holding anknüpfte, illustrierte die Fortführung der Besitz- und Kontrollverhältnisse.

einschätzung: Wenn die Holding nach der Entflechtung offiziell über keinen Montanbesitz mehr verfügte, gab es ebensowenig noch einen Grund zur Auflösung.[155]

Während das Modell des *voting trust* Schule machte und direkte Anwendung auf die Krupp-Entflechtung fand[156], begannen mit der anderen Seite der Verkaufsauflage, den potentiellen Erwerbern, die eigentlichen Schwierigkeiten. Wenn nicht die ganze Dekonzentration durch eine bloße Umschichtung der Besitzanteile von einem Stahlkonzern zum nächsten konterkariert werden sollte, mußten die Alliierten auf einer Einschränkung des Käuferkreises bestehen. Anfang August 1952 kam es deswegen zum Zusammenstoß der alliierten und westdeutschen Verhandlungspositionen. Die AHK-Wirtschaftsberater verlangten eine Klausel für den Flick-Entflechtungsplan, die nicht nur Familienmitglieder, Konzernfirmen und Mittelsmänner Flicks vom Erwerb der abzustoßenden Vermögensteile ausschloß, sondern auch die übrigen Montankonzerne. Zudem sollte das Kaufverbot neben den entflochtenen Alt- auch die neugegründeten Einheitsgesellschaften umfassen.[157]

Für die Bundesregierung kam das Ansinnen überraschend, da sie nach ihrer im Juni erteilten Zustimmung zu dem vorgelegten Entwurf in die Schlußverhandlungen zwischen Flick- und AHK-Vertretern nicht mehr einbezogen worden war. Um so energischer schalteten sich die Justiz- und Wirtschaftsressorts nun ein. Entschieden wiesen sie ein Fortgelten des Besatzungsrechts auch nach der Unterzeichnung des Generalvertrages zurück. Im Verbot der Wiederverflechtung sahen sie eine weitergehende Versteinerung alliierter Rechtsvorschriften, als sie der gemeinsam mit dem Generalvertrag verhandelte, allerdings nicht in Kraft getretene Überleitungsvertrag vorsah.[158] Im Kern argumentierten die Bonner Regierungsvertreter, daß sich die AHK-Ansprüche mit den Zuständigkeiten der Hohen Behörde der Montanunion, zu denen auch die Fusionskontrolle zählte, überschnitten. Während die Alliierten auf dem Recht bestanden, die von ihnen geschaffene Neuordnung zu konservieren, beharrten die

155 Vermerk. Betr. Entflechtung des Flick-Komplexes, 28.3.1952, BAK B 141/7467; Instruction to CCCG. Subject: Flick, 16.4.1952, NARA RG 466, Entry 28, Box 28; Struve Hensel an CCCG, 21.4.1952, BADH B 102/424027; Telegram, 19.5.1952, NARA RG 466, Entry 27, Box 15; Vermerk für Herrn Staatssekretär Dr. Westrick, 26.7.1952, BAK B 102/133994; Struve Hensel an Flick, 12.6.1953, BADH B 102/424028. Zu Verfügungstreuhändern der Harpen-Anteile wurden Abs, Pferdmenges und der Rechtsanwalt Ferdinand Marx bestimmt, für die Essen-Aktien Carl Goetz, Karl Max v. Hellingrath und Ewald Leveloh; CCCG an DKBL, 30.7.1952, BBA 12/1011; Herchenröder/Schäfer/Zappa, Nachfolger, S. 255.

156 Vermerk. Betr. Plan für die Entflechtung und Neuordnung der Firma Fried. Krupp/Essen, 19.8.1952 [Thiesing], BAK B 102/4730, Heft 1.

157 Vermerk. Betr. AHK-Gesetze Nr. 27 und 35, 7.8.1952 [Thiesing], BAK B 102/133994.

158 Zwischen Überleitungs- und EVG-Vertrag bestand ein Junktim. Nach der Ablehnung der EVG in der französischen Nationalversammlung trat der Überleitungsvertrag daher erst 1954 in Kraft; vgl. Schöllgen, Außenpolitik, S. 36-38; Kleßmann, Staatsgründung, S. 211-214.

westdeutschen Ministerialvertreter auf dem Vorrang der europäischen Rechtsordnung und lehnten eine Diskriminierung gegenüber anderen EGKS-Mitgliedsstaaten rigoros ab.[159]

Die scharfen Auseinandersetzungen zogen sich fast ohne jede Annäherung bis weit in den Herbst hinein. Da sich die deutsche Seite fest entschlossen zeigte, den Widerstand »gegen die alliierten Wünsche mit allem Nachdruck aufrecht[zu]erhalten«, wie Kattenstroth feststellte[160], war es schließlich die AHK, die von ihrer Position fast vollständig abrückte. Im Ergebnis sollte nach dem Abschluß der Neuordnung, für den der Überleitungsvertrag garantierte, unmittelbar und ausschließlich das EGKS-Recht gelten und Fusionen aller Art allein der Genehmigungspflicht der Hohen Behörde unterliegen. Lediglich zur Gesichtswahrung diente die in den Plan aufgenommene Klausel, die einen direkten Aktientausch zwischen Hauptaktionären untersagte und auf das alliierte *worst case*-Szenario eines potentiellen Vermögensaustausches zwischen Krupp und Flick zielte.[161]

An der komplizierten, heftig geführten Kontroverse hatte sich die FFKG-Führung, obgleich es um den eigenen Entflechtungsplan ging, nicht beteiligt, sondern diese allenfalls indifferent verfolgt. Der Streit um bundesdeutsche Souveränitätsrechte war Flicks Kampf nicht, wie auch im Justizministerium mit gewisser Enttäuschung zur Kenntnis genommen wurde: »Zu allem muß hervorgehoben werden, daß bei Äußerung des Widerspruchs der deutschen Regierungsvertreter gegen das von den Alliierten geforderte Erwerbsverbot die Vertreter der Friedrich-Flick-KG alsbald und während des weiteren Verlaufs der größtenteils in ihrer Gegenwart geführten Verhandlungen unverändert erklärten, daß sie an einer Minderung der Forderungen der Alliierten nicht interessiert seien, die Klausel sei für sie ohne praktische Bedeutung [...].«[162]

Wichtiger waren der Konzernführung konkrete Zukunftsfragen. Mit den Bundes- und Landesbehörden verhandelte die FFKG intensiv über Steuernachlässe für die Wiederanlage der Erlöse aus den Entflechtungsverkäufen und erreichte eine weitgehende Abgabenbefreiung.[163] Das Augenmerk sollte nun möglichst

159 Vgl. Warner, Steel, S. 149-152, 205 f., 210; Müller, Strukturwandel, S. 295 f.

160 Vermerk für Herrn StS Dr. Westrick, 15.8.1952 [Kattenstroth], BAK B 102/60713; Vermerk betr. Plan für die Neuordnung des Flick-Komplexes, 22.9.1952, BAK B 102/133995; Vermerk über eine Besprechung mit den alliierten Wirtschaftsberatern am 7.10.1952, 9.10.1952, BAK B 102/133992.

161 Vermerk betr. Neuordnung Krupp und Flick, 29.10.1952 [Thiesing], BAK B 102/60713; Entwurf an den Herrn Vorsitzenden des Wirtschaftsausschusses der Alliierten hohen Kommission, Oktober 1952, BAK B 136/2461, Bl. 60-63; Vermerk betr. Neuordnung Krupp und Flick, 6.11.1952 [Thiesing], BAK B 102/133992; Vermerk, 4.11.1952; Vermerk. Betrifft: AHK-Gesetz Nr. 27, 7.11.1952 [Franta], beide BAK B 141/7471, Bl. 17-25, 29-32; vgl. Die Neuordnung, S. 289 f.; Warner, Steel, S. 210.

162 Vermerk. Betr. Entstehungsgeschichte der Vorschriften des Flick-Entflechtungsplans Teil III Nr. 27, 28.10.1953 [Kötter], BAK B 141/7471, Bl. 157.

163 Burkart an Kummer, 8.5.1953, NMH-BA; zu den Verhandlungen s. BAK B 102/60713 u. 60714.

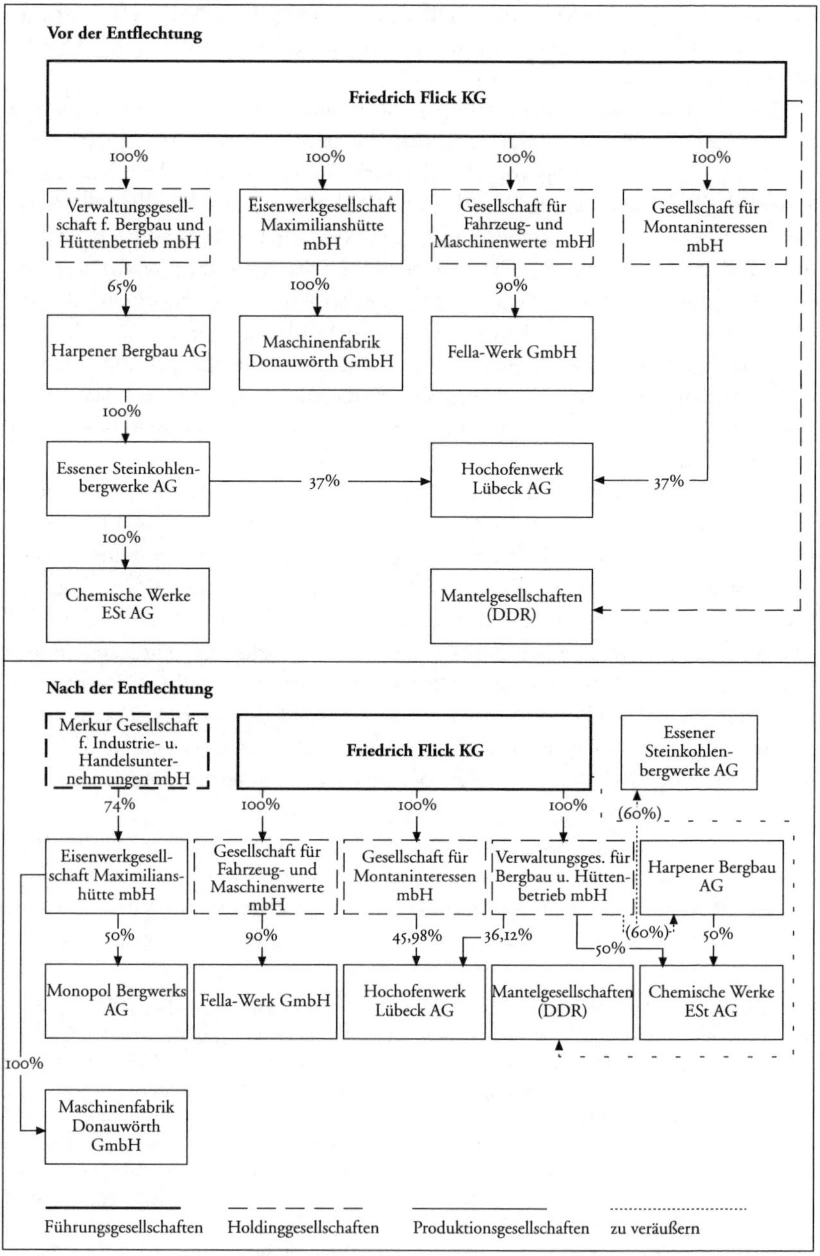

Quelle: Die Neuordnung, S. 857; eigene Zusammenstellung.

Abb. VI/1: Der Flick-Konzern vor und nach der Entflechtung, 1952

rasch auf den Wiederaufbau des Flick-Konzerns gerichtet werden. Entsprechend drängte die FFKG auf den Erlaß der AHK-Anordnung, die den Flick-Plan in Kraft setzen sollte. Anfang Dezember 1952 richtete Kaletsch ein unfreundliches Schreiben an die alliierten Stellen, in dem er sich über die lange Wartezeit beklagte und mit unverhohlener Drohung die sofortige Umsetzung forderte: »Wenn die Rechtssicherheit für uns jetzt nicht zu erlangen ist, so würden wir auch unsererseits nicht in der Lage sein, uns an den Plan gebunden zu halten.«[164] Nicht zuletzt der barsche Tonfall unterstrich die veränderten Kräfteverhältnisse, unter denen die inhaltlich wie personell auf dem Rückzug befindliche AHK dem Verlangen des Konzerns nachgab und am 13. Dezember 1952 die Anordnung Nr. 10 mit dem Flick-Entflechtungsplan verkündete.[165]

Fazit

Mit dem Ende 1952 erreichten Ergebnis konnte die FFKG-Führung zufrieden sein. Die mehrjährigen Bemühungen, die alliierten Demontage- und Dekonzentrationsprogramme abzuwehren, waren weitgehend erfolgreich abgeschlossen worden. Dem Abbruch für Reparationszwecke fiel im Westen nicht ein einziger Konzernbetrieb zum Opfer, und die Kontrolle über die Einzelunternehmen lag seit 1950 wieder in Flicks Händen. Zudem führten die geschickten Verhandlungen der FFKG-Manager mit den Vertretern der Besatzungsmächte sowie insbesondere die intensive Einspannung deutscher Landes- und Bundespolitiker zu einem milden Ausgang der Entflechtung. Dabei wurde das argumentative Potential, das die Souveränitäts- und Westintegrationsdebatte lieferte, gründlich ausgeschöpft. Die Eisenseite des Konzerns blieb bei rein kosmetischen Verschiebungen vollständig unter der Kontrolle Friedrich Flicks. Zugleich war mit Monopol eine ausreichende Brennstoffbasis gesichert und – was sich als wichtiger erweisen sollte – das eigenhändige Verkaufsrecht für den übrigen Steinkohlenbesitz durchgesetzt worden. Verkaufsbeschränkungen von praktischer Bedeutung unterlag die FFKG nicht. Somit barg die Mitwirkung westdeutscher Stellen an der Neuordnung und mehr noch die Anerkennung der Unternehmen bzw. ihrer Eigentümer als Anspruchsberechtigte den Schlüssel für das Comeback Flicks. Anders als die *Neue Zürcher Zeitung*, stellvertretend für viele Beobachter, schon Monate zuvor prophezeit hatte, stellte die Entflechtung nicht das »Ende des Flick-Konzerns« dar, sondern einen Neubeginn.[166]

164 FFKG (Kaletsch, Bedbur) an CCCG, 8.12.1952, BAK B 136/2461, Bl. 243; Vermerk. Betr. Flick-Plan, 17.12.1952, ebd., Bl. 244.

165 Anordnung Nr. 10, 13.12.1952, BAK B 102/60711; vgl. auch Gillingham, Coal, S. 301-312.

166 Das Ende des Flick-Konzerns, in: NZZ v. 2.8.1952, in: BAK B 102/60711; Das Ende eines Montankonzerns, in: Handelsblatt v. 7.7.1952, in: BAK B 102/60713; Friedrich Flick – ein letztes Mal als Dirigent, in: Deutsche Zeitung Nr. 56 v. 12.7.1952.

2. Konsolidierung, Mittelbeschaffung und Vergangenheitsabwicklung

2.1. Erfüllung der Entflechtungsauflagen

2.1.1. Rückzug aus der Steinkohle

Mit der Verkündung des alliierten Neuordnungsplans war eine Reihe von Auflagen verbunden, die zu erfüllen der Flick-Konzern sich verpflichtet hatte. Dazu zählten die Gründungen der Einheitsgesellschaften und die Abgabe der Maxhütte an die Holding der Flick-Söhne, vor allem aber die Veräußerung der Aktienmehrheiten an Harpen und der Essener Steinkohle binnen fünf Jahren. Der Verkauf der beiden Zechengesellschaften stieß zu Anfang der Fünfziger vornehmlich auf Schwierigkeiten auf der Abnehmerseite. So kurz nach Kriegsende verfügte kaum ein deutsches Unternehmen über ausreichende Mittel, um Transaktionen in dieser Dimension zu tätigen. Mit einem Aktienkapital von 127,6 bzw. 79 Mio. DM, an dem die FFKG nach der Entflechtung jeweils über 60 Prozent hielt, zählten Harpen und Essen vermögensmäßig zur Spitze der deutschen Nachkriegsunternehmen.[1] Da sich der deutsche Kapitalmarkt noch nicht ausreichend konsolidiert hatte, um über Kredite Übernahmen dieser Größenordnung zu finanzieren, versprach die Käufersuche kompliziert zu werden.[2]

Flick war dieses Problem durchaus vertraut. Schon einmal, 1932, hatte er – wenngleich in ungleich größerem Maßstab – auf der Suche nach potenten Erwerbern für die damals in Rede stehende Gelsenberg-Mehrheit nur zwei Möglichkeiten gesehen: einen Verkauf ins Ausland oder einen Handel mit dem Fiskus. Zwanzig Jahre später standen beide Optionen erneut zur Diskussion, allerdings mit dem entscheidenden Unterschied, daß die ausländische Offerte dieses Mal materiellen Gehalt besaß. Dessen ungeachtet stellte sie zunächst wiederum Drohpotential für die Verhandlungen der Konzernführung mit der öffentlichen Hand dar. Schon im Januar 1952, als sich die Umrisse des Entflechtungsplanes abzeichneten, trat Flick über Otto Lenz an die Bundesbahn heran, um dieser die Harpen-Beteiligung zur Eigenbedarfsdeckung anzubieten. Dabei versäumte Flick es nicht, frühzeitig darauf hinzuweisen, daß diese Variante aller Voraussicht die »einzige praktische Möglichkeit [darstelle], um den Besitz in deutscher Hand zu erhalten«.[3]

An der Position, »in erster Linie Interessenten aus deutschen Kreisen« zu berücksichtigen, hielt die FFKG auch in den folgenden Monaten, in denen die Gespräche mit dem Bundesverkehrsministerium stockten, offiziell fest. Daß zugleich Gerüchte über Verhandlungen mit französischen Bietern auftauchten, kam der Konzernführung – sofern sie diese nicht selbst lanciert hatte – nicht ungelegen, erhöhten sie doch den Druck auf die Bonner Verantwortlichen. Ent-

1 Siehe u. a. Gutenberg-Gutachten, o. D. [1952/53], BAK B 136/2462, Bl. 301, 345 f.
2 Warner, Steel, S. 177-179; Müller, Strukturwandel, S. 319 f.; Gall, Entlassung, S. 484.
3 Tgb. Lenz, 9.1.1952, S. 211 f. Flick an Adenauer, 3.7.1953, BAK B 136/2461, Bl. 281.

sprechende Presseberichte, die zusätzliche Nahrung durch Verhandlungen Krupps mit französischen Interessenten über die Zeche Constantin erhielten, dementierte die FFKG nur halbherzig.[4]

Dafür, daß die Flick-Führung zumindest das Terrain bereits sondiert hatte, sprach die rasche Entwicklung, die der Harpen-Verkauf 1953 nahm. Im März, ein Jahr nach den ersten Besprechungen zwischen FFKG und Bundesregierung, trat die klamme Bundesbahn von den Kaufplänen zurück. Keinen Monat später erwies sich die in Bonn gehegte Befürchtung, Flick werde nun ins Ausland verkaufen, als berechtigt. Ende April stand der Verkauf der Harpen-Majorität an die französische Gruppe Société Sidérurgique de Participations et d'Approvisionnement en Charbons (Sidéchar) in seinen Grundzügen fest. Von einem Kaufpreis von rund 200 Mio. DM war die Rede.[5]

Die Reaktionen innerhalb der Bundesregierung differierten erheblich. Während Ludger Westrick, Staatssekretär im Wirtschaftsministerium, sich »bestürzt« über das unabgesprochene Vorgehen Flicks zeigte[6], reagierte der Kanzler weitaus gelassener. Angesichts des günstigen Preises sah Adenauer keinen Anlaß, der FFKG Vorwürfe zu machen, und ordnete die Eigentumsverflechtung innerhalb der Montanunion als Schritt zur Westintegration ein. Entsprechend kooperierte das Bundeskanzleramt mit Flick, der sich wie üblich »sehr besorgt« gezeigt hatte, »daß die Presse ungünstig für ihn reagiert und [...] sich deshalb [...] die maßgebenden Journalisten vorknöpfen« wollte. Gemeinsam mit Flicks Öffentlichkeitsreferenten Günter Max Paefgen wurde eine Presseerklärung formuliert, die das mediale Echo in die richtigen Bahnen lenken sollte.[7] Der Harpen-Deal, so das schließlich herausgegebene Communiqué, trug demnach »dem Grundgedanken einer wirtschaftlichen europäischen Integration Rechnung«. Flick war über Nacht zum Pionier der europäischen Einigung geworden.[8]

In der Presse – die *ZEIT* schrieb von »Harpen Française«[9] – schlug die vorgegebene Deutung an, und auch Heinrich Dinkelbach war voll des Lobes sowohl für den entschlossenen Unternehmer als auch für den politischen Visionär Flick: »›F. F.‹ hat wieder seine Sache ›f.f.‹ gemacht. Er hat als Westeuropäer gedacht, und als solcher gehandelt: Wenn man die Montanunion für richtig hält,

4 FFKG (Kaletsch) an StS Lenz, 8.8.1952, BAK B 136/2461, Bl. 237; Flick-Zechen an Bundesbahn, in: Westdeutsche Neue Presse v. 3.9.1952, u. Die Bundesbahn und Flick, in: FAZ v. 8.9.1952 (Zitat), beide in BAK B 102/60713; Krupp-Verkauf – Keine interne Angelegenheit, DPA-Meldung v. 11.8.1952, in BAK B 136/2461, Bl. 50.

5 Seebohm an Adenauer, 9.3.1953; Betr. Neuordnung der Flick-A.G., 11.3.1953, beide ebd., Bl. 269, 246; Vermerk für den Herrn Staatsekretär, 20.3.1953 [Thiesing], BAK B 102/60713. Die Sidéchar war ein Konsortium französischer Montankonzerne.

6 Betr. Verkauf der Kohlenbeteiligung Flick, 29.4.1953 [Haenlein], BAK B 136/2461, Bl. 247.

7 Ebd.

8 [Unbetitelter Vermerk], o. D. [April 1953], ebd., Bl. 256; Zitat: FFKG (Paefgen) an Deconcentration Branch, 6.5.1953, NARA RG 466, Entry 28, Box 2.

9 Harpen Française, in: Die Zeit v. 7.5.1953, in: BAK B 102/60713; vgl. Friedrich Flick 75 Jahre, in: Industriekurier Nr. 104 v. 8.7.1958.

muß man sie auch praktisch durchführen.«[10] Flick ließ es aber nicht bei der proeuropäischen Interpretation bewenden. Um zugleich Vorwürfen vorzubeugen, nationale Interessen ans Ausland zu verkaufen, deutete er gegenüber der Presse an, zur Abgabe nach Frankreich durch die Entflechtungsauflagen verpflichtet worden zu sein. Dies rief erneut das Bundeswirtschaftsministerium auf den Plan. Erhard verstand Flicks Darlegungen nicht ohne Grund als Schuldzuweisung an sein Ressort, da sie Mutmaßungen Vorschub leisteten, die Bundesregierung habe auf eine rasche Erfüllung der alliierten Auflagen gedrängt. Tatsächlich war das Gegenteil der Fall. Erst kurz zuvor war eine Möglichkeit zur Verlängerung der Fünfjahresfrist ausgehandelt worden, von der etwa Krupp in den folgenden Jahren wiederholt Gebrauch machen sollte. In einem an Flick persönlich gerichteten Schreiben verlieh Erhard daher seiner Verärgerung über dessen Mehrdeutigkeiten Ausdruck und zeigte sich indigniert über die Informationspolitik des Konzernchefs.[11] Dieser hatte dem Wirtschaftsminister wie dem Bundeskanzler gegenüber behauptet, der jeweils andere habe dem Handel zugestimmt – wovon laut Erhard keine Rede sein konnte.[12]

Die Verstimmung in Bonn war nachhaltig, woran auch ein Brief Flicks an Adenauer einstweilen nichts zu ändern vermochte.[13] Insbesondere hatten die Ministerialbeamten aus der Geschichte des Flick-Konzerns offenbar Lehren gezogen und fürchteten, dieser könne zu einem späteren Zeitpunkt den angeblichen Zwang als Argument für Kompensationsansprüche gegen den Fiskus nutzen. Für wie wenig verläßlich man Flick im Grunde hielten, dokumentierten die schließlich erhobenen Forderungen, der Konzernherr solle die Bundesregierung in einer schriftlichen Erklärung von jeglicher Verantwortung und späterer Inanspruchnahme für den Harpen-Verkauf freistellen.[14]

Das einzige Pfand, über das die politische Führung in der Verkaufsfrage verfügte, stellten die währungsrechtlichen Bestimmungen dar. Der zwischen FFKG und Sidéchar vereinbarte Handel unterlag wegen der nach wie vor bestehenden Devisenbewirtschaftung der Zustimmungspflicht seitens der Bank deutscher Länder, die an das Votum der Bundesregierung gekoppelt war. Im Verkaufsvertrag, den die FFKG den Bonner Stellen im April 1954 präsentierte, war die Aufgliederung des auf umgerechnet 180 Mio. DM bezifferten Kaufpreises in zwei Margen vorgesehen. In frei konvertierbarer Währung sollten 103,5 Mio. DM

10 Dinkelbach an Huber, 20.5.1953, TKA NDI/37.

11 Erhard an Flick, Mai 1953 (Entwurf), BAK B 102/60713; Erhard an Flick, 3.6.1953, BAK B 136/2461 (Entwurf), Bl. 268-271; Erhard an Flick, 5.6.1953, BAK B 102/133993; zur Entwicklung bei Krupp s. u.

12 Westrick an Globke, 15.6.1953, BAK B 136/2461, Bl. 267; Vermerk für den Herrn Bundeskanzler, 29.6.1953 [Westrick], ebd., Bl. 275 f.

13 Flick an Adenauer, 3.7.1953, ebd., Bl. 281-283. Dauerhafte Schäden im Verhältnis zu Erhard hinterließ die Angelegenheit aber nicht.

14 Kab.-Ausschuß, 17.6.1953, ebd., Bl. 272; Herrn Ministerialdirektor Dr. Globke, 22.7.1953, ebd., Bl. 284; Vermerk. Betr. Verkauf der H-Majorität an französische Montangruppe, 27.4.1954, BADH B 102/424028.

beglichen werden, die übrigen 76,5 Mio. DM hingegen in Francs, deren Wiederanlage in »Westeuropa« der Flick-Konzern zusagte.[15] In dieser Fassung genehmigten das Kabinett und die Bank deutscher Länder Ende April den Handel, maßgeblich aufgrund des hervorragenden Preises und des erwarteten Valutagewinnes.[16] Um so größer war das Erstaunen, als die von der FFKG übermittelte Vertragsausführung davon eklatant abwich. Statt in freien Devisen oder in normalen DM sollte die Teilsumme von 103,5 Mio. nun in Sperrmark beglichen werden.[17] Während Flick sich auf den Standpunkt stellte, keinen Anteil an den französischen Forderungen zu haben, stießen die Änderungen in Bonn und Frankfurt auf ungeteilte Ablehnung. Die Bundesregierung setzte daher eine weitgehende, allerdings nicht vollständige Rückkehr zum genehmigten Verfahren durch, ehe im Sommer 1954 die Vertragsabwicklung beginnen konnte.[18]

Diese barg eine weitere unangenehme Überraschung für die beteiligten Ministerialvertreter. Bei der Durchsicht der eingereichten Unterlagen hatte man übersehen, daß darin vom Verkauf von rund drei Vierteln des Harpen-Kapitals die Rede war. Die FFKG verfügte jedoch nur über etwas mehr als 60 Prozent. Weitere Aktien im Nennwert von 20 Mio. DM mußten also hinzugekauft werden, was den Verkaufspreis spürbar nach unten korrigierte und die Prämissen der Genehmigung erneut unterlief. Wiederum flog die Irreführung durch die Flick-Vertreter, die behaupteten, den Fakt beiläufig erwähnt zu haben, aufgrund einer Außenhandelsfrage auf: Flick wollte 6,5 Mio. Harpen-Anteile von seinem alten Geschäftspartner Fentener van Vlissingen übernehmen. Diese sollten jedoch nicht in bar, sondern durch die Hergabe Essener Aktien bezahlt werden, die die FFKG für den parallel abgewickelten Handel mit Mannesmann nicht benötigte. Daß dies einen weiteren Abzug deutschen Bergbaubesitzes ins Ausland bedeutete, verzeichnete man im Bundeswirtschaftsministerium mißmutig, aber resigniert. Trotz aller Vorsicht hatten sich die Bonner Beamten täuschen lassen.[19]

15 Der Verkaufskurs von 188 % lag doppelt so hoch wie der Börsenkurs. Auch nach Abzug der Transaktionskosten in Höhe von rund 15 Mio. DM kalkulierte die FFKG bzw. ihre ausführende Tochtergesellschaft noch mit einem Nettoverkaufskurs von 172,5 %; Schreiben VerwGes für Steinkohlenbergbau und Hüttenbetrieb mbH (Kaletsch, Paefgen), 20.4.1954; FFKG (Kaletsch, Paefgen) an WiMin NRW, 22.4.1954, beide BADH B 102/424028.

16 Zum Problem des Dollardefizits s. Buchheim, Bundesrepublik.

17 Abschrift des Vertrages zwischen der VerwGes und der Sidéchar, BAK B 102/60713; Westrick an Globke, 11.5.1954 (Entwurf), BADH B 102/424028.

18 Pferdmenges an Adenauer, 12.6.1954, BAK B 136/2462, Bl. 401; Bank Deutscher Länder an BWiM, 8.5.1954; Westrick an Globke, 22.5.1954, beide BAK B 102/60713; Vermerk. Betr. Verkauf der Aktienmehrheit der Harpener Bergbau A.G. an die Sidéchar, 14.6.1954, BADH B 102/424028.

19 Paefgens Behauptung wurde von den beteiligten Kattenstroth (»ich habe dies nicht in Erinnerung«) und Westrick (»kein Wort davon!«) energisch zurückgewiesen; Kötter an Westrick über Kattenstroth, 13.10.1954 (handschriftliche Anmerkungen v. 14. u. 20.10.1954); VerwGes an BWiM, 23.10.1954; VerwGes (Kaletsch, Paefgen) an BWiM, 28.10.1954; Kaletsch an Kattenstroth, 20.11.1954, alle BAK B 102/60713.

Zeitgleich mit den Sidéchar-Verhandlungen trat die FFKG Ende 1952 in Gespräche mit der Mannesmann-Führung ein, die Interesse an der Essen-Mehrheit bekundete. Zwar reflektierte Mannesmann an sich nur auf jene Zechen, die industriell verwertbare Kohle förderten, eine Aufspaltung des Besitzes stand jedoch außer Diskussion. Weder war dies mit den Ergebnissen der Neuordnung vereinbar – die übrigen Zechen wären allein kaum lebensfähig gewesen – noch konnte der Flick-Konzern ein Interesse daran haben, auf dem nahezu unverkäuflichen Restbesitz sitzen zu bleiben. Der Mannesmann-Vorstand akzeptierte schließlich die Paketlösung, um die eigenen zuneigegehenden Kohlenvorräte aufzustocken. Nur die »besonderen Umstände« der alliierten Dekonzentrationspolitik, so Zangen, hätten überhaupt zu dieser einmaligen Gelegenheit geführt.[20] In der Preisfrage zogen sich die Verhandlungen bis in den Spätsommer 1953 hinein, ehe sich beide Seiten auf eine Summe von rund 65 Mio. DM für die 51prozentige Beteiligung an der Essener Steinkohle einigten.[21]

Der Eigentümerwechsel stieß jedoch auf ein anderes Hindernis. Im Flick-Entflechtungsplan war das Verkaufsverbot von Vermögensteilen an die Altkonzerne und ihre Nachfolgegesellschaften bis zu jenem Zeitpunkt verlängert worden, an dem der Überleitungsvertrag die Durchführung der Dekonzentrationsmaßnahmen garantieren sollte. Im Jahr 1952 hatten die Beteiligten in der Klausel kein Problem gesehen, da sie mit dem zügigen Inkrafttreten des Überleitungsvertrages gerechnet hatten. Ein Jahr später aber stand dies nach wie vor aus, und 1954 wurden sogar Neuverhandlungen erforderlich.[22]

So lange wollten jedoch die beteiligten Konzerne nicht warten. Daher begannen die Unternehmensspitzen im Herbst 1953, die Möglichkeiten einer Außerkraftsetzung des entsprechenden Passus' im Flick-Plan zu sondieren. Dabei setzten sie auf eine dreifache Begründung. Zum einen wurde mit der Nachfolgegesellschaft Consolidation Bergbau AG eine von der Mannesmann AG formal unabhängige, faktisch aber unter derselben Leitung stehende und dem Namen nach unverdächtige Käuferin vorgeschickt, um dem Eindruck neuerlicher Konzentrations- und Verflechtungsbestrebungen vorzubeugen. Zum zweiten stellte sich die FFKG auf den Standpunkt, man habe 1952 nur unter der Bedingung einer minimalen Geltungsdauer der Veräußerungsbeschränkung überhaupt der Entflechtung zugestimmt. Zum dritten betrachteten FFKG und Mannesmann die Beschränkung als Diskriminierung Westdeutschlands innerhalb der Montanunion, die nicht im Interesse der Bundesregierung sein konnte:

> »Eine weitere einseitige Behinderung freier Unternehmen durch alliierte Anordnungen ist in Anbetracht des Grundsatzes der Gleichberechtigung in einem europäischen Wirtschaftsrecht nicht länger zumutbar. [...] Auch die

20 Mannesmann an FFKG, o. D., [ca. Ende 1952] (Abschrift), MMA M 17.143; Zitat: Notiz über die Vorstandssitzung am 28.7.1953, MMA M 12.045.

21 Notiz, 10.9.1953 [Pohle]; [Protokoll], 3.10./5.11.1953, beide MMA M 17.142; Notiz über die Vorstandsbesprechung am 16.11.1953, MMA M 12.045.

22 Vgl. Schöllgen, Außenpolitik, S. 36-38; Kleßmann, Staatsgründung, S. 211-214.

Bundesregierung wird es sicherlich begrüßen, wenn die Durchführung des Gesetzes Nr. 27 mehr und mehr den Regeln der Montanunion untergeordnet wird, was im Falle des Verkaufes der Beteiligungen an der ›Essener Steinkohle‹ aus vielen Gründen praktisch möglich ist.«[23]

Während im Bundeswirtschaftministerium gewisse Zweifel an dieser Argumentation blieben[24], hielt sich die alliierte *Combined Coal Control Group*, an die sich die FFKG Ende Oktober 1953 direkt wandte, mit der Frage der Veräußerungsbeschränkung gar nicht erst auf, sondern sanktionierte kaum einen Monat später den Verkauf von Flicks Essener Aktien an die Mannesmann-Nachfolgegesellschaft als Sonderfall. Zugleich stellte sie fest, daß der Eigentümerwechsel keine übermäßige Konzentration im Steinkohlensektor bewirke, so daß auch die Genehmigung der Hohen Behörde der EGKS zwar nicht formal, wohl aber inhaltlich vorweggenommen wurde.[25] Anfang 1954 schlossen FFKG und Consolidation den Kaufvertrag.[26]

Für Mannesmann bedeutete die Kulanz der Alliierten das Signal zur angestrebten Wiederverflechtung. Schon 1955 schloß das Unternehmen die Rekonsolidierung seiner Teilgesellschaften inklusive der Essener Steinkohle unter einem Dach offiziell ab und erreichte als erster der nach dem Krieg zerlegten Montankomplexe wieder den Status eines vollintegrierten Bergwerks- und Hüttenkonzerns.[27] Einen ähnlichen Weg wählte Krupp. Dort entschieden Alfried Krupp sowie der neu berufene Generalbevollmächtigte Berthold Beitz frühzeitig, die alliierten Verkaufsauflagen zu unterlaufen, um die zersplitterten Konzernteile wieder zusammenzuführen. Krupp war, so die Maßgabe der Konzernführung, ein Stahlunternehmen und anders schlicht undenkbar. Einen Bruch mit der Unternehmenstradition, die Firmennamen und Stahlerzeugung fast ebenso synonym setzte wie der Volksmund, schlossen Beitz und Krupp aus. Von den im Entflechtungsplan vorgesehenen Veräußerungen kam lediglich der Verkauf einer Zeche tatsächlich zustande. In den übrigen Fällen griff der Krupp-Konzern jahrelang immer wieder auf die Fristverlängerungsoption zurück und ließ die Dekonzentrationsbestimmungen effektiv ins Leere laufen. Ein Jahr nach Alfried Krupps Tod 1967 wurden die Verkaufsauflagen schließlich auch offiziell aufgegeben.[28] Bis zu diesem Zeitpunkt hatte die Luxemburger Hohe Behörde mehr

23 Zitat: FFKG (Kaletsch, Schäfer) an BWiM, 17.10.1953; Mannesmann an Westrick, 14.10.1953, beide BAK B 102/133993.

24 Vermerk für den Herrn Staatssekretär, 22.10.1953 [Thiesing], BAK B 102/133993.

25 Lenz an Schwartz, 23.10.1953; Lamb an Disney, 30.10.1953, beide NARA RG 466, Entry 28, Box 28; FFKG (Kaletsch, Bedbur) an CCCG, 29.10.1953; Flick an Zangen, 24.11.1953; Anordnung Nr. 14. Ergänzung des Neuordnungsplanes und der Verteilung von Vermögenswerten, 25.11.1953, alle MMA M 17.142; FFKG (Kaletsch, Bedbur) an BWiM, 12.11.1953, BAK B 141/7471, Bl. 160 f.; vgl. Gillingham, Coal, S. 339 f.

26 Consolidation an Mannesmann, 5.1.1954 (Entwurf), MMA M 17.139.

27 Vgl. Bernett, Entflechtung, S. 328-331; ähnlich Hoesch und GHH, vgl. Gillingham, Coal, S. 354.

28 Vgl. Gall, Entlassung, S. 489 f., 496-501, 506-510; Müller, Strukturwandel, S. 320-329.

als 50 schwerindustrielle Zusammenschlüsse genehmigt, davon 34 auf dem Gebiet der Bundesrepublik, von denen 14 direkte Rückverflechtungen darstellten.[29]

Eine dezidiert andere Richtung schlug unterdessen der Flick-Konzern ein. Zwar blieb die FFKG bei der Auswahl ihrer Investments dem Stahl treu, die Rückwärtsintegration zum Kohlenbergbau, die in den zurückliegenden zwei Jahrzehnten eine hervorragende Rolle in der strategischen Planung gespielt hatte, verlor jedoch an Bedeutung. Dies zu erkennen, bedurfte es weniger hellseherischer Fähigkeiten als rascher Entschlußkraft. Schon Ende 1953 war im *Handelsblatt* zu lesen, daß die Konkurrenzfähigkeit der Kohle durch den wachsenden Einsatz von Gas und Öl ins Hintertreffen zu geraten drohe und die Zukunft der Branche höchst unsicher sei. Anderthalb Jahre später sprach Staatssekretär Westrick gegenüber Kaletsch von schweren Sorgen wegen des Ruhrkohlenbergbaus.[30]

Bei der Trennung von Essen und Harpen spielten diese Erkenntnisse noch keine Rolle, gaben hier doch der alliierte Zwang einerseits und der dringende Bedarf an flüssigen Mitteln andererseits den Ausschlag für die Verkaufsentscheidung. Allerdings reagierte die FFKG *nach* Abschluß der beiden Transaktionen auf die Veränderungen in der Kohlenbranche. Nicht nur verzichtete Flick auf die Reintegration von Zechen in seinen Konzern, sondern verringerte nun auch den Restbesitz an der Ruhr. 1955 gab die Maxhütte im Tausch gegen Beteiligungen aus dem Stahlerzeugungs- und Verarbeitungssektor ihre Monopol-Aktien an die Verwaltungsgesellschaft für Steinkohle und Hüttenbetriebe zurück.[31] Im folgenden Frühjahr verkaufte die Verwaltungsgesellschaft ihrerseits die Hälfte der Anteile, ein Jahr darauf weitere 24 Prozent, so daß der Flick-Konzern Ende der fünfziger Jahre nur noch eine Sperrminorität an der Zeche hielt. Angesichts der Auflösung des jahrzehntelang zentralen Selbstverbrauchsrechts zugunsten langfristiger Lieferverträge zu ähnlich guten Konditionen hatte Flick die »völlige Änderung in Bezug auf Kohlenförderung und Kohlenabsatzmöglichkeiten« erkannt.[32] Mit der fast vollständigen Abkehr von der Ruhrkohle bewies die FFKG-Führung zwar keine prophetische Gabe, aber doch ein gutes Timing. Die Anfang 1958 ausbrechende, zehn Jahre währende Bergbaukrise berührte den Flick-Konzern nicht mehr.[33]

29 Angaben für 1962, nach: Abelshauser, Wirtschaftsgeschichte, S. 245; s. Berghahn, Unternehmer, S. 281-284.

30 Neue Zechengruppe in sich ausgeglichen, in: Handelsblatt Nr. 147 v. 16.12.1953; Zitat: Westrick an Kaletsch, 26.3.1955, BAK B 102/133993; vgl. Nonn, Ruhrbergbaukrise, S. 26-31.

31 Betrifft: Verkauf Monopol, o. D. [1955]; Maxhütte an VerwGes, 16.12.1955, beide NMH-BA.

32 [Unbetiteltes Rede-Skript], o. D. [1957/58; Flick]; Eine Kohlenkombination zwischen Flick und Nürnberg, in: Deutsche Wirtschaftszeitung v. 28.3.1956, beide in NMH-BA.

33 Vgl. Nonn, Ruhrbergbaukrise; Abelshauser, Ruhrbergbau, S. 87-122.

2.1.2. *Die Reinvestitionen*

Rund eine Viertelmilliarde DM stand Flick Anfang 1955 aus den Steinkohletransaktionen zur Verfügung, eine gewaltige Summe liquider Mittel unter den noch keineswegs konsolidierten Besitzverhältnissen der westdeutschen Nachkriegswirtschaft. Ein Teil des Geldes mußte jedoch vereinbarungsgemäß im Ausland reinvestiert werden.[34] Zu diesem Zweck gründete die FFKG mit der Société de Gestions et de Participations »Mercure« S. A. R. L. einen französischen Zwilling der deutschen Merkur-Holding, mittels der die Maxhütte kontrolliert wurde. Auch die Mercure sollte vorwiegend Montanwerte aufnehmen, deren Erwerb Flick im August und September 1955 bei Westrick anmeldete. Mit 20 Prozent der Anteile stieg die Mercure zunächst bei der französischen Société des Aciéries et Tréfileries de Neuves-Maisons S. A., Châtillon, ein; in gleicher Höhe folgte kurz darauf die Beteiligung an der belgischen Société Métallurgique Hainaut-Sambre S. A.[35]

Die Entscheidung für Neuves-Maisons ging auf Erfahrungen aus dem Krieg zurück. Schon 1941 hatte Karl Raabe auf das »ausgezeichnet[e]« Hüttenwerk als potentielles Investitionsobjekt aufmerksam gemacht. Anfang der fünfziger Jahre zählte das um den Komplex in Châtillon erweiterte Unternehmen zwar nicht zu den größten französischen Stahlerzeugern der Kategorie de Wendel, stellte aber gute und stabile Verdienste in Aussicht. Zudem befand sich lediglich ein weiterer Großaktionär unter den Anlegern, so daß der Flick-Konzern auf Anhieb eine Kontrollposition einnahm. Und nicht zuletzt hatte die Investition einen mokanten Nebeneffekt: Neuves-Maisons war mit zwölf Prozent am Sidéchar-Konsortium beteiligt. Quasi durch die Hintertür erlangte die FFKG somit wieder einen gewissen Einfluß auf den soeben erst verkauften Ruhrbesitz.[36]

Nach Produktionskapazitäten und Marktanteilen stellte Hainaut-Sambre die bedeutendere Anlage dar. Das Unternehmen zählte zu den drei größten Stahlkomplexen Belgiens mit einer Rohstahlkapazität von rund einer Million Jahrestonnen. Auch in diesem Fall hatte die Düsseldorfer Konzernführung darauf geachtet, mit ihrem 20prozentigen Kapitalanteil ein Maximum an Verfügungsrechten zu erlangen und sich erneut für eine Publikumsgesellschaft mit dominantem Streubesitz entschieden, so daß die Mercure wiederum schlagartig zum Hauptaktionär avancierte.[37] Daß dies in Belgien unfreundlich aufgenommen wurde und Ministerpräsident Achille van Acker sich gar offen gegen »Personen, die als Kriegsverbrecher verurteilt wurden« als Aktionäre belgischer Unterneh-

34 Presse-Erklärung, o. D., BAK B 136/2461, Bl. 248; Harpen Française, in: Die Zeit v. 7.5.1953, BAK B 102/60713.

35 VerwGes an BWiM, 18.2., 6.8. u. 26.9.1955, alle BAK B 102/60713.

36 Raabe an Burkart, 8.11.1941, StAN Rep. 502, KVA, Handakten, B-269; Flick an Westrick, 6.8.1955, BAK B 102/133993; Solveen an [Westrick], 26.10.1955, ebd.

37 Flick an Westrick, 26.9.1955; Solveen an [Westrick], 26.10.1955, beide BAK B 102/133993.

men aussprach, konnte Flick kaltlassen.[38] Mit den Beteiligungen hatte er seine Verpflichtungen aus dem Sidéchar-Deal weitgehend erfüllt.

Darüber hinaus lag den Investitionen auch ein Muster zugrunde, das wohl nicht zufällig an die früheren Pläne erinnerte, von Rombach aus die südwestliche Flanke des Maxhütte-Absatzgebietes abzusichern. Dazu paßte, daß die Flick-Konzernführung 1954/55 ihre Fühler ins Saargebiet ausstreckte und einen Einstieg bei den Dillinger Hüttenwerken prüfte. Hermann J. Abs holte in Flicks Auftrag Informationen zum Zustand des Unternehmens ein. Allerdings materialisierten sich die Pläne, die auf die Idee zum Bau eines Südwestkonzerns hindeuteten, nicht. Zum einen ging dies auf die Konkurrenz der im nahegelegenen Neunkirchen vertretenen Otto-Wolff-Gruppe zurück, zum anderen auf das demonstrative Desinteresse, mit dem die Besitzer den Angeboten des Flick-Konzerns begegneten.[39] Die FFKG wandte sich daher wieder anderen Objekten zu, insbesondere der Maxhütte. Hier galt es, mit der staatlichen Beteiligung das letzte Erbe der Entflechtungspolitik zu beseitigen.

In Bayern wurde die Staatsregierung ihrer Beteiligung an dem oberpfälzischen Unternehmen nicht recht froh. Dies lag weniger an den wirtschaftlichen Ergebnissen – die Maxhütte schraubte ihre Produktionszahlen im Nachkriegsjahrzehnt annähernd auf das vor 1939 einschließlich des verlorengegangenen Werks in Unterwellenborn erreichte Niveau[40] – als an der nicht abreißen wollenden parlamentarischen und öffentlichen Diskussion um das finanzielle Engagement des Freistaats. Bereits Ende 1952, nur ein Jahr nach der Übernahme der Sperrminorität und just nach der Einigung zwischen Flick-Konzern und AHK über den Entflechtungsplan, erreichten die Münchener Regierung die ersten Gerüchte über Rückkaufabsichten Flicks. Zusätzliche Nahrung erhielten diese durch den FFKG-Eigner selbst, der zwar jegliches Interesse bestritt, sich im gleichen Atemzuge aber erbot, »im Hinblick auf die verschiedentlichen kritischen Bemerkungen in der Presse über den seinerzeitigen Erwerb [...] zum Rückerwerb und zwar mit einem nicht unwesentlichen Aufgeld bereit« zu sein.[41] Auch Andeutungen aus Bankenkreisen, der Mehrheitsaktionär Flick wolle das Kapital der Maxhütte erhöhen, die von dem Bundesland entweder eine zusätzliche finanzielle Belastung oder eine Verminderung seiner Beteiligung erfordert hätte, alarmierten Wirtschafts- und Finanzressorts gleichermaßen. Insbesondere Hanns

38 Gegen Flick-Beteiligung, in: Die Welt v. 22.5.1956, in: BAK B 102/60713.

39 Bülow-Schwante an O. W. v. Amerongen, 25.10.1954; Aktennotiz über die Besprechung am 6.10.1954; Aktennotiz über die Besprechung am 1.9.1954, 2.9.1954; Saarländische Industrie-GmbH an O. W. v. Amerongen, 14.4.1955, alle RWWA 72-95-3.

40 Höfer/Jericho/Knorr, Werk, S. 44.

41 StMin der Finanzen an StMin für Wirtschaft, 18.11.1952, BayHStA MWi 14036; Verhandlungen des Bayerischen Landtages. Stenographischer Bericht 127. Sitzung, 10.2.1953, S. 726. Zitat: Aufsichtsratssitzung der Eisenwerkgesellschaft Maximilianshütte am 24.11.1952, NMH-BA.

Seidel hielt es nicht für ausgeschlossen, daß die FFKG selbst Urheberin der Gerüchte war.[42]

Daß diese Vermutung nicht fernlag, unterstrich die zeitgleich ausgelöste Affäre um die Vorgeschichte des Erwerbs, die sich vor allem auf die Person des inzwischen zum Staatssekretär beförderten Richard Ringelmann kaprizierte. Den Anfang machte der Vorsitzende des Landesverbandes der Bayerischen Industrie, Otto Seeling. Der Verbandschef attackierte Ringelmann im November 1952 als »Träger einer staatskapitalistischen und staatssozialistischen Politik« und zog, unter Anführung der 26prozentigen Beteiligung an der Maxhütte, in Zweifel, »ob Herr Staatsekretär Dr. Ringelmann noch auf dem Boden einer bürgerlich-christlichen Grundauffassung steht«.[43] Der bayerische Ministerpräsident Ehard nahm seinen Staatssekretär zunächst in Schutz, sah sich jedoch bald darauf mit schwerwiegenderen Vorwürfen konfrontiert, als Seeling darauf hinwies, Flick – von dem er die Information erhalten hatte – sei seinerzeit in der Haft »wegen des Besitzes an der Maxhütte erpreßt worden« und habe nur deswegen dem späteren Angebot Ringelmanns zugestimmt.[44] Ehard war nun beunruhigt und ließ sich von Flick und Burkart über den Hintergrund der Höltermann-Episode aufklären. Zwar stellte Burkart den Unterschied zwischen den Gesprächen mit Höltermann und jenen mit Ringelmann sachlich richtig und betonte die Seriosität der Verkaufsverhandlungen ab 1949. Dessen ungeachtet zog Burkart aber eine Kontinuitätslinie im Sinne eines fortgesetzten staatlichen Interesses an der Maxhütte.[45]

In der Sache waren die Vorwürfe gegen Ringelmann damit entkräftet, seine Personalie blieb jedoch angesichts der überregional aufsehenerregenden Debatte, in deren Zuge sich die FFKG von dem Staatssekretär öffentlichkeitswirksam distanzierte, umstritten.[46] Vor allem aber färbte die Affäre auf die Beteiligungspolitik des Finanzministeriums ab, die fortan mit dem Ruch erpresserischer Methoden und »sozialistischer« Ziele behaftet war. Im Dezember 1952 war es Everhard Bungartz, der für die bayerische FDP den »merkwürdigen Kauf des Anteils von 26 Prozent an der Maxhütte« anprangerte und Ringelmanns Erklärungen als »fadenscheinig« zurückwies. Dezidiert knüpfte Bungartz an Seelings Vorwürfe

42 Seidel an Zietsch, 30.12.1952, ACSP NL Seidel Nr. 30; Zietsch an Seidel, 19.1.1953; Seidel an Zietsch, 28.1.1953, beide BayHStA MWi 14036.

43 Seeling an den 1. Vorsitzenden des Wirtschaftsbeirats der Union, 27.11.1952; Seeling an Ehard, 28.11.1952, beide BayHStA NL Ehard 1710; vgl. Moser, Unternehmer, S. 48f.

44 Ehard an Seeling, 9.12.1952; Zitat: Seeling an Ehard, 11.12.1952, beide ebd.; Seeling an Ehard, 27.12.1952, BayHStA MWi 14036.

45 Flick an Ehard, 18.12.1952; Ministerrat vom 23.12.1952; Beteiligung des bayerischen Staates an der Eisenwerk-Gesellschaft Maximilianshütte, 5.1.1953 [Burkart], alle BayHStA NL Ehard 1710; Maxhütte (Burkart) an Ehard, 5.1.1953, BayHStA NL Ehard 1708.

46 Grund dafür war die von Ringelmann aufgestellte Behauptung, der seinerzeitige Erwerb habe auch der Verhinderung eines Eindringens ausländischer Käufer gedient, die allenfalls in der Interpretation als nichtbayerische Interessenten eine gewisse Berechtigung hatte; Ringelmann, Staat, S. 14f.; vgl. die Zeitungsmeldungen v. 17./18.12.1952 in BAK B 102/60713.

an, und auch in der Folge vertrat die FDP-Fraktion unbeirrt den Standpunkt, es sei »keineswegs von der Hand [zu] weisen, daß irgendein Druck auf die Flick-Gruppe ausgeübt wurde«.[47]

Die Stimmung in der Staatsregierung schlug nun zugunsten einer Reprivatisierung der Maxhütte um, für die neben Seidel auch einflußreiche CSU-Politiker wie der Generalsekretär des Wirtschaftsbeirats der Union, Franz Elsen, der Ende 1953 Kontakt zur Familie Flick knüpfte, entschieden eintraten.[48] Damit war der Boden für ein aktives Eingreifen der Konzernspitze bereitet, die bis dahin Kontakt zu den wesentlichen Protagonisten der Privatisierungskampagne gehalten hatte, selbst aber im Hintergrund geblieben war. Im April 1954 trat Flick persönlich an Wirtschaftsminister Seidel und dessen Staatssekretär Willi Guthsmuths heran – statt an das bei fiskalischen Beteiligungen federführende Finanzressort wie beim Verkauf 1951 – und unterbreitete eine Offerte zum Einstandspreis zuzüglich fünf Mio. DM Aufschlag. Damit war ein Rollentausch innerhalb der Staatsregierung intendiert, denn in der Folge bereiteten Flick und seine Mitarbeiter die Rückabwicklung mit Seidels sowie Ehards Unterstützung und gegen Zietschs Widerstand vor.[49]

Widerstände kamen vorwiegend aus den Reihen der SPD, von den Gewerkschaften und vom Maxhütte-Betriebsrat, die in der Staatsbeteiligung eine Garantie für Arbeitsplatzsicherung und Ausbau des Sozialleistungsniveaus sahen.[50] In der parlamentarischen Debatte und Abstimmung befanden sich die Gegner des Wiederverkaufs aber in der Minderheit. Bemerkenswerterweise war der Antrag auf die Reprivatisierung nicht aus den Reihen der Landesregierung gekommen, sondern – namens der FDP-Fraktion – von Bungartz und Otto Bezold.[51] Entsprechend fiel auch in der Landtagsdiskussion Bungartz als »stärkster Befürworter« eines Verkaufs an Flick auf. Ihm zur Seite sprangen Elsen für die CSU und der stellvertretende Vorsitzende der Bayernpartei, August Geislhöringer. In der abschließenden Abstimmung votierte eine deutliche Mehrheit für den Verkauf und machte den Weg zur Reprivatisierung frei.[52]

47 Verhandlungen des Bayerischen Landtages. Stenographische Berichte 121. Sitzung, 17.12.1952, S. 500, 128. Sitzung, 11.2.1953, S. 764f., u. 134. Sitzung, 17.3.1953, S. 982.

48 Winkler an Elsen, 30.11.1953, ACSP NL Seidel Nr. 19; Elsen an Winkler, 9.12.1953; Winkler an Elsen, 14.12.1953, beide ACSP NL Elsen Nr. 2.8. II.

49 Seidel an Ehard, 22.4. u. 2.6.1954; Zietsch an Ehard, 24.6.1954; Flick an Ehard, 26.6. u. 10.7.1954, alle BayHStA MWi 14036; Auszug aus dem Protokoll des Ministerrats v. 20.7.1954, BayHStA StK 14186.

50 Vgl. Süß, Kumpel, S. 113f.

51 Hauge an Landesgewerbeanstalt, 17.5.1954, BayHStA MWi 14036. Bezold war FDP-Fraktionsvorsitzender, 1954-57 bayerischer Wirtschafts- und 1957/58 Innenminister.

52 Zitat: Verkaufen – beschließt der Landtag, in: SZ Nr. 176 v. 3.8.1954; Verhandlungen des Bayerischen Landtages. Stenographischer Bericht 210. Sitzung, 2.8.1954, S. 1208f.; Flick an Zietsch, 20.10.1954, BayHStA MWi 14036; Rundfunk-Interview betr. Veräußerung der Anteile des bayerischen Staates an der Max-Hütte [sic], 9.8.1954, ACSP NL Seidel Nr. 7a.

Auch die Parlamentswahlen im Dezember 1954 durchkreuzten diese Pläne nicht mehr. Zwar trat an die Stelle des von Ehard geführten CSU/SPD-Kabinetts nun ein Viererbündnis aus SPD, Bayernpartei, FDP und BHE. Allerdings zeigte sich bald, daß der zum Ministerpräsidenten gewählte, auf Konsens bedachte Wilhelm Hoegner nicht bereit war, die Koalition, in der mit Bezold und Geislhöringer prononcierte Befürworter des Verkaufs als Minister vertreten waren, aufs Spiel zu setzen. Lieber düpierte er seinen Finanzminister Zietsch.[53] Anfang April 1955 schlossen die bayerische Staatsregierung und die FFKG den Kaufvertrag. Für 33 Mio. DM wechselte die Sperrminorität erneut den Besitzer. Der Flick-Konzern verfügte nun wieder über die alleinige Kontrolle über die Maxhütte, ihr Vermögen, ihre Beteiligungspolitik und alle Personalfragen.[54]

Auf den ersten Blick bedeutete der Kaufpreis von 33 Mio. DM einen beachtlichen Zwischengewinn für die bayerische Staatskasse, die drei Jahre zuvor nur 20 Mio. DM für den Erwerb aufgewandt hatte. Die Ablösesumme erwies sich jedoch als weit weniger imposant, wenn man berücksichtigte, daß das Land die Maxhütte durch einen kontinuierlichen Einnahmeverzicht in Millionenhöhe subventioniert hatte. Das vom Vorstand in Sulzbach-Rosenberg Anfang 1952 vorgeschlagene Investitionsprogramm mit einem Volumen von über 50 Mio. DM war von Flick, der bei Ausgaben in dieser Höhe traditionell bremste, lediglich aufgrund der weitgehenden Steuerzugeständnisse der Münchener Behörden bewilligt worden. So verzichtete der Fiskus nicht nur auf seinen Dividendenanspruch, sondern erlaubte auch die Abschreibung von 50,3 Mio. DM für Investitionen, die steuerfreie Rückstellung weiterer 6,3 Mio. DM in der Bilanz und die Körperschaftssteuerreduzierung mit einem Effekt von 7,8 Mio. DM allein in den Geschäftsjahren 1951/52 und 1952/53. Bei insgesamt 76 Mio. DM, welche die Maxhütte seit dem Einstieg des Freistaates für Investitionen aufgewandt habe, so resümierte Zietsch 1955, seien 60 Mio. DM offiziell aus Eigenmitteln erbracht, tatsächlich aber in weitestgehender Form durch den Steuerverzicht refinanziert worden.[55] Die Kaufpreisdifferenz wurde somit durch die in der Zwischenzeit erfolgte Wertsteigerung kompensiert, der positive Effekt bei den

53 Maxhütte wird nicht zum Zankapfel, in: Münchner Merkur Nr. 12 v. 14.1.1955; Zur Frage der Veräußerung der Beteiligung des bayerischen Staates an der Eisenwerk-Gesellschaft Maximilianshütte [1955]; Protokoll des außerordentlichen Ministerrats v. 17.1.1955, beide BayHStA StK 14186.

54 Vormerkung, 22.3.1955; Ministerratsprotokoll, 28.3.1955, beide ebd.; Vertrag zwischen dem Freistaat Bayern und der Friedrich Flick KG sowie der Merkur Gesellschaft, 4.4.1955, BayHStA MWi 14036; Flick kauft die Maxhütte, in: FAZ v. 30.3.1955 (in BAK B 102/60714).

55 Niederschrift über die Sitzung des Beirats der Eisenwerk-Gesellschaft Maximilianshütte am 26.3.1952, NMH-BA; Vermerk zur Frage eines Verkaufs der Beteiligung des Bayer. Staates an der Eisenwerk-Gesellschaft Maximilianshütte, 24.6.1954 [Zietsch], BayHStA MWi 14036; Zietsch an Hoegner, BayHStA StK 14186. Darin waren nicht die bereits vor 1951 gewährten hohen Steuer- und Zinserleichterungen u. a. beim Lastenausgleich enthalten; Niederschrift über die am 20.5.1950 geführten Verhandlungen, 20.5.1950, AHStL Metallhüttenwerke Nr. 210.

seinerzeitigen Entflechtungsverhandlungen geriet unter dem Strich zum Gratisbonus.

Auch beim HOW Lübeck wurden die günstigen Rahmenbedingungen der fünfziger Jahre für ein umfangreiches Investitionsprogramm genutzt. In den Geschäftsjahren 1948/49 bis 1954/55 wandte das Unternehmen für Neubauten mehr als das Doppelte seines Stammkapitals (16 Mio. DM) auf, davon flossen annähernd 28 Mio. DM in die Produktions- und Verkehrsbetriebe. Die zeitliche Staffelung der Neubauschwerpunkte entsprach dabei der in den Jahren der alliierten Entflechtungspolitik gestärkten Diversifizierungsstrategie, das heißt bis 1951/52 wurden vor allem die Nichteisen-Sparten gestärkt[56] Hingegen wurden im Jahr darauf, just nach der Freistellung von der Neuordnung, umgehend Gelder in den Ausbau des Unternehmenskerns, die Hochöfen, geleitet. Allein in den folgenden zwei Jahren floß mit über 5,5 Mio. DM eine höhere Summe in den Hochofenbetrieb als in jeden anderen Unternehmensteil in der gesamten Spanne zwischen 1948 und 1955. Das Lübecker Werk feierte, jetzt, wo die Frage der Branchenzugehörigkeit nicht länger essentiell war, gewissermaßen sein Comeback als Roheisenproduzent.[57] An der Namensänderung, die man der AHK als äußeren Beleg der Neuausrichtung angeboten hatte, hielten Flick und Rohde angesichts der tatsächlich erreichten Diversifizierung jedoch fest. Seit dem 29. Januar 1954 firmierte das Unternehmen als Metallhüttenwerke Lübeck AG (MHW).[58]

Der technischen Konsolidierung Lübecks entsprach die kapitalmäßige Festigung des Konzernbesitzes. Bis Anfang 1956 baute die FFKG ihre Beteiligung auf über 96 Prozent aus.[59] Ebenso wie bei der Maxhütte verfolgte die maximale Majorisierung das Ziel, den ausschließlichen Zugriff auf die Unternehmenslenkung unter weitgehender Ausschaltung von Rechenschaftspflichten zu erreichen. Nicht zuletzt ging es Flick darum, mit den beiden Firmen zwei Plattformen zu kontrollieren, von denen aus industrielle Angliederungen unauffällig vorgenommen und gegebenenfalls mittels der Anlagensicherheiten kreditfinanziert werden konnten.[60] Beide Unternehmen, jeweils unter der Leitung langjähriger Vertrauter Flicks, sollten in den folgenden Jahren zentrale strategische Funktionen als Verschiebebahnhöfe für die Beteiligungspolitik des Konzerns erfüllen.

56 Investierungsantrag Hochofenwerk Lübeck AG, 1.6.1951, AHStL Metallhüttenwerke Nr. 282; Vorläufiger Bericht der Hochofenwerk Lübeck AG für die Monate Januar/Februar 1952, AHStL Metallhüttenwerke Nr. 118; FFKG (Schäfer) an CSG (Unger), 9.2.1952, BAK B 102/60714; Gutachten über den Wert der Sachanlagen der Metallhüttenwerke Lübeck AG am 31.12.1955, AHStL Metallhüttenwerke Nr. 302.

57 Lübeck an LMin für Wirtschaft, 16.10.1952, AHStL Metallhüttenwerke Nr. 284; Gutachten über den Wert der Sachanlagen [wie Anm. zuvor].

58 Bericht vom 14.7.1955 über die Betriebsprüfung, AHStL Metallhüttenwerke Nr. 285.

59 Grabowski an Deuss (ARV Buderus), 19.2.1956, AHStL Metallhüttenwerke Nr. 144.

60 Das HOW Lübeck gab 1953 Teilschuldverschreibungen in Höhe von acht Mio. DM für die Beteiligungsakquise aus; bei der Maxhütte erfolgte der Rückkauf mit Hilfe der für die Bereitstellung von Risikokapital bekannten Investitions- und Handelsbank von Rudolf Münemann; vgl. Leben und Arbeit, S. 315; Vormerkung, 22.3.1955; Ministerratsprotokoll, 28.3.1955, beide BayHStA StK 14186.

2.2. Restitution ohne Wiedergutmachung

Auf dem Weg zur Monopolisierung der Lübecker Aktionärsversammlung galt es für Flick indes, ein wichtiges Hindernis zu überwinden: die Restitutionsansprüche der jüdischen Alteigentümer, namentlich der Familie Hahn, deren Verdrängung er 1937 herbeigeführt hatte. Da auch die Petschek-Erben bald Rückerstattungsforderungen erhoben, stellten die Restitutionsverhandlungen neben den Entflechtungsauflagen die zweite große Altlast dar, welche die FFKG-Führung in den fünfziger Jahren abzutragen hatte, ehe sie sich vollständig auf den Neuaufbau konzentrieren konnte. Die langjährigen Auseinandersetzungen um die Rückgabe »arisierten« Eigentums bildeten, nach dem Nürnberger Prozeß, der Entnazifizierung und der Dekonzentration, zugleich den Abschluß der von den Siegermächten erzwungenen Auseinandersetzung mit der NS-Vergangenheit.[61] Seine besondere Brisanz erhielt dieser Teil der Wiedergutmachungspolitik dabei einerseits aus der rechtlichen Konstellation, in der die Flick'schen Unternehmen als Pflichtige ihren vormaligen Opfern als Berechtigte in direkter Konfrontation gegenüberstanden[62], zum anderen aus dem Umstand, daß inhaltlich dieselbe Materie verhandelt wurde, die soeben erst vor dem Nürnberger Tribunal ausführlich ausgebreitet worden war. Dies sollte eine entscheidende Rolle für die Tatsachenermittlung spielen und drohte die konzerninterne Vergangenheitsbewältigung zu konterkarieren.

Dabei war es nicht ohne Ironie, daß just der »Fall 5« die alliierte Aufmerksamkeit verstärkt auf die Rückerstattungsproblematik in der westdeutschen Schwerindustrie richtete. Zwar hatten bereits nach Kriegsende emigrierte jüdische Vorbesitzer, darunter die Ignaz-Petschek-Gruppe, bei den Besatzungsbehörden in großer Zahl Ansprüche geltend gemacht[63], eine systematische Datenerhebung durch die Treuhandverwaltung erfolgte aber erst 1947 im Zuge der Nürnberger Verhandlungen gegen Flick und seine Mitarbeiter.[64] Gleichwohl dauerte es infolge der uneinheitlichen gesetzlichen Regelungen in den Westzonen noch zwei weitere Jahre, ehe den Konzern offizielle Rückgabeforderungen erreichten. Erst als auch die britische Militärregierung im Mai 1949 ein eigenes, inhaltlich der amerikanischen Vorgabe folgendes Rückerstattungsgesetz erließ, konnten die in Frage kommenden, sämtlich in der britischen Zone gelegenen Flick'schen Unternehmen belangt werden.[65]

61 Goschler, Schuld, S. 7.

62 Winstel, Gerechtigkeit, S. 190-202; Lillteicher, Raub, S. 19; allgemein zur Wiedergutmachung: Goschler, Schuld; zum umstrittenen Begriff: Herbst, Einleitung, S. 7-13; Hockerts, Wiedergutmachung, S. 9-12.

63 Fides Union Fiduciaire an OMGUS/Property Control Branch, 1.5.1946, BAK Z 45 F 11/12-2/29; vgl. Winstel, Gerechtigkeit, S. 25, 191.

64 Akten-Notiz, 18.5.1947, BAK B 109/1816, Bl. 15; Linz (VSt) an Dinkelbach, 21.5.1947, ebd., Bl. 17. Die Lübecker Leitung meldete Fehlanzeige – formal korrekt, da nicht nach selbst »arisierten« Unternehmen gefragt worden war; HOW an Treuhandverwaltung, 29.1.1948, AHStL Metallhüttenwerke Nr. 281.

65 Vgl. Goschler, Schuld, S. 103-110; Lillteicher, Raub, S. 53-76.

Zwar bestanden für die Rückerstattung verschiedene Anknüpfungsmöglichkeiten im deutschen Zivilrecht[66]; gleichwohl erwiesen sich in der Praxis die Fragen von Nachzahlung und Naturalrestitution regelmäßig als dermaßen kompliziert und unwägbar, daß in mehr als zwei Dritteln aller Rückerstattungsfälle der Vergleichsweg beschritten wurde. Nicht zuletzt verringerten außergerichtliche Einigungen die öffentliche Aufmerksamkeit und somit die Gefahr von Imageschaden gerade für bundesweit operierende Großunternehmen.[67] Auch die drei zentralen Restitutionsfälle, mit denen sich die FFKG konfrontiert sah[68] – Lübeck, Julius- und Ignaz-Petschek –, schwenkten schließlich auf Vergleichslösungen ein. Die strategischen und argumentativen Muster der Flick-Seite ähnelten sich dabei in hohem Maße. Die entscheidenden Unterschiede – Dauer, Intensität und Komplexität der Auseinandersetzungen – waren hingegen den differierenden rechtlichen Voraussetzungen und den beträchtlich variierenden Machtkonstellationen geschuldet.

So betrafen die Forderungen auf Rückgabe von rund 6,5 Mio. DM HOW-Aktien, die Rudolf Hahn im Juli 1949 stellvertretend erhob[69], nicht nur Flick, sondern auch Mannesmann, dessen Führung bei der Übernahme der Hahn'schen Werke massiv auf die Abgabe der nutzlosen Minorität gedrängt hatte. Anders als die FFKG-Leitung, die infolge des Kriegsverbrecherprozesses planerisch weit zurückgeworfen worden war, hatte sich der Mannesmann-Vorstand um Wilhelm Zangen frühzeitig mit dem Gedanken einer möglichen Rückerstattung vertraut gemacht und erste Fühler zu einer Verständigung mit den Hahns ausgestreckt. Schon Ende Oktober 1949 einigten sich beide Seiten auf eine Grundsatzvereinbarung, die den Familien Hahn und Eisner 55 Prozent der wieder zu gründenden Hahn'schen Werke zusprach und im Gegenzug alle weiteren Restitutionsforderungen gegen Mannesmann ausschloß.[70]

Die schnelle und unkomplizierte Einigung überraschte angesichts der harschen Worte, die Rudolf Hahn noch in Nürnberg für Zangen gefunden hatte: »Ich habe mich krank geärgert über diesen Mann. [...] Zangen ist ein Mann

66 Winstel, Gerechtigkeit, S. 121; Lillteicher, Raub, S. 84, 231.

67 Schwarz, Wiedergutmachung, S. 34-36; Goschler, Schuld, S. 204. Infolge der Präferenz für Vergleichslösungen sowie durch den Schwerpunkt, den die jüngere Forschung auf den gesellschaftlichen Charakter sowohl der »Arisierungen« als auch im Umkehrschluß der Restitutionen gelegt hat, sind die quantitativ herausragenden Fälle der Großunternehmen stark unterbelichtet geblieben; als Ausnahme vgl. den Fall Rosenthal bei Lillteicher, Raub, S. 180-98, und die Hinweise bei Münzel, Mitglieder, S. 344-407.

68 Die wertmäßig unbedeutenderen Restitutionsfälle, darunter eine große Zahl von Grundstücken, bleiben im Folgenden unberücksichtigt. Zu der geringfügigen Rückerstattung an die Erben Felix Benjamins (Rawack & Grünfeld) 1952/53 s. AHStL Metallhüttenwerke Nr. 204.

69 Rohde an Burkart, 27.7.1949, AHStL Metallhüttenwerke Nr. 89.

70 Rückerstattung Hahnsche Werke AG, 21.4.1949; Betr. Hahnsche Werke AG, Fragen im Zusammenhang mit dem zu erwartenden Rückerstattungsgesetz für die britische Zone, 22.4.1949; Garantie-Abkommen, 20.10.1949, alle MMA M 70.015.

ohne jede moralische Grundlage, das heißt er ist geboren asozial [sic], er hat kein Gefühl, was ist recht und was ist unrecht. Zweifellos glaubt er, daß das, was er getan hat, vollkommen in Ordnung geht.«[71] Offenbar hatten sich die Hahns – im Wissen, daß ein Rechtsstreit unkalkulierbare rechtliche und unternehmerische Risiken barg – zu einer strikt professionellen Einstellung durchgerungen, um in die deutsche Industrielandschaft zurückzukehren. Auch in den folgenden Jahren wurden etwaig fortbestehende persönliche Vorbehalte nicht nach außen getragen.[72] Aus der Perspektive Mannesmanns bedeutete die Vereinbarung einen vollen Erfolg. Nicht nur war man die Sorge um endlose Rechtsstreitigkeiten und eine unsichere Unternehmensführung los, auch die Dekonzentrationsbestimmungen wurden für die restituierten Betriebe ausgesetzt. Besser noch, räumte Zangen gegenüber Kaletsch freimütig ein, man habe »die ganzen Gewinne von 1938 bis zur Gegenwart behalten«, selber »kein[en] Pfennig« in die Hahn'schen Werke investiert und behielt nun immerhin 45 Prozent der Anteile.[73]

Weniger erfreut zeigte sich die FFKG-Führung über den geschickten Schachzug Zangens. Nach der Verständigung der Hahns mit Mannesmann war nun allein der Flick-Konzern als potentiell Rückerstattungspflichtiger mit dem Odium des Ariseurs behaftet. Regelrecht empört äußerten sich Kaletsch und Flick über die Mannesmann-Führungsetage, die »auf unserem Buckel noch einmal ein großes Geschäft mit den Hahns [...] landen« und zudem verlauten ließ, Flick habe die »Arisierung« doch seinerzeit engagiert betrieben – »eine komplette Unwahrheit und Unverschämtheit«, wie Flick aus der Haft heraus schäumte.[74]

Entsprechend verschärften sich die anfangs noch höflichen Verhandlungen mit den Hahns 1950 um so spürbarer, je mehr diese die Verantwortlichkeit Flicks für ihre damalige Verdrängung aus dem Lübecker Unternehmen als moralische Grundlage der Rückgabeansprüche anführten. Daß das britische Rückerstattungsgesetz den gutgläubigen Erwerb für nach den Nürnberger Rassegesetzen erfolgte »Arisierungen« von vornherein ausschloß[75] und auch Flicks Behauptung, mit der Übernahme aller HOW-Aktien den Hahns uneigennützig geholfen zu haben, von diesen strikt zurückgewiesen wurde, erschwerte die Auseinandersetzungen

71 Vernehmung des Rudolph [sic] Hahn am 15.10.1947, StAN Rep. 502, KVA, Interrogations, H-14.

72 Ansprache von Herrn Rudolf Hahn an die Aufsichtsratsmitglieder, den Vorstand und die Belegschaftsvertreter Werke A.G. am 8.6.1955, MMA M 70.021; vgl. Wessel, Hahnsche Werke, S. 459.

73 Ergebnis der Besprechung mit Herrn Generaldirektor Zangen, Mannesmann, 19.6.1950 [Kaletsch], AHStL Metallhüttenwerke Nr. 204; McCloy an Adenauer, 24.5.1951, BAK B 102/60662.

74 Zitate: Kaletsch an Burkart, 18.8.1950, u. Flick an Kaletsch, 15.7.1950, beide AHStL Metallhüttenwerke Nr. 204.

75 ESt an Wiedergutmachungsamt LG Düsseldorf, 19.3.1950, ebd. Zur westdeutschen Diskussion um die vermeintliche Schädigung loyaler Erwerber vgl. Lillteicher, Raub, 53 f., 59, Goschler, Schuld, S. 103-105, 206.

zusätzlich.[76] Der Vergleich vor der Wiedergutmachungskammer, den beide Parteien im Sommer 1951 dennoch akzeptierten, kam daher in erster Linie zustande, weil die Beteiligten den langen und ungewissen Rechtsweg scheuten. Im Juli nahmen die Hahns das Angebot Flicks über eine Minderheitsbeteiligung von rund zwei Mio. DM HOW-Aktien an, die intern zwischen den Familien Hahn und Eisner aufgeteilt wurden.[77]

Eine dauerhafte Partnerschaft resultierte daraus jedoch nicht, denn Flick erwarb die HOW-Aktien nach Abschluß der Neuordnung bald zurück. Wenig besser erging es Rudolf und Peter Hahn in der vermeintlich freundschaftlichen Kooperation mit Mannesmann. Schon 1953 mußten sie feststellen, daß sich Zangen hinter ihrem Rücken mit den Eisners verständigt hatte, deren Anteile zu übernehmen, so daß die Hahns nur noch eine Minorität stellten. Weitere fünf Jahre später drängte die Mannesmann-Führung erfolgreich auch auf den Erwerb der Hahn'schen Familienanteile. Die Rückerstattungsbilanz am Ende des Jahrzehnts wies auf der Habenseite der Hahns somit zwar einen Teil ihres verlorenen Vermögens aus, ihre industrielle Position jedoch hatten sie nicht wahren können.[78]

Noch ehe Flicks Anwälte im Juli 1951 den Vergleich mit den früheren HOW-Eignern geschlossen hatten, stand bereits der nächste Rückerstattungskomplex an. Die Erben Julius Petscheks hatten schon im Zuge des Nürnberger Verfahrens unterstrichen, daß sie beim Verkauf der AKW-Anteile 1938 unter Druck zu einem unangemessen niedrigen Preis verkauft hatten.[79] Die Antragsstellung verzögerte sich indes bis 1950/51, da die Ansprüche beider Petschek-Zweige in einem entscheidenden Punkt schwieriger gelagert waren als jene der Hahns: Die fraglichen Vermögenswerte befanden sich nur in Gestalt der AKW-Aktien innerhalb der westdeutschen Grenzen, die eigentliche Substanz jedoch in der DDR. Dies stellte zum einen die Frage nach dem in den alliierten Rückerstattungsgesetzen verankerten Territorialitätsprinzip, das nur Entziehungen im Bundesgebiet umfaßte[80], zum anderen nach dem Gegenstand, auf den sich das Restitutionsbegehren richtete. Beide Probleme kennzeichneten die juristischen Auseinandersetzungen, die sich die Julius-Petschek-Gruppe und die FFKG sowie deren Tochter-

76 Aktenvermerk Hahn'sche Werke, o. D. [Flick]; Aktenvermerk, 26.4.1950 [Flick], AHStL Metallhüttenwerke Nr. 204; zur verbreiteten »karitativen« Umdeutung von »Arisierungen«: Lillteicher, Raub, S. 139.

77 Herrn Generaldirektor Zangen, 12.7.1951 [Pohle], MMA M 70.015; FFKG an HOW Lübeck, 21.6.1951, BAK B 109/4977, Bl. 26. Auch den früheren Warburg-Eignern wurden geringe Kontingente rückerstattet; Notiz für Herrn Direktor Rohde aus dem Sekretariat Kaletsch, 19.6.1951, ebd., Bl. 27f.

78 Ansprache von Herrn Rudolf Hahn am 8.6.1955; Zur Umwandlung der Hahnsche Werke AG auf die Mannesmann AG, 28.10.1958, beide MMA M 70.021; vgl. Münzel, Mitglieder, S. 368f.

79 H. Petschek an OCCWC/Kempner, 19.12.1946, NARA, RG 238, Entry 193, Box 8; Subject: Friedrich Flick Case, 22.1.1947 [Kempner], NARA RG 238, Entry 159, Box 2.

80 Erst das Bundesrückerstattungsgesetz von 1957 erweiterte die territoriale Einschlägigkeit, vgl. Lillteicher, Raub, S. 399-409; Hockerts, Wiedergutmachung, S. 13.

gesellschaften im folgenden Jahrzehnt lieferten, und wurden noch zusätzlich dadurch verkompliziert, daß die Petscheks gleich zwei Anträge gestellt hatten: einen in Düsseldorf auf die Nachzahlung der fehlenden Kaufsumme, den zweiten in Berlin auf Herausgabe der AKW-Aktien. Juristisch warf dies die Frage auf, ob die Anträge konkurrierten und sich möglicherweise wechselseitig ausschlossen, wie Flicks Rechtsexperten argumentierten. In der Tat wiesen die Wiedergutmachungskammern der Landgerichte in Düsseldorf 1953 und in Berlin 1956 auch aufgrund dieser Erwägungen die Anträge der Julius-Petschek-Vertreter ab.[81]

Neben den umstrittenen Punkten des gesetzlichen Anwendungsbereiches und der gerichtlichen Zuständigkeit kamen jedoch immer wieder auch Fragen zur Sprache, in denen die inhaltliche Brisanz des Rechtsstreits durchschien. Dies galt insbesondere für die Aktiv- und Passivlegitimationen der beiden Parteien. Hinter den abstrakten juristischen Vokabeln verbarg sich der doppelte Dissens, ob es sich bei der Transaktion mit der United Continental Corporation (UCC) 1938 überhaupt um eine »Arisierung« gehandelt hatte und wer der eigentliche Ariseur war. In exaktem Rollentausch zu den Kaufverhandlungen waren es die Petscheks, die nun ihre Besitzverhältnisse der amerikanischen Tarnung entkleideten, während Flicks Prozeßvertreter sich auf den – schon in Nürnberg bezogenen – Standpunkt stellten, nie mit jüdischen, sondern ausschließlich mit US-Repräsentanten verhandelt zu haben, auf die ein rassenpolitischer Druck gar nicht auszuüben gewesen sei. Während sich die Düsseldorfer Richter dieser Tatsachenverdrehung nicht anschlossen, folgten sie gleichwohl der Flick'schen Behauptung, nicht rückerstattungspflichtig zu sein, weil man im Auftrag und unter Druck der Vierjahresplanbehörde gehandelt habe.[82] Damit reflektierte die gerichtliche Entscheidung das weit verbreitete deutsche Verständnis der »Arisierungen« als staatliches Programm, für das private Nutznießer allenfalls marginale Verantwortung trugen.[83] Insbesondere nahm die Wiedergutmachungskammer nicht zur Kenntnis, daß die FFKG-Anwälte just jene Auftrags-Klausel als Beweis für den staatlichen Charakter der Transaktion anführten, die Flick seinerzeit in den Kaufvertrag mit der UCC eingeschleust hatte. Die 1938 gewählte Strategie, den Staat als stillen Vertragspartner in das »Arisierungs«projekt einzubeziehen, hatte sich damit bezahlt gemacht.[84]

Die Revisionsinstanzen verwiesen beide Fälle 1957 wieder zurück an die Landgerichte. Die auf den ersten Blick im Gleichschritt erfolgten Entscheidungen fielen in der Sache denkbar gegensätzlich aus. Während das nur mit deutschen Richtern besetzte Kammergericht in Berlin vor allem formale Mängel rügte, im übrigen aber die Zuständigkeit verneinte, widmete sich das Oberste Rückerstat-

81 Beschluß. In der Rückerstattungssache 1. der UCC [...] gegen 1. die Firma Friedrich Flick K.G. [...], 30.5.1953; Beschluß. In der Rückerstattungssache der UCC gegen die Mitteldeutschen Stahlwerke, 12.1.1956, beide RWWA 72-15-6.

82 Beschluß. In der Rückerstattungssache der UCC gegen die Firma Friedrich Flick KG, 30.5.1953, RWWA 72-15-6.

83 Lillteicher, Raub, S. 53f., 495f.; Goschler, Schuld, S. 103-105, 206.

84 Vgl. oben S. 405f.

tungsgericht in Herford, ein Kollegium aus alliierten und deutschen Richtern[85], ausführlich den inhaltlichen Argumenten, welche die Parteien vorgebracht hatten. Unter minutiöser Auswertung der Nürnberger Dokumente ließen die Richter keinen Zweifel an der tragenden Rolle Flicks bei Planung und Durchführung der »Arisierung« und legten dem Landgericht auf, seinen Beschluß unter dieser Prämisse neu zu fassen.[86]

Dennoch hatte der Spruch der Revisionsinstanz aus Sicht der Petscheks einen wunden Punkt: Hinsichtlich der Auswirkungen der deutschen Teilung und der Sozialisierungsmaßnahmen in der SBZ auf ihre Rückerstattungsansprüche war eine klare Empfehlung ausgeblieben. Ob der moralische Sieg auch materielle Folgen haben würde, blieb somit ungewiß, zumal die Rechtshändel in den folgenden Jahren unvermindert andauerten. Nach mehr als einem Jahrzehnt von Verhandlungen, Gutachten und Prozeßführung bewahrheitete sich daher die Einschätzung, die Rudolf Harmening, ein von der FFKG vielfach konsultierter Rückerstattungsexperte, schon 1957 geäußert hatte: »Flick vergleicht alles.«[87] Im Frühjahr 1962 einigten sich beide Seiten auf die Rückgabe von 50 Prozent der AKW-Aktien gegen einen Verzicht auf sämtliche rückerstattungsrechtlichen Ansprüche. Ein echtes Opfer Flicks stellte dies schwerlich dar. Ein Jahr nach dem Mauerbau hatten die in den Anteilsscheinen verkörperten Verfügungsrechte allenfalls noch theoretische Bedeutung.[88]

Wenn die Auseinandersetzungen über die Restitution des Julius-Petschek-Besitzes schon nicht leicht waren, so gestalteten sich die Verhandlungen in der Ignaz-Petschek-Sache noch ungleich schwerer. Nicht nur mußte erneut in zahlreichen Einzelfragen wenig bekanntes Terrain im Schnittbereich von alliiertem Rückerstattungs- und deutschem Zivilrecht vermessen werden. Ebenso spiegelten sich in dem Streit getreulich die Winkelzüge der hochkomplizierten »Arisierung« von 1939 wider: In einem bisweilen unübersichtlichen Dreiecksverhältnis wurden die Konflikte zwischen dem Flick-Konzern und den Söhnen Ignaz Petscheks nur indirekt ausgetragen und in die Konstellationen Flick–Reichswerke sowie Reichswerke–Petschek verlagert. Hinzu trat als vierte Partei der Bundesfiskus, dessen Interessen häufig mit jenen der von ihm kontrollierten Reichswerke kongruent, aber nicht identisch waren, da politische Kontakte alle drei involvierten Parteien in die Bonner Sphäre hineinwirkten.[89]

Verursacher dieser Komplikationen war Flick. Seine beharrliche Weigerung,

85 Zu den gemischt besetzten obersten Rückerstattungsgerichten: Lillteicher, Raub, S. 87, 111, 315 f., 413.

86 Das Schlußplädoyer des FFKG-Rechtsbeistandes [Plädoyer Osthoff], o. D., RWWA 72-15-6; Heyl an Hartmann/Fa. Otto Wolff, 27.3.1957, ebd. Zum Urteil ausführlich: Priemel, Unternehmensgeschichte.

87 Heyl an Hartmann, 4.4.1957, RWWA 72-15-6.

88 Vgl. Priemel, Unternehmensgeschichte.

89 Da im folgenden nur eine geraffte Überschau gegeben werden kann, wird auf detaillierte Belege weitgehend verzichtet. Für eine ausführliche Rekonstruktion vgl. Priemel, Unternehmensgeschichte.

1939 direkt »das Erbe von Ignaz Petschek zu übernehmen«[90], zahlte sich nun aus. Die seinerzeitige Kalkulation, bei einer späteren Anfechtung die Reichswerke und letztlich die öffentliche Hand selbst in die Schußlinie zu stellen, ging auf. Begünstigt wurde dies durch den – freilich Ende der dreißiger Jahre nicht vorhergesehenen – Umstand, daß die enteignete Braunkohle weder beim Ersterwerber Reichswerke noch überhaupt im Geltungsbereich der Restitutionsgesetze verfügbar war, wohl aber die eingetauschte westfälische Steinkohle. Auf eben jene richteten die Petscheks ihre Forderungen: Mit dem zutreffenden Argument, daß Enteignung und Tausch ein einheitliches Geschäft dargestellt hätten, verlangten sie die Herausgabe der früheren Harpen-Zechen aus dem Besitz des Reichswerke-Konzerns.[91]

Das verwobene Interessengeflecht ging jedoch nicht nur auf die Umstände der »Arisierung« zurück. Die entscheidende Wendung vollzog die FFKG selbst, in dem die Konzernführung die bereits in der Schlußphase des Krieges erwogenen Rückabwicklungsplänen für den Tausch von Stein- gegen Braunkohle nun in die Tat umsetzte. Statt darauf zu warten, ob und in welchem Umfang Restitutionsforderungen der Petscheks einträfen, machte der Flick-Konzern zur Jahreswende 1948 kurzerhand eigene Ansprüche geltend und focht namens Harpens den Tauschvertrag mit der Begründung an, zum Abschluß gezwungen worden zu sein. Hilfsweise traten die Flick-Unternehmen mit Blick auf die nie erhaltenen Ilse-Reservefelder wegen Nichterfüllung von dem Kontrakt zurück.[92] Zwar war die Anfechtung juristisch völlig anders gelagert als die Rückerstattungsansprüche der alliierten Rechtsetzung. Die Aussage jedoch war unmißverständlich: Flick sah sich selbst nicht als Täter, sondern als Opfer staatlicher Willkür. Der Flick-Konzern mutierte so vom Pflichtigen zum Berechtigten.[93]

1950 vereinbarten Flick, von Otto Lenz bis zu dessen Wechsel ins Kanzleramt juristisch beraten, und die Reichswerke-Führung ein schiedsgerichtliches Verfahren, dessen kürzerer Instanzenzug das Procedere beschleunigen sollte.[94] Diese Hoffnung ging indes fehl, vor allem aufgrund der völlig konträren Tatsachen- und Rechtsauffassungen. Während Flick seine Behauptung, das Tauschgeschäft

90 Vgl. oben S. 418.

91 Aktenvermerk. Betr. Schiedsstreit Flick./.Reichswerke, 11.6.1954 [Koch/Weimar], BAK B 115/3176. Der sprachlichen Klarheit halber wird im folgenden nur von den Reichswerken gesprochen. Diese befanden sich zu Anfang der fünfziger Jahre in Liquidation, ihre Rechtsnachfolge trat die AG für Berg- und Hüttenbetriebe an. Die fraglichen Zechen zählten zur Tochter Märkische Steinkohlengesellschaft. Die strategischen Entscheidungen wurden jedoch einheitlich in Salzgitter getroffen. Formaler Ersterwerber der Petschek-Betriebe war 1939 eine eigens gegründete Auffanggesellschaft gewesen, deren materielle Irrelevanz jedoch niemand ernsthaft bestritt.

92 Aktenvermerk. Betr. Schiedsstreit Flick/Reichswerke, 11.6.1954 [Koch/Weimar], BAK B 115/3176.

93 Interessiert verfolgte Flick daher die Versuche der VSt, ihren an die Reichswerke abgetretenen Erzbesitz zurückzuerlangen; vgl. die Unterlagen 1946-51 in TKA VSt/1535; Flick an Wenzel, 7.6.1951, TKA VSt/4035.

94 Lenz an Reichswerke, 8.9.1950; Koch an Reichswerke, 8.9.1950, beide BAK B 115/3176.

nur gezwungenermaßen durchgeführt zu haben, nun gar zu einer persönlichen Bedrohung von Leib und Leben ausbaute, gab sich die Reichswerke-Führung um Konrad Ende nach Durchsicht der Nürnberger Akten mehr als zuversichtlich, vor dem Schiedsgericht die Oberhand zu behalten. Darin, Flick keinen Glauben zu schenken und etwaige Vergleichsvorschläge zurückzuweisen, fand sie zudem Bestärkung zahlreicher Zeitzeugen aus der Ministerialbürokratie ebenso wie Hermann J. Abs', der sich in seiner eigenen Restitutionssache mit den Petscheks verständigt hatte und nun als Unterhändler ihrer Interessen auftrat.[95] Neben der optimistischen Prognose sprach ein weiterer Grund gegen einen Ausgleich mit dem Flick-Konzern: Die Petscheks fanden sich Ende 1952 bereit, in einen Vorvergleich einzuwilligen, der die Reichswerke von weiteren Restitutionsforderungen freistellte, sofern es gelang, Flick im Prozeßwege zurückzuschlagen und aus der dann verbleibenden Steinkohle die Petscheks zu entschädigen. Als bundeseigenes Unternehmen schien dies auch politisch opportun, da an den Ansprüchen der jüdischen Eigentümer in der Sache kaum Zweifel bestanden.[96]

Die Anerkennung einer gewissen moralischen Verpflichtung gegenüber den Petscheks war jedoch alles andere als ein Bonner Gemeinplatz. Wiederholt wurden Stimmen laut, die unter Bemühung antisemitischer Stereotypen Entschädigungszahlungen an die in der Emigration angeblich wieder zu Reichtum gelangten »ausländischen« Juden ablehnten.[97] Im Ton nüchterner, im Ergebnis jedoch kaum anders verneinten auch die Rechtsgutachten der Finanz- und Justizministerien die Rückerstattungsberechtigung der Petscheks durchgängig aus formaljuristischen Gründen; zudem bestritt gerade Dehlers Ressort lange jeden zivilrechtlichen Anspruch der enteigneten jüdischen Besitzer. Erst Ende 1955 setzte sich auf breiter Basis die Erkenntnis durch, daß die Prozeßaussichten der Petscheks durchaus hoch anzusetzen, mithin die Risiken für Reichswerke und Fiskus erheblich waren.[98]

Vor diesem Hintergrund machte eine Einigung mit der einen Seite, die von dem Staatsunternehmen Kompensation verlangte, entschieden Sinn, um an der zweiten Front, das heißt gegen Flick, freie Hand zu haben. Insbesondere galt es zu vermeiden, daß die Petscheks selbst Rückerstattungsforderungen gegen die FFKG erhoben: Im Erfolgsfalle würden die Petscheks dann nämlich die AKW-

95 Nasse an Weimar, 6.2.1952, ebd.; vgl. Gall, Bankier, S. 129 f., 187; Priemel, Unternehmensgeschichte.

96 Aktenvermerk. Betr. Schiedsstreit Flick/Reichswerke, 11.6.1954 [Koch/Weimar], BAK B 115/3176.

97 Betr. Rückerstattungsanspruch der Petschek-Gruppe gegen die Reichswerke, o. D. [1955], BAK B 136/1154, Bl. 366; Wirtschafts- und Sozialpolitisches Institut Dr. Limmer an F. Schäffer, 24.6.1954, BAK B 115/3176. Insbesondere die Reichswerke-Vertreter waren daher bemüht, den Anschein zu vermeiden, »die Geschäfte der Petscheks zu besorgen«; vgl. Priemel, Unternehmensgeschichte.

98 Übersicht und kurze Stellungnahme zu den bisher in Sachen Petschek/Reichswerke von BFM und BJM erstatteten Gutachten, 25.11.1955 [Koch], ebd.; zur restriktiven Haltung Dehlers und Fritz Schäffers in Wiedergutmachungsfragen vgl. Goschler, Schuld, S. 140; Lillteicher, Raub, S. 135, 345.

Aktien zurückerhalten, womit der Tauschvertrag von 1939 völlig hinfällig zu werden und die Steinkohle automatisch an Flick zu fallen drohte.[99] Die Entscheidung, ein Bündnis mit den Petscheks einzugehen, war somit manifest ökonomisch motiviert, wie Ende unverhohlen einräumte. Da die Reichswerke 1939 nichts für die Petschek'sche Braunkohle bezahlt hatten, machten sie so lange einen unzweifelhaften Gewinn, wie das Tauschgeschäft nicht revidiert wurde. Daß ihnen im Grunde gar nichts zustand, anerkannten weder die Verantwortlichen in Salzgitter noch die Wahrer des »Volksvermögens« in Bonn.[100]

Die entscheidende Frage in den Verhandlungen war somit, wie die Reichswerke mit den Forderungen Flicks umgingen. Lange Zeit bauten ihre Rechtsexperten sowie der federführende Finanz-Ministerialdirigent Hans Birnbaum, später selbst Vorstandsvorsitzender in Salzgitter, in siegesgewisser Manier auf einen konfrontativen Kurs. Unterdessen wuchsen die Bedenken Endes, der den langen Arm Flicks fürchtete und zu einer allseitigen Einigung unter Einbeziehung der FFKG tendierte, um sämtliche Risiken auszuschalten.[101] Flicks Beziehungen in die Bundespolitik machten sich etwa in Gestalt von Pferdmenges und Lenz in der Tat bald bemerkbar und wurden durch die eigenen Fürsprecher der Reichswerke nur bedingt aufgewogen. Insbesondere Versuche, Abs als Gegengewicht zu Pferdmenges' bekannter Kanzlernähe zu positionieren, scheiterten an Abs' intransigenter Haltung: Dieser verspürte offenbar keine Neigung, sich in offenen Konflikt zu Flick zu begeben, und hielt sich vielmehr nach allen Seiten für Gespräche offen.[102]

Auch auf der Expertenebene verschlechterten sich die Perspektiven der Reichswerke zur Halbzeit der Verhandlungen 1953 rasch. Aus den Verbänden der Ruhrindustrie, die ohnehin keine guten Erinnerungen mit dem Staatskonzern verbanden, verlautete, man werde sich nicht in Gegensatz zu Flick setzen, solange dieser die Entflechtungsauflagen noch nicht erfüllt hatte und im Revier präsent blieb. Schwerer wog ein Gutachten, das vom Schiedsgericht kommissioniert geworden war, um das Wertverhältnis der 1939/40 getauschten Gruben zu ermitteln. Mit der Frage, ob Braun- oder Steinkohle der höhere Wert zugemessen wurde, stand und fiel die Interpretation Flicks, er habe an der »Arisierung« Ignaz-Petscheks kein Interesse gehabt und unter Zwang gehandelt. Das im Mai 1953 vorgelegte Ergebnis kam aus Sicht Salzgitters einer Katastrophe gleich und stellte die Weichen gegen die Reichswerke. Der Gutachter, den Flick vorgeschlagen und die Reichswerke-Leitung unbedacht akzeptiert hatte, veranschlagte einen nahezu doppelt so hohen Wert für die seinerzeit abgegebene Steinkohle wie für die erlangte Braunkohle.[103]

99 Aktenvermerk. Betr. Schiedsstreit Flick./.Reichswerke, 11.6.1954, BAK B 115/3176.
100 Dazu ausführlich: Priemel, Unternehmensgeschichte.
101 Ebd.
102 Ebd.
103 Gutachten über die Bewertung von Steinkohlezechen, Braunkohlebetrieben und sonstigen Vermögensobjekten [...], 2 Bde., Mai 1953, BBA 12/741-742; Kaletsch an Dinkelbach, 27.5.1953, TKA NDI/37.

Der Eindruck, den die Expertise bei den Schiedsrichtern hinterließ, kam in dem Vergleichsvorschlag zu Ausdruck, den sie den Parteien im folgenden März unterbreiteten. Stein- und Braunkohle sollten je hälftig geteilt und die Petschek-Ansprüche durch Reichswerke und Flick gemeinsam abgefunden werden.[104] Eine reelle Chance auf Annahme hatte der Vorschlag in dieser Form aber nicht, da das Management der Reichswerke die Höhe des Flick zuzusprechenden Zechenbesitzes rundweg ablehnte. Allerdings mehrten sich im Aufsichtsrat die Stimmen, die den bisherigen Kurs, den Prozeß notfalls bis zum Ende durchzufechten, kritisierten und eine einvernehmliche Beilegung unterstützten.[105] Derweil lehnte auch Flick den Vergleichsvorschlag in wichtigen Teilen ab, kam doch die gemeinsame Entschädigung der Petscheks einem Schuldeingeständnis gleich. »Falls er der Auffassung des Schiedsgerichts beitreten würde«, so Flick, »müßte der Eindruck entstehen, daß er mit den Arisierungsmaßnahmen des Deutschen Reiches direkt etwas zu tun gehabt hätte. Allein schon aus diesen Gründen müßte er die Haftung gegenüber den Petschek'schen Ansprüchen ablehnen.«[106]

Welche Art von Vergleich ihm statt dessen vorschwebte, ließ Flick seine Widersacher wenig später in instruktiver Weise wissen. Nach einer Besprechung Mitte September, bei der er seine Forderung bekräftigt hatte, durch einen etwaigen Vergleich von allen Restitutionsforderungen der Petscheks ultimativ freigestellt zu werden, tauchte Flick persönlich bei dem perplexen Ende auf und übergab diesem ein Schreiben, in dem die getroffene »Vereinbarung« fixiert war. Zeitgleich gingen Abschriften an die Bonner Verantwortlichen. Ende, der sich darin bestätigt sah, »wie vorsichtig man bei Besprechungen mit Herrn Flick sein muß«, hatte alle Mühe, die relevanten Stellen darüber zu informieren, daß von einer Einigung überhaupt keine Rede sein konnte. »Den ganzen Vorschlag«, hielt der konsternierte Reichswerke-Vorstandschef fest, »kann ich nur als eine plumpe Überrumpelungstaktik bezeichnen, wie sie mir in meiner Praxis bisher noch nicht vorgekommen ist.«[107]

Plump oder nicht, der Vergleich, der sich im Herbst 1955 in seinen Grundzügen abzeichnete, entsprach weitgehend Flicks Vorstellungen. Im siebten Jahr der Auseinandersetzungen setzte sich allmählich die Erkenntnis durch, daß nur eine Einigung, die sowohl die Petscheks als auch die FFKG befriedigte, gangbar und verläßlich sein würde. Demnach sollte Flick die AKW-Anteile, die den aus dem Ignaz-Petschek-Besitz übernommenen Braunkohlegruben entsprachen, an die Reichswerke transferieren und im Gegenzug mit der ehemaligen Harpen-Zeche Victoria einen Teil der Steinkohle zurückerhalten. Nach diesem Tausch

104 Aktenvermerk. Betr. Schiedsstreit Flick./.Reichswerke, 11.6.1954, BAK B 115/3176.

105 Notiz über einen Besprechung mit Herrn Dr. Gehm am 10.6.1953, 11.6.1953, ebd.; Herrn Thiesing, 27.8.1953 [Kattenstroth]; Herrn Ministerialdirektor Kattenstroth, 2.9.1953 [Thiesing], beide BAK B 102/133993; Vermerk. Betr. Ansprüche der Gruppe Petschek und der Flick-Gruppe gegen die Reichswerke, 6.12.1954, BAK B 115/3176.

106 Ende an Hartmann, 5.8.1954, BAK B 115/3176.

107 Flick an Hartmann, 21.9.1954; Ende an Hartmann, 22.9.1954 [Zitate]; Hartmann an Flick, o. D. [7.10.1954], alle ebd.

würden die Reichswerke ihrerseits 60 Prozent der AKW-Anteile sowie 45 Prozent der Aktien ihrer Steinkohlentochter an die Petscheks weiterreichen und somit deren Rechtsansprüche abfinden.[108]

Tatsächlich vergingen noch Monate, ehe die entsprechenden Abkommen verbindlich getroffen werden konnten. Neben den juristischen Modalitäten waren es vor allem psychologische Motive und Fragen der Außendarstellung, die Konflikte heraufbeschworen. So mußten die Reichswerke separate Verträge mit der FFKG sowie den Petscheks vereinbaren, weil sich die jüdischen Altbesitzer strikt weigerten, an einem Verhandlungstisch mit Flick zu sitzen. Nicht zuletzt war es dessen Forderung, von allen weiteren Ansprüchen freigestellt zu werden, welche die Vorbehalte der Petscheks um die Zumutung erweiterte, dem Profiteur ihrer damaligen Verdrängung auch noch eine Imagebesserung und Gewissenserleichterung zu verschaffen.[109] Gleichwohl konnte sich Flick durchsetzen und mit dem Vergleich, den er mit den Reichswerken und ihren Nachfolgegesellschaften im Mai 1957 schloß, einen Schlußstrich unter den Restitutionskomplex Ignaz-Petschek ziehen. Mehr noch, die FFKG realisierte mit der Einigung einen erheblichen Mehrwert: Die Zeche Victoria wurde für etwa 45 Mio. DM an Harpen abgegeben, eine Vereinbarung, die der Großaktionär noch vor dem Verkauf an die französische Sidéchar getroffen hatte. Ein Jahr vor Ausbruch der Bergbaukrise verflüssigte Flick auf diese Weise, einmal mehr auf Kosten Harpens, Steinkohlenbesitz in großem Umfang.[110]

Die Gewinner und Verlierer der Lübeck- und Petschek-Restitutionen ließen sich am Ende der rund 15jährigen Auseinandersetzungen unschwer zuordnen. Die Ariseure Flick, Mannesmann und Reichswerke konnten ihre Beute nahezu ohne Abstriche wahren bzw. rasch wiedererlangen. Besonders eklatant traf dies für das Staatsunternehmen zu, das in großem Umfang Eigentum wahrte, für das es nie bezahlt hatte. Flick gelang es unterdessen, den Totalverlust der SBZ-Enteignungen teilweise zu kompensieren und hohe Bargelder für allenfalls theoretische Ansprüche zu erlösen. Im Unterschied dazu fielen die an die jüdischen Alteigentümer restituierten Vermögenswerte allzu gering aus und reichten nicht annähernd an die industrielle Bedeutung heran, die diese bis zu den dreißiger Jahren gehabt hatten. Im Ergebnis sanktionierten die geschlossenen Vergleiche zwischen Flick, Mannesmann, den Familien Hahn und Petschek sowie den Reichswerke-Nachfolgern die widerrechtliche Eigentumsumwälzung der nationalsozialistischen »Arisierungs«politik und fügten sich somit in das Gesamtbild der bundesdeutschen Rückerstattungspraxis ein. Dies galt auch für den spürbaren Unwillen, die jüdischen Eigentümer mehr als unbedingt notwendig zu

108 Hierzu und zum folgenden vgl. DWI Bericht Nr. 11 (Juni 1959), S. 221; Pritzkoleit, Deutschland, S. 667f.; Schwerin von Krosigk, Zeit, Bd. 2, S. 361f.; Priemel, Unternehmensgeschichte.

109 Ebd.

110 Ebd.; Harpen-Aktionäre müssen entscheiden«, in: Handelsblatt v. 21./22.6.1957; Ogger, Flick, S. 276, beziffert den Verkaufspreis auf 49 Mio. DM.

entschädigen, der sich in den legalistischen und rechtspositivistischen Fluchten sowohl der Konzernjuristen Flicks als auch der beteiligten Wiedergutmachungsämter und -kammern ausdrückte.[111]

In einem wichtigen Punkt unterschieden sich die Restitutionsfälle mit Flick-Beteiligung allerdings vom Gros der kleinen und mittelständischen Rückerstattungskomplexe. Im Binnenverhältnis der Pflichtigen konnte von einem »Solidarkollektiv«[112] kaum die Rede sein. Traf dies auf die Haltung der deutschen Richter in der Julius-Petschek-Sache noch zu, so verfolgten Unternehmen wie FFKG, Mannesmann und die Reichswerke dezidiert auf Kosten ihrer jeweiligen Konkurrenten autonome finanzielle und Imageziele. Dabei war gerade die Außendarstellung für die Flick-Konzernführung von erheblicher Bedeutung. Nach der ungewollten Publizität, die ihre Beteiligung am NS-Unrecht im Nürnberger Prozeß erfahren hatte, schrieben Flick und seine Mitarbeiter in den Restitutionsverhandlungen an dem sorgsam konstruierten Mythos eines moralisch integren und kaufmännisch korrekten Unternehmens fort. Die Klage gegen die Reichswerke, mit der sich die FFKG gleichsam unter die rückerstattungsberechtigten NS-Opfer einreihte, trieb die Selbstviktimisierung der Konzernführung zu neuen Höhen.

Die Verweigerung jeglicher Verantwortungsübernahme für begangenes Unrecht setzte sich in den folgenden Jahren fort, namentlich in den Verhandlungen, welche die Jewish Claims Conference 1963 mit der FFKG über die Entschädigung jüdischer Zwangsarbeiter bei der Dynamit Nobel AG aufnahm. Nach anfänglich raschen Fortschritten, die eine ähnliche Regelung wie im Falle Krupps, der wenige Jahre zuvor seine moralische Verantwortlichkeit öffentlich angenommen und zehn Mio. DM bereitgestellt hatte[113], in Reichweite rückten, verlegte sich die FFKG jedoch bald auf eine Verzögerungstaktik. Nach Jahren hinausgeschobener Entscheidungen erteilte die Konzernspitze 1970 schließlich allen Forderungen eine endgültige Absage, weil Dynamit Nobel im Krieg noch nicht zum Flick-Besitz gezählt hatte und man daher »humanitäre oder moralische Gründe« für eine Entschädigung nicht zu erkennen vermochte.[114] Bis zu Flicks Tod 1972 blieb es bei dieser ablehnenden Haltung, und auch sein Sohn Friedrich Karl revidierte die Entscheidung nicht. Es blieb der Deutschen Bank vorbehalten, nach dem Erwerb der Konzernbeteiligungen 1985/86 die Entschädigungsforderungen der Claims Conference zu begleichen.[115]

111 Vgl. Bajohr, Restitution, S. 57f.; Goschler, Schuld, S. 105; Lillteicher, Raub, S. 194f., 308f., 522.

112 Lillteicher, Rechtsstaatlichkeit, S. 156.

113 Vgl. Gall, Entlassung, S. 550-557.

114 Ausführlich: Ferencz, Lohn, S. 196-212, Zitat: S. 210.

115 Unternehmensgeschichte, in: Handelsblatt Nr. 21 v. 30. 1.1986; vgl. Goschler, Streit, S. 192-194. In den neunziger Jahren zahlten Angehörige der Enkelgeneration in den Fonds zur Entschädigung ehemaliger Zwangsarbeiter ein; vgl. [Dagmar Ottmann], Die Ausstellung verschieben! Ein offener Brief, in: Die Zeit Nr. 33 v. 5.8.2004.

Fazit

Das Ende der Restitutionsverhandlungen beschloß für die FFKG das Kapitel des »Dritten Reichs«. Mitte der fünfziger Jahre zeichnete sich ab, daß substantielle materielle Einbußen aus den Forderungen der jüdischen Alteigentümer nicht mehr zu befürchten sein würden. Das vorrangige vergangenheitspolitische Interesse der Konzernführung galt fortan dem Ruf des »Hauses Flick«, wie es nach dem Krieg immer häufiger hieß. Ebenso signalisierte die Rückabwicklung der Maxhütte-Transaktion den Abschluß der konzerninternen Kriegsfolgenliquidation. Zehn Jahre nach der Kapitulation war Flick wieder frei von alliierten Auflagen und erklärtermaßen Herr im eigenen Hause.

Daß es Flick dabei gelang, im komplizierten Geflecht der Rückerstattungsverhandlungen nicht nur seinen Besitzstand zu wahren, sondern darüber hinaus hohe Barmittel zu erlösen, entsprach schwerlich den Intentionen, welche die Besatzungsmächte ursprünglich verfolgt hatten. Um so mehr durfte Flick am Ende der alliierten Eingriffe in die westdeutsche Wirtschaft ein positives Fazit ziehen, gereichten diese doch seinem Konzern ungewollt, aber dauerhaft zum Vorteil. Gerade die montanindustrielle Neuordnung stand nicht nur für alliierten Zwang und deutsche Ausweichmanöver, sondern bot eine Chance zur strategischen Neuausrichtung und zur Anpassung an die veränderten Markt- und Absatzverhältnisse im In- und Ausland, mithin für eine Roßkur zur Nachkriegswirtschaft. Die Gelegenheit mußte allerdings ergriffen werden, und hierin unterschieden sich die Entscheidungen der betroffenen Montanunternehmen mitunter erheblich. Während einige Konzerne den kürzesten Weg zur Wiederverflechtung wählten und die Firmentraditionen fortführten, suchten andere nach Möglichkeiten, ihre Geschäftsfelder zu erweitern und umzuschichten. Auf kein Unternehmen der Schwerindustrie sollte dies mehr zutreffen als auf die FFKG. Die flüssigen Mittel aus der Erfüllung der Dekonzentrationsauflagen und dem Reichswerke-Vergleich dienten dabei als Startrampe für den neuerlichen Anlauf an die Spitze der westdeutschen Wirtschaft unter Aufgabe des bergbaulichen Ballasts.

Daß in dem verordneten Strukturwandel und der hohen Liquidität ein entscheidender Wettbewerbsvorteil des Flick-Konzerns in der Aufstellung der deutschen Industrieunternehmen der fünfziger Jahre bestand, konstatierten schon zeitgenössische Beobachter. Beinahe prophetisch klang die Prognose einer industrienahen Publikation über die »Nachfolger der Ruhrkonzerne« aus dem Jahr 1954: »Durch den auferlegten Kauf der Zecheninteressen kommen erhebliche Mittel herein, die nach neuer Anlage suchen. Man darf annehmen, daß Friedrich Flick auf Grund seiner Erfahrung und seines großen kaufmännischen Instinktes eine gute Wahl treffen wird.«[116]

116 Herchenröder/Schäfer/Zappa, Nachfolger, S. 258.

3. Ausblick: Der Flick-Konzern bis zu seiner Auflösung

3.1. Der Grundriß des Konzerngebäudes

Die Situation, in der sich der Flick-Konzern Mitte der fünfziger Jahre fand, ähnelte jener nach der Trennung vom Stahlverein 1932. Die Lasten der Vergangenheit hatte der Konzern abgeschüttelt, die Konjunktur war in einem rapiden und vor allem dauerhaften Anstieg begriffen – die jährlichen Wachstumsraten des Bruttoinlandsprodukts lagen zwischen 1952 und 1958 konstant über sieben Prozent[1] –, und die westdeutsche Industrielandschaft war gekennzeichnet durch eine Vielzahl von Unternehmen, die sich nach Krieg, Besatzung, Demontage und Entflechtung organisatorisch erst sammeln und nicht selten strategisch neu ausrichten mußten. In dieses Szenario trat die FFKG mit rund 170 Mio. DM an flüssigen Mitteln, die ihr nach der Erfüllung der französischen Reinvestitionsauflagen 1954/55 noch blieben, als einer der ersten und wohl als kaufkräftigster Investor aus den Reihen der bisherigen Industriekonzerne ein. Weitere beträchtliche Summen kamen in den folgenden Jahren durch den Verkauf der Monopol-Bergwerks AG sowie aus dem Vergleich mit den Reichswerken hinzu.

Die Planungen für den Neubau des Konzerngebäudes hatten in der FFKG schon zuvor begonnen, spätestens seit sich 1952 ein zufriedenstellendes und vor allem verläßliches Ergebnis der Entflechtungsverhandlungen abgezeichnet hatte. Es folgte ein knappes Jahrzehnt massiver, teils fieberhafter Akquisitionen, in deren Zuge das renovierte Konzerngebäude mit Blick auf Branchenzugehörigkeit, Produktpaletten und Werksstandorte ein fast völlig neues Gesicht erhielt. Der Expansionskurs der fünfziger Jahre folgte dabei keinem einheitlichen, auf den ersten Blick sogar einem eher chaotischen Muster, das von ferne an das spekulative Alleskäufertum der Inflation erinnerte – eine Assoziation, die durch die sagenhaften Kurssteigerungen an den Börsen[2] noch bestärkt wurde. Gleichwohl läßt sich ein grundsätzliches Beteiligungsschema des Konzerns mit drei prinzipiellen Kategorien von Unternehmen ausmachen, auf die sich der Anteilserwerb richtete, wenngleich die Übergänge vielfach fließend waren. Dabei handelte es sich erstens um unselbständige Betriebe und eigenständige Gesellschaften, die an den Unternehmenskern des Flick-Konzerns anschlossen. Darunter fielen so unterschiedliche Optionen wie die Eröffnung neuer Geschäftsfelder bei den FFKG-Töchtern, Werke mit komplementären Angebotspaletten sowie Vergrößerungen bestehender Kapitalbeteiligungen; zweitens um Ausgriffe in (nachgelagerte) Branchen, insbesondere um Versuche einer erneuten vertikalen Integration; drittens schließlich um schlichtweg verfügbare Unternehmen und Gelegenheitskäufe, das heißt Firmen, deren Eigentumsstrukturen, Kapitalverhältnisse und Wachstumsperspektiven einen Einstieg möglich und lohnend erscheinen ließen.

1 Metz, Trends, S. 443 f.; Nützenadel, Stunde, S. 295; Hardach, Wirtschaftsgeschichte, S. 222-224.

2 Vgl. Deutsche Bank AG, Geschäftsbericht für das Jahr 1958, S. 16.

3.1.1. Erweiterungen

Der Flick-Konzern hatte infolge der Teilung Deutschlands einen Großteil seiner Werkstandorte, darunter nahezu die komplette Maschinenbausparte, verloren. Dies war jedoch nicht mit einem vollständigen Wertverlust gleichzusetzen. Nicht nur wurden die Rechtsansprüche an den nunmehr in der DDR und in Polen liegenden Betrieben aufrechterhalten und die Firmennamen als reine Mantelgesellschaften ohne Geschäftstätigkeit fortgeführt. Zudem stellte das personelle, organisatorische und technische Know-how der Firmen einen wertvollen Aktivposten dar. Der Transfer von leitenden Angestellten und Ingenieuren nach Westdeutschland erleichterte den Neuanfang ebenso wie die Mitnahme von Patenten, Lizenzen und Konstruktionszeichnungen.[3]

Entsprechend erfolgte im Nachkriegsjahrzehnt eine Reihe von Neugründungen durch den Flick-Konzern, die sich der Markennamen der Altgesellschaften bedienten, darunter die ATG Siebel GmbH München, die Lauchhammer Maschinen- und Stahlbau GmbH in Düsseldorf und die Linke-Hofmann-Busch-Waggon-Fahrzeug-Maschinen GmbH in Salzgitter. Die LHW-Führung hatte nach dem Kriege zunächst damit begonnen, in Donauwörth eine neue Fertigung aufzuziehen, die unter der Bezeichnung Waggon- und Maschinenbaufabrik GmbH Donauwörth (WMD) lief, aber vor allem von Breslauer Personal geführt wurde.[4] Parallel wurde gemeinsam mit einer der Reichswerke-Nachfolgegesellschaften in Salzgitter eine neue Fertigung aufgenommen. Aus dem beziehungsreichen Joint-venture zog sich Flick im Zuge des Petschek-Vergleichs 1957/58 zurück und gab den Waggonbau weitgehend auf.[5] Auch in Donauwörth wurde das Kerngeschäft zunehmend durch neue, profitablere Geschäftsfelder marginalisiert, namentlich die Flugzeugkonstruktion, für die auf die technischen und personellen Ressourcen der ATG zurückgegriffen werden konnte. 1959 erzielten die 1160 Beschäftigten in Donauwörth mehr als die Hälfte der 26 Mio. DM Umsatz im Flugzeugbau und nur noch acht bzw. vier Mio. DM im Waggon- respektive im Maschinenbau. Einen noch deutlicheren Ausdruck fand die Hinwendung zur Flugzeugfertigung unter anderem für Rüstungszwecke im Auftragsbestand mit 85 von insgesamt 92 Mio DM.[6]

Ein gänzlich neues Betätigungsfeld versuchte die Maxhütte unter Burkarts Führung zu eröffnen. Neben dem traditionellen Eisenerzbergbau begannen 1950 Vorbereitungen, Uranvorkommen in der Gegend von Weißenstadt zu erschlie-

3 Vgl. allg. Hefele, Verlagerung; Bähr, Firmenabwanderung.

4 Um die WMD gab es mehrjährige rechtliche Auseinandersetzungen zunächst mit dem eingesetzten Treuhänder, dann mit der Montan-Nachfolgerin Industrieverwaltungsgesellschaft mbH, ehe 1953 Donauwörth eigentumsmäßig in den Konzern eingegliedert werden konnte; Maxhütte an BLV, 15.12.1949 (Entwurf); Aktennotiz über die Verhandlungen in Sachen Donauwörth, 16.10.1952; Weinhardt an Burkart, 25.1.1953, alle NMH-BA; vgl. Hopmann, Montan, S. 157f. (Anm. 60), 170f., 183, 198.

5 Vgl. Putze/Höck, 120 Jahre, Bd. 2, S. 93, Bd. 3, S. 17-22.

6 Vermerk. Betr. Industrieverwaltungsgesellschaft, 27.2.1961, BAK B 136/2349, Bl. 181-183; vgl. Bössenecker, Bayern, S. 147.

ßen. Der Maxhütte gelang es dabei, dank der guten Beziehungen zur Landesregierung ein so weitgehendes Konzessionsmonopol sowie erhebliche Subventionen zu erlangen, daß in der Presse Kritik laut wurde, das oberpfälzische Unternehmens werde über Gebühr bevorzugt. Dessen ungeachtet sicherte Staatssekretär Guthsmuths 1955 der Maxhütte zu, »daß er wie bisher auch in Zukunft gerne unsere Interessen in der Uranangelegenheit vertreten und unterstützen werde«.[7] Der Maxhütte-Vorstand hoffte, an dem abzusehenden Aufschwung der Kernenergie partizipieren zu können und beteiligte sich daher – wenngleich nur in symbolischer Höhe – auch an den Baukosten für den 1956 in Angriff genommenen Versuchsreaktor in Karlsruhe. Die Erwartung, nach Zusage des Bundesministers für Atomfragen Strauß »für den Reaktor das benötigte Uran aus Weißenstadt zu beziehen bzw. in der Preisgestaltung zu subventionieren«, erfüllte sich jedoch nicht, da sich die Erze als zu unergiebig erwiesen und die Prospektierung 1957 eingestellt wurde.[8]

Dennoch unterhielt die Maxhütte ihre Probeschächte noch jahrelang in der Hoffnung, zu einem späteren Zeitpunkt mit anderen Abbautechniken größere Erfolge zu erzielen. Entsprechend aufmerksam verfolgte die Konzernleitung weiterhin die Entwicklung der Atomwirtschaft. Noch Mitte der sechziger Jahre erwogen die FFKG-Gesellschafter Kaletsch und Otto A. Friedrich eine Beteiligung am Reaktorbau. Obgleich die Frage lange virulent blieb, kam es nicht zu entsprechenden Investitionen, was maßgeblich der traditionell zurückhaltenden Konzernpolitik bei kostenaufwendiger Grundlagenforschung und -entwicklung geschuldet war. Die Düsseldorfer Zentrale entschied 1966, in der Kernkrafttechnologie an der abwartenden Strategie festzuhalten und erst bei erwiesener Rentabilität »im unternehmerisch geeignetsten Augenblick mit möglichst geringem Voraufwand« einzusteigen.[9]

Eine spürbare Ausweitung ihrer Beteiligungsaktivitäten vollzogen die MHW Lübeck in den fünfziger Jahren. Das Unternehmen, das in den zwei Jahrzehnten unter der Kontrolle des Flick-Konzerns außer dem SGW-Intermezzo keine Aufkäufe unternommen hatte, entwickelte in seiner neuen Rolle als Operationsbasis

7 Aktenvermerk über die Besprechung am 31.7.1950, 1.8.1950 [Gillitzer]; Notiz. Betr. Gewerkschaft »Werra«, 28.10.1950, beide BBA 142/195; Aktenvermerk, 27.9.1955 [Beckenbauer]; Herrn Bergwerksdirektor Beckenbauer, 19.10.1954 [Burkart], BBA 142/196; Zitat: Niederschrift über eine Besprechung mit Herrn Guthsmuths am 22.3.1955, 23.3.1955 [Beckenbauer], ebd.

8 Die bisherige Tätigkeit der Maxhütte auf dem Gebiete der friedlichen Nutzung der Atomkräfte, Juli 1956, BBA 142/160; Maxhütte an Bergamt Bayreuth, 29.6.1987; [Kernreaktor-Finanzierungs-GmbH] an Maxhütte, im Juni 1956; Maxhütte (Burkart, Leihener) an Kernreaktor-Finanzierungs-GmbH, 11.7.1956, alle NMH-BA; Zitat: Burkart an O.-E. Flick, 19.6.1956, ebd.

9 Notiz. Herrn Kaletsch. Betr. Interessennahme der Gruppe am Atomreaktorenbau, 11.3.1966 [Friedmann]; Brauchitsch an Friedmann, 19.3.1966; Friedmann an Brauchitsch, 21.3.1966 (Zitat); Notiz für Herrn Dr. Friedrich, 18.8.1966 [Friedmann]; Besuch englischer Kern-Kraftwerke vom 10.-12.10.1966 [Friedrich]; Notiz für Herrn Dr. Flick, 17.10.1966 [Friedrich], alle ACDP I-093-094.

Flicks eine rege Angliederungstätigkeit. Im Geschäftsjahr 1954/55 erwarben die MHW Beteiligungen an der Maschinenbau Kiel AG und dem Lünener Hüttenwerk Kayser. Während bei der hälftigen Beteiligung in Kiel der Gedanke im Vordergrund stand, sich einen regionalen Abnehmer für die Gießereiproduktion zu sichern, sollte der Buntmetall-Erzeuger Kayser die Lübecker Marktmacht im Nichteisenmetall-Sektor stärken. Zudem lag das Hüttenwerk in unmittelbarer Nachbarschaft der Monopol-Zechen, so daß die Konzerntochter einen Abnehmer für die über den Koksbedarf der Maxhütte hinausgehenden Mengen gewann.[10]

Weitaus größere Bedeutung kam indessen der Majorisierung der Buderus'sche Eisenwerke AG zu. Dabei handelte es sich um einen der größten eisen- und stahlindustriellen Komplexe außerhalb des Ruhrgebiets, der 1955 inklusive seiner Tochter- und Beteiligungsgesellschaften über 21 000 Menschen beschäftigte und einen Jahresumsatz von mehr als 280 Mio. DM auswies.[11] Die Buderus-Werke zählten zu den bedeutendsten Gießereien Westdeutschlands und umfaßten über die hälftige Beteiligung an der Stahlwerke Röchling-Buderus AG sowie ein 26-Prozent-Paket an der staatlichen Hessische Berg- und Hüttenwerke AG auch Bergbau-, Hochofen- und Stahlbetriebe. Buderus kam als Abnehmer für das Lübecker Gießereiroheisen in Frage und spannte zugleich den Bogen von der Rohstoff- über die Maschinenbau- in die Verbrauchsgütererzeugung mit einem renommierten Sortiment.[12]

Der Entscheidung der FFKG-Führung für Buderus ging eine gründliche Planung voraus. Über Harpen hatten zuvor langjährige Lieferbeziehungen nach Wetzlar bestanden; zudem verfügte die Steinkohlengesellschaft über ein Aktienpaket an Buderus von rund vier Prozent, das von der Konzernleitung im Zuge der Entflechtung vermutlich herausgelöst wurde.[13] Angesichts der fehlenden Großaktionäre bei Buderus stellte dies bereits eine nennenswerte Grundlage für die weiteren Aufkäufe dar, die FFKG und MHW ab 1953 systematisch vornahmen. Anfang 1956 erreichte der Konzern mit mehr als 33 Prozent eine faktische Hauptversammlungsmehrheit bei Buderus, die bis 1958 zur absoluten Mehrheit ausgebaut wurde.[14] Der Wert der Akquisition stieg dabei noch zusätzlich durch die eigene Expansion Buderus', das 1955 die Mehrheit am Münchener

10 Notiz. Betr. 163. Aufsichtsratssitzung am 14.3.1955, AHStL Metallhüttenwerke Nr. 93; Beteiligungen am 30.6.1955, AHStL Metallhüttenwerke Nr. 283.

11 Buderus/Grabowski an Flick, 8.3.1956, AHStL Metallhüttenwerke Nr. 144; Haus/Sarkowicz, Feuer, S. 161.

12 Vgl. Heiden, Sozialisierung, S. 77f., 81f.; Pohl, Buderus, S. 115, 158, 164; Haus/Sarkowicz, Feuer, S. 158f.

13 Beteiligungen der Friedrich Flick KG, o. D. [1944], BAB R 8122/636, Bl. 352; German Industrial Complexes. The Flick Complex, October 1945, StAN Rep. 502, KVA, Handakten, B-99.

14 Kaletsch an Rohde, 9.5.1959; Notiz. Betr. Heutige Besprechung Dr. Deuss/Dr.F./Ka., 17.2.1956 [Kaletsch]; Fusionsbilanz Lübeck/Buderus, 27.2.1958 [Kaletsch], alle AHStL Metallhüttenwerke Nr. 144; Pohl, Buderus, S. 162, 164.

Fahrzeugbauer Krauss-Maffei AG übernahm.[15] Damit erhielt die FFKG indirekt Zugriff auf einen führenden Hersteller von Lokomotiven und Autobussen. Darüber hinaus öffnete Krauss-Maffei aufgrund seiner Vorerfahrungen bei der Herstellung von Kettenfahrzeugen im Zeichen der bundesdeutschen Wiederbewaffnung die Tür zum Rüstungsgeschäft. Im Panzerbau sollte das Münchener Unternehmen, das seit Ende der fünfziger Jahre von der Verlagerung von Rüstungsaufträgen aus dem Ruhrgebiet in den süddeutschen Raum profitierte, eine herausragende Stellung einnehmen und mit dem »Leopard« für das oft angeführte Erfolgsmodell der Nachkriegs-Wehrtechnik verantwortlich zeichnen.[16]

Eine Zusammenarbeit Krauss-Maffeis mit anderen Konzernwerken wurde dabei weniger mit Blick auf die Waggonkonstrukteure von LHW ins Auge gefaßt, als mit einer weiteren Neuerwerbung des Flick-Konzerns, der Maybach Motorenbau GmbH. Die bekannte Friedrichshafener Firma hatte sich auf Hochleistungsmotoren für den Fahrzeugbau spezialisiert und stellte potentiell eine Ergänzung zur Produktpalette Krauss-Maffeis dar. Flick hatte 1952 die Hälfte des Stammkapitals von sechs Mio. DM sowie eine Option auf die zur Mehrheit fehlenden Anteile erworben und übte seitdem die effektive Kontrolle über das Unternehmen aus.[17] Die zwischenzeitlich in Lübeck »geparkten« Anteile sollten im Zuge der Buderus-Transaktionen gegen Aktien des hessischen Unternehmens getauscht und so in eine engere Verbindung zu Krauss-Maffei gebracht werden.[18] Dies verhinderte jedoch die zwischenzeitliche Entwicklung der Automobil-Interessen Flicks.

3.1.2. Ein neuer Vertikalverbund?

Mit Maybach, das sich auch als Automobilproduzent einen Namen gemacht hatte, war ein unmittelbarer Anknüpfungspunkt der Maschinenbau-Beteiligungen des Flick-Konzerns in die Fahrzeugbranche gegeben. Mit der Omnibus-Sparte von Krauss-Maffei bestand ein zweiter. Beide Erwerbungen fügten sich in ein Expansionsmuster, das nach organischen Erweiterungsmöglichkeiten des noch immer bestehenden und mit Buderus wieder gestärkten Kernbereichs von Eisenerzeugung und -verarbeitung suchte, um das verlorengegangene Netz ver-

15 Pohl, Buderus, S. 141; Haus/Sarkowicz, Feuer, S. 159. Ob die FFKG an dieser Entscheidung bereits beteiligt war, ist unklar, scheint aber wenigstens möglich, da der Status des Flick-Konzerns nicht als Haupt-, wohl aber als Großaktionär bei Buderus dem Wetzlarer Vorstand bereits vor 1956 bekannt war.

16 Vgl. Pohl, Buderus, S. 141f.; Bössenecker, Bayern, S. 195; Auer, Krauss-Maffei, S. 252; zur Konzentration von Rüstungsaufträgen in Bayern ebd., S. 253-255; Berghahn, Unternehmer, S. 277.

17 Vgl. Treue/Zima, Hochleistungsmotoren, S. 66, 229-231.

18 Fusionsbilanz Lübeck/Buderus, 27.2.1958 [Kaletsch]; Notiz. Betrifft: Maybach-Position, 20.4.1956 [Rohde]; Fusions-Begründungen, 21.2.1956, AHStL Metallhüttenwerke Nr. 144.

tikaler Absatz- und Lieferbeziehungen neu zu knüpfen. Der Blick auf die Automobilindustrie lag dabei weder fern noch war er besonders innovativ.

Schon Ende der zwanziger Jahre hatte Flicks damaliger Geschäftsfreund Jakob Goldschmidt Pläne für die Konzentration der vielfach eher mittelständisch denn großindustriell organisierten deutschen Autohersteller erwogen. In diesem Kontext hatte 1930 das VSt-Führungsduo Flick und Vögler erörtert, gemeinsam mit der Deutschen Bank einen Autotrust aus mehreren Herstellern, darunter auch Daimler-Benz, zu formieren, um auf diese Weise einen stabilen und nachfragestarken Abnehmer für die Stahlindustrie aufzubauen.[19] Zwar hatten sich diese Visionen seinerzeit zerschlagen, doch hatte Flick darüber das Potential des Autobaus für die Stahlindustrie nicht aus den Augen verloren. 1934 hatte Otto Steinbrinck bei Mittelstahl Informationen eingeholt, ob im Einzugsgebiet des Konzerns sämtliche Teile für einen Kleinwagen hergestellt und montiert werden könnten. Eine konkrete Planung war daraus aber nicht erwachsen, insbesondere weil sich die Lieferbeziehungen mit den sächsischen Werken der Auto Union in den folgenden Jahren als sichere Einnahmequelle erwiesen hatten. Die intensive Zusammenarbeit mit der Auto Union hatte nicht zuletzt zur Errichtung der gemeinsamen Gesenkschmiede in Pirna geführt.[20]

Die Verbindung von Stahl- und Walzwerken mit Autoherstellern nahm somit ältere Konzepte zur Konzernintegration auf und bot zugleich die Chance, die Beteiligungsstruktur zu modernisieren. Nicht nur hatte die Erhard'sche Politik seit 1948 das gesamtwirtschaftliche Gewicht der Konsumgüternachfrage deutlich verstärkt, speziell bei der KfZ-Verbreitung war der Nachholbedarf in Deutschland leicht ersichtlich. Allein zwischen 1951 und 1961 stieg der Bestand an Pkw von 700000 auf über fünf Millionen, ohne dabei annähernd den Motorisierungsgrad der USA zu erreichen; das unausgeschöpfte Wachstumspotential war absehbar.[21] Die Bedeutung von Flicks Entscheidung, auf den Automobilbau als Schwerpunkt seines neuen Konzerngebäudes zu setzen, lag daher weniger in der Einsicht in die Perspektivträchtigkeit der Branche als vielmehr in der Geschwindigkeit, mit der er die Investitionsentscheidung traf und umsetzte. Letzteres war freilich in erster Linie eine Frage der Liquidität. Hinzu kam, daß ähnlich wie bei Buderus die Anteilstreuung der noch wenig konzentrierten Autobauer einen Einstieg für Branchenfremde erleichterte. Zugleich engte diese Überlegung den Kreis der Übernahmekandidaten ein, da das staatliche Volkswagenwerk ebensowenig in Frage kam wie die durch amerikanische Muttergesellschaften kontrollierten Marken von Opel und Ford.

19 Vgl. Feldman, Automobilindustrie, S. 8, 10; Edelmann, Luxusgut, S. 83-88.

20 Wiegand an Steinbrinck, 21.12.1934, SächsHStA 11616/18.111; Auto-Union und Flick-Gruppe, in: Düsseldorfer Nachrichten Nr. 218 v. 18.9.1956, in: NMH-BA. Zudem saßen 1934 mit Koppenberg sowie Böhringer zwei Vertreter des Flick-Konzerns im Aufsichtsrat der Auto Union; vgl. Etzold/Rother/Erdmann, Zeichen, Bd. 1, S. 325.

21 Vgl. Abelshauser, Fünfziger Jahre, S. 57 f.; Edelmann, Luxusgut, S. 225; Schröter, Teilung, S. 371.

Unter den verbliebenen Großen, Daimler-Benz, BMW und Auto Union, entschied sich die FFKG-Führung frühzeitig für Daimler als Ansatzpunkt seines Einstiegs in die Autoindustrie. Seit 1952/53 kaufte der Konzern Aktien des Stuttgarter Unternehmens auf und nahm binnen zwei Jahren die 25-Prozent-Hürde. Damit ließ die FFKG die beiden anderen Großaktionäre Deutsche Bank und Quandt hinter sich und verfügte über die strategisch stärkste Position, da sie mit der qualifizierten Minderheit ein Veto in allen gesellschaftsrechtlichen Fragen wie etwa Kapitalerhöhungen einlegen konnte. Gegen den Flick-Konzern ließ sich Daimler fortan nicht mehr lenken, und der rasche Anteilsausbau auf 33 (1956), 37,5 (1957) sowie rund 40 Prozent am Ende des Jahrzehnts verlieh Flicks Anspruch auf die Führungsposition Nachdruck. Lediglich gemeinsam konnten Deutsche Bank und Quandt das Flick'sche Stimmgewicht aufwiegen.[22] Die weitere Entwicklung bei Daimler-Benz dokumentierte die erdrutschartige Veränderung der Machtverhältnisse eindrücklich. Im April 1958 übernahm Daimler die Kapitalmehrheit an der Auto Union aus dem Besitz Flicks, der seine zweite Automobil-Beteiligung 1952 mit Hilfe der aus der Maxhütte-Aktienabgabe an den bayerischen Staat erzielten Gelder eingeleitet und ebenfalls rasch zur Mehrheitsposition ausgebaut hatte.[23] 1960 wurde auch die Maybach-Beteiligung in den Besitz von Daimler-Benz eingebracht und dort über eine Kapitalerhöhung von drei auf zwölf Mio. DM, die das Stuttgarter Unternehmen zeichnete, in eine Dreiviertelmehrheit verwandelt.[24]

Dies waren deutliche Anzeichen für eine Strategie, die auf die Konstruktion eben jenes Autotrusts zielte, den Goldschmidt und Vögler schon 30 Jahre zuvor gerne gesehen hätten. Erkennbar wurde ein Doppelkonzept, das horizontale Stärke durch eine breite Produktpalette und Marktbereinigung (Daimler in der gehobenen Klasse, Auto Union bei kleinen und Mittelklasse-Pkw, Aufteilung der Motorensegmente zwischen Daimler und Maybach)[25] mit vertikalen Zulieferstrukturen verband: Zur selben Zeit nahm die Maxhütte Planungen für den Bau eines Kaltwalzwerks auf, das eigens für die Automobilherstellung Bleche erzeugen sollte.[26] Zudem spielte die FFKG-Führung zwischenzeitlich mit dem Gedanken, auch in der Reifenindustrie eine großangelegte Fusionierung anzustreben,

22 Vgl. Kruk/Lingnau, 100 Jahre, S. 194-197; Feldenkirchen, Daimler, S. 245, 341-343, 315 (Anm. 253); Hachmeister, Schleyer, S. 266.

23 Seidel an Ringelmann, 13.2.1952, BayHStA MWi 14036; vgl. Etzold/Rother/Erdmann, Zeichen, Bd. 2, S. 145-153.

24 Treue/Zima, Hochleistungsmotoren, S. 246 f.; Kruk/Lingnau, 100 Jahre, S. 227; Feldenkirchen, Daimler, S. 268.

25 Vgl. Kruk/Lingnau, 100 Jahre, S. 205-207; Feldenkirchen, Daimler, S. 215 f.; Treue/Zima, Hochleistungsmotoren, S. 246-248. Die Trust-Pläne bestätigt Hilger, Amerikanisierung, S. 114.

26 Vgl. Jungk, Werk, S. 68 f. Von der Errichtung des Kaltwalzwerks in Haidhof ließ sich Flick auch nicht durch die stahlindustrielle Konkurrenz, die eine Minderauslastung ihrer eigenen Werke durch die Schaffung neuer Kapazitäten fürchtete, abbringen; dazu die Korrespondenz zwischen Sohl und O. W. v. Amerongen 1959 in RWWA 72-980-4.

zog sich aber angesichts der sich rapide verschlechternden Rentabilitätsverhältnisse bald wieder aus der Branche zurück.[27]

Letztlich scheiterte das Autotrust-Konzept. Schon 1959 mußte die Konzernführung einen Rückschlag hinnehmen, als ungeachtet vorheriger Absprachen Flicks mit Herbert Quandt die Hauptversammlung von BMW – seit mehreren Jahren in Flicks Blickfeld[28]– ein Übernahmeangebot zurückwies, welches das bayerische Unternehmen auf eine Zulieferfunktion für Daimler reduziert hätte.[29] Auch das Zusammengehen von Daimler und Auto Union erwies sich als wenig glücklich und half dem kleineren Unternehmen nicht aus den roten Zahlen. Nur sechs Jahre nach dem Erwerb gab Daimler-Benz, erneut unter Federführung Flicks, der für die Verhandlungen mit VW-Chef Heinrich Nordhoff verantwortlich zeichnete, 51 Prozent der Beteiligung an der Auto Union an Volkswagen ab, bald darauf auch die übrigen Aktien.[30] Schon ein Jahr zuvor hatte Nordhoff vorausschauend und wohl auch auf die von Flick geförderten Konzentrationsbestrebungen gemünzt festgestellt:

> »Es ist wenigen bekannt und bewußt, wie viele gute Namen schon im Geschichtsbuch der Automobilindustrie verzeichnet sind, [...] die einmal eine Rolle spielten und heute verschwunden sind, vielfach auch bereits völlig vergessen. Auch heute noch verschieben sich die Gewichte in dieser Industrie ständig; wir haben in der kurzen Spanne unseres Lebens manches in diesem Bereich kommen und gehen gesehen, und es kann gar kein Zweifel darüber bestehen, daß dieser Prozeß durchaus nicht abgeschlossen ist.«[31]

Nordhoffs Prognose galt nicht zuletzt den weitergehenden Hoffnungen, die sich an den Verkauf der Auto Union-Beteiligung an Volkswagen knüpften. Über das Ingolstädter Bindeglied sollten, so die Idee, Daimler-Benz und Volkswagen perspektivisch zur IG verbunden werden und als dann weltweit drittgrößter Produzent in die Riege der Giganten Ford und General Motors aufrücken. Während Nordhoff bei diesen Gedankenspielen wohl die treibende Kraft war, gab sich Flick zurückhaltender, zumal Abs für die Deutsche Bank Fusionsideen ablehnte. Am Ende gelangten die Pläne über Absichtsbekundungen nicht hinaus, und das

27 Vgl. Berghahn/Friedrich, Friedrich, S. 325-327; Erker, Wettbewerb, S. 595-598, 647 f. Mitte der fünfziger Jahre war die FFKG an der Phoenix Gummiwerke AG beteiligt und hielt die Mehrheit an der Internationalen Galalith-GmbH; Fusions-Begründungen, 21.2.1956, AHStL Metallhüttenwerke Nr. 144.

28 Schon 1951/52 war es in bayerischen Wirtschaftskreisen ein schlecht gehütetes Geheimnis, daß Flick bei BMW einsteigen wollte; IHK München an Seidel, 14.12.1951, BayHStA MWi 14036; Seidel an Ringelmann, 13.2.1952, ebd.; Verhandlungen des Bayerischen Landtages. Stenographischer Bericht 57. Sitzung, 13.12.1951, S. 932.

29 Daimler-Benz AG, Geschäftsbericht 1959, S. 14; Seidl, BMW, S. 204 f., 220 f., 237.

30 Vgl. Daimler-Benz AG, Geschäftsberichte 1964, S. 21, u. 1965, S. 30. Die Verluste der Auto Union liefen bis 1964 auf rund 60 Mio. DM auf; vgl. Etzold/Rother/Erdmann, Zeichen, Bd. 2, S. 285-293; Feldenkirchen, Daimler, S. 315-319; Kruk/Lingnau, 100 Jahre, S. 233-236; Edelmann, Nordhoff, S. 259 f.

31 Nordhoff, Automobilindustrie, S. 3.

Konzept, das in seinen Ausmaßen an das »Stahltrust-Projekt« der Weimarer Jahre erinnerte, blieb Vision.[32]

Fraglos mehr Erfolg war unterdessen der Einnahmenentwicklung des Flick-Konzerns aus seiner Fahrzeugsparte beschieden. Die Daimler- und Maybach-Beteiligungen erzielten in den zwei Jahrzehnten nach der Übernahme durch die FFKG herausragende Ergebnisse. Diese fügten sich in den Trend der westdeutschen Autoindustrie, die ihre Produktivität in solchem Maße verbessern konnte, daß die Stückkosten trotz Teuerung von Material und Arbeitskraft kontinuierlich und gegen den Trend der Verbraucherpreise fielen. Zwischen 1952 und 1979 stieg die Produktivität im Autobau um durchschnittlich 9,4 Prozent und damit fast doppelt so schnell wie der gesamtwirtschaftliche Vergleichswert.[33] Die Daimler-Benz AG steigerte ihren Umsatz von 502 Mio. (1950) auf rund 17,1 Mrd. DM (1975), der ausgewiesene Jahresüberschuß des Unternehmens wuchs allein im Jahrzehnt bis zum Tode seines Ehrenvorsitzenden Flick von 112 (1963) auf 275 Mio. DM (1972).[34]

3.1.3. Gelegenheitskäufe und Diversifizierung

Die Bemühungen des Flick-Konzerns, eine neue vertikale Großstruktur zu errichten, gingen mit einer bemerkenswerten Verschiebung im Konzerngefüge einher. Angesichts der Wachstums- und Rentabilitätsraten, welche die Autobauer und hier vor allem Daimler-Benz erzielten, verkehrten sich die Verhältnisse zwischen den Geschäftszweigen. Die Fahrzeugfirmen emanzipierten sich in der Konzernhierarchie rasch von der Rolle als Abnehmer der Stahlwerkserzeugnisse. Gleichzeitig wurden die Eisen- und Stahlerzeuger zunehmend in Zulieferfunktionen für die Verarbeiter gedrängt bzw. mußten einen Großteil ihrer Produktion außerhalb des Konzerns absetzen, sofern die Autoproduzenten an anderer Stelle günstiger einkaufen konnten.

Eine gewisse Parallele fand diese Entwicklung in dem Verhältnis der als Gelegenheitskäufe zu charakterisierenden Angliederungen. Dabei handelte es sich um Unternehmen, die nach 1945 vor allem infolge der Entflechtungs- und Neuordnungsmaßnahmen tiefgreifende Veränderungen in ihren Eigentümerstrukturen erfahren hatten, namentlich in den Stahl- und Chemiebranchen. Aus der Erbmasse von VSt, Hoesch und Klöckner gingen etwa die Stahlwerke Südwestfalen AG und die Gußstahlwerke Witten AG hervor, beide spezialisierte Edelstahlerzeuger. Mitte der fünfziger Jahre gelang es der FFKG, jeweils annähernd

32 Menges, Unternehmens-Entscheide, S. 351 f.; Edelmann, Nordhoff, S. 258-260; Etzold/Rother/Erdmann, Zeichen, Bd. 2, S. 290 f.

33 Vgl. Abelshauser, Wirtschaftsgeschichte, S. 375 f.

34 Wert 1975 = Daimler-Benz Gruppe Inland; der Konzernumsatz belief sich auf rund 21 Mrd. DM; Daimler-Benz AG, Geschäftsberichte 1972 u. 1975, S. I bzw. S. 13; Kruk/Lingnau, 100 Jahre, nach S. 324; die Zahlen der Auto Union 1957-62 s. Etzold/Rother/Erdmann, Zeichen, Bd. 2, S. 263.

ein Drittel der Anteile von Witten und Südwestfalen zu sammeln.[35] Dies geschah nicht, um die Unternehmen dauerhaft der Eisensparte des Konzerns hinzuzufügen. In beiden Fällen waren Großaktionäre vertreten, die eine souveräne Lenkung durch den Flick-Konzern nicht zuließen oder stark erschwerten. Vielmehr dienten die Investitionen der Erlangung attraktiver Tauschposten. Während das Wittener Aktienpaket bereits 1959 gegen Anteile an der Dynamit Nobel AG ausgewechselt wurde, bot sich im Falle Südwestfalens in den folgenden Jahren jedoch keine Gelegenheit zur Verwertung, so daß das Unternehmen mit rund 10 000 Beschäftigten zunächst als Maxhütte-Tochtergesellschaft eingegliedert und schließlich die 51prozentige Mehrheit gegen den Widerstand des zweiten Großaktionärs gesichert wurde.[36] Dies bedeutete zugleich eine erhebliche Wertsteigerung des Flick-Pakets an Südwestfalen. Ein Jahrzehnt nach dem Einstieg wurde das Unternehmen aufgrund seiner randständigen Position im Konzernaufbau wieder abgegeben, obgleich es in der Zwischenzeit hochprofitabel gearbeitet und bessere Gewinne abgeworfen hatte als die Maxhütte im selben Zeitraum. Der durch die Wertsteigerung erzielte Gewinn von rund 40 Mio. DM floß in die Modernisierung der Maxhütte.[37]

Im Gegensatz zu den Zwischenspielen bei den beiden Stahlerzeugern erwies sich das Interesse Flicks an einem Einstieg in die Chemiebranche als dauerhaft. Auch hier eröffnete die alliierte Entflechtungspolitik die Ansatzpunkte. Infolge der Auflösung der IG Farben waren neben den drei Branchenriesen BASF, Bayer und Hoechst auch eine Reihe kleinerer Firmen wieder selbständig geworden bzw. frühere Beteiligungen der IG ausgegliedert worden.[38] Auf diese Erbmasse richtete sich, bestärkt durch die Beratungstätigkeit des früheren Farben-Managers und Landsberger Mithäftlings Otto Ambros, Flicks Augenmerk. Bereits 1952 interessierte sich der Konzernchef für die Chemischen Werke Hüls, deren Leitung ein Eindringen des Flick-Konzerns jedoch verhindern konnte.[39] Mehr Erfolg hatte die FFKG im selben Jahr bei der ehemaligen IG Farben-Tochter Wolff & Co., an der sie eine Dreiviertelmehrheit erwarb. Der Kauf diente seinerseits als Eintrittskarte für ein größeres Projekt. 1955 brachte die FFKG ihren Besitz an Wolff & Co. in das Papier- und Kunststoffunternehmen Feldmühle Papier- und

35 Werksanlagen, Erzeugnisse, Belegschafts- und Produktionszahlen der Stahlwerke Südwestfalen A.G., o.D.; Notiz über die Besprechung mit Herrn Dr. Flick 20.7.1957 [Dinkelbach], 9.8.1957, TKA A/9021; Maxhütte an FFKG, 7.11.1957; FFKG/VerwGes an Maxhütte, 30.12.1957, beide NMH-BA; vgl. 150 Jahre Stahl, S. 103-108, 156.

36 Notiz für Herrn Dr. Flick, 29.1.1960 [F.K. Flick]; Notiz für Herrn Dr. Flick, 11.2.1960 [Kaletsch]; Zur Rücksprache mit Direktor M.P. Meier, o.D. [1962?]; Herrn Generaldirektor Dr. Burkart. Betr. Hauptversammlung der Stahlwerke Südwestfalen AG, 30.3.1966, alle NMH-BA; 150 Jahre Stahl, S. 156, 332.

37 Notiz für Herrn Dr. Flick, 18.9.1963; Maxhütte an Bayerische Treuhand, 24.4.1968; Herrn Direktor Kämpfer. Betr. Stahlwerke Südwestfalen, 16.1.1974, alle NMH-BA.

38 Vgl. Stokes, Heirs, S. 173-184; ders., Farbenindustrie, S. 356f.

39 Vgl. Erker/Lorentz, Chemie, S. 155, 197. Auch auf die bayerische Wacker-Werke AG, eine 50%ige Beteiligung der IG Farben, hatte Flick 1952 ein Auge geworfen, kam aber ebenfalls nicht zum Zuge; Seidel an Ringelmann, 13.2.1952, BayHStA MWi 14036.

Zellstoffwerke AG ein, eine der führenden Firmen der Branche, und erhielt im Gegenzug rund 16 Prozent der Anteile. Mit weiteren Zukäufen baute die FFKG ihre Position bei der Feldmühle aus. Den entscheidenden Schritt zur Beherrschung erlaubte die Kopplung mit dem zweiten Majorisierungsprojekt Flicks in der chemischen Branche, der Dynamit Nobel AG. Bei der früheren IG Farben-Tochter, deren Ausrichtung mit der sich stärker zur Kunststoffindustrie öffnenden Feldmühle Synergieeffekte in Aussicht stellte[40], erwarb die FFKG 1957 eine Minderheitsbeteiligung und wurde zwei Jahre später durch das Tauschgeschäft mit den Witten-Anteilen zum Hauptaktionär. Das Dynamit-Paket brachte die FFKG wiederum gegen eigene Aktien in die Feldmühle ein und erreichte auf diese Weise dort die Majorität. Aus der starken Position des Papiererzeugers heraus gelang es Flick schließlich 1959/60, auch Dynamit Nobel vollständig unter seine Kontrolle zu bringen.[41]

Zwar bestanden in den folgenden Jahren Absatz- und Lieferbeziehungen mit anderen Konzernunternehmen, und auch bei Fragen übergreifenden Interesses wie dem möglichen Einstieg in den Reaktorbau wurden die Vertreter der Chemieunternehmen in die Planungen einbezogen.[42] Dennoch bildeten die beiden Firmen einen in produktiver Hinsicht weitgehend autonomen Block, der weder in horizontaler noch in vertikaler Anbindung zu den Stahl- und Maschinenbauunternehmen stand. Vielmehr hatte die FFKG-Führung die Chance der Konsolidierungsphase in der Chemie- und Kunststoffbranche genutzt, um eine partielle Diversifizierung der Konzernaktivitäten einzuleiten und Ausgleichsmöglichkeiten für konjunkturelle Schwankungen zu schaffen.[43]

Entscheidender als der produktive Zusammenhang war der finanzielle Zusammenhalt über die Konzernholding, der kontinuierliche Mittelzuflüsse sichern und deren Verteilung für Zwecke der Querfinanzierung ermöglichen sollte. Diese

40 Vermerk im Fall Feldmühle, 25.1.1960; Die Feldmühle. Blick in ein deutsches Grossunternehmen, o. D., beide BAK B 136/1038, Bl. 9 f., 46 f.

41 Vgl. Der Eisenmann, in: Der Spiegel Nr. 38 v. 17.9.1958; DWI Bericht Nr. 11 (Juni 1959), S. 218 f.; Pritzkoleit, Männer, S. 264 f.; Ogger, Flick, S. 304-312.

42 Notiz. Herrn Kaletsch. Betr. Interessennahme der Gruppe am Atomreaktorenbau, 11.3.1966 [Friedmann]; Teilnehmer an England-Reise v. 10.-12.10.1966, beide ACDP I-093-094.

43 Einen weiteren Schritt zu einem diversifizierten Beteiligungsportefeuille bedeutete die Ausdehnung der Aktivitäten ins Ausland. Diese erfolgte allerdings weniger durch die Konzernführung selbst als vielmehr durch die einzelnen Unternehmen, etwa bei Daimler. Ein originäres Konzernprojekt stellte neben den belgisch-französischen Werken das südafrikanische Stahlunternehmen Dunswart Iron & Steel Works Ltd. dar, an dem sich die FFKG Ende der fünfziger Jahre beteiligte. Obgleich Flick sich damit persönlich befaßte, war das Vorhaben offenbar in erster Linie ein Kind Otto-Ernst Flicks sowie Walter Rohlands. Der ehemalige VSt-Vorstandschef, der verschiedentlich Beratungstätigkeiten für die FFKG übernahm, war an der Planung führend beteiligt. Allerdings leitete Flick schon Ende 1958 wieder den Rückzug ein; vgl. die Überlieferung aus Rohlands Akten 1958/59 in TKA RC/424; vgl. Rohland, Zeiten, S. 173 f., 185; Rasch, Rohland, S. 58.

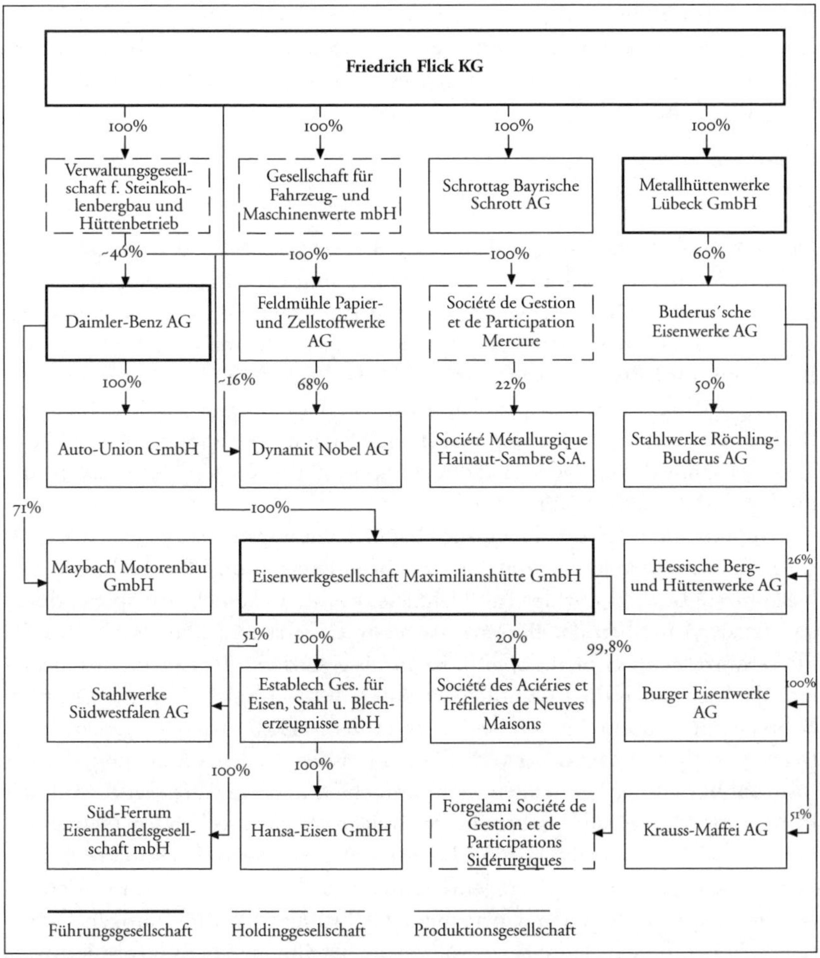

Quelle: RWWA 72-980-4; eigene Zusammenstellung.

Abb. VI/2: Der Flick-Konzern und seine wichtigsten Beteiligungen, 1960/61

Aufgabe kam bis in die siebziger Jahre hinein den Chemiefirmen, in noch größerem Maße Daimler-Benz zu. Bei Flicks Tod 1972 übertraf das Stuttgarter Unternehmen, das wegen der in formaler Hinsicht bloßen Minderheitsbeteiligung nicht als Konzerngesellschaft firmierte, unter Einrechung der eigenen Tochterfirmen nach Beschäftigen, Stammkapital, Umsatz und Nettogewinnen den engeren Flick-Konzern teils um das Doppelte, teils gar um das Vierfache. Diese Unterscheidung ignorierte allerdings die tatsächlichen Beherrschungsverhältnisse. Bei einer Zurechnung Daimlers zum Flick-Konzern stellte dieser mit 103 Mehrheits- und 227 wesentlichen Minderheitsbeteiligungen, mit über 216 000 Beschäftigten und mit einem Gesamtumsatz von annähernd sechs Milliarden Dollar einen der weltweit größten Industriekomplexe außerhalb der USA dar. Innerhalb der westdeutschen Grenzen gab es keinen größeren Konzern als jenen Friedrich Flicks.[44]

3.2. Bewährte Taktiken

Neben dem Ausmaß war es insbesondere die Art und Weise der Expansion des Flick-Konzerns, die vielfach an die Entwicklung der vorangegangenen Jahrzehnte erinnerte. Die Geschwindigkeit und Parallelität der Majorisierungsfeldzüge, ihr klandestiner Charakter sowie die daraus resultierenden intransparenten Beteiligungsverhältnisse standen in merklicher Tradition zu Flicks Taktik der zwanziger Jahre, zumal das spekulative Umfeld der Fünfziger ähnliche Rahmenbedingungen schuf. Die kleinaktionärsfeindliche interne Ordnungspolitik Flicks, die er am Ende der Dekade verstärkte, knüpfte an die Konsolidierungsphase der dreißiger und vierziger Jahre an.

Symptomatisch für den Hang zur Heimlichkeit war die fast immer späte, oft gänzlich ausbleibende Bekanntgabe von Beteiligungen und Übernahmen. Das bekannteste Beispiel war der Fall Daimlers, wo die Unternehmensspitze, durch das massive Anziehen der Börsenkurse alarmiert, erst 1954 über den Status des Flick-Konzerns als Großaktionär in Kenntnis gesetzt wurde. Es dauerte ein weiteres Jahr, ehe auch die Öffentlichkeit durch das von Kaletsch in der Daimler-Benz-Hauptversammlung vertretene 25-Prozent-Paket von dem Eigentümerwechsel erfuhr.[45] Vergleichbar verlief Flicks Einstieg bei der Auto Union, der erst 1956 publik wurde, bezeichnenderweise nicht durch eine Presseerklärung der FFKG, sondern durch das beredte Schweigen zu entsprechenden Gerüchten. Die eigentliche Bestätigung des Mehrheitsbesitzes des Konzerns erfolgte erst mit dem Verkauf an Daimler zwei Jahre später.[46] Nicht anders verhielt es sich bei Maybach, wo im Zuge des Überganges auf Daimler 1960 die übrigen Gesellschafter über die acht Jahre zuvor vollzogene Beteiligung Flicks informiert wurden. Flick hatte seinerzeit ausdrücklich großen Wert auf Diskretion gelegt und die Maybach-Geschäftsführung einen nicht näher genannten Großaktionär vorschieben lassen, der angeblich die Übernahme durch eine nicht minder ominöse ausländische Gruppe verhindert hatte.[47]

44 Daimler-Benz AG, Geschäftsbericht 1972, S. 10; Fortune-Liste der größten Unternehmen, 1973 [Zahlen für 1972], in: ACDP I-093-092/6; The Durable Friedrich Flick, in: Forbes v. 1.2.1969, in: NMH-BA.

45 Vgl. Der Eisenmann, in: Der Spiegel Nr. 38 v. 17.9.1958; Kruk/Lingnau, 100 Jahre, S. 194f.

46 Die Autobeteiligungen der Flick-Gruppe, in: Deutsche Zeitung Nr. 79 v. 19.9.1956; Auto-Union und Flick-Gruppe, in: Düsseldorfer Nachrichten Nr. 218 v. 18.9.1956; Flick auch bei Auto-Union?, in: Stuttgarter Nachrichten Nr. 215 v. 15.9.1956, alle in NMH-BA.

47 Vgl. Treue/Zima, Hochleistungsmotoren, S. 230f., 246f.

Diese Vorsicht diente in erster Linie dazu, Kurssteigerungen zu vermeiden, die auf entsprechende Nachrichten von Interessenahmen der FFKG regelmäßig folgten und den Erwerb weiterer Anteile erheblich verteuerten. Daneben galt es aber auch, etwaigen Abwehrversuchen anderer Aktionäre zuvorzukommen, wie etwa durch die Privatbank Merck, Finck & Co. bei Südwestfalen oder Deutsche Bank und Quandt, die mit Zukäufen von Daimler-Aktien das gemeinsame strategische Patt gegenüber der FFKG wahrten.[48] Schließlich standen auch die Leitungen der übernommenen Firmen Flicks Einstieg oft skeptisch gegenüber. Einerseits versprach das Engagement Flicks Vorteile durch die Absatz- und Lieferbeziehungen innerhalb des Konzerns, andererseits gaben sich die Manager meist keinen Illusionen hin, unter dem neuen Herrn eigenständige Politik betreiben zu können. So sah sich der Daimler-Vorstand 1957/58 massivem Druck seines eigenen Großaktionärs ausgesetzt, die Mehrheit an der Auto Union aufzukaufen. Andernfalls drohte Flick, seine zweite Automobilbeteiligung an den Konkurrenten Ford abzugeben. Zwar konnte die Daimler-Führung im Gegenzug erreichen, daß die FFKG der überfälligen Kapitalerhöhung zustimmte. Für Flick bedeutete dies indes kein besonderes Zugeständnis mehr, da er die auf sein Unternehmen entfallenden jungen Aktien aus dem Zwischengewinn des Auto Union-Transfers refinanzieren konnte.[49]

Die Verschiebung der Kräfteverhältnisse über ihren Kopf hinweg mußte auch die Buderus-Spitze in Wetzlar erkennen. Diese wurde Anfang 1956, in einer Szene, die bemerkenswerte Parallelen zur Übernahme des Phoenix 1930/31 aufwies, zu ihrer eigenen Verblüffung von Flick und Kaletsch über die veränderten Mehrheitsverhältnisse in Kenntnis gesetzt. Buderus-Vorstand Franz Grabowski resümierte daraufhin nüchtern:

> »Die ganze Kombination Flick – und darüber mußten wir uns von Anbeginn klar sein – führte dazu, daß wir die Freiheit des Handelns und die bisherige Buderus-Konzeption preisgeben mußten zu Gunsten einer potentiellen Aktienmehrheit, die über die Geschicke von Buderus bestimmt [...].
>
> Nachdem es sich bei der geplanten Verflechtung im Hinblick auf die ausgedehnten Verbindungen von Herrn Flick nicht um eine solche rein kapital- und finanzmäßiger Natur handelt, sondern um unternehmerische, sich ergänzende und befruchtende Interessen, kann es in diesem Stadium nur noch darauf ankommen, alle gegebenen Möglichkeiten zu einer vernünftigen Verzahnung und Ausnutzung von gegenseitigen Geschäften, Liefer- und Absatzsicherungen für Buderus auszuschöpfen. [...] Ich bin mir dabei durchaus im

48 Kaletsch an Rohde, 9.5.1959, AHStL Metallhüttenwerke Nr. 144; Kaletsch an Burkart, 1.6.1960, NMH-BA.

49 Etzold/Rother/Erdmann, Zeichen, Bd. 2, S. 213f., 229, 234-238, zu Flicks Führungsanspruch vgl. Menges, Unternehmens-Entscheide, S. 204f.; das Stammkapital wurde 1959/60 in zwei Schritten von rund 72 auf über 270 Mio. DM erhöht; Daimler-Benz AG, Geschäftsberichte 1959 u. 1960, jeweils S. 5.

klaren, daß Flick bei dieser Transaktion nichts zuzahlt, es ihm vielmehr darüber hinaus gelingt, daß das ganze Gebilde sein Majoritätsbesitz wird.«[50]

Die 25 Jahre zuvor erfolgte Phoenix-Transaktion stand auch Pate für die Übernahme von Dynamit Nobel. Ähnlich wie seinerzeit Otto-Wolff, Haniel und Hoogovens hatten die beiden Großaktionäre bei Dynamit, Rheinstahl und das Züricher Rüstungsunternehmen Verwaltungsgesellschaft der Werkzeugmaschinenfabrik Oerlikon, ein Abkommen geschlossen, sich über den An- und Verkauf von Dynamit-Aktien zu verständigen. Während sich die Rheinstahl-Führung an die Vereinbarung gebunden fühlte, wechselte Oerlikon die Seiten und trat in ein Poolabkommen mit der FFKG ein, das beiden 1957 die Mehrheit sicherte.[51] Die Rheinstahl-Proteste gegen die Verletzung der guten Geschäftssitten wischte Flick vom Tisch: »Wenn Sie Wert darauf legen, meine Ansicht in der ganzen Angelegenheit kennenzulernen, so geht dieselbe dahin, daß die Rechtslage, sofern Sie mich nicht durch Vorlage eines unterschriebenen Poolvertrages einschl.[ießlich] des behaupteten gegenseitigen Vorkaufsrechts vom Gegenteil überzeugen, für Ihre Gruppe keinerlei Chancen bietet.«[52] Seinen konfrontativen Kurs verband Flick aber mit einer Offerte an Rheinstahl, die dessen Vorstand – nun nicht mehr durch das Oerlikon-Abkommen gebunden – auf Vermittlung Heinrich Dinkelbachs annahm. Gegen rund 30 Prozent Witten-Aktien sowie einen Barbetrag trat Rheinstahl sein Drittelpaket Dynamit Nobel an die FFKG ab, so daß diese mit annähernd der Hälfte des Stammkapitals nun ihrerseits die Schweizer zum kleineren Partner degradierte.[53]

Das Tauschgeschäft Witten-Dynamit verwies zugleich auf eine weitere bewährte Taktik Flicks: das Einbringen von Anteilen eines Unternehmens in ein zweites, um dieses zu majorisieren, ohne die Kontrolle über den mitgebrachten Besitz zu verlieren. Die Dynamit Nobel-Aktien, die die FFKG kontinuierlich gegen Feldmühle-Papiere eintauschte und so die Mehrheit bei dem Papiererzeuger erlangte, waren ebenso ein Beispiel für das aus oberschlesischen Tagen bekannte Manöver wie der Transfer von Auto Union und Maybach unter das Dach der Daimler-Gruppe. Im Falle Maybachs war dies bereits der vierte Verkauf. Den Ersterwerb 1952 hatte eine der Düsseldorfer Holdingfirmen Flicks geleistet, ehe der Besitz an MHW Lübeck weitergereicht worden war. Von dort gelangte er 1955 an die Verwaltungsgesellschaft für Steinkohle und Hüttenbetriebe, welche die Anteile des Motorbauers gemeinsam mit jenen der Auto Union als Kaufpreis

50 Notiz. Betr. Heutige Besprechung Dr. Deuss/Dr. F./Ka., 17.2.1956 [Kaletsch], AHStL Metallhüttenwerke Nr. 144; Zitat: Grabowski an Deuss, 19.2.1956, ebd.; vgl. Haus/Sarkowicz, Feuer, S. 167.

51 Söhngen an Flick, 19.7.1957; Söhngen an Bührle, 19.7.1957; Notiz über die Besprechung mit Herrn Dr. Flick 20.7.1957, 9.8.1957 [Dinkelbach], alle TKA A/9021.

52 Flick an Söhngen, 20.8.1957, ebd.

53 Notiz über meine Besprechung mit Herrn Dr. Friedrich Flick am 30.7.1957, 9.8.1957 [Dinkelbach]; Söhngen an Flick, 19.1.1959; Notiz, 13.2.1959 [Dinkelbach?], alle TKA A/9021; Flicks großes Spiel, in: FAZ Nr. 287 v. 11.12.1959.

für die Zeche Monopol an die Maxhütte leitete. Im Zuge dieser großangelegten Verschiebeaktion erhielt die Maxhütte auch die – strukturell in ihren Bereich fallenden – Konzerngesellschaften Fella-Werk und Neuves-Maisons sowie Beteiligungen an diversen Eisenhandelsfirmen.[54]

Die Umschichtung der Aktienpakete im Laufe der fünfziger Jahre diente nicht zuletzt dazu, die Beteiligungsstrukturen frühzeitig zu systematisieren. Dabei standen anders als vor 1945 nicht mehr die auf Kartellprivilegien zielenden Verflechtungen, sondern möglichst stabile, selbständige Unternehmensblöcke im Vordergrund. Entsprechend wurden die Automobilbeteiligungen bei Daimler zusammengefaßt, die Eisengruppe unter Führung der Maxhütte sowie Feldmühle mit Dynamit Nobel als Chemiegruppe separiert. Am heterogensten setzte sich der Firmenblock aus MHW Lübeck, den Buderus-Gesellschaften und Krauss-Maffei zusammen. Hier spielten produktionsmäßige Gemeinsamkeiten im Gießereibereich eine untergeordnete Rolle, wichtiger waren regionale Verknüpfungen sowie finanzielle Erwägungen. Die auch gesellschaftsrechtlich intensivierte Verbindung sollte die konstanten Einnahmen aus München und Wetzlar an das labile Lübecker Unternehmen leiten und so eine weitgehend steuerfreie Querfinanzierung ohne Zwischenschaltung der Konzernholding ermöglichen.[55]

Eine ähnliche Beziehung entwickelte sich zwischen Südwestfalen und Maxhütte nach 1957. Zum einen ergänzten sich beide Stahlerzeuger in ihren auf Edel- respektive auf Massenstahl ausgerichteten Produktpaletten. Zum anderen profitierte die Maxhütte von den höheren Erträgen, die Südwestfalen erwirtschaftete, und konnte die regelmäßig zweistelligen Dividenden nutzen, um auf neue Technologien in der Stahlerzeugung umzusteigen.[56] Während der generelle Konzernaufbau somit zu einer direkten Unterstellung der einzelnen Gruppen unter die Konzernspitze tendierte, blieben einzelne Verschachtelungen erhalten, die allerdings weniger der Logik von Lieferbeziehungen als jener von Finanzströmen folgten.

Mit der Justierung des Konzernaufbaus ging einmal mehr die Verdrängung der außenstehenden Aktionäre einher, um die alleinige Kontrolle über die wichtigsten Einzelunternehmen zu erlangen. Bei Daimler-Benz ließen Kapitalverteilung und Kursniveau den weiteren Ausbau der Beteiligung nicht zu, so daß sich die Geschäftspolitik des Stuttgarter Unternehmens seit Mitte der fünfziger Jahre zunehmend als Ergebnis des Interessenausgleichs zwischen den drei Groß-

54 Maxhütte an VerwGes, 16.12.1955, NMH-BA. Das Fella-Werk wurde laut Ogger, Flick, S. 312, jedoch schon bald wieder aus dem Maxhütte-Besitz herausgelöst und Hugo Stinnes jr. als Teilablöse für dessen Feldmühle-Aktien übertragen.

55 Vgl. Leben und Arbeit, S. 330f.; Pohl, Buderus, S. 164, 220; Haus/Sarkowicz, Feuer, S. 163, 182.

56 Stahl Südwestfalen füllt Polster auf, in: Industriekurier Nr. 46 v. 24.3.1962; Notiz. Betr. Vergleich Maxhütte – Stahlwerke Südwestfalen, 28.3.1961; Notiz für Herrn Dr. Flick, 18.9.1963; vgl. Hoefer/Jericho/Knorr, Werk, S. 46f.; Bössenecker, Bayern, S. 197; zur technologischen Entwicklung Müller, Strukturwandel, S. 371-375.

aktionären darstellte.[57] Um so mehr bemühte sich Flick um die Festigung seiner übrigen industriellen Provinzen. Der Weg, der dazu beschritten wurde, war vertraut: die Umwandlung der betreffenden Firmen auf den Hauptaktionär unter zwangsweiser Abfindung der außenstehenden Anteilseigner. Mit dem Umwandlungsgesetz von 1956, das in den einschlägigen Passagen an die vorausgegangene Norm von 1934 anschloß, derer sich die Konzernführung bereits im »Dritten Reich« mehrfach bedient hatte, stand die erforderliche Rechtsgrundlage zur Verfügung.[58] Da das Gesetz zum Jahresende 1959 auslief, nutzte die FFKG das schmale Zeitfenster ebenso entschlossen wie rücksichtslos aus. In Frage kamen nur jene Unternehmen, an denen die Holdinggesellschaften des Flick-Konzerns mehr als drei Viertel der Anteile hielten, MHW Lübeck, Feldmühle und Dynamit Nobel; die Maxhütte befand sich bereits vollständig im Konzerneigentum.[59] In Lübeck, wo die außenstehenden Aktionäre 1959 nur noch 1,6 Prozent des Kapitals stellten, verlief das Procedere unproblematisch.[60] Dagegen führten die Umwandlungen bei Dynamit Nobel und Feldmühle zu langwierigen juristischen Auseinandersetzungen um die Höhe der Abfindungskurse bzw. die generelle Zulässigkeit des Verfahrens und riefen überdies ein scharfes Medienecho auf die legale Außerkraftsetzung der oft angeführten Aktionärsdemokratie hervor.[61]

Nicht nur die veröffentlichte Meinung zeigte sich empört, auch in den Bonner Ministerien und CDU-Gremien machte sich Unmut über die ebenso brachialen wie eigennützigen Methoden Flicks breit. So hielt das Justizressort fest,

57 Vgl. Hachmeister, Schleyer, S. 266.

58 Gesetz über die Umwandlung von Kapitalgesellschaften und bergrechtlichen Gewerkschaften v. 12.11.1956, BGBl. I, S. 844.

59 Im Falle von Dynamit Nobel ging die FFKG gemeinsam mit Oerlikon vor, die als kleinere Partnerin in eine Poolgemeinschaft eintrat, die dann als Großaktionär die 75%-Hürde nehmen und die Umwandlung durchführen konnte. Nach 1960 stärkte die FFKG durch mehrere Kapitalerhöhungen, bei denen Oerlikon nicht zeichnete, ihre Position und kaufte das Schweizer Unternehmen schließlich vollständig heraus. Im Gegenzug wurde Oerlikon in Donauwörth beteiligt; IVG an Bundesminister für den wirtschaftlichen Besitz des Bundes, 30.1.1961, BAK B 136/2349, Bl. 177; Tatsächliche und rechtliche Unterlagen zur Umwandlung der Papier- und Zellstoffwerke AG (Feldmühle) und der Dynamit Nobel-AG vormals Alfred Nobel & Co. (Dynamit-AG), BAK B 136/1038, Bl. 78f.; Dem Herrn Bundeskanzler vorzulegen, 2.3.1960, ebd., Bl. 111; Ogger, Flick, S. 326f.

60 Nach der Umwandlung unterstellte die FFKG das Lübecker Unternehmen über ein Organschaftsverhältnis direkt der Holding und erhielt so unmittelbaren Zugriff auf die Erträge; Rohde an Flick, 14.1.1959; Notiz für Herrn Dr. Flick, 21.1.1959, beide AHStL Metallhüttenwerke Nr. 139; Organschaftsvertrag FFKG/MHW Lübeck, 25.9.1959, AHStL Metallhüttenwerke Nr. 140.

61 Vgl. die auf Presseberichten beruhende Darstellung: Die Struktur der Flick-Gruppe. Ein Gutachten. Düsseldorf, März 1963, TKA Firmenschriften, S. 30-35; Licht und Schatten der Dynamit-Transaktion, in: Handelsblatt v. 11.12.1959; Feldmühle-Umwandlung soll angefochten werden, in: Handelsblatt v. 23.12.1959; Krages contra Flick, in: FAZ v. 24.12.1959; Brauchitsch, Preis, S. 60f.

das ursprünglich zur Konsolidierung kriegs- und besatzungsgeschädigter Firmen verabschiedete Umwandlungsgesetz sei »mißbraucht worden, um einmal ein gesellschaftsrechtliches Ziel (Ausbootung der Minderheitsaktionäre), zum anderen ein steuerrechtliches (Heraufschreibung der Beteiligung) zu erreichen«.[62] Dieselbe Diagnose stellte eine Reihe von CDU-Parlamentariern, die sich sorgten, die von der Bundesregierung propagierte Vision des Volksaktionärs werde durch die staatlich begünstigte Schädigung der kleinen Anteilseigner ad absurdum geführt. Im Vorgehen Flicks – der keineswegs der einzige, wohl aber der exponierteste Nutznießer der Norm war – sah die Unionsfraktion »eine unerträgliche Entleerung des gesetzlichen Zweckes« des Umwandlungsgesetzes.[63]

Daß trotz des ungewöhnlich scharfen Tonfalls, den zahlreiche Vertreter der Regierungspartei anschlugen, politische Konsequenzen – darunter eine Kleine Anfrage im Bundestag – ausblieben, hatte Flick seinen hervorragenden Kontakten in die CDU/CSU zu verdanken. Einmal mehr war es Pferdmenges, der seine engen Beziehungen zu Adenauer nutzte und nahelegte, daß »die Kleine Anfrage auch mit Rücksicht auf die unternehmerischen Qualitäten und die Verdienste Flicks unterbliebe«.[64] Flicks zweiter Trumpf war Wolfgang Pohle, der intensive Lobbyarbeit für seinen Dienstherrn betrieb. Nicht nur reichte er Memoranden der Konzernzentrale in Bonn herum, die Kleinaktionären opportunistisches Spekulantentum vorwarfen und »[e]chtes unternehmerisches Denken« rundheraus absprachen.[65] Pohle versäumte es ebenso wenig, auf das regierungsseitige Interesse, die Affäre kleinzuhalten, hinzuweisen: Zum einen bedeute die geplante Fusion der Feldmühle mit Dynamit Nobel den im öffentlichen Interesse liegenden »Aufbau eines Konkurrenzunternehmens gegen die bisher bestehenden Oligopole der Großchemie« – eine Argumentation, die Flick bereits Anfang der dreißiger Jahre bei der Gaveg und gegen die Vorgängerin besagter Oligopole, die IG Farben, eingesetzt hatte. Zum anderen warnte Pohle davor, bei dem Rüstungsunternehmen Dynamit Nobel an politisch hochsensible Bereiche zu rühren, »wobei ich nur das Stichwort der Raketenfertigung nennen möchte«.[66]

Die politischen Folgen somit umschifft, fand der Fall Feldmühle schließlich 1962 vor dem Bundesverfassungsgericht auch seine juristische Erledigung. Zwar urteilten die Richter nicht über die Rechtmäßigkeit des FFKG-Vorgehens, sondern lediglich über die Vereinbarkeit des Umwandlungsgesetzes mit den grundgesetzlichen Vorgaben von Eigentumsschutz und Eigentumsverpflichtung. Den-

62 Auszugsweise Abschrift aus einer Ausarbeitung des BMJ betr. Umwandlungsgesetz v. 5.2.1960, BAK B 136/1038, Bl. 93.

63 Tatsächliche und rechtliche Unterlagen […], BAK B 136/1038, Bl. 81; Vermerk. Betr. Kleine Anfrage der CDU/CSU zur Umwandlung der Feldmühle AG, 10.2.1960, ebd., Bl. 68.

64 Dem Herrn Bundeskanzler vorzulegen, 2.3.1960, ebd., Bl. 111.

65 Vermerk im Fall Feldmühle, 25.1.1960; Warum ist die legale Anwendung des Umwandlungsgesetzes im Falle Feldmühle und Dynamit nicht mißbräuchlich?, 5.1.1960, beide BAK B 136/1038, Bl. 9-13, 85-88.

66 Pohle an Vialon, 1.3.1960, ebd., Bl. 107-110.

noch sanktionierte die Abweisung der Klage im Ergebnis höchstrichterlich Flicks Ziel, die Verfügungsrechte bei seinen Unternehmen zu monopolisieren.[67]

Bei mehreren Eckpfeilern des Flick-Konzerns – die neuen Chemieunternehmen Feldmühle/Dynamit und die beiden »alten« Eisenwerke Maxhütte/Lübeck – hatte die Düsseldorfer Führung zu Anfang der sechziger Jahre eine unangreifbare Position erreicht. Bei Buderus verfügte die FFKG über eine faktische Zweidrittelmehrheit in der Hauptversammlung, die ihr ähnlich weitgehende Rechte einräumte, zumal sie in den kommenden Jahren die 50- und 26prozentigen Beteiligungen bei Röchling-Buderus und der Hessischen Berghütte zum Alleinbesitz ausbauen konnte.[68] Lediglich das ertragsmäßige Herz des Konzerns, Daimler-Benz, dessen FFKG-Beteiligung von gut 40 Prozent weiterhin als Minderheit behandelt wurde und daher auch keinen Eingang in die ab 1968 veröffentlichten Geschäftsberichte der »Gruppe Friedrich Flick« fand, hob sich davon erkennbar ab.[69]

Angesichts dieser aufsehenerregenden, von der westdeutschen Öffentlichkeit teils mißtrauisch, teils bewundernd verfolgten Transaktionen blieb ein kleineres, obgleich finanziell nicht unbedeutendes und für die Konzerngeschichte sogar herausragendes Aktiengeschäft unbemerkt. Im Zuge der 1955 erfolgten Abgabe diverser Industrie- und Handelsbeteiligungen an die Maxhütte nahm Flick eine organisatorische Volte im Konzernaufbau vor: Unter den übertragenen Handelsgesellschaften befand sich auch die Hansa-Eisen, Trippe & Co. GmbH, die Rechtsnachfolgerin der Flick & Trippe oHG. An der Firma, die 1955 einen Umsatz von 96 Mio. DM erreichte und über diverse Tochtergesellschaften verfügte, die als »Hansa-Kreis« einen kleinen eigenständigen Schrott- und Eisenhandelskonzern bildeten, hielt Flick noch immer 51 Prozent.[70] Das Mehrheitspaket schloß der Konzernherr nunmehr den bei der Maxhütte konzentrierten Unternehmen des Eisen- und Stahlgeschäfts an. Nachdem die Firma, in der Flicks Karriere ihren Ursprung hatte, 40 Jahre lang nie als Konzerngesellschaft eingegliedert, in der Regel nicht einmal als Besitz ausgewiesen worden war, schloß sich im Kontext des dritten und letzten Aufbauzyklus' Flicks der Kreis.[71]

67 BVerfGE 14, 263, abgedruckt in: Schwabe, Entscheidungen, S. 306-310.

68 1965/66, kaufte der Flick-Konzern im Zuge der Zusammenfassung der Buderus-Gruppe in der Hessische Gesellschaft für industrielle Unternehmungen Friedrich Flick GmbH auch bei den Buderus'schen Eisenwerken das Gros der Kleinaktionäre heraus; vgl. Pohl, Buderus, S. 168-172; Heiden, Sozialisierung, S. 81 f., zur Abfindung der Kleinaktionäre bei Krauss-Maffei s. Bössenecker, Bayern, S. 196.

69 Vgl. Gruppe Friedrich Flick, Konzerngeschäftsberichte 1968 ff., NMH-BA.

70 Umsatzziffer inkl. der Hansa-Stahl GmbH; 1960 erzielte allein Hansa-Eisen einen Umsatz von 120 Mio. DM; Maxhütte an VerwGes, 16.12.1955; Übersicht über die zur Übernahme vorgesehnen Beteiligungen, o. D. [1955], beide NMH-BA; Zitat: Gutachten über die wirtschaftliche Lage und den Wert der Geschäftsanteile der Hansa-Rohstoffverwertung GmbH, 16.10.1952; Hansa-Eisen (A. Trippe) an Bruns, 20.5.1953; [Vermerk] Otto-August Siering, o. D., alle TKA TNO/1298; Notiz, 31.10.1956, TKA TNO/89.

71 Über die Maxhütte und ihre Düsseldorfer Tochter Establech Gesellschaft für Eisen-, Stahl- und Blecherzeugnisse mbH blieb der stark angewachsene Hansa-Eisen-Komplex

3.3. Strukturwandel und Streit

3.3.1. Das Scheitern des Familienunternehmens

Neben dem Neuaufbau des Konzerns gewann seit Mitte der fünfziger Jahre eine zweite strategische Überlegung an Dringlichkeit. Angesichts von Flicks hohem Alter – 1953 hatte er seinen 70. Geburtstag begangen – galt es, Übergabe und Weiterführung der FFKG zu regeln. Daß dazu der familiäre Weg eingeschlagen werden sollte, stand zu keiner Zeit in Frage. Spätestens mit der 1937 erfolgten Etablierung der Friedrich Flick KG hatte der Firmengründer nicht nur den Charakter seines Konzerns als persönlich geführtes Unternehmen unterstrichen, sondern mit dem neuen Signet auch das Selbstverständnis als Familienunternehmen vom Schlage der Krupp, Klöckner oder Otto-Wolff kundgetan.

Mit der sukzessiven Übertragung der Kommanditanteile auf die beiden Erben Otto-Ernst und Friedrich Karl, mit denen man die Schenkungsabgabe gestreckt und eine gegebenenfalls schlagartig anfallende Erbschaftssteuer vermieden hatte, war der langfristig anstehende Generationswechsel eigentumsrechtlich bereits vorweggenommen worden. Gleichwohl hatte sich damit kein fließender Übergang in der tatsächlichen Konzernführung verbunden. Im Gegenteil, mit einem diffizilen System von Rücknahmeklauseln und Vollmachten hatte sich Flick die vollständige gesellschaftsrechtliche Verfügungsgewalt über den Konzern gesichert. Auch nach dem Abschluß der Eigentumsübertragungen 1944 konnte er daher in den folgenden Jahrzehnten in allen Belangen namens seiner beiden Söhne handeln und jederzeit die Schenkungen revidieren. Eine Kontrollminderung bzw. -umverteilung hatten die Umschichtungen bewußt vermieden und statt dessen die bei Kriegsende als je 45prozentige Eigentümer firmierenden Söhne effektiv entmündigt.

An dieser Konstellation entzündete sich nach 1945 ein über 20 Jahre hinweg schwelender, phasenweise erbittert geführter innerfamiliärer Streit, der in letzter Konsequenz entscheidend zur Auflösung des Konzerns beitragen sollte. Im Zentrum der Auseinandersetzungen stand Otto-Ernst Flick, im internen Sprachgebrauch meist nur als O.-E. bezeichnet, ebenso wie sein Bruder als F. K. firmierte. Otto-Ernst hatte frühzeitig begonnen, Erfahrungen in Führungspositionen von Konzernwerken zu sammeln, um sich auf die spätere Nachfolge vorzubereiten. Indes waren seine ersten Stationen in Unterwellenborn, Rombach und Sulzbach-Rosenberg glücklos verlaufen, weniger aus wirtschaftlichen, denn aus menschlichen Gründen. Der bemühte und ehrgeizige »Kronprinz«[72] hatte stets Wert darauf gelegt, sich in möglichst großer unternehmerischer Selbständigkeit zu beweisen, und war dabei meist gleichermaßen autoritär wie offensichtlich um

bis in die sechziger Jahre hinein unter Flicks Kontrolle; Maxhütte an VerwGes, 16.12.1955; Zur telephonischen Rücksprache mit Dir. Kaletsch, o. D. [Juli 1963], beide NMH-BA; Handbuch der Gross-Unternehmen (1961), Bd. 1, S. 467.

72 Betrifft: O.-E., o. D. [zu Schreiben Burkart an Flick, 1958], NMH-BA. Zur pseudoaristokratischen Etikettierung vgl. Rehling, Wirtschaftseliten, S. 2-5.

seine Autorität fürchtend aufgetreten. Erst mit der eigenen Eisengroßhandelsgesellschaft Süd-Ferrum AG verzeichnete Otto-Ernst nach dem erzwungenen Ausscheiden aus der Maxhütte dauerhaften Erfolg.[73]

Seinen Anspruch auf die Mitführung im Konzern gab er damit jedoch keineswegs auf. Schon 1946/47 forderte er eine stärkere Einbindung in die Entscheidungsfindung und verlangte, über sein Eigentum selbst disponieren zu können.[74] Der heftige Zusammenstoß mit Burkart in der Frage des Verkaufs der Maxhütte-Anteile an das Land Bayern im Herbst 1949 war maßgeblich darauf zurückzuführen, daß Otto-Ernst – und in seinem Windschatten auch Friedrich Karl – die Ausschaltung aus den Entscheidungsprozessen der FFKG nicht länger hinnehmen wollte. Selbst während seiner Inhaftierung delegierte der Konzernchef keineswegs mehr Verantwortung an seine Söhne, sondern vertraute offenkundig in weit höherem Maße auf die Fähigkeiten seines erprobten Mitarbeiterstabes.[75]

Das Mißtrauensvotum Flicks, das im Falle Otto-Ernsts auf mißliche und in jenem Friedrich Karls auf mangelnde Vorerfahrungen zurückging, wirkte in der Phase des Konzernneubaus spürbar nach. Erst 1953 holte Flick sen. seinen ältesten Sohn in die Düsseldorfer Zentrale, drei Jahre später erteilte er ihm Generalvollmacht. Mit der Einbindung in die Holding, wo er in der Nachfolge Burkarts für die Eisensparte zuständig war, verband sich indes nicht die von Otto-Ernst erhoffte Übertragung echter Eigenverantwortung. Vielmehr mußte sich der Sohn wie die übrigen Manager auch dem Letztentscheidungsrecht und der strategischen Prärogative des Vaters unterordnen. Während der 1957 ebenfalls in die FFKG-Verwaltung eingetretene Friedrich Karl den Weg der loyalen Integration wählte und nicht mehr Entfaltungsmöglichkeiten forderte, als ihm zugestanden wurden, kam es zwischen Friedrich und Otto-Ernst Flick zu immer schwereren Auseinandersetzungen.[76] Ausgehend von reinen Sachfragen, in denen sich O.-E. nicht durchsetzen konnte, kündigte er schließlich 1957 in einem Akt »schwerer[r] Disziplinlosigkeit«, wie Kaletsch beflissen rügte, an, künftig keine Weisungen des Vaters mehr zu befolgen.[77]

In dem nun eskalierenden Familienstreit ging Flick kaum anders vor als in geschäftlichen Auseinandersetzungen. Umgehend erhöhte er den Druck auf seinen Sohn, indem er den Maxhütte-Vorstand anwies, die Geschäftsbeziehungen mit der Süd-Ferrum zurückzufahren. Ferner forderte er bei seinen Vertrauten Informationen über die früheren Probleme mit Otto-Ernsts Führungsstil an, um

73 O.-E. Flick an F. Flick, 28.3.1960, NMH-BA.

74 Notiz für Herrn Dr. Flick, 22.3.1959 [Kaletsch]; Burkart an Hanneken, 12.7.1963; Hanneken an Burkart, 18.7.1963 alle ebd.

75 Auch die in den Entflechtungsverhandlungen noch vorgesehene Übertragung der Maxhütte auf die von den beiden Söhnen gegründete Merkur-Holding blieb vollständig folgenlos für die tatsächliche Kontrolle. Vermutlich wurde über interne vertragliche Absprachen der Zugriff der FFKG auf die Maxhütte geregelt.

76 Flick an Burkart, 26.8.1956; O.-E. Flick an Burkart, 3.4.1957, beide NMH-BA.

77 Notiz für Herrn Dr. Flick, 22.3.1959 [Kaletsch], ebd.

diese gegebenenfalls gegen ihn verwenden zu können.[78] Im Sommer 1958 erreichte der Konflikt einen ersten Höhepunkt. Nachdem Flick seinen Sohn zuvor fristlos entlassen und ihm ein Hausverbot für die Düsseldorfer Zentrale erteilt hatte[79], kam es Mitte Juni zu einer Krisensitzung, an der neben dem Konzernherrn auch seine Frau Marie, Otto-Ernst und dessen Ehefrau Barbara, F.K. Flick, Kaletsch und der FFKG-Justitiar Wilhelm Bedbur teilnahmen. In einer von Flick sen. in schroffem Tonfall geführten Unterredung, in deren Zuge auch Marie Flick ihrem Sohn die »charakterlichen Voraussetzungen« für die Unternehmensnachfolge absprach, drohte der Konzernchef unter Verweis auf seine Rückoptierungsmöglichkeiten sowie das von ihm eingeholte Material offen mit dem Karriereende Otto-Ernsts, wenn dieser nicht einer weitgehenden Auflösung der Eigentums- und Arbeitsverhältnisse zustimme. Der bisherige Nachfolger sollte künftig nur noch als Berater für die Auslandsunternehmen fungieren und seinen Besitz an der FFKG auf 25 Prozent reduzieren; die übrigen Anteile waren auf die beiden Söhne Otto-Ernsts – nicht aber auf seine Tochter – zu übertragen. Ferner mußte er sich mit einem teilweisen Erbverzicht einverstanden erklären.[80]

Mit der Neuregelung der Eigentums- und Erbgangverhältnisse erhöhte sich die Wahrscheinlichkeit, daß der jüngere Friedrich Karl die Konzernnachfolge antreten würde. Indes war dieser weit davon entfernt, in der Junisitzung die Stunde seines Triumphes zu erleben. Vielmehr wuchs sich die Besprechung zu einer regelrechten Demütigung aus, als Otto-Ernsts in die Runde gerichtete Frage, ob man seinen Bruder für kompetenter halte, einmütig verneint wurde. Stellvertretend für die offenbar Allgemeingut darstellende Einschätzung formulierte Marie Flick das schonungslose Verdikt: »O. E. ist stets begabt, tüchtig und fleißig gewesen, aber er verträgt sich nicht; F. K. war nicht begabt, tüchtig und fleißig, aber er verträgt sich. Er wird schon wie Kaiser Wilhelm I. gute Ratgeber arbeiten lassen, darauf kommt es jetzt an.«[81]

Die innerfamiliären Querelen, deren Bedeutung für den Konzern angesichts des fortschreitenden Alters Friedrich Flicks noch zunahm, waren mit dem Oktroi vom Sommer 1958 indes nicht beendet. Während der Unternehmenschef weiterhin von den entmündigenden Regelungen des FFKG-Gesellschaftsvertrages und den ihm seinerzeit ausgestellten Vollmachten Gebrauch machte, um etwa eine vorzeitige Kontraktverlängerung bis 1985, das heißt bis zum Renten-

78 Betr. Besprechung mit Herrn Dr. Burkart am 21.8.1957, 29.8.1957 [Hahl]; Burkart an Flick, o.D. [1958], in Anlage: Betrifft: O.-E., o.D.; Burkart an Geschwinde, 1.9.1958, alle NMH-BA.

79 Notiz. Verhandlung mit Herrn Dr. Friedrich Flick am 3.6.1958, 18.6.1958 [O.-E. Flick], TKA RC/424. Die zitierten Unterlagen gelangten an Walter Rohland, der mit O.-E. eng zusammenarbeitete, bzw. stammen aus den Handakten Burkarts, den Flick in der Angelegenheit mehrfach konsultierte.

80 Abschrift, o.D., TKA RC/424; Zitate: Notiz betreffend Verhandlung mit Herrn Dr. Friedrich Flick am 17.6.1958, 20.6.1958 [O.-E. Flick], ebd.

81 Notiz betreffend Verhandlung mit Herrn Dr. Friedrich Flick am 17.6.1958, 20.6.1958 [O.-E. Flick], TKA RC/424.

alter Otto-Ernsts, zu beschließen, gab sich dieser mit der Beschränkung seines Arbeitsfeldes nicht zufrieden und forderte, die Maxhütte aus der FFKG herauszulösen und auf ihn zu übertragen. Zwar hatte Flick dies 1957/58 noch ernstlich in Erwägung gezogen, jetzt lehnte er aber rundweg ab.[82] Erst auf Vermittlung von Otto Kranzbühler, seit dem Nürnberger Prozeß ein Vertrauter der Familie, kam es 1960 doch noch zu einer Annäherung. Diese sah O.-E.'s Eintritt in den Vorstand der MHW Lübeck zur Beschäftigungssicherung vor und verband sich mit der Hoffnung auf eine integrative, gleichsam resozialisierende Wirkung unter Rohdes Fittichen. Zudem wurde als zusätzlicher Anreiz ein baldiger Wechsel in die Maxhütte-Führung in Aussicht gestellt, wo Burkart bereits seit geraumer Zeit seinen Übergang in den Ruhestand plante.[83] Im Herbst 1961 wurden in Sulzbach-Rosenberg erste Vorbereitungen für den Dienstantritt Otto-Ernsts getroffen, sehr zum Unbehagen der Gewerkschaftsvertreter, da dem Flick-Sohn der »Ruf eines Mannes mit wenig gewerkschaftsfreundlichen Tendenzen im Sinne eines Herrn Reusch« vorauseilte.[84]

Die Sorgen erwiesen sich als unbegründet. Statt zu O.-E. Flicks Rückkehr in den Maxhütte-Vorstand kam es 1961 zum finalen Eklat. Nach erneuten Meinungsverschiedenheiten berief Flick sen. seinen jüngeren Sohn zum Persönlich Haftenden Gesellschafter (PHG) und änderte den Gesellschaftsvertrag der FFKG dahingehend, daß künftig nur noch PHG, die nach dem Tode des Konzerngründers hinzuträten, abberufbar sein sollten. Auf diesen Schritt, der die Position Friedrich Karls zu zementieren und Otto-Ernsts Erben potentiell zu benachteiligen drohte, reagierte der ältere Sohn mit nicht minder drastischen Mitteln und reichte Zivilklage auf Auflösung und Realteilung des Konzerns entsprechend den Beteiligungsquoten von 1944 ein. Die in der Zwischenzeit durch Flick vorgenommen Rückoptierungen, die Otto-Ernsts FFKG-Besitz auf nur noch nominal 100 000 DM reduziert hatten, sollten für widerrechtlich erklärt werden.[85]

Die Klage stand von vornherein auf verlorenem Posten. Weder verfügte der Flick-Sohn innerhalb des Konzerns noch in politischen Kreisen noch in der Öffentlichkeit über nennenswerte Unterstützung. Die langjährigen Begleiter Friedrich Flicks verurteilten die Anmaßung des Sohnes oder erklärten wie Kranzbühler, enttäuscht über das Scheitern aller Vermittlungsbemühungen, ihren »Bedarf [für] gedeckt«.[86] In Bayern trafen die FFKG-Verantwortlichen Verabredungen mit dem Wirtschaftsministerium und dem IG-Metall-Landesverband

82 O.-E. Flick an Flick, 15.12.1958; Notiz für Herrn Dr. Flick, 22.3.1959 [Kaletsch]; Zur Rücksprache mit Dr. Enzmann. Betrifft: Anruf Kranzbühler, 18.9.1959, alle NMH-BA.

83 O.-E. Flick an Burkart, 13.4.1960; Weiss an Burkart, 21.12.1960; Burkart an Flick, 17.10.1961, alle ebd.

84 Notiz für Herrn Dr. Flick, 8.12.1961 [Kaletsch], ebd. Gemeint war Hermann Reusch.

85 Notiz. Betrifft: Besuch von O. E. bei Dr. Bogner am 4.2., 5.2.1959 [Burkart], NMH-BA; vgl. Von Friedrichs Gnaden, in: Der Spiegel Nr. 23 v. 5.6.1963; Ogger, Flick, S. 362-370.

86 Notiz für Herrn Dr. Flick, 15.12.1963; Zur telephonischen Rücksprache mit Dir. Kaletsch, o. D. [Juli 1963]; Zitat: Kranzbühler an Burkart, 22.10.1962, alle NMH-BA.

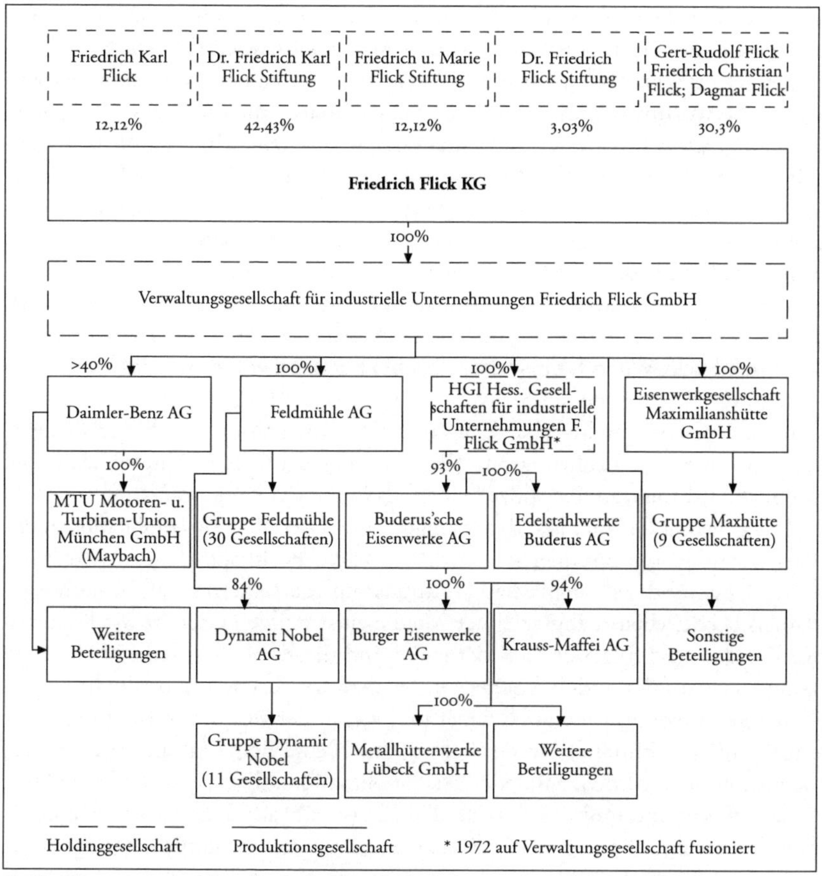

Quelle: Konzerngeschäftsbericht Gruppe Friedrich Flick 1972; Feyerabend, Milliarden, S. 104.

Abb. VI/3: Aufbau und Besitzverhältnisse des Flick-Konzerns, 1972

um Erwin Essl, daß diese sich nötigenfalls mit warmen Worten für Flick sen. und gegen eine Realteilung aussprechen sollten.[87] Der vorherrschenden Auffassung, daß der Sohn das Lebenswerk seines Vaters, zu dem er selbst nichts beigetragen habe, zu zerstören trachtete, schlossen sich auch die Richter des Düsseldorfer Landgerichts an. Im März 1963 wurde die Klage in den entscheidenden Punkten unter explizitem Verweis auf die Schutzwürdigkeit der herausragenden individuellen Leistung Flicks abgewiesen.[88] Damit nicht genug, ging dieser nun

87 Kaletsch an Burkart, 26.11.1963; Notiz für Herrn Dr. Flick, 15.12.1963 [Kaletsch]; Notiz für Herrn Dr. Flick, 5.9.1964, alle ebd.

88 Klage auf Auflösung der Flick K.G. abgewiesen, in: FAZ Nr. 136 v. 15.6.1963; Das Lebenswerk von Friedrich Flick – eine »außergewöhnliche Leistung«, in: FAZ Nr. 137 v. 17./18.6.1963; Die Flick KG wird nicht aufgelöst, in: Handelsblatt Nr. 112 v. 18.6.1963.

seinerseits in die Offensive und erklagte 1965 wegen groben Undankes erfolgreich auch die verbliebenen 100 000 DM Kommanditanteile zurück.[89]

Ein Jahr später, nach jahrelangem Rechtsstreit und unausräumbaren menschlichen Zerwürfnissen, fanden die familiären Besitzverhältnisse eine endgültige Regelung. Otto-Ernst Flick verzichtete gegen eine Barabfindung ultimativ auf alle Ansprüche aus seinem früheren Status als Kommanditist und Erbe. Hingegen sollten seine Kinder rund ein Drittel der Anteile erhalten und die beiden Söhne mit Vollendung des 28. Lebensjahres in die Geschäftsführung der KG eintreten. Die Heraushebung von Flicks Enkeln Gert-Rudolf und Friedrich Christian gegenüber ihrer Schwester Dagmar fand einen noch eklatanteren Ausdruck in der ungleichen Verteilung des Erbes. Auf die beiden Brüder entfielen auf Friedrich Flicks Wunsch hin – der selbst bei Eberhard von Brauchitsch im nachhinein auf Kritik stieß – jeweils doppelt so viele FFKG-Anteile wie auf ihre Schwester. Damit strebte Flick eine frühzeitige Integration der dritten Generation in die Konzernführung an. Nicht minder deutlich machte er, daß eine weibliche Erbfolge an der Spitze keinesfalls in seinem Sinne war.[90]

Das Ergebnis der Auseinandersetzungen ging indes über die Implikationen der Krisensitzung vom Sommer 1958 nicht entscheidend hinaus. Die Ausschaltung Otto-Ernsts und die langfristige Hoffnung auf die Enkelgeneration hatte sich damals bereits ebenso abgezeichnet wie die einstweilige Präferenz für Friedrich Karl in der Nachfolgefrage auf der einen und die Zweifel an seiner Führungskompetenz auf der anderen Seite. Die seitdem betriebene Personalpolitik spiegelte diese Erkenntnis deutlich wider und war in der von Marie Flick seinerzeit angekündigten Einrahmung des Sohnes durch eine Reihe fähiger Berater vorweggenommen worden. Mit jeder Eskalationsstufe im Erbfolgestreit baute Flick zwischen 1957 und 1965 das Netz der Führungskräfte aus. Die Berufungen neuer Generalbevollmächtigter in den fünfziger Jahren zollten somit nicht nur dem wachsendem Konzernumfang Tribut, sondern dienten auch der Abfederung eines möglichen Stabwechsels an der FFKG-Spitze. Nacheinander traten Fritz Welz (1950), Günter Max Paefgen (1951), Max Paul Meier (1957) und Wolfgang Pohle (1960) als Generalbevollmächtigte in die FFKG ein; zeitgleich mit Pohle stieß der Jugendfreund F. K. Flicks, Eberhard von Brauchitsch, zur Konzernführung.[91]

Während Welz unmittelbar dem Konzernchef zuarbeitete und in späteren Jahren als dessen Verbindungsmann zwischen dem Konstanzer Domizil Flicks und der Düsseldorfer Verwaltung diente, übernahmen die übrigen Spitzenmanager spezifische Aufgabenfelder. Paefgen leistete vor allem die Öffentlichkeitsarbeit und die Bearbeitung der ausländischen Beteiligungen; der schon

89 Verhandlung im Schenkungsprozeß Flick gegen Flick, in: FAZ Nr. 9 v. 12.1.1965; Otto-Ernst Flick muß seinen Anteil zurückgeben, in: FAZ Nr. 89 v. 15.4.1965.

90 Rechtsstreit im Hause Flick beendet, in: FAZ Nr. 210 v. 10.9.1966; Wieder Friede im Hause Flick, in: Handelsblatt Nr. 174 v. 12.9.1966; Brauchitsch, Preis, S. 78.

91 Ebd., S. 72 f.; Feyerabend, Milliarden, S. 136; Maxhütte Mitteilungen 8 (1969), Nr. 1, S. 8 f.

nach dem Ersten Weltkrieg bei der Bismarckhütte tätig gewesene Meier war Experte für die Stahlindustrie. Dem seit 1945 mit Flick eng verbundenen, unternehmerisch und politisch versierten sowie persönlich vertrauenswürdigen Unions-Bundestagsabgeordneten Pohle oblag es vorrangig, über wirtschaftspolitische Fragen zu informieren bzw. aktiv und im Sinne seines Arbeitgebers an ihrer Ausgestaltung mitzuwirken. Dies galt nicht zuletzt für Gesetzesentwürfe etwa zu den für die FFKG essentiellen Komplexen Unternehmensumwandlung und Konzernrecht.[92] Mit Brauchitsch wurde schließlich eine jüngere Kraft mit Zukunftspotential rekrutiert, um langfristig die Nachfolge Kaletschs anzutreten. Brauchitsch, den neben seiner bisherigen Managementerfahrung bei einer Lufthansa-Tochter vor allem seine enge Beziehung zur Familie auszeichnete, erhielt anfangs weder Ressort noch Rang, vielmehr glich seine Stellung jener eines im Kommanditvertrag nicht vorgesehenen Sohnes.[93]

In einem nächsten Schritt berief Flick angestellte Gesellschafter. Dies bedeutete einen doppelten Paradigmenwechsel. Zum einen wurde über die bislang höchstrangige Managerebene der Generalbevollmächtigten eine weitere hierarchische Stufe im Konzerngefüge eingeschaltet, die sich ganz auf die strategischen Richtlinien konzentrieren sollte. Zum anderen gestand Flick nun Nicht-Eigentümern Stimmrechte in der FFKG-Gesellschafterversammlung und somit einen Status zu, der bis dahin Familienmitgliedern vorbehalten gewesen war. Zwar schloß ein kompliziertes System aus Familienstiftungen, die mit geringen Besitzanteilen, aber gleichen Stimmrechten versehen ebenfalls als Gesellschafter fungierten, eine Überstimmung der Familie auch nach Flicks Tod aus. Dennoch implizierte die neue Struktur eine drastische Statusminderung Friedrich Karls verglichen mit der autokratischen Position seines Vaters.[94] Zum ersten PHG wurde 1963 erwartungsgemäß Kaletsch bestellt. Mit der Nominierung von Pohle, Brauchitsch und dem bereits seit Jahren in Kontakt mit Flick stehenden Otto A. Friedrich[95] zum Jahresbeginn 1965 entstand ein Beraterquartett aus Weg-

92 Exemplarisch Pohles Unterstützung einer möglichst breiten Rechtsgrundlage für Beherrschungsverträge: Sein Beispiel – ein Konzern mit Autofabrik und Kaltwalzwerk – war offenkundig lebensnah gewählt; Ausführung von Dr. W. Pohle am 7.2.1963 vor dem Wirtschaftpolitischen Ausschuß des Bundestages, NrwHStA RWN 218/107, Bl. 2-15; zum Umwandlungsrecht: Notiz für Herrn Kaletsch, 18.10.1967 (Pohle); Notiz für Herrn Christoffer, 9.11.1967 (Kaletsch), NrwHStA RWN 218/257, Bl. 11 f.; Notiz. Betr. Umwandlungsgesetz, 19.4.1968 [Pohle], ACDP I-093-097/2.

93 Vgl. Brauchitsch, Preis, S. 90, 95.

94 Dies drückte sich ferner darin aus, daß Friedrich Flick bis zu seinem Tode als einziger PHG alleinzeichnungsberechtigt war, alle übrigen Gesellschafter – auch sein Sohn – jedoch einen weiteren PHG, GBV oder Prokuristen für rechtsgültige Geschäftshandlungen benötigten; Unterschriftenverzeichnis FFKG, März 1968; Unterschriftenverzeichnis FFKG, Januar 1971, beide RWWA 132-29-1.

95 Friedrich, Vorstandsvorsitzender bei dem Reifenproduzenten Phoenix, war zunächst auch für die Daimler-Führung im Gespräch gewesen, 1963/64 hatte Flick ihn aber für die FFKG-Spitze ins Auge gefaßt; Friedrich an Schäfer, 20.1.1965, ACDP I-093-001/2; vgl. Berghahn/Friedrich, Friedrich, S. 329.

gefährten des Konzernherrn, die zudem über beträchtliches Renommee in Politik und Wirtschaft verfügten.[96] Hinter diesen standen die Generalbevollmächtigten, deren Ränge nach dem Aufstieg Kaletschs und Pohles ihrerseits durch die Beförderung des seit drei Jahrzehnten in Flicks Diensten stehenden Prokuristen Fritz Christoffer sowie die Zugänge Adolf Thomae und Hanns-Arnt Vogels aufgefüllt wurden.[97]

Die personellen Vorkehrungen Flicks dokumentierten den ungebrochenen Regelungsanspruch des Konzernherrn, der durch die Bindungskraft seiner Ernennungen – keiner der von ihm berufenen PHG konnte abgewählt werden – noch über seinen Tod hinauswirkende Entscheidungen zu treffen beabsichtigte. Den Schlußpunkt dieser weit in die Zukunft reichenden Grundlagenentscheidungen setzte Flick 1972 mit seinen testamentarischen Verfügungen. Darin ordnete er in einem letztmaligen Rückgriff auf seine Sondervollmachten in der FFKG nicht nur die Rückholung des zwei Jahre zuvor nach Differenzen mit Friedrich Karl ausgeschiedenen Brauchitschs an[98], sondern unterstellte eine der Familienstiftungen mit entsprechendem Stimmrecht seinen Enkeln, um ihnen innerhalb des Konzerns mehr Gewicht zu verleihen.[99] Sowohl die Stärkung der dritten Generation als auch die Wiederberufung Brauchitschs, der sich selbst gerne in der Tradition des Gründers verortete, zielten darauf, personelle und familiäre Kontinuität an der Konzernspitze zu gewährleisten.[100]

So ambitioniert die Pläne zur Fortführung seines Lebenswerks waren, so wenig funktionabel erwies sich das von Flick vererbte Führungsmodell. Dies hatte eine Reihe von Gründen, deren offensichtlichster die Altersstruktur des für F. K. vorgesehenen Beraterkreises war. Es waren – abgesehen von Brauchitsch – buchstäblich alte Kämpen, die an der Konzernspitze und in Führungspositionen wichtiger Tochterunternehmen die Lenkung und Unterstützung des Haupterben garantieren sollten, jedoch nicht dieselbe Langlebigkeit wie Flick hatten. Zwischen 1971 und 1978 verstarb fast die komplette Riege der Vertrauten und Berater: Pohle (1971), Rohde (1972), Friedrich (1975), Welz (1978) und Kaletsch (1978); Odilo Burkart – der auch nach seinem Wechsel in den Aufsichtsrat die dominante Persönlichkeit in Sulzbach-Rosenberg geblieben war – zog sich, fast

96 Maxhütte Mitteilungen, 8. Jg. (1969), Nr. 1, S. 7; Die Flick KG erweitert ihre Leitung, in: FAZ Nr. 33 v. 9.2.1965; Friedrich Flicks jüngster Majordomus, in: Die Zeit Nr. 12 v. 19.3.1965; Notiz, 12.3.1965 [Friedrich], ACDP I-093-001/2.

97 Unterschriftenverzeichnis FFKG, März 1968, RWWA 132-29-1; Flick an Burkart, 21.9.1963, NMH-BA; Maxhütte Mitteilungen, 8. Jg. (1969), Nr. 1, S. 9; vgl. Ogger, Flick, S. 347 f.

98 Kaletsch an Menges, 15.6.1970, RWWA 74-97-9; Brauchitsch, Preis, S. 162 f.

99 Friedrich Flicks Heimlichkeiten, in: Die Zeit v. 15.9.1972.

100 Die Times Nr. 58570 v. 4.9.1972 bezeichnete dies bündig als »final insult« für F. K. Flick; entgegengesetzt, aber vage: Brauchitsch, Preis, S. 174; Burchardt/Schlamp, Flick-Zeugen, S. 70. Auch im politischen Feld traf Flick Vorkehrungen für die Zeit nach seinem Tode und bat Franz-Josef Strauß, seinem Sohn zur Seite zu stehen; ebd., S. 242.

80jährig, nach dem Verkauf der Maxhütte an Klöckner Mitte der siebziger Jahre in den lang erwarteten Ruhestand zurück.[101]

Mit der Einsetzung überalterter Führungskräfte hatte Flick die scharfe Zäsur nicht wie erhofft vermieden oder wenigstens gemildert. Im Gegenteil, in dem auf Flicks Tod folgenden Jahrzehnt stand der Konzern vor einem tiefgreifenden Umbruch, der in seiner Geschichte keine Parallele hatte und auf den das Management unzureichend vorbereitet war. Dies galt um so mehr, als auch die von Flick gehegte Hoffnung auf einen generationellen Lückenschluß durch die Eingliederung Gert-Rudolf und Friedrich Christian Flicks fehlging. Die 1971/72 in die Holding[102] eingetretenen Enkel überwarfen sich rasch mit ihrem Onkel und wurden 1975 ausgezahlt.[103] Statt ihrer nominierte der nunmehr alleinige Eigentümer eine Reihe neuer Gesellschafter, deren Position sich jedoch von jener der 1965 eingesetzten Manager grundlegend unterschied. Paefgen, Vogels und der junge Klaus Götte verfügten über Zeitverträge und konnten durch den von F. K. Flick jederzeit herbeiführbaren mehrheitlichen Gesellschafterbeschluß abberufen werden.

Zudem mehrten sich die Anzeichen, daß die Identifikation der neuen Gesellschafter mit dem Konzern im Vergleich zu der ihrer Vorgänger, insbesondere in Relation zu der aufopfernden Arbeit eines Kaletschs oder Burkarts, spürbar geringer ausfiel. Die FFKG-interne Maxime, sich aus Aufsichtsrats- und Verbandsmandaten weitgehend fernzuhalten bzw. diese den eigens dafür eingestellten Kräften zu überlassen, verlor ersichtlich an Verbindlichkeit. Schon im Falle Otto A. Friedrichs hatte sich Flick 1969 skeptisch zu dessen Übernahme des Vorsitzes im Bundesverband der Arbeitgeber geäußert, zumal mit Pohle bereits ein politischer Delegierter der Konzernführung vorhanden gewesen war.[104] Daß aber in zunehmendem Maße auch Brauchitsch sich politisch engagierte und Anfang der

101 In Memoriam Wolfgang Pohle, NrwHStA RWN 21/679-1; Alfred Rohde zum Gedenken, 19.12.1972, AHStL Metallhüttenwerke Nr. 108; Otto A. Friedrich. Zum Gedenken; Konrad Kaletsch zum Gedenken; Todesanzeige Fritz Welz, 4.8.1978, alle RWWA 74-90-4.

102 Die FFKG trat in den siebziger Jahren nach außen kaum noch auf, sondern übertrug die Funktionen der Obergesellschaft auf ihre Tochter Verwaltungsgesellschaft für industrielle Unternehmungen Friedrich Flick GmbH (die 1972 die HGI Hessische Gesellschaft für industrielle Unternehmungen Friedrich Flick GmbH auf sich fusionierte). Die geschäftsführenden Gesellschafter der KG waren zugleich Geschäftsführer der Verwaltungsgesellschaft. Ende der siebziger Jahre wurde die Verwaltungsgesellschaft in die Friedrich Flick Industrieverwaltung KGaA umgewandelt, auch sie zu 100% im Besitz der FFKG. Der sprachlichen Klarheit halber wird in diesem Teil einheitlich von der FFKG gesprochen, wenn die Konzernspitze gemeint ist; Konzerngeschäftsbericht Gruppe Friedrich Flick 1970, NMH-BA; Betrifft: Geschäftsbericht 1972 der Flick-Gruppe, 7.8.1973, RWWA 74-97-9; Unterschriftenverzeichnis Friedrich Flick Industrieverwaltung KGaA, Juni 1980, RWWA 132-29-1; Brauchitsch, Preis, S. 62.

103 Vgl. Brauchitsch, Preis, S. 79 f.; Feyerabend, Milliarden, S. 109 f.

104 Friedrich hatte Flick daraufhin u. a. mit der Zusicherung zu beruhigen versucht, er werde das Amt »zum Besten der Industrie und damit auch zu unserem Besten« ausüben; Friedrich an Flick, 20.12.1969, ACDP I-093-003/1 (Entwurf).

achtziger Jahre neben zahlreichen anderen Ämtern für die BDI-Spitze vorgesehen war, vertrug sich nur schwer mit dem von ihm übernommenen Finanzressort, das die für die Konzernkoordination und -kontrolle wichtigste Instanz der FFKG darstellte. Hinzu kam eine Reihe eher repräsentativer als taktischer Aufsichtsratsmandate bei konzernfremden Firmen, welche die Gesellschafter wahrnahmen. Die frühere Selbstbeschränkung auf die ureigensten Angelegenheiten, die als Gegengewicht zu den zentrifugalen Tendenzen der Holdingstruktur gewirkt hatte, zerfaserte, und mit ihr desintegrierte der Konzern selbst. Daß zudem das Verhältnis zwischen F. K. Flick. und den aufstrebenden Brauchitsch, Vogels und Götte keineswegs mehr der Mentorenfunktion früherer PHG glich, sondern Konflikte zwischen Eigentümer und Managern verursachte, die zu überwinden Flicks Sohn die Autorität seines Vaters fehlte, zeigte schließlich das 1982, schon im Zuge der Spendenaffäre, erfolgte Ausscheiden der Gesellschafter.[105]

3.3.2. Konjunktureinbruch, Unternehmenskrise, Spendenaffäre

Unter besseren wirtschaftlichen Bedingungen und bei einer so weitgehenden Konzerndezentralisierung, wie sie die FFKG-Spitze nicht müde wurde zu behaupten, hätten die personellen Schwierigkeiten womöglich weniger gravierende Folgen gezeitigt. Vor dem Hintergrund des konjunkturellen Paradigmenwechsels der siebziger Jahre bedeutete die Führungskrise jedoch eine zusätzliche Hypothek. Entgegen der vielfach beschworenen Wendung vom »bestellten Haus« war die Lage des Konzerns bei Friedrich Flicks Tod nämlich auch in finanzieller Hinsicht keineswegs uneingeschränkt günstig zu nennen.

Tatsächlich hatte sich der dritte Aufstieg Flicks nach 1952 nicht nur auf die hervorragenden Ausgangsbedingungen seiner hohen Liquidität und seiner zielsicheren Investitionsauswahl gegründet, sondern ebenso von dem beispiellosen wirtschaftlichen Nachkriegsboom profitiert. Zwei Jahrzehnte lang war die westdeutsche Wirtschaft alljährlich und stets signifikant gewachsen. Bei einer durchschnittlichen Zunahme des realen Bruttoinlandsprodukts von vier Prozent zwischen 1949 und 1974 hatte sich lange Zeit nicht mehr die Frage gestellt, ob sondern nur noch in welchem Umfange die Wirtschaft wuchs. Der Zusammenklang von technologischem und konsumgesellschaftlichem Nachholprozeß, einem bis zum Mauerbau verfügbaren Überschuß an qualifizierten Arbeitskräften und die Einbindung in das expandierende Welthandelssystem, das die berüchtigten bundesdeutschen Exportüberschüsse erst ermöglichte, schufen die Voraussetzungen für eine Ära außergewöhnlicher Produktivitäts-, Vermögens- und Wohlstandszunahme. Nichts illustrierte den auch unter Ökonomen verbreiteten Optimismus so sehr wie der terminologische Wechsel von Konjunktur- zu Wachstumszyklen.[106]

105 Vgl. Brauchitsch, Preis, S. 228 f.; Feyerabend, Milliarden, S. 132-136.

106 Vgl. Nützenadel, Stunde, S. 72 f.; Schröter, Teilung, S. 356-361, 370 f., 379-384; Abelshauser, Wirtschaftsgeschichte, S. 284-287; Hardach, Wirtschaftsgeschichte, S. 206, 213-216.

Ebenso wie sich die volkswirtschaftliche Entfaltung in den Ausstoß- und Gewinnzahlen der Flick'schen Tochterunternehmen abgebildet hatte, so deutete die Stagnation der Konzernentwicklung – im Jahrzehnt zwischen dem Verkauf der Fahrzeugbauer Auto Union (1965) und Daimler-Benz (1975) fand keine herausragende Transaktion statt – gemeinsam mit noch immer positiven, doch spürbar schwächeren Steigerungsraten an, daß der »akkumulierte Fortschrittsüberschuß«[107] allmählich aufgezehrt war. Die Investitionen privater Unternehmen waren 1965 rückläufig, und die kurze Rezession 1966/67 mit einer um 2,7 Prozentpunkte gesunkenen Industrieproduktion signalisierte das Ende des Booms.[108] Trotz der zum Dekadenwechsel noch einmal anziehenden Konjunktur konstatierte Friedrich Karl Flick, auf die steigenden Kosten und sinkenden Renditen der FFKG-Beteiligungen angesprochen, einen erheblichen Rationalisierungsbedarf sowohl in den Produktionsbetrieben als auch in der Verwaltung. Mit grobschlächtiger Rhetorik, die seinem internen Standing schwerlich zuträglich war, gab der Sohn des Gründers die Devise aus, die »Schlacke, die sich in der Boomzeit angesetzt hat, muß wieder beseitigt werden«.[109]

In der Tat hatte sich die Lage einer Reihe von Konzerngesellschaften bereits vor Einbruch der folgenden Weltwirtschaftskrise eklatant verschlechtert. Allein die Feldmühle – in den Jahren 1967 bis 1969 noch ein »Juwel der Gruppe Flick« – verbuchte zwischen 1970 und 1972 Verluste in Höhe von rund 60 Mio. DM. Buderus und Maxhütte konnten im Geschäftsjahr 1971 keine Abführungen an die Konzernkasse leisten, und sowohl Lübeck als auch Buderus mußten im selben Zeitraum einzelne Betriebe bzw. ganze Werke schließen. Mit rund 8 600 Beschäftigten wurde annähernd ein Zehntel der Mitarbeiter der FFKG-Töchter – ohne Daimler-Benz – entlassen.[110] Der Stuttgarter Autobauer konnte derweil noch die stabilste Entwicklung vermelden und schnitt im Branchenvergleich sogar überdurchschnittlich gut ab. Doch auch hier wurden seit Mitte der sechziger Jahre die Klagen über steigende Kosten und sinkende Ertragsspannen zum obligaten Bestandteil der Geschäftsberichte.[111]

Zwar gelang dem Flick-Konzern 1972 dank der Daimler-Dividende noch einmal eine »große Ertragswende«, die grundsätzlichen Schwierigkeiten seiner in-

107 Zitat: Abelshauser, Wirtschaftsgeschichte, S. 282; vgl. Steiner, Bundesrepublik. Schon im Daimler-Benz AG-Geschäftsbericht 1966, S. 10, hatte der Vorstand angesichts des erschöpften Nachholbedarfs der westdeutschen Motorisierung vor der Rückkehr der »normalen Zyklen der Konjunktur« gewarnt.

108 Zahlenangabe nach Prollius, Wirtschaftsgeschichte, S. 150; zur Bewertung des Stagnationsjahres 1966/67 vgl. Nützenadel, Stunde, S. 296-298, 304-306; Schanetzky, Ernüchterung, S. 38 f.

109 Investitionen werden durchforstet, in: Handelsblatt v. 14./15.5.1971, hier in: RWWA 74-97-9.

110 Konzerngeschäftsbericht Gruppe Friedrich Flick 1970, NMH-BA; Betrifft: Gruppe »Friedrich Flick«. Geschäftsbericht für 1971, 15.8.1972 (Zitat); Betrifft: Geschäftsbericht 1972 der Flick-Gruppe, 7.8.1973, beide RWWA 74-97-9; Leben und Arbeit, S. 333 f.; Haus/Sarkowicz, Feuer, S. 163.

111 Daimler-Benz AG, Geschäftsberichte 1966 (S. 10), 1970 (S. 16) und 1972 (S. 11).

dustriellen Sorgenkinder wurden damit jedoch nicht behoben. Der scharfe konjunkturelle Einbruch im Gefolge des Ölpreisschocks im folgenden Jahr machte schließlich alle Hoffnungen auf eine dauerhafte Stabilisierung zunichte.[112] Dies galt um so mehr, als sich allmählich die Erkenntnis Bahn brach, daß die Wirtschaftskrise nicht allein auf externe Faktoren wie die Rohölverteuerung und den Zerfall des Weltwährungssystems von Bretton Woods zurückzuführen war, sondern sich deren kurzfristige Effekte mit ebenso gravierenden wie grundsätzlichen Strukturproblemen überlagerten.[113] In den folgenden, durch die Instabilität mehrerer Auf- und Abschwünge geprägten Jahren setzte sich sukzessive die Einsicht durch, daß die Deindustrialisierung bereits wesentlich weiter fortgeschritten war, als es das bei den politischen Entscheidungsträgern wie auch in der Unternehmerschaft vorherrschende Leitbild der industriellen Gesellschaft nahelegte. Zugmaschinen des wirtschaftlichen Wachstums waren nicht länger die klassische standardisierte Massenproduktion, sondern zum einen die vor- und nachgelagerten Bereiche wie Forschung und Entwicklung sowie Absatzplanung und Marketing, die auf individualisierte, volatile Nachfragen reagierten, zum anderen die Dienstleistungsbranchen in Handel, Finanz- und Versicherungswesen oder in den Unterhaltungs- und Freizeitsparten.[114]

Auf die Mitte der siebziger Jahre einsetzende gravierende Stahlkrise – im Kern eine Neuauflage des Kapazitätsdilemmas der Weimarer Jahre – reagierten die westdeutschen Konzerne mit einem neuerlichen Rationalisierungs- und Konzentrationsschub, in dessen Zuge einige der traditionsreichsten Akteure aus der Branche ausschieden. Mannesmann stieg zunächst in die KfZ-Zulieferung, Meß- und Fördertechnik, Datenverarbeitung sowie, ein weiteres Jahrzehnt später, in das Telekommunikationsgeschäft ein und ließ die Stahlerzeugung hinter sich. Die Haniel-Familie trennte sich von der Gutehoffnungshütte zugunsten neuer Engagements im Einzelhandel und in der Systemtechnik.[115] Der rechtzeitige Absprung aus der Eisen- und Stahlindustrie – mit Ausnahme des breiter aufgestellten Buderus-Verbundes – gelang auch der Flick-Konzernführung. Nachdem sich eine zwischenzeitliche Erholung des Eisenmarkts als Scheinblüte erwiesen hatte, entschied sich die Düsseldorfer Zentrale zum Verkauf der schleswig-holsteinischen (1975) und bayerischen Werke (1976/78) und gab damit die beiden letzten Überreste des ehemaligen Montankerns auf.[116]

112 Zitat: Betrifft: Geschäftsbericht 1972 der Flick-Gruppe, 7.8.1973, RWWA 74-97-9. Vgl. Schröter, Teilung, S. 388f., 391-396; Abelshauer, Wirtschaftsgeschichte, S. 421-423, 436; Rödder, Bundesrepublik, S. 48f.

113 Vgl. Schanetzky, Ernüchterung, S. 46, 165; Steiner, Bundesrepublik.

114 Hobsbawm, Age, S. 404; Judt, Post-War, S. 452-455, 458; Abelshauser, Wirtschaftsgeschichte, S. 308-314, 423-433; Schröter, Teilung, S. 399f.; Prollius, Wirtschaftsgeschichte, S. 195f.

115 Wessel, Kontinuität, S. 381-401, 446-499; James, Familienunternehmen, S. 271-277, 330-333; Müller, Strukturwandel, S. 371-375, 386-397.

116 Für beide Unternehmen bedeutete dies jedoch nur einen Aufschub vor dem endgültigen Aus. 1981 wurde das Konkursverfahren für die MHW Lübeck eröffnet, 1987 das

Erheblich schwieriger gestaltete sich die Eröffnung neuer Geschäftsfelder, etwa im rasch an Bedeutung gewinnenden Dienstleistungssektor, in dem die FFKG praktisch gar nicht vertreten war. Schon 1967 hatte der *Economist* ahnungsvoll Flicks Achillesverse ausgemacht: »[T]hough he has diversified boldly, he may not have been bold enough.«[117] Tatsächlich hatte Friedrich Flick sich wenige Jahre zuvor gegen ein dauerhaftes Engagement im industriefernen Gewerbe entschieden und eine Mehrheitsbeteiligung an dem Versandkaufhaus- und Reiseunternehmen Josef Neckermanns, die er 1955 erworben hatte, wieder abgestoßen. Neckermann, der angesichts der peniblen Kontrolle, die Flick hinsichtlich der Rendite seiner Geldanlage geübt hatte, über die Entscheidung nicht unglücklich war, verbarg in seinen Erinnerungen daher auch nicht eine gewisse Schadenfreude, daß der Industrielle für Pauschalreisen nach Mallorca keine Perspektive zu erkennen vermocht hatte.[118]

Für die zweite Option, um sich unter den Bedingungen des Strukturwandels zu behaupten – die Entwicklung technisch innovativer Verfahren und Produkte –, besaß die FFKG mit den Beteiligungen bei Daimler-Benz (und des zugehörigen Orbits an Tochterunternehmen und Zulieferern), Krauss-Maffei und Feldmühle/Dynamit Nobel weit bessere Voraussetzungen. Gleichwohl stieß eine solche Strategie an ein anderes, grundlegendes Problem, das den Flick-Konzern zu Anfang der siebziger Jahre bedrückte: seine wachsende Finanzierungslücke. Die Kapitalintensität der Wertschöpfung westdeutscher Unternehmen hatte sich in den drei Jahrzehnten seit Kriegsende stetig erhöht, d.h. der für Produktionssteigerungen erforderliche Geldeinsatz war massiv angestiegen. Daraus resultierte ein kontinuierlicher Rückgang der privaten Investitionstätigkeit, der in der Rezession seinerseits krisenverschärfend wirkte.[119]

Die Flick-Führung befand sich somit in einer Zwickmühle. Um die Konzernunternehmen im national wie international verschärften Wettbewerb konkurrenzfähig zu halten und neu zu positionieren, waren erhebliche Investitionen für Modernisierungsvorhaben erforderlich. Dazu benötigten die Unternehmensleitungen aber nicht nur die Zustimmung der Konzernfinanzverwaltung, sondern auch mehr Gelder als sie selbst generierten. Die Familien-KG, durch die Auszahlungen der Kinder Otto-Ernsts zusätzlich geschwächt, konnte dem immensen Finanzbedarf der Tochterunternehmen jedoch nur in beschränktem Umfang mit Kapitalerhöhungen aus eigenen Mitteln begegnen. Eine Einbeziehung außenstehender Investoren drohte hingegen die eigene Kontrolle zu reduzieren. Die

für die Maxhütte. Bis 1998 arbeitete das bayerische Unternehmen in vermindertem Umfang als Neue Maxhütte Stahlwerk GmbH weiter, ehe es zur endgültigen Schließung und Liquidation kam; vgl. Leben und Arbeit, S. 334-336; Süß, Kumpel, S. 369-379; Wellensiek, Maxhütte, in: 150 Jahre Maxhütte, S. 149-152.

117 Germany's other private colossus, in: The Economist Nr. 6448 v. 25.3.1967.

118 Neckermann, Erinnerungen, S. 282-284, 287-291.

119 Daimler-Benz AG, Geschäftsbericht 1972, S. 11, 19; Deutsche Bank AG, Geschäftsberichte 1972 u. 1975, S. 18 f. bzw. S. 11; vgl. Metz, Trends, S. 471; Steiner, Bundesrepublik; Schanetzky, Ernüchterung, S. 42 f.

Größe des Konzernvermögens strapazierte die finanziellen Kapazitäten der Holding zusehends, und auch der traditionelle Ausweg in die Fremdverschuldung stieß an Grenzen. Schon 1971 verzeichnete der Konzern eine konsolidierte langfristige Fremdverschuldung von 1,66 Mrd. DM, die annähernd so hoch war wie das gesamte Sachanlagevermögen von 1,74 Mrd. DM. Im Folgejahr wies die »Gruppe Friedrich Flick«, wie sie seit 1968 offiziell firmierte, 1,75 Mrd. DM langfristige sowie weitere 200 Mio. DM kurzfristige Verbindlichkeiten aus. Bei der Gutehoffnungshütte, wo man die Entwicklung des Flick-Konzerns aufmerksam beobachtete, konstatierte eine interne Bilanzanalyse daher schon kurz nach Flicks Tod: »Friedrich Flick hat seine weitverzweigte Unternehmensgruppe nicht im Zenit ihrer Ertragskraft verlassen, sondern in einer Phase sinkender Renditen, rückläufiger Investitionen und unzulänglicher Abschreibungen.«[120]

Vor diesem Hintergrund entschloß sich die FFKG unter Kaletschs Führung zum großen Befreiungsschlag. 1975 gab der Flick-Konzern zwei Drittel seiner Daimler-Benz-Aktien an die Deutsche Bank ab und erzielte damit einen Erlös von rund 1,9 Mrd. DM, mit denen die Modernisierungen der Konzernwerke finanziert und das Anlageportfolio neu geordnet werden sollten.[121] Die Reinvestition des Verkaufspreises durch den Mehrheitseinstieg bei der Gerling-Konzern Versicherungs-Beteiligungs-AG, einem amerikanischen Gasfilterproduzenten (US-Filter Corp.) sowie dem ebenfalls auf dem US-Markt tätigen Chemie-Mischkonzern W. R. Grace & Co. reflektierte dabei die gängigen Muster zeitgenössischer Krisenlösungsstrategien, namentlich Diversifizierung und Internationalisierung.[122] Gleichwohl blieben bei den neuen Investments viele Fragen offen. So war im Falle Gerlings weder ersichtlich, inwiefern der Flick-Konzern zur unternehmerischen Führung in dem ihm fremden Bereich qualifiziert war noch ob man überhaupt entsprechende Ambitionen hegte. Das 26prozentige Engagement bei W. R. Grace & Co. gab wenig Aufschluß über die damit verbundenen Kontroll- und Beherrschungsverhältnisse bei dem Familienunternehmen, zumal Grace über eine Rückkaufoption verfügte; das Engagement bei US-Filter blieb ein Intermezzo. Ob die Beteiligungen, die den Großteil des Daimler-Verkaufspreises beanspruchten, durch mehr als die Zwecke bloßer Geldanlagen motiviert waren, wurde nicht deutlich.[123]

Im Ergebnis erwies sich die Trennung von dem Flagschiff der westdeutschen Privatwirtschaft nicht nur nicht als die erhoffte Initialzündung, sondern löste

120 Angaben ohne Daimler-Benz; Betrifft: Gruppe »Friedrich Flick«. Geschäftsbericht für 1971, 15.8.1972, RWWA 74-97-9.

121 Deutsche Bank AG, Geschäftsbericht 1975, S. 33; vgl. Büschgen, Deutsche Bank, S. 657f., 696, Brauchitsch, Preis, S. 129-131.

122 Abelshauser, Wirtschaftsgeschichte, S. 434; Prollius, Wirtschaftsgeschichte, S. 198.

123 Für das reine Anlageinteresse bei Gerling sprach auch, daß das Versicherungsunternehmen trotz der Mehrheitsbeteiligung in der Konzernbilanz nicht als Teil des einheitlich geführten Konzerns konsolidiert wurde; Flicks Portefeuille, in: Wirtschaftswoche Nr. 47 v. 16.11.1984; Deutsche Bank AG, Geschäftsbericht 1985, S. 54; Feyerabend, Milliarden, S. 81-99.

eine schwere Unternehmenskrise und ein mittleres politisches Erdbeben aus, das als »Flick-Affäre« den Anfang vom Ende des Konzerns einläutete. Grund waren die von Bundes- und Landesbehörden bewilligten Anträge der FFKG, rund drei Viertel der Einnahmen aus der Daimler-Transaktion zu Reinvestitionszwecken steuerlich zu befreien. Flankiert wurden die Anträge durch eine Intensivierung der ohnehin üblichen Spendenzahlungen, die berüchtigten »Geleitzüge«. Zwischen 1969 und 1980, so fanden die Ermittler später heraus, hatte der Flick-Konzern insgesamt 26 Mio. DM an die politischen Parteien gespendet, mit einer deutlich erkennbaren Hausse in den Jahren ab 1975.[124] Nachdem vorangegangene Untersuchungen zur Bonner Spendenakquise bereits ein langjährig erprobtes System der illegalen Parteienfinanzierung zutage gefördert hatten, das nahezu das komplette politische Spektrum abdeckte, fügte die Verbindung zu den Eigeninteressen des Flick-Konzerns dieser Praxis nun den Vorwurf organisierter Käuflichkeit hinzu. Zwar überschnitten sich der allgemeine und der Flick-spezifische Skandal anfangs nur teilweise, doch in der öffentlichen Wahrnehmung verschmolzen sie aufgrund der Ähnlichkeiten von Materie und handelndem Personal rasch zu einem einheitlichen Komplex. Aus der Parteispenden- wurde die Flick-Affäre.[125]

Während im Fall Flick vielfach notiert wurde, daß die zu Tage geförderten Zahlungen an die Spendenpolitik seit der Weimarer Republik anknüpften, entging eine andere Traditionslinie weitgehend der öffentlichen Aufmerksamkeit. Der Verkauf der Daimler-Beteiligung und die Durchsetzung der Steuerbefreiungen stellten einmal mehr den Versuch des Konzerns dar, mit staatlicher Unterstützung eine Unternehmenskrise zu bewältigen und standen somit in einer Reihe mit Gelsenberg 1932 oder der bayerischen Hilfestellung in den Entflechtungsverhandlungen zu Anfang der fünfziger Jahre.[126] Nur unter Gewährung des Steuererlasses versprach das Daimler-Geschäft, die flüssigen Mittel für die drängende strategische Neuausrichtung freizumachen. Entsprechend deklarierten die FFKG-Anträge die betriebswirtschaftliche Notwendigkeit als volkswirtschaftlich förderungswürdig. Während schlußendlich strittig blieb, ob und

124 Zu den Hintergründen, Verlauf und Ergebnissen der Flick- bzw. Parteispendenaffäre: Bartholmes, Flick-Affäre, S. 1-7, 23, sowie Landfried, Parteifinanzen, S. 152 f., 188-203, 205-207, die im wesentlichen die Presseberichterstattung und das Gerichtsurteil auswerten.

125 Wirsching, Abschied, S. 66 f.; Wolfrum, Bundesrepublik, S. 455; Landfried, Parteifinanzen, S. 234 f.

126 Dabei fügte es sich trefflich, daß der Verkauf an die Deutsche Bank erst nach kolportierten Gesprächen mit dem persischen Schah erfolgt war. Inwieweit diese substantiiert waren, war letztlich bedeutungslos, da laut Brauchitsch die Deutsche Bank in jedem Fall über ein Vorkaufsrecht verfügte, das noch auf Vereinbarungen Flicks und Abs' zurückging. Vor dem Hintergrund des vorangegangenen, aufsehenerregenden Verkauf des Quandt'schen Daimler-Aktienpakets nach Kuwait erscheint die persische Alternative somit als Drohkulisse jener Bauart, wie sie bei früheren Gelegenheiten (Oberschlesien, Gelsenberg etc.) von der Flick-Führung genutzt worden war; vgl. Brauchitsch, Preis, S. 129-131; Büschgen, Deutsche Bank, S. 657 f., 696.

inwieweit ministerielle Ermessensspielräume überschritten worden waren, dokumentierte der Skandal den Wechsel, den die politische Kultur der Bundesrepublik seit den sechziger Jahren vollzogen hatte. Anders als in der Boom-Ära zeigte eine breite Öffentlichkeit sich sensibilisiert für die Grauzone zwischen Politik und Privatwirtschaft und war – nicht zuletzt vor dem Hintergrund einerseits der von den industriellen Produktionssteigerungen zunehmend entkoppelten Arbeitsmarktentwicklung[127], andererseits der Einschnitte in das sozialstaatliche Leistungssystem durch die neue schwarz-gelbe Koalition – nicht länger bereit, die Interessen der westdeutschen Industrieunternehmen mit jenen der Allgemeinheit gleichzusetzen.[128]

Am Ende der Spendenaffäre stand die Auflösung der »Gruppe Friedrich Flick«. Ein Motivbündel aus familiärer Alternativlosigkeit, Querelen im Management, strukturellen Schwierigkeiten sowie der verheerenden öffentlichen Debatte, die den Namen Flick dauerhaft als Synonym für Korruption und Bestechung brandmarkte, führte zu der Verkaufsentscheidung. Zwar befand sich die westdeutsche Konjunktur seit 1983 wieder im Aufwind und brachte stabile Wachstumsraten und steigende Unternehmensgewinne[129], ohne daß die FFKG diese Vorgaben aber für sich zu nutzen wußte. Die verbliebene Leitung um Friedrich Karl Flick zeigte sich weder in der Lage, innovative Konzepte zur Neuausrichtung des Konzerns noch zur dringlichen Frage der Zukunft als Familienunternehmen zu entwerfen. Statt dessen wählte der Eigentümer den simplen Weg der Abwicklung.[130] Zum Jahresende 1985, fast präzise 70 Jahre, nachdem sein Vater mit dem Eintritt in den Vorstand der Charlottenhütte zur Eroberung seiner ersten bedeutenden industriellen Bastion angesetzt hatte, übertrug F. K. Flick den Verkauf sämtlichen Beteiligungsbesitzes der FFKG an die Deutsche Bank. Als unternehmerischer Akteur hatte der Flick-Konzern aufgehört zu existieren.[131]

127 Schröter, Teilung, S. 399; Rödder, Bundesrepublik, S. 86f.; Hobsbawm, Age, S. 414f.; Judt, Post-War, S. 460.

128 Vgl. Jarausch, Umkehr, S. 200; Wirsching, Abschied, S. 29-33, 49-55, 68-72; Rödder, Bundesrepublik, S. 64f.; s. auch Markus, Bilanzieren, S. 201f. Passenderweise war mit Otto Graf Lambsdorff eine der Schlüsselfiguren der Spendenaffäre auch der sichtbarste Protagonist des marktliberalen Kurswechsels auf bundespolitischer Ebene.

129 Vgl. Schröter, Teilung, S. 398; Rödder, Bundesrepublik, S. 86f.; Wirsching, Abschied, S. 225f.

130 In die Auflösung spielten auch Probleme, die aus Änderungen im Stiftungs- und Erbschaftsrecht resultierten und F. K. Flick mit Steuerzahlungen in Milliardenhöhe zu belasten drohten hinein; s. dazu: Flick-Konzern. Probleme programmiert, in: Wirtschaftswoche Nr. 47 v. 16.11.1984. Ein Büro zur Vermögensverwaltung bestand fort.

131 Die Transaktion stellte die bis dato größte Börsenplazierung der westdeutschen Geschichte dar. Allein das Daimler-Restpaket hatte einen Wert von 3,8 Mrd. DM, die gesammelten Anteile von Buderus, Feldmühle und Dynamit Nobel von rund zwei Mrd. Der Handel erhöhte das Betriebsergebnis der Deutschen Bank um 28% gegenüber dem Vorjahr; Deutsche Bank AG, Geschäftsberichte 1985, S. 53f., u. 1986, S. 39, 53; Deutsche Bank/Flick. Das Milliardenspiel, in: Wirtschaftswoche Nr. 51 v. 13.12.1985; Büschgen, Deutsche Bank, S. 658f., 758f.

Zwischenbetrachtung: Der Flick-Konzern im Nachkriegsdeutschland

Lohn der Entflechtung

»Wenn ich vor meinem geistigen Auge die letzten Jahre Revue passieren lasse«, resümierte Odilo Burkart Ende 1957 in seinem Neujahrsgruß an Flick, »so komme ich immer mehr zu der Überzeugung, daß der Wiederaufbau und die vollständige Neuorientierung Ihres riesigen Unternehmens eine noch größere persönliche Leistung darstellt, als das, was Sie vor 1945 aufgebaut hatten.«[1] Damit nahm Burkart gewissermaßen vorweg, was für die bundesdeutsche Öffentlichkeit erst allmählich ersichtlich wurde: Ein Jahrzehnt nach dem Ende des Zweiten Weltkrieges schickte sich Friedrich Flick an, mit seinem Konzern abermals eine, wenn nicht gar *die* Spitzenposition in der westdeutschen Industrie zu erobern.

Ende der fünfziger Jahre zeichneten sich die Umrisse von Flicks neuem Imperium, das seinen Vorläufern nur noch partiell glich, erkennbar ab. Zunächst mit Hilfe geliehener Gelder, ab 1954/55 vor allem mit den Erlösen aus den Verkäufen des Steinkohlebesitzes, kaufte sich Flick zielsicher in die Wachstumsbranchen des deutschen »Wirtschaftswunders« ein, von der Kunststoffindustrie über die Gußtechnik bis zu Fahrzeugbau und Rüstungsproduktion. Mit der annähernd hälftigen Beteiligung an Daimler-Benz verfügte die FFKG über die ausschlaggebende Position beim Renommierobjekt der bundesdeutschen Nachkriegswirtschaft schlechthin. Über Jahrzehnte hinweg stand Daimler im Segment der Luxus-Pkws unangefochten an der Spitze, schüttete üppige Dividenden aus, welche die Holding zur Querfinanzierung ihrer weiteren Tochtergesellschaften einsetzte, und stach schließlich als eigener Subkonzern die Gesamtheit der übrigen FFKG-Beteiligungen in allen Kennziffern aus. Dabei nahmen auch diese Unternehmen in ihren jeweiligen Branchen starke Positionen ein, so etwa Buderus im Stahlguß, Feldmühle in der Papiererzeugung oder Krauss-Maffei im Lokomotiv- und Panzerbau. Mit über 200 000 Beschäftigten wies der konsolidierte Flick-Konzern, das heißt unter Einrechnung Daimler-Benz' und der daran hängenden Tochtergesellschaften, Anfang der siebziger Jahre eine Größe auf, welche die von Flick beherrschten Unternehmensgebilde seit der Stahlvereins-Ära nicht mehr erreicht hatten. Mit Blick auf die erzielten Umsätze und Erträge stieß die FFKG schon mit dem Abschluß der Rekonstruktionsphase der fünfziger Jahre in eine neue Dimension vor.

Was auf den ersten Blick wundersam anmutete, ging tatsächlich auf den tiefen Fall des Jahres 1945 zurück. Es entbehrt nicht der Ironie, daß ausgerechnet die Folgen von Krieg und Besatzung, namentlich die Enteignung im Osten und die Entflechtung im Westen, den finalen Aufstieg des Flick-Konzerns entscheidend beförderten. Insbesondere erscheint es fraglich, ob die Konzernführung fast zehn Jahre vor der Bergbaukrise und mehr als zwei Jahrzehnte vor dem

1 Burkart an Flick, 28.12.1957, NMH-BA.

Strukturwandel in der Stahlindustrie aus eigenem Antrieb eine ähnlich umfassende und rapide Vermögensumschichtung in Wachstumsbranchen vorgenommen hätte, wie sie die alliierten Zwangsmaßnahmen 1945 bis 1952 nach sich zogen. Die anfänglichen Bemühungen, den Bergbaubesitz in größerem Umfange zu halten bzw. wiederum in die Stahlindustrie zu investieren, lassen dies zumindest zweifelhaft erscheinen.

Die eigentliche Leistung der Konzernführung lag daher weniger in der Initiative als in der entschlossenen Durchführung der industriellen Neuorientierung. Anders als die schwerindustrielle Konkurrenz des Rhein-Ruhrreviers hielt sich die FFKG nicht mit Grabenkämpfen um die Wiederverflechtung auf. Die von außen nahegelegte Aufgabe der montanindustriellen Identität – wenngleich diese durch den Erhalt der Maxhütte sowie den Zukauf von Buderus und Südwestfalen nicht völlig verloren ging – wurde in der Konzernführung rasch und unsentimental akzeptiert. Unter dieser Voraussetzung und ausgestattet mit den gewaltigen Barerlösen der Entflechtung zu einer Zeit, in der wohl kein anderes einzelnes Unternehmen über vergleichbare liquide Mittel freihändig verfügte, legte die FFKG das Fundament für den neuen Konzern, der bis zum Tode Friedrich Flicks Bestand haben sollte.

Im Nachkriegsjahrzehnt waren indes mit der klassischen industriellen Investitionsrichtung und dem unausweichlichen Generationswechsel auch jene Probleme bereits angelegt, welche die Entwicklung der letzten, 20jährigen Phase zwischen dem allmählichen Rückzug Friedrich Flicks und der Auflösung des Konzerns entscheidend prägen sollten. Die heftigen innerfamiliären Konflikte, die gescheiterte Integration der dritten Generation und die verfehlte Personalpolitik mit einer zunehmend sklerotisierten Konzernspitze führten seit Ende der sechziger Jahre zu einer Phase unternehmerischer Stagnation. Unter den Bedingungen des manifesten Strukturwandels der folgenden Dekade wuchs sich der Stillstand zu einer spürbaren Krise der Konzernfinanzen aus. Bedingt durch die vorangegangenen Versäumnisse kennzeichneten Konzeptlosigkeit und unzureichendes Krisenmanagement das Jahrzehnt zwischen 1975 und 1985 und wuchsen sich im Zuge der Spendenaffäre zu einer regelrechten Agonie aus.

Verfügungsrechte und Stakeholder

Daß der Flick-Konzern schon bald ein spektakuläres Comeback feiern würde, war bei Kriegsende keineswegs abzusehen und noch weniger selbstverständlich. Mit der Auflösung der staatlichen Ordnung, der Etablierung der Besatzungsherrschaft und der ungewissen Zukunft Deutschlands waren die Perspektiven 1945 bestenfalls offen, eher aber bedrohlich. Insbesondere verkomplizierten sich die Fragen der Eigentumsordnung und Wirtschaftspolitik in dem Maße, in dem die Zahl der Anspruchsberechtigten wuchs: Neben lokal und regional, teils lose, teils systematisch organisierten deutschen Interessenvertretungen wie Betriebsräten, Gewerkschaften und Parteien waren es vor allem kommunale Behörden und die neu konstituierten Landesregierungen, die Forderungen auf Sozialisierung und Umverteilung erhoben. Als wichtiger erwiesen sich indes die alliierten Stellen, die ihre Ansprüche – sei es auf Entnahme von Industrieanlagen, sei es auf Fixierung der Grundlinien der deutschen Ordnungspolitik – aus ihrem Status als Opfer der deutschen Aggression und als Siegermächte ableiteten und in eigener Souveränität durchzusetzen vermochten.

Ende 1945 sah die Zukunft aus der Perspektive der FFKG daher düster aus. De facto war der Konzern durch den Verlust seiner Werksbasis aufgelöst. Mit der Verhaftung der Führungsebene binnen acht Monaten und dem weitgehenden Ausscheiden der Vertrauensleute der FFKG vor Ort liefen die aus den Eigentumsverhältnissen begründeten Verfügungsrechte ohne die notwendigen Adressaten ins Leere. Zudem war der Wert der juristischen Eigentumstitel höchst ungewiß, solange die Folgen von Demontage, Sozialisierungsforderungen und eines möglichen Vermögensentzuges als Ergebnis des Nürnberger Verfahrens nicht abzusehen waren.

Indes bildete der Prozeß gegen Flick und seine Mitarbeiter gleichsam die Peripetie des jähen Sturzes des Konzerns. Von der Anklagebank aus gingen die Industriellen, mit der finanziellen und ideellen Rückendeckung weiter Kreise der deutschen (Schwer)Industrie, von der Verteidigung ihrer Unternehmenspolitik im »Dritten Reich« zu einer offensiven kollektivbiographischen Selbstkonstruktion über, aus der sich der privatwirtschaftliche Führungsanspruch in der deutschen Nachkriegswirtschaft zu einem erheblichen Teil ableitete. Das darin zum Ausdruck kommende Selbstbewußtsein der Konzernführung, das keinerlei Kritikfähigkeit oder Konzessionsbereitschaft in der Bewertung des eigenen Handelns erkennen ließ, wurde durch die Freisprüche in der Mehrzahl der Anklagepunkte noch bestärkt. Zugleich brachte das Nürnberger Urteil mit seinem Verzicht auf einen Vermögensentzug, wie er im Falle Krupps zunächst verhängt wurde, einen ersten Teilerfolg bei der Reklamierung der Verfügungsrechte Flicks.

Ebenso wichtig war die Freilassung der beiden wichtigsten Vertrauten Flicks, Kaletsch und Burkart, im Dezember 1947. Unterstützt durch Alfred Rohde begannen sie umgehend, den in den zwei Jahren ihrer Inhaftierung verlorenen Boden wiedergutzumachen. Dazu traten sie zum einen in Kontakt mit den alliierten Behörden, um die Anerkennung der Eigentümerrechte der FFKG zu erreichen. Zum anderen bemühten sich die drei Manager, die Kommunikation mit und die Kontrolle über die Werke wieder zu etablieren und an den wichtigsten Standorten im Norden, Süden und Westen selbst das Heft in die Hand zu nehmen. Die entscheidende Hilfestellung für die Rekonstituierung der Konzernstrukturen leistete ausgerechnet die britisch-amerikanische Entflechtungspolitik. Mit den Gesetzen Nr. 75 und Nr. 27, welche die Klärung der Eigentumsfrage bis zur Gründung eines neuen deutschen Staats vertagten und somit den Status quo fortschrieben, wurden die Ansprüche der bisherigen Eigentümer grundsätzlich anerkannt. In den Verhandlungen mit den alliierten Stellen und ihren deutschen Organen wurden die FFKG-Vertreter nunmehr als Verhandlungspartner und Anspruchsberechtigte akzeptiert und ihr unmittelbarer Zugriff auf die verbliebenen Werke legitimiert. Um diese Entwicklung nicht zu behindern, verzichtete Flick auch nach seiner Entlassung darauf, sich – anders als gegenüber den deutschen Stellen – in die Unterredungen mit den AHK-Vertretern einzuschalten, denen ein verurteilter Kriegsverbrecher kaum zugemutet werden konnte. Diese Besprechungen überließ er weitgehend Kaletsch und den Hausjuristen um Hans Schäfer und Wilhelm Bedbur. Ein Großteil der mit rechtstechnischen Fragen befaßten Verhandlungen wurde zudem über internationale Anwaltskanzleien abgewickelt, um die Einigung mit den Wirtschaftsberatern der AHK zu erleichtern.[2] Das Ergebnis der einerseits vorsichtigen, andererseits zielgerichteten Taktik war ein Entflechtungsplan, der unverkennbar die Handschrift der Konzernspitze trug und mit der Übertragung der Verkaufsabwicklung die FFKG in ihre Eigentumsrechte fast vollständig wieder einsetzte.

Einen entscheidenden Beitrag zum Erfolg der Neuordnungsverhandlungen leisteten die Dienste der politischen Stellen auf Bundes- und Landesebene. In kritischen Phasen wie bei der Liquidierungsfrage, in denen die alliierte Entflechtungspolitik die Wünsche des Konzerns außer acht zu lassen drohte, klinkten sich die von der FFKG mobilisierten Regierungsvertreter aus Bonn, München und Kiel in die Gespräche ein und machten sich die Forderungen des Unternehmens zueigen. Die Verhandlungen über die Umgestaltung des Konzerns verlagerten sich so in ein Dreiecksverhältnis zwischen Konzernführung, Bund und Ländern sowie der AHK. Dank ihres Planungsauftrages und des daraus resultierenden Informationsvorsprunges nahm die FFKG dabei eine Schlüsselposition ein. Sie versorgte alliierte, Bonner und Landesbehörden mit immer neuen Denkschriften und Gutachten, die in der Regel nahezu unverändert in die Akten vor allem der westdeutschen Stellen eingingen. Darin fand sich eine Reihe bekannter Argumentationsmuster wieder. Die Verluste des Konzerns in Mittel- und Ostdeutschland wurden ebenso aufgenommen wie die Angriffe auf den Nürnberger Prozeß. Auch auf die Dezentralisierungslegende wurde ein ums andere Mal rekurriert, um den Konzerncharakter der Flick'schen Unternehmen an sich in Frage zu stellen. Wie schon in Nürnberg leugneten die FFKG-Vertreter die Existenz einer zentralisierten Finanzverwaltung und die direkte Kontrolle der Tochterfirmen. Daß die Dezentralisierung keineswegs in Widerspruch zur Konzentration stand, sondern vielmehr das Instrument zu ihrer Umsetzung darstellte, fand naturgemäß keine Erwähnung.[3]

Mit der Einbeziehung der westdeutschen Regierungsstellen, die mit ihrer Unterstützung auch eigene Ziele von der Souveränitätsfrage bis zum Standortschutz verfolgten, holte die FFKG sich jedoch *stakeholder* ins Boot, deren Interessen in

2 Carter, Ledyard & Milburn an CSG, 16.11.1951, MMA M 12.185; Struve Hensel an Flick, 12.6.1953, BADH B 102/424028; umfangreiches Material in NARA RG 466, Entry 28, Box 28, u. Entry 27, Box 2.

3 U. a. Memorandum, September 1949, BAK B 109/581, Bl. 94-101; Tatsachen zum Flick-Fall, o. D. [12.12.1950], BAK B 102/60711.

Rechnung zu stellen waren. Am deutlichsten war dies in Bayern der Fall. Die Übernahme der Sperrminorität an der Maxhütte durch die Landesregierung war ein essentieller Bestandteil der alliierten Zustimmung zum Entflechtungsplan – um den Preis der Abgabe der uneingeschränkten Verfügungsgewalt der FFKG. Hier erwiesen sich die guten, durch finanzielle Zuwendungen untermauerten Beziehungen der Konzernführung zu den Münchener Entscheidungsträgern als segensreich. Während der vierjährigen Kooperation zeigte sich der Freistaat als finanziell großzügiger und mit Blick auf die Verfügungsrechte »absolut angenehmer Minderheitspartner, der sich nicht in die Produktion eingemischt und keine Bedingungen gestellt habe, die ihm auf Grund der Sperrminorität zugestanden hätten«.[4] In dieser kooperativen, durch eine ebenso geschickte wie intrigante Vorbereitung privatisierungsfreundlich gestimmten Atmosphäre erfolgte 1955 auch der Rückkauf der Maxhütte-Anteile. Nicht zuletzt war dies der Auftakt einer Unternehmenspolitik, die bald darauf mittels der weitgehenden Verdrängung außenstehender Aktionäre die uneingeschränkte Kontrolle über die wichtigsten Pfeiler des Konzerngebäudes anstrebte.

Einen weiteren, zumindest vordergründigen Einbruch in die Verfügungsrechte der Konzernleitung, der auf die alliierte Neuordnungspolitik zurückzuführen war, markierte die Einführung der Montanmitbestimmung. Ungeachtet der scharf geführten öffentlichen Grundsatzdiskussion 1950 erwies sich das Zugeständnis im Falle Flicks als nützlicher Weg, um die Entflechtungsauflagen zu beseitigen, und behinderte die souveräne Unternehmenslenkung in der Praxis nur in geringem Maße. Die Einwilligung in die paritätische Besetzung des Aufsichtsrates und in die Bestellung eines Arbeitsdirektors minderte das Konfliktpotential bei der Wiedererlangung der Konzernkontrolle substantiell und machte, etwa im Falle Lübecks, aus den Gewerkschaften eher Verbündete denn Opponenten. Zwar entsprang dieser Kompromiß keiner aufrichtigen Zustimmung zur Mitbestimmung als industrielles Organisationsprinzip. Flick zeigte intern keinerlei Verständnis dafür, daß Arbeitnehmervertreter über sein Eigentum mitverfügen sollten, während er selbst dafür haftete. Anders als etwa Hermann Reusch machte Flick aus seiner prinzipiellen Ablehnung der Mitbestimmung jedoch keinen Kreuzzug.[5] Weder versprachen derartige *roll-back*-Versuche Anfang der fünfziger Jahre irgendeinen Erfolg noch lohnten sie die Mühe. Im Gegenteil: Angesichts der eher konfliktarmen Mitbestimmungspraxis, die sich bald abzeichnete, drohte ein Hardliner-Auftreten nur kontraproduktiv zu wirken und die effektive Leitung stärker zu beschränken als eine nach außen kompromißbereite Haltung.[6]

4 Bayerischer Landtag. Stenographischer Bericht. 210. Sitzung, Montag, den 2.8.1954, S. 1804f.

5 Vgl. Berghahn/Friedrich, Friedrich, S. 225, 233; s. auch Berghahn, Unternehmer, S. 225, 228; Süß, Kumpel, S. 115, 196.

6 Die FFKG beteiligte sich aber durchaus an den internen Diskussionsprozessen der Arbeitgeber; vgl. Henle, Weggenosse, S. 106.

Zudem gelang es Burkart, den 1952 berufenen Arbeitsdirektor Hans Zink eng in die Vorstandsverantwortung einzubinden. In für die nach der Einführung der Mitbestimmung ernannten Arbeitsdirektoren nicht untypischer Weise identifizierte sich Zink fortan mehr mit der Unternehmensleitung denn mit den Arbeitnehmerinteressen und zog entsprechende Kritik der Belegschaft auf sich.[7] Als hilfreich für die Kooptierung Zinks erwiesen sich auch aufwendige materielle Zusatzleistungen, die unter dem Vorwand, den Arbeitsdirektor »als gleichwertiges Vorstandsmitglied« behandeln zu wollen, notdürftig legitimiert wurden.[8] Auch im Umgang mit den Gewerkschaftsvertretern verstand es der umgängliche, jovial auftretende Burkart meist, den richtigen Ton anzuschlagen. Vor allem zu Erwin Essl, Bezirksleiter und später Vorsitzender der bayerischen IG Metall, pflegte er ein gutes Verhältnis, das auch gemeinsame Verständigungen hinter dem Rücken des Betriebsrates einschloß.[9]

Führungspersonal

Burkarts überragende Stellung im Vorstand der Maxhütte ging auf die in Nürnberg gegebene Posten-Zusage Flicks und die mit Kaletsch und Rohde nach 1947 etablierte Arbeitsteilung zurück. Zugleich bedeutete die Delegierung Burkarts nach Sulzbach-Rosenberg die Plazierung eines der wichtigsten Vertrauensleute Flicks an einem der Grundpfeiler des Konzerns. In dieser Hinsicht trat Burkart die Nachfolge Terbergers an. Ferner drückte sich in der Personalie die Präferenz Flicks für altgediente Gefolgsleute aus, die zu zahlreichen Einstellungen leitender Angestellter der früheren mitteldeutschen Betriebe in den verbliebenen und neugegründeten Unternehmen des Konzerns führte. So fanden Konrad Gehlofen, Oswald Putze und Bernhard Weinhardt Verwendung bei LHB sowie Werner Tangerding in Donauwörth, während Rohde der starke Mann Flicks in Lübeck wurde. Bei der Maxhütte übernahm mit Rudolf Hennecke 1950 einer der langjährigsten Angestellten Flicks die technische Leitung. Als sein zweiter Nachfolger wurde 1964 der ehemalige Döhlener Ingenieur Herbert Knüppel berufen.[10] Burkarts eigene Nachfolge trat 1966 Hans Hahl an, der bis 1941 bei der FFKG und nach dem Krieg für Otto-Ernst Flicks Süd-Ferrum AG tätig gewesen war. Erich Enzmann hingegen hatte trotz seiner geradezu devoten Haltung gegenüber Flick keine Zukunft bei der Maxhütte. Entgegen Flicks sonstiger Gewohnheit, sein Führungspersonal langfristig an sich zu binden, wurde Enzmann gemäß der mit Kaletsch und Burkart 1949/50 verein-

7 Vgl. Süß, Kumpel, S. 95-97.

8 Zietsch an Burkart, 8.10.1952; Notiz. Betr. Büroeinrichtung für Herrn Direktor Zink, 10.10.1952; Herrn Direktor Zink, 17.10.1952 [Burkart]; Zitat: Burkart an Zietsch, 27.10.1952, alle NMH-BA.

9 Burkart an Essl, 10.6.1956, Burkart an Kaletsch, 25.9.1956; Burkart an Flick, 28.8.1956, alle NMH-BA.

10 Bruns an Burkart, 29.5.1963; R. Hennecke an Burkart, 12.1.1964, beide NMH-BA.

barten Regelung zehn Jahre später mit nur 57 Jahren in den Ruhestand geschickt.[11]

Der Abgang Burkarts und Rohdes an die Werksstandorte hatte auch Konsequenzen für die Zusammensetzung der FFKG-Zentrale in Düsseldorf. Zwar waren die beiden langjährigen Vertrauten durch ihre wichtige Rolle als Verwalter der akquirierten Industriebeteiligungen und Vertreter in den entsprechenden Aufsichtsräten faktisch weiterhin eng in die Konzernpolitik eingebunden.[12] Gleichwohl mußten die Kontroll-, Koordinierungs- und Beratungsfunktionen, die Burkart und Rohde ausgeübt hatten, neu besetzt werden. Im Zentrum der FFKG stand nach wie vor Flick selbst und ihm zur Seite Kaletsch, der nicht nur das Schlüsselressort der Finanzverwaltung behielt, sondern durch sein Mandat als Statthalter Flicks in den Jahren 1948 bis 1950 endgültig zum wichtigsten Mann nach dem Konzernherrn geworden war. Vor allem darauf fußte der Status als quasi-Senior der FFKG, der Kaletsch nach dem Tode Flicks 1972 zukam.[13] Daneben rückte mit den neu berufenen Bevollmächtigten und Gesellschaftern Welz, Paefgen, Meier, Pohle, Brauchitsch und Friedrich eine Gruppe von Mitarbeitern in die engere Führung auf, die teils eigens angeworben wurden, teils aus anderen Tätigkeiten mit Flick bekannt waren. Insbesondere Pohle und Friedrich bildeten gemeinsam mit Flicks langjährigem Weggefährten Pferdmenges eine Phalanx politischer Verbindungsmänner zu den Bonner Regierungskreisen. Derweil fiel die – auch pekuniäre – Kontaktpflege auf landespolitischer Ebene in erster Linie den jeweiligen Unternehmensleitungen zu, insbesondere in Bayern, wo Burkart diese Rolle effektiv ausfüllte.[14]

Dem Generationenumbruch in der Führungsriege sollte zumindest in Ansätzen auch ein familiärer Stabwechsel entsprechen, der in der Erteilung der Generalvollmacht an die beiden Söhne Flicks einen offiziellen Ausdruck fand. Allerdings blieb es vorerst bei diesem nominalen Schritt, in der tatsächlichen Konzernlenkung blieb Flick die ausschlaggebende Person und griff bei der Entscheidungsfindung vor allem auf den Kreis der engen Vertrauten um Kaletsch zurück. Die straffe Kontrolle der produzierenden Unternehmen über Berichtswesen und Buchführung, die sich in der FFKG seit den dreißiger Jahren herausgebildet hatte, wurde nahtlos fortgeführt. Dabei nutzte Flick das ihm zugeleitete Datenmaterial immer wieder dazu, sich direkt an die Unternehmensvorstände zu wenden und Weisungen für die Grundzüge der operativen Geschäftsführung zu erteilen. So griff er 1956 in die erfolglose Modellpolitik der Auto-Union ein

11 Enzmann an Flick, 21.4.1956; Betr. Besprechung mit Herrn Dr. Burkart am 21.8.1957, 29.8.1957 [Hahl]; Krafft an Burkart, 8.1. u. 10.5.1960; Enzmann an Flick, 11.8.1960; Flick an Enzmann, 3.1.1961, alle ebd.

12 Burkart blieb bis 1956 GBV der FFKG; Burkart an Flick, 16.6.1956, ebd.

13 Brauchitsch, Preis, S. 79.

14 Burkart beschrieb die Pflege der »typisch bayerischen Verhältnisse, vor allem nach der persönlichen Seite« recht deutlich als »die Betreuung besonders diskreter Aufgaben [...] Ihre Verbindung zu Seidel, Schedl, Bezold, Essl usw.«; Burkart an Flick, 30.12.1958, NMH-BA; Otto Schedl (CSU) war von 1957 bis 1970 bayerischer Wirtschaftsminister.

und berief zugleich eine neue Firmenspitze; im selben Jahre mußte auch bei Buderus Grabowski den strategischen Primat des neuen Eigentümers anerkennen.[15] Insbesondere auf seinem Fachgebiet, der Stahlerzeugung, ließ es sich Flick noch mit 80 Jahren nicht nehmen, die Produktions-, Umsatz- und Ertragszahlen von Maxhütte und Südwestfalen detailliert zu prüfen, die Unterschiede vorzurechnen und mit Blick auf das signifikant schlechtere Abschneiden des bayerischen Unternehmens Burkart implizit, aber unmißverständlich ein Überdenken der bisherigen Geschäftspolitik nahezulegen.[16]

Mythos Flick

Wenngleich die Nachfolgefrage und die damit verbundenen familiären Zerwürfnisse schon Mitte der fünfziger Jahre ihre Schatten vorauswarfen, war die ungebrochene persönliche Führung der FFKG durch Flick selbst das prägende und – trotz der klandestinen Unternehmensphilosophie – auch nach außen weithin sichtbare Kennzeichen des neuerlichen Aufstieges des Konzerns. Nachdem viele den im Rentenalter stehenden Flick im Zuge der Entflechtung bereits abgeschrieben hatten, vollzog insbesondere die Wirtschaftspresse nur wenig später eine scharfe Kehrtwende. Unter dem Eindruck der entschlossenen Veräußerungen der Steinkohle und den Stück für Stück Kontur gewinnenden Reinvestitionen bildete sich bald eine regelrechte Legende, die Flick ebenso unpräzise wie häufig als letzten Überlebenden der Gründerzeit beschrieb, der gleichzeitig als industriestrategischer Visionär den Weg in die Zukunft der Konsumgesellschaft wies.

Die Prägung dieses dualen Mythos' vollzog sich maßgeblich in dem Jahrzehnt der Jubiläen, das 1953 durch Flicks 70. Geburtstag und die beiden Festakte zu den 100jährigen Bestehen von Maxhütte (1953) und Harpen (1956) eingeleitet wurde und mit Flicks 80. Geburtstag 1963 seinen Höhepunkt erreichte. Schon die Jubiläumsfeiern, bei denen Flick buchstäblich in der ersten Reihe der nationalen und internationalen Prominenz saß und im Falle der Maxhütte als Gastgeber für eine Vielzahl bedeutender Vertreter aus Politik und Wirtschaft auftrat, dokumentierten eindrücklich, daß der wenige Jahre zuvor noch in Nürnberg als Kriegsverbrecher Verurteilte endgültig in der bundesrepublikanischen Nachkriegsgesellschaft angekommen war.[17] Fünf Jahre später, nachdem Flicks Reputation als »Hecht im Karpfenteich des Wirtschaftswunders« in der Zwischenzeit Allgemeingut geworden war[18], ehrte auch der *Spiegel* Flick im Nachgang von

15 Göhner an Burkart, 17.10.1957; Aktenvermerk. Betrifft: Auto-Union/Besprechung 18.11.1957, 22.11.1957, beide NMH-BA; vgl. Etzold/Rother/Erdmann, Zeichen, Bd. 2, S. 202-209; Haus/Sarkowicz, Feuer, S. 163, 167.

16 Notiz für Herrn Dr. Flick, 18.9.1963; Flick an Burkart, 21.9.1963, beide NMH-BA.

17 Festfolge für die Hundertjahrfeier am 28.9.1953, AIHKR, Ordner 2; Hundert Jahre Harpen. Feierstunde am 8.1.1956, WWA F 24/52.

18 Friedrich Flick – der Hecht im Karpfenteich des Wirtschaftswunders, in: SZ Nr. 114 v. 12./13.5.1956.

dessen 75. Geburtstag mit einer freundlich gehaltenen und aus dem Konzern selbst mit Informationen unterfütterten Titelgeschichte als »Eisenmann«.[19] Die Huldigungen, die – ungeachtet der Empörung über die Feldmühle-Affäre – dem »Monolith aus vergangener Zeit [...] und Konzerngründer aus den Rauhreiter-Jahren des deutschen Kapitalismus« anläßlich seines 80. Geburtstages 1963 zuteil wurden, rundeten diese Entwicklung gleichsam ab und wurden in den Ehrenbezeugungen auf der Trauerfeier 1972 noch einmal gebündelt.[20]

Das mediale Lob lag sehr weitgehend auf der von der Konzernführung vorgegebenen Linie. So formulierten die knapp gehaltenen und ausgewählten Empfängern zugedachten Festschriften zu Flicks Geburtstagen jeweils die Eckpunkte der eigenen Interpretation der Konzerngeschichte, die oft unreflektiert und unkommentiert in eine Vielzahl von Presse- und Buchveröffentlichungen übernommen wurde.[21] Darin wurden dem Flick vorauseilenden Ruf als Finanzier und Spekulant der geerdete, »von der Pike auf gelernt[e]« Hüttenmann entgegengestellt und Flicks lokalpatriotische Aufbauleistungen im Siegerland und in Mitteldeutschland gewürdigt. Die angeblich vollständige Dezentralisierung als konstitutives Wesensmerkmal des Konzernaufbaus stand neben den bekannten Attacken auf den Nürnberger Prozeß. Und auch die Mär, die Gelsenberg-Transaktion habe der Wiedererlangung unternehmerischer Selbständigkeit gedient, fand Eingang in die gleichermaßen Flick wie den von ihm geprägten Konzern beschreibenden Darstellungen.[22]

Daß die PR-geleitete Geschichtspolitik der FFKG-Führung hingegen die »Arisierungen« und die territoriale Expansion im Zweiten Weltkrieg ausblendete bzw. rundweg abstritt, konnte wenig Wunder nehmen. Schon in den Restitutionsverhandlungen mit der Familie Hahn sowie den beiden Petschek-Zweigen wiesen Flick und seine Mitarbeiter jegliche Verantwortung für ihre Beteiligung an der antisemitischen Politik im »Dritten Reich« zurück. Daß lediglich ein geringer Teil des übernommenen jüdischen Besitzes tatsächlich restituiert wurde und die FFKG aus der Revision der Ignaz-Petschek-»Arisierung« und des damit zusammenhängenden Reichswerke-Harpen-Tausches noch Gewinn schlagen konnte,

19 Der Eisenmann, in: Der Spiegel Nr. 38 v. 17.9.1958.

20 Der letzte große Konzernherr, in: Die Welt Nr. 156 v. 9.7.1963; Der Einzelgänger und seine Unternehmen, in: FAZ Nr. 158 v. 10.7.1963. Ferner erhielt Flick zahlreiche Auszeichnungen zu seinen 70., 75., 80. u. 85. Geburtstagen, darunter den Bayerischen Verdienstorden und das Große Verdienstkreuz mit Stern und am Schulterbande; Hohe Auszeichnung für Friedrich Flick, in: FAZ Nr. 158 v. 10.7.1963. Auszüge aus den Pressestimmen zum 85. Geburtstag in: Maxhütte Mitteilungen Nr. 31 (1968), S. 5; Friedrich Flick. Zum Gedenken, o. O., 1972. Noch 1953 hatte Theodor Heuss Flicks Ersuchen um das Verdienstkreuz mangels Verdiensten abgewiesen; vgl. Tgb. Lenz, 22./23.9.1953, S. 703 f.

21 Symptomatisch etwa Schwerin von Krosigks breit rezipiertes Opus, Zeit, Bd. 2, S. 647-693, das die Konzerndarstellung in wesentlichen Teilen paraphrasiert, ohne dies kenntlich zu machen.

22 Dr. Friedrich Flick zum 70. Geburtstag, o. O., o. J. [1953], AIHKR, Ordner 2; Dr. Friedrich Flick. Zum 80. Geburtstag. Düsseldorf, o. J. [1963], TKA Firmenschriften.

paßte dabei in das Bild vollständig fehlender Einsicht oder gar Reue. Zugleich fügte sich der in den konzerneigenen, aber auch in den Pressedarstellungen von Flicks Lebensweg dominante Dreiklang aus Verdrängung, Apologetik und Zukunftszugewandtheit bruchlos in die zwar nicht von allen gesellschaftlichen Gruppen, aber doch von einem signifikanten Teil der westdeutschen Nachkriegsgesellschaft getragene »Vergangenheitspolitik« (N. Frei) ein. Das allmähliche Aufbrechen dieser Deutungsmuster in den späten Sechzigern begleitete Flicks letzte Lebensjahre[23], zu einem Überdenken etwa in der Frage der Entschädigung jüdischer Zwangsarbeiter führte es indes nicht. Von Flicks Warte besehen gab es nichts wiedergutzumachen.

23 Vgl. Hodenberg, Konzepte. In der FFKG nahm man die Pluralisierung der gesellschaftlichen Debatten – um NS-Unrecht, aber auch um Verteilungsgerechtigkeit und Chancengleichheit – durchaus wahr. Ob daraus aber ein nennenswerter Handlungszwang abgeleitet wurde, scheint zumindest fraglich (anders Plumpe, 1968, S. 51-53). Einem internen Vortrag von Otto A. Friedrichs Bruder Carl-Joachim, der die US-Studentenbewegung vergleichend anführte, blieb 1969 trotz breiter Einladung das Gros der Spitzenmanager des Konzerns wegen Urlaubs u. a. Termine fern. Konkrete Gegenmaßnahmen wurden nicht benannt; vgl. Korrespondenz und Gesprächsprotokoll in ACDP I-093-097/4.

Schlußbetrachtungen

Von ihrem Ende her gelesen, bedient die Geschichte des Flick-Konzerns die Deutungsmuster von Aufstieg und Fall wie kaum ein zweites Großunternehmen des 20. Jahrhunderts: hier die schon zu Lebzeiten legendäre Gründergestalt, dort das akklamierte Ende der »Firmendynastien«.[1] Bestätigung finden somit die Thesen von der »Unwahrscheinlichkeit des Jubiläums« von Unternehmen im Allgemeinen und vom Aussterben der Familienfirmen im Besonderen.[2] Indes hat sich nicht nur gezeigt, daß viele Familiengesellschaften generationsüberdauernde Langlebigkeit beweisen und weiterhin weniger die Ausnahme als die Norm unternehmerischer Organisations- und Eigentumsstrukturen darstellen.[3] Eine Fixierung auf die scheinbare Zwangsläufigkeit des Scheiterns ist zudem von limitierter Erklärungsreichweite und verkürzt die Implikationen der Flick-Konzerngeschichte für die deutsche Wirtschafts- und Sozialgeschichte des 20. Jahrhunderts. Gleichwohl überdeckt auch die eingangs der Arbeit aufgezeigte mythologische Überhöhung des industriellen Solitärs Friedrich Flick, die den Tropen »großer Männer« und ihrer Geschichten folgt sowie Schumpeters dynamischen Unternehmer Pars pro toto nimmt, die historische Kontingenz unternehmerischen Handelns und versäumt Kontextualisierung und Erklärung der ökonomischen Erfolge wie der Mißerfolge Flicks.[4]

Dazu hat insbesondere die vom »Haus Flick« vorformulierte Interpretation der Konzerngeschichte beigetragen, in der die quantitativ dominante und qualitativ prägende Ära Friedrich Flicks zu einem »Leben voller Fleiß, voller Geschick, voller Erfolge« gerinnt.[5] Diese narrative Flurbereinigung ignoriert jedoch das eigentliche Charakteristikum der Flick'schen Konzerngeschichte, die auf engstem Zeitraum konzentrierte Sequenz diverser Auf- und Abstiege, Erfolge und Niederlagen, Brüche und Kontinuitäten. Die ahistorische, alle Wechselfälle planierende Perspektive einer kontinuierlichen Aufwärtsentwicklung zwischen Geburt und Tod des Friedrich Flick unterschlägt die besondere Dynamik der Unternehmensentwicklung wie auch der generell fragilen und potentiell krisenhaften Grunddisposition privater Firmen.

1 Deutsche Firmendynastien. Ende der Großfamilien, in: Wirtschaftswoche Nr. 52 v. 20.12.1985.

2 Plumpe, Unwahrscheinlichkeit; Albach/Freund, Generationswechsel, S. 264. Nach Geus, Company, S. 53, beträgt die durchschnittliche Lebensdauer von Unternehmen 20 Jahre.

3 Jones/Rose, Family Capitalism, S. 1; vgl. Our Company Right or Wrong, in: The Economist Nr. 8519 v. 17.3.2007; Europas Top-Unternehmen, in: Handelsblatt Nr. 96 v. 21.5.2007.

4 Einschlägig zuletzt die Artikelserie »Pioniere der Wirtschaft« im Handelsblatt November u. Dezember 2005.

5 Dr. Friedrich Flick. Zum 80. Geburtstag. Düsseldorf, o.J. [1963], TKA Firmenschriften, S. 18.

Vor allem aber gerät in der Einebnung unter das erfolgsgeschichtliche Paradigma die enge Verflechtung der »Unternehmensbiographie« des Flick-Konzerns mit den makroökonomischen ebenso wie mit den politischen Umbrüchen des 20. Jahrhunderts aus dem Blickfeld. Die Zuschreibung der Verantwortlichkeit für den Aufstieg Flicks allein an mehr oder minder charakterliche Eigenschaften versäumt es, die unternehmerischen Entscheidungen an politische, soziale und konjunkturelle Einflüsse, Weichenstellungen und Herausforderungen rückzubinden. Gerade im Falle des Flick-Konzerns springen aber die Interdependenz von Unternehmen und Staat – mithin von Wirtschaft und Politik – sowie die damit einhergehenden Fragen unternehmerischer Ethik und Verantwortung ins Auge. In allen Phasen der Konzerngeschichte stellten die politischen Parameter konstitutive Faktoren für Strategie, Struktur und Erfolg oder Mißerfolg der Unternehmungen Flicks dar. Erst in diesem reziproken Beziehungsgeflecht lassen sich die Methoden, Taktiken und nicht zuletzt das unternehmerische Selbstverständnis analysieren, welche die rasante und mehrfache Expansion überhaupt ermöglichten. Das bedeutet nicht, die überragende Rolle Friedrich Flicks zu bestreiten, sondern sie im Gegenteil in ihrer Funktionalität und Dysfunktionalität für den Konzern zu erklären.

Im folgenden wird die Geschichte des Flick-Konzerns entlang (1.) der Periodisierung, (2.) des Verhältnisses zur Politik, (3.) der Konzernstruktur und (4.) der ökonomistischen Binnenrationalität der Konzernführung diskutiert und zu einer Gesamtsicht zusammengeführt, an deren Ende (5.) eine Bilanz des unternehmerischen Erfolges Flicks gezogen wird.

Periodisierung zwischen politikgeschichtlichen Zäsuren und Pfadabhängigkeiten

Das zeitliche Relief der Flick-Konzerngeschichte erhält sein Gepräge durch die Eckpfeiler der Jahre 1915 und 1985 sowie die markanten Einschnitte 1932, 1945, 1952 und 1972/75. Sie bilden den Rahmen von Entstehung und Auflösung bzw. gliedern die sukzessive Konzern(um)bildung in die Phasen (A) des unter den Bedingungen von Krieg und Inflation erfolgten Dreisprunges vom Siegerland über das ostdeutsche Revier an die Spitze der europäischen Schwerindustrie, (B) der rüstungsfinanzierten Expansion zur unumstrittenen Führungskraft der mitteldeutschen Montanwirtschaft und der gewaltsamen territorialen Ausbreitung sowie (C) des Aufstieges zum größten Einzelkonzern der westdeutschen Nachkriegswirtschaft, an dessen Ende mehr als ein Jahrzehnt der Stagnation und Abwicklung steht.

Bereits diese grobe Periodisierung verweist auf die Ambivalenz zwischen einer internen Entscheidungssequenzen folgenden Eigenzeit der Unternehmensentwicklung einerseits und einer zwar nicht vollständigen, aber doch weitreichenden Kongruenz mit den großen zeitgeschichtlichen Linien des 20. Jahrhunderts andererseits. Mehrfach waren es Folgen politischer Großereignisse, die dem Flick-

Konzern entscheidende Expansionsmöglichkeiten eröffneten: 1920 als Folge des verlorenen Krieges in Oberschlesien, 1937 bis 1939 durch die aktive Beteiligung an der nationalsozialistischen »Arisierungs«politik, die territoriale Expansion im Zweiten Weltkrieg oder die Übernahme entflochtener Chemie- und Stahlunternehmen in den fünfziger Jahren. Zudem trugen politisch induzierte Sonderkonjunkturen infolge von Rüstung, Krieg und Wiederaufbau den betriebswirtschaftlichen Erfolg der von Flick kontrollierten Firmen nach 1915 ebenso wie im »Dritten Reich« und in der jungen Bundesrepublik.

Auch im Negativen wirkten politische Zäsuren als Wasserscheiden der Konzernentwicklung, insbesondere der Verlust von rund drei Vierteln der Vermögensmasse durch die Enteignungen in Polen und der SBZ 1945. Die vollständige Niederlage führte gewissermaßen zum Untergang des einen Flick-Konzerns, zugleich aber zur Geburt eines neuen. Ebenso wie die Frontstellung des Kalten Krieges schon bald Wiederaufbau und Westintegration der Bundesrepublik beförderte, profitierte die FFKG von der veränderten weltpolitischen Konstellation und nutzte die erzwungene Umstellung vom Montan- und Rüstungskonzern zum Konsumgüterproduzenten und Lieferanten der Zivilgesellschaft als Leitmotiv des neuerlichen Aufstieges. Den baldigen Wiedereinstieg in die Wehrtechnik schloß dies freilich nicht aus.

Gleichwohl brachten keineswegs alle politischen Systemwechsel auch Wendepunkte für die Konzernentwicklung. Insbesondere die Umbrüche von 1918 und 1933 blieben ohne unmittelbare Folgen für die Unternehmenspolitik. Am Ende des Ersten Weltkrieges stellte die Auseinandersetzung mit Thyssen und Klöckner die Charlottenhütte vor eine weit größere existentielle Herausforderung als Rätebildung und Republikgründung. Zweitrangig war zunächst auch die »Machtergreifung« der NSDAP, die unternehmerische Strukturen und Organisationen weitgehend intakt ließ. Von ungleich größerer Bedeutung waren die Folgen der vorangegangenen Weltwirtschaftskrise, die das Beteiligungsimperium Flicks auf seinem Zenit bedrohten, eine erhebliche Verkleinerung des industriellen Herrschaftsbereiches erzwangen und einen zentralen Einschnitt der Konzerngeschichte markierten. Ursächlich für die Umorientierungen der Konzernpolitik in diesen Phasen waren strategische Pfadabhängigkeiten. So mündete die kreditfinanzierte Expansionspolitik der zwanziger Jahre in die Liquiditätskrise von 1931/32, während der seit 1929/31 verfolgte Aufbau eines mittel- und süddeutschen Konzerns mit Mittelstahl und Maxhütte seinerseits die Wachstumsrichtung der dreißiger Jahre vorgab.

Allerdings sind diese Beobachtungen ihrerseits zu qualifizieren. Das massive Auftreten Thyssens und Klöckners im Siegerland war nicht zuletzt Folge der Kriegsniederlage, gleiches galt für die von Flick in Oberschlesien gefundene Expansionsalternative. Und 1932 verhalf bezeichnenderweise erst eine politische Intervention der Charlottenhütte aus der Krise, während in den darauffolgenden Jahren die Rüstungskonjunktur und die bevorzugte Auftragsvergabe nach Mitteldeutschland den eingeschlagenen Pfad zum Erfolgsweg machten. Eine künstliche Differenzierung zwischen politischen Außen- und unternehmensstrategischen Binneneinflüssen ist somit kaum sinnvoll. »Politik und Wirtschaft«, konstatierte Flick in Nürnberg, »kann man auch nicht trennen.«[6]

Hervorzuheben ist das elementare Moment der Wachstumsbeschleunigung, das politisch gewollte oder zumindest politisch begründete Hilfestellungen zur Entwicklung der Konzernunternehmen beisteuerten. Charakteristisch für Flicks Karriere war der mehrfache Aufholbedarf der von ihm kontrollierten Komplexe. Als er 1915 die Leitung der Charlottenhütte übernahm, erschien Flick zu einem Zeitpunkt auf der Bildfläche der Montanindustrie, als die Branche längst aufgeteilt war. Anders als im Falle der Haniels und Thyssens vergangener Jahrzehnte war für ihn Wachstum durch die Errichtung neuer Werke oder durch die Erschließung unbekannter Rohstoffvorkommen kaum möglich. Statt dessen lag die wichtigste Chance im Erwerb und in der Kombination bestehender Unternehmen. Diese Ausgangsposition zeichnete nicht nur die fortan verfolgte Strategie Flicks vor, »fertige« Unternehmen aufzukaufen und neu anzuordnen, sondern stellte auch die Frage der Mittelbeschaffung. Zum Gelingen trugen dabei wiederholt politische Zwänge und staatliche Entscheidungsträger bei, die Flick für seine Ziele einzusetzen wußte. Der Mangan-Späne-Handel mit den staatlichen Bewirtschaftungsorganisationen sowie die großzügigen Gewinnmargen für rüstungsrelevante Erzeugnisse verschafften der Charlottenhütte die Gelder für die Einkaufstour im Siegerland. Offenkundig war auch der Liquiditätszuwachs als Ergebnis der Gelsenberg-Affäre. Auf dem Höhepunkt der Weltwirtschaftskrise konnte Flick seine dringendsten Finanzsorgen lösen und mit den erzielten Einnahmen die Reintegration seiner Werksbasis in Angriff nehmen. Zwanzig Jahre später waren es die Gewinne aus den entflochtenen und lukrativ veräußerten Steinkohlegesellschaften, die – während andere Großunternehmen noch mit den Dekonzentrationsauflagen haderten – die FFKG zur vermutlich kaufkräftigsten Akteurin der fünfziger Jahre machten. Zuletzt war es der Daimler-Verkauf 1975, der mit fiskalischer Unterstützung einen Milliardenbetrag für den Konzernumbau freimachen sollte.

Produktive Kraft und Systemopportunismus: Der Flick-Konzern und die Politik

Die Nutzbarmachung politischer Entscheidungsprozesse für die eigene Unternehmensführung beschränkte sich indes nicht auf die großen Wendungen der Konzerngeschichte. Im Beobachtungszeitraum kam es mehrfach zu Joint-ventures mit Staatsunternehmen, vom außenpolitisch revisionistischen »Ost-Engagement« in Oberschlesien über die Rüstungsbetriebe der heereseigenen Gesellschaft für Montaninteressen bis zu der Kooperation mit den Reichswerken in der Ukraine. Gemeinsam war ihnen aus der Sicht des Flick-Konzerns das Ziel der Risiko-

6 Vernehmung des Friedrich Flick am 6.1.1947, StAN Rep. 502, KVA, Interrogations, F-47.

minderung bei gleichzeitiger Wahrung eines Höchstmaßes an Kontrolle. Und nicht zuletzt gab es einen lobbypolitischen Alltag, der aus der Einwerbung öffentlicher Aufträge, Ressourcensicherung, Beihilfenbeschaffung und Steuerbefreiung für eine Vielzahl von Einzelgeschäften bestand: Brückenbau und Rüstungsmaterial, Benzinsynthese und Uranaufschluß, Reorganisation und Reinvestition, Frachtnachlaß und Zonenrandgebietförderung.

In der Unternehmensstrategie Flicks und seiner Mitarbeiter gerannen die vielfältigen politischen Implikationen privatwirtschaftlichen Handelns zur produktiven Kraft, die in der Grundausrichtung des Konzerns ebenso wie in Einzelentscheidungen von Tochterunternehmen und Werken in Rechnung zu stellen war. In der siegerländischen Subventionswirtschaft der Jahrhundertwende und im umkämpften ostoberschlesischen Industriegebiet lernte Flick, in welchem Umfang sich wirtschaftliche, soziale, militärische und außenpolitische Interessen mit Standortfragen verbanden, folglich der Staat als *stakeholder* in unternehmerischen Belangen auftrat. Die aus dieser staatlichen Interessennahme resultierende Verhandlungsmasse ließ sich durch Flicks Unternehmen einsetzen, um die eigene wirtschaftliche Position zu verbessern, sei es durch den privilegierten Zugang zu öffentlichen Aufträgen und Krediten oder zu rationierten Rohstoffen und Arbeitskräften. Im Unterschied zu privatwirtschaftlichen Akteuren bot der Staat zudem den Vorteil, daß die von ihm zur Verfügung gestellten Ressourcen stets verhandelbar waren, weil sich Mittelallokation, Investitionssummen und Risikoübernahmen nach der Bereitschaft und dem Erfordernis, politische Verantwortung zu übernehmen, bemaßen, nicht nach ökonomischen Kosten-Nutzen-Kalkülen.

Das besondere Interesse Flicks galt der Einbindung staatlicher Instanzen, um das privatwirtschaftliche Risiko abzusichern. Je stärker die politische Aufladung einzelner Projekte und Engagements ausfiel, um so sicherer ließ sich mit öffentlichen Finanzspritzen zur Aufrechterhaltung des Betriebes und einem Auffangnetz im Falle des Scheiterns kalkulieren. Dies galt in hervorgehobenem Maße für die an der industriellen Peripherie gelegenen Standorte, die Flicks Unternehmen über lange Zeiträume besetzten. Gerade in strukturschwachen Regionen und Gebieten mit geringer (schwer)industrieller Dichte wie Bayern, Thüringen und Sachsen war das Interesse der Reichs- bzw. Bundes- und mehr noch der Landesbehörden an einem dauerhaften Erhalt der Flick'schen Unternehmen immens. In Standort- und Strategiewahl der Konzernspitze fanden derartige Überlegungen explizit Eingang.

Mit Unterbeteiligungen der öffentlichen Hand, welche die Verfügungsrechte der Konzernführung regelmäßig nur unwesentlich beschnitten, ließ sich das Eigeninteresse staatlicher Instanzen noch forcieren, wie sich in Bayern im Zuge der Entflechtung 1951/52, vor allem aber im Oberschlesien der Weimarer Jahre zeigte. Hier drohten dem Deutschen Reich bei einem Fallenlassen der schwerindustriellen Werke nicht nur die endgültige Aufgabe der außenpolitischen Ziele, sondern zugleich eine arbeitsmarktpolitische Katastrophe und die Abschreibung von Krediten in Millionenhöhe. Der Gelsenberg-Deal 1932 war sachlich mit der oberschlesischen Frage eng verknüpft und folgte zudem einem vergleichbaren Muster. Durch ihren Informationsvorsprung manövrierte die Führung der Charlottenhütte die Reichsregierung in eine Zwangslage, deren Ausweg aufgrund der Vorerfahrungen in Polen für Flick und seine Mitarbeiter abzusehen war.

Die Kalkulierbarkeit staatlicher Interessen und die regelmäßige politische Bereitschaft, in privatwirtschaftliche Prozesse zu intervenieren, wenn tatsächlich oder vermeintlich politische Aufgaben zu bewältigen waren, erlaubte die gezielte Mobilisierung von Politik als produktiver Kraft. Dies galt auch für die dirigistische NS-Wirtschaftspolitik. Die niedrigere Hemmschwelle des Regimes, unmittelbar in ökonomische Zusammenhänge einzugreifen, und die praktisch nicht vorhandene Gegenmacht einer prüfenden und – über freie Wahlen – sanktionsfähigen Öffentlichkeit bedeuteten zwar auch ein Risiko für private Unternehmen wie etwa in der Reichswerke-Krise. Zugleich bot sich aber eine zusätzliche taktische, bei Bedarf aktivierbare Option, um die eigene Position durch Mobilisierung staatlicher Rückendeckung zu stärken. Dies galt für Verhandlungen mit verkaufsunwilligen jüdischen Eigentümern, widerspenstigen Managern der eigenen Tochtergesellschaften und insbesondere für die rüstungswirtschaftlichen Joint-ventures, welche die Grenze zwischen privater und staatlicher Wirtschaftstätigkeit verwischten. Derartige ordnungspolitische Fragen spielten für die Konzernführung allenfalls eine untergeordnete Rolle. Wenn es dem eigenem Fortkommen diente, ließ Flick sich durch dogmatische Erwägungen nicht von vorteilhaften Geschäften abbringen, weder im Falle Gelsenbergs 1932 noch der Maxhütte 1951. Obgleich im Nürnberger Verfahren von Flick und seinen Mitarbeitern ein nachgerade hochliberales Selbstbild als Überzeugungstäter freien Unternehmertums gezeichnet wurde, so galt letztlich doch: Gute Wirtschaftspolitik war, was dem Flick-Konzern nutzte.

Die Schaffung präzise kalkulierter Zwangslagen, mit denen das politische Potential mobilisiert wurde, verfolgte ferner den Zweck, die für den Konzern günstigen Geschäfte zu objektivieren. Die eigene Verantwortung für die Transaktionen mit staatlichen Stellen wurde nahezu immer bestritten. Vielmehr wollten Flick und seine Mitarbeiter gefragt, gebeten, am besten gar gezwungen werden. Die Selbstdarstellung als passiver Partner, der sich unter Hintanstellung eigener Ziele und Interessen uneigennützig bzw. als Opfer staatlichen Drucks unfreiwillig an den Kollaborationen beteiligte, sollte dabei den immer wieder ausdrücklich reklamierten »moralischen« Anspruch auf finanzielle oder anderweitige Kompensationsleistungen begründen. Dieses gleichermaßen manipulative wie wahrheitsverfälschende Muster fand sich in den oberschlesischen Verhandlungen und in der Gelsenberg-Transaktion, beim Austausch von Stein- gegen Braunkohle und bei der Übernahme von Werken in den besetzten Gebieten, schließlich auch beim Verkauf der Sperrminorität der Maxhütte an den bayerischen Freistaat.

Das Arsenal eingesetzter Argumentationsfiguren erwies sich über Jahrzehnte hinweg als limitiert, aber nichtsdestoweniger als effektiv. Neben dem regelmäßigen Verweis auf drohende Werksschließungen und Massenentlassungen bediente sich Flick vor allem des Schreckbildes der Überfremdung.[7] Die Ausgabe von Vorzugsaktien der Charlottenhütte 1919, die staatliche Beteiligung an KAG und Königs-Laura 1927, der Gelsenberg-Verkauf 1932, die Umschichtung der CSSC-Anteile 1933/34, selbst die Maxhütte-Unterbeteiligung 1951 – in diesen und einer Reihe anderer Fälle spielten angebliche, nie präzise benannte auswärtige Kaufinteressenten als Druckmittel wichtige, teils ausschlaggebende Rollen. Noch in der Abgabe des Daimler-Benz-Pakets an die Deutsche Bank 1975 fand diese Tradition in der kolportierten persischen Offerte einen Nachhall. Nicht ohne Ironie war es daher, daß ausgerechnet im einzigen Fall, in dem die vielfach bemühten französischen Erwerber unzweifelhaft vorhanden waren – beim Harpen-Verkauf an Sidéchar 1953/54 –, die FFKG-Führung allen etwaigen Anfeindungen zum Trotz nicht zögerte, das konkurrenzlos günstige Kaufangebot anzunehmen.[8]

Flicks Politikverständnis war ein rein instrumentelles. Die staatlichen Institutionen hatten demnach in erster Linie den rechtlichen und infrastrukturellen Rahmen für das Funktionieren der privaten Wirtschaft bereitzustellen. Störungen innerhalb des privatwirtschaftlichen Subsystems – etwa fehlerhafte Unternehmensstrukturen, Nachfragerückgänge, zu hohe Selbstkosten – wurden regelmäßig auf externes Verschulden zurückgeführt, das der Staat zu verantworten habe und für das er entsprechend kompensationspflichtig sei. Die zur Grundsatzdiskussion um Sozialpolitik und Demokratie umgedeutete Kapazitätskrise der zwanziger Jahre, in der auch Flick im Mainstream der schwerindustriellen Hardliner-Position mitschwamm, unterstrich dies nachdrücklich. Während aber ausgesprochene Wirtschaftsliberale wie Paul Reusch ein, wenngleich unterreflektiertes, Konzept staatlicher Nichteinmischung in die ökonomische Sphäre vertraten, ging Flick einen Schritt weiter. In einer Umkehrung des bekannten Kennedy-Zitates fragte er im Grunde stets, was sein Land für ihn tun könne.

Unerheblich war dabei, mit welcher Regierung der Konzern es gerade zu tun hatte. Zwischen 1915 und 1955 wechselte Deutschland viermal die Staatsform, die Zahl der in Kaiserreich, Weimar, NS-Diktatur, Besatzungsherrschaft und Bundesrepublik auf- und wieder abgetretenen Kanzler und Minister war Legion. Selbst die Ära Adenauers, der ähnlich Flick wie ein Urgestein aus dem vergangenen Jahrhundert in die Nachkriegszeit hineinragte, geriet im Rahmen der Konzerngeschichte – überpointiert – zur Episode. Als Flick 1972 starb, bekleidete Willy Brandt bereits seit drei Jahren das Amt des Bundeskanzlers.

Vor dem Hintergrund des vielfachen Wechsels nicht nur der Regierungen, sondern auch der deutlich unterschiedenen politischen Systeme zeichnet sich der wiederholte Aufstieg von Flicks Unternehmungen in augenfälliger Weise ab. Dies gilt um so mehr, als die Konzernspitze über 50 Jahre hinweg unverändert

7 Zur Verbreitung dieser Sorge, die – man denke an Mannesmann/Vodafone 1999/2000 – auch im europäisch integrierten Deutschland keineswegs überholt ist, vgl. Feldman, Penetration.

8 Die MHW Lübeck wurden 1975 an US-Investoren veräußert.

blieb. Wohl in keinem anderen Fall deckte sich die Wirkungszeit eines deutschen Industriellen in vergleichbarem Maße mit der Ballung scharfer politischer Zäsuren in der ersten Hälfte des 20. Jahrhunderts. Insbesondere im Verhältnis zu den übrigen Montankonzernen, die im selben Zeitraum mindestens einen, oft zwei Generationswechsel an der Spitze vollzogen – Flick überlebte Peter Klöckner, Gustav und Alfried Krupp, Paul und Hermann Reusch, Friedrich und Fritz Springorum, August und Fritz Thyssen, Albert Vögler sowie Otto Wolff –, stellte dieser Umstand eine einzigartige Kontinuität dar.

In den Beziehungen der um die fast ebenso lange aktiven Vertrauten Kaletsch, Rohde und Burkart ergänzten Konzernführung zu den politischen Instanzen ist dabei über die Systembrüche hinweg kein signifikanter Unterschied feststellbar. In allen Phasen gelang es dem Spitzenmanagement, meist durch direkten Zugang zu den einschlägigen Entscheidungsträgern, die Firmeninteressen effektiv zu vertreten. Die erforderlichen Anpassungsleistungen des Unternehmens an veränderte Rahmenbedingungen blieben geringfügig und waren oft eher sprachlicher als inhaltlicher Natur, etwa wenn sich die Konzernmanager seit 1933 die rassistische Diktion des Regimes zu eigen machten – was angesichts eigener Stereotypen und Vorurteile kaum schwerfiel – oder in der jungen Bundesrepublik zu Vorzeigeliberalen und Pionieren der europäischen Einigung mutierten. Mit den politischen Wechseln variierte zwar der Umfang der Einflußnahme, Kooperation und gelegentlich Subordination in Abhängigkeit vom Grad der politischen Überformung wirtschaftlicher Erfolgsbedingungen: Mit steigender Interventionsbereitschaft der politischen Funktionsträger wuchs der Bedarf nach Einflußnahme auf die entsprechenden Entscheidungsfindungsprozesse. Dessen ungeachtet blieben jedoch der Fakt der Interaktion an sich ebenso wie der Kernbestand an Verfahrensweisen, Taktiken und Argumentationsfiguren in hohem Maße konstant. Insofern erscheint die Beteiligung an und Ausnutzung der NS-Gewaltpolitik weniger als spezifische Verhaltensmodifikation, denn als konsequente, unbeeindruckte Fortsetzung einer bereits zuvor ausgebildeten und erprobten Unternehmensstrategie unter veränderten, radikaleren Rahmenbedingungen.

Diese Strategie verlor auch nach 1945 nicht ihre Gültigkeit. Insbesondere das Vertrauen darauf, daß politische Inhalte und Maßnahmen grundsätzlich verhandelbar seien, zählte zu den Grundüberzeugungen in der Flick-Konzernführung und erlaubte eine prinzipielle Offenheit für unterschiedlichste politische Ordnungsmodelle, solange diese nur den Kernbestand unternehmerischer Eigentums- und Verfügungsrechte unangetastet ließen. Seinen markantesten, mit dem Vorteil der Rückschau beinahe absurd anmutenden Ausdruck fand dieser Systemopportunismus in den Versuchen Odilo Burkarts, 1945 die Fortführung der Flick-Unternehmen in der sowjetischen Zone durchzusetzen. Allein in diesem Falle schlug die Fühlungnahme mit Repräsentanten einer neuen politischen Elite vollständig fehl, immerhin aber erst nach mehrmonatigen, zwischenzeitlich erfolgversprechenden Verhandlungen.

Das Scheitern in der »Ostzone« liefert als Negativfolie eine Grundbedingung des vorangegangenen und im Westen fortdauernden Erfolgs des Flick-Konzerns.

Die Prämissen der sozialistischen Gesellschaftsordnung, namentlich das Kollektiveigentum an den Produktionsmitteln, schlossen einen privat kontrollierten Konzern wie den der FFKG von vornherein aus. Hingegen überstand die ordnungspolitische Konstante eines auf Privateigentum basierenden, mal mehr, mal weniger marktkapitalistisch organisierten und den unternehmerischen Gewinnanspruch respektierenden Wirtschaftssystems den Wechsel der politischen Systeme vom Wilhelminischen Reich bis in die Bundesrepublik. Bei allen Anpassungsleistungen, die über die Zeitläufte hinweg zu erbringen waren, blieb dieses Grundprinzip privatwirtschaftlichen Handelns gleich und gewährleistete einen kontinuierlichen Referenzrahmen mit vertrauten Spielregeln. Für den Flick-Konzern bedeutete dies – abgesehen von Unsicherheitsphasen infolge der Sozialisierungsbestrebungen 1918/19 und 1946/47 –, konstant über ein ökonomisches Machtpotential verfügen zu können, das die Unternehmensführung überhaupt erst zum Ansprechpartner der politischen Instanzen machte.

Der Kenntnisstand der Konzernführung über politische Entscheidungsprozesse war stets exzellent, ohne daß ihre Beobachtung und Beeinflussung in der Ära Friedrich Flicks aber jemals zum Selbstzweck gerieten. Vielmehr dienten sie der Unterfütterung der Informationsbasis, auf der Entscheidungen getroffen wurden sowie deren reibungsloser Implementierung. Aktives politisches Engagement von Konzernmanagern war vor allem aus Gründen der Zeitökonomie nicht gerne gesehen, und auch verbandspolitischen Aktivitäten seiner Mitarbeiter gegenüber zeigte sich Flick skeptisch. Er selbst war für das von ihm stets gewahrte politische *low profile* bekannt, seine Parteimitgliedschaften in der DVP, ab 1937 in der NSDAP gingen über Karteileichenstatus nicht hinaus. Ein Parlamentsmandat anzunehmen wie etwa Stinnes, Vögler oder Günther Henle wäre ihm nicht eingefallen. Statt dessen vertraute er auf direkte Kontakte zu führenden Politikern von Stresemann über Schacht bis Strauß, zu hohen Ministerialbeamten, die oft über Jahrzehnte hinweg als vertraute Ansprechpartner fungierten, sowie auf gut vernetzte Lobbyisten mit Zugang zu den Berliner und Bonner Hinterzimmern wie Hartmann von Richthofen, Herbert Göring und Wolfgang Pohle. Dessen auf den ersten Blick ungewöhnliche direkte Eingliederung in die Konzernverwaltung war zum einen auf die langjährige Vorstandserfahrung bei Mannesmann, zum anderen auf das in Nürnberg begründete Vertrauensverhältnis zu Flick zurückzuführen.

Neben den persönlichen Beziehungen charakterisierten zwei weitere, durchaus als modern einzustufende Ansätze die politische Einflußnahme durch den Flick-Konzern: das konstante, tendenziell breit ausdifferenzierte Spendenwesen und eine gezielte Öffentlichkeitsarbeit. Zwar bediente sich Flick des schwerindustriellen Verbandswesens zur Informationsbeschaffung, griff jedoch selten zur eigenen Interessenvertretung darauf zurück. Statt dessen untermauerte er seinen aufgrund des schieren Konzernumfanges ohnehin großen Einfluß mittels kontinuierlicher Geldleistungen. Spenden flossen vor allem an die bürgerlichen Parteien, von denen am ehesten ein offenes Ohr für die Anliegen des Konzerns zu erwarten war. Mit den Zahlungen sollte eine von Tagesfragen gelöste generell freundliche Einstellung politischer Entscheidungsträger geschaffen werden, um bei Bedarf mit Entgegenkommen rechnen zu können. Bildhaft formulierte dies Burkart, der sich selbst gegenüber Flick als »›Landpfleger Ihrer bayerischen Interessen‹« bezeichnete und damit die berüchtigte Wendung von der »Pflege der Bonner Landschaft« aus dem Munde Eberhard von Brauchitschs vorwegnahm.[9]

Darüber hinaus kam es zu zeitlichen Konzentrationen von Spendenflüssen, wenn besonders brisante Fragen zur Entscheidung anstanden, etwa im Zuge der Gelsenberg-Affäre, der Kaufverhandlungen mit der bayerischen Staatsregierung oder schließlich die »Geleitzüge« für die Steuerbefreiungsanträge nach dem Daimler-Benz-Verkauf. In diesen Phasen verbreiterte sich zudem der Empfängerkreis von Spenden, um eine reibungslose Abwicklung zu gewährleisten. Entsprechend erhielt auch die Sozialdemokratie immer wieder hohe Summen, insbesondere wenn sie Regierungsverantwortung trug und somit über Angelegenheiten des Flick-Konzerns zu befinden hatte. In akzentuierter Form traf dies auch für die NSDAP zu. Als die Wahrscheinlichkeit einer Regierungsbeteiligung Anfang der dreißiger Jahre stieg, erhielt Hitlers Partei erste Spenden. Mit dem Antritt des ersten nationalsozialistisch geführten Kabinetts wurden diese rasch und durch die Mitgliedschaft Steinbrincks und Flicks im Freundeskreis Himmler, mit der die Konzernführung dezidiert die Nähe zu den neuen Machthabern suchte, über den Rahmen der privatwirtschaftlichen Adolf-Hitler-Spende hinaus angehoben. Die Vergabe von Geldern bemaß sich allein nach der Frage des Einflusses der Adressaten. Politische Vorbehalte, moralische Bedenken oder persönliche Antipathien spielten keine Rolle.

Große Bedeutung maß die Konzernführung zudem der Öffentlichkeitsarbeit bei. Ziel war es zum einen, den Informationsfluß in Geschäftsfragen zu kontrollieren und durch selektive Streuung von Informationen die unerwünschte Verbreitung von Unternehmensinterna zu verhindern. Zum anderen erkannte man früh, daß öffentlicher Druck unbequeme politische Wirkungen zeitigen konnte. Dies galt nicht nur für demokratische Regierungen, sondern auch für das NS-Regime, dessen Zensur gerade in wirtschaftlichen Fragen nicht lückenlos war und das zugleich ein populistisches Interesse an der sozialen Pazifizierung in Rüstung und Krieg hatte. Zur Sicherung einer entgegenkommenden Berichterstattung – die angesichts der Pressevielfalt allerdings zu keiner Zeit vollständig erreicht werden konnte – bediente sich die Konzernführung eines breit gefächerten Systems von *public relations*: die Finanzierung von Pressebüros, die persönliche »Bearbeitung« von Journalisten, Schweigeprämien, der Rückgriff auf den Zensurapparat der NS-Behörden und die enge Zusammenarbeit mit Regierungspressestellen in der BRD. Wert legte man vor allem auf Diskretion. Der Name Flick sollte nicht als Quelle der mal autorisierten, mal lancierten Informationen erscheinen. Aus diesem Grunde stieß etwa die Unterbeteiligung am Düsseldorfer *Handelsblatt*, von dessen eigenem Verleger 1967 vorgeschlagen,

9 Burkart an Flick, 30.12.1958, NMH-BA; das Brauchitsch-Zitat u.a. in: Schlamp/Burchardt, Flick-Zeugen, S. 73.

wegen der Gefahr zu großer Offensichtlichkeit auf Ablehnung.[10] Von der oft angeführten Pressescheu Flicks bzw. der Unternehmensspitze kann daher nur bedingt gesprochen werden. Das Dirigieren der öffentlichen Meinung durch gestreute Informationen und buchstäblich vorgeschriebene Interpretationen lag sehr wohl im Interesse Flicks und wurde gerade zur Flankierung umstrittener Transaktionen ausgiebig praktiziert. Was man fürchtete, war vielmehr eine unabhängige Berichterstattung, die interne Details preisgab und Druck auf Politiker ausübte, größeren Abstand zum Hause Flick zu wahren. In der Spendenaffäre der achtziger Jahre sollte sich diese Sorge vor einer freien Presse – aus der Perspektive der Konzernführung – als durchaus berechtigt erweisen.

Die rigide Informationspolitik, die Charlottenhütte und FFKG seit den zwanziger Jahren verfolgten, fand eine Entsprechung in der bei nahezu allen größeren Geschäftsabschlüssen üblichen historischen Herleitung von Ansprüchen. Sowohl in Verhandlungen mit privaten als auch mit staatlichen Institutionen bemühten Flick und seine Mitarbeiter ein ums andere Mal frühere Dienste, Opfer und Leistungen, die der Konzern oder einzelne Tochterunternehmen erbracht hatten und für die man Kompensationen unterschiedlicher Art erwartete, von Vorkaufsrechten bis zu finanziellen Unterstützungen. Diese Ansprüche, die gelegentlich auf einen wahren Kern zurückgingen, meist aber sachlich kaum fundiert oder längst abgegolten waren, wurden mit an Penetranz grenzender Ausdauer immer wieder vorgetragen und erhielten dadurch aus der Sicht des Konzerns verbindlichen Charakter. Gerade staatliche Stellen akzeptierten entsprechende Argumente, wenn sie nur oft genug vorgebracht wurden. Zudem ließ sich dieselbe Anspruchsgrundlage über Jahre hinweg bemühen, so daß die Konzernführung in sehr verschiedenen Zusammenhängen ein und dasselbe »Recht« einklagte. Zu diesen im Kern rein rhetorischen Figuren zählten die Entschädigungsforderungen für die Folgen der oberschlesischen Grenzkonflikte in den zwanziger Jahren, das angebliche Andienungsrecht für die polnischen Werke in den Dreißigern und die »erzwungene« Harpen-Zechenabgabe Anfang der vierziger Jahre.

Zugleich sollte die konzerninterne Geschichtsschreibung etwaigen späteren Ansprüchen gegen den Flick-Konzern vorbeugen, indem sie die fraglichen Sachverhalte angeblich objektiv darstellte. Wie wichtig man entsprechende Vorkehrungen nahm, zeigte die Diskussion um die von-der-Porten-Denkschrift von 1932 oder die vehemente Forderung nach einem schriftlichen Nachweis der staatlichen Anordnung des Reichswerke-Harpen-Tausches. Den Erfolg belegten die Restitutionsverhandlungen nach dem Krieg. Neben rechtlichen Erwägungen trieb die Flick-Manager auch die Sorge um den Platz des Konzerns in der deutschen Wirtschaftsgeschichte um: Weder ein Image als Beinahe-Pleitier noch als skrupelloser Ariseur hielt man dem viel beschworenen Lebenswerk Friedrich Flicks für angemessen. Entsprechend früh bemühte sich Kaletsch nach dem

10 Notiz an Herrn Dr. O.A. Friedrich, 12.12.1967; Rosenthal an Friedrich, 12.12.1967, beide ACDP I-093-092/1.

Nürnberger Freispruch darum, die beschlagnahmten Akten wiederzuerlangen. Dies diente zweifelsohne in erster Linie der Ordnung der Geschäfte, zugleich aber auch der Bereinigung der historischen Bilanz. Noch zwei Jahrzehnte später sammelte die FFKG alle den Konzern betreffenden Materialien aus dem Nachlaß von Franz Mariaux, der das Harpen-Gedenkwort von 1935 sowie kurze Festschriften zu Flicks Geburtstagen (mit)verfaßt hatte, nach dessen Tode bei Mariauxs Familie wieder ein.[11]

Konzernleitung: Informationsmonopol, Dezentralisierung, persönliches Regiment

In der restriktiven Öffentlichkeitsarbeit drückte sich die generelle Zielsetzung Flicks und der von ihm geführten Konzernspitze aus, nach Möglichkeit immer über einen Informationsvorsprung zu verfügen, als Wettbewerbsvorteil ebenso wie zur Lenkung von Verhandlungen gleich welcher Art in die gewünschte Richtung. Dies traf die mit den ostoberschlesischen Fragen befaßten Ministerialbeamten nicht anders als seinen Sohn Otto-Ernst.

Ein wichtiger Teil dieses Vorsprunges war auf ein weitgehendes Informationsmonopol zurückzuführen, das für die internen Angelegenheiten der Flick'schen Unternehmen, vor allem der Holdinggesellschaften, seit der Frühphase von Flicks Tätigkeit bei der Charlottenhütte etabliert und mit fortschreitender Dauer immer weiter perfektioniert wurde. Kaum etwas zeichnete den Aufstieg Flicks so sehr aus wie die Heimlichkeit, mit der er vollzogen wurde. Schon die wenige Jahre nach der Gründung erfolgte Streichung von Flicks Namen aus der Schrotthandlung Flick & Trippe sowie die unklaren Umstände der Majorisierung seines eigenen Arbeitgebers wiesen den Weg. In den folgenden Jahrzehnten waren es immer wieder unter der Hand erfolgte, oft erst Jahre später zu Tage kommende Anteilskäufe, mit denen der Flick-Konzern seine Beteiligungen erwarb. Auch deren Verschachtelung trug vielfach zur Verschleierung der Besitzverhältnisse bei. Auf diese Weise ließen sich zusätzliche Kurssteigerungen und Abwehrmaßnahmen der betroffenen Unternehmen oder anderer Großaktionäre minimieren. »Freundliche« Übernahmen stellten mit wachsendem Bekanntheitsgrad des anfangs noch unterschätzten Siegerländer Direktors eher die Ausnahme vom Regelfall Flick'scher Akquisitionen dar.

Zur klandestinen Geschäftsphilosophie gehörte auch die Umgehung der bilanziellen Offenlegungspflicht bei den wichtigsten Konzernfirmen. Schon bevor die FFKG als Familiengesellschaft an die Spitze der Beteiligungspyramide trat, hatte Flick weitere Holdingstufen, darunter die Hollandtöchter, eingebaut, um Besitzverflechtungen und interne Finanzströme zu kaschieren. Auch die Um-

11 Mariauxs Autorenschaft: Homberg an Huber, 10.7.1954, TKA A/7994; für den freundlichen Hinweis auf die Nachlaßgeschichte von F. Mariaux bin ich Herrn Botschafter a. D. Dr. Hermann Freiherr von Richthofen sehr verbunden.

wandlungen von Mittelstahl und Maxhütte vor Kriegsende sowie anderthalb Jahrzehnte später bei Feldmühle und Dynamit Nobel verminderten die Transparenz in den Konzernbeziehungen erheblich. Zudem fügten sich diese Transaktionen in die Verdrängung außenstehender Anteilseigner, nicht selten zu deren finanziellem Schaden, mit der Flick die alleinige Kontrolle bei den wichtigsten Einzelgesellschaften bezweckte.

Ein Ziel der kleinaktionärsfeindlichen Politik war es, den Informationszugang Konzernfremder zu den Flick-Unternehmen zu unterbinden. Ein weiteres war die Monopolisierung der Verfügungsrechte. Mit dem Ausschluß aller anderen Eigentümer gingen nicht nur deren Gewinnbeteiligungsansprüche auf den Flick-Konzern über, auch Rechenschaftspflichten und Beschränkungen der Dispositionsmöglichkeiten entfielen restlos. Anders stellte sich die Situation bei den Vereinigten Stahlwerken (VSt) und bei Daimler-Benz dar. In beiden Fällen verfügte Flick zwar über absolute oder praktische Hauptversammlungsmehrheiten, sah sich allerdings mit anderen einflußreichen Großaktionären konfrontiert. Sowohl gegenüber Vögler und Thyssen als auch im Verhältnis zu Abs und Quandt war Flick in diesen Fällen zu einer ständigen Fühlungnahme und einer gewissen Kompromißbereitschaft gezwungen, wollte er die Effektivität seines Kontrollanspruchs nicht durch Obstruktionen und Grabenkämpfe mit Vorstands- und Aufsichtsratsmitgliedern aufs Spiel setzen. Dies galt um so mehr, als den beiden Großinvestitionen der ersten bzw. der dritten Konzernphase neben ihrer herausragenden industriepolitischen Bedeutung jeweils die Rolle der *cash cow*, des sicheren Ertragsbringers, für die übrigen Flick'schen Beteiligungen zugedacht war. Während diese Strategie beim Stahlverein infolge der schweren Wirtschaftskrise nicht aufging, trug Daimler-Benz unter dem zweiten Triumvirat Flick-Abs-Quandt maßgeblich zu einer langjährigen, gut funktionierenden Querfinanzierung im FFKG-Konzerngebäude bei.

Die Abschirmung des Innenlebens gegenüber externen Einblicken wurde entscheidend durch den sehr überschaubaren Umfang der Konzernverwaltung begünstigt. Mehr noch, der während der ganzen Karriere Flicks eng gezogene Kreis von Vertrauten, die in die strategischen Entwürfe und Planungen eingeweiht wurden, war eine essentielle Voraussetzung für die charakteristische Geschwindigkeit, Effizienz und Diskretion, mit der die Mehrzahl der Flick'schen Transaktionen vollzogen wurde. Entscheidend für die Funktionsfähigkeit des Konzerns war daher, wie die Prinzipien einer schmalen Spitzenverwaltung und einer maximalen Steuerungsfähigkeit miteinander in Einklang gebracht werden konnten. Das administrative Modell, das sich Anfang der dreißiger Jahre herauskristallisierte und bis zu Flicks Tod in seinen Grundzügen Bestand haben sollte, war dabei nicht auf einen zielbewußten Organisationsentwurf zurückzuführen, sondern etablierte sich Zug um Zug einerseits als Folge äußerer Zwänge wie dem wachsenden Beteiligungsumfang, andererseits als Ergebnis von Lerneffekten in den verschiedenen Stadien der Konzerngestaltung.

Zu Beginn seiner Karriere als Konzernbauer agierte Flick noch nahezu als Einmannbetrieb. Einen Großteil der Expansionsplanungen zwischen 1915 und

1925 leistete der kaufmännische Direktor der Charlottenhütte alleine, wenngleich unter Hinzuziehung von Aufsichtsratsmitgliedern wie Fritz Schleifenbaum und Victor Weidtmann. Diese Konstellation folgte aus den Anteilskäufen Flicks bei der Charlottenhütte, welche die Kontrollfunktion des Aufsichtsrats außer Kraft gesetzt und den angestellten Direktor selbst zum Eigentümer, mithin den Agenten zum Prinzipal gemacht hatten. Statt Kontrolleuren verfügte Flick somit über Berater, die gemeinsam mit einer Reihe von Bankiers wie Heinrich von Stein, Hjalmar Schacht und der Flick kongeniale Jakob Goldschmidt als Vertrautenkreis, Ideenpool und Informationsquelle wirkten. Unterdessen entledigte sich Flick der Verantwortung für das Tagesgeschäft, das er an den Vorstand delegierte, und beschränkte sich als alleinvertretungsberechtigter Generaldirektor auf die Letztkontrolle. Zugleich transformierte er das Vorstandsbüro der Charlottenhütte zur Verwaltungsinstanz der verschiedenen Werkskomplexe, worin die spätere Holdingfunktion bereits angelegt war.

Diese gleichwohl geringfügige Umdisposition im Management genügte für den beschränkten Rahmen des Siegerlandes, stieß jedoch im Zuge der Expansion auf wachsende Hindernisse. Um die organisatorisch unverbundenen Regionalkomplexe in West-, Mittel- und Ostdeutschland zusammenzuhalten, bemühte sich Flick mit einem hohen Reisepensum um sichtbare Präsenz vor Ort. Zudem griff er auf das Führungspersonal der majorisierten Unternehmen zurück, die in strategische Erwägungen einbezogen wurden. Einen Markstein auf dem Wege zur Errichtung einer Konzernverwaltung bedeutete erst der Wohnsitzwechsel nach Berlin 1923, in dessen Zuge auch das Hauptstadtbüro der Charlottenhütte gegründet wurde. In den folgenden Einstellungen von Kaletsch und Steinbrinck zeichnete sich die Keimzelle der späteren Führungsetage ab. Hinzu trat ab 1927 der VSt-Apparat, dessen personelle Infrastruktur und administratives Know-how Flick intensiv beanspruchte. Dies galt in hervorragendem Maße für die Dependance Oskar Sempells, aber auch für Teile der Düsseldorfer Hauptverwaltung sowie Albert Vögler selbst. Vöglers Verhältnis zu und Bedeutung für Flick blieb indes immer etwas im Vagen und oszillierte zwischen der Rolle eines gleichrangigen Kollegen und Beraters einerseits und eines vom Großaktionär abhängigen Spitzenmanagers andererseits.

Aus der Zeit bei den VSt nahm Flick, wie zuvor schon beim gescheiterten Linke-Hofmann-Lauchhammer-Verbund, nicht nur Personal, sondern auch Einblicke in den komplizierten Prozeß der Verschmelzung verschiedener historisch gewachsener Unternehmen zu einer einheitlichen Konzernorganisation mit. Die in den dreißiger Jahren aufgebaute Berliner Zentrale der FFKG trug daher der bei der VSt-Organisation deutlich zu Tage getretenen Notwendigkeit prozeduraler Vereinheitlichung Rechnung. Dies galt insbesondere für die Bedeutung des Rechnungs- und Buchführungswesens als Informationsmedium, für die Flick seit seiner Ausbildung bei Eugen Schmalenbach sensibilisiert war. Zugleich lagen der entstehenden Konzernstruktur die Grundsätze von Verantwortungsdelegation und Flexibilität zugrunde. Das Ergebnis war ein Konzernaufbau, der die regulären Zuständigkeiten der Zentrale auf das personell und kompetenzmäßig Machbare beschränkte, aber die optionalen Eingriffsmöglichkeiten weit faßte. Die von der Konzernführung selbst als Ausweis liberaler, wenn nicht gar demokratischer Prinzipien entworfene Dezentralisierungslegende ist entsprechend durch eine differenzierte Beschreibung zu korrigieren.

Die wichtigste Aufgabenteilung zwischen Zentrale und Tochterfirmen bestand in der Unterscheidung von operativen und strategischen Zuständigkeiten. Den einzelnen Produktions- und Handelsgesellschaften bzw. deren Werken und Filialen oblag in erster Linie das Tagesgeschäft, insbesondere Auftragsbeschaffung, Absatz- und Lieferbeziehungen, technischer Betrieb, Arbeitsorganisation und betriebliche Sozialpolitik. In diese Fragen schaltete sich die FFKG in aller Regel nicht ein, konnte dies jedoch bei Anzeichen von Fehlentwicklungen jederzeit tun. Zudem trug die Holding zur Auftragsakquise und Ressourcenbeschaffung bei, sofern diese durch Reichs- bzw. Bundesbehörden geregelt wurden, wie im Rüstungsgeschäft und in der Kriegswirtschaft. Generell fielen politisch relevante Fragen in den Zuständigkeitsbereich der Konzernführung, auch wenn diese im Namen der Einzelfirmen erfolgten, so im Zuge der »Arisierungen«, bei den Werksübernahmen in den besetzten Gebieten und in den Restitutionsverhandlungen.

In der strategischen Entwicklung ihrer Werke verfügten die einzelnen Unternehmensvorstände nur über begrenzten Spielraum. Zwar konnten sie Vorschläge für Erweiterungen, Neubauten und Angliederungen vorlegen, die Investitionskontrolle oblag jedoch Flick und seinen Mitarbeitern, die über entsprechende Vorhaben im Überblick über den Gesamtkonzern befanden, also auch entschieden, ob eine Blechstraße eher in Riesa oder in Brandenburg eingerichtet wurde. Keinesfalls zu unterschätzen ist jedoch der persönliche Faktor: Langjährige Vertraute wie Möller und Koppenberg oder bekannte Persönlichkeiten wie Böhringer und Tengelmann verfügten über ein größeres Maß an Selbständigkeit als zweitrangige oder durchsetzungsschwächere Manager.

Die Finanzverwaltung der Einzelunternehmen unterstand primär der Zentrale und bildete den Zement, der den Gesamtkonzern zusammenhielt. Die Kontrolle über die von den Tochterunternehmen erwirtschafteten Mittel, das heißt die Verteilung innerhalb des Konzerns und der Umfang der den Werken verbleibenden Gelder, übte allein die FFKG aus. Auch Bilanzpolitik und Bilanzgestaltung wurden in Berlin bzw. nach 1945 in Düsseldorf festgelegt. Die Mitwirkung der Tochterunternehmen beschränkte sich weitgehend auf exekutive Funktionen wie die Bereitstellung des Datenmaterials und die Ausführung der Gestaltungsvorgaben aus Kaletschs Abteilung. Die Endredaktion fand stets bei der FFKG statt und setzte mitunter auch die Korrektivkraft externer Prüfungsgesellschaften außer Kraft.[12]

12 So berichtete ein Mitarbeiter der Bayerischen Treuhand AG 1959, daß die Jahresbilanzen der Maxhütte vom zuständigen Prüfer fertig aus Düsseldorf abgeholt und ungeprüft abgestempelt wurden. Die gegen Maxhütte und FFKG erhobenen Bilanzfälschungsvorwürfe waren trotz ihres Kohlhaas'schen Gestus' wohl substantiiert, wurden aber unter

Die Aufgabenteilung spiegelte sich in der Zusammensetzung der Konzernzentrale erkennbar wider. Flick rekrutierte für diese Zwecke fast ausschließlich Finanzfachkräfte, Juristen und Kaufleute, deren Fähigkeiten den engeren Rahmen der Holdingaufgaben abdeckten, die aber zugleich als Generalisten den Überblick über das Konzernganze sicherstellten. Ingenieure, Hüttenmänner oder Bergassessoren setzte er in Berlin und Düsseldorf hingegen nicht ein. Technische Expertise wurde entweder direkt bei den Werken eingeholt oder, wenn ein externer, aber vertrauenswürdiger Blick gewünscht war, durch ehemalige Führungskräfte wie Rudolf Brennecke und Herbert Monden beschafft. Zudem erwartete Flick, daß seine wichtigsten Mitarbeiter, insbesondere die Generalbevollmächtigten, sich ausreichende Kenntnisse aneigneten, um Produktionsverhältnisse und Investitionsvorschläge einschätzen zu können.

Die begrenzt dezentralisierte Holding-Struktur, die der Flick-Konzern in den dreißiger Jahren annahm und dann in großer Konstanz weiterführte – und die an Vorbilder wie die Organisation des in den Stahlverein aufgegangenen Thyssen-Konzerns anknüpfen konnte[13] –, bot aus betriebswirtschaftlicher Sicht erhebliche Vorteile. Die Führung der Einzelfirmen als rechtlich selbständige Gesellschaften beließ diese in ihren Funktionen als Marktakteure, so daß das Rentabilitätserfordernis eines jeden Unternehmens nicht durch einen Konzernausgleich nivelliert wurde, sondern dieses als *profit center* für den Ertragserfolg selbst verantwortlich war. Sämtliche Kosten für Material und Arbeit, Kapital und Verwaltung sowie das Marketing mußten die Einzelunternehmen selbst decken. In der Prüfung der unter dem Strich bleibenden Ergebnisse bestand daher ein zentrales Kontrollinstrument der FFKG-Führung. Auch im Verkehr untereinander, etwa bei Kapitaltransfers und Lieferverhältnissen, verhielten sich die Konzernfirmen wie Fremde zueinander, allerdings unter Verfolgung einer freundschaftlichen Linie. In im Konzerninteresse liegenden Einzelfällen konnte die Zentrale jedoch eingreifen und diese Mechanismen partiell außer Kraft setzen.

Die Zentralverwaltung wurde somit in die Lage versetzt, sich vorwiegend Koordination, Kontrolle und strategischer Ausrichtung der bedeutendsten Einzelunternehmen sowie der Gesamtgruppe widmen zu können. Um die dazu erforderliche Informationsdichte sicherzustellen und die der Holdingorganisation innewohnenden zentrifugalen Tendenzen von Unternehmens- und Werksegoismen zu unterbinden, bediente sich die Konzernzentrale im wesentlichen dreier Kontrollmedien:

1. Ein engmaschiges Berichtswesen mit gestaffelten Wochen-, Monats-, Quartals- sowie Halb- und Ganzjahresberichten, deren Auswertung und Aggregie-

den Tisch gekehrt; Bericht über die [...] gefälschten Bilanzen der zum Flick-Konzern gehörenden »Maxhütte« in Sulzbach-Rosenberg zum 30.9.1956 u. 30.9.1957, 2.3.1959 [Gillessen], NMH-BA.

13 Dazu die exzellente Studie Fears, der die zentrale Bedeutung eines Nebeneinanders von Dezentralisierung und Kontrolleffizienz für Familienkonzerne herausarbeitet; die Ähnlichkeiten zwischen beiden Konzernen sind teils frappant; vgl. Fear, Control, S. 108f., 170-185, 231f., 296-361, 511-513.

rung einen Gutteil der Arbeit in der FFKG ausmachte, gewährleistete den kontinuierlichen Informationsfluß. Zwar war aufgrund der Unterschiede zwischen Branchenzugehörigkeit und Werkstyp eine einheitliche Berichtsform kaum sinnvoll, für grundlegende Kennziffern verordnete die Zentrale jedoch uniforme Methoden. So wurden etwa die geldlichen Monatsergebnisse von den Betriebsbuchhaltungen konzernweit einheitlich errechnet, um eine übergreifende Vergleichbarkeit zu ermöglichen, wie eine Prüfungskommission bei der Maxhütte noch 1947 nicht ohne Überraschung zur Kenntnis nahm.[14]

2. Eine nicht zu unterschätzende Rolle spielten die Werksbesuche und die Rapporte der Unternehmensleitungen in Berlin/Düsseldorf. Die persönliche Präsenz sowohl Flicks als auch seiner unmittelbaren Mitarbeiter unterstrich den Leitungsanspruch und wurde selbst in der Endphase des Zweiten Weltkriegs aufrecht erhalten. Die folgende Aufteilung des Führungspersonals auf die Besatzungszonen institutionalisierte dieses Prinzip. Besonders ausgeprägt war die unternehmerische Leitung durch die Berliner Zentrale bei Mittelstahl und der Havelgruppe, begründet durch ihre Bedeutung als Konzernkern und erleichtert durch die geringe räumliche Distanz. Mindestens zwei der Generalbevollmächtigten gehörten stets dem Vorstand von Mittelstahl und über die Interessengemeinschaft auch jenem der Maxhütte an. Flick selbst leitete praktisch alle Vorstandssitzungen persönlich und füllte, insbesondere nach dem Tode Möllers, faktisch die vakante Position des Generaldirektors aus.

3. Besondere Bedeutung kam den Aufsichtsräten der Konzerngesellschaften zu. Die vor allem mit Bankiers, Geschäftsfreunden, Partnern, in wenigen Fällen auch mit Eignern von Minderheitsbeteiligungen besetzten Gremien hatten einen Doppelcharakter. Einerseits wurden dort nur in raren Fällen wichtige Fragen besprochen und noch seltener entschieden. Entsprechend stellten die Aufsichtsratssitzungen ganz überwiegend ritualisierte, in sogenannten Fahrplänen präzise vorbereitete und mit vorformulierten Frage- und Antwortspielen jeder Relevanz entkleidete Schauveranstaltungen dar. Andererseits saßen in allen Aufsichtsräten Flick selbst sowie seine Bevollmächtigten, die stets den Vorsitz übernahmen und, mal offiziell, mal nur faktisch Präsidialgremien bildeten, in denen die eigentlichen Entscheidungen fielen. Dies signalisierte gerade gegenüber den Unternehmensvorständen den Machtanspruch des Mehrheitsaktionärs. Selbst Bernhard Weiss räumte entsprechend ein, »daß die Tätigkeit des Herrn Flick und seiner drei Mitarbeiter [i. e. Generalbevollmächtigte] in mancher Beziehung über die Überwachungstätigkeit und Einflußnahme normaler Aufsichtsratmitglieder hinausging.«[15] Darin drückte sich die von den frühen Siegener Tagen über die VSt-Ära bis in die Nachkriegszeit hineinreichende Praxis der *corporate governance* im Flick-Konzern aus, in der sich Leitung und Kontrolle der Tochter-

14 Ergänzungsbericht zum Bericht der Prüfungskommission über die Eisenwerk-Gesellschaft Maximilianshütte, o. D. [1947], NMH-BA.

15 Vorschlag für eine einheitliche Formulierung des Wesens des Berliner Büros der FFKG, 30.5.1947 [Weiss], StAN Rep. 502A, KVV, Handakten, Flächsner-2.

unternehmen nicht nach gesellschaftsrechtlichen Normen, sondern ausschließlich nach den »harten« Kriterien der Besitzverteilung bemaßen.

In der schmalen Spitze des Konzerns lag ein keinesfalls zu unterschätzender Grund für die Effizienz, mit der die Verwaltung der geographisch weit verstreuten und produktiv breit gefächerten Einzelgesellschaften erfolgte. Mit der Beschränkung auf erst zwei, ab 1940 drei und in den fünfziger Jahren schließlich fünf Generalbevollmächtigte, die den innersten der konzentrischen Kreise der Konzernführung – in deren Epizentrum Flick selbst stand – besetzten, verbanden sich kurze Informations- und Kommunikationswege, rasche Entscheidungsfindung und, befördert durch die langen gemeinsamen Dienstzeiten, ein hohes Regelvertrauen der Beteiligten. Unter Einbeziehung einer Reihe weiterer, handverlesener Mitarbeiter, die in der Regel über Prokura oder Handlungsvollmacht verfügten, bestand das eigentliche Konzernmanagement aus kaum mehr als zwei Dutzend Angestellten. Im Grunde »war die ganze Bellevuestraße 12 ein Sekretariat Flick«.[16] Mit den Vorteilen einer derart schlanken Verwaltung ging indes auch die Erkenntnis einher, daß schon einzelne Ausfälle die Funktionsfähigkeit in Frage stellen mußten. Entsprechend waren es drei elementare Voraussetzungen, die das Leitungssystem der Flick-Holding am laufen hielten:

1. Individuelle Kompetenz: Flick gelang es gerade bei der Auswahl seiner engsten Mitarbeiter gut ausgebildete, zugleich aber in seinem Sinne prägbare Kräfte zu rekrutieren.[17] Dies erlaubte es, 1939 den Weggang Steinbrincks ebenso zu verkraften wie nach 1947 den Verlust von Weiss. Mehrfach konnten die Nachfolger aus dem internen Kreise besetzt werden, etwa Burkart, der in der Konzernspitze erst die Nachfolge Terbergers und dann die Steinbrincks antrat, oder Paefgen, der vom Referenten zum Generalbevollmächtigten aufrückte.

2. Loyalität: Zu den Fähigkeiten, welche die leitenden Angestellten unter Beweis stellten mußten, zählte fast an erster Stelle ausgeprägte Loyalität. Zwar sollten sie selbständig an der Unternehmenspolitik mitwirken, dabei aber stets die Vorgaben Flicks befolgen. Über seine dominante Position und die detaillierte Mitwirkung auch in Einzelfragen stellte der Konzernherr sicher, daß seine Prinzipien und Prämissen in den Überlegungen der Führungskräfte stets Berücksichtigung fanden. Zu einer Infragestellung oder zu einem Unterlaufen der Autorität Flicks scheint es daher auf der Spitzenebene nicht gekommen zu sein: Steinbrinck verließ den Konzern, als die persönlichen Gräben unüberbrückbar wurden, blieb aber bis zum Schluß der loyale Adlatus des FFKG-Chefs. Lediglich Otto-Ernst Flick, dessen Aufbegehren jedoch weniger auf einen Prinzipal-

16 Vernehmung des Dr. Robert Tillmanns v. 16.1.1947, StAN Rep. 502, KVA, Interrogations, T-27.

17 Auch Weiss betonte die Sorgfalt, mit der Flick seine Mitarbeiter aussuchte: Vernehmung des Herrn Weiss, 14.12.1946, StAN Rep. 502, KVA, Interrogations, W-47. Mitunter weniger erfolgreich waren Flicks Personalentscheidungen bei den Tochterunternehmen, etwa die mehrfachen Führungswechsel der LHW oder im Fall Hitzinger bei Daimler-Benz; vgl. Hachmeister, Schleyer, S. 262-265.

Agent- als auf einen Vater-Sohn-Konflikt zurückging, brach aus dem Treue-Konsens aus und wurde mit dem Ausschluß aus der Konzernführung rigide abgestraft.[18]

Charakteristisch war ferner die Zurückstellung eigener Ambitionen des Führungspersonals. Das Ausscheiden Koppenbergs und Steinbrincks oder Weiss' Rückkehr zum eigenen Familienunternehmen dokumentierten die dauerhafte Unvereinbarkeit einer Führungsposition bei Flick mit konkurrierenden Zielen. Gleiches galt für Burkarts Zwischenspiel als Besitzer des Motorradherstellers Zweirad-Union, den er wenige Jahre nach dem Erwerb 1957 wieder veräußerte, die Maxhütte-Führung indes beibehielt.[19] Auch der Umstand, daß die meisten Angehörigen der ersten Reihe der FFKG einer breiteren Öffentlichkeit unbekannt blieben, spiegelte das Erfordernis wider, sich ein- und unterzuordnen. Die Beziehungen zwischen dem Konzernherrn und seinen engsten Mitarbeitern, die als autoritäre Harmonie noch am besten beschrieben sind, kombinierten somit die unbedingte Anerkennung des Führungsanspruchs Flicks mit einem Vertrauensverhältnis, das teils auf familiären Beziehungen, teils auf langjährigen Verbindungen und gemeinsamen Erfahrungen basierte. Dies galt in besonderem Maße für die Vielzahl von Angestellten, die schon unter den schwierigen oberschlesischen Verhältnissen für und mit Flick gearbeitet hatten. Im Zusammenspiel von effizienter Kontrolle und kontinuierlicher Präsenz sowie der individuellen Autorität Flicks und der unbedingten Loyalität seiner Mitarbeiter gelang es, Konflikte zwischen Prinzipal und Agenten in weitgehendem Maße auszuschalten.

3. Arbeitspensum: Ein scheinbar banaler, nichtsdestoweniger aber ausschlaggebender Faktor für das Funktionieren der Konzernführung war das individuelle Pensum, das Flick und seine Mitarbeiter absolvierten. Auch hier gab der Chef selbst mit seiner straffen, auch vor Sonn- und Feiertagen sowie Urlaubszeiten nicht haltmachenden Arbeitsdisziplin den Ton vor, hinter dem seine Führungskräfte kaum zurückstehen konnten. Gustav Kniess berichtete nach dem Krieg, Kaletsch habe aus Sorge vor dem Vorwurf mangelnder Pflichterfüllung sorgsam darauf geachtet, am Tagesende das Büro nicht vor Flick zu verlassen. Im Falle Steinbrincks spielte die hohe Arbeitsbelastung eine entscheidende Rolle für den Entschluß, der FFKG den Rücken zu kehren. Ausdrücklich hielt er seine Verärgerung über Flicks strenges Regiment fest und lehnte es ab, weiter »zu den Sitten Thyssens« zu arbeiten – eine Anspielung auf die berüchtigten zwischenmenschlichen Defizite August Thyssens.[20]

Dieselbe Härte, die er gegenüber sich selbst zeigte, erwartete Flick offenkundig auch von anderen und verband das von ihm in seine Mitarbeiter gesetzte

18 Auf untergeordneten Ebenen endete Dissens mit dem FFKG-Chef stets mit der Demissionierung (Huber, Williger, Schmidt).

19 Vgl. Bössenecker, Bayern, S. 198.

20 Kreuzverhör G. Kniess, 17.9.1947, StAN Rep. 501, KVP, Fall 5, A 92-94, Bl. 7244; Nürnberger Berichte, o. D. [Okt. 1946; J. Reichert], RWWA 130-40010145/165; Zitat: Persönliche Gründe für mein Ausscheiden bei FF, Ostern 1940, TKA NOST/1.

Vertrauen mit der Forderung nach buchstäblich lebenslanger Treue. Während Flick selbst mehrfach hochrangige Manager aus den Diensten Krupps, Röchlings oder Quandts abwarb, ließ er seine Angestellten nur widerwillig und höchst selten ziehen. Prominente Abgänge aus der Führungsetage des Flick-Konzerns waren an einer Hand abzuzählen. Dies galt ebenso für Ruhestandsfragen, etwa in den Fällen Erich Ficklers und Hermann Fabrys, die jeweils auf ausdrückliche Bitten ihr krankheits- bzw. altersbedingtes Ausscheiden verschoben und im Amt verstarben. Auch Burkart verlängerte trotz seiner seit Ende der fünfziger Jahre regelmäßig wiederholten Andeutungen, sich aus der aktiven Führung zurückziehen zu wollen, auf Drängen Flicks seinen Vorstandsvertrag bei der Maxhütte bis 1966 Jahr um Jahr und blieb danach als Gewährsmann in der Aufsichtsratsführung; ähnlich gestaltete sich Rohdes Rolle in Lübeck.[21] Gerade die Reihung von Todesfällen der Führungsmitglieder in den siebziger Jahren unterstrich, daß man auf der Spitzenebene die FFKG noch am ehesten mit den Füßen voran verließ. Firmentreue und enorme Arbeitsdisziplin trugen jedenfalls entscheidend dazu bei, den Umfang der Konzernlenkung zu bewältigen, das interne Kompetenzgefüge durch jahrzehntelange Zusammenarbeit zu stabilisieren und waren somit Teil des Erfolgsrezeptes Flicks. Allerdings kann nicht übersehen werden, daß die Überalterung der Konzernführung und der fast schlagartige Generationsbruch auch wesentlichen Anteil am Niedergang des Flick-Konzerns hatten.

Ökonomismus und Unternehmertypus

Die von Flick selbst gepflegte und rigoros eingeforderte Arbeitsdisziplin war gleichsam das Komplement des Organisationsprinzips der eingeschränkten Dezentralisierung. Zusammen brachten sie die persönliche Führung der Konzerngeschäfte mit dem aus der Ausdifferenzierung der Managementqualifikationen und der Vermögensausdehnung resultierenden Delegationserfordernis in Einklang. Zugleich läßt sich darin eine zentrale Facette der unternehmerischen Philosophie Friedrich Flicks erkennen, welche die weiterreichende Frage nach dem Unternehmertypus aufwirft, für den er steht. In diesem Zusammenhang erscheint Flick als Protagonist des Überganges, in dessen Person sich Züge des gründerzeitlichen Entrepreneurs mit solchen eines industriellen Investorentyps, der sich im 20. Jahrhundert durchsetzen sollte, verbinden.

Flick war der letzte, der in der deutschen Montanindustrie zum Eigentümerunternehmer aufstieg und einen persönlich geführten und später familiär vererbten Konzern errichtete. Gleichwohl war er kein Konzernschmied in der Tradition Alfred Krupps oder Werner Siemens', die mit fabrikatorischen Neuerungen den Grundstein für ihre Karrieren legten und technische und qualitative Exzellenz zum Leitgedanken ihrer Unternehmen machten. Auch die wissenschaft-

21 Burkart an Flick, 30.12.1958; Weiss an Burkart, 21.12.1960; Flick an Burkart, 27.8.1964, alle NMH-BA.

lichen und technologischen Neigungen zeitgenössischer Erfinderunternehmer von Ferdinand Porsche bis Hugo Junkers blieben Flick fremd. Entsprechend baute sein Erfolg – mit Ausnahme des 1916 auf der Charlottenhütte erprobten Späneschmelzverfahrens – nicht auf sagenumwobenen *first mover*-Effekten der Produkt- und Prozeßinnovation auf. Vielmehr war es Flicks unternehmerische Grundstrategie, die den Schlüssel zu seinem Durchbruch lieferte. In Max Webers Unterscheidung zwischen Firmen, deren Kapitalverwertung auf dem Einsatz von Arbeitskraft beruht, auf der einen Seite und solchen, deren Kapitalverwertung sich vorrangig als Kapitalverschiebung darstellt, auf der anderen[22], beschritt Flick zunehmend den Weg der zweiten, weniger industrialistischen denn im engeren Sinne kapitalistischen Variante. Damit enthob er sich zumindest teilweise der Trägheit der Produktivbetriebe, ihrer vielfältigen Bindungen in Form von Anlagekapital und komplexen sozialen Verhältnissen ebenso wie ihren wechselhaften Markt- und Absatzbeziehungen, die seine unternehmerischen Entscheidungsfreiräume beschränkten.

Dieser Selbstverortung auf einer in der Wertschöpfungskette von der Produktion weiter entfernten Stufe entsprachen sowohl der Konzernaufbau Flicks als Holdingtreppe mit einer Vielzahl an Verschachtelungsstufen als auch seine Konzernführung. Die wiederholten Um- und Neudispositionen gingen einerseits multiple Interessen- und Besitzverflechtungen ein, vermieden aber andererseits allzu feste Bindungen. Diese unternehmerische Mobilität artikulierte sich in der Vielzahl von Firmenzusammenschlüssen und Konzernverbindungen, die Flick und seine Mitarbeiter je nach Bedarf konstruierten und wieder auflösten, im Erwerb und Wiederverkauf von Beteiligungen und im Wechsel von Rechtsformen, wenn finanzielle Erfordernisse dies verlangten. Mochten sich Flicks Investitionsentscheidungen auch oft – aber keineswegs immer – als gute Wahl erweisen, so war für das dauerhafte Überleben seines Konzerns die Fähigkeit zum »reaktionsschnellen und verlustfreien Kapitalabzug«[23] nicht weniger entscheidend. Flick war nicht zuletzt ein Meister des Rückzugs.

Die geringe Bindung, die Flick mit seinen industriellen Engagements und Projekten einging, zeigte sich in der unsentimentalen Umstrukturierungspolitik, die auf äußere Impulse wie die Weltwirtschaftskrise oder die alliierte Dekonzentration folgte. Tradition und Konvention stellten keine handlungsleitenden Aspekte oder gar limitierende Faktoren in Flicks Kalkül dar. Firmen wurden zerlegt und neu zusammengesetzt, auch Flicks eigener unternehmerischer Schwerpunkt verlagerte sich mehrfach. Über eine authentische industrielle Keimzelle verfügte der Konzern nicht. Anders als das Essener Stammwerk Krupps, die Oberhausener Gutehoffnungshütte oder die Berliner Siemensstadt etablierte Flick keinen identitätsstiftenden Kernkomplex. Das Niederscheldener Werk der Charlottenhütte trat er 1926 umstandslos an die Vereinigten Stahlwerke ab, die Holding

22 Dazu und zum folgenden die wegweisende Synopsis und Entwicklung bei Welskopp, Unternehmen.

23 Ebd., S. 197.

wurde acht Jahre später aus dem Handelsregister gelöscht. Einzig der Name eines seiner privaten Güter, des Charlottenhofs, mochte von Ferne an die Siegerländer Wiege von Flicks Karriere erinnern. Nach den aufgefächerten Investitionen der fünfziger Jahre schließlich war Flick, aller Selbststilisierung zum Trotz, im Grunde weder »Eisenmann« noch Automagnat, sondern in erster Linie Großaktionär.

Gleichwohl war der in der deutschen Hochindustrialisierung sozialisierte Flick noch nicht vollständig in jenem »Netz an Möglichkeiten« angekommen, als das Richard Sennett das unternehmerische Habitat im ausgehenden 20. Jahrhundert gekennzeichnet hat.[24] Die Kapitalien, die Flick verschob, basierten weiterhin auf der industriellen Verwertung von Arbeitskraft und wurden von ihm nach ebensolchen Kriterien ausgewählt. Flicks Bauten folgten überwiegend einer fabrikatorisch-kaufmännischen Logik, was sich insbesondere in der mehrfachen Konzernzusammenstellung entlang der Linien regionaler Monopolbildung und Konzentration von Produktionssparten ausdrückte. Mit Blick auf die Verfolgung der *economies of scale, scope and speed* war der horizontale und vertikale Konzernarchitekt Flick ganz Kind seiner Zeit.

In seinem unternehmerischen Selbstverständnis fand Flick durchaus ebenbürtige Vorläufer und Zeitgenossen. Die Karriere August Thyssens[25], mehr noch aber jene Peter Klöckners und Otto Wolffs, die beide ebenfalls als Nachzügler die montanindustrielle Bühne betraten und in rascher Folge Eigentümerkonzerne errichteten, weisen bemerkenswerte Parallelen zu jener des Siegerländer Spätankömmlings auf.[26] Auch ihre Erfolgsbilanzen lesen sich ähnlich bemerkenswert, generationenübergreifend gar besser. Daß Flick unter ihnen dennoch zur überragenden Gestalt aufstieg, verdankte sich wohl tatsächlich individueller Züge wie Schnelligkeit und Entschlossenheit, Kühle und Präzision bis hin zur Skrupellosigkeit im Gespür für die Implikationen politischer Entwicklungen, und nicht zuletzt der Ausschließlichkeit von Flicks Arbeitsethos. Selbst zum Biographen anderer Wirtschaftsgrößen zu werden wie Otto Wolff[27], war seine Sache nicht. Und für die überbordenden Visionen eines Hugo Stinnes war Flicks unternehmerischer Stil bei weitem zu nüchtern.

Der für Flicks strategische Ausrichtung charakteristischen Wahrnehmung der Konzernbeteiligungen als Investments, die – eingebunden in den produktiven Zusammenhang des Konzerns – das eingebrachte Kapital zu verzinsen hatten, entsprach die Distanz gegenüber den Unternehmen und Werken als sozialen Organisationen. Seit seiner Lösung vom Tagesgeschäft der Charlottenhütte widmete sich Flick betrieblichen Aushandlungsprozessen allenfalls noch auf der Direktivebene gegenüber den jeweiligen Vorständen. Ebensowenig gab er den patriar-

24 Vgl. Sennett, Mensch, S. 77-80.
25 Fear, Control; ein zentraler Unterschied zu Thyssen bestand indes in Flicks extensiver Expansionsstrategie.
26 Danylow/Soénius, Wolff; Muthesius, Klöckner.
27 Vgl. Conze, Titane, S. 125.

chalen Firmenchef, der auf Werksfeiern Tradition und Zusammenhalt beschwor und integrative Sozialprogramme stiftete. Wohltätige Leistungen, auch wenn diese unter dem Namen Friedrich-Flick-Stiftung gewährt wurden, waren in erster Linie Angelegenheiten der Unternehmensleitungen, variierten erheblich und dienten nicht zuletzt der Konkurrenzfähigkeit bei der Personalakquise in Zeiten knapper Arbeitsmarktressourcen. Schon Robert Tillmanns hatte daher »nicht den Eindruck [...], daß Flick soziales Interesse gehabt hat«.[28] Damit korrespondierte auch die Abstinenz von nahezu allen wirtschaftspolitischen, gesellschaftlichen und kulturellen Verpflichtungen, die über den engeren Rahmen der Unternehmensinteressen hinausgingen. Weder bekleidete Flick Verbandspositionen, noch übte er sich im Mäzenatentum, noch übernahm er möglicherweise einflußreiche, aber nicht minder arbeitsintensive Ehrenämter wie etwa Vögler als Präsident der Kaiser-Wilhelm-Gesellschaft.[29] Statt Mandate zu häufen, widmete Flick seine ganze Zeit und Kraft der Führung des Konzerns.

In der Definition und Ausgestaltung seiner Rolle als Industrieller und Konzernherr lassen sich die Grundzüge einer strikt ökonomisierten Gesellschaftssicht Flicks erkennen. In dieser erschien die (private) Wirtschaft gleichsam als ein abgekoppeltes Subsystem mit eigener Existenzberechtigung und autonomen Wertmaßstäben wie Produktivität, Rentabilität und Effizienz. Einer Einbettung und Kontextualisierung in politische, soziale und kulturelle Zusammenhänge bedurften diese Werte nicht. Vielmehr konstituierten sie ein auf die Konsistenz der eigenen unternehmerischen Identität zielendes, dabei aber unreflektiertes Professionalitätsphantasma. In der Reduktion auf eine kapitalistische Binnenrationalität, die den Unternehmenserfolg zum Selbstzweck erklärte und der ethischen Legitimierung enthob, mag auch ein wichtiger Grund für die Entkopplung von Handeln und Verantwortung liegen, die sowohl den bruchlosen Übergang des Flick-Konzerns von Weimar in das »Dritte Reich« und die Beteiligung an der nationalsozialistischen Unrechtspolitik als auch die Rekonvertierung zu einem demokratischen Modus nach 1945 erklärt. Aus der Leistungsgemeinschaft des Krieges vollzog sich der Übergang in die nicht minder leistungsfixierte deutsche Wirtschaftswundergesellschaft auch deswegen reibungslos, weil für die Qualitäten, welche die Konzernführung repräsentierte – Organisationstalent, ein Gespür für wirtschaftliche Trends und eben Effizienz –, offenbar Bedarf bestand. Anhaltspunkte für einen Wandlungsprozeß in Einstellungen und Überzeugungen fehlen im Falle Flicks und seiner engsten Mitarbeiter, ungeachtet aller Inszenierung als Demokraten und Europäer, vollständig. Vielmehr dokumentierte die in Nürnberg wie auch in den nachfolgenden Restitutionsverhandlungen artikulierte Selbstwahrnehmung tiefsitzende mentale und habituelle Kontinuitäten.

28 Vernehmung des Dr. Robert Tillmanns v. 16.1.1947, StAN Rep. 502, KVA, Interrogations, T-27.

29 Zu den Informations- und Einflußmöglichkeiten des Amtes: Hachtmann, Wissenschaftsmanagement.

Auf diese »Moral der Effizienz«[30], die soziale Verwerfungen ebenso wie Schädigungen anderer rücksichtslos einplante und auch vor der Beteiligung an Enteignung, Raub und Mord nicht zurückschreckte bzw. sie als Kollateralschäden vermeintlich höherer Ziele von Funktionalität, Produktivität und Rentabilität sowie Wachstum billigend in Kauf nahm, hatte der Flick-Konzern indes kein Monopol. Gerade für die NS-Diktatur hat die unternehmensgeschichtliche Forschung der vergangenen Jahre ein Bild gezeichnet, in dem nonkonformistisches Verhalten, also die aktive Ablehnung der nationalsozialistischen Politik, eindeutig die Ausnahme von der affirmativen Regel darstellte. Die zutreffende Beobachtung, daß es dem NS-Regime gelang, unternehmerische Routinen und Entscheidungsprozesse durch eine Kombination von Anreizen und Zwängen zu pervertieren und somit in vielen Fällen Interessenidentität herzustellen[31], ist entsprechend dahin zu ergänzen, daß die ethische Wertfreiheit privatwirtschaftlichen Handelns dieser Pervertierung wenig bis nichts entgegenzusetzen hatte.

Auch jenseits der »Dritten Reiches« findet sich für den Flick-Konzern mit Blick auf politisch-wirtschaftliche Schnittmengen eine Vielzahl von Vergleichsfällen. Dies gilt für die Vorteile aus exorbitanten Kriegsgewinnen im Ersten Weltkrieg nicht weniger als für die gezielte, nicht selten erpresserische Lobbyarbeit zur Beschaffung von Beihilfen jedweder Art und andere Fälle, in denen Unternehmen politische Ressourcen für ihren wirtschaftlichen Erfolg mobilisierten. Der Millionenkredit der Reichsregierung an Krupp 1925 und die *Lex Krupp* zur Regelung der Erbfolge 1942 im Essener Konzern sind prominente Beispiele. Und auch in anderen kapitalistisch organisierten europäischen Ökonomien, dies deuten neuere Forschungsergebnisse an, zeigten Privatunternehmen keine grundsätzlich abweichenden Verhaltensmuster.[32]

Das Spezifikum der Flick'schen Konzerngeschichte liegt mithin weniger im Prinzipiellen, als im Graduellen. Flicks Unternehmenspolitik erwies sich vor allem deswegen immer wieder als schneller, direkter und erfolgreicher als die vieler Konkurrenten, weil sie sich in ihrer ökonomistischen Ausschließlichkeit von außerwirtschaftlichen Erwägungen nicht aufhalten ließ. Weder Tradition noch politische Ambition, weder ordnungspolitische Prinzipien noch soziale oder ethische Verpflichtung hinderten die Verfolgung der Konzernziele. Erst die Fehlentwicklung in der Planung der Familiennachfolge in Verbindung mit der industriellen Strukturkrise der siebziger Jahre wich von diesem Paradigma fundamental ab und zog den Zusammenbruch nach sich. Bis zu diesem Stolperstein aber erschien Friedrich Flicks Karriere als Minimalabweichung von einem moral-

30 Budraß/Grieger, Moral; am Beispiel Sohls: Pierenkemper, Effizienz, und Markus, Bilanzieren, S. 198, 205-207.

31 Vgl. Plumpe, Unternehmen im NS, S. 262f.

32 Vgl. für die dreißiger Jahre: James/Tanner, Enterprise. Zu den Schwierigkeiten des Vergleichsmaßstabes angesichts stark variierender volkswirtschaftlicher, rechtlicher und politischer Bedingungen vgl. Kipping, Aspekte; Hilger, Unternehmen; mit entwicklungstheoretischem Ansatz: Cassis, Big Business.

freien »Idealpfad« unternehmerischen Handelns im marktkapitalistischen, auf Privateigentum basierenden Wirtschaftssystem.

Insofern war Flick weniger ein Außenseiter als der Primus seiner Klasse. Als solcher wurde er respektiert und, gerade unter den Unternehmern der jüngeren Generation, für seine wirtschaftlichen Leistungen bewundert[33], nicht selten aber auch gefürchtet. Es blieb ein gewisses Unbehagen selbst unter Ökonomen und Unternehmern ob des Kapitalismus' reinen Wassers, für den Flick stand und der schon 1947 die massiven Abgrenzungsversuche der US-Anklagebehörde motiviert hatte. So kritisierte Ludwig Erhard 1960 den Hinauswurf der Feldmühle-Aktionäre als Mißbrauch des von ihm verantworteten Umwandlungsgesetzes, und ebenso distanzierte sich Hermann J. Abs 1976 – aus sicherer posthumer Distanz – im *Manager-Magazin* mit der Aussage, »[e]in Dutzend Flicks bedeuten den Tod der Wirtschaft, wir brauchen Millionen Menschen, die Träger und Eigentumsträger des deutschen Unternehmertums sind«.[34] Das waren wohlfeile Versuche, im eigenen Interesse das richtige vom falschen Unternehmertum zu unterscheiden. Ob diese – sowohl im Falle Erhards, dessen Stiftung maßgeblich vom Flick-Konzern getragen wurde[35], als auch im Falle Abs', der über Jahrzehnte mit Flick zusammengearbeitet hatte – Scheinheiligkeit oder später Einsicht entsprangen, mag dahingestellt bleiben.

Bilanz: Erfolgreicher Personenkonzern, gescheitertes Familienunternehmen?

Das belanglos anmutende Ende des Flick-Konzerns – kein Zusammenbruch à la Stinnes, keine »Elefantenhochzeit«[36] wie bei Krupp und Thyssen – erschwert die Antwort auf die Frage nach dem langfristigen Unternehmenserfolg zusätzlich, da schon für die Lebenszeit Flicks die Bilanz ambivalent ausfällt. Auf der einen Seite zeugen die absoluten Zahlen von seinem spektakulären Aufstieg. Als Direktor der Charlottenhütte leitete Flick Anfang 1915 ein gerade oberhalb der Mittelstandsgrenze liegendes Unternehmen mit rund 1300 Beschäftigten und einer Jahresproduktion von 68 000 t Rohstahl. Anderthalb Jahrzehnte später kontrollierte Flick einen Konzern, der als zweitgrößter Stahlerzeuger der Welt seinesgleichen suchte und im Herbst 1927 fast 200 000 Arbeiter und Angestellte zählte. Auf dem Höhepunkt der schwerindustriellen Ära der FFKG beschäftigte diese gemeinsam mit 122 im Mehrheitsbesitz befindlichen Tochtergesellschaften etwa 130 000 Menschen. Die Rohstahlerzeugung erreichte 1941/42 mit 1,8 Mio. t

33 Henle, Weggenosse, S. 226; Neckermann, Erinnerungen, S. 283; Sohl, Notizen, S. 242 f.

34 Abs-Gespräch. »Wer nicht kämpfen will, soll gehen!«, in: Manager-Magazin 8/1976, S. 80 (in dem Gespräch gab Abs an, sich bereits 1951 entsprechend geäußert zu haben); vgl. Ogger, Flick, S. 316 f.

35 Dazu Berghahn/Friedrich, Friedrich, S. 346 f.; vgl. Schanetzky, Ernüchterung, S. 156.

36 Thyssen/Krupp, in: Wirtschaftswoche Nr. 44 v. 23.10.1997.

den 26fachen Wert der Charlottenhütte bei Flicks Dienstantritt. Während die reichsdeutsche Stahlproduktion zwischen 1929 und 1943 um 88 Prozent anstieg, fiel der Produktionszuwachs der Flick-Unternehmen mit einem Plus von 177 Prozent im selben Zeitraum doppelt so hoch aus. Und schließlich gelang es der Konzernführung nach 1952, binnen eines Jahrzehnts den größten bundesdeutschen Industriekonzern zu errichten und zugleich das größte persönliche Vermögen eines einzelnen Deutschen zu begründen. Ein Jahr nach Flicks Tod zählten FFKG und Daimler-Benz in über 100 mehrheitlich kontrollierten Tochtergesellschaften – eine doppelt so hohe Zahl substantieller Beteiligungen gar nicht eingerechnet – mit mehr als 216 000 Beschäftigten und einem Gesamtkapital von 3,1 Mrd. Dollar zu den fünf größten Industriekomplexen außerhalb der USA.[37]

Derartige Angaben illustrieren den außergewöhnlichen Bedeutungsgewinn, den Flick durch seine extensive Wachstumsstrategie erzielen konnte. Ob die Fusionen, Übernahmen und Kombinationen auch technische und betriebswirtschaftliche Erfolge zeitigten, ist hingegen weit schwieriger zu ermessen. Im guten wie im schlechten überlagerten die, oft politisch überformten, gesamtwirtschaftlichen Trends – Rüstungsaufschwünge, Weltwirtschaftskrisen und Wiederaufbau – die einzelnen Unternehmensentwicklungen. Der Aufstieg Friedrich Flicks stellt sich in wesentlichen Zügen als Karriere im Zeitalter der Sonderkonjunkturen dar. Hieraus erklärt sich auch der dreifach geglückte Konzernbau zu einem Gutteil, um so mehr als weder 1932 noch 1945 oder 1952 Nullstunden bedeuteten. Selbst an den gravierendsten Einschnitten konnte Flick auf substantielles industrielles Vermögen zurückgreifen.

Ferner läßt sich der von Flick und Kaletsch beanspruchte rote Faden reinen Erfolges in der Konzerngeschichte keineswegs durchgängig nachverfolgen. Flicks eingangs der Arbeit zitierte Behauptung, die schlechten Jahren seien immer noch gute gewesen, trifft ganz offenkundig für die Krisensituationen 1924/25, 1931/32 und 1945 bis 1947 nicht zu. Vor allem der Verlust der Vereinigten Stahlwerke muß als schwerer Rückschlag gewertet werden. Daß Flick durch seine geschickten Verhandlungen sein Glück im Unglück in Gestalt des neuen Unternehmenskernes gerade noch rechtzeitig schmiedete, kann nicht darüber hinwegtäuschen, daß er die Aufgabe der stärksten Position der deutschen und europäischen Stahlindustrie keineswegs geplant hatte, auch wenn Flick später nicht müde wurde, ebendies zu behaupten. Auch die letzte große Transaktion des Konzernherrn, der Verkauf der Auto Union an Volkswagen 1965 – mochte diesem auch die Vision eines gigantischen Auto-Trusts zugrundeliegen – wetzte in erster Linie die durch die mißlungene Kombination des Ingolstädter Unternehmens mit Daimler-Benz entstandene Scharte aus. Nicht zuletzt drückte sich hierin, ebenso wie in den abgestoßenen Beteiligungen in Westoberschlesien 1930, der GBAG 1932 und in der Gummiindustrie Ende der fünfziger Jahre, die Präferenz Flicks dafür

37 Fortune-Liste der größten Unternehmen, 1973, ACDP I-093-092/6; ebf. für 1973, aber leicht abweichend: Fiedler, Unternehmen, S. 56.

aus, strukturelle Krisen nicht zu lösen, sondern die sinkenden Schiffe beizeiten zu verlassen.

Diese Entscheidungen waren dabei durchaus folgerichtig, konnte doch Flick als persönlicher Eigentümer den Vermögensverlust, der mit scharfen Kapitalschnitten von Sanierungen oft einherging, nur sehr eingeschränkt ausgleichen. Neue finanzielle Mittel lassen sich von Familienunternehmen nur in beschränktem Umfang ohne Öffnung für außenstehende Investoren generieren. Diese Einsicht spiegelt sich auch in der ausgiebigen Nutzung von Fremdkapital in Flicks Expansionsvorhaben wider. Flick erkannte rasch die Möglichkeit, seine finanziellen Spielräume durch Kredite zu vergrößern und somit Wettbewerbsnachteile im Vergleich zu etablierten, finanziell konsolidierten und durch eine Reihe von Aktionären getragenen Konzernen zu kompensieren. Ferner realisierte er, daß langfristige Verschuldung kein Schaden sein mußte, solange die kurzfristige Zahlungsfähigkeit gewährleistet war. Der Primat dessen, was tatsächlich in der Kasse war, des *cash flow*, charakterisierte seine Strategie. Und nicht zuletzt begriff Flick frühzeitig, daß selbst die Nichtbedienung von Kreditverpflichtungen ab einer bestimmten Unternehmensgröße kein Todesurteil darstellte, weil die Banken regelmäßig mehr daran interessiert waren, mit Hilfe des Großaktionärs ihre Gelder dauerhaft wieder einzuspielen, als kurzfristig, aber dafür nur teilweise Liquidationserlöse zu erzielen.

Die Grenzen dieses Modells wurden gleichwohl in den siebziger Jahren deutlich, als die Eigen- und Fremdfinanzierungskapazitäten immer weniger in der Lage waren, das erforderliche Investitionsvolumen abzudecken, um auf den industriellen Strukturwandel zu reagieren. Zwar war es nur ein historischer Zufall, daß Flicks Tod in dasselbe Jahr fiel wie der vielzitierte Bericht des Club of Rome über die »Grenzen des Wachstums«, doch war es ein Zufall mit Symbolkraft. In einer Zeit, die, mit Eric Hobsbawm gesprochen, nicht »Henry Fords, sondern Benettons« war[38], hatte sich zwar nicht der Konzernarchitekt mit Gespür für finanzielle Synergien, wohl aber der in seinen Investitionsneigungen der Hochindustrialisierung verhaftete, selbsternannte Eisenmann überlebt.

Dies allein wäre möglicherweise nicht tragisch gewesen, hätte sich die strukturelle Herausforderung nicht mit einer personellen Krise überschnitten, in welcher der eigentliche unternehmerische Mißerfolg Friedrich Flicks zu sehen ist. Zeit seines Lebens hatte er den Konzern als Familienunternehmen konzipiert, jedoch bis zu seinem Tode als persönliches Unternehmen geführt.[39] In der Unfähigkeit zu einer geregelten Übergabe an seine Söhne bzw. in der verweigerten Erkenntnis, daß dies nicht möglich sein würde, zeigte sich der sonst so bewegliche Flick erstaunlich unflexibel. Die Berufung der vier Persönlich Haftenden Gesellschafter ab 1963 und 1965 stellte, mit Ausnahme Brauchitschs, Männer ohne Zukunft an die Konzernspitze, während zugleich der Einbau der Enkelgeneration zu halbherzig betrieben und durch den testamentarisch desavouierten

38 Hobsbawm, Age, S. 404.

39 Zur Unterscheidung s. Watanabe, Comment, S. 585-587.

F. K. Flick letztlich revidiert wurde. Mit dem Scheitern der familiären Option und der Überalterung der Führungsstrukturen versäumte es Flick entgegen der landläufigen Einschätzung, der Konzernherr habe sein Haus rechtzeitig bestellt, das Familienunternehmen in Managerhände zu übergeben, um Familienvermögen und Firmentradition gleichermaßen fortzuführen.

So gigantisch der Flick-Konzern angewachsen war, so geradezu unscheinbar und en passant verlief die Auflösung im Schatten der Parteispendenaffäre. Der in der Karriere Flicks oftmals gesuchte Vergleich mit Krupp ging, trotz der zwischenzeitlichen Überrundung, somit doch noch verloren. Ein personenunabhängiges Stiftungsmodell wie bei Krupp oder Klöckner kam im Falle der FFKG nicht zustande. Die Auflösung des Konzerns wurde dabei auch durch das Fehlen eines identitätsstiftenden Herzstückes erleichtert. Ein integratives Moment abseits der Gründergestalt fehlte im diversifizierten und geographisch verstreuten Unternehmensbesitz. In der Flexibilitätskultur des Flick-Konzerns erwies sich letztlich der Grat zwischen Konzernlenker und Rentier als schmal und von individuellen Fähigkeiten abhängig. Flick sen. konnte mit Fug und Recht von sich als Industriellen sprechen, F. K. Flick gelangte über die bloße Vermögensverwaltung nicht hinaus.

Die Frage des wirtschaftlichen Erfolges – angesichts der offenkundig desaströsen ethischen Bilanz der Konzerngeschichte kann von einem anderen von vornherein keine Rede sein – bemißt sich vor diesem Hintergrund nach den angelegten Zeiträumen. Unter Reduzierung der Perspektive auf die Lebenszeit Friedrich Flicks und mit den genannten Abstrichen ist die – nach unternehmerischen Kriterien – herausragende Karriere nicht zu leugnen. In größerer zeitlicher Dimension jedoch, in den Kategorien von Bestandswahrung, Kontinuität und Tradition, ist ein dauerhafter Erfolg nicht ersichtlich. Gewissermaßen täuscht die Biologie über das Scheitern hinweg: Nur der Umstand, daß Flick noch im hohen Alter leistungs- und leitungsfähig blieb, hielt den Konzern überhaupt zusammen. In der folgenden Auflösungsphase offenbarte sich daher vor allem eines: Der Flick-Konzern war nicht nur Produkt seines Schöpfers, sondern blieb in hohem Maße von diesem abhängig. Ein Eigenleben entwickelte er nicht. Der Flick-Konzern funktionierte als Entrepreneurs- und scheiterte an der Transformation zum Familienunternehmen, das seine eigentliche *raison-d'être* war. Ohne nachhaltige technische Innovationsleistungen, Markenschöpfungen oder nennenswerte soziale Leistungen zu hinterlassen, die sich mit Flicks Karriere verbanden, stand nach der Auflösung unter dem Strich nur eine Leerstelle. Was vom Konzern Friedrich Flicks übrig blieb, war das gewaltige Privatvermögen seiner Erben und der schlechte Klang eines Namens.

Anhang

Abkürzungen

Ein großer Teil der folgenden Abkürzungen bezieht sich nur auf die im Anmerkungsapparat verwendeten Kürzel. Für die Archivsignaturen vgl. das Quellenverzeichnis.

1999	1999. Zeitschrift für Sozialgeschichte des 20. und 21. Jahrhunderts
AA	Auswärtiges Amt
Abb.	Abbildung
Arbed	Aciéries Réunies de Burbach-Eich-Dudelange
Abt.	Abteilung
a. D.	außer Dienst
ADAP	Akten zur Auswärtigen Deutschen Politik
AdR	Akten der Reichskanzlei
AEG	Allgemeine Elektricitäts-Gesellschaft AG
AfS	Archiv für Sozialgeschichte
AG	Aktiengesellschaft
AHK	Alliierte Hohe Kommission
AKW	Anhaltische Kohlenwerke AG
Alpine Montan	Österreichisch Alpine Montangesellschaft
AR(V)	Aufsichtsrat(svorsitzender)
Aso	Abteilung Arbeitspolitik und Sozialverwaltung
AS&M	Ax, Schleifenbaum & Mattner GmbH
ATG	Allgemeine Transportanlagen GmbH/ATG Maschinenbau GmbH
ATH, Gew.	August-Thyssen-Hütte, Gewerkschaft
BBC	Berliner Börsen-Courier
BBZ	Berliner Börsen-Zeitung
BezGr	Bezirksgruppe
BFM	Bundesfinanzministerium
BGNS	Beiträge zur Geschichte des Nationalsozialismus
BHG	Berliner Handels-Gesellschaft
BHO	Berg- und Hüttengesellschaft Ost mbH
BJuM	Bundesjustizministerium
BLV	Bayerisches Landesvermögensamt
BMW	Bayerische Motoren-Werke AG
Brabag	Braunkohle-Benzin AG
BuHV	Berg- und Hüttenmännischer Verein
BV	AG Bochumer Verein für Gußstahlfabrikation
BVerfG	Bundesverfassungsgericht
BWiM	Bundeswirtschaftsministerium

CCCG	Combined Coal Control Group
CDU	Christlich-Demokratische Union
CdZ	Chef der Zivilverwaltung
Chh	Charlottenhütte
Corp.	Corporation
CSG	Combined Steel Group
CSSC	Consolidated Silesian Steel Corporation
CSU	Christlich-Soziale Union
Danat	Darmstädter und Nationalbank KGaA
DAF	Deutsche Arbeitsfront
DAZ	Deutsche Allgemeine Zeitung
DeDi	Deutsche Bank und Disconto-Gesellschaft
Deutsch-Lux	Deutsch-Luxemburgische Bergwerks- und Hütten AG
DDP	Deutsche Demokratische Partei
DKBL	Deutsche Kohlenbergbau-Leitung
DM	Deutsche Mark
DNVP	Deutsch-Nationale Volkspartei
Dok.	Dokument
DVO	Durchführungsverordnung
DVP	Deutsche Volkspartei
DWI	Deutsches Wirtschaftsinstitut, Berlin (Ost)
EGKS	Europäische Gemeinschaft für Kohle und Stahl
ESt	Essener Steinkohlebergwerke AG
EVG	Europäische Verteidigungsgemeinschaft
EWG	Europäische Wirtschaftsgemeinschaft
EZ	Eisenzentrale
Faguma	Gesellschaft für Fahrzeug- und Maschinenwerte mbH
Famo	Fahrzeug- und Motorenwerke GmbH
FAZ	Frankfurter Allgemeine Zeitung
FDP	Freie Demokratische Partei
FFKG	Friedrich Flick KG
FSI	Freitaler Stahlindustrie GmbH
FZ	Frankfurter Zeitung
Gaveg	Gasverarbeitungsgesellschaft mbH
GBAG	Gelsenkirchener Bergwerks-AG (Gelsenberg)
GenDir	Generaldirektor
GenKom	Generalkommissar
Gestapo	Geheime Staatspolizei
Gew.	bergrechtliche Gewerkschaft
GBV	Generalbevollmächtigter
GHH	Gutehoffnungshütte Actienverein für Bergbau und Hüttenbetrieb
GmbH	Gesellschaft mit beschränkter Haftung
GuG	Geschichte und Gesellschaft

HbDtAG	Handbuch der Deutschen Aktiengesellschaften
hfl.	Niederländische Gulden
HGS	Holocaust and Genocide Studies
HGW	Reichswerke AG für Bergbau und Hüttenbetrieb »Hermann Göring«
HOW	Hochofenwerk Lübeck AG
HTO	Haupttreuhandstelle Ost
HWA	Heereswaffenamt
HZ	Historische Zeitschrift
IG	Interessengemeinschaft
IG Metall	Industriegewerkschaft Metallindustrie
IHK	Industrie- und Handelskammer
IMI	Italienische Militärinternierte
IMT	Internationales Militärtribunal
Inc.	Incorporated
JbWG	Jahrbuch für Wirtschaftsgeschichte
JSFD	Joint Special Financial Detachment
KAG	Kattowitzer AG für Bergbau- und Eisenhüttenbetrieb
KG(aA)	Kommanditgesellschaft (auf Aktien)
KZ	Konzentrationslager
Königs-Laura	Vereinigte Königs- und Laurahütte AG für Bergbau und Hüttenbetrieb
KPD	Kommunistische Partei Deutschlands
KRA	Kriegsrohstoffabteilung
KRG	Kriegsrohstoffgesellschaft
Krupp	Fried. Krupp AG
KTB	Kriegstagebuch
LFA	Landesfinanzamt
LHB	Linke-Hofmann-Busch AG
Lhh-Gruppe	Lauchhammer-Gruppe
LHL	Linke-Hofmann-Lauchhammer AG
LHW	Linke-Hofmann-Werke AG
LMin	Landesministerium
LSÖ	Leitsätze für die Preisermittlung auf Grund der Selbstkosten bei Leistungen für öffentliche Auftraggeber
Ltd.	Limited
LWG	Leipziger Werkzeug- und Gerätefabrik mbH
Maxhütte	Eisenwerk-Gesellschaft Maximilianshütte AG/GmbH
MdB/MdR	Mitglied des Bundes-/Reichstages
MfHuG	Ministerium für Handel und Gewerbe
MHW	Metallhüttenwerke Lübeck AG
Mij.	Maatschappij
MinDgt	Ministerialdirigent
MinDir	Ministerialdirektor

Minesa	S.A. des Mines et Usines Européennes
MinPräs	Ministerpräsident
MinRat	Ministerialrat
Mio.	Million/en
Mrd.	Milliarde/n
MSt	Mitteldeutsche Stahlwerke AG (Mittelstahl)
NGISC	North German Iron and Steel Control
NKW	Niederlausitzer Kohlenwerke AG
nom.	nominal
NSBO	Nationalsozialistische Betriebszellen-Organisation
NSDAP	Nationalsozialistische Deutsche Arbeiterpartei
NZZ	Neue Zürcher Zeitung
Oberbedarf	Oberschlesische Eisenbahnbedarf AG
Obereisen/OEI	Oberschlesische Eisen-Industrie AG für Bergbau und Hüttenbetrieb
OBS	Ostelbisches Braunkohlensyndikat
OCC(WC)	Office of Chief of Counsel (for War Crimes)
o.D.	ohne Datum
OFP	Oberfinanzpräsidium
oHG	offene Handelsgesellschaft
o.J.	ohne Jahr
OKH	Oberkommando des Heeres
OKM	Oberkommando der Kriegsmarine
OKW	Oberkommando der Wehrmacht
OMGB	Office of Military Government for Bavaria
OMGUS	Office of Military Government for Germany, US Element
o.O.	ohne Ort
O/RR	Ober-/Regierungsrat
OSS	Office of Strategic Services
Otto-Wolff	Otto Wolff oHG
PHG	Persönlich Haftender Gesellschafter
PrFinMin	Preußisches Finanzministerium
PrStMin	Preußisches Staatsministerium
RDI	Reichsverband der Deutschen Industrie
RegPräs	Regierungspräsidium
REU	Rhein-Elbe-Union GmbH
RFM	Reichsfinanzministerium
R&G	Rawack & Grünfeld AG
RGBl.	Reichsgesetzblatt
Rheinbraun	Rheinische AG für Braunkohlen- und Brikettfabrikation
RKG	Reichs-Kredit-Gesellschaft
RKO	Reichskommissariat Ostland
RM	Reichsmark
RMfBuM	Reichsminister/ium Bewaffnung und Munition

RüIn	Rüstungsinspektion
RüKdo	Rüstungskommando
RVE	Reichsvereinigung Eisen
RVK	Reichsvereinigung Kohle
RWE	Rheinisch-Westfälisches Elektrizitätswerk AG
RWiM	Reichswirtschaftsministerium
RWKS	Rheinisch-Westfälisches Kohlen-Syndikat
S.A.	Société Anonyme
SBZ	Sowjetisch Besetzte Zone
SEI	Siegener Eisenindustrie AG vorm. Hesse & Schulte (SEI)
sfrs.	Schweizer Franken
SGW	Sächsische Gußstahlwerke AG
Sidéchar	Société Sidérurgique de Partici-pations et d'Approvisionnement en Charbons
Siemag	Siegener Maschinenbau AG
SMAD	Sowjetische Militäradministration
SM-Stahl	Siemens-Martin-Stahl
S&O	Schweitzer & Oppler KGaA/AG
SPD	Sozialdemokratische Partei Deutschlands
SRSU	Siemens-Rheinelbe-Schuckert-Union GmbH
Stalag	Stammlager
StMin	Staatsministerium
StS	Staatssekretär
STV	Stahltreuhändervereinigung
Sp.A./sp.a.	Spolka Akcyjna
SS	Schutzstaffeln
SZ	Süddeutsche Zeitung
Tgb.	Tagebuch
Thüko	Thüringische Kohlen- und Brikettverkaufsgesellschaft mbH
TWC	Trials of War Criminals Before the Nuremberg Military Tribunals Under Control Council Law Nr. 10
UCC	United Continental Corporation
van der Zypen	Vereinigte Stahlwerke van der Zypen und Wissener Eisenhütten-AG
VDEh	Verein Deutscher Eisenhüttenleute
VDESI	Verein Deutscher Eisen- und Stahlindustrieller
VEB	Volkseigener Betrieb
VerwGes	Verwaltungsgesellschaft
VerwRat	Verwaltungsrat
VIAG	Vereinigte Industrieunternehmungen AG
VfZ	Vierteljahreshefte für Zeitgeschichte
VJPl.	Vierjahresplan
VOH	Vereinigte Oberschlesische Hüttenwerke AG
VSE	Verwaltungsamt für Stahl und Eisen

VSt	Vereinigte Stahlwerke
VSWG	Vierteljahrschrift für Sozial- und Wirtschaftsgeschichte
WiGr	Wirtschaftsgruppe
WiIn	Wirtschaftsinspektion
WiKdo	Wirtschaftskommando
(W)MD	(Waggon- und) Maschinenfabrik Donauwörth GmbH
WiMin	Wirtschaftsministerium
Wi Stab Ost	Wirtschaftsstab Ost
WVESI	Wirtschaftsvereinigung Deutscher Eisen- und Stahlindustrieller
WW	Werschen-Weißenfelser Braunkohlen AG
ZfG	Zeitschrift für Geschichtswissenschaft
zł.	Złoty
ZSHG	Zeitschrift des Vereins für Schleswig-Holsteinische Geschichte
ZUG	Zeitschrift für Unternehmensgeschichte

Abbildungen

Tabellen

Bildnachweis

200 Jahre Lauchhammer 1725–1925, hg. von der Linke-Hofmann-Lauchhammer AG, o. O., o. J. [1925]: S. 266 oben.
Bismarckhütte 1872–1922, o. Hg., Berlin 1922: S. 264 unten.
Ernst Poensgen. Die Ehrung im Stahlhof am 17. Oktober 1941, Düsseldorf 1941: S. 269 oben.
Friedrich Möller zum Gedächtnis, o. O., o. J. [1938]: S. 266 unten.

Bundesarchiv-Militärarchiv Freiburg: S. 270 (Bestand RW 30, Nr. 111).
Industriemuseum Geschichtswerkstatt Herrenwyk, Lübeck: S. 585 unten.
Landesarchiv NRW, Hauptstaatsarchiv Düsseldorf: S. 582, S. 583 rechte Seite, S. 584 unten u. links oben (alle Bestand RWN 218, Nr. 638).
Neue Maxhütte i. L., Betriebsarchiv Sulzbach-Rosenberg: S. 269 unten, S. 585 oben, S. 586 oben, S. 587.
Sächsisches Hauptstaatsarchiv Dresden: S. 581 (Bestand 11384, Nr. 1895).
Staatsarchiv Nürnberg: S. 583 links, S. 584 rechts oben (Bestand Rep. 501, KV-Prozesse, Generalia Q-3).
ThyssenKrupp Konzernarchiv Duisburg: S. 265 (Bestand F/Alb., Nr. 74)
Westfälisches Wirtschaftarchiv Dortmund: S. 263, S. 264 oben (Bestand Nr. 65, Nr. 3671), S. 586 unten (Bestand F 24, Nr. 52).
Privat: S. 267.
Urheberrecht nicht zu ermitteln: S. 268.

Quellen- und Literaturverzeichnis

Ungedruckte Quellen

Archiv der Hansestadt Lübeck (AHStL)

Metallhüttenwerke	Metallhüttenwerke Lübeck
NSA	Neues Senatsarchiv
Hauptamt	Zentralamt-Hauptamt

Archiv der IHK Regensburg (AIHKR)

Bestand Eisenwerkgesellschaft Maximilianshütte
(Haidhof: Ordner 1; Sulzbach-Rosenberg 1949-1962: Ordner 2; Sulzbach-Rosenberg 1963-1978: Ordner 3)

Archiv des Instituts für Zeitgeschichte, München (IfZ)

ED 93	Nachlaß Hans Schäffer
MF 260	OMGUS
ZS/A 20	Zeitgeschichtliche Sammlung Lutz Graf Schwerin von Krosigk

Archiv für Christlich-Demokratische Politik der Konrad-Adenauer-Stiftung, St. Augustin (ACDP)

I-093	Nachlaß Otto A. Friedrich
I-220	Nachlaß Hugo Stinnes
I-229	Nachlaß Robert Tillmanns

Archiv für Christlich-Soziale Politik der Hanns-Seidel-Stiftung, München (ACSP)

NL Elsen	Nachlaß Franz Elsen
NL Seidel	Nachlaß Hanns Seidel

Bayerisches Hauptstaatsarchiv, München (BayHStA)

MWi	Bayerisches Staatsministerium für Wirtschaft und Verkehr
MF	Bayerisches Staatsministerium für Finanzen
NL Ehard	Nachlaß Hans Ehard
OMGB	Office of Military Government for Bavaria
StK	Bayerische Staatskanzlei

Bergbau-Archiv beim Deutschen Bergbau-Museum, Bochum (BBA)

Bestand 12	Deutsche Kohlenbergbau-Leitung
Bestand 15	Fachgruppe/Wirtschaftsgruppe Bergbau
Bestand 25	Klöckner-Bergbau Victor-Ickern AG
Bestand 45	Harpener Bergbau-AG
Bestand 55	Gelsenkirchener Bergwerks-AG

Bestand 142	Eisenwerk-Gesellschaft Maximilianshütte mbH, Bergbauverwaltung Auerbach

Brandenburgisches Landeshauptarchiv, Potsdam (BLHA)

Pr. Br. Rep. 75	Mitteldeutsche Stahl- u. Walzwerke F. Flick Hennigsdorf

Bundesarchiv, Berlin-Lichterfelde (BAB)

DC 1	Zentrale Kommission für Staatliche Kontrolle
NS 4	Konzentrationslager
R 2	Reichsfinanzministerium
R 2 Anh.	Restverwaltung des ehemaligen Reichsfinanzministeriums
R 3	Reichsministerium für Rüstung und Kriegsproduktion
R 6	Reichsministerium für die besetzten Ostgebiete
R 26 I	Beauftragter für den Vierjahresplan (Zentrale)
R 43	Reichskanzlei
R 90	Reichskommissar für das Ostland
R 92	Generalkommissar in Riga
R 94	Reichskommissar für die Ukraine
R 901	Auswärtiges Amt
R 2301	Rechnungshof des Deutschen Reiches
R 2501	Reichsbank
R 3101	Reichswirtschaftsministerium
R 3102	Statistisches Reichsamt
R 8119F	Deutsche Bank
R 8122	Flick-Konzern
R 8128	I.G. Farbenindustrie AG
R 8135	Deutsche Revisions- und Treuhand-AG
R 8136	Reichskreditgesellschaft
SSO	SS-Offiziersakten (ehem. BDC)

Stiftung Archiv der Parteien und Massenorganisationen der DDR im Bundesarchiv (SAPMO-BA)

DY 30/IV 2/6.02	ZK der SED, Abt. Wirtschaftspolitik 1945-49, 1951

Bundesarchiv, Koblenz (BAK)

B 102	Bundeswirtschaftsministerium
B 109	Stahltreuhändervereinigung
B 115	Bundesvermögensverwaltung
B 136	Bundeskanzleramt
B 141	Bundesjustizministerium
B 305	Zentrale Rechtsschutzstelle
N 1004	Nachlaß Hermann Dietrich
N 1013	Nachlaß Paul Silverberg
N 1138	Nachlaß Ludwig Kastl
N 1164	Nachlaß Hartmann v. Richthofen

R 111	Bankers Trust Company
Z 8	Verwaltung für Wirtschaft des Vereinigten Wirtschaftsgebietes
Z 45 F	OMGUS

Bundesarchiv-Militärarchiv, Freiburg (BA-MA)

MSg109	Personengeschichte deutscher Generäle 1918-1945
PH 2	Preußisches Kriegsministerium
RW 19	Chef des Wehrwirtschafts- und Rüstungsamtes
RW 20	Rüstungsinspektionen
RW 21	Rüstungskommandos
RW 24	Rüstungsdienststellen in Frankreich
RW 30	Rüstungsdienststellen im RKU und im RKO
RW 31	Wirtschaftsstab Ost
RW 46	Nachgeordnete Dienststellen des Wehrwirtschafts- und Rüstungsamtes bei Stäben des Heeres und für besondere Aufgaben

Bundesarchiv-Zwischenarchiv, Dahlwitz-Hoppegarten (BADH)

B 102	Bundeswirtschaftsministerium (unbewertet)
R 10 III	Reichsvereinigung Eisen
R 10 VIII	Reichsvereinigung Kohle
R 12 I	Reichsgruppe Industrie
R 13 I	Wirtschaftsgruppe Eisen schaffende Industrie
R 121	Industriebeteiligungsgesellschaft mbH
R 8127	Berliner Handelsgesellschaft
R 8710	Eisenzentrale
R 8725	Kommissariat der Eisenzentrale

Geheimes Staatsarchiv Preußischer Kulturbesitz, Berlin (GStA)

I. HA Rep. 77	Ministerium des Innen
I. HA Rep. 77 B	Ministerium des Innern, Volkswohlfahrt
I. HA Rep. 120	Ministerium für Handel und Gewerbe

Geschichtsverein Maximilianshütte, Maxhütte e. V., Unterwellenborn (MHU-BA)

Diverse

Historisches Archiv der Stadt Köln (HStAK)

902	Akten Konrad Adenauer
1120	Nachlaß Wilhelm Sollmann

Landesarchiv Berlin (LAB)

A Rep. 092	Landesfinanzamt/Oberfinanzpräsidium Berlin
A Rep. 093-03	Finanzamt Moabit-West

A Rep. 250-01-36	Spandauer Stahlindustrie GmbH

Latvijas Valsts Vēstures Archīvs, Rīga
(LVVA; Lettisches Zentrales Staatsarchiv)

P-34	Wirtschaftliche Generaldirektion
P-69	Generalkommissar in Riga
P-70	Reichskommissar für das Ostland
P-98	Arbeitsverwaltung Riga (dt.)
P-813	Finanzdepartement der Hauptdirektion der Finanzen
P-828	Generaldirektion des Handels und der Industrie
P-958	Arbeitsverwaltung Riga (lett.)

Leo Baeck Institut im Jüdischen Museum Berlin (LBIB)

MF 512	Hans Schaeffer Collection

Library of Congress, Manuscript Division, Washington (LoC)

Papers of W. Averell Harriman

Mannesmann-Archiv, Düsseldorf (MMA)

M	Mannesmann AG
P	Phoenix AG
R	Deutsche Röhrenwerke AG

Neue Maxhütte i. L., Betriebsarchiv, Sulzbach-Rosenberg (NMH-BA)

Diverse

National Archives and Records Administration, College Park (NARA)

RG 226	Office of Strategic Services
RG 238	Collection of World War II War Crimes Records
RG 260	OMGUS
RG 263	Central Intelligence Agency
RG 466	Office of the High Commissioner for Germany

Nordrhein-Westfälisches Hauptstaatsarchiv, Düsseldorf (NrwHStA)

RWN 218	Nachlaß Wolfgang Pohle

Politisches Archiv des Auswärtigen Amtes, Berlin (PAAA)

Abteilung IV – Abstimmungsgebiete
Abteilung IV – Wirtschaft
Büro des Reichsministers
Büro des Staatssekretärs
Deutsche Konsulate
Handakten Dirksen
Handakten Noebel

Handakten Richard Meyer
Handakten Zechlin
Nachlaß Gustav Stresemann
Politische Abteilung II
Sonderreferat Wirtschaft

Sächsisches Hauptstaatsarchiv, Dresden (SächsHStA)

10851	Ministerium der Finanzen
11384	Landesregierung Sachsen, Ministerium für Wirtschaft (ab 1945)
11616	Mitteldeutsche Stahlwerke GmbH
11617	Sächsische Gußstahlwerke Döhlen AG
11692	Waggon- und Maschinenfabrik AG, vorm. Busch

Staatsarchiv Leipzig (StAL)

20778	Allgemeine Transportanlagen GmbH
20827	VEB Mikrosa Leipzig
20864	Leipziger Werkzeug- und Gerätefabrik GmbH
20929	Sächsische Wollgarnfabrik AG vorm. Tittel & Krüger

Staatsarchiv Nürnberg (StAN)

Rep. 501, KVP	Kriegsverbrecherprozesse
	– Fall 5
Rep. 502, KVA	KV-Prozesse, Anklage
	– Einzeldokumente
	– Handakten
	– Interrogations
Rep. 502A, KVV	KV-Prozesse, Verteidigung
	– Handakten Flächsner

Stadtarchiv Siegen

Heimatkalender
Siegener Zeitung

Stiftung Rheinisch-Westfälisches Wirtschaftsarchiv, Köln (RWWA)

Abt. 72	Otto Wolff AG
Abt. 74	Nachlaß Dr. Dietrich v. Menges
Abt. 130	Gutehoffnungshütte Aktienverein
Abt. 132	Kalker Trieurfabrik und Fabrik Gelochter Bleche Mayer & Cie.
Abt. 200	Raab Karcher & Cie. GmbH

Stiftung Westfälisches Wirtschaftsarchiv, Dortmund (WWA)

F 14	Essener Steinkohlenbergwerke AG
F 17	Johann Heinrich Dresler sen./Dresler's Drahtwerk GmbH
F 24	Harpener Bergbau-AG

F 65	Hüttenwerke Siegerland AG/Hoesch Siegerlandwerke AG
F 79	Schachtanlage Gneisenau
F 125	Geisweider Eisenwerke AG
F 143	Chemische Werke Bergkamen AG
S 8/84	Friedrich Flick

Thüringisches Hauptstaatsarchiv, Weimar (ThHStA)

Amt zum Schutze des Volkseigentums
Gustloff-Werke Weimar
Wilhelm-Gustloff-Werke, NS-Industriestiftung

ThyssenKrupp Konzernarchiv, Duisburg (TKA)

A	August Thyssen-Hütte
BIW	Bergbau- und Industriewerte GmbH
FWH	Friedrich-Wilhelm-Hütte
NDI	Nachlaß Heinrich Dinkelbach
NOST	Nachlaß Otto Steinbrinck
NSt	Nachlaß Wilhelm Steinberg
NRO	Nachlaß Walter Rohland
RC	Ruhr-Consulting GmbH
RSW	Rheinische Stahlwerke AG
TNO	Thyssen-Niederrhein AG, Abt. Oberhausen
VSt	Vereinigte Stahlwerke AG

Firmenschriften

Wirtschaftsarchiv Baden-Württemberg, Stuttgart (WABW)

N 4	Nachlaß Rolf Mehmke

Gedruckte Quellen

Dokumenteneditionen, Geschäftsberichte, Parlaments- und amtliche Drucksachen

Akten der Reichskanzlei. Regierung Hitler 1933-1938. Die Regierung Hitler. Teil I: 1933/34. Bd. 1. 30. Januar bis 31. August 1933, hg. für die Historische Kommission bei der Bayerischen Akademie der Wissenschaften von Karl Dietrich Erdmann, für das Bundesarchiv von Hans Booms, bearb. von Karl Heinz Minuth, Boppard 1983.

Akten der Reichskanzlei. Weimarer Republik. Die Kabinette Brüning I u. II. Bd. 2. 1. März 1931 bis 10. Oktober 1931, hg. für die Historische Kommission bei der Bayerischen Akademie der Wissenschaften von Karl Dietrich Erdmann, für das Bundesarchiv von Hans Booms, bearb. von Tilman Koops, Boppard 1982.

Akten der Reichskanzlei. Weimarer Republik. Die Kabinette Luther I und II., 2 Bde., hg. für die Historische Kommission bei der Bayerischen Akademie der Wissenschaften von Karl Dietrich Erdmann, für das Bundesarchiv von Hans Booms, bearb. von Karl-Heinz Minuth, Boppard 1977.

Akten der Reichskanzlei. Weimarer Republik. Die Kabinette Marx III und IV, 2 Bde., hg. für die Historische Kommission bei der Bayerischen Akademie der Wissenschaften v. Karl Dietrich Erdmann, für das Bundesarchiv v. Hans Booms, bearb. von Günter Abramowski, Boppard 1988.

Akten der Reichskanzlei. Weimarer Republik. Das Kabinett von Papen. Bd. 1. Juni bis September 1932, hg. für die Historische Kommission bei der Bayerischen Akademie der Wissenschaften v. Karl Dietrich Erdmann, für das Bundesarchiv v. Hans Booms, bearb. von Karl Heinz Minuth, Boppard 1989.

Akten zur Deutschen Auswärtigen Politik 1918-1945. Aus dem Archiv des Auswärtigen Amts. Serie B: 1925-1933, Bd. II (2. Juni bis Dezember 1926) u. Bd. XVII (1. Juli bis 15. Oktober 1931), Göttingen 1967 u. 1982.

Daimler-Benz AG, Geschäftsberichte über die Geschäftsjahre 1959-1975, Stuttgart 1960-1976.

Der Prozeß gegen die Hauptkriegsverbrecher vor dem Internationalen Gerichtshof Nürnberg 14. November 1945-1. Oktober 1946, Bde. 1, 3 u. 22, Nürnberg 1947.

Deutsche Bank AG, Geschäftsberichte für die Jahre 1958-1986, Frankfurt 1959-1987.

Die Neuordnung der Eisen- und Stahlindustrie im Gebiet der Bundesrepublik Deutschland. Ein Bericht der Stahltreuhändervereinigung, München, Berlin 1954.

Die Protokolle des Bayerischen Ministerrats 1945-1954. Das Kabinett Ehard I. 21. Dezember 1946 bis 20. September 1947. Bd. 1, hg. von der Historischen Kommission bei der Bayerischen Akademie der Wissenschaften u. der Generaldirektion der Staatlichen Archive Bayern, bearb. von Karl-Ulrich Gelberg, München 2000.

Die Protokolle des Bayerischen Ministerrats 1945-1954 Das Kabinett Ehard II. 20. September 1947 bis 18. Dezember 1950, 2 Bde., hg. von der Historischen Kommission bei der Bayerischen Akademie der Wissenschaften u. der Generaldirektion der Staatlichen Archive Bayern, bearb. von Karl-Ulrich Gelberg, München 2003.

Die Protokolle des Bayerischen Ministerrats 1945-1954. Das Kabinett Hoegner I. 28. September 1945 bis 21. Dezember 1946, 2 Bde., hg. von der Historischen Kommission bei der Bayerischen Akademie der Wissenschaften u. der Generaldirektion der Staatlichen Archive Bayern, bearb. von Karl-Ulrich Gelberg, München 1997.

Die Protokolle des Bayerischen Ministerrats 1945-1954. Das Kabinett Schäffer. 28. Mai bis 28. September 1945, hg. von der Historischen Kommission bei der Bayerischen Akademie der Wissenschaften u. der Generaldirektion der Staatlichen Archive Bayern, bearb. von Karl-Ulrich Gelberg, München 1995.

Eichholtz, Dietrich, u. Wolfgang Schumann (Hg.): Anatomie des Krieges. Neue Dokumente über die Rolle des deutschen Monopolkapitals bei der Durchführung des zweiten Weltkrieges, Berlin (Ost) 1969.

Emessen, T. R. (Hg.): Aus Görings Schreibtisch. Ein Dokumentenfund, Berlin 1947.

Law Reports of Trials of War Criminals. Selected and Prepared by the United Nations War Crimes Commission, Bd. IX, London 1949.

[Lenz, Otto]: Im Zentrum der Macht. Das Tagebuch von Staatssekretär Lenz 1951-1953, bearb. von Klaus Gotto, Hans-Otto Kleinmann und Reinhard Schreiner, Düsseldorf 1989.

Müller, Rolf-Dieter (Hg.): Die deutsche Wirtschaftspolitik in den besetzten sowjetischen Gebieten 1941-1943. Der Abschlußbericht des Wirtschaftsstabes Ost und Aufzeichnungen eines Angehörigen des Wirtschaftskommandos Kiew, Boppard 1991.

OMGUS. Ermittlungen gegen die Deutsche Bank, übersetzt u. bearb. von der Dokumentenstelle zur NS-Sozialpolitik, Nördlingen 1985.

OMGUS. Ermittlungen gegen die Dresdner Bank, bearb. von der Hamburger Stiftung für Sozialgeschichte des 20. Jahrhunderts, Nördlingen 1986.

OMGUS. Ermittlungen gegen die I.G. Farbenindustrie AG, übersetzt u. bearb. von der Dokumentationsstelle zur NS-Sozialpolitik, Nördlingen 1986.

Rasch, Manfred, u. Gerald Feldman (Hg.): August Thyssen und Hugo Stinnes. Ein Briefwechsel 1898-1921, bearb. u. annotiert von Vera Schmidt, München 2003.

Ruhl, Klaus-Jürgen (Hg.): Neubeginn und Restauration. Dokumente zur Vorgeschichte der Bundesrepublik Deutschland 1945-1949, München 1982.

Schmitt, Carl: Das internationalrechtliche Verbrechen des Angriffskrieges und der Grundsatz »Nullum crimen, nulla poena sine lege«, hg., mit Anmerkungen und einem Nachwort versehen von Helmut Quaritsch, Berlin 1994.

Schubert, Werner, Werner Schmid u. Jürgen Regge (Hg.): Akademie für Deutsches Recht 1933-1945. Protokolle der Ausschüsse, Bd. 1, Ausschuß für Aktienrecht, Berlin, New York 1986.

Schwabe, Jürgen (Hg.): Entscheidungen des Bundesverfassungsgerichts. Studienauswahl (Band 1-89), Hamburg ^{6}1994.

Smith, Bradley F. (Hg.): The American Road to Nuremberg. The Documentary Record 1944-1945, Stanford 1982.

Thieleke, Karl-Heinz (Hg.): Fall 5. Anklageplädoyer, ausgewählte Dokumente, Urteil des Flick-Prozesses. Mit einer Studie über die »Arisierungen« des Flick-Konzerns, eingeleitet von Klaus Drobisch, Berlin (Ost) 1965.

Trials of War Criminals Before the Nuremberg Military Tribunals Under Control Council Law No. 10, Nuremberg, October 1946-April 1949, 15 Bde., Washington 1950-53.

Verhandlungen des Bayerischen Landtags. Stenographische Berichte, München 1946 ff.

Memoiren

Brauchitsch, Eberhard von: Der Preis des Schweigens. Erfahrungen eines Unternehmers, Berlin 1999.

Brüning, Heinrich: Memoiren 1918-1934, Stuttgart 1970.

Henle, Günter: Weggenosse des Jahrhunderts. Als Diplomat, Industrieller, Politiker und Freund der Musik, Stuttgart³ 1968.

Kehrl, Hans: Krisenmanager im Dritten Reich. 6 Jahre Frieden – 6 Jahre Krieg. Erinnerungen, Düsseldorf 1973.

Kempner, Robert M.W.: Ankläger einer Epoche. Lebenserinnerungen, Frankfurt u.a. 1983.

Menges, Dietrich Wilhelm von: Unternehmens-Entscheide. Ein Leben für die Wirtschaft, Düsseldorf, Wien 1976.

Neckermann, Josef: Erinnerungen, aufgezeichnet von Karin Weingart und Harvey T. Rowe, Berlin 1990.

Rohland, Walter: Bewegte Zeiten. Erinnerungen eines Eisenhüttenmannes, Stuttgart 1978.

Selbmann, Fritz: Acht Jahre und ein Tag. Bilder aus den Gründerjahren der DDR, Berlin 1999.

Sohl, Hans-Günther: Notizen, Privatdruck Düsseldorf ³1985.

Taylor, Telford: Die Nürnberger Prozesse. Hintergründe, Analysen und Erkenntnisse aus heutiger Sicht, München ³1994.

Vogler, Johannes: Von der Rüstungsfirma zum volkseigenen Betrieb. Aufzeichnungen eines Unternehmers der Sowjetischen Besatzungszone Deutschlands von 1945-1948, hg. von Burghard Ciesla, München 1992.

Zangen, Wilhelm: Aus meinem Leben, Privatdruck Düsseldorf 1968.

Zeitzeugenberichte, zeitgenössische Vorträge u. ä.

Benton, Wilbourn E., u. Georg Grimm (Hg.): Nuremberg. German Views of the War Trials, Dallas 1955.

Deist, Heinrich: Die Neuordnung in der Montanwirtschaft und die Mitbestimmung in den Holding-Gesellschaften, Bochum 1954.

Deist, Heinrich: Die Umgestaltung des deutschen Kohlenbergbaus und der deutschen Eisen- und Stahlindustrie nach Gesetz Nr. 75, in: Gesetz Nr. 75, S. 38-53.

Gesetz Nr. 75 und Ruhrstatut. Eine Sammlung von Vorträgen von Dr. Viktor Agartz und Dr. Heinrich Deist, hg. v. Wirtschaftswissenschaftlichen Institut der Gewerkschaften, Köln 1949.

Koppenberg, Heinrich: Eindrücke aus der Eisenindustrie der Vereinigten Staaten von Amerika, Berlin 1926.

Kranzbühler, Otto: Nuremberg as a Legal Problem, in: Benton/Grimm (Hg.), Nuremberg, S. 106-126.

Kranzbühler, Otto: Rückblick auf Nürnberg, Hamburg 1949.

Poensgen, Ernst: Die Gründung der Hermann-Göring-Werke, in: Der Wirtschaft Spiegel 2 (1947), S. 338-340.
Pohle, Wolfgang: Der Einzelne im Konflikt zwischen Völkerrecht und nationalem Recht, Essen 1951.
Potthoff, Erich: Der Kampf um die Montan-Mitbestimmung, Köln 1957.
Nordhoff, Heinrich: Automobilindustrie und Automobilexport, Kiel 1963.
Ringelmann, Richard: Der Staat als Unternehmer, in: Der Wirtschaftsbeirat, Sonderdruck München 1953.
Thomas, Georg: Geschichte der deutschen Wehr- und Rüstungswirtschaft (1918-1943/45), hg. von Wolfgang Birkenfeld, Boppard 1966.

Zeitgenössische Periodika

Berichte des Deutschen Wirtschaftsinstituts
Berliner Börsen-Courier
Berliner Börsen-Zeitung
Berliner Tageblatt
Das Reich
Der deutsche Volkswirt
Der Spiegel
Der Vierjahresplan
Deutsche Allgemeine Zeitung
Deutsche Zeitung
Die Welt
Die Zeit
Frankfurter Allgemeine Zeitung
Frankfurter Zeitung
Handelsblatt
Industriekurier
Kölnische Zeitung
Manager-Magazin
Maxhütte-Mitteilungen
Neue Zürcher Zeitung
New York Times
Siegener Zeitung
Stahl und Eisen
Süddeutsche Zeitung
The Economist
The Times
Vossische Zeitung
Wirtschaftswoche

Nachschlagewerke

Biographisches Handbuch für das Preussische Abgeordnetenhaus 1867-1918, bearb. von Bernhard Mann, Düsseldorf 1988.

Degeners Wer ist's?, hg. von Hermann A. L. Degener, Berlin [10]1935.

Deutsche Biographische Enzyklopädie, hg. von Walther Killy u. Rudolf Vierhaus Bde. 2-4. München u. a. 1996.

Gerstein, Barbara: Lebensbilder aus dem rheinisch-westfälischen Industriegebiet. Jahrgang 1968-1972, Baden-Baden 1980.

Handbuch der deutschen Aktiengesellschaften. Jahrbuch der deutschen Behörden, Berlin, Leipzig 1912/13 ff.

Handbuch der Großunternehmen. Das Spezial-Archiv der deutschen Wirtschaft, Berlin u. a. [3]1953.

Handbuch der Gross-Unternehmen. Das Spezial-Archiv der Deutschen Wirtschaft, Berlin u. a. [8]1961.

Jahrbuch für den Oberbergamtsbezirk Dortmund, hg. von Alfred Baedeker, 28. Jg. (1928-29)-29. Jg. (1929-30), Essen 1930 u. 1931.

Leitende Männer der Wirtschaft. Ein wirtschaftliches Who is Who, Berlin u. a. 1955.

Neue deutsche Biographie, Bd. 6, hg. von der Historischen Kommission bei der Bayerischen Akademie der Wissenschaften, Berlin 1964.

Perlick, Alfons: Oberschlesische Berg- und Hüttenleute. Lebensbilder aus dem oberschlesischen Industrierevier, Kitzingen 1953.

Pudor, Fritz (Bearb.): Nekrologe aus dem rheinisch-westfälischen Industriegebiet. Jahrgang 1939-1951, Düsseldorf 1955.

Wer leitet? Die Männer der Wirtschaft und der einschlägigen Verwaltung einschließlich Adreßbuch der Direktoren und Aufsichtsräte 1941/42, Berlin 1942.

Literatur

150 Jahre Maxhütte. »...eine wahrhafte Schmiede des Vulkan«, hg. von der Stadt Sulzbach-Rosenberg, Sulzbach-Rosenberg 2003.

150 Jahre Stahl aus Witten 1854-2004. Die Unternehmensgeschichte des Werkes Witten der Edelstahl Witten-Krefeld GmbH, hg. von der Edelstahl Witten-Krefeld GmbH, Witten 2004.

200 Jahre Kunstgiesserei Lauchhammer 1984, ausgearb. und zusammengestellt von der Kommission Betriebsgeschichte und R. Delau, hg. von der Betriebsparteiorganisation der SED des VEB Schwermaschinenbau Lauchhammerwerk, Lauchhammer 1984.

200 Jahre Lauchhammer 1725-1925, hg. von der Linke-Hofmann-Lauchhammer AG, o. O., o. J. [1925].

Abelshauser, Werner: Der Ruhrbergbau seit 1945. Wiederaufbau, Krise, Anpassung, München 1984.

Abelshauser, Werner: Deutsche Wirtschaftsgeschichte seit 1945, München 2004.

Abelshauser, Werner (Hg.): Die BASF. Eine Unternehmensgeschichte, München 2002.

Abelshauser, Werner: Die Langen Fünfziger Jahre. Wirtschaft und Gesellschaft der Bundesrepublik Deutschland 1949-1966, Düsseldorf 1987.

Abelshauser, Werner: Kulturkampf. Der deutsche Weg in die Neue Wirtschaft und die amerikanische Herausforderung, Berlin 2003.

Abelshauser, Werner: Rüstungsschmiede der Nation? Der Kruppkonzern im Dritten Reich und in der Nachkriegszeit 1933 bis 1951, in: Gall (Hg.), Krupp im 20. Jahrhundert, S. 267-472.

Abelshauser, Werner, Jan-Ottmar Hesse u. Werner Plumpe (Hg.): Wirtschaftsordnung, Staat und Unternehmen. Neue Forschungen zur Wirtschaftsgeschichte des Nationalsozialismus. Festschrift für Dietmar Petzina zum 65. Geburtstag, Essen 2003.

Abramson, Rudy: Spanning the Century. The Life of W. Averell Harriman, 1891-1986, New York 1992.

Ahrens, Ralf: Der Exempelkandidat. Die Dresdner Bank und der Nürnberger Prozess gegen Karl Rasche, in: VfZ 52 (2004), S. 637-670.

Albach, Horst, u. Werner Freund: Generationswechsel und Unternehmenskontinuität – Chancen, Risiken, Maßnahmen. Eine empirische Untersuchung bei Mittel- und Großunternehmen, Gütersloh 1989.

Aldcroft, Derek H.: The Sterling Area in the 1930s: A Unique Monetary Arrangement?, in: The Journal of European Economic History 33 (2004), Nr. 1, S. 9-32.

Aly, Götz: Hitlers Volksstaat. Raub, Rassenkrieg und nationaler Sozialismus, Frankfurt 2005.

Ambrosius, Gerold: Staat und Wirtschaft im 20. Jahrhundert, München 1990.

Ambrosius, Gerold: Staat und Wirtschaft, in: ders./Petzina/Plumpe (Hg.), Wirtschaftsgeschichte, S. 355-374.

Ambrosius, Gerold: Von Kriegswirtschaft zu Kriegswirtschaft (1914-1945), in: North (Hg.), Wirtschaftsgeschichte, S. 287-355.

Ambrosius, Gerold, Dietmar Petzina u. Werner Plumpe (Hg.): Moderne Wirtschaftsgeschichte. Eine Einführung für Historiker und Ökonomen, München 1996.

Angrick, Andrej: Besatzungspolitik und Massenmord. Die Einsatzgruppe D in der südlichen Sowjetunion 1941-1943, Hamburg 2003.

Angrick, Andrej, u. Peter Klein: Die »Endlösung« in Riga. Ausbeutung und Vernichtung 1941-1944, Darmstadt 2006.

Arning, Mathias: Späte Abrechnung. Über Zwangsarbeiter, Schlußstriche und Berliner Verständigungen, Frankfurt 2001.

Auer, Alois (Hg.): Krauss-Maffei. Lebenslauf einer Münchener Fabrik und ihrer Belegschaft. Bericht und Dokumentation von Gerald Engesser, München 1988.

Augustine, Dolores L.: Arriving in the Upper Class: the Wealthy Business Elite of Wilhelmine Germany, in: Blackbourn/Evans (Hg.), Bourgeoisie, S. 46-86.

Aus Eisen ist der Berge Mark. Siegerländer Mineralien, hg. von der Stadt Siegen, Siegen o. J. [1991].

Bachmann, Kurt, u. Emil Carlebach: Kauf' Dir einen Minister. Flick in Weimar, im Dritten Reich und in Bonn, Frankfurt 1985.

Backer, John H.: Priming the German Economy. American Occupational Policies 1945-1948, Durham 1976.

Bähr, Johannes: »Corporate Governance« im Dritten Reich. Leitungs- und Kontrollstrukturen deutscher Großunternehmen während der nationalsozialistischen Diktatur, in: Abelshauser/Hesse/Plumpe (Hg.), Wirtschaftsordnung, S. 61-80.

Bähr, Johannes: Der Goldhandel der Dresdner Bank im Zweiten Weltkrieg, Leipzig 1999.

Bähr, Johannes: Die Dresdner Bank in der Wirtschaft des Dritten Reichs, München 2006.

Bähr, Johannes: Die Firmenabwanderung aus der SBZ/DDR und aus Berlin-Ost (1945-1953), in: Fischer/Müller/Schaler (Hg.), Wirtschaft, S. 229-249.

Bähr, Johannes: Unternehmens- und Kapitalmarktrecht im »Dritten Reich«: Die Aktienrechtsreform und das Anleihestockgesetz, in: ders./Banken (Hg.), Wirtschaftssteuerung, S. 35-69.

Bähr, Johannes, u. Ralf Banken (Hg.): Das Europa des »Dritten Reichs«. Recht, Wirtschaft, Besatzung, Frankfurt 2005.

Bähr, Johannes u. Ralf Banken (Hg.): Wirtschaftssteuerung durch Recht im Nationalsozialismus. Studien zur Entwicklung des Wirtschaftsrechts im Interventionsstaat des »Dritten Reichs«, Frankfurt 2006.

Bajohr, Frank: »Arisierung« als gesellschaftlicher Prozeß. Verhalten, Strategien und Handlungsspielräume jüdischer Eigentümer und »arischer« Erwerber, in: Wojak/Hayes (Hg.), Arisierung, S. 15-30.

Bajohr, Frank: »Arisierung« in Hamburg. Die Verdrängung der jüdischen Unternehmen 1933-1945, Hamburg 1997.

Bajohr, Frank: »Arisierung« und Restitution. Eine Einschätzung, in: Goschler/Lillteicher (Hg.), Arisierung, S. 39-59.

Bajohr, Frank: Parvenüs und Profiteure. Korruption in der NS-Zeit, Frankfurt 2001.

Balderstone, Theo: Economics and Politics in the Weimar Republic, Cambridge 2002.

Banken, Ralf: Der Nationalsozialismus in der Unternehmensgeschichte: Hinterlässt die Sonderkonjunktur Spuren?, in: Akkumulation 20 (2004), S. 1-18.

Barbian, Jan-Pieter, Michael Brocke u. Ludger Heid (Hg.): Juden im Ruhrgebiet. Vom Zeitalter der Aufklärung bis in die Gegenwart, Essen 1999.

Barkai, Avraham: Das Wirtschaftssystem des Nationalsozialismus. Ideologie, Theorie, Politik 1933-1945, Frankfurt [2]1988.

Barkai, Avraham: Oskar Wassermann und die Deutsche Bank. Bankier in schwieriger Zeit, München 2005.
Barkai, Avraham: Vom Boykott zur »Entjudung«. Der wirtschaftliche Existenzkampf der Juden im Dritten Reich 1933-1943, Frankfurt 1988.
Bartholmes, Thomas: Die »Flick-Affäre« – Verlauf und Folgen, Speyer 2003.
Bartolosch, Thomas A. (Hg.): Die Zwanziger Jahre im Siegerland – eine regionale Spurensuche, Siegen 1998.
Benda, Ernst: Der Nürnberger Prozeß. Grundlage eines neuen Völkerrechts?, in: Schulz (Hg.), Prozesse, S. 340-351.
Berger, Françoise: Die Beziehung zwischen der französischen und der deutschen Eisen- und Stahlindustrie während des Krieges, in: ZUG 50 (2005), S. 159-180.
Berger, Johannes: Entdifferenzierung als Perspektive für Marktwirtschaften?, in: Zapf (Hg.), Modernisierung, S. 232-247.
Berghahn, Volker: Recasting Bourgeois Germany, in: Schissler (Hg.), Miracle, S. 326-340.
Berghahn, Volker: Unternehmer und Politik in der Bundesrepublik, Frankfurt 1985.
Berghahn, Volker, u. Paul J. Friedrich: Otto A. Friedrich, ein politischer Unternehmer. Sein Leben und seine Zeit, 1902-1975, Frankfurt, New York 1993.
Berghahn, Volker, Stefan Unger, u. Dieter Ziegler (Hg.): Die deutsche Wirtschaftselite im 20. Jahrhundert. Kontinuität und Mentalität, Essen 2003.
Berghoff, Hartmut: Moderne Unternehmensgeschichte. Eine themen- und theorieorientierte Einführung, Paderborn u. a. 2004.
Berghoff, Hartmut: Zwischen Kleinstadt und Weltmarkt. Hohner und die Harmonika 1857-1961. Unternehmensgeschichte als Gesellschaftsgeschichte, Paderborn u. a. 1997.
Berkenkopf, Paul: Die Neuorganisation in der deutschen Großeisenindustrie, Essen 1928.
Berkenkopf, Paul: Fragen der deutschen Braunkohlewirtschaft, in: Wirtschaftsdienst 12 (1932), H. 33, S. 1122-1126.
Bernett, Hanno: Von der Entflechtung bis zur Wiederherstellung der alten Konzernstrukturen. Die Unternehmensorganisation deutscher Montanunternehmen am Beispiel Mannesmann (1945-1958/59), Diss. phil. Bonn 1991.
Birkenfeld, Wolfgang: Der synthetische Treibstoff 1933-1945. Ein Beitrag zur nationalsozialistischen Wirtschafts- und Rüstungspolitik, Göttingen 1964.
Bismarckhütte 1872-1922, Berlin 1922.
Blackbourn, David, u. Richard J. Evans (Hg.): The German Bourgeoisie. Essays on the Social History of the German Middle Class from the Late Eighteenth to the Early Twentieth Century, London, New York 1991.
Blaich, Fritz: Die bayerische Industrie 1933-1939. Elemente von Gleichschaltung, Konformismus und Selbstbehauptung, in: Broszat/Fröhlich (Hg.), Bayern, S. 237-280.

Blaich, Fritz: Die Wirtschaftskrise 1925/26 und die Reichsregierung. Von der Erwerbslosenfürsorge zur Konjunkturpolitik, Kallmütz 1977.

Blaich, Fritz: »Garantierter Kapitalismus«. Subventionspolitik und Wirtschaftsordnung in Deutschland zwischen 1925 und 1932, in: ZUG 22 (1977), S. 50-70.

Blaich, Fritz: Wirtschaft und Rüstung im »Dritten Reich«, Düsseldorf 1987.

Blank, Ralf: Kriegsalltag und Luftkrieg an der Heimatfront, in: Echternkamp (Hg.), Reich, Bd. 9/1, S. 357-461.

Blasius, Rainer: Fall 11: Der Wilhelmstraßenprozeß, in: Ueberschär (Hg.), Nationalsozialismus, S. 187-198.

Bleidick, Dietmar: Die Hibernia-Affäre: Der Streit um den Preußischen Staatsbergbau im Ruhrgebiet zu Beginn des 20. Jahrhunderts, Bochum 1999.

Bleidick, Dietmar u. a. (Bearb.): Findbuch zum Bestand Walter Rohland (1898-1981) und zum Bestand Ruhr-Consulting GmbH, hg. v. Manfred Rasch, Duisburg 2001.

Bloxham, Donald: Genocide on Trial. War Criminals and the Formation of Holocaust, History and Memory, Oxford u. a. 2001.

Boelcke, Willi A.: Die Deutsche Wirtschaft 1930-1945. Interna des Reichswirtschaftsministeriums, Düsseldorf 1983.

Boelcke, Willi A.: Die Finanzpolitik des Dritten Reiches. Eine Darstellung in Grundzügen, in: Bracher/Funke/Jacobsen (Hg.), Deutschland, S. 95-117.

Boelcke, Willi A.: Die Kosten von Hitlers Krieg. Kriegsfinanzierung und finanzielles Kriegserbe in Deutschland 1933-1948, Paderborn 1985.

Bössenecker, Hermann: Bayern, Bosse und Bilanzen. Hinter den Kulissen der weiß-blauen Wirtschaft, München u. a. 1972.

Bogner, Hubert: Die Wandlung in der Organisation der deutschen Stahlindustrie und ihre Ursachen, Diss. phil. Heidelberg 1929.

Boll, Bernd: Fall 6: Der IG-Farben-Prozeß, in: Ueberschär (Hg.), Nationalsozialismus, S. 133-143.

Boog, Horst, Jürgen Förster, Joachim Hoffmann u. a.: Das Deutsche Reich und Zweite Weltkrieg, Bd. 4. Der Angriff auf die Sowjetunion, hg. vom Militärgeschichtlichen Forschungsamt, Stuttgart 1983.

Bopp, Wolfgang: The Evolution of Pricing Policy for Public Orders during the Third Reich, in: Buchheim/Garside (Hg.), Slump, S. 149-160.

Borchardt, Knut: Wachstum, Krisen, Handlungsspielräume der Wirtschaftspolitik. Studien zur Wirtschaftsgeschichte des 19. und 20. Jahrhunderts, Göttingen 1982.

Born, Karl Erich: Die deutsche Bankenkrise 1931, München 1967.

Born, Karl Erich: Vom Beginn des Ersten Weltkrieges bis zum Ende der Weimarer Republik (1914-1933), in: Deutsche Bankengeschichte, hg. vom Wissenschaftlichen Beirat des Instituts für bankhistorische Forschung. Bd. 3, Frankfurt 1983. S. 11-146.

Bosetzky, Horst: Grundzüge einer Soziologie der Industrieverwaltung. Möglichkeiten und Grenzen der Betrachtung des industriellen Großbetriebes als bürokratische Organisation, Stuttgart 1970.

Bower, Tom: »Alle deutschen Industriellen saßen auf der Anklagebank.« Die Nürnberger Nachfolgeprozesse gegen Krupp, Flick und die IG Farben, in: Eisfeld/Müller (Hg.), Barbarei, S. 239-256.

Bracher, Karl Dietrich: Die deutsche Diktatur. Entstehung, Struktur, Folgen des Nationalsozialismus, Köln, Berlin 1969.

Bracher, Karl Dietrich, Manfred Funke u. Hans-Adolf Jacobsen (Hg.): Deutschland 1933-1945. Neue Studien zur nationalsozialistischen Herrschaft, Bonn, Düsseldorf ²1993.

Bracher, Karl Dietrich, Manfred Funke u. Hans-Adolf Jacobsen (Hg.): Nationalsozialistische Diktatur 1933-1945. Eine Bilanz, Bonn, Düsseldorf 1986.

Bramke, Werner: Vom Freistaat zum Gau. Sachsen unter der faschistischen Diktatur 1933 bis 1939, in: ZfG 31 (1983), S. 1067-1078.

Bramke, Werner, u. Ulrich Heß (Hg.): Wirtschaft und Gesellschaft in Sachsen im 20. Jahrhundert, Leipzig 1998.

Braun, Ulrich: Die Besteuerung der Unternehmen in der Weimarer Republik von 1923 bis 1933, Köln 1988.

Brinkmann, Sabine: Das Dritte Reich und der synthetische Treibstoff: Eine Kritik der Forschung aus chemietechnischer Sicht, in: Akkumulation 15 (2001), S. 16-23.

Broszat, Martin: Der Staat Hitlers. Grundlegung und Entwicklung seiner inneren Verfassung, München 1969.

Broszat, Martin, u. Elke Fröhlich (Hg.): Bayern in der NS-Zeit II. Herrschaft und Gesellschaft im Konflikt. Teil A, München, Wien 1979.

Broszat, Martin, Klaus-Dietmar Henke u. Hans Woller (Hg.): Von Stalingrad zur Währungsreform. Zur Sozialgeschichte des Umbruchs in Deutschland, München 1988.

Broszat, Martin, u. Horst Möller (Hg.): Das Dritte Reich. Herrschaftsstruktur und Geschichte, München 1983.

Broszat, Martin, u. Klaus Schwabe (Hg.): Die deutschen Eliten und der Weg in den Zweiten Weltkrieg, München 1989.

Brüggemeier, Franz-Josef: Leben vor Ort. Ruhrbergleute und Ruhrbergbau 1889-1919, München 1983.

Brüggemeier, Franz-Josef, u. Elisabeth Domansky: Das Kaiserreich um 1900 – Eine Skizze, in: Niethammer u. a., Gesellschaft, S. 219-223.

Buchheim, Christoph: Die Bundesrepublik und die Überwindung der Dollar-Lücke, in: Herbst/Bührer/Sowade (Hg.), Marshallplan, S. 81-98.

Buchheim, Christoph: Die Erholung von der Weltwirtschaftskrise 1932/33 in Deutschland, in: JbWG 2003/I, S. 13-25.

Buchheim, Christoph: Die Wiedereingliederung Westdeutschlands in die Weltwirtschaft 1945-1958, München 1990.

Buchheim, Christoph: The Upswing of the German Industry in the Thirties, in: ders./Garside (Hg.), Slump, S. 33-52.

Buchheim, Christoph: Unternehmen in Deutschland und NS-Regime 1944-1945. Versuch einer Synthese, in: HZ 282 (2006), S. 351-90.

Buchheim, Christoph: Marshall Plan and Currency Reform, in: Diefendorf/Frohn/Rupieper (Hg.), Policy, S. 69-82.

Buchheim, Christoph, u. Redvers Garside (Hg.): After the Slump. Industry and Politics in 1930s Britain and Germany, Frankfurt u. a. 2000.

Buchheim, Christoph, u. Jonas Scherner: Anmerkungen zum Wirtschaftssystem des »Dritten Reiches«, in: Abelshauser/Hesse/Plumpe (Hg.), Wirtschaftsordnung, S. 81-97.

Buchheim, Christoph, u. Jonas Scherner: The Role of Private Property in the Nazi Economy: The Case of Industry, in: Journal of Economic History 66, Nr. 2, S. 390-416.

Budraß, Lutz: Flugzeugindustrie und Luftrüstung in Deutschland 1918-1945, Düsseldorf 1998.

Budraß, Lutz: Unternehmer im Nationalsozialismus: Der »Sonderbevollmächtigte des GFM Göring für die Herstellung der Ju 88«, in: Plumpe/Kleinschmidt (Hg.), Unternehmen, S. 74-89.

Budraß, Lutz, u. Manfred Grieger: Die Moral der Effizienz. Die Beschäftigung von KZ-Häftlingen am Beispiel des Volkswagenwerks und der Henschel Flugzeug-Werke, in: JbWG 1993/II, S. 89-136.

Bührer, Werner: Ruhrstahl und Europa. Die Wirtschaftsvereinigung Eisen- und Stahlindustrie und die Anfänge der europäischen Integration 1945-1952, München 1986.

Büschgen, Hans E.: Die Deutsche Bank von 1957 bis zur Gegenwart. Aufstieg zum internationalen Finanzdienstleistungskonzern, in: Gall/Feldman/James u. a., Deutsche Bank, S. 579-877.

Bütow, Tobias: Der »Freundeskreis Himmler«. Ein Netzwerk im Spannungsfeld zwischen Wirtschaft, Politik und staatlicher Administration, unveröff. Diplomarbeit FU Berlin 2004.

Bütow, Tobias, u. Franka Bindernagel: Ein KZ in der Nachbarschaft. Das Magdeburger Außenlager der Brabag und der »Freundeskreis Himmler«, Köln u. a. [2]2004.

Burchardt, Rainer, u. Hans-Jürgen Schlamp (Hg.): Flick-Zeugen. Protokolle aus dem Untersuchungsausschuß, Reinbek 1985.

Cain, Louis P., u. Paul J. Uselding (Hg.): Business Enterprise and Economic Change. Essays in Honor of Harold F. Williamson, Kent 1973.

Cassis, Youssef: Big Business. The European Experience in the Twentieth Century, Oxford 1997.

Cassis, Youssef, u. Ioanna Pepelasis Minoglou (Hg.): Entrepreneurship in Theory and History, Basingstoke, New York 2005.

Casson, Mark: Information and Organization. A New Perspective on the Theory of the Firm, Oxford 1997.

Casson, Mark, u. Andrew Godley: Entrepreneurship and Historical Explanation, in: Cassis/Pepelasis Minoglou (Hg.), Entrepreneurship, S. 25-60.

Chandler, Alfred D.: Scale and Scope. The Dynamics of Industrial Capitalism. Cambridge (Mass.) 1990.

Chandler, Alfred D.: Strategy and Structure. Chapters in the History of the Industrial Enterprise, Cambridge (Mass.), London ²1962.

Chandler, Alfred D.: The Visible Hand. The Managerial Revolution in American Business, Cambridge (Mass.), London 1977.

Church, Roy: The Family Firm in Industrial Capitalism: International Perspectives on Hypotheses and History, in: Business History 35 (1993), Nr. 4, S. 17-43.

Colli, Andrea: The History of Family Business 1850-2000, Cambridge u.a. 2003.

Conze, Eckart: »Titane der modernen Wirtschaft«. Otto Wolff (1881-1940), in: Danylow/Soénius (Hg.), Wolff, S. 99-151.

Czollek, Roswitha: Faschismus und Okkupation. Wirtschaftspolitische Zielsetzungen und Praxis des faschistischen deutschen Besatzungsregimes in den baltischen Sowjetrepubliken während des Zweiten Weltkrieges, Berlin 1974.

Dahlmann, Dittmar: Das Unternehmen Otto Wolff: vom Alteisenhandel zum Weltkonzern (1904-1929), in: Soénius/Danylow (Hg.), Wolff, S. 13-97.

Danylow, Peter, u. Ulrich Soénius (Hg.): Otto Wolff. Ein Unternehmen zwischen Wirtschaft und Politik, München 2005.

Das Kriegsende in Sulzbach-Rosenberg 22. April 1945, hg. von Stadtarchiv und Stadtmuseum Sulzbach-Rosenberg, Sulzbach-Rosenberg 1995.

Das Siegerländer Industriegebiet, hg. von der Büscher & Sarx GmbH, Siegen ²1925.

Dascher, Ottfried, u. Christian Kleinschmidt (Hg.): Die Eisen und Stahlindustrie im Dortmunder Raum. Wirtschaftliche Entwicklung, soziale Strukturen und technologischer Wandel im 19. und 20. Jahrhundert, Dortmund 1992.

Demps, Laurenz: Zahlen über den Einsatz ausländischer Zwangsarbeiter in Deutschland im Jahre 1943, in: ZfG 21 (1973), S. 830-843.

Deist, Wilhelm: Die Aufrüstung der Wehrmacht, in: ders./Messerschmidt/Volkmann/Wette, Ursachen, S. 437-637.

Deist, Wilhelm, Manfred Messerschmidt, Hans-Erich Volkmann u. Wolfram Wette: Ursachen und Voraussetzungen des Zweiten Weltkrieges (= Das Deutsche Reich und der Zweite Weltkrieg, Bd. 1, hg. vom Militärgeschichtlichen Forschungsamt), Frankfurt ²1995.

»Deutsche Wirtschaft«. Zwangsarbeit von KZ-Häftlingen für Industrie und Behörden, hg. von der Hamburger Stiftung zur Förderung von Wissenschaft und Kultur, Hamburg 1991.

Die Berliner Handelsgesellschaft in einem Jahrhundert Deutscher Wirtschaft 1856-1956, o.O., o.J. [1956].

Die Maxhütte Unterwellenborn 1873-1964, hg. vom Geschichtsverein Maximilianshütte, Maxhütte e.V., 3 Bde., Unterwellenborn o.J.

Diefendorf, Jeffry M., Axel Frohn u. Hermann-Josef Rupieper (Hg.): American Policy and the Reconstruction of West Germany 1945-1955, Cambridge u.a. 1993.

Dils, Günter: 20 Jahre in des Volkes Händen. Beiträge zur Geschichte des VEB Waggonbau Bautzen, Bautzen 1967.

Dingell, Jeanne: Zur Tätigkeit der Haupttreuhandstelle Ost. Treuhandstelle Posen 1939 bis 1945, Frankfurt u. a. 2003.

(dis)harmonien. Fotos und Dokumente zur Siegerländer Gesellschaftsgeschichte 1830-1945, hg. von der Arbeitsgruppe Regionalgeschichte an der Gesamthochschule Siegen, Siegen 1980.

Dörr, Hubert: Zum Vorgehen der faschistischen Betriebsführung des ehemaligen Lauchhammerwerkes Gröditz im Flick-Konzern gegenüber Arbeitern und anderen Werktätigen sowie zwangsverschleppten ausländischen Arbeitskräften, Kriegsgefangenen und KZ-Häftlingen während des zweiten Weltkrieges, Diss. phil. Dresden 1978.

Douma, Eva: Deutsche Anwälte zwischen Demokratie und Diktatur 1930-1955, Frankfurt 1998.

Drobisch, Klaus: Der Werkschutz – betriebliches Terrororgan im faschistischen Deutschland, in: JbWG 1965/IV, S. 217-247.

Drobisch, Klaus: Die Ausbeutung ausländischer Arbeitskräfte im Flick-Konzern während des Zweiten Weltkrieges, Diss. phil. Berlin (Ost) 1964.

Drobisch, Klaus: Dokumente zur direkten Zusammenarbeit zwischen Flick-Konzern und Gestapo bei der Unterdrückung der Arbeiter, in: JbWG 1963/III, S. 211-225.

Drobisch, Klaus: Fall 5: Der Prozeß gegen Industrielle (gegen Friedrich Flick und andere), in: Ueberschär (Hg.), Nationalsozialismus, S. 121-132.

Dülffer, Jost: Die »Gruppe Otto Wolff« 1929 bis 1945, in: Danylow/Soénius (Hg.), Wolff, S. 153-243.

Ebi, Michael: Devisenrecht und Außenhandel, in: Gosewinkel (Hg.), Wirtschaftskontrolle, S. 181-198.

Echternkamp, Jörg (Hg.): Das Deutsche Reich und der Zweite Weltkrieg, Bd. 9. Die Deutsche Kriegsgesellschaft 1939 bis 1945. Ausbeutung, Deutungen, Ausgrenzung, hg. vom Militärgeschichtlichen Forschungsamt, Stuttgart 2005.

Edelmann, Heidrun: Heinrich Nordhoff und Volkswagen. Ein deutscher Unternehmer im amerikanischen Jahrhundert, Göttingen 2003.

Edelmann, Heidrun: Vom Luxusgut zum Gebrauchsgegenstand. Die Geschichte der Verbreitung von Personenkraftwagen in Deutschland, Frankfurt 1989.

Eichholtz, Dietrich: Die deutsche Kriegswirtschaft 1944/45. Eine Bilanz, in: ders. (Hg.), Krieg, S. 325-347.

Eichholtz, Dietrich: Geschichte der deutschen Kriegswirtschaft 1939-1945, 3 Bde., Berlin (Ost), München 1969, 1985 u. 1999.

Eichholtz, Dietrich (Hg.): Krieg und Wirtschaft. Studien zur deutschen Wirtschaftsgeschichte 1939-1945, Berlin 1999.

Eichholtz, Dietrich: Ökonomie, Politik und Kriegsführung. Wirtschaftliche Kriegsplanungen und Rüstungsorganisation bis zum Ende der »Blitzkriegs« phase, in: Ders. (Hg.), Krieg, S. 9-41.

Eikel, Markus: »Weil die Menschen fehlen«: Die deutschen Zwangsarbeiterrekrutierungen und -deportationen in den besetzten Gebieten der Ukraine, in: ZfG 53 (2005), S. 405-433.

Eisfeld, Rainer, u. Ingo Müller (Hg.): Gegen Barbarei. Essays Robert M.W. Kempner zu Ehren, Frankfurt 1989.

Ellerbrock, Karl-Peter, u. Clemens Wischermann (Hg.): Die Wirtschaftsgeschichte vor der Herausforderung durch die New Institutional Economics, Dortmund 2004.

Endlich, Stefanie: Brandenburg, in: dies./Goldenbogen/Herlemann u.a., Gedenkstatten, S. 229-378.

Endlich, Stefanie, Nora Goldenbogen, Beatrix Herlemann u.a.: Gedenkstätten für die Opfer des Nationalsozialismus. Eine Dokumentation. Bd. II, Bonn 1999.

Engelmann, Bernt, u. Günther Wallraff: Ihr da oben, wir da unten, Frankfurt 1973.

Erker, Paul: »A new business history«? Neuere Ansätze und Entwicklungen in der Unternehmensgeschichte, in: AfS 42 (2002), S. 557-604.

Erker, Paul: Aufbruch zu neuen Paradigmen. Unternehmensgeschichte zwischen sozialgeschichtlicher und betriebswirtschaftlicher Erweiterung, in: AfS 37 (1997), S. 321-365.

Erker, Paul: Einleitung: Industrie-Eliten im 20. Jahrhundert, in: ders./Pierenkemper (Hg.), Unternehmer, S. 1-18.

Erker, Paul: Ernst Heinkel: Die Luftfahrtindustrie im Spannungsfeld von technologischem Wandel und politischem Umbruch, in: ders./Pierenkemper (Hg.), Unternehmer, S. 217-290.

Erker, Paul: Industrieeliten in der NS-Zeit. Anpassungsbereitschaft und Eigeninteresse von Unternehmen in der Rüstungs- und Kriegswirtschaft 1936-1945, Passau 1993.

Erker, Paul: Vom nationalen zum globalen Wettbewerb. Die deutsche und die amerikanische Reifenindustrie im 19. und 20. Jahrhundert, Paderborn u.a. 2005.

Erker, Paul, u. Toni Pierenkemper (Hg.): Deutsche Unternehmer zwischen Kriegswirtschaft und Wiederaufbau. Studien zur Erfahrungsbildung von Industrie-Eliten, München 1999.

Erlei, Mathias, Martin Leschke u. Dirk Sauerland: Neue Institutionenökonomik, Stuttgart 1999.

Esenwein-Rothe, Ingeborg: Die Wirtschaftsverbände von 1933 bis 1945, Berlin 1965.

Etzold, Hans Rüdiger, Ewald Rother u. Thomas Erdmann: Im Zeichen der vier Ringe, 2 Bde., Ingolstadt 1992.

Fear, Jeffrey: August Thyssen and German Steel, in: McCraw (Hg.), Capitalism, S. 185-226.

Fear, Jeffrey: Organizing Control. August Thyssen and the Construction of German Corporate Management, Cambridge (Mass.), London 2005.

Fear, Jeffrey, u. Christopher Kobrak: Diverging Paths: Accounting for Corporate Governance in America and Germany, in: Business History Review 80 (Spring 2006), S. 1-48.

Feldenkirchen, Wilfried: Die Eisen- und Stahlindustrie des Ruhrgebietes 1879-1914, Wiesbaden 1982.

Feldenkirchen, Wilfried: Concentration in German Industry, 1870-1939, in: Pohl (Hg.), Concentration, S. 113-146.

Feldenkirchen, Wilfried: Siemens 1918-1945, München, Zürich 1995.

Feldenkirchen, Wilfried: »Vom Guten das Beste«. Von Daimler und Benz zur DaimlerChrysler AG. Die ersten 100 Jahre (1883-1983), München 2003.

Feldman, Gerald D.: Army, Industry and Labor in Germany 1914-1918, Princeton 1966.

Feldman, Gerald D.: Die Deutsche Bank vom Ersten Weltkrieg bis zur Weltwirtschaftskrise 1914-1933, in: Gall/Feldman/James u. a., Deutsche Bank, S. 137-314.

Feldman, Gerald D.: Die Deutsche Bank und die Automobilindustrie, in: ZUG 44 (1999), S. 3-14.

Feldman, Gerald D.: Foreign penetration of German enterprises after the First World War. The problem of Überfremdung, in: Teichova/Lévy-Leboyer/Nussbaum (Hg.), Studies, S. 87-110.

Feldman, Gerald D.: Iron and Steel in the German Inflation 1916-1923, Princeton 1977.

Feldman, Gerald D.: Hugo Stinnes. Biographie eines Industriellen 1870-1924, München 1998.

Feldman, Gerald D.: The Great Disorder, Politics, Economics, and Society in the German Inflation, 1914-1924, New York, Oxford 1993.

Feldman, Gerald D.: Vom Weltkrieg zur Weltwirtschaftkrise. Studien zur deutschen Wirtschafts- und Sozialgeschichte 1914-1932, Göttingen 1984.

Feldman, Gerald D., Carl-Ludwig Holtfrerich, Gerhard A. Ritter u. Peter-Christian Witt (Hg.): Konsequenzen der Inflation, Berlin 1989.

Feldman, Gerald D., u. Heidrun Homburg: Industrie und Inflation. Studien und Dokumente zur Politik der deutschen Unternehmer 1916-1923, Hamburg 1977.

Feldman, Gerald D., u. Wolfgang Seibel (Hg.): Networks of Nazi Persecution. Bureaucracy, Business, and the Organization of the Holocaust, New York, Oxford 2005.

Ferencz, Benjamin B.: Lohn des Grauens. Die verweigerte Entschädigung für jüdische Zwangsarbeiter. Ein Kapitel deutscher Nachkriegsgeschichte, Frankfurt, New York 1979.

Festschrift für Eugen Schmalenbach. Gewidmet von Schülern und vom Verlage, Leipzig 1933.

Feyerabend, Joachim: Die leisen Milliarden. Das Imperium des Friedrich Karl Flick, Düsseldorf, Wien 1984.

Fichtner, Michael: Aufbau und Neuordnung: Betriebsräte zwischen Klassensolidarität und Betriebsloyalität, in: Broszat/Henke/Woller (Hg.), Stalingrad, S. 469-549.

Fiedler, Martin: Die »Arisierung« der Wirtschaftselite. Ausmaß und Verlauf der Verdrängung der jüdischen Vorstands- und Aufsichtsratsmitglieder in deutschen Aktiengesellschaften (1933-1938), in: Wojak/Hayes (Hg.), »Arisierung«, S. 59-83.

Fiedler, Martin: Die 100 größten Unternehmen in Deutschland – nach der Zahl ihrer Beschäftigten, in: ZUG 44 (1999), S. 32-66.

Fischer, Albert: Hjalmar Schacht und Deutschlands »Judenfrage«. Der »Wirtschaftsdiktator und die Vertreibung der Juden aus der deutschen Wirtschaft, Köln u. a. 1995.

Fischer, Fritz: Griff nach der Weltmacht. Die Kriegszielpolitik des kaiserlichen Deutschlands, Düsseldorf 1961.

Fischer, Wolfram, Uwe Müller u. Frank Schaler (Hg.): Wirtschaft im Umbruch. Strukurveränderungen und Wirtschaftspolitik im 19. und 20. Jahrhundert. Festschrift für Lothar Baar zum 65. Geburtstag, St. Katharinen 1997.

Flemming, Thomas: Industrialisierung und Krieg, in: Spilker/Ulrich (Hg.), Tod, S. 54-67.

Forrester, David A. R.: Eugen Schmalenbach and German Business Economics, New York, London 1994.

Forstmeier, Friedrich, u. Hans-Erich Volkmann (Hg.): Wirtschaft und Rüstung am Vorabend des Zweiten Weltkrieges, Düsseldorf 1974.

Franz, Heike: Zwischen Markt und Profession. Betriebswirte in Deutschland im Spannungsfeld von Bildungs- und Wirtschaftsbürgertum (1900-1945), Göttingen 1998.

Franz, Heike, u. Alfred Kieser: Die Frühphase der Betriebswirtschaftslehre an Hochschulen (1898-1932) – Von der Handelstechnik zur Betriebswirtschaftslehre als Wissenschaft, in: Gaugler/Köhler (Hg.), Entwicklung, S. 61-85.

Frei, Norbert (Hg.): Hitlers Eliten nach 1945, München 2004.

Frei, Norbert: Vergangenheitspolitik. Die Anfänge der Bundesrepublik und die NS-Vergangenheit, München [2]2003.

Freise, Harald: Wettbewerb und Politik in der Rechtsordnung des Nationalsozialismus. Primat der Politik und ständischer Gedanke im Kartell-, Wettbewerbs- und Organisationsrecht 1933-36, Baden-Baden 1994.

Frese, Mathias: Betriebspolitik im »Dritten Reich«. Deutsche Arbeitsfront, Unternehmen und Staatsbürokratie in der westdeutschen Großindustrie 1933-39, Paderborn 1991.

Frese, Matthias, Julia Paulus u. Karl Teppe (Hg.): Demokratisierung und gesellschaftlicher Aufbruch. Die sechziger Jahre als Wendezeit der Bundesrepublik, Paderborn u. a. 2003.

Friedenberger, Martin: Das Berliner Finanzamt Moabit-West und die Enteignung der Emigranten des Dritten Reichs 1933-1942, in: ZfG 49 (2001), S. 677-694.

Fröbe, Rainer: Der Arbeitseinsatz von KZ-Häftlingen und die Perspektive der Industrie, 1943-1945, in: »Deutsche Wirtschaft«, S. 33-65.

Fuchs, Konrad: Lage und Bedeutung der Eisenindustrie des Siegerlandes vor dem 1. Weltkrieg, in: Westfälische Forschungen 17 (1964), S. 206-217.

Fuchs, Konrad: Siegerländer Unternehmer des 19. Jahrhunderts und ihr Werk, Wiesbaden 1979.

Fuchs, Konrad: Zur Lage der Industrie West- und Ost-Oberschlesiens, 1919-1939, in: Scripta Mercaturae 10 (1976), Nr. 2, S. 53-74.

Fuchs, Konrad: Zusammenwirken der Eisenindustrie des Siegerlandes und Oberschlesiens vor dem 1. Weltkrieg, in: Westfälische Forschungen 15 (1962), S. 186-193.

Fuchs, Rainer: Die bayerischen Industrie- und Handelskammern im Wiederaufbau 1945 bis 1948. Zwischen amerikanischem Demokratisierungswillen und eigener Selbstverwaltungstradition, München 1988.

Furubotn Eirik G., u. Rudolf Richter: Institutions and Economic Theory. The Contribution of the New Institutional Economics, Ann Arbor 1997.

Gall, Lothar: Der Bankier. Hermann Josef Abs. Eine Biographie, München 2004.

Gall, Lothar: Krupp. Der Aufstieg eines Industrieimperiums, Berlin 2000.

Gall, Lothar (Hg.): Krupp im 20. Jahrhundert. Die Geschichte des Unternehmens vom Ersten Weltkrieg bis zur Gründung der Stiftung, Berlin 2002.

Gall, Lothar: Von der Entlassung Alfried Krupp von Bohlen und Halbachs bis zur Errichtung seiner Stiftung 1951 bis 1967/69, in: Ders. (Hg.), Krupp im 20. Jahrhundert, S. 473-589.

Gall, Lothar, Gerald Feldman, Harold James u. a.: Die Deutsche Bank 1870-1995, München 1995.

Gaugler, Eduard, u. Richard Köhler (Hg.): Entwicklung der Betriebswirtschaftslehre. 100 Jahre Fachdisziplin – zugleich eine Verlagsgeschichte, Stuttgart 2002.

Gebhardt, Gerhard: Ruhrbergbau. Geschichte, Aufbau und Verflechtung seiner Gesellschaften und Organisationen, Essen 1957.

Gehlen, Boris: Für Köln und »den billigsten Strompreis der Welt«: Konrad Adenauer und die rheinische Elektrizitätswirtschaft 1932/33, in: Geschichte im Westen 20 (2005), S. 136-154.

Gehlen, Boris: Paul Silverberg (1876 bis 1959). Ein Unternehmer, Diss. phil. Bonn 2005.

Gellately, Robert: Hingeschaut und weggesehen. Hitler und sein Volk, Bonn 2003.

Gemeinfaßliche Darstellung des Eisenhüttenwesens, hg. vom Verein Deutscher Eisenhüttenleute, Düsseldorf [14]1937.

Genschel, Helmut: Die Verdrängung der Juden aus der Wirtschaft im Dritten Reich, Göttingen u. a. 1966.

Gerber, Berthold: Staatliche Wirtschaftslenkung in den besetzten und annektierten Ostgebieten während des Zweiten Weltkrieges unter besonderer Berücksichtigung der treuhänderischen Verwaltung von Unternehmen und der Ostgesellschaften, Tübingen 1959.

Gerlach, Christian: Kalkulierte Morde. Die deutsche Wirtschafts- und Vernichtungspolitik in Weißrußland 1941 bis 1944, Hamburg 1999.

Gerlach, Christian: Krieg, Ernährung, Völkermord. Forschungen zur deutschen Vernichtungspolitik im Zweiten Weltkrieg, Hamburg 1998.

Gerlach, Christian, u. Götz Aly: Das letzte Kapitel. Realpolitik, Ideologie und der Mord an den ungarischen Juden 1944/45, Stuttgart, München 2002.

Geus, Arie de: The Living Company, in: Harvard Business Review 1997 (March/April), S. 51-59.

Geyer, Martin H.: The Miners' Insurance and the Development of the German Social State, in: Tenfelde (Hg.), Sozialgeschichte, S. 1046-1065.

Geyer, Michael: Zum Einfluß der nationalsozialistischen Rüstungsproduktion auf das Ruhrgebiet, in: Rheinische Vierteljahresblätter 45 (1981), S. 201-264.

Gillingham, John: Coal, Steel and the Rebirth of Europe, 1945-1955. The Germans and French from Ruhr Conflict to Economic Community, Cambridge u. a. 1991.

Gillingham, John: Industry and Politics in the Third Reich. Ruhr Coal, Hitler and Europe, London 1985.

Gimbel, John: Governing the American Zone of Germany, in: Wolfe (Hg.), Americans, S. 92-102.

Gimbel, John: Science, Technology, and Reparations in Postwar Germany, in: Diefendorf/Frohn/Rupieper (Hg.), Policy, S. 175-196.

Göbel, Elisabeth: Neue Institutionenökonomik. Konzeption und betriebswirtschaftliche Anwendungen, Stuttgart 2002.

Gömmel, Reiner: Die Maxhütte als größter Industriebetrieb, in: Von Erzgräbern, S. 85-98.

Görtemaker, Manfred: Zwischen Krieg und Frieden: Die Potsdamer Konferenz 1945, in: Aus Politik und Zeitgeschichte 1995 (B 28), S. 13-24.

Götz, Florian von: Die Vorgeschichte des Gesetzes gegen Wettbewerbsbeschränkungen. Der amerikanische Einfluß auf das Entstehen einer neuen Wettbewerbsordnung in Westdeutschland 1945-1957, unveröff. Magisterarbeit Freiburg i. Br. 2004.

Goldbeck, Gustav: Kraft für die Welt 1864-1964. Klöckner-Humboldt-Deutz AG, Düsseldorf, Wien 1964.

Goldenbogen, Nora: Sachsen, in: Endlich/Goldenbogen/Herlemann u. a., Gedenkstätten, S. 607-777.

Goschler, Constantin: Schuld und Schulden. Die Politik der Wiedergutmachung für NS-Verfolgte seit 1945, Göttingen 2005.

Goschler, Constantin: Streit um Almosen. Die Entschädigung der KZ-Zwangsarbeiter durch die deutsche Nachkriegsindustrie, in: Dachauer Hefte 2 (1986), S. 157-194.

Goschler, Constantin, u. Jürgen Lillteicher (Hg.): »Arisierung« und Restitution. Die Rückerstattung jüdischen Eigentums in Deutschland und Österreich nach 1945 und 1989, Göttingen 2002.

Gosewinkel, Dieter: Wirtschaftskontrolle und Recht in der nationalsozialistischen Diktatur. Forschung und Forschungsperspektiven, in: Ders. (Hg.), Wirtschaftskontrolle, S. ix-lix.

Gosewinkel, Dieter (Hg.): Wirtschaftskontrolle und Recht in der nationalsozialistischen Diktatur, Frankfurt 2005.

Gossweiler, Kurt: Die Rolle des Monopolkapitals bei der Herbeiführung der Röhm-Affäre, Diss. phil. Berlin (Ost) 1963.

Gossweiler, Kurt: Die Vereinigten Stahlwerke und die Großbanken. Eine Studie über das Verhältnis von Bank- und Industriekapital in der Weimarer Republik und unter der faschistischen Diktatur (1926 bis 1936), in: JbWG 1965/IV, S. 11-53.

Graml, Hermann: Grundzüge nationalsozialistischer Außenpolitik, in: Broszat/Möller (Hg.), Reich, S. 104-126.

Graml, Hermann: Rassismus und Lebensraum. Völkermord im Zweiten Weltkrieg, in Bracher/Funke/Jacobsen (Hg.), Deutschland, S. 440-451.

Gregor, Neil: Stern und Hakenkreuz. Daimler-Benz im Dritten Reich, Berlin 1997.

Greiling, Christian: La minorité Allemande de Haute-Silésie 1919-1939, Paris 2003.

Grieger, Manfred: Das RWE in Wirtschaftskrise und NS-Diktatur 1930-1945, in: Schweer/Thieme (Hg.), Riese, S. 117-140.

Grieger, Manfred: Zwangsarbeit im Volkswagenwerk. Historische Entwicklung, persönliche Verarbeitung und betriebliche Erinnerungsformen, in: Hauch (Hg.), Industrie, S. 49-65.

Großbölting, Thomas: Vom institutionellen Rückgrat des Mittelstandes zum Transmissionsriemen der SED-Wirtschaftspolitik: Die Industrie- und Handelskammern in der Sowjetischen Besatzungszone und frühen DDR, in: ders./Schmidt (Hg.), Unternehmerwirtschaft, S. 141-169.

Großbölting, Thomas, u. Rüdiger Schmidt (Hg.): Unternehmerwirtschaft zwischen Markt und Lenkung. Organisationsformen, politischer Einfluß und ökonomisches Verhalten 1930-1960, München 2002.

Grunenberg, Nina: Die Wundertäter. Netzwerke der deutschen Wirtschaft 1942 bis 1966, München 2006.

Haas, Ulrich: Wandlungen der wirtschafts- und sozialgeographischen Struktur des Siegerlandes im zweiten Viertel des 20. Jahrhunderts, Remagen 1958.

Hachtmann, Rüdiger: Industriearbeit im ›Dritten Reich‹. Untersuchungen zu den Lohn- und Arbeitsbedingungen in Deutschland 1933-1945, Göttingen 1989.

Hachtmann, Rüdiger: Wissenschaftsmanagement im »Dritten Reich«. Geschichte der Generalverwaltung der Kaiser-Wilhelm-Gesellschaft, Göttingen 2007 [im Erscheinen].

Hachtmeister, Lutz: Schleyer. Eine deutsche Geschichte, München 2004.

Halder, Winfried: »Verhängnisvolle Wirkungen und empfindliche Lähmungen im Wirtschaftsablauf«. Zur Einschätzung von Ausmaß und Folgen der Demontagen im sächsischen Wirtschaftressort 1945-47, in: Karlsch/Laufer (Hg.), Demontagen, S. 447-471.

Hallgarten, George F. W.: Hitler, Reichswehr und Industrie. Zur Geschichte der Jahre 1918-1933, Frankfurt [3]1962.

Hallgarten, George. W.F., u. Joachim Radkau: Deutsche Industrie und Politik von Bismarck bis heute, Frankfurt, Köln 1974.

Hansen, Ernst Willi: Reichswehr und Industrie. Rüstungswirtschaftliche Zusammenarbeit und wirtschaftliche Mobilmachungsvorbereitungen 1923-1932, Boppard 1978.

Hardach, Gerd: Der Erste Weltkrieg 1914-1918, München 1973.

Hardach, Karl: Wirtschaftsgeschichte Deutschlands im 20. Jahrhundert (1914-1970), Göttingen ^{3}1993.

Harris, John: Entrepreneurship and Economic Development, in: Cain/Uselding (Hg.), Business, S. 141-172.

Hartmann, Johannes: Der Erzbergbau durch die Maxhütte, in: 150 Jahre Maxhütte, S. 19-26.

Hartmann, Michael: Top-Manager. Die Rekrutierung einer Elite, Frankfurt 1996.

Hartmann, Wolf D.: Kapitale Karrieren. Mythos und Realität profitabler Geschäfte, Berlin (Ost) 1986.

Hauch, Gabriella (Hg.): Industrie und Zwangsarbeit im Nationalsozialismus. Mercedes Benz–VW–Reichswerke Hermann Göring in Linz und Salzgitter. Unter Mitarbeit von Peter Gutschner und Birgit Kirchmayr, Innsbruck u. a. 2003.

Haus, Rainer: Lothringen und Salzgitter in der Eisenerzpolitik der deutschen Schwerindustrie von 1871-1940, Salzgitter 1991.

Haus, Rainer u. Hans Sarkowicz: Feuer und Eisen. 275 Jahre Wärme von Buderus, München, Zürich 2006.

Hayes, Peter: Big Business and »Aryanization« in Germany, in: Jahrbuch für Antisemitismusforschung 3 (1994), S. 254-281.

Hayes, Peter: Die Degussa im Dritten Reich. Von der Zusammenarbeit zur Mittäterschaft, München 2004.

Hayes, Peter: Industry and Ideology. IG Farben in the Nazi Era, Cambridge u. a. 1987.

Heiber, Helmut: Die Republik von Weimar, München ^{6}1972.

Heiden, Detlev: »Im Grunde alles erreicht, worum wir jahrelang gekämpft haben.« Die hessische Sozialisierung und die Unternehmer, in: ZUG 44 (1999), S. 67-86.

Hefele, Peter: Die Verlagerung von Industrie- und Dienstleistungsunternehmen aus der SBZ/DDR nach Westdeutschland. Unter besonderer Berücksichtigung Bayerns (1945-1961), Stuttgart 1998.

Henke, Klaus-Dietmar: Die amerikanische Besetzung Deutschlands, München 1995.

Henke, Klaus-Dietmar (Hg.): Die Dresdner Bank im Dritten Reich, 4 Bde., München 2006.

Hennig, Helmut: Entflechtung und Neuordnung der westdeutschen Montanindustrie unter besonderer Berücksichtigung der Verbundwirtschaft zwischen Kohle und Eisen, Bern 1952.

Hentschel, Volker: Ludwig Erhard. Ein Politikerleben, Berlin 1998.

Herbert, Ulrich: Einleitung, in: ders. (Hg.), Europa, S. 7-25.

Herbert, Ulrich (Hg.): Europa und der »Reichseinsatz«. Ausländische Zivilarbeiter, Kriegsgefangene und KZ-Häftlinge in Deutschland 1938-1948, Essen 1991.

Herbert, Ulrich: Fremdarbeiter. Politik und Praxis des »Ausländer-Einsatzes« in der Kriegswirtschaft des Dritten Reiches, Bonn [2]1999.

Herbert, Ulrich: Geschichte der Ausländerpolitik in Deutschland. Saisonarbeiter, Zwangsarbeiter, Gastarbeiter, Flüchtlinge, München 2001.

Herbert, Ulrich: Zwangsarbeit im Dritten Reich. Kenntnisstand, offene Fragen, Forschungprobleme, in: Reininghaus/Reimann (Hg.), Zwangsarbeit, S. 16-37.

Herbst, Ludolf: Banker in einem prekären Geschäft: Die Beteiligung der Commerzbank an der Vernichtung jüdischer Gewerbeunternehmen im Altreich (1933-1940), in: ders./Weihe (Hg.), Commerzbank, S. 74-137.

Herbst, Ludolf: Das nationalsozialistische Deutschland 1933-1945. Die Entfesselung der Gewalt: Rassismus und Krieg, Frankfurt 1996.

Herbst, Ludolf: Der Krieg und die Unternehmensstrategie deutscher Industrie-Konzerne in der Zwischenkriegszeit, in: Broszat/Schwabe (Hg.), Eliten, S. 72-134.

Herbst, Ludolf: Der Totale Krieg und die Ordnung der Wirtschaft. Die Kriegswirtschaft im Spannungsfeld von Politik, Ideologie und Propaganda 1939-1945, Stuttgart 1982.

Herbst, Ludolf: Einleitung, in: ders./Goschler (Hg.), Wiedergutmachung, S. 7-31.

Herbst, Ludolf: Steuerung der Wirtschaft im Nationalsozialismus? Systemtheoretische Aspekte, in: Gosewinkel (Hg.), Wirtschaftskontrolle, S. 3-13.

Herbst, Ludolf: Stil und Handlungsspielräume westdeutscher Integrationspolitik, in: ders./Bührer/Sowade (Hg.), Marshallplan, S. 3-18.

Herbst, Ludolf, Werner Bührer u. Hanno Sowade (Hg.): Vom Marshallplan zur EWG. Die Eingliederung des Bundesrepublik Deutschland in die westliche Welt, München 1990.

Herbst, Ludolf, u. Constantin Goschler (Hg.): Wiedergutmachung in der Bundesrepublik Deutschland, München 1989.

Herbst, Ludolf, u. Thomas Weihe (Hg.): Die Commerzbank und die Juden. 1933-1945, München 2004.

Herchenröder, Karl-Heinrich, Johannes Schäfer u. Manfred Zappa: Die Nachfolger der Ruhrkonzerne, Düsseldorf [3]1954.

Hering, Rainer, u. Rainer Rainer (Hg.): Lebendige Sozialgeschichte. Gedenkschrift für Peter Borowsky, Opladen 2003.

Herzig, Arno: Jüdische Geschichte in Deutschland. Von den Anfängen bis zur Gegenwart, München 1997.

Herzog, Bodo: Kapitänleutnant Otto Steinbrinck. Die Geschichte des erfolgreichsten U-Boot-Kommandanten in den Gewässern um England, Krefeld 1963.

Heß, Ulrich: Sachsens Industrie in der Zeit des Nationalsozialismus. Ausgangspunkte, Struktureller Wandel, Bilanz, in: ders./Bramke (Hg.), Wirtschaft, S. 53-88.

Hesse, Jan-Ottmar, Christian Kleinschmidt u. Karl Lauschke (Hg.): Kulturalismus, Neue Institutionenökonomik oder Theorienvielfalt. Eine Zwischenbilanz der Unternehmensgeschichte, Essen 2002.

Hesse, Jan-Ottmar, Tim Schanetzky u. Jens Scholten: Das Unternehmen als gesellschaftliches Reformprojekt. Strukturen und Entwicklungen der »moralischen Ökonomie« nach 1945, Essen 2004.

Hesse, Jan-Ottmar, Tim Schanetzky u. Jens Scholten: Idee zu einer gesellschaftsreformerischen Unternehmensgeschichte in methodischer Absicht – »Gabentausch«, »moralische Ökonomie« oder »Unternehmensethik«, in: dies. (Hg.), Unternehmen, S. 7-14.

Hetzer, Gerhard: Unternehmer und leitende Angestellte zwischen Rüstungseinsatz und politischer Säuberung, in: Broszat/Henke/Woller (Hg.), Stalingrad, S. 551-91.

Heydenreuter, Reinhard: Office of Military Government for Bavaria, in: Weisz (Hg.), OMGUS-Handbuch, S. 143-295.

Heymann, Annegret: Der Jurist Julius Flechtheim. Leben und Werk, Berlin u.a. 1990.

Hilberg, Raul: Die Vernichtung der europäischen Juden, 3 Bde., Frankfurt [9]1999.

Hilger, Susanne: »Amerikanisierung« deutscher Unternehmen. Wettbewerbsstrategien und Unternehmenspolitik bei Henkel, Siemens und Daimler-Benz (1945/49-1975), Wiesbaden 2004.

Hilger, Susanne: Unternehmen im Wettbewerb. Hemmnisse und Herausforderungen für eine vergleichende Unternehmensgeschichte, beide in: Hesse/Kleinschmidt/Lauschke (Hg.), Kulturalismus, S. 289-299.

Hillgruber, Andreas: Hitlers Strategie. Politik und Kriegführung 1940-1941, Frankfurt 1965.

Hinz, Uta: Gefangen im Großen Krieg. Kriegsgefangenenschaft in Deutschland, 1914-1921, Essen 2005.

Hirschfeld, Gerhard, Gerd Krumeich u. Irina Rentz (Hg.): Enzyklopädie Erster Weltkrieg, Paderborn u.a. [2]2004.

Hobsbawm, Eric: Age of Extremes. The Short Twentieth Century, London 1995.

Hockerts, Hans Günther, u. Christiane Kuller (Hg.): Nach der Verfolgung. Wiedergutmachung nationalsozialistischen Unrechts in Deutschland?, Göttingen 2003.

Hockerts, Hans Günther: Wiedergutmachung. Ein umstrittener Begriff und ein weites Feld, in: ders./Kuller (Hg.), Verfolgung, S. 7-33.

Hodenberg, Christina von: Konkurrierende Konzepte von »Öffentlichkeit« in der Orientierungskrise der 60er Jahre, in: Frese/Paulus/Teppe (Hg.), Demokratisierung, S. 205-226.

Höfer, Friedrich, Erwin Jericho u. Eberhard Knorr: Das Werk Rosenberg. Technisch-wirtschaftliche Entwicklung (nach 1945), in: 150 Jahre Maxhütte, S. 43-62.

Hörster-Philipps, Ulrike: Im Schatten des großen Geldes. Flick-Konzern und Politik: Weimarer Republik, Drittes Reich, Bundesrepublik, Köln 1985.

Hofmann, Rudolf, u. Ingo Hofmann: Corporate Governance. Überwachungseffizienz und Führungskompetenz in Kapitalgesellschaften, München, Wien 1998.

Homze, Edward L.: Arming the Luftwaffe. The Reich Air Ministry and the German Aircraft Industry 1919-39, Lincoln, London 1976.

Homze, Edward L.: Foreign Labor in Nazi Germany, Princeton 1967.

Hopmann, Barbara: Von der Montan zur Industrieverwaltungsgesellschaft (IVG) 1916-1951, Stuttgart 1996.

Hopmann, Barbara, Mark Spoerer, Birgit Weitz u. Beate Brüninghaus: Zwangsarbeit bei Daimler-Benz, Stuttgart 1994.

Horn, Norbert, u. Jürgen Kocka (Hg.): Recht und Entwicklung der Großunternehmen im 19. und frühen 20. Jahrhundert. Wirtschafts-, sozial- und rechtshistorische Untersuchungen zur Industrialisierung in Deutschland, Frankreich, England und USA, Göttingen 1979.

Hornung, Ela, Ernst Langthaler u. Sabine Schweitzer: Zwangsarbeit in der Landwirtschaft, in: Echternkamp (Hg.), Reich, Bd. 9/2, S. 577-666.

Houwink ten Cate, Johannes: Amsterdam als Finanzplatz Deutschlands (1919-1932), in: Feldman/Holtfrerich/Ritter u. a. (Hg.), Konsequenzen, S. 149-179.

Hufnagel, Gerhard: Interesse und Verantwortung. Die Geschichte der Siegerländer Arbeitgeberverbände vom Kaiserreich bis zur Deutschen Diktatur, Siegen 2000.

Jacobsen, Hans-Adolf: Nationalsozialistische Außenpolitik 1933-1938, Frankfurt, Berlin 1968.

Jacobson, Jon: The Reparation Settlement of 1924, in: Feldman/Holtfrerich/Ritter u. a. (Hg.), Konsequenzen, S. 79-107.

Jäckel, Eberhard: Hitlers Weltanschauung. Entwurf einer Herrschaft, Stuttgart ²1981.

Jäger, Jörg-Johannes: Die wirtschaftliche Abhängigkeit des Dritten Reiches vom Ausland dargestellt am Beispiel der Stahlindustrie, Berlin 1969.

James, Harold: Familienunternehmen in Europa. Haniel, Wendel und Falck, München 2005.

James, Harold: The Causes of the German Banking Crisis of 1931, in: Economic History Review 37 (1984), S. 68-87.

James, Harold: The Deutsche Bank and the Nazi Economic War Against the Jews. The Expropriation of Jewish-Owned Property, Cambridge u. a. 2001.

James, Harold: The German Slump. Politics and Economics, 1924-1936, Oxford 1986.

James, Harold: Strukturwandel in Kriegs- und Krisenzeiten 1914-1945, in: Pohl (Hg.), Geschichte, S. 157-213.

James, Harold, u. Jakob Tanner (Hg.): Enterprise in the Period of Fascism in Europe, Aldershot 2002.

Jarausch, Konrad: Die Umkehr. Deutsche Wandlungen 1945-1995, Bonn 2004.

Johnson, Jeffrey Allan: Die Macht der Synthese (1900-1925), in: Abelshauser (Hg.), BASF, S. 117-219.

Joly, Hervé: Kontinuität und Diskontinuität der industriellen Elite nach 1945, in: Ziegler (Hg.), Großbürger, S. 54-72.

Jones, Geoffrey, u. Mary Rose: Family Capitalism, in: Business History 35 (1993), Nr. 4, S. 1-16.

Judt, Tony: Postwar. A History of Europe since 1945, London 2007.

Jung, Susanne: Die Rechtsprobleme der Nürnberger Prozesse dargestellt am Verfahren gegen Friedrich Flick, Tübingen 1992.

Jungk, Horst: Das Werk Maxhütte-Haidhof, in: 150 Jahre Maxhütte, S. 63-76.

Kaelble, Hartmut: Industrielle Interessenpolitik in der Wilhelminischen Gesellschaft. Centralverband Deutscher Industrieller 1895-1914, Berlin 1967.

Kaelble, Hartmut: Social mobility in the 19th and 20th Centuries. Europe and America in Comparative Perspective, Leamington Spa u. a. 1985.

Kaelble, Hartmut: Sozialstruktur und Lebensweise deutscher Unternehmer 1907-1927, in: Scripta Mercaturae 24 (1990), S. 132-179.

Kanther, Manfred A. (Bearb.): Findbuch zum Nachlaß Wilhelm Steinberg (1896-1984), hg. v. Manfred Rasch, Duisburg 1999.

Kanther, Manfred A.: Wilhelm Steinberg (1896-1984), in: ders. (Bearb.), Findbuch, S. 3-19.

Karlsch, Rainer: Allein bezahlt? Die Reparationsleistungen der SBZ/DDR 1945-53, Berlin 1993.

Karlsch, Rainer, u. Jochen Laufer (Hg.): Sowjetische Demontagen in Deutschland 1944-1949. Hintergründe, Ziele und Wirkungen. Unter Mitarbeit von Friederike Sattler, Berlin 2002.

Keilwerth, Hubert: Die Maxhütte Unterwellenborn – 120 Jahre Roheisenerzeugung im politischen Wandel, in: 150 Jahre Maxhütte, S. 77-88.

Kerkhof, Stefanie van de: Von der Friedens- zur Kriegswirtschaft. Unternehmensstrategien der deutschen Eisen- und Stahlindustrie vom Kaiserreich bis zum Ende des Ersten Weltkrieges, Essen 2006.

Kershaw, Ian: Hitler. 1936-1945, Frankfurt 2000.

Kilz, Hans Werner, u. Joachim Preuss: Flick. Die gekaufte Republik, Reinbek 1983.

Kipping, Matthias: Aspekte der Beziehungen zwischen Staat und Unternehmen. Lektionen für die Bedeutung des internationalen Vergleichs in der Unternehmensgeschichte, in: Hesse/Kleinschmidt/Lauschke (Hg.), Kulturalismus, S. 275-288.

Kittel, Manfred: Nach Nürnberg. »Vergangenheitsbewältigung« in Japan und Westdeutschland 1945 bis 1968, München 2004.

Klass, Gert von: Albert Vögler. Einer der Großen des Ruhrreviers, Tübingen 1957.

Klee, Katja: Im »Luftschutzkeller des Reiches«. Evakuierte in Bayern 1939-1953: Politik, soziale Lage, Erfahrungen, München 1999.

Kleinschmidt, Christian: Rationalisierung als Unternehmensstrategie. Die Eisen-

und Stahlindustrie des Ruhrgebiets zwischen Jahrhundertwende und Weltwirtschaftskrise, Essen 1993.

Kleinschmidt, Christoph, u. Thomas Welskopp: Amerika aus deutscher Perspektive. Reiseeindrücke deutscher Ingenieure über die Eisen- und Stahlindustrie der USA, 1900-1930, in: ZUG 39 (1994), S. 73-103.

Kleinschmidt, Christian, u. Thomas Welskopp: Zuviel »Scale«, zu wenig »Scope«. Eine Auseinandersetzung mit Alfred D. Chandlers Analyse der deutschen Eisen- und Stahlindustrie in der Zwischenkriegszeit, in: JbWG 1993/II, S. 251-297.

Klemperer, Viktor: LTI. Notizbuch eines Philologen, Frankfurt u. a. 2004.

Kleßmann, Christoph: Die doppelte Staatsgründung. Deutsche Geschichte 1945-1955, Bonn [5]1991.

Koch, Horst Günther: Berg- und Hüttenleute. Gruben und Hochofenwerke im Siegerland und Westerwald, Siegen 1982.

Koch, Horst Günther: Feuer und Eisen. Von den Hochöfen und der Schwerindustrie im Siegerländer Wirtschaftsraum mit den Kreisen Altenkirchen und Siegen sowie im Wittgensteiner Land; von Menschen im Bann des Eisens, Selbstverlag Siegen 1970.

Kocka, Jürgen: Bürgertum und Bürgerlichkeit als Probleme der deutschen Geschichte vom späten 18. zum frühen 20. Jahrhundert, in: ders. (Hg.), Bürger, S. 21-63.

Kocka, Jürgen (Hg.): Bürger und Bürgerlichkeit im 19. Jahrhundert, Göttingen 1987.

Kocka, Jürgen: Entrepreneurship in a Latecomer Country: The German Case, in: ders. (Hg.), Culture, S. 70-102.

Kocka, Jürgen (Hg.): Industrial Culture & Bourgeois Society. Business, Labor, and Bureaucracy in Modern Germany, New York, Oxford 1999.

Kocka, Jürgen: Management in der Industrialisierung. Die Entstehung und Entwicklung des klassischen Musters, in: ZUG 44 (1999), S. 135-149.

Kocka, Jürgen: Unternehmer in der deutschen Industrialisierung, Göttingen 1975.

Kocka, Jürgen, u. Hannes Siegrist: Die hundert größten deutschen Industrieunternehmen im späten 19. und frühen 20. Jahrhundert. Expansion, Diversifikation und Integration im internationalen Vergleich, in: Horn/Kocka (Hg.), Recht, S. 55-122.

Köchling, Martina: Demontagepolitik und Wiederaufbau in Nordrhein-Westfalen, Essen 1995.

Köhler, Henning: Zum Verhältnis Friedrich Flicks zur Reichsregierung am Ende der Weimarer Republik, in: Mommsen/Petzina/Weisbrod (Hg.), System, S. 878-883.

Kohl, Peter, u. Peter Bessel: Auto Union und Junkers. Die Geschichte der Mitteldeutschen Motorenwerke GmbH Taucha 1935-1948, Stuttgart 2003.

Kolb, Eberhard: 1918/19: Die steckengebliebene Revolution, in: Stern/Winkler (Hg.), Wendepunkte, S. 99-125.

Konrad, Horst Dieter: Zur sozialen und wirtschaftlichen Entwicklung des Siegerlandes im neunzehnten Jahrhundert, in: (dis)harmonien, S. II.14-20.

Konrad Kaletsch, der Flick-Konzern und das Siegerland. Versuch einer notwendigen Aufarbeitung, Siegen [2]1987.

Kopper, Christopher: Zwischen Marktwirtschaft und Dirigismus. Bankenpolitik im »Dritten Reich« 1933-1939, Bonn 1995.

Krekeler, Norbert: Revisionsanspruch und geheime Ostpolitik der Weimarer Republik. Die Subventionierung der deutschen Minderheit in Polen 1919-1933, Stuttgart 1973.

Krengel, Jochen: Die deutsche Roheisenindustrie 1871-1913. Eine quantitativhistorische Untersuchung, Berlin 1983.

Kretschmer, Kerstin: Industrialisierung und Umwelt. Der Braunkohlenbergbau in Nordwestsachsen – Strukturveränderungen und ökologische Folgen (1900-1952), in: Bramke/Heß (Hg.), Wirtschaft, S. 133-153.

Kreutzmüller, Christoph: Händler und Handlungsgehilfen. Der Finanzplatz Amsterdam und die deutschen Großbanken (1918-1945), Stuttgart 2005.

Kritzer, Peter: Wilhelm Hoegner. Politische Biographie eines bayerischen Sozialdemokraten, München 1979.

Kroener, Bernhard R.: Mobilmachungsplanungen gegen Recht und Verfassung. Kriegsvorkehrung in Reichsheer und Wehrmacht 1918 bis 1939, in: Thoß/Volkmann (Hg.), Weltkrieg, S. 57-77.

Kroener, Bernhard R., Rolf-Dieter Müller u. Hans Umbreit: Das Deutsche Reich und der Zweite Weltkrieg, Bd. 5/1, Organisation und Mobilisierung des deutschen Machtbereichs. Kriegsverwaltung, Wirtschaft und personelle Ressourcen 1939-1941, hg. vom Militärgeschichtlichen Forschungsamt, Stuttgart 1988.

Kroener, Bernhard R., Rolf-Dieter Müller u. Hans Umbreit: Das Deutsche Reich und der Zweite Weltkrieg, Bd. 5/2, Organisation und Mobilisierung des deutschen Machtbereichs. Kriegsverwaltung, Wirtschaft und personelle Ressourcen 1942-1944/45, hg. vom Militärgeschichtlichen Forschungsamt, Stuttgart 1999.

Kröll, Friedhelm: Fall 10: Der Krupp-Prozeß (»Krupp-Case«), in: Ueberschär (Hg.), Nationalsozialismus, S. 176-186.

Kroker, Evelyn: Heinrich Kost. Rationalisierung und Sozialbeziehungen im Bergbau, in: Erker/Pierenkemper (Hg.), Unternehmer, S. 291-318.

Kroker, Evelyn, u. Michael Farrenkopf: Grubenunglücke im deutschsprachigen Raum. Katalog der Bergwerke, Opfer, Ursachen und Quellen, Bochum 1998.

Krüger, Peter, Die Außenpolitik der Republik von Weimar, Darmstadt 1985.

Kruk, Max, Erich Potthoff u. Günter Sieben: Eugen Schmalenbach. Der Mann – Sein Werk – Die Wirkung, hg. von Walter Cordes im Auftrag der Schmalenbach-Stiftung, Stuttgart 1984.

Kruk, Max, u. Gerald Lingnau: 100 Jahre Daimler-Benz. Das Unternehmen, Mainz 1986.

Krumbein, Wolfgang: Wirtschaftssteuerung zwischen den Organisationsformen »Staat« und »Selbstverwaltung«. Das Beispiel des Verwaltungsamtes für Stahl und Eisen 1945-1950, in: Petzina/Euchner (Hg.), Wirtschaftspolitik, S. 197-213.

Kruse, Wolfgang: Organisation und Unordnung – Kriegswirtschaft und Kriegsgesellschaft in Deutschland 1914-1918, in: Spilker/Ulrich (Hg.), Tod, S. 84-95.

Kuijlars, Anne-Marie, Kim Prudon u. Joop Visser (Hg.): Business and Society. Entrepreneurs, Politics and Networks in a Historical Perspective, Rotterdam 2000.

Kupczyk, Edwin: Der Majoritätswechsel im Konzern der Vereinigten Stahlwerke, in: Wirtschaftsdienst 26 (1932), S. 875-879.

Kupczyk, Edwin: Tagesfragen der deutschen Eisenwirtschaft, in: Wirtschaftsdienst 16 (1931), S. 1797-1801.

Landfried, Christine: Parteifinanzen und politische Macht. Eine vergleichende Studie zur Bundesrepublik Deutschland, zu Italien und den USA, Baden-Baden ²1994.

Lantermann, Friedrich: Zur Geschichte der Siegener Eisenindustrie-Aktiengesellschaft (1867/1898-1937/69), in: Siegener Beiträge 3 (1998), S. 97-118.

Latour, Conrad F., u. Thilo Vogelsang: Okkupation und Wiederaufbau. Die Tätigkeit der Militärregierung in der amerikanischen Besatzungszone Deutschlands 1944-1947, Stuttgart 1973.

Leben und Arbeit in Herrenwyk. Geschichte der Hochofenwerk Lübeck AG, der Werkskolonie und ihrer Menschen, hg. v. Museum für Kunst und Kulturgeschichte der Hansestadt Lübeck, Lübeck ²1987.

Lee, Jae-Chan: Frachtbasissystem bei standardisierter Produktion. Theoretische Analyse und empirische Reflexion am Beispiel der Stahlindustrie, Bochum 1990.

Lillteicher, Jürgen: Raub, Recht und Restitution. Die Rückerstattung jüdischen Eigentums in der frühen Bundesrepublik, Göttingen 2007.

Lillteicher, Jürgen: Rechtsstaatlichkeit und Verfolgungserfahrung. »Arisierung« und fiskalische Ausplünderung vor Gericht, in: ders./Goschler (Hg.), Arisierung, S. 127-159.

Lindner, Stephan H.: Hoechst. Ein I.G. Farben Werk im Dritten Reich, München 2005.

Littmann, Friederike: Vom Notstand eines Haupttäters – Zwangsarbeit im Flick-Konzern, in: *1999* 1 (1986), S. 4-43.

Loch, Alojzy, u. Gerard Szendzielorz: Kartki z dziejów Huty »Batory«, Stalinogród 1956.

Lorentz, Bernhard: Industrieelite und Wirtschaftspolitik 1928-1950. Heinrich Dräger und das Drägerwerk, Paderborn u. a. 2001.

Lorentz, Bernhard, u. Paul Erker: Chemie und Politik. Die Geschichte der Chemischen Werke Hüls 1938 bis 1979. Eine Studie zum Problem der Corporate Governance, München 2003.

Lotfi, Gabriele: KZ der Gestapo. Arbeitserziehungslager im Dritten Reich, Stuttgart, München 2000.

Ludwig, Karl-Heinz: Strukturmerkmale nationalsozialistischer Aufrüstung bis 1935, in: Forstmeier/Volkmann (Hg.), Wirtschaft, S. 39-64.
Ludwig, Karl-Heinz: Technik und Ingenieure im Dritten Reich, Düsseldorf 1974.
Luhmann, Niklas: Soziale Systeme. Grundriß einer allgemeinen Theorie, Frankfurt 1987.
MacElligott, Anthony, u. Tim Kirk (Hg.): Working towards the Führer. Essays in Honour of Sir Ian Kershaw, Manchester, New York 2003.
Madajzcyk, Czesław: Die Okkupationspolitik Nazideutschlands in Polen 1939-1945, Berlin 1987.
Mariaux, Franz: Gedenkwort zum Hundertjährigen Bestehen der Harpener Bergbau-Aktien-Gesellschaft, Dortmund 1956.
Markus, Sandra: Bilanzieren und Sinn stiften. Erinnerungen von Unternehmern im 20. Jahrhundert, Stuttgart 2002.
Martens, Stefan, u. Maurice Vaïsse (Hg.): Frankreich und Deutschland im Krieg (November 1942-Herbst 1944). Okkupation, Kollaboration, Résistance, Bonn 2000.
Martin, Thomas: »Und nichts war uns geblieben«. Der Weg der Freitaler Stahl-Industrie GmbH zum Volkseigenen Betrieb (1945-1948), Stuttgart 1997.
Marx, Christian: Netzwerkhandeln. Paul Reusch und die »Corporate Governance« der Gutehoffnungshütte (1905-1947). Ein Projektentwurf, in: Akkumulation 23 (2006), S. 17-23.
Maschke, Erich: Es entsteht ein Konzern. Paul Reusch und die GHH, Tübingen 1969.
McCraw, Thomas K. (Hg.): Modern Capitalism. How Entrepreneurs, Companies, and Countries Triumphed in Three Industrial Revolutions, Cambridge (Mass.), London 1995.
Messerschmidt, Manfred: Außenpolitik und Kriegsvorbereitung, in: Deist/Messerschmidt/Volkmann/Wette, Ursachen, S. 639-850.
Metz, Rainer: Säkulare Trends der deutschen Wirtschaft, in: North (Hg.), Wirtschaftsgeschichte, S. 427-500.
Meyer, August: Hitlers Holding. Die Reichswerke »Hermann Göring«, München, Wien ²1999.
Meyhoff, Andreas: Blohm & Voss im ›Dritten Reich‹. Eine Hamburger Großwerft zwischen Geschäft und Politik, Hamburg 2001.
Michalka, Wolfgang (Hg.): Der Erste Weltkrieg. Wirkung, Wahrnehmung, Analyse, München, Zürich 1994.
Michalka, Wolfgang (Hg.): Der Zweite Weltkrieg. Analysen, Grundzüge, Forschungsbilanz, München, Zürich 1989.
Michalka, Wolfgang: Kriegsrohstoffbewirtschaftung. Walter Rathenau und die ›kommende Wirtschaft‹, in: ders. (Hg.), Erster Weltkrieg, S. 485-505.
Middendorf, Stefanie: Verstoßenes Wissen. Emigranten als Deutschlandexperten im »Office of Strategic Services« und im amerikanischen Außenministerium 1943-1955, unveröff. Magisterarbeit Freiburg 1999.

Milert, Werner: Die verschenkte Kontrolle. Bestimmungsgründe und Grundzüge der britischen Kohlenpolitik im Ruhrbergbau 1945-1948, in: Petzina/Euchner (Hg.), Wirtschaftspolitik, S. 105-119.

Milward, Alan S.: Die deutsche Kriegswirtschaft 1939-1945, Stuttgart 1966.

Möller, Horst, Andreas Wirsching u. Walter Ziegler (Hg.): Nationalsozialismus in der Region. Beiträge zur regionalen und lokalen Forschung und zum internationalen Vergleich, München 1996.

Mönnich, Horst: Aufbruch ins Revier. Aufbruch nach Europa. Hoesch 1871-1971, München 1971.

Mönnich, Horst: Labyrinthe der Macht. Stinnes – Thyssen – Flick, Frankfurt 1975.

Mönninghoff, Wolfgang: Enteignung der Juden. Wunder der Wirtschaft. Erbe der Deutschen, Hamburg, Wien 2001.

Mollin, Gerhard Th.: Die Eisen- und Stahlindustrie im Nationalsozialismus, in: Dascher/Kleinschmidt (Hg.), Stahlindustrie, S. 469-491.

Mollin, Gerhard Th.: Montankonzerne und »Drittes Reich«. Der Gegensatz zwischen Monopolindustrie und Befehlswirtschaft in der deutschen Rüstung und Expansion 1936-1944, Göttingen 1988.

Mommsen, Hans: Aufstieg und Untergang der Republik von Weimar 1918-1933, Berlin 2001.

Mommsen, Hans: Die Realisierung des Utopischen: Die Endlösung der »Judenfrage« im Dritten Reich, in: GuG 9 (1983), S. 381-420.

Mommsen, Hans, u. Manfred Grieger: Das Volkswagenwerk und seine Arbeiter im Dritten Reich, Düsseldorf 1996.

Mommsen, Hans, Dietmar Petzina u. Bernd Weisbrod (Hg.): Industrielles System und politische Entwicklung in der Weimarer Republik, Düsseldorf 1974.

Mommsen, Wolfgang J.: Der Erste Weltkrieg. Anfang vom Ende des bürgerlichen Zeitalters, Frankfurt 2004.

Moser, Eva: Unternehmer in Bayern. Der Landesverband der Bayerischen Industrie und sein Präsidium 1948 bis 1978, in: Schlemmer/Woller (Hg.), Bayern, S. 25-86.

Mosse, Werner E., u. Hans Pohl (Hg.): Jüdische Unternehmer in Deutschland im 19. und 20. Jahrhundert, Stuttgart 1992.

Müller, Alfred: Die Kriegsrohstoffbewirtschaftung 1914-1918 im Dienste des deutschen Monopolkapitalismus, Berlin (Ost) 1955.

Müller, Gloria: Strukturwandel und Arbeitnehmerrechte. Die wirtschaftliche Mitbestimmung in der Eisen- und Stahlindustrie 1945-1975, Essen 1991.

Müller, Heinz: Geschichte des VEB Stahl- und Walzwerks Riesa 1843 bis 1945, Berlin (Ost) 1961.

Müller, Rolf-Dieter: Albert Speer und die Rüstungspolitik im totalen Krieg, in: Kroener/Müller/Umbreit, Reich, Bd. 5/2, S. 273-773.

Müller, Rolf-Dieter: Das Scheitern der wirtschaftlichen Blitzkriegstrategie, in: Boog u. a., Reich, Bd. 4., S. 936-1029.

Müller, Rolf-Dieter: Das »Unternehmen Barbarossa« als wirtschaftlicher Raubkrieg, in: Ueberschär/Wette (Hg.), Überfall, S. 125-157.

Müller, Rolf-Dieter: Die Konsequenzen der »Volksgemeinschaft«. Ernährung, Ausbeutung und Vernichtung, in: Michalka, Zweiter Weltkrieg, S. 240-248.

Müller, Rolf-Dieter: Die Mobilisierung der deutschen Wirtschaft für Hitlers Kriegsführung, in: Kroener/Müller/Umbreit, Reich, Bd. 5/1, S. 349-689.

Müller, Rolf-Dieter: Grundzüge der deutschen Kriegswirtschaft 1939 bis 1945, in: Bracher/Funke/Jacobsen (Hg), Deutschland, S. 357-376.

Müller, Rolf-Dieter: Hitlers Ostkrieg und die deutsche Siedlungspolitik. Die Zusammenarbeit von Wehrmacht, Wirtschaft und SS, Frankfurt 1991.

Müller, Rolf-Dieter: Von der Wirtschaftsallianz zum kolonialen Ausbeutungskrieg, in: Boog u. a., Reich, Bd. 4, S. 98-189.

Müller, Uwe: Demontagen, gesellschaftliche Transformation und industrieller Strukturwandel in Brandenburg (Havel), in: Karlsch/Laufer (Hg.), Demontagen, S. 371-402.

Münch, Hans: Die Bedeutung der sowjetischen Aufträge an die sächsische Werkzeugmaschinenindustrie in der Zeit der Weltwirtschaftskrise 1929 bis 1932, in JbWG 1965/IV, S. 54-76.

Münzel, Martin: Die jüdischen Mitglieder der deutschen Wirtschaftselite 1927-1955. Verdrängung – Emigration – Rückkehr, Paderborn u. a. 2006.

Muskalla, Dieter: NS-Politik an der Saar unter Joseph Bürckel. Gleichschaltung – Neuordnung – Verwaltung, Saarbrücken 1995.

Muthesius, Volkmar: Peter Klöckner und sein Werk, Essen 1941.

Myllyniemi, Seppo: Die Neuordnung der baltischen Länder 1941-1944. Zum nationalsozialistischen Inhalt der deutschen Besatzungspolitik, Helsinki 1973.

Naasner, Walter: Neue Machtzentren in der deutschen Kriegswirtschaft 1942-1945. Die Wirtschaftsorganisation der SS, das Amt des Generalbevollmächtigten für den Arbeitseinsatz und das Reichsministerium für Bewaffnung und Munition/Reichsministerium für Rüstung und Kriegsproduktion im nationalsozialistischen Herrschaftssystem, Boppard 1994.

Nationalsozialismus in Lübeck 1933-1945, hg. vom Museum für Kunst und Kulturgeschichte der Hansestadt Lübeck, Lübeck 1985.

Nazi Gold. The London Conference 2-4 December 1997, hg. vom Foreign & Commonwealth Office, London 1998.

Neebe, Reinhard: Die Industrie und der 30. Januar 1933, in: Bracher/Funke/Jacobsen (Hg.), Diktatur, S. 155-176.

Neebe, Reinhard: Großindustrie, Staat und NSDAP 1930-1933. Paul Silverberg und der Reichsverband der Deutschen Industrie in der Krise der Weimarer Republik, Göttingen 1981.

Neumann, Alexander: »Arzttum ist immer Kämpfertum«. Die Heeressanitätsinspektion und das Amt »Chef des Wehrmachtssanitätswesens« im Zweiten Weltkrieg 1939-1945, Düsseldorf 2005.

Niedhart, Gottfried: Die Außenpolitik der Weimarer Republik, München 1999.

Niethammer, Lutz: Entnazifizierung in Bayern. Säuberung und Rehabilitierung unter amerikanischer Besatzung, Frankfurt 1972.

Niethammer, Lutz u.a.: Bürgerliche Gesellschaft in Deutschland. Historische Einblicke, Fragen, Perspektiven, Frankfurt 1990.

Nievelstein, Markus: Der Zug nach der Minette. Deutsche Unternehmen in Lothringen 1871-1918. Handlungsspielräume und Strategien im Spannungsfeld des deutsch-französischen Grenzgebietes, Bochum 1993.

Noakes, Jeremy: ›Viceroys of the Reich‹? Gauleiters 1925-45, in: MacElligott/Kirk (Hg.), Führer, S. 118-152.

Nocken, Ulrich: Interindustrial Conflicts and Alliances in the Weimar Republic. Experiments in Societal Corporation, Diss. phil. Berkeley 1979.

Nonn, Christoph: Die Ruhrbergbaukrise. Entindustrialisierung und Politik 1958-1969, Göttingen 2001.

North, Douglass C.: Institutions, Institutional Change and Economic Performance, Cambridge 1990.

North, Douglass C.: Structure and Change in Economic History, New York 1981.

North, Michael (Hg.): Deutsche Wirtschaftsgeschichte. Ein Jahrtausend im Überblick, München ²2005.

Nützenadel, Alexander: Stunde der Ökonomen. Wisssenschaft, Politik und Expertenkultur in der Bundesrepublik 1959-1974, Göttingen 2005.

Ogger, Günter: Friedrich Flick der Große, Bern u.a. ³1971.

Ohlsen, Manfred: Milliarden für den Geier oder Der Fall des Friedrich Flick, Berlin (Ost) ³1985.

Osterloh, Jörg: Ein ganz normales Lager. Das Kriegsgefangenen-Stammlager 304 (IV H) Zeithain bei Riesa/Sa. 1941 bis 1945, Leipzig ²1997.

Otto, Reinhard: Wehrmacht, Gestapo und sowjetische Kriegsgefangene im deutschen Reichsgebiet 1941/42, München 1998.

Overy, Richard J.: German Multi-Nationals and the Nazi-State in Occupied Europe, in: ders., War, S. 315-342.

Overy, Richard J.: Goering. The ›Iron Man‹, London 1984.

Overy, Richard J.: Heavy Industry in the Third Reich: The Reichswerke Crisis, in: ders., War, S. 93-118.

Overy, Richard J.: Hitler's War and the German Economy: A Reinterpretation, in: ders., War, S. 233-256.

Overy, Richard J.: Introduction: The Nazi Economy in Peace and War, in: ders., War, S. 1-36.

Overy, Richard J.: »Primacy always belongs to Politics«: Gustav Krupp and the Third Reich, in: ders., War, S. 119-143.

Overy, Richard J.: The Nazi Economic Recovery 1932-1938, London, Basingstoke 1982.

Overy, Richard J.: The Reichswerke »Hermann Göring«: A Study in German Economic Imperialism, in: ders., War, S. 144-174.

Overy, Richard J.: Unemployment in the Third Reich, in: ders., War, S. 37-67.

Overy, Richard J.: War and Economy in the Third Reich, Oxford 1994.
Pendaries, Yveline, Les procès de Rastatt (1946-1954). Le jugement des crimes de guerre en zone française d'occupation en Allemagne, Bern u. a. 1995.
Penter, Tanja: Arbeiten für den Feind in der Heimat – der Arbeitseinsatz in der besetzten Ukraine 1941-1944, in: JbWG 2004/I, S. 65-94.
Penter, Tanja: Die lokale Gesellschaft im Donbass unter deutscher Okkupation 1941-1943, in: BGNS 19 (2003), S. 183-223.
Penter, Tanja: Zwangsarbeit – Arbeit für den Feind. Der Donbass unter deutscher Okkupation (1941-1943), in: GuG 31 (2005), S. 68-100.
Penter, Tanja: Zwischen Hunger, Terror und einer »glücklichen Zukunft«. Der Arbeitseinsatz im Steinkohlenbergbau des Donezbeckens unter deutscher Besatzung 1941 bis 1943, in: Tenfelde/Seidel (Hg.), Zwangsarbeit, S. 433-466.
Perels, Joachim: Fast vergessen. Franz L. Neumanns Beitrag zur Konzipierung der Nürnberger Prozesse. Eine Erinnerung aus Anlaß seines 100. Geburtstags, in: Kritische Justiz 34 (2001), S. 117-125.
Petzina, Dietmar: Autarkiepolitik im Dritten Reich. Der nationalsozialistische Vierjahresplan, Stuttgart 1968.
Petzina, Dietmar: Die deutsche Wirtschaft in der Zwischenkriegszeit, Wiesbaden 1977.
Petzina, Dietmar: Die Verantwortung des Staates für die Wirtschaft. Ausgewählte Aufsätze, hg. von Werner Abelshauser u. a., Essen 2000.
Petzina, Dietmar: Staatliche Ausgaben und deren Umverteilungswirkung. Das Beispiel der Industrie- und Agrarsubventionen in der Weimarer Republik, in: ders., Verantwortung, S. 10-45.
Petzina, Dietmar (Hg.): Zur Geschichte der Unternehmensfinanzierung, Berlin 1990.
Petzina, Dietmar, u. Walther Euchner (Hg.): Wirtschaftspolitik im britischen Besatzungsgebiet 1945-1949, Düsseldorf 1984.
Peukert, Detlev J.: Die Weimarer Republik. Krisenjahre der klassischen Moderne, Frankfurt 1987.
Pfister, Ulrich, u. Werner Plumpe: Einleitung: Plädoyer für eine theoriegestützte Geschichte von Unternehmen und Unternehmern, in: Westfälische Forschungen 50 (2000), S. 1-21.
Pierenkemper, Toni: Die westfälischen Schwerindustriellen 1852-1913. Soziale Merkmale und unternehmerischer Erfolg, Göttingen 1979.
Pierenkemper, Toni: Grundzüge der Wirtschaftsgeschichte Oberschlesiens in der Neuzeit, in: ders. (Hg.), Industriegeschichte, S. 1-27.
Pierenkemper, Toni: Hans-Günther Sohl. Funktionale Effizienz und autoritäre Harmonie in der Eisen- und Stahlindustrie, in: Erker/Pierenkemper (Hg.), Unternehmer, S. 53-107.
Pierenkemper, Toni (Hg.): Industriegeschichte Oberschlesiens im 19. Jahrhundert. Rahmenbedingungen, gestaltende Kräfte, infrastrukturelle Voraussetzungen, regionale Diffusion, Wiesbaden 1992.
Pierenkemper, Toni: Jüdische Unternehmer in der deutschen Schwerindustrie

1850-1933. Vexierbild oder Chimäre?, in: Mosse/Pohl (Hg.), Unternehmer, S. 100-118.

Pierenkemper, Toni: Sechs Thesen zum gegenwärtigen Stand der deutschen Unternehmensgeschichtsschreibung. Eine Entgegnung auf Manfred Pohl, in: ZUG 45 (2000), S. 158-166.

Pierenkemper, Toni: Unternehmensgeschichte. Eine Einführung in ihre Methoden und Ergebnisse, Stuttgart 2000.

Pierenkemper, Toni: Von Krise zu Krise. Die Fried. Krupp AG von der Währungsstabilisierung bis zum Ende der Weimarer Republik 1924 bis 1933, in: Gall (Hg.), Krupp im 20. Jahrhundert, S. 167-265.

Pierenkemper, Toni: Was kann eine moderne Unternehmensgeschichtsschreibung leisten? Und was sollte sie tunlichst vermeiden, in: ZUG 44 (1999), S. 15-31.

Pierenkemper, Toni, u. Richard Tilly: The German Economy during the Nineteenth Century, New York, Oxford 2004.

Pingel, Falk: Der aufhaltsame Aufschwung. Die Wirtschaftsplanung für die britische Zone im Rahmen der außenpolitischen Interessen der Besatzungsmacht, in: Petzina/Euchner (Hg.), Wirtschaftspolitik, S. 41-64.

Pingel, Wulf: Von Kiel nach Riga. Schleswig-Holsteiner in der deutschen Zivilverwaltung des Reichskommissariats Ostland, in: ZSHG 122 (1997), S. 439-466.

Piquet, Nathalie: »Privilegierte« Zwangsarbeiter. Sowjetische und serbische Arbeitskräfte im nordfranzösischen und belgischen Steinkohlenbergbau während der deutschen Besatzung, in: Tenfelde/Seidel (Hg.), Zwangsarbeit, S. 467-493.

Pinner, Felix: Deutsche Wirtschaftsführer, [Berlin-]Charlottenburg 1924.

Plato, Alexander von: »Wirtschaftskapitäne«. Biographische Selbstkonstruktionen von Unternehmern der Nachkriegszeit, in: Schildt/Sywottek (Hg.), Modernisierung, S. 372-391.

Plumpe, Gottfried: Die I.G. Farbenindustrie AG. Wirtschaft, Technik und Politik 1904-1945, Berlin 1990.

Plumpe, Werner: 1968 und die deutschen Unternehmen. Zur Markierung eines Forschungsfeldes, in: Hesse/Schanetzky/Scholten (Hg.), Unternehmen, S. 45-66.

Plumpe, Werner: Die Unwahrscheinlichkeit des Jubiläums – oder: warum Unternehmen nur historisch erklärt werden können, in: JbWG 2003/I, S. 143-156.

Plumpe, Werner: Unternehmen, in: Ambrosius/Petzina/Plumpe (Hg.), Wirtschaftsgeschichte, S. 47-66.

Plumpe, Werner: Unternehmen im Nationalsozialismus. Eine Zwischenbilanz, in: Abelshauser/Hesse/Plumpe (Hg.), Wirtschaftsordnung, S. 243-266.

Plumpe, Werner: Vom Plan zum Markt. Wirtschaftsverwaltung und Unternehmerverbände in der britischen Zone, Düsseldorf 1987.

Plumpe, Werner: Wirtschaftliche Selbstverwaltung, in: Ambrosius/Petzina/Plumpe (Hg.), Wirtschaftsgeschichte, S. 375-387.

Plumpe, Werner: Wirtschaftsverwaltung und Kapitalinteresse im britischen Besatzungsgebiet 1945/46, in: Petzina/Euchner (Hg.), Wirtschaftspolitik, S. 121-152.

Pohl, Hans: Buderus 1932-1995. Bd. 3 der Unternehmensgeschichte, Wetzlar 2001.

Pohl, Hans: Die Konzentration in der deutschen Wirtschaft vom ausgehenden 19. Jahrhundert bis 1945, in: ders./Treue (Hg.), Konzentration, S. 4-44.

Pohl, Hans (Hg.), Geschichte des Finanzplatzes Berlin, Frankfurt 2002.

Pohl, Hans: Strukturprobleme einer deutschen Mittelgebirgsregion. Der Eisenerzbergbau an Lahn und Dill seit dem 19. Jahrhundert, in: ders., Wirtschaft, S. 828-839.

Pohl, Hans (Hg.): The Concentration Process in the Entrepreneurial Economy since the Late 19th Century, Stuttgart 1988.

Pohl, Hans: Wirtschaft, Unternehmen, Kreditwesen, soziale Probleme. Ausgewählte Aufsätze. Teil 1, Stuttgart 2005.

Pohl, Hans, u. Wilhelm Treue (Hg.): Die Konzentration in der deutschen Wirtschaft seit dem 19. Jahrhundert, Wiesbaden 1978.

Pohl, Manfred: Zwischen Weihrauch und Wissenschaft? Zum Standort der modernen Unternehmensgeschichte. Eine Replik auf Toni Pierenkemper, in: ZUG 44 (1999), S. 150-163.

Pohl, Manfred, u. Andrea H. Schneider: VIAG Aktiengesellschaft 1923-1998. Vom Staatsunternehmen zum internationalen Konzern, München, Zürich 1998.

Polzer, Victoria: Der vergessene Vertrag. Inhalt, Entstehung und Deutungsmöglichkeiten des Überleitungsvertrages von 1953, unveröff. Magisterarbeit Freiburg 2003.

Priemel, Kim: Die ›Arisierung‹ der Hochofenwerk Lübeck A.G. Lokale Initiative, individueller Opportunismus und wirtschaftspolitische Großwetterlage, 1933-38, in: ZSHG 132 (2007), S. 177-209.

Priemel, Kim: Die Macht der Syndikate. Das Scheitern des Reichskohlenkommissars 1940/41 und die deutsche Kohlenwirtschaft, in: BGNS 22 (2006), S. 159-182.

Priemel, Kim: Die Wiege des Flick-Konzerns. Friedrich Flick und das Siegerland 1907-1920, in: Siegener Beiträge 11 (2006), S. 147-170.

Priemel, Kim: Finis Imperii: Wie sich ein Konzern auflöst. Der Beteiligungsbesitz der Friedrich Flick KG 1945/46 [in Vorbereitung].

Priemel, Kim: Geborgt, verbürgt, gesperrt. Die Abwicklung deutscher Industriekredite im Ausland in der Devisenbewirtschaftung, 1931-1938 [in Vorbereitung].

Priemel, Kim: Gekaufte Geschichte. Der »Freundeskreis Albert Vögler«, Gert von Klass und die Entwicklung der historischen Unternehmensforschung nach 1945, in: ZUG 52 (2007) [im Erscheinen].

Priemel, Kim: Rez.: Abelshauser/Hesse/Plumpe (Hg.), Wirtschaftsordnung, in: ZUG 50 (2005), S. 234-236.

Priemel, Kim: Unternehmensgeschichte reloaded. Selbstverständnis und Eigendeutung der FFKG in Entflechtung, Restitution und Öffentlichkeitsarbeit nach 1945 [voraussichtlich München 2008].

Priemel, Kim: Wirtschaftskrieg und »Arbeitsjuden«. Möglichkeiten zur Rettung von Juden in Vilnius, in: Wette (Hg.), Zivilcourage, S. 305-322.

Priemel, Kim: Zwangsarbeit für die Maxhütte 1939-1945, in: 150 Jahre Maxhütte, S. 101-106.

Pritzkoleit, Kurt: Gott erhält die Mächtigen. Rück- und Rundblick auf den deutschen Wohlstand, Düsseldorf 1963.

Pritzkoleit, Kurt: Männer, Mächte, Monopole. Hinter den Türen der westdeutschen Wirtschaft, Düsseldorf [2]1960.

Pritzkoleit, Kurt: Wem gehört Deutschland? Eine Chronik von Besitz und Macht, Wien 1957.

Prollius, Michael von: Deutsche Wirtschaftsgeschichte nach 1945, Göttingen 2006.

Przigoda, Stefan: Unternehmensverbände im Ruhrbergbau. Zur Geschichte von Bergbau-Verein und Zechenverband 1858-1933, Bochum 2002.

Putze, Oswald, u. W. Höck: 120 Jahre Linke-Hofmann-Busch Salzgitter-Watenstedt 1839-1959, 3 Bde., Salzgitter 1959.

Quaritsch, Helmut: Nachwort, in: Schmitt, Verbrechen, S. 125-247.

Quinkert, Babette: Terror und Propaganda. Die »Ostarbeiteranwerbung« im Generalkommissariat Weißruthenien, in: ZfG 47 (1999), S. 700-721.

Radkau, Joachim: Von der nationalsozialistischen Machtergreifung bis zur Gegenwart, in: Hallgarten/Radkau, Industrie, S. 225-538.

Radtke-Delacor, Arne: Verlängerte Werkbank im Westen. Deutsche Produktionsaufträge als Trumpfkarte der industriellen Kollaboration in Frankreich (1942-1944), in: Martens/Vaïsse (Hg.), Frankreich, S. 327-350.

Ramge, Thomas: Die Flicks. Eine deutsche Familiengeschichte über Geld, Macht und Politik, Frankfurt, New York 2004.

Rasch, Manfred: Albert Vögler, die Industrie und die Wissenschaften. Eine Annäherung an ein Thema, in: Soénius (Hg.), Bewegen – Verbinden – Gestalten, S. 313-333.

Rasch, Manfred: Albert Vögler und sein Verhältnis zur Politik, in: Mitteilungsblatt des Instituts für soziale Bewegungen. Forschungen und Forschungsberichte Nr. 28 (2003), S. 127-156.

Rasch, Manfred: August Thyssen. Der katholische Großindustrielle der wilhelminischen Epoche, in: ders./Feldman (Hg.), Thyssen, S. 13-107.

Manfred Rasch: Von Festschrift und Hagiographie zur theorie- und methodengeleiteten Darstellung? Unternehmens- und Unternehmergeschichtsschreibung zur Stahlindustrie im Ruhrgebiet in den letzten hundert Jahren, in: Ferrum. Nachrichten aus der Eisenbibliothek 74 (2002), S. 15-48.

Rasch, Manfred: Walter Rohland zwischen Kaiserreich und Bundesrepublik, in: Bleidick u. a., Findbuch, S. 3-61.

Rasch, Manfred: Was wurde aus August Thyssens Firma nach seinem Tod 1926? Genealogie seiner größeren Konzernunternehmen, in: Wegener (Hg.), Thyssen, S. 181-299.

Rathkolb, Oliver: Zwangsarbeit in der Industrie, in: Echternkamp (Hg.), Reich, Bd. 9/2, S. 667-728.

Rauh-Kühne, Cornelia: Hitlers Hehler? Unternehmerprofite und Zwangsarbeiterlöhne, in: HZ 275 (2002), S. 1-55.

Rebentisch, Dieter: Führerstaat und Verwaltung im Zweiten Weltkrieg. Verfassungsentwicklung und Verwaltungspolitik 1939-1945, Stuttgart 1989.

Reckendrees, Alfred: Das »Stahltrust«-Projekt. Die Gründung der Vereinigte Stahlwerke A.G. und ihre Unternehmensentwicklung 1926-1933/34, München 2000.

Reckendrees, Alfred: Der Property Rights-Ansatz und sein möglicher Nutzen für die historische Unternehmensforschung. Ein Versuch, in: Ellerbrock/Wischermann (Hg.), Wirtschaftsgeschichte, S. 272-290.

Reckendrees, Alfred: Die Vereinigte Stahlwerke A.G. und das »glänzende Beispiel Amerika«, in ZUG 41 (1996), S. 159-186.

Reckendrees, Alfred: From Cartel Regulation to Monopolistic Control? The Founding of the German ›Steel Trust‹ in 1926 and its Effect on Market Regulation, in: Business History 45 (2003), Nr. 3, S. 22-51.

Reckendrees, Alfred: Taxation and the Development of the »Vereinigte Stahlwerke AG« (United Steelworks Corporation), 1925-1936, in: Kuijlars/Prudon/Visser (Hg.), Business, S. 13-28.

Reckendrees, Alfred, u. Kim Priemel: Politik als produktive Kraft? Die »Gelsenberg-Affäre« und die Krise des Flick-Konzerns (1931/32), in: JbWG 2006/II, S. 63-93.

Recker, Marie-Luise: Vom Revisionismus zur Großmachtstellung. Deutsche Außenpolitik 1933 bis 1939, in: Bracher/Funke/Jacobsen (Hg.), Deutschland, S. 315-330.

Redlich, Fritz: Der Unternehmer. Wirtschafts- und Sozialgeschichtliche Studien, Göttingen 1964.

Rehling, Andrea: Die deutschen Wirtschaftseliten in der öffentlichen Wahrnehmung am Beispiel von »Spiegel«, »Stern« und »Quick«, in: Akkumulation 18 (2003), S. 1-13.

Reichel, Peter: Vergangenheitsbewältigung in Deutschland. Die Auseinandersetzung mit der NS-Diktatur von 1945 bis heute, München 2001.

Reininghaus, Wilfried, u. Norbert Reimann (Hg.): Zwangsarbeit in Deutschland 1939-1945. Archiv- und Sammlungsgut, Topographie und Erschließungsstrategien, Bielefeld 2001.

Renker, Gerhard: Das Siegerland und die deutsche Revolution von 1918/19, in: (dis)harmonien, Teil VI.

Riedel, Matthias: Eisen und Kohle für das Dritte Reich. Die Stellung Paul Pleigers in der NS-Wirtschaft, Göttingen 1973.

Ritschl, Albrecht: Deutschlands Krise und Konjunktur 1924-1934. Binnenkonjunktur, Auslandsverschuldung und Reparationsproblem zwischen Dawes-Plan und Transfersperre, Berlin 2002.

Ritschl, Albrecht: Die Währungsreform von 1948 und der Wiederaufstieg der westdeutschen Industrie. Zu den Thesen von Mathias Manz und Werner Abelshauser über die Produktionswirkungen der Währungsreform, in: VfZ 33 (1985), S. 136-165.

Ritschl, Albrecht: Hat das Dritte Reich wirklich eine ordentliche Beschäftigungspolitik betrieben?, in: JbWG 2003/I, S. 125-140.

Ritschl, Albrecht: Wirtschaftspolitik im Dritten Reich – Ein Überblick, in: Bracher/Funke/Jacobsen (Hg.), Deutschland, S. 118-134.

Roe, Mark J.: Political Determinants of Corporate Governance. Political Context, Corporate Impact, Oxford, New York 2003.

Rödder, Andreas: Die Bundesrepublik Deutschland 1969-1990, München 2004.

Röhr, Werner: Zur Wirtschaftspolitik der deutschen Okkupanten in Polen 1939-1945, in: Eichholtz (Hg.), Krieg, S. 221-51.

Rohlack, Momme: Kriegsgesellschaften (1914-1918). Arten, Rechtsformen und Funktionen in der Kriegswirtschaft des Ersten Weltkrieges, Frankfurt u. a. 2001.

Rosenkötter, Bernhard: Treuhandpolitik. Die »Haupttreuhandstelle Ost« und der Raub polnischen Vermögens 1939-1945, Essen 2003.

Roth, Karl-Heinz: Monopolkapital und Wirtschaftsunternehmen der NSDAP im »Dritten Reich«, in: *1999* 4 (1989), H. 3, S. 122-133.

Roth, Regina: Staat und Wirtschaft im Ersten Weltkrieg. Kriegsgesellschaften als kriegswirtschaftliche Steuerungsinstrumente, Berlin 1997.

Rousselier-Fraboulet, Danièle: La métallurgie de Saint-Denis face à l'effort de guerre allemand, in: Martens/Vaïsse (Hg.), Frankreich, S. 351-364.

Saldern, Adelheid von: Hermann Dietrich. Ein Staatsmann der Weimarer Republik, Boppard 1966.

Schabrod, Karl: Widerstand gegen Flick und Florian. Düsseldorfer Antifaschisten über ihren Widerstand 1933-1945, Frankfurt 1978.

Schanetzky, Tim: Die große Ernüchterung. Wirtschaftspolitik, Expertise und Gesellschaft in der Bundesrepublik 1966 bis 1982, Berlin 2007.

Schanetzky, Tim: Unternehmer: Profiteure des Unrechts, in: Frei (Hg.), Eliten, S. 69-116.

Schawacht, Jürgen-H.: Der Berg gab Eisen uns und Brot. Siegerländer Bergbau – Blütezeit und Ende, in: Aus Eisen ist der Berge Mark, S. 117-141.

Scherner, Jonas: Das »Gesetz zur Übernahme von Garantien zum Ausbau der Rohstoffwirtschaft« und die NS-Autarkiepolitik, in: Bähr/Banken (Hg.), Wirtschaftssteuerung, S. 343-364.

Scherner, Jonas, u. Jochen Streb: Das Ende eines Mythos? Albert Speer und das so genannte Rüstungswunder, in: VSWG 93 (2006), S. 172-196.

Schildt, Axel, u. Arnold Sywottek (Hg.): Modernisierung im Wiederaufbau. Die westdeutsche Gesellschaft der 50er Jahre, Bonn 1993.

Schily, Otto: Politik in bar. Flick und die Verfassung unserer Republik, München 1986.

Schindler, Thomas: Die deutsche Revolution 1918/19 im Siegerland, in: Bartolosch, Jahre, S. 9-18.

Schissler, Hanna (Hg.): The Miracle Years. A Cultural History of West Germany, 1949-1968, Princeton 2001.
Schleicher, Barbara: Heisses Eisen. Zur Unternehmenspolitik der Österreichisch-Alpine Montangesellschaft in den Jahren 1918-1933, Frankfurt u. a. 1999.
Schlemmer, Thomas u. Hans Woller (Hg.), Bayern im Bund, Bd. 2. Gesellschaft im Wandel 1949 bis 1973, München 2002.
Schmidt, Eberhard: Die verhinderte Neuordnung 1945-1952. Zur Auseinandersetzung um die Demokratisierung der Wirtschaft in den westlichen Besatzungszonen und in der Bundesrepublik Deutschland, Frankfurt [7]1977.
Schöllgen, Gregor: Die Außenpolitik der Bundesrepublik Deutschland. Von den Anfängen bis zur Gegenwart, München 1999.
Scholtyseck, Joachim: Die USA vs. »The Big Six«. Der gescheiterte Bankenprozeß nach dem Zweiten Weltkrieg, in: Bankhistorisches Archiv 26 (2000), S. 27-53.
Schreiber, Gerhard: Die italienischen Militärinternierten im deutschen Machtbereich 1943 bis 1945. Verraten, verachtet, vergessen, München 1990.
Schröter, Harm G.: Von der Teilung zur Wiedervereinigung 1945-2004, in: North (Hg.), Wirtschaftsgeschichte, S. 356-426.
Schubert, Werner: Einleitung, in: ders./Schmid/Regge (Hg.), Akademie, S. xx-l.
Schubert, Werner: Vorbemerkungen zu der Gesamtedition, in: ders./Schmid/Regge (Hg.), Akademie, S. viii-xiii.
Schulte, Jan Erik: Zwangsarbeit und Vernichtung. Das Wirtschaftsimperium der SS. Oswald Pohl und das SS-Wirtschafts-Verwaltungshauptamt, Paderborn u. a. 2001.
Schulz, Frank: Demontagen in Leipzig – »geeignet, den Lebensnerv der Stadt abzutöten«?, in: Karlsch/Laufer (Hg.), Demontagen, S. 403-445.
Schulz, Frank: Elitenwechsel in Betriebsleitungen der Leipziger Industrieregion 1945 bis Anfang der fünfziger Jahre, in: Bramke/Heß (Hg.), Wirtschaft, S. 185-225.
Schulz, Ulrike: Die Enteignung der Firma Simson & Co. und die Entstehung der nationalsozialistischen Wilhelm-Gustloff-Stiftung, 1927-1936, unveröff. Magisterarbeit HU Berlin 2004.
Schulz, Uwe (Hg.), Große Prozesse. Recht und Gerechtigkeit in der Geschichte, München 1996.
Schumann, Wolfgang: Nachkriegsplanungen der Reichsgruppe Industrie im Herbst 1944, in: JbWG 1972/III, S. 259-296.
Schwartz, Thomas Alan: Die Begnadigung deutscher Kriegsverbrecher. John McCloy und die Häftlinge von Landsberg, in: VfZ 38 (1990), S. 375-414.
Schwartz, Thomas Alan: John J. McCloy and the Landsberg Cases, in: Diefendorf/Frohn/Rupieper (Hg.), Policy, S. 433-454.
Schwarz, Hans-Peter: Adenauer. Bd. 1. Der Aufstieg 1876-1952, München 1994.
Schwarz, Hans-Peter: Vom Reich zur Bundesrepublik. Deutschland im Widerstreit der außenpolitischen Konzeptionen in den Jahren der Besatzungsherrschaft 1945-1949, Stuttgart [2]1980.

Schwarz, Walter: Die Wiedergutmachung nationalsozialistischen Unrechts durch die Bundesrepublik Deutschland. Ein Überblick, in: Herbst/Goschler (Hg.), Wiedergutmachung, S. 33-54.

Schweer, Dieter, u. Wolf Thieme (Hg.): »Der gläserne Riese«. RWE – ein Konzern wird transparent, Wiesbaden 1998.

Schwerin von Krosigk, Lutz Graf: Die große Zeit des Feuers. Der Weg der deutschen Industrie, 3 Bde., Tübingen 1957-1959.

Seebold, Gustav-Hermann: Ein Stahlkonzern im Dritten Reich. Der Bochumer Verein 1927-1945, Wuppertal 1981.

Seidel, Hans-Christoph: Arbeitseinsatz und Zwangsarbeit im europäischen Steinkohlenbergbau unter deutscher Herrschaft, in: Bähr/Banken (Hg.), Europa, S. 259-286.

Seidel, Hans-Christoph: Der »Russenstreb«. Die betriebliche Organisation des Ausländer- und Zwangsarbeitereinsatzes im Ruhrbergbau während des Zweiten Weltkrieges, in: GuG 31 (2005), S. 8-37.

Seidel, Hans-Christoph: »Ein buntes Völkergemisch hat eine Wanderung durch unsere Gruben gemacht.« Ausländereinsatz und Zwangsarbeit im Ruhrbergbau 1940 bis 1945, in: Tenfelde/Seidel (Hg.), Zwangsarbeit, Bd. 1, S. 75-159.

Seidl, Jürgen: Die Bayerischen Motorenwerke (BMW) 1945-1949. Staatlicher Rahmen und unternehmerisches Handeln, München 2002.

Sennett, Richard: Der flexible Mensch. Die Kultur des neuen Kapitalismus, Berlin [8]1998.

Siegrist, Hannes: Deutsche Großunternehmen vom späten 19. Jahrhundert bis zur Weimarer Republik. Integration. Diversifikation und Organisation bei den 100 größten deutschen Industrieunternehmen (1887-1927) in international vergleichender Perspektive, in: GuG 6 (1980), S. 60-102.

Sluyterman, Keetie E., u. Helene J. M. Winkelman: The Dutch Family Firm Confronted with Chandler's Dynamics of Industrial Capitalism 1890-1940, in: Business History 35 (1993), Nr. 4, S. 152-183.

Smith, Bradley F.: The Road to Nuremberg, New York 1981.

Soénius, Ulrich S. (Hg.): Bewegen – Verbinden – Gestalten. Unternehmer vom 17. bis zum 20. Jahrhundert. Festschrift für Klara van Eyll, Köln 2003.

Soénius, Ulrich S.: Im Auftrag des Reichswirtschaftsministeriums: Rudolf Siedersleben, in: Danylow/Soénius (Hg.), Wolff, S. 245-294.

Sonderegger, Fritz: Das Prinzip der Erhaltung der Unternehmung als Grundproblem der modernen Betriebswirtschaftslehre, Bern 1950.

Spiethoff, Arthur: Die wirtschaftlichen Wechsellagen. Aufschwung, Krise, Stockung, 2 Bde., Tübingen, Zürich 1955.

Spilker, Rolf, u. Bernd Ulrich (Hg.): Der Tod als Maschinist. Der industrialisierte Krieg 1914-1918, Bramsche 1998.

Spoerer, Mark: Die soziale Differenzierung der ausländischen Zivilarbeiter, Kriegsgefangenen und Häftlinge im Deutschen Reich, in: Echternkamp (Hg.), Reich, Bd. 9/2, S. 485-576.

Spoerer, Mark: Profitierten Unternehmen von KZ-Arbeit? Eine kritische Analyse der Literatur, in: HZ 268 (1999), S. 61-95.

Spoerer, Mark: Von Scheingewinnen zum Rüstungsboom. Die Eigenkapitalrentabilität der deutschen Industrieaktiengesellschaften 1925-1941, Stuttgart 1996.

Spoerer, Mark: Zur Verantwortlichkeit privatwirtschaftlicher Industrieunternehmen für den Einsatz von NS-ZwangsarbeiterInnen: Das Beispiel Daimler-Benz, in: Hauch (Hg.), Industrie, S. 37-47.

Spoerer, Mark: Zwangsarbeiter unter dem Hakenkreuz. Ausländische Zivilarbeiter, Kriegsgefangene und Häftlinge im Deutschen Reich und im besetzten Europa 1939-1945, Stuttgart, München 2001.

Stallbaumer, Lisa M.: Between Coercion and Cooperation. The Flick Concern in Nazi Germany before the War, in: Essays in Economic and Business History 1999, S. 63-74.

Stallbaumer, Lisa M.: Big Business and the Persecution of the Jews. The Flick Concern and the »Aryanization« of Jewish Property Before the War, in: HGS 13 (1999), S. 1-27.

Stallbaumer, Lisa M.: Strictly Business? The Flick Concern and ›Aryanizations‹. Corporate Expansion in the Nazi Era, Diss. phil. Madison 1995.

Stegmann, Dirk: Friedrich Flick. Vom industriellen Aufsteiger zum Konzernstrategen 1918 bis 1933, in: Hering/Nicolaysen (Hg.), Sozialgeschichte, S. 347-364.

Steinbach, Peter: Der Nürnberger Prozeß gegen die Hauptkriegsverbrecher, in: Ueberschär (Hg.), Nationalsozialismus, S. 32-44.

Steinberg, Jonathan: Die Deutsche Bank und ihre Goldtransaktionen während des Zweiten Weltkrieges, München 1999.

Steiner, André: Bundesrepublik und DDR in der Doppelkrise europäischer Industriegesellschaften. Zum sozialökonomischen Wandel in den 1970er Jahren, in: Zeithistorische Forschungen 2006, H. 3, S. 242-262.

Stern, Carola, u. Heinrich A. Winkler: Wendepunkte deutscher Geschichte 1848-1990, Frankfurt ²2003.

Stokes, Raymond G.: Divide and Prosper. The Heirs of I.G. Farben under Allied Authority 1945-1951, Berkeley u. a. 1988.

Stokes, Raymond G.: Von der I.G. Farbenindustrie AG bis zur Neugründung der BASF (1925-1952), in: Abelshauser (Hg.), BASF, S. 221-358.

Streit, Christian: Keine Kameraden. Die Wehrmacht und die sowjetischen Kriegsgefangenen 1941-1945, Bonn ²1991.

Stürmer, Michael, Gabriele Teichmann u. Wilhelm Treue: Wägen und Wagen. Sal. Oppenheim jr. & Cie. Geschichte einer Bank und einer Familie, München, Zürich ²1989.

Suckut, Siegfried, Die Betriebsrätebewegung in der Sowjetisch Besetzten Zone Deutschlands (1945-1948). Zur Entwicklung und Bedeutung von Arbeiterinitiative, betrieblicher Mitbestimmung und Selbstbestimmung bis zur Revision des programmatischen Konzeptes der KPD/SED vom »besonderen Weg zum Sozialismus«, Frankfurt 1982.

Süß, Dietmar: Kumpel und Genossen. Arbeiterschaft, Betrieb und Sozialdemokratie in der bayerischen Montanindustrie 1945 bis 1976, München 2003.

Swatek, Dieter: Unternehmenskonzentration als Ergebnis und Mittel nationalsozialistischer Wirtschaftspolitik, Berlin 1972.

Taylor, Telford: Die Nürnberger Prozesse. Kriegsverbrechen und Völkerrecht, Zürich 1951.

Taylor, Telford: Sword and Swastika. Generals and Nazis in the Third Reich, New York 1952.

Teichova, Alice, Maurice Lévy-Leboyer u. Helga Nussbaum (Hg.): Historical Studies in International Corporate Business, Cambridge, Paris 1989.

Tenfelde, Klaus (Hg.): Sozialgeschichte des Bergbaus im 19. und 20. Jahrhundert, München 1992.

Tenfelde, Klaus u. Hans Christoph Seidel: Arbeitseinsatz und Zwangsarbeit im Kohlenbergbau des Deutschen Reiches und der besetzten Gebiete. Einführende Bemerkungen, in: dies. (Hg.), Zwangsarbeit, S. 11-31.

Tenfelde, Klaus, u. Hans-Christoph Seidel (Hg.): Zwangsarbeit im Bergwerk. Der Arbeitseinsatz im Kohlenbergbau des Deutschen Reiches und der besetzten Gebiet im Ersten und Zweiten Weltkrieg, 2 Bde., Essen 2005.

Thieleke, Karl-Heinz: Die Arisierungen des Flick-Konzerns, in: Ders. (Hg.), Fall 5, S. 353-451.

Thoß, Bruno, u. Hans-Erich Volkmann (Hg.): Erster Weltkrieg – Zweiter Weltkrieg. Ein Vergleich. Krieg, Kriegserlebnis, Kriegserfahrung in Deutschland, Paderborn u. a. 2002.

Tischert, Georg: Männer und Werke. Altes und Neues aus Industrie, Bank- und Börsenwelt, Selbstverlag Berlin 1930.

Tooze, Adam: The Wages of Destruction. The Making and Breaking of the Nazi Economy, London 2006.

Treue, Wilhelm: Die Geschichte der Ilseder Hütte, Peine 1969.

Treue, Wilhelm: Hitlers Denkschrift zum Vierjahresplan 1936, in: VfZ 3 (1955), S. 184-210.

Treue, Wilhelm, u. Stefan Zima: Hochleistungsmotoren. Karl Maybach und sein Werk. Unter Mitarbeit von Gustav Burr, Düsseldorf [2]1995.

Trumpp, Thomas: Zur Finanzierung der NSDAP durch die deutsche Großindustrie. Versuch einer Bilanz, in: Bracher/Funke/Jacobsen (Hg.), Diktatur, S. 132-154.

Turner, Henry A.: German Big Business and the Rise of Hitler, New York, Oxford 1985.

Ueberschär, Gerd R. (Hg.): Der Nationalsozialismus vor Gericht. Die alliierten Prozesse gegen Kriegsverbrecher und Soldaten 1943-1952, Frankfurt 1999.

Ueberschär, Gerd R., u. Wolfram Wette (Hg.), Der deutsche Überfall auf die Sowjetunion. »Unternehmen Barbarossa« 1941, Frankfurt 1999.

Ufermann, Paul: Könige der Inflation, Berlin 1924.

Ullmann, Hans-Peter: Kriegswirtschaft, in: Hirschfeld/Krumeich/Rentz (Hg.), Enzyklopädie, S. 220-232.

Ulrich, Keith: Das Privatbankhaus Simon Hirschland im Nationalsozialismus, in: Ders./Köhler (Hg.), Banken, S. 129-142.

Ulrich, Keith, u. Manfred Köhler (Hg.): Banken, Konjunktur und Politik. Beiträge zur Geschichte deutscher Banken im 19. und 20. Jahrhundert, Essen 1995.

Umbreit, Hans: Auf dem Weg zur Kontinentalherrschaft, in: Kroener/Müller/Umbreit, Reich, Bd. 5/1, S. 1-345.

Umbreit, Hans: Die deutsche Herrschaft in den besetzte Gebieten 1942-1945, in: Kroener/Müller/Umbreit, Reich, Bd. 5/2, S. 1-272.

Unverferth, Gabriele: Einführung, in: BBA Findbuch Bestand 12 (DKBL), Typoskript Bochum 1979, S. i-il.

Urban, Thomas: Todeskandidaten im Tagebau. Zwangsarbeiter im mitteldeutschen Braunkohlebergbau während des Zweiten Weltkrieges, in: Tenfelde/Seidel (Hg.), Zwangsarbeit, Bd. 1, S. 311-339.

Urban, Thomas, ÜberLeben und Sterben von Zwangsarbeitern im Ruhrbergbau, Münster 2002.

Utsch, Richard: Die Entwicklung und volkswirtschaftliche Bedeutung des Erzbergbaues und der Eisenindustrie im Siegerland, Görlitz 1913 (Nachdruck Kreuztal 1984).

Verenkotte, Clemens: Das brüchige Bündnis. Amerikanische Anleihe und deutsche Industrie 1924-1934, Diss. phil. Freiburg 1991.

Vogelsang, Reinhard: Der Freundeskreis Reichsführer SS, Göttingen 1972.

Volkland, Gerhard: Hintergründe und politische Auswirkungen der Gelsenkirchen-Affäre im Jahre 1932, in: ZfG 11 (1963), S. 289-318.

Volkmann, Hans-Erich: Die NS-Wirtschaft in Vorbereitung des Krieges, in: Deist/Messerschmidt/Volkmann/Wette, Ursachen, S. 209-435.

Volkmann, Hans-Erich: Zum Verhältnis von Großwirtschaft und NS-Regime im Zweiten Weltkrieg, in: Bracher/Funke/Jacobsen (Hg.), Diktatur, S. 480-508.

Von Erzgräbern und Hüttenleuten, hg. vom Stadtmuseum Sulzbach-Rosenberg, Sulzbach-Rosenberg 2000.

Wagenführ, Rolf: Die deutsche Wirtschaft im Krieg 1939-1945, hg. vom Deutschen Institut für Wirtschaftsforschung, Berlin 1954.

Wagner, Andreas: Mutschmann gegen von Killinger. Konfliktlinien zwischen Gauleiter und SA-Führer während des Aufstiegs der NSDAP und der »Machtergreifung« im Freistaat Sachsen, Beucha 2001.

Wagner, Jens-Christian: Produktion des Todes. Das KZ Mittelbau-Dora, Göttingen 2001.

Wagner-Kyora, Georg: »Menschenführung« in Rüstungsunternehmen der nationalsozialistischen Kriegswirtschaft, in: Echternkamp (Hg.), Reich, Bd. 9/2, S. 383-474.

Walb, Ernst: Zur Dogmengeschichte der Bilanz von 1861-1919, in: Festschrift für Eugen Schmalenbach, S. 1-64.

Wandel, Eckhard: Hans Schäffer. Steuermann in wirtschaftlichen und politischen Krisen, Stuttgart 1974.

Warner, Isabel: Steel and Sovereignty. The Deconcentration of the West German Steel Industry 1949-54, Mainz 1996.

Warren, Kenneth: Big Steel. The First Century of the United States Steel Corporation 1901-2001, Pittsburgh 2001.

Watanabe, Hisashi: Comment, in: Pohl, Wirtschaft, S. 585-587.

Wegener, Stephan (Hg.): August und Joseph Thyssen. Die Familie und ihre Unternehmen, Essen 2004.

Wehler, Hans-Ulrich: Deutsche Gesellschaftsgeschichte, Bd. 3. Von der »Deutschen Doppelrevolution« bis zum Beginn des Ersten Weltkrieges 1849-1914, München 1995.

Wehler, Hans-Ulrich: Deutsche Gesellschaftsgeschichte, Bd. 4. Vom Beginn des Ersten Weltkrieges bis zur Gründung der beiden deutschen Staaten 1914-1949, München [2]2003.

Weichel, Thomas: Gontard und Metallbank. Die Banken der Frankfurter Familien Gontard und Merton, Stuttgart 2000.

Weinke, Annette: Die Nürnberger Prozesse, München 2006.

Weisbrod, Bernd: Schwerindustrie in der Weimarer Republik. Interessenpolitik zwischen Stabilisierung und Krise, Wuppertal 1978.

Weisz, Christoph (Hg.): OMGUS-Handbuch. Die amerikanische Militärregierung in Deutschland 1945-1949, München 1994.

Wellensiek, Jobst: Die Maxhütte aus der Sicht des Konkursverwalters. »Retten, was zu retten ist«, in: 150 Jahre Maxhütte, S. 149-152.

Welskopp, Thomas: Arbeit und Macht im Hüttenwerk. Arbeit- und industrielle Beziehungen in den deutschen und amerikanischen Eisen- und Stahlindustrie von den 1860er bis zu den 1930er Jahren, Bonn 1994.

Welskopp, Thomas: Das Unternehmen als Körperschaft. Entwicklungslinien der institutionellen Bindung von Kapital und Arbeit im 19. und 20. Jahrhundert, in: Ellerbrock/Wischermann (Hg.), Wirtschaftsgeschichte, S. 192-215.

Welskopp, Thomas: Der Betrieb als soziales Handlungsfeld. Neue Forschungsansätze in der Industrie- und Arbeitergeschichte, in: GuG 22 (1996), S. 117-141.

Welskopp, Thomas, u. Karl Lauschke: Einführung: Mikropolitik im Unternehmen. Chancen und Voraussetzungen beziehungsanalytischer Ansätze in der Industrie- und Arbeitergeschichte, in: dies. (Hg.), Mikropolitik, S. 7-15.

Welskopp, Thomas, u. Karl Lauschke (Hg.): Mikropolitik im Unternehmen. Arbeitsbeziehungen und Machtstrukturen in industriellen Großbetrieben des 20. Jahrhunderts, Essen 1994.

Wengst, Udo: Thomas Dehler 1897-1967. Eine politische Biographie, München 1997.

Werner, Constanze: Kriegswirtschaft und Zwangsarbeit bei BMW, München 2005.

Werpup, Josef: Ziele und Praxis der deutschen Kriegswirtschaft in der Sowjetunion, 1941 bis 1944, dargestellt an einzelnen Industriezweigen, Diss. phil. Bremen 1992.

Wessel, Horst A.: Die Hahnschen Werke in Duisburg. Zur Geschichte eines »arisierten Unternehmens«, in: Barbian/Brocke/Heid (Hg.), Juden, S. 441-461.

Wessel, Horst A.: Kontinuität im Wandel. 100 Jahre Mannesmann 1890-1990, Düsseldorf 1990.

Wessel, Horst A. (Hg.): Thyssen & Co. Mülheim a.d. Ruhr. Die Geschichte einer Familie und ihrer Unternehmung, Stuttgart 1991.

Westermann, Ekkehard (Hg.): Vom Bergbau- zum Industrierevier, Stuttgart 1995.

Wette, Wolfram: Reichstag und Kriegsgewinnlerei, in: Militärgeschichtliche Mitteilungen 36 (1984), S. 31-56.

Wette, Wolfram (Hg.): Zivilcourage. Empörte, Retter und Helfer aus Wehrmacht, Polizei und SS, Frankfurt 2004.

Wetzel, Jürgen: Office of Military Government for Berlin Sector, in: Weisz (Hg.), OMGUS-Handbuch, S. 671-738.

Wiel, Paul: Wirtschaftsgeschichte des Ruhrgebietes. Tatsachen und Zahlen, Essen 1970.

Wiesen, Jonathan: West German Industry and the Challenge of the Nazi Past, 1945-1955, Chapel Hill, London 2001.

Wildt, Michael: Himmlers Terminkalender aus dem Jahr 1937, in: VfZ 52 (2004), S. 671-691.

Winkler, Heinrich A.: Weimar 1918-1933. Die Geschichte der ersten deutschen Demokratie, München 1993.

Winstel, Tobias: Verhandelte Gerechtigkeit. Rückerstattung und Entschädigung für jüdische NS-Opfer in Bayern und Westdeutschland, München 2006.

Wischermann, Clemens, u. Anne Nieberding: Die institutionelle Revolution. Eine Einführung in die deutsche Wirtschaftsgeschichte des 19. und frühen 20. Jahrhunderts, Stuttgart 2004.

Wirsching, Andreas: Abschied vom Provisorium 1981-1990. Geschichte der Bundesrepublik Deutschland, Bd. 6, Stuttgart 2006.

Witthöft, Harald, Bernd D. Plaum u. Thomas Bartolosch: Phasen montangewerblicher Entwicklung im Siegerland. Erzbergbau, Hütten- und Hammerwesen im 18. und 19. Jahrhundert, in: Westermann (Hg.), Bergbau, S. 85-111.

Wisotzky, Klaus: Der Ruhrbergbau im Dritten Reich. Studien zur Sozialpolitik im Ruhrbergbau und zum sozialen Verhalten der Bergleute in den Jahren 1933 bis 1939, Düsseldorf 1983.

Wisotzky, Klaus: Der Ruhrbergbau am Vorabend des Zweiten Weltkrieges. Vorgeschichte, Entstehung und Auswirkung der »Verordnung zur Erhöhung der Förderleistung und des Leistungslohnes im Bergbau« vom 2. März 1939, in: VfZ 30 (1982), S. 418-461.

Wixforth, Harald: Banken und Schwerindustrie in der Weimarer Republik, Köln u.a. 1995.

Wixforth, Harald: Die Expansion der Dresdner Bank in Europa, München 2006.

Wixforth, Harald: Die Reichswerke Hermann Göring und die Dresdner Bank, in: Bähr, Dresdner Bank, S. 345-359.

Wixforth, Harald, u. Volker Wellhöner: Unternehmensfinanzierung durch Banken – Ein Hebel zur Etablierung der Bankenherrschaft? Ein Beitrag zum Verhältnis von Banken und Schwerindustrie in Deutschland während des Kaiserreichs und der Weimarer Republik, in: Petzina (Hg.), Unternehmensfinanzierung, S. 11-33.

Wojak, Irmtrud, u. Peter Hayes (Hg.): »Arisierung« im Nationalsozialismus. Volksgemeinschaft, Raub und Gedächtnis, Frankfurt, New York 2000.

Wolfe, Robert (Hg.): Americans as Proconsuls. United States Military Government in Germany and Japan, 1944-1952, Carbondale 1984.

Wolfrum, Edgar: Die Bundesrepublik Deutschland 1949-1990, Stuttgart 2005.

Wolmar, Wolfram von: Als Verteidiger in Nürnberg. Otto Kranzbühler und die Nürnberger Prozesse, Hamburg 1982.

Wulf, Peter.: Hugo Stinnes. Wirtschaft und Politik 1918-1924, Stuttgart 1979.

Zapf, Wolfgang (Hg.): Die Modernisierung moderner Gesellschaften. Verhandlungen des 25. Deutschen Soziologentages in Frankfurt am Main 1990, hg. im Auftrag der Deutschen Gesellschaft für Soziologie, Frankfurt, New York 1990.

Zeidler, Manfred: Die deutsche Kriegsfinanzierung 1914 bis 1918 und ihre Folgen, in: Michalka (Hg.), Erster Weltkrieg, S. 415-433.

Ziegler, Dieter: Die Dresdner Bank und die deutschen Juden, München 2006.

Ziegler, Dieter: Die personellen Konsequenzen von Bankenkrise und Fusion 1931-1932, in: Bähr, Dresdner Bank, S. 75-84.

Ziegler, Dieter: Die wirtschaftsbürgerliche Elite im 20. Jahrhundert: eine Bilanz, in: ders. (Hg.), Großbürger, S. 7-14.

Ziegler, Dieter (Hg.), Großbürger und Unternehmer. Die deutsche Wirtschaftselite im 20. Jahrhundert, Göttingen 2000.

Ziegler, Dieter: Strukturwandel und Elitenwechsel im Bankwesen 1900-1957, in: Berghahn/Unger/Ziegler (Hg.), Wirtschaftselite, S. 187-218.

Zimmermann, Michael: Die Rationalisierung des Ruhrbergbaus in den zwanziger Jahren am Beispiel der Harpener Bergbau AG, in: Tenfelde (Hg.), Sozialgeschichte, S. 432-444.

Zippelius, Reinhold: Allgemeine Staatslehre, München [12]1994.

Zollitsch, Wolfgang: Arbeiter zwischen Weltwirtschaftskrise und Nationalsozialismus. Ein Beitrag zur Sozialgeschichte der Jahre 1928 bis 1936, Göttingen 1990.

Zorn, Wolfgang: Bayerns Geschichte im 20. Jahrhundert. Von der Monarchie zum Bundesland, München 1986.

Index

Nicht aufgeführt werden Friedrich Flick, Konrad Kaletsch, Odilo Burkart, Otto Steinbrinck sowie AG Charlottenhütte, Friedrich Flick KG, Vereinigte Stahlwerke AG, Mitteldeutsche Stahlwerke AG, Eisenwerkgesellschaft Maximilianshütte AG.

Kursive Seitenzahlen verweisen auf Erwähnungen in den Fußnoten.

Personen

Firmen